국제물품매매계약에 관한 UN협약(CISG)의 해석과 적용

CISG
UN Convention on Contract for the International Sale of Goods

심 종 석

三 英 社

"The LORD thy God in the midst of thee is mighty;
he will save, he will rejoice over thee with joy;
he will rest in his love, he will joy over thee with singing."

[Zephaniah 03:17]

머 리 말

[01] UN 국제무역법위원회(國際貿易法委員會, United Nations Commission on International Trade Law: 'UNCITRAL')에서 제정한 '국제물품매매계약에 관한 UN 협약'(United Nations Convention on Contract for the International Sale of Goods : 'CISG')이 발효된 지[1988년], 어느덧 사반세기를 지나고 있다.[1)]

[02] 모름지기, CISG는 복잡다단한 국제무역의 준거법(準據法, applicable law)[2)]으로서의 역할과 법적 기능을 확보하기 위한 것에 목적을 둔 입법적 산물로서, [연혁에 비추어] 1930년대부터 반세기에 걸친 제정노력을 통해 1980년에 이르러 그 결실을 보게 되었고, 협약(協約, convention)[3)]으로서 발효요건을 갖춘 1988년 1월 1일부터 효력을 발생하고 있다.

[03] 이후로, CISG는 국제상거래(International Commerce)에 있어 '국제물품매매계약'(Contract for the International Sale of Goods)에 관한 한, 가장 성공한 선도적(先導的) 입법례로서 평가되고 있음과 동시에, 이에 합당한 위상을 표방하고 있다.

[04] 이러한 평가는 CISG가 그간 국제상거래에서 국제물품매매를 규율하는 '국제적 통일법'(international uniform law)으로서의 위상에 걸맞은 역할을 여실히 감당하고 있음과 동시에, 이후로도 [지금까지와 마찬가지로] 국제적 통일법으로서 위상을 다름없이 보전(保全)해 갈 수 있으리라는 법적 확신을 그 배경에 두고 있다.

---

1) '국제무역법위원회'(國際貿易法委員會)는, 법학에서는 일반적으로 '국제상사법위원회'(國際商事法委員會)로 사용한다. 마찬가지로, '국제물품매매계약'(國際物品賣買契約) 또한 '국제동산매매계약'(國際動産賣買契約), '국제물건매매계약'(國際物件賣買契約) 등으로도 사용된다. 본서에서는 상무적(商務的)·법리적(法理的) 시각을 아우르고자 하는 취지에서, 이하 '국제물품매매계약'(國際物品賣買契約)으로 통일한다. 한편, CISG는 성안된 지명 이름을 따서, 이른바 '비엔나협약'(Vienna Convention) 또는 축약하여 'UN 통일매매법' 등으로 사용하고 있으나, 이 또한 UNCITRAL의 공식 용어를 좇아 이하 'CISG'로 통일한다.

2) '준거법'(準據法)이라 함은, '간접법(間接法)인 국제사법(國際私法)의 규정에 따라 문제가 될 수 있는 섭외적(涉外的) 사법관계에 적용되는 실질법(實質法)'으로서, 곧 '내외사법'(內外私法)을 말한다. 주관적으로는, '당사자가 적용하기로 합의한 법'이며, 객관적으로는, '섭외적 생활관계와 가장 밀접한 관계가 있는 국가의 법'으로 정의된다. 이러한 실질법의 적용에 의해, 섭외적 생활관계의 법률효과가 발생한다는 뜻에서 '준거법'을, 달리 '효과법'(效果法)이라고도 한다.

3) '협약'(協約)은 당사자의 일방 또는 쌍방이 단체[사적 단체·공공단체·국가 등]인 경우의 계약에 관하여 사용된다. 또한, '협약'은 국제법상 조약의 한 명칭으로 사용되는 점에서 '협정'(協定)과 동의어이다. 광의의 조약에는, 협약(協約)·규약(規約)·헌장(憲章)·규정(規定)·협정(協定) 등이 있다. 이 경우 '협정'은, 주로 정부가 행정권에 속하는 사항에 관하여 단독으로, 즉 입법부의 동의 없이 외국정부와 체결하는 '협정'에 사용된다. 이를테면, '한·미 행정협정', '한·일 협정' 등이 그 예이다.

[05] 요컨대, CISG 평가의 핵심은 기존 국제사법체제하에서 다양한 법적용으로부터 비롯된 **'법적 안정성'**(法的安定性, legal stability)[4]과 **'예견가능성'**(豫見可能性, foreseeability)[5]에 기한 **부담보**(不擔保) 문제를 [CISG 적용에 따라] 상당부분 해소할 수 있다고 하는 그간의 경과와 향후의 기대에 있다.

[06] 한편, 이 같은 CISG의 순기능적 평가에도 불구하고, 우리나라는 CISG의 가입에 다소 소극적인 입장을 견지하고 있던 차제에, [여타 선진 체약국에 비하여] 상대적으로 때늦은 시기이나마, 2004년 2월 17일 UN에 CISG에의 가입서를 **기탁**(寄託, deposit)하여, 발효요건을 갖춘 2005년 3월 1일부터 비로소 **국내법**(國內法, municipal law)[6]으로 수용하게 되었다. 이후 CISG는 국내 **실정법**(實定法, positive law),[7] 곧, 민·상법에 우선한 **특별법**(特別法, special law, particular law)[8]의 지위를 점하게 되었다.[9]

---

4) **'법적 안정성'**(法的安定性)이란, **'사회에서 행해지고 있는 법질서가 동요하지 않고, 어떤 행위가 정당하며, 어떤 권리가 보호되며, 어떤 책임이 어떻게 추궁되느냐가 일반적으로 분명히 제시되어 있어, 이로부터 사람들이 법의 권위를 믿고 마음 놓고 행동할 수 있는 상태'**를 말한다. 달리, **'법적 확실성'**(法的確實性)이라고도 한다. **'법적 안정성'**을 확보하기 위해서는 법이 함부로 움직이는 것을 방지하지 않으면 안 된다. 이를 위해서는 법의 뜻을 성문법에 의해 확정시키는 것과, 성문법을 정확한 논리의 방향에 따라 해석하는 것이 필요하다. 다만, 법해석에 있어서의 개념은 끊임없이 유동하므로, 법을 너무 고정시키게 되는 경우에 법이 실생활에서 분리되어 인간관계를 구체적으로 올바르게 규율할 수 없게 된다. 그 결과, 법을 무시하게 되는 경우에 사회정의를 실현시키려는 움직임 등이 대두되어, 도리어 **'법적 안정성'**을 파괴하는 위험을 촉발할 수도 있다. 따라서, 법에 사회정서에 순응하고, 정의의 요구에 따라서, 변화할 수 있을 만한 탄력성을 주는 편이 오히려 **'법적 안정성'**을 확보하는 길이라고도 할 수 있다. 그 과정에서 구체적 타당성을 통해 질서와 정의와의 조화가 구해져야 함은 물론이다.

5) **'예견가능성'**(豫見可能性)이란, **'어떤 일을 하거나 또는 하지 않음으로 인해, 위기가 초래되리라는 것을 예견할 수 있는 능력 또는 가능성'**을 말한다. 통상적으로, 손해배상에 기하여, 불법행위 및 채무불이행의 법적 책임체계를 논할 때 거론된다. 이는 법적용상 법률문제로 귀결된다.

6) **'국내법'**(國內法)은, **'국가의 법제정권에 의해 국내의 사항에 관하여 제정한 법'**을 말한다. **'국제법'**(國際法)에 대응하는 말이다. 근대국가는 그 권위를 스스로의 권력에 의하여 확립하고, 타국에 관하여 독립을 주장하며, 영역 내에서는 최고의 지배권을 가진다. **'국내법'**은 내국민은 물론이거니와, 국내에 체류하는 외국인에 대해서도 그 지배권을 가진다. 통상적으로, 국가의 공권력의 발동·태양·기관 등에 관하여 규정한 것을 **'공법'**(公法)이라 하고, 달리 국민 사이의 관계를 규율한 것을 **'사법'**(私法)이라 한다.

7) **'실정법'**(實定法)은, **'국가에 의하여 제정된 법으로서, 과거 또는 현재에 시행된 법'**을 말한다. **'자연법'**(自然法)과 대립하는 개념이다. 이 경우 **'자연법'**이란, **'모든 시대와 장소를 초월하여 적용될 수 있는 영구불변의 법'**을 의미한다. **'자연법'**은 때로는 **'실정법'**을 보충하기도 하고, **'실정법'**의 지침이 되기도 한다.

8) **'일반법'**(一般法)은, 달리 **'보통법'**(普通法)이라고도 하는데, **'특별법'**(特別法)에 비하여 보다 광범위한 사람·장소 또는 사항에 적용되는 법을 의미하고, **'특별법'**은, **'일반법'**보다 좁은 범위의 사람·장소 또는 사항에 적용되는 법을 말한다. 일례로, 일상생활에 적용되는 민법은 **'일반법'**이지만, 상거래에만 적용되는 상법은 **'특별법'**이다. **'특별법'**은 '일반법'에 우선하며, **'특별법'**의 규정이 없을 때에는 **'일반법'**이 보충적으로 적용된다. [한편, 영국법의 근간을 이루는 코먼로를 통상 보통법이라고도 하는데, 여기서 보통법은 상기한 '보통법'과는 전혀 다른 의미임을 주의해야 한다]

9) **체약국**(締約國)으로서 CISG의 발효요건은, 이하 다루게 되겠지만, **제99조[협약의 발효와 경과규정]** (2)에 따라, 당해 국가의 비준서·수락서·승인서 또는 가입서가 기탁된 날로부터, 12개월이 경과한 달의 익월 초일에, 당해 국가에 대하여 그 효력을 발생한다.

[07] CISG는 [본서 출판일 기준] 우리나라의 주요한 무역상대국인 미국[1988. 01.01], 중국[1988.01.01], 프랑스[1988. 01.01], 독일[1991.01.01], 캐나다[1992.05.01], 일본[2009.08.01 : 이상 발효일 기준] 등 전 세계 79개국이 이에 가입하고 있다. 이 같은 추세는, CISG가 명실공히 국제무역에 있어 국제물품매매에 적용될 준거법으로서 그 지위를 견고히 확립하고 있음을 시사한다.

[08] 무엇보다도 CISG가 발효 이후 현재까지 국제상거래에서 법적 분쟁과 다툼을 예방하고, 그 장애를 제거함과 동시에, 신속 · 민활한 국제상거래의 활성화에 그 순기능적 역할을 제고(提高)하고 있다는 사실은, 이 같은 추세와 배경의 실질적 요체(要諦)로 취급할 수 있다.

[09] 이상의 논점은, CISG에 대한 기본적이고도 올바른 이해(理解)가 국제상거래에 참여하고 있거나 또는 참여가 예상되는 계약당사자 상호 간 각양의 이해(利害)를 담보할 수 있는 첩경(捷徑)이 될 수 있을 것임과, CISG에 대한 부지(不知)의 결과로서, 그 과정에서 예상치 못한 뜻밖의 불이익을 미연에 방지할 수 있는 근원적 해법이 될 수 있음을 함의한다. 환언하면, CISG에 대한 법리 내지 제반 규정의 이해는, 국제상거래에 임한 당사자에게는 필수불가결하고도 긴요한 선결요건이라고 볼 수 있다.

[10] CISG는 [지금까지와 마찬가지로] 특정 법률가 내지 연구자들의 전유물 또는 연구대상으로서 가두어질 수 없고, 이제는 국제상거래에 당당히 임하고 있는 실무자 또는 이에 임하고자 하는 예비실무자들이 마땅히 손에 쥐고, 나아가 그 이해를 명료히 담보해 두어야 할 기본요건으로서, 널리 개방되고 공유되어야 할 실천적 과제 내지 그 대상이 아닐 수 없다고 생각된다.

[11] 본서는, CISG에 대한 이해(理解)를 명료히 하고 또한 보전하기 위한 취지에서, CISG의 규정 및 규정체계 전반을 대상으로 그 해설을 위해 기획되었다. 그렇지만, 본래 CISG는 법계 간 또는 각국 간 공통의 법적 이해를 추출하여 성안된, 곧 타협의 결과에서 비롯된 입법적 산물인 까닭에, 그간 우리에게 익숙한 국내법과는 상당한 차이점을 내재하고 있다.

[12] 따라서, CISG의 올바른 이해를 위한 접근은, 제반 규정의 저변에 용해되어 있는 근간의 법리를 추론하여, 이를 명확히 재정립하고, 나아가 법계 간 공통의 이해 내지 비교법적 접근을 통해 CISG 본연의 입법취지 및 그 함의를 구하는 방향으로 전개되어야 함이 바람직 할 것으로 생각된다.

[13] 이에 본서는, 국제상거래에서 CISG의 중요성을 염두에 두고 이에 대한 올바른 이해를 담보하기 위한 취지에서, 또한 CISG 전반에 걸친 명료한 해설을 통해 상경계 · 법정계 또는 실무계가 적의 참조할 수 있는 일말의 단초와 이정을 제공하기 위한 것에 목적을 두고 출간되었다.

[14] 앞서 일러둘 사항으로, 출간기획 시에 무엇보다도 역점을 둔 사항은, 필수불가결한 법률용어(法律用語)를 제외하고, 굳이 전공자 또는 실무계의 종사자가 아니라고 하더라도, 누구나가 쉽게 읽고 이해할 수 있도록 가급적 평이하게 기술하고자 노력하였다는 점이다. 이 경우 법률용어에 대해서도 각주를 통해 가급적 별도의 법률용어사전을 접하지 않고서도 본문의 이해에 장애가 없도록 특히 유의하였다는 것이다.

[15] 그럼에도 불구하고, 본서는 선천적으로 식견이 편협하고 학문적 깊이 또한 일천한 연구자에 의해 기획·집필된 까닭에, 경우에 따라서는 해설의 내용과 수준이 부정확하고, 때로는 적합하지 않은 문장표현으로 인하여 다소간의 혼선이 있을 것으로도 예상된다. 그러나 한편으로 저자는 본서의 출간을 빌미삼아 이후로 당해 분야에서 보다 정교하고 깊이 있는 양서가 발간될 수 있었으면 하는 기대를 출간의도에 우선하여 두고 있음을 진솔하게 고백한다. 이 같은 저자의 고백을 참작하여, 부디 앞선 선학제현의 질책과 권면 그리고 이후로 그분들의 빛나는 성과를 재삼 손 모아 기대하고자 한다.

[16] 후일담으로서, 본서가 출간되기까지 물심양면으로 도움을 주신 분들이 적지 않다. 특별히 본서의 숨은 저자로서, 본인의 은사(恩師)이신 이균성(李均成)·김동훈(金東勳)·오원석(吳元奭) 교수님께 이 지면을 빌어 머리 숙여 감사하다는 말씀을 드린다. 학문적 경지는 두 말 할 것도 없고, 교수자로서의 삶의 목적까지 명명백백히 각인시켜 주신 교수님의 사은(師恩)을 잊지 않고, 이 지면에 바로 새겨 둔다. 아울러, 흔쾌히 출간을 허락해 주신 삼영사 고성익 부사장님, 원고의 교열에 적잖은 도움을 준 본교 김태운·심갑영 박사, 항상 강퍅(剛愎)한 성정에 편안한 안식처를 드리워 주고 계신 정소희(丁小姬) 교수, 어지러운 자구수정에 심혈을 기울여 준 윤상윤 교수 그리고 본서의 사전 독자이자 검수인으로서 수고를 아끼지 않은 본교 대학원의 김석환·손효석·김두수 군을 비롯한 석사과정의 모든 학생들에게 고마움을 전한다. 이 모든 분들의 앞날에 저자가 믿고 사모하는 하나님의 은총이 늘 함께 하시기를 기원한다.

비호(飛虎)동산 앞뜰 연구실에서,

저자 **심 종 석** 씀.

일러두기

[01] 본서의 구성 및 특징은 다음과 같다. **제1편**에서는 '**CISG의 개관**'이라는 주제 아래, CISG의 의의 · 특징 · 적용범위와 구성체계, 그리고 CISG와 밀접한 연관성을 지니고 있는, 이른바 **트로이카**(Troika) 국제계약법규범으로서 PICC 및 PECL을 개관하고, 아울러, 현재 CISG **체약국**(締約國, contracting states)의 면면을 간결하게 구성해 두었다. 그 내용 전반의 주요 골자는 이하 [표]와 같다.

[02] 이후 각 편의 구성은, CISG의 규정체계에 따라, 이하 표에서와 같이 **제2편**으로부터 **제5편**에 이르기까지 각 편별 그리고 개별 장으로 구분하여 일괄적으로 해설하였다. 특이할 것은, CISG 개별 규정의 해설과 동시에, 당해 규정의 명확한 이해를 도모하기 위한 취지에서, '**개별 사례**'[**판정례**(判定例)[10]]를 각 조문별 말미에 결부하여, 해당 규정의 이해를 심화할 수 있도록 하였다.

[03] 이 경우 개별 사례는, CISG 당해 규정의 해설 및 본문내용을 중심으로, 저마다의 다양하고도 깊이 있는 판결 · 판정의 해설을 통해, CISG에 관한 이해의 폭을 확장할 수 있도록, '**사건의 개요**[**논점**]**와 사실관계**', '**판결 · 판정요지**' 및 그 '**해설**'을 중심으로 기술해 두었다. 이로부터 깊이 있는 상무적 지식과 법리적 식견이 개진될 수 있기를 바란다.

[04] 아울러, CISG 제반 규정의 명확한 이해를 위해, 그간 저자가 발표한 학술논문을 본서의 구성에 부합하게 재구성하여, 연관규정의 해설과 함께 결부해 두었다. 본 학술논문은, CISG를 위시하여 이와 밀접한 연관성을 견지하고 있는 국제상사계약법규범의 입법례로서, '**국제상사계약에 관한 일반원칙**'(PICC) 및 '**유럽계약법원칙**'(PECL) 등과 비교법적 고찰에 따른 결과물이라 할 수 있다. 이에 향후 CISG에 대한 관심이 가일층 촉발될 수 있기를 기대한다.

---

10) 이하 개별 사례에 있어 '판결례'(判定例)라고 함은, [달리 일컫지 않을 경우] '법원에 의한 판례'와 '중재판정부에 의한 판정례'를 합체한 의미로 새긴다.

국제물품매매계약에 관한 UN 협약(CISG)의 구성체계

구성	조문
제1편 국제물품매매계약에관한UN협약(CISG)의 개관	
제2편 적용범위와 총칙	제01조~제13조
제1장 적용범위	제01조~제06조
제2장 총 칙	제07조~제13조
제3편 계약의 성립	제14조~제24조
제1장 청 약	제14조~제17조
제2장 승 낙	제18조~제22조
제3장 계약의 성립시기	제23조~제24조
제4편 물품의 매매	제25조~제88조
제1장 총 칙	제25조~제29조
제2장 매도인의 의무	제30조~제52조
제1절 물품의 인도 및 서류의 교부	제31조~제34조
제2절 물품의 일치성과 제3자 클레임	제35조~제44조
제3절 매도인의 계약위반에 대한 구제	제45조~제52조
제3장 매수인의 의무	제53조~제65조
제1절 대금의 지급	제53조~제59조
제2절 인도의 수령	제60조
제3절 매수인의 계약위반에 대한 구제	제61조~제65조
제4장 위험의 이전	제66조~제70조
제5장 매도인과 매수인에게 공통적으로 적용되는 규정	제71조~제88조
제1절 이행기전의 계약위반과 분할이행계약	제71조~제73조
제2절 손해액	제74조~제77조
제3절 이 자	제78조
제4절 면 책	제79조~제80조
제5절 해제의 효과	제81조~제84조
제6절 물품의 보존	제85조~제88조
제5편 최종규정	제89조~제101조

[05] 기본적이고도 주요한 법률용어는, [재차 언급하기에] 가급적 따로 사전을 들춰보지 않더라도 충분히 그 이해가 제고되어질 수 있도록, [가능한 대로 상세하게] 각주에 부기해 두었다. 더욱이, 당해 용어는 본문에서 한문(漢文)과 영문(英文)을 병기하여 그 이해를 명료히 확립할 수 있도록 배려해 두었다. 최근에 갈수록 한자(漢子)의 중요성이 부각되고 있는 시점에서, 꾸준히 필독하여 소기의 성과가 돋보일 수 있기를 기대한다.

[06] 다만, 때로는 일부 중복된 설명 내지 해설, 또는 각주내용이 중첩되어 있음에도 불구하고, 굳이 이를 수정하지 않고 그대로 둔 것은 다분히 기술상 의도에 따른 것으로, 그 취지는 '반복된 정독'으로부터 그 명료한 이해를 보전하기 위한 것에 두었다. 혹시라도 이로부터의 의문이 없었으면 한다.

[07] 특별히, 각주에서 설명하고 있는 법률용어는 상경계 학생들을 위한 특단의 배려로서 가급적 그 내용을 상세하게 설명해 두었다. 이로부터 상무적 이해를 보다 견실히 확장함과 동시에, 법리적 식견을 제고할 수 있는 첩경으로 삼아, 때로는 본문에 앞서 그 이해를 명확히 확립해 둘 수 있기를 바란다. 반면에, 법정계 학생들에게는 그 법리적 기초지식을 보다 견실히 할 수 있는 계기가 되었으면 한다.

[08] 본문 기술의 문제로서, 본문상 '[ ]'에 병기하고 있는 내용은 앞선 단어 내지 법률용어 또는 강조문구를 보충하기 위한 의도로서의 표식임을 유의하기 바란다. 한편, 문단 서두의 '[ ]'는 CISG의 연관규정 및 제한규정 등을 참조할 경우에 또는 강의에 도움이 될 수 있도록 일련번호를 부여하여 구분해 두었다. 때로는, 연관규정으로서 CISG 제반 규정을 언급할 경우에도 '[ ]'로 표기해 두었다. 이상의 개별 '[ ]'의 표기로부터 그 유용성을 확보할 수 있기를 바란다. 개별 판결·판정례의 구성도 이에 준한다.

[09] 한편, 본서는 가급적 평이하게 기술하려고 노력하였다고는 하나, 기본적으로 견실한 법리적 이해를 요구하고 있는 당해 분야의 특성상, 때로는 긴 호흡과 정독이 필수불가결할 것으로 판단된다. 이 점을 고려하여 본서는 내용 전반에 걸쳐, 보는 시각에 따라 과다할 정도의 「,」를 사용하였다. 그 취지는 본서의 특성상 긴 호흡과 정독을 고르게 하려는 의도에 두었던 바, 이로부터 그 유용성이 제고될 수 있기를 기대한다.

[10] CISG 제반 규정의 명확한 이해를 위해서는, 반드시 기본적이고도 필수적인 법리적 식견이 확보되어야 한다는 판단에서, 해당 규정의 해설과 더불어 각 규정별·사안별·이슈별로 그리고 특정 주제별로 심화된 해설을 덧붙여 두었다. 그 의도는 [비유컨대] 나무만 보고 숲을 보지

못하는 우를 미연에 방지하기 위함이다. 이는 앞선 학술논문 재구성의 취지와 다름이 없다.

[11] 아울러, 참고문헌은 본문에서 일일이 열거하지 아니하고, 일괄적으로 본서 말미에 구분해 두었다. 필요에 따라 적절히 참조할 수 있기를 바란다. 끝으로, 부록은 CISG · PICC · PECL 및 UECIC의 규정을 국 · 영문으로 구분하여 해석해 두었다. 이를 참고하여 비교법적 연구 내지 관련 규정 또는 연관규정을 비교할 때에, 도움이 될 수 있기를 기대한다.

[12] 끝으로, 각 편별 하단에는 **법격언**(法格言)을 부기하였다. 본서 전반의 내용을 심화함에 있어서나, 또는 관련되는 문장내용을 숙고함에 있어 이를 덧붙여 상호 보충될 수 있도록 유용하게 활용할 수 있기를 기대한다.

차 례

제3편 계약의 성립

제4편 물품의 매매

제 5 편 최종규정

제 1 편
CISG의 개관

제 1 편

CISG의 개관

구분 및 내용	
제 1 편 국제물품매매계약에관한UN협약(CISG)의 개관	
	제1장 CISG의 의의
	제2장 CISG의 특징
	제3장 CISG의 적용범위와 구성체계
	제4장 CISG의 보충적 법규범으로서 PICC, PECL의 개관
	제5장 CISG의 체약국 현황

[001] 제1편은, CISG의 의의 · 특징 · 적용범위와 구성체계를 포함하여, [본서의 출간일 기준으로] CISG에 가입한 **체약국**(締約國, contracting states) 현황을 소개하고 있다. 참고로, **본편**[제1편]은 CISG의 규정별 구성체계에 의한 편제가 아니라, 저자의 임의로 CISG 전반에 대한 개략적인 이해를 도모하기 위한 것에 그 취지를 둔 기술상의 편제임을 밝혀 둔다.

■ SUMMARY [*Part I*][11)]

The United Nations Convention on the International Sale of Goods, 1980 (CISG) has become in 25 years an important tool for international trade. The Convention provides a uniform framework for contracts of sale of goods between parties whose places of business are in different States. By defining rights and obligations of the parties in a transparent and easily understandable manner, the Convention furthers predictability in international trade law, thus reducing transaction costs. The Convention has, as at 31 August 2012, 78 States parties, which come from all legal traditions, have very different economies, and together account for over two thirds of global commercial exchanges. The number of academic works dedicated to the Convention grows constantly, as does the amount of related case law currently, well over 1,000 cases are available from various sources. Its contribution to the goal of unification of international trade law is definitely significant.

---

11) 이하 요약[SUMMARY]내용은 편별 · 조문별로 UNCITRAL '공식 주해서'[United Nations Publication(ISBN 978-92-1-133790-7)]의 내용을 보완하여 이기(移記)한 것임을 밝혀둔다.

제 1 장 CISG의 의의

[002] 현대계약법(現代契約法)의 추이는, 나날이 복잡·다단하게 급변하고 있는 경제·사회적 유동성에 적극적이고도 유연하게 대응하고 있는 경향을 보이고 있다. 이 같은 경향이 나타나게 된 주된 이유는, i) 각종 계약에서의 분쟁해결에 관련된 법과 규범(規範, norm)[12]이, 갈수록 다양화되고 있는 계약당사자의 이해(利害)를 적절히 고려하고 조정해야 한다는 '법적용(法適用)상의 필요'와, ii) 계약당사자 간의 계약상 의무의 성실한 이행을 담보하여, 신속·민활한 상거래를 촉진해야 한다는 '법기능(法機能)상의 역할'이 지속적으로 강조되고 있기 때문이다. 특히, 국제상거래(international commerce)에서 국제상사계약(contracts for the international commerce)과 관련한 제반 법규범의 체계화 또는 통일화 현상은 이 같은 추이를 견인하는 중추적 역할을 하여 왔다.

[003] 그 결과적 산물로서, UNCITRAL에서 제정한 CISG와, 사법통일국제협회(International Institute for the Unification of Private Law : UNIDROIT)에서 공표한 '국제상사계약에 관한 일반원칙' (Principles of International Commercial Contract : PICC) 및 유럽계약법위원회(Commission on European Contract Law : CECL)에 의해 제정된 '유럽계약법원칙'(Principles of European Contract Law : PECL) 등은 그 대표적 입법성과라고 할 수 있다.

---

12) '규범'(規範)은, '인간이 사회생활을 하는데 있어, 구속되고 준거하도록 강요되는 일정한 행동양식'을 통칭한다. 통상, '규범'은 '사회적 규범'으로서 존재하며, 그 강제의 강도에 따라서, 세 가지 단계로 나눈다. 첫째 단계는, 관습 등에서와 같이, 그 때까지 사회생활의 관행에 입각해서 사람들의 생활·행동을 규제하는 것으로, 이를 위반한 경우에는 비웃음·따돌림 등의 제재를 받는다. 둘째 단계는, '도덕적 관습'으로, 이를 위배한 때는 공동절교 등 물리적 제재를 받는다. 사람들의 행동을 규제하는 것은 이 단계의 '규범'인데, 이것은 비록 성문화되어 있지 않지만, 일상적 행동에서 강력한 규제력을 가지고 있다. 셋째 단계는, 제재의 주체가 어떤 형태이든 공적인 성격을 띠어서 권력을 가지는 경우이다. '규범'은 전형적으로는 법이라는 형식을 취하며, 재판 등을 통해 공적으로 제재가 이루어진다. 이러한 강제력의 측면과는 다른 측면, 즉 '규범'의 형태를 보면, 전통·도덕·제도 등이 있으며, 이들은 '규범'이 개개인의 내부에 내재화되어 가는 경우의 매개체이기도 하다. '규범'이 일정한 구속력을 가지는 것이라고 자각하기보다는 이에 따름으로써 사회생활의 통로가 열리는 일정한 형식으로서의 기능을 하고 있다. 이들 여러 가지 '규범'의 형태를 규정하는 것으로, 각 사회의 문화·종교·이념 등의 존재형태가 문제가 된다. 예컨대, 유럽 사회에서는 그리스도교 교의에 입각한 가치의식이나 체계가 기본적으로 '규범'의 질을 규정하고, 윤리·도덕의 근간을 이룬다. 한국에서는, 유교에 입각한 가치체계가 사회구조상 특질과 결부되어 규범의 주축을 이루고 있다. 이러한 차이가 문화차이로 나타나서, 특정한 민족적 성격이나, 사회적 성격의 형성과 관련된다. 이 경우 계급사회에서는, 권력에 의한 일정한 사상이나 가치관의 주입이 제도 또는 교육에 의해 이루어져서 일상적 '규범'의 내용을 구성하게 된다. 이로부터 '규범'의 사회 통제적 기능이 확대되어, 생활상의 욕구 충족과 모순·대립을 보이게 된다. 그 모순을 해결하려는 노력이나, 새로운 이념, 가치의식의 도입과 그 성립에 따라 '규범'의 질적 내용이 변화하게 된다.

[004] 종래 국제상사계약에 있어서는, 당해 상거래에 참여한 계약당사자 간의 '계약자유(liberty of contract)의 원칙'에 따라, 상거래계에서 오랜 기간을 통해 형성된 관습(慣習, usage) 및 관행(慣行, practice)이 존중되어 왔던 까닭에, 그러한 관습·관행 등이 계약의 교섭·체결·이행·종료의 각 단계별로 적용 또는 수용되어, 계약당사자의 지지에 기반을 둔 '법적 구속력'(法的拘束力, legal binding force)13)을 확보할 수 있었다.

[005] 실무적으로, 국제상사계약을 둘러싼 법적 분쟁의 처리과정은 복잡·다단하게 전개됨이 일반적이다. 곧, 계약당사자의 이해를 충분히 보전하기 위한 과정에서, 필연적으로 다양한 이해관계의 충돌이 발생하게 된다. 이를테면, i) '준거법 선정 및 적용의 곤란', ii) '분쟁해결을 위한 법적 기준의 불안정성', iii) '계약내용에 관한 당사자 간의 법리적 해석의 상이', iv) '각국 또는 법계(法系, legal system)14)간 법인식의 대립에 의한 예견가능성(foreseeability)의 부재', v) '각국 법원 또는 중재기관의 판결·판정의 상대적 불공평' 등을 예시할 수 있다. 이 같은 사실은 국제상거래의 법적 측면에서 '중대한 장애요인'으로 작용하였다.

[006] 이 같은 '중대한 장애요인'에 기하여, 앞서 본 국제계약법규범은 그러한 장애를 극복할 수 있는 법적 대안으로서 뿐만 아니라, 신속·민활한 상거래를 통하여 계약당사자 저마다이 이해를 보편적·합리적으로 확보할 수 있는 법적 방편으로서의 가치가 인정되어, 제정 이후부터 현재까지 국제상사계약에 적용 또는 원용할 수 있는 실체법적 기반으로서의 역할을 충실하게 감당하고 있다.

[007] 이 같은 상황과 환경하에서, 특히 CISG 및 PICC에 관한 그간의 연구는 상당한 수준까지 진척되어 왔다. 그 배경에는 법리적·상무적 시각에서 계약당사자의 권리(權利, right)15)·의

---

13) '법적 구속력'(法的拘束力)은 통상 '법률·규칙·조약 등에 의하여 자유로운 행동을 속박하는 효력'을 총칭한다.

14) 법에는 국가나 민족을 초월한 계통(系統)이 인정된다. 이 같은 법의 계통을 '법계'(法系)라고 한다. 예컨대, 현재 우리나라의 법률 가운데는 독일법의 영향을 받은 부분이 많으므로, 우리법은 독일법계에 속한다고 말할 수 있다. 독일법에는, 로마법의 영향을 받은 부분과, 게르만법의 영향을 받은 부분이 많기 때문에, 독일법은 로마법계와 게르만법계에 속하고 있다. 그러나, 우리나라 법률에 관해서 볼 때, 중국이나 일본, 프랑스 및 미국 등의 법률에 부분적으로 영향을 받은 것이 있으며, 또는 우리 고유의 것도 포함되어 있기 때문에, 한국법이 독일법계에 속한다는 말은 대체론에 불과한 것이라 판단된다. 그러므로 엄밀히 따지자면, 각 법조문에 관하여 '법계'를 더듬어 볼 수밖에 없다.

15) '권리'(權利)란, '법에 의해서 개인 또는 단체에 허용된 일정한 이익을 향수하기 위한 활동범위 또는 힘'으로 설명된다. 법은 정의의 실현과 함께 사회의 이익을 위해서도 일정한 작위·부작위를 명한다. 그것이 특정의 개인에게 이익을 주더라도 사회의 이익에 반하지 않으면, 오히려 그 편이 사회의 이익을 증진시키는 것이 되는 경우도 있다. 근대 시민법은, 이와 같이 생각하여 폭넓게 개인에게 이익을 청구할 수 있는 힘을 주어서, 그 자유로운 활동범위를 허용하고 있다. 이러한 '권리'의 본질에 관해서는 의사설(意思說)·권리법력설(權利法力說)·이익설(利益說) 등 학설이 나뉘어 있는데, 이익과 힘은 '권리'의 목적

무(義務, duty)[16]의 구체적 확정을 의도한 심도 있는 연구와, 당해 법규범과 밀접한 연관성이 있는 국제무역법위원회(UNCITRAL), 사법통일국제협회(UNIDROIT), 국제상업회의소(International Chamber of Commerce : ICC),[17] 유럽계약법위원회(CECL) 등 국제기구의 적극적인 참여, 그리고 이들 기구들이 제정·발표한 국제계약법원칙 및/또는 상관습(商慣習, commercial customs)[18]을 수용하기 위한

과 수단 또는 내용과 형식의 관계에 있으며, '권리'의 개념상 표리(表裏)를 이루고 있다. '권리'는, 법률관계를 규율하는 법을 당사자인 법의 주체 편에서 파악한 것이다. 한편, 법률관계의 종류에 따라서, '권리'는 공권(公權)과 사권(私權)으로, 이익내용에 따라서, 재산권과 신분권으로 구분된다. 또한, '국내법상의 권리'와 '국제법상의 권리'가 있다. '권리'와 비슷한 것으로서 법적 지위, 권한(權限) 또는 법률관계를 발생·변경·소멸시킬 가능성인, 이른바 형성권[예컨대, 취소권·해제권 등]은 엄밀한 뜻에서는 '권리'가 아니다. 왜냐하면, 이러한 것에는 '권리'에 대응하는 의무가 없기 때문이다. 여기에 관하여 진정한 '권리'인 물권(物權)은 모든 타인에게 불침해 의무를 부과하고, 또한 채권(債權)은 특정한 상대방에게 작위·부작위의 의무를 부과한다. 근대 시민법에 비추어 '권리'를 행사하지 않으면, 이에 대응하는 의무는 발생하지 않으며, '권리' 위에서 잠자게 되면, 사회의 이익도 증진되지 않는다. 한편, 사회의 이익을 해하는 권리행사는 통상 '권리남용'(權利濫用)으로 취급된다.

16) '의무'(義務)란, '사회생활상 사회적 질서를 유지하고, 조정하기 위한 사회적·물리적·정신적인 강제 및 구속'을 일컫는다. 법학에서 '의무'는 '권리'의 반대개념으로서, 법률상의 인격에 부과되는 구속이라고 본다. 여기서는 적극적으로 '무엇을 하지 않으면 안 된다'는 '작위의 의무'와 소극적으로 '무엇을 해서는 안 된다'는 '부작위의 의무'로 크게 구별된다. 이를 '도덕상의 의무'와 구별하기 위하여, '법적 의무' 또는 '법률상의 의무'라고 한다.

17) 프랑스 파리에 본부를 둔 '국제상업회의소'(ICC)는, 1919년 국제상거래의 정상화 및 민간기업의 이해를 대변하고자 설립된 기관으로서, 주요 활동은 상업·금융기관·생산과 분배·운수와 통신·법률과 상관습 및 지역관계의 각 분야의 조사·연구활동·신용장통일규칙 및 상거래통일규칙의 책정·총회개최 등이다. 전 세계 민간기업의 대변기관으로서 상업·공업·운송·금융·보험·통신 등 모든 국제무역 분야에서 민간기업의 활동을 촉진하고, 건전한 시장경제체제의 발전을 도모하는 한편, 국제무역규칙의 제정 및 기업인 간의 교류를 통한 국제경제협력의 기회를 확대하는데 그 목적을 두고 있다. 정기총회는 국제경제문제를 폭넓게 토론하는 ICC 최대 국제회의로서 2년마다 개최되며, 각 국내위원회 대표로 구성되는 이사회는 ICC 최고 의결기관으로서 집행위원회에서 결정한 ICC 정책방향 및 사업계획을 승인한다. 또한, 국제상관습·금융·전자상거래·환경 등 국제무역과 관련된 주요 분야에 16개의 위원회가 설치되어 있다. 산하기관에는, 국제중재재판소(ICC International Court of Arbitration), WCF(World Chambers Federation) 등이 있는데, 국제중재재판소는 중재·신용장분쟁전문규칙(DOCDEX) 등을 통해 국제무역 분쟁을 합리적으로 해결하는 세계 최대의 국제중재기관이다. WCF는 통관절차의 신속·간편화를 위한 아타카르네(ATA carnet) 제도의 운영 및 전 세계의 상공회의소를 연결하는 WCN(World Chambers Networks) 구축 등의 활동을 펼치는 상공회의소만의 공동 협의채널로, 현재 140국의 상공회의소가 가입되어 있다. 우리나라는 1951년 ICC에 가입하였고, 이후 1959년 'ICC 한국위원회'(ICC Korea National Committee)를 설립하였다.

18) '상사(商事)에 관한 사실상의 관행'을 '상관습'(商慣習)이라 하고, '관행의 형식으로 존재하는 상사에 관한 법규범'을 '상관습법'(商慣習法)이라 한다. 이 경우 '상관습법'은 법규범으로서의 성질을 가지는데 반하여, '상관습'은 당사자의 의사표시의 해석을 위한 근거에 불과하다. 따라서, 우리 실정법상 법적 효과로서 양자 간에는 다음과 같은 차이가 존재한다. i) 민·상법의 강행법규에 위반하는 '상관습'은 구속력을 가지지 못하는데, '상관습법'은 그것이 선량한 풍속 그 밖의 사회질서에 위반하지 않는 한 성립이 가능하다. ii) '상관습법' 위반의 판결에 관하여는, 법률문제로서 상고할 수 있는데 반하여, 단순한 '상관습' 위반의 판결은 사실인정의 문제에 관한 것이므로 상고이유가 되지 않는다. 양자의 구별기준은, 장기간에 걸쳐 관행이 된 사실인 '상관습'이 실정법에 상응하는 법적 확신을 얻을 때에 '상관습법'이 된다고 한다. 그러나, '사실인 상관습'도 사적자치가 인정되는 범위내에서는 임의법규에 우선한 해석기준이 되므로, 실제로 양자의 구별에 따른 실익은 없다. 제정법은, 그 규범의 수가 유한적이며, 또한 일정한 사실관계를 전제로 하므로, 규범의 정립이 고정적이고, 어느 정도 일정한 이상(理想)을 정립한 것으로

실무계의 지대한 관심이 기능하였다.

[008] **국제상사계약**은 당사자의 **합의**(合意, agreement)[19]에 의해 성립하게 되는데, 특히 당사자 자치가 넓게 인정되고 있는 국제상거래에서 당사자의 목적은, 통상 당사자들이 자치적으로 형성한 **정형약관**(定型約款, standard terms)[20]에 의하여 달성되고 있음이 상례이다.

[009] 그러나 상거래에 관한 오랜 경험을 통해 전문적이고 체계적인 지식을 토대로 만든 약관이라고 하더라도, 상거래의 이행과정에서 발생할 수 있을 문제를 낱낱이 상정하여 당사자의 권리·의무관계를 규정하는 것은 사실상 불가능한 일이며, 설령 당초에 예견이 가능했던 문제가 발생한 경우라고 하더라도 그 해석에 있어 시간적·공간적 제한으로 인해 상호 간 의견대립이 있을 수 있다.

[010] 이 경우, **국제사법**(國際私法, conflict of law, private international law)[21]의 질서하에서는, 당해

서 시험적인데 비하여, '**상관습법**'은 자연적으로 발생한 것으로서, 제정법의 결함을 극복하여 기업관계에 효과적으로 적응할 수 있는 장점이 있으며, 새로운 입법을 촉신하는 역할을 한다. '**상관습법**'으로 인정된 것 중에서 중요한 것으로는, '**백지어음의 유효성**' 등이 있었으나, 이미 성문화되었고, 현재로는 국제무역과 관련된 '**상업신용장에 관한 관습**', '**해상화물운송에 있어 보증도**(保證渡)**의 관습**' 등이 있다. 종래의 '**상관습법**'은 상법의 **법원**(法源)으로서 중요한 지위를 차지하였으나, 점차 입법화되거나, 보통거래약관의 발달로 인하여, 그 의미가 감퇴되고 있으며, 또한 새로운 '**상관습법**'의 성립으로 폐기되기도 한다.

19) 우리 민법상 '**두 개 이상의 의사표시가 합치하는 것**'을 '**합의**'(合意)라고 한다. 이것은 계약의 성립요건이다. 표시상의 효과의사가 내용에 있어서 객관적으로 일치하고, 또한 그 일치하는 바에 따라, 그것에 대응한 법률효과의 발생이 의욕되고 있다고 볼 수 있는 경우에 '**합의**'가 있다고 본다.

20) '**약관**'(約款)이란, 통상적으로 '**수많은 고객을 대상으로, 물품이나 용역을 제공하는 보험·은행·운송·통신 등의 사업자가, 대량거래의 수요에 대응하여, 동일한 계약을 반복하거나, 복잡한 계약절차 때문에 거래가 지연되는 것을 피하고자, 틀에 박힌 계약의 내용을 미리 정해 놓은 것**'을 말한다. 계약을 체결하고자 하는, 또 다른 당사자[고객(顧客)]의 입장에서는, 개별적으로 교섭할 여지가 없이, 사업자가 미리 정하여 놓은 '**약관**'의 내용에 동의하거나 또는 동의하지 않는, 양자택일밖에 할 수가 없다. 이처럼 계약의 형식은 취하고 있지만, 당사자 일방이 그 내용을 결정하고, 상대방은 이에 따를 수밖에 없다는 점에서, **부합계약**(附合契約) 또는 **부종계약**(附從契約) 형태에 속한다. '**약관**'은 성격에 따라, **보통거래약관**(普通去來約款)·**특약약관**(特約約款)·**실권약관**(失權約款)·**면책약관**(免責約款)·**과태약관**(過怠約款) 등이 있고, 업종에 따라, **보험약관**(保險約款)·**운송약관**(運送約款)·**토목건축약관**(土木建築約款)·**은행약관**(銀行約款) 등이 있다. '**약관**'은 기업의 독점화와 대량거래의 발달에 따라 제도화된 것이다. 사업자가 미리 정하여 놓은 계약조항이라는 성격상, 사업자 측에서는, 그 내용을 자신에게 유리하게 작성하기 마련이다. 이와 같이 사업자가 거래상의 지위를 남용하여, 불공정한 내용의 '**약관**'을 작성·통용하는 행위는 법률로써 마땅히 규제된다.

21) '**섭외적**(涉外的) **사법관계를 규율하기 위한 준거법을 지정하는 법규의 총체**'를 말한다. 곧, 국가와 국가의 관계를 규율하는 '**국제공법**'(國際公法)과 달리 '**국제사법**'은 국제적으로 성립된 법체계가 아니라, 이른바 각국의 국내법인 것이다. 우리 헌법 제6조 제1항은 "**헌법에 의하여 체결·공포된 조약과, 일반적으로 승인된 국제법규는 국내법과 같은 효력을 가진다**"라고 규정하고 있는데, 이것이 주요한 **법원**(法源)이 되고 있다.

상거래와 관련이 있는 어느 당사자의 국내법에 의할 수밖에 없게 되는데, 이는 당면한 문제해결을 상거래에 관한 국제사법에 의한 준거법으로서 적용됨을 의미한다. 따라서, 당사자는 상호 간에 상관행상 그 합의로써 특정 준거법을 계약에 지정하여 이를 국내법에 일임해 둘 수 있다.

[011] 그러나, 국제상거래가 다변화되어 가는 현시점에서, 상대방 국가의 국제사법을 그것도 법적 문제가 생길 때마다 일일이 파악하여, 당사자가 의도한 대로 계약내용에 편입하는 일은 매우 번거롭고도 어려운 일이 아닐 수 없다. 더욱이, 국제상사계약을 규율하는 각국의 법률 또한 서로 상당한 차이를 보이고 있으며, 심지어 국제상사계약에 관한 동일한 내용의 법규정을 두고 있는 국가들도 그 해석에 있어서 크나 큰 차이를 보이고 있는 경우 또한 허다하다.

[012] 이러한 상황에서, 국제상거래의 특성을 충분히 반영한 **통일법**(統一法, uniform law)이 존재하게 되면, 상거래의 활성화와 분쟁의 공정한 해결을 도모하는데 크게 도움이 될 수 있을 것인데, 그간에 국제사회는 [이 같은 기대를 배경으로] 국제물품매매에 관한 법적용상 계약당사자 간 이해관계의 대립에 따라 발생될 수 있는 상거래의 혼란을 최소화하고, 또한 계약당사자 공통의 이해를 촉진하기 위하여 여러 가지 노력을 하여 왔다.

[013] 이들 노력은 크게 두 가지 흐름으로 진행되었는데, 그 하나는, [국제상거래에 임한 계약당사자의 이해(利害)를 담보하고, 국제상관습의 확립을 위한 목적으로] 각양의 표준계약서식을 통일하고, '**상거래 약관**'(商去來約款, trade terms)을 통일하는 등의 '**당사자 상호 간의 자율적 규범 내지 상관습을 확립하기 위한 노력**'이었고, 다른 하나는, '**국제[물품(物品)]매매에 관한 법통일화를 위한 노력**'이었다. 이 양자는 상호 간에 순기능적인 영향을 미치면서 국제상거래의 발전과, 이와 관련한 고유한 법규범 확립의 길을 단절 없이 지속적으로 개척하여 왔다.

[014] 그 중에 후자인 법통일화 작업의 일환으로 가장 주목되었던 것은, 각국의 국내법은 그대로 두고 국제상거래에 적용되는 법규범을 별도로 마련하여, 당해 법규범에 가입한 국가 간의 상거래 또는 이를 채택한 당사자 간에 적용될 수 있도록 하자는 것이었다. 이는 각 법계 또는 국가 간의 이해관계를 원만하게 조정할 수 있는 가장 현실적인 대안이었던 까닭에, 이로부터 국제적 통일입법을 위한 노력은 꾸준히 전개될 수 있었다.

[015] 그 대표적 입법성과로서 UNCITRAL에 의해 성안되고, 1980년 3월 비엔나 UN 외교회의에서 만장일치로 통과된 후, 1988년 1월 1일부터 [제99조(협약의 발효와 경과규정) (1)에 따라] 발효된 CISG는 현재까지 국제상거래에 있어 물품매매에 관한 한, 가장 성공한 대표적 · 선도적 입법례로 평가되고 있다. [당해 이유와 근거는 앞서 본 바와 같다]

SUMMARY [*Section I*]

The United Nations Convention on Contracts for the International Sale of Goods ('CISG') is a convention or multi-lateral treaty that contains uniform legal rules to govern international sale of goods. It has, at the time of this writing, attracted an extremely large and diverse group of Contracting States. Where the CISG governs a transaction under its rules of applicability, the rules of the Convention bind the parties to the transaction except to the extent that the parties have effectively excluded the CISG or derogated from its provisions.

제2장 CISG의 특징

[016] CISG는 기본적으로 국제물품매매계약(contracts for the international sale of goods)에 관하여, 국제적으로 통일 또는 용인되고 있는 법리 내지 상관습을 성문화함으로써, 국제상거래에서의 법률적인 장벽을 제거하는데 공헌하기 위한, 국제적 협약(協約, convention)[22]으로서의 지위를 점한다.

[017] 곧, [국제적 협약으로서] CISG는 전문(前文, preamble)에서 그 제정취지를 명료히 선언하고 있는데, 그 내용은 다음과 같다. "CISG 당사국은 새로운 국제경제질서의 확립과 관련하여, 평등과 상호 이익에 기초한 국제상거래의 발전이 국가 간의 우호관계를 증진시키는데 중요한 요소임을 고려하여, 국제물품매매의 계약을 규율하고, 상이한 사회적 · 경제적 및 법률적 제도를 고려하는 통일규칙의 채택이, 국제상거래에서의 법률적인 장벽을 제거하는데 공헌하며, 또한 국제상거래의 발전을 증진시킬 것을 목적으로 제정된 것이다".[23]

[018] CISG는 1964년 사법통일국제협회(UNIDROIT)에 의해 성안되어 공표된 두 가지의 헤이그 협약(Hague Convention)에 그 기초를 두고 있는데, 그 하나는, '국제물품매매에 관한 통일법'(Uniform Law for the International Sale of Goods : ULIS)이고, 다른 하나는, '국제물품매매계약의 성립에 관한 통일법'(Uniform Law on the Formation of Goods : ULF)이다.

[019] 이상의 두 가지, 소위 헤이그협약은, 그 적용범위가 매우 넓고, 또한 당시 이에 참여하지 않은 제3세계 국가와 사회주의 국가의 이익이 제대로 반영되지 않았다는 비판 때문에, [당초 의도와는 달리] 그 실효성을 거둘 수가 없었다. 1978년 이후 UNCITRAL은 이상의 문제점을 극복

---

22) 대개, '협약'(協約, convention)에 준하는 명칭을 구분하면, 조약(條約, treaty), 협정(協定, agreement, arrangement), 의정서(議定書, act, protocol), 선언(宣言, declaration), 규정(規程, statute), 규약(規約, covenant), 헌장(憲章, charter), 합의의사록(合意議事錄, agreed minutes), 각서(覺書, memorandum), 교환공문(交換公文, exchange of notes), 잠정협정(暫定協定, *modus vivendi*), 공동선언(共同宣言, joint declaration) 등이다.

23) CISG Preamble : "The States Parties to this Convention, Bearing in mind the broad objectives in the resolutions adopted by the sixth special session of the General Assembly of the United Nations on the establishment of a New International Economic Order, Considering that the development of international trade on the basis of equality and mutual benefit is an important element in promoting friendly relations among States, Being of the opinion that the adoption of uniform rules which govern contracts for the international sale of goods and take into account the different social, economic and legal systems would contribute to the removal of legal barriers in international trade and promote the development of international trade, Have agreed as follows."

하고자 이들 협약에 대한 전면적이고도 대폭적인 수정 · 보완에 임하여, 1980년에 이르러서야 현재의 CISG로 그 완성을 보게 되었다. 이후 CISG는 총 21개국이 서명을 마친 1988년 1월 1일부터 명실공히 국제협약으로서 그 효력이 발생하게 되었다.

[020] 현재, CISG를 국내법으로 수용하고 있는 **체약국**(締約國, contracting state)은 **하기**[제5장] 체약국 현황에서와 같이, 본서 발간일 기준 총 79개국이다.[24] [앞서 살펴본 바와 같이] 우리나라는 2004년 2월 17일 UN에 CISG의 가입서를 기탁하여, 2005년 3월 1일부터 국내법으로서 그 효력이 발생되었다. 이에 따라, CISG는 국제물품매매에 관한 한, 우리 민 · 상법에 우선하는 **특별법**(special law)의 지위를 점한다. CISG의 주요 특징은 다음과 같다.

[021] 첫째, 종전의 헤이그협약은, 체약국의 법원은 당해 계약이나 당사자가 체약국과 관련이 없는 **국제매매**(international sales)에도 이를 적용할 수 있도록 함으로써, 그 적용범위가 너무 광범위하다는 비판을 받아왔다. 이에 비하여, CISG는 당사자 **영업소**(營業所, business place)[25]가 모두 체약국 내에 있거나, 국제사법의 규정에 따라 어느 체약국의 법률이 적용되는 국제물품매매에 한하여 이를 적용할 수 있도록 하였다

[022] 둘째, 헤이그협약은, **계약위반**(契約違反, breach of contract)[26]의 형태를 물품인도의 **시기**(始

24) 체약국별 현황 · 가입일 · 효력 발생일 등의 상세는 「http://www.unilex.info」을 참조.

25) '**영업소**'(營業所)란, '**기업의 영업활동에서 중심이 되는 일정한 장소**'를 말한다. '**영업소**'는 **상호**(商號) · **상업장부**(商業帳簿)와 더불어, 모든 기업에 공통되는 물적 시설이다. 이러한 '**영업소**'는 기업활동에 관한 기본사항을 결정하고, 경영활동에 관한 지휘명령을 하는 중심지이어야 하며, 어느 정도 시간적으로 계속성을 가지는 장소이어야 하며, 인적 조직과 물적 조직에 의한 하나의 단위로서, 기업활동의 결과가 보고 · 통일되는 중심지이어야 한다. 이러한 '**영업소**'를 구분하는 기준은, 객관적인 사실의 문제에 귀결된다. 상인이 수개의 영업을 경영하는 때에는, 각 영업에 관하여 독립된 '**영업소**'를 갖게 되는데, 이 경우에 '**영업소**' 상호 간에는 수직적인 주종관계가 생기지 않는다. 즉, 각 '**영업소**'는 독립된 지위를 갖게 된다. 그러나, 하나의 동일한 영업을 위하여 수개의 '**영업소**'를 둔 경우에는 전 영업을 통괄하는 '**영업소**'를 '**본점**'(本店)이라 하고, 여기에 종속되어 지휘 · 명령을 받는 '**영업소**'를 '**지점**'(支店)이라고 하는데, 이 양자 간에는 주종관계가 생긴다. 우리 상법에서 인정하는 '**영업소**'는 '**영업소**'로서의 실질을 갖춘 본점과 지점뿐이며, '**영업소**'의 업무를 부분적으로 분담하거나, '**영업소**'의 단순한 지원장소에 불과한 출장소 · 분점 · 사업소 · **직매소**(直賣所) 등은 '**영업소**'가 아니다. 그렇다고 '**영업소**'의 명칭을 '**본점**'과 '**지점**'만으로 한정하는 것은 아니다. '**본점**'과 '**지점**'은 동일한 상인에 속하며, 지점의 책임자는 독립된 상인이 아니다. '**영업소**'는 자연인에 있어 주소에 해당하는 법률상 효과를 지닌다.

26) 이 경우 '**계약위반**'(契約違反)은, 좁은 의미로서 채무자가 채무의 내용에 따른 이행을 하지 않는, '**채무불이행**'(債務不履行)에 의제된다. 채무자의 채무의 내용에 따른 이행인가 아닌가의 여부는, 당사자가 의도하는 목적 및 거래의 관습 그리고 '**신의성실의 원칙**' 등을 고려하여 판단한다. '**채무불이행**'에는, '**이행지체**'(履行遲滯) · '**이행불능**'(履行不能) · '**불완전이행**'(不完全履行)의 세 가지 유형이 있다. i) '**이행지체**'란, 그 이행이 가능한데도 불구하고 채무자가 이행기까지 이행을 하지 않은 경우를 말한다. ii) '**이행불능**'이란, [예컨대, 계약의 목적물이 소실한 경우와 같이] 이행을 하고 싶어도 이행할 수 없는 경우를 말한다. iii) '**불완전이행**'이란, 일단 이행은 했지만 그 이행이 불완전한 경우를 말한다. 채무자가 임의로 채무를 이행하

期, time of commencement)[27] · 장소 등에 따라 세분하고, 그 **구제수단**(救濟手段, remedy)도 상이하게 규정함으로써, 이러한 부류에 속하지 않는 계약위반에 대해서는 오히려 복잡한 문제를 야기할 수 있는 가능성을 다분히 내포하고 있었다. CISG는 [이 같은 문제점 등을 고려하여] 계약위반의 유형을 세분하지 않고, 단순히 '**매도인에 의한 위반**'과 '**매수인에 의한 위반**'으로만 구분하고, 이와 관련한 상대방의 구제수단만을 규정하고 있다. 그리고, 헤이그협약은 계약위반에 관하여 계약의 '**자동적인 해제**'(*ipso facto* avoidance)를 규정하고 있었으나,[28] CISG는 이를 인정하지 않고, 다만 그것이 '**중대**(重大)**한 계약위반**'(fundamental breach of contract)에 해당하는 경우에 한하여 계약을 **해제**(解除, cancellation, rescission)[29]할 수 있도록 하였다[제25조(중대한 계약위반)].

[023] 셋째, CISG는 [헤이그협약과는 달리] 그 해석에 있어서 CISG의 '**국제적 성격**'과 '**적용상 통일성의 증진을 위한 필요성**' 및 국제상거래에 있어 '**신의**'(信義)[30]**의 준수**'에 대한 고려를 추가로

지 않을 때에는, [곧, 이행불능이 아닐 경우] 채권자는 그 강제이행을 법원에 청구할 수 있다. 또한, 협의로 '**채무불이행**'이라고 할 때에는, 채무의 내용에 좇은 이행을 하지 않은 상태가 존재하고 있을 뿐만 아니라, 그 상태가 채무자 고의 또는 과실에 기한, 채무자의 귀책사유가 존재하는 경우를 의미한다. 보통 '**채무불이행**'이라고 하면, 이 경우에 해당한다. 협의의 '**채무불이행**'이 성립하기 위해서는, i) 채무의 내용에 좇은 이행이 없어야 하며, ii) 채무자에게 고의·과실의 귀책사유가 있어야 하고, iii) 그 '**채무불이행**'이 위법해야 하며, iv) 채무자에게 책임능력이 있어야 한다. 이러한 '**채무불이행**'이 성립한 경우 채권자는 채무자에게 불이행으로 인해 발생한 손해배상을 청구할 수 있다.

27) '**시기**'(始期)라 함은, '**법률행위의 부관**(附款)'의 하나인 '**기한**'(期限)의 일종으로서, 그 도래와 더불어 법률행위의 효력이 발생하거나, 채무의 이행을 청구할 수 있게 되는 기한을 말한다. '**종기**'(終期)와 대립되는 개념이다. 예를 들어, 내년 2월 1일부터 임대한다는 것은, '**법률행위의 효력의 발생에 관한 시기**'이고, 건물의 인도시기를 다음달 15일로 한다는 것은, '**채무의 이행에 관한 시기**'이다. 시기부 법률행위는 효과가 즉시 발생하지 아니하므로, 혼인·양자 등과 같이 효과가 즉시 발생함을 요하는 법률행위는 '**시기**'를 붙일 수 없다. 이 경우 '**법률행위의 부관**'이라 함은, 법률행위의 효력의 발생·소멸을 장래의 일정한 사실의 성부에 의존하도록 제한하기 위하여, 당해 법률행위의 내용으로서 부가되는 약관이다. '**법률행위의 부관**'으로, '**조건**'(條件), '**기한**'(期限), '**부담**'(負擔) 등의 세 가지가 있다.

28) ULIS Art. 25. : "The buyer shall not be entitled to require performance of the contract by the seller, if it is in conformity with usage and reasonably possible for the buyer to purchase goods to replace those to which the contract relates. In this case the contract shall be ipso facto avoided as from the time when such purchase should be effected."

29) '**해제**'(解除)는, '**일단 유효하게 성립한 계약을 소급적으로 소멸시키는 일방적인 의사표시**'이다. 그리고, 이러한 일방적 의사표시에 의하여 계약을 해소시키는 권리를, '**해제권**'(解除權)이라 한다. 채무자가 채무를 이행하지 않았을 때와, 그밖에 특별한 경우[예컨대, 법정해제권(法定解除權)·약정해제권(約定解除權) 등]에 계약을 '**해제**'할 수 있다. 계속적 채권관계의 효력을 장래에 관하여 소멸시키는 '**해지**'(解止), 일정한 사실의 발생에 의하여 계약이 당연히 소멸한다고 하는 '**실권약관**'(失權約款), 당사자의 합의에 의하여 계약의 효력을 소멸시키는 '**합의해제**'(合意解除), '**취소**'(取消) 등과는 엄격히 구별하여야 한다. 특히, '**해제**'는 계약에 특유한 제도인데 비해, '**취소**'는 모든 법률행위에 인정된다.

30) 참고로, '**신의칙**'(信義則)이란, '**권리의 행사와 의무의 이행은 신의에 좇아 성실히 하여야 한다는 원칙**'이다. 이는 사회공동생활의 일원으로서, 서로 상대방의 신뢰를 배반하지 않고, 성의를 가지고 행동하여야 한다는 원칙으로 '**신의성실**(信義誠實)**의 원칙**' 또는 '**신의칙**'이라 한다. '**신의칙**'의 파생원칙으로, 통설은 '**권리남용금지**(權利濫用禁止)**의 원칙**', '**사정변경**(事情變更)**의 원칙**', '**금반언**(禁反言)**의 원칙**', '**실효**(失效)**의 원칙**' 등을 들고 있다. i) '**권리남용금지의 원칙**'은, 외견상으로는 권리행사이나, 실질적으로는 권리의 공

명시하고 있다.

■ SUMMARY [*Secon //*]

1. The preamble to the CISG declares its background, nature, general purposes and approaches. It begins by stating that the parties to the Convention are States, and ends by averring that the Convention is an agreement of such States. Between these two statements are three main clauses, the first two of which place the CISG in the context of broader international programmes and goals, and the third of which focuses on the specific purposes and methods of the Convention.

2. The first of the main clauses of the Preamble ('Bearing in mind...') suggests that the CISG is consistent with the 'broad objectives' of the United Nations resolutions to establish a 'New International Economic Order.' The second ('Considering that...') indicates that the CISG project promotes 'friendly relations among States' by fostering 'the development of international trade on the basis of equality and mutual benefit.' The latter theme is continued in the third clause, which declares that promoting 'the development of international trade,' along with 'the removal of legal barriers in international trade,' are particular purposes of the CISG, as well as anticipated results of its adoption. The third clause also describes particular aspects of the Convention that advance those goals specifically, the status of the CISG as a set of 'uniform rules' (emphasis added) for international sales, and its success in 'taking into account the different social, economic and legal systems.' The emphasis here on uniformity and on transcendence of particular legal and socio-economic traditions is amplified in Article 7(1) of the substantive CISG, which mandates that the Convention be interpreted with regard 'to its international character and to the need to promote uniformity in its application.'

공성 · 사회성에 반하는, 권리 본래의 사회적 목적을 벗어난 것이다. 이 경우 정당한 권리의 행사로 인정할 수 없는 행위를, **'권리남용'**이라고 한다. **'권리남용'**이 되기 위해서는, 객관적 요건으로 권리행사라고 볼 수 있는 행위가 있어야 하며, 그 권리의 행사가 사회적 목적에 반하는 행위이어야 한다. ii) **'사정변경의 원칙'**은, 법률행위 성립의 기초가 된 사정이 현저히 변경되어, 법률행위의 효과를 그대로 강제하는 것이 당사자 일방에게 부당한 결과를 가져오는 경우에 그 내용을 변경된 사정에 맞게 변경하거나, 계약을 해제 · 해지할 수 있도록 하는 원칙이다. iii) **'금반언의 원칙'**은, 어떤 권리자의 권리행사가 선행하는 행위와 모순되는 것이어서, 그 후행행위의 효력을 제한하는 원칙이다. iv) **'실효의 원칙'**은, 권리자가 장기간 권리를 행사하지 않음에 따라, 그 의무자인 상대방이 더 이상 권리자가 권리를 행사하지 아니할 것으로 신뢰할 만한 정당한 기대를 가지는 경우에 새삼스럽게 권리자가 그 권리를 행사하는 것은 **'신의칙'**에 위반되어 허용되지 않는다는 것을 의미한다.

제3장 CISG의 적용범위와 구성체계

[024] CISG는 당사자의 **영업소**(營業所, business place)가 모두 체약국 내에 있거나, 또는 당사자의 국가가 국제사법의 규칙에 따라 체약국의 법을 수용하고 있는 경우에만 적용된다. 즉, 국제물품매매계약이 CISG의 직접적인 적용을 받기 위해서는 다음의 각 요건이 다름없이 충족되어야 한다.

[025] 첫째, 계약당사자가 '**서로 다른 국가**'[異國]에 영업소를 보유하고 있어야 한다. 다만, 영업소가 없을 경우 상이한 국가에 '**일상의 거주지**'(habitual residence)가 존재하여야 한다. 즉, CISG는 **국제성**(國際性, internationality)을 갖춘 국제매매계약을 그 적용대상으로 하고 있는 까닭에, 계약당사자가 서로 다른 국가에 영업소 또는 거주지를 갖고 있어야 한다. 만약, 당사자가 둘 이상의 영업소를 갖고 있는 경우에는 계약의 체결 전이나 또는 그 당시에 당사자에게 알려져 있었거나 또는 예견되어 있었던 사정을 고려하여, 당해 계약 및 이행에 가장 밀접한 관련이 있는 장소를 영업소로 본다.

[026] 둘째, 당사자가 상이한 국가에 영업소를 갖고 있어야 한다는 '**국제성**'의 충족을 위해서는, 계약의 체결 전이나 또는 그 당시에 당사자 사이의 계약 또는 당사자가 제시한 정보로부터 명확히 특정될 수 있어야 한다. 따라서, 당사자는 상이한 국가에 영업소를 보유하고 있어야 하고, 이로부터 당해 계약이 **국제계약**(國際契約)에 해당한다는 사실을 알고 있어야 한다. 본 취지는 [당초 국내계약(國內契約)으로 잘못 인식할 수 있는 당사자에게] 예기치 못한 CISG의 적용으로부터 특단의 피해를 받는 일이 없도록 배려하기 위한 것에 목적을 두고 있다.

[027] 셋째, CISG는 당사자가 상이한 국가에 영업소 내지 일상의 거주지를 보유하고 있다고 하더라도, 원칙적으로 이들 상이한 국가가 모두 CISG를 수용한 체약국일 경우에 한하여 적용된다. 아울러, 계약의 성립에 관하여는 당해 국가가 계약의 체결 시점에서 체약국일 경우에 한하여 적용된다[제100조(청약 및 계약에 대한 발효일)]. 본 사항은 국제물품매매의 효력에 관해서도 동일하다. 이 경우 당사자는 상대방의 국가가 CISG의 체약국인지를 어느 시점에서 알았는지는 문제시 되지 않는다. 한편, 당사자의 국가가 모두 체약국이 아니더라도 당사자가 CISG를 적용하기로 상호 합의한 경우에는 [양당사자의 국제사법에 기한 특단의 문제점은 별론으로 하더라도] 원칙상 당해 계약에 적용할 수 있다.

[028] 넷째, CISG는 당사자가 CISG 전체의 적용을 배제하거나, CISG의 일부 규정에 관하여 그 효력을 감퇴 또는 변경시킬 수 있도록 하고 있다[제6조(계약에 의한 배제 또는 변경)]. 다만, 제한 요건으로서 당사자 간에 CISG 전체의 적용배제에 관한 합의 또는 계약과 관련이 있는 일부 규정의 효력변경에 관한 합의가 없어야 당해 계약에 적용할 수 있다.

[029] CISG는 **전문**[前文, preamble] 외에 총 **제4편**으로 구성되어 있다. 차례로, **제1편**[제1조~제13조]은 **'적용범위'**[제1조~제6조]와 **'총칙'**[제7조~제13조]에 관하여, **제2편**[제14조~제24조]은 계약의 성립으로서 **'청약'**[제14조~제17조]과 **'승낙'**[제18조~제22조], **'계약의 성립시기'**[제23조~제24조]에 관하여, **제3편**[제25조~제88조]은 당사자의 권리와 의무를 대칭적으로 편제하여, **'총칙'**[제25조~제29조], **'매도인의 의무와 매도인의 의무위반에 대한 매수인의 구제수단'**[제30조~제52조], **'매수인의 의무와 매수인의 의무위반에 대한 매도인의 구제수단'**[제53조~제65조], **'위험의 이전'**[제66조~제70조]과 **'매도인과 매수인에게 공통적으로 적용되는 규정'**[제71조~제88조]에 관하여, **제4편**[제89조~제101조]은 **'발효에 필요한 절차 및 유보선언'**의 최종규정 등이다.

■ SUMMARY [*Section III*]

1. The text of the Convention is introduced by a Preamble and concludes with an Authentic Text and Witness clause. In between are the 101 substantive articles of the CISG, which are organized into four Parts.

2. Part I ('Sphere of application and general provisions'), which encompasses articles 1-13 of the Convention, is subdivided into two Chapters: Chapter I ('Sphere of application'), which covers articles 1-6, and Chapter II ('General provisions'), which includes articles 7-13.

3. Articles 14-24 comprise Part II of the Convention ('Formation of contract'). Part II is not further subdivided.

4. The largest part of the Convention is Part III ('Sale of goods'), which covers articles 25-88. Part III is organized into five chapters. Chapter I ('General provisions') consists of articles 25-29. Chapter II ('Obligations of the seller') is comprised of articles 30-52, and itself is subdivided into Section I ('Delivery of goods and handing over of documents,' articles 31-34), Section II ('Conformity of goods and third party claims,' articles 35-44), and Section III ('Remedies for breach of contract by the seller,' articles 45-52). Chapter III ('Obligations of the buyer') incorporates articles 53-65, and in turn is subdivided into Section I ('Payment of the price,' articles 54-59), Section II ('Taking delivery,' article 60), and Section III ('Remedies for breach of contract by the buyer,' articles 61-65). Chapter IV ('Passing of risk') includes articles 66-70. Finally, Chapter V ('Provisions common to the obligations of the seller and of the buyer') encompasses articles 71-88, and is arranged into six sections: Section I ('Anticipatory breach and instalment contracts,' articles 71-73);

Section II ('Damages,' articles 74-77); Section III ('Interest,' article 78); Section IV ('Exemption,' article 79-80); Section V ('Effects of avoidance,' articles 81-84); and Section VI ('Preservation of the goods,' articles 85-88).

5. The last Part of the Convention is Part IV ('Final provisions'), which consists of articles 89-101.

제4장 CISG의 보충적 법규범으로서 PICC, PECL의 개관

1. PICC의 개관

[030] '국제상사계약에 관한 일반원칙'(PICC)은 그 자체가 구속력 있는 협약이 아니라, 단지 국제상사계약의 일반원칙(general principles)을 집적한 것으로, [미국법상 용어를 빌리자면] 소위, 재기술(再記述, restatement)의 성격을 갖는다.

[031] 요컨대, PICC는 국제상사계약에 관한 각국의 국내법이나 국제법규를 해석함에 있어서, 보충적 기준 내지 표준이 될 수 있고, 당사자에게는 계약서 작성의 지침으로서 그리고 각국의 법원이나 중재기관은 국제상사계약에서 야기되는 분쟁해결의 법적 기준으로서 적절히 적용 또는 원용할 수 있는 법적 실익을 표창하고 있다.

[032] 공표된 이후, 국제상사계약법 법원의 하나로 자리매김하였던 PICC는 그간의 추가ㆍ개정작업을 통해 차례로 PICC(1994), PICC(2004)를 거쳐 현재 PICC(2010)으로 새롭게 공표되었는데, 곧 PICC(2004)는 전자의 개정이라기보다는 새로운 내용을 추가하고 있고, PICC(2010)은 외견상 일부조문의 배열과 순서를 재구성하고 있는 특징이 있다. 특히, PICC(2004)는 전통적 계약법에서는 취급하지 않았던, 예컨대, '전자계약의 체결'(electronic contracting), '제3자의 권리'(third party rights), '대리인의 권한'(authority of agents), '상계'(set-off), '채권양도'(assignment of rights), '채무이전'(transfer of obligation), '계약의 이전'(assignment of contract), '제소기간'(limitation period) 등을 추가하고 있다.

[033] PICC의 기능 내지 목적은, i) '국제상사계약의 준거법으로서 적용할 수 있다'는 점, ii) '국제적 통일법 및 국내법의 해석 및 보충수단으로서 그 역할을 감당할 수 있다'는 점, iii) '계약법이나 특수한 거래에 관한 입법의 모델법(model law)으로서의 기능을 할 수 있다'는 점 등으로 요약할 수 있다.[31]

---

31) PICC Preamble : "These Principles set forth general rules for international commercial contracts. They shall be applied when the parties have agreed that their contract be governed by them. They may be applied when the parties have agreed that their contract be governed by general principles of law, the '*lex mercatoria*' or the like. They may be applied when the parties have not chosen any law to govern their contract. They may be used to interpret or supplement international uniform law instruments. They may be

[034] PICC는 **'국제상사계약'**(international commercial contract)에 적용되는데, [CISG와는 달리] 그럼에도 **'국제성'**(internationality)에 관하여 명확히 정의하지 않고 있다. 그러나, PICC상 계약당사자가 서로 다른 국가에 영업소나 거주지를 두고 있는 경우는 물론이고, 계약의 모든 요소가 한 국가에 국한되는 경우를 제외하고, 계약내용에 국제적이라고 하는 요소가 조금이라도 존재하면, 그 적용이 가능하다. 따라서, CISG에 비하여 그 적용범위가 **포괄적**(包括的)이다.

[035] 또한, PICC는 **'상사계약'**에만 적용되는데, 그 범위를 굳이 **'상사계약'**에 국한하고 있는 이유는, 대부분의 국가가 소비자보호를 위한 강행법규를 두고 있기 때문에, 이로부터 **'소비자거래'**(consumer transactions)에 관한 법적용상의 충돌을 방지하기 위함이다. 여기서, **'상사계약'**이란 용어는 민사와 구별하거나, 계약당사자가 상인임을 나타내기 위해 사용된 것은 아니다. 따라서, **'상사'**의 의미는 가급적 광의로 해석하여야 한다. 예컨대, 물품이나 서비스 거래는 물론이고, 투자나 지식서비스까지 포함하는 것으로 보아야 한다.

[036] 요컨대, PICC는, i) 당사자가 당해 계약의 준거법으로 합의한 경우, ii) 당사자가 자신들의 계약을 **'법의 일반원칙'**(general principles of law) 또는 **'상관습법'**(*lex mercatoria*) 등에 의하여 적용하기로 합의한 경우, iii) 당사자들에 의한 **'법의 선택'**(choice of law)이 없는 경우에 적용될 수 있다.

■ SUMMARY [*Section I-1*]

The PICC set forth general rules which are basically conceived for international commercial contracts. (1) 'International' contracts, (2) 'Commercial' contracts, (3) The Principles and domestic contracts between private persons, (4) The Principles as rules of law governing the contract; a) Express choice by the parties, b) The Principles applied as a manifestation of 'general principles of law', the 'lex mercatoria' or the like referred to in the contract, c) The Principles applied in the absence of any choice of law by the parties, (5) The Principles as a means of interpreting and supplementing international uniform law instruments, (6) The Principles as a means of interpreting and supplementing domestic law, (7) The Principles as a model for national and international legislators.

---

used to interpret or supplement domestic law. They may serve as a model for national and international legislators. Parties wishing to provide that their agreement be governed by the Principles might use the following words, adding any desired exceptions and modifications: "This contract shall be governed by the UNIDROIT Principles (2010) [except as to Articles...]". Parties wishing to provide in addition for the application of the law of a particular jurisdiction might use the following words: "This contract shall be governed by the UNIDROIT Principles (2010) [except as to Articles...], supplemented when necessary by the law of [jurisdiction X]."

2. PECL의 개관

[037] 20세기 후반, 지역적 차원에서 유럽이 하나로 통합되었다는 것과[1994년], 경제적 차원에서 유럽 내 단일통화가 마련되어 단일경제권을 형성하였다는 것은[1999년], 동 시대의 국제경제관계에서 가장 주목할 만한 사건으로 취급할 수 있다. 이 같은 유럽의 단일경제권의 합의는, 결국 **단일통화**[EURO]의 통합 · 발행으로, 명실공히 세계 최대 규모의 단일시장[EU]을 형성하고, 그 완성을 보게 되었다.

[038] 이와 동시에, 유럽 공동체 국가에 공통으로 적용되는 제정법을 마련하기 위한 법통일화 작업이 활발히 전개되었는데, 그 과정에서 시의적으로 회원국 간에 직접적으로 구속력을 갖는 **규칙**(regulation)과 **지침**(directive) 등의 공표는 그 작업을 더욱 촉진하는 계기가 되었다.

[039] 그러나, 공표된 규칙과 지침 등이 단순히 각국의 국내법에 수용되어 조화되는 것보다는 하나의 실정법으로 통일하는 것이 보다 바람직하고, 이를 위하여 유럽 각국의 사법체계에 대한 법이론적 · 비교법적 · 법체계적 공동작업을 통해 새로운 유럽의 법문화 창출을 도모하여야 한다는 인식이 제고되었는데, 결국 1982년 **'유럽계약법위원회'**(CECL)의 발족은 그 구심점을 마련하게 된 결정적인 계기가 되었다.

[040] CECL은 개인자격으로 참가한 학자, 법률가 및 옵서버 등을 중심으로 구성되었다. 그렇지만, 인적 구성면에서 UNIDROIT와 같이 전 세계적이 아니라, EU 역내 회원국에 한정되었다. 따라서, **'유럽계약법원칙'**(PECL)은 유럽 역내 계약법의 일반원칙이라는 법적 지위를 통하여, 유럽 각국의 국내법을 초월한 통일규칙이라는 점에서 그 의의를 찾을 수 있다. 요컨대, 이 같은 지역적 · 경제적 상황하에서, 유럽 역내 통일법 형성을 위한 노력이 자연스럽게 주창되었는데, 그 대표적 결실이 CECL에 의해 제정된 PECL이다.

[041] PECL은 유럽 계약법상의 일반원칙을 법전형식으로 구성하고는 있으나, PICC와 마찬가지로 그 자체가 구속력 있는 법규범은 아니고, i) **'유럽 역내 회원국 간 상거래를 용이하게 하기 위한 법적 기반의 제공'**, ii) **'계약법의 법리적 기초와 통일적 해석기준의 정립'**, iii) **'각국 법원 및 중재판정부의 판결 · 판정 시의 지침제공'**, iv) **'역내 법체계 간의 타협을 구할 수 있는 역할의 도모'**, v) **'향후 유럽통일계약법전의 입법기반 형성'** 등을 의도하고 있다.

[042] PECL의 제정목적과 특징을 요약하면, i) PECL은 장차 EU 역내 유럽계약법전의 제정을 위한 법적 기반제공을 위해 마련되었다는 점, ii) PECL은 EU 회원국의 계약법이 서로 조화

를 이루도록 하기 위한 **모델법**(model law)으로서의 지위를 의도하고 있다는 점, iii) PECL은 EU 내부에서 서로 다른 법체계에 존재하는 공통의 법리를 확인하는 작업의 산물로서 마련되었다는 점, iv) PECL은 국내법을 새로이 개선하고자 하는 입법자들에게 하나의 표본으로서 기능하고자 의도하고 있다는 점 등이다. 결국, PECL은 PICC와 마찬가지로 계약법의 일반원칙 또는 EU 역내 상관습법 및 국제적으로 통용될 수 있는 계약법원칙이라고 할 수 있다.

[043] PECL은 [앞서 본 바와 같이] EU 역내에서 회원국 간에 공통적으로 적용할 수 있는 계약법 원칙을 통일하여 제시한 것으로, 그 적용범위는 순수한 국내계약이나 상인과 소비자 간의 계약 등을 포함한 모든 계약에 적용된다. 따라서, 계약관계에서의 급부장애 또는 불이행책임을 포괄하는 PICC와 유사한 체계로 구성되어 있다. 그렇지만, 그 적용범위를 국제물품매매로 한정하고 있는 CISG와는 근본적인 차이점이 있다. 그리고, PICC는 국제상사계약에서 법의 일반원칙의 제시를 목적으로 하고 있음에 반하여, PECL은 EU 회원국 간의 **'역내 계약법의 일반규칙'**(general rules of contract law in the EU)으로서 적용되는 것을 의도하고 있는 차이점이 있다. 이 같은 차이점은 관습과 관행의 구속력에 있어서도 동일한데, 이를테면 PICC는 **"당사자는 해당되는 국제무역의 당사자에게 널리 알려져 있고, 또한 국제무역에서 그 당사자에 의해 통상적으로 준수되고 있는 관습에 의하여 구속된다"**라고 하여, 지역적 또는 국내적 관습을 원칙적으로 배제하고 있으나, PECL은 **"당사자들은 당사자들과 같은 상황 아래에서 일반적으로 적용되었을 것으로 보이는 관습에 의하여 구속된다"**라고 하여, 이를 수용하고 있는 차이가 있다. 따라서, 적용범위에 있어 PICC는 **보편적**(普遍的)이고, PECL은 **지역적**(地域的)이라고 할 수 있다.

[044] 한편, CISG 및 PICC에서는 상거래의 의미를 명확히 규정하지는 않고 있으나, 적용범위의 한정에 의하여 간접적으로 상거래의 의미를 밝히고 있다. 우선, CISG는 개인용·가족용 또는 가사용으로 구입되는 물품매매에 대해서는 적용되지 않는다. 즉, CISG는 **"국제사법상 소비자 보호를 위한 법규를 침해서는 아니 된다"**는 합의를 표방하고 있는데, 그 결과 강행적 국내법규나 공공정책을 집행하는 법규에 우선하지 않는다는 취지에서, 소비용 거래를 적용범위에서 배제하고 있다. PICC에서는 상기한 바와 같이 **전문**(preamble)에서, **"본 원칙은 국제상사계약에만 적용되며, 제반 소비자보호를 위한 소비자거래와 구별되는 영역을 적용범위로 한다"**라고 선언하고 있다. 따라서, 소비를 위한 목적에서의 소비자거래, 상거래 또는 직업적으로 활동하지 않는 일방당사자를 포함하는 거래를 그 적용범위에서 제외하고 있다. 결국, PICC는 CISG의 규정취지를 그대로 계승하여 국제상거래를 적용범위로 특정하고 있다.

[045] 그러나, PECL은 상사계약뿐만 아니라 상인과 소비자 간의 일반계약에도 적용될 수 있음을 규정하고 있다. 따라서, 당사자 간의 준거법으로 특정된 법체계 또는 합의에 따라 별도의

규정을 정하지 않음으로써 발생될 수 있는 일련의 문제에 대한 해결책을 제시하고 있는 특징이 있다.

[046] 결국, 국제사법통일에 있어 PECL과 PICC는 UNIDROIT 및 CECL 등 비입법기구에 의해 제정된 통일계약법규범이라는 공통점이 있으나, 그 성립배경과 적용범위가 다른 까닭에, 양자가 실제로 국제상거래에 있어 충돌하는 일은 없을 것으로 보인다. 왜냐하면, PECL은 [유럽 역내 회원국 간에 이용될 목적으로 제정된 것으로서] 지역적 범위에 국한하여 적용되고, 반면에 PICC는 국제상거래에 있어 적어도 일방당사자가 역외 비회원국인 경우에 그 적용법규가 될 것이기 때문이다. 따라서, EU 입법기관 또는 사법기관이 공동체법을 기초하거나 해석할 경우에 PICC가 아닌 PECL을 기준으로 선택할 것이 자명할 것인 바, 이는 각 회원국 의회와 분쟁해결을 위한 법원에 있어서도 그 결과는 동일할 것임을 시사한다.

■ SUMMARY [*Section I-2*]

The PECL is a set of model rules drawn up by leading contract law academics in Europe. It attempts to elucidate basic rules of contract law and more generally the law of obligations which most legal systems of the member states of the European Union hold in common. The PECL are based on the concept of a uniform European contract law system, and were created by the Commission on European Contract Law. The PECL take into account the requirements of the European domestic trade. PECL are very similar to the PICC which were already published in 1994. As is the case with the PECL, the PICC are a 'private codification' prepared by top-class jurists without any national or supranational order or authorization. Their main goal of both the PECL and the PICC was the compilation of uniform legal principles for reference, and, if necessary, the development of national legal systems. In the compilation of the PECL, the Law of the EU member states, and thus common and civil law, as well as Non-European Law were taken into consideration. In the PECL regulations are available which in this form have not been included so far in any legal system. The authors of the PECL also pursued the long term goal of influencing the development of laws in Europe.

제5장 CISG의 체약국 현황

국 가 명	기탁일	발효일	유보조항	1인당 GDP
Albania	2009.05.13	2010.06.01	-	4,495
Argentina	1983.07.19	1988.01.01	11, 29	13,271
Armenia	2008.02.12	2010.01.01	-	2,819
Australia	1988.03.17	1989.04.01	적용영역제한	45,587
Austria	1987.12.29	1989.01.01	-	45,989
Bahrain	2013.09.25	2014.10.01	-	25,663
Belarus	1989.10.09	1990.11.01	11, 29	5,165
Belgium	1996.10.31	1997.11.01	-	45,533
Bosnia & Herzegovina	1991.02.06	1992.03.01	-	4,278
Brazil	2013.03.04	2014.04.01	-	9,312
Bulgaria	1990.07.09	1991.08.01	-	7,194
Burundi	1998.09.04	1999.10.01	-	360
Canada	1991.04.23	1992.05.01	적용영역제한	45,029
Chile	1990.02.07	1991.03.01	11, 29	13,910
China	1986.12.11	1988.01.01	1(b), 11	8,154
Colombia	2001.07.10	2002.08.01	-	6,895
Congo	2014.06.11	2015.07.01	-	2,329
Croatia	1998.06.08	1999.07.01	-	11,538
Cuba	1994.11.02	1995.12.01	-	4,500
Cyprus	2005.03.07	2006.04.01	-	22,007
Czech Republic	1991.12.17	1993.01.01	1(b)	17,171
Denmark	1989.02.14	1990.03.01	적용영역제한	52,822
Dominican Republic	2010.06.07	2011.07.01	-	6,134
Ecuador	1992.01.27	1993.02.01	-	6,307
Egypt	1982.12.06	1988.01.01	-	3,337
El Salvador	2006.11.27	2007.12.01	-	4,101
Estonia	1993.09.20	1994.10.01	11, 29	17,562
Finland	1987.12.15	1989.01.01	적용영역제한	42,733

France	1982.08.06	1988.01.01	-	38,458
Gabon	2004.12.15	2006.01.01	-	9,343
Georgia	1994.08.16	1995.09.01	-	3,087
Germany	1989.12.21	1991.01.01	1(b)	41,955
Ghana	1980.04.11	1988.01.01	-	1,459
Greece	1998.01.12	1999.02.01	-	18,863
Guinea	1991.01.23	1992.02.01	-	612
Honduras	2002.10.10	2003.11.01	-	2,369
Hungary	1983.06.16	1988.01.01	11, 29	12,853
Iceland	2001.05.10	2002.06.01	-	54,331
Iraq	1990.03.05	1991.04.01	-	4,701
Israel	2002.01.22	2003.02.01	-	36,659
Italy	1986.12.11	1988.01.01	-	30,594
Japan	2008.07.01	2009.08.01	-	33,223
Kyrgyzstan	1999.05.11	2000.06.01	-	1,280
Latvia	1997.07.31	1998.08.01	11, 29	13,996
Lebanon	2008.11.21	2009.12.01	-	12,006
Lesotho	1981.06.18	1988.01.01	-	1,103
Liberia	2005.09.16	2006.10.01	-	479
Lithuania	1995.01.18	1996.02.01	11, 29	14,560
Luxembourg	1997.01.30	1998.02.01	-	96,269
Macedonia	2006.11.22	2007.12.01	-	4,896
Madagascar	2014.09.24	2015.10.01	-	444
Mauritania	1999.08.20	2000.09.01	-	1,347
Mexico	1987.12.29	1989.01.01	-	10,174
Moldova	1994.10.13	1995.11.01	-	1,726
Mongolia	1997.12.31	1999.01.01	-	4,195
Montenegro	2006.06.03	2007.07.01	-	6,778
Netherlands	1990.12.13	1992.01.01	-	44,249
New Zealand	1994.09.22	1995.10.01	적용영역제한	42,017
Norway	1988.07.20	1989.08.01	적용영역제한	80,749
Paraguay	2006.01.31	2007.02.01	11, 29	4,383
Peru	1999.03.25	2000.04.01	-	5,962
Poland	1995.05.15	1996.06.01	-	12,921

Republic of Korea	2004.02.17	2005.03.01	-	28,338
Romania	1991.05.22	1992.06.01	-	9,570
Russian Federation	1990.08.16	1991.09.01	11, 29	8,184
St. Vincent & Grenadines	2000.09.12	2001.10.01	1(b)	6,894
San Marino	2012.02.22	2013.03.01	-	49,139
Serbia	2001.03.12	2002.04.01	-	5,676
Singapore	1995.02.16	1996.03.01	1(b)	53,604
Slovakia	1991.12.07	1993.01.01	1(b)	16,138
Slovenia	1991.06.25	1992.07.01	-	20,850
Spain	1990.07.24	1991.08.01	-	26,517
Sweden	1987.12.15	1989.01.01	적용영역제한	49,582
Switzerland	1990.02.12	1991.03.01	-	84,070
Syrian Arab Republic	1982.10.19	1988.01.01	-	2,578
Turkey	2010.07.07	2011.08.01	-	9,680
Uganda	1992.02.12	1993.03.01	-	684
Ukraine	1990.01.03	1991.02.01	11, 29	2,002
Uruguay	1999.01.25	2000.02.01	-	16,642
USA	1986.12.11	1988.01.01	1(b)	56,421
Uzbekistan	1996.11.27	1997.12.01	-	2,002
Venezuela	1981.09.28	1988.01.01	-	5,485
Zambia	1986.06.06	1988.01.01	-	1,833
총 83개국	2015. 07. 30. 기준			2015 (IMF기준)

제 2 편

적용범위와 총칙

제 2 편

적용범위와 총칙

구분 및 내용		
제2편 적용범위와 총칙		제01조~제13조
	제1장 적용범위	제01조~제06조
	제2장 총 칙	제07조~제13조

[047] 제2편[제01조~제13조]은 CISG의 '일반규정'(general principles)으로서 기능한다. 그 내용은 '적용범위', '해석규칙' 및 '계약의 형식' 등이다. 규정체계는, 제1장 적용범위[제1조~제6조]와, 제2장 총칙[제7조~제13조]으로 구분된다.

■ SUMMARY [*Part* Ⅰ]

Part Ⅰ *of the Convention addresses the question preliminary to all others under the CISG of the applicability of the Convention, as well as general matters such as interpretation and formality requirements. It is divided into two chapters: Chapter I, 'Sphere of application,' encompasses articles 1-6 of the CISG; Chapter II, 'General provisions,' covers articles 7-13.*

제1장 CISG의 적용범위

구분 및 내용	
제2편 적용범위와 총칙	제01조~제13조
제1장 CISG의 적용범위	제01조~제06조
제1조 적용상의 기본원칙	
제2조 제외되는 매매	
제3조 제조될 물품 및 서비스	
제4조 적용사항과 비적용사항	
제5조 사망 등에 대한 책임의 배제	
제6조 계약에 의한 배제 또는 변경	
제2장 총 칙	제07조~제13조

[048] **제1장**[제1조~제6조]은 CISG의 적용범위를 규정하고 있다. 제1조 내지 제3조까지는 각종 거래에 CISG의 적용가능 여부를 명시하고 있으며, 제4조와 제5조는 CISG가 관여되는 사항과 적용배제의 사항을 명시하고 있다. 제6조는 포괄적으로 **'계약자유**(liberty of contract)**의 원칙'**[32)]을 천명하고 있는데, 이 원칙은 CISG가 규율하고 있는 국제물품매매계약에 해당하는 거래와, 그 적용에 따른 포괄적 기준으로서 기능한다.

[049] **제1장**은 CISG의 **최종규정**[제89조~제101조]과 밀접한 연관성을 갖고 있다. 곧, **제1조**[적용범위]는 당해 연관조항의 적용에 영향을 미칠 수 있는데, 그 내용은 **제92조**[체약국이 제2편과 제3편 조항에 구속되지 않는다는 선언], **제93조**[연방국가의 선언], **제94조**[유사 법률을 보유하고 있는 체약국은, 이러한 국가에서 영업장소를 두고 있는 당사자 간의 거래에 본 협약을 적용할 수 없다고 하는 선언], **제95조**[체약국이 제1조 (1), (b)에 구속되지 않는다는 선언], **제99조**[발효시기], **제100조**[적용시기]을 포함하여, **제11조**[서면으로 계약을 체결하는 방식과 그 밖의 체결방식의 배제]와, **제12조**[제11조와 그 밖의 특정한 서면요건을 수용하고 있는 규정적용의 예외]를 적용할 때, 반드시 **제96조**[CISG의 반형식주의 적용불가의 선언을 한 체약국에서 당사자 일방이 영업소를 두고 있는 경우]를 고려해야 한다는 규정 등이다.

---

32) **'계약자유**(契約自由)**의 원칙'**은, **'계약을 체결할 것인가 내지 계약내용이나 그 형식은 어떻게 할 것인가의 여부는 당사자의 자유라는 원칙'**이다. **'소유권 절대**(所有權絶對)**의 원칙'**, **'과실책임**(過失責任)**의 원칙'** 등과 함께 **'근대 민법의 3대 원칙'**을 이루고 있다. 계약자유의 내용으로는, i) **'체결의 자유'**, ii) **'상대방 선택의 자유'**, iii) **'내용결정의 자유'**, iv) **'방식의 자유'** 등을 드는 것이 통례이다.

행동(行動)은 내면(內面)의 비밀(秘密)을 나타낸다.

■ SUMMARY [*Chapter* Ⅰ]

1. Chapter Ⅰ *of Part I of the CISG contains provisions defining the scope of the Convention. Articles 1-3 identify transactions to which the CISG does and does not apply. Articles 4 and 5 describe issues that are and are not addressed in the Convention. Article 6 contains a broad principle of party autonomy that can affect both the transactions and the issues that are governed by the CISG.*

2. Several provisions of Chapter Ⅰ *implicate final provisions of the Convention, found in Part IV of the CISG covering articles 89-101. For example, application of article 1, the main provision governing the Convention's applicability, may be affected by, inter alia, articles 92 (declarations that a State is not bound by Part II or by Part III of the Convention), article 93 (federal-state clause), article 94 (declarations by States with harmonized sales law that the Convention does not apply to sales between parties located in those States), article 95 (declarations that a State is not bound by article 1 (1), (b)), article 99 (time at which the Convention enters into force), and article 100 (temporal rules for applying the Convention). Similarly, both article 11 (which eliminates writing and other formality requirements) and article 12 (which creates an exception to the applicability of article 11 and other anti-formality rules of the Convention) must be applied in light of article 96 (declarations that the anti-formality rules of the Convention do not apply where a party is located in the declaring State).*

001. 적용상의 기본원칙

Art. 1.

(1) This Convention applies to contracts of sale of goods between parties whose places of business are in different States:

(a) when the States are Contracting States; or

(b) when the rules of private international law lead to the application of the law of a Contracting State.

(2) The fact that the parties have their places of business in different States is to be disregarded whenever this fact does not appear either from the contract or from any dealings between, or from information disclosed by, the parties at any time before or at the conclusion of the contract.

(3) Neither the nationality of the parties nor the civil or commercial character of the parties or of the contract is to be taken into consideration in determining the application of this Convention.

제1조

(1) 본 협약은 다음과 같은 경우에 영업소가 서로 다른 국가에 있는 당사자 간의 물품매매계약에 적용된다.

(a) 당해 국가가 모두 체약국인 경우

(b) 국제사법의 규칙에 의한 체약국의 법이 적용되는 경우

(2) 당사자가 서로 다른 국가에 영업소를 가지고 있다는 사실은 계약으로부터 또는 계약체결 전이나, 계약체결 시에 당사자 간의 거래나 당사자에 의해 밝혀진 정보로부터 드러나지 아니한 경우에는 고려되지 아니한다.

(3) 당사자의 국적 또는 당사자나 계약의 민사적, 상사적 성격은 본 협약의 적용여부를 결정하는데 고려되지 아니한다.

[050] 제1조는 CISG의 적용여부를 판단하기 위한 규정이다. 본조는 CISG의 본질적인 적용범위를 축소 또는 확대시키고 있는 연관규정으로서, 이하 제2조[제외되는 매매]와 제3조[제조될 물품 및 서비스]를 결부하여 이해하여야 한다.

거증책임(擧證責任)은 원고(原告)에게 있다.

1. CISG는 국제사법의 적용보다 우선한다.

[051] 통상적으로, CISG와 **법정지**(法廷地, forum)[33]의 **국제사법**(國際私法)은 모두 **국제계약**(國際契約, contract on international business)[34]을 규율하고 있다. 이 경우 CISG의 본질과 그 국제적·지역적 적용범위 등을 올바로 파악하기 위해서는, 무엇보다도 CISG와 국제사법 간의 관계를 명확히 해 두는 것이 중요하다.

[052] **판례법**(判例法, case law)[35]에 의할 경우에도, 마찬가지로 체약국 법원은 국제사법의 원칙을 적용하기 전에, 반드시 CISG 적용여부를 판단해야 한다. 왜냐하면, CISG는 국제사법에 기한 일반원칙에 우선하여 적용되고, 또한 실질적인 해결방안을 제공하고 있기 때문이다. 곧, 체약국으로서 CISG를 수용하고 있는 국가는 통상 CISG를 국내법상 **실체법**(實體法, substantive law)[36] 내지 **특별법**(特別法, special law)으로서의 지위를 부여하고 있기 때문이다.

---

33) '**소송이 계속된 법원이 소재하는 나라의 법**'을, '**국제사법**'(國際私法) 또는 '**법정지법**'(法廷地法)이라 한다. 예컨대, 미국인이 중국인을 상대로 불법행위로 인한 손해배상청구소송을 서울지방법원에 제기하였다면, 우리 민법이 '**법정지법**'이 된다. '**법정지법**'은, 달리 '**소송지법**'(訴訟地法)이라고도 하고, '**내국법**'(內國法)이라고도 한다. 우리나라 '**국제사법**'은, 외국법이 준거법으로 지정된 경우에도 그 법이 대한민국의 법을 적용해야 하는 경우 외국법을 적용함으로써 우리나라 선량한 풍속 및 그 밖의 사회질서에 위반되는 경우를 포함하여, 한정치산 및 금치산선고, 환어음·약속어음·수표 등의 행위에 관하여 '**소송지법**'인 대한민국 법에 의하도록 함으로써 외국법의 적용을 제한하고 있다.

34) '**국제계약**'(國際契約)은, '**국제거래에 관해 계약당사자의 법적 권리·의무를 규정하는 성문의 합의**'로서, 우리나라 상인이 외국 상인과 체결하는 물품의 수입·외국기술·자본의 도입 등 경제적 가치의 국제적 이전을 내용으로 하는 계약을 총칭한다. 국제거래에는, 상관행·법적 규제·용어 등의 해석이 국내와는 상이하여, 당해 거래 전에 반드시 성문화된 계약서를 작성·교환해서, 후일의 분쟁발생에 대비하여야 한다.

35) '**판례법**'(判例法)이란, '**판례를 법원으로 인정하는 경우에 판례의 형식으로 존재하는 법**'을 말한다. 영미법계에서는, 판례가 가장 중요한 **법원**(法源)이며, 따라서, 판례법의 국가라고 불리고 있지만, '**성문법**'(成文法)을 중심으로 하는 우리나라는, 판례를 법원으로 인정할 것인지의 여부에 관하여 다툼이 있다. 우리나라 상급심의 판단은, 그 사건에 관하여서만 하급심을 기속함에 그치므로, 판례의 구속력은 제도적으로는 보장되어 있지 않다. 한편, 일반인도 패소하지 않기 위해서는, 판례에 따라 행동하지 않으면 안 된다. 따라서, 판례의 구속력은 사실상 매우 강하다. 그리하여 이것을 중시하는 자는, 판례를 법원으로 보고 있으며, 이것을 부정하는 자도 판례가 반복됨으로써, '**관습법**'(慣習法)으로서 **법원**(法源)의 지위를 차지하게 됨을 인정한다. 참고로, 본서에서 사용하고 있는 '**판례법**'에 대한 용어는, '**영미법**'을 지칭한다.

36) '**실체법**'(實體法)이란, '**어떠한 사항의 실체에 관하여 규정한 법**'이고, '**절차법**'(節次法)이란, '**실체법을 실현하는 절차에 대해서 규정한 법**'이다. 예컨대, 돈을 빌린 사람은 그것을 갚을 의무가 있다고 한 민법규정은 '**실체법**'이며, 돈을 갚지 않았을 때 강제로 받아내는 절차를 규정한 민사소송법은 '**절차법**'이다. 민법·상법·형법 등은 '**실체법**'에 속하지만, 경우에 따라서는 '**실체법**' 중에도 절차에 관한 규정이 있을 수도 있으며, 또 '**절차법**' 중에도 실체에 관한 규정이 삽입되는 경우가 있다. 통상 '**실체법**'은 '**절차법**'과 혼용하고 있음이 일반적이다.

2. CISG는 국제물품매매계약에 적용된다.

[053] CISG는 **국제물품매매계약**(contract for the international sale of goods)에 적용된다. 그렇지만, CISG는 **물품매매계약**(contract for the sale of goods)[37]에 관한 명시적인 정의규정을 두고 있지는 않다. 다만, **제30조**[매도인 의무의 총괄]와 **제53조**[매수인 의무의 총괄]의 **유추해석**(類推解釋, analogy interpretation)[38]을 통해 **물품매매계약**에 대한 정의를 [간접적으로] 추론할 수 있다. 이를테면, CISG에서 규율하고 있는 **물품매매계약은**, **일방당사자**[매도인(賣渡人, seller)]가 물품을 **인도**(引渡, delivery)[39]

---

37) 간략히, '**물품과 대금을 교환하는 계약**'을 말한다. 즉, 거래에서 일방이 재산권을 상대방에게 이전할 것을 약속하고, 상대방은 이에 대한 대금을 지급할 것을 약정하여 성립된다. 국제물품매매가 성립되기 위해서는, 일반적으로 '**유상계약**'(有償契約) · '**쌍무계약**'(雙務契約) · '**낙성계약**'(諾成契約) · '**불요식계약**'(不要式契約)이라는 특징을 지녀야 한다. 계약의 종류에 관하여 상술하면 다음과 같다. i) '**전형계약**'(典型契約) · '**비전형계약**'(非典型契約) : 우리 민법에서 열거하고 있는 특정의 14가지의 계약을 '**전형계약**'[유명계약(有名契約)]이라 하고, 그 밖의 계약을 '**비전형계약**'[무명계약(無名契約)]이라고 한다. 후자는, 계약자유의 원칙과 거래관계가 복잡해지면서 '**전형계약**'의 내용과는 다른 특수한 계약으로 생성되고 있다. ii) '**쌍무계약**'(雙務契約) · '**편무계약**'(片務契約) : 계약의 당사자가 서로 **대가적**(對價的) 의미를 가지는 채무를 부담하는 계약을 '**쌍무계약**'이라 하고, 당사자의 일방만이 채무를 부담하거나, 또는 쌍방이 채무를 부담하더라도 그 채무가 서로 대가적 의미를 가지지 않는 계약을 '**편무계약**'이라 한다. 매매 · 교환 · 임대차 등은 '**쌍무계약**'이고, 증여 · 사용대차 등은 '**편무계약**'이다. iii) '**유상계약**'(有償契約) · '**무상계약**'(無償契約) : 계약당사자가 서로 대가적 의미를 지닌 재산상의 **출연**(出捐)을 하는 계약이 '**유상계약**'이고, 계약당사자 중 일방만이 출연하든지 또는 쌍방 당사자가 출연을 하더라도 그 사이에 대가적 의미가 없는 계약은 '**무상계약**'이다. '**쌍무계약**'은 모두 '**유상계약**'이고, 증여 · 사용임차 등은 '**무상계약**'이다. iv) '**낙성계약**'(諾成契約) · '**요물계약**'(要物契約) : 당사자의 합의만으로 성립하는 계약을 '**낙성계약**'이라 하고, 합의 이외에 급부를 하여야만 성립하는 계약을 '**요물계약**'이라 한다. 현상광고는 응모자가 특정의 행위를 완료함으로써 계약이 성립하는 '**요물계약**'이고, 그 이외 민법의 전형계약은 모두 '**낙성계약**'이다. v) '**요식계약**'(要式契約) · '**불요식계약**'(不要式契約) : 어음행위와 같이 계약체결에 일정한 형식을 필요로 하는 계약을 '**요식계약**'이라 하고, 계약자유의 원칙에 따라 아무런 형식을 요하지 않는 계약을 '**불요식계약**'이라고 한다.

38) **차마**(車馬)의 통행을 금지한다는 법문이 있는 경우에 말의 통행을 금지하는 것과 유사한 이유에서 **사슴**[鹿]의 통행도 금지된다고 보는 것이 '**유추해석**'이다. **말**[馬]의 뜻 속에는 노새나 나귀까지 들어간다고 보는 것이 '**확장해석**'(擴張解釋)이라고 하더라도, 그 속에 사슴까지 포함될 수는 없다. 다만, 말의 통행이 어린이들에게 위험을 준다는 취지라면, 이와 같은 취지에서 그것과 유사한 사슴의 통행도 금지되어야 한다는 해석이 가능하게 되는데, 이 같은 해석방법을 '**유추해석**'이라고 한다.

39) '**인도**'(引渡)는, '**물건의 사실상 지배인 점유를 이전하는 것**'으로서, **동산물권변동**(動産物權變動)의 효력 발생요건이다. '**인도**'에는, '**현실의 인도**' 이외에 '**간이인도**'(簡易引渡), '**점유개정**'(占有改正) 그리고 '**목적물반환청구권의 양도에 의한 인도**' 등 간편한 인도방법이 있는데, '**인도**'의 원칙적인 모습인 '**현실의 인도**'란, '**사회관념상 물건이 동일성을 유지하면서, 양도인의 지배권으로부터 양수인의 지배권으로 이전되는 것**'을 말한다. '**인도**'는 '**등기**'와는 달라서 일시적인 것이 되어, 일반인에게 공시의 역할이 미약하므로, 이와 같은 불완전한 공시의 결점을 보전할 필요가 있다. 그 제도가 '**선의취득**'(善意取得)에 의한 거래의 보호이다. 이 경우, '**간이인도**'란, 양수인이 이미 물건을 점유하고 있을 때에는, 따로 '**인도**'라는 절차를 밟을 필요가 없으므로, 당사자의 의사표시만으로써 '**인도**'가 끝난 것으로 하는 제도를 말한다. 예컨대, B가 A로부터 빌린 자전거를 A로부터 매수하였다고 할 경우에는 한번 A에게 되돌려주었다가, 다시 A로부터 인도를 받는다는 것은 헛된 수고만 더하기 때문에, 실제로 물건의 이동을 하지 않고서 A와 B의 합의만으로 인도를 끝내버리는 간편한 인도방법이다. '**점유개정**'은, 동산물권을 양도하는 경우에 양도인과 양수인 사이에 점유매개관계를 설정하여 양수인은 간접점유자로 하고, 양도인은 직접점유자로서 그 동산의 점유를 계속하는 것을 말한다. 예컨대, A가 그의 소유물을 B에게 팔고, 계속 그 물건을 임차하는 때에는 **양수인**[B]에게 인도하였다가, 다시 **양도인**[A]이 빌려오는 불필요한 절차를 생략한 편의적

해야 함과 동시에, 물품의 **소유권**(所有權, property, ownership)[40]을 **타방당사자**[매수인(買受人, buyer)]에게 이전해야 할 의무가 있고, 타방당사자는 그 **대가**(對價, consideration)[41]로서 **대금**(代金, purchase price)[42]을 지급하고, 물품을 수령해야 할 의무가 있다는 상호 간의 명시적·묵시적 합의의 내

방법이다. '**점유개정**'은, 물건에 대한 사실적 지배가 이전됨이 없이 '**인도**'가 이루어진다는 점에서는 '**간이인도**'와 동일하나, '**점유개정**'에 의하여 **양도인**[A]은 직접점유, 타주점유를 하게 되고, **양수인**[B]은 간접점유, 자주점유를 하는 반면에, '**간이인도**'에 의해서는 양수인이 직접점유, 자주점유를 한다는 점에서 구별된다. '**점유개정**'에 의하여 동산의 소유권이 이전되는 전형적인 경우가 동산의 '**양도담보**'(讓渡擔保)이다. 이 경우, '**양도담보**'란, '**채권담보의 목적으로 채권자에게 소유권 기타 재산권을 이전하고, 채무자가 채무를 이행하지 않는 경우에 채권자가 그 소유권을 확정적으로 취득하거나, 그 목적물로부터 우선변제를 받지만, 채무자가 채무를 이행하는 경우에는 이전받은 재산권을 원래의 재산권자에게 복귀시키는 방법에 의하는 것**'을 말한다.

40) '**소유권**'(所有權)이란, '**어떤 물건을 자기가 사용하는 것은 물론 그것을 타인에게 임대하든[수익(收益)], 매각하든 또는 파괴[처분(處分)]하든 간에, 전혀 자기의 자유의사대로 할 수 있는 것을 내용으로 하는 권리**'이며, **물권**(物權)의 가장 기본적이고 대표적인 것이다. '**소유권**'은 재산권의 가장 기본적인 것이며, 자본주의 사회의 법은 이것을 기초로 하여 존립하고 있다고 해도 과언이 아니다. 그 때문에 헌법에서 이를 보장하고 있으며, 그 침해에 관하여는 민법상 및 형법상의 보호가 주어지고 있다. 이와 같은 '**소유권**'의 행사가 소유자의 자유의사에 맡겨져 있는 것을, '**소유권절대의 원칙**'이라고 한다. 그러나, 20세기에 들어서면서 '**소유권**'을 제한하게 되었고, 이것을 사회일반의 복지요구에 따르게 하려는 사상이 고조되어, 권리의 남용이나 공공의 복리에 의한 제한이라는 사고방식이 강조되었다. 그러나, '**소유권**'은 현재 사회를 전제로 하는 한, '**소유권**'의 사유를 근본적으로 부정하는 것은 불가능한 것이다. '**소유권**'과 구별되는 개념으로서 '**점유권**'(占有權)은, "**점유**'라는 **사실에 근거해서 점유자에게 인정한 일종의 권리**'이다. 여기에는 여러 가지 효력이 인정되어 있다. 예컨대, 점유자가 점유물에 관하여 행사하는 권리는 적법하게 보유한 것으로 추정된다. 그러므로 시계를 도둑맞은 자가 그 시계를 '**점유**'하고 있는 도둑을 찾아서 그 반환을 요구하는 경우에도, 도둑은 '**점유**'하고 있다는 점에서 일단 정당한 '**점유**'로 추정할 수 있기 때문에, 도둑맞은 자는 자기가 소유자라는 이유로 도둑의 '**점유권**'을 침해할 수 없다. 점유자는 자기가 '**점유**'하고 있는 시계를 탈취당하거나, 자기 토지에 자동차를 진입케 하여 토지의 이용을 방해한다거나 또는 방해할 우려가 있는 자에 관하여 물건의 반환이나 방해의 제거 또는 방해의 예방을 청구할 수가 있다. 이것을 '**점유보호청구권**'(占有保護請求權)이라 한다.

41) 광의로는, '**자기의 재산·노력 등을 타인에게 주거나, 이용시키는 보수로서 받는 재산상의 이익**'을 말한다. 물건의 매매·가옥의 임대·노무의 제공에 대한 매매대금·이자·차임·노임과 같은 것이다. 이러한 '**대가**'(對價)의 유무에 의하여, **유상계약**(有償契約)·**무상계약**(無償契約)·**유상행위**(有償行爲)·**무상행위**(無償行爲)로 구분한다. 협의로는, 넓은 뜻의 '**대가**' 중에서, 그 제공의 의무가 법률적으로 서로 대응하는 관계에 있는 것이다. 예컨대, **이자부소비대차**(利子付消費貸借)에 있어서 차주의 이자의 지급의무에 대응하는 대주의 원본대여의무는 광의의 **대가관계**(對價關係)가 있으므로, 유상계약임에는 틀림없으나, 법률상 전자가 선이행되어야 할 것을 전제하므로, 이자는 이런 뜻에서는 '**대가**'가 아니다. 쌍방의 채무가 대가관계에 있느냐의 여부에 의하여, **쌍무계약**(雙務契約)·**편무계약**(片務契約)으로 구분한다. '**대가**'(代價)의 오기(誤記)에 유의하여야 한다.

42) '**매매에 있어서, 재산권 이전의 대가로서 매수인이 지급하는 금전**'을 '**대금**'(代金)이라 한다. 지급의 시기·장소는, 일반적으로 특약에 의하여 결정되지만, 특약이 없는 경우를 위하여, 우리 민법은 일정한 규정을 두고 있다. 즉, 목적물을 인도할 시기만을 약속한 경우에는 '**대금**'의 지급도 그 시기에 할 것을 약속한 것으로 추정되고, 목적물의 인도와 동시에 '**대금**'을 지급하는 경우에 '대금'은 목적물의 인도장소에서 지급하여야 하며, 또한 '**대금**'을 지급하지 않고 있는 동안에 목적물의 인도를 받은 경우에는 원칙적으로 그 날부터 이자를 지급하여야 한다. 매매의 목적물에 관하여 권리를 주장하는 자가 있어서, 그로 인하여 매수인이 매수한 권리의 전부나 일부를 잃게 될 염려가 있는 경우에 매수인은 위험의 한도에서 '**대금**'의 전부나 일부의 지급을 거절할 수 있다. 그러나, 매도인이 상당한 담보를 제공한다면, 매수인은 '**대금**'의 지급을 거절하지 못한다. 매수인에게 위와 같은 '**대금지급거절권**'(代金支給拒絶權)이 있는 경우에 매도인은 매수인에 대하여 '**대금**'의 **공탁**(供託)을 청구할 수 있다.

No one is obliged to accuse himself, unless before God.

용을 담고 있어야 한다는 것이다.

[054] 제73조[분할이행계약의 해제]에 의할 경우, CISG는 분할인도계약(delivery of goods by installments)에도 적용할 수 있을 뿐만 아니라, 물품의 공급자가 매수인의 고객에게 직접 물품을 인도하는 계약에도 적용할 수 있다. 아울러, 제29조[계약의 변경과 서면요건]에 따라, 매매계약을 변경하는 계약도 본조의 적용범위에 포함된다.

[055] 한편, 제3조[제조될 물품 및 서비스]는 특별한 규칙을 포함하고 있다. 그 내용은 CISG의 실질적 적용범위를 제조될 물품의 매매계약과, 일정한 한도 내에서 매수인에게 제공해야 할 서비스계약에까지 확대시키고 있다는 것이다. 다른 한편, CISG는 소위 분배계약(distribution agreement)에는 적용되지 않는다. 왜냐하면, 분배계약은 대개의 경우 주로 조직적인 판매에만 그 이해(利害)을 두고 있는 까닭에, 이로부터 물품의 소유권이 이전될 수 있는 여지가 없기 때문이다. 다만, 분배계약이 체결될 경우에 설령 CISG의 효력이 부인될 수 있다고 하더라도, 달리 분배계약을 이행하기 위하여 체결된 물품매매계약의 경우에는 다름없이 CISG가 적용될 수 있다는 사실은 유의하여야 할 사항이다.

3. 프랜차이즈계약은 CISG의 적용범위에 포함되지 않는다.

[056] CISG는 물품[物品, 물건(物件), goods][43]에 대한 정의규정을 두고 있지 않다. 그러나, 제7조[계약의 해석원칙] (1)에 비추어, 물품의 개념은 국내법에 의한 정의로부터 유추할 수 있는 개념이 아니라, 다만 CISG의 '국제적인 성격'(international character)과 그 '적용상 통일을 증진할 수 있는 필요성'(the need to promote uniformity in its application)을 고려하여 합리적(reasonable)[44]으로 해석하여야 한다.

---

43) 우리 민법상 '물건'(物件)이란, '유체물 및 전기 기타 관리할 수 있는 자연력을 말한다'라고 규정하고 있다. 따라서, 민법상 '물건'이기 위해서는 유체물이나 관리가능한 자연력이어야 하고, 사람이 그것을 관리할 수 있어야 하며, 외계의 일부로서 독립한 '물건'이어야 한다. 이 경우 사람의 오감에 의하여 지각할 수 있는 형태를 가지는 유체물과, 전기·열·광·음악·향기·에너지 등 관리 가능한 자연력도 '물건'이 될 수 있다. 그러나, 아무리 유체물이라 하더라도 사람이 관리할 수 없는 것, 이를테면 일·월·성·공기 등은 법률상 '물건'의 개념에서 제외된다. 또한, 민법은 인격절대주의를 취하고 있으므로, 신체 또는 신체의 일부는 법률상 '물건'이 아니다. 물권의 목적인 '물건'은, 배타적 지배가 가능한 독립한 '물건'이어야 한다. 그러므로 원칙상 '물건'의 일부, 그 구성부분 또는 여러 개의 '물건'의 집합은 '물건'이 아니다. 이 경우 '물품'(物品)은 상학적(商學的) 용어로서 '물건'에 의제된다.

44) 이하, 달리 언급한 바 없는 경우에 'reasonable'은 '기간과 관해서는 '상당한''으로, 당사자의 '용태 또는 상태 등에 관해서는 '합리적''으로 구분하여 사용한다.

[057] CISG에서의 물품은 원칙적으로 당해 물품이 인도될 때에, 그 물품이 **유형물**(有形物)인지의 여부 및 중고 내지 신상품인지 여부 등을 불문하고, **운송**(運送, transportation)이 가능한 **유형재화**(有形財貨, visible goods, tangible goods) 일체를 망라하고 있다. 그러나, **지적재산권**(知的財産權, intellectual property right),[45] **유한회사**(有限會社, private company)[46]에 관한 권익, **양도부채**(讓渡負債, assigned debt) 등의 **무형재화**(無形財貨, invisible goods, intangible goods) 등은 CISG하에서 물품의 범주에 포함되지 않는다.

[058] 한편, 컴퓨터 **하드웨어**(hardware)에 관한 매매계약은 다름없이 CISG의 적용범위에 포함되나, 이에 반하여 **소프트웨어**(software)는 배제된다. 생각건대, 소프트웨어는 '**물품의 위험과 이전에 대한 시기와 장소**' 및 '**계약당사자의 권리와 의무의 확정**'이라는 시각에서, 그 자체로서 특단의 문제점을 내재하고 있기 때문이라고 판단된다.

4. 국제성과 영업소의 결정기준

[059] CISG의 적용범위는 [앞서 본 바와 같이] **국제물품매매계약**(國際物品賣買契約)에 국한된다. 제1조 (1)에 의할 경우 국제물품매매계약의 본질은, 국제계약의 체결 시에 당사자는 '**서로 다른 국가**'[異國]에 **영업소**(business place)를 보유하여, 이로부터 당해 계약이 **국제성**(國際性,

---

45) '**지적재산권**'(知的財産權)은, '**무체재산권**'(無體財産權)이라고도 하며, '**인간의 사상으로부터 창출된 모든 권리, 즉 지적재산을 소유하는 권리**'를 말한다. 이는 법률에 의해 보호되는 정도의 차이는 있으나, 어떤 형태로든 보호가 되고 있는 지적재산의 총칭으로 정의할 수 있다. '**지적재산권**'은, 창작에 관한 '**저작권**'(著作權)과, '**특허권**'(特許權)·'**실용신안권**'(實用新案權)·'**의장권**'(意匠權)·'**상표권**'(商標權)을 포함하는 '**산업재산권**'(産業財産權)으로 구분된다. 인간 사상의 창작물, 즉 머리를 써서 만들어진 지적재산은 그것이 일단 권리화 하여 '**지적재산권**'으로 되면, 우리가 통상적으로 알고 있는 다른 권리, 예컨대, 부동산·동산 등 소유권과 같은 권리를 갖는다. 따라서, 부동산 소유자가 소유부동산을 타인에게 임차하고 임차료를 받을 수 있듯이, '**지적재산권**'의 소유자도 자기가 갖고 있는 지적재산을 타인에게 사용하게 하고, 그 사용에 따른 대가를 요구할 수 있다. 그리고 부동산·동산·금융자산 등이 타인으로부터 침해를 받으면, 당연히 형사상의 고소를 한다든지, 민사상 손해배상청구를 하여, 자기의 피해를 배상받을 수 있듯이, '**지적재산권자**'도 자기의 지적재산을 침해하는 타인의 행위를 중지시키거나, 침해로 인한 손해를 배상받을 수 있다. 환언하면, 어떤 토지의 소유권이 있을 때에, 그 토지를 사용·수익·처분할 수 있는 권리를 갖는 것과 같이, 어떤 기술에 대한 특허권·영화작품의 방영권 또는 어느 책의 저작권을 갖고 있으면, 이들 지적재산에 관한 권리도 자기의 권리를, 위에서 말한 토지소유권과 같이 재산권으로서 타인은 사용하지 못하게 하고, 자기만이 이용하거나, 타인에게 임차 또는 양도하여 금전화 할 수 있다.

46) '**유한회사**'(有限會社)라 함은, 주식회사의 주주와 같이, '**회사채권자에 대해서는 직접 아무런 책임을 지지 않고, 회사에 대해서만 일정한 범위의 출자의무만을 부담하는 간접·유한책임의 사원만으로 구성된 회사**'이다. '**유한회사**'는 독일·프랑스의 유한책임회사, 영국의 **사회사**(私會社)를 모방하여 채용된 물적 회사와 인적 회사의 장점을 융합시킨 중간적 형태의 회사로서, 중소기업에 적합한 형태의 회사이다. 그 조직이 비공개적·폐쇄적인 점에서는, 인적 회사와 유사하나, 유한책임사원으로 구성되는 자본단체란 점에서는, 주식회사와 유사하다. 소위 '**폐쇄적 간이주식회사**'라고도 말할 수 있다.

internationality)을 충족하고 있다는 사실을 만족하여야 하는 것에 두고 있다.

[060] 본조 (3)에서는 양당사자의 영업소가 동일한 국가에 있는 경우에는 국제성을 충족하지 않은 것으로 보고 있다. 이 경우 설령 양자의 **국적**(國籍, nationality)이 서로 다르다고 하더라도 그 결과는 동일하다. 나아가, 계약의 체결 장소와 이행의 장소가 서로 다른 국가에 있는 경우에도 마찬가지이다. 그리고, 계약의 '**민사적**(民事的) · **상사적**(商事的) **성격**'은 CISG의 적용을 결정하는 데 고려되지 아니한다. 그렇지만, 가령 **중개인**(仲介人, broker)[47]이 개입되어 물품매매계약이 체결된 경우에는 당해 계약의 국제성의 충족여부를 판단함에 있어, 우선적으로 당해 계약의 **당사자**[**본인**(**本人**, principal)]를 반드시 확인하여야 한다. 왜냐하면, 이 경우에 그 누가 계약당사자인지의 문제에 관하여 [**특정인**(**特定人**)**으로서의 본인**(**本人**)] CISG에서는 명시적으로 규정하지 않고 있기 때문에, 이로부터 [**예기치 않게**] 법원 소재지의 국제사법의 원칙에 따라, 국제성의 충족여부에 관한 별단의 기준이 적용될 수도 있기 때문이다.

[061] 본조 (2)에서 명시하고 있는 바와 같이, 당사자가 '**서로 다른 국가**'[異國]에 영업소를 가지고 있다는 사실이 계약으로부터 또는 계약체결 전이나 또는 계약체결 시에 당사자 간에 이루어진 어떠한 거래로부터, 또는 당사자에 의하여 밝혀진 정보로부터 드러나지 아니한 경우에는 국제성을 고려하지 아니한다. 이 경우, 만약 일방당사자에 의해 "**당해 계약은 국제성이 분명하지 않으므로 CISG를 적용할 수 없다**"고 하는 주장이 제기되는 경우에는 통상적으로 이를 주장한 당사자에게 **입증책임**(立證責任, burden of proof)[48]이 부과된다.

---

47) '**중개인**'(仲介人)이라 함은, '**타인 간의 상행위의 중개를 영업으로 하는 자**'를 말한다. 여기서 '**중개**'란 '**타인 간의 계약체결에 진력하는 사실행위**'를 말한다. '**중개인**'은, 타인 간의 상행위의 중개를 영업으로 한다. 널리, 타인 간의 상행위의 중개를 하는 점에서, 일정한 상인을 위하여 계속적으로 상행위의 중개를 하는 '**중개대리상**'(仲介代理商)과 다르다. 이로 인하여, 때로는 '**중개인**'을 '**순간적 중개인**'(瞬間的仲介人)이라고도 한다. '**중개**'는 상행위를 전제로 하고 있으므로, 적어도 타인 중 일방은 상인이어야 한다. '**중개인**'은 '**중개**'라는 사실행위를 할 수 있을 뿐이며, 특약이나 상관습이 없는 한, 계약체결을 위한 대리권은 없다. 이 점에서 '**중개인**'은 자기명의로 법률행위를 하는 **위탁매매인**(委託賣買人)이나, **운송주선인**(運送周旋人)과 다르며, 일정한 상인의 대리인으로서 활동하는 **체약대리상**(締約代理商)과도 다르다. '**중개인**'은 '**중개**'의 인수를 영업으로 하는 독립된 상인이다. 이러한 '**중개인**'과 '**대리상**'을 비교하면, 양자는 타인을 위한 보조자이고, 독립된 상인이며, 상행위를 대상으로 한다는 점에서 같으나, 다음과 같은 차이가 있다. i) '**중개인**'은 사실행위인 중개행위를 하는 점에서 거래의 '**중개**'를 하는 '**중개대리상**'과 유사하나, 거래의 대리를 하는 '**체약대리상**'과는 다르다. ii) '**중개인**'은 불특정 다수의 위탁자를 위하여 중개행위를 하지만, 대리상의 본인은 특정된다. iii) '**중개인**'이 '**중개**'하는 상행위는 기본적 상행위인 경우에 그 제한이 없으나, 대리상은 본인의 영업부류에 속하는 상행위를 대리 또는 '**중개**'한다.

48) 소송상, 권리 또는 법률관계의 존부를 판단함에 필요한 사실에 관하여, 소송에 나타난 일체의 증거자료에 의하여도, 법원이 그 존부 여하를 결정할 수 없는 경우에는 이를 어느 당사자에게 불리하게 판단하지 않는 한, 재판을 할 수 없게 된다. 그러므로 이와 같은 경우에 당사자의 일방이 입을 불이익을 '**입증책임**'(立證責任)이라 한다[달리, '**증명책임**'(證明責任), '**거증책임**'(擧證責任)**이라고도 한다**]. 어느 당사자에게 불이익하게 그 사실의 존부를 인정할 것이냐의 결정을 '**입증책임의 분배**'라고 하고, '**입증책임**'은 이

대인(對人)에 대한 소권(訴權)은 당사자(當事者)의 사망(死亡)에 의하여 소멸(消滅)한다.

5. CISG 직접적용의 기준

[062] 계약당사자는 당해 물품매매계약의 **국제성**(國際性) 그 자체만으로 계약에 CISG를 적용할 수는 없다. 예컨대, 본조 (1)에는 CISG의 적용이 가능한 경우를, i) **'당해 국가가 모두 체약국인 경우'**, ii) **'국제사법의 규칙에 따라 어느 체약국의 법을 적용하게 되는 경우'** 두 가지로 규정하고 있다. 따라서, 그 중 어느 하나를 충족하여야 CISG를 적용할 수 있다. 결국, 당사자가 서로 다른 국가에 영업소를 보유하고 있고, 동시에 그들 국가가 모두 체약국인 경우 당해 계약에 CISG는 직접적으로 그리고 자동적으로 적용된다.

[063] 본조에서는 당사자가 계약에 CISG를 적용하기 위해서는 반드시 양당사자의 국가가 체약국임과 동시에, 각국에 각각의 영업소를 보유하고 있어야 한다고 명시하고 있다. 이 경우 양당사자가 서로 다른 체약국에 영업소를 보유하고 있다면, 비록 법원 소재지의 국제사법의 원칙에 의하여 제3국의 법률을 지정하는 것이 통상적이라고 하더라도, CISG는 다름없이 적용된다. 다만, 양당사자가 제3국의 법률을 적용하기로 합의하고, 이에 CISG의 적용을 배제하는 경우에는 그러하지 아니하다. 왜냐하면, CISG는 당사자 합의에 따라 그 적용을 제한 또는 배제할 수 있는 **임의법**(任意法, dispositive law)[49]으로서의 지위를 선언하고 있기 때문이다.

[064] **제99조**[CISG의 발효와 경과]에서는, 어느 국가가 언제 체약국이 되는지를 규정하고 있으며, **제100조**[청약 및 계약에 대한 발효일]에서는, 본조 (1), (a)에 의거하여, CISG가 적용되는 시점에 관하여 규정하고 있다. 이 경우 특히 유의할 사항은, 본조 (1), (a)에 따라 CISG를 적용하고자 할 때, 당사자의 영업소가 소재하는 체약국은, **제92조**[제2편 또는 제3편을 배제하고자 하는 유보] 또는 **제93조**[연방국가의 비준(批准, ratification)[50])]과 관련한 **유보**(留保, reservation)[51]선언을 하였는지 여부

와 같이 법원이 심리를 행한 후에 적용되는 문제로서, 당사자가 소송상 자기에게 유리한 사실에 관하여, 증거를 제출하는 사실상의 필요와는 직접 관계는 없고, 또한 추상적으로 법률효과에 따라 정해져 있는 것으로, 구체적인 소송상태에 의하여 전환하는 일은 없다. **'입증책임의 분배'**는 공평의 요구, 경험상의 개연성, 당해 권리의 실질적 목적 등 여러 가지 고려에서 정해져야 하는 것으로, 오히려 실체법에 있어서 연구될 문제이겠으나, 일반적으로는 권리관계의 발생 · 변경 · 소멸 등의 법률효과를 주장하는 자는 이를 직접 규정하는 법조의 요건사실의 **'입증책임'**을 진다. 또한, 동일한 법조 중의 요건을 정하는 방법으로는, 단서 또는 별항의 형식으로 정해지는 예외적 사실에 관해서는, 그 규정에 의한 효과를 다투는 자에게 **'입증책임'**이 있다. 사실의 추정에 관한 규정이 있는 경우에는 추정사실의 증명 대신에 증명이 쉬운 전제사실로써 갈음할 수 있음과 동시에, 상대방이 추정을 뒤집기 위해서는 추정과 반대의 사실에 관하여 **'입증책임'**을 지게 된다. 그리고 **'주장책임'**과 **'입증책임'**은 서로 독립한 뜻을 가지고 있다.

49) **'임의법'**[任意法 또는 **'임의규정'**(任意規定)]이란, **'당사자가 법의 규정과 다른 의사를 가지고 있을 때는 법 규정이 적용되지 않고, 당사자의 의사에 따르게 되는 법'**을 의미한다.

50) **'조약에 대한 국가의 최종적 확인행위'**를 **'비준'**(批准)이라 한다. 조약은 서명에 의하여 그 내용이 확정되지만, 보통의 조약은 **'비준'**을 하여야 조약으로서 성립하게 된다. 그리고 조약이 효력을 발생하려면,

를 고려해야 한다는 점이다.

[065] 만약, 어느 국가가 **제92조**[제2편 또는 제3편을 배제하고자 하는 유보]에 따른 유보조항을 보유한 채, CISG의 어느 특정한 규정에 구속되지 않겠다는 선언을 한 경우에는 본조 (1), (a)에 의해 그 적용이 배제된다. 따라서, 본조 (1), (a)에 의거, CISG 중에 유보와 관련되는 부분이 당해 거래에 적용될 수 있을지의 여부는 계약체결 시에 필히 되짚어 두어야 한다.

6. CISG 간접적용의 기준

[066] 한편, 일방당사자만이 체약국에 영업소를 보유하고 있는 경우 또는 양당사자가 모두 체약국에 영업소를 가지고 있지 않는 경우에는 국제사법의 원칙에 따라 체약국 법률이 **준거법**(準據法, applicable law)으로 지정되어 있는 한, 본조 (1), (b)에 의하여 체약국에서 CISG를 적용할 수 있다. 이 경우 연관된 국제사법의 원칙은 통상 법원 소재지의 법률을 지정하고 있음이 상례이기 때문에, 당해 국제사법의 국내규칙을 통하여 양당사자가 준거법을 선택할 수 있는지 또는 법원 소재지의 국제사법의 원칙에 따라 지정된 당해 원칙에 대한 **반정**(反定, renvoi)[52]이 필요한 지의 여부를 적절히 판단하여야 한다.

[067] [법적 근거에 기하여] 법원 소재지의 국제사법원칙이, 1980년 소위 **로마협약**(Rome Convention on the Law Applicable to Contractual Obligations)에 기초를 두고 있는 경우에는 동 협약 또한 다름없이 '**계약자유**(契約自由)**의 원칙**'을 수용하고 있으므로, 당사자가 체약국의 법률을 당해 계약에 적용

다시 '**비준서**'의 교환절차를 거쳐야 한다. 그러므로 '**비준**'은 조약의 효력 발생의 전제가 되는 것이 원칙이다. 중요한 조약의 체결 · '**비준**'에 관하여는 국회의 동의를 얻어야 한다.

51) 다수의 국가 간 조약에 있어서는, 특정의 당사자국이 조약 중의 일정한 조항의 자국에 대한 적용을 제한한다는 취지의 의사표시로서, 타국이 명시 또는 묵시로 그에 동의한다면 유효하게 된다. '**유보**'(留保)는 보통 서명을 할 때 행하여지며, 최근에는 비준할 때도 행하여진다. 이 밖에도 '**적용지역한정의 유보**' 및 '**해석에 관한 유보**' 등이 있다.

52) '**반정**'(反定)은, 국제사법의 소극적 저촉을 해결하는 일련의 방법이다. 어떤 법률관계에 관하여, 법정지의 국제사법규정에 의하면, 외국법을 적용할 것을 규정하고 있으나, 그 외국의 국제사법규정에 의하면, 법정지법 또는 제3국법을 적용하도록 규정하고 있는 경우에 그 규정에 따라 법정지법 또는 제3국법을 적용하는 것을, '**반정**' 또는 '**반치**'(反致)라 한다. 즉, 우리나라의 국제사법에 의해서 지정된 외국의 국제사법에 의하면, 오히려 한국법이 준거법이 될 때에는, 한국법원은 준거법으로서 한국법을 적용하고, 섭외적 사법문제를 해결한다. 그런 경우에 외국의 국제사법에 의하면, 한국법이 아니라 오히려 제3국법이 준거법이 될 때에는, 이것을 '**전치**'(轉致)라 한다. 우리나라에서 '**전치**'는 인정되고 있지 않다. 각국 간에 민 · 상법의 저촉문제를 해결한다는 국제사법의 본래의 기능으로 본다면, 국제사법에 의한 외국법의 지정에는, 그 외국의 국제사법규정은 포함하지 않기로 하였고, 따라서, 입법상으로나 학설상으로나 **반치반대론**(反致反對論)이 강하다. 그러나, 국제사법이 국제적으로 통일되지 않고 있는 상태에서는, 가급적 관계국 간에 판결의 조화를 도모하여야 하는 까닭에, '**반치**'는 유용한 것이다. '**반정**'을 인정하는 국제사법규정을 '**반정조항**'(反定條項)이라 한다.

시키고자 하는 경우에도 마찬가지로 본조 (1), (b)에 따라 CISG를 적용할 수 있다. 그렇지만, 법원 소재지의 국제사법원칙이 1955년 소위 **헤이그협약**(The Hague Convention of the Law Applicable to International Sales)을 수용하고 있는 경우 **헤이그협약** 제2조[53]에서는 법원이 양당사자로 하여금 그들 스스로 **'법의 선택'**(choice of law)에 따를 수 있는 규정을 존치해 두고 있음에 따라, 이 경우에도 마찬가지로 CISG를 적용할 수 있다.

[068] 계약당사자는, CISG를 **선택적[임의규정(任意規定)]**으로 당해 계약에 적용할 수 있다. 그렇지만, 만약 양당사자들이 어떠한 법률도 선택하지 않았거나, 그러한 선택이 **무효**(無效, nullity)[54]로 취급되어지는 경우에는 법원소재지의 국제사법의 원칙에 따라, 본조 (1), (b)에 의거, 당해 계약에 CISG를 적용할 수 있는지를 신중히 판단하여야 한다.

[069] 1980년 로마협약 **제4조[법의 선택이 부재한 경우 적용법]** (1)에 의하면,[55] 본 협약을 계약에 적용하기 위해서는, 당해 계약과 가장 밀접한 관계를 가지는 법을 선택하여야 하고, 아울러, 본 협약 제4조 (2)에 따라,[56] 양당사자는 계약체결 시에 당해 계약의 성격에 따라, 계약을 이행함에 있어 가장 밀접한 관련이 있는 국가에 영업소를 두고 있어야 한다. 따라서, 특정한 의무를

---

53) Hague Convention, Art. 2 : "A sale shall be governed by the domestic law of the country designated by the Contracting Parties. Such designation must be contained in an express clause, or unambiguously result from the provisions of the contract. Conditions affecting the consent of the parties to the law declared applicable shall be determined by such law."

54) **'법률행위가 성립한 때부터 그 효력이 발생하지 않는 것이 확정되어 있는 것'**을 말한다. **'무효'**(無效)인 법률행위는, 법률행위의 성립요건은 갖추었으나, 효력요건을 갖추지 못한 경우이므로, 법률행위의 성립요건조차 갖추지 못한 **'법률행위의 부존재'**와 구별된다. 또한, 법률행위 성립 당시에 효력을 가지나, 후에 소급하여 소멸케 하는 **'취소할 수 있는 법률행위'**와도 구별된다. 이 경우 **'취소'**(取消)는 **'원칙적으로 무능력 또는 의사표시가 사기 · 강박 · 착오로 행하여진 것을 이유로, 일단 유효하게 성립한 법률행위의 효력을 후에, 곧 행위 시에 소급하여 소멸케 하는 특정인[취소권자(取消權者)]의 의사표시'**를 말한다. **'취소할 수 있는 행위'**는 **'취소'**가 있을 때까지는 모든 자가 그 행위의 효력이 있는 것으로 다루며, 취소권자가 취소권을 포기하거나 또는 취소권이 소멸하면, 그 행위는 효력을 잃지 않는 것으로 확정된다. 이는 **'무효인 행위'**와 구분된다.

55) Rome Convention, Art. 4, (1) : "To the extent that the law applicable to the contract has not been chosen in accordance with Art. 3, the contract shall be governed by the law of the country with which it is most closely connected. Nevertheless, a separable part of the contract which has a closer connection with another country may by way of exception be governed by the law of that other country."

56) Rome Convention, Art. 4, (2) : "Subject to the provisions of paragraph 5 of this Art., it shall be presumed that the contract is most closely connected with the country where the party who is to effect the performance which is characteristic of the contract has, at the time of conclusion of the contract, his habitual residence, or, in the case of a body corporate or incorporate, its central administration. However, if the contract is entered into in the course of that party's trade or profession, that country shall be the country in which the principal place of business is situated or, where under the terms of the contract the performance is to be effected through a place of business other than the principal place of business, the country in which that other place of business is situated."

이행하여야 할 **일방당사자**[즉, 매도인(賣渡人)]가 본 협약의 체약국에 영업소를 두고 있는 경우에 **로마협약**의 체약국에 소재하고 있는 법원은 동 협약을 당해 계약에 적용시키는 것이 일반적이다. 다른 한편, 1955년 **헤이그협약**에 의할 경우 양당사자가 지정하고 있는 법률이 존재하고 있지 않은 때에는, 매도인 국가의 법률이 자동으로 적용된다. 그러나, 매도인이 매수인 국가에서 주문을 받은 경우에는 상황에 따라 매수인 국가의 법률이 적용될 수도 있음은 유의하여야 할 사항이다.

[070] 원칙적으로 CISG는 그 적용상 비체약국에 관하여 구속하지 않고 있다. 그러나, 만약 비체약국 법원소재지의 국제사법의 원칙에 따라, 체약국의 법률을 준거법으로 지정하고 있는 경우에는 CISG가 적용될 수 있을 것이다. 다만, 경우에 따라서는 국제사법의 적용에 따른 특단의 문제점이 발생할 수 있음은 유의하여야 한다.

■ SUMMARY [*Article 1*]

This article provides some of the rules for determining whether the Convention applies. Article 1 should be read in connection with articles 2 and 3, which respectively narrow and extend the Convention's substantive sphere of application.

판결례와 평가

- 적용범위 : CISG의 적용범위
- 출처표시 : 「Bundesgerichtshof」(Germany),『VIII ZR 259/97』, 1998.11.25.

1. 논점과 사실관계

① 본 사건은 영업소가 서로 다른 국가에 소재한 당사자 간의 국제물품매매계약과 관련하여, 일방의 국가가 체약국인 경우에 CISG가 직접 적용될 수 있는지의 여부를 다루고 있는 사례이다.[57]

---

57) 유사사례로서 다음을 참조할 수 있다(이하 본 참고문구는 생략한다).
① 「ICC International Court of Arbitration」, 『12460』, 2004.
② 「Oberlandesgericht Linz」(Austria), 『0 3 R 57/05 f』, 2005.08.08.
③ 「Hof van Beroep, Antwerpen」(Belgium), 『2004/AR/1382』, 2007.01.22.
④ 「Zhejiang High People's Court」(China), 『Unknown』, 2008.04.24.

② 본건 매수인[오스트리아]은 스테인리스 강판의 제조자임과 동시에 판매자로서, 스테인리스 강판의 수송이나 가공 시에 그 손해를 방지하기 위한 접착성 표면필름을 매도인[독일]으로부터 계속적으로 매수하고 있었다.

③ 계약의 목적물로서 표면필름은 이면에 접착제가 붙어 있어, 연마된 스테인리스 강판에 붙일 경우 접착제를 남기지 않고 벗길 수 있는 것이었다. 매수인은 이 같은 표면필름을 매도인으로부터 수령하고, 물품수령 시에 특별한 물품의 하자가 있는지의 여부를 검사하였다. 그렇지만, 본건 필름의 접착이나 제거에 관한 테스트는 시행하지 않았다.

④ 그런데, 매수인이 본건 필름을 접착한 스테인리스 강판을 자신의 독일 고객에게 인도한 이후, 고객으로부터 스테인리스 강판에서 필름을 제거할 때마다, 매번 그 연마된 강판표면에 필름 접착제의 잔존물이 남겨져 있다는 불만을 접하고, 매수인은 매도인에게 이 사실[당해 물품의 계약부적합 사실]을 통지하였다.

⑤ 고객은 스테인리스 강판 표면에 부착되어 있던 접착제의 잔존물을 스스로 제거하고, 이를 위해 소요된 비용을 매도인에게 청구하였다. 이에 매수인은 그 비용을 충당하고, 이를 다시 매도인에게 청구하였다.

⑥ 한편, 본건 다툼에 기하여, 당사자는 소송에 이르기까지 손해배상액의 결정을 위한 회합을 수차례 가졌는데, 그 과정에서 매도인은 매수인의 물품의 계약부적합 통지사실과 관련하여, 당해 부적합에 관한 그 어떠한 사실도 매수인이 자신에게 상세히 명세하여 통지하지 않았다는 사실을 쟁점화 하였다.

⑦ 이에 매수인은, 당해 물품의 계약부적합을 CISG에 의거, 적기['상당한 기간'(reasonable time)내]에 통지하였다고 주장하면서, [계약내용에 비추어] 8일 간의 통지기간을 정한 매도인의 표준매매계약조항은 본건 계약내용이 아니라는 점, 또한 당해 부적합은 접착필름이 제거되기까지는 발견할 수 없었던 성질의 것이라는 점 등을 부각하였다.

---

⑤ 「Arrondissementsrechtbank Arnhem」(Netherlands), 『165115/KGZA 08-19』, 2008.01.31.
⑥ 「Schweizerisches Bundesgericht」(Switzerland), 『4C.94/2006』, 2007.07.17.
⑦ 「U.S. District Court, New Jersey」(USA), 『CIV.01-5254(DRD)』, 2005.06.15.
⑧ 「Supreme Commercial Court」(Ukraine), 『44/69』, 2007.12.11.
⑨ 「Supreme Economic Court」(Belarus), 『7-5/2003』, 2003.05.20.
⑩ 「Foreign Trade Court of Arbitration」(Serbia), 『T-8/08』, 2009.01.28.

⑧ 그러나, 매도인은 매수인의 이 같은 주장을 부정하였다. 곧, 매수인에 의한 부적합 통지는 [계약내용에 비추어] 합의된 기간 내에 이루어지지 않았을 뿐만 아니라 이번에 사용한 접착제는 이전에 사용한 것과 동일한 아크릴성의 접착제로서, 본건 계약부적합은 접착제의 문제가 아니라, 강판보관 시에 외부로부터 가해진 부하[하중(荷重)] 때문에 비롯된 예상할 수 없었던 것이었다고 주장하였다.

2. 판결요지

⑨ 제1심 판결에서는, 매수인의 손해배상청구권을 일부 인정하였다. 이에 매도인은 본건 판결에 불복하고 항소하였다. 그 사유로서, 제1심 법원이 본건 매매계약조건과 제38조[물품검사시기] 및 제39조[부적합의 통지]를 고려하지 않았다는 점과, 매수인이 본건 물품의 계약부적합을 25일이나 경과된 이후에 통지하였다는 사실을 인정하지 않았다는 점을 들었다.

⑩ 제2심 법원은, 본건 당사자 간의 법적 관계는, 독일이나 오스트리아 모두 제1조 (1), (a)에 따른 체약국으로서 CISG가 적용된다고 하면서, 당해 목적물이 계약에 부적합했다고 하더라도, 매수인은 실제로 상당한 기간 내에 본건 부적합 통지를 하지 않음으로써, [매도인의 주장과 다름없이] 제38조 내지 제39조에 의거한 손해배상청구권을 상실하였다고 취급하고, 이에 매수인의 계약부적합을 이유로 한, 본건 손해배상청구는 인정할 수 없다고 판시하였다.

⑪ 한편, [CISG의 적용문제와 관련하여] 법원은, 당사자가 특정 체약국의 실질법(substantive law)을 지정하고, 제6조[계약에 의한 배제 또는 변경]에 의거, CISG의 적용을 배제하고 있는 것이 충분히 명확한 경우에는 CISG를 적용할 수 없지만, [본건 계약내용에 비추어] 당사자가 이와 같이 CISG의 적용을 배제하고 있거나 또는 배제할 의도가 있었는지는 명확하지 않고, 그 증거도 없을 뿐만 아니라 당사자 간의 표준매매계약조항에 있어서도 이러한 합의 내지 의도는 찾아볼 수 없다고 설시하였다.

⑫ 나아가, 당해 표준매매계약조항에 의거한 적용법[독일법]은 1991년 1월 1일부터 외국무역에 관하여 독일 국내법의 지위를 점한 CISG가 되며, 또한 제1조 (1), (b)에 의해 체약국의 법을 선택한다는 것은, CISG가 본건에 적용되는 것을 의미하는 바, 이 같은 사실이 제6조에 기하여 CISG 적용배제를 의미하는 것은 아니라고 판시하였다. 이에 제2심 법원은 제1심 판결을 취소하고, 본건 소송을 기각하였다.

⑬ 상고심에서는, 매도인의 표준매매계약조항이 매매계약의 일부인 경우라고 하더라도 CISG

형평법(衡平法)은, 보통법(普通法)이 일반적임에 지나지 않음에서 발생하는 결함을 시정하는 것이다.

의 적용을 긍정한 판단은 옳다고 [제2심의 판단은 정당하다고] 판시하였다. 또한, 매도인이 표준매매계약조항에 의거하여 독일법을 인용했다는 것은, 기본적으로 CISG의 적용을 수용하는 것으로 취급할 수 있고, 이에 CISG는 독일법의 일부로서 또한 국제물품매매에 적용되는 법으로서 독일법에 우선하여 적용된다고 판시하였다.

3. 해설

⑭ 본 판결은, 제1조 (1), (a)에 따라, 독일과 오스트리아가 CISG의 체결국이라는 점, 또한 당사자 간에 독일법을 준거법으로 채용하고 있는 경우라고 하더라도, 본조 (b)에 의해 CISG는 독일법의 일부로서 우선 적용된다는 점을 명확히 하고 있는 전형적인 사례로 취급할 수 있다.

⑮ 또한, 본 판결은 매도인이 제38조 및 제39조에 의한 권리를 포기한 것으로 판단하여, 당해 물품검사의무와 관련하여 매수인에 의한 테스트가 포함되는지 여부와, 매수인이 제44조[불통지의 정당한 사유]에 이거, 상당한(reasonable) 기간 내에 통지할 수 없었던 이유가 있었는지의 여부에 대해서는 고려하지 않고 있다.

⑯ 그럼에도 불구하고, 본 판결에서 [CISG의 적용문제와 관련하여] 제1조 (1), (a) 또는 (b)의 적용만으로 본건 판결과 같이 판시한 것이 적절했었는지에 관한 논점에 대해서는, 일말의 석연치 않은 문제가 있다고도 판단되지만, 당해 논점은 이하의 판결례로 미루어 재차 살피기로 한다.

판결례와 평가

- 적용범위 : CISG의 간접적용
- 출처표시 : 「Oberlandesgericht Koblenz」(Germany), 『2 U 1230/91』, 1993.09.17.

1. 논점과 사실관계

① 본 사건은, 영업소가 서로 다른 국가에 소재하는 당사자 간의 국제물품매매계약과 관련하여 법정지 국제사법의 준칙에 따라, 체약국의 법이 적용되는 경우에 그 국내법의 일부로서 CISG가 적용될 수 있는지의 여부를 다루고 있는 사례이다.[58)]

---

58) ① 「Oberster Gerichtshof」(Austria), 『5 Ob 45/05m』, 2005.06.21.
② 「Oberlandesgericht München」(Germany), 『23 U 3750/95』, 1995.08.22.

② **원고**[프랑스 매도인]와 **피고**[독일 매수인]는 독일 국내에서, 매도인의 컴퓨터 프린터 및 컴퓨터 칩의 독점판매권을 매수인에게 공여하는 이른바, 장기 독점판매계약을 체결하고 있었다. 이후 당해 계약이 종료된 시점에서 그간 정산되지 않았던 미지급대금에 관한 다툼이 발생하였다. 본건 다툼에서 매도인은 미지급대금의 지급청구를 원인으로 매수인을 고소하였고, 이에 매수인은 물품대금의 상계를 주장하는 한편, 그간의 손해배상에 관한 반소를 제기한 것이 본 사건의 내용이다. [참고로, 본건 계약의 목적물로서 컴퓨터 칩은 매도인이 매수인의 독일 고객에게 직접 납품하는 과정을 거쳤다. 곧, 본건 목적물은 매도인이 고객에게서 직접 주문을 받아 매수인을 거치지 않은 채 납품하였다]

③ 본 사건은 [컴퓨터 칩의 매매와 관련하여] 당해 계약이 매도인과 매수인 간의 독점판매계약에 의거한 것인지, 달리 매도인과 고객 간의 직접적인 매매계약에 의한 것인지가 다툼의 핵심사항이 되었다. 요컨대, 본건은 당해 매매계약에 CISG를 적용할 수 있는지의 여부, 본건 물품대금 미지급에 관하여 손해배상이 가능한지 여부, 당해 손해배상에 있어 미지급 물품대금의 이자 및 그 이자율에 적용되는 법은 어떤 법인지가 쟁점이 된 사건이다.

2. 판결요지

④ 법원은 [1988년 1월 1일 당시, 적용법과 관련하여] CISG는 프랑스에서는 유효하였지만, 독일에서는 아직 CISG의 비준이 이루어지지 않았음에도 불구하고, 법정지인 독일의 국제사법에 의해, 본건 매매계약의 의무이행지인 프랑스법을 적용하여, [결과적으로 본 사건에 프랑스법의 일부를 구성하는] CISG를 적용할 수 있다고 판시하였다. 곧, 본건 컴퓨터 칩의 인도에 관한 계약에서, 매수인에 의한 개별주문이 매도인과 매수인 간에 체결되었다는 점과, [본건 인도에 관하여] 고객이 매도인에게 직접 컴퓨터 칩을 주문한 경우라고 하더라도, 법원은 당해 인도가 독점판매계약의 범위 내에서 이루어진 것으로 판단하였다.

⑤ 아울러, 계약의 목적물로서 본건 컴퓨터 칩은 국제물품매매의 대상이 되는 물품에 해당한다고 [곧, 컴퓨터 및 소프트웨어도 CISG상 물품의 범주에 포함된다고] 판시하였다. 또한, 컴퓨터 칩의 물품대금지급에 관한 다툼에 관해서도, 당사자가 당해 계약내용에 프랑스법을 적용하는 것에 합의하고 있고, 나아가 컴퓨터 칩의 인도시점에서 CISG는 국제물품매매계약에 관한 프랑스법의 일부로 되어있다는 점에서, [당사자 간 다툼의 소지가 없었던 인도에서와 마찬가지로] CISG가 적용되어야 한다고 판시하였다.

⑥ 한편, 법원은, 매수인은 당해 물품의 그 어떠한 계약부적합에 대해서도 주장하지 않고 있으며, 나아가 계약부적합에 관한 그 어떠한 통지도 없었다는 사실을 적시하고, 매도인의 물품

주장(主張)을 하는 자는 입증(立證)함을 요한다.

대금청구권을 인정하였다. 또한, 그에 상당한 이자지급은 매수인의 불이행에 따른 법적 결과라는 점에서 [이자율은 프랑스법에 의해 결정되어야 한다는 전제하에] 이 또한 다름없이 인정하였다. 아울러, CISG는 상계(set off)에 관한 규정을 보유하고 있지 않기 때문에, [국제사법에 기한 프랑스법[CISG]의 적용에 따라] 상계권은 인정할 수 없다고 판시하였다.

3. 해설

⑦ 본 사례는 독점판매계약의 범위 내에서 체결된 개별매매계약에 관하여, CISG의 적용유무를 판단한 것이다. 본건은 프랑스와 독일에 영업소를 보유한 당사자 간의 국제물품매매계약으로서 당시 체약국은 아니었지만 법정지인 독일의 국제사법에 의해 계약의 이행지로서 매도인의 영업소가 소재하고 있는 프랑스법이 적용된 사례이다[CISG의 간접적용].

⑧ 본 사건은 CISG의 간접적용의 문제로서, 법정지에서 준거법을 정하고 있는 국제사법에 따라, 당해 국가가 체약국인 경우에 CISG가 적용된 사례이다. 요컨대, 본 판결은 [본건과 같은 독점판매계약에 의한 각각의 거래에 대해서 CISG가 적용되는지 여부와 관련하여] 매매계약에 관한 합의나 규정을 포함하고 있는 독점판매계약에는 CISG가 적용될 수 있는 가능성을 시사하고 있다는 점에서 그 의의를 구할 수 있다.

판결례와 평가

- 적용범위 : 국제조약과 국내법의 저촉문제
- 출처표시 : 「Guanzhou Intermediate People's Court」(China), 『Unknown』, 2005.11.19.

1. 논점과 사실관계

① 2000년 11월 16일 매수인[미국]과 매도인[중국]은 계약의 목적물을 생강(ginger)으로 매매계약을 체결하였다. 본건 계약내용에는, i) 물품대금으로서 총 17,000달러, ii) 인도조건은 'FOB Guanzhou'로 목적항은 뉴욕, iii) 운송기한은 1차분 2000년 11월말 출항, 2차분 1차분 출항 후 1주 이내, iv) 대금지급조건은 계약체결 시에 총 대금의 30% 선지급(advanced payment), 물품검수 후 7일 이내 잔여금 지급, v) 품질조건은 식품기준에 부합한 신선한 생강으로, 썩지 않고, 부서지지 않고, 싹이 나지 않고, 적어도 한 개당 100g 이상의 크기일 것 등을 명시하고 있었다.

② 계약의 내용에는 당사자의 수기약관[手記約款]으로서, "매도인은 생강이 미국 목적항에 도달한 시점에서, 미국 식품위생기준에 적합하고, 최소 1개당 100g 이상이며, 부패하지 않고, 부서지지 않았으며, 싹이 나지 않고, 곰팡이가 없어야 한다는 것을 매수인에 대해 보증한다"는 내용이 추보되어 있었다.

③ 2000년 11월 28일 본건 생강은 중국 검역당국의 합격판정을 받고, 식물검역증서를 취득하여, 2000년 12월 6일과 13일 중국 광주에서 미국 뉴욕으로 운송되었다. 매수인은 [생강을 수령한 후] 2001년 1월 1일 1차분 수입물품검역 당시, 조기부패 및 건조부패, 그리고 대부분 생강이 습기를 머금고 있고, 동시에 싹과 하얀 곰팡이가 발생하였다는 사실을 확인하였다.

④ 2001년 1월 17일 도착된 2차분은, 컨테이너의 온도가 높아 대부분의 생강에 곰팡이가 발생하였고, 일부 생강은 싹이 자라고 있다는 검사결과를 받았다. 매수인은 이 같은 사실을 확인하고 본건 생강을 폐기처분하였다. 이를 위해 상당한 폐기비용을 지출하였다.

⑤ 한편, 매수인은 매도인에게 2000년 11월 16일 및 12월 3일 각각 물품대금의 30%를 차례로 선지급하고, 매도인으로부터 각각의 영수증을 수령하였다. 2003년 8월 5일 매수인은 2000년 11월 체결한 계약내용에 비추어 본건 생강이 부적합하다는 취지로, 매도인에게 당해 계약위반에 따른 손해배상을 청구하였다.

⑥ 매수인의 손해배상청구에 대해, 매도인은 본건 계약의 합의사항[수기약관(手記約款)]은 당사자가 계약체결 후에 매수인이 임의로 추가한 것이고, 선지급한 대금은 물품대금이 아닌 착수금으로 이에 매수인은 자신에게 약정된 잔여금을 다름없이 지급하여야 한다고 주장하였다.

⑦ 또한, 매도인은 본건 생강은 당초 중국 수출식품검사기준에 적합하였을 뿐만 아니라 운송 중에 컨테이너 온도와 습도 또한 적절하였다고 항변하였다. 나아가, 본건 계약은 FOB로 합의되어 위험은 이미 매수인에게 이전되었기 때문에 자신의 책임은 없다고 하였다. 또한, 제39조 [부적합의 통지]에 따라, 매수인은 물품이 도착한 이후 2년 이내 계약부적합을 통지하지 않았기 때문에 이미 본건의 시효가 경과하였고, 매수인이 제시한 증거는 모두 중국 국외에서 취득한 것이기 때문에 그 증거력을 인정할 수 없다고 주장하였다. 이에 더하여 매수인은 본건 생강이 목적항에 도착 한 이후 잔금 지급을 거부하고 있고, 동시에 아직까지 그 지급의사를 보이지 않고 있다고 항변하였다.

2. 판결요지

⑧ 중국 법원은, 우선 본건 계약에 있어 재판관할에 대한 합의는 찾아볼 수 없다고 하고, 이에 중국 민사소송법 제24조59)를 적용하여, 본건에는 피고의 주소지 또는 계약이행지의 법원이 관할권을 갖는다고 판시하였다. 곧, 본건 계약에는 준거법에 대한 합의가 없기 때문에, 법원은 피고의 주거지 및 본건 계약이행지인 중국의 국내법을 준거법으로 한다고 판시하였다.

⑨ 한편, 법원은 매수인 영업소 소재지는 미국이고, 매도인 영업소 소재지는 중국이어서, i) 두 국가 모두 CISG 체약국임과 동시에, ii) 본건 계약은 제2조[제외되는 매매]상의 제외되는 매매에 해당하지 않고, iii) 중국 국내법상 국제물품매매계약에 관한 별단의 제한규정이 없기 때문에, iv) 중국 민법통칙 제142조 (2)의 규정에 따라[중국이 체결 또는 참가하고 있는 국제조약이 국내 민사법과 다른 경우 국제조약을 적용한다],60) 본건에는 CISG가 적용된다고 판시하였다.

⑩ 또한, 매수인은 2001년 1월 1일과 17일 생강을 각각 수령하여, 미국 관할기관의 검사결과도 받았으나, 2003년 8월 5일에 이르러서야 매도인에게 당해 품질의 계약부적합을 통지하였으며, [사실관계에 비추어] 그 전에 어떠한 통지를 했다는 증거는 찾아볼 수 없다고 지적하였다.

⑪ 법원은, "매수인이 물품의 부적합을 발견했거나 또는 발견했어야 했던 때로부터 상당한 기간 내에, 매도인에게 부적합의 내용을 명세하여 통지하지 아니하는 경우에는 매수인은 물품의 부적합을 원용할 권리를 상실한다. 어떠한 경우에도 물품이 매수인에게 실제로 인도된 날로부터, 늦어도 2년 이내에 매수인이 매도인에게 그에 따른 통지를 아니 하는 경우 매수인은 물품의 부적합을 원용할 권리를 상실한다. 다만, 이러한 기간의 제한이 계약상의 보증기간과 양립하지 아니하는 경우에는 그러하지 아니하다"는 제39조의 규정내용을 원용하여, 매수인은 본건 생강이 인도된 지 2년 이내에 당해 부적합에 대해 매도인에게 통지하지 않았으므로, 2003년 1월 1일과 17일 각각의 생강에 대한 부적합을 원용할 수 있는 권리를 상실하였다고 판시하였다. 이로부터 매수인의 물품대금 반환이나 손해배상청구는 인정할 수 없다고 하였다.

---

59) Art. 24 : "A lawsuit brought on a contract dispute shall be under the jurisdiction of the people's court of the place where the defendant has his domicile or where the contract is performed."

60) Art. 142 : "The application of law in civil relations with foreigners shall be determined by the provisions in this chapter. If any international treaty concluded or acceded to by the Peoples Republic of China contains provisions differing from those in the civil laws of the Peoples Republic of China, the provisions of the international treaty shall apply, unless the provisions are ones on which the Peoples Republic of China has announced reservations. International practice may be applied to matters for which neither the law of the Peoples Republic of China nor any international treaty concluded or acceded to by the Peoples Republic of China has any provisions."

⑫ 법원은 [매수인의 주장에 대하여] 당사자가 약정한 대금지급방식은 매수인이 계약체결 후에 총대금의 30%를 선지급하고, 나머지는 물품을 검수한 뒤 7일 이내 잔여금을 지급한다는 것이었다. 매수인이 이미 총대금의 30%인 5,000달러를 지급한 사실과 관련하여 당사자는 다툼이 없었으며, 잔여금에 대해서는 매도인으로부터 발행된 [영수인이 없는] 영수증은 있으나, 이것은 국제물품매매에서 통상 사용되고 있는 화물영수증으로, 이것을 국내법상에서의 물품대금지급을 증명할 수 있는 원인서류로는 취급할 수 없다고 하였다.

⑬ 또한, 법원은 [매수인의 시효에 관한 항변과 관련하여] 물품대금 지급시기는 계약내용에 화물검수 후 7일 이내로 명시되어 있는 바, 이에 본건 생강의 검수일자는 각각 2001년 1월 1일과 17일이며, 그 지급일은 각각 2001년 1월 8일과 25일이다. 중국 계약법 제129조 규정, 곧 "국제물품매매계약과 기술수출입에 관한 분쟁으로 인하여, 소송을 제기하거나, 중재를 신청하는 기한은 4년이며, 그 기일은 당사자가 알게 되거나, 또는 마땅히 그 권리가 침해를 받았음을 알게 된 날로부터 계산한다"는 규정을 적용할 경우 당해 계약의 시효는 4년인 바, 매수인의 반소는 2005년 1월 8일에 제기된 것이므로, 가사 본 규정에 의할 경우에도 매수인의 시효의 항변은 성립되지 않는다고 판시하였다.

3. 해설

⑭ 본 사건은 중국에서 CISG의 적용여부를 다루고 있다는 시각에서 주목되었던 판결례이다. CISG는 당사자가 계약체결 시에 그것을 선택할 수도 있지만, 본 판결은 당사자의 선택에 따른 것이 아닌, 곧 중국의 국내법을 적용한 결과에 의한 것이다.

⑮ 본 사례는 무엇보다도 중국에서 섭외적 계약분쟁을 해결하는 경우에 소위 '당사자 의사자치(意思自治)의 원칙'과 '최밀접(最密接) 견련성(牽聯性) 우선의 원칙'이라는 두 가지 원칙에 따라, 중국 국내법을 준거법으로 한다는 점을 확정했다는 점에서 매우 흥미로운 판결례이었다.

⑯ 본 판례에서와 같이 중국에서는 본건에 기하여 이 같은 직접적용에 대해서는 적극적으로 수용하지 않고, 다만 국내법을 경유한 간접적용이 보편화되어 있다는 점은 주목해야 하고도 또한 유의하여야 할 사실이다. [참고로, 일본에서는 제1조 (1), (a)의 요건에 부합하면 자동적으로 CISG가 적용되는데, 이 점은 여러 체약국에서도 그 처지는 동일하다]

⑰ 본 사건은 중국 법원에서 국제물품매매계약에 관한 분쟁을 해결하는 경우에, 곧 CISG 적용에 있어서는 다음 각항의 요소를 고려하여야 한다는 시사점을 제공하고 있다. i) 우선, 계약

남소(濫訴)는 이를 피할 일이다.

당사자가 직접적으로 CISG의 적용에 합의하고 있는지의 여부와, ii) 당사자가 준거법을 지정하지 않은 경우 '**최밀접 견련성 우선의 원칙**'에 따라 중국 국내법의 적용가능성을 고려하여야 하고, iii) 달리, 적용되는 경우에 중국이 [체약국으로서] 가입하고 있는 유관한 조약 등을 고려하여 CISG의 적용여부를 판단하여야 하며, iv) 그 밖에 계약당사자의 영업소가 소재된 국가가 CISG 체약국인지, 당해 계약자체가 CISG의 적용범위 내에 있는지, 체약국이라고 하더라도 중국과 마찬가지로 유보조항을 보유하고 있는지 등의 사안을 면밀히 검토해야 할 것 등이다.

002. 제외되는 매매

Art. 2

This Convention does not apply to sales:

(a) of goods bought for personal, family or household use, unless the seller, at any time before or at the conclusion of the contract, neither knew nor ought to have known that the goods were bought for any such use;

(b) by auction;

(c) on execution or otherwise by authority of law;

(d) of stocks, shares, investment securities, negotiable instruments or money;

(e) of ships, vessels, hovercraft or aircraft;

(f) of electricity.

제2조

본 협약은 다음의 매매에는 적용되지 아니한다.

(a) 개인용, 가족용 또는 가정용으로 구입되는 물품의 매매에는 적용되지 않는다. 다만, 매도인이 계약체결 전이나, 계약체결 시에 물품이 그와 같은 용도로 구입된 사실을 알지 못하였고, 알았어야 하지도 않았던 경우에는 그러하지 아니하다.

(b) 경매에 의한 매매

(c) 강제집행 그 밖의 법률의 수권에 의한 매매

(d) 주식, 지분, 투자증권, 유통증권 또는 통화의 매매

(e) 선박, 부선, 수상익선 또는 항공기의 매매

(f) 전기의 매매

[071] **제2조**는 CISG의 적용범위에서 제외되는 물품의 매매를 규정하고 있다. 이러한 제외대상은, i) **'물품의 구매목적'**, ii) **'거래유형'**, iii) **'판매되는 물품의 유형'** 등의 세 가지로 구분할 수 있다.

1. 소비용 판매

[072] 본조 (a)에 의하면, 계약체결 시에 개인용 · 가족용 또는 가정용의 목적으로 구입되는 물품은 CISG의 적용범위에서 배제된다. 그 배경은 매수인에게 당초 물품을 구매하는 실질적인 용도보다도, 계약체결 시의 의도를 보다 중요시하고 있음에 두고 있다. 따라서, 개인용 목적으로 구매되는 자동차나 **'여가용 트레일러'**(recreation trailer) 등은 CISG의 적용범위에서 배제된다.

오랜 관행(慣行)에 의하여 승인(承認)되어진 관습(慣習)으로서 법적인 것은 법에 우선한다.

[073] 그렇지만, 개인이 상업용 또는 전문적 용도의 목적으로 구입하는 물품은 CISG의 적용범위에 포함된다. 이를테면, 전문적인 사진작가가 영업용 목적으로 구입한 카메라, 직원들이 사용할 목적으로 기업이 구입한 비누 또는 기타의 화장품, 자동차 딜러가 재판매를 목적으로 구입한 자동차 등에는 다름없이 CISG가 적용된다.

[074] 개인용·가족용 또는 가정용의 목적으로 구입된 물품에는 CISG가 적용되지 않는다. '다만', 매도인이 계약체결 전이나 계약체결 시에 물품이 이러한 용도로 구입된 사실을 알지 못하였고, 또한 알았어야 하지도 않았던 경우에는 그러하지 아니하다. 그렇지만, 이상의 요건을 충족하고 있음에도 불구하고, 위에서 언급한 '다만'에 해당하는 경우에는 CISG가 적용될 수 있다. 이는 본조 (a)에서 규정하고 있는 적용제외의 범위를 축소시키고 있음에 따라, 이로부터 특단의 국내법이 적용될 수 있는 개연성이 있음을 시사한다. 환언하면, 당해 개연성은 매도인이 매수인의 사용목적을 알았거나 또한 알았어야 하는 것을 요구하지 않고 있는 국내 소비자보호 관련 법규와 CISG와의 충돌을 야기할 수 있다는 개연성과 다르지 않다.

2. 그 밖의 제외대상

[075] 본조 (b)에서 규정하고 있는 제외대상 항목으로서, **경매**(競賣, auction)[61]에 의한 매매는 '**법에 의한 경매**'(sale by official auction)와 '**개인적인 경매**'(sale by private auction) 모두를 공히 포함한다. 생각건대, CISG에서 경매를 제외하고 있는 이유는 경매에 의한 계약 그 자체가 계약상 물품의 가격을 특정하기가 곤란할 뿐만 아니라 실질적인 계약당사자의 특정 또한 그 과정에 있어 불분명하기 때문이라 판단된다.

[076] 본조 (c)에 의하면, 사법 또는 행정집행으로 이루어지는 매매 또는 기타 법률의 **수권**(授權)에 의한 매매는, 통상적으로 [**수권에 의하여 집행한**] 국가의 **강행법규**(强行法規, imperative law)[62]의 범위에 속하기 때문에, 이 경우는 CISG의 적용범위에서 제외된다.

[077] 본조 (d)에서, **주식·유통증권**(流通證券, negotiable instrument)[63]·**투자증권** 등에 관한 매매

---

61) '**경매**'(競賣)란, '**매도하려는 자가 여러 사람을 모아 놓고 구술로 매수신청을 하고 최고가액의 청약자에게 승낙을 함으로써 매매를 성립시키는 것**'을 말한다. 개별적 매매에 비하여, 비교적 비싸게, 또한 공평한 가액으로 현금화를 가능하게 하는 방법이다. '**경매**'를 국가기관이 행하는 경우 '**공적 경매**'(公的競賣) 또는 '**공매**'(公賣)라고 하고, 금전채권에 관한 강제집행에 있어서 부동산 '**경매**'를, 특별히 '**강제경매**'(强制競賣)라고 부른다.

62) 통상, '**법률행위 당사자의 의사와는 관계없이 강행되는 법규**'를 '**강행법규**'(强行法規)라 하고, '**당사자의 의사에 따라, 그 적용을 배제할 수 있는 법규**'를 '**임의법규**'(任意法規)라 한다. 예컨대, '**사람을 살해한 자는 사형 등에 처한다**'는 형법 규정은 강행법이다.

를 적용대상에서 제외하고 있는 이유는, 국제사법상 강행법규와의 충돌을 피하기 위해서이다.

[078] 본조 (e)에서는, **선박 · 부선 · 항공기** 또는 **호버크래프트**[**공기부양정**(空氣浮揚艇)]의 매매를 적용범위에서 제외하고 있다. 그러나, CISG 적용배제의 대상은 그 여부를 결정함에 있어 제한적으로 해석하여야 하므로, 예컨대, 엔진과 같은 중요한 구성요소를 포함하고 있는 **선박 · 부선 · 항공기** 또는 **호버크래프트**의 부품에 관한 매매는 CISG의 적용범위에 포함된다. 동일한 시각에서, 일례로 퇴역한 군용 잠수함의 매매는 본조 (e)에서 제외되지 아니한다.

3. CISG, PICC, PECL의 비교

[079] 먼저, PECL은 '**유럽 역내**'[EU]에서 회원국 간 공통적으로 적용될 수 있는 계약법 원칙을 통일하여 제시한 것으로, 그 범위는 순수한 국내계약이나, 상인과 소비자 간 계약 등을 포함한 모든 계약에 공히 적용된다. 따라서, 계약관계에서의 **급부장애**(給付障碍) 또는 **불이행책임**(不履行責任)을 포괄하는 PICC와 유사한 체계를 구성하고는 있으나, 달리 국제물품매매에 한정하고 있는 CISG와는 근본적인 차이점이 있다.

[080] 한편, PICC는 적용범위를 '**국제상사계약**'(international commercial contracts)에 한정하고 있다. 즉, PICC는 '**국제상사계약을 위한 일반원칙의 제시**'에 그 목적을 두고 있음에 반하여[전문(Preamble)], PECL은 회원국 간의 '**역내 계약법의 일반규칙**'으로서 적용되는 것에 두고 있다[제1:101조(적용범위)].

[081] 이 같은 차이점은, '**관습과 관행의 구속력**'에 있어서도 동일하다. 이를테면 PICC는, "**당사자는 해당되는 국제무역의 당사자에게 널리 알려져 있고, 또한 국제무역에서 그 당사자에 의해 통상적으로 준수되고 있는 관습에 의해 구속된다**"고 하여[제1.9조(관습과 관행) (2)] 지역적 또는 국내적 관습을 원칙적으로 배제하고 있으나, PECL은 "**당사자는 당사자와 같은 상황하에서 일반적으로 적용되었을 것으로 보여지는 관습에 의하여 구속된다**"고 하여[제1:105조(관행과 관습) (2)] 이를 수용

63) '**유통을 목적으로 발행하는 증권 · 어음**'을 '**유통증권**'(流通證券)이라 하고, 수표는 '**지급증권**'(支給證券)이라고 한다. 이는 본래 영미법의 용어로서, 증권의 교부에 의해 증권의 점유뿐만 아니라, 그 소유권도 양수인에게 이전하고, 선의 및 유상으로 취득한 자는 양도인의 권리에 하자가 있더라도 아무 관계없이 완전한 권리를 취득하는 증권을 말한다. 현행법상 이런 증권은 인도 또는 배서에 의해 권리를 양도할 수 있으며, 선의취득 및 인적 항변의 절단 등 유통보호를 위한 규정을 두고 있다. 학설은 '**유통증권**'과 '**유가증권**'(有價證券)의 구별에 견해가 나뉘는데, 소수설은, '**유가증권**'은 '유통증권'만을 의미한다고 하나, 통설은, '**유가증권**'과 '**유통증권**'은 동의어가 아니며, 전자의 범위가 더 넓다고 한다. 즉, **지시채권**(指示債權) · **무증명채권**(無證明債權) · **선택무기명채권**(選擇無記名債權) 외에 **기명채권**(記名債權) 등 '**유통증권**'도 '**유가증권**'에 포함된다고 한다.

관습(慣習)은 법의 가장 훌륭한 해설자(解說者)이다.

하고 있는 차이가 있다. 즉, 적용범위의 차이에 있어 PICC는 보편적(普遍的)이고 PECL은 지역적(地域的)이라고 할 수 있다.

[082] 아울러, CISG와 PICC에서는, '상거래'(商去來)의 의미를 명확히 규정하지 않고 있으나, 그 적용범위를 규정 내에서 한정하고 있다. 먼저, CISG에서는 앞서 본 바와 마찬가지로, "개인용, 가족용 또는 가정용으로 구입되는 물품매매에 관하여는 본 협약이 적용되지 아니 한다"고 규정하고 있다[제2조(제외되는 매매) (a)]. 이는 CISG가 국제사법상 소비자보호를 위한 법규를 침해해서는 안 될 것이라는 합의에 따라, 강행적 국내법규나 공공정책을 집행하는 법규에 우선하지 않는다는 취지를 반영한 입법적 결과라 볼 수 있다.

[083] PICC에서는 전문(preamble)에서 동 원칙은 국제상사계약에만 적용되며, 제반 국제사법상의 강행규정 등을 포함한 소비자보호를 위한 소비자거래와 구별되는 영역을 그 적용범위로 두고 있다. 곧, '소비를 위한 목적에서의 소비자거래, 즉 상거래 또는 직업적으로 활동하지 않는 일방당사자를 포함하는 거래'를 그 적용범위에서 제외하고 있다. 결국, PICC는 CISG의 규정취지를 계승하여, 동일한 시각에서 국제상거래에 대한 적용범위를 명료히 특정하고 있다. 참고로, 미국 UCC에서는, '상인'(merchant)이라는 개념을 특별히 도입하여,[64] '상인 간 계약'과 '상인과 소비자 간의 계약'에 다른 법원칙을 적용하고 있다[§2-104 (3), §2-207 (1), (2)]. 그러나, PECL은 상사계약뿐만 아니라, 상인과 소비자 간의 일반계약에도 그 적용이 가능하다. 따라서, 계약당사자 간 준거법에 의한 법체계나 또한 합의에 따라 별단의 규정을 정하지 않음으로써 발생될 수 있는 문제에 대한 포괄적인 해결책을 제시하고 있는 특징이 있다.

[084] 결국, [국제사법의 통일화에 관한 시각에서] PICC와 PECL은, 비입법기구에 의해 제정된 통일계약규범으로서의 공통점이 있으나, 그 기원과 적용범위가 서로 다른 까닭에, 양자가 실제로 국제상거래에 있어 경합하는 일은 없을 것으로 생각된다. 왜냐하면, PECL은 주로 유럽 역내 회원국 간 이용될 목적으로 제정된 입법으로서, 그 적용범위가 역내[EU]에 국한될 것이고, 달리 PICC는 당사자 간의 국제상거래에서, 적어도 일방당사자가 역외 비회원국인 경우에 적용할 수 있는 법규범이 될 것임이 자명하기 때문이다. 이는, EU의 입법기관 내지 사법기관이 공동체법을 기초하거나 해석할 경우에 PICC가 아닌 PECL을 기준으로 선택할 것이 확실하고, 각 회원국의 의회와 유럽 각국 간의 분쟁해결을 위한 법원에 있어서도 그 처지는 마찬가지일 것

64) 이 경우 '상인'(商人)은 '동종의 물품을 취급하거나, 그 밖의 그의 직업에 의하여, 그 자신이 그 거래에 관한 관행이나, 물품에 특유한 지식이나 기술을 갖추고 있는 것으로 표시한 자 또는 직업에 의하여, 그러한 지식이나 기술을 갖추고 있는 것으로 표시한 대리인·중개인 기타의 매개자를 고용함으로써, 그러한 지식이나 기술을 갖춘 것으로 볼 수 있는 자'로 정의된다[UCC §2-104 (1)].

임을 의미한다. 이는, 앞선 설명에서[PICC 및 PECL의 개관] 기 언급한 바와 같다.

■ SUMMARY [*Article 2*]

This provision identifies sales that are excluded from the Convention's sphere of application. The exclusions are of three types: those based on the purpose for which the goods were purchased, those based on the type of transaction, and those based on the kinds of goods sold.

판결례와 평가

- 적용범위 : 제외되는 매매
- 출처표시 : 「O.L.K.(Eastern High Court)」(Denmark), 『B-3691-97』, 1998.04.23.

1. 논점과 사실관계

① 본 사건은 **제2조**[제외되는 매매]에 기하여 CISG 적용배제의 여부를 다루고 있는 사례이다.[65] **매도인**[벨기에]은 **매수인**[덴마크]에게 **조랑말**(pony)을 판매하였다. 매수인은 승마학교를 경영하면서 말의 매매를 전업으로 하고 있는데, 본건에서 매수인은 자신의 딸이 당해 조랑말을 이용해 승마경기에 참여한 후에 영리목적으로 조랑말을 전매하고자 계획하고 있었다.

② 계약내용에 의하면, 승마경기용 조랑말이 **"아주 건강하다"**는 매도인의 확약이 포함되어 있었다. 그러나, 조랑말이 인도된 이후 며칠이 지나지 않아 매수인은 본건 조랑말이 절름발이인 사실을 알게 되었으며, 이에 매수인은 인도된 조랑말이 계약에 부적합함을 주장하였다.

③ 이후 매수인은 계약을 해제하고, 덴마크에서 소송을 제기하였다. 인도장소가 덴마크이었던 까닭에, 덴마크 법원은 민사 및 상사문제에 있어 관할 및 판결의 집행에 관한, 소위 **'브뤼셀 협약'**(Brussels Convention : 1968) 제5조 (1)에 따라 심리할 권한이 있다고 설시하였다.[66] 아울러, 소

---

65) ① 「Bundesgerichtshof」(Germany), 『VIII ZR 163/01』, 2002.10.02.
② 「Oberster Gerichtshof」(Austria), 『3 Nd 509/02』, 2002.12.18.
③ 「Landgericht Düsseldorf」(Germany), 『2 O 506/94』, 1995.10.11.
④ 「Schweizerisches Bundesgericht」(Switzerland), 『4C.272/2000』, 2000.12.11.
⑤ 「Oberlandesgericht Stuttgart」(Germany), 『6 U 220/07』, 2008.03.31.
⑥ 「Rechtbank Middelburg」(Netherlands), 『57465/HA ZA 07-210』, 2008.04.02.

동의(同議)는 오류(誤謬)를 보정(補正)한다.

송과정에 양당사자는 CISG를 당해 계약에 적용하기로 합의하였다. 이에 매수인은 이러한 선택이 '**브뤼셀 협약**' 제3조의 규정에 의한 것이라고 첨언하였다.[67]

2. 판결요지

④ 법원은, 당사자가 서로 다른 체약국에 영업소를 보유하고 있고, 인도된 조랑말이 개인용 목적으로 구매된 것이 아니기 때문에, 제2조에 의거하여, 본 사건에 CISG가 적용된다고 판시하였다. 아울러, '**중대한 계약위반**'(fundamental breach of contract)[제25조]의 사유에 기하여, [매수인의 손해배상청구권을 인정하고] 본건 청구를 다름없이 수용하였다.

판결례와 평가

- 적용범위 : 제외되는 매매
- 출처표시 : 「Court of Appeal, Turku」(Finland), 『Q 91/1001』, 1999.08.15.

1. 논점과 사실관계

① 핀란드 **매도인**[원고]은 독일 **매수인**[피고]에게 **통나무집**(log house) 한 채를 판매하였다. 이와 동시에 매수인은 매도인의 독일 내 판매대리점이 되었다. 그러나, 매수인은 통나무집에 대한 마지막 물품대금을 지급하지 않았다. 이에 매도인은 핀란드에 소재하는 법원을 통해 매수인을 상대로 소송을 제기하였다. 그러나, 피고는 핀란드 법원에 관할권이 없음을 주장하였다.

2. 판결요지

② 핀란드 법원은, 독일의 매수인은 개인용 목적으로 통나무집을 구매한 것 아니라, 판매대리점의 업무상 용도로 사용하려는 목적도 있었기 때문에, 본건에는 제2조가 적용된다. 그리고 **제57조**[대금지급장소] (1)에 의거, 매수인은 매도인의 영업소에서 그 대금을 지급하여야 한다고 최종 판결하였다.

---

66) Brussels Convention, Art. 5 : "A person domiciled in a Contracting State may, in another Contracting State, be sued: (1) in matters relating to a contract, in the courts for the place of performance of the obligation in question."

67) Brussels Convention, Art. 3 : "Persons domiciled in a Contracting State may be sued in the courts of another Contracting State only by virtue of the rules set out in Section 2 to 6 of this Title."

003. 서비스계약 등의 제외

Art. 3

(1) Contracts for the supply of goods to be manufactured or produced are to be considered sales unless the party who orders the goods undertakes to supply a substantial part of the materials necessary for such manufacture or production.

(2) This Convention does not apply to contracts in which the preponderant part of the obligations of the party who furnishes the goods consists in the supply of labour or other services.

제3조

(1) 물품을 제조 또는 생산하여 공급하는 계약은 매매로 본다. 다만, 물품을 주문한 당사자가 그 제조 또는 생산에 필요한 재료의 실질적인 부분을 공급하기로 한 경우에는 그러하지 아니하다.

(2) 본 협약은 물품을 공급하는 당사자 의무의 주된 부분이 노무 그 밖의 서비스 공급에 있는 계약에는 적용되지 아니한다.

[085] **제3조**는 물품을 제공하는 것 이외에도, 그 어떠한 행위에 관한 계약이 CISG의 적용범위에 포함될 수 있는지의 여부에 관하여 다루고 있는 규정이다.

1. 제조 또는 생산될 물품의 매매계약

[086] 본조 (1)에 의하면, CISG는 **'제조 또는 생산될 물품'**의 매매계약에도 적용된다. 즉, 이러한 **'사전 물품'**(事前物品)의 매매계약은 완제품의 매매계약과 마찬가지로 CISG의 적용을 받는다. 그러나, 본조는 일부 제한요건을 부가하고 있다. 곧, **'제조 또는 생산될 물품'**을 주문하는 당사자가 이러한 제조 또는 생산에 필요한 **'대부분'**의 재료를 제공하는 경우에는 CISG가 적용되지 않는다는 것이 그것이다. 이 경우 유의할 사항은 매수인이 제공하는 재료에 있어, **'대부분'**의 판단기준에 관하여 CISG에서는 규정하고 있지 않다는 사실이다. 곧, 이와 관련한 사안은 **'사실의 문제'**(the matter of facts)로 귀결된다.

[087] 더불어, 본조와 관련한 또 하나의 문제는, 물품을 생산함에 있어 소개・디자인 또는 설명을 제공하는 것이, **'제조 또는 생산될 물품'**의 **'필수적인 재료'**에 해당되는지의 여부에 관한 것

이다. 만약, '**대부분**'의 기준에 해당되는 경우 매수인이 이러한 정보를 제공하는 매매계약은 CISG의 적용범위에서 제외될 것이다. 이 또한 앞선 문제와 마찬가지로 '**사실의 문제**'로 귀결된다.

2. 노동 또는 기타 서비스 계약

[088] 본조 (2)는, CISG의 적용범위를 매도인의 물품의 인도, 재산권의 이전, 서류의 교부 등 그 기본적 의무 이외에도, 노무 또는 서비스를 제공하는 계약에까지 확대시키고 있는 규정이다. 그렇지만, 본조는 그러한 노무 또는 서비스의 제공이 매도인의 직접적이고도 기본적인 의무는 아니라는 것을 전제로 하고 있다는 사실은 유의하여야 한다.

[089] 한편, 물품을 제조하는 작업 그 자체를 본조 (2)에서 규정하고 있는 노무 또는 서비스로는 볼 수는 없다. 이를테면, 매도인이 제공하는 노무 또는 서비스는 [매도인의 직접적이고도 기본적인 의무여부를 확정하기 위한 목적에 비추어] 매매계약과는 별도의 독립적인 두 가지의 계약을 체결할 수 있는 가능성이 있다. 이 경우에는 '**노동 또는 서비스를 제공하는 의무의 경제적 가치**'와 '**물품의 경제적 가치**'를 합리적으로 적의 비교하여야 한다. 일례로, 노동 또는 서비스를 제공하는 의무가 매도인 의무의 50% 이상을 차지하는 경우에 CISG는 적용되지 않는다. 예컨대, '**중고 크레인**'(used-crane)의 해체를 위한 서비스의 경제적 가치가 크레인 자체의 경제적 가치에 비하여 25%에 불과하다고 할 때, 이 경우 중고 크레인을 해체하여 판매하는 계약에는 CISG가 적용된다.

■ SUMMARY [*Article 3*]

This provision makes clear that the Convention's sphere of application encompasses some contracts that include acts in addition to the supply of goods.

판결례와 평가

- 적용범위 : 서비스 매매의 적용여부
- 출처표시 : 「Court of Appeal, Turku」(Finland), 『Q 91/1001』, 1999.08.15.

1. 논점과 사실관계

① **회전목마**(merry-go-round)를 제조하여 판매하는 매도인과 이태리 매수인은 영국에 회전목마를

설치하는 것과 관련한 매매계약을 체결하였다. 매수인은 계약에 규정된 기간 내에 매도인에게 물품대금을 지급하지 않았고, 또한 수령한 물품을 매도인에게 반환하지도 않았다. 이에 매도인은 매수인을 상대로 이태리 법원에 소송을 제기하였다.

2. 판결요지

② 매수인은, 소위 '브뤼셀 협약'(Brussels Convention : 1968) 제5조 (1)에 따라, [전게각주 참조] 당해 이태리 법원에 그 관할권이 없다고 주장하였다. 본조항에 의하면, "매매계약의 이행장소는 체약국 내의 계약에 규정된 물품의 인도장소이어야 한다"고 규정하고 있으나, 본건에는 [계약내용에 비추어] 매매계약의 정의를 명확히 담고 있지 않았다. 이에 법원은, CISG의 국제적인 지위와 공감대를 고려하여 CISG를 원용하는 것이 합리적이라고 판단하고, 본건 매매계약의 실질적인 의미를 CISG에서 참고하는 것이 타당하다고 설시하였다.

③ 법원은, 제3조[제조될 물품 및 서비스], 제30조[매도인 의무의 총괄], 제53조[매수인 의무의 총괄]의 규정을 참조하여, "매매계약에 있어 매도인의 의무는 물품의 인도, 물품재산권의 이전, 물품과 관련된 서류의 이전이며, 매수인의 의무는 물품의 대금지급 및 수령의무이다. 물품을 제조 또는 생산하여 이를 공급하는 계약은 매매계약으로 취급할 수 있으나, 다만 물품을 공급하는 당사자의 의무의 압도적인 부분이 노동력 또는 기타 서비스의 공급에 있는 계약에는 적용되지 아니 한다"는 규정내용을 원용하였다.

④ 나아가, 매도인은 영국에서 회전목마를 설치해야 할 의무가 있으나, 당해 서비스 제공이 물품을 제조 또는 생산하는 의무를 초과하지 않고 있다는 점을 명확히 하고, 이에 회전목마의 가치가 서비스 공급의 가치보다 높고, 이러한 회전목마 설치에 따른 서비스가 본건 물품의 주요 인도조건이라는 것에 관한 당사자 간의 별도의 합의가 존재하지 않고 있다는 점을 분명히 하였다. 이에 매수인의 주장을 배척하고, 매도인의 손해배상청구를 인정하였다.

불법한 조건(條件)은 이를 무조건(無條件)으로 취급한다.

판결례와 평가

- 적용범위 : 도급과 노무제공의 계약
- 출처표시 : 「Cour de Justice de Genève」(Switzerland), 『C/27176/2001』, 2006.10.20.

1. 논점과 사실관계

① 본 사건은 [계약내용에 비추어] 도급이나 노무제공의 요소가 포함되어 있는 경우에 CISG가 적용되는지의 여부를 다루고 있는 사건이다. 스페인에 영업소를 두고 있는 **매수인**[원고]과 스위스에 영업소를 둔 **매도인**[피고]은, 2004년 12월 12일 가공·주입·포장을 위한 자동화된 컨베이어 시스템을 계약의 목적물로 매매계약을 체결하였다. 물품대금은 1,500,000유로로, 여기에는 매도인에 의한 설치·시운전 비용이 포함되어 있었다.

② 본선 기계는 매수인이 판매하는 물품의 가공도 가능한 다목적 컨베이어 시스템으로 구성되어 있으며, 주입·밀봉·계량·라벨부착·포장 및 그 운송작업과 상자의 포장작업도 동시에 겸할 수 있도록 설계되었다. 계약내용에는 본건 물품이 자동포장용이라고 명시되어 있었다.

③ 계약내용에는, 본건 물품은 2005년 6월 5일 매수인의 공장에 인도되어야 하고, 모든 부품 등은 당일까지 조립·설치되어야 하며, 설치된 기계는 즉시 가동될 수 있어야 한다고 명시되어 있었다. 본 계약내용에 따라 당해 기계는 매도인의 공장에서 최초 시운전을 거쳐 [이후 재차 분해되어] 스페인에 이송되었고, 2005년 9월 기계부품 또한 스페인 매수인의 공장에 도착되어 최종적으로 조립·설치되었다.

④ 매수인의 공장에 본건 기계가 설치 된 이후에, 당해 기계의 운전성능에 특별한 문제가 발생하였다. 곧, 2005년 8월 12일 매도인은 매수인에게 본 기계는 분당 150본을 생산할 수 있는 **사양**(specification)을 보유하고 있다고 통지하였지만, 매수인은 이 같은 기계사양을 수용하지 않고, 분당 180본의 성능을 보유하여야 한다고 주장하였다. 동년 10월 매도인은 매수인에게 재차 자신이 제시한 기계성능을 수용해 줄 것을 요청하였지만[분당 150본의 생산], 매수인은 이에 동의하지 않고, 그렇다면 당해 기계는 본건 계약에서 정한 사양에 적합하지 않다는 점을 적시하였다[분당 180본의 생산].

⑤ 이에 매도인은 당해 기계성능에 문제가 있다는 것을 인정하였다. 그럼에도 불구하고 매도

인은 일부 기계부품을 조립 · 설치했던 장소인 이탈리아에서 분당 150본으로 당해 기계성능을 하향조정해 줄 것을 재차 매수인에게 요청하였다. 그러나, 매수인은 분당 180본 생산의 주장을 굽히지 않고, 동년 11월 28일 계약해제의 의사를 통지하였다.

⑥ 이후 매수인은 2006년 1월 20일 계약해제를 선언함과 동시에, 본건 물품대금반환과 손해배상을 청구하였다. 이후 본건 다툼의 해결을 위해 양당사자는 지속적으로 협상에 임하였지만 모두 실패하고, 매수인은 최종적으로 동년 2월 4,200,000프랑의 지급을 구하는 소송을 제기하였다.

2. 판결요지

⑦ 법원은, "물품을 제조 또는 생산하여 이를 공급하는 계약은 매매로 본다"는 제3조의 규정을 원용하여, 물품의 조립, 인원의 교육 혹은 설치 · 시운전 등의 서비스를 제공하는 의무를 포함하여 물품을 인도하여야 하는 계약에는, 그 추가의무[서비스]가 주된 의무에 종속되어 있는 의무로 취급되고 있는 경우 CISG의 적용범위에 포함된다고 판시하였다. 곧, 본건 매매계약은 기계의 인도를 규정하고 있음과 동시에, 매수인의 공장에서 기계를 가동시키고, 매수자의 운용인원을 교육 · 훈련시켜야 할 의무를 포함하고 있는 바, 따라서, 당해 추가의무는 매도인이 본건 기계를 인도하는 주된 의무에 부수하고 있는 종속적 의무로 취급할 수 있기 때문에, 본 사건에는 CISG를 적용할 수 있다고 판시하였다.

⑧ 한편, 법원은 "당사자의 진술 그 밖의 행위는 상대방이 당해 당사자 일방의 의도를 알았거나 모를 수 없었던 경우에는 당해 당사자의 의도에 따라 해석하여야 하고, 이것이 적용되지 않는 경우에는 당사자 일방이 행한 진술 그 밖의 행위는 상대방과 동일한 부류의 합리적인 자가 동일한 상황에서 이해하였을 바에 따라 해석하여야 한다. 이 경우 당사자의 의도 또는 합리적인 자가 이해하였을 바를 결정함에 있어서는 관련된 모든 정황, 예컨대, 교섭, 당사자 간에 확립했던 관례 · 관행 및 당사자의 후속된 행위를 포함하여 이를 적절히 고려해야 한다"는 제8조[당사자의 진술 또는 기타 행위의 해석]의 규정을 원용하였다.

⑨ 법원은 [제8조에 비추어] 본건 계약을 해석하기 위해 먼저 당사자의 명시적인 의도와 계약체결 전의 교섭 및 이에 후속된 행위를 고려하였다. [당해 논점에 관하여] 법원은, 우선 [계약내용에 비추어] 각 기계마다 유효한 생산속도가 지정되어 있고, 최저 속도가 분당 180본을 달성하도록 되어 있었지만, 당해 기계의 유효한 성능에 대한 직접적인 정보는 계약내용에 명시되어 있지 않음을 지적하였다. 즉, 계약체결 시 당사자에 의한 기계성능에 관한 의도는 매도인에 의한 계약내용에 따라 결정되었다고 판단하였다.

⑩ 나아가, 법원은 [사실관계에 비추어] 매도인의 청약에 분당 180본의 성능을 가지는 자동포장 기계라고 명시하고 있었던 사실은, 매수인이 분당 180본의 성능을 가진 기계로 인식하기에 무리가 없었다고 판단할 수 있고, 이후로 매도인은 계약체결의 과정에서 본건 기계성능에 관하여 매수인에게 아무런 이의도 제기하지 않았음을 지적하였다. 실제로도 본 기계가 매수인의 공장에 설치된 이후 그 성능을 향상시키기 위하여 1년 이상이나 노력하였으나, 그 결과 또한 당초 매도인이 제시한 분당 150본의 성능에도 미치지 못했던 사실 등을 종합하여, 법원은 최종적으로 매수인의 청구를 다름없이 인정하였다.

3. 해설

⑪ 제3조는 제조물 공급계약이나 매매계약과 노무제공계약의 혼합계약과 관련하여, CISG의 적용여부를 규정하고 있지만, 한편으로 제조물 공급계약에 관해서는 매수인이 대상물품의 제조 또는 생산에 필요한 재료의 실질적인 부분을 공급하는 경우에는 CISG가 적용되지 않는다고 규정하고 있다.

⑫ 이 경우 실질적인 부분에 해당할 수 있는 기준은, 물품의 제조에 사용되는 재료의 경제적 가치에 의한다고 볼 수 있다. 또한, 매매와 도급계약과의 구별은, 당해 계약의 중요한 부분이 노동 기타 노무의 제공인지 여부가 판단기준이 된다.

⑬ 본건에서도 물품의 설치공사나 시운전 서비스 혹은 매수인의 운용인원에 대한 교육연수 등의 서비스 제공이 계약의 중요한 부분인 물품매매에 비하여 부차적인 것으로 취급되는 경우에는 CISG가 적용됨을 명확히 하고 있다.

판결례와 평가

- 적용범위 : 서비스 매매의 적용여부
- 출처표시 : 「Oberlandesgericht Köln」(Germany), 『19 U 282/93』, 1994.08.26.

1. 논점과 사실관계

① 본 사건은 CISG의 적용상 서비스 매매의 적용여부를 다루고 있는 사례이다.[68] 독일 매수인

[피고]은 스위스에 영업소를 보유하고 있는 매도인[원고]으로부터 쓰레기 분리수거를 위한 기계설비를 구입하였다. 본건 계약에는 당해 기계설비의 디자인 · 인도 · 설치 · 시운전 등의 내용을 포함하고 있었다.

2. 판결요지

② 법원은, [제3조 (2)에 의거하여] CISG가 이 사건에 적용되지 않는 것으로 판단하였다. 법원은, 설치 · 시운전 · 교육 및 기타의 이와 유사한 내용은 모두 서비스 계약의 범주로 취급할 수 있고, 이 경우 계약당사자의 책임이 물품과 금전의 교환이 아니라, 서로에게 기술지원을 제공하는 것에 주안점을 두고 있다면, 본건에는 CISG를 적용할 수 없다고 판시하였다.

68) ① 「Oberster Gerichtshof」(Austria), 『7 Ob 301/01t』, 2002.01.14.
② 「Rechtbank van Koophandel, Hasselt」(Belgium), 『AR/05/2945』, 2005.09.14.
③ 「Cour d'appel de Colmar」(France), 『1 A 07/03426』, 2008.02.26.
④ 「Oberlandesgericht Karlsruhe」(Germany), 『19 U 5/08』, 2008.06.12.
⑤ 「Cour de Justice de Genève」(Switzerland), 『C/27176/2001』, 2006.01.20.
⑥ 「U.S. District Court, E.D., New York」(USA), 『03-CV-2835 (ADS) (JO)』, 2005.03.19.

004. 적용사항과 비적용사항

Art. 4
This Convention governs only the formation of the contract of sale and the rights and obligations of the seller and the buyer arising from such a contract. In particular, except as otherwise expressly provided in this Convention, it is not concerned with:
(a) the validity of the contract or of any of its provisions or of any usage;
(b) the effect which the contract may have on the property in the goods sold.

제4조
본 협약은 매매계약의 성립과 그 계약으로부터 발생하는 매도인과 매수인의 권리와 의무만을 규율한다. 특히 본 협약에 별도의 명시적인 규정이 있는 경우를 제외하고, 본 협약은 다음의 사항과는 관련이 없다.
(a) 계약이나 그 조항 또는 관행의 유효성
(b) 계약이 매각된 물품의 소유권에 미치는 효과

[090] 제4조 제1문은 CISG가 국내법보다 우선 적용된다는 사실을 전제하고 있음과 동시에, 계약의 체결과 당사자의 권리와 의무에 관한 제한요건과 그 내용을 규정하고 있다. 제2문은 CISG가 다루지 않는 사항과 관련하여, 비교적 구체적인 내용을 담고 있는 규정으로서, 이는 달리 합의하지 않는 한, CISG는 계약이나 그 어떠한 계약조항 또는 관습의 효력 그리고 계약이 매각된 물품의 소유권에 대한 사항에는 관여하지 않는다고 명시하고 있다. 생각건대, 본 규정은 계약당사자 일방이 경우에 따라 계약체결을 지연시킬 수도 있을 것이라는 개연성을 미연에 방지하기 위한 의도에서 존치해 두고 있는 규정이라 판단된다.

1. CISG에 의해 다루어지는 사항

[091] CISG에서는 계약체결 시에 그에 관한 객관적인 요구만을 규정하고 있다. 곧, CISG는 계약의 유효성에 관하여 다루고 있지 않다. 이에 관한 문제는 관련된 국내법에 의해 해결하여야 한다. 당해 요건은, 이를테면, 계약을 체결하는 **의사능력**(意思能力, mental capacity),[69] **착오**(錯誤,

---

69) **'의사능력'**(意思能力)이란, **'사리를 판단하여 의사결정을 할 수 있는 능력'**을 말한다. 술에 몹시 취한 자나, 정신병자 또는 유아 등은 이러한 능력이 없기 때문에, 거래행위 등을 해도 그것은 의사에 의한 행위라고 할 수 없으며, 이는 법률상 무효이다. 대체로 초등학교 학생 정도이면, **'의사능력'**이 있는 것이라고 생각되지만, 유언이나 혼인·입양 등과 같은 신분행위는, 한층 더 성숙할 것이 필요하므로, 이러한

mistake)[70]의 결과, **사기**(詐欺, fraud),[71] **협박**(脅迫, intimidation)[72] 등에 관련된 사안이 될 것으로, 이는 당해 개별 사안과 관련된 국내법에 의해서 해결하여야 한다.

경우에는 각각 법률로 규정하고 있다. '**의사능력**'과 비슷한 것으로, '**책임능력**(責任能力)'이 있다. 이것은, 불법행위에 의한 손해배상책임을 부담지우기 위한 전제이며, '**자기의 행위가 불법한 가해로서, 어떤 법적 책임을 발생하는 것을 이해할 수 있는 능력**'으로 설명된다.

70) '**의사표시의 내용과 내심의 의사가 일치하지 않는 것을 표의자가 모르는 것**'을, '**착오**'(錯誤) 또는 '**착오에 의한 의사표시**'라고 한다. '**착오**'는 보통 다음과 같이 분류되는데, '**착오에 의한 의사표시**'가 취소할 수 있는 것으로 되는지의 여부는 그 '**착오**'가 법률행위의 중요부분에 관한 것인지의 여부에 따라 정한다는 것에 유의하여야 한다. i) '**내용의 착오**' : 보증채무와 연대채무를 같은 것이라고 오해하여, 연대채무자가 될 것을 승낙하거나, 파운드와 달러가 같은 가치를 가지는 것이라고 믿고, 100파운드로 살 것을 승낙한 경우와 같이, 표시행위 자체에는 '**착오**'가 없으나, 표시행위의 의미를 오해하는 경우이다. ii) '**표시상의 착오**' : 10만원으로 써야 할 때에, 잘못하여 100만원으로 써버린 경우처럼, 오기하거나 잘못 말한 것과 같은 것이다. 즉, 표시행위 자체를 잘못하여, 내심적 효과의사와 표시상의 의사에 불일치가 생기는 경우이다. iii) '**동기의 착오**' : 가까운 곳에 지하철이 부설될 것이라고 오해하여 토지를 비싼 값으로 사들인 것과 같이, 의사표시를 하게 된 동기에 '**착오**'가 있는 경우이다. iv) '**표시기관의 착오**' : 전보에 의한 의사표시를 할 때, 전신기사의 잘못으로 표의자가 말한 바와 다른 내용을 상대방에게 전한 것과 같은 경우이다. 이 경우는 '**표시상의 착오**'와 동일하게 취급된다.

71) '**사기**'(詐欺)는, 일반적으로 '**사람을 기망**(欺罔)**하여 재물의 교부를 받거나 재산상의 이익을 취득하는 경우 및 제3자로 하여금 재물의 교부를 받게 하거나, 재산상의 이익을 취득하게 하는 행위 또는 죄**'를 말한다. '**사기죄**'는, 절도죄 및 강도죄와 같이, 재물죄, 특히 영득죄(領得罪)의 일종이지만, 후자가 상대방의 의사에 반하여 재물을 탈취하는 것과는 달리, 전자는 상대방의 기망에 의한 착오 있는 의사에 의해서 재물을 교부받거나, 재산상의 이익을 취득하는 것이다. 따라서, 외관상으로는 피해자의 임의에 의한 교부가 있더라도, 그 교부행위가 착오에 의한 교부라는 점에 특색이 있다. 이를 '**편취**'(騙取)라 한다. 그리고 교부는 자진해서 교부하는 것에 한하지 않고, 이에 준할 수 있는 것, 예를 들면, 법원 또는 집행관을 기망하여 공권력에 의하여 피해자로 하여금 재물을 교부하게 하는, 이른바 소송사기도 '**사기죄**'로 된다는 것이 통설이다. '**기망**'은, '**사람을 착오에 빠뜨리는 것**'이다. 착오가 어떠한 점에서 생겨났는가는 가리지 않는다. 반드시 법률행위의 중요한 요소에 관한 착오일 필요는 없고, '**기망**'된 의사표시가 민법상 무효한 것이라도, 본죄의 성립에 영향을 미치지 않는다. 한편 '**기망**'의 수단·방법은, 언어에 의하건, 무전취식과 같은 동작에 의하건, 또 상대방이 이미 착오에 빠져 있음을 알면서 고의로 진실을 고지하지 않는 부작위에 의하건, 불문한다. 그러므로 판례는, 피보험자의 질병을 묵비하고 보험계약을 체결하는 경우, 저당권이 설정되어 있음을 감추고서 부동산을 보통가격으로 매각하는 경우 등에도 '**사기죄**'를 인정하고 있다. '**사기죄**'는, 상대방의 교부행위, 즉 처분행위에 의하여 재물을 취득하는 것이 필요하다. 예컨대, 자동판매기에 위조동전을 넣고 물건을 가져가는 경우는 처분행위가 없는 것이므로, '**사기죄**'는 성립할 수 없고, 편의시설 부정이용죄가 성립한다. '**사기죄**'가 성립함에는, '**기망**'을 당하는 사람과 재산상 손해를 받는 사람이 동일할 필요가 없다. 따라서, 처를 속여서 남편의 재물을 절취한 경우에도, '**사기죄**'가 된다. 강도죄와 마찬가지로, 재산상의 이익도 '**사기죄**'의 객체로 된다. 즉 '**착오**'에 의한 상대방의 처분행위로 말미암아, 채무의 면제를 받거나, 무전계량기를 역회전시켜 요금지불을 면탈하는 것은 모두 '**사기죄**'로 취급된다. '**사기죄**'가 **기수**(旣遂)로 되기 위해서는, '**기망행위와 재물의 교부 또는 이익 공여와의 사이에 인과관계가 있어야 한다**'는 것이 통설이다.

72) '**협박**'(脅迫)은, '**사람을 협박함으로써 성립하는 죄**'이다. 보호법익은 개인의 의사결정의 자유이다. '**협박죄**'의 객체는 자연인이지만, 의사결정의 능력이 없는 영아·명정자·정신병자는 '**협박죄**'의 객체가 될 수 없다[**다수설**]. '**협박**'은, 해악을 고지하여 상대방에게 공포심을 일으키는 것을 말하므로, 단지 불만의 표시로서 '두고 보자', 단순한 감정적인 욕설에 불과한 '입을 찢어 버릴라'는 말은, 해악의 고지가 없기 때문에, '**협박**'에 해당하지 않는다. '**협박**'은, 해악의 발생이 직·간접으로 행위자에 의해 좌우될 수 있는 것이어야 하므로, 천재지변의 도래나 자연발생적인 길흉화복을 알리는 것은, 경고에 지나지 않으므로 '**협박**'이 될 수 없다.

일반적 오류(誤謬)는 법을 만든다.

[092] 그러나, 만약 일방당사자가 인도하여야 할 물품의 품질과 관련하여 실수를 하였거나, 타방당사자의 물품대금 지급능력에 관하여 잘못된 인식을 가지고 있었다면, CISG는 이러한 문제를 다룰 수 있는 명시적인 규정을 보유하고 있기 때문에, 이 경우 CISG는 여타 적용가능한 국내법에 우선하게 된다.

[093] 본조는, **입증책임**(burden of proof)의 문제를 다루지는 않고 있으나, 앞선 **판정례**(判定例)[73]에 비추어, 일부 법원에서는 CISG가 입증책임의 문제를 다루고 있는 것으로 [곧, 해결할 수 있는 것으로] 취급하고, CISG 적용범위로 수용하여 이를 적용하고 있는 경우도 있다. 생각건대, 이는 **제79조**[손해배상책임의 면제]의 입증책임에 관한 규정을 **유추해석**(類推解釋, analogy interpretation)[74]한 결과로 판단된다. 마찬가지로, **학설**[통설(通說)] 또한 입증책임의 문제를 CISG의 적용범위에 포함하고 있음은 주지하여야 할 사항이다. 이 경우 근거규정은 제79조를 포함하여, **제7조**[본 협약의 해석원칙] (2)가 되고 있다.

[094] 입증책임이 귀속에 관한 일반원칙의 핵심은, "**어느 법률의 규정에 의하여, 자신에게 유리한 법적 결과를 얻으려는 당사자는 그러한 규정에서의 사실적인 적용요건이 있음을 입증하여야 하고, 달리 예외라고 주장하는 당사자는 그러한 예외의 사실적 적용요건이 있음을 입증하여야 한다**"는 것이다.

[095] 요컨대, CISG하에서 입증책임에 관한 일반원칙은, **손해배상**(損害賠償, compensation for damages)[75]의 문제와 관련된 다수의 판정례를 통해 유추할 수 있다. 곧, 대부분의 판정례에서는, CISG의 규정에 의하여 피해를 입은 매수인은 **손해배상청구**(claim for damages)의 주장에 관한 객

---

73) 일러두기에서 이미 언급해 두었던 바와 같이, 이하 '판정례'라고 함은, '법원에 의한 판례(判例)와 중재판정부에 의한 판정례(判定例)를 합체한 의미'로 새긴다.

74) '**유추해석**'(類推解釋)의 보충설명으로서, '**유추해석**'은 법의 적용을 탄력적으로 하여, 입법의 불비를 보충하고, 법을 시대의 발전에 적응시키는 장점이 있다. 그러나, 유사한가 아닌가의 판단이 자의로 되어 버리는 것을 막을 수 없기 때문에, 법적 안정성을 해할 염려가 있다. 특히, 형법의 '**유추해석**'을 인정하여 형벌권을 확대하는 것은, '**죄형법정주의**'(罪刑法定主義)에 반하기 때문에, 근대형법은 '**유추해석**'을 금지하고 있다.

75) '**손해배상**'(損害賠償)은, '**위법한 행위에 의해 타인에게 끼친 손해를 전보(塡補)하여 손해가 없었던 것과 동일한 상태로 복귀시키는 일**'을 말한다. 적법한 공권력의 행사에 의하여 가하여진 경제상의 특별한 희생[**공용징수**(公用徵收)]에 관하여, 행정주체가 행하는 재산적 보상인 '**손실보상**'(損失補償)과 구별된다. 우리 민법상 손해배상의무를 발생시키는 원인으로서, 중요한 것으로는 '**위법행위**'(違法行爲), 즉 '**채무불이행**'(債務不履行)과 '**불법행위**'(不法行爲)가 있다. 원료를 살 계약을 체결하였는데도 원료를 가져오지 않아, 공장에서 작업을 하지 못하여 손해를 본 경우는 '**채무불이행**' 예이고, 도로 옆의 집에 트럭이 뛰어들어 가구를 파괴하여 손해를 보게 한 경우는 '**불법행위**'의 예이다. 손해배상의무는 이 같은 법률의 규정에 의해 발생하는 것 이외에, 당사자 간 계약[**손해담보계약**(損害擔保契約)·**손해보험계약**(損害保險契約) 등]에 의해 발생할 수도 있다.

A common error makes law.

관적 사실을 입증하여야 한다고 하고, 이 경우 매수인은, i) '손해', ii) '손해와 계약위반 간의 인과관계(因果關係, causation)',[76] iii) '손해의 예견가능성(foreseeability)' 등을 입증하여야 한다고 판시하고 있음은 유의하여야 할 사항이다.

2. 계약과 관습의 효력

[096] CISG에서는, '계약의 유효성'에 관한 문제를 국내법의 적용에 의해서 해결하도록 하고 있다. 그럼에도 불구하고, 국내법 중 계약의 유효성에 관한 규칙과 모순되는 경우가 있을 수 있다. 이를테면, 제11조[계약의 형식]에서는 "국제물품매매계약은 반드시 서면으로 체결 또는 증명될 필요가 없으며, 형식에 관하여도 기타의 다른 조건에 구속받지 않는다"고 명시하고 있다. 그러나, 어떠한 법률체계에는 물품매매계약의 형식요건(形式要件, form requirement)을 국내법상 계약의 유효성과 관련되는 문제로 취급하고, 특별히 서면요건(書面要件)을 부가하고 있는 경우도 있다.

[097] CISG는 대리(代理, procuration)[77]의 문제를 다루고 있지 않기 때문에, 이로부터 제3자가

76) '원인과 결과 사이의 연관관계'를 통칭한다. 곧, '인과관계'(因果關係)는 무한한 연쇄성을 지니고 있으며, 어떤 사건을 원인으로 차례차례 여러 가지 결과가 발생하는 것이다. 그러나, 어떤 행위를 원인으로 해서 발생한 손해를 배상시킬 경우에 행위자에게 무한한 손해액의 배상책임을 인정한다는 것은 가혹하며, 또한 불가능한 것이다. 예를 들면, 어떤 상인이 식품을 가공해주겠다는 약속으로 재료를 매입하였는데, 약속대로 가공을 해주지 않기 때문에 재료의 보관비가 겹치게 되고, 그러는 동안에 그 재료가 부패하여 변질되었고, 이에 따라 손해가 발생하였을 경우에 가공업자는 어느 정도까지 손해를 배상해야 하는가, 손해배상의 범위를 한정시키기 위하여 행위와 손해 사이에 어떤 인과관계가 존재해야 하는가 하는 문제에 관해서, '인과관계'를 설명하는 여러 가지의 학설이 존재하나, 통설은, '상당인과관계설'(相當因果關係說)을 따른다. 이에 의하면, 공평한 손해분담이라는 차원에서, 책임원인과 결과 사이에 상당한 조건관계가 있는 경우에만 배상을 해야 한다고 한다. 특히, 그 상당성의 판단기준은, 채무불이행 또는 불법행위 시에 일반인이 알 수 있었던 사정과, 채무자가 알고 있었던 사정을 함께 고려하여 판단해야 한다고 한다['절충적상당인과관계설'(折衷的相當因果關係說)].

77) 넓은 의미에서 '대리'(代理)라고 하면, '타인[본인(本人)]을 대신하여 어떤 행위를 하는 것'이지만, 우리 민법 총칙 편에 정해진 '대리'란, '대리인이 본인을 위하여 한다는 것을 나타내어 의사표시를 하거나 또는 의사표시를 받아 그 법률효과가 본인에게 직접 생기는 것'을 말한다. '대리'는 대리인의 행위로 인하여, 그 효과가 직접 본인에게 발생한다는 점에서, 통설은 '대리'의 본질적 작용을 사적자치의 확장이라 하고, 사적자치의 보충은 2차적 기능에 지나지 않는다고 한다. 사적자치의 확장기능은, '임의대리'에서 주로 나타나며, 사적자치의 보충기능은, '법정대리'에서 주로 나타난다. '대리'는 삼면관계로 나타나는데, i) '본인과 대리인 사이의 관계'[대리권], ii) '대리인과 상대방 사이의 관계'[대리행위], iii) '본인과 상대방 사이의 관계'[대리효과]로 나타난다. '대리'는, 원칙적으로 '법률행위'에만 인정된다. 그러므로 '준법률행위', '불법행위'에는 인정되지 않는다. 다만, '준법률행위' 중 의사의 통지나 관념의 통지와 같은 표현행위는, 의사표시에 관한 규정이 유추적용되므로, 대리가 가능하다. 또한, '법률행위'라 하더라도 본인의 의사를 중요시하는 가족법상의 '법률행위'는, '대리'와 친하지 않는 행위라 하여 '대리'가 허용되지 않는다. 이 경우, '법률행위'·'준법률행위'·'불법행위'에 관하여 구분하면 다음과 같다. i) '법률행위' : '일정한 법률효과의 발생을 목적으로 하는, 하나 또는 수개의 의사표시를 불가결의 요소로 하는 법률요건'이다. '법률행위'가 당사자가 원하는 대로 법률효과가 발생하기 위해서는, 일정한 요건이 필요한데, 곧 성립요건과 효력발생요건이 그것이다. 성립요건을 결한 경우에는 '법률행위' 자체가 성립되지 않으며, 효력 발생요건을

매도인(賣渡人)의 권리의 내용(內容)에 관하여 무지(無知)한 매수인(買受人)은 용서되지 않는다.

일방당사자를 대신하여 체결한 계약이 그 효력을 가질 수 있는지의 여부가 문제시 될 수 있다. 이 경우 당해 문제는 다름없이 국내법에 의해 해결되어야 한다. 마찬가지로, **표준계약조건**(標準契約條件)의 문제도 이와 다름이 없다.

[098] CISG에서 다루지 아니하고 국내법에 의해서 규율되어야 하는 **관습**(慣習, usage, customs)[78]의 귀속효과에 관한 문제도, 관습의 정의가 무엇인지, 관습상 어떠한 경우가 당사자를 구속할 수 있는지 또한 그 결과가 CISG상의 제 규정과 어떠한 연관성이 있는지 등의 문제를 명료히 구분하여야 한다. 이 경우 연관성에 관해서는, 이하 **제9조**[관행과 관습의 구속력]에서 다루고 있다.

3. 판매된 물품의 소유권에 대한 영향

[099] CISG는 매각된 물품의 '**소유권**(所有權, property, ownership)[79] **이전**'의 문제를 다루지 않고 있다. 그 이유는 CISG 성안 당시 이와 관련한 통일규칙의 제정은 불가능하다는 판단 때문이었는데, 이로부터 **판매**[매각(賣却)]된 물품의 소유권에 대한 영향은 국제사법의 원칙에 따라 [국내법의 적용에 의하여] 해결되어야 한다는 합의를 기초로, 본조 (b)의 규정을 마련하게 되었다.

결한 경우에는 '**법률행위**'의 효력이 발생하지 않는다. '**법률행위의 성립요건**'은, '**일반적 성립요건**'으로, ㉠ '**당사자**', ㉡ '**법률행위의 목적**', ㉢ '**의사표시**'가 있어야 하며, '**특별성립요건**'은, 개개의 법률규정에 의하여 정하여진다. '**법률행위 효력의 발생요건**'은, 일반적 효력 발생요건으로 ㉠ 당사자에게 권리능력, 의사능력, 행위능력이 있어야 한다. ㉡ 법률행위의 목적[내용(內容)]이 확정되어야 하며, 가능해야 하며, 적법해야 하고, 사회적으로 타당해야 한다. ㉢ 의사와 표시는 일치해야 한다. ii) '**준법률행위**' : '**의사표시와는 달리, 행위자의 의사와 관계없이 법률의 규정에 따라, 일정한 법률효과가 발생하는 법률사실**'을 말한다. '**준법률행위**'는, '**일정한 의식내용을 다른 사람에게 전달하는 표현행위**'와 '**외부에 표시하지 않은 내심적 의사로서 일정한 사실을 행하는 비표현행위**', 즉 '**사실행위**'로 구분된다. '**표현행위**'는, '**다른 사람에게 자기의 의사를 알리는 의사의 통지**', '**일정한 사실을 알리는 관념의 통지**', '**일정한 감정을 나타내는 감정의 표시**' 세 종류로 나뉜다. '**사실행위**'는, '**일정한 행위의 결과에 관하여 일정한 법률효과를 부여하는 순수사실행위**', '**일정한 사실적 의사를 요건으로 하는 행위에 관하여 법률효과를 부여하는 혼합사실행위**'로 나뉜다. 위와 같이 '**준법률행위**'를 분류하는 전통적 견해에 관하여, '**표현행위**'만을 '**준법률행위**'라고 하는 견해도 있다. iii) '**불법행위**'는 후게각주에서 설명한다.

78) '**관습**'(慣習)의 보충설명으로서, '**사회생활상 계속 반복하여 행해지며, 어느 정도까지 일반인 또는 일정한 직업 또는 계급에 속하는 사람을 구속하기에 이른 일종의 사회규범**'을 말한다. '**관습**'이 사회의 법적 확신에 의하여 지지되어서, 법적 규범으로서의 가치를 취득한 것을, '**관습법**'이라 부르며, 그렇지 않은 것을, '**사실인 관습**'이라 한다.

79) 앞선 각주에서 언급한 '**소유권**'(所有權)의 보충설명으로서, '**소유권**'은, '**물건을 전면적으로 지배할 수 있는 권리**'이다. '**소유권**'은 재산권 중에서 가장 기본이 되는 권리이며, 사유재산제의 표현이고, '**사적 자치의 원칙**'과 밀접하게 관련된다. '**소유권**'은, i) 물건을 지배할 수 있다는 **관념성**(觀念性), ii) 물건의 사용가치와 교환가치를 모두 지배하는 **전면성**(全面性), iii) 물건의 사용・수익・처분의 권능의 단순한 집합이 아닌 그 권능들의 **혼일성**(渾一性), iv) 제한물권과 충돌하면, 제한물권에 의하여 제한을 받다가, 그 제한물권이 소멸되면, 다시 본래의 완전한 상태로 되는 **탄력성**(彈力性), iv) 존속기간의 제한이 없으며, 소멸시효의 대상이 되지 않는 **항구성**(恒久性)을 가진 권리이다. '**소유권**'의 객체는, 법학용어로서 '**물건**'(物件), 동일한 의미로 상학용어로서 '**물품**'(物品)에 한 한다.

4. CISG가 다루고 있지 않은 기타의 문제

[100] CISG가 다루지 않고 있는 기타의 문제에 관하여, 각국 법원들은 다음의 경우에는 CISG의 적용범위에서 제외된다고 보고 있다. 곧, '법원이 선택한 약관 또는 처벌약관의 효력', '합의해결의 효력', '수취채권(受取債券, receivable)의 양도', '계약의 양도', '상계'(相計, set-off),[80] '공소시효'(公訴時效, the statute of limitations),[81] '법원이 관할권(管轄權, jurisdiction)[82]을 가지고 있는 문제', 일반적인 기타 '절차법상의 문제', '채무인수(債務引受, an assumption of debts)의 문제', '채무인정(債務認定, an acknowledgement of debts)의 문제', '제3자에 대한 계약의 효력', '일방당사자가 공동의 책임부담 여부의 문제', '불법행위(不法行爲, tort)[83]에 관한 클레임' 등이다.

---

80) '상계'(相計)라 함은, '채무를 지는 채무자 B가 자신도 채권자 A에 대해서 동종의 채권[반대채권(反對債權)]을 갖는 경우 그 반대채권에 의해 그 채무를 대등액에 있어서 소멸시키는 일방적인 의사표시[단독행위]'이다. 예컨대, B가 A에 100만원의 채무를 부담하고 있는 경우 B도 또한 A에 70만원의 채권을 취득하고 있을 때는, 서로가 별도로 변제를 하지 않고, B로부터 A에 대한 의사표시에 의해, B의 채권 70만원을 소멸시킴과 동시에, A 채권을 30만원으로 감할 수 있는 것이다. '상계'는 광의로는, '당사자 간 계약에 의한 상계'[상계계약(相計契約)]를 포함하지만, 협의로는 '일방적 의사표시에 의한 상계'만을 가리킨다. '상계'하는 측의 채권[앞선 예로는 70만원인 B의 채권]을 '자동채권'이라고 하고, '상계'되는 측의 채권[앞선 예로는 100만원인 A의 채권]을 '수동채권'이라고 한다.

81) '공소시효'(公訴時效)는 '어떤 범죄에 관하여, 일정기간이 경과한 때에는 공소를 제기할 수 없는 것'을 말한다. 이 점에서 형을 선고하고 그 판결이 확정된 사건에 관한 형의 시효와 다르다. '공소시효'의 본질은, 시간의 경과에 따라 사회의 응보감정(應報感情)이 소멸함으로써 형벌권이 소멸한다는 '실체법설'과, 시간의 경과에 따라 증거가 산일(散逸)하고 진실의 발견이 곤란하다는데 있다는 '소송법설', 이 양자의 이유에 의하여 소송을 수행함이 부당하다고 하는 '경합설'이 있다. '공소시효'의 기간은 법정형의 경중에 따라 차이가 있다. '시효'의 기산점은 '범죄행위가 종료한 때'이다. '시효'는 당해 사건에 관하여 공소가 제기된 때에는 그 진행을 정지한다.

82) '법원 간에, 본래 국가에 귀속되어 있는 재판권을 어떻게 분할하여 행사할 것인가를 정하는 것'을, '관할'(管轄)이라 하며, 정해진 관할에 따라 재판을 하는 권한을, '관할권'(管轄權)이라고 한다. 법원의 '관할'을 대별하면, 지역적 구분에 의한 토지관할, 즉 '재판적'(裁判籍)이 있고, 사건의 대소에 따른 구분으로, 제1심 소송에서의 단독판사와 합의부 사이의 사무분장에 관한 '사물관할'(事物管轄)이 있으며, 판결절차·제소 전의 화해절차·독촉절차·강제집행절차와 같이, 동일한 사물이라도 그 다루는 절차의 성질에 따라서, 구분되는 '직분관할'(職分管轄)이 있다. '심급관할'(審級管轄)도 이에 속한다.

83) '불법행위'(不法行爲)는, '고의 또는 과실로 인한 위법한 행위로 타인에게 손해를 가하는 것'을 말한다. 우리 민법은 일정한 요건 아래 '불법행위'를 한 행위자는 피해자에게 생긴 손해를 배상하여야 한다고 규정하고 있다. '불법행위'의 일반조항으로서, 고의 또는 과실로 인한 위법한 행위로 타인에게 손해를 가한 자는, 그 손해를 배상할 책임이 있다. '불법행위' 책임의 요건에 관한 규정으로, 가해자에게 책임이 발생하기 위해서는, 책임능력이 존재하여야 하고, 동시에 '위법성조각사유'(違法性阻刻事由)가 존재하지 않아야 한다. 그러나, 자본주의의 발달에 따라, 특히 기업활동과 관련하여 '과실책임주의'(過失責任主義)의 합리성이 문제된다. 즉, 기업활동에서 기업 측의 과실 자체가 의문시되는 경우가 있을 뿐만 아니라, 그 입증도 쉽지 않아, '과실책임주의' 아래에서 기업은 피해자의 희생으로 이익을 얻는다는 결과로 될 수 있다. 이러한 결과는, 손해의 공평한 분담이라는 '불법행위'의 목적에 반하게 되므로, '과실책임주의'가 완화되기도 하고, 나아가 가해자에게 과실이 없더라도, 그의 행위로 인하여 손해가 발생하였다는 관계가 있으면, 그것만으로 손해배상책임을 지우는 '무과실책임주의'(無過失責任主義)가 대두하기에 이르렀다. '무과실책임'은, 첫째 손해발생의 위험성이 높은 위험성을 지배하는 자는, 그 위험원으로부터 정형적으로 생긴 결과에 관하여, 스스로 책임을 부담하여야 한다는 '위험책임', 둘째 이익을 얻은 자가

■ SUMMARY [*Article 4*]

1. The first sentence of article 4 lists matters as to which the Convention's provisions prevail over those of domestic law i.e. the formation of contract and the rights and obligations of the parties; the second sentence contains a non-exhaustive list of issues with which, except where the Convention expressly provides otherwise, it is not concerned namely the validity of the contract or any of its provisions or any usage, as well as the effect which the contract may have on the property in the goods sold. The issues referred to in the second part of article 4 were excluded from the Convention because dealing with them would have delayed the conclusion of the Convention.

2. Matters not governed by the Convention are to be settled either in conformity with the applicable uniform rules or the applicable domestic law.

판결례와 평가

- 적용범위 : 물품에 대한 제3자의 권리
- 출처표시 : 「Cour de Cassation」(France), 『2 P』, 1999.01.05.

1. 논점과 사실관계

① 법원이 심리한 양당사자의 다툼의 요지는 다음과 같다. i) 매수인이 물품을 구매했으나 물품대금을 지급하지 않은 상황에서, 계약의 목적물로서 **철판**(iron plate)의 소유권을 매도인이 매수인으로부터 회수할 권한이 있는지의 여부와, ii) 만약 회수할 권한이 없다면, 매도인은 CISG의 규정에 의해 당해 계약을 해제할 수 있는지 여부이다.

② **매도인**[프랑스]은 매수인[미국]에게 철판을 매도하였다. 양당사자는 본건 계약에서 매수인이 물품대금을 지급할 때까지, 매도인은 당해 철판의 소유권을 유보할 수 있다고 합의하였다.

③ 그러나, 매수인은 인도된 철판을 수령하고도, 물품대금을 지급하지 않았다. 이에 매도인은

손실도 부담하여야 한다고 하는 '**보상책임**'을 귀책원리로 하고 있다. '**불법행위제도**'의 목적은, '**손해의 공평한 분담**'에 있다. 그러나, 배상의무자에게 변제자력이 없다면, 비록 '**무과실책임**'에 의하여 피해자에게 손해배상청구권을 인정하더라도, 위의 목적을 달성할 수 없게 될 수 있다. 또한 배상의무자에게 자력이 있더라도 일시에 많은 배상금을 지급하면, 기업활동에 영향을 초래할 수 있다. 따라서, 피해자의 구제를 위하여 배상의무자의 배상능력의 강화방법을 모색하여야 하며, 이를 위한 수단으로 이용될 수 있는 것이 보험제도, 즉 '**책임보험**'이다. 이러한 '**책임보험제도**'로 '**자동차손해배상책임보험**', 근로자의 '**재해보상보험**' 및 '**원자력손해배상보험**' 등이 있다.

그때까지 매수인이 판매하지 않고 있던 철판에 대한 소유권을 회수하고자 소송을 제기하였다. 그렇지만, 매수인은 이미 철판에 관한 물품의 담보권을 은행에게 이전하였고, 은행은 이미 적법한 절차를 통해 철판의 소유권을 보유하고 있는 상황이었다.

2. 판결요지

④ 법원은, 제1조 (1), (a)에 의해, 매도인과 매수인의 권리와 의무가 CISG 적용범위에 속한 것으로 판단하였다. 그렇지만, 물품이 판매되기 이전이나 판매된 이후와는 관계없이, 물품에 대한 제3자의 권리는 제4조 (b)에 의거, 그 적용범위에서 제외하고 있음을 명확히 하였다. 나아가, 법원은 본건 철판에 대한 제3자로서 은행의 권리를 고려하여, 매도인이 당해 철판의 소유권을 회수하거나 또는 계약을 해제할 수 없다고 최종 판결하였다.

판결례와 평가

- 적용범위 : 관행의 취급과 그 유효성
- 출처표시 : 「Cour de Justice de Genève」(Switzerland), 『C/27176/2001』, 2006.10.20.

1. 논점과 사실관계

① 본 사건은 CISG하에서 관행의 취급과 그 유효성에 관하여 다루고 있는 사례이다. 독일 **매도인**[원고]은 오스트리아 **매수인**[피고]에게 목재를 매도하였다. 매수인은 수령한 목재의 부적합에 기하여, 목재가 합의한 품질에 미치지 못한다는 취지의 통지를 매도인에게 송부하고 물품대금지급을 거부하였다. 이에 매도인은 목재거래에 관한 독일의 지방상관행을 인용하여, 매수인이 14일 이내에 당해 부적합의 정확하고도 상세한 내용을 특정하여 통지해야 함에도 불구하고, 매수인이 [14일 이내에] 부적합 통지를 하지 않았기 때문에 매수인은 당해 부적합을 주장할 권리를 상실하였다고 주장하였다. 이에 매수인은, 본건 부적합에 대해서는 적절한 통지를 송부하였을 뿐만 아니라 지방상관행은 CISG가 적용되는 국제물품매매계약에는 적용되지 않는다고 반론하였다.

2. 판결요지

② 제1심은 당해 지방의 상관행은 독일과 오스트리아 당사자 간에 목재 매매계약에 있어 통

상 이용되는 계약조건이고, 이는 제9조[관행과 관습의 구속력]에 따라 용인될 수 있으며, 지방의 상관행으로는 물품을 인수하거나 물품을 검사한 이후 또는 검사할 수 있었을 시기부터 14일 이내에 인수한 목재의 부적합을 매도인에게 통지하는 것은 매수인이 마땅히 부담하여야 할 의무라고 판시하였다. 최종적으로 법원은 [매수인의 계약부적합의 통지내용에 비추어] 당해 부적합이 명료히 특정되었다고는 볼 수 없음을 명확히 하고, [매수인이 당해 부적합에 의존할 수 있는 권리를 상실하였다는 주장과 관련하여, 법원은 당해 주장이 본건 적용에는 문제시 되지 않음을 전제하고] 이에 매도인이 인도한 목재는 매수인에 의해 정히 인수된 것으로 취급할 수 있다고 판시하였다.

③ 항소법원 및 대법원에서도 제1심의 판결을 인정하였다. 곧, 대법원은 제9조가 관행의 적용가능성에 대해 규정하고 있지만, 본조는 그 유효성에 관한 규정내용이 아니라는 점을 명확히 하고, 당사자가 국제상관행에 구속되길 원하는 경우에는 당사자에 의한 명시적 또는 묵시적으로 합의된 상관행은 반드시 국제상관행일 필요는 없지만, 본조 (2)에서 규정하고 있는 국제상관행이 동종의 업계에서 영업활동에 종사하는 자의 대부분에 의해 존중되어 인정되고 있다면, 그 관행이 준수되는 지역에 영업소를 둔 당사자가 이를 알았거나 알 수 있었던 경우에 한하여 그 관행을 적용할 수 있다고 판단하였다.

④ 대법원은, 원고가 주문을 수락한 경우에 지역적 관행의 적용을 명시적으로 피력한 점을 인정하고, 이전에도 피고와의 사이에 목재의 거래가 있었기 때문에 피고는 당연히 그 관행을 알았을 것으로 볼 수 있다고 하여 원심의 판단을 유지하였다. 또한 대법원은, 만약 매수인이 부적합의 내용을 명시하여 상당한 기간 내에 부적합에 대한 통지를 하지 않은 경우에 당해 물품은 수령된 것으로 취급할 수 있고, 이 기간 내에 부적합을 통지할 의무가 있다고 하는 원칙은 물품이 부족한 경우뿐만 아니라 매수인이 주문한 물품과 다른 물품을 인도 받은 경우에도 다름없이 적용할 수 있다고 판시하였다.

3. 해설

⑤ 제4조에 따라, CISG는 당사자 간에 별도의 합의가 없는 한, 계약이나 그 조항의 유효성 및 상관행의 유효성은 적용되지 않는 것으로 하고, 본건 유효한 상관행 그 자체에 대해서는 제9조[관행과 관습의 구속력]에 기초하여 판단할 수 있도록 하고 있다. 따라서, 당사자 간에 특정한 상관행에 관하여 명시적 또는 묵시적으로 그 존재를 인정하고 있는 경우에는 당사자 간에 이를 수용한 것으로 취급된다. 그러나, 그 유효성에 관해서는 CISG에서 별단의 규정을 두고 있지 않기 때문에, 결과적으로 당해 상관행은 [적용가능한] 국내법 등으로 판단해야 할 것이다. 이는 CISG에 규정이 없는 매매계약이나 그 조항의 유효성에 관하여, 당사자 사이에 별도로 합의한

국내법 혹은 법정지 국제사법 등으로 결정된 준거법이 적용될 수 있다는 사실과 동일한 의미를 가진다.

⑥ 제9조 (2)에 따라 별도의 합의가 없는 한, 당해 관행을 알았거나 알 수 있었던 경우에 이것이 국제상거래에 관여한 계약당사자에게 널리 알려져 있거나 통상 준수되고 있는 경우에는 묵시적으로 계약에 적용되게 된다. 이와 같이 채용되고 합의된 관행이나 확립되어 있는 관행 및 널리 알려져 있고 통상 준수되는 관행은, 여타 CISG의 규정에 우선하여 적용된다.

005. 사망 등에 대한 책임의 배제

Art. 5
This Convention does not apply to the liability of the seller for death or personal injury caused by the goods to any person.

제5조
본 협약은 물품에 의하여 발생한 사람의 사망 또는 상해에 관한 매도인의 책임에는 적용되지 아니한다.

[101] 제5조는 CISG와 각국의 제조물책임(製造物責任, product liability)[84]에 관한 법률의 규정이 충돌하는 것을 피하기 위하여 마련해 둔 규정이다. 제조물책임의 문제를 불법행위법으로 규율하고 있는 국가에서는 이러한 배제가 응당 당연한 것이지만, 계약법으로 규율하고 있는 국가에서는 이 같은 사항을 명시적으로 배제할 필요가 있다. 이렇게 하지 않으면, 당해 국가의 제조물책임에 관한 법률의 규정에서 부여하고 있는 법익(法益, interests protected by law)[85]이 인정되지 않을 개연성이 다분하기 때문이다. CISG에서는 이와 같은 상황을 고려하여, 본조를 통해 제조물책임의 개념을 명정하지 않고, 다만 '인적 손해'에 대해서만 그 적용을 배제하고 있다.

[102] 본조에 의하면, CISG는 피해자가 매수인이든 제3자이든 불문하고 물품으로 인하여 '사람의 사망(死亡)'[86] 또는 '상해'(傷害)[87]에 대한 책임에 관하여는 관계하지 않는다고 명시하고 있

84) '제조물의 결함으로 인하여 발생한 손해에 관한 제조업자 등의 손해배상책임'을 말한다. 제조업자는 제조물의 결함으로 인하여, 생명·신체 또는 재산에 손해[당해 제조물에 대해서만 발생한 손해를 제외한다]를 입은 자에게 그 손해를 배상하여야 한다. 만약 손해배상책임을 배제하거나, 제한하는 특약을 체결했을 때는, 무효로 한다. 다만, 자신의 영업에 이용하기 위하여, 제조물을 공급받은 자가 자신의 영업용 재산에 발생한 손해에 관하여, 그와 같은 특약을 체결한 경우에는 그러하지 아니하다.

85) '법익'(法益)이란, 일반적으로 '법에 의하여 보호되고 있는 생활이익 및 가치'를 말한다. 사람을 살해하면, 형법상 살인죄로서 처벌되며, 재물을 절취(竊取)하면, 절도죄로서 처벌된다. 이와 같은 형벌법규가 존재하고 있기 때문에, 우리들은 살해당하거나 재물을 도둑맞지 않는다는 안전보장을 받고 있는 것이다. 결국, 살인죄라는 형법의 규정에 의하여 보호되고 있는 것은 생명이라는 '법익'이며, 절도죄의 규정에서 보호하고 있는 '법익'은 타인의 소유권이라고 할 수 있다. 범죄는 어떠한 '법익'을 침해하는 행위이며, 그 침해에 대한 제재로서 법은 행위자에게 형벌을 가한다. 이와 같은 '법익'은, 주체에 따라서, 생명 및 재산과 같은 '개인적 법익'과, 통화의 안정 및 사회의 평온과 같은 '사회적 법익', 국가작용의 수행을 위한 '국가적 법익'의 세 가지로 구별하고, 형법전은 이 분류에 따라서, 각종의 범죄를 편별하고 있다.

86) 생리적으로는, '호흡과 심장의 고동이 영구적으로 정지하는 일', 법률적으로는, '생활기능이 절대적·영구적으로 정지함으로써, 권리능력이 상실되는 일'을 '사망'(死亡)이라 한다. '사망' 여부와 그 시기는, 법률상 상속·유언의 효력 발생, 상속순위, 잔존배우자의 재혼, 보험금청구권의 발생, 연금 등에 관한 여러 법률문제와 관계된다. '사망'은 법률상 중요한 문제일 뿐만 아니라, 그 증명·확정도 곤란한 경우가 많으

다. [이러한 문제는 국내법의 적용에 의한다] 여기서 인적 손해는 원칙적으로 당해 물품으로 인해 그 손해가 야기되었어야 한다. 예컨대, 물품 자체의 하자에서 생긴 인적 손해뿐만 아니라, 물품에는 하자가 없었으나 매도인이 설명을 잘못하여 발생한 인적 손해 및 잘못된 **포장**(packing)에 의해 발생한 인적 손해는 모두 물품으로 인한 손해로 취급되고, 이 경우 본조에 따라 CISG의 적용은 배제된다.

[103] 또한 본조에 따라, CISG는 물품으로 인한 사람의 사망 또는 상해에 대한 책임에는 적용되지 아니한다. 이를테면, [매수인의 책임하에서] 물품으로 인하여 제3자가 신체적 상해를 입었을 때, [그러한 상해로 인한 매수인의 금전적 손실에 관하여] 매수인이 클레임을 제기하는 경우가 이에 해당한다.

[104] 본조는 부적합한 물품으로 인해 야기되는 재산적 손실에 관한 클레임을 포함하고 있다. 그러나, 매수인이 자신의 [클레임을 제기할 수 있는] 권리를 유보하기 위해서는 **제39조**[부적합의 통지]에 따라, 매도인에게 부적합한 물품에 관하여 **통지**(通知, notice)[88]하여야 한다고 규정하고 있다. 만약, 재산적 손실을 야기한 원인이 물품이 아니었다면, 이로부터의 모든 법적 책임에 관해서는 국내법이 적용된다.

므로, '**동시사망의 추정**', '**인정사망**', '**실종선고**' 등의 제도를 두고 있다. i) 2인 이상이 동일한 위난으로 '**사망**'한 경우에 누가 먼저 '**사망**'하였는가를 확정하는 것은, 특히 상속문제에 중대한 관계가 있다. 그러나, 그 입증은 불가능한 경우가 많다. 그러므로 우리 민법은 이에 관하여, '**동시에 사망한 것으로 추정**'하고 있다. 추정이므로 반증이 있으면, 뒤집을 수 있다. ii) '**사망**'의 확증은 없지만, '**사망**'한 것이 거의 확실하다고 생각되는 경우[예컨대, 수난 · 화재 · 폭발 · 침몰 등]에는, 그것을 조사한 관공서의 '**사망**' 보고에 의하여 호적의 기재를 한다. 그러나, 다른 시기에 '**사망**' 또는 생존한 확증이 있으면, '**인정사망**'은 그 효력을 잃는다. iii) 부재자로서 '**사망**'의 개연성이 상당히 큰 경우에 관하여, 민법은 '**실종선고**'라는 절차를 거쳐 일정시기에 '**사망**'한 것으로 보는 제도를 두고 있다.

87) '**상해**'(傷害)는 '**신체의 생리적 기능에 장해를 일으키는 것**'이라고 함이 통설이자 판례이다. 예를 들면 남자의 수염이나 여자의 소량의 모발을 깎아 버리는 것은 '**상해**'가 아니라 폭행죄에 해당된다. 그러나, 피부의 표피를 박리하는 것, 중독증상을 일으켜 현기 · 구토를 하게 하는 것, 치아의 탈락, 피로 · 권태를 일으키게 하는 것, 처녀막열상, 성병에 감염시키는 것 등은 모두 '**상해**'로 된다. '**상해**'에 관한 고의는 없이, 다만 뺨을 한번 때렸던 바, 의외로 상처를 가하게 된 경우에는 폭행치상죄가 된다. '**상해죄**'는 고의범에 한하여 성립된다.

88) 법령상, '**통지**'(通知)라고 하는 용어는 대단히 많이 사용되고 있는데, 일반적으로 '**통지**'는, '**어떤 일정한 사실이나 처분 또는 의사를 특정된 상대방에게 알리는 것**'이다. '**통지**'는, 원칙적으로 반드시 문서에 의하여 함을 요하지 아니한다. 구술이라도 좋으나, 법령에 따라서는, 특히 문서에 의한 통지를 요구하고 있는 경우도 있다. 이 '**통지**'를 한 경우에 법률상 어떤 효과가 생기는가에 관해서는 여러 가지 경우가 있다. 단순히 상대방에게 알린다고 하는 의미뿐이고, 그 처분 또는 법률행위의 효과에 직접 영향이 없는 경우도 있고, 상대방에 대한 대항요건인 경우도 있다. 또한 '**통지**'가 일련의 절차의 일부로서 행하여지는 경우도 있고, 또 '**통지**'에 의하여 일정한 특별효과가 생기는 경우와, 처분 그 자체가 '**통지**'에 의해 행하여지는 경우도 있다.

SUMMARY [*Article 5*]

Pursuant to this provision, the Convention does not deal with liability for death or personal injury caused by the goods to any person, regardless of whether the injured party is the buyer or a third party. Consequently, national law applies to those matters.

006. 계약에 의한 적용배제 또는 변경

Art. 6
The parties may exclude the application of this Convention or, subject to Art. 12, derogate from or vary the effect of any of its provisions.

제6조
당사자는 본 협약의 적용을 배제할 수 있고, 제12조를 제외하고 본 협약의 어떠한 규정의 효력을 감퇴시키거나 또는 변경할 수 있다.

[105] 제6조는 당사자가 CISG의 적용[전부 또는 일부분]을 배제하거나 또는 그 효력을 감퇴·변경시킬 수 있음을 명시하고 있는 규정이다. 이 경우 [CISG가 적용될 수 있다고 하더라도] 어떤 특정한 상황에 그 적용이 배제되고 있는지를 확인하는 것은 필수적인 사항이다. 곧, 계약당사자는 상호 간에 CISG의 적용을 배제하거나 또는 특정조항의 효력을 감퇴·변경시키고 있는지의 여부와 그 내용을 반드시 확인하여야 한다.

[106] 본조를 통해 [당사자가 상호 합의한 바에 따라] CISG의 적용을 배제하거나, CLSG상의 어떠한 규정의 효력을 감퇴·변경시킬 수 있도록 그 근거를 마련해 두고 있는 배경은, 생래적으로 CISG가 국제물품매매계약의 기본원칙으로서 '계약자유의 원칙'을 수용하고 있기 때문이다. 환언하면, CISG는 '계약의 비강제성'과 '계약자유의 원칙'이 국제무역에 있어, 특히 국제매매에서의 핵심적이고도 기본적인 원칙임을 표창하고 있음에 기인한다.

1. 감퇴의 기준

[107] 본조는, CISG의 적용배제와 개별규정에 대한 적용상의 감퇴를 구분하고 있다. 곧, 전자의 경우에는 CISG의 그 어떠한 규정의 제한도 받지 아니하며, 후자는 일부 개별규정의 적용을 제한할 수 있음을 의미한다. 다만, CISG를 적용하고 있는 계약당사자 일방이 제96조[국내법상 형식요건의 고수]에 따라, 유보사항을 존치해 두고 있는 국가에 영업소를 보유하고 있는 경우에는 양당사자가 제12조[국내법상의 형식요건]의 효력을 감퇴 또는 변경시킬 수는 없다. 그 외에는, 양당사자의 합의에 따라 CISG의 그 어떠한 규정의 효력을 감퇴시키거나 또는 변경할 수 있다.

[108] 다만, [유의하여야 할 사항으로] CISG에 명시적으로 언급하지는 않고 있으나, CISG하에서 국제공법(國際公法, international public law)에 관한 효력은 양당사자의 합의에 의해서도 그 효력을

손해(損害)가 발생하더라도 권리침해(權利侵害)로 되지 않는 일이 있다.

감퇴 또는 변경할 수 없다. [이 경우, CISG 공법상의 규정으로는 최종규정으로서 제89조~제101조가 이에 해당된다] 왜냐하면, 이러한 조항들은 계약 당사자에게 적용할 수 있는 규정이 아닌, 체약국에 적용되는 조항이기 때문이다.

2. 명시적 배제의 기준

[109] 계약당사자는 CISG 전체 규정의 배제를 당해 계약내용에 명시할 수 있다. 이 경우, '명시적 배제'는 두 가지로, 곧 i) 양당사자가 CISG의 적용을 배제하면서 준거법을 정하고 있는 경우와, ii) CISG의 적용을 배제하면서 준거법을 정하지 않고 있는 경우로 구분할 수 있다. 당사자가 CISG의 적용을 배제하는 동시에 준거법을 정하고 있는 경우에는 통상적으로 당해 준거법은 법원소재지의 국제사법의 원칙에 따라 정해질 것이며, 달리 당사자가 CISG의 적용을 배제하는 동시에 준거법을 정하지 않고 있는 경우에 준거법은 국제사법의 원칙에 따라 정해지게 될 것이다.

3. 묵시적 배제의 기준

[110] CISG의 적용배제는 당사자 간에 묵시적으로도 인정된다. 이 경우, "그 어느 때에, 묵시적 배제의 의사가 존재하였는가"의 여부를 결정할 수 있는 기준은, 생각건대, 각국의 국내법에 의해서 결정할 수 있는 사안이라기보다, 오히려 CISG를 독자적으로 해석하여 결정하는 편이 옳을 것이다. 다만, 묵시적 배제가 인정되기 위해서는, 그러한 당사자의 의사가 분명하고도 확실하게 존재하여야 한다. 이를테면, CISG의 명시적인 배제 없이 당사자 간의 합의로써 준거법만을 지정하는 경우에 CISG에 대한 묵시적 배제가 인정될 가능성이 있을 것이다. 특히, 그 지정된 준거법이 비체약국의 국내법인 경우에 그 가능성은 더욱 클 것이다.

[111] 한편, 지정된 준거법이 체약국의 법인 경우에는 CISG의 적용을 배제하고 있는 당사자 간의 의사가 확립되어 있지 않는 한, CISG의 적용은 배제되지 않고, 오히려 다름없이 적용된다고 보는 것이 옳다고 본다. 왜냐하면, CISG 역시 체약국의 국내법으로 기능하고 있기 때문이다. 동일한 시각에서, 재판관할 또는 중재합의가 있는 경우에는 재판관할 또는 중재지 국가가 CISG의 체약국인 경우에 CISG의 적용을 기대할 수 있을 것이다.

[112] 다른 한편, [CISG의 모든 요건이 충족되어 있음에도 불구하고] 양당사자가 오직 국내법에 의해 소송을 제기하는 경우에 CISG의 적용이 배제될 수 있는지의 여부가 문제시 될 수 있다. 이 경우에는 당해 관할지역에서 양당사자가 당해 상황에 적절하지 않는 법률을 근거로 논쟁하더라

도, 법원은 적절한 법률을 선택하여 적용하여야 할 것이다.[89] 따라서, 양당사자가 국내법에 기하여 소송을 제기하는 경우에 CISG의 적용이 원천적으로 배제되어 있다고는 볼 수 없다. 만약, 양당사자가 CISG의 적용가능성을 알지 못했던 상황에서 국내법이 적용될 것이라고 착각하고, 국내법을 근거로 소송하는 경우에도, 법원은 다름없이 CISG를 적용하여야 할 것이다.[90]

[113] 주의하여야 할 사항으로, 양당사자가 당해 계약에 **정형거래조건**[定型去來條件, Incoterms]를 수용하고 있는 경우에는 이와 같은 사실이 CISG의 적용에 대한 묵시적 배제라고는 볼 수 없다는 점이다.

4. CISG의 내용변경

[114] 계약당사자는 합의에 의해 CISG의 규정을 배제하거나 또는 그 효력을 변경할 수 있다. 그럼에도 불구하고, **제2조**[제외되는 매매]와 같은 **강행규정**(imperative law)은 배제하거나 변경할 수 없다. 그 외에, **제9조**[관행과 관습의 구속력] 및 **제8조**[당사자의 진술 또는 기타 행위의 해석]에서와 같이, [당사자가 아니라] 체약국에게 적용되는 규정에도 당사자 자치가 제한된다. CISG의 일부 규정을 배제하고 있는 상태에서, 이를 대체하고 있는 법에 대한 언급 또는 합의가 없는 경우에는 순차적으로 당사자 간의 계약의 내용, **제7조**[협약의 해석원칙] (2), 최종적으로는 법정지의 국제사법에 의한 준거법에 따라 해결하여야 할 것이다. CISG의 효력을 변경하고자 하는 경우에 문제시 될 수 있는 논점은, 계약내용에 CISG와 충돌하는 약관의 편입에서 비롯될 수 있는 사안이다. 이 경우에는 CISG 일부 규정의 적용배제에 대한 당사자의 묵시적인 합의가 존재하고 있는지의 여부를 판단하여 당해 약관의 효력을 인정할 수 있을 것이다.

5. CISG의 적용합의

[115] CISG의 적용요건으로서, 예컨대, 장소적·시간적 적용요건 등이 충족되지 않아 CISG를 적용할 수 없는 경우에도, 당사자는 당해 계약에 CISG를 적용하기로 합의할 수 있다. 그러나, 이 경우 당사자의 합의는 공히 국제사법의 적용을 받게 된다. 한편, CISG는 어느 국가의 완결된 법체계가 아닌 까닭에, 준거법으로서 CISG의 선택은 국제사법상 '**저촉법**(抵觸法, conflict of law)[91]**적 지정**'이 아니라, '**실정법**(實定法, positive law)**적 지정**'에 해당한다. 따라서, CISG는 객관적

89) 이 경우에 적용될 수 있는 '**법격언**'(法格言)이, '**법률은 법원이 안다**'(*jura novit curia*)는 원칙이다.

90) 참고로, 여기에 덧붙일 수 있는 것이, '**사실의 부지는 항변이 되지만 법의 부지는 항변이 되지 않는다**'(*ignorantia facti excusat, ignorantia juris non excusat*)는 법격언이다.

91) 영미에서는, 현재까지 국제사법을 '**저촉법**'(抵觸法), 보다 정확히는 '**법률저촉법**'(法律抵觸法)이라고 부르고

채무(債務)는 채무자(債務者)의 인격(人格)에 수반(隨伴)한다.

으로 정해지는 준거법의 강행법규에 의해, 때로는 [경우에 따라] 제한받게 될 수도 있다는 점은 각별히 유의하여야 한다.

■ SUMMARY [*Article 6*]

1. According to article 6 of the Convention, the parties may exclude the Convention's application (totally or partially) or derogate from its provisions. Thus even if the Convention would otherwise be applicable, in order to decide whether it applies in a particular case one must determine whether the parties have excluded the Convention or derogated from its provisions. According to several courts, opting-out requires a clear expression of intent by the parties.

2. By allowing the parties to exclude the Convention or derogate from its provisions, the drafters affirmed the principle that the primary source of rules for international sales contracts is party autonomy. Thus the drafters clearly acknowledged the Convention's non-mandatory nature and the central role that party autonomy plays in international commerce specifically, in international sales.

판결례와 평가

- 적용범위 : 특정 국가의 법이 준거법으로 지정된 경우
- 출처표시 : 「District Court, N.D., California」(USA), 『C 01-20230 JW』, 2001.07.27.

1. 논점과 사실관계

① 본 사건은 **"특정 국가의 법을 준거법으로 한다"**는 당사자 간의 합의가 존재하고 있는 경우이에 CISG의 적용을 배제할 수 있는지의 여부를 다루고 있는 사례이다.[92)]

있다. 본래 국제사법은, **'저촉법'**을 말하는 것이며, 또한 그 개별적인 규정을 **'저촉규정'**이라고 한다. 예를 들어, 미국인의 남편과 한국인의 처와의 이혼에 있어서는, 미국법과 한국법이 저촉하는 것처럼 보인다. 그러나, 국제사법의 목적은, 법률저촉 그 자체가 아니라, 그러한 법률저촉의 상태를 해결한다는 것, 즉 상호 저촉하는 법률 가운데서 준거법을 선택하는 것이다[**법률선택법**(法律選擇法)]. 입법의 형식으로서는, 자국법이 적용되는 경우에 한해서만 규정하는 **'일방적 저촉규정'**과, 보다 일반적으로 섭외적 사건에 대해서 내・외국법을 준거법으로써 지정하는 **'쌍방적 저촉규정'**으로 대별되지만, 일방적 규정은 이를 적용하는데 있어서 필연적으로 쌍방화 하는 것이다. 더구나 **반정**(反定)의 이론적인 근거로서, **'저촉규정'**의 일방적 구성을 주장하는 입장도 있다. **'저촉법'**에 관하여, 생활관계를 실질적으로 규율한다는 뜻에서 민법・상법을 **'실질법'**(實質法)이라고 한다.

92) ① 「District Court, Minnesota」(USA), 『Civ. 04-4386 ADM/AJB』, 2007.01.31.
② 「District Court, Michigan」(USA), 『06-14553, 2007 WL 2875256』, 2007.09.28.

② 미국 캘리포니아주에 주된 영업소를 둔 매수인은 델라웨어 법인으로서 컴퓨터 간이나 컴퓨터의 인터넷 연결에 사용되는 전자부품의 제조회사이다. 한편, 캐나다와 미국에 영업소를 둔 매도인은 마찬가지로 미국 델라웨어주 법인이다. 양당사자는 본건 매매계약의 내용으로서 매수인의 전자부품의 제조를 목적으로 매도인으로부터 전자부품의 기술적 사양을 특정하였다.

③ 매수인이 본건 전자부품을 매도인에게 주문하였을 당시에, 매수인은 주문서의 대부분을 매도인의 지시에 따라 캘리포니아주에 위치한 독립대리점으로 송부하였다. 당해 주문서는 당사자 간의 계약내용을 인용한 것은 아니었지만, 매도인의 지시대로 독립대리점에 송부된 5건의 주문서 가운데 4건은 독립대리점을 거쳐 매도인에게 제공되었고, 그 밖의 1건은 매도인에게 직접 송부되었다. 이후 주문된 전자부품은 매수인의 캘리포니아주 본점 영업소에 인도되었고, 매수인은 매번 인도 시마다 대리점이 제시한 청구서에 따라 물품대금을 지급하였다.

④ 본건 분쟁은 매수인이 수령한 전자부품이 합의한 사양서에 적합하지 않다는 사실에 기하여, 매수인이 매도인의 불법행위책임을 묻고자 캘리포니아주 법원에 제기한 소송사건이다. 매도인은 2001년 2월 13일 본 사건을 캘리포니아 연방지법으로의 이송을 신청하였고, 이에 매수인은 연방지법은 본건의 관할권이 없다는 이유에서 캘리포니아주 법원으로의 환송을 신청하였다. 곧, 본 사건은 연방법원의 관할권 유무가 다툼의 쟁점이 되었다.

⑤ 매도인은, 본건은 CISG의 적용을 받는다고 하면서, 미국이 서명한 조약으로부터 발생하는 모든 민사사건은 원칙적으로 연방법원이 관할을 가지게 된다고 주장하였다.[93] 매수인도 이 주장을 인정하였다. 곧, 매수인이 발행한 주문서에는 캘리포니아주 법을 적용한다는 것이 명시되어 있고, 또한, 적용법으로서 매수인의 영업소를 관할로 하는 주법을 적용한다고 규정하고 있었다.

2. 판결요지

⑥ 연방법원은, 당사자는 서로 다른 국가에 영업소를 보유하고 있고, 양당사자의 국가는 모두 체약국인 까닭에, 본건에는 CISG가 적용되고, 동시에 본건 신청은 민사사건을 취급하게 되므로 본 법원이 관할권을 보유한다고 판시하였다. 또한, 매도인은 회사의 본사, 판매사무소, 대외관계 담당부서 및 주된 창고를 캐나다에 두고 있고, 대부분의 디자인 및 엔지니어링 활동도 이

③ 「District Court, New York」(USA), 『09 Civ. 10559 (AKH)』, 2011.01.18.

93) 28 U.S.C. §1331 (a) : “The district courts shall have original jurisdiction of all civil actions arising under the constitution, laws, or treaties of the United States.”

권한(權限)을 증여(贈與)받은 자는 그 권한을 타인에게 위임(委任)할 수 없다.

곳에서 영위하고 있을 뿐만 아니라 매수인과의 사이에 통신 및 기술사양서의 교환 등도 캐나다에서 이루어진 것으로 보아, 캐나다의 영업소가 본 계약 및 그 이행과 가장 밀접한 관련이 있는 곳이라고 설시하였다.

⑦ 한편, 법원은, [매수인이 주문서를 캘리포니아주에 있는 독립대리점에 송부했다는 사실과 관련하여] 본건 계약은 매도인과 직접 체결된 것으로 보았다. 판시의 근거로서, 당사자 간 주문서에 명시된 준거법 조항에 CISG의 적용을 배제한다는 취지의 명백한 문언을 포함하지 않고 있음을 지적하였다.

⑧ 나아가, 법원은 연방법하에서는, CISG가 캘리포니아 주법에 우선하고, 동시에 CISG가 적용되는 것을 인정하고 있다는 점을 분명히 하였다. 또한, 법원은 [본건은 연방법에 기초한 것이 아니라는 매수인의 주장에 대하여] CISG가 연방법의 우선조항에 기하여 주법에 우선하여 적용된다는 점을 지적하고, 본건에 CISG가 적용됨을 최종 판결하였다.

3. 해설

⑨ CISG는 당사자가 모두 체약국에 영업소를 둔 경우에는 원칙적으로 직접 적용된다. 반면에 CISG는 계약에 있어서의 당사자 자치의 원칙을 수용하고 있어, 당사자가 CISG의 적용을 배제하고 어느 국가의 법규범을 준거법으로 할 것인지를 결정할 수 있도록 하고 있다.

⑩ 본 사건에서와 같이, [CISG의 적용을 묵시적으로 배제하기 위한 취지에서] 특정 국가의 법을 선택하는 것만으로는 CISG의 적용을 배제하고자 하는 명확한 의사표시를 증명하는 것은 아니다. 또한, 당사자 간의 적용법과 관련하여 캘리포니아 주법을 선택한다고 하여도, 당해 주법은 연방법의 우선조항에 기하여 미국이 서명한 조약에 구속된다. 그리고 캘리포니아주에서는 통상 CISG 체약국 당사자 간 계약에는 CISG가 적용되는 것으로 하고 있어, CISG의 적용을 배제하는 취지가 당사자의 계약내용에 명확히 명시되어 있지 않은 경우에는 [준거법 선택과 관련하여] CISG의 적용을 배제하고 있다는 주장은 인정하지 않고 있다. 결국, 본건은 CISG 적용을 배제하기 위해서는, 당사자 간 명확한 합의가 필요하다는 점을 다시금 확인한 전형적인 사례로 취급할 수 있다.

판정례 연습

[01] 매수인이 매수인 국가에 있는 매도인의 연락사무소를 통하여, 매도인에게 전자부품을 주문하였다. 매도인의 연락사무소는 독립된 법인이라기보다는 매도인의 지점에 불과하다. 이 경우 영업소는 영업이 실제로 이루어져서 어느 정도의 영속성과 독립적인 권한을 가지고 있는 장소를 의미한다. 그렇다면, 당사자 일방이 타방의 국가에 있는 연락사무소를 통하여 매매계약을 체결한 경우에 CISG가 적용될 수 있는가?

[02] A국 매수인과 B국 매도인 간의 매매계약에서, 매도인은 영업소를 B국뿐만 아니라 A국에도 두었고, A국에 그 대리점을 두었다. 물품이 B국에서 제조되었고, 매도인의 회사 본부가 B국에 있으며, 품질보증이 B국에서 이루어졌다. 이 경우 당해국가가 모두 체약국이라고 할 때, 당해 계약에 CISG를 적용할 수 있는가?

[03] A국의 매수인과 B국의 매도인 간에 국제물품매매계약을 체결하였다. A국의 경우 체약국이 아니며, A국의 국제사법의 규칙이 C국의 법을 준거법으로 지정하고 있다고 가정할 경우에 이때 매수인과 매도인 간에 체결된 국제물품매매계약에 CISG를 적용할 수 있는 조건을 제시해 보라.

[04] 매도인의 국가는 체약국이다. 그러나, 매수인의 국가는 체약국이 아닌 상황에 있다. 이때 매도인과 매수인 사이에 체결된 국제물품매매계약에서, 매수인이 당해 준거법을 매도인의 국가법을 따르기로 합의하였다. 본 계약에 CISG가 적용될 수 있는가?

[05] 미국에 소재하는 매도인은 자동차 중개상이다. 매도인은 한국의 매수인으로부터 자동차를 주문받았다. 매매와 관련하여 분쟁이 발생하였고, 매도인은 CISG가 적용된다고 주장하였다. 그러나, 매수인은 개인적 용도로 자동차를 구매하였다고 주장하였다. 이때 CISG가 적용가능성과 입증책임에 관하여 논해 보라.

[06] 미국에 소재하는 매도인은 항공기부품 중개상이다. 매도인은 한국의 매수인으로부터 항공기부품을 주문받았다. 당해 매매계약과 관련하여 분쟁이 발생하였고, 매도인은 CISG가 적용된다고 주장하였다. 그러나, 매수인은 개인 항공기에 필요한 부품을 위해 구매했다는 증거를 제시하였다. 이때 CISG가 적용될 수 있는가?

입증(立證)되지 않은 사물과 존재하지 않은 사물은 재판상 동일시(同一視) 된다.

[07] 이탈리아 매수인의 디자인에 따라, 한국의 매도인이 가방을 생산하여 공급하기로 하고, 매수인이 물품의 독점판매권을 보유한다는 내용으로 양당사자는 국제물품매매계약을 체결하였다. 이때, 매수인은 디자인만 제공했을 뿐이고, 가방을 생산하기 위해 필요한 재료는 그 어떤 것도 공급하지 않았다. 본 사례에 CISG가 적용될 수 있는가?

[08] 프랑스의 매도인과 한국의 매수인 간에 코트를 제조하여 공급하는 계약을 체결하였고, 매수인은 매도인에게 생산될 코트의 총 가액의 약 10%의 모직을 제공하였다. 이 경우 CISG를 적용할 수 있는가?

[09] 독일 매수인은 한국 매도인으로부터 기계설비를 임차하고, 임차기간이 종료되는 3개월 뒤에, 할인된 가격으로 당해 기계설비를 매수하는 계약을 체결하였다. 또한, 본건 설비와 함께 사용할 물품과 다른 목적으로 사용될 물품의 매매계약도 체결하였다. 한국과 독일은 체약국이다. 이때 당해 국제물품매매계약에 CISG가 적용될 수 있는가?

[10] 매도인과 매수인 간에 물품의 공급 및 관련 서비스 제공을 내용으로 하는 계약을 체결하였다. 총 계약가격은 물품의 공급비용이 60%, 관련 서비스의 제공비용이 40%에 해당된다. 이때 CISG가 적용될 수 있는가?

[11] 당사자 간의 매매계약에서, 물품이 방사능에 오염되어 있지 않아야 된다고 규정하였다. 매도인은 그 요건에 부합하는 물품을 찾지 못하자, 당해 계약은 무효라고 주장하였다. 준거법은 매도인 국가의 국내법으로 합의하였다. 이 경우 계약의 유효성에 관한 문제는 어떻게 다루어야 하는가?

[12] 미국 매수인과 미국 매도인 간에 매매계약을 체결하였고, 매도인은 다시 캐나다 회사로부터 물품을 매수하기로 계약을 체결하였으며, 캐나다 회사는 매도인의 지시에 따라, 매도인의 비용으로 매수인에게 물품을 인도하였다. 후일 물품에 하자가 있자, 매수인은 캐나다 회사를 상대로 소를 제기하였다. 이 사건에서 매수인이 캐나다 회사를 상대로 소를 제기하는 것인 합당한가?

[13] 매도인과 매수인 간에 체결된 국제물품매매계약에는 소유권 유보조항을 포함하고 있고, 매수인이 제3자 은행으로부터 매수자금을 융통함에 있어 은행은 매수인 국가의 국내법에 따라 당해 물품에 관한 담보권을 유효하게 취득하였다. 매도인은 소유권 유보조항에 따라 물품의 반환을 요구하였다. 이때 CISG는 본 사건을 해결할 수 있는가?

[14] 미국 매도인이 캐나다 매수인에게, 매수인 공장에서 사용될 가스충전용기를 매각하였다. 매도인이 가스충전용기를 제조하는데 과실은 없었지만, 당해 가스충전용기에 숨은 하자가 있어 가스충전용기가 폭발했고, 매수인의 공장에 손해가 발생하였다. 본 사건을 해결을 위한 적용법에 관하여 논해 보라.

Incoterms 2010 축조해설

1. Incoterms의 목적

① 국제상거래에서 [서로 다른 상관습에 기하여] 당사자 간의 계약내용에 상거래조건을 수용하고자 하는 경우 [국가나 지역별로 상관습과 법체계가 서로 상이하여] 그 해석과 적용에 있어 상당한 문제점이 끊임없이 야기되어 왔다. 이에 **국제상업회의소**(ICC)에서는, 이 같은 문제점을 극복하고자, **'정형거래조건의 해석에 관한 국제규칙'**(International Rules for the Interpretation of Trade Terms)을 제정·공표하였다. 본 규칙은 무역조건의 해석에 관한 국제표준규칙으로서, 소위Incoterms(INternational COmmercial TERMS)라는 표현으로 사용되고 있다.

② Incoterms의 목적은, 국제무역에 가장 보편적으로 사용되는 정형거래조건의 해석에 관한 일련의 통일된 국제규칙을 제공하는데 있다. 이를 통해 국가 간에 그러한 거래조건에 관하여 상이한 해석으로 인한 불확실성을 제거하거나 또는 적어도 상당한 정도로 감소시키고자 하는 바에 본연의 목적을 두고 있다. 통상 계약당사자들은 그들 각자의 국가에서의 상이한 무역관습을 알지 못한다. 이로 인하여 시간과 금전상의 낭비를 초래할 수 있을 뿐만 아니라, 때로는 당사자 간에 오해·분쟁 및 소송이 야기될 수 있는 개연성이 짙다.

③ 이러한 문제들을 해소하기 위하여, **국제상업회의소**(ICC)는 1936년에 최초로 정형거래조건의 해석에 관한 일련의 국제규칙을 공표하였다. 이후 시의적으로 변모하는 국제무역에서의 상관습과 일치시키기 위하여, 1953년, 1967년, 1980년, 1990년, 2000년 그리고 현재의 2010년 Incoterms에 이르기까지 지속적인 개정과 추보의 과정을 거쳐 왔다.

④ Incoterms는 매매계약에 따른 매도인과 매수인 간의 권리와 의무만을 다루고 있는데, 이는 단지 일부의 매우 특별한 측면에서 그러하다. 곧, **수출상**[매도인(賣渡人)]과 **수입상**[매수인(買受人)]이 국제물품매매를 이행하기 위하여, 필요로 하는 다양한 계약 사이의 실제적인 관계를 고려하는 것이 필수적이지만, Incoterms는 단지 이들 계약 중의 하나, 곧 매매계약에만 관계되어 있다.

⑤ Incoterms는 매도인이 물품을 매수인의 임의처분하에 두거나 또는 운송을 위하여 이를 교부하거나 또는 목적지에서 이를 인도할 의무와 같은, 당사자에게 부과되는 다수의 특정된 의무를 다루고 있으며, 또 이러한 경우에 당사자 간의 위험분담을 다루고 있다. 나아가, Incoterms는

물품의 수출과 수입통관의 의무, 물품의 포장, 매수인의 인도수령 의무뿐만 아니라, 각각의 의무를 정히 이행하였다는 증거제공의 의무 등을 다루고 있다.

⑥ Incoterms는 [매매계약의 이행을 위하여 극히 중요한 것임에도 불구하고] 매매계약에서 발생할 수 있는 일련의 문제들, 예컨대, 소유권과 기타 재산권의 이전 및 계약위반과 그러한 위반으로부터 야기되는 결과뿐만 아니라 일정한 사정하에서 의무의 면제 등과 관련한 문제 등은 다루지 않고 있다.

⑦ 요컨대, Incoterms는 계약위반의 결과와 다양한 장애요인으로 인한 그 어떠한 의무의 면제를 다루지 않고 있다. [이러한 문제들은 매매계약상의 다른 규정과 그 준거법에 의하여 해결하여야 한다] 곧, Incoterms는 항상 국가의 **법역**(法域, legal territory)을 넘어서, 물품이 인도되도록 매각되는 경우에, 즉 국제상거래조건에만 사용되는 것을 기본적으로 추구하고 있다.

2. Incoterms의 범위

① Incoterms의 범위는 [매각된 물품의 인도에 관하여] 매매계약당사자의 권리·의무와 이와 관련된 문제로 제한된다. [Incoterms에 관한 통상적인 이해의 오류를 방지하기 위한 취지에서 이를 구체적으로 살피면 다음과 같다]

② 첫째, Incoterms가 매매계약이 아닌 운송계약에 적용되는 것으로 오인되는 경우가 있다. 곧, Incoterms는 매매계약에서의 매수인과 매도인 사이의 권리와 의무만을 규정하고 있다.

③ 둘째, Incoterms는 당사자가 매매계약에 포함하기를 원하는, 이를테면, 모든 권리와 의무를 규정하고 있는 것으로 잘못 이해하고도 있다. 그렇지만, Incoterms는 매도인과 매수인이 국제매매거래를 이행하기 위해 필요한, 예컨대, 매매계약·운송계약·보험계약·환계약 등의 다양한 계약 중에서 오직 매매계약에만 관련이 있다. 그러나, Incoterms상의 제반조건은 필연적으로 여타의 계약에 밀접한 관계를 갖게 된다.

④ 셋째, Incoterms는 계약의 유효성이나 계약위반에 대한 구제까지도 다루고 있다는 오해를 할 수 있다. 그러나, Incoterms는 물품의 수출·입 통관의무, 물품의 포장, 매수인의 물품수령의 의무 그리고 각각의 의무가 적절하게 완료되었다는 증거를 제공하여야 할 의무를 다루고 있다. 비록 Incoterms가 매매계약의 이행을 위해 매우 중요한 것일지라도 소유권과 기타 재산권의 이

기산일(起算日)은 이를 일일(一日)로 취급한다.

전, 계약위반 그리고 그러한 위반으로부터 일어나는 결과와 책임의 면제 등 계약에서 야기될 수 있는 문제들은 다루고 있지 않다.

⑤ Incoterms는 [표준계약조건의 편입 또는 개별적으로 합의된 조건에 의해] 완전한 매매계약을 위해 요구되는 계약조건의 대체를 의도하고 있는 것은 아니라는 사실을 주지해야 하는데, 이러한 문제들은 매매계약상 다른 규정과 그 밖의 적용가능한 법을 통해 해결하여야 한다.

3. Incoterms의 구성

① **EXW** [EX Works ... named place (지정장소공장인도조건)]

EXW는 매도인이 매도인의 영업장소 또는 기타 지정된 장소[예컨대, 작업장 · 공장 · 창고 등]에서 수출통관과 어떠한 수집용구에 적재되는 않은 상태에서 약정된 물품이 매수인의 임의처분 하에 놓일 때, 인도하는 조건이다. 그러므로 이 조건은 매도인에게 최소의 의무를 부여하고, 매수인이 매도인의 영업장에서부터 약정된 물품의 수령을 포함하여, 그 밖의 모든 위험과 비용을 부담해야 한다. 그러나, 만약 당사자들이 매도인에게 출발지에서 물품을 적재할 의무를 부여하고, 그 적재에 대한 모든 위험과 비용을 부담시키고자 한다면, 계약의 내용에 그러한 효과를 나타내는 분명한 용어를 추가하여 이를 명백히 하여야 한다. EXW는 매수인이 직간접적으로 수출절차를 이행할 수 없는 경우에 사용하여서는 아니 된다. 이 경우에는 매도인이 그의 위험과 비용으로 적재할 것을 동의하는 조건으로서 FCA가 사용되어야 한다.

② **FCA** [Free Carrier ... named place (지정장소운송인인도조건)]

FCA는 매도인이 수출통관된 약정물품을 지정된 장소에서 매수인이 지명한 운송인에게 인도하는 조건이다. 이 경우 인도를 위해 지정된 장소는 그 장소에서 물품의 적재와 양하의 의무에 영향을 미친다는 것에 주의해야 한다. 만약, 당해 인도가 매도인의 영업장에서 이루어지는 경우 매도인은 적재에 대한 책임이 있으며, 인도가 그 밖의 다른 장소에서 이루어지는 경우 매도인은 물품의 양하에 대한 책임을 지지 않는다. 이 조건은 복합운송을 포함하여 운송수단의 유형에 관계없이 사용될 수 있다. 매수인이 물품의 수령을 위해 운송인 이외의 자를 지명하였다면, 매도인은 그 지명된 자에게 약정된 물품을 인도할 때, 물품인도의무를 이행하였다고 추정한다.

③ **FAS** [Free Alongside Ship ... named port of shipment (지정선적항선측인도조건)]

FAS에서는 매도인이 지정선적항에서 선측(船側)에 약정된 물품을 적치할 때에 인도가 이루어진다. 이는 매수인이 선측에 적치된 이후부터 물품의 멸실과 손상에 대한 모든 비용과 위험을 부담해야 한다는 것을 의미한다. FAS는 매도인에게 물품의 수출통관 의무를 부과하고 있다. 곧, FAS에서는 물품의 수출통관을 매도인이 이행함에 따라 매도인은 이에 수반하는 관세·조세 및 그 밖에 수출국에서의 일련의 부과금 또한 지급하여야 한다. 그러나, 만약 [당사자의 합의에 따라] 매수인에게 물품의 수출통관 의무를 부과하고자 한다면, 계약서에 이 같은 내용에 관한 명확한 용어를 추가하여 이를 분명히 표창하여야 한다. 한편, FAS는 해상이나 내수로 운송에서만 사용된다.

④ FOB [Free On Board ... named port of shipment (지정선적항본선인도조건)]

FOB는 매도인이 약정된 물품을 지정된 선박의 본선에 적재(on board)한 때에 인도가 이루어지는 조건이다. 따라서, 위험과 비용의 분기점은 본선상이 된다. FOB는 매도인이 물품의 수출통관을 이행하도록 요구하고 있다. 본 조건은 해상이나 내수로 운송에서만 사용된다.

⑤ CFR [Cost & Freight ...named port of destination (지정목적항운임포함인도조건)]

CFR은 매도인이 선적항에서 본선에 물품을 인도하거나 또는 인도된 물품을 확보해야 하는 조건이다. 매도인은 물품을 지정목적항까지 운송하는데 필요한 운임과 제반 비용을 지급하여야 한다. 물품의 멸실 또는 손상에 대한 위험은 물품이 선측난간을 통과한 때 매도인으로부터 매수인에게 이전하며, 매수인은 그곳에서부터 모든 위험을 부담하여야 한다. 매도인은 지정목적항까지 물품을 운송하는데 필요한 비용과 운임을 지불하여야 하지만, 물품인도 이후에 [발생한 사건으로 인한 추가비용과 함께] 물품에 대한 멸실과 그 밖의 손상위험은 매도인으로부터 매수인에게 이전한다. CFR은 매도인이 물품의 통관업무를 이행하도록 요구하고 있다. CFR은 해상이나 내수로 운송에 사용된다.

⑥ CIF [Cost, Insurance & Freight ... named port of destination (지정목적항운임·보험료포함인도조건)]

CIF는 기본적으로 보험과 관련한 내용을 제외하고는 앞서 본 CFR과 별반 차이는 없다. 곧, 매도인은 지정목적항까지 물품을 운반하는데 필요한 비용과 운임을 지불하여야 하지만, 위험의 이전시점 이후에 발생하는 사건으로 인한 [추가적인 비용과 함께] 물품의 멸실이나 손상에 대한 위험은 매도인으로부터 매수인에게 이전된다. 그러나, CIF에서는 매도인은 운송 중의 물품의 멸실과 손상에 관한 매수인의 위험에 대한 해상보험에 부보하여야 한다. [결과적으로 매도인은 보험에 부보하고 보험료를 지불해야 한다] 이 경우 매수인은 [달리 합의한 바 없다면] 매도인이 최소담보조건으로 보험계약을 체결하도록 요구되고 있다는 사실을 유념하여야 한다. 따라서, 매수인이 보다 확장된 담보를 필요로 하는 경우 매수인은 매도인과 명확하게 이 같은 합의를 하거나, 스스로 추가적인 보험을 체결해야 할 것이다. CIF는 매도인에게 물품의 수출통관을 하도록 요구하고 있다. 또한, CIF는 해상과 내수로 운송에 사용된다.

지체(遲滯)는 법을 혐오(嫌惡)한다.

⑦ CPT [Carriage Paid To... named place of destination (지정목적지운송비지급인도조건)]

CPT는 매도인이 매도인에 의해 지명된 운송인에게 약정된 물품을 인도하는 것을 의미하지만, 매도인은 지정목적지에 물품을 운반하기 위해 필요한 운송비용을 추가로 지급할 뿐이다. 이는 매수인이 물품을 정히 인수한 이후에 발생하는 모든 비용이나 위험을 부담한다는 것을 의미한다. [운송인과의 운송계약에 비추어] 당해 운송인은 철도·도로·항공·해상·내수로 또는 이러한 운송의 복합된 형태에 의해 운송의 이행을 주선하거나, 이행할 책임을 지는 관계당사자 모두를 의미한다. 만약, 후속운송인들이 합의된 목적지로의 운송을 위해 이용된다면, 위험은 물품이 최초운송인(first carrier)에게 인도된 때에 이전된다. CPT는 매도인이 물품의 수출통관을 이행하도록 요구하고 있고, 본 조건은 복합운송을 포함하여 운송유형에 관계없이 사용할 수 있다.

⑧ CIP [Carriage & Insurance Paid to ... named place of destination (지정목적지운송비·보험료지급인도조건)]

CIP는 보험을 제외하고는 기본적으로 CPT와 차이가 없다. 곧, 매도인은 지정된 운송인에게 약정된 물품을 인도하여야 하며, 아울러, 지정목적지까지 물품을 운반하는데 필요한 운송비를 추가로 지불해야만 한다. 이는 매수인이 정히 약정물품이 인도된 이후에 발생하는 모든 주가비용과 위험을 부담하는 것을 의미한다. 그러나 CIP에서 매도인은 또한 운송 중에 물품의 멸실과 손상에 대한 [매수인의 위험에 관한] 보험계약을 체결해야 한다. [결과적으로 매도인은 보험계약을 체결하고 보험료를 지불하여야 한다] 매수인은 CIP에서 매도인이 최소담보조건으로 보험에 부보한다는 것에 유의하여야 한다. 만약, 매수인이 더 확장된 보험담보의 보호를 필요로 하는 경우 매수인은 매도인과 명시적으로 합의를 하거나, 매수인 스스로 추가적인 보험을 체결하여야 한다. CIP는 매도인이 물품의 수출통관을 이행하도록 요구하고 있다. 본 조건은 복합운송을 포함하여 운송유형에 관계없이 사용할 수 있다.

⑨ DAT [Delivered At Terminal ... named place of destination (지정목적터미널인도조건)]

수입지의 터미널에 물품을 양하한 후 수입통관을 하지 않고 매수인의 임의처분 하에 둘 때, 매도인의 위험과 비용의 의무가 종료된다. Incoterms에서 유일하게 매도인이 물품의 양하의무를 부담하는 거ㅐ조건이다. 이 경우 도착터미널까지의 운임 및 보험료 등의 모든 비용은 매도인이 부담한다.

⑩ DAP [Delivered At Place ... named place of destination (지정목적장소인도조건)]

DAP는 Incoterms(2000)하에서 지정장소국경인도조건(DAF), 지정목적항착선인도조건(DES), 지정목적지관세미지급인도조건(DDU)을 통합, Incoterms(2010)에서 신설한 조건이다. 그러나 DAF,

DES, DDU와 비교할 때, 본질적인 내용의 변경은 없다. 다만, DAP는 물품이 지정목적장소에서 도착되는 운송수단에서, 양하준비가 된 상태로 매수인의 임의처분에 놓일 때 매도인은 물품을 인도한 것이 되며, 이때까지의 물품에 대한 모든 위험과 비용은 매도인이 부담한다. 합의된 목적지까지의 위험과 비용은 매도인의 부담이기 때문에, 당사자들은 [계약내용에 비추어] 가능한 한 정확히 목적지를 명시하여야 한다.

⑪ DDP [Delivered Duty Paid ...named place of destination (지정목적지관세지급인도조건)]

DDP는 매도인이 약정물품을 수입통관 하여야 하지만, 지정목적지에서 도착한 운송수단으로부터 하역하지 않고 매수인에게 인도하는 것을 의미한다. 매도인은 [적용이 가능한 경우에] 목적지 국가에서 수입을 위한 모든 관세를 포함하여 지정목적지까지 물품운반을 포함한 비용과 위험을 부담해야 한다. 매도인이 합의된 지정목적장소에서 양하와 관련된 비용이 발생한 경우 당사자 간에 합의된 바가 없다면, 매도인은 이러한 비용을 매수인으로부터 회수할 권리가 없다. 만약, 수입통관에 따른 위험과 비용을 매수인이 부담하기를 원하는 경우에는 DAP를 사용하여야 한다. 이 경우 수입통관을 위한 제반 비용은 합의된 바가 없다면, 이는 매도인의 부담이 된다.

선하증권 축조해설

① **선하증권**(船荷證券, bill of lading, B/L)은, 강학상 해상운송인이 물품을 **수령**(receipt) 또는 **선적**(on Board)하였음을 증명하고 이를 운송하여, 양륙항에서 증권의 **'선의의 소지인'**(*bona fide* holder)에게 당해 물품을 인도할 것을 약정하는 유가증권으로 설명된다. 곧, 선하증권은 **'운송물품인도청구권'** 또는 널리 **'운송급부청구권'**을 표창하는 증권으로서 법적 지위를 보유한다.

② 이 경우 선하증권에 **화체**(化體, embodied)된 유가증권성의 핵심은, 권리와 증권을 결합시켜, 이로부터 권리의 행사를 원활하게 하고, 또한 그 **유통성**(流通性, negotiability)을 도모하는 역할로 요약할 수 있는데, 이 결합관계를 일컬어 소위 **'증권에 화체된 권리'**라고도 한다. 다만, 해상물품 운송계약은 불요식 계약이므로 그 성립에 선하증권의 발행을 요하지 않으며, 운송계약 성립 후에 그 효과로써 송화인 또는 용선자의 청구에 의해 발행한다.

③ 선하증권은 **화환취결**[貨換取結, negotiation : 격지매매에서 매도인이 대금채권을 추심하기 위하여, 매매계약의 목적물을 표창하는 운송증권, 곧 선하증권을 첨부하여 발행한 환어음(bill of exchange)으로 대금을 회수하는 일련의 절차를 말한다] 시에, 가장 중심적 지위를 보유한 구비서류라고 할 수 있는데, 그 이유는 무엇보다도 선하증권의 양도가, 곧 매매계약의 목적물의 인도와 동일한 법적 효력을 표창하고 있기 때문이다. 국제물품매매계약의 당사자는 이 같은 선하증권을 중심으로 한 **해상운송계약**(contract of carriage by sea)의 **상거래조건**(trade terms)에 따라, [정형화된 거래조건으로서] Incoterms 등과 같은 국제상관습으로 널리 수용되어 있다.

④ 선하증권의 경제적 기능은, [국제물품매매계약의 당사자로서] 매도인이 매매계약의 목적물을 해상운송인에게 운송을 위탁하고, 동시에 매수인을 지급인으로 하여 발행한 환어음을 어음매입의 방법에 의하여 물품대금을 회수하게 되는, 이른바 **역환**(逆換, reimbursement)의 과정을 거치게 되는데, 이 경우 운송물품에 대해 발행된 선하증권을 어음상 권리의 담보로써 **매입은행**(negotiating bank)에 신탁적 양도 또는 입질의 목적으로 처분할 수 있는 기능으로부터 구할 수 있다.

⑤ 한편, [유가증권으로서] 선하증권의 법률적 기능은, 우선 물품의 인도청구권을 표창하는 **물품증권**[物品證券, 영미법상으로는, 소위 권원증권(權原證券, document of title)이라고 칭한다], 곧 물권적 효력이 인정되는 **처분증권**(處分證券)이며, 증권상의 권리가 발행에 의하여 발생하는 것이 아닌, **요인증권**(要因證券)임과 동시에, 한편으로 선하증권상 당사자 간의 권리와 의무의 내용은 문면상의

기재가 아니라, 실제 운송계약에 의하여 결정되는 비문언증권(非文言證券)이지만, 다른 한편으로 운송인과 선의의 소지인 간의 관계에서는, 선하증권의 기재문안에 의하여 결정되는 '예외적 문언증권'의 지위를 점하는 것으로 요약된다.

⑥ 이외에도 선하증권은 제시증권[提示證券, 증권상의 권리를 내세우기 위해서는 증권을 가진 이가 의무 이행자에게 그 증권을 제시하여야 하는 유가증권], 상환증권[相換證券, 어음과 상환으로 지급하여 주도록 지시한 증권], 면책증권[免責證券, 자격증권(資格證券)], 지시증권[指示證券, 증권상에 지정하여 놓은 특정인 또는 그 사람이 지정한 제3자를 권리자로 하는 유가증권]으로서의 법적 지위를 갖는다. 이 경우 면책증권은 채무자를 위한 면책적 효력이 인정되는 증권으로서, 동종의 채권자가 다수인 경우에 한편으로 채무자에게 채권자를 개별적으로 식별하지 않고도 채무이행을 원활하게 할 수 있도록 하고, 다른 한편으로 채권자에게 증권의 소지에 의하여 권리를 행사할 수 있는 자격을 갖게 한다. [달리, 자격증권이라고도 한다] 여기에는 예금통장·휴대품 보관증·목욕탕 옷표·식당 신발표·철도수하물상환증 등의 화물표·개찰 후의 승차권 등이 속한다.

⑦ 한편, 면책증권은 권리를 표창하는 것이 아니라, 채무이행의 편의를 위한 것이므로, 면책증권의 소지인이 당연히 권리자로 인정되는 것은 아니다. 증권의 소지는 권리의 추정에 불과하므로, 채무자는 권리의 증명을 요구할 수 있고, 이때에는 증권의 소지인은 자기가 실질적 권리자라는 것을 입증하여야 한다. 또한, 진실한 권리자는 그 사실을 증명하여, 증권이 없더라도 권리를 행사할 수 있다. 면책증권에 의하여 표시되는 채권의 양도는 증권의 단순한 교부만으로는 할 수 없고, 지명채권의 양도방법에 따라야 한다. 면책증권에 관하여는 지시채권에 관한 규정의 일부가 준용되지만, 제권판결은 인정되지 않는다. 면책증권에 변제의 장소를 정하지 않은 때에는, 채무자의 현재 영업소나 주소를 그 장소로 한다. 면책증권에 기재된 변제기한이 경과하였을지라도, 소지인이 면책증권을 제시하여 이행을 청구한 때부터, 채무자는 이행지체의 책임이 있다. 채무자가 변제하는 때에, 소지인에 대하여 면책증권에 영수를 증명하는 기재를 요구할 수 있다. 일반적으로 유가증권은 면책증권의 성질을 겸하지만 면책증권이 유가증권의 성질을 겸하는 것은 아니다.

⑧ 그렇지만, 선하증권은 권리의 행사 또는 이전에 수권은행(issuing bank, opening bank)의 지급보증으로부터 유통성을 확보하여 이로부터 '현실적 인도'(現實的引渡, actual delivery)의 제한을 극복하고, '추상적 인도'(抽象的引渡, constructive delivery)에 따른 경제적 실익을 표창하고는 있으나, 반면에 화환취결을 위한 서류작성과 수수에 적잖은 시간과 비용부담을 장애로 두고 있다.

⑨ '현실적 인도'와 '추상적 인도'를 구분하여 살피면, 우선 '현실적 인도'는 매도인으로부터 매수인 또는 그 대리인[운송인]에게 현실적으로 물품의 점유를 이전시키는 것을 말한다. 이에 반하여 '추상적 인도'는 실제로 물품의 인도인수를 행함이 없이, 당해 인도가 이루어진 것으로 추정하는 것으로서, 여기에는 '양도승인(讓渡承認)에 의한 인도'(delivery by attornment)와 '상징적(象徵的) 인도'(symbolic delivery)가 있다.

⑩ 이 경우 '양도승인에 의한 인도'에는, i) 점유개정(占有改定)으로서, 매도인이 물품을 점유하고 있다가, 매매가 이루어진 후에도 점유권의 양도인인 매도인이 매수인의 대리인으로서 계속 물품을 점유하는 경우, ii) 간이인도(簡易引渡)로서, 매매가 이루어지기 전에, 물품은 이미 매수인[점유권의 양수인]에 의해 점유되고, 매매가 이루어진 후에 실제의 인도인수는 행하지 않고, 당사자의 의사표시로서 인도가 이루어진 것으로 추정하는 경우, iii) 목적물 반환청구권의 양도로써, 물품은 매도인의 수탁자인 제3자에 의해 점유되고 있고, 매매 후 매수인에게 물품을 양도하였다는 취지를 매도인이 제3자에게 통지하면, 그 이후 제3자는 매수인의 권리를 승인하고 그의 수탁자로서 계속 물품을 보유하는 경우 등이 있다.

⑪ 한편, '상징적 인도'는 [CIF에서와 같이] 물품은 수탁자가 점유하고 있고 매도인은 물품을 상징하는 선하증권, 화물상환증 등과 같은 권리증권을 매수인에게 인도함으로써 물품의 인도가 이루어지는 것으로 추정한다. 이때 선하증권 등 권리증권의 양도는 물품의 인도와 동일한 효과를 갖는다. '상징적 인도'는 이와 같이 서류에 의하여 인도가 이루어지므로, 달리 '서류인도'(書類引渡)라고도 한다. FOB는 상거래관습상 현실적 인도조건이지만, 그럼에도 불구하고 통상의 수출계약에서 일반적으로 행해지는 화환어음 결제와 더불어, 당사자 간의 합의로 '상징적 인도'가 이루어지는 예가 오히려 많다.

⑫ 아울러, '물리적 인도'와 '법률적 인도'에 관하여 살피기에, 물품이 물리적으로 매도인에서 매수인의 수중으로 넘어간 것을, '물리적 인도'라고 한다. 그러나, 매매계약의 이행상 물품의 물리적 이동 없이도, 매도인이 물품을 언제라도 인도가 가능한 상태에 두었을 때, [곧 매수인이 인도를 수리해야만 하는 상태로 두었을 때도 인도하였다고 하는데] 이를 '법률적 인도'라고 한다. 그러므로 인도할 수 있는 상태로 급부되었다면, 물품이 계속하여 매도인의 점유하에 있다고 하더라도, 이는 매도인이 매수인의 수탁자로서 점유를 계속하는 것이므로, 매수인은 그 물품에 대한 사실상의 지배력을 갖게 된 것을 의미한다. 이와 같이 인도라는 동일한 용어를 사용하더라도, '물리적 인도'와 '법률적 인도'의 구분이 필요하게 되며, 특히 '법률적 인도'는 위험과 비용의 분기점을 나타내는 매우 중요한 의미를 갖는다.

⑬ 다른 한편, '직접인도'와 '간접인도'에 관하여, '직접인도'란 매도인이 물품을 매수인 또는 그 대리인에게 직접 인도하는 것을 말하고, '간접인도'란 계약이나 관습상 제3자인 운송인이나, 운송주선인을 통해 인도하는 것을 말한다. 예를 들면, FOB는 '현실적 인도'로서 운송인은 매수인의 이행보조자로서 행동하기 때문에, 매도인은 매수인이 지정한 운송인에게 인도하면, 매수인에게 인도한 것으로 취급되어, 계약에 적합한 이상 매수인이 인도를 수리한 것이 되어, 즉시 대금지급의무를 이행해야 한다. [물론, 특약에 따라 서류를 인수하고, 대금을 지급하는 경우도 있다] 또한, CIF의 운송인은 매도인의 이행보조자로서 행동하기 때문에, 운송계약상 물품운송의 수탁자로서 화물을 수취한 것으로 보아 FOB의 경우와 그 법적 의미가 다르다. 이를 극복하기 위한 일련의 방편으로, 수입화물선취보증장(輸入貨物先取保證狀, letter of guarantee, L/G)과, 양도 및 유통성을 담보하고 있지 않은 해상화물운송장(海上貨物運送狀, sea waybill, SWB) 등이 고안되어 적의 활용되고는 있으나, 공히 이 같은 장애를 극복하기 위한 근본적 해결책으로서는 기능하지 못하고 있다. 그 주된 이유는, 비교적 단거리 해상운송의 경우에 있어서의 유용성과, [무역금융의 담보기능적 차원에서] 경제적 효용성이 결여되어 있는 바에 기인한다. 나아가, 선하증권의 이 같은 기능적 장애는 현재 물류시스템과 운송시스템의 급속한 발전에 따라 더욱 심화되고 있는 차제에 있는데, 이에 부합할 수 있는 요건으로는, 예를 들면 운송수단의 고속화 · 항만체계의 자동화 · 하역의 신속화 · 전자문서의 상용화 등을 거론할 수 있다.

⑭ 선하증권의 법적 효력에 기하여, '물권적 효력'과 '채권적 효력'을 상술하면 다음과 같다. 먼저, 선하증권의 '물권적 효력'은 일반적으로 운송물품의 처분, 즉 양도 또는 입질 및 그 밖의 담보권의 설정에 관한 선하증권 수수에 있어, 당사자 간의 물권관계를 정하는 효력이라고 설명할 수 있다. 이는 선하증권의 '인도증권성'으로 요약된다. [환언하면, 선하증권의 인도가 운송물품 자체의 인도와 동일한 효력을 가진다는 것을 뜻한다] 다만, 선하증권의 '물권적 효력'의 내용은 법계 간에 일정한 시각차가 존재하는데, 그 핵심은, 우선 대륙법계에서는 선하증권은 증권의 인도가 물품의 인도와 동일한 효력을 발생시키는 유가증권으로서의 지위를 점하는 반면에, 영미법계에서는 법률적 또는 사실적 행위를 정당화 할 수 있는 법률상 원인으로써, 달리 권원증권(document of title)으로 칭하고 있음에 있다. 그렇지만, 대륙법계나 영미법계 공히, 선하증권의 점유이전은 운송물품의 인도청구권 및 운송물품의 지배 · 처분권을 이전하는 것으로 보아, 곧 운송물품을 현실적으로 점유이전하는 것과 동일한 효력을 발생한다. 그 결과, 운송물품의 소유권 이전 및 질권설정으로부터, 제3자에 대한 대항요건이 부차적으로 발생한다. 선하증권의 '물권적 효력'이 인정되고 있는 배경은, 운송 중에 송화인 등이 운송물품의 양도 · 입질 등의 처분을 위한 편의에 있다. 따라서, 증권의 점유가 곧, 운송물의 간접점유를 표창하고 있는 까닭에, 증권의 인도는 당연히 운송물의 간접점유를 이전하는 것이고, 또한 이에 따른 효력이 생기기 위해서는 운송인이 운송물을 직접점유하고 있는 것을 전제로 한다. [환언하면, 선하증권은 처분증권으로서의 법적

거증책임(擧證責任)은 주장(主張)하는 자에게 있다.

성질을 갖고 있기 때문에 선하증권이 발행된 경우 운송물에 대한 처분은 선하증권으로 행사하여야 함을 의미한다] 그러나, 처분증권으로서 선하증권이 발행된 경우에 당해 선하증권은 단지 물품의 처분권을 제한하는 기능이 있을 뿐이고, 예컨대, 선하증권으로 운송물품을 인도받은 당사자가 재차 다른 당사자에게 직접 당해 운송물품을 양도한 경우에 운송물품의 인도를 받은 당사자가 선하증권이 발행되어 있다는 사실에 관하여 선의·무과실인 한, 선하증권의 인도를 받은 당사자보다 우선의 권리를 취득한다. 이는 운송물품 자체의 선의취득과, 선하증권에 의한 선의취득이 경합하는 경우에 전자가 우선함을 의미한다.

⑮ 다른 한편, 선하증권의 **'채권적 효력'**은 선하증권 소지인이 운송인에 대하여 해상운송계약상의 권리의무, 곧 채권채무를 주된 내용으로 하여, 운송인과의 계약당사자가 아닌 선하증권의 소지인 사이의 채권적인 법률관계를 정하는 효력이다. 이 같은 선하증권의 **'채권적 효력'**은 [보통 선하증권의 요식증권성에 기하여] 당해 증권의 기재사항과 관련한 문제로 귀착된다. 이 경우 운송계약관계에 따라 선하증권이 일정한 법정요건을 갖추어 발행된 경우에는 당해 증권이 우선 운송관계를 상징하고, 그 취득자나 소지인은 당해 증권의 문면상 기재된 바에 따라 매도인 내지 매수인의 지위를 승계하는 것으로 취급된다. 곧, 선하증권 소지인과 운송인의 관계에 있어 선하증권은, **'운송계약의 증거'**(evidence of contract)로써 기능하고 있음에 따라 선하증권이 운송계약의 내용을 표창하고 있는 이상, 일차적으로 선하증권 그 자체 내지 문면상 기재사항에 의하여 결정된다. 그런데, 선하증권은 [무인증권 또는 설권증권인 수표나 어음과는 달리] 운송인과 송화인 간의 운송계약 또는 운송인에 의한 운송물품의 인수를 전제로 하여 발행되는 요인증권 내지 비설권증권인 까닭에, 선하증권의 기재사항에 관하여 어느 정도의 효력을 인정할 것인가가 문제시 될 수 있는데, 이는 곧 선하증권의 발행인인 운송인과 소지인 간의 운송증권에 관한 채권적 효력의 문제로 귀결된다. 요컨대, 선하증권의 채권적 효력에 기하여, 선하증권 문면상 기재사항의 효력을 합리적으로 강화하여, 선하증권의 발행인의 책임을 엄격히 인정하고 있는 취지는, 선의의 소지인을 보호하려는데 그 궁극적인 목적이 있다. 살피기에, 이는 계약법상 **'문서작성자 불이익의 원칙'**(*contra proferentem*)의 법리와도 그 취지를 같이 한다고 볼 것이다.

⑯ 선하증권의 기재사항과 관련하여, 전면에 표시되는 **'필수기재사항'**으로는, **'선하증권 및 운송인의 표시'** · **'선박의 국적'** · **'선박의 명칭과 톤수'** · **'운송품의 종류 및 중량과 용적'** · **'포장의 종류'** · **'개수와 기호'** · **'송화인 및 수화인의 성명 또는 상호'** · **'선적항과 양륙항'** · **'운송구간 및 운임의 표시'** · **'선하증권의 작성지와 작성일자'** · **'선하증권의 발행부수'** · **'선하증권 서명권자의 기명날인'** 등이다. 이에 반해 **'본선항해번호'** · **'운임지급지'** · **'운임지급조건'** · **'선하증권번호'** · **'컨테이너 번호 및 봉인번호'** 등은 **'임의기재사항'**이다. 특히, **'임의기재사항'** 중에서 가장 중요한 것이, 선주의 책임면책에 관해 명시하고 있는 각종 **'면책약관'**이라고 할 수 있다. **'면책약관'**은 보통 선하증권의 이

면에 명백히 인쇄되어 있는 '**일반약관**'(General Clause)과, 선하증권의 여백에 기입하거나 고무인 · 스탬프 등으로 기입되는 '**특별약관**'(Special Clause)이 있다. 선하증권의 이면약관 중에 선주가 항상 면책이 되는 사항을, '**통상 면책약관**'이라 하는데, 선박이 불가피한 위험에 직면하여 사고를 당했을 때에, 선주가 책임을 면하게 된다는 내용을 담고 있다. 예를 들어, 선박회사가 예견하고 방지할 수 없는 **해난**(海難, perils of sea) 및 순수한 자연력에 의한 **천재**(天災, act of God) 등에 의한 사고에 관하여 선박회사는 자동적으로 면책된다. 또한, 이 같은 자연적 재해 이외에도, 전쟁위험 등에 기인한 손해와, 제3자의 행위에 기인하는 위험에 관해서도 선사는 책임을 지지 않는다.

⑰ 참고로, 이 경우 용어의 사용에 있어, **선하증권**(船荷證券)은 무역학적 시각에서, 달리 **선화증권**(船貨證券)으로 의제되어 사용되고 있는데, 생각건대, 전자는 '**운송인의 법적 책임에 주안점을 두고 있는 법률용어**'로, 후자는 계약적 시각에서 '**화주에 주안점을 두고 있는 상무적 용어**'로 취급할 수 있다. 따라서, 법적 시각이 아닌 상무적 시각에서는, 응당 **선화증권**(船貨證券)으로 사용하는 것이 바람직 할 것으로 판단된다.

제2장 CISG 총칙

구분 및 내용	
제2편 적용범위와 총칙	제01조~제13조
제1장 CISG의 적용범위	제01조~제06조
제2장 CISG 총칙	제07조~제13조
제07조 협약의 해석원칙	
제08조 당사자의 진술이나 행위의 해석	
제09조 관습과 관행의 구속력	
제10조 영업소의 정의	
제11조 계약의 형식	
제12조 국내법상의 형식요건	
제13조 서면의 징의	

[116] 제2편 제2장 총칙은, 제7조[협약의 해석원칙], 제8조[당사자 진술이나 행위의 해석], 제9조[관습과 관행의 구속력], 제10조[영업소의 정의], 제11조[계약의 형식], 제12조[국내법상의 형식요건], 제13조[서면의 형식] 등을 포함한다. 제2장은, CISG 전체규정에 대한 '일반원칙'(general principles)으로서의 성격을 지니고 있다. 그 중 '해석에 관한 조항'은, 제7조와 제8조로 대별된다. 제9조는 '양당사자 간에 확립된 관례 또는 관습의 구속력'을 다루고 있고, 제10조와 제13조는 일반 법규범상으로 '용어의 정의'[definitions] 규정에 해당한다.

■ SUMMARY [*Chapter 2*]

Chapter 2 of Part I of the CISG contains provisions addressed to general issues under the Convention. Two of those provisions focus on interpretation: article 7 deals with interpretation of the Convention and article 8 speaks to interpretation of the parties' statements and conduct. Article 9 addresses the parties' legal obligations arising from usages and practices established between them. Two other provisions in Chapter 2 are terminological, focusing on issues concerning the meaning of 'place of business' (article 10) and 'writing' (article 13). The two remaining provisions of Chapter 2 deal with the Convention's informality principle: article 11 provides that the Convention does not require a writing or impose other formal requirements on contracts within its scope, and article 12 states limitations on that principle.

A bond is released by the same formalities with which it is contracted.

007. 협약의 해석원칙

Art. 7

(1) In the interpretation of this Convention, regard is to be had to its international character and to the need to promote uniformity in its application and the observance of good faith in international trade.

(2) Questions concerning matters governed by this Convention which are not expressly settled in it are to be settled in conformity with the general principles on which it is based or, in the absence of such principles, in conformity with the law applicable by virtue of the rules of private international law.

제7조

(1) 본 협약의 해석에 있어서는 협약의 국제적 성격과, 적용상의 통일성 및 국제상거래에서 신의의 준수를 증진할 필요성을 고려하여야 한다.

(2) 본 협약에 의해 규율되는 사항에 관한 문제로서, 본 협약에서 명시적으로 해결되지 않는 문제는, 본 협약이 기초하고 있는 일반원칙에 따라 해결되어야 하며, 만약, 그러한 원칙이 없는 경우에는 국제사법의 규칙에 의해 적용되는 법에 따라 해결되어야 한다.

[117] **제7조**는 CISG를 적용함에 있어, 그 통일성을 확보하기 위해 CISG의 해석 및 흠결보충에 관한 일반원칙을 제시하고 있다. 통일된 **국제법원**(國際法源)이 부재한 상황에서, 각국이 CISG를 해석하고 적용할 경우에 일련의 국내법 적용으로부터 편향 또는 왜곡되어 적용될 수 있는 개연성을 방지하기 위함이 본조의 취지라고 할 수 있다. CISG 해석기준으로는, i) '**국제적 성격**', ii) '**통일적 적용**', iii) '**신의의 준수**'를 들고 있으며, 흠결보충의 방법으로는, 먼저 CISG의 일반원칙에 의하고, 당해 일반원칙이 부재한 경우에는 최종적으로 국제사법에 의하게 됨을 규정하고 있다.

[118] 본조는 CISG의 해석에 있어 고려하여야 하는 요건에 관한 설명과, CISG 범위에는 포함되어 있으나, 법문상 공식적인 해결방안이 뒤따르고 있지 않은 문제로서, 곧 공백에 대한 처리방법을 설명하고 있다.

[119] 각 국가의 국내법에 규정된 개념 또는 방법들 간에는 적용법규의 해석에 관하여, 통상적으로 상당한 차이가 있을 수 있으므로, 법원에서 본 협약을 해석할 때에 국내법의 영향을 받

형평법(衡平法)은 보통(普通法)에 따른다.

지 않도록 명문화하는 것은 매우 중요한 사안이다. 이에 본조에서는 CISG를 해석함에 있어, **"CISG의 국제성과 그 적용상의 통일을 촉진하는 것을 고려하여야 한다"**고 명시하고 있다.

[120] 본조 (1)에서, CISG의 국제성을 규정하고 있는 취지는, 전술한 바와 같이 각국 법원이 국내법에 의해 자의적으로 CISG를 해석하는 것을 방지하기 위해서이다. 따라서, 법원은 [CISG를 해석함에 있어] 그 어떠한 특단의 기준에 구속됨이 없이 자치적으로 CISG를 해석하여야 한다.

[121] 아울러, 본조에서는, CISG를 해석함에 있어 국제거래에서 신의의 준수를 증진할 필요성을 고려하여야 한다고 명시하고 있다. 비록, CISG에서의 **신의칙**(信義則)은 CISG의 해석원칙을 규정하고 있는 본조에서만 언급되고 있지만, 후술하는 바와 같이 이는 CISG의 여타 조항에 깊숙이 개입되어 있는 기본원칙이라고 할 수 있다.

[122] 본조 (2)에 의하면, CISG가 규율하는 문제로서 CISG에서 명시적인 해결방안을 제시하고 있지 않은 사안은 가능한 한 국내법을 채택하지 않고, CISG가 기초하고 있는 일반원칙에 의해 해결할 수 있도록 명시하고 있다. 그럼에도 불구하고, 당해 일반원칙을 적용할 수 없는 경우에는 유관한 국내법을 적용할 수밖에 없다. 따라서, 이 경우에 CISG의 규율을 전혀 받지 않는 사항에 관해서는 국내법의 직접적인 적용에 의하여 해결하여야 한다.

1. 국제상사계약에 있어서의 신의칙

[123] 일반적으로, **'신의성실**(信義誠實)**의 원칙'**(the principle of good faith), 소위 **'신의칙'**(信義則)이라고 함은, **"권리의 행사와 의무의 이행은 신의에 좇아 성실히 하여야 한다"**는 원칙을 말한다. 이 경우 **'신의칙'**은 계약당사자 간의 상호 신뢰를 저버리지 않도록 성의를 가지고 행동해야 함을 의미하며, 이는 **'권리남용**(權利濫用) **금지의 원칙'**, **'계약자유**(契約自由)**의 원칙'**과 더불어 근대 사법을 지배하는 기본적이고도 최고의 원리로서 그 지위를 보유한다.

[124] 특히, **'신의칙'**은 채권법의 기본원칙에 한하지 않고, 당사자 간의 행동원칙, 법률 및 계약해석의 원리, 나아가 입법원리로서도 기능하고 있는 특성이 있다. 본래 **'신의칙'**은, **로마법**(*ius gentium*)[94]상에 확립된 **'신의'**(*fides*)의 개념으로부터 발현하는데, 이 경우 **'신의'**는, **'법률관계에서**

94) **로마**(Rome)에는 로마시민에만 적용되는 **'시민법'**(市民法)이 있었고, 로마가 **이민족**(異民族)을 지배하기 시작하면서부터, 이민족에게 적용될 **'만민법'**(萬民法)이 제정되었다. 이때의 **'만민법'**은 **'세계법'**이 된 셈이다. B.C.2세기경부터 3세기경까지는, 로마에 대법학자가 다수 등장하여 법학발달에 많은 공헌을 하였다. 이후 법학은 한때 침체상태에 있었으나, A.D.6세기에 이르러, 동로마황제 **유스티아누스**[justinian I,

약속을 정직하게 준수하고 합의에 의한 의무를 성실히 이행하는 것'으로 타인의 행위, 곧 '**채무의 이행에 관한 계약법상의 신의**'와 동일한 개념으로 취급된다. 아울러, 로마법상의 '**신의칙**'은, 계약 또는 법의 해석에 있어 특정문구 또는 규정에 구애됨이 없이, 객관적 사정 및 합의내용에 따라 적정한 기준이 적용되었는데, 로마인은 이 과정에서 '**신의칙**'에 관한 해석 · 절차 · 사고방식 등을, 통상 "**신의는 합의된 것의 이행을 요구한다**"(*bona fides exigit, ut quod covenit fiat*)는 원칙하에서, 그 법적 당위성을 확보하였다.95) 다만, 이 같은 '**신의칙**'은 다른 민족 간의 상거래에 관한 특정영역에서 기능한 특성이 있다. 이후 로마법상의 '**신의칙**'은 근세 대륙법체계에 계승되어 성문화되는 과정을 거쳐, 널리 '**상호협력과 관용**'(co-operation and tolerance)이라는 인식을 통해, 계약법 분야를 비롯한 사법의 전반을 지배하는 최고원리로 자리매김 되었다.96)

[125] 이와 같이 '**신의칙**'은 각양의 법계 및 법체계하에서, 보통 계약법에서 준수되어야 할 일반원칙 또는 기본원칙으로서, **불성실**(不誠實, bad faith)한 행위를 배제하는데 기능하는 것으로 그 의의가 존중되고는 있으나, 그럼에도 불구하고, 객관적이고도 구체적인 개념이 명확히 확립되어 있지 않아, 그 인식정도 · 접근시각 · 적용기준 등이 상이하다는 특성이 있다. 이는 '**신의칙**'이, 법계 또는 각양의 법체계에서 그 고유한 적용기준에 따라, 계약단계별 종합적 사실 · 범위 · 해석 · 사정 등이 적의 고려되어, 이에 상당한 **법률효과**(法律效果, legal effect)97)를 발생시키는 개별특성이 있음을 함의한다.

[126] 결국, '**신의칙**'은 계약관계 당사자 간 행위의 준칙으로서 널리 인정되고 있는 일반원칙

483~565] 재위 시에, 이때까지 법학전성시대의 학설을 정리하여, 법학자를 위한 교과서 및 역대 황제들의 '**칙법**'(勅法)과 함께, 이것을 법률로서 공포하게 되었다. 당시 유스티니아누스가 편찬한 법전 전부를 '**로마법전**'이라고 한다. 동로마제국 멸망 후에는, '**로마법전**'도 유명무실하게 되었지만, 11세기말 이탈리아의 볼로냐 대학에서, '**로마법전**'의 연구가 활발하게 되자, 독일에서도 많은 학자들이 볼로냐 대학에 유학하면서, '**로마법**'의 지식을 넓히게 되었다. 이로 인하여, '**로마법전**'은 15~16세기에 걸쳐 독일법으로서 전면적으로 도입되게 되었는데, 이것을 '**로마법의 계수**(繼受)'라고 한다. 독일에 계수된 '**로마법**'은, 이제까지 독일에서 시행되던 '**게르만법**'과 융합되어, 그 결과 현재 민법전에는 '**로마법**'적인 요소와, '**게르만법**'적인 요소가 혼재되어 있다. '**로마법**'은 스위스 · 프랑스 · 이탈리아 · 잉글랜드의 법에도 영향을 미치게 되어 현대에 있어서 하나의 법계를 형성하고 있다.

95) 신의(信義)는 로마인의 생활신조로서 이들은 언제나 신의를 말하고 이에 따라 행동해야 함을 통감했으며, 신의를 말할 때와 들을 때에 비장할 정도로 엄숙했다. 로마인은 자신들의 신의 있는 민족임을 자부하는 한편, 희랍인을 비롯한 이민족(異民族)의 신의 없음을 개탄했다. 로마인은 **신의**(*fides*)와 **중후함**(重厚, *gravitas*)과 **불변성**(不變性, *constantia*)을 인간의 가장 중요한 덕목으로 보았으며, 이에 '**개인의 신의상실은 인격파탄**(人格破綻)**이며, 또한 사회적 매장**'을 의미했다. 현승종, 「로마법」, 법문사, 2004, 54면.

96) 프랑스 민법 제1134조 (3)의 규정이 최초 입법례로 인정된다. 곧, 'Code civil des Français', Art. 1134, (3) : "Elles doivent être exécutées de *bonne foi*."

97) 법률은 어떠한 경우에 어떠한 권리가, 발생 · 변경 · 소멸[**득실변경**(得失變更)]하는가를 정하고 있다. 권리의 발생 · 변경 · 소멸을 '**권리의 변동**'이라고 하며, '**권리의 변동**'을 발생하게 하는 전제조건을 '**법률요건**'(法律要件)이라고 하고, 일정한 경우에 일정한 권리의 변동이 생기는 것을 '**법률효과**'(法律效果)라고 한다. 사기(詐欺)에 의한 권리(權利)의 발생은 없다.

임에도 불구하고, 법계 내지 법체계 간 적용·인정기준이 서로 상이하여, 이로부터 '신의칙'은 보통 **기속력**(羈束力, effect of sentence)[98] 있는 판결 또는 판정 및 소송절차로부터, 그 의미가 제한되고 또한 그 기준이 유추되는 법적 특수성이 있다.

2. 신의칙의 법적 기능

[127] 법리적으로, **'신의칙'**은 통상 **'부당가능성'**(unconscionability)에 대립하는 개념으로서 기능하는데, 때로는 **'공정성'**(fairness), **'공정행위'**(fair conduct), **'합리성'**(reasonableness), **'합리적 기준'**(reasonable standards), **'공정거래'**(fair dealing), **'공동일치의 정신'**(a spirit of solidarity), **'공평한 행동'**(decent behavior), **'사실상의 정직'**(honesty in fact), **'양심과 선의'**(white heart, empty head) 등과 같은 추상적·포괄적 개념에 **의제**(擬制, legal fiction)[99]된다.

[128] 그렇지만, **'신의칙'**은 공히, **'계약당사자의 합의의 정신을 존중하고 증진하기 위한 기대를 보호하는 것'**에 본질적 기능을 두고 있음은 공통한 사실이다. 따라서, 계약당사자는 계약의 체결을 위한 합의의 과정에서 고려할 수 없었거나 또는 예견하지 못했던 장래의 수많은 우연의 분쟁소지를, **'신의칙'**의 적용 아래 둘 수 있다고 하는 기대를 통하여, 이에 상당한 필요외적 경비를 절감할 수 있는 실익을 향유할 수 있다. 결국, **'신의칙'**은 **'계약당사자의 권리의 행사와 의무의 이행에 있어, 상호간의 이해를 결합하거나, 보장할 수 있는 기준'**으로 그 의미를 바로 새길 수 있다.

3. 신의칙의 기능과 제한

[129] **영미법계**[anglo-american law][100]에서는, **'신의칙'**의 해석기준을 계약당사자 간의 권리와 의

---

98) 법원이 한 번 내린 재판은, 스스로 취소·변경을 할 수 없는 구속을 받게 되는데, 이것을 재판의 **'기속력'**(羈束力) 또는 **'자박성'**(自縛性)이라 한다. 소송법상 재판은, 법원의 확정적 판단으로서 존중되어야 하고, 법원 자신도 스스로 행한 재판을 자유로이 취소하거나, 변경하는 것은 허용되지 않으며, 그 재판의 내용에 구속되는 것이 원칙인데, 이를 **'재판의 기속력'**이라 한다. **'기속력'**은 **'기판력'**(旣判力)과 비슷하나, **'기속력'**은 그 재판을 한 법원만을 구속하는 효력을 가지는데 비하여, **'기판력'**은 그 내용의 판단이 장래 동일사건에 관하여 소송이 **계속**(係屬)된 경우에 법원 및 당사자를 일반적으로 구속하는 것이므로 양자는 구별되어야 한다.

99) **'어떠한 법적 사실에 관한 증명이 확실치 않더라도, 통상 그 사실에 대한 개연성이 매우 높은 경우 법률이 정한 효력을 발생시키는 것'**을 말한다. **종래 법문은 이러한 경우를 '간주한다'고 표현하였으나, 현재는 '본다' 또는 '취급한다'는 말로 대체하고 있다.**

100) 전통적으로 영국에서는, 처음부터 일련의 규칙을 제정하여, 구체적 사건에 이를 적용하지 않고 **'판례'**(判例)를 법이라고 생각하고, 후에 일어난 사건은 앞의 판결을 선례로 해서 재판을 하였다. 그렇게 하여 집적된 것을 **'보통법'**(普通法, common law)이라고 한다. 영국에서는 **'보통법'**과 병행하여, 일련의

무에 기한, [곧 계약관계에서의 책임귀속을 요건으로] '경제적 중요성'(economic consequences)에 주안점을 두고 있다. 아울러, '신의칙'의 법적 규제에 있어서는, '도덕적 의무의 최소범위'(a minimum range of moral duties)를 규율하고 있는데, 그 배경은 공평과 정의의 차원에서 합리적인 '신의칙'의 기준을 형성하기 위한 의도에 기인한다.

[130] 미국에서는, '신의칙'의 기준을, 공정거래(fair dealing)를 위한 '사실상의 정직'(honesty in fact)이라는 포괄적인 개념에 수용하여, 이를 당사자 간의 계약의 이행과 연계하여 적용하고 있다. 입법례로서 통일상법전(Uniform Commercial Code : UCC)의 경우 매매(sales)에 있어 상인(merchant)에게 적용되는 '신의칙'은, "사실상 정직과 나아가 공정한 거래라는 합리적인 상기준의 준수를 의미한다"고 규정하여[§2-103 (1)], 보다 구체적 · 직접적 적용기준을 두고 있다. 이에 따라, '상인 간 계약'과 '상인과 소비자 간 계약'은 서로 다른 법원칙이 적용되고[§2-104 (3), §2-207 (2)], 그 기준은 상인의 정의에 의해 보충된다[§2-104 (1)]. 또한, UCC에서 '신의칙'에 관련된 개별규정은, 계약의 이행에 있어 '신의칙'의 준수를 강조하고 있는 강행규정, 곧 "당사자는 본법에 별도의 규정이 없는 한, 본법의 제반 규정취지를 합의에 의해 변경할 수 있으나, 본법이 규정하는 신의칙 · 합리성 · 성실 · 주의에 대한 제반 의무는 합의를 통해서도 배제하여서는 아니 된다. 다만 당사자의 합의에 의해, 이들 의무의 이행기준을 구체적으로 정할 수 있으나, 그 기준이 명백하게 불합리한 것이어서는 아니 된다"는 규정에 의해 제한되고 있다[§1-102 (3)].

[131] 대륙법계[civil law, continental law][101]에서의 '신의칙'은, [앞서 살핀 바와 같이] 프랑스 민법 제1134조를 그 효시(嚆矢)로 두고 있다. 당해 규정은 '계약자유의 원칙'하에서도 계약당사자의 의사표시는, 사실상 극히 불충분하고 불명확한 것이므로, 채권자가 기대하고 있는 '신의칙'에 관한 기대이익을 보호하기 위한 것에 취지를 두고 있다. 결국, 당해 규정은 주로 채무내용 내지 이행방법 등에 관한 법률상의 표준으로서, 그 기본적 의미를 강조하고 있는 선언적 규정이라고 볼 수 있다.

법체계를 마련하였는데 이를 '형평법'(衡平法, equitable law)이라 한다. 국왕의 최고 고문인 대법관은, '보통법'에 의해서, 구제되지 못한 개개인을 구제하기 위하여, 재판을 하게 되었고, 이 같은 재판이 선례가 되어, '형평법'은 성립하게 되었다. 이에 비하여, 의회가 제정하는 '제정법'(制定法)은 판결위에 군림하는 것으로서, 근대에 와서 '제정법'도 많이 제정되었지만, 그럼에도 '보통법'은 영국법의 근간이 되고 있다. 영국법은 '로마법'의 영향도 받고 있지만, 그 영향이 근소하다는 점에서, '대륙법'과는 상이하다. '보통법' 및 '형평법'은 미국을 비롯한 영국의 구식민지에도 계수되어, 근대 이후 '영미법'이라는 일대의 법체계를 형성하고 있다.

101) '대륙법'(大陸法)은, '유럽대륙의 법'을 의미하는데, '영미법'에 대립하는 말로 사용되고 있다. '유럽대륙의 법'은 '로마법'과 '게르만법'의 영향을 많이 받고 있을 뿐만 아니라, '영미법'과는 달리, 처음부터 추상적인 법을 만들고, 이것을 구체적 사건에 적용하기 위하여 제정한 것이다. 오늘날 '대륙법'은 '영미법'과 함께 양대 법계를 이루고 있으며, 그 중에는, '독일법계', '프랑스법계' 그리고 '러시아법계'가 포함되어 있다.

[132] 독일민법에서도, "**계약은 거래의 관행을 고려하여 신의성실의 요구에 좇아 해석되어야 한다**"고 하고, 동시에 "**채무자는 거래의 관행을 고려하여 신의성실에 좇아 급부할 의무를 진다**"고 하여,[102] '**신의칙**'을 법률행위의 해석과 채무이행의 기본원칙으로 규정하고 있다. 스위스 민법에서도 '**신의칙**'은, "**모든 사람은 권리의 행사와 의무의 이행에 있어서 신의성실에 따라 행동하여야 한다**"[103]고 규정하고 있다. 본 규정도 기본적으로 '**신의칙**'을 권리행사를 포함하여 의무이행에도 적용한다는 취지에서의 선언적 규정으로, '**신의칙**'을 모든 법률관계에서 최대한 확대 · 수용하고 있다. 우리나라 민법의 경우에도, "**권리의 행사와 의무의 이행은 신의에 좇아 성실히 하여야 한다**"고 규정하여[제2조 제1호], '**신의칙**'을 일반원칙으로 선언하고 있다. 이 또한, 윤리적 · 도덕적 규범으로서의 '**신의칙**'을 다름없이 수용한 것이다. 다만, 본조는 우리 민법 전반에 관한 일반조항의 성격을 지닌다.

4. CISG상의 신의칙

[133] CISG의 경우에 계약당사자 상호간의 '**신의칙**'에 관하여, 별단의 의무를 명시하고 있는 규정은 보유하고 있지 않다. 그 이유는, 외견상 '**신의칙**' 적용이라는 명분 아래, CISG 정신에 반하는 특난의 국제사법이 개입하는 것을 방지하기 위한 것에 그 의도에 두고 있다. 그럼에도 불구하고, CISG는 '**신의칙**'에 관한 유효한 해석 및 적용기준을 제시하고 있지 못한 한계를 내재하고 있음은 부인할 수 없는 사실이다. 다만, CISG는 국제거래에 있어 "**신의의 준수를 증진할 필요성을 고려하여야 한다**"는 보편적인 규정만을 존치해 두고 있을 따름이다[제7조 (1)]. 결국, CISG의 해석기준으로서 기능하고 있는 '**신의칙**'은, 그 목적이 CISG의 통일성을 증진하는데 있고, 달리 '**신의칙**'을 지역적 정의나, 특단의 개념을 통해 해석하거나, 적용하는 것은 일절 배제하고 있다.

[134] CISG에서 '**신의의 준수 및 증진의 필요성**'에 관한 의미는, CISG가 기초하고 있는 **일반원칙**(general principles)의 적용과 관련성이 있다. 이는 CISG가 기초하고 있는 일반원칙에 따른 해석과, 당해 원칙이 부재한 경우에 국제사법의 규칙에 의하여 적용되는 법에 따라 해결되어야 한다는 규정[제7조 (1)]에 의해 보충된다. 요컨대, CISG상 '**신의칙**'은 CISG가 채용한 규칙 및 조항의 해석에 있어서만 기능하고, 달리 CISG의 대상에 대한 본질을 해석하는데 있어서 적용되는 원칙은 아니다. 왜냐하면, CISG는 '**계약내용의 확정**', '**계약조항의 해석**', '**채무내용의 확정**' 등에 있어 '**신의칙**'은 기능하지 않는다는 원칙을 수용하고 있기 때문이다.

---

102) Bürgerliches Gesetzbuch(BGB), § 157, § 242.

103) Schweizerisches Zivilgesetzbuch(ZGB), Art. 2.

[135] 그러나, CISG에서 '신의칙'은, 제반 규정의 입법적 기초가 되었거나, 협약 내 여타 규정에 반영되어, 당해 규정의의 또는 취지를 보충하는 일반원칙으로써 기능하고 있다. 일례로, 합리성(reasonableness), 공정거래(fair dealing) 등과 같이, '신의칙'과 동일시 할 수 있는 개념을 통해 제반 규정에 용해되어 있다.[104)]

5. CISG와 계약의 해석에 대한 신의칙 적용의 경합

[136] CISG에서는, "본 협약의 해석원칙에 관하여 국제적인 성격과 또한 그 적용상 통일성 및 국제거래에 있어 신의의 준수를 증진할 필요성을 고려하여야 한다"고 규정하고 있다[제7조(협약의 해석원칙) (1)]. 이 경우 '신의칙'은 협약의 해석에 있어서만 적용되고, 계약의 이행과 관련된 당사자의 권리 · 의무의 확정에 따른 기준으로 원용하여서는 아니 된다.

[137] 판정례로서, 매도인 국가의 법에서는 매매계약의 목적물로서 기계의 대량생산자는, 일반적으로 '신의칙'에 따라 보충부품을 생산하여야 할 것이나, CISG가 적용되는 경우에는 '신의칙'에 기하여, 당해 매매를 제외하고, 당사자의 부수적인 의무는 발생하지 않는다고 판시한 사례가 있다.[105)] 본건 판시의 요지는, 기계에 부속된 보충부품의 조달에 관한 사항은, 계약체결 시에 양당사자의 합의에 의하여 계약의 내용에 편입되어야 할 것임을 주문하고 있다. 곧, 매수인으로부터 제기된 매도인의 보충부품의 조달에 대한 의무는 '신의칙'에 기하여, 여하히 이유가 없음을 함의한다. 그렇다면, 이 경우 논점이 되는 것은, '신의칙'이 '협약의 해석'에만 적용되는 것인지, 아니면 '계약의 해석'이나 '계약의 이행' 등에도 적용되는 것인지의 여부이다. 본건에서와 같이, '신의칙'이 '협약의 해석'에만 적용된다는 입장을 취한 판정례도 있지만, 달리 '계약의 해석'에 있어서도 적용된다고 판시한 판정례와,[106)] 나아가 '계약의 이행'에까지 그 지평을 넓혀 적용된다는 입장을 취한 판정례도 있음은 주지하여야 할 사안이다.[107)]

[138] 생각건대, 위에서 언급한 각양의 판정례에서 구할 수 있는 시사점은, 무엇보다도, "국제

---

104) 신의칙의 개념에 대한 학설의 상세는, Schlechtriem P., *Uniform Sales Law : The UN Convention on Contracts for the International Sales of Goods*, Vienna Manz, 1986, n. 41, Frans. A. · van der Velden, "The Law of International Sales : The Hague Convention 1964 and the UNCITRAL Uniform Sales Code 1980", (Some Main Items Compared, Voskuil & Wade eds.), *Hague-Zagreb Essay 4 on the Law of International Trade*, Hague Nihoff, 1983, p.52., n. 2., Bonell M. ., *Art. 7 : Interpretation, Gap-filling, in Bianca-Bonell Commentary*, Milan Giuffre, 1987, pp.81-82. 등을 참조.

105) Unilex, 「8611/HV/K」(1997.02.23)

106) Unilex, 「97/4250」(1998.06.09).

107) Unilex, 「VB/94124」(1995.11.17).

대가(代價)를 수반(隨伴)하지 않은 약속에서 권리(權利)의 발생은 없다.

사법의 원칙에 의한 법적용의 다양성을 고려하여야 한다"는 점이다. 왜냐하면, 당해 개별 판시는 협약의 해석원칙으로서 '**신의칙**'을 고려함에 있어, 통상적으로 '**신의칙**'과 동일시 할 수 있는 개념으로서 '**공정거래**' 또는 '**합리성**'이라는 법적 기준에 따라, 그 판시의 내용이 서로 다를 수 있기 때문이다. 이와 같은 사실은, [**앞서 살펴본 바와 같이**] 각양의 법계 및 법체계에서, '**신의칙**'은 그 고유한 적용기준에 따라, 계약단계별 종합적 사실·범위·해석·사정 등이 적의 고려되어, 이에 상당한 법률효과를 발생시키고 있다는 예표가 될 수 있음을 시사한다. 따라서, 계약당사자는 협약의 해석기준에 우선하여, 계약의 내용 또는 이행여부에 신의칙의 해석기준에 관한 적용법의 명확한 이해를 반드시 사전에 확보하여야 할 것이다.

6. 신의칙에 기한 관행과 관습의 구속력

[139] 판정례로서, 매도인과 매수인은 **가솔린**(gasoline)을 계약의 목적물로, 계약서에 명시적으로 거래조건을 'CFR Ecuador'로 합의하고, 매수인의 영업소가 소재한 국가의 법을 준거법으로 지정하였다.[108] 아울러, 당해 가솔린에는 특정된 함량의 **수지물**(樹脂物)을 포함할 것 등을 내용으로 물품매매계약을 체결하였다. 계약의 이행과정에서, 물품의 선적 전에, 매수인의 대리인으로서 **검수인**(inspector)은 가솔린에 포함된 수지물이 기준에 적합함을 증명하였다. 그러나, 가솔린이 목적항에 도착된 후에 매수인이 재차 검수한 결과, 검수인의 증명과는 다르게, 그 기준이 과도하게 초과한 사실을 발견하였다. 이에 매수인은 당해 물품의 인수를 거절하였고, 이후 매도인은 매도인국 법원에 소를 제기하였다. 매도인의 소송에 따라, 당해 법원은 CISG가 적용된다는 주문을 포함하여, 매수인에 대한 약식판결문을 매도인에게 제시하였다. 그 주요 골자는, 이 사건에 CISG의 해석원칙을 적용할 경우에 당사자가 합의한 CFR 조건은, 당해 국제상거래에서 널리 알려져 있고, 또한 통상적으로 준수되고 있는 관행으로 볼 수 있다. 그렇다면, 본 조건에서 위험의 이전시점은, 선적항에서 물품이 **본선난간**(本船欄干, ship's rail)을 통과하는 때에, 매도인으로부터 매수인에게 이전되므로, 매도인은 매수인이 지명한 검수인의 증명에 따라, 적합한 물품을 인도해야 할 의무를 이행하였다고 볼 수 있다. 만약, 선적 전에 물품의 계약부적합이 있었다면, 매수인의 대리인으로서 검수인은 이를 발견했어야 했다. 설령, 매수인에게 위험이 이전되기 전이라도, 매도인이 가솔린에 결함이 있었다고 하는 사실을 알았거나 모를 수 없었다면, 선적 전에 물품의 검수에도 불구하고, 매도인의 악의에 의거, 계약의 위반사유에 해당한다고 볼 수 있을 것이나, 당해 악의에 관하여 매수인은 입증하지 못하였다.

[140] 위 사건은, '**신의칙**'에 기한 관행과 관습의 구속력을 인정하고 있는 판정례로 볼 수 있

108) 'US Court of Appeals for the Fifth Circuit Data', 「USA(02-20166)」.

다. 그 법적 함의를 추론하면, i) 계약당사자는 상호간에 동의한 관행과 관습에 의하여 구속된다고 하는 사실, ii) 국제상거래에서 널리 알려져 있고, 또한 통상적으로 준수되고 있는 관행은 계약의 성립에 관한 결정기준이 된다는 사실, iii) '**신의칙**'은 불성실한 행위를 배제하는데 기능한다는 사실 등이다.

7. 표준약관 편입 시 신의칙의 적용

[141] 다른 판정례로서, 계약당사자가 국제물품매매계약에서 **표준약관**(標準約款, standard terms)[109]을 사용하는 경우 국제상거래에서의 '**신의칙**'에 기하여, "**당사자는 그 내용을 명확히 인지할 수 있도록 조치하여야 한다**"고 판시한 사례가 있다. 판시의 주요 골자는, 표준약관이 계약으로 편입되는 문제는, 계약의 성립 및 해석에 관한 CISG의 관련 규정에 의하여 규율되고[**연관규정으로서, 제8조(당사자의 진술 또는 기타 행위의 해석), 제14조(청약의 기준), 제18조(승낙의 시기 및 방법) 등**], 준거법인 국내법에 의하여 규율되지는 않는다는 것으로 요약할 수 있다. 곧, 청약에서 표준약관이 언급되어 있다고 하더라도, 그것이 청약에 첨부되어 있거나 또는 피청약자가 그 내용을 알 수 있었어야만 피청약자를 구속할 수 있다는 것이 당해 판시의 요지이다.

[142] 이는 제반 국내법의 처지에서도 다를 바 없는 사항인데, 그 배경은 전통적 계약법리에 있어, 이른바 '**문서작성자**(文書作成者) **불이익**(不利益)**의 원칙**'(*contra proferentem*)에 그 근원을 두고 있다. 따라서, 국제상거래에서 표준약관을 원용하는 자는, '**신의칙**'과 당사자의 협력의무 및 이로부터 발생하는 정보의 제공의무에 기하여, 상대방이 그 내용을 명확히 알 수 있도록 조치하여야 한다. 결국, 위 판정례는, '**형평과 공평의 원칙**'[신의칙]에 따라, 표준약관을 사용하는 당사자는, 사전에 당해 표준약관의 내용을 상대방이 익히 알 수 있도록 충분하고도 명료하게 알려주어야 한다는 시사점을 제공하고 있다.

---

109) 달리, '**보통거래약관**'(普通去來約款)이라고 한다. 이는 그 명칭이나 형태 또는 범위를 불문하고, 계약의 일방당사자가 다수의 상대방과 계약을 체결하기 위하여, 일정한 형식에 의하여, 미리 마련한 계약의 내용을 말한다. 이러한 '**보통거래약관**'에 의한 계약[**부합계약**(附合契約)]에서는, 그 약관의 적용에 관하여, 당사자가 구체적이고 명시적으로 개별합의를 하지 않았다고 하더라도, 그 약관은 당사자를 구속하는 것이 일반적인데, 이 경우 그 근거가 무엇인지가 문제된다. 즉, 그러한 약관이 상법의 법원(法源)이기 때문에, 당사자를 구속하는지의 여부가 문제된다. 이에 관해서는, '**보통거래약관**'의 법원성을 인정하는 설이 있다. 그러나, 약관은 사회학적으로 특정한 **거래권**(去來圈)을 지배하는 법규라고 볼 수 있지만, 법률적으로 약관 그 자체가 당연히 법원이라고 할 수는 없다. 왜냐하면, 약관은 기업자의 경제력에 의하여 사실상 이용될 뿐이고, 일반적 적용을 주장할 수 있는 법적 기초를 보유하는 것이 아니기 때문이다. 즉, '**보통거래약관**'은 법적 규범이 아니며, 다만 그것을 계약의 내용으로 하는 경우에 당사자를 구속하는 효력이 생긴다.

■ SUMMARY [*Article 7*]

Article 7 is divided into two subparts: article 7 (1) specifies several considerations to be taken into account in interpreting the Convention; article 7 (2) describes the methodology for dealing with the Convention's 'gaps' i.e., 'matters governed by this Convention which are not expressly settled in it.'.

판결례와 평가

- 적용범위 : 중대한 불법행위의 개입
- 출처표시 : 「Comisión para la Protección del Comercio Exterior」(Mexico), 『M/115/97』, 1998.11.30.

1. 논점과 사실관계

① 본 사건은 매수인의 '**중대한 불법행위**'의 개입 여부를 다루고 있는 사건이다.110) **매도인**[신청인]과 **매수인**[피신청인]은 **사탕**(sweets)을 계약의 목적물로 하여, 물품대금을 1,027,222달러로 매매계약을 체결하였다. 양당사자는 본건 계약에 앞서 물품의 종류가 동일한 두 가지의 매매계약을 체결하였는데, 전자의 계약금액은 25,849달러, 후자의 계약금액은 167,563달러에 해당한다. 모든 계약의 지급방식은 매도인을 **수익자**(beneficiary)로 하여, 매수인의 개설에 의한 **화환신용장**(documentary L/C) 방식이었다.

② 매도인은 1,027,222달러에 상당하는 세 번째 계약이 체결된 이후, 매수인으로부터 신용장 도래 전에, 계약조건에 따라 물품을 생산하였다. 그 과정에서 매수인은 매도인에게 유선으로 물품에 **생산일**(production date) 기준으로 **유효기일**(expiry date)을 2년으로 **표기**(printing)하여 줄 것을 요청하였고, 매도인은 이를 승낙하여 물품에 상표를 표기하고 생산에 임하였다.

③ 신용장 통지가 있은 이후, 매도인은 신용장의 문면상 계약조건과 근본적으로 불일치하는 사항을 발견하고, 이를 매수인에게 조회하게 되었는데, 그 내용은 물품의 유효기일과 관련된 사항으로서, 신용장상에 유효기간이 생산일로부터 2년이 아닌 1년으로 요구되어져 있다는 사실이었다.

---

110) ① 「ICC International Court of Arbitration」(Arbitral Award), 『11849』, 2003.
② 「Cour d'Appel de Grenoble, Chambre Commerciale」(France), 『53』, 1995.02.22.
③ 「Landgericht Mönchengladbach」(Germany), 『7 O 221/02』, 2003.07.15.
④ 「Tribunale di Rovereto」(Italy), 『914/06』, 2007.11.21.

④ 이 같은 신용장상의 불일치는 유선상으로 합의한 2년으로의 변경은 반영되지 않은 상황에서, 그 이전에 매수인의 국가에서 수입통관상의 규제가 당해 물품의 경우에는 1년이라고 하는 매수인의 통지사실을 근거로, 당초 매도인이 발행한 견적서를 수정하지 않고 이를 그대로 반영한 결과였다.

⑤ 이에 매수인은 **화환취결**(negotiation) 시에, 신용장상의 불일치에 의거하여 대금지급을 거절하였는데, 그럼에도 매도인은 [이 문제를 유선상으로 합의한 바에 따라] 매수인이 신의에 따라 적절히 해결할 것이라는 기대를 갖고 있었다.

⑥ 그러나, 매도인의 기대에도 불구하고, 매수인은 지급거절 의사를 재차 분명히 하였는데, 그 이유는 매수인의 국가에서 당해 물품의 수입통관을 하기 위해 피할 수 없는 추가 관세와 금융비용 및 세관에 뇌물공여 등에 소요되는 필요외적 경비가 부담이 되었음에 있었다고 하면서, 신용장상의 불일치는 외견상의 거절사유에 불과한 것이라고 하였다.

⑦ 한편, 매도인은 이 과정에서 매수인 국가에서 수입통관상의 규제가 1년이라고 하는 사실이 존재하지 않는다는 것을 발견하고, 매수인의 불성실에 기하여 매도인 소재국가의 중재판정부에 중재를 신청하였다.

2. 판정요지

⑧ 중재판정부는 본건에 제7조 (1)을 적용하여 매수인의 불법행위로 판정하였다. 판정이유로서, 매도인이 당해 계약으로부터 얻었을 기대이익을 실질적으로 박탈하기 위한 매수인의 중대한 불법행위의 개입, 물품대금지급에 관한 아무런 의사도 없는 매수인의 계약이행의 거절, 계약체결의 의도 없이 계약교섭과정을 통해 단지 대량구매로 매도인을 현혹한 사실 등을 제시하였다.

3. 해설

⑨ 이 사건은 매수인의 **불성실**(bad faith)한 행위 그리고 **상호협력의무**(duty to co-operate) 위반의 결과로, 매도인에게 상당한 손해를 발생하게 하여, 신의칙에 기한 매도인의 기대를 실질적으로 박탈하였음을 인정한 판정례로 취급할 수 있다. 요컨대, 본건은 국제상거래에 있어 일반원칙으로 요구되는 신의칙 위반의 전형적인 사례로서 뿐만 아니라 그 판정 또한 합당하다고 판단된다.

계약(契約)은 위법행위(違法行爲)로부터 생기는 일이 없다.

판결례와 평가

- 적용범위 : 당사자 의무조항의 해석
- 출처표시 : 「Federal Court of Australia」(Australia), 『NG7331997』, 2003.02.12.

1. 논점과 사실관계

① 호주정부와 소프트웨어 회사 B 및 G는 호주정부 외교통신망 구축을 목적으로, 소프트웨어(S/W) 개발과 시스템 통합에 관하여, 확정된 금액으로 연속된 계약을 체결하였다. 이 경우 호주정부와 B 간 체결된 계약이 **주계약**(head contract)이고, B와 G간에 체결된 계약이 **종속계약**(sub-contract)이다.

② 본건에서 계약의 목적에 충당될 S/W는 시스템 통합에 있어 **'정보보안에 관한 특정부분'**(special boundary security : STUBS)이 반영되어야 하는데, STUBS는 호주정부가 B에게, B는 다시 G에게 제공하는 과정을 거쳐, 결국 G에 의해 개발된 S/W에 장착되어 최종적으로 당해 시스템에 통합될 것이었다. 시스템 통합을 위히여 G와 B는 [각자의 의무를 성공석으로 수행하기 위하여] 특별한 일정계획에 합의하고 있었는데, 그 내용은 총 5단계의 개발단계로 구분되었고, 각 단계로의 진전에 따라 이행성과에 대한 대금지급을 예정하고 있었다.

③ 본건에서 다툼의 소지는, B가 자신의 의무를 이행하지 않으므로 종속계약을 해제한다는 G의 일방적 통지에 있었다. G는 본 통지에서, B가 STUBS를 제공하지 않았을 뿐만 아니라 4단계에서 이행성과에 따른 대금을 지급하지 않았다고 주장하였다. B는 G의 주장을 부정하지 않았으나, STUBS는 다른 S/W에 의해 대체되어 제공될 것이라는 사실을 G와 사전에 합의하고, B의 STUBS 제공에 대한 의무를 계약내용에서 삭제하였다고 주장하였다. 따라서, 변경된 계약내용을 근거로, G는 대금지급을 요구할 권리가 없다고 항변하였다. 그 결과 G에 의한 소송에는 연속적 계약이 원인이 되어 관계당사자 간의 교차된 분쟁이 발생하였다. 한편, [종속계약이 유효하게 변경되었다는 B의 주장과 관련하여] G는 종속계약에는 구두변경금지 규정이 존재하여, 구두 또는 묵시적인 합의변경을 금지하고 있다고 항변하였다. 이에 대하여 B는 자신이 구두변경금지 규정을 위반한 것이 아니라 이는 STUBS가 다른 S/W에 의해 대체되어졌기 때문이라고 하면서, G 또한 이 사실을 알고 있었다고 주장하였다.

2. 판결요지

④ 법원은, G의 주장을 배척하고, B의 주장을 인정하였다. 법원은 [그러한 인정의 근거로] 서면에 의한 계약에 있어 어떠한 변경 또는 합의에 의한 계약의 종료를 서면으로 할 것을 요구하는 계약은 그 이외의 방법으로 변경되거나 종료될 수 없으나, 당사자 일방은 상대방이 그 행위를 신뢰하여 행동한 범위에서 그러한 조항을 원용하여 자신의 행위에 의해 배제시킬 수 있다고 하는 규정[PICC, 제2.1.18조(특정한 형식에 의한 계약변경)]을 언급하였다.

⑤ 한편, 4단계에서 이행성과에 대한 대금이 없었다고 하는 G의 주장에 대하여 B는 종속계약에 있어 '완전한 의무'(entire obligation ; 각 단계별 의무의 완전한 이행)에 관한 조항을 포함하고 있기 때문에, 이 규정에 의거 G가 5단계 의무를 이행하지 못한 것은 4단계에서의 시스템 통합을 완수하지 못한 결과이고, 따라서, G는 종속계약의 완전한 의무조항에 따라 4단계의 지급을 요구할 수 없다고 항변하고 있으나, 법원은 이 같은 B의 주장을 배척하였다.

⑥ 법원은, [양당사자가 S/W 개발과 시스템 통합에 관하여] 의무이행 기간과 단계별 분할지급을 합의하고 계약을 체결하였으나, 여기서 분할지급은 이행의 완전한 성취를 조건으로 하지 않는다고 판단하였다. 한편, [종속계약에 포함된 완전한 의무조항의 해석에 관하여] 법원은 호주 국내법을 포함하여, 미국 통일상법전(UCC)에서 신의칙의 준수를 강조하고 있는 강행규정[제1-102조 (3)]과 신의성실과 공정거래에 관한 PICC[제1.7조] 및 PECL 규정[제1:201조]을 언급하였다.

3. 해설

⑦ 본 판결은 모든 계약에는 묵시적으로 신의칙 및 공정거래의 의무가 적용되는데, 당해 계약에 포함된 완전한 의무라고 하는 조항은 합리적 기준에 의해서도 그 의미가 불분명할 뿐만 아니라 신의칙의 묵시적 적용을 배제하는 것으로는 볼 수 없다는 것에 그 핵심을 두고 있다.

특정(特定)의 사항을 표시(表示)하는 것은 다른 사항을 배제(排除)하는 뜻이다.

008. 당사자의 진술 또는 그 밖의 행위의 해석

Art. 8

(1) For the purposes of this Convention statements made by and other conduct of a party are to be interpreted according to his intent where the other party knew or could not have been unaware what that intent was.

(2) If the preceding paragraph is not applicable, statements made by and other conduct of a party are to be interpreted according to the understanding that a reasonable person of the same kind as the other party would have had in the same circumstances.

(3) In determining the intent of a party or the understanding a reasonable person would have had, due consideration is to be given to all relevant circumstances of the case including the negotiations, any practices which the parties have established between themselves, usages and any subsequent conduct of the parties.

第8條

(1) 본 협약의 적용상 당사자의 진술 또는 기타의 행위는 상대방이 그 당사자의 의도를 알았거나, 모를 수 없었던 경우에는 그 당사자 의도에 따라 해석되어야 한다.

(2) 전항이 적용되지 아니하는 경우에 당사자의 진술 또는 그 밖의 행위는 상대방과 동일한 부류의 합리적인 자가 동일한 상황에서 이해하였을 바에 따라 해석되어야 한다.

(3) 당사자의 의도 또는 합리적인 자가 이해하였을 바를 결정함에 있어서는 교섭, 당사자 간에 확립된 관습, 관행, 당사자의 후속하는 행위를 포함하여 관련된 일체의 사정을 충분히 고려하여야 한다.

[143] 제8조는 '당사자의 진술 및 행위의 해석'에 관하여 다루고 있다. 본조는 의사표시는 표시자의 사실적 의사를 우선적으로 고려해야 함을 명시하고, 그럼에도 불구하고 그러한 의사가 정해져 있지 않은 경우에는 객관적으로 해석할 것을 규정하고 있다. 또한, 그러한 표시의 의미를 객관적으로 정할 때에, 특히 고려해야 할 요소들을 열거하고 있다. 본조는 당사자의 의사표시뿐만 아니라 계약상 모든 통지에도 적용되며, 당사자의 행태 역시 계약에 관련된 것이면, 작위 및 부작위 여부를 불문하고 모두 적용된다. 따라서, 본조는 제6조[계약에 의한 배제 또는 변경]에서 명시하고 있는 당사자 의사의 우선적용을 전제로, 그것을 보충함과 동시에 구체화하고 있는 규정이다.

[144] 제7조는 CISG의 해석원칙 및 법률공백에 대한 해결에 관하여 다루고 있고, 본조는 당

사자의 진술 및 기타 행위의 해석에 관하여 다루고 있다. 이 경우 유의할 점은, '**진술 및 행위**'는 반드시 CISG의 규율범위에 포함되어 있는 사항과 관련한 '**진술 및 행위**'이어야 한다는 점이다. 따라서, 일방당사자의 '**진술 및 행위**'가 CISG가 규율하고 있는 사항과 관련되어 있는 경우에 그러한 '**진술 및 행위**'는 **제2편**[계약의 성립] 또는 **제3편**[당사자의 권리 및 의무]에 구속되는지 여부와 관계없이 본조의 해석기준이 그대로 적용된다.

[145] 본조 (1)의 주관적 의도의 해석기준으로서, 일방당사자의 진술 및 기타의 행위를 해석할 수 없는 경우에는 반드시 본조 (2)에 규정되어 있는 객관적 의도에 따라 해석되어야 한다. 곧, [본조항에 의하면] 일방당사자의 진술 및 기타의 행위는 상대방과 같은 자격을 가지고, 동일한 상황에 있는 합리적인 제3자의 이해에 따라 해석하여야 한다고 명시하고 있다. 이를 통상적으로 '**합리적 해석**'이라고 한다.

[146] 양당사자가 합의한 물품의 수량을 결정할 때에, 양당사자가 계약내용에 관하여 서로 다르게 이해함으로써 야기된 서면계약의 해석은 본조 (2)의 규정에 따라야 한다. 곧, 상대방과 같은 자격을 가지고, 동일한 상황에 있는 합리적인 제3자의 이해에 따라 해석되어야 한다. 일례로, 매수인은 당해 분야의 전문가로서 계약의 목적물로서 구매한 기계가 새 기계가 아니라, 제조된 지 이미 10년이 넘은 중고 기계임을 알고 있었다면, 비록 당해 기계가 최신 표준에 부합되지 않는 중고 기계라고 하더라도, 본조 (2)에 따라, 매수인이 계약체결 시에 당해 기계의 기술적인 제한에 관하여 전문가로서 익히 알고 있었다고 볼 수 있으므로, 이 경우 매수인에게 인도된 기계는 당해 계약에 일치한다고 볼 수 있다.

1. 계약내용의 해석방법과 그 기준

① 계약내용의 해석방법

[147] '**계약내용의 해석**'은, '**계약의 성립**'(formation of contract)과 '**계약의 유효성**'(validity of contract) 여부를 판단할 수 있는 선결요건으로서, 계약을 위한 의사표시의 존재 여부 및 그 정확한 의미는 당해 해석을 통해 가릴 수 있게 된다. 곧, 계약의 성립과정에서 서로 대립하는 의사표시의 합치여부는 계약의 해석에 따라 명백히 판가름 나게 된다. 나아가, 계약이 유효하게 성립되었더라도 그것이 법적으로 효력을 지니기 위해서는, 목적적합성 및 그 밖의 효력발생 요건을 갖추어야 하는데, 여기서도 계약해석이 중요한 의미를 갖는다. 예컨대, 외견상 의사와 표시의 불일치가 존재하고 있음에도 불구하고, 계약의 해석을 통해 당해 의사표시가 일치하는 것으로 인정되면, 의사와 표시의 불일치는 당초부터 없었던 것으로 취급된다. 이를 단적으로 표현하고

법의 보호(保護)를 박탈(剝奪)당한 자는 법률(法律)상으로는 죽은 자이다.

있는 것이, '계약[법률행위]의 해석은 취소에 앞선다'(Auslegung geht der Anfechtung vor)라는 법격언이다. 요컨대, 계약의 해석은 표시행위의 객관적인 의미를 밝히는 것으로 계약해석의 원칙과 방법은 입법상의 과제가 아니라, 주로 판결례와 학리해석(學理解釋, doctrinal interpretation)[111]에 의존해야 할 사항이라 할 수 있다. 그렇지만, 현대계약법에서는, 대체로 계약의 해석원칙 및 방법에 관하여 명시적인 규정을 두고 있는 것이 일반적이다.

[148] 국제상사계약에서 계약의 해석은, 마찬가지로 계약당사자 의사를 존중하여, 그들이 의도한 바대로 법률효과를 발생시키는 것에 목적을 두고 있기 때문에, 무엇보다도 당사자의 의도를 명확히 밝히는 것이 중요하다. 여기서 당사자의 의도를 밝히는 것은 계약당사자의 내심의 의사에 초점을 둔 것이 아니라, 그 표시행위를 대상으로 이에 부여된 의미를 밝히는 것에 집중된다.

[149] 일례로, [의사표시의 해석에 관하여] CISG는, 당사자의 주관적 의도와 객관적 의도를 공히 해석의 기본적 접근방법으로 수용하고 있다. 먼저, '주관적 접근방법'의 경우에 계약의 해석은 당사자 의도에 기초해야 하나, 상대방이 당사자의 의도를 알았거나 또는 알 수 있었던 것을 요건으로 한다[연관규정으로서, 제81조(의무의 취소와 반환청구)]. 그러나, 양당사자의 의도가 일치하는지의 여부를 입증하기란 현실적으로 매우 어렵다고 할 것인데, CISG는 이를 고려하여 제8조 (2)에서 '객관적 접근방법'도 명시하고 있다. 그 내용은 상대방과 같은 부류의 합리적인 자가 동일한 사정에서 이해했었을 바에 따라 해석되어야 한다는 것이다.

[150] 결국, 계약내용의 해석의 지향점은, 곧 상대방은 표의자의 표시행위를 기초로 하여 그 의사를 이해하게 되므로, 이 경우 표의자 또는 상대방만을 중심으로 한 해석은 이루어질 수 없고, 양당사자 모두에게 적용될 수 있는 객관적 · 규범적 의미를 탐구하는 해석에 두고 있다. 한편, 계약내용의 해석은 표시행위를 통해 외부에 나타내고자 한 표의자의 진의를 밝히는 것이지만, 보다 궁극적으로는, 그러한 표의자의 진의, 그 자체의 객관적 확인뿐만 아니라 법적으로 유효하고도 가치 있는 진정한 의미를 명정하고 구성하는데 주안점을 두고 있음이 일반적이다.

[151] 계약내용의 해석방법에는, '자연적 해석'(Natürliche Auslegung), '규범적 해석'(Normative

111) 학자의 학설로서, '학리(學理)에 기하여 행해지는 지적인 법해석'을 말한다. 보통 법의 해석은, 이 '학리해석'을 말한다. 이 해석은 국가권력의 뒷받침이 없어 구속력은 없으나, 순수한 학문적 입장에서 행해지므로, 일반여론에 대한 설득력도 강하며, '유권해석'에 대해서도 영향력을 지니고 있다. 이것은 법문의 자구에 나타난 법규의 의미를 확정짓는 '문리해석'(文理解釋)과, 법전 전체의 조직, 법질서 전체의 유기적 · 논리적 관계, 입법정신 및 연혁, 법규적용의 결과 등을 고려하여, 논리적으로 법규의 의미를 확정짓는 '논리해석'(論理解釋)으로 구분된다.

Auslegung), '**보충적 해석**'(Ergänzende Auslegung) 등의 세 가지가 인정되고 있다. 계약내용 해석의 순서는, 일차로 어떤 일정한 표시에 관하여 당사자가 사실상 일치하여 이해한 경우에 그 본래의 의미대로 효력을 인정하는 '**자연적 해석**', 그 다음으로 그 일치여부가 확정되지 않은 경우에 표시행위의 객관적 · 규범적 의미를 밝히는 '**규범적 해석**', 그 해석의 결과로서 법률행위에 흠이 발견되는 경우에 최종적으로 '**보충적 해석**'에 의한다. 각 해석의 방법을 순서대로 상술하면 다음과 같다.

[152] 첫째, '**자연적 해석**'(自然的解釋)은 표시행위에 내재된 의미를 객관적으로 밝히는 것이다. 그런데, 이 경우에 표시는 표의자의 의사를 외부에 표현하는 실질적 수단이므로 설령, 표시가 잘못되었다고 하더라도, 그 표시의 의미에 관하여 당사자 간 의사의 합치가 인정되는 경우에는 당초 당사자가 기대했던 목적은 달성된 것이기에, 그 의사에 기한 본래의 효과가 발생되도록 하여야 한다는 점에는 이론의 여지가 없다. 잘못된 표시행위는 계약에 해가 되지 않는다고 하는, 이른바 '**오표시 무해**(誤表示無害, *falsa demonstratio non nocet*)**의 원칙**'112)은 이를 대변할 수 있는 법격언이다. 요컨대, '**자연적 해석**'은 어떠한 계약내용의 해석에 있어 표현된 문자 또는 언어의 문리적 의미에 구애됨이 없이, 표의자의 실제의사를 중심으로 파악하는 방법으로 특히 이러한 의사를 파악함에 있어서는 표의자의 표시행위뿐만 아니라 계약의 성립과 관련 있는 일정한 사정이 적절히 고려되어야 한다. 따라서, 계약상 사용된 문자의 의미는 당초 계약당사자가 의도한 목적과, 계약의 체결 당시에 제반사정을 참작하여 합리적으로 해석되어야 한다.

[153] 둘째, '**규범적 해석**'(規範的解釋)은 위에서 본 '**자연적 해석**'에 의해서도 계약의 내용을 확정하지 못한 경우에 행하여진다. 곧, '**규범적 해석**'은 표의자의 내심의 효과의사와, 표시행위에 대한 상대방의 이해가 일치하지 않은 경우에 상대방의 표시행위에 대한 신뢰를 존중하여 상대방과 같은 부류의 합리적인 자가 동일한 사정에서 이해하였을 바에 따라 당해 계약의 내용을 확정하는 방법이다[**연관규정으로서, 제8조(당사자의 진술 또는 기타 행위의 해석)** (2)]. '**규범적 해석**'은 상대방의 이해가능성을 고려하여 계약내용을 해석하는 것으로, 이 방법은 상대방의 신뢰의 보호

---

112) '**오표시 무해**(誤表示無害)**의 원칙**'을 상술하면 다음과 같다. 표의자가 표시를 잘못하였음에도 상대방이 그 표시가 잘못되었음을 알고, 나아가 표의자의 진의가 무엇인지도 알고 있는 경우 그 법률행위를 어떻게 해석할 것인지가 문제시 된다. 예컨대, 미국산 자몽을 수입한 갑이, 을과 미국산 자몽을 판매하는 매매계약을 체결하면서, 미국산 자몽을 제주산 밀감으로 표시한 경우에 매수인 을도 매매목적물이 제주산 밀감이 아니라 미국산 자몽인 것을 알았다면, 이것은 제주산 밀감에 대한 매매계약이 아니라, 미국산 자몽에 대한 매매계약으로 보아야 한다는 것이다. 이 같은 원칙이, '**잘못된 표시는 해가 되지 않는다**'는, 소위 '**오표시 무해의 원칙**'이다. 즉, '**표의자 및 상대방이 표시행위를 원래의 의미대로 이해하지 않고, 이와 다른 의미로 이해한 경우에 법률행위는 표의자와 상대방이 실제로 이해한 의미대로 성립한다는 원칙**'을 '**오표시 무해의 원칙**'이라 한다. '**오표시 무해의 원칙**'은 자연적 해석의 전형적 적용례라 할 수 있다.

사실(事實)은 언어(言語)보다 강하다.

에 법익을 둔 해석방법이라고 할 수 있다. 결국, '**규범적 해석**'은 표의자의 의사와 표시가 불일치하고, 이에 대한 특별한 해석기준이 없을 때, 표의자와 상대방 가운데 그 누구의 이익을 더 보호하여야 할 것인가 하는 문제에 관하여, 표시행위의 수령자로서 상대방의 신뢰보호를 표의자의 이익에 우선해 두고 있는 해석방법이다. 한편, 계약내용에 비추어 당사자가 명확히 정하지 않은 사항에 관해서는 예상치 못한 분쟁이 발생할 가능성이 높다. 이와 같이 계약의 내용에 흠결이 있을 경우에는 당해 흠결을 보충할 수 있는 해석의 방법을 필요로 하게 된다. 이 경우 계약내용의 보충방법으로는, 우선 임의법규를 적용하여 해결하는 방법이 있으나, 만일 임의법규가 없는 경우에는 당사자가 계약내용의 흠결을 알았다면 정하였을 내용, 이른바 '**가정적 의사**'(假定的意思)를 통해 보충하게 된다.

[154] 셋째, '**보충적 해석**'(補充的解釋)은 계약내용의 공백을 보충하기 위한 해석방법이다. 즉, 당사자가 계약내용을 정하는 과정에서 제 아무리 꼼꼼하게 임했다고 하더라도 모든 계약내용을 빠짐없이 명정하기란 불가능하다. 이와 같이 '**보충적 해석**'은 당해 계약내용의 공백에서 비롯된 법적 분쟁이 발생하는 경우에 비로소 행하여지게 된다. 따라서, '**보충적 해석**'은 본래 계약내용의 흠결을 전제하고 있다고 볼 수 있다. 그렇지만, 이 방법은 당사자의 실제의 진의를 확정하는 것이 아니라, 이를테면, '**계약내용을 확정할 당시의 사정**', '**신의칙**', '**상거래의 관행**', '**관습**' 등에 의하여 인정되고 있는 당사자의 '**가정적 의사**'를 확정하는 해석방법이라 할 수 있다.

② 계약내용의 해석기준

[155] 첫째, '**당사자의 의도, 목적 및 제반사정**'이다. 계약내용에 따라 당사자 의사를 해석하는 경우에는 그들 스스로가 당해 계약내용으로부터 성취하고자 의도하고 있는 일정한 목적과, 계약체결 당시의 제반사정을 적의 고려하여야 한다. 여기서 '**제반사정**'에 포함될 수 있는 사항에는 계약의 성립을 위한 **교섭단계**(negotiating stage)에서 제시된 **의향서**(letter of intent) · **카탈로그**(catalogue) · **설명서**(description) 등과 같이, 표의자의 표시행위에 부합할 수 있는 특정한 사실, 그 표시행위가 이루어진 시간과 장소, 그간의 상거래 관계에서의 특수한 사정, 상대방에 대한 당사자의 구별된 행동 또는 표시행위 등을 들 수 있다. 그리고 이 같은 '**제반사정**'을 참작하여 계약내용을 확정할 때에는 표시행위에서의 일련의 표현이나 문언에 구애됨이 없어야 한다.[113] 일

113) 참고로, 미국 계약법에서는 법의 해석 시에, 통상적으로 '**문언해석원칙**'(plain meaning rule), '**사회적 목적원칙**'(social purpose rule)과 같은, 언어사용과 관련된 원칙이 인정된다. 계약내용 해석에 관해서는, 이러한 일반적 법해석 원칙 이외에, 특히 '**구두증거배제원칙**'(口頭證據排除原則, parol or extrinsic evidence rule)이 중요한 의미를 갖는데, 이는 '**최종적인 서면에 의한 계약은, 계약체결 이전의 모든 약속 또는 동시에 존재하는 별개의 구두로 한 약속을 모두 포함시키는 것으로 보아, 계약당사자 간에는 최종적인 서면 계약만이 존재하는 것으로 보는 원칙**'을 의미한다. '**구두증거배제원칙**'은, 미국의 판례법에서 생성된 원

례로, 국제계약법규범[CISG, PICC, PECL]에서는 당사자의 진술 또는 기타의 행위는 상대방이 그 의도가 무엇이었는지를 알았거나 또는 알 수 있었던 경우에는 그 당사자의 의도에 따라 해석되어야 한다고 규정하고 있다. 그리고 이 규정을 적용할 수 없는 경우에는 당사자의 진술 또는 기타의 행위는 상대방과 같은 부류의 합리적인 자가 동일한 사정에서 이해했을 바에 따라 해석되어야 한다고 하여, 당사자의 의도와 목적을 해석함에 있어서 '제반사정'의 특별한 고려를 강조하고 있다[연관규정으로서, CISG 제8조].

[156] 둘째, '관습(usage)과 관행(practice)'이다. 국제상사계약에서 계약당사자는 '사적자치의 원칙'에 따라 당해 상거래계에서 오랜 기간을 통해 형성된 '관습과 관행'의 유효성에 기하여, 법적 구속력을 확보할 수 있다. CISG 제9조[관습과 관행의 구속력]에서도 당해 유효성을 명문으로 규정하고 있다. 그 내용은 계약당사자는 그들 스스로가 동의한 '관행'과 그들 사이에서 확립된 '관습'에 구속된다고 하고, 별도의 합의가 전제되지 않은 경우 당사자가 알았거나 또는 알았어야 했던 '관행'으로서, 국제상거래에서 당해 상거래에 관련된 종류의 계약을 하는 자에게 널리 알려져 있고, 또한 통상적으로 준수되고 있는 '관행'은 당사자가 이를 그들의 계약 또는 계약의 성립에 묵시적으로 적용하는 것으로 본다고 하여 '관습과 관행'의 유효성을 인정하고 있다. 본 규정에서 '관행'은 '어떤 행위가 계속될 것이라고 하는 기대를 갖게 하는 상행위의 과정에 의해 확립된 것'으로서, 곧 '당사자 간 상거래 과정에 관하여 어느 정도 확립된 준칙'을 의미한다. 한편, '관습'은 '합리적이고 적법한 일반적 관례(customs)로서 계약당사자가 그 존재를 인지하고 있으며, 당사자의 행위가 이에 의거하였다고 추정할 정도의 확립 · 통일 · 일반화된 개념'을 의미한다. 특히, CISG에서의 '관습'은 '다수의 사람들'(a plurality of person)을 구속하기 위하여, '오랫동안 확립된'(long established) 것이거나 '옛 것'(ancient)이어야 한다. 이 경우 유의하여야 할 사항으로, '관습'은 일반적으로 국제사법에 기초를 두고 있는 제반 법원칙과는 관련성이 없는 별도의 개념으로서 정립되어 있다고 하는 사실이다. 한편, [계약내용에 비추어] 당사자가 특정한 '관습'이나 '관행'에 관하여 언급하지 않은 경우에 당해 계약과 '관습' 또는 '관행'와의 관계가 문제될 수 있다. 사견으로, 당사자 간에 확립된 '관행'이 존재하는 경우에 특별한 배제합의가 없는 때에는 당해 '관행'이 적용될 수 있도록 하여, 이로부터 계약당사자의 기대를 보호하는 것이 합리적이라고 생각된다. 아울러, 당해 상거래계에 존재하는 특별한 '관행'에 대해서도 개별 계약에서 당사자 간에 특별한 합의 또는 언급이 없다고 하더라도, 같은 시각에서 그 법적 구속력을 인정하는 것이 타당할 것으로 본다.

[157] 셋째, '신의칙'이다. '신의칙'은 계약내용의 해석뿐만 아니라 위에서 언급한 제반 요소들

칙이지만, 오늘날에는 명문의 법규정으로 삽입되었을 뿐만 아니라, 계약실무에서도 많이 이용되고 있는 계약규정 중의 하나가 되고 있다.

을 판단할 경우에도 당연히 고려되는 원칙임과 동시에, 계약내용을 확정함에 있어 최종적으로 기능하는 해석원칙이 되고 있다. 요컨대, '**신의칙**'은 당사자의 진의 · 이성적 사고 · 가정적 의사를 확정함에 있어 가장 기본적이고 근간이 되는 법원칙으로서 기능한다.

2. CISG에서 계약내용의 해석기준

[158] CISG는 계약내용의 해석에 관하여, '**자연적 해석**'의 방법을 규정하고 있다. 그 내용은 CISG의 적용을 위하여 계약을 해석함에 있어서는, "**당사자의 진술 기타 행위 및 그 의도가 무엇이었는지를 상대방이 알았거나 또는 알 수 있었던 경우 그 당사자의 의도에 따라 해석되어야 한다**"는 것이다[제8조(당사자의 진술 또는 기타 행위의 해석)]. 본조는 계약당사자의 적극적 표시행위에 앞서서, 공통의 이해를 우선시하고 있는 통상의 자연적 해석방법을 상대방이 알 수 있었던 경우에까지 확대 · 인정하고 있는 특징이 있다.

[159] 그렇지만, 양당사자의 의도가 일치한다고 하는 사실을 입증하기는 현실적으로 매우 어렵다. 특히, 당사자가 분쟁에 돌입한 경우에는 더욱 그러할 개연성이 높다. 이에 CISG는 그러한 의도를 추단할 수 없는 상황을 고려하여, '**자연적 해석**'에 관한 규정을 적용하는 것이 불가능한 경우를 대비한 규정을 두고 있다. 곧, "**당사자의 진술 기타의 행위는, 상대방과 같은 부류의 합리적인 자가 동일한 사정에서 이해했을 바에 따라 해석하여야 한다**"[제8조 (2)]는 것이 그것이다. 따라서, 본조를 통하여 '**규범적 해석**'을 가능하게 할 수 있는 근거를 제공하고 있다. 여기서, '**상대방과 같은 부류에 속하는 합리적인 자**'의 통상적인 기준은 상대방이 반드시 전문적인 지식을 보유한 수준에 이를 필요는 없고, 다만 자기의 의도를 충분히 상대방에게 전달할 수 있으면 그것으로 족하다. 결국, 표의자의 의사표시에 관하여 상대방이 그 의도를 알았거나 알 수 있었던 것이 입증되지 않는 한, 설령 의사표시가 표의자의 의도와 다르게 표시되더라도 표시의 객관적 의미에 대한 상대방의 신뢰는 엄격히 보호된다. 그렇지만, 일방당사자의 현실적 의사가 진술의 객관적 의미와 불일치하는 경우나, 그 진술에 대한 상대방의 의사와 다른 경우의 귀속효과는 국내법상의 문제로 귀착될 수 있음은 유의하여야 한다.

[160] 한편, CISG상 '**규범적 해석**'에 있어 합리적인 자의 이해를 확정하기 위해서는 '**교섭**', '**당사자 간에 확립되어 있는 관행 또는 관습**', '**당사자의 후속되는 모든 행위**'를 포함하여, 이에 관련된 일체의 사항이 '**적절히 고려**'(due consideration)되어야 할 뿐만 아니라[제8조 (3)], 더불어 국제상거래에 있어 신의의 준수를 증진할 필요성도 고려되어야 한다[제7조(계약의 해석원칙)]. 요컨대, 계약의 해석에 있어 당사자의 의도의 존중과 객관적 해석을 명시하고 있는 제8조의 규정은 [당사자의 진술 및 행위의 해석이라는 측면에서] '**의사주의**'(意思主義)와 '**표시주의**'(表示主義)를 절충하고 있는

규정이라고 할 수 있다.[114)]

■ SUMMARY [*Article 8*]

1. Whereas article 7 addresses interpretation of and gap-filling for the Convention itself, article 8 (which according to one arbitral tribunal states rules that correspond to principles generally accepted in international commerce) is concerned with the interpretation of statements and other conduct of the parties provided (as expressly pointed out by the Supreme Court of one Contracting State) that the statements or conduct relate to a matter governed by the Convention. Therefore, whenever a party's statement or conduct relates to a matter governed by the Convention, the interpretative criteria set forth in article 8 are to be used, whether the statements or conduct relate to matters governed by Part II (on 'Formation') or Part III (on 'Rights and Obligations of the Parties'). This view, supported by legislative history, has been adopted in decisions: courts have resorted to the criteria set forth in article 8 to interpret statements and conduct relating to the process of formation of contract, the performance of the contract, and its avoidance.

2. Where article 8 applies, it precludes application of domestic interpretative rules because article 8 exhaustively addresses the issue of interpretation.

3. According to both legislative history and case law, article 8 governs not only the interpretation of unilateral acts of each party but also 'is equally applicable to the interpretation of 'the contract', when the document is embodied in a single document'.

---

114) **사법**(私法)이 사인 간의 법률관계를 규율함에 있어서, 상반하는 두 가지의 요구에 부딪히게 된다. 즉, '**개인의사의 존중**'이란 점과, '**거래안전의 확보**'가 그것이다. 곧, 당사자가 의도한 대로의 법률효과를 인정하여 주는 것은, 개인의 자유의사에 따라서, 법률관계를 규율한다는 근대 사법상 의사자치의 사상에 적합한 것이기는 하지만, 반대로 상대방이나 제3자에게 뜻밖의 손실을 주는 등 거래의 안전을 희생시키는 결과가 생기게 된다. 그러므로 의사와 표시와의 불일치가 있을 때에, 어느 쪽을 더 존중할 것이냐에 관하여, 두 개의 주의가 대립한다. 곧, 표의자의 내심의 의사에 중점을 두고, 이에 따른 법률효력을 부여해야 한다는 것이 '**의사주의**'(意思主義)이고, 반대로 표시된 언행이나 서면에 중점을 두고, 그에 따라 법률효과를 인정해야 한다는 것이 '**표시주의**'(表示主義)이다. 근대 사법의 일반적 경향은 개인의사의 존중에서 거래안전의 확보로 그리고 '**의사주의**'에서 '**표시주의**'로 그 중점이 이행하였다. 우리 민법은 과거 '**의사주의**'에서 어느 정도 탈피하여, '**표시주의**'로 발전하였으나, 아직도 완전한 '**표시주의**'에는 이르지 못하고 있다. 의사와 표시와의 불일치의 경우를 우리 민법에서 살펴보면, 먼저 '**진의 아닌 의사표시**'[비진의의사표시(非眞意意思表示)]에 있어서는, 표의자를 특히 보호할 필요가 없으므로, 내심의 효과의사는 고려할 필요 없이 표시된 대로의 효과를 부여하여, 원칙적으로 상대방의 보호에 만전을 기하고 있으며, '**허위표시**'(虛僞表示)에서는, 원칙적으로 무효로 하되, 그 내용을 알지 못한 선의의 제3자에게는 무효를 주장할 수 없게 하고 있다. 그 밖에 문제되는 것은 '**착오**'(錯誤)인데, 곧 '**착오에 의한 의사표시**'는 법률효과에 아무런 영향을 미치지 않으나, 내용의 중요부분에 착오가 있는 때에는, 취소할 수 있도록 하고 있다. 그러나, 표의자에게 중대한 과실이 있을 때에는, 취소하지 못하며, 또 취소를 하였을 경우에도, 선의의 제3자에게 대항할 수 없도록 하고 있다. 이를 종합할 때, 우리 민법은 '**표시주의**' 원칙에 '**의사주의**'를 부분적으로 가미함으로써, 구체적 타당성에 충실을 기하고 있다. 그러나, 신분법에서는 표의자의 진의가 절대 존중되어야 하므로, 총칙상 '**표시주의**'가 적용되지 않는다.

피고(被告)는 원고(原告)에 비하여 유리(有利)한 처분(處分)을 받는다.

판결례와 평가

- 적용범위 : 중재합의의 유효성
- 출처표시 : 「International Economic and Trade Arbitration Commission」(China), 『G20010386』, 2005.05.10.

1. 논점과 사실관계

① **중개인**(intermediary)을 통해 오랫동안 상거래에 임해 온 중국의 모자 **제조상**과 미국의 모자 **브로커**(broker)는 상세한 규격을 명세한 모자를 계약의 목적물로 하여, 이에 서면으로 매매계약을 체결하였다.

② 본건 상거래 과정에서 미국 브로커는 물품의 대금을 완납하지 않았다. 제조상은 매매계약서에 명시된 중재조항에 의해 중국 무역중재위원회에 중재를 신청하였다. 그럼에도 불구하고 브로커는 중재에 임하지 않았다. 당해 중재에서 중재판정부는 미국 브로커는 제조상이 청구하는 금액과 이자 및 관련 비용 일체를 제조상에게 지급해야 한다고 판정하였다.

③ 한편, 제조상은 미국이 '**외국 중재판정의 승인 및 집행에 관한 UN협약**'(Convention on the Recognition and Enforcement of Foreign Arbitral Awards, 소위 '뉴욕협약')의 체약국이므로, 동 협약에 의해 중재판정을 집행하기 위해 미국에 있는 연방법원에 소송을 제기하였다.

④ 이에 브로커는 중재판정의 집행에 관하여, 양당사자 사이에 계약관계가 존재했음을 인정할 수 없고, 따라서, 당해 중재조항은 적용할 수 없다고 항변하였다. 항변의 사유로서 브로커는 매매계약을 체결했을 당시에 자신은 제조상과 직접적인 계약관계를 맺으려는 목적에서 매매계약을 체결한 것이 아니라, 과거의 상거래에서와 마찬가지로 단지 주문을 확인하기 위한 것이라고 진술하였다. 그리고 당해 주문서는 중개상을 통해서 제조상에게 발송된 것이라고 하였다. 아울러, 브로커는 제8조에 의해, 이러한 의사에 당사자 간에 중재조항을 적용할 수 있는 그 어떠한 계약이나 합의도 없었다고 주장하였다.

2. 판결요지

⑤ 법원은, 브로커의 주장을 기각하였다. 그 사유로서, 브로커는 그 자신이 제조상과 직접적인

매매계약을 체결하고자 하는 의사가 없었다는 것에 관한 증거를 제공하였으나, 그럼에도 불구하고 제조상이 그것을 알았거나 모를 수 없었다는 것에 대한 증거를 제공하지는 못하였다는 사실을 지적하였다.

⑥ 법원은 제8조 (2)에 의거, [브로커가 매매계약을 주문에 대한 확인으로 판단한 것과 관련하여] 동일한 부류의 합리적인 자가 동일한 상황 하에서 이해할 수 있는지를 판단함에 있어, 브로커의 진술이 위와 같은 기준에 부합된다고 하는 사실에 관한 증거를 브로커는 여하히 제공하지 않았다고 판시하였다.

⑦ 또한, 양당사자가 체결한 계약에 제조상이 매도인으로, 브로커가 매수인으로 표시되어 있으며, 달리 중개상에 대한 언급이 없었다는 사실에 비추어, 브로커가 계약의 내용을 알았거나 또는 이해를 했는지에 관계없이 브로커는 당해 계약에 구속된다고 하였다. 그리고 브로커가 제조상에게 미지급한 대금을 수차례 확인하였던 행위에 비추어, 양당사자 간에 직접적인 계약관계가 존재하였다고 인정하기에 무리가 없다고 하였다. 최종 주문으로서 법원은, 당해 중재합의 내지 조항은 유효하며, 이에 제조상이 제기한 약식재판을 인정함과 동시에, 중재판정결과의 집행을 허용하였다.

3. 해설

⑧ 소위 예비적 합의문서에 해당하는 **거래의향서**(letter of intent : LOI)나 **양해각서**(memorandum of understanding : MOU) 등은 계약의 성립을 위한 교섭의 과정에서 작성된 서류이다. 당해 예비적 합의의 확인은 이 후의 당사자 행위나 판단에 강한 심리적 영향을 끼칠 뿐만 아니라, 그 교섭이나 서면확인이라는 행위는 CISG하에서 법적인 의미를 지닌다.

⑨ 곧, 제8조 (3)은 당사자의 의도를 결정함에 있어, 그간의 교섭을 포함한 관련된 모든 상황에 비추어 이를 고려하도록 규정하고 있다. 이 경우 교섭의 진정한 기록으로서 예비적 합의는 일반적으로 그 확인시점에서 당사자 간의 합의사항이나 정식적인 계약체결까지의 현안사항 등을 확인하는 수단으로서 이용되고 있지만, 그 이외에도 신의칙에 기한 교섭의무, 비밀유지의무 또는 독점적 교섭권, 나아가 교섭의 과정에서 당사자가 제3자로부터 별단의 매매신청을 받은 경우에 우선적 매매의 권리 등이 규정되어 있는 경우도 있다.

⑩ 예비적 합의가 정식 매매계약과 구별되는 기준은 매도인이 특정된 물품의 인수와 인도의 구체적인 의무를 부담하고, 매수인이 당해 물품대금의 지급의무를 부담하는지의 여부에 있다.

즉, **제30조**[매도인 의무의 총괄]와 **제53조**[매수인 의무의 총괄]에 의거, 당해 의무를 당사자가 부담하고 있는지의 여부가 그 기준이 된다. 예비적 합의 또는 교섭에서 이러한 매매합의가 존재하는 경우에 그것은 CISG를 통하여 해석될 것이고, 그렇지 않은 경우 법정지의 국제사법에 의해 결정되는 준거법에 따라 해석될 것이다.

⑪ 한편, 정식합의라고 하더라도 매매기본계약 이나 판매점계약은, 통상 구체적인 매매합의를 형성하지 않고 당사자 간의 장래 매매의 의향을 계약하는 것이며, 이를 소위 **기본계약**(framework contracts)라고 총칭한다. 결국, 기본계약 그 자체는 CISG가 직접 적용되지 않지만, 이에 의거해서 체결된 개별 매매계약은 CISG가 규율하는 매매계약에 해당한다.

판결례와 평가

- 적용범위 : 통상의 관례에 대한 해석과 입증책임
- 출처표시 : 「U.S. Court of Appeals (11th Circuit)」(USA), 『05-13995』, 2006.09.12.

1. 논점과 사실관계

① **매도인**[오스트리아]은 **매수인**[미국]과 위탁판매방식으로 화합물을 판매하는 일련의 계약을 체결하였다. 매수인에게 인도될 화합물의 수량은 각각의 계약에 구체적으로 규정되어 있었다.

② 본건 이전에, 매도인이 인도한 물품을 매수인은 모두 구매하였으나, 최종적으로 매수인은 이후로 화합물을 수령하지 않겠다고 그리고 현재 수령되었으나 사용되지 않았던 화합물에 대해 그 대금을 지급하지 않겠다고 매도인에게 통지하였다. 왜냐하면, 매도인이 알 수 없었던 상황에서 매수인은 더 저렴하고도 안정적인 화합물 공급처를 발견했기 때문이었다.

③ 이에, 매도인은 또 다른 매수인을 발굴하여 원래의 매수인을 대체하였고, 거래가격은 종전의 매수인에게 제시하였던 가격보다 더 낮은 가격을 제시하였다. 이후에 매도인은 소송을 제기하여 계약에 따라, 매수인이 수령하여야 했던 화합물의 물품대금과 관련하여 매수인에게 그 지급을 청구하였다.

④ 소송과정에서 양당사자는 인도조건인 **'위탁판매'**의 의미에 관하여 서로 의견을 달리하였다. 곧, 매수인은, 금속분야에 있어 **'위탁판매'**란, 매수인이 실질적으로 화합물을 사용하기 이전에

그 어떠한 판매행위도 발생하여서는 안 되는 것으로 주장하였고, 매도인은, 매수인이 계약에 따라 수령된 화합물에 대해 대금을 지급할 의무가 있는 것으로 주장하였다.

2. 판결요지

⑤ 하급법원은 당해 다툼에 CISG를 적용하여, 해당 분야에 사용되는 관습보다, 본 거래에 있어서 그 용어에 관한 양당사자의 이해가 우선되고, 아울러, 매수인은 당해 계약에 따라 수령한 화합물에 대한 대금을 지급할 의무가 있다고 판결하였다.

⑥ 이에 매수인은 하급법원의 판결에 불복하고, 상소하였다. 매수인은 다음과 같이 주장하였다. CISG에 의하면, 계약서에 있는 용어를 해석함에 있어, 당사자가 간에 달리 합의하지 않았다면, 그 해석은 당해 관습에 의하여야 한다고 하고, 동시에 계약내용에 매수인 그 자신이 모든 화합물을 사용하기 전에 그 대금을 지급하여야 한다는 의무는 규정되어 있지 않다고 항변하였다.

⑦ 그럼에도 불구하고, 상급법원은 하급법원의 판결을 전면적으로 지지하였다. 우선, 미국과 오스트리아가 모두 체약국이므로 CISG가 적용되며, 제8조에 의거, 본건 다툼의 문제는 **제9조 [관습과 관행의 구속력]**에 의하여야 한다고 판시하였다. 아울러, 제8조는 당사자의 진술 및 행위를 해석하는 기준으로서, 상대방이 이미 일방당사자의 의도가 무엇인지를 알았거나 또는 모를 수 없었던 경우를 다루고 있는 바, 이 경우 일방당사자가 상대방의 진실 의도를 몰랐다면, 제8조 (3)을 적용하여야 한다고 설시하였다.

⑧ 상소법원은 특정용어에 관한 해석과 관련하여, 양당사자 간에 그 통상적인 관례에 따른 충돌이 발생되는 경우에 그 용어의 해석은 양당사자가 상거래 과정에서 사용하는 관례에 따라야 한다고 설시하고, 매수인의 제9조 (2)에 대한 자의적 해석기준을 기각하였다.

⑨ 상소법원의 판결요지는 다음과 같다. 양당사자가 1993년부터 2000년까지 체결한 화합물에 관한 일련의 계약에는 문제가 없다. 모든 계약에 구체적인 화합물의 수량이 규정되어 있으며, 이는 **'위탁판매'**의 범주에 속하고 볼 수 있다. 매수인은 화합물의 사용내역을 매월 매도인에게 통지하였고, 매도인은 매수인의 이 같은 사용실적 통지에 따라, 매수인이 사용한 화합물에 관한 상업송장을 발급한 사실이 있다. 아울러, 다툼이 된 본건 계약체결 이전에 매수인은 계약에 의해 인도된 화합물의 전부를 사용하여 그 대금을 지급하였다. 이에 상급법원은 과거에 매수인의 행위방식이 그가 계약에 따라 인도된 화합물의 전부를 구매하여야 할 의무를 인정한 것

으로 취급하기에 충분하다고 설시하였다.

⑩ 나아가, 상소법원은 매도인이 매수인의 통지에 기하여, 상당한 기간 내에 또 다른 매수인을 찾아 거래관계를 창설한 것은, 매도인이 제77조[손해경감의무]에 의해 합리적인 조치를 취해 손실을 경감한 행위로 볼 수 있다. 본조에 있어 매수인은 매도인의 이 같은 행위가 그 손실을 경감하지 않은 행위라는 것을 입증하여야 했으나, 달리 매수인은 그 입증책임에 기한 항변이 없었다고 하고, 그 결과로서 CISG에 기하여, 그 어떤 용어의 해석에 관한 관습상의 충돌이 있는 경우에 당해 거래과정에서 당사자들이 사용하는 계약조항의 의미는 해당 용어의 의미가 된다는 지방법원의 판결은 적절한 것이며, 매수인이 계약에 의해 본건 계약에서 구체적으로 규정하고 있는 전부의 화합물을 구매하여야 하는 취지에 관하여, 매도인과 매수인은 모두 이를 알고 있었고, 매수인이 본건 계약을 위반함에 있어 매도인은 합리적인 조치를 취해 손실을 경감하였다는 하급법원의 판단과 판결을 지지하고, 이에 매수인의 주장을 배척하였다.

3. 해설

⑪ 국제상거래에 있어, 특히 제조물 공급계약과 같은 복잡한 거래는, 제3편에 규정된 청약과 승낙이라는 기본적 구조에서 성립하는 예는 적고, 오히려 계약교섭이라는 과정 속에서 합의를 형성해 가는 경우가 많다. 이러한 과정에서 당사자의 합의를 확인하여, 장래의 계약체결을 향해 당사자가 신의에 준한 교섭을 행하는 것을 확인하는 문서가 일반적인 예비적 합의다.

⑫ 대부분의 판례에서 예비적 합의는 반드시 정식합의와 같이 확정적 매매합의라고는 할 수 없다고 판시하고 있지만, 계약교섭의 당사자가 당해 교섭을 파기한 경우 그러한 행위가 합법인지 아닌지를 판단하는 것에는 중대한 영향을 미친다고 판단하고도 있다. 한편, 예비적 합의의 해석은 CISG에 의한 것이 아닌 각국 국내법에 의한 것에서부터, 그 해석에 적용된 준거법에 주의를 기울일 필요가 있다.

⑬ 또한, 제29조[계약의 변경과 서면요건]와 제11조[계약의 형식]에 의거한 일련의 계약도 당사자의 합의에 따라 변경 혹은 종료할 수 있음에 따라, 당해 합의는 당사자의 행동을 포함하는 어떠한 방법에 따라서도 증명된다는 것을 확인한 후에 [특히 국제상거래를 원만하게 하기 위해] 당사자에게 있어서 동의할 수 없는 내용의 청약이나 제의를 받은 경우 당사자는 상당한 기간 내에 반론해야 할 의무가 있음을 유의하여야 한다. 곧, 당사자에게 신속하고도 일관성 있는 대응이 요구되고, 이로부터 상대방에게 오해가 발생하지 않도록 주의해야 하는 것은 신의칙에서 비롯된 마땅한 요구이기도 하다.

⑭ 다만, 상대방의 제안에 대해서 침묵의 기간이 비교적 장기가 되는 경우에 과연 그것이 동의의 의사표시로 볼 수 있는지의 여부는 제8조의 해석원칙에 의할 것이고, 더불어 제9조에 의거한 관습 및 관행의 존재도 검토한 후 신중한 결정에 임하여야 할 것이다.

판결례와 평가

- 적용범위 : 동일한 부류의 합리적인 자의 이해
- 출처표시 : 「Rechtbank Utrecht」(Netherlands), 『JS DF 12-1804』, 2004.10.15.

1. 논점과 사실관계

① **매수인**[네덜란드] 은 **매도인**[독일]에게 **'트럭 3대분의 계란'**을 주문하였다. 주문내용에는 매수인은 매도인으로부터 계란을 수령함에 있어, 운송을 위한 3대의 트럭을 매도인에게 보낼 것이라는 합의를 포함하고 있었다.

② 운송 중 매도인은 트럭 3대 모두 최대적재량에 미달된 양의 계란을 적재하였다. 이러한 사실을 안 매수인은 당초 계약상 합의한 것보다 부족한 양의 계란을 수령하였다고 주장하면서, 매도인에게 부족수량에 대한 계란을 다른 공급자로부터 매수하게 됨에 따라 발생한 손해를 계약상 정한 대금에서 공제하겠다고 통지하였다. 이에 대하여 매도인은 판매대금의 완전지급을 구하는 소를 제기하였다.

2. 판결요지

③ 법원은, 인도된 계란이 당사자가 합의한 수량에 적합한지 여부에 관하여, 계약의 성립과정에서 일방당사자의 진술이나 행위는 상대방이 합리적으로 이해하였거나 이해하였을 것을 기준으로 해석하여야 한다. [본건의 모든 사정을 종합적으로 고려할 때] **'트럭 3대분의 계란'**이라는 매수인의 명확하지 않은 주문이라고 하더라도, 국제상거래에 있어 트럭을 운송수단으로 하여 계약을 이행함에 있어 통상의 상인이라면 최대적재량보다 적은 수량을 적재하지는 않았을 것이다. 이는 동일한 부류의 합리적인 자의 이해에 있어서도 결코 반함이 없을 것이다. 따라서, 매도인은 매수인이 트럭의 최대적재량에 해당하는 수량을 주문한 것으로 이해했을 것이라는 판단과, 동부류의 합리적 기준에 의하여 매수인의 대체거래로 인한 손해배상청구는 마땅하다고 판시하였다.

3. 해설

④ 이 사건의 판결취지는 계약당사자의 진술이나 행위의 해석기준과 관련하여, 동일 상거래에서의 동일한 부류의 합리적인 자의 판단기준을 존중하여 이를 당해 판결에 적용한 전형적 사례라고 할 수 있다.

판결례와 평가

- 적용범위 : 거래의향서에 의한 법적 책임의 부담 여부
- 출처표시 : 「Hof van Beroep, Gent」(Belgium), 『Unknown』, 2002.05.15.

1. 논점과 사실관계

① 본 사건은 당사자가 교환한 **거래의향서**(letter of intent : LOI)에 정식계약을 체결하는 의무를 부담하지 않는다고 명기되어 있는 상황에서, 당사자는 정식계약을 체결하지 않고 합의된 계약 내용의 일부를 이행한 경우 당사자는 당해 LOI에 따른 법적 책임을 부담하여야 하는지의 여부를 다루고 있는 사례이다.

② 매수인은 프랑스 국내에서 네트워크에 연동된 무선기기의 개발을 매도인에게 위탁하기 위해 교섭을 개시했고, 이에 제반 시방서를 확정한 이후 LOI를 교환했다. 본건 LOI에는 두 회사가 서명하고, 매도인이 개발 · 제조하는 10개의 무선기기 원형을 매수인이 승인한 후, 30,000개의 무선기기를 1개에 425달러로 구입하는 취지가 기재되어 있다. 그러나, 당해 LOI는 최종적인 합의가 아니라, 두 회사에 의해 차후의 교섭을 거쳐 최종합의서를 교환하도록 규정하고 있었지만, 최종합의서의 체결의무를 쌍방 모두 부담하지 않는 취지도 명기되어 있었다. 아울러, 본건 LOI에는 그 자체와 장래 체결되는 정식계약이 프랑스 법에 준거한다는 취지가 명시되어 있었다.

③ 본건 LOI에 따르면, 매도인은 설계 또는 조립을 개시하는 것을 양당사자 간에 확인하도록 되어 있다. 이에 따라 매수인은 정식계약서의 초안을 송부하고 매도인에게 이에 대한 확인을 요구하였지만, 당해 계약은 체결되지 않았다. 이후 무선기기 원형의 인도시기나 최종제품의 인수 · 인도일 등에 관하여 당사자 간의 협의가 계속되었고, 회의보고서에는 계약변경에 관한 합의라는 기재도 부기되었다. 동시에 당해 물품의 색상 및 샘플이나 사용설명서 작성에 관한 협

의도 병행되었고, 최종제품의 인수 · 인도시기 또한 특정되었다. 한편, 같은 시기에 무선기기의 판매가 급격히 저하되었고, 프랑스 국내 대부분의 판매점은 대량의 물품재고를 부담하여야 하는 상황에 직면하게 되었다.

④ 매수인은 재차 회의를 소집했지만, 그보다 앞서 매도인에게 다음의 선택사항을 제안하였다. i) 매도인이 조달하는 부품을 매수인의 네트워크 혹은 해외시장에서 사용하는 무선기기에 사용하고, 이 경우 이미 지급한 계약금은 매수인에게 상환하며, 그리고 무선기기 원형은 매도인이 다른 고객에게 사용한다는 것, ii) 매도인이 무선기기의 원형을 다른 곳에 사용할 수 없는 경우 매수인이 그것을 재구매하고, 이에 대한 대금은 이미 지급한 계약금에서 차감하도록 한다는 것, iii) LOI를 기본적으로 유지하지만 무선기기는 특정일에 제조한 것으로 하고, 매도인의 의향에 따라 프랑스 시장에 도입되는 것으로 한다는 것 등이었다.

⑤ 본 회의에 따르면, 매수인은 프랑스 시장에서의 무선기기 판매실적이 부진했다는 것을 적시하면서, 그 결과 무선기기 판매점이 대량의 재고를 부담하는 결과가 되었다는 것, 이로부터 신규 무선기기의 도입을 곤란하게 하는 요인이 될 우려가 있다는 것을 지적하였다. 그 결과로서, 매도인은 매수인이 일방적으로 30,000개의 무선기기 발주를 취소했다고 하면서, 이것은 계약불이행에 해당한다는 내용을 서신으로 통보하고, 이에 매수인에게 본건 계약의 성실한 이행을 요구하였다. 아울러, 매도인은 이미 30,000개의 무선기기를 재고로 보유하고 있음을 통지하였다.

⑥ 매수인은 당시까지 계약교섭의 과정에서 자신의 행동은 계약불이행에 해당하지 않는다고 주장하면서, 매도인이 이미 당해 무선기기의 제조를 완료했다는 의외의 사실에 놀라 이상의 문제의 해결을 꾀하기 위해 회합을 제안했지만, 매도인은 이를 거절했다고 항변하였다. 매도인은 매수인의 계약위반에 의해 입은 손해배상을 청구하고자 벨기에 법원에 소송을 제기하였지만, 제1심 법원은 본 사건에 대한 재판관할을 인정하지 않아 매도인은 항소하였다.

2. 판결요지

⑦ 상급법원은, 우선 [재판관할과 관련하여] 매도인의 손해배상청구는 매수인의 계약위반에 따른 결과로 취급하고 [이를 수용하여] 매수인에게 손해배상금을 지급하도록 주문함과 동시에, 그 이행지는 벨기에로 하며, 동 법원은 본 사건의 재판관할권을 가진다고 판시하였다. 그리고 양당사자는 [LOI 및 장래의 계약에 기하여] 프랑스 법을 준거법으로 합의하고 있지만, CISG 적용을 배제하지 않고 있다는 점에서 CISG가 적용된다는 것과 본건은 제3조 (1)에 정해진 물품의 제조

물 공급계약에 해당한다고 판시하였다.

⑧ 법원은, 당사자 간에 본 물품의 제조판매에 관한 합의가 성립했다고 인정하고 있다. 곧, 제6조[계약에 의한 배제 또는 변경]에 의거해서 당사자는 자유롭게 계약의 내용을 결정할 수 있음에 따라, 당사자는 LOI를 교환하였지만, 이 표제 그 자체는 법적인 의미를 표창하지 않고, 그 법적 성격을 판단하기에는 내용을 검토할 필요가 있다고 하였다.

⑨ 나아가, 본건 LOI에는 이것이 최종합의가 아니라는 점을 명확히 하고 있지만, 그럼에도 불구하고 이후에의 법적 효력을 예정하고 있다고 볼 수 있다. 곧, 매도인이 무선기기의 설계·조립을 개시하는 것과 매수인이 계약금을 지불하는 것을 합의하고 있다. 이것은 프랑스법하에서 예비적 합의로 취급할 수 있다. 당해 예비적 합의는 양당사자의 합의된 조건이 기재되어 있음과 동시에 이후로도 교섭해야 할 사항이 명시되어 있다. 본건 예비적 합의는 신의칙에 기하여 교섭을 계속할 의무뿐만 아니라 이미 합의된 사항에 대해서 준수해야 할 의무를 명확히 하고 있다고 볼 수 있다. 그렇지만, 예비적 합의는 정식합의와는 구별하여야 한다. 곧, 예비적 합의에 있어서 당사자는 정식계약을 체결하는 의무를 부담하지는 않지만, 당해 교섭을 행하는 것에 대해서는 합의하고 있다. 따라서, 예비적 합의는 교섭이 도중에 파기된 경우 그 합법성을 판단하는 근거가 될 수 있다.

⑩ 본 사건에 있어서 정식계약은 당사자가 합의한 기한까지 체결되지 않았다. 그러나, 당사자는 계속적으로 당해 교섭을 지속했고, 이에 매수인은 매주 5,000개의 비율로 인도하는 것에 동의하였으며, 이를 위반하였을 경우 주 5%의 지연손해금을 부담하는 것에 동의하고 있다. 그리고 회의결과에 관한 보고서에는 당사자가 이미 청약과 승낙의 내용을 확정하였으며, 그 후 교섭해야 할 사항은 추가로 남기고 있을 뿐만 아니라 당해 기본합의가 그 시점까지 성립했던 사실을 나타내고 있다. 상기 보고서에는, 예컨대, 계약변경이라는 표제 아래 물품대금의 감액 등에 대해서 합의하고 있고, 당사자가 이미 무선기기 공급계약에 대한 기본합의를 도출했다는 사실을 입증하고 있다.

⑪ 법원은, 상기 기본합의는 양당사자의 협상에 따라 합의해제 하였다고 판단하였다. 그 이유로써 원활한 국제상거래를 위해서 당사자는 상대방의 제안을 받고 이를 승낙할 수 없는 경우 즉시 또는 상당한 기간 내에 상대방에게 이의를 제기해야 한다. 본 사건에서 매도인은 회의 시에 이의를 제기하지 않고, 상당한 기간이 경과하기까지 침묵을 유지한 사실이 인정된다. 매도인은 매수인의 계약위반을 주장하고 있지만, 법원은 이러한 매도인의 행동을 **'이상하고도 불안정한 행위'**(a very strange and unsteady behavior)로 취급하고, 그러한 행위는 제7조 (1)에서 규정하고

있는 국제상거래에 있어서의 신의에 반한다고 판단했다. 이와 같은 이유에서 법원은 매도인의 주장을 일축하고, 매도인은 수령한 계약금에 법정금리를 더하여 매수인에게 반환할 것을 주문하였다.

3. 해설

⑫ 본 판결은 CISG와 관련해서 예비적 합의가 수용된 예외적 사례로 취급된다. 법원은 우선 당사자가 합의한 준거법인 프랑스법하에서 LOI의 법적 성격에 관하여 검토하고 있다. 나아가, 본건에 있어서 LOI는 프랑스 법상의 예비적 합의에 해당한다고 판단했다. 또한, 당해 예비적 합의와 확정적인 매매합의는 구별되어야 한다고 판시하고, LOI 자체는 CISG가 규정하는 매매의 합의와는 구별된다고 하였다.

⑬ 한편, 법원은 계약의 성립과정으로서 반드시 청약과 승낙이라는 단순화한 도식으로부터 매매합의가 성립한다고는 볼 수 없다고 하면서, [본 사건을 동태적으로 분석하고] 당해 회의는 이미 법적 구속력이 결부된 매매의 합의가 성립했다는 결론에 도달하고 있다. 곧, 본 회의에 관한 기록에서는 계약변경에 대한 논의가 있었으며, 이미 제시했던 물품대금의 감액 등을 합의했다고 한다. 이 단계에서 당사자는 반드시 모든 조건에 대해 합의했다고는 할 수 없지만, 법원은 계약이행에 관한 사항이 일부 합의되지 않은 사실에 대해, 그 단계에서 이미 기본합의가 성립하고 있었다는 사실을 뒤집은 것이라고 판단하고 있다.

⑭ 본 사건에서는, LOI에 정식계약을 체결한다는 예정이 명기되어 있음에도 불구하고 정식계약이 체결되지 않았다. 나아가, LOI에는 양당사자가 정식계약을 체결하는 의무를 부담하지 않는다고 명기되어 있다. 그러나, 정식계약의 체결기한 이후에도 양당사자가 LOI에 의거해서 물품의 제조·공급에 관한 논의나 작업을 계속한 사실로부터 이러한 당사자의 행동이 제8조 (3)에 비추어 종합적으로 해석되어 법원은 이상과 같이 판결하였다고 생각된다.

판결례와 평가

- 적용범위 : 구두증거의 증거력
- 출처표시 : 「U.S. District Court, N.D., Illinois, Eastern Division」(USA), 『97C5668』, 2008.

사기(詐欺)를 은폐(隱蔽)함은 사기이다.

1. 논점과 사실관계

① 본 사건은 구두증거가 당사자의 주관적 의도를 증명하는 경우에 법원이 이를 증거로 채택할 수 있는지 여부에 관한 사례이다.115) **매도인**[스웨덴]과 **매수인**[미국]은 비행기 부품을 계약의 목적물로 매매계약을 체결하였다. 이후 당사자 간에 계약내용을 둘러싼 다툼이 발생하였는데, 그 핵심은 계약내용에 기한 목적물의 해석에 있었다. 즉, 매수인은 특정한 **부품번호**(serial number : S/N)의 발전기 3대라고 주장하는 반면, 매도인은 서로 상이한 부품번호를 가진 발전기 3대라고 주장하고 있다.

2. 판결요지

② 본건에 있어 매도인은 스웨덴에 영업소를 두고 있고, 스웨덴은 CISG 제2편의 적용을 배제하고 있는 바[제95조(제1조 (1), (b)의 배제)], 이에 따라 CISG는 계약의 성립문제 이외의 부분에 한하여 적용되고, 계약의 성립문제는 매수인 소재국인 미국 일리노이 주법에 의해 규율된다.

③ 한편, '**구두증거배제의 원칙**'(parol or extrinsic evidence rule)은 계약의 성립에 관한 문제로, 이 사건에 있어서 미국 일리노이 주법이 당해 계약의 성립에 관한 문제를 규율하게 되나, 원천적으로 구두증거의 문제는 CISG의 적용을 받게 된다. 곧 CISG는 '**구두증거배제의 원칙**'을 수용하고 있지는 않지만, 구두증거가 당사자의 주관적 의도를 증명하는 한, 이를 증거로 채택하여 조사하여야 한다.

3. 해설

④ CISG는 계약체결 당시 상대방이 당사자의 의도를 알았다면 그의 주관적인 의도가 고려되어야 하며[제8조 (1)], 동시에 법원은 당사자의 의도를 판단하기 위하여 예비적 교섭단계를 포함한 후속된 모든 사정을 고려하여야 한다고 명시하고 있다[제8조 (3)].

⑤ CISG에서는 '**구두증거배제의 원칙**'이라는 표현을 직접적으로 사용하고 있지 않은데, 그 이유는 동 원칙 및 이와 관련한 여하한의 법기술적인 국내법상의 규칙이라도 CISG에서 직접 수용하여 언급할 경우 협약안의 작성에 혼란을 초래하게 되고, 또한 이러한 원칙이 없는 법계 또

115) ①「U.S. Court of Appeals, 11th Circuit」(USA),『97-4250』, 1998.
② 「U.S. District Court, S.D., Michigan」(USA),『1:01-CV-691』, 2001.
③ 「U.S. District Court, Southern District of New York」(USA),『00 Civ. 5189 (RCC)』, 2006.

는 국가에 있어서는 그 법적 기준에 대한 예측가능성이 없을 것이기 때문이었다.

⑥ 그렇지만, CISG에서는 관련된 일체의 사정을 충분히 고려할 것을 명시하고 있다[제8조 (3)]. 따라서, 동 규정내용만으로도 각국 법원으로 하여금 당사자 간의 다른 합의를 고려하지 못하도록 하는 국내법의 적용을 배제하기에 충분할 것이라는 판단에 따른 것이다.

⑦ 요컨대, CISG에서는 '**구두증거배제의 원칙**'을 수용하고 있지는 않으나, 구두증거가 당사자의 주관적 의도를 입증하는 한, 법원으로 하여금 이를 증거로 채택하여 조사할 수 있도록 배려하고 있다. 따라서, CISG에 의할 경우 계약을 해석함에 있어서는 계약체결 이전의 예비적 교섭·협상·합의·진술에 관한 그 어떠한 증거도 함께 조사되어야 한다.

009. 관습과 관행의 구속력

Art. 9

(1) The parties are bound by any usage to which they have agreed and by any practices which they have established between themselves.

(2) The parties are considered, unless otherwise agreed, to have impliedly made applicable to their contract or its formation a usage of which the parties knew or ought to have known and which in international trade is widely known to, and regularly observed by, parties to contracts of the type involved in the particular trade concerned.

제9조

(1) 당사자는 합의한 관행과 당사자 간에 확립된 관습에 구속된다.

(2) 별도의 합의가 없는 경우에 당사자가 알았거나, 알 수 있었던 관행으로서 국제상거래에서 당해 상거래에 관련된 종류의 계약을 하는 자에게 널리 알려져 있고, 통상적으로 준수되고 있는 관행은 당사자가 이를 계약 또는 계약의 성립에 묵시적으로 적용하는 것으로 본다.

[161] 제9조는, '관습'(usage)과 '관행'(practice)에 대한 법적 구속력을 다루고 있는 규정이다. 곧, 당사자 간에 합의된 관행과 확립된 관습은 당사자들을 구속하며, 이 경우 합의된 관행이 부재한 경우에는 비교적 엄격한 요건을 충족하고 있는 일반적 관행이 당사자 간에 묵시적으로 적용된다. 이는 계약뿐만 아니라 계약의 성립 시에도 공히 적용된다.

[162] 요컨대, 본조에서 '관습과 관행'은 계약을 '보충하는 역할'[gap-filling role]을 감당하며, CISG의 제반 규정에 우선적으로 고려되어 적용되는 특징이 있다. 특별히, 국제상거래에서 '관습과 관행'은 매우 중요하게 다루어지는 부분이므로 세밀한 주의가 요구된다. 그러나, '관습과 관행'의 유효성 문제는 제4조[적용사항과 비적용사항] (a)의 적용을 받고 있으므로, 본조에 해당하는 경우에는 국내법이 적용된다. 예컨대, 국제거래에 적용되는 '지역적 관행'은 당해 지역의 적용법에 의하고, 이와는 달리 '국제적 관행'일 경우에는 국제사법이 지정하는 준거법에 의하게 된다.

1. 당사자 간의 관습과 관행

[163] CISG에서는 '**관습과 관행**'에 대한 정의 또는 개념에 관하여, 명시적으로 규정하고 있지는 않다. 그렇지만, '**관습**'은 '**일정한 분야 또는 장소에 관련된 거래 당사자 간에 통상적으로 준수되는 거래행태**'로 설명되거나 인식되고 있음이 일반적이다. 이 경우 '**관습**'은 국제적 관행만이 아니라 국내적이거나 지역적 관행도 포함된다. 마찬가지로 '**관행**'은 '**일반적이 아니라 오로지 당사자 상호 간에 규칙적으로 준수되는 행태 또는 양식**'으로 설명된다. 결국, '**관습**'은 '**관행**'에 비하여 그 범위를 보다 넓은 시각에서 이해하여야 한다. 따라서, 본조에서 당사자 의사에 기한 (1)의 '**관습**'과, (2)의 '**관행**'이 충돌하는 경우에는 (1)의 '**관습**'이 우선하게 된다.

[164] 본조에서 '**합의된 관습**'은 당사자를 구속한다. 이 경우 '**합의**'는 '**명시적인 합의**' 뿐만 아니라 '**묵시적인 합의**'도 인정된다. 여기서 '**관습**'은 합의될 것을 요구하고 있으나, 본조 (2)에서의 '**규범적 관행**'과 같이 엄격한 요건을 충족할 필요는 없다. 또한, **정형거래조건**[Incoterms], **신용장통일규칙**[Uniform Customs and Practice for documentary credits, UCP] 등과 같이 성문화된 규칙은 [**이것이 '관습'인지 여부에 관계없이**] 당사자가 그 적용을 합의하는 경우 다름없이 그 구속력이 인정된다. 당사자 간에 확립된 '**관행**' 또한 이와 다름이 없다.

2. 규범적 관습

[165] 한편, 합의되지 않은 관습은 다음 두 가지 요건을 충족하여야 비로소 당사자들을 구속하는 효력을 갖는다. i) '**객관적 요건**'으로서, 국제상거래에서 당해 상거래와 같은 종류의 계약을 하는 자에게 널리 알려져 있고, 또한 통상적으로 준수되고 있는 관습이어야 한다. 따라서, 국내상거래에서의 관습은 배제된다. 그러나, 국제상거래의 관습이라면, 특정지역의 장소적 관행이더라도 상관없다. 예컨대, 어떤 물품거래소나 항구적 박람회장에서 통용되는 국제상거래의 관습이면 그것으로 족하다. ii) '**주관적 요건**'으로서, 그러한 관습을 당사자가 알았거나 알 수 있었어야 한다. 따라서, 이 경우 문언해석상 당사자의 과실은 **경과실**(輕過失, *culpa levis*)이면 족하고, 그 판단시점은 계약체결 시로 본다. 이처럼 비교적 엄격한 요건을 요구하고 있는 이유는, 국제상관행은 주로 선진국에서 형성된 것이므로, 개발도상국의 입장에서 볼 때, 자신들도 모르는 사이에 계약과 그 성립에 선진국들의 국제상관행이 적용될 지도 모른다는 개연성에 관한 우려를 수용한 결과에 기인한다. 그렇지만, 이 같은 관습은 당사자 간의 묵시적인 의사에 적용되는 것이 아니라, 단지 묵시적으로 적용된 것으로 법률이 의제하고 있을 뿐임을 유의하여야 한다.

정신이상자(精神異常者)에 대한 형벌(刑罰)은 그 정신이상(精神異常)으로써 족하다.

■ SUMMARY [*Article 9*]

1. This provision describes the extent to which parties to an international sales contract governed by the CISG are bound by usages, as well as by practices that the parties have established between themselves. Usages to which the parties have 'agreed', along with practices that the parties have established, are covered by article 9 (1); usages that the parties 'have impliedly made applicable to their contract' are addressed in article 9 (2).

2. The validity of usages is outside the Convention's scope; the Convention addresses only their applicability. As a consequence, the validity of usages is governed by applicable domestic law. If a usage is valid, it prevails over the provisions of the Convention, regardless of whether the usage is governed by article 9 (1) or by article 9 (2).

판결례와 평가

- 적용범위 : 일반약관 및 그 조항의 적용에 관한 합의의 존재 여부
- 출처표시 : 「Gerechtshof's Hertogenbosch」(Netherlands), 『C051069/HE』, 2007.05.29.

1. 논점과 사실관계

① 본건은 일반약관 및 그 적용에 관한 합의의 존재여부를 다루고 있는 사례이다.[116] **매도인**[벨기에]은 **매수인**[네덜란드]에게 1대의 기계를 판매하였다. 당초 매도인이 발급한 **상업송장**(invoice)에는 매도인은 물품대금 전액을 지급받기 전까지, 물품의 소유권을 보유한다는 내용이 있었다. 그리고 매도인이 사용한 일반약관에서도 마찬가지로, 물품대금 전액을 지급받기 전까지, 인도된 물품은 매도인 재산이며, 동시에 매수인이 당해 물품을 전매하거나, 이를 그 어떠한 담보로도 사용할 수 없다는 내용을 명시적으로 수용하고 있었다.

② 그러나, 매수인은 물품대금을 지급하지 않은 상황에서, 다른 제3의 회사에게 본건 기계를 판매한 후에, 재차 제3의 회사로부터 기계를 임대하였다. 이에 매도인은, 매수인이 물품대금을 지급하지도 않고, 그 기계를 제3의 회사에게 판매한 행위는 마땅히 계약위반이며, 이 같은 행위로 인해 매도인은 그 자신의 재산유보권이 침해되었다고 주장하고, 본건 소송을 제기하였다.

---

116) ① 「ICC Court of Arbitration」(Paris), 『8817』, 1997.
② 「Federal Court of Australia」(Australia), 『ACN 087 011 541 [2008] FCA 1591』, 2008.10.24.
③ 「Oberster Gerichtshof」(Austria), 『7 Ob 175/05v』, 2005.08.31.
④ 「Court of Appeal of Turku」(Finland), 『Unknown』, 2002.04.12.
⑤ 「Cour d'Appel de Grenoble, Chambre Commerciale」(France), 『48992』, 1995.09.13.

2. 판결요지

③ 하급법원은 제18조[승낙의 시기 및 방법] (3), 제8조[당사자의 진술 또는 기타 행위의 해석], 제9조[관행과 관습의 구속력]에 의거, 매도인의 재산유보권에 관한 약관에 기하여, 매수인이 이의를 제기하지 않았던 것은 당해 유보권을 묵시적으로 인정하고 있다고 볼 수 있지만, 다른 한편 매수인이 매도인의 이 같은 권리를 침해한 사실과, 그러한 행위로부터 매도인이 입은 손실 간에 인과관계가 존재하고 있는지를 확인할 수 없다고 하고, 매도인의 청구를 기각하였다. 매도인은 매수인이 그 자신의 재산유보권을 묵시적으로 인정한 적이 없다는 항변을 통해, 하급법원의 판결이 부당하다고 주장하면서 상소하였다.

④ 상급법원은, 본 사건에 제1조에 따라 CISG를 적용할 수 있으며, 따라서, 일방당사자의 동의여부와 또한 관련된 일반약관 및 그 조항의 적용문제는 CISG의 범위에 속한 것이라고 취급하고, 이에 따라 양당사자가 당해 재산유보권에 관하여 특단의 합의가 존재했는지, 매도인의 일반약관 및 그 조항의 적용에 관한 합의가 있었는지, 나아가 그러한 약관의 적용에 따라 당해 재산권이 유보될 수 있는지의 여부는, 청약과 승낙을 규율하는 제14조[청약의 기준] 및 제19조[청약을 변경하는 승낙]와, CISG의 해석원칙을 제공하고 있는 제8조 내지 제9조에 의해서 해결되어야 한다고 설시하였다.

⑤ 한편, 상급법원은, 그간 양당사자 간에 본건에 기한 업무 왕래가 존재한 것이 확실하며, 매도인이 송부한 상업송장의 앞면에는 항상 판매는 물품대금 전액이 지급되기 전에, 매도인이 소유권을 유보하는 것을 조건으로 한다는 표시가 있었음을 인정하였다. 그러나, 매매계약서에서 당해 물품의 판매가 매도인의 재산유보권을 전제로 하고 있는지의 여부는 명확하지 않음을 지적하였다. 곧, 제18조[승낙의 시기 및 방법] (1)에 의하면, 침묵 또는 부작위는 그 자체로는 승낙이 되지 아니한다고 규정하고 있는 바, 이에 매도인이 주장하는 재산권의 유보는 양당사자가 합의한 것이 아니라, 단지 상업송장에 언급된 것에 불과하다고 할 때, 본조에 비추어, 매도인은 과거의 상거래를 근거로 매수인에게 그의 재산권을 유보할 수 있는지가 논쟁이 되었다.

⑥ 상급법원은, 본건 재산권의 유보가 매수인을 구속하기에 충분한 관습 또는 관례라고 보기 어렵고, 또한 입증될 수도 없을 뿐만 아니라 매수인이 상업송장을 수령하여야 비로소 재산권의 유보와 관련된 조항을 알 수가 있기 때문에 [이러한 조항이 상업송장에 기재되어 있는지의 여부와는 관련이 없음을 전제하고] 제18조, 제8조, 제9조에 의거, 매수인이 재산유보권 조항에 대하여 승낙한 것으로는 볼 수 없다고 하였다.

⑦ 따라서, 당해 기계가 매수인에게 인도된 이후 매도인이 그 소유권을 보유하는 것과 관련하여, 당사자의 합의가 있었다고는 볼 수 없으며, 이에 매수인이 매도인의 권리를 침해했다는 매도인의 주장은 인정할 수 없다고 판시하였다. 아울러, 법원은 매수인이 기계를 제3자에게 판매한 이후 [흔한 행위는 아니라고 하더라도] 재차 임대하여 사용하는 행위는 여하히 매도인이 주장하고 있는 권리침해 행위는 아니라고 첨언하였다.

판결례와 평가

- 적용범위 : 일반약관과 그 조건에 관한 해석
- 출처표시 : 「Oberster Gerichtshof」(Austria), 『7 Ob 175/05v』, 2005.08.31.

1. 논점과 사실관계

① **매수인**[오스트리아]은 **매도인**[홍콩]에게 금속분말을 주문하였다. 본건 주문은 영어로 기재된 **구매주문서**(purchasing order)가 사용되었지만, 계약서의 **일반약관**(general terms)과 **조건**(condition)은 독일어로 기재되어 있었다. 홍콩에서는 독일어가 사용되지 않았지만, 이러한 약식의 구매주문서는 그간에도 계속적으로 사용되었다. 그렇지만, 매수인이 이 같은 일반약관과 조건에 의해 계약을 체결하려는 의도에 관하여 매도인은 알지 못하였다. 결국, 금속분말의 품질이 매수인이 요구한 수준에 이르지 못하였고, 이에 매수인은 일반약관과 그 조건에 기하여, 당해 계약을 해제하고, 손해배상청구의 소를 제기하였다.

2. 판결요지

② 법원은, **제9조**[관행과 관습의 구속력] (1)에 따라, 독일어로 작성된 일반약관과 조건은 당사자 간에 확립된 관례로 볼 수 있고, 이에 계약의 일부분이 된다고 판시하였다. 그 근거로서, 관습은 적어도 어느 특정한 상거래계에서 준수되어지는 것이지만, 관례는 당사자 간에 확립된 것이다. 따라서, 선의의 당사자가 장래에 관례가 준수될 것을 신뢰하였다면, 그 관례가 어느 특정된 기간 내에 항상 준수되는 행위양식이 될 수 있다는 사실을 명확히 하였다. 아울러, 만약 일방당사자가 그 어떠한 조건 또는 양식에 의해 계약을 체결하려는 의도를 타방당사자가 [그 의도를] 알고 있었다면, 이는 당사자에게 묵시적인 관례로 수용되었다고 볼 수 있다고 첨언하였다.

③ 결국, 법원은 매도인이 주문서에 날인하고, 이를 매수인에게 송부하였다는 사실은, 그 일반약관과 조건을 다름없이 수용하였다고 인정할 수 있다. 따라서, 매도인은 당해 계약을 이행함으로써 매수인의 청약과 일반약관 및 그 조건에 대하여 승낙한 것으로 취급할 수 있다고 최종 판시하였다.

010. 영업소의 정의

Art. 10

For the purposes of this Convention:

(a) if a party has more than one place of business, the place of business is that which has the closest relationship to the contract and its performance, having regard to the circumstances known to or contemplated by the parties at any time before or at the conclusion of the contract;

(b) if a party does not have a place of business, reference is to be made to his habitual residence.

제10조

본 협약의 적용에 있어,

(a) 일방당사자가 둘 이상의 영업소를 가지고 있는 경우에는 계약체결 전이나, 계약체결 시에 당사자들에게 알려져 있었거나, 예기되었던 사정을 고려하여 계약 및 그 이행과 가장 밀접한 관련이 있는 장소가 영업소가 된다.

(b) 일방당사자가 영업소를 가지고 있지 아니한 경우에는 그의 상거소를 영업소로 본다.

[166] **제10조**는 **영업소**(place of business)의 의미를 정의하고 있는 규정이 아니라, 단지 영업소가 여러 개 있거나 또는 없는 경우에 그 영업소를 정하는 기준을 제시하고 있는 규정이다.

[167] 일방당사자의 영업소에 관하여, 본조에는 두 가지를 규정하고 있다. 하나는 본조 (a)의 규정으로 일방당사자가 복수 이상의 영업소를 가지고 있는 경우에 그 중의 어느 영업소가 CISG의 목적과 관련되어 있는지를 명정하고 있는 규정이고, 다른 하나는 본조 (b)의 규정으로 일방당사자가 영업소를 가지고 있지 않는 경우에 그 당사자의 **상거소**(habitual residence)를 영업소로 본다는 규정이다. 본조는 적용범위에 있어 **제1조**[적용상의 기본원칙]와 결부하여 이해하여야 한다.

[168] 영업소는 CISG를 적용하기 위한 기본요소이나, 그럼에도 불구하고 그 정의 또는 개념에 관해서는 CISG에 언급이 없다. 그러나, 이 경우에 영업소는 통상적으로 각국의 국내법이 아닌, CISG 독자성에 근거하여 해석하여야 한다. 곧, 영업소로 특정하기 위해서는 어느 정도의 지속성과 독자적인 행위능력이 요구되는데, 이로부터 영업소는 '**일정기간 지속적으로 활동하며, 일정부분에 대해 독자적 권한을 가진 영업장소**'라고 특정할 수 있다. 따라서, 박람회장이나, 단순한 물품전시장은 영업소가 될 수 없을 것이다. 또한, **자회사**(子會社)가 **친회사**(親會社)에 경제적

으로 종속되어 있다고 하더라도, 보통은 독립적인 법인인 경우가 다반사인 까닭에, 자회사가 제3자와 계약을 체결하는 경우에 [그것이 친회사를 위한 것이더라도] 자회사가 친회사의 대리인으로 그 지위를 보유하고 있지 않는 한, 당해 자회사가 계약의 당사자가 될 것이고, 영업소 역시 자회사의 영업소가 그 기준이 될 것이다.

[169] 본조의 규정은 수많은 판결에 원용되고 있는 규정으로서, 몇 가지 실례를 통해 이해하면 다음과 같다. A법원은 프랑스에 영업소를 두고 있는 매도인과 미국 및 벨기에 모두에 영업소를 가지는 매수인 간에 체결된 계약에 CISG를 적용할 수 있는지의 여부에 관하여, 본조를 원용하였다. A법원은 네덜란드어로 작성된 **상업송장**(商業送狀, commercial invoice)[117]이 매수인의 영업소 소재지인 벨기에로 발송되었기 때문에, 당해 계약 또는 계약의 이행지와 가장 밀접한 관련이 있는 영업소는 벨기에 영업소라고 하고, 이에 CISG의 적용이 타당하다고 판시하였다. 그리고 미국도 CISG의 체약국이므로, 설령 당사자의 영업소가 미국에 있는 경우에도 CISG를 적용할 수 있다고 판시하였다.

[170] 다른 판결례로서, B법원은 물품매매계약이 국제성을 포함하고 있는지의 여부에 관하여, 본조 (a)를 원용하였다. 본 사건의 사실관계로서, 프랑스에 영업소를 보유하고 있는 매수인이 독일에 영업소를 둔 매도인의 프랑스에 소재하고 있는 대리인에게 주문서를 발송하여 계약을 체결하였다. 본건 계약은 상이한 국가에 영업소를 보유하고 있는 양당사자가, 제1조에 의하여 본 계약을 체결하였는지를 판단함에 있어서, B법원의 판시는 다음과 같았다. 곧, 매도인이 발송한 주문서 및 상업송장에 관한 확인을 포함하여, 계약물품의 인도 모두 독일에 있는 매도인의 영업소에서 행한 것이다. 설령, 매도인이 프랑스에 영업소를 가지고 있는 것으로 추정할 수 있다고 하더라도, 당사자들이 알고 있거나 또는 계약체결 전이나 계약체결 시에 예상되었던 사항을 고려할 경우에도, 계약 또는 계약의 이행과 가장 밀접한 관계를 갖고 있는 영업소는 사실상 독일에 있는 영업소라고 볼 수 있다. 이에 B법원은 당해 사안에 관하여, 동 계약이 국제적 성격을 확립하고 있다고 판시하였다.

[171] 한편, C법원의 판결례로서, 본 사건은 독일 기계설비 제조상이 스페인 매수인에게 과거에 거래하였던 기계설비의 대금을 지불하라는 클레임 제기와 관련하여, 이에 CISG를 적용할

---

117) **'상업송장'**(商業送狀)은, **'매매계약 조건을 정당하게 이행하였음을 밝히는, 곧 매도인[수출자]이 매수인[수입자]에게 보내는 서류를 총칭'**한다. 이는 명세서 · 계산서 · 대금청구서를 겸한 선적서류로, 상거래용으로 쓰이는 **'상업송장'**과 **'영사송장'**(領事送狀, consular invoice), **'세관송장'**(稅關送狀, customs invoice) 등의 **'공용송장'**(公用送狀, official invoice)으로 대별된다. 보통 **'상업송장'**을 가리켜, 단순히 **'송장'**이라고 한다. 또한 **'상업송장'**은 물품의 수수가 국내 원격지 간에서 이루어질 때에 사용되는, **'내국송장'**(內國送狀, local invoice)과 구별된다.

수 있는지에 관한 사례이다. 본 사건에서 매수인은 과거에 스페인에 있는 독립회사와만 계약을 체결하였다고 주장하였다. 여기서 당해 계약이 제1조에서 규정하고 있는 국제물품매매에 해당되는지의 문제가 발생하였다. 매도인의 진술에 의하면, 자신과 거래하는 스페인 회사와 원고인 독일 매도인 간에 상거래 관계가 있는 것으로 알고 있으며, 또한 스페인 회사와 독일 회사의 이사회 구성원이 일부분 동일한 것도 알고 있다고 주장하였다. 이에 C법원은 매도인의 진술을 일축하고, 당해 계약에 CISG가 적용된다고 판결하였다. 판결의 근거로서, 매수인과 계약을 체결한 자는 스페인 회사가 아니라 독일 제조상이며, 스페인 회사는 독일 매도인을 구속하는 권리를 가지고 있다고 볼 수 없으므로, 이에 스페인 회사가 독일 매도인이 가지는 하나의 독립적 영업소로는 볼 수 없다고 설시하였다. 설령, 스페인 회사가 독일 매도인의 영업소라고 하더라도, 독일 제조상은 계약의 체결 또는 이행에 대한 실질적 지배권을 가짐으로써, 독일 영업소가 계약의 체결 또는 그 이행과 가장 밀접한 관계를 가지는 장소임을 매수인이 이미 알고 있었다는 사실을 지적하였다. 결국, 법원은 제10조 (a)에서 규정하고 있는 바와 같이, 당해 영업소는 계약체결 전이나 계약체결 시에, 당사자들에게 알려져 있었거나 또는 당사자가 예견할 수 있었던 제반 사정을 고려하여야 한다는 내용을 원용하여, 독일 영업소를 계약 및 그 이행과 가장 밀접한 관련이 있는 장소로 특정하였다.

■ SUMMARY [*Article 10*]

Article 10 provides two rules that address the location of party: if a party has multiple places of business, the rule in article 10 (a) identifies which is relevant for purposes of the Convention; article 10 (b), on the other hand, states that a party which does not have a place of business is deemed located at the party's habitual residence. These rules are helpful, as the location of the relevant place of business is important under various provisions of the Convention, including the main provision governing the convention's applicability (article 1)

판결례와 평가

- 적용범위 : 계약 및 그 이행과 가장 밀접한 연관이 있는 장소
- 출처표시 : 「Oberlandesgericht Stuttgart」(Germany), 『9 U 111/87』, 2004.02.10.

1. 논점과 사실관계

① **매도인**[오스트리아]은 건축공사에 종사하고 있는 **매수인**[독일]에게 세 개의 건축설비를 계약

의 목적물로 하여 매매계약을 체결하였다. 사실관계로서, 매수인은 그 하나만을 수령하고 나머지 두 개를 수령하지 않았다. 이에 매도인은 지정된 기간 내에 매수인이 나머지 물품을 수령하고 대금을 지급하지 않으면, 손해배상청구 또는 계약을 해제하겠다고 통지하였다.

② 당해 통지로부터 매수인은 계약해제를 선택하였다. 이로부터 매도인은 자신의 또 다른 거래처에 당해 기계를 판매하였다. 그리고 매도인은 당초 매수인과 합의한 계약금액과, 매도인이 그의 거래처로부터 지급받은 금액과의 차액에 대하여 매수인에게 손해배상을 청구하였다.

2. 판결요지

③ 하급법원은 매도인의 이 같은 손해배상청구를 인정하였다. 매수인은 하급법원의 판결에 불복하고 상소를 제기하였다. CISG의 적용에 있어 법원은, 당초 계약은 매도인의 영업소인 공사현장에서 체결되었고, 그곳에서 매수인이 물품을 수령하기로 하였다는 사실을 인정하였다.

④ 법원은 제10조 (a)에 따라, 당해 공사현장은 계약 및 그 이행과 가장 밀접한 연관이 있는 장소라고 하고, 동시에 제1조 (1)의 (a)를 적용하였다. 나아가, **제75조**[대체거래와 손해액]에 의해 매도인이 나머지 두 대의 기계를 전매하였기 때문에, 당초 계약내용에서의 가격과 매도인이 최종적으로 지급받은 금액과의 차액에 대하여 청구할 수 있다고 판시하였다.

⑤ 한편, 법원은, **제26조**[계약해제의 통지]에 따라, 다툼이 된 계약해제의 문제와 관련하여, 다음과 같이 판시하였다. 매도인이 계약해제 또는 손해배상청구를 위해 지정한 기간 내에 매수인은 계약의 해제를 선택하였다. 매수인은 이미 계약의 이행을 거절하였는 바, 이에 매도인이 계약을 해제하고자 하는 청구는 불필요한 것이다. 아울러, 매수인은 이미 계약의 이행을 거절했기 때문에, 매도인은 별도의 계약해제의 통지 없이, **제61조**[매도인 구제권의 총괄]와 **제74조**[손해액 산정의 일반원칙]에 의해 손해배상을 청구할 수 있다. 이에 따라 매수인의 상소를 기각하고 매도인의 손해배상청구를 인정하였다.

판결례와 평가

- 적용범위 : 복수의 영업소를 보유하고 있는 경우
- 출처표시 : 「U.S. District Court, M.D. Pennsylvania」(USA), 『Civ.A. 1:05-CV-650』, 2006.01.06.

1. 논점과 사실관계

① 본 사건은 당사자가 복수의 영업소를 갖는 경우 어느 장소가 당사자의 영업소가 될 것인가의 여부를 다루고 있는 사례이다. 원고는, 독일 법인인 A와 독일에 주재하는 개인 B [양자를 C로 한다] 및 C의 미국 자회사 D이며, 이 경우 C는 수집용 코인을 제조하고 독일에 영업소를 보유하고 있고, D는 미국 내에서 C의 물품을 판매하고 있으며, 미국 펜실베이니아 주에 영업소를 두고 있다. 피고인 GO사는 조지아주에 영업소를 두고 있는 법인으로서 크레디트카드 청구를 처리하기 위한 소프트웨어 RiTA를 제조 · 판매하고 있다.

② 2003년 C와 D는 GO사로부터 RiTA가 독일에 도입이 가능하다는 사실을 확인하였다. 곧, RiTA는 독일어 및 숫자 환산에도 대응이 가능하며, 소비자의 신용카드 계산에 대한 처리에도 사용될 수 있다는 설명을 받았다. 동년 5월 16일 C와 D는 GO사로부터 RiTA를 구입하는 계약을 체결하고, C가 도입하여 D의 크레디트카드 판매를 처리하였으나, 이 RiTA가 적절하게 기능하지 못하여 D의 고객이 실제 부담하는 금액을 초과하는 오류가 발생되었다. 이에 본 내용을 GO사에게 통지하였고, 이에 GO사는 추가 소프트웨어를 제공하였지만 당해 문제는 해결되지 못했다.

③ 이에 원고는, 2005년 3월 31일 GO사를 상대로, 미국 펜실베이니아 법원에 [총 980,000달러의 손해배상청구를 목적으로] 본건 소송을 제기하였다. 본건 소송에서 원고는 해당 손해배상 청구는 CISG에 의해 계약위반, 물품의 계약부적합에 기한 것이라고 주장하였다.

④ 한편, 피고인 GO사는 본건 계약은 조지아주 법을 준거법으로 하고 있고, 또한 원고인 C는 본건 계약의 당사자도 아니기 때문에 CISG는 적용되지 않는다고 항변하였다.

2. 판결요지

⑤ 법원은 당사자에게 원고 C가 본건 소프트웨어의 매수인인지 또는 계약의 당사자인지의 여부를 분명히 할 것을 명하였다. 이에 원고는 본건 계약이 원고 C 개인에 의해 서명되었다고 진술하였으나, 이 사실을 증명하지 못하였고, 또한 본건 계약이 원고 D를 대상으로 했다는 점과 당해 소프트웨어가 원고 D가 제공한 수표로 지불되었다는 사실을 입증하지 못하였다. 결과적으로, 원고 C는 소프트웨어의 사용자이지만, 본건 계약과 수표는 피고 GO와 원고 D가 당사자였음이 판명되었다.

⑥ 이에 법원은 원고 C가 소프트웨어의 매수인이며, 계약당사자라는 점을 입증하지 못했다는 이유에서 본건 계약은 펜실베이니아 법인 원고 D와 조지아법인 피고 간의 계약이라고 판단하고, 이에 CISG는 본 계약에 적용되지 않는다고 판시하였다. 법원은 최종적으로 본건에는 CISG가 적용되지 않고, 조지아 주법이 준거법이 되어, 당해 계약의 책임제한규정에 따라, 본 법원은 관할권을 갖지 않는다고 하고, 이에 원고의 신청을 기각하였다.

3. 해설

⑦ 본 사건에서 피고 GO사는 당해 계약의 내용에는 소프트웨어의 물품대금 11,000달러를 책임제한액으로 명시하고 있는 규정이 있어, 간접손해나 결과적 손해를 배제하고 있다고 주장하는 한편, 원고는 피고의 계약위반에 따라 980,000달러의 손해를 입어, 본 계약의 책임제한조항은 제74조[손해액 산정의 일반원칙]에서는 인정되지 않는다고 주장하고 있다. 결국, 본 사건은 당사자 간의 계약에 적용되는 준거법이 CISG인지 또는 [본건 계약내용에 비추어] 조지아 주법인지가 주요 쟁점이 되었다.

⑧ CISG는 서로 다른 체약국에 영업소를 갖는 당사자 간의 매매계약에 적용되고, 당사자가 CISG의 적용을 배제한다는 취지를 선언하고 있지 않는 한, 당사자 간의 분쟁에 적용된다. 만약, 당사자가 CISG를 대신하여 국내법의 적용을 합의하고 있는 경우에는 반드시 CISG 적용을 배제한다는 취지의 명확한 문언이 필요하다. 결국, 특정 법률[본건에서 조지아 주법을 적용한다는 규정]을 포함한 별단의 합의만으로는 CISG의 적용을 배제할 수 없다.

⑨ 본 사건에서, [계약내용에 비추어] 당사자 간 분쟁을 해결하기 위한 준거법으로서 조지아 주법을 선택하는 규정을 포함하고 있으나, CISG가 적용되지 않는다는 명시적인 규정의 부재로 인하여 CISG를 명확히 배제하지는 못하고 있다. 만약, 이 사실이 증명된다면, CISG가 본 계약에 적용되는 국내법에 우선하게 된다.

⑩ 본 사건에서 법원은, 계약에 정해진 조건이나 책임제한조항이 CISG에 의해 완전히 대체되지는 않는다고 보았다. 더욱이, 제6조[계약에 의한 배제 또는 변경]는 당사자 간의 계약에 따라 CISG규정의 일부 효과를 배제 또는 변경할 수 있다고 규정하고 있기 때문에, 계약위반에 해당하는 경우 손해배상액의 예정에 관한 합의도 자유롭다고 볼 수 있다.

⑪ CISG는 당사자의 영업소가 서로 다른 체결국에 소재하는 물품의 매매계약에 적용되고, 이 경우 당사자의 영업소가 서로 다른 국가에 소재하고 있다는 사실은 계약체결 시 또는 체결 전

존재(存在)하지 않는 것과 입증(立證)되지 않는 것은 동일(同一)하다.

당사자 간의 계약 또는 당사자 간의 거래나 당사자에 의해 개시된 정보로부터 명확하지 않으면 아니 된다.

⑫ 당사자가 복수의 영업소를 갖는 경우 영업소는 마찬가지로 계약체결 시 또는 체결 전에 당사자에게 알려진 상황 등을 고려하여, 당해 계약 및 그 이행에 가장 밀접하게 관련된 장소를 의미한다. 본 사건에서 원고 C의 영업소와 거주지는 독일에 있고, 피고 GO사의 영업소는 미국에 소재하고 있는데, 원고는 D와 C가 GO사로부터 RiTA를 구입하여 독일의 C에 인도하였고, GO사도 독일에서 본 소프트웨어에 대해 서비스를 제공했다고 주장하고 있다.

⑬ 나아가, [RiTA를 독일어 계산시스템으로 이용할 수 있도록 요구했다는 점은 매매 전에 피고 GO사에서 운용되고 있었다고 주장하였지만] 원고의 매수인 당사자가 미국 자회사인 D가 아닌 독일 소재 원고 C라는 것을 증명하고 있지 못한 바, 최종적으로 본 계약은 당사자의 영업소가 서로 다른 국가에 소재하는 것이 아니라, 미국 내에 영업소를 갖는 당사자 간의 계약이 되어 CISG는 적용되지 않는 것으로 되었다.

⑭ 본 사건은 [법원의 관할 유무를 확정하기 위하여] CISG의 적용여부를 판단하고 있다. 이 경우 영업소의 소재지가 양자 모두 미국 국내라는 점에서 CISG가 적용되지 않는 것으로 판결되었지만, 만약 CISG가 적용되었다고 하더라도, 당사자 간의 손해배상액 규정에 대해서는 제6조의 적용에 따라 그 적용을 배제했다고도 볼 수 있으므로, 당사자 간의 손해배상책임의 제한에 의거, 당해 관할문제의 해결이 가능했다고도 볼 수 있다.

011. 계약의 형식

Art. 11

A contract of sale need not be concluded in or evidenced by writing and is not subject to any other requirement as to form. It may be proved by any means, including witnesses.

제11조

매매계약은 서면에 의하여 체결 또는 입증될 필요가 없고, 형식에 관한 그 어떠한 요건에도 구속되지 아니한다. 매매계약은 증인을 포함하여 여하한의 방법에 의해 입증될 수 있다.

[172] 제11조는 계약체결을 위한 방식의 자유를 다루고 있다. 본조에 따라 CISG에서의 계약은 당사자 간의 합의만으로 충분하다. 그 결과, 계약체결을 위한 방식에 있어 그 어떤 것이 서면인지, 그 어떠한 방식을 요구하는지 등의 문제에 구애됨이 없이 본조에 의해 당해 상거래의 신속·민활을 기대할 수 있게 된다. 계약에 서면방식을 요구하고 이것을 지키지 못하게 될 경우에 계약의 효력을 잃게 하고 있는 다수 국가의 실정법이 엄연히 존재하고는 있으나, [설령, 그렇다고 하더라도] 이러한 국내법은 CISG를 적용한 계약에는 영향을 주지 못한다. 그러나, CISG는 국내법상 계약에 서면을 요구하는 국가가 본조의 규정을 회피할 수 있도록 배려하기 위하여, 유보조항으로서 제96조[국내법상의 형식요건의 고수]를 존치해 두고 있다.

[173] 제12조[국내법상의 형식요건]에 따르면, 본조는 "매매계약이 반드시 서면으로 체결될 필요가 없으며, 형식에 관해서도 기타의 다른 조건에 구속받지 않는다"고 명시하고 있다. 한편, 본조는 계약체결을 위한 형식의 자유를 선언하고 있는 규정이다. 곧, 본조에 의하여 매매계약은 비형식적으로도 체결될 수 있다. 이를테면, 매매계약은 구두 또는 양당사자의 행위로도 체결될 수 있다. 통상적으로, 계약의 유효성을 판단함에 있어, 일방당사자의 서명이 불필요하다는 경우에 본조가 원용되고 있음이 상례이다.

[174] 제7조[협약의 해석원칙]의 해설에서 본 바와 같이, 본조는 계약체결에 관한 특정한 형식을 요구하지 않음을 선언한 규정으로서, 이로부터 양당사자는 서면·구두 또는 기타 어떠한 방식을 통해서도 당해 계약을 임의로 변경 또는 종료할 수 있다.

[175] 다만, 특정한 국내법에서, 예컨대 당사자 국가가 '매도인이나 매수인을 관리하는 목적',

'외국환관리법을 이행하는 목적' 또는 **'기타의 목적'**으로 **"계약은 반드시 서면으로 체결되어야 한다"**고 규정하고 있는 경우에 비록 계약 그 자체가 당사자 간에 법적 효력을 가지고 있다고 하더라도, 당해 국내법 위반의 결과로써 집행되는 행정 또는 형사적인 제재는 비서면으로 계약을 체결한 당사자에 대하여 경우에 따라 우선 적용될 수 있음은 유의하여야 한다.

[176] 결국, 본조는 당사자가 CISG에 의한 계약의 존재를 증명하는 방식에 관하여, 이를 서면요건에 제한하여 두고 있는 일련의 국내법규의 요구를 배제할 수 있는 근거규정으로서 기능한다.

[177] 한편, **'불요식 원칙'**(不要式原則)에 관한 제한으로서, **제12조[국내법상의 형식요건]**는 일방당사자가 **제96조[국내법상의 형식요건의 고수]**의 선언을 통해, 특정국가에 영업소를 가지는 경우에는 CISG의 **'불요식 원칙'**이 적용되지 아니한다. 동일한 시각에서, 만약 제96조에 관한 선언을 하지 아니한 국가의 법률이 적용되는 경우에는 다름없이 당해 원칙이 적용된다.

■ SUMMARY [*Article 11*]

1. Subject to article 12, article 11 provides that a contract of sale need not be concluded in writing and is not subject to any other specific requirement as to form. The provision thus establishes the principle of freedom from form requirements or in other words, as one court has stated, 'under article 11 CISG, a contract of sale can be concluded informally'. According to case law this means that a contract can be concluded orally and through the conduct of the parties. Article 11 has also been invoked in holding that a party's signature was not required for a valid contract.

2. As was noted in the Digest for article 7, several tribunals have stated that the freedom-from-form-requirements rule that article 11 establishes with regard to concluding a contract constitutes a general principle upon which the Convention is based. Under this principle, the parties are free to modify or terminate their contract in writing, orally, or in any other form. Even an implied termination of the contract has been held possible, and it has been held that a written contract may be orally modified.

3. As the Convention's drafting history states, despite the informality rule in article 11 "any administrative or criminal sanctions for breach of the rules of any State requiring that such contracts be in writing, whether for purposes of administrative control of the buyer or seller, for purposes of enforcing exchange control laws, or otherwise, would still be enforceable against a party which concluded the non-written contract even though the contract itself would be enforceable between the parties.".

판결례와 평가

- 적용범위 : 계약방식자유 원칙의 적용
- 출처표시 : 「U.S. District Court, S.D.」(U.S.A), 『98 civ 7728 (NRB)』, 2000.08.08.

1. 논점과 사실관계

① 판매자가 판매점을 개입시켜 고객에게 물품을 판매하고, 물품대금의 지급을 고객에게 요구했지만, 고객은 판매점에 대금을 이미 지급한 상황이었다. 이에 판매자는 고객에게 송부한 상업송장이 고객과의 최종적인 매매계약의 증거라고 주장하고 있다. 본 사건은, 이 경우 판매자의 주장이 인정될 수 있는지의 여부를 다루고 있는 사례이다.[118)]

② 원고 이탈리아 A는 구두의 제조·판매를 하고 있지만, 미국에서 판매사업을 영위하는 개인사업자 B의 출자처인 E와 대리점 계약을 체결하고, 미국 및 캐나다에서 A의 대리점이 되었다. 그 후 A는 B와 구두로 그가 출자하고 있는 또 다른 미국 회사인 C가 A로부터 직접 제품을 구입하여, 미국의 판매업자에 구두를 판매하는 것에 합의하였다.

③ B는 A에게 그가 미국 D와 A 제품의 매매에 대해 교섭하고 있는 취지를 통보하였다. 나아가, D로부터 최종적으로 매수주문을 받은 취지를 통보하였다. 이에 A는 제조한 제품을 C에 납품하고, A가 상업송장을 D에게 직접 송부하면서 [물품대금, 제비용, 지급방법 등에 관한] 지급지시를 통보하였다. 물품이 미국에 도착하면 C는 수입관세, 검사비용과 배송료를 지불하고 물품을 수령한 후 자신의 창고에 보관하여 D에게 인도하면, D가 이를 수령해 재차 자신의 창고에 배송했다. 또한 8월에는 C와 D 간에 매매계약이 체결되었다.

④ D가 물품을 수령한 때, A는 B에게 팩스를 송부하여 본건 주문의 물품대금지급을 지시하였다. A는 재차 B에게 팩스를 송부하고 다른 지급방법을 지시했지만, A는 D에게 아무런 지급지시도 내리지 않았다. 이후 B는 A의 지시와는 완전히 다른 지급지시를 D에게 직접 통보하면서, D로 하여금 B의 은행계좌에 물품대금을 지급하도록 지시하였다. 본 지시를 통보받은 D는 B의

118) ① 「Oberster Gerichtshof」(Austria), 『10 Ob 518/95』, 1996.02.06.
② 「Ontario Superior Court of Justice」(Canada), 『03-CV-261424CM 3』, 2005.10.28.
③ 「Metropolitan Court of Budapest」(Hungary), 『AZ 12.G.41.471/1991』, 1992.03.24.
④ 「Corte di Cassazione」(Italy), 『22023』, 2006.10.13.
⑤ 「Rechtbank Breda」(Netherlands), 『197586 / KG ZA 08-659』, 2009.01.16.
⑥ 「Schweizerisches Bundesgericht」(Switzerland), 『4C.105/2000』, 2000.09.15.

은행계좌에 물품대금을 일괄 송금하였다.

⑤ B는 D에게 물품을 판매한 것은 C이며, D와 은행과의 상호 합의에 따라 물품대금을 거래은행 계좌에 송금할 필요가 있었고, 그럼에도 불구하고 A는 납입한 물품대금을 수령하고 있지 않다고 주장하면서 B, C, E, D를 상대로 본건 소송을 제기하였다. [본 판결은 D에 의한 약식판결 청구에 대한 것이다]

2. 판결요지

⑥ D는 A와는 매매계약을 체결하고 있지 않다고 주장하고 있고, A는 자신이 동사의 대리점인 B를 통해서 물품을 구두로 발주하여, A가 이것을 승낙한 것으로부터 계약은 유효하게 성립하였다고 주장하고 있다. 그러나, 법원은 D의 약식판결 청구를 인정하고, A와 D 간에는 유효한 매매계약이 체결되었다고는 볼 수 없다고 판시하였다.

⑦ 법원의 판시요지는 다음과 같다. 우선 뉴욕주는 미국 **통일상법전**(UCC)을 채용하고 있어, 일정금액을 초과하는 물품매매계약에 관해서는 **사기방지법**(statues of frauds)이 적용된다. 이에 우선 서면이 실제의 거래를 반영한 것인지의 여부를 결정하여야 하지만, 그럼에도 불구하고 서명이 없는 상업송장이나 매수주문서는 그것이 당사자 사이의 최종적 합의의 내용을 결정짓는 내용이 포함되어 있는 경우에만 구속력이 있는 합의문서로 인정할 수 있다.

⑧ 따라서, 본건 사기방지법의 적용을 충족할 수 있는 서면은 D와 B가 각각 서명한 매수주문서로 볼 수 있고, 당해 서면만이 본건 거래에 관한 가격이나 수량 등 기본적 사항을 규정하고 있어, 양자의 진정한 서명으로 인정할 수 있다. 또한, 본 서면의 법적 구속력에 대해서도 본건 당사자 행동에 비추어 그 효력을 부여할 수 있다.

⑨ 한편, A는 D와 직접 연락을 취한 적도 없고, A가 송부한 상업송장에 D는 서명하고 있지 않다. 즉, A는 자신의 상업송장이 D와의 최종적 합의내용을 나타내는 서류인 것에 관하여 그 어떠한 입증자료도 제시하지 않고 있다.

⑩ 나아가, A는 물품을 C에 인도하고, C가 통관비용 그 이외의 비용을 부담하여 D에 판매할 것을 상정하고 있으며, 또한 B에게 A가 물품대금의 지급지시를 팩스로 보낸 사실 역시, A가 D에 대해서는 C로부터 직접 판매되는 것으로 상정하고 있던 사실을 뒷받침하고 있다.

⑪ 한편, D는 이미 물품대금 전액을 B의 은행계좌에 지급하고 있기에, 만약 A의 주장을 인정하는 경우 D가 A 및 그 대리점의 쌍방으로 대금을 지불해야 하는 것이라는 불합리한 결론에 도달하게 된다. 다른 한편, A는 D와의 거래에 대해서는 사기방지법의 적용은 문제가 되지 않는다고 [곧, CISG가 적용되는 것으로] 주장하고 있으나, CISG가 적용될 수 있는 유일한 가능성은 A와 D 간에 구속력이 있는 계약이 성립했을 경우이다.

⑫ 본건 법원은 CISG하에서는 B와 D 간의 구두매매 주문은 A와 D 간의 계약성립의 가능성을 시사한다. 그러나, A는 D와 본 거래에 대해 직접 연락을 취한 적도 없고, B가 A의 대리인으로서 행동한 가능성을 인정한다면, D에의 지급지시에 관한 권한은 B에게 인정되어야 한다. 가사, CISG하에서 A의 상업송장이 유효한 매매계약의 증거로 인정할 수 있다고 하더라도, B는 그의 권한으로 D와 매매계약을 체결하고 있어, 이에 계약은 변경되었다고 판단할 수 있다. 또한, B가 A의 대리점으로서 행동하고 있지 않고, D로 교섭하는 권한도 가지지 않았다면, 유효한 계약은 B와 D 간에 체결되고 있어 D는 물품대금 지급의무를 이행하였다고 볼 수 있다고 최종 판시하였다.

3. 해설

⑬ 국제상거래에서 판매점을 지정했을 경우 일반원칙은 당해 판매점에 물품을 판매하고, 판매점이 이를 다시 고객에게 전매하는 것이 통례이다. 그런데, 본 사건에서 판매자는 [미국에 소재하고 이에 판매점을 지정했음에도 불구하고] 매수인과의 매매계약은 판매자와 매수인 간에 성립했다고 주장하고 있다.

⑭ 나아가, 물품은 판매점에서 상호 인수 · 인도되었지만, 상업송장은 매수인에게 직접 송부하였고, 또한 물품대금 지급방법의 변경은 판매점을 경유하여 매수인에게 지시하는 등 그 대응에 일관성이 없고, 실제로 판매자는 매수인과는 직접적으로 연락을 취한 적도 없었다. 게다가, 매수인은 판매점과 계약을 체결하였고 물품대금도 그 지급이 완결된 상태라고 하는 사실을 고려하면, 판매자와 매수인 간의 계약은 존재하지 않는다는 본건 판시는 타당하다고 판단된다.

⑮ 통상, 상업송장이란 국제무역에서 물품을 발송할 때, 매도인이 매수인에게 작성하는 일련의 화물명세서로서, 출하안내서나 가격계산서로서의 역할도 감당하고 있다. 그 내용은 물품명, 수량, 가격, 출하지, 송화인명, 수화인명, 선적일, 선박명, 보험 등의 상세가 기재되어 있음이 일반적이다. 또한, 상업송장은 매매당사자 간 또는 제3자 사이에 분쟁이 발생하였을 경우에 당해 계약의 존재 및 그 내용에 관한 유력한 입증자료가 된다.

⑯ 한편, 상대방에 의해 확인되어 있지 않은 상업송장을 가지고 매매계약의 증거라고 주장할 수 있는지의 여부는 다소간 의심스러우나, 그럼에도 불구하고 [본 판결에서 볼 수 있는 바와 같이] 미국 뉴욕 주법하에서는 당사자 사이의 최종적이고, 명시적인 합의의 내용을 증명할 수 있는 때에는 경우에 따라 매매계약의 증거로 기능할 수 있다는 점은 유의하여야 할 사안이라 생각된다.

판결례와 평가

- 적용범위 : 매도인 진술의 고려와 적용법
- 출처표시 : 「District Court, Bardejov」(Slovakia), 『4Cc/311/2008』, 2008.02.25.

1. 논점과 사실관계

① **매도인[오스트리아]**은 **매수인[슬로바키아]**이 수령한 물품대금을 미지급했다는 이유로 소송을 제기하였다. 동시에 매도인은 그간 매수인이 미지급한 물품대금의 이자에 대하여도 청구하였다.

2. 판결요지

② 법원은, CISG를 원용하여 다음과 같은 사유를 들어 피고의 주장을 기각하였다. 제101조[협약의 폐기]에 의해, CISG는 1991년 4월 1일부터 슬로바키아에서 그 효력이 발생되었으므로, 본건 계약[이 경우 수 개의 상업송장(invoice)과 연관되는 주문확인서 등을 포함하고 있다]이 체결된 1991년 2월 CISG는 슬로바키아에 발효되지 않고 있음을 지적하였다.

③ 나아가, 법원은, 슬로바키아 국제사법에 의하면, 양당사자 간의 계약은 당해 다툼을 타당하게 해결할 수 있는 연관 법률에 의해 규율되어야 한다고 규정하고 있음에 따라, 이에 통상적으로 계약에 적용되는 법률은 매도인 국가의 국제사법이 그 적용법이 되므로, 본건에는 오스트리아 국제사법이 적용된다. 따라서, CISG는 1989년 1월 1일부터 오스트리아에서 발효하고 있기 때문에, 결과적으로 CISG를 본 사건에 적용할 수 있다고 판시하였다.

④ 본건의 사실관계에 기하여, 계약이 서면으로 작성되지 않았고, 계약의 내용을 뒷받침할 만한 그 어떠한 증거도 없었지만, 법원은 [매도인의 진술을 종합적으로 고려하여] 제11조[계약의 형식]에 의거, 양당사자는 유효한 계약을 체결한 것으로 판단하였다.

⑤ 논외의 사안으로 법원은, 슬로바키아 국제사법에 의해 오스트리아의 법률을 적용하여 계약의 시효문제를 판단하였다. 곧, 법원은 **제7조**[계약의 해석원칙]에 의거, CISG에는 계약의 시효문제를 다룰 수 있는 규정이 없으므로, 당해 사안은 오스트리아 법에 의해 해결하여야 한다고 설시하고, 이로부터 오스트리아 법에 따라 매도인의 소송시효가 경과되었고 판결하였다.

3. 해설

⑥ 제11조는 매매계약의 성립에 관한 계약방식의 자유원칙을 규정하고 있다. 또한, **제29조**[계약의 변경과 서면요건] (1)은 계약방식의 자유원칙은 계약의 변경 및 종료에 대해서도 적용된다는 취지를 명정하고 있다. 한편, 본조 (2)의 제1문은 계약의 변경 또는 종료의 방식에 대해 당사자 사이에 특약이 있는 경우에는 특약이 우선하는 것으로 규정하고, 제2문은 당사자는 상대방이 자기의 행동을 신뢰한 한도내에서는 그 조항을 주장할 수 없다고 하고 있다.

⑦ 제11조 및 제29조에 관한 판례나 중재사례는 비교적 많은데, 주목할 수 있는 사안으로는, 법원이나 중재판정부는 제11조에 따라 국제물품매매계약에 관하여 별단의 방식이나 요건을 요구하고 있지 않다는 것을 인정하고 있으면서도, 실제로 구두 또는 서면에서 유효한 합의가 성립했는지의 사실 인정에는 신중한 태도를 보이고 있다는 점이다. 따라서, 국제상거래의 실무에서는 항상 계약서의 작성 · 체결을 기본으로 하면서, 부득이 구두에 합의하는 경우에는 지체없이 서면에서 기록을 남겨 둘 필요가 있다.

⑧ 제11조 및 제29조에 의하면, 매매계약의 성립, 변경이나 종료는 서면에 의하여야 함을 요구하고 있지 않지만, 그럼에도 불구하고 계약이 서면에 의해서 입증되는 것을 요구하고 있는 [곧, 법률상 제한요건을 부가하고 있는] 국가들도 다수 존재한다. 이에 따라 **제96조**[국내법상 형식요건의 고수]는 이 같은 국가가 계약의 방식에 관한 유보를 선언하는 것을 허용하고, CISG에 가입하기 쉽도록 그 편의를 도모하고 있다.

⑨ **제12조**[국내법상의 형식요건]는 당사자 일방이 [제96조에 기하여] 유보를 선언한 국가에 영업소를 가지는 경우의 법적 효과를 규정하고 있다. 후술하는 바와 같이 본조의 해석을 둘러싸고 각국 법원의 판단이 일치하고 있지 않았기 때문에 이 점에 특별한 주의가 필요하다.

012. 국내법상의 형식요건

Art. 12
Any provision of Art. 11, Art. 29 or Part II of this Convention that allows a contract of sale or its modification or termination by agreement or any offer, acceptance or other indication of intention to be made in any form other than in writing does not apply where any party has his place of business in a Contracting State which has made a declaration under Art. 96 of this Convention. The parties may not derogate from or vary the effect of this Art.

제12조
매매계약 또는 합의에 의한 계약의 변경이나 해제, 청약, 승낙 또는 그 밖의 의사표시를 서면 이외의 형식으로 행할 수 있도록 허용하고 있는 본 협약 제11조, 제29조 및 제2편의 규정은 당사자가 본 협약 제96조에 따라 유보선언을 한 체약국에 영업소를 가지고 있는 경우에는 적용되지 아니한다. 당사자는 본조를 배제하거나, 그 효력을 감퇴 또는 변경할 수 없다.

[178] 제12조는 제96조[국내법상의 형식요건의 고수]에 따라 유보선언을 한 경우에 그 효과를 다루고 있는 규정이다. 아울러, 당해 효과는 당사자의 의사에 의해서도 그 적용을 배제할 수 없는 강행적인 것임을 선언하고 있다.

[179] 특정국가에서는 계약 또는 그와 관련된 사항을 서면으로 행할 것을 요구하고 있는 경우가 있다. 이를테면, '계약의 변경', '낙성계약(諾成契約, consensual contract)[119]의 종료', '계약의 체결과정에서의 교섭'에 관한 사항 등이다. 이를 고려하여 본조와 제96조에서는 체약국이 특정 규정에 대한 유보를 선언할 수 있도록 규정하고 있다. 곧, 본조에서 규정하고 있는 바와 같이, 체약국이 제96조에 대한 적용배제의 선언을 통해, 일방당사자가 그러한 체약국에 영업소를 가지는 경우 제11조[계약의 형식] 및 제29조[계약의 변경과 서면요건] 또는 제2편에서 매매계약, 계약의 변경, 합의에 의한 종료, 청약, 승낙 또는 그 밖의 의사표시를 서면 이외의 형식으로 행할 수 있도록 허용한다는 규정을 배제할 수 있도록 배려하고 있다. 그러나, 제96조의 유보규정은, 관련 국가의 법규에 서면으로 계약을 체결 또는 증명하여야 한다고 규정하고 있는 체약국에만 적용된다.

---

119) '낙성계약(諾成契約)이란, '당사자 사이의 의사표시가 합치하기만 하면, 계약이 성립하고, 그 밖에 다른 형식이나 절차를 필요로 하지 않는 계약'을 말한다. '요물계약(要物契約, real or substantial contract)에 대응하는 용어로, 이 경우 '요물계약'은 '당사자의 합의 외에, 물건의 인도 기타 급부를 하여야만 성립하는 계약'을 말한다.

[180] 본조 제2문에서와 같이[CISG의 여타 조항과는 달리], 당사자 임의로 본조의 효력을 감퇴 또는 변경시킬 수는 없다. 특히, 본조는 CISG에서 규정하고 있는 모든 **통지**(通知, notice) 또는 지시에 적용되는 것이 아니라, 계약 그 자체의 표현 또는 계약체결 · 변경 · 합의에 의한 종료와 관련되어 있는 통지와 지시에만 적용된다. 한편, [앞서 본 바와 같이] 일방당사자가 제96조를 유보한 국가에 영업소를 가지는 경우에는 당해 '**불요식의 원칙**'은 적용되지 아니한다.

■ SUMMARY [*Article 12*]

1. Some States consider it important that contracts and related matters such as contract modifications, consensual contract terminations, and even communications that are part of the contract formation process be in writing. Articles 12 and 96 of the Convention permit a Contracting State to make a declaration that recognizes this policy: a reservation under article 96 operates, as provided in article 12, to prevent the application of any provision of article 11, article 29 or Part II of the Convention that allows a contract of sale or its modification or termination by agreement or any offer, acceptance, or other indication of intention to be made in any form other than in writing where any party has his place of business in that Contracting State. Article 96, however, limits the availability of the reservation to those Contracting States whose legislation requires contracts of sale to be concluded in or evidenced by writing.

2. As provided in the second sentence of article 12, and as confirmed by both the drafting history of the provision and case law, article 12 unlike most provisions of the Convention cannot be derogated from.

판결례와 평가

- 적용범위 : 서면요건의 예외적 요구와 그 취지의 유보에 관한 적용
- 출처표시 : 「U.S. Court of Appeals (3rd Circuit)」(USA), 『08-4488』, 2010.07.21.

1. 사실관계와 쟁점

① 본 사건은 **제96조**[국내법상 형식요건의 고수]에 기하여 본조의 유보를 실시한 국가에 영업소를 보유한 당사자와 물품매매거래에 관하여 구두로 성립한 매매계약을 유효로 취급할 수 있는지의 여부를 다루고 있는 사례이다.[120]

120) ① 「Hoge Raad」(Netherlands), 『16.436』, 1997.11.07.

계약(契約)에 관하여는 그 용어보다 당사자의 의사(意思)를 중시(重視)하여야 한다.

② 아르헨티나 **매도인**[원고] A는 미국 **매수인**[피고] B와 목제제품의 매매에 관하여 구두로 합의하였다. [본 사건의 사실관계에 기하여] 서면으로 계약이 체결되지 않았던 것은 양당사자가 공히 인정하고 있다.

③ A는 합의된 조건에 따라 200만 달러 상당의 물품을 수출했지만, B는 물품대금 일부만을 지급하고 나머지 차액을 지급하지 않았다고 주장하고 있다. 본건은 A가 B를 상대로 물품대금 차액지급을 청구하여 법원에 제기한 안건이 B의 청구에 따라 연방지방법원에 이송된 사건이다.

④ 증거개시 절차에서 B는 A의 질의서 및 관련 서류의 제출을 요구하였지만, A는 이를 수용하지 않고 판결 당시에도 이를 제시하지 않고 있는 상황이었다. 당사자는 본건 거래에 관하여 CISG가 적용되는 것을 인정하고 있지만, 아르헨티나는 제96조에 기한 유보를 선언하고 있다.

⑤ B는 CISG하에서 본건 매매계약은 서면성을 가지지 않는 것으로 무효라고 주장하였고, 이에 A는 제96조에 근거하는 유보규정에 따라 구두의 매매계약이 무효로 취급되어서는 아니 되고, 오히려 지급하여야 할 의무가 있는 물품대금을 부당하게 지급하지 않은 B의 행위야말로 CISG의 적용상 허용되어서는 안 된다고 주장하였다.

2. 판결요지

⑥ 법원은, 아르헨티나는 제96조에 근거하는 유보를 실시하고 있어, 이러한 유보국에 영업소를 보유하고 있는 당사자와의 매매계약은 반드시 서면에 의하지 않으면 안 된다고 판시하였다. 이에 법원은 A의 주장은 아르헨티나의 제96조 유보선언의 관계로 인정받지 못한다고 하여, A의 주장을 배척하였다.

3. 해설

⑦ 제12조 해석에 기하여 판례는 반드시 한결같지 않다. 즉, 소수설로 취급되고 있는 경우로서 일방당사자 영업소가 유보국에 소재하면, 그 사실을 가지고 계약방식의 자유원칙이 배제된다고 하는 해석과, 법정지 국제사법에 의해 준거법이 선택되어 그 준거법이 유보국의 국내법

---

② 「Rechtbank van Koophandel, Hasselt」(Belgium), 『AR 1849/94』, 1995.05.02.
③ 「COMPROMEX, Comisión para la Protección del Comercio Exterior de Mexico」(Mexico), 『M/21/95』, 1996.04.29.
④ 「High Court of Arbitration」(Russia), 『29』, 1998.02.16.

인 경우에게만 계약방식의 자유원칙이 배제된다고 하는 해석이 존재한다.

⑧ 후자의 견해를 채용하는 경우에도 비유보국 법률이 준거법으로 지정되었을 경우에 당해 국내법에서 요구되는 계약의 형식요건, 곧 요식성이 요구된다고 하는 견해가 있다. 이 견해에 의하면, 본 사건은 준거법이 아르헨티나법이거나 달리 뉴저지 주법인 경우에도 일정금액 이상의 매매계약에는 반드시 서면성이 요구되게 된다.

013. 서면의 정의

Art. 13
For the purposes of this Convention 'writing' includes telegram and telex.

제13조
본 협약의 적용에 있어 서면은 전보와 텔렉스를 포함한다.

[181] 제13조는 전보와 텔렉스를 [그 법적 효력의 시각에서] 서면과 동일하게 취급하고 있는 규정이다. 이를테면, 서면에 준한 기타의 방식을 당해 서면과 동일시하고자 하는 요구 또는 합의가 존재하는 경우에 이에 준한 유사한 방식은 다름없이 서면에 포함된다.

[182] 그런데, 본조는 전자상거래(electronic commerce)의 등장과 함께 '법적 경화'(法的硬化, hardship) 현상을 보이게 된다. 이에 국제무역법위원회(UNCITRAL)에서는, CISG 등의 부속협약으로서, '국제계약에 있어 전자적 의사표시의 이용에 관한 UN 협약'(United Nations Convention on the Use of Electronic Communications in International Contracts : 'UECIC')을 제정하여 공표해 두고 있는데, 본조와 연관하여 이를 상술하면 다음과 같다.

1. UECIC의 의의

[183] 전자상거래 분야의 핵심기축으로서, 시의적으로 급진전하고 있는 정보처리시스템(information processing system, IPS)은 상인 간의 상거래 자료를 교환하기 위한 수단으로써 뿐만 아니라 모름지기 그 자체가 상거래 활동의 배경이 되고도 있다. 그 결과 당해 상거래계에 있어 법적 확신에 의한 상관습의 체계화는 상대적으로 실정법상의 경화현상을 더욱 가속시키는 요인으로 기능하고 있다.

[184] 같은 시각에서, 정보통신 분야의 기술적 급진전은 전통적 상거래에서는 고려할 수 없었던, 예컨대, '데이터 메시지'(data message), '전자적 의사표시'(electronic communication), '전자서명'(electronic signature), '자동화된 메시지 시스템'(automated message system) 등의 개념을 상용화하였는데, 주지하듯 이들 개념은 그간 전자상거래에 있어 새로운 법규범을 제정하는 원인이 되었거나 또는 원인으로 작용하였다.

[185] 이상의 개념들은 '전통적 종이문서'[서면(書面), paper-based document]에 기한 종래 국제상사법규범이 전자상거래에 적용될 경우에 정보처리능력을 보유한 전자적 통신수단의 사용으로부터 비롯되어진 법적 문제를, 지속적으로 해결할 수 있는지의 여부가 관건이 되었던 까닭에, 당해 새로운 법규범은, 이를 극복하기 위한 법기능적 차원에서의 피치 못할 입법적 경과이자 산물이었다.

[186] 한편, 그간 종이문서에 기초한 종래 국제상사법규범은 전자적 의사표시에 의한 국제계약에 있어, 그 적용상 상당한 법적 장애 내지 문제점을 내재하고 있었다. 예컨대, '전자계약(電子契約, electronic contracting)[121]의 성립요건', '데이터 메시지에 의한 청약과 청약의 유인', '전자계약을 체결하고자 하는 당사자의 소재지', '전자적 의사표시의 법적 승인 및 형식요건', '데이터 메시지 송 · 수신시기 및 장소' 등은 법적용상 대표적인 혼선의 대상이었다.

[187] 당해 장애 내지 문제점에 대응하여, 국제무역법위원회(UNCITRAL)에서는 전자상거래에 관하여 국제적으로 승인될 수 있는 법원칙을 제시하고, 동시에 전통적 종이문서에 기한 법적 장애와 불명확성을 제거하기 위한 취지에서, 1996년 '전자상거래에 관한 UNCITRAL 모델법'(UNCITRAL model law on electronic commerce)을 필두로, 2001년 '전자서명에 관한 UNCITRAL 모델법'(UNCITRAL model law on electronic signatures) 등을 공표하였다.

[188] 그럼에도 불구하고, 당해 법원칙 내지 모델법 등은 국제상사계약에 임한 계약당사자의 이해를 담보위한 법적 구속력을 온전히 확보할 수 없었던 까닭에, 무엇보다도 이를 극복하기 위한 새로운 통일법 제정의 필요성은 꾸준히 제기되었다. [이 같은 새로운 통일법 제정의 당위에 기하여] UNCITRAL에서는 종전까지 국제상거래에 있어 가장 성공한 선도적 입법례로서 당해 분야에 적용이 가능했던 CISG를 기반으로, 전자적 의사표시에 의한 국제계약에서 부각된 법적 문제점 및 그 보충적 역할을 감당할 수 있는 새로운 법제정을 위한 성안작업에 착수하였다. 곧, UNCITRAL은 2001년 '전자상거래 실무작업반'(working group on electronic commerce : WG)을 구성하고, CISG 등의 부속협약의 성격으로 새로운 법제정을 위한 성안작업에 착수하기에 이르러, 마침내 그 결과로서 최종안이 2005년 11월 제60차 UN총회에서 채택되게 되었다.

[189] 현재, 본 최종안은 '다자 간 협약'으로서의 지위를 표창하고, 공식명칭을 '국제계약에 있

121) 일반적으로 '전자계약(電子契約)은, '정보처리능력을 가진 통신망을 통한 데이터 메시지에 의한 계약'으로 총칭된다. 때로는, '시스템 계약'이라고도 칭하고 있으나, 생각건대, 전자계약은 그 의미상 '전자적 방식 및 통신수단을 포함하는 개념', 즉 '데이터 메시지에 의한 계약'으로 총칭할 수 있다. 따라서, '시스템 계약'을 포괄하고 있다고 이해하여야 함이 바람직 할 것으로 생각된다.

어 전자적 의사표시의 이용에 관한 UN 협약'(United Nations Convention on the Use of Electronic Communications in International Contracts : 'UECIC')으로 명명하여, 2006년 이후 2년간 전 세계 모든 국가의 서명을 위하여 개방해 두고 있다. 이에 우리나라는 2008년 1월 15일 UECIC에 공식 서명하였다.

2. UECIC의 제정취지

[190] UECIC는 앞서 언급한 전자상거래에 관한 UNCITRAL의 제반 모델법이 법적 구속력을 담보하지 못한다는 점과, 국제상거래에 있어 전자계약의 체결 시에 CISG를 적용할 경우 법적 장애 및 보충의 여지가 예견되어 이를 보완할 필요성에 따라 성안되었다.

[191] 당초, UNCITRAL는 2001년 '데이터 메시지에 의하여 체결되거나 입증되는 [국제]계약 협약 예비초안'(Preliminary Draft Convention on [International] Contracts Concluded or Evidenced by Data Message)을 마련하였는데,[122] 본 예비초안은 CISG를 기초로 UNCITRAL 모델법을 병합하여, 전자계약에 관한 새로운 국제협약[UECIC]의 초안 성격으로서 의의를 갖는다. 본 예비초안에 반영된 주요 법규범은, 'EU Directive (2000)',[123] 캐나다의 '통일전자상거래법'(Uniform Elcctronic Commerce Act : 'UECA'), 미국의 '통일전자거래법'(Uniform Electronic Transactions Act : 'UETA') 등이 있다.[124]

[192] 요컨대, UNCITRAL에 의해 성안된 UECIC는 증가하고 있는 전자적 의사표시의 이용이 국제상거래의 효율성 증대 및 무역연계를 강화함과 동시에, 종전 격지자 간의 계약당사자와 시장에 새로운 접근기회를 제공하기 위한 입법취지를 전제하고, 국제계약에 있어 전자적 의사표시 이용에 따른 법적 효력에 관한 불확실성으로부터 야기되는 문제점이 국제무역에 장애를 초래하고 있음을 고려하여, 현재 제반 국제통일법규범의 적용에 기인한 문제점을 비롯한 국제계약상 전자적 의사표시의 이용에 따른 장애를 제거하기 위한 취지에서 성안되었음을 천명하고 있다.[125]

---

122) 초안은 UNCITRAL, *UN General Assembly A/CN.9/WG.IV/WP.95*, Annex Ⅰ. 을 참조.

123) 「Directive 2000 /31/EC of The european parliament and of the council of 8 une 2000 on certain legal aspects of information society services, in particular electronic commerce, in the internet market」. 주요 골자는, '역내시장 정비에 관한 회원국 실정법 정비', '정보서비스 제공자(information service provider : ISP) 책임', '전자계약', '전자상거래의 행위규범', '대안적 분쟁해결제도'(alternative dispute resolution : ADR), '재판 및 회원국 협력' 등이다. 또한, '전자적으로 체결된 전자계약의 법적 유효성', '클릭 실수 등 계약 체결과정의 문제에 대한 대응', '가상공간상 전자계약에 대한 규칙에 관하여 회원국이 당해 관련법을 정비함에 있어서 고려할 수 있는 기본원칙' 등이다[EU Directive, (2000)].

124) UNCITRAL, *UN General Assembly A/CN.9/WG.IV/WP.95*, paras. 75, 81.

[193] 결론적으로, UECIC는 국제상거래에 임한 계약당사자로 하여금, i) 국제계약에서 법적 확실성과 예측가능성을 제고할 수 있는 법적 기반으로서 뿐 아니라, ii) '기술적 중립성'(technological neutrality) 및 '기능적 등가성'(functional equivalence)의 원칙에 따라, 계약당사자에게 국제사법상 법률의 목적을 준수하는 범위 내에서 적절한 매체와 기술을 선택할 수 있는 법적 실익을 확보해 두고 있다.126) iii) 나아가, UECIC는 상이한 법률 · 사회 · 경제제도를 가진 당사국이 적합하게 그 수용이 가능한 방식으로 전자적 의사표시의 이용에 따른 법적 장애 및 그 문제점을 제거하기 위한 일반적인 해결책을 제공하고 있다는 시각에서 그 입법적 의의를 새길 수 있다.

3. UECIC의 구성체계

구분 및 내용		
제 1 장	적용영역(sphere of application)	제01조~제03조
	제01조 적용범위(scope of application)	
	제02조 예외조항(exclusions)	
	제03조 당사자 자치권(party autonomy)	
제 2 장	일반규정(general provisions)	제04조~제07조
	제04조 정의(definitions)	
	제05조 해석(interpretation)	
	제06조 당사자의 위치(location of the party)	
	제07조 정보요건(information requirements)	
제 3 장	국제계약에서 전자적 의사표시의 이용	제08조~제14조
	제08조 전자적 의사표시의 법적 승인	
	제09조 형식요건(form requirements)	
	제10조 전자적 의사표시의 송 · 수신시기 및 장소	
	제11조 청약의 유인(invitations to make offers)	
	제12조 계약체결 시 자동화 메시지 시스템의 이용	
	제13조 계약조건의 이용가능성(availability of contract terms)	
	제14조 전자적 의사표시의 오류(error in electronic communications)	

125) UNCITRAL, *UN General Assembly A/RES/60/21.*, pp. 2-3.

126) UNCITRAL, 「Guide to enactment of the UNCITRAL Model Law」, I, E.

제 4 장 최종규정(final provisions)		제15조~제25조
	제15조 기탁처(depositary)	
	제16조 서명 · 비준 · 수락 또는 승인	
	제17조 지역경제통합기구의 참여	
	제18조 국내영역 단위에서의 효력(effect in domestic territorial units)	
	제19조 적용범위의 선언(declarations on the scope of application)	
	제20조 기타 다른 국제협약상 의사표시의 교환	
	제21조 선언의 절차와 효력(procedure and effects of declarations)	
	제22조, 제23조 유보 및 발효(reservations and entry into force)	
	제24조, 제25조 적용시기 및 폐기	

[194] UECIC는 전문(前文, preamble) 외에, 총 제4장 제25조로 구성되어 있다. 순차적으로 그 구성체계는 다음과 같다. 먼저, 제1장은 UECIC의 '적용영역'(sphere of application)으로서, 제1조[적용범위, scope of application], 제2조[예외조항, exclusions], 제3조[당사자 자치권, party autonomy]로 구성되어 있고, 제2장은 제4조[정의, definitions], 제5조[해석, interpretation], 제6조[당사자의 위치, location of the party], 제7조[정보요건, information requirements] 등에 관한 '일반규정'(general provisions)으로 구성되어 있다.

[195] 특히, 제4조는 UECIC에서 가장 기본적이고도 핵심적인 용어로서, '의사표시'(communication), '전자적 의사표시'(electronic communication), '데이터 메시지'(data message), '송신자 · 수신자'(originator · addressee), '정보시스템'(information system), '자동화된 메시지 시스템'(automated message system), '영업소'(place of business) 등에 대해 규정하고 있다.

[196] 제3장은, '국제계약에서 전자적 의사표시의 이용'(use of electronic communications in international contracts)에 관하여, 제8조[전자적 의사표시의 법적 승인, legal recognition of electronic communications], 제9조[형식요건, form requirements], 제10조[전자적 의사표시의 송 · 수신시기 및 장소, time and place of dispatch and receipt of electronic communications], 제11조[청약의 유인, invitations to make offers], 제12조[계약의 체결을 위한 자동화된 메시지 시스템의 이용, use of automated message systems for contract formation], 제13조[계약조건의 이용가능성, availability of contract terms], 제14조[전자적 의사표시의 오류, error in electronic communications] 등에 관한 법적 기준 및 요건을 규정하고 있다.

[197] 제4장은, '최종규정'(final provisions)으로, 제15조[기탁처, depositary], 제16조[서명 · 비준 · 수락 · 승인, signature · ratification · acceptance or approval], 제17조[지역경제통합기구의 참여, participation by

regional economic integration organizations], 제18조[국내영역 단위에서 효력, effect in domestic territorial units], 제19조[적용범위 선언, declarations on the scope of application], 제20조[기타 국제협약상 의사표시의 교환, communications exchanged under other international conventions],[127) 제21조[선언의 절차와 효력, procedure and effects of declarations], 제22조 및 제23조[유보 및 발효, reservations and entry into force], 제24조 및 제25조[적용시기 및 폐기, time of application and denunciations] 등에 관한 절차상의 요건 등을 다루고 있다.

4. UECIC의 주요 골자

① 적용영역과 예외 및 당사자 자치권

[198] 국제적으로 전자상거래에서 **영업소**(place of business)의 특정과 관련하여 문제시 될 수 있는 논점은, 계약이 체결되기 전에 또는 체결된 시점에서 양당사자의 영업소가 명확하게 드러나 있지 않은 경우에 어떠한 방법과 기준으로 당해 영업소를 특정하여야 할 것인지에 관한 사안이다.

[199] 본 사안은 **전자계약**(電子契約, electronic contracting)에 관한 새로운 국제협약을 성안할 당시에, [계약당사자에게 계약에 관련한 영업소의 위치를 특정할 수 있는 법적 기준 제공이 필수적이라고 하는 시각에서] 가장 중요한 논점으로 부각되었다. 왜냐하면, [영업소의 법적 기준에 관하여] 종전과 마찬가지로 CISG 제10조를 적용하게 될 경우에 전자상거래의 **매개**(媒介, intermediary)임과 동시에 가상공간의 영업소로서 **'정보시스템'**(information system) 또는 **'이를 지원하는 장비의 위치'** 또는 **'그러한 시스템에 접근할 수 있는 장소'** 등과 같은 요소들은 그 물리적 특성상 매우 심각한 법적 문제점을 내재하고 있었기 때문이었다.

[200] 일례로, **'정보서비스 제공자'**(information service provider, ISP)는 매도인을 대신하여 그 자신의 **정보처리시스템**(information processing system)을 통해 매도인의 웹사이트를 매수인과 연결하여 자동적으로 계약을 체결하게 할 수 있다. 이 같은 현실은 고정된 장비 없이 또는 특정한 장소

---

127) 본조와 관련하여, UECIC 가입국이 다음과 같은 국제협약의 체약국이거나, 체약국이 될 경우에 당해 국제협약에서 계약의 성립이나 이행에 관한 전자적 의사표시의 이용에, UECIC가 당연히 적용됨은 유의하여야 할 사항이다. 곧, 당해 협약에는 CISG를 필두로, i) **'외국중재판정의 승인 및 집행에 관한 UN 협약'**(Convention on the Recognition and Enforcement of Foreign Arbitral Awards ; the 'New York' Convention : 1958), ii) **'국제물품매매에서의 기간의 제한에 관한 협약'**(Convention on the Limitation Period in the International Sale of Goods : 1974), iii) **'국제상거래에서의 터미널 운송업자의 책임에 관한 UN 협약'**(United Nations Convention on the Liability of Operators of Transport Terminals in International Trade : 1991), iv) **'독립보증장 및 스탠드바이 신용장에 관한 UN 협약'**(United Nations Convention on Independent Guarantees and Stand-by Letters of Credit : 1995), v) **'국제상거래에서 수취계정 채무양도에 관한 협약'**(United Nations Convention on the Assignment of Receivables in International Trade : 2001) 등이다.

양당사자의 정상(情狀)을 모두 인정하지 않을 때에는, 점유자[占有者, 또는 피고(被告)]가 우선한다.

에 회사의 약정을 등록하지 않고서도, 물리적 장소[business place]와 전혀 연관성 없는 정보[처리]시스템의 사용을 통해, 당해 계약을 전적으로 수행할 수 있음을 의미한다. 곧, 이러한 가상공간 내에서만 영업활동을 수행하는, 이른바 가상기업(virtual companies)의 경우에 [가상공간 내에 존재하고 있는 자신의 영업소를 결정하기 위하여] 전통적인 영업소의 기준을 적용하는 것은 매우 불합리할 뿐만 아니라 때로는 심각한 문제를 초래할 수 있다.

[201] 이와 관련하여 UECIC는 그 적용범위를, "영업소의 소재지가 서로 다른 국가에 있는 당사자 간의 계약의 성립 또는 그 이행에 관한 전자적 의사표시의 이용에 적용된다"고 하고, 이 경우에 영업소를, '당사자가 특정장소 밖에서 재화 또는 용역의 임시적 제공을 하는 곳이 아닌, 경제활동을 하기 위한 상설적 설비를 가지고 있는 장소'로 규정하고 있다[제4조, (h)]. 나아가, "영업소가 서로 다른 국가에 소재하고 있다는 사실은 당해 계약이나 당사자 간의 상거래로부터 또는 계약의 체결 전이나 또는 계약의 체결 시에 당사자가 공개한 정보로부터 그 사실을 알 수 없는 경우에는 고려되지 아니 한다"고 하여[제1조, (1), (2)],[128] 국제성(internationality)을 체화한 전자상거래에서 영업소의 개념 내지 소재지에 대한 명확한 기준을 제시하고 있다.

[202] 한편, "당사자의 국적이나 당사자 또는 계약의 민사적 또는 상사적 성격은 UECIC의 적용여부를 결정하는데 고려되지 아니 한다"고 하고[제1조 (3). 연관규정으로서, CISG 제1조 (3)], 이에 결부하여, '개인적 · 가족적 또는 가사의 목적으로 체결된 계약, 등록된 거래소에서 환거래, 외국환거래, 은행 간 지급시스템 및 지급약정 또는 담보나 기타 금융자산 · 증권에 관련된 결산시스템, 매매 · 대부 또는 점유(占有, possession)[129]에 관련된 담보권 이전 또는 담보성 환매(還買)[130] 약정이나 기타 중개

128) UECIC는, CISG를 모체로 성안된 연혁을 보유하고 있는 까닭에, 실무적용상 계약의 성립과 이행에 관한 CISG의 법리적 이해가 요구된다.

129) '물건[物品]에 대한 사실상의 지배'를 말한다. 일반 사회에서는 사람에게 유익한 것은, 대개가 누구인가의 지배하에 있게 된다. 그래서 그와 같은 사실상의 지배는, 소유권(所有權)이나 임차권(賃借權) 등 그 지배를 정당화하려는 어떠한 권리[본권(本權)]에 의해서 이루어지는 경우도 있으며, 도적과 같이 아무런 권리도 없이, 단순히 사실상의 지배를 하고 있는데 불과한 경우도 있다. 법률은 현존하는 지배관계가 어떠한 이유에서 발생했는가에 관하여 일체 불문하고, 어쨌든 일단 그 사실상의 지배관계를 보호하고, 여러 가지 법적 효과를 부여하고 있다. 이것이 '점유제도'이다. '점유'는, '사실상의 지배'사실이 있으면, 그것으로 충분하다. 여기서 '사실상의 지배'란 '사회관념상 물건이 어떤 사람의 지배 아래 있다고 인정되는 객관적 관계'를 말한다. 점유자에게는 점유사실에 근거하여, '점유권'(占有權)이 부여되며, 여러 가지 효과가 인정되고 있다.

130) '환매'(還買)란, '매도인이 매매계약과 동시에 매수인과의 특약으로 환매권을 보류한 경우에 일정한 기간 내에 그 환매권을 행사하여, 그 매매목적물을 도로 찾는 것'을 말한다. '환매'는 일반적으로 채권담보의 기능을 가진다. '환매'의 법적 성질에 대해서는 견해의 대립이 있다. i) '해제권설'[解除權說, 해제권유보부매매설(解除權留保付賣買說)] : 원래의 매매는 해제권 유보부매매이며, '환매권'은 일종의 해제권으로, '환매'는 해제에 따른 원상회복관계라고 한다. 따라서, 등기는 말소등기의 방식을 취한다. ii) '예약완결권설'[豫約完結權說, 재판매예약설(再賣買豫約說)] : 원래의 매매계약에서 매매와 동시에 재매매(再賣買)의 예약이 함께 행해진 것이고, '환매'는 예약완결권의 행사에 의한 두 번째의 매매라고 본다. 따라서, 등

자를 통해 간접적으로 보유한 금융자산 및 증권'을 포함[제2조 (1)], '환어음(bill of exchange)[131] · 약속어음(promissory note)[132] · 양도증서(written assignment) · 선하증권(B/L) · 창고증권(warehouse receipt),[133] 기타의 소지인이나 수익자에게 운송물 인도 또는 대금지급을 청구할 권리를 부여하는 양도성 증권' 등

기는 소유권이전등기의 방식을 취한다. '환매'를 할 수 있는 것은, 동산이나 부동산을 가리지 않는다. 부동산의 경우에는 '환매특약'을 등기하여 보전할 수 있다. '환매'의 대금은, 최초의 대금에 계약비용을 합산한 것이어야 하는데, 재매매의 예약에서는 이런 제한은 없다. '환매'는 매매계약과 함께 이루어진다. 따라서, 일단 매매행위가 끝나면, '환매'를 한다는 특약을 할 수 없다.

131) '발행인이 기명날인(記名捺印) 또는 서명(書名)을 하고, 지급인에 관하여 일정한 금액을 수취인에게 지급할 것을 의뢰하는 형식의 어음'이다. 예를 들어, A가 B에게 어음으로 매매대금을 지급하는 경우와, A가 어음을 담보로 하여 B로부터 금전을 차용하는 경우에 보통 이용되고 있는 것은 '약속어음'이지만, 지급인 C의 신용을 이용하려고 하는 경우에는 '환어음'을 사용한다. 최근에는 인지세의 부담을 발행인에게 전가(轉嫁)하기 위하여, 백지인수로 '환어음'을 발행하는 경향이 많아졌고, 또한 '환어음'의 이용도도 높아지고 있다. 여기서 C가 인수를 하면, C는 주된 채무자로서 지급의무를 부담하게 되고, A는 C가 인수나 지급을 거절한 경우에 한하여, 어음금을 상환하여야 할 담보책임을 부담하게 된다. 지급인 C는 원래 A에 관하여, 무엇인가 지급채무가 있어서 A를 대신하여 인수하는 경우도 있고, A가 자금을 제공하고 C에게 지급을 위탁하는 경우도 있다. 그러나, '환어음'의 이용에 있어 가장 중요한 것은, 국제적 송금거래이며, 특히 '화환거래'(貨換去來)이다. 예컨대, 런던의 A가 서울의 B에게 무역상의 대금 등을 송금하려면, 런던의 C은행에 현금을 납입하고, C은행 서울지점 또는 거래은행 D를 지급인으로 하는 '환어음'을 발행받아, 이것을 B에게 보내는 방법으로 이용되고 있다. 결국, '환어음'은 국제무역에서 결여될 수 없는 결제방법으로서 매우 중요하다.

132) '약속어음'이란, '발행인이 일정한 금액의 지급을 약속하는 형식의 어음'[지급약속증권(支給約束證券)]을 말한다. 예컨대, A와 B가 매매계약을 맺고, A가 B에게 어음으로 대금지급을 하는 경우 또는 A가 B로부터 금전을 차용하고, 차용증에 갈음하여 어음을 교부하는 경우 등에 흔히 사용되고 있는 것은 '약속어음'이다. A가 발행인으로서 약속어음에 기명날인 또는 서명을 하면, '환어음'의 인수인과 같이, 주채무자로서 만기에 어음의 지급을 할 의무를 진다. 그러므로 이 '약속어음'을 교부받은 B는, 거절증서작성기간의 경과 후에도, 어음채권의 시효완성의 경우를 제외하고, A에게 어음금 및 만기 후의 이자를 청구할 수 있다. '약속어음'에 있어서는, 처음부터 발행인이 주채무자이며 인수제도는 없다. 따라서, 인수의 거절로 인한 만기 전의 소구제도(遡求制度)는 없다. 발행인의 파산 기타 무자력화만이 만기 전의 소구원인이 된다. '약속어음'의 요건은, '약속어음'이라는 것을 표시하는 문자, 및 일정한 금액의 지급을 약속하는 문자의 기재를 요하고, 한편 지급인의 기재를 요하지 않는다는 것을 제외하고는, '환어음'과 같다. 다만, 일람후정기출급(一覽後定期出給)의 경우에 인수제시가 없으므로 일람을 위한 제시의 제도를 두고, 일람 후의 기간에 의하여 만기를 정한다.

133) '창고증권'(倉庫證券)이란, '창고업자가 임치인의 청구에 의하여 임치물에 관하여 발행하는 유가증권'을 말한다. 이 유가증권은 창고업자에 대한 임치물반환청구권(任置物返還請求權)을 표창한 것이다. 즉, 창고업자에게 물품을 임치한 임치인은, 창고업자에 관하여 임치물반환청구권을 가지고 있으나, 임치물이 창고에 보관되어 있는 동안에, 이 반환청구권을 양도하든가 또는 임치물 위에 권리를 가지고 있는 사람이 이것을 양도 · 입질 등 물권적 처분을 하는 경우의 필요에 따르기 위하여, '창고증권'을 작성시키고, 이 증권의 점유 이전에 법적 효력을 인정함으로써, 임치물에 관한 거래를 간편 · 원활 · 확실하게 하는 기술적 제도이다. '창고증권'에 관한 입법주의에는, '단권주의'(單券主義) · '복권주의'(復券主義) · '병용주의'(竝用主義)의 세 종류가 있다. '단권주의'는 1매의 '창고증권'에 의하여, 소유권의 이전도, 질권설정도 할 수 있다는 것이다. '복권주의'는 임치물에 관하여, '예치증권'(預置證券)과 '입질증권'(入質證券)의 2매를 1조로써 발행시키되, 전자에 의하여 임치물의 반환청구 또는 소유권의 이전을 하고, 후자에 의하여 질권설정을 함으로써, 먼저 금융의 편의를 보면서 유리한 매매를 기대할 수 있게 한다. '병용주의'는 단권 · 복권의 양 주의를 병용하여, 어느 것이든 선택시키는 것이다. 우리 상법은 '단권주의'를 채택하고, '창고증권' 하나만을 인정하고 있다. '창고증권'은 '화물상환증' 또는 '선하증권'과 같이, 물품의 인도청구권을 표창하는 유가증권[채권적 효력(債權的效力)]으로서, 그 성질이 '화물상환증'(貨物相換證)과 비슷하므로, '창고증권'에 관해서는 '화물상환증'에 관한 규정을 준용한다.

법관은 항상 형평(衡平)을 염두에 두어야 한다.

에는 UECIC가 적용되지 않는다고 명시하고 있다[제2조 (2). 연관규정으로서, CISG 제2조 (d)].

[203] 특히, 개인적・가족적 또는 가사용의 목적으로 체결된 계약에, UECIC의 적용을 배제하고 있는 취지는, 당해 거래가 **국제성**(internationality) 요건을 충족시키지 못한 국내거래가 대부분이고 또한 UECIC가 소비자보호를 위한 당사국의 국내법규를 침해해서는 안 된다는 입법적 배려에 있다. 이는 CISG의 처지와 다름이 없다.

[204] UECIC의 여타 예외조항은, 대개 **무체자산**(無體資産, invisible assets)에 해당하는 적용배제의 사항을 다루고 있는데, 이는 CISG 부속적 협약으로서 UECIC 성격을 잘 보여주고 있는 규정이라 할 수 있다. 곧, UECIC는 그 범위를 물품매매에 한하여 적용될 수 있음을 시사하고 있다. 그렇지만, 적용배제의 대상에서, CISG와 마찬가지로 **유통증권**(negotiable instrument)을 제외하고 있는데, 이 경우 유의하여야 할 사항은, 예컨대, 창고증권이나 선하증권 등과 같이 '**물품의 인도**'(delivery of goods)를 표창하고 있는 서류는 그 자체가 유통증권임에도 불구하고 그 고유한 목적에 기하여 물품의 인도를 위한 처분증권으로 사용된 경우에는 마땅히 UECIC의 적용을 받을 수 있다고 하는 점이다.

[205] UECIC는 임의법규로서의 특성을 내재하고 있는 까닭에, 계약당사자는 그들의 합의에 따라, UECIC 적용을 배제하거나, 개별 조항의 효력을 감퇴 또는 변경할 수 있다[제3조. 연관규정으로서, CISG 제6조]. 본조는 계약당사자로 하여금 UECIC상의 모든 규정을 감퇴・변경할 수 있는 근거를 제공하고 있는 규정으로서 기능한다.

② 일반규정

[206] 강학상(講學上) **의사표시**(意思表示, declaration of intention)[134]라고 함은, 일반적으로 '**일정한**

134) '**의사표시**'(意思表示)란, '**일정한 법률효과의 발생을 원하는 내심의 의사를 외부에 표시하는 것으로 법률행위 불가결의 요소**'이다. 당사자의 '**의사표시**'는 그 내용에 따라 일정한 **법률효과**[권리・의무의 변동(발생・변경・소멸)]를 발생시킨다. 예를 들어, '**취소한다**', '**판다**', '**산다**' 하는 것은, 모두 일정한 법률효과의 발생을 목적으로 하는 '**의사표시**'이다. '**의사표시**'를 단계적으로 분석하면, 먼저 표시자에게 '**내심적 효과의사**'['어떤 조건으로 매매한다는 의사']가 구성되고, 다음에 '**표시의사**'['표시행위의사'라고도 하며, '표시행위를 하려는 의사']를 가지고, '**표시행위**'['상대방에게 의사를 표명하는 행위']를 함으로써 성립한다. 이에 따라, 객관적으로 판단된 '**효과의사**'['외부적 효과의사'・'표시상의 효과의사']가 상대방에게 전하여 지는 것이다. '**의사표시**'는 앞에서 설명한 바와 같은 과정을 거쳐 완결하는 것이나, 그 중의 어느 것이 '**의사표시**'의 요소인가가 문제가 된다. 앞서 열거한 것 가운데, '**동기**'와 '**내심적 효과의사**' 및 '**표시의사**'는 주관적인 것인데, 이것은 오직 표의자만이 알고 있으며, 상대방은 알 수 없는 것이다. '**표시행위**'와 '**표시상의 효과의사**'는 표리일체의 것으로서, 상대방이 객관적으로 인식하고, 파악할 수 있는 것이다. 그리고 '**의사표시**'는 상대방과 교섭하기 위한 수단이므로, '**의사표시**'의 본질은 '**표시행위**'와 '**표시상의 효과의사**'에

법률효과(legal effect)의 발생을 원하는 의사를 외부에 나타내는 행위로서, 법률행위(juristic act, transactions)의 불가결의 요소가 되는 법률사실(legal affair)'로 설명되는데, UECIC는 이를 보다 구체화하여, 당해 의사표시[communication]를 "계약의 성립이나 이행과 관련하여, 청약과 청약의 승낙을 비롯한 당사자에게 요구되거나 당사자 선택에 따른 모든 진술(statement)·선언(declaration)·요구(demand)·통지(notice) 또는 요청(request)을 의미한다"고 규정하고 있다. 이에 결부하여 '전자적 의사표시'(electronic communication)를 '당사자가 데이터 메시지의 방법으로 행한 모든 의사표시'로 일괄하여 명정하고 있다[제4조 (a)].

[207] 이 경우 '데이터 메시지'(data message)는, '전자적(electronic)·자기적(magnetic)·광학적(optical) 또는 이와 유사한 방법으로 작성(generated)·전송(sent)·수신(received) 또는 저장(stored)되는 정보'를 의미하며, 아울러, "전자데이터 교환·전자우편·전보·전신 또는 모사전송을 포함하나, 이에 국한되지 아니한다"고 추보하고 있다. 본조항은 UNCITRAL 모델법에서 수용한 개념을 그대로 계승한 결과로서, 모름지기 각국 및 주요 국제기구에서의 제반 법규범에서도 공히 그 의미는 동일하다.[135)]

[208] 한편, '전자적 의사표시'(electronic communication)에 있어 송신자(originator)는 '전자적 의사표시의 저장 이전에, 이를 직접 또는 대리인을 통하여, 전송하거나 작성한 당사자'를 의미하며, 마찬가지로 수신자(addressee)는, '송신자가 전자적 의사표시를 수신하도록 의도한 당사자'를 의미한다. 다만, 당해 전자적 의사표시와 관련된 송·수신자의 지위에 있어, 중개인(intermediary)의 역할을 수행하는 당사자는 이에 포함되지 않는다.

[209] UECIC에서 정보시스템(information system)은, '데이터 메시지의 작성·전송·수신·저장 기타 그 밖의 처리를 위한 시스템'으로 그 개념을 확립하고 있다.[136)] 아울러, '자동화된 메시지시스

중점을 두어야 한다. 따라서, '표시행위' 및 '표시상의 효과의사'가 인정되면, '의사표시'는 성립하고, 비록 '내심적 효과의사'나 '표시의사'가 흠결되었다고 하더라도, 원칙상 '의사표시'는 효력이 있다. 그러나, '허위표시'의 경우에는 통상 이것을 '의사표시'로서의 가치를 인정할 필요가 없으므로, 원칙상 무효로 한다. 다만, '신분상의 행위'에는 예외적으로 본인의 '효과의사'를 특별히 존중하게 된다. 또한, '내심의 효과의사'와 '표시상의 효과의사'의 차이로 인하여, 특히 표의자의 책임을 부정할 경우에는 '착오'로써 취소할 수 있다. '의사표시'는 '의사효력'을 전제로 하고 있으므로, 의사무능력자의 '의사표시'는 무효이다.

135) 참고할 수 있는 법규범은, 우리나라 전자거래기본법, 제2조 제1항., 'OECD Guidelines for Cryptography Policy : 1997', Chap. Ⅲ., 'ICC Supplement to UCP 500 for Electronic Presentation : eUCP', Art. e3., 'CMI Rules for Electronic Bills of Lading : 1990', Art. 11., 미국 UETA, Sec. 2, (7), (13)., 'Uniform Computer Transactions Act : 이하 'UCITA'', Sec. 102, (28), (54)., 'Electronic Signatures in Global and National Commerce Act : 이하 'E-Sign'', Sec. 106, (4)., 캐나다 UECA, Art. 1, (a)., 일본 '電子署名及び認証業務に關する法律', 第2條., 말레이지아 'Digital Signature Bill : 1997', Art. 2 등이다.

136) 사견으로, '정보시스템'(information system)은 동 조항 및 전자문서에 관한 UECIC 정의를 고려할 때,

템'(automated message system)은, '전체적 또는 부분적으로 행위를 개시하거나, 데이터 메시지 또는 그 실행에 응답하기 위하여 사용되는 컴퓨터 프로그램, 전자화 또는 그 밖의 자동화된 수단으로서, 시스템에 의하여 행위가 개시되거나, 응답이 생성될 때에, 자연인에 의한 검토나 개입이 없는 것'을 의미한다.

[210] UECIC의 해석에 있어서는, "본 협약의 국제적 특성 및 국제상거래의 통일적 적용의 촉진과 국제상거래에 있어 '신의의 준수'(observance of good faiths)를 고려하여야 한다"고 하고, 다만 "UECIC의 적용을 받으나, UECIC에 명시적으로 규정되지 않은 사항과 관련된 문제는 UECIC가 기초하고 있는 일반원칙(general principles)에 부합하도록 해결하여야 하며, 그럼에도 불구하고 이 같은 원칙이 없는 경우에는 국제사법의 규칙에 의하여 적용가능한 법률과 조화되게 해결하여야 한다"는 제한요건을 부가하고 있다[제3조. 연관규정으로서, CISG 제6조(협약에 의한 배제 또는 변경)].

[211] 당사자의 위치와 정보요건에 관하여, UECIC는 그 목적상, 당사자의 영업소는 당사자가 표시한 장소에 위치한 것으로 추정하고 있는데, 다만 당해 영업소를 표시한 당사자가 당해 장소에 영업소를 갖고 있지 않다는 것을 상대방이 반증(反證, rebuttal evidence, counter evidence)[137]한 때에는 그러하지 아니하다는 단서를 부가하고 있다.

[212] 또한, 복수 이상의 영업소를 가지고 있는 당사자가 영업소를 표시하지 아니한 경우에는 "당시까지 알려진 상황이나 계약체결 전에 또는 체결 시에, 당사자가 고려한 상황을 참조하여, 당해 계약과 가장 밀접한 관계를 갖는 곳이 UECIC상 영업소가 된다"고 규정하고 있다. 이 경우 자연인이 영업소를 갖고 있지 않은 경우에는 그의 상거소(habitual residence)를 영업소로 보고 있다.

[213] 그렇지만, "당사자가 계약체결에 관하여 사용하는 정보시스템을 지원하는 장비 또는 기술이 위치한 곳, 타방당사자가 그 정보시스템에 접근할 수 있는 곳 등은 단순히 그 사실만으로는 영업소

용어의 사용에 있어, '정보처리시스템'(information processing system)이 보다 적합할 것으로 판단된다[연관규정으로서, 우리나라 전자거래기본법 제2조 (1), (2)].

137) '반증'(反證)이란, 상대방의 입증사실을 부정하기 위하여 그 반대당사자가 제출하는 증거를 총칭한다. '본증'(本證)이 목적을 달하기 위해서는, 요증사실(要證事實)에 관하여, 재판관에게 확신을 갖게 하지 않으면 안 되는데, '반증'은 '본증'에 의한 재판관의 심증형성을 방해하거나 또는 동요시킬 목적으로 제출하는 것이다. 이에 의하여, 상대방의 '본증'에 의한 요증사실의 증명은 실패하게 되며, 입증책임의 원칙에 따라서, 그 상대방이 불이익한 판단을 받는 결과가 되는 것이다. '본증'과 '반증'의 구별은, '그 제출자의 입증책임의 유무에 의한 것'이며, 원고와 피고의 지위에 의하는 것은 아니다. 예컨대, 항변을 제출한 피고는 그 항변사실에 관하여 입증책임을 지며, 그것을 증명하기 위하여 피고가 제출하는 증거는 '본증'이며, 이 항변사실의 입증을 방해하기 위하여 원고가 제출하는 반대사실의 증거는 '반증'이다. '반증'은 '본증'과 동시에 또는 사후에 제출할 수 있다.

가 될 수 없다"고 제한하고 있다. 여기서 유의할 점은 당사자가 단지 특정 국가와 연관된 도메인 이름이나, 전자우편주소(e-mail address)를 사용한다는 사실만으로는 당사자의 영업소가 그 국가에 있다는 추정력을 발생시키지 아니한다는 점이다[제6조. 연관규정으로서, CISG 제10조].

[214] UECIC에서 정보요건에 대한 조항으로서, "본 협약의 어떠한 규정도 당사자에게 그들의 신원·영업소 또는 다른 정보를 공개하도록 요구하는 법률의 적용에 영향을 미치지 않고 또는 이에 관한 부정확·불완전 또는 허위정보를 제공하는 것과 관련한, 당사자의 법적 책임을 감면하지 아니한다"고 명시하고 있음은 유의하여야 할 규정이다[제7조].

③ 전자적 의사표시의 이용

[215] 데이터 메시지에 의한 의사표시의 송·수신에 따른 위험은, [그 과정의 기술적 특성에 따라] 데이터 메시지에 의한 국제계약에 있어서 고유하게 부각된다. 곧, 당해 논점에는 '계약의 당사자가 신원·자격·능력을 가진 진정한 당사자인지', '전자문서의 내용이 진정하고도 무결한 것인지', '계약의 성립에 따른 법률효과가 유효하게 발생될 수 있을 것인지'의 사안 등을 포함할 수 있다. 또한, '시스템 구축과 운영과정에서 발생하는 위험', '계약의 체결과 이행과정에서 발생하는 위험', '계약당사자의 고의(故意, intention)[138]·과실(過失, negligence)[139]에 기한 위험', '당사자의 의사에 반하여

138) '고의'(故意)란, '자기의 행위가 불법구성요건을 실현함을 인식하고 인용하는 행위자의 정신적·심리적 태도'를 말한다. '고의'의 체계적 지위에 관하여, '인과적 행위론'에서는 '책임요소'로, '목적적 행위론'에서는 '구성요건요소'로 보지만, '사회적 행위론'에 의하면, '고의'는 '주관적 구성요건요소'와, '책임조건'으로서의 이중의 기능을 갖게 된다. 즉, '고의'는 불법구성요건으로서는, 객관적 행위상황에 관한 지적·의지적 실현으로서의 구성요건적 '고의'가 되며, 책임조건으로서는, '고의'에 의하여 법질서에 반하여 잘못 결정하였다는 이중의 의미를 가지는 것이다. 일시적으로 부주의한 과오로 인하여, 범죄의 결과를 야기시키는 '과실'(過失)과 구별된다. '고의'에 의한 행위가 '과실'에 의한 행위에 비하여, 보다 책임비난이 크고, 그 형도 중하다는 것은 당연하다. 그러므로 형법은 '죄의 성립요소인 사실을 인식하지 못한 행위는 벌하지 아니 한다'고 규정하여, '고의없는 행위'는 처벌하지 않는다. 다만, 법률에 특별한 규정이 있는 경우에는 예외적으로 과실범을 처벌하고 있다. 예컨대, '방화하겠다'는 의사로서 사람의 주거에 불을 놓은 경우에는 '고의범'으로서 방화죄에 해당하지만, 담배꽁초를 잘못 버려 화재가 발생한 때에는, '과실범'으로서 실화죄에 해당한다. 보통 '고의'라고 하더라도, 여기에는 여러 가지의 단계가 있다. 특정한 사람을 살해하려고, 특정된 상대방을 향하여, 살해의 의식을 갖는 것을, '확정적 고의'(確定的故意)라 하고, 이에 반하여, 결과가 발생하는 것은 확실하지만, 그 상대방이 불확정하여 누가 살해될 것인지 알 수 없는 경우에 예를 들면, 군집한 군중 중의 누군가를 살해할 의사로서, 군중을 향하여 폭탄을 던지는 경우의 '고의'를, '개괄적 고의'(概括的故意)라 한다. 또 차내에 있는 A·B 두 사람 중에, 누구 한 사람을 살해할 의사로서, 이를 향하여 발포하는 경우와 같이, 결과의 발생은 확실하나, 그 상대방이 둘 중 누구인지 불확정하여, 택일적인 경우의 '고의'를 '택일적 고의'(擇一的故意)라 한다. 예를 들면, 옥상에서 돌을 던지면, 통행인에 맞아 사람이 살해될지도 모른다고 인식하면서, 돌을 던진 결과 사람이 살해된 경우와 같이, 결과가 발생될 것이라는 가능성은 인식하였으나, 결과발생 그 자체가 불확정의 경우의 '고의'를 '미필적 고의'(未畢的故意)라 한다. 그리고 전술한 '개괄적 고의'·'택일적 고의'·'미필적 고의'를 '불확정적 고의'(不確定的故意)라 한다. 어느 경우에도 '고의범'으로서 처벌되는 것은 동일하다.

상거래 정보의 유출 또는 도용에 따른 위험' 등이 제기된다. 일례로, 정당한 본인이 데이터 메시지에 의한 의사표시가 없었음에도 불구하고, 위조·변조에 의해 본인이 한 것처럼 계약이 이루어질 가능성도 있다. 따라서, 데이터 메시지의 송·수신에 따른 위험분배는, 계약당사자와 이에 관여한 제3자 행위 및 이에 따른 위험부담과 책임귀속 문제를 모두 포괄하여 판단해야 할 필요성이 있다.

[216] UECIC는 [이상의 사안과 관련하여] "의사표시 또는 계약은 그것이 전자적 의사표시의 형태로 되어있다는 이유만으로 그 유효성 및 집행력이 부인되어서는 아니 된다"고 전제하고[제8조 (1)], "본 협약의 어떠한 규정도 당사자로 하여금 전자적 의사표시를 사용하거나, 사용을 승낙하도록 요구하지 아니하나, 다만 당사자의 행위로부터 그 사용에 관한 당사자의 합의를 유추할 수 있다"고 명시하고 있다[제8조 (2)].

[217] UECIC는 전자적 의사표시의 형식요건(形式要件, form requirements)에 관하여, "본 협약에서 전자적 의사표시 또는 계약이 어떠한 특별한 형식으로 작성되거나, 증명되어야 한다는 것을 요구하지 아니 한다"고 하고, "법률이 의사표시 또는 계약이 서면으로 이루어질 것을 요건으로 정하거나 또는 서면 흠결의 효과를 정한 경우에 그러한 요건은 전자적 의사표시에 포함된 정보가 이후의 참조를 위하여 사용할 수 있도록 접근이 가능하다면, 그 전자적 의사표시에 의하여 충족된 것으로 본다"고 규정하고 있다.

[218] 이 경우, i) 법률이 의사표시 또는 계약이 당사자에 의하여 서명될 것을 요건으로 정하거나 또는 서명 흠결의 효과를 정한 경우, ii) 그러한 요건이 전자적 의사표시가 당사자의 신원확인 및 그 전자적 의사표시에 포함된 정보와 관련하여, 당해 당사자의 의도를 표시하기 위한 어떤 수단이 사용된 경우, iii) 그 사용된 수단이 관련된 합의내용을 포함한 모든 상황에 비추어 전자적 의사표시가 생성 또는 유통되는 목적에 적합할 정도로 신뢰할 수 있는 경우, iv) 이상의 적시된 기능을 충족하였다는 것이 그 자체로 또는 다른 증거와 함께 사실상 증명된 경우에는 충족된 것으로 취급된다.

---

139) '과실'(過失)이란, '행위자가 부주의로 인하여 범죄사실의 발생을 인식하지 못한 경우'를 말한다. '고의'와 같이 책임조건의 하나이다. 결과발생에 대한 승인 없이, 순간적인 실수로 화재를 일으킨 경우, 취침 중 잘못하여 영아를 압사시킨 경우 등이 '과실'이다. '과실'은 사회생활상 요구되는 주의의무를 위반한 것이므로, 중하게 처벌할 수 없으나, 주의하면 그러한 결과의 발생을 예견할 수 있는 것이라면, 사회생활을 영위하는 일반인으로서 상호간에 인명 및 공공의 안전에 관하여, 과오 없이 주의하여야 할 의무가 있는 것이다. 이 주의의무에 위반하여, 중대한 피해를 야기한 것에 관하여, '과실범'으로서의 형사책임을 부담한다. '주의의무위반'으로 '과실책임'이 발생하나, 형법은 '고의범'을 원칙적으로 처벌하고, '과실범'은 예외적으로 법률에 '과실범'을 처벌하는 명문규정이 있는 경우에 한하여 처벌하는 것이다.

[219] 또한, 법률이 의사표시 또는 계약이 원본의 형태로 활용 가능하거나, 보존될 것을 요건으로 정하거나 또는 원본 흠결의 효과를 정한 경우 그러한 요건은 전자적 의사표시 또는 그 밖의 최종적 형태로 처음 생성된 때부터, 그 안에 포함되어 있는 정보의 **무결성**(integrity)에 관하여 신뢰할 수 있는 보장이 존재하는 경우 당해 전자적 의사표시가 포함하고 있는 정보가 활용이 가능하도록 요구되어 지고 있는 경우에 그 정보를 활용할 사람에게 **현시**(display)될 수 있는 경우를 조건으로 의사표시를 충족한 것으로 보고 있다.[140]

[220] UECIC상 전자적 의사표시의 송신시기는, '**전자적 의사표시가 송신자 또는 송신자를 대리하여 송신하는 당사자의 통제하에 있는 정보시스템을 떠난 때로부터 또는 전자적 의사표시가 송신자 내지 송신자 대리인의 통제 하에 있는 정보시스템을 떠나지 않았다면, 전자적 의사표시가 수신된 때**'로 부터 기산된다[제10조 (1)].

[221] 달리, 전자적 의사표시의 수신시기는, '**수신자가 미리 지정한 전자주소에서 그 전자적 의사표시를 검색할 수 있게 된 때**'로부터 기산되는데, 이 경우 수신자의 다른 전자주소로 송신되어진 전자적 의사표시의 수신시기는, '**수신자가 그 주소에서 전자적 의사표시를 검색할 수 있고,[141] 전자적 의사표시가 그 주소로 송신되었다는 것을 인식한 때**'이다. 여기서 유의할 점은, '**당해 전자적 의사표시는 UECIC 제6조[당사자의 위치]에 따라, 송신자 또는 수신자의 영업소가 있는 것으로 결정된 장소에서 송·수신된 것으로 추정된다**'는 점이다.[142]

[222] 전자상거래는 전통적 상거래에 비하여, '**익명적 상거래**'(匿名的商去來, anonymous commerce)라는 특수성 때문에 사후 구제수단이 취약하고, 그 회복과정이 복잡다단하다는 특징이 있다. 따라서, 전자상거래에서 가장 중요하게 고려되어야 하는 것은, '**상거래 안전**'과 '**계약당사자 보호**'라고 할 수 있다. 이 같은 배경에서 '**청약의 유인**'(請約誘引, invitation to make offer)[143] 내지 '**청약의**

---

140) '**무결성**'(無缺性)의 판단기준은, 의사표시·저장 및 현시 등 통상의 과정에서 발생하는 모든 부가적 기재나 변경을 제외하고, 그 정보가 완전하고 변경되지 않은 상태로 남아 있는지 여부이며, 당해 사안에서 요구되는 신뢰성의 표준은, 그 정보가 생성된 목적 및 모든 관련 상황에 비추어 평가되어야 함을 명시하고 있다[UECIC 제9조 (5)].

141) 곧, '**전자적 의사표시가 수신자의 전자주소에 도달한 때에, 수신자는 그 전자적 의사표시를 검색할 수 있는 것**'으로 추정된다[UECIC 제10조 (2)].

142) UECIC 제10조 2항은, 전자주소가 운용되는 정보시스템이 소재한 장소가, 본조 제3항에 의하여, 전자적 의사표시가 수신된 것으로 보는 장소와 다른 경우에도 적용됨을 유의하여야 한다[제10조 (4)].

143) '**청약의 유인**'이란, '**계약의 체결을 수용할 의사가 있음을 표시하여, 타인으로 하여금 청약을 해 올 것을 촉구하는 행위**'이다. 표의자의 승낙이 있으면, 계약을 체결하겠다는 확정적 구속의사가 있는지의 여부에 따라, '**청약**'이냐, '**청약의 유인**'이냐가 구별된다. 결국, '**청약**'과의 구별은, 의사표시 해석의 문제이기 때문에, '**청약**'의 내용이 지향하는 목적 및 관습 등에 의하여, 구체적으로 판단하여야 한다. 구

오기(誤記)가 있어도 유증(遺贈)의 성립에는 지장이 없다.

효력발생시기'를 구분하는 것은 '전자상거래에서 계약당사자가 상대방에 대하여 법적 의무를 부담하는 시기의 확정'이라는 점에서 매우 중요한 의미를 갖는다.

[223] UECIC에서는 [당해 사안에 관하여] "정보시스템을 통한 주문신청의 과정에서 상호작용 응용프로그램을 사용한 제안을 포함하여 한 사람 또는 그 이상의 특정 당사자에 대한 제안이 아니라, 그 정보시스템을 사용한 당사자가 일반적으로 접근할 수 있는 하나 또는 그 이상의 전자적 의사표시로 이루어진 계약을 체결하기 위한 제안은 그 제안을 승낙에 기속시키고자 하는 당사자의 의사가 명백히 표시되지 않았다면 청약의 유인으로 본다"고 하여 '청약의 유인'에 대한 명확한 기준을 제시하고 있다[제11조].

[224] 통상적으로, '전자적 대리인'(electronic agents)과 같은 의미로 사용되고 있는 '자동화된 메시지 시스템'(automated message systems)은 전자상거래 추이에 비추어 점차 그 사용이 상례화 되고 있는데, UECIC에서도 이를 적의 반영하여 [계약체결 시에 자동화된 메시지 시스템의 이용과 관련하여] "당해 시스템과 자연인의 상호작용 또는 자동화된 메시지 시스템 간의 상호작용으로 인하여 성립된 계약은 자연인이 그 시스템에 의한 각 단계나 성립될 계약에 관하여 검토하거나 간섭하지 않았다는 이유만으로 그 유효성 및 집행력이 부인되지 아니 한다"고 명시하고 있다.

[225] UECIC는 [계약조건의 이용가능성에 관하여] "본 협약의 어떠한 규정도, 전자적 의사표시의 교환을 통하여 계약조건의 전부 또는 일부를 협상하는 당사자에게 상대방으로 하여금 특정한 방식의 계약조건이 포함된 전자적 의사표시를 이용할 수 있게 하도록 요구하는 법률의 적용에 영향을 미치지 아니하고 또는 위와 같이 이용할 수 있게 하지 못한 것에 관한 당사자의 법적 책임을 감면하지 아니 한다"고 하여, 계약조건의 이용가능성에 관한 본 협약의 법적 기반을 명료히 하고 있다[제12조, 제13조].

[226] 전자상거래에서 데이터 메시지 교환 시에 오류 및 착오의 처리문제는, 자동화된 메시지 시스템의 사용과 밀접한 연관성을 갖는다. 이에 UECIC에서는, "당사자가 상대방의 자동화된 메시지 시스템과 교환되는 전자적 의사표시에서 입력 오류를 범하였고, 당해 시스템이 오류를 정정할 수 있는 기회를 당사자에게 부여하지 않은 경우 그 당사자 또는 대리인은 당사자 또는 그 대리인이 오류 사실을 안 직후에 이를 상대방에게 통지하고, 자신이 전자적 의사표시에서 오류를 범하였다

인광고, 주책의 임대광고, 물품판매광고, 상품목록의 배부, 기차·기선 등의 시간표의 게시와 같은 것을, '청약의 유인'으로 보는 것이 일반적이다. 그런데 정찰부 상품의 진열에 관하여 다툼이 있고, 학설은 대체로 이를 '청약'으로 새기고 있다. '청약의 유인'에 관해서는, 상대방의 '청약'에 대응하여, 다시 '승낙'을 하여야 계약이 성립한다.

는 사실을 표시한 경우 당사자 또는 그 대리인이 타방으로부터 재화 또는 용역을 수령하였다면, 이를 사용하거나 그로부터 어떠한 물질적 이익 또는 가치를 얻지 아니한 경우에 한하여 오류를 범한 당해 전자적 의사표시 부분을 철회할 권리가 있다"고 명시하고 있다[제14조].

5. UECIC 실무적용상의 유의점

[227] UECIC는 [적용범위에 관하여] 전자계약(電子契約, electronic contracting)이라는 개념에 관해서 정의하지 않고 있다. 곧, 정보처리시스템·데이터 메시지·자동화된 메시지 시스템 등에 의한 국제계약을 고려함에 있어서 당해 개념을 명정하여 두지 않은 것은 입법적 불비라고 생각된다. 생래적으로 UECIC는 CISG를 근간으로 하고 있고, 나아가 전자적 환경하에서 CISG를 보충할 수 있는 협약임을 고려할 때에 더욱 그러하다. 다만, 선행입법을 참고할 때, [UNCITRAL 모델법 제2조 (a)에서 규정하고 있는 내용에 비추어] 전자계약을, '전자적 통신수단 또는 데이터 메시지에 의한 계약의 성립을 의미하는 것'으로 취급하는 것이 타당하리라 생각된다.[144] 즉, 전자계약은 '여타의 구체화된 목적물 또는 형식요건을 기초로 한 부분이 아니라, 전자적 의사표시 또는 데이터 메시지에 의해 체결되거나 입증되는 것'으로 그 개념 및 적용범위를 확립하는 것이 UECIC의 제정취지에 기하여 타당할 것으로 판단된다.

[228] UECIC에서 다루고 있는 계약의 유형이 정보처리능력을 가진 시스템 및 그 밖의 전자상거래의 기술적 진전에 따른 법적 확실성과 예측가능성에 관한 법적 수용의 당위를 반영하고 있음을 참고할 때, 향후 UECIC는 전자계약에 의하여 제기된 특수성 및 문제점 등에 관하여, 전통적 물품매매 이외의 국제적인 전자상거래에 적용하기 위한 조화된 통일법으로서 [그 위상제고는 물론이고] 유용한 법적 기반이 될 것으로 기대된다. [앞서 본 바와 같이 UECIC는 국제상사계약에서 매매계약에만 한정하지 않고 여타의 계약, 즉 전자적 방법 또는 데이터 메시지에 의하여 체결되거나 또는 입증되는 모든 계약을 포함하는 것을 적용범위로 두고 있다]

[229] 한편, 전자상거래에서 계약은 데이터 메시지에 의한 전자적 의사표시로서 뿐만 아니라 구두·텔렉스·종이문서·전자우편·웹커뮤니케이션 등과 혼합되어 체결되는 것이 보편적이라고 할 때, UECIC에서 계약이 데이터 메시지 내지 이에 상당한 정보체계에 의해서만 체결되는 것으로 그 적용범위를 한정할 경우에 예상하지 않았던 문제가 발생할 수 있을 개연성이 크다.[145] 이는 전자계약을 포함하여, 전자상거래, 전자계약의 성립 등에 관한 부속적 정의 내지 개념 등이 UECIC 내에 부재하거나 또는 관련 규정의 내용이 명확하지 않음을 시사한다.

---

144) UNCITRAL, *UN General Assembly A/CN.9/WG.IV/WP.95.*, para. 10.

145) UNCITRAL, *UN General Assembly A/CN.9/509.*, para. 34.

관습(慣習)은 위법행위에 의해 발주(發主)하는 일이 없으며, 또 위법한 행위에 의하여 소멸(消滅)하는 일이 없다.

[230] 다른 한편으로, [전자계약의 적용범위 내지 한계와 관련하여] 설령, 전자계약과 일반계약을 구별하는 것이 가능하다고 하더라도, 계약을 이처럼 두 가지로 구분하는 것은 실무적용상 법적 안정성에 큰 해를 끼칠 수 있을 뿐만 아니라 법적용의 혼선이 예상될 수도 있음을 염두에 두어야 한다. 또한, 데이터 메시지는 그 특성이 계약의 성립에 관하여만 한정되어 있지 않고 다양한 방편에서 실무적 효용성을 갖추고 있다. 예컨대, '물품의 수령통지', '계약의 종료와 불이행의 선언 및 통지', '클레임의 통지', '전자자금이체'(電子資金移替, electronic fund transfer, EFT) 등에서이다.

[231] UECIC에서는 소비자 계약과 관련하여, 적용범위를 일부 제한하고 있다. 그 이유는 CISG 제2조 (a)의 동일한 규정을 수용하더라도 전자적 상관습을 보다 여실히 반영할 수 있다고 하는 인식에서이다. 그 배경은 CISG 제2조 (a)상 '알았어야 한다'(ought to have known)는 문구가 전자계약에 실질적으로 적용되는 것이 어려울 수 있다는 인식에 기초하고 있다. 즉, 인터넷과 같은 통신시스템 환경에서는 해외에 주소를 준 매도인으로부터 물품을 구매하는 소비자의 접근가능성이 서류를 기초로 한 환경에 비하여 보다 더 클 수 있다고 하는 바에 근거한다.

[232] 당사자의 위치와 정보요건에 관하여, UNCITRAL의 국제상사법규범은 대개의 경우 국제계약에만 적용된다.[146] 이 경우 당해 법규범에서 계약의 국제성(國際性, internationality)을 결정하는 기준은, 예컨대, 여러 국가에서 양당사자의 영업소 또는 상거소와 관련한 것에서부터, 2개국 이상과 중요한 관련성을 가졌거나 또는 국제상거래와 관련한 계약의 특성 등 일반적 국제거래 적용범위의 기준이 다양하다.[147]

[233] 전자상거래에서는 데이터 메시지가 송·수신된 장소를 결정하는 것이 때로는 여의치 않을 경우가 있을 수 있다. 예컨대, 서로 다른 정보시스템 간의 전송 프로토콜은 전자문서가 하나의 정보체계에서 다른 체계로 인도되는 순간을 [즉, 수신인에 의하여 효과적으로 수령되거나 또는 읽혀지는 순간을] 통상적으로 등록한다. 이 경우 송신프로토콜은 정보시스템의 지리적 위치를 항상 표시하고 있는 것은 아니다.

[234] UECIC는 데이터 메시지의 발송지 및 수령지를 결정하기 위한 기준으로 영업소를 정의하고 있다. 본 규정은 물리적인 국경을 기준으로 하고 있는 CISG 제10조 (a) 영업소의 개념이 무국경화(borderless)를 지향하고 있는 전자상거래 환경에서도, 동일한 개념으로 취급할 수 있는

146) 그러나, 한 가지 유의할 만한 예외사항은, 'UNCITRAL 모델법'이다. 즉, 본 모델법에서는 국내 및 국제거래를 구분치 않고, 당사자 합의에 일임하고 있는 특성이 있다[UNCITRAL, *UN General Assembly A/CN.9/WG.IV/WP.95.*, para. 25.].

147) UECIC에서의 연관규정은, 제17조[지역경제통합기구의 참여], 제18조[국내영역 단위에서의 효력] 등이다.

지에 관한 입법적 고려의 결과로 볼 수 있다. 설령, 동일한 개념으로 볼 경우에 개념상의 혼란이 있을 수 있고, 또한 같은 대상에 관하여 새로운 용어로써 정의할 경우에 법적 혼란이 예상됨에 따라 존치된 규정임을 인식하여야 한다.

[235] UECIC 제4조 (c)와 연관하여 [데이터 메시지의 법적 유효성에 관하여] 고려할 때에, 데이터 메시지가 전자적 의사표시에 의한 국제계약의 수단으로써 유효하게 사용되기 위해서는 전통적 종이문서에 상당하는 동일한 법적 효력이 부여되어야 한다. 이를 위해서는 다음과 같은 사항이 반드시 충족되어야 한다. 곧, i) 데이터 메시지에 포함된 기록 또는 내용의 차이가 종이문서와의 동일성을 판단할 수 있는 기준이 되어서는 아니 되며, 다만 전달수단의 차이로 보아, 법적효과에 영향이 없다고 하는 점이 전제되어야 하고, ii) 데이터 메시지의 문서성[곧, paper-based documentation]을 충족시키기 위한 조건으로, 계약당사자가 데이터 메시지에 수용된 정보에 항시 접속할 수 있어야 할 뿐만 아니라, iii) 데이터 메시지가 보존 · 유지관리 할 수 있는 가능성이 전제되어야 하고, iv) 이상의 전제와 조건은 달리 당사자 간의 특약을 통해서라도 배제될 수 없어야 함이 보장되어야 한다.

[236] 아울러, 데이터 메시지는 종이문서에 상당하는 '기능적 등가물'(技能的等價物, functional-equivalent)로서 법적 효력이 부여되고 있으나, [UECIC 자체가 CISG와 마찬가지로 임의법규라고 하는 점을 고려할 때] 국제사법의 처지에서는 종이문서로서의 일정한 형식요건을 요구하고 있는 규정이 산재하여, 그 결과 데이터 메시지가 전통적 종이문서와 동등한 법률효과를 발생함에 있어 일부 제한을 받을 수도 있음을 유의하여야 한다. 이를테면, 'EU Directive (2000)'에서는 계약의 성립과정에서 전자적 수단에 의한 전자계약의 유효한 이용을 저해하거나, 데이터 메시지로 체결되었다는 것을 이유로, 그 법적 효과나 유효성을 부인할 수 없다고 규정하고는 있으나,[148] 개별사안으로서 다음과 같은 경우에는 회원국이 그 효력을 제한할 수 있도록 허용하고 있다. 즉, i) '부동산(不動産, immovable property)[149]의 소유권 이전 또는 취득 등에 관련한 계약', ii) '공증인의 관

148) EU Directive, Art. 9. (1) : "Member States shall ensure that their legal system allows contracts to be concluded by electronic means. Member States shall in particular ensure that the legal requirements applicable to the contractual process neither create obstacles for the use of electronic contracts nor result in such contracts being deprived of legal effectiveness and validity on account of their having been made by electronic means."

149) '부동산'(不動産) 이외의 물건은, 모두 '동산'(動産, movable property)이다. 건축 중인 건물은 '동산'으로부터 '부동산'에의 진행과정에 있으며, 또 철거 중인 건물은 그 반대과정을 밟는 것인데, 이러한 경우에 '동산'이나 '부동산'을 식별하는 것은 곤란할 때가 흔히 있다. 추상적으로 설명하면, 건물의 용도에 따른 사용을 할 수 있는 상태에 있느냐, 없느냐가 그 구별의 기준이 될 것이다. '동산'의 개수는 사회통념에 의한다. 그런데 '동산'과 '부동산'은 여러 가지 점에서 법률상의 취급이 다른데, 그 중에서 가장 중요한 서로 다른 점은, 물권의 공시방법 내지 그 효력에 있다. '부동산' 물권의 공시방법은 '등기'이며, 등기를 하지 않으면, '부동산' 물권변동의 효력이 발생하지 않는다. 이에 관하여, 동산물권의

여를 필요로 하는 계약', iii) '상거래 또는 직업적인 무역을 목적으로 당해인의 행위에 의한 보증계약', iv) '근저당(根抵當, fixed collateral)[150]에 관한 계약', v) '가족법 또는 상속법에 관한 계약', vi) '정부 당국에의 신고가 효력 발생의 요건이 되는 계약' 등에는 각 가맹국의 판단으로 데이터 메시지에 의한 계약의 성립이나 효력을 부정할 수 있다고 명시하고 있다.[151]

[237] 그렇지만, 데이터 메시지는 단지 비트(bit)의 조합이라는 한계와, 이상과 같이 일부 개별 사안에 관한 법적 제한이 뒤따르고 있음에도 불구하고, 데이터 메시지의 문서성은 제반 법규범에서 널리 승인되고 있다.

[238] 데이터 메시지 진정성(眞正性, authenticity),[152] 무결성(無缺性, integrity)[153] 요건은, 데이터 메시지에 의한 의사표시의 송・수신에 따른 위험에 대응하여, 전자서명 내지 인증수단을 통하여 이를 극복할 수 있는 방편으로 확립되어 있으나, 전자서명(電子署名, electronic signature)[154]의 내용

공시방법은 '점유'이다. 거래에 의하여 동산소유권을 얻은 자가, 그 권리를 제3자에게 주장하기 위해서는, '점유의 이전'을 받을 필요가 있다. 또한 비록 매도인에게 처분권이 없더라도, '동산'을 선의로 매수하여 점유의 이전을 받으면, 매수인은 그 '동산'의 소유권을 취득한다.

150) '근저당'(根抵當)이란, '계속적인 거래관계로부터 생기는 불특정다수의 채권을 담보하기 위하여, 담보물이 부담하여야 될 최고액을 정하여 두고, 장래 결산기에 확정하는 채권을 담보하는 저당권'을 말한다. 예컨대, 은행과 상인 간 체결한 당좌대월계약이나, 도매상인과 소매상인과의 사이의 약속어음계약에 의하여, 대월액이나 약속어음의 미결제액이 발생하는데, 장차 일정한 결산기일에 가서 변제하지 못하는 대월액[은행의 채권액]이나, 약속어음의 미결제액[도매상인의 채권액]을 담보로 하기 위하여, 미리 설정되는 '저당권'을 '근저당'이라고 한다. '근저당권'의 등기에는, 그 '저당권'이 '근저당권'임을 표시하여야 하며, 채권의 최고액을 등기하여야 한다. 보통의 '저당권'과의 차이점은 i) 보통의 '저당권'은 현재 확정액의 채권을 전제로 하여 성립하는데 반하여, '근저당'에 있어서는 피담보채권의 발생 또는 채권액의 확정은 장래의 결산기라는 것, ii) 보통 '저당권'에 있어서는 변제에 따라서, 피담보채권이 소멸되는데, '근저당'에 있어서는 결산기 전의 변제는 피담보채권액의 소멸을 가져오지 않고, iii) 보통의 '저당권'에 있어서는 피담보채권액이 등기되는데 반하여, '근저당'에서는 피담보채권 최고액이 등기되는 점이다. 이러한 점 이외에는 보통의 '저당권'과 다른 점이 없다.

151) EU Directive, Art. 9. 2 : "Member States may lay down that paragraph 1 shall not apply to all or certain contracts falling into one of the following categories ; (a) contracts that create or transfer rights in real estate, except for rental rights ; (b) contracts requiring by the involvement of courts, public authorities or professions exercising public authority ; (c) contracts of surety-ship granted and on collateral securities furnished by persons acting for purposes outside their trade, business or profession ; (d) contracts governed by family law or by the law of succession."

152) '진정성'(眞正性)은, '정보를 교환하는 실제 당사자로서의 신원을 확인하는 것으로, 정보의 근원을 보증하는 것'을 말한다. 또한 이 같은 '진정성'의 확보는, 거래 당사자가 실제로 유효하게 교환되어진 정보와 결합할 수 있음을 보증함에 따라, 향후 분쟁의 소지에 따른 법적 증거로서 유효한 입증자료로도 활용될 수 있다.

153) '무결성'(無缺性)은, '정보의 정확성 및 완전성에 관한 것으로, 정보의 교환 중에 제3자에 의하여 변경되거나, 손실됨이 없이, 전송초기의 정보와 동일하고도 완전한 것임을 보증하는 것'을 의미한다.

154) '전자서명'(電子署名)이란, '전자문서를 작성한 자의 신원과, 전자문서의 변경 여부를 확인할 수 있도록, '비대칭 암호화방식'을 이용하여, '전자서명생성키'[전자서명을 생성하기 위하여 이용하는 전자적 정보]로 생성한 정

및 기록의 유출이나 도용 등에 의해 정당하지 않은 상거래가 이루어지는 경우 또는 전자서명의 불법사용자에게 인증기관이 인증서비스를 제공하는 경우에 당해 불법행위에 따른 책임귀속의 문제가 발생한다.[155] 실례로, **'폐쇄형 통신망'**(closed networks)에서는, 가령 **정보시스템제공자**(ISP)가 이 같은 불법행위에 의한 피해를 막기 위해 계약당사자와 체결해 두고 있는 약정에 전자문서 진정성과 무결성을 보장하기 위한 시스템 명세와 법적 효과를 명기하고, 책임귀속에 대한 합의의 절차를 두고 있는 까닭에, 실무적으로 ISP는 정당한 수신자에게 데이터 메시지 송신자가 자격이 있는 당사자인지 아니면 당사자를 대신하여 송신할 권한을 가진 자인지를 확인할 수 있도록 별단의 인증서비스를 통해 제반 위험을 제거하고 있다.[156]

[239] 그럼에도 불구하고, 고려하여야 할 사항은 데이터 메시지의 교환과정에서, 예컨대, 제3자가 신원정보를 도용하여 당사자 본인을 사칭하는 방법으로 본인이 보내는 것과 동일한 데이터 메시지를 보낼 수도 있다는 개연성이다. 이를테면, 본인에게 신원정보의 관리 소홀에 따른 **귀책사유**(歸責事由, case imputable to be accused)[157]가 있을 수도 있지만, 달리 본인에게 전혀 책임이 없는 경우도 있을 수 있다. 이 경우 데이터 메시지의 법적 효과가 본인에게 미치는 요건으로서 본인에게 귀속될 수 있는 일정한 관여 또는 과실이 있었는지의 여부가 문제시 될 수 있다.

[240] 당해 논점은, 데이터 메시지 수신자의 입장에서 보면, 수신된 데이터 메시지가 정당한 송신자에 의해 작성되었다는 진정성을 확인하고, 본인으로서 송신자가 데이터 메시지의 작성 권한을 부여 받고 있는지에 관한 확인의무를 수신자가 부담할 수 있는지의 문제로 귀결된다. 이는 [**전자적 의사표시 송신자에 대한 책임귀속의 문제로서**] 송신자가 선의 또는 무과실을 주장할 수 있는 기술적 · 제도적 시스템이 뒷받침 되어 있는지, 수신인이 전자적 대리인에 관한 실수나 착

보로서, **당해 전자문서에 고유한 것**'을 말한다. '**전자서명**'이 있는 경우에는 당해 '**전자서명**'이 전자문서의 명의자의 기명날인 또는 서명이고, 당해 전자문서가 '**전자서명**' 된 후에, 그 내용이 변경되지 아니하였다고 추정할 수 있는 요건이 된다.

155) 데이터 메시지의 정보보안과 관련하여 제기될 수 있는 논점으로서, 앞서 설명한 바 있는 '**진정성**', '**무결성**' 외에도, '**기밀성**'(機密性, confidentiality), '**부인방지**'(否認防止, non-repudiation) 등의 사안이 거론된다. 차례로 살피면 다음과 같다. 먼저, i) '**기밀성**'은, '**신의칙에 의거한 거래 당사자 이외의 제3자가 거래정보 및 거래당사자의 신용에 관련한 정보를 획득할 수 없도록 하는 것**'을 의미한다. 즉, '**거래 당사자 간에 전자매체를 통하여 교환되는 정보는 당사자 이외에는 확인할 수 없도록 보증하는 것**'을 의미한다. ii) '**부인방지**'는, '**정보의 발신 및 수신과, 정보의 무결성을 부인하는 것을 방지하는 것**'을 의미한다. 즉, '**정보제공자 또는 수신자가, 각 상대방에 대해 정보내용을 부인하는 것을 방지하는 것**'을 의미한다.

156) 'UNCITRAL Model Law on Electronic Signature', Art. 2, (b), (e).

157) '**귀책사유**'(歸責事由)란, '**일정한 결과를 발생케 한데 관하여 법률이 나무랄 수 있는 원인있는 행위**'를 말한다. 보통 고의 · 과실을 요하나 자기의 지배하에 있는 자의 과실 및 신의칙상 이와 동시할 수 있는 원인행위도 포함하는 경우가 있다. '**귀책사유**'의 판단은 공평하고 적정한 책임의 분담을 실현하는데 의미가 있다.

오를 입증할 수 있는지, **불법도용자**[cracker]를 특별히 정하는 것이 가능할 수 있는지 등을 그 내용으로 한다.

[241] 책임귀속의 문제는 '**공개키 기반구조**'(public-key infrastructure, PKI)[158]가 채택되어 있는 시스템이라면, 송·수신된 데이터 메시지를 신뢰하는 것에 법적 효력을 부여해도 현재 기술수준에 비추어 무리가 없을 것으로 판단되나, 시스템 운영체계 전반을 고려할 경우에 당해 위험을 담보할 수 있는 방편은, 생각건대, 보험에 부보하는 것 외에는 달리 선택의 여지가 없을 것으로 보인다.

■ SUMMARY [*Article 13*]

The purpose of article 13 of the Convention, which is based on article 1 (3) (g) of the 1974 UNCITRAL Convention on the Limitation Period in the International Sale of Goods, is to ensure that communications taking the form of a telegram or telex are treated as 'writings', and thus (in their form) can satisfy applicable writing requirements if such exist.

판결례와 평가

- 적용범위 : 서면의 정의
- 출처표시 : 「Oberster Gerichtshof」(Austria), 『1 Ob 525-93』, 1993.07.02.

158) '**공개키 기반구조**'는, '**암호화**(暗號化)**와 복호화**(復號化) **키**(key)**로 구성된 공개키를 이용하여, 송수신 데이터를 암호화하고, 인터넷 사용자가 보유한 암호를 이용하여, 거래자 신원을 확인하는 방식의 사용자 인증 시스템**'으로 그 개념을 정립할 수 있다. 요약하면, '**공개키 알고리즘을 통한 암호화 및 전자서명을 제공하는 복합적인 보안시스템 환경**'이다. 즉, '**암호화와 복호화 키로 구성된 공개키를 이용하여, 송·수신 데이터를 암호화하고, 디지털인증서를 통해 사용자를 인증하는 시스템**'이다. 이는 '**전자상거래나, 정보유통의 안전성과 신뢰성을 확보하기 위한 시스템으로, 상대방의 신원을 확인하고, 정보내용의 변경확인과 비밀유지기능을 갖는, 지식정보화사회의 핵심기반**'이라고 할 수 있다. 데이터를 암호화하는 방법에는, '**공개키 방식**'과 '**비밀키 방식**'이 있다. '**비밀키 방식**'이 송·수신자 양측에서 동일한 비밀키를 공유하는데 반하여, '**공개키 방식**'은 암호화와 복호화키가 다르기 때문에, 데이터를 암호화하고, 이를 다시 풀 수 있는 열쇠가 달라, 거의 완벽한 데이터 보완이 가능하고, 정보유출의 가능성이 적은 시스템이다. 그러므로 '**공개키 암호의 상용화를 위해서, 키의 생성과 인증 그리고 분배와 안전한 관리를 위한 체계를 마련한 것**'이 '**공개키 기반구조**'이다. '**이 시스템에는 공개키에 대한 인증서를 발급하는 인증기관, 사용자들의 인증서 신청 시 인증기관 대신에 그들의 신분과 소속을 확인하는 등록기관, 인증서와 사용자 관련정보, 상호인증서 및 인증서 취소목록 등을 저장 검색하는 장소인 디렉토리, 또한 다양한 응용에서 공개키를 이용하여, 전자서명을 생성하고, 검증하며, 데이터에 대한 암호, 복호를 수행하는 사용자 등이 포함**'된다. 이 시스템을 도입하여 전자상거래에 임할 경우, 전자서명을 한 뒤에, 공인인증기관의 인증을 받아, 상대에게 제시함으로써 거래가 이루어지는데, 이 때 개인정보나 거래정보가 외부에 노출되지 않아, 안전하게 거래할 수 있다. 이 시스템은 인터넷상의 보안을 위한 광범위한 기업응용 프로그램에 보안 솔루션을 제공한다. 솔루션은 웹보안, 전자우편보안, 원격접속, 전자문서, 전자상거래 어플리케이션 등 매우 다양한 분야에서 사용된다.

1. 사실관계와 쟁점

① 본 사건은 당사자가 계약변경 시에는 서면확인이 필요하다고 합의하였지만, 그 후 계약내용의 일부 변경에 관하여 협의를 하는 과정에서 일방당사자가 당해 협의내용을 상대방에게 팩스로 송부한 경우에 이것이 유효한 계약변경으로 취급될 수 있는지의 여부를 다루고 있는 사건이다.

② 매도인[독일]과 매수인[오스트리아]은 고속도로건설을 위한 철강 및 부설자재를 계약의 목적물로 하여 2004년 매매계약을 체결하였다. 양당사자는 본건 계약내용에, 추후 계약의 변경은 반드시 서면으로 행하여야 한다고 약정하고 있었다.

③ 계약조건은 2005년 4월까지 유효했지만, 양당사자는 시장의 물품가격의 하락을 고려하여 2005년 3월 물품가격 변경을 합의하였다. 새로운 물품가격은 2005년부터 2006년까지 유효한 것으로 하였다. 그런데, 이후로 시장가격이 더욱 급락함에 따라 2005년 11월 재협상에 임하였다.

④ 본 협상에서 가격변경에 관한 계약의 유효성 여부에 관하여 당사자 간의 다툼이 촉발되었다. 곧, 매도인은 이 협상에서 가격변경은 합의되지 않았고, 당해 거래에 오스트리아 표준계약조건이 적용되는 것에 동의하지 않는다고 주장하였다.

⑤ 한편, 매수인은 이전의 협상에서 가격변경에 관한 합의가 성립하였다고 주장하였다. 실제로 매수인은 합의내용을 서면으로 그리고 이를 동년 12월에 팩스로 모든 참석자에게 송부하였다. 매수인의 주장은 이 메모에 대해 매도인이 오스트리아 표준서식에서 정하고 있는 상당한 기간 내에 이의를 제기했다는 점에서 유효한 가격변경 합의가 성립하고 있다고 주장하였다. 실제 매도인이 매수인의 메모에 대한 반론서를 송부한 것은 메모가 전달되고 나서 1개월 이상 경과한 시점이었다.

⑥ 제1심에서는 본건에는 오스트리아 표준계약조건이 적용된다고 하여, 11월 당사자 간에 서로 합의한 내용을 기재한 매수인 작성의 메모에 기하여 매도인은 상당한 기간 내에 이의를 주장하지 않았던 사실을 적시하고, 이에 가격변경이 당사자 간에 유효하게 합의되었다고 판시하고 매도인의 이 같은 주장을 배척하였다.

2. 판결요지

⑦ 법원은, 본건은 **제29조**[계약의 변경과 서면요건] (2)의 해석에 관한 문제이다. 본조항에 있어서 서면의 의미는 **제13조**[서면의 정의]에 의해 전보 및 텔렉스를 포함한다. 따라서, 일방당사자가 작성한 서면에 의한 계약변경의 확인은 제29조 (2)와 모순되는 것은 아니다. 또한, **제8조**[당사자의 진술 또는 기타 행위의 해석]와의 관계에 관하여 당사자가 실제로 어떠한 서면성을 요구하고 있었는지를 해석하는 것이 중요하다고 지적하였다.

⑧ 한편 법원은, 본 사건에서 매수인의 주문서와 오스트리아 표준서식 쌍방이 계약조건으로서 적용된다. 전자는 계약변경에 대해 양당사자의 서면에 의한 확인을 요구하고 있지만, 후자는 구두로 계약변경이 이루어졌을 경우 일방당사자가 서면을 송부하고 타방이 이것에 이의를 제기하지 않을 때에 계약변경이 합의된 것으로 취급할 수 있다는 내용을 규정하고 있다. 이 양자의 규정은 서로 모순되는 내용이 아니고, 후자가 구두에 의한 계약변경의 특약을 이루는 것이라고 설시하였다.

⑨ 결국 법원은, 본 사건에 대해서는 구두로 계약변경이 합의되어 그 내용을 기재한 메모를 매도인에게 송부하여 상당한 기간 내에 이의의 제기가 없었던 것으로서, 당해 계약은 유효하게 변경되었다고 인정할 수 있다고 최종 판결하였다.

3. 해설

⑩ 제13조의 적용범위에 관한 해석은 그 견해가 다양하다. 다수설의 견해는 본조의 적용은 CISG가 서면요건을 규정하고 있는 **제21조**[연착된 승낙] (2) 및 **제29조** (2)에 제한된다고 하는 설이다. 본조는 상기 각 조항과의 관계에 있어 특별한 주의가 필요하다.

⑪ 본건에서, 2005년 11월 가격변경에 관한 합의에 관하여 당사자의 견해가 대립하고 있다. 즉, 매수인은 매도인에게 계약변경을 제안하고, 그 결과로서 가격변경에 관한 합의가 성립했다고 주장하고 있는 반면에, 매도인은 그러한 가격변경에는 합의하지 않다고 주장하고 있다. 양당사자가 법원에 제출한 증거나 증인에게서는 이 점에 대한 결정적인 증거는 찾아볼 수 없다.

⑫ 한편, 결정적 단서는 매수인이 작성한 회의석상에서의 메모이다. 본 회의 시에 매수인은 매도인에게 회의록을 시급히 작성하도록 요구했지만, 매도인이 이를 게을리 하여, 매수인이 메모를 작성해 이를 12월 회의출석자 전원에게 팩스로 송부했다. 송부된 메모에 대해서 지체 없이 이의를 제기하지 않았던 매도인은 법원에 의해 불리한 판결을 받는 결정적 동인으로 기능하였다.

The intention of the party is the soul of the instrument.

판정례 연습

[15] 계약상 매수인이 대금지급을 지체할 경우 1일에 매매대금의 0.5%를 위약금으로 지급하기로 합의하였다. 그러나, CISG는 이를 규정하고 있지 않다. 당해 사례의 해결방안에 관하여 논해 보라.

[16] 매도인이 매수인에게 매도인의 표준약관을 포함하고 있는 주문확인서를 보냈고, 표준약관은 매도인 국가의 법을 준거법으로 하는 준거법 선택조항을 포함하고 있다. 그러나, 표준약관이 포함된 주문확인서를 사용한 경우 주문확인서에 관한 문제는 CISG 및 그 기초가 되는 일반원칙에 의해 명시적으로 해결되지 못한다. 그렇다면, 표준약관 적용여부에 따른 **저촉법**(抵觸法)에 관하여 논해 보라.

[17] 매수인이 매도인으로부터 인도받은 물품을 남미에서 판매하기로 하였음에도 불구하고 북미에서 판매한 사실이 밝혀지자 매도인은 물품의 인도를 중지하였고, 이에 매수인이 계약위반을 이유로 손해배상을 구하였다. 이 경우 매수인의 손해배상청구는 적합하다고 볼 수 있는가?

[18] 계약에 수량이 '**석유 최대 1백만 톤**'으로 규정되어 있고, 매도인이 청약 시 수량이 석유 1백만 톤에 미치지 못할 것임을 설명하였다. 매수인이 대금지급을 지체하자 매도인은 인도를 중지하였고, 이에 관하여 매수인이 석유 1백만 톤이 인도되지 않음으로 인하여 발생한 손실의 배상을 청구하였다. 이 경우 계약책임에 관하여 논해 보라.

[19] 독일 매도인과 미국 매수인 간의 매매계약에 있어서 물품의 인도조건을 'CIF New York'으로 하기로 하였고, 물품운송 중 손상되었다. 당해 사건은 어떻게 해석되어야 하는가?

[20] 당사자가 매매계약을 체결한 후 매수인이 계약에서 합의된 매매대금보다 낮은 금액을 매매대금으로 한 확인서를 보냈으나, 매도인은 이에 응답하지 않았다. 매수인이 확인서상의 대금을 지급한 후 매도인은 계약상 대금이 지급되지 않았다는 이유로 소를 제기하였다. 이 경우 계약책임에 관하여 논해 보라.

[21] 매도인과 매수인의 [**채소를 계약의 목적물로 한**] 매매계약에 의하면, 물품선적 시에 살아있는 벌레가 없어야 하고, 매수인이 보험에 가입하고, **검사증명서**(檢査證明書)를 확인하고, 대금을 지급하기로 하였다. [**본건 거래는 FOB 조건으로 합의하였다**] 매수인이 물품을 수령한 후, 물품에 벌

날인증서(捺印證書)의 기재(記載)에 모순(矛盾)되는 주장(主張)은 이를 허락받지 못한다.

레가 있음을 이유로 매도인을 상대로 손해배상을 구하였다. 이에 매도인은 검사증명서를 통해서 물품선적 시에 곤충이 포함되지 않았음을 입증하였으나, 매수인은 그 반대사실을 증명하지 못했다. 이 경우 계약책임에 관하여 논해 보라.

[22] 매도인과 매수인 간에 체결된 계약서에는 대금지급에 관련된 조항이 없다. 그런데, 매수인의 요청에 의해 대금지급을 20일간 연기하여 상업송장상의 금액만을 지급하였다. 그러나, 매도인은 20일간의 대금지연에 따른 이자지급을 구하는 소송을 하였다. 이 경우 계약서상에 이자지급에 대한 언급이 없어도 매도인의 이자채권이 인정될 수 있는가?

[23] 매수인 국가에 있는 매도인의 대리인이 주문을 받았고 인도지시의 확인 · 송장의 발행 · 물품의 인도 등이 매도인 국가에 있는 매도인의 영업소에서 이루어졌다. 이 경우 매도인의 영업소는 어디로 보아야 하는가?

[24] 한국 매수인과 벨기에 매도인 사이의 국제물품매매계약에 있어서, 매수인이 물품의 하자를 이유로 한국 법원에 소를 제기하자, 매도인은 협상과정에서 매수인에게 보낸 송장서식에 벨기에 법원을 관할법원으로 하는 인쇄된 합의관할 조항이 포함되어 있으므로 한국 법원은 이 사건에 관하여 관할권이 없다고 주장하였다. 이 경우 재판관할에 관하여 논해 보라.

[25] 당사자가 유선상으로 물품의 수량 · 대금 · 인도조건 등을 정하고 계약을 체결하였다. 그 후 매도인이 물품을 여러 차례로 나누어 인도하면서 각 인도부분에 관하여 합의관할 조항이 포함된 송장을 매수인에게 보냈다. 매수인이 명시적으로 또는 묵시적으로 합의관할 조항에 동의하지 아니하였다. 이 경우 양당사자의 국제물품매매계약은 유효하게 성립되었다고 볼 수 있는가?

[26] 당사자가 물품매매에 관한 협상을 하였고 매수인은 계약서에 서명하였으나 매도인은 서명하지 않았다. 그 후 매도인은 물품을 구매하기 위하여 제3자와 계약을 체결하였다. 이 계약은 물품의 수량 · 인도시기 · 대금에 관하여 당사자 간 계약에 반영하고 있다. 제3자로부터 매수인은 선하증권을 수령하였으나 매도인이 계약서에 유효하게 서명하지 않았으므로 당사자 간 계약이 체결되지 않았다고 주장하면서 대금을 지급하지 않았다. 이 경우 국제물품매매계약은 유효하게 성립되었다고 볼 수 있는가?

[27] 러시아 매수인과 한국 매도인이 서면으로 물품매매계약을 체결하였다. 계약에는 러시아법을 준거법으로 하는 준거법 선택조항이 포함되어 있었다. 매도인은 매수인이 대금을 지급하

지 않는 것을 이유로 손해배상을 구하는 소를 제기하였다. 이에 매수인은 계약이 전화통화를 통하여 변경되었고, 물품대금을 이미 지급하였으나, 대금을 외국은행으로부터 편취 당하였고 이는 외국에 계류 중인 형사상의 절차에 의해 입증할 수 있다고 주장하였다. 러시아의 경우 협약 제12조 및 제96조에 관한 유보를 선언하고 있다. 이 경우 매수인의 구두에 의한 계약변경은 유효하다고 볼 수 있는가?

[28] 매수인의 청약에 매도인이 텔렉스를 통해 승낙을 하였다. 그러나, 매수인은 매도인이 전송한 텔렉스는 정식 계약서가 아니라며 물품수령을 거절하였다. 당해 국제물품매매계약의 성립여부에 관하여 논해 보라.

제 3 편

계약의 성립

제 3 편

계약의 성립

구분 및 내용		
제 3 편 계약의 성립		제14조~제24조
	제1장 청 약	제14조~제17조
	제2장 승 낙	제18조~제22조
	제3장 계약의 성립시기	제23조~제24조

[242] 제3편[제14조~제24조]은 '계약의 성립'에 관한 규정으로서, 제1장 청약[제14조~제17조], 제2장 승낙[제18조~제22조], 제3장 계약의 성립시기[제23조~제24조]에 관한 규정으로 구성되어 있다.

제1장 청 약

구분 및 내용		
제 3 편 계약의 성립		제14조~제24조
	제1장 청 약	제14조~제17조
	제14조 청약의 기준	
	제15조 청약의 효력발생시기와 철회	
	제16조 청약의 취소	
	제17조 청약의 거절	
	제2장 승 낙	제18조~제22조
	제3장 계약의 성립시기	제23조~제24조

[243] **제1장**은 **청약**에 관하여 그 **'법적 기준'**[제14조]과 **'효력발생시기와 철회'**[제15조] 및 **'취소'**[제16조] 그리고 **'거절'**[제17조] 등에 관하여 다루고 있다. 이상의 체계는 **제2장 승낙**의 경우와 그 맥을 같이 하고 있는 특징이 있다.

■ SUMMARY [*Part II*]

1. Part II of the Sales Convention sets out rules for the formation of an international sales contract. Timing requirements for the application of these rules are set out in article 100 (a). Under the rules of Part II, a contract is concluded when an acceptance of an offer becomes effective. CISG article 23. The first four articles of Part II (articles 14-17) deal with the offer, while the following five articles (articles 18-22) deal with the acceptance. The final two articles (articles 23-24) address the time when a contract is concluded and when a communication 'reaches' the addressee, respectively. One court has described these provisions as embodying "a liberal approach to contract formation and interpretation, and a strong preference for enforcing obligations and representations customarily relied upon by others in the industry".

2. A number of decisions have applied the offer-acceptance paradigm of Part II to proposals to modify a sales contract (article 29) or to proposals to terminate the contract. Several decisions have distinguished between the conclusion of the sales contract and an agreement to arbitrate disputes arising under that contract.

은폐(隱蔽)와 침묵(沈黙)과는 별개(別個)의 것이다.

014. 청약의 기준

Art. 14

(1) A proposal for concluding a contract addressed to one or more specific persons constitutes an offer if it is sufficiently definite and indicates the intention of the offeror to be bound in case of acceptance. A proposal is sufficiently definite if it indicates the goods and expressly or implicitly fixes or makes provision for determining the quantity and the price.

(2) A proposal other than one addressed to one or more specific persons is to be considered merely as an invitation to make offers, unless the contrary is clearly indicated by the person making the proposal.

제14조

(1) 1인 또는 복수 이상의 특정인에 대한 계약체결의 제의는 그것이 충분히 확정적이고 또한 승낙이 있는 때에 구속된다는 청약자의 의사를 표명하고 있는 경우에 청약이 된다. 당해 제의가 물품을 표시하고, 명시적 또는 묵시적으로 그 수량과 대금을 정하고 있거나, 이를 결정하기 위한 규정을 두고 있는 경우에 그 제의는 충분히 확정적이다.

(2) 1인 또는 복수 이상의 특정인에 대한 제의 이외에 불특정 다수인에 대한 제의는 당해 제의를 행한 자가 다른 의사를 명확히 표명하지 아니하는 한, 단지 청약의 유인으로 본다.

[244] **제14조** (1)의 제1문에 따르면, 계약체결의 제의가 청약의 요건을 구비하기 위해서는, 청약자가 반드시 그것에 대한 피청약자의 승낙이 있으면, 그것에 구속된다는 의사를 명확하게 표시하고 있어야 한다. 이러한 의사는 **제8조**[당사자의 진술 또는 기타 행위의 해석] (1)과 (2)에 규정된 진술이나 행위에 관한 해석을 통해 파악될 수 있다. 제8조 (3)에 따르면, 이러한 의사는 모든 관련 형식을 통해 증명될 수 있다. 예컨대, 협상과정에서의 진술 또는 기타 행위 그리고 계약체결 후 당사자들의 후속행위 등의 경우가 이에 해당한다. 일례로, 매수인이 매도인에게 발송하는 주문서에 '**주문**'과 '**즉시 발송**'이라고 표시되어 있는 경우 이는 매수인이 이 주문에 대하 매도인이 응하면 그것에 구속되겠다는 의사를 표시한 것으로 보는 것이다.

[245] 계약체결의 제의는 충분히 확정적이고, 이 제의를 받은 자의 승낙이 있는 경우 구속된다는 의사가 명확히 표시되어 있어야 한다. 본조 (1)의 제2문에 의하면, 당해 제의가, i) '**물품을 표시**'하고, ii) '**수량과 대금**'에 관하여, 명시적 또는 묵시적으로 이를 정하고 있거나, '**이를 정하는 규정**'을 두고 있는 경우에는 그 제의는 충분히 확정적이라고 명정하고 있다. 이 경우 양당사자

간에 확립된 관행이 있으면, 이로써 계약체결의 제의에 표시되어 있지 않은 품질・수량・가격 등의 내용을 보완할 수 있다.

[246] 본조는 당해 제의에 모든 계약의 내용이나 조건이 포함되어야 한다는 것을 요구하고 있지는 않은데, 양당사자가 물품의 인도장소 또는 운송방식에 대해 합의하지 않고 있는 경우에는 CISG의 연관규정에 의해 그러한 사항이 보충된다. 이는 후술한다.

[247] 본조 (1)의 제2문에 의하면, 당해 제의는 물품을 표시하여야 한다. 그렇지만, 물품의 품질을 반드시 표시할 것을 요구하고 있지는 않음을 유의하여야 한다. 아울러, 당해 제의는 명시적 또는 묵시적으로 수량 또는 수량의 결정방법을 정하고 있어야 한다. 또한, 그 제의는 명시적 또는 묵시적으로 가격 또는 가격의 결정방법을 정하고 있어야 한다.

[248] 계약의 성립요건에 대한 **국제상사계약법규**[CISG, PICC, PECL] 아래서의 처지를 각기 구분하여 살피면 다음과 같다.

1. CISG의 경우

[249] CISG에서는 유효한 청약의 기준으로서 그 의사표시가, i) '**1인 또는 복수 이상의 특정인**'(one or more specific persons)을 대상으로 하여야 하고, ii) 상거래 제의가 '**충분히 확정적**'(sufficiently definite)이어야 하며, iii) 상대방의 승낙이 있는 경우 이에 구속된다는 '**구속의사를 표시**'(indicates the intention of the offeror to be bound in case of acceptance)하고 있어야 한다[제14조 (1)]. 이 경우 구속의 의사표시가 없는 청약은 단지 '**청약의 유인**'(invitation to make offer)으로 취급된다. 따라서, 승낙에 대응하는 법적 효력이 있는 청약은 승낙이 있어도 계약을 성립시킬 수 없는 '**청약의 유인**'과 구별된다.

2. PICC의 경우

[250] PICC에서는 [CISG에서와 같이 청약의 기준에 관하여 규정하고는 있으나] 상거래 제의의 대상, 즉 1인 또는 복수 이상의 특정인이라는 요건을 규정하고 있지 않은 점과, 또한 충분히 확정적이어야 한다는 여부를 판단할 수 있는 요건의 제한이 없다고 하는 점에서 CISG의 경우와 차이를 보이고 있다[PICC 제2.1.2조(청약의 정의)]. CISG에서 충분히 확정적이라는 요건을 만족하기 위해서는, "**물품을 표시하고 또한 그 수량과 대금을 정하고 있거나, 이를 정하기 위한 규정을 두고 있어야 한다**"고 규정하고 있는데 반하여, PICC는 "**청약은 충분히 확정적이어야 한다**"라고만 규정하

고 있다. 결국, PICC는 계약당사자가 처한 사정과 상황에 비추어 청약의 확정성 요건을 결정할 수 있는 여지를 남기고 있어, CISG에 비하여 보다 신축적이고 포괄적이라 할 수 있다.

[251] 또한, PICC는 '청약의 유인'에 대해 언급하지 않고 있다. 결국, 불특정 다수를 상대로 하는, 이른바 공개청약(公開請約, public offer)이라고 하더라도 이것이 그 확정성과 구속의사를 명확히 수용하고 있는 경우에 청약으로서의 효력이 인정될 수 있는 가능성을 남기고 있다. 그 취지는 서로 다른 국가에 영업소를 둔 당사자에게 계약의 성립을 보다 용이하게 할 수 있도록 배려하기 위한 입법적 의도로 파악된다.

3. PECL의 경우

[252] PECL에서는 청약에 관하여, "제의는 타방의 당사자가 이를 승낙하면, 계약이 성립될 것으로 의도되고, 계약을 구성하기에 충분히 확정적인 내용을 포함하는 경우 청약이 된다"고 규정하고 [제2:201조(청약)], PICC에서 불특정 다수인에 대한 청약의 문제에 대해, "청약은 1인 또는 다수의 특정인 또는 불특정 다수인에 관하여 행하여 질 수 있다"고 명확히 하고 있다. 아울러, "광고나 카탈로그에 의하여, 직업적 공급자가 행하는 물품의 진열을 통해 제시된 가격으로 물품이나 용역을 제공한다는 제의는 물품의 재고 또는 공급자의 용역 공급능력이 소진되는 때까지는 그 가격으로 매도하거나 공급한다는 청약으로 추정된다"고 하여 CISG 및 PICC와 비교할 때, 청약자의 처지에서 보다 적극적이고도 구체적인 규정내용을 담고 있다.

■ SUMMARY [*Article 14*]

1. Article 14 sets out the conditions on which a proposal to conclude a contract constitutes an offer that, if accepted by the addressee, will lead to the conclusion of a contract under the Convention. This article has been applied to determine whether a statement or other conduct rejecting an offer constitutes a counter-offer (article 19 (1)). The principles set out in this article i.e., the person making the proposal must intend to be bound, and the proposal must be sufficiently definite have been applied, together with those in other articles of Part II, notwithstanding that Part II was not applicable by virtue of a declaration under article 92. For discussion of whether Part II of the Convention provides the exclusive way to conclude a contract governed by the Convention.

2. The identity of the person making a proposal or of the person to which the proposal is made may be uncertain. Decisions have applied article 14 and the rules of interpretation in article 8 to this issue.

판결례와 평가

- 적용범위 : 계약의 내용에 유효하게 편입될 수 있는 일반거래약관
- 출처표시 : 「Oberster Gerichtshof」(Austria), 『7 Ob 175/05v』, 2005.08.31.

1. 논점과 사실관계

① 매도인[오스트리아]은 매수인[홍콩]에게 파우더(powder)를 판매하였다. 계약서는 영어로 작성되었고, 주문서 뒷면에 독일어로 작성된 매도인의 일반거래약관이 삽입되었다. 한편, 약관은 오스트리아 법을 적용법으로 두고 있었다.

② 홍콩은 중국이 체결한 협약에 구속되며, 따라서, 중국과 오스트리아가 모두 CISG의 체약국이므로, 본 사건에는 CISG가 적용된다는 하급법원의 판결이 있었고, 상급법원의 판결 또한 이와 다르지 않았다. 그리고 법원은 매수인의 일반거래약관이 합의에 의해 편입된 사항이 아닐 뿐만 아니라 계약서상의 언어로 작성되지 않았다는 주장을 수용하여 당해 효력을 부인하였다.

③ 최고법원은, 매도인의 일반거래약관이 계약의 내용에 유효하게 편입될 수 있는지, 만약 그렇지 못한 경우에 어느 법률이 적용되어야 하는지의 여부에 관하여 심리하였다.

2. 판결요지

④ 최고법원은, [당해 판결에서] 양당사자가 체약국의 법률[오스트리아의 법률]을 적용법으로 합의하였기 때문에, 본 사건에는 CISG가 적용된다고 하였다. 본 판결은 중국이 CISG의 적용범위를 홍콩특별행정구까지 확대시키지 않았다는 사실을 수용한 결과로, 이는 법적용의 시각에서 하급법원의 판결취지와는 다른 것이었다.

⑤ 최고법원은 다음과 같이 판시하였다. 매도인의 일반거래약관의 유효성 문제는 제8조[당사자의 진술 또는 기타 행위의 해석] 및 제14조[청약의 기준]에 의해 판단하여야 한다. 이러한 약관이 계약에 적용되는 것으로 양당사자는 인식하고 있었고, 나아가 그 약관의 내용을 이해할 가능성이 있었다면, 당해 약관은 유효한 것이다.

⑥ 본 사건도 마찬가지이다. 매도인의 약관이 길지 않고, 또한 광범위하게 사용되고 있음과 동

형평법(衡平法)은 지능(知能)에 결함(缺陷)있는 자를 돕지만, 주의(注意)에 결함있는 자를 돕지 않는다.

시에, 비교적 번역하기 쉬운 독일어로 작성되어, 동일한 부류의 합리적인 자가 이해하기에 무리가 없는 약관이라 할 수 있다. 설령, 국제상거래에 임한 당사자가 이러한 약관의 내용을 이해하지 못했다면, 당해 약관의 적용에 관하여 즉시 이의를 제기했어야 한다. 그럼에도 불구하고 매수인은 달리 이의가 없었다. 결국, 최고법원은 하급법원의 판결을 파기하고 이를 반송하였다.

판결례와 평가

- 적용범위 : 계약의 존재여부와 관행의 유효성
- 출처표시 : 「Cour d'Appel de Paris」(France), 『2002/02304』, 2003.09.10.

1. 논점과 사실관계

① **매도인**[독일]이 **매수인**[프랑스]에게 소송을 제기하였다. 사실관계로서, 매도인의 대리인은 1998년 9월 9일에 매수인의 본부를 방문하였다. 당시 매도인의 대리인이 매수인에게 특정한 **섬유사양**[lycra-type fabric]을 추천하고, 이에 매수인에게 매도청약을 하였다.

② 1998년 9월 28일, 매도인은 매수인에게 독일어로 작성된 '**주문확인서**'를 송부하였다. 그 내용에는 섬유의 단가가 m당 11.4프랑, 판매수량이 100,000m라고 기재되어 있었다. 또한, 당해 물품은 매수인의 지시에 따라 1998년 11월부터 1999년 2월까지 1회분 25,000m를 단위로 할부선적이 가능한 것으로 표시되어 있었다. [과거에도 이와 같이 구두로 주문을 확인하는 방법이 사용된 적이 있었다]

③ 매수인이 요구하는 첫 회분 수량은 2,000m이었다. 1999년 3월 15일에 1회분에 관한 **상업송장**(invoice)이 발급되었고, 아울러, 100,000m의 천이 남아있음이 기재되어 있었다. 매수인은 아무런 의견 없이 당해 상업송장에 기재된 대금을 지급하였으나, 나머지 물품에 대한 언급이 없었다.

④ 매도인은 자신의 대리인이 매수인을 방문했을 때, 100,000m의 천에 관한 매매계약을 체결한 것으로 이해하였다. 따라서, 매도인은 1999년에 파리법원을 통해 매수인에게 소송을 제기하여, 아직 인도되지 못한 물품의 대금에서 제3자에게 전매한 가격을 공제한 잔여대금으로서 350,000프랑, 나머지 물품의 수령, 싼 가격으로 제3자에게 전매함에 있어 발생된 250,000프랑의 손해배상금을 주문하였다. 그러나, 법원은 이와 같은 매도인의 청구를 기각하였고, 이에 매도인은 상소하였다.

2. 판결요지

⑤ 파리상소법원은 매도인의 상소를 심리하였으나, 당사자 간에 매도인이 손해를 청구할 수 있는 원인으로서 당해 계약이 존재하지 않는 것으로 판단하고 원 판결을 지지하였다. 곧, 법원은 매도인의 대리인이 매수인을 방문하였을 때, 구두로 매매계약을 체결했는지의 여부를 판단함에 있어, 매수인이 이러한 사실을 부인하는 반면에, 매도인이 매매계약을 체결한 것에 관한 증거를 제공하지 못하였다고 판단하였다. 아울러, 매도인이 주문확인서를 통해 계약의 내용을 확인하였으나, 양당사자 간의 관습에 비추어 계약이 유효하게 성립되지 않았다고 판시하였다.

⑥ 본건 상소법원은 제14조 및 제18조에 규정에 의해, 매도인이 과거 물품과 다른 신형의 섬유를 제공하려고 한 행위는, [과거의 거래에 비추어] 그들 사이에 확립된 관습이라고 볼 수 없다. 따라서, 당해 '**주문확인서**'는 구매의 제안으로 취급할 수 있다. 그리고 매수인이 독일어를 못하기 때문에, 독일어로 작성된 주문확인서를 이해하여야 할 하등의 의무가 없음과 동시에, 2,000m 물품인도가 100,000m 물품매매의 부분이행으로 볼 수 없다고 판시하였다.

3. 해설

⑦ 청약은 충분히 확정적이어야 한다. 곧, 청약이 충분히 확정적이라고 함은, 우선 특정된 대상 물품을 명확히 하는 것이 필요하고, 나아가 명시적 또는 묵시적으로 그 수량 및 가격을 정하고 있는지, 혹은 그러한 결정방법에 관하여 규정하고 있는지의 여부가 그 조건이 된다.

판결례와 평가

- 적용범위 : 청약과 승낙으로서 인정할 수 있는지의 여부
- 출처표시 : 「U.S District Court, S.D., New York」(USA), 『98 Civ. 861, 99 Civ. 3607』, 2002.05.10.

1. 논점과 사실관계

① 본 사건은 매수인의 신약원료 구입 등 일련의 행위가 **제14조** (1)의 청약에 해당되는지 여부와, 매도인의 공급위탁을 위한 [정식견적서 등] 서면이 존재하지 않는 경우 미국 **식품의약품안전청**(FDA)의 확인서 발행이 **제18조**[승낙시기 및 방법] (3)의 승낙에 해당하는지 여부를 다루고 있

는 사례이다.[159)]

② 미국 매수인[원고]은, 혈액응고를 막기 위한 약품을 개발・제조・판매하는 것을 예정하고, 캐나다 매도인[피고]으로부터 신약원료를 수령했다. 이후 매수인은 [본 신약을 제조・판매하기 위한 승인을 위해] 미국 FDA에 승인신청을 하였다. 한편, 매도인은 매수인의 FDA에 대한 신약 승인을 촉진하기 위해, 참조 서면을 작성해 제출하였다.

③ 그런데, 매도인은 FDA의 승인을 득하기 전에, 제3자와 해당 원료의 독점공급계약을 체결하였다. 여기서, 매도인은 매수인에게 당해 신약의 원료공급을 할 수 없게 되었으므로, 매수인에게 신약재료를 판매할 의무가 없다는 것을 이유로, 매수인 주문을 거절하였는 바, 이에 매수인이 매도인을 제소한 것이 본건이다. 청구원인은, 계약위반(breach of contract), 금반언(estoppel), 과실(negligence), 불실표시(negligence misrepresentation) 등이다.

④ 1994년 9월 20일 양당사자의 협상과정에서 매도인은 제3자에게 독점권을 부여하지 않은 상황에서, 매도인은 해당 신약원료를 공급하는 것이 가능하다는 취지를 매수인에게 통지하였다. 동년 9월 21일, 매수인은 매도인으로부터 유선상으로 견적을 받았다. 그 내용은 510kg의 원료가 kg당 약 2,500달러라고 하였다. 1994년 9월 26일 매도인은 매수인에게 1g과 10g의 해당 원약샘플과 기술정보를 무상으로 송부했다.

⑤ 이후 1995년 2월과 3월 매도인은 매수인에게 신약 연구개발에 필요한 수량의 원료를 송부하였고, 매수인은 이를 수령하였다. 아울러, 매수인은 동년 2월에 15kg, 7월에 5kg의 해당 원료를 각각 구입했다. 동년 2월의 주문서에는, 요구된 수량의 원료의 공급과, 그 외의 정보 및 재료를 요구하는 서류가 첨부되어 있었다.

⑥ 동년 3월 7일, 매도인은 15kg의 원료를 매수인에게 송부하였다. 또한, 3월 21일 50g의 원료샘플을 요구된 정보와 같이 매수인에게 송부하였다. 4월 3일 주문서 및 그 첨부서류에서 요구되어진 사항으로, 매도인은 FDA로 참조 서신을 송부했다. 나아가, 매도인은 매수인에게 본 서신의 사본을 송부했다. 여기서 당해 서신은 신약원료의 등록원부라고 하였다.

---

159) ① 「Ontario Superior Court of Justice」(Canada), 『03-CV-261424CM 3』, 2005.10.28.
② 「Tribunal de Grande Instance de Strasbourg」(France), 『Unknown』, 2006.12.22.
③ 「Oberlandesgericht Frankfurt」(Germany), 『9 U 13/00』, 2000.08.30.
④ 「Metropolitan Court of Budapest」(Hungary), 『AZ 12.G.41.471/1991』, 1992.03.24.
⑤ 「Audiencia Provincial de Murcia」(Spain), 『439/10』, 2010.07.15.
⑥ 「Handelsgericht Aargau」(Switzerland), 『OR.960-0013』, 1997.09.26.
⑦ 「U.S. District Court, Eastern District of California」(USA), 『CV F 09-1424 LJO GSA』, 2010.01.21.

⑦ 1995년 7월 21일 매수인은 5kg의 원료 주문서를 [안전취급절차서의 요구와 함께] 매도인에게 송부하고, 매수인은 동년 8월에 본 출하분을 수령했다. 1996년 1월 매수인은 12~14kg의 원료 주문을 통보하였지만, 매도인은 본 주문에 응하지 않았다. 매수인은 [그 원인이 소통의 부재라고 인식하고] FDA 미인가 원료를 다른 조달처로부터 구입하는 것을 결정하였다.

⑧ 상기의 참조 서신은 원료공급 책임이 명확하게 기재되어 있는 것은 아니지만, 매수인이 신약을 제조하는 경우 본 서신에 기재된 요건 및 업계의 요건에 따라, 신약을 제조하는 확약을 FDA에 한 것이라고 법원은 판단했다.

2. 판결요지

⑨ 법원은, [본건 계약위반의 주장에 관하여] 기본적으로 CISG가 적용된다고 판시하였다. 나아가, [참조 서신을 인정하는 취지에서 묵시적인 공급약속을 인정하고 있는 업계의 상거래 관행을 고려할 때] 매수인의 샘플 구입 등 일련의 행위는 제14조 (1)에서 명시하고 있는 바와 같이 수량과 가격을 구체적으로 특정하는 것이라 볼 수 있고, 이에 본조항의 청약에 해당한다고 판시하였다.

⑩ 또한, 법원은, FDA에 대한 참조 서신의 발행은 제18조 (3)의 이행행위에 해당되어, 본조항의 승낙에 해당한다고 볼 수 있다. 아울러, 대가관계의 요건에 관해서는, [계약의 유효성 문제로 취급하여] 제4조[적용사항과 비적용사항] (a)에 의해 준거법으로 결정되는 국내법에 의해 판단되어야 한다고 주문하였다. 한편, 과실 및 과실 있는 불실표시의 주장에 대해서는, CISG의 적용범위 외의 사안으로 취급하고 마찬가지로, 준거법으로 결정되는 국내법을 적용하였다.

3. 해설

⑪ 제14조는 청약의 정의 및 요건에 대해 규정하고 있다. 즉, 청약이 승낙자로부터 승낙되었을 경우에 계약은 유효하게 체결되었다고 명시하고 있다. 이 경우 1인 또는 복수 이상의 특정인에 대한 청약이 필요하다. [이 경우 대리인에 대한 청약은 본인에 대해서 법적 구속력을 가진다] 또한, 청약은 충분히 확정적이어야 한다. 여기서 청약이 충분히 확정적이라는 것은, 물품이 특정되어야 하는 것과 명시적 또는 묵시적으로 그 수량 및 가격을 정하고 있어야 하고 혹은 그러한 결정방법에 대해 규정하고 있는 경우를 말한다. 예컨대, 수량 및 가격에 관해서, "**후일 당사자 사이에 별도 합의한다**"는 내용은 합의가 성립되지 않으면 결정될 수 없기 때문에 결정방법을 정한 것이라고는 볼 수 없다.

토지소유자(土地所有者)의 권리(權利)는 지상천심(地上天心)에 미치며, 지하지심(地下地心)에 미친다.

⑫ 제14조 (1)의 취지는 반드시 모든 계약조건을 포함할 필요는 없고, 이를테면 인도장소나 시기 등은 별도로 합의할 수도 있고 혹은 CISG의 연관규정, 예컨대, 제8조[당사자의 진술 또는 행위의 해석] 등에 의해 보충될 수 있다. 제14조의 규정상 청약은 충분히 확정적이어야 하는 요건으로서, 최소한 대상물품, 수량 및 가격을 나타내는 것이 필요하다.

판결례와 평가

- 적용범위 : 계약교섭과정에 있어 사기적 불실표시가 개입된 경우
- 출처표시 : 「ICC International Court of Arbitration」, 『9651』, 2000.

1. 논점과 사실관계

① 본 사건은 계약교섭과정에 있어 사기적 불실표시가 개입된 경우 계약의 무효를 주장할 수 있는지 여부를 다루고 있는 사례이다. 신청인[독일]은 피신청인[인도]과 산업설비의 운송과 설치에 대한 각각의 독립된 계약을 체결하였다. [사실관계로서 계약의 이행과정에서] 신청인은 산업설비를 인도하였으나, 피신청인은 설비에 결함이 있다고 주장하였다. 피신청인은 설비의 반송을 신청인에게 통지하였고, 이에 신청인은 중재판정부에 본건 중재를 신청하였다.

② 피신청인은 [중재신청의 사유로서] 계약교섭과정에 있어 신청인의 사기적 불실표시가 개입되었고, 신청인이 산업설비의 인도를 지연한 점과 인도된 설비의 결함을 들어 당해 계약은 무효라고 주장하였다. 한편, 계약서에는 '법과 중재'라는 표제의 규정을 포함하고 있었는데, 그 내용은 "이 계약에는 스위스법을 적용한다" 그리고 "이 계약과 관련하여 발생하는 모든 분쟁은 최종적으로 중재에 의하여 해결한다"고 명시하고 있었다.

③ 신청인은 위의 계약조항을 근거로 당연히 스위스법을 적용하여야 한다고 주장하는 반면에, 피신청인은 계약교섭중의 사기적 불실표시에 관하여는 계약교섭지[행위지]의 법을 적용하여야 함이 마땅하고, 이는 정의와 공평 및 도덕적 관점에서도 타당하다고 하여, 이 사건에 스위스법을 적용하는 것은 부당하다고 주장하였다. 결국, 양당사자 간 다툼의 소지는 사기적 불실표시와 이를 해결하기 위한 준거법에 있었다.

2. 판정요지

④ 본건 중재판정부의 판정은 다음과 같다. 우선 [계약내용에 포함되어 있는 준거법 조항의 해석에 관하여] 당사자 간에 공통된 의사가 확립되어 있지 않은 경우 계약조건의 해석은 당사자와 같은 부류에 속하는 합리적인 자가 동일한 상황하에서 당해 계약에 부여하였을 의미에 따라 해석되어야 한다[PICC, 제4.1조(당사자의 의사), 제4.2조(진술 기타 행위의 해석)].

⑤ 또한, 계약의 체결과정 또는 계약성립 이후의 시점 여하를 불문하고, 계약내용과 관련되어 발생한 모든 분쟁은 계약에 명시되어 있는 적용법에 의함이 마땅하다. 이는 합리적인 상인이 판단할 경우에 있어서도 그 결과는 같다고 할 것인 바, 본 사건에는 스위스 법을 적용하여야 한다고 판정하였다.

⑦ 결국, 중재판정부는 [사기적 불실표시에 대한 당사자의 다툼에 관하여] 당사자가 불성실한 의도로 교섭에 임하거나 또는 교섭을 결렬시킨 경우 상대방이 입은 손해를 배상하여야 한다는 규정[PICC, 제2.1.15조(악의의 협상) (2)]과, 사기에 의한 계약체결의 경우 이를 취소할 수 있는 규정[PICC, 제3.8조(사기)] 및 부당한 강박에 의한 계약의 취소 규정[PICC, 제3.9조(강박)]을 적용할 수 있다고 최종 판정하였다.

3. 해설

⑧ 본건은 [준거법 확정에 관하여] 규범적 해석방법에 따라 신청인 주장을 인용하면서, 이 사건의 또 다른 쟁점인 사기적 불실표시의 인정 및 그에 대한 구제방법의 부여에 관한 피신청인의 처지를 배려하고 있다. 본건의 판정은 [PICC의 규정취지에 비추어] 법리적으로도 무리가 없으며, 당사자의 입장을 적절히 조화시키고 있는 까닭에, 형평의 이념에도 부합하는 판정이라 생각된다.

유사사건(類似事件)에 관하여는 재판(裁判)도 동일하다.

015. 청약의 효력발생시기

Art. 15

(1) An offer becomes effective when it reaches the offeree.

(2) An offer, even if it is irrevocable, may be withdrawn if the withdrawal reaches the offeree before or at the same time as the offer.

제15조

(1) 청약은 피청약자에게 도달한 때에 효력을 발생한다.

(2) 청약은 비록 취소불능의 청약이더라도, 철회의 의사표시가 청약의 도달 전에 또는 그와 동시에 피청약자에게 도달하는 경우에는 철회할 수 있다.

[253] 제15조 (1)에 의하면, 청약(請約, offer)[160]의 의사표시는 상대방에게 도달한 때에, 그 효력이 발생한다. 도달의 정의는, 제24조[도달의 정의]에서 규정하고 있다. 따라서, 청약이 도달하지 않는 한, 상대방이 그 내용을 이미 알고 있거나, 이에 승낙의 의사표시를 하더라도 이 경우 그 효력은 인정되지 않는다.

[254] 본조 (1)에서는 "청약은 피청약자에게 도달한 때에 효력이 발생한다", (2)에서는 "철회(撤回, withdrawal)[161]의 통지가 청약의 도달 전에 또는 그와 동시에, 피청약자에게 도달하면 청약자는 청약을 철회할 수 있다"고 규정하고 있다. 청약이 피청약자에게 도달한 후에는 청약자는 청약을 철회할 수 없으나, 다만 제16조[청약의 취소]에 의해 청약을 취소(取消, revocation)[162]할 수 있다.

---

160) 토지를 매도인이 '100만원에 매도하겠다'하고 또한 이에 대해 매수인이 '100만원에 매수하겠다'고 하여 2인의 의사표시가 합치하면 매매계약은 성립한다. 이 경우 전자[매도인]의 의사표시를 '청약'(請約)이라 하고 후자[매수인]의 의사표시를 '승낙'(承諾)이라고 한다. 일반적으로 계약체결에서는 의사표시가 단계적으로 이루어지는 것이 보통인데, 당사자 간에 합치하는 의사표시 중에 먼저 행하여진 의사표시가 '청약'이고, 그 '청약'에 대응하여 나중에 행하여진 의사표시가 '승낙'이다. '청약'만으로는 법률요건인 법률행위로서의 계약(契約)이 될 수 없고 법률행위라는 법률요건을 구성하는 하나의 법률사실(法律事實)에 지나지 않는다. '청약'의 의사표시는 묵시적으로 행해질 수도 있다. '청약'에는 계약의 내용을 결성할 수 있는 주요한 사항이 포함되면 충분하다. 다만, 계약의 내용을 결정할 주요사항이 반드시 '청약' 그 자체에 명시되어야 할 필요는 없고 종래의 거래관계나 그 밖의 사정에 의하여 분명하면 된다.

161) '아직 효과가 발생하지 않은 의사표시에 대해 그 효과 발생의 가능성을 박탈하는 것'을 '철회'(撤回)라고 한다. 이 '철회'를 '취소'(取消)라고 부르는 경우가 있는데, 본래 '취소'라고 하면 일단 효과가 발생한 다음에 그 효과를 소급하여 소멸시키는 행위이므로 '철회'와 '취소'는 구별하여야 한다.

162) 원칙적으로 무능력자[미성년자 · 한정치산자 · 금치산자]의 의사표시 또는 사기 · 강박 · 착오로 행하여진 의사표시 또는 법률행위[계약 등]의 경우 '일단 유효하게 성립한 그 의사표시 또는 법률행위의 효력을 후에 행위 시에 소급하여 소멸하게 하는 특정인[취소권자(取消權者)]의 의사표시'를 말한다. '취소'할 수 있는 행위는 '취소'가 있을 때까지는 모든 자가 그 행위의 효력이 있는 것으로 보며, 취소권자가 취소권을

[255] 청약의 의사표시를 발송한 후에 당사자가 사망하거나, 행위무능력자가 되거나 또는 파산한 경우 CISG는 이를 규율할 수 있는 명시적인 규정을 보유하고 있지 않은 까닭에, 청약의 효력이 문제시 될 수 있다. 이에 관하여 일설은, 국제사법이 지정하는 준거법에 의해 그 효력을 파악하여야 한다는 견해와, 이와는 달리 의사표시 효력의 소멸문제는 CISG에서 완결적으로 규정하고 있으므로 청약은 그대로 유효하다는 견해가 대립하고 있다. 생각건대, 본 사안은 계약의 이행 및 종료의 과정에서 그 효력에 관하여 예상하지 못했던 일련의 문제가 유발될 수 있는 개연성이 농후하고, 계약관계의 성실한 이행을 담보하기 위한 취지를 고려할 때, 전자의 견해가 타당하다고 판단된다.

■ SUMMARY [*Article 15*]

(1) of article 15 provides that an offer becomes effective when it reaches the offeree. Article 24 defines when a revocation 'reaches' the offeree. Although paragraph (1) has been cited1, no reported decision has interpreted it. (2) provides that an offeror may withdraw its offer if the withdrawal reaches the offeree before or at the same time as the offer. After the offer reaches the offeree, the offeror may no longer withdraw the offer, but may be entitled to revoke the offer in accordance with article 16. There are no reported cases applying paragraph (2).

판결례와 평가

- 적용범위 : 표준약관의 유효성
- 출처표시 : 「Bundesgerichtshof」(Germany), 『VIII ZR 60/01』, 2001.

1. 논점과 사실관계

① 본 사건은 청약서에 언급된 **표준약관**(standard terms)이 계약당사자를 구속하기에 충분한지 여부를 다루고 있는 사례이다.[163] 매수인과 매도인은 **'중고 연삭기'**(milling machine)에 대한 매매계

포기하거나 또는 취소권이 소멸하면 그 행위는 효력을 잃지 않고 유효한 것으로서 확정된다. 이 점은 당초부터 아무런 효과도 발생하지 않는 **'무효'**(無效)인 행위와 구분된다. **'취소'**의 방법은 그 법률행위를 **'취소'**한다는 의사를 표시하면 되며, 이에 아무런 형식도 필요로 하지 않는다. **'취소'**의 효과는 그 행위가 최초부터 **'무효'**였던 것으로 취급되는 것이다. 따라서, 법률행위에 의해 급부가 이미 행하여진 경우에는 그 급부를 받은 자는 수익자로서 **'부당이득(不當利得)의 법리'**에 의해 그 급부를 반환하여야 한다. 선의의 수익자는 받은 이익이 현존하는 한도 내에서 반환의무를 부담하는 반면에, 악의의 수익자는 그 받은 이익에 이자를 붙여 반환하고 손해가 있으면 배상해야 한다.

약을 체결하였다. 특히, 당해 매매계약서에는 계약이행에 관한 조건으로 매도인이 매수인의 영업장에서 연삭기를 최종적으로 **설치**(installation)하여야 한다는 내용이 포함되어 있었다.

② 한편, 매도인의 **표준약관**(standard terms)에는 [중고 연삭기의 어떠한 하자에 대해서도 그 책임이 면책된다고 하는] **면책조항**(exemption from liability)이 명시되어 있었는데, 이는 계약당사자간 최종 **확정발주서**(confirmation of order)에 명시된 사항이었다.

③ 그런데, 계약의 목적물인 연삭기는 그 설치과정에서 **구동**(operation)상 상당한 문제점을 노출하였고, 그 결과 설치기간 또한 예상외로 길어지게 되었다. 결국, 이 과정에서 매도인을 대신한 **설치자**[seller's fitter]는 연삭기의 하자 때문에 결국 설치를 포기하였는데, 유틸리티를 감당한 전기기술자는 그나마 연삭기를 무리 없이 설치하기 위해서는 상당한 비용이 투입되어야 한다는 사실과 그 명세를 매수인에게 제시하였다.

④ 매수인은 전기기술자의 명세를 근거로 매도인을 상대로 중고 연삭기의 하자를 문제 삼아 소를 제기하였고, 이에 매도인은 당해 계약에 포함되어 있는 표준약관과 면책조항을 원용하여 매수인의 주장을 일축하였다.

2. 판결요지

⑤ 본 사건에 대하여 하급심에서는 물품의 **계약부적합**(non-conformity)에 대한 매도인의 책임을 인정하면서, 당해 계약상의 표준약관에서의 면책에 관한 조항은 본건에서는 적용되지 않는다고 판결하였으나, 상급심에서는 원심판결을 파기하고 이를 환송하였다.

⑥ 상급심은 하급심에서 당해 설비에 결함이 존재하는지의 여부는 매수인의 계산과 위험하에서 중고 연삭기의 설치 전에 우선 검수되어야 했음을 인정하지 않았다고 하면서, 매도인의 주장과 같이 계약내용에 명시된 표준약관과 면책조항은 유효하다고 판단하였다.

⑦ 상급심 판결의 논거는 당해 계약서에 포함되어 있는 표준약관은 계약의 성립과 해석에 관한 **제7조**[계약의 해석원칙], **제8조**[당사자의 진술 또는 기타 행위의해석], **제14조**[청약의 기준], **제18조**[승낙의 시기 및 방법]에 비추어 양당사자를 구속하기에 충분하고, 따라서, 국제사법에 의한 별개의 법

---

163) ① 「Oberlandesgericht Frankfurt am Main」(Germany), 『10 U 80/93』, 1994.
② 「Oberlandesgericht Koln」(Germany), 『22 U 4/96』, 1996.
③ 「Oberster Gerichtshof」(Austria), 『1 Ob 49/01i』, 2001.

규적용 또는 처리방법을 고려할 필요가 없다는 것이었다.

3. 해설

⑧ 본 판결의 의의는 최종발주서에 언급된 표준약관조건은 양당사자를 구속하기에 충분하고, 이 경우 국제상거래에서 신의의 준수에 관한 일반원칙을 규정하고 있는 제7조는 반드시 고려되어야 한다는 원칙을 재차 확인하고 있다는 점에서 찾을 수 있다.

⑨ 그리하여, 계약당사자는 CISG의 본 규정으로부터 상호협력의무와 정보제공에 관한 의무를 각기 부담하게 되는데, 매수인은 자신의 권리를 향유하지 못한데 따른 불이익을 스스로가 감수하여야 할 것으로, 이는 국제상사계약에 있어 특별히 합의된 표준약관을 원용할 경우에도 마찬가지로 적용된다고 하는 것이 본 판결의 요지이다[연관규정으로서 PICC, 제2.1.19조(표준약관에 의한 계약체결), 제2.1.20조(의외의 조건), 제2.1.22조(서식의 교전)].

판결례와 평가

- 적용범위 : 송장의 발송을 청약으로 취급할 수 있는지의 여부
- 출처표시 : 「Oberlandesgericht Frankfurt」(Germany), 『9 U 13/00』, 2000.

1. 논점 및 사실관계

① 본 사건은 **상업송장**(invoice)의 발송을 청약으로 취급할 수 있는 조건과 그 내용에 관하여 다루고 있는 사례이다. **매수인**[독일]은 **매도인**[인도]으로부터 **직물**(textiles)을 매수하였다. 이 사건의 원고이며 스위스에 영업소를 두고 있는 매도인의 **자회사**[법적으로 매도인으로부터 독립되어 있는 회사]가 매도인의 요청에 따라 팩스로 송장을 보내겠다는 내용의 팩스를 매수인에게 송부하였다. 이후 매수인은 팩스로 모든 거래는 스위스 법에 의한다는 내용의 송장을 매도인으로부터 수령하였다.

② 원고는 매수인에게 **약속어음**(promissory note)을 요구하였고, 이에 매수인은 수취인란에 인도의 매도인의 이름과 주소를 기재하여 즉시 발송하였다. 이후 매수인은 원고가 CISG에 따른 청약을 하지 않았기 때문에, 자신과 원고 사이에 매매계약이 성립되지 않았다고 주장하고, 기 발

행된 약속어음을 무효로 하였다. 이에 원고는 매수인의 약속어음 지급을 구하는 소를 제기하였다.

2. 판결요지

③ 법원은, 원고가 CISG 규정에 따른 청약을 하지 않았기 때문에, 매수인과 원고 사이에 매매계약은 성립되지 않았다는 매수인의 주장을 수용하였을 뿐만 아니라[제14조], 본건 팩스는 물품의 성질과 수량 및 가격을 정할 방법을 포함하고 있지 않으므로 청약으로 볼 수 없다고 판시하였다.

④ 또한, 매수인에게 보내진 송장은 비록 위와 같이 필요한 결정방법을 포함하고 있고, 원고가 그것이 청약으로 이해되기를 의도하였다고 하더라도, 매수인이 원고의 의도를 몰랐고 또한 알 수도 없었으므로 이것 역시 청약으로 볼 수 없다고 하였다.

⑤ 한편, 매수인이 본건 송장을 청약으로 이해하였는지의 여부는 송장의 객관적인 내용에 따라 해석하여야 할 것인 바[제8조(당사자의 진술 또는 기타 행위의 해석)], 매수인에게 송부한 송장에서 원고는 매도인의 요청에 따라 조치한 것이라고 명시하고 있으므로 매수인이 이를 청약으로 이해할 수는 없다고 지적하였다.

⑥ 나아가, 본건 팩스에서도 매도인 요청에 따라 원고가 송장을 작성하였다고 기재되어 있는데, 원고가 매수인에게 약속어음을 보내라고 요구한 팩스도 마찬가지로 매도인 요청에 따른 것이라고 기재되어 있어 이는 청약으로 볼 수 없다고 판시하였다.

3. 해설

⑦ 본 판결은, 매도인의 송장발송을 청약으로 볼 수 있으려면, 관련된 의사전달과정 및 송장에 물품의 성질과 수량 및 가격을 정할 방법이 포함되어 있어야 하며, 또한 매수인이 송장을 청약으로 이해하였어야 하는데, 자회사가 송장을 보내면서 제3자인 모회사의 요청에 따른 것임을 명시하였다면, 매수인이 이를 청약으로 이해할 수 없었을 것이므로, 그러한 송장발송은 유효한 청약으로 볼 수 없다고 판시한 사례이다.

016. 청약의 취소

Art. 16

(1) Until a contract is concluded an offer may be revoked if the revocation reaches the offeree before he has dispatched an acceptance.

(2) However, an offer cannot be revoked:

(a) if it indicates, whether by stating a fixed time for acceptance or otherwise, that it is irrevocable; or

(b) if it was reasonable for the offeree to rely on the offer as being irrevocable and the offeree has acted in reliance on the offer.

第16조

(1) 청약은 계약이 성립하기까지는 취소할 수 있다. 다만, 당해 취소의 의사표시는 피청약자가 승낙을 발송하기 전에 피청약자에게 도달하여야 한다.

(2) 그러나, 다음의 경우에는 청약은 취소될 수 없다.

(a) 청약에서 승낙을 위한 특정한 기간을 명시하거나, 그 밖의 방법으로 취소불능임을 표시하고 있는 경우

(b) 피청약자가 청약을 취소불능이라고 신뢰하는 것이 합리적이고 또한 피청약자가 당해 청약을 신뢰하여 행동한 경우

[256] 제16조 (1)은 청약에 관한 **취소**(revocation)에 관하여 규정하고 있다. 이 경우 유의할 사항은 본조의 '**청약의 취소**'와 제15조[청약의 효력 발생시기와 철회] (2)의 '**청약의 철회**'는 구분하여야 한다는 점이다. 곧, 전자의 경우에 취소는 청약이 피청약자에게 도달한 후에 이미 도달한 청약의 효력을 소멸시키는 것인데 반하여, 후자의 경우에 철회는 청약이 피청약자에게 도달 전에 또는 도달과 동시에 피청약자에 대해 청약의 효력을 저지하는 것으로 구분된다.

[257] 본조 (2)에 의해 청약이 **취소불능**(irrevocable)인 것이라고 규정하고 있는 경우를 제외하고, 본조 (1)은 계약이 성립할 때까지 청약이 피청약자에게 도달한 후에 피청약자가 청약자에게 **승낙**(承諾, acceptance)[164]의 통지를 발송하기 전에 취소의 통지가 피청약자에게 도달하는 경우

164) 어떤 가옥을 매도인이 '**500만원에 매도하겠다**' 하고, 매수인이 역시 '**500만원에 매수하겠다**'고 하여 2인의 의사표시가 합치되면, 계약은 성립한다. 이 경우에 전자의 의사표시를 '**청약**'(請約)이라 하고, 후자의 의사표시를 '**승낙**'(承諾)이라고 한다. 즉, '**승낙**'은, '**청약의 상대방이 청약에 의하여 계약을 성립시킬 목적으로 청약자에 관하여 행하는 의사표시**'이다. '**승낙**'은 특정한 '**청약**'에 관하여 계약을 성립시킬 의사를 가지고 청약수령자가 청약자에게 하여야 한다[**주관적 합치**(主觀的合致)]. '**청약**'에 조건을 붙이거나 '**변경을 가한 승낙**'은 '**청약**'을 거절하고 '**새로운 청약**[반대청약(反對請約)]'을 한 경우로 본다. '**승낙**'은 '**청약**'의 존속기간 내에 하여야 한다. '**청약**'의 존속기간은 승낙기간을 정한 경우와 정하지 않은 경우로

청약자는 당해 청약을 취소할 수 있도록 명시하고 있다. 이와 구별해야 할 것으로, 이하 제18조[승낙의 시기 및 방법에 관한 규정]와 제23조[계약의 성립시기에 관한 규정]에 의하면, 피청약자의 승낙통지가 청약자에게 도달하기 전[다만, 제18조 (3)이 적용되는 경우는 제외]에는 계약이 성립되지 않는다는 사실이다.

[258] 본조 (2)의 (a)는 "**청약에서 승낙기간을 정하여 명시하고 있거나, 기타의 방식으로 청약이 취소불능임을 표시하고 있는 경우에는 청약은 취소될 수 없다**"고 규정하고 있다. 아울러, (2)의 (b)에서는 "**피청약자가 청약을 합리적으로 신뢰하고 행위를 한 경우 청약은 취소될 수 없다**"고 규정하고 있다. 이 조항은 '**금반언**(禁反言)**의 원칙**'(principle of estoppel)[165]을 표창하고 있는 규정내용으로 취급할 수 있다.

■ SUMMARY [*Article 16*]

1. (1) of article 16 sets out rules for the effective revocation of an offer. 'Revocation' of an offer under article 16 (1) is distinguished from 'withdrawal' of an offer under article 15 (2): withdrawal refers to a retraction of an offer that reaches the offeree before or at the same time as the offer reaches the offeree, whereas revocation refers to a retraction of an offer that reaches the offeree after the offer has reached the offeree. Until a contract is concluded, article 16 (1) empowers an offeror to revoke the offer provided the revocation reaches the offeree before he has dispatched an acceptance, unless the offer cannot be revoked by virtue of article 16 (2). Under articles 18 and 23, a contract is not concluded until the offeree's indication of assent reaches the offeror (except where article 18 (3) applies); thus the rule of article 16 (1) precluding revocation from the time an acceptance is dispatched may block revocation for a period before the contract is concluded. Although there have been citations to article 16, there are no reported cases interpreting (1).

구분할 수 있고, '**연착된 승낙**'은 '**새로운 청약**'으로 보게 된다. '**승낙**'의 방법은 원칙적으로 자유이며 제한이 없다. 또한 예컨대, '**청약**'을 받고 바로 이행행위를 하는 경우와 같이 묵시의 의사표시에 의한 '**승낙**'도 가능하다. '**침묵**'(沈黙)은 특별한 사정이 없는 한 거절로 해석되는데, 주의할 것은 경우에 따라 상사계약에서 '**승낙**'으로 인정되는 경우가 있다. 청약자가 '**청약**'에 대해 대답을 하지 아니하면 '**승낙**'으로 본다고 하거나, '**청약**'과 동시에 물품을 보내고 구입을 하지 아니하면 반송하라고 한 경우에도 그 법률상 효력은 인정되지 않는다. 의사표시 효력발생에 관하여 우리 민법은 '**도달주의**'(到達主義)를 원칙으로 하고 있다.

165) '**금반언**(禁反言)**의 원칙**'은 원래 자본주의 경제발전에 따라서, 거래안전의 요청상 먼저 영미법에서 '**estoppel의 법리**'로서 발전된 법리로서, '**선행행위**(先行行爲)**와 모순되는 행위의 효력을 부인하는 것**'이다. 그리고 이것이 우리 법에서는 신의칙(信義則)의 발현형태로 나타나고 있다. 곧, '**이미 표명한 자기 언동**(言動)**에 대해 이와 모순되는 행위를 할 수 없다는 것**'이다. 이는 독일법상의 '**권리외관주의**'(權利外觀主義) 내지 널리 '**외관주의**'(外觀主義)의 일환으로, '**사실에 반하는 외관**(外觀)**을 제3자에게 표시한 자는 그 외관을 믿고 행위를 한 선의**(善意)**의 제3자에 관하여 외관이 사실에 반한다는 것을 주장할 수 없다고 하는 법리**'이며, 결국 그러한 외관을 표출한 자는 그에 대한 책임을 부담해야 한다는 의미이다.

2. (a) of (2) provides that an offer cannot be revoked if it indicates that it is irrevocable, whether by stating a fixed time for acceptance or otherwise. There are no reported cases applying this subparagraph.

3. (b) of (2) provides that an offer cannot be revoked if the offeree relied on the offer and it was reasonable for him to do so. This subparagraph has been cited as evidence of a general principle of estoppel. It has also been held that domestic legal rules on promissory estoppel are not pre-empted except when the Sales Convention provides the equivalent of promissory estoppel, as it does in (b).

판결례와 평가

- 적용범위 : 금반언의 원칙과의 충돌
- 출처표시 : 「U.S District Court, S.D., New York」(USA), 『98 Civ. 861, 99 Civ. 3607』, 2002.05.10.

1. 논점과 사실관계

① 본 사건은 합의에 기한 금반언의 원칙이 CISG의 규정 및 요건과 서로 상이하다는 이유로 당해 원칙에 근거한 청구를 배척한 사례이다. 약품제조에 사용되는 화학물을 제조하는 **매도인**[캐나다]은 **매수인**[미국]에게 견본을 제공했고, 매수인이 미국 **식품의약품안전청**(FDA)의 승인을 받는데 협조하겠다고 확약하였다. 매도인은 본건 화학물을 매수인에게 공급할 것을 확인하는 서류를 FDA에 발행하였다. 이후 매수인은 약품의 제조허가를 받은 후 물품을 주문하였으나 매도인은 이를 거절하였다.

② 매수인은 뉴욕 주법에 따라 합의에 기한 금반언의 원칙에 따라 매도인에게 책임이 있다고 주장하였다. 매수인은 CISG가 적용되지 않는 부분의 준거법에 근거한 합의에 기한 금반언 청구는 CISG에 의하여 배제되는 것이 아니고 또한 이에 모순되는 것이 아니라고 주장하였다.

2. 판결요지

③ 법원은, 금반언의 원칙에 근거한 청구가 가능한지의 여부와 관련하여, 제16조 (2), (b)를 언급하였다. 곧, 청약자가 피청약자의 신뢰를 예견할 수 있었을 것과 피청약자가 그 신뢰로 말미암아 불이익을 입었을 것을 명시적 요건으로 두고 있지 않으므로, 이는 미국 금반언의 원칙과는 다르다고 판시하였다. 따라서, 합의에 기한 금반언에 기초한 본건 청구는 CISG에 의하여 배제된다고 최종 판결하였다.

후법(後法)은 전법(前法)을 개폐(改廢)한다.

017. 청약의 거절

Art. 17
An offer, even if it is irrevocable, is terminated when a rejection reaches the offeror.

제17조
청약은 비록 그것이 취소불능이더라도, 거절의 의사표시가 청약자에게 도달한 때에는 효력을 상실한다.

[259] **제17조**에 의하면, 청약은 취소불능의 여부를 불문하고 [청약에 대한 피청약자의] 거절의 통지가 청약자에게 도달할 때에는 그 효력이 소멸한다. 청약에 대한 거절의 의사표시는, 명시적일 수도 있지만 묵시적으로도 가능하다. 이 경우 묵시적으로 청약에 대한 거절의 의사표시가 충족되기 위한 조건은, 당해 상거래에 있어서의 관행 또는 양당사자 간 확립된 관례가 존재하여야 한다. 다만, 묵시적인 거절은 엄격하게 해석된다.

[260] 한편, 변경을 가한 승낙은 원칙적으로 당해 변경의 내용이 중대한 경우에 한하여 청약의 거절로 본다[**제19조**(청약을 변경하는 승낙) **참조**]. 예컨대, 청약의 수령자가 단순히 내용의 변경 가능성에 관하여 문의하거나, 계약조건의 변경을 의도한 것만으로는 청약의 거절로 취급되지 않는다.

1. 청약의 요건과 효과

① CISG의 경우

[261] 유효한 **청약**(offer)의 요건에 관하여, CISG에서는 [앞서 본 바와 같이] 그 의사표시가 '**1인 또는 복수 이상의 특정인**'을 대상으로 하여야 하고, 그 제의가 '**충분히 확정적**'이어야 하며, '**승낙이 있는 경우 이에 구속된다는 의사**'를 표시하고 있오야 한다. 이 경우 구속의사의 표시가 없는 청약은 단지 '**청약의 유인**'(invitation to make offer)으로 취급된다. 법적 효력이 있는 청약은 승낙으로도 계약을 성립시킬 수 없는 청약의 유인과 구별된다.

[262] 한편, 의사표시는 일단 효과가 발생한 후에는 그 **철회**(withdrawal)가 허용되지 않는 것이

원칙이다. '**철회**'는 '**아직 효과가 발생하지 않은 의사표시를 임의로 저지하여 장래를 향해 효과가 발생하지 않게 하는 표의자의 일방적 의사표시를 의미하는 것**'이다. 따라서, '**철회**'는 일정한 사유가 있는 경우 일단 효과가 발생한 후에 그 의사표시의 효과를 소급적으로 소멸시키는 '**취소**'(revocation)와는 구별된다. 따라서, 청약의 취소는 그 통지가 상대방의 승낙의 의사표시의 발송 전에 피청약자에게 도달하여야 한다.

[263] 법계 간에는 청약의 취소에 관한 취급이 상이하다. 먼저, 대륙법계에서는 승낙기간이 정해져 있는 **확정청약**(確定請約, confirm offer)의 경우에는 청약자는 그 정해진 승낙기간 동안 청약을 취소할 수 없는 것이 원칙이다. 이 기간은 '**승낙적격**(承諾適格)**의 유효기간**'으로서, 설령 그 기간 내에 청약자가 취소의 의사표시를 하였더라도 피청약자가 이를 무시하고 승낙의 의사표시를 하게 되면 계약은 성립한다.

[264] 영미법계에서는 승낙기간을 정한 **확정청약**(確定請約)이라고 하더라도, 원칙상 청약자가 자유롭게 이를 취소할 수 있는 것이 원칙이다. 승낙자는 승낙여부를 자유롭게 결정할 수 있는데 반하여, 청약자는 그 청약을 취소할 수 없다는 것은 형평의 원칙에 어긋난다는 것을 그 이유로 두고 있다. 다만, 청약이 날인증서로 된 경우와 청약의 취소불능에 대한 약인이 이미 제공된 경우에는 일반적으로 청약은 상당한 기간 내에는 취소할 수 없다.[166]

[265] CISG에서는 청약의 철회와 취소를 구별하고 있다. 의사표시의 효력에 관한 도달주의에 따라, 청약자의 청약이 상대방에게 도달하기 전에 또는 그 도달과 동시에, 청약의 철회의 의사를 표시한 경우에는 당해 청약의 효력은 발생하지 않는다고 하여, 도달 전의 청약의 철회에 관해 명시하고 있다[제15조(청약의 효력발생시기) (2)]. 한편, 청약의 취소는 청약의 효력이 발생된 후에 인정된다[제16조(청약의 취소)].

② PICC의 경우

[266] PICC에서는 CISG에서와 같이 청약의 방식에 관하여 규정하고는 있으나, 그 제의의 대상에 관해, '**1인 또는 복수 이상의 특정인**'이라는 요건을 규정하고 있지 않은 점과, '**충분히 확정적**'인가의 여부의 판단기준에 관한 제한이 없다는 점에서 차이를 보이고 있다[제2.1.2조(청약의 정의)]. 따라서, PICC는 계약당사자의 처지와 상황에 따라 청약의 요건으로서의 확정성을 다양하

166) 이 같이 폭 넓은 청약의 철회 허용에 제한을 가하고 있는 영미법상의 원칙이 있는데, 이것이 소위 '**우편함규칙**'(郵便函規則, post-box rule, mail-box rule)이다. 이를테면, '**승낙의 발송 시에 승낙서를 우편함에 투입하는 시점에서 청약자는 청약의 철회권**(撤回權)**을 상실하고 피청약자 또한 승낙의 철회권을 상실한다는 원칙**'이다.

게 충족시킬 수 있는 여지를 남기고 있어서, CISG의 경우에 비하여 보다 신축성 있는 태도를 보이고 있다.

[267] 한편, PICC는 '**청약의 유인**'에 관하여 규정하고 있지 않으므로, 불특정 다수인을 상대로 하는 **공개청약**(公開請約, public offer)이라고 하더라도, PICC에 의한 확정성 및 구속의사를 충족시킬 수 있으면, 청약으로 인정될 수 있는 가능성을 남기고 있다. 그 취지는 서로 다른 국가에 영업소를 둔 당사자 간에 계약의 성립을 보다 용이하게 할 수 있도록 한 입법적 배려라고 생각된다.

[268] PICC상의 청약은 [청약의 철회와 관련하여] 피청약자에게 도달한 때에 그 효력이 발생하지만, 청약이 **취소불능**(取消不能)인 것으로 되어 있더라도 철회가 청약의 도달 전에 또는 그와 동시에 피청약자에게 도달하는 경우에는 청약을 철회할 수 있다[제2.1.3조(청약의 철회)]. 또한 [청약의 취소에 관하여는] 계약이 성립되기까지는 청약은 취소될 수 있으나, 취소의 의사표시가 피청약자가 승낙의 통지를 발송하기 전에 피청약자에게 도달하여야 한다고 명시하고 있다[제2.1.4조(청약의 취소)].

[269] 한편, 청약이 승낙을 위한 기간을 명시하거나, 그 밖의 어떤 방법으로든지 그것이 취소불능임을 표시하고 있는 경우와, 피청약자가 청약을 취소불능이라고 신뢰하는 것이 합리적이고 피청약자가 그 청약을 신뢰하여 행동한 경우에는 청약은 취소할 수 없다. 이는 CISG의 규정내용과 같다.

③ PECL의 경우

[270] PECL은, 당해 **제의**(proposal)가 타방당사자가 이를 승낙하면 계약이 성립될 것으로 의도되고, [계약을 이루기에] '**충분히 확정적**'(sufficiently definite)인 내용을 포함하는 경우에는 **청약**(offer)이 된다고 하고[제2:201조(청약)], [CISG에서의 불특정 다수인에 대한 청약의 제한요건에 준하여] 청약은 '**1인 또는 다수의 특정인**' 또는 '**불특정 다수인**'에 관하여 행하여 질 수 있다고 규정하고 있다. 아울러, 광고나 카탈로그로 '**직업적 공급자**'가 제시하거나 또는 물품진열을 통해 제시된 가격으로 물품이나 용역을 제공한다는 제의는, 물품재고 또는 공급자의 제공능력이 소진되는 때까지는, 그 가격으로 매도하거나 제공할 것이라는 청약으로 추정한다고 하여, CISG 및 PICC에 비하여 청약의 방식에 관한 인정범위를 확대하는 보다 적극적이고도 구체적인 규정을 두고 있다.

[271] PECL은 청약의 철회와 취소에 관하여, CISG와 마찬가지로 이를 구별하고 있다[제1:303

조(통지) (2), (5), (6)]. [결국, PECL은 PICC 규정의 취지를 계수하고 있다고 할 수 있다] 그 주요 골자는, '청약은 피청약자가 그 승낙을 발송하기 전까지 또는 행위에 의한 승낙의 경우에는 계약이 성립되기 전까지 철회될 수 있다는 것'과, '불특정 다수인의 공중에 대한 청약은 청약이 행하여진 것과 같은 방법으로 철회될 수 있다는 것'이다[제2:202조(청약의 철회)]. 그렇지만, 청약의 철회는 청약에서 그것이 철회될 수 없음을 표시한 경우, 승낙을 위한 확정기간을 정한 경우 또는 피청약자가 청약이 철회할 수 없는 것이라고 믿는 것이 합리적이고 또한 그 청약을 신뢰하고 행위에 임한 경우에는 그 효력이 없다[제2:202조 (3)].

2. 청약의 효력발생시기

[272] CISG 제15조 (1)과 PICC 제2.3조 (1)에서는 동일하게 청약의 효력발생시기에 관하여, "청약은 피청약자에게 도달한 때에 그 효력이 발생한다"고 규정하고 있다. 따라서, 청약이 도달한 때로부터 피청약자는 승낙에 의하여 계약을 성립시킬 수 있기 때문에, 청약의 효력발생시기는 피청약자의 승낙권한이 개시되는 시기이며, 또한 청약의 유효기간의 기산시점이 된다.

[273] PECL에서는 청약의 효력발생시기에 관한 명시적인 규정이 없지만, 널리 통지(notice)의 효력 일반에 관한 규정[제1:303조]에 따라, 청약의 통지가 피청약자의 상거소에 도착한 때에 그 효력이 발생한다.

[274] 이 경우 도달(到達)은 CISG 제24조[의사표시의 도달]에서, "청약 및 승낙의 선언 또는 그 밖의 의사표시는 수신인에게 구두로 전해지거나 또는 그 밖의 다른 방법으로 직접 수신인에게, 그 영업소 또는 우편송부처에 또는 수신인이 영업소나 우편송부처가 없는 경우에는 통상의 상거소(habitual residence)에 전달되는 때에 수신인에게 도달한다"라고 정의하고 있다. PICC와 PECL에서도 동일한 취지의 규정을 두고 있다[PICC 제1.9조(관습과 관행), PECL 제1:303조]

3. 청약의 방법

[275] CISG 제11조[매매계약의 형식]에서는, [계약의 형식과 관련하여] "매매계약은 서면(書面)에 의하여 체결 또는 입증될 필요가 없으며, 또한 형식에 관한 어떠한 다른 요건에도 구속되지 않을 뿐만 아니라 증인을 포함하여 어떤 방법에 의해서도 증명될 수 있다"고 규정하고 있다. PICC 제1.2조에서도 동일하게 "계약은 서면으로 체결되거나 증명될 것을 필요로 하지 않으며, 증인을 포함하여 어떠한 방법으로도 증명될 수 있다"고 함으로써, 계약의 불요식성(不要式性)을 규정하고 있다. 결국, 청약은 승낙과 같이 법률상 또는 당사자 간의 계약에 의하여 별도로 정한 바가 없는 한, 그 의

사표시에 특정한 방법을 필요로 하지 않는다. 따라서, 청약은 구두 · 서면, [경우에 따라서는] **행위**(act, conduct)에 의해서도 가능하다. PECL의 경우도 마찬가지이다[제2:201조].

[276] 국제상거래에서 청약은, 통상 우편 · 전보 · 전화 · 팩시밀리 · 텔렉스 · 전자우편 · 정보처리시스템을 통해 다양한 방법으로 이루어진다. 다만, 전자문서에 의한 청약의 경우에는 그 방법이 전자문서의 통용 범위에 의하여 제한될 수 있다. 이 경우 불특정 다수가 접근할 수 있는 **'개방형 통신망'**(開放型通信網, opened network)을 통한 정보의 제공은, 그 형식이나 명칭과는 상관없이, **'청약의 유인'**으로 취급된다는 사실은 유념해야 할 것이다.

4. 청약의 철회 · 취소

[277] **철회**(withdrawal)는 일방적 의사표시에 의하여 법률관계 변동의 효력이 발생하는 **형성권**(形成權, Gestaltungsrecht)[167]의 행사로서, 일단 의사표시의 효력을 발생한 후에는 허용되지 않는 것이 원칙이다. 철회는 아직 종국적인 효과가 발생하지 않은 의사표시를 임의로 저지하여 장래에 효과가 발생하기 않게 하거나, 이미 발송한 의사표시를 소급하여 하지 않았던 것으로 하는 표의자의 일방적 의사표시를 의미한다.

[278] 이에 반하여, **취소**(revocation)는 일단 발생한 의사표시의 효과를 소급적으로 소멸시키는 것을 말하며, 아직 의사표시가 효력을 발생하기 전에 그 의사표시를 거두어 들여 처음부터 의사표시를 하지 않았던 것과 같이 하는 철회와 구별된다.

[279] 먼저, **대륙법계**(civil law)에서는, 승낙기간이 정해져 있는 **확정청약**(firm offer)의 경우에 청약자는 일정한 승낙기간까지는 당해 청약을 철회할 수 없는 것이 원칙이다. 이 기간은 곧, **'승낙적격**(承諾適格)**의 유효기간'**으로서, 설령 그 기간 내에 청약자가 철회의 의사표시를 하였더라도, 피청약자가 이를 무시하고 승낙의 의사표시를 하게 되면, 계약이 성립함을 의미한다. 반면에, 승낙기간이 명시되어 있지 않은 청약은 **'상당한 기간'**(reasonable time)이 경과되면, 철회할 수 있는 것이 원칙이다. 이 경우에 청약의 철회는 그 통지가 상대방이 승낙의 의사표시를 발송하

---

167) **'형성권'**(形成權)은, **'권리자의 일방적 의사표시에 의해 법률관계의 발생 · 변경 · 소멸을 가져오는 권리'**이다. 권리자가 일방적으로 법률관계를 변동시킬 가능성이 있다는 의미에서 달리 **'가능권'**(可能權)이라고도 한다. **'형성권'**은 권리자의 일방적인 의사표시만으로 법률관계의 변동의 효과가 나타나는 것과, 법원의 판결에 의하여 법률관계의 변동이 일어나는 두 종류가 있다. 전자의 예로는 법률행위의 **동의권**(同意權), **취소권**(取消權), **추인권**(追認權), **계약의 해제 · 해지권**(契約解除 · 解止權), **상계권**(相計權), 매매의 **일방예약완결권**(一方豫約完結權) 등이 있다. 후자의 예로는 **채권자취소권**(債權者取消權), **친생부인권**(親生否認權), **재판상이혼권**(裁判上離婚權), **입양취소권**(入養取消權) 등이 있다.

기 전에 피청약자에게 도달하여야 한다.

[280] **영미법계**(common law)에서 청약은 승낙기간을 정한 확정청약이라고 하더라도, 청약자가 자유롭게 이를 철회할 수 있다. 그 이유는 승낙자의 입장에서 승낙의 여부를 자유롭게 결정할 수 있음에도 불구하고, 청약자의 경우에 이를 철회할 수 없다는 것은 형평의 원칙에 어긋난다는 논리에 기인한다. 다만, 청약이 **날인증서**(捺印證書, specialty, deed)로 된 경우와 청약의 철회불능에 대한 **약인**(約因, consideration)[168]이 제공된 경우에는 일반적으로 청약은 상당한 기간 내에는 철회할 수 없다. 그러나, 이와 같이 폭 넓은 청약의 철회에 제한을 가하는 원칙이 있는데, 이를 소위, '**우편함 규칙**'(郵便函規則, post- box rule, mail-box rule)이라고 한다. 승낙의 발송 시에, 이를테면 승낙서를 우편함에 투입하는 시점에서 청약자는 청약의 철회권을 상실하고, 피청약자도 승낙의 철회권을 상실한다는 원칙이다.

[281] 한편, CISG는 제15조[청약의 효력발생시기와 철회] (2)에서, 의사표시의 도달주의에 따라, [청약의 철회에 관하여] "**청약자의 청약이 상대방에게 도달하기 전에 또는 도달과 동시에 청약의 철회의 의사를 표시한 경우 청약의 효력은 발생하지 않는다**"라고 규정하고 있다. 그리고 제16조[청약의 취소]에서 청약의 취소는 이미 청약의 효력이 발생된 후에 인정되는 것으로 하고 있다. 즉, 청약자는 피청약자가 승낙을 하기 전에, 그 의사표시가 피청약자에게 도달할 것을 조건으로 청약을 취소할 수 있다[제16조 (1)]. 그러나, 청약에서 승낙기간을 확정하고 있거나, 그 밖의 방법으로 청약을 취소할 수 없다는 것을 표시하고 있는 경우 또는 피청약자가 청약이 취소될 수 없다는 것을 신뢰하고 그 청약에 대한 신뢰를 바탕으로 행위를 한 경우에는 청약은 취소할 수 없다[제16조 (2)].

[282] PICC에서는, "**청약은 피청약자에게 도달한 때에 효력을 발생하나, 청약이 취소불능(irrevocability)인 것이더라도 철회가 청약의 도달 전에 또는 그와 동시에 피청약자에게 도달하는 경우에는 철회할 수 있다**"라고 규정하고 있다[제2.1.3조(청약의 철회)]. 또한, "**계약이 성립되기까지는 청약은 취소될 수 있는데, 그 취소의 의사표시는 피청약자가 승낙을 발송하기 전에 피청약자에게 도달하여야 한다**"고 규정하고 있다[제2.1.4조(청약의 취소)]. 그러나, "**청약이 승낙을 위한 지정된 기간을**

---

168) '**약인**'(約因)은 영미법에 특유한 계약의 성립요건으로서, '**약속에 관하여 약속자**(約束者, promisor)**에게 발생하는 이익 또는 수약자**(受約者, promisee)**가 부담하는 손실**(損失, detriment)'을 의미한다. '**약인**'은 약속과 동등한 가치를 지닐 필요는 없다. 법률상으로 보아 가치가 있는 것, 즉 실제적인 것이어야 하고, 계약성립 시를 기준으로 현재의 **작위**(作爲) 또는 **부작위**(不作爲)이든 장래의 작위 또는 부작위이든 관계없지만 과거의 작위・부작위는 '**약인**'이 될 수 없다. 또한 '**약인**'은 적법하여야 한다. 따라서, 불법적인 '**약인**'에 의해 이루어진 약속은 무효이다. 또한 '**약인**'은 수약자에 의해 제공되어야 한다는 요건을 갖추어야 한다. 현재는 통상 약속에 대한 '**대가**'(對價)에 의제된다.

명시하거나, 그 밖의 방법으로 그것이 취소불능임을 표시하고 있는 경우 또는 피청약자가 청약을 취소불능이라고 신뢰하는 것이 합리적이고, 또한 피청약자가 그 청약을 신뢰하여 행동한 경우에는 청약은 취소할 수 없다"라고 규정하고 있다. 이는 CISG 제16조 내용과 동일하다.

[283] 참고로, 청약자가 **전자문서**[電子文書, data message]에 의하여 청약의 철회와 취소의 의사표시를 발신하게 될 경우에 의사표시의 부도달과 같은 전달과정의 위험은 일반적으로 청약자가 부담하게 된다. 그런데, **'정보시스템'** (information system) 또는 **'자동화된 컴퓨터 시스템'**(automated computer system)은 전자문서에 의한 의사표시를 즉시적으로 전달할 수 있다. [**당해 통신망 운용의 특성으로**] 전자문서에 의한 의사표시는 그 전달과정에 필연적으로 정보보안에 관한 각종 위험요소가 상존한다. 따라서, 당해 시스템을 이용할 경우에 위험에 대한 책임은 당사자 간에 별도의 합의가 있을 경우 그것에 따르게 된다. 예를 들면, 전자문서의 송・수신을 위한 상업적 통신망은 전자문서의 철회나 취소를 당사자 간의 **약정**(agreements) 또는 전자적 시스템의 **규약**(rules) 등에 의해 규율하고 있다. 다만, UNCITRAL 모델법 제15조와 UECIC 제11조에서는 **'의사표시가 상대방의 정보시스템에 진입한 때'**를 효력발생의 시점으로 규정하고 있다. 결국, 별도의 합의 또는 약정이 없는 경우에 전달과정상의 위험에 관해서는 청약자, 즉 청약의 철회 또는 취소의 의사표시를 발신하는 자가 그 위험을 부담하게 된다.

■ SUMMARY [*Article 17*]

Article 17 states that an offer terminates when a rejection reaches the offeror. This is true whether or not the offer is irrevocable. Article 24 defines when a revocation 'reaches' the offeror. Although article 17 has been cited, there are no reported cases interpreting it.

판정례 연습

[29] 매수인이 서명하지 않은 팩스로 컴퓨터 부품을 주문하였고, 팩스 내용에는 '주문'(order), '주문한다'(we order), '즉시 인도'(immediate delivery) 등의 용어가 사용되었다. 청약이 확정되었는지에 관하여, 팩스에서 비록 물품의 가격을 정하고 있지 않는데, 이 경우 청약이 유효하다고 인정할 수 있는가?

[30] 매도인은 매수인에게 20컨테이너분의 오렌지 농축액을 판매하겠다는 내용의 팩스를 보냈고, 매수인은 이를 수락하는 팩스를 보냈다. 그 후 매도인은 매수인에게 단지 한 컨테이너분의 오렌지 농축액을 인도하였고, 매수인은 매매계약을 해제하였다. 그러나, 매도인은 당사자 간에 매매계약이 성립되지 않았다며 소를 제기하였다. 매도인 팩스에 의한 청약은 유효한가? 또한 첫 컨테이너분 인도는 견본을 인도한 것으로 볼 수 있는가?

[31] 스웨덴 회사는 독일 회사에게 [부품의 판매의] 청약을 유인하였다. 독일 회사는 스웨덴 회사가 보내온 서류에 기재된 각 품목에 관하여 가격 및 인도시기를 기재하여 답신하였다. 스웨덴 회사가 주문을 하였는데, 당사자 간의 통신에 기재되지 않았던 품목이 추가되어 있었다. 독일 회사는 주문을 수용하면서 물품대금의 선급이나 신용장을 개설해 줄 것을 요구하였다. 스웨덴 회사는 견적송장을 발행해 줄 것을 요구하였고, 독일 회사는 주문된 물품 및 저가품에 적용되는 가격을 기재한 견적송장을 발행하였다. 스웨덴 회사는 견적송장에 기재된 저가품의 가격으로 주문한 고가품을 요구하였다. 이 경우 양당사자의 과실책임에 관하여 논해 보라.

[32] 당사자 간에 합의된 기술적 지정에 따라, 매도인이 물품을 제조하여 판매하기로 하는 계약이 체결된 후 매수인이 기술설계에 변경을 요구하였고, 이에 따라 매도인은 물품을 변경하였다. 매수인은 물품이 인도된 후 물품이 원래 합의된 것과 일치하지 않는다며 대금지급을 거절하였다. 매도인이 물품의 디자인을 변경하여 인도한 물품을 매수인이 유보 없이 수령한 경우 이를 유효한 승낙으로 볼 수 있는가?

제2장 승 낙

구분 및 내용		
제 2 편 계약의 성립		제14조~제24조
	제1장 청 약	제14조~제17조
	제2장 승 낙	제18조~제22조
	제18조 승낙의 시기 및 방법	
	제19조 청약을 변경하는 승낙	
	제20조 승낙기간의 해석	
	제21조 연착된 승낙	
	제22조 승낙의 철회	
	제3장 계약의 성립시기	제23조~제24조

[284] **제2편 제2장**은 **승낙**에 관한 규정이다. 본장은 제1장과 대체로 유사한 구성체계를 견지하고 있는데, 이는 곧, 청약에 상당한 규정과 연관하여 이해하여야 함을 시사한다. 그 내용은 차례로 승낙의 '시기 및 방법', '변경', '해석', '연착', '철회' 등이다.

■ SUMMARY [*Chapter II*]

Pursuant to article 18 (1), an offeree accepts an offer by a statement or other conduct indicating assent. Whether or not the statement or conduct indicates assent is subject to interpretation in accordance with the rules of (1) and (2) of article 8. All the circumstances, including negotiations prior to conclusion of the contract and the course of performance after conclusion, are to be taken into account in accordance with (3) of article 8. If a statement or conduct indicating assent to an offer cannot be found, there is no contract under Part II of the CISG. Only the offeree of a proposal to conclude a contract is entitled to accept the offer. Whether an offeree's reply indicating assent to an offer but modifying that offer is an acceptance or a counter-offer is determined by article 19. Whether a counter-offer is accepted is then determined by article 18. An indication of assent may be made by an oral or written statement or by conduct. The following conduct has been found to indicate assent: buyer's acceptance of goods; third party's taking delivery of goods; issuance of letter of credit; signing invoices to be sent to a financial institution with a request that it finance the purchase; sending a reference letter to an administrative agency.

018. 승낙의 시기 및 방법

Art. 18

(1) *A statement made by or other conduct of the offeree indicating assent to an offer is an acceptance. Silence or inactivity does not in itself amount to acceptance.*

(2) *An acceptance of an offer becomes effective at the moment the indication of assent reaches the offeror. An acceptance is not effective if the indication of assent does not reach the offeror within the time he has fixed or, if no time is fixed, within a reasonable time, due account being taken of the circumstances of the transaction, including the rapidity of the means of communication employed by the offeror. An oral offer must be accepted immediately unless the circumstances indicate otherwise.*

(3) *However, if, by virtue of the offer or as a result of practices which the parties have established between themselves or of usage, the offeree may indicate assent by performing an act, such as one relating to the dispatch of the goods or payment of the price, without notice to the offeror, the acceptance is effective at the moment the act is performed, provided that the act is performed within the period of time laid down in the preceding paragraph.*

제18조

(1) 청약에 대한 동의를 표시하는 피청약자의 진술 그 밖의 행위는 승낙이 된다. 침묵 또는 부작위는 그 자체로는 승낙이 되지 아니한다.

(2) 청약에 대한 승낙은 동의의 의사표시가 청약자에게 도달하는 시점에 효력이 발생한다. 승낙은 동의의 의사표시가 청약자가 지정한 기간 내에 도달하지 아니하거나 또는 당해 기간이 지정되지 아니한 경우 청약자가 사용한 통신수단의 신속성을 포함하여 거래의 상황을 충분히 고려하여 상당한 기간 내에 도달하지 아니하면 효력이 발생하지 아니한다. 구두의 청약은 특별한 사정이 없는 한, 즉시 승낙되어야 한다.

(3) 그러나, 청약에 의하여 또는 당사자 간에 확립한 관행이나 또는 관습의 결과로 인하여 청약자에게 아무런 통지 없이 피청약자가 물품의 발송이나 대금의 지급에 관한 행위를 행함으로써 동의를 표시할 수 있는 경우에는 승낙은 당해 행위가 행해지는 순간에 그 효력이 발생한다. 다만, 그 행위는 전항에 규정된 기간 내에 행해져야 한다.

[285] 제18조는 청약에 대한 승낙과 관련된 5개 조항 중의 첫 번째 조항이다. 본조 (1)은 청약에 대한 승낙의 형성에 관한 규정이며, (2)와 (3)은 승낙의 유효기간을 규정하고 있다. 제19조

[청약을 변경하는 승낙]는 청약을 변경하고 있는 승낙으로서의 의사표시는 반대청약으로 취급됨을 규정함으로써 본조를 제한하고 있다.

1. 청약에 대한 동의의 표시

[286] 본조 (1)에 따르면, 피청약자는 진술 또는 그 밖의 행위에 의해 청약에 대한 동의를 표시할 수 있다. 진술 또는 그 밖의 행위를 통해 동의를 표시한 것인지에 대한 판단은, 본조 (1)과 (2)의 규정에 따라 해석하여야 한다. 계약체결 전의 협상 또는 계약체결 후의 이행을 포함한 모든 상황에 대해서는 본조 (3)에서 규정하고 있다.

[287] CISG에 의한 매매계약의 경우에 계약을 체결하고자 하는 **피청약자**[承諾者]만이 청약에 관하여 승낙할 수 있는 권리가 있다. 피청약자가 청약의 내용을 변경한 동의의 의사표시를 한 경우에 그것이 승낙으로서 유효한지 또는 **반대청약**(反對請約, counter offer)이 되는지는 제19조에 의하여 판단하여야 한다. 이 경우 반대청약은 피청약자가 청약에 대해서 그 조건을 변경하거나 또는 새로운 조항을 추가한 동의를 청약자에게 한 것을 말하며, 이 반대청약은 **원청약**(原請約, original offer)의 거절임과 동시에, 피청약자가 청약자에게 행하는 새로운 청약으로 본다. 따라서, 반대청약은 승낙으로 취급될 수 없기 때문에 이로써는 계약을 성립시킬 수가 없다.

[288] 승낙으로서 동의의 의사표시는 구두·서면 또는 그 밖의 행위라도 무방하다. 예컨대, 매수인이 물품을 수령하는 것, 제3자가 물품을 수령하는 것, **상업신용장**(商業信用狀, letter of credits)[169]의 개설, 물품대금의 융자를 요청하기 위하여 금융기관으로 상업송장을 발급하는 것, 행정관청으로 매매의 증명서신을 보내는 것 등의 행위는 승낙으로서의 동의로 취급된다.

2. 침묵 또는 부작위에 의한 동의

[289] 청약이 도달한 후, 승낙의 의사표시로서 피청약자의 **침묵**(silence) 또는 **부작위**(non-feasance)는 청약에 대한 유효한 승낙요건으로 인정되지 않는다. 그러나, **제9조**[관행과 관습의 구속

---

169) '**상업신용장**'[商業信用狀 또는 信用狀]은, 은행이 수입상의 의뢰를 받고, 수출지의 다른 은행에 관하여 수출상에게 금전을 지급할 것을 위탁하는 것으로, 수입지 은행은 수출지 은행에 관하여 보통 수입상이 수입지 은행을 지급인으로 하여 발행하는 환어음을 매수할 것을 위탁하고, 매수한 어음에 관하여는 직접 신용장 금액을 지급할 것을 약속한다. 수입상이 발행하는 어음은 보통 선하증권 등을 첨부한 화환어음이며, 화환어음에 의해 담보되는 신용장을 '**화환신용장**'(貨煥信用狀, documentary credit)이라고 하며, 신용장은 대부분 '**화환신용장**'이다. '**상업신용장**' 제도는 매수인의 신용이 수출지 은행에 알려져 있지 않을 때에도, 매도인은 '**신용장**' 발행은행의 신용에 의하여 용이하게 어음을 환가하여 대금을 회수할 수 있으므로, 국제무역에서 많이 이용되고 있다.

력]에는, "당사자는 자신들이 동의한 관행과 그들 스스로가 확립한 관습에 구속된다"고 규정하고 있는 바, 이 경우 양당사자에게 [청약에 대한 동의의 표시로서] 침묵이나 부작위에 의한 승낙의 유효성이 담보된 관습 또는 관행이 존재하고 있다면, 그러한 침묵이나 부작위는 청약에 대한 동의의 표시[유효한 승낙의 의사표시]로 취급될 수 있다. 환언하면, 제9조에서 규정하고 있는 관습이나 관행은 양당사자 모두를 예외 없이 구속하고 있음에 따라, 그러한 관습이나 관행에 의한 침묵 또는 부작위의 의사표시는 승낙으로서의 효력을 지니게 된다.

3. 승낙의 기간

[290] 본조 (2)에 따르면, (3)에서 규정하고 있는 경우를 제외하고, 동의의 의사표시가 승낙기간 내에 청약자에게 도달하면 승낙으로서의 효력이 발생한다[도달주의(到達主義, receipt rule)].[170] 연관규정으로서 제24조[도달의 정의]의 규정을 충족하면, 청약자에게 도달한 것이 된다. 아울러, 제23조[계약의 성립시기]에 따르면, 승낙의 효력이 발생하면 계약이 성립한다.

[291] 승낙으로서의 효력을 발생하기 위해서는, 본조 (2)와 제21조[연착된 승낙]의 지연승낙(遲延承諾)에 따라, 변경된 승낙기간 내에 청약자에게 도달하여야 한다. 제20조[승낙기간의 해석]에서는 승낙기간의 확인에 관한 해석규칙을 규정하고 있다. 제21조에 따르면, 청약자가 지체 없이 피청약자에게 승낙기간이 경과한 후의 지연된 승낙이더라도, 승낙이 유효함을 통지하지 않는 한, 청약은 승낙기간이 지나면 실효된다.

---

170) 우편으로 의사표시를 하는 경우에는 보통 서신을 써서 우체통에 넣어[발신(發信)], 상대방에게 배달되어[도달(到達)], 상대방이 읽게 되는[요지(了知)] 순서를 밟게 되는데, 우리 민법은 표의자와 상대방의 이해관계를 고려하여 격지자에 대한 의사표시는 원칙적으로 상대방에게 도달한 때에 효력이 발생한다고 정하고 있다. '의사표시가 도달한 때, 즉 상대방의 지배권 내에 들어가 상대방이 의사표시의 내용을 확인할 수 있는 상태에 놓인 경우에 효력이 생긴다는 주의'이며, '수신주의' 또는 '수령주의'라고도 한다. 예컨대, 편지가 상대방에게 배달되어 가족이나 동거인이 수령하면 도달된 것으로 본다. 도달하게 되면 비록 발신 후에 표의자가 사망하거나 무능력자가 되어도 그 때문에 의사표시가 무효가 되지 아니한다. 이와 같은 '도달주의의 원칙'에 관해서는 다음과 같은 점을 유의할 필요가 있다. 물론 의사표시에 다른 무효원인이 있으면 도달해도 그 효력이 발생하지 않음은 물론이다. 또 의사표시의 효력발생시기에 관하여 특별한 규정이 있는 경우에는 그에 의한다. 주요 골자를 요약하면 다음과 같다. i) 상대방이 무능력자인 때에는 그 법정대리인이 도달한 것을 알지 못하는 한 의사표시의 효력이 발생한 것을 주장할 수 없다. ii) 격지자 간의 계약의 승낙에 관해서는 거래의 신속을 도모하기 위하여 발신주의를 취하고 있다. iii) 요식행위나 요물행위 등은 소정의 형식을 거치거나 급부를 하지 않으면 효력이 생기지 않는다. 그 밖에 이상의 것을 제외하고 대화자 간의 의사표시나 상대방이 없는 의사표시에 관해서는 특별한 규정이 없다. 전자는 표백·발신·도달·요지 사이에 시간적인 차가 없으며, 후자는 표백이 있었을 뿐이기 때문이다. 그런데 대화자 간의 의사표시에 관해서는 도달 후에 상대방이 요지하는 것을 결하는 경우가 없는 바는 아니다. 이와 같은 경우에도 상대방이 알 수 있는 상태에 있게 되면 효력이 생기는 것이라고 해석된다.

4. 행위에 의한 유효한 승낙

[292] 당사자 간에 이미 확립된 관습 또는 관행의 결과로서 피청약자가 청약자에게 [명시적인 의사표시로서] 승낙의 통지 없이 어떠한 행위를 함으로써 승낙하는 경우에 피청약자가 그러한 행위를 할 때에 승낙의 효력이 발생한다.

5. 승낙의 요건과 효과

① CISG의 경우

[293] **승낙**(acceptance)은 피청약자가 청약자의 청약을 그대로 수용하여 계약을 성립시키려는 것이 목적이므로, 청약의 내용과 다름이 없이 일치하여 **무조건**(unconditional), **절대적**(unqualified)으로 행하여져야 한다. 영미법에서는 이를 **'경상**(鏡像)**의 법칙'**(mirror image rule) 또는 **'완전일치**(完全一致)**의 법칙'**이라고 한다. 청약과 승낙으로 계약이 성립하였으나, 추후에 청약자와 피청약자 간에 계약조건의 불일치가 발견되는 경우를 **'서식**(書式)**의 충돌'**(battle of forms)이라고 하며, 또한 청약에 **부가조건**(additional conditions)이 첨부된 승낙이라든가 청약의 내용을 변경시킨 승낙 등은 유효한 승낙으로서 효력이 없다. 이 경우는 **대응청약**[對應請約 또는 반대청약(反對請約), counter offer]으로 취급된다.

[294] CISG에서는 "**승낙을 의도하고는 있으나, 추가 · 제한 또는 기타 변경을 담고 있는 청약에 대한 응답은 청약의 거절이자 또한 대응청약이 된다**"고 규정하고 있다[제19조 (1)]. 다만, [엄격한 완전일치의 요건을 완화하여] 계약의 성립을 보다 용이하게 하고, 또한 신속 · 민활한 상거래를 유도하기 위한 취지에서, 청약의 내용을 실질적으로 변경하는 것이 아닌, 사소한 변경의 경우에는 계약의 성립으로 취급하는 것이 보다 효율적이라는 취지에서, "**승낙을 의도하고 있고, 청약의 조건을 실질적으로 변경하지 아니하는 추가적인 또는 상이한 조건을 담고 있는 청약에 대한 응답은 승낙으로 본다**"고 규정하고 있다[제19조 (2)].

[295] 한편, **CISG**는 [PICC와 PECL의 경우와는 다르게] 청약과 승낙의 체계에 의하지 않은 계약의 성립을 인정할 수 있는 규정을 보유하고 있지 않은 특징이 있다.[171] [후술하는 바와 같이] **PECL**에서는 청약과 승낙에 의하지 않은 계약의 유효성이 인정되는 경우가 있다. 이를테면, i) 상거래

---

171) CISG상 청약과 승낙 체계에 의하지 않고 합의가 존재하게 된 경우에 이를 다룰 수 있는 규정은 **제7조**[계약의 해석원칙] (1)의 '**본 협약의 국제적 성격과 그 적용상의 통일성을 증진을 위한 필요성 및 국제무역상 신의칙 준수에 대한 고려가 있어야 한다**'는 조항이 될 것이다.

관행에 의하여 승낙의 의사표시가 없어도 유효한 계약의 성립으로 인정될 수 있는 경우, ii) 당사자 간의 합의를 전제로 또는 상거래 관행이나 관습에 의해 침묵을 승낙으로 보는 경우, iii) 별도의 승낙 통지 없이 계약의 목적물을 제공한 경우, iv) 매수요청의 내용에 미결정사항이 포함되어 있음에도 불구하고, 차후에 이를 충족하는 경우 등이 있다.

[296] 이에 대응하는 규정으로, 제18조[승낙의 시기 및 방법] (3)에서는, "**당사자 간에 확립된 관습 또는 관행의 결과로 청약자에게 아무런 통지 없이, 피청약자가 물품의 발송이나 대금의 지급과 같은 행위를 행함으로써 동의를 표시할 수 있는 경우에 승낙은 그 행위가 수행되는 순간에 효력을 발생한다**"는 규정을 들 수 있다. CISG에서는 서식의 충돌에 관한 규정을 두고 있지 않지만, 이에 관련하여 피청약자가 일정한 행위를 행함으로써 동의를 표시할 수 있다고 정한 위 규정과, 승낙은 청약과 완전일치가 되어야 한다고 명시한 규정[제19조 (1)]을 두고 있다.

[297] 승낙은 [청약과 마찬가지로] 그 방식에 관한 별도의 약정이 없는 한, 구두 · 서면 · 행위 등의 어느 방식에 의하더라도 유효하다. 따라서, CISG에 있어 청약에 대한 동의를 표시하는 피청약자의 진술 또는 기타의 행위는 승낙이 되지만, 침묵 또는 부작위는 그 자체로는 승낙이 되지 않는다. 승낙은 본래 청약과 합치하여 계약을 성립시키는 것이다[이를 일컬어, '2단계 공식'(二段階公式, two-step formula)이라고도 한다]. 결국, '**승낙의 효력발생시기**'는 '**계약의 성립시기**'이며, '**승낙의 도달장소**'는 '**계약의 성립장소**'가 된다. 이 경우 계약의 성립장소는 **준거법**(applicable law)이나 **재판관할**(jurisdiction)의 결정기준이 될 수 있다. 한편, CISG에서는 청약에 대한 승낙은 당해 승낙의 의사표시가 청약자에게 도달한 때에, 그 효력을 발생한다고 하고, 동시에 청약과 승낙에 관한 다른 관련 조문에서도 의사표시는 상대방에게 도달하는 때에, 그 효력을 발생한다고 하여, 일률적으로 **도달주의**(到達主義, receipt rule)를 수용하고 있다. 이는 앞서 본 바와 같다.

② PICC의 경우

[298] PICC는 [승낙의 효력에 관하여] CISG의 조문 내용과 동일하게, "**승낙을 의도하고는 있으나, 추가 · 제한 또는 기타의 변경을 담고 있는 청약에 대한 응답은 청약의 거절이자 또한 대응청약으로 본다**"고 하고 있다[제2.1.11조(변경된 승낙) (1)]. 또한, [CISG와 마찬가지로] 청약의 내용을 실질적으로 변경하는 것이 아닌 사소한 변경의 경우에는 계약의 성립으로 보는 것이 보다 효율적일 수 있다는 취지에서, "**승낙을 의도하고 있고 청약의 조건을 실질적으로 변경하지 아니하는 추가적 또는 상이한 조건을 담고 있는 청약에 대한 응답은 승낙이 된다**"고 명시하고 있다[제2.1.11조 (2)].

[299] 한편, PICC는 '**서식의 충돌**'(battle of forms) 규정을 포함하여, '**표준약관에 기한 계약체결**'

점유자(占有者)의 지위(地位)와 피고(被告)의 지위는, 원고(原告)의 지위보다도 유리(有利)하다.

(contracting under standard terms), **'의외의 약관'** (surprising terms), **'표준약관과 비표준약관의 충돌'**(conflict between standard terms and non-standard terms) 등의 규정을 두고 있다[제2.1.19조~제2.1.22조]. 이 중에서 **'서식의 충돌'**을 해결할 수 있는 법원칙으로 **'최후발포이론'**(最後發砲理論, last shooting theories)을 수용하고 있다. 이는 서로 모순되는 서식 가운데 어느 하나의 선택에 관한 원칙으로, 상호 모순되는 서식들이 있는 경우에는 당사자 간에 교환된 서식들 중에서 **'최후에 제시된 서식'**[last form]에 의해 계약관계의 효력이 인정된다는 것이다.172)

[300] 일반적으로 **표준약관**(標準約款, standard terms)은, **'계약당사자 간의 지속적 · 반복적인 상거래를 위하여, 사업자가 사전에 마련하여 두고 개별조항의 내용에 대해서 상대방과의 협의 없이 사용하는 표준적인 계약조항'**들로서, 서식의 충돌 대부분은 당사자 간에 교환된 표준약관의 일부조항이 서로 다르기 때문에 발생한다. PICC에서는 **"양당사자 모두가 표준약관을 사용하고, 그 두 표준약관을 제외하고 합의에 도달한 경우에는 계약은 합의된 계약조건 및 그러한 두 표준약관상 그 내용이 공통하는 계약조건에 따라 체결된다"**고 규정하고, 그럼에도 **"일방이 사전에 또는 사후에 부당하게 지체하지 않고, 상대방에게 자신은 그러한 계약에 구속되지 않는다고 분명하게 밝히는 때에는 그러하지 아니하다"**고 명시하고 있다[제2.1.22조(서식의 교전)]. 따라서, PICC는 **'서식의 충돌'**에 관한 규정을 존치해 둠으로써, CISG를 제정할 당시 각국의 이해관계의 충돌로 인해 누락된 부분을 보충하고 있는 특징이 있다.173)

③ PECL의 경우

[301] PECL에서는 변경된 승낙의 효과를 보다 구체화하여, **"청약의 내용을 실질적으로 변경하는, 즉 추가된 또는 다른 내용을 명시적으로 또는 묵시적으로 포함하는 피청약자의 응답은 거절이고, 또한 새로운 청약이다"**라고 규정하고 있다[제2:208조(변경된 승낙) (1)]. 아울러, **"청약에 관하여 확정적으로 동의하는 응답은 추가된 또는 다른 내용을 명시적으로나 묵시적으로 포함하는 경우에도, 그 내용이 청약의 내용을 실질적으로 변경하지 아니하는 때에는, 승낙이 된다"**고 규정하고, 이때에 추가된 또는 다른 내용 또한 계약의 일부로 수용되도록 하고 있다[제2:208조 (2)].

[302] 그러나, PECL은, i) 청약에 동의하는 응답에 관하여 청약에서 명시적으로 이를 청약의 내용에 대한 승낙으로 제한하는 경우, ii) 청약자가 추가된 또는 다른 내용에 지체없이 이의를

---

172) **'최종서식'**(最終書式)이라고도 한다. **'최종발포이론'**(最終發砲理論)도 이와 같다.

173) 승낙의 방법에 관한 PICC의 규정 내용은, 상기한 CISG의 규정 내용과 동일하다. 또한, 승낙의 효력 발생시기와 관련하여 PICC의 규정 또한 **'도달주의'**를 명시함으로써 CISG의 규정의 취지를 계승하고 있다.

제기한 경우, iii) 피청약자가 추가된 또는 다른 내용에 대한 청약자의 동의를 조건부로 승낙하고 그 승낙이 상당한 기간 내에 피청약자에게 도달하지 아니한 경우에는 '청약의 거절'(rejection of the offer)로 본다고 규정하고 있다[제2:208조 (3)]. 한편 PECL에서는 CISG와는 다르게, 청약과 승낙에 의하지 아니하고 체결된 계약의 유효성을 인정하고 있다. 즉, "계약체결의 과정이 청약과 승낙으로 나누어지지 아니하는 경우에도 계약의 성립에 관한 원칙의 규정이 적절한 변경을 가하여 적용될 수 있다"고 명시하고 있다[제2:211조(청약과 승낙에 의하지 아니하고 체결된 계약)].

[303] 또한 PECL에서는, '일반조건의 충돌'(conflicting general conditions) 규정을 두어, "청약과 승낙이 각각 상반된 계약의 일반조건을 지시하는 것을 제외하고, 합의에 도달한 경우 당해 계약은 성립한다"고 하여, 이들 일반조건이 실질적으로 상호 공통되는 범위 내에서 계약의 일부로 수용될 수 있음을 명시하고 있다[제2:209조(일반약관의 충돌) (1)]. 그러나, 당사자 일방이 사전에 명시적으로 일반조건에 의하지 아니하고, 계약에 구속될 의도가 없음을 나타낸 경우 및 그러한 계약에 구속될 의도가 없음을 즉시 상대방에게 통지한 경우에는 당해 계약은 성립하지 않는다[제2:209조 (2)].

[304] PECL은 [승낙의 효력발생시기에 관하여] PICC에 비해 통지(通知)에 관한 부분에서 일부 차이를 보이고 있다[PICC 제1.10조, PECL 제1:303조]. 양자 모두 모든 통지에 관하여 '도달주의'를 선언하고 있다. 그러나, 예외적으로, PECL은 일방당사자의 불이행에 기하여 요구되는 통지에 대해서는 발신주의(dispatch rule)를 채용하고 있다. 즉, 일방당사자가 상대방의 불이행을 이유로, 또는 그러한 불이행이 합리적으로 그 당사자에 의하여 예견되었기 때문에 통지한 경우에는 그 통지가 적절하게 발송되거나 교부되었다면, 그 통지가 연착되거나, 잘못 전달되거나 또는 도달하지 않았다고 하더라도, 그러한 사실은 통지의 효력발생에 영향을 미치지 않는다.[174)]

[305] 참고로, 전자상거래에서 지속적인 거래에 전자문서가 이용되는 경우 UECIC 제4조[정의]에서는 이를 '자동화된 거래'(automated transaction)로 규정하고 있다. 즉, "당사자가 달리 합의한 경우를 제외하고, 사람이 자동화된 컴퓨터 시스템에 의하여 또는 합의에 의하여 수행된 각각의 개별 조치사항을 검토하지 못했다고 하더라도, 자동화된 컴퓨터 시스템과 사람과의 상호작용에 의하여 또는 자동화된 컴퓨터 시스템 간의 상호작용에 의하여, 계약은 성립될 수 있다"고 규정하고 있다. 이 규정 아래서는 [전자문서에 의한 전자계약의 성립에 관하여] CISG의 규칙 그대로를 적용하는 것이 불가능할 수 있다. 그러나, CISG가 청약과 승낙의 체계에 의함이 없는 계약의 성립을 확정할 수

174) PECL에서 도달주의를 채용하고 있는 규정례는 제1 : 303조을 포함하여, 제1:304조[기간계산(computation of time)], 제2:203조[청약의 거절(rejection)], 제2:205조[계약의 체결시기(time of conclusion of the contract)], 제2:206조[승낙의 기간제한(time limit for acceptance)] 등이 있다.

있는 규정을 명확히 제시하고 있지 않더라도, 이 같은 사실이 오히려 CISG의 범주에서 제외되는 것이 아니라는 주장이 있다. 즉, CISG의 입안자들이 당시의 시대적 상황에 기인하여, 이러한 유형의 합의에 대한 적절한 표현을 고안하기 위한 추가작업을 굳이 고려할 필요가 없었다고 하는 논리가 그 배경이다. 결국, CISG에서 구체적으로 표현된 바는 없지만, 청약과 승낙의 체계에 의하지 않고 합의가 존재하게 된 경우에 이를 다룰 수 있는 규정은, 생각건대 제7조[협약의 해석원칙]의 일반원칙이 될 것이다.

■ SUMMARY [*Article 18*]

1. Article 18 is the first of five articles that deal with the acceptance of an offer. (1) of article 18 addresses what constitutes the acceptance of an offer, while (2) and (3) determine when an acceptance is effective. Article 19 qualifies article 18 by providing rules for when a purported acceptance so modifies an offer that the reply is a counter-offer.

2. Decisions have applied article 18 not only to offers to conclude a contract but also to acceptance of counter offers, proposals to modify the contract and proposals to terminate the contract. The provisions of article 18 have also been applied to matters not covered by the Sales Convention.

판결례와 평가

- 적용범위 : 행위에 의한 승낙적격
- 출처표시 : 「Bundesgericht」(Switzerland), 『4C.103/2003』, 2003.

1. 논점과 사실관계

① 본 사건은 동의를 표시하는 행위에 의한 승낙이 유효한지 여부를 다루고 있는 사례이다. 당사자 간 매매계약이 체결된 후 매도인은 계약의 목적물을 충당하기 위하여 생산자와 계약을 체결하고, 그 내용의 하나로서 생산자가 직접 매수인에게 물품을 인도하기로 하는 계약을 체결하였다.

② 이후 매수인의 영업실적이 저조하자 당사자는 [당초 계약내용에 비추어] 물품의 수량을 변경하였고, 이로 인하여 발생하는 비용은 새로이 공급되는 물품대금에서 공제하기로 합의하였다. 매도인은 이러한 계약변경의 합의를 포함하여 생산자는 매수인에게 직접 대금을 청구할 수 있다

는 내용을 기재한 서면을 매수인에게 발송하면서 생산자에게 물품을 주문하였다.

③ 물품생산 후 생산자는 [매도인과의 계약에 의거] 매수인에게 대금지급을 청구하였으나, 매수인은 새로운 물품대금에 관하여 매도인에게 계약의 변경으로 인한 비용의 공제를 요구하였다. 아울러, 매수인은 계약은 매도인과 체결한 것이지 생산자와 체결한 것이 아니므로 생산자는 대금지급을 구할 권리가 없다고 주장하였다.

2. 판결요지

④ 법원은, CISG에 의할 경우 계약은 서면으로 체결될 필요가 없다[제11조]. 생산자와 매수인이 계약을 체결하였는지를 판단하기 위하여 당사자의 진술과 행위를 해석한 결과 당사자 간 계약은 체결되지 아니하였다[제8조]. 또한, 생산자가 매수인에게 물품을 인도한 것이 합리적으로 계약을 체결하기 위한 청약이라고 취급할 수 없고[제14조], 매수인이 이를 수령한 행위 역시 청약에 대한 승낙이라고 볼 수 없다. 나아가, 매수인이 생산자의 송장발송을 계약을 체결하기 위한 제안이라고 이해하였으리라고 기대할 수 없으므로, 매수인이 이에 대하여 응답하지 않은 것이 다른 사정이 없는 한, 묵시적인 승낙으로 볼 수 없다. 오히려, 매수인이 매도인에게 주문한 사실에 비추어 생산자는 매도인을 위한 대리인에 불과하였다고 보아야 할 것이라고 판시하였다.

3. 해설

⑤ 본 판결은 [사안의 제반사정에 비추어] 물품의 생산자를 매도인의 대리인에 불과하다고 보아 생산자의 물품인도나 매수인의 물품수령행위를 청약과 승낙으로 볼 수 없고, 나아가 매수인 자신이 수령한 송장을 계약체결을 위한 제안이라고 이해하였으리라고 기대할 수 없으므로, 매수인이 송장발송에 응답하지 아니한 것을 묵시적 승낙으로 볼 수 없기에 생산자와 매수인간에는 매매계약이 성립되지 않았다고 판단한 사례이다.

판결례와 평가

- 적용범위 : 표준약관의 구속력을 담보하기 위한 조건
- 출처표시 : 「Hof' S-Hertogenbosch」(Netherlands), 『Unknown』, 2002.

1. 논점과 사실관계

① 본 사건은 **표준약관**(standard terms)의 구속력을 담보하기 위한 조건의 충족 여부를 다루고 있는 사례이다. **매수인**[네덜란드]은 **매도인**[프랑스]으로부터 **식물**(plants)을 매수하였다. 매도인이 계약의 목적물을 인도하였음에도 매수인이 대금지급을 지체하자, 매도인은 미지급 대금을 청구함과 동시에 계약의 일부인 표준약관에 규정된 **지체배상금**(penalty for delay)의 지급을 청구하였다.

② 이에 대하여 매수인은 대금지급 부분에 대하여는 물품의 하자로 인한 손해배상과의 상계를 주장하였고, 위약금의 지급에 관하여는 매도인의 표준약관은 계약에 편입되지 않았다고 주장하였다.

2. 판결요지

③ 법원은, 매도인의 표준약관이 매매계약의 일부로 편입되는지의 여부는 CISG에 의하여 결정되어야 하나, CISG는 표준약관에 대하여 별도로 규정하고 있지 않으므로 계약의 성립에 관한 일반원칙이 적용된다. 당해 원칙에 따르면 매도인이 청약에서 표준약관을 적용할 것임을 명시하고, 매수인이 이를 승낙한 경우에 한하여 표준약관의 구속력이 인정된다고 판시하였다.

④ 나아가, 표준약관이 계약에 유효하게 편입되기 위해서는 계약체결 이전이나 또는 체결 시에 이를 상대방 당사자가 접할 수 있거나 그 내용을 알 수 있었는지 여부를 살펴보아야 한다. 이는 CISG의 해석문제인 까닭에, CISG의 국제적인 성격과 통일적 적용을 증진시킬 필요성 및 국제상거래에 있어서의 신의칙의 준수를 고려하여야 한다[제7조(협약의 해석원칙)]. 이 해석의 문제가 체약국의 국내법하에서 어떻게 다루어지는지와 그 공통된 원칙이 무엇인지에 주목하여야 할 것이다.

⑤ 이러한 맥락에서 PICC의 주석[제2.1.20조(의외의 약관), Comment]을 참고할 때, 동 주석은 상대방이 표준약관의 존재를 알아야 하는지의 문제는 다루고 있으나, 상대방에게 표준약관의 내용을 숙지할 상당한 기회가 있었는지의 문제 그리고 신의칙상 표준약관을 원용하는 당사자가 상대방에게 계약체결 이전이나 체결 시에 그 내용을 알리는 등으로 그러한 기회가 주어지도록 필요한 조치를 취할 의무가 있는지의 문제는 다루고 있지 않다고 지적하였다.[175]

---

175) PICC, Art. 2.1.20 (Surprising terms) Official Comment : "1. Surprising terms in standard terms not effective ; A party which accepts the other party's standard terms is in principle bound by them irrespective of whether or not it actually knows their content in detail or fully understands their

⑥ 한편 법원은, PECL을 참조할 경우 개별적으로 합의되지 아니한 계약조건은 이를 주장하는 당사자가 계약체결 이전이나 체결 시에 이를 상대방이 유의하도록 합리적인 조치를 취한 경우 이를 알지 못하는 당사자에 대하여도 주장할 수 있고[제2:104조(개별적으로 합의하지 아니한 계약내용) (1)], 또한, 상대방이 계약서에 서명하였더라도 계약서에 특정한 계약조건을 언급하는 것만으로는 상대방이 그 계약조건을 유의하도록 한 것으로 볼 수 없다[제2:104조 (1)].

⑦ 이상의 국제계약법규범의 제반 규정을 참고할 때, 당사자가 속한 국가인 네덜란드 법과 프랑스 법의 표준약관에 관한 법리와 일치하고, 또한 국제상거래에 있어서 신의칙의 준수를 증진시키는데 기여할 수 있다. 본 사건에 있어서 매도인이 매수인에게 표준약관을 계약체결 이전에 알리지 않아 매수인이 그 약관을 승낙하였다고 할 수 없으므로 매도인의 표준약관은 매수인을 구속하지 못한다고 설시하였다.

⑧ 한편, 매도인이 물품인도 시에 매수인은 매도인의 표준약관 이면에 인쇄된 송장을 수령하였고, 당해 송장은 주문의 확인서라 할 수 있는데, 매수인은 이에 대하여 아무런 이의도 제기하지 않았다고 주장한데 대하여, 매수인은 물품의 인도 시부터 약 2주 후에 이면에 표준약관이 인쇄된 송장을 수령하고, 물품인도 시에는 전면의 복사본만 받았다고 주장하였는데, 매도인은 이를 부인하지 않았다. 매도인이 과거의 상거래에서 이면에 표준약관이 기재된 송장을 매수인에게 보냈다는 주장 역시 이에 대한 증거가 충분하지 아니하므로 인정할 수 없다. 따라서, [제반사정을 고려할 때] 매도인의 표준약관은 매수인을 구속하지 못한다고 최종 판시하였다.

---

implications. An important exception to this rule is, however, laid down in this Article which states that, notwithstanding its acceptance of the standard terms as a whole, the adhering party is not bound by those terms which by virtue of their content, language or presentation are of such a character that it could not reasonably have expected them. The reason for this exception is the desire to avoid a party which uses standard terms taking undue advantage of its position by surreptitiously attempting to impose terms on the other party which that party would scarcely have accepted had it been aware of them. For other articles intended to protect the economically weaker or less experienced party, see Articles 3.2.7 and 4.6." "2. Terms "surprising" by virtue of their content ; A particular term contained in standard terms may come as a surprise to the adhering party first by reason of its content. This is the case whenever the content of the term in question is such that a reasonable person of the same kind as the adhering party would not have expected it in the type of standard terms involved. In determining whether or not a term is unusual, regard must be had on the one hand to the terms which are commonly to be found in standard terms generally used in the trade sector concerned, and on the other to the individual negotiations between the parties. Thus, for example, a term excluding or limiting the contractual liability of the proponent may or may not be considered to be "surprising", and in consequence ineffective in a particular case, its effectiveness depending on whether or not terms of that kind are common in the trade sector concerned, and are consistent with the way in which the parties conducted their negotiations."

3. 해설

⑨ 본건 판결은 매도인이 매수인에게 **표준약관**(standard terms)을 적시에, 곧 계약체결 이전에 알리지 않아 매수인이 그 약관을 승낙하였다고 할 수 없으므로 매도인의 표준약관은 매수인을 구속하지 못한다고 판시한 사례이다. 본건 판결에서 적용법규가 된 것은 CISG의 규정이지만, 판시이유를 살펴보면 PECL[제2:104조]의 취지를 적극적으로 반영함으로써 양자 계약법규범의 해석상 관련성을 밝히고 있는 점에서 그 의의를 찾을 수 있다.

019. 청약을 변경하는 승낙

Art. 19

(1) A reply to an offer which purports to be an acceptance but contains additions, limitations or other modifications is a rejection of the offer and constitutes a counter offer.

(2) However, a reply to an offer which purports to be an acceptance but contains additional or different terms which do not materially alter the terms of the offer constitutes an acceptance, unless the offeror, without undue delay, objects orally to the discrepancy or dispatches a notice to that effect. If he does not so object, the terms of the contract are the terms of the offer with the modifications contained in the acceptance.

(3) Additional or different terms relating, among other things, to the price, payment, quality and quantity of the goods, place and time of delivery, extent of one party's liability to the other or the settlement of disputes are considered to alter the terms of the offer materially.

제19조

(1) 승낙을 의도하고는 있으나 추가, 제한 그 밖의 변경을 포함하는 청약에 대한 응답은 청약에 대한 거절이고 또한 대응청약이 된다.

(2) 그러나, 승낙을 의도하고 있고 또한 청약의 조건을 실질적으로 변경하지 아니하는 추가적 또는 상이한 조건을 포함하는 청약에 대한 응답은 승낙이 된다. 다만, 청약자가 부당한 지체 없이 그 상이한 조건에 관하여 구두로 이의를 제기하거나 그러한 취지의 통지를 발송하는 경우에는 그러하지 아니하다. 청약자가 이의를 제기하지 아니하는 한, 청약의 조건과 함께 승낙에 포함되어 있는 변경사항이 추가되어 계약조건이 된다.

(3) 특히, 대금, 대금의 지급, 물품의 품질과 수량, 인도의 장소와 시기, 당사자 일방의 상대방에 대한 책임범위 또는 분쟁의 해결에 관한 추가적 또는 상이한 조건은 청약의 조건을 실질적으로 변경하는 것으로 본다.

[306] **제19조**는 청약의 승낙과, 동시에 청약의 내용을 변경하는 경우에 이는 청약에 대한 거절이며, 반대청약이 된다고 규정함으로써 제18조를 제한하고 있다. 본조 (1)에는 이러한 기본적인 내용을 명정하고 있으며, (2)에서는 청약자가 달리 이의를 제기하지 않는 한, 비실질적인 변경이 허용될 수 있다는 예외적 사항을 규정하고 있다. 그리고 (3)은 실질적인 변경사항의 예시이다.

누구도 스스로 작성(作成)한 날인증서(捺印證書)의 기재(記載)에 반(反)하는 주장(主張)을 할 수 없다.

1. 실질적 변경

[307] 본조 (1)에 의하면, [청약에 대한 승낙에 결부하여] 청약의 내용에 추가 · 제한 또는 그 밖의 변경을 가하고 있는 승낙은, **원청약**(原請約)에 대한 **반대청약**(反對請約)으로 인정된다. (3)은 청약에 대한 응답에 있어 변경이 있는 경우의 실질적 변경요건을 열거하고 있다. **'대금'**, **'대금의 지급'**, **'물품의 수량과 품질'**, **'인도장소 또는 시기'**, **'클레임의 해결방법'** 등의 내용에 관한 변경은 청약에 대한 **'실질적 변경'**(實質的變更)으로 취급된다.

2. 비실질적 변경

[308] 본조 (2)의 규정에 따르면, 청약자가 부당한 지체 없이 구두 또는 서면으로 그러한 변경에 대한 반대를 피청약자에게 통지를 하지 않는 한, 청약에 대한 비실질적인 변경을 포함한 응답은 승낙이 된다. 예컨대, 상대방에게 유익을 주는 변경은 실질적인 변경이 아니므로, 타방 당사자로부터 명확한 승낙이 필요 없을 것이다. 이 경우는 **'사실의 문제'**(the matter of facts)로 귀결될 것이다.

[309] 한편 물품대금은, i) 시장가격이 시장가격의 증감에 따른다는 것, ii) 어느 품목의 인도가 경우에 따라 지연될 수도 있다는 것, iii) 매도인이 인도날짜를 변경할 수 있는 권리를 유보한다는 표준조건, iv) 매수인이 공식적인 계약의 종료에 따른 합의서를 작성해야 한다는 요구, v) 당해 계약의 전 과정에 걸쳐 당해 계약상의 기밀을 유지해야 한다는 일방의 요구, vi) 매수인이 지정한 기간 내에 인도된 물품을 거부하여야 하는 것 등과 관련한 변경은 **'비실질적 변경'**(非實質的變更)으로 취급된다.

3. 승낙의 방법

[310] 승낙은 [청약과 마찬가지로] 그 방식에 관한 별도의 약정이 없는 한, 구두 · 서면 · 행위 등 그 어떠한 방법으로도 유효하게 합의할 수 있다. 다만, 제18조에서는 **"청약에 대한 동의를 표시하는 피청약자의 진술 또는 기타의 행위는 승낙이 되지만, 침묵**(silence) **또는 무위**(inactivity)**는 그 자체로는 승낙이 되지 않는다"**고 규정하고 있다. 승낙의 방법에 관한 PICC의 규정도 CISG와 동일하다[PICC 제2.1.6조 (1)].

[311] 참고로, 전자상거래에서 상인 간의 지속적 거래에 전자문서가 이용되는 경우에 [상거래 관행에 기하여] 승낙의 의사표시가 없어도 유효한 계약의 성립이 될 수 있는 경우가 있다. 예를

들면, i) 당사자 간의 합의를 전제로 매수정보를 전자문서로 전송함으로써, 상거래 관행이나 관습에 의해 침묵을 승낙으로 보는 경우, ii) 전자문서에 의한 매수요청에 따라, 별도의 통지 없이 목적물을 제공한 경우, iii) 매수요청 사항에 미결정사항이 포함되어 있음에도 불구하고, 이후에 매수정보를 데이터로 전송함으로써 미결정사항을 충족하는 경우 등이다.[176] 생각건대, 이상과 같은 경우는 제18조 (3)에서 "**당사자 간에 확립한 관습 또는 관행의 결과로 청약자에게 아무런 통지 없이 피청약자가 물품의 발송이나 대금의 지급과 같은 행위를 행함으로써 동의를 표시할 수 있는 경우에는 승낙은 그 행위가 수행되는 순간에 효력을 발생한다**"고 한 규정이 적용될 수 있을 것이다.

■ SUMMARY [*Article 19*]

Article 19 qualifies article 18 by providing that a purported acceptance which modifies the offer is a rejection of the offer and is considered instead to be a counter offer. (1) of article 19 states this basic proposition, while (2) makes an exception for immaterial modifications to which the offeror does not object. (3) lists matters which are considered material.

판결례와 평가

- 적용범위 : 승낙이 청약의 조건을 실질적으로 변경하고 있는지의 여부
- 출처표시 : 「U.S. District Court, Delaware」(USA), 『07-140-JJf』, 2008.05.09.

1. 논점과 사실관계

① 본 사건은 분쟁해결을 위한 추가적인 또는 상이한 조건이 청약의 조건을 실질적으로 변경하고 있는지의 여부를 다루고 있는 사건이다.[177] **원고**[매도인(미국 미주리주에 영업소를 둔 유한회사)] A는 H[매수인(캐나다 온타리오에 영업소를 둔 회사)]에 대하여 [종전 판결과 관련한] 항의서를 제출하였다. 곧, A는 H의 사용을 위해, A가 제조한 '**콩 레시틴**'(soy lecithin)의 판매에 관한 양당사자의 권리와 의무의 확정에 문제가 있음을 적시하였다.

---

176) '**매매시점**(賣買時點, point of sales : POS) **관리**'가 이에 해당하는 대표적인 구현시스템이다. 이는 정보시스템과 연결하여 실시간으로 매매정보를 수집하여 물품관리 · 재고관리 등의 업무를 자동으로 수행하는 방식이다.

177) ① 「Cour de Cassation」(France), 『1309 P』, 1998.07.16.
② 「Oberlandesgericht Frankfurt am Main」(Germany), 『25 U 185/94』, 1995.03.31.
③ 「Schweizerisches Bundesgericht」(Switzerland), 『4C.474/2004』, 2005.04.05.
④ 「U.S. District Court, District of Maryland」(USA), 『CCB-09-2008』, 2011.02.08.

② 사실관계로서, 지난 수년 동안 A는 H에 콩 레시틴을 공급해왔다. 2005년 말, A의 콩 레시틴 판매를 담당하는 L[회계매니저이자 H와 고객관계를 담당]과 K[H의 물품부서]는 H가 2006년에 주문할 콩 레시틴 생산품의 예상물량과 이 기간 적용될 판매가격 협상을 시작했다. 동년 12월 L과 K는 H가 1파운드당 12,565달러에 250,000파운드의 콩 레시틴을 주문하는 계약을 체결하였다. 이후 당사자는 계약조건의 해석에 관한 다툼이 발생하였다. 곧, K는 온타리오 공장 재료분석가인 J[매수인 측]에게 본건 합의를 동년 1월 20일 이메일로 통지하였다. 본 계약에서 J는 A의 고객서비스 부서에 팩스로 주문하였다. 이후 A는 콩 레시틴을 인도했다. A의 주문확인서와 송장에서는 매매조건을 송부한다고 밝혔다.

③ 본건은 H가 제조공장[온타리오]에서 콩 레시틴을 초콜릿 생산에 사용하기 위해 매매된 것으로, 본 다툼은 A가 동년 9월 27일 오염된 콩 레시틴 40,000파운드를 인도한 것으로부터 시작되었다. 동년 6월 23일 송부되어진 A의 주문확인서에는 판매조건이 포함되어 있지 않았지만, 이후 H의 공장에 송부된 송장에는 판매조건이 포함되었다. 동년 10월 H는 본 물품의 오염사실을 발견하였다. H는 [본 오염을 알기 전에] 자신의 물품 2백만개 이상이 오염된 콩 레시틴이 첨가되어 제조되었음을 알게 되었다. 이 때문에 많은 H 물품이 회수되었고, 나아가 공장의 임시가동중단 그리고 캐나다 식품검역국과 안전부의 강력한 조사가 이루어졌다. 이후 H는 A에게 콩 레시틴이 오염된 사실을 알렸고, 본건 사고의 결과로 발생된 피해에 대한 책임을 A가 부담하여야 한다고 통지하였다. 아울러, H는 동년 10월 17일자 주문을 포함하여, 추가적인 콩 레시틴의 수령이나 비용지급도 거절하였다. 동년 12월 양측은 협상개시를 목적으로 합의에 임하였다. 이후 3달이 넘게, 양당사자는 협상에 임했지만, H가 A에게 요구한 피해산정금액에 관한 의견차이로 당해 협상은 결렬되었다.

2. 판결요지

④ 본건에서의 쟁점은 법정지와 준거법의 선택이었다. 그렇지만, 최초 2006년 계약은 구두로 이루어졌고, 당해 계약에서는 법정지와 준거법에 관한 합의가 없었다. 이후 A는 판매조건을 송부하면서 법정지와 준거법 선택조항을 삽입하였고 송장에서도 이를 명시하였다. 문제는 제29조[계약의 변경과 서면요건]에 규정된 계약변경을 위한 합의가 존재하였는지의 여부가 관건이었다.

⑤ 법원은 [본건에 비추어] 다음과 같은 이유로 계약을 변경하는 합의가 있었다고 보지 않았다. 제29조에서는 계약은 당사자의 단순한 합의만으로 변경되거나 종료될 수 있다고 정하고 있다. 그러나, 제19조 (3)에서는 분쟁해결에 관한 추가적인 또는 상이한 조건은 청약의 조건을 실질적으로 변경하는 것으로 본다고 규정하고 있다. 이에 매수인 송장의 법정지 선택조항에는 이

같은 내용을 찾아볼 수 없다. 이에 법원은, 매수인은 2006년 구두계약에 따라 당해 자신의 의무를 이행하였다고 판시하였다. 요컨대, 법원은 CISG에서는 유효한 계약조건을 실질적으로 변경시키려는 당사자의 일방적 시도, 본건에서는 A의 판매조건과 송장에 대한 반대의 의사표시가 없었다는 사실로부터 제29조에서 명시하고 있는 당사자의 합의가 있었다는 사실을 뒷받침할 수 없다고 최종 판시하였다.

020. 승낙기간의 해석

Art. 20

(1) A period of time of acceptance fixed by the offeror in a telegram or a letter begins to run from the moment the telegram is handed in for dispatch or from the date shown on the letter or, if no such date is shown, from the date shown on the envelope. A period of time for acceptance fixed by the offeror by telephone, telex or other means of instantaneous communication, begins to run from the moment that the offer reaches the offeree.

(2) Official holidays or non-business days occurring during the period for acceptance are included in calculating the period. However, if a notice of acceptance cannot be delivered at the address of the offeror on the last day of the period because that day falls on an official holiday or a non-business day at the place of business of the offeror, the period is extended until the first business day which follows.

제20조

(1) 청약자가 전보 또는 서신에서 지정한 승낙기간은 그 전보가 발신을 위하여 교부되는 시점 또는 서신에 표시된 일자 또는 서신에 일자가 표시되지 아니한 경우에는 봉투에 표시된 일자부터 기산된다. 청약자가 전화, 텔렉스 그 밖의 동시적 통신수단에 의하여 지정한 승낙기간은 청약이 피청약자에게 도달한 시점으로부터 기산한다.

(2) 승낙기간 중의 공휴일 또는 비영업일은 기간의 계산에 산입한다. 다만, 기간의 말일이 청약자의 영업소 소재지에서 공휴일 또는 비영업일에 해당하여 승낙의 통지가 기간의 말일에 청약자에게 도달될 수 없는 경우에는 승낙기간은 그 다음의 최초영업일까지 연장된다.

[312] 제20조는, 피청약자가 청약을 승낙함에 있어 승낙기간에 관한 계산방법을 규정하고 있다. (1)은 승낙기간의 시기(始期)를 규정하고 있다. 곧, 발신과 도달 간에 지연이 있는 통신방식과, 즉시의 통신방식으로 구분하고 있다. (2)는 공휴실과 비영업일이 기간 계산에 미치는 영향에 관해 규정하고 있다.

1. 승낙기간의 시기

[313] 본조는 승낙기간의 개시시기, 곧 시기가 분명치 않을 경우에 적용되는 보충규정이라고

할 수 있다. 통상적으로, 전보의 경우에는 발신을 위해 교부할 때, 서신의 경우에는 서신에 기재된 일자 또는 [그것이 없는 경우] 봉투에 기재된 일자로부터 기산된다. 이를 도달 시로 하지 않고 이 같이 규정하고 있는 이유는, 그 시기를 양당사자가 모두 확인할 수 있기 때문이다. 그러나, 동시적 통시수단인 전화나 텔렉스의 경우에는 발신과 도달이 동시에 일어나므로, 이 경우는 도달 시부터 승낙기간이 개시되는 것으로 명정하고 있다. 팩스나 이메일도 동시적 통신수단임은 다름이 없고, 대화자 간 승낙기간의 시기도 마찬가지로 이에 해당한다.

2. 공휴일 또는 비영업일

[314] 공휴일 또는 비영업일은 승낙기간에 산입된다. 그러나, 승낙기간의 말일이 청약자 소재지의 공휴일 등에 해당할 경우 승낙기간은 그 익일[최초영업일(最初營業日)]까지 연장된다.

■ SUMMARY [*Article 20*]

1. Article 20 sets out rules for calculating the time in which an offeree must accept an offer.

2. (1) defines when a time period for acceptance begins to run. The paragraph distinguishes between communications that involve a delay between dispatch and receipt and instantaneous communications. There are no reported cases applying this paragraph.

3. (2) addresses the effect of official holidays and non-business days on the calculation of the time period. There are no reported cases applying this paragraph.

021. 지연된 승낙

Art. 21

(1) A late acceptance is nevertheless effective as an acceptance if without delay the offeror orally so informs the offeree or dispatches a notice to that effect.

(2) If a letter or other writing containing a late acceptance shows that it has been sent in such circumstances that if its transmission had been normal it would have reached the offeror in due time, the late acceptance is effective as an acceptance unless, without delay, the offeror orally informs the offeree that he considers his offer as having lapsed or dispatches a notice to that effect.

제21조

(1) 지연된 승낙은 그 지연에도 불구하고, 청약자가 지체 없이 승낙으로서 유효하다는 취지를 피청약자에게 구두로 알리거나 또는 그러한 취지의 통지를 발송하는 경우에는 승낙으로서 유효하다.

(2) 지연된 승낙을 포함한 서신 그 밖의 서면에 의해, 그 전달이 정상적이었다면 그것이 제때에 청약자에게 도달할 수 있었다는 사정하에 발송되었음이 확인된 경우에는 그 지연된 승낙은 승낙으로서 유효하다. 다만, 청약자가 지체 없이 피청약자에게 자신의 청약이 실효하였다는 취지를 구두로 알리거나 또는 그러한 취지의 통지를 발송하는 경우에는 그러하지 아니하다.

[315] 제21조에서는 어떤 사항이든 (1)이나 (2)의 규정을 만족하고 있는 경우에는 지연된 승낙에도 불구하고 효력이 발생한다고 규정하고 있다. 따라서, 제18조 (2)에서는, 본조에서 명시하고 있는 기간과, 제20조에 의해 계산된 기간 사이에, 승낙의 통지가 청약자에게 도달하여야 한다고 규정하고 있다. 제22조는 승낙의 철회의 통지가 피청약자에게 도달하는 시기에 관하여 규정하고 있다. 이에 반하여, 제18조 (3)에서는 피청약자가 청약자에게 통지함이 없이, 물품의 발송이나 대금의 지급에 관한 행위를 할 때에, 승낙의 효력이 발생하는 경우에 관하여 규정하고 있다.

[316] 본조 (1)에서는, "지연된 승낙이라고 하더라도 청약자가 지체 없이 그 승낙의 유효함을 피청약자에게 통지하면, 당해 지연승낙은 유효하다"고 규정하고 있다. 본조 (2)에 의하면, 승낙의 통지가 승낙기간 내에 정상적으로 청약자에게 도달할 수 있었음을 서면으로 나타내고 있는 경우에 당해 지연된 승낙을 담고 있는 서신 또는 그 밖의 문서는, 마찬가지로 승낙으로서의 효력이 있다. 다만, 청약자가 지체 없이 청약이 실효하였음을 피청약자에게 통지하는 경우에는 그러하지 않다.

SUMMARY [*Article 21*]

1. Article 21 provides that a late acceptance is nevertheless effective if the conditions set out in (1) or (2) are satisfied. Other provisions of Part II of the Convention defined when an acceptance is late. Thus article 18 (2) requires a timely acceptance to reach the offeror within the time period specified in that paragraph and calculated as provided in article 20; article 24 defines when a revocation 'reaches' the offeree. Article 18(3), however, identifies circumstances in which an acceptance is effective when the offeree performs "an act, such as one relating to the dispatch of the goods or payment of the price, without notice to the offeror.".

2. (1) provides that a late acceptance is effective if the offeror notifies the offeree without delay that the acceptance is effective.

3. (2) provides that a 'letter or other writing containing a late acceptance' is nevertheless effective as an acceptance if the writing shows that it would normally have reached the offeror within the time period for acceptance, unless the offeror notifies the offeree without delay that he considers the offer to have lapsed. There are no reported cases applying (2).

판결례와 평가

- 적용범위 : 청약자가 정한 승낙기간 경과 후의 승낙
- 출처표시 : 「ICC Court of Arbitration」(Paris), 『7844/1994』, 1994.

1. 논점과 사실관계

① 본 사건은 청약자가 승낙기간이 경과된 후에는 승낙을 할 수 없다고 판정한 사례이다. 하도급자로 예정된 자가 매도인과 매매계약을 체결하였다. 당사자는 원도급자의 승인하에 하도급자로 예정된 자가 원도급자로부터 하도급을 받는다는 조건으로, 아울러, 모든 주문은 하도급자로 예정된 자를 통하여 이루어져야 한다고 합의하였다. 그러나, 원도급자은 하도급자로 예정된 자에게 하도급을 주지 않고 매도인으로부터 직접 물품을 주문하였다. 이에 하도급자으로 예정된 자는 매도인의 계약위반을 주장하고 중재신청에 임하였다.

2. 판정요지

② 중재판정부의 판정요지는 다음과 같다. 본건은 당사자의 합의의 효력을 원고가 하도급을 받는 것을 조건으로 하였다. CISG는 계약의 효력발생을 장래의 불확정 사건이 발생하는 것을

조건으로 하는 경우를 명시적으로 규정하고 있지는 않으나, 제6조[계약에 의한 배제 또는 변경]에 따라, [계약당사자 자치의 원칙에 의거] 당사자는 계약에 그러한 조건을 둘 수 있다. 장래의 사건이 발생하는 기간의 문제에 관해서는 본건의 준거법인 국내법에 의한다.

③ 이 경우 장래의 사건이 발생될 수 있는지 여부를 판단하기 위해서는, 하도급자로 예정된 자와 원도급자 간의 관계를 고려해야 한다. 본건에서 하도급자로 예정된 자가 원도급자에게 승낙기간을 정하여 청약을 하였고, 그 기간 내에 승낙은 이루어지지 않았다. [이에 중재판정부는] 본건 준거법인 오스트리아법과 제18조[승낙의 시기 및 방법] (2)에 의거, 청약자가 피청약자에게 지체 없이 연착된 승낙을 유효한 것으로 본다고 통지하지 아니하는 한, 청약은 승낙기간이 도과된 이후에는 승낙으로 취급되지 않는다고 최종 판정하였다.

022. 승낙의 철회

Art. 22
An acceptance may be withdrawn if the withdrawal reaches the offeror before or at the same time as the acceptance would have become effective.

제22조
승낙은 그 효력이 발생하기 전에 또는 그와 동시에 철회의 의사표시가 청약자에게 도달하는 경우에는 철회된다.

[317] 제22조에 의하면, [승낙의 철회의 통지가] 승낙의 효력이 발생하기 전에 또는 그와 동시에 청약자에게 도달하게 되는 경우에 피청약자는 본 승낙을 철회할 수 있다. 승낙은 제18조[승낙의 시기 및 방법] (2)에 따라, 청약자에게 도달하여야 효력이 발생하고, 아울러, (3)에 의하면, 행위에 의한 승낙은 그러한 행위가 이행될 때에, 그 효력이 발생하는 것으로 규정하고 있음은 본조와 연관하여 이해하여야 한다.

[318] 한편, 승낙이 도달하여 그 효력이 발생하면, 당해 계약은 유효하게 성립되었다고 볼 수 있으므로[제23조(계약의 성립시기)], 이 경우에는 더 이상 승낙의 철회에 관한 여지는 남겨져 있지 않다.

1. 계약체결 전의 과실책임에 관한 법리

[319] 일반적으로, **'계약체결 전의 과실'**(fault in negotiating, *culpa in contrahendo*)이라 함은, **'계약의 체결을 의도하고 있는 당사자 간에 접촉을 개시하는 때부터 계약의 체결 시까지를 포함한 전체의 교섭단계**(negotiation stage)**에서 발생하는 당사자의 과실'**을 의미하는데, 이 경우 상대방의 손해에 관하여 과실 있는 당사자가 부담하여야 할 배상책임을 포괄적으로 **'계약체결 전의 과실책임'**이라고 일컫는다.

[320] 계약이 [매매(賣買)의 경우를 포함하여] 당사자 간의 청약과 승낙이라는 의사표시의 합치에 의하여 성립된다는 것은, 통상의 계약법에서 널리 인정되고 있는 **'근본적 원칙'**(根本的原則, fundamental principle)이다.[178] 그런데, 계약의 체결을 위한 교섭단계에서 당사자 일방이 당해 교섭

---

178) 용어의 사용에 있어, **'계약체결'**(契約締結)을 **'계약성립'**(契約成立)과 구별하는 견해가 있다. 즉, **행위**(行爲,

현실(現實)의 점유자(占有者)는 그 점유권(占有權)의 정당(正當)함을 입증(立證)할 의무(義務)가 없다.

에 성실히 임하지 않은 결과, 곧 **상호협력의무**(相互協力義務)와 **주의의무**(注意義務) 등의 위반으로 인하여 상대방에게 손해를 야기한 경우 어떠한 법적 근거로 그 책임을 부담시킬 것인가가 문제가 될 수 있다.

[321] 이 문제의 논점은, 계약체결을 위한 교섭단계에서는 양당사자가 계약의 성립에 따른 구속적 법률관계를 형성하고 있지 않은 처지에 놓여 있음에도 불구하고, 만약 교섭과정에서 일방당사자에게 기대하지 않았던 손해가 발생한 경우에 이로부터 타방당사자의 과실을 근거로 계약상의 **채무불이행**(債務不履行) 또는 **불법행위책임**(不法行爲責任)을 물을 수 있을 것인지, 만약 그렇지 못하면 그 밖의 어떠한 책임을 인정하여야 할 것인지에 있다. 이 문제는 계약에 관한 법통일화 및 합목적성의 차원에서 논의될 수 있는 성질의 것이다.

① 영미법계의 경우

[322] 영미법에서는, 전통적으로 계약의 교섭단계에서는 **'교섭상의 자유'**(free from negotiation)를 폭넓게 인정하고 있다. 곧, **'계약체결의 자유'**와 **'계약을 체결하지 않을 자유'**를 동시에 보장하고 있는데, 그 배경은 계약의 교섭단계에서의 협상은 다분히 **사행적**(射倖的, aleatory)179)이라는 법리에 기초한다. 이는 계약체결을 위한 교섭당사자가 당해 계약체결로부터 예상되는 이익을 기대하고 있다면, 동시에 상대방과의 계약체결을 위한 교섭의 중단으로부터 입게 될 수 있는 손해에 대해서도, 당연히 그 위험을 감수하여야 한다고 하는 형평의 논리가 반영된 결과이다.

[323] 이 경우 [교섭당사자의 기대이익에 반하여] 감수하여야 할 상당한 위험에는, 계약체결을 위한 교섭단계에서의 비용과, 교섭의 장기진행에 따른 손실과 그 비용 및 교섭의 파기로 인한 기대이익의 상실 등이 포함된다. 예컨대, 계약체결을 위한 준비로 지출된 비용, 전도자금의 차용, 운송수단의 수배에 소요된 비용, 본 교섭을 위하여 또 다른 교섭제의를 거절한 경우의 기회비용, 일정한 대금을 **선지급**(advanced payment)한 경우 등을 예시할 수 있다.

[324] 결국, 영미법적 시각에서 계약체결을 위한 교섭은 일종의 **사행행위**(射倖行爲)라고 할 수 있는데, 이는 곧 계약체결을 위한 교섭단계에서 지출되는 비용은, 단지 장래에 예상되는 기대이익을 보전하기 위한 목적에서 계약당사자가 그 자신의 위험과 계산 아래 투자되는 **대가**(對價)

---

conduct) 또는 **규제**(規制, enforcement)로서의 법률행위로 각기 구별하고 있는 시각으로 전자는 **'자치적 규율의 준비'**로 보고, 후자는 이러한 완비된 준비상태에서 **'법적 효력이 부여되고 있는 단계'**로 구분하는 주장이 그 요지이다.

179) **사행적**(射倖的)의 뜻은 **'불특정한 사실 또는 장래의 우연한 가능성에 그 이해를 두는 것'**(depending on an uncertain event or contingency as to both profit and loss)으로 정의된다.

로 볼 수 있다는 전통적인 시각으로부터 비롯된 결과이다.

[325] 이와 같은 영미법의 전통적인 시각은, 만약 계약체결을 위한 교섭단계에서, 이를테면 **'공정한 교섭'**(fair dealing), **'신의칙'**(good faith), **'사실상의 정직'**(honesty in fact) 등과 관련하여, 별단의 의무를 부과하는 경우에 계약당사자 간의 교섭의 자유를 제한하는 뜻밖의 결과를 초래할 수 있다고 하는 점에서, 그 합리성이 강조되고 있다.

[326] 이 경우 뜻밖의 결과에 해당될 수 있는 경우라면, 계약당사자가 교섭에 임하는 것을 처음부터 주저하게 되고, 그 결과 계약자유의 원칙에 따른 자유롭고 능동적인 상거래 활동이 위축될 수 있다. 또한, 계약의 교섭단계서 계약당사자 간의 권리의 행사와 의무의 이행에 결부된 사소한 이해마저도 첨예하게 대립됨으로써, 이로부터 계약의 체결 전에 기대하지 않았던 장애를 발생시킬 여지가 다분하다.

[327] 그럼에도 불구하고, [앞서 본 바와 같이] 계약의 교섭단계에서도 계약당사자가 성실하게 교섭에 임하여야 한다는 계약법의 기본적 사상은, 예컨대, 미국 판례법을 통해 **'계약체결 전의 책임'**(pre-contractual liability)으로 실현되고 있다. 이는 곧, **'신의칙에 기한 교섭의무'**(duty to bargain in good faith)를 점차 강화하는 방향으로 나아가고 있음을 시사한다. 다만, 계약체결 전의 과실책임이 마땅히 인정되는 경우는, 이를테면 계약교섭 과정에 일방이 타방으로부터 **부당이득**(不當利得, unjust enrichment)[180]을 얻은 경우, 계약체결 전의 책임으로 **'부당이득반환책임'**(不當利得返還責任,

180) **'법률상의 원인 없이 타인의 재산 또는 노무로 인하여 이익을 얻고 이로 인하여 타인에게 손해를 가한 경우에 그 이익'**을 **'부당이득'**(不當利得)이라고 한다. **'부당이득'**에 대한 선의의 수익자는 현존이익의 범위 내에서 그 타인에게 이익을 반환하여야 하며, 악의의 수익자는 그 받은 이익에 이자를 붙여 반환하고 손해가 있으면 이를 배상해야 한다. **'부당이득'**의 성립을 위해서는 **'수익'**[타인의 재산·노무에 의하여 이익을 얻는 것], **'손해'**[타인에게 손해를 준 것], **'인과관계'**[수익과 손해 사이에 인과관계가 있을 것], **'법률상 원인의 부존재'**[법률상 원인이 없는 경우]와 같은 4가지 요건이 필요하다. i) **'수익'**(受益)은 적극적 재산상의 증가뿐만 아니라 소극적으로 당연히 발생하였어야 할 재산의 감소를 면하는 것도 포함된다. 채권도 물권과 같이 재산의 하나이므로 그 취득도 당연히 수익이 된다. 또한 현재 취득한 이익뿐만 아니라 장래 취득할 이득도 미리 부당이득의 반환을 청구할 소의 이익이 있다면 소송상 청구할 수 있다. ii) **'손해'**(損害)는 A로부터 B에게 재화가 이전된 경우에 만일 그 기초가 된 법률관계가 무효나 취소에 의하여 존재하지 않게 된 경우, 즉 급부수령자가 그 급부를 보유할 수 없게 된 경우에 급부자·급부수령자 각각의 처지로부터의 재화의 이전을 보면, 후자에게는 재화의 이전이 '수익'이 되고, 전자에게는 '손해'가 된다. 손해는 수익과 서로 **표리**(表裏)의 관계에 있는 개념이고 대단히 넓은 의미를 지닌다. iii) 수익과 손해 사이의 **'인과관계'**(因果關係)는 반환청구권자의 손실의 발생과 동시에 수익자에게 이득을 발생시킨다는 의미의 직접적 인과관계일 필요는 없으며, 사회관념상 양자 사이의 관련성이 인정되는 것으로 충분하다. 그리하여 이득과 손실은 같은 것일 필요는 없으며 그 평가액이 같을 필요도 없다. iv) **'법률상 원인의 부존재'**에 관한 **'법률상 원인없이'**의 의미에 관하여 학설의 대립이 있다. **통설**(通說)은, 제3자에 대한 관계에서는 형식적·법률적으로 일응 수익자에게 귀속하는 이득·수익을 손실자에 대한 관계에서도 그대로 보유하게 하는 것이 공평·정의에 이념에 반하는 경우를 의미한다고 할 수 있다.

liability for unjust enrichment),[181] 사기적 불실표시를 하였을 경우 **'불실표시책임'**(不實表示責任, liability of misrepresentation),[182] 계약교섭에 임한 일방이 타방과 특정한 약속을 한 경우 **'특정약속이행책임'**(特定約束履行責任, liability of specific promise),[183] **'계약교섭상의 합의'**(agreement to negotiate)[184]가 전제된 경우 이에 상당한 책임 등을 거론할 수 있다. 따라서, 영미법은 계약교섭이 시작되었다고 하더라도, 이상의 요건에 해당하지 않은 경우에는 계약체결 전의 과실에 대한 별단의 책임 또는 의무가 발생하지 않는 것이 원칙이다. 설령, 이 같은 요건이 계약체결 전의 교섭과정에 결부되어 있는 상황이라고 하더라도, 이후 계약이 유효하게 체결되었다면, 당해 교섭과정에 결부된 이상과 같은 경우의 법률효과는 문제가 되지 않는다.

② 대륙법계의 경우

[328] 대륙법에서는 계약체결을 위한 교섭단계에서 신의칙에 기한 **'공정거래**(公正去來, fair dealing)**의 도모'**, **'합리적 기준**(reasonable standards)**의 준수'**, **'공정한 교섭**(fair negotiating)**의 의무'** 등을 인정한다. 이는 **법사학적**(法史學的)으로 로마법으로부터 확립되어 있는 **신의**(信義, *bona fides*)의 개념에 기초를 두고 있는데, 이 경우 신의는, **'법률관계에서 약속을 정직하게 준수하고, 합의에 의한 의무를 성실히 이행하는 것'**으로 타인의 행위, 곧 채무의 이행에 관한 계약법상 신의와 동일한 개념으로 인정된다.

[329] 따라서, 대륙법계에서는 계약체결을 의도하고 계약교섭에 임하였음에도 불구하고, 정당한 사유 없이 또는 위와 같은 요건을 위반하여 계약체결을 위한 당해 교섭을 파기한 경우 **'신의칙 위반'**(信義則違反, breach of good faith)으로 취급되어, 이에 상당한 계약체결 전의 과실책임이 인정된다. 결국, [**영미법계와 비교하여**] 대륙법계에서는 신의칙 의무를 폭넓게 적용하고 있는

---

181) **'부당한 이득의 형성'**은 계약교섭에 임한 경우 계약당사자 일방이 교섭 중에 **개시**(開示)된 아이디어나 제공된 서비스로 이득을 얻으면서 본래 계약의 체결을 거부하는 경우에 문제가 된다. 계약교섭 당사자가 교섭 중에 얻은 이익을 부당하게 사용하는 것은 허용되지 않으며, 그러한 **'부당이득'**(不當利得)에 대한 구제책은 피해자에 대한 **'원상회복의무'**(原狀回復義務, restitution interest)를 한도로 한 책임이 부과된다. 그 일례로 **'아이디어의 유용'**(misappropriation of ideas)을 들 수 있다.

182) **'불실표시'**(不實表示)는, **'사실과 일치하지 않는 적극적 진술**(積極的陳述, assertion)**'**이라고 정의되는데, 곧 **'상대방으로 하여금 계약체결을 유도하는 진실되지 않은 표시 또는 설명'**을 말한다. 일반적으로 **'불실표시'**는 **'사기적 불실표시'**(詐欺的不實表示)를 포함한 **'과실적 불실표시'**(過失的不實表示, negligent misrepresentation)와, 형평법상의 **'선의적 불실표시'**(善意的不實表示, innocent misrepresentation)로 대별된다.

183) **'계약체결 전 책임의 보다 일반적 근거로서, 상대방을 교섭에 관여시킨 계약당사자 일방의 특수한 약속'**을 말한다. 당사자는 상대방이 교섭 중에 행한 약속을 신뢰하고 있는데, 이를 아무런 손실 없이 파기할 수는 없다고 하는 법인식을 배경으로 한다.

184) 이른바, **'예비적 합의'**(豫備的合意, preliminary negotiation)라고도 일컫는다. 이는 **'미결정조항을 갖고 있는 합의'**(agreement with open terms)와 **'교섭하기로 한 합의'**(agreement to negotiate)로 대별된다.

까닭에, 계약체결 전의 과실책임을 보다 엄격하게 적용하고 있는 차이점이 있다.

③ CISG의 경우

[330] CISG에서는 계약체결을 위한 교섭단계에서 발생할 수 있는 여하한의 문제를 해결할 수 있는 규정을 보유하고 있지 않다. 그 이유는, [CISG의 입법취지에 비추어] CISG의 입법과정에 계약체결 전의 과실책임에 관한 논의가 있었음에도, 본 사안은 국제상사계약의 법통일화를 표방하는 국제협약으로서 CISG의 적용에 장애가 될 수 있을 뿐만 아니라, 계약체결을 위한 교섭과정에서 법계 또는 국제사법에 관한 시각차로부터 예상하지 않았던 문제와 연관될 수 있다고 하는 이유로 지지를 얻지 못했기 때문이었다. 이에 따라 현실적으로 CISG를 원용하여 국제상사계약에 임하는 당사자에게 신의칙 및 계약체결 전의 과실책임에 따른 법적 요건이 문제가 되는 경우에는 별단의 국제사법에 의한 규율이 중요하다.

[331] 다만, CISG에서는 [앞서 본 바와 같이] "본 협약을 해석함에 있어 협약의 국제적 성격과 또한 그 적용상의 통일성 및 국제상거래에 있어 신의의 준수를 증진할 필요성을 고려하여야 한다"고 규정하고 있다[제7조(계약의 해석원칙) (1)]. 이는 CISG의 해석에 관한 **일반원칙**(general principle)에 의해 보충되고 있다[제7조 (2)]. 당해 보충규정은 "본 협약에 의하여 규율되는 사항에 관한 문제로서, 본 협약에서 명시적으로 해결되지 아니하는 문제는, 본 협약이 기초로 하고 있는 일반원칙에 따라서, 해결하여야 하며, 만약 그러한 원칙이 없는 경우에는 국제사법의 규칙에 의하여 적용되는 법에 따라 해결하여야 한다"라고 명시하고 있는 바와 같다.

[332] 요컨대, CISG는 계약체결 전의 과실책임에 관한 명시적인 규정을 두고 있지는 않다. 다만, CISG에서 인식하고 있는 **'신의칙'**은 CISG 내에 적절히 반영되어, CISG의 의의 또는 취지를 보충하는 일반원칙으로 기능하고 있다. 이를테면, **'합리성'**(reasonableness), **'공정거래'**(fair dealing) 등과 같이 신의칙에 **의제**(擬制)될 수 있는 개념을 통해 구현되고 있는 것이다.

[333] 특히, 신의칙에 준한 **'합리성'**(合理性)은 CISG 여러 규정에서 명시적으로 폭넓게 언급되고 있다. 학설에 따라 그 개념을 살피면, i) CISG의 일반원칙과 관련하여 당사자 스스로가 합리적인 자로서의 행위 기준에 따라 행동하여야 하는 상호 간의 규칙, ii) 분별력 있고 공정하게 행동하는 당사자의 윤리적 기준으로서, 이 경우 합리성의 적용기준은 **'상당한 주의의무'**(due diligence)에 따라 행동하여야 할 의무를 의미하는 것으로, 곧 CISG 내에 기초를 두고 있거나 적어도 현재 적용되는 그 밖의 실정법체계 아래서의 기준, iii) 당해 국제상거래에서 통상적이고도 수용이 가능한 것을 결정함에 관한 판단기준, iv) 당사자 간에 확립한 **관행**(practice)과 **관습**

어의(語義)는 전후(前後)의 관계(關係)에 의하여 정(定)하여 진다.

(usage)의 구속력을 명시하고 있는 제9조의 접근방식에 기초를 둔 계약적 의무의 기준 등으로 설명되고 있다.

[334] 결국, CISG는 계약체결 전의 과실책임에 대한 명시적인 규정을 두고 있지는 않지만, 그 해석에 관한 일반원칙과 이 협약 내의 신의칙에 상당한 유사개념을 통해 반영되고 있는 다양한 규정례를 통하여, 실질적으로 계약체결을 위한 교섭단계에서의 책임귀속의 문제를 해결할 수 있는 **우회적**(迂廻的) 방편을 제시하고 있는 것이다.

④ PICC의 경우

[335] PICC는 [앞서 본 바와 같이] CISG의 규정이나 그 법적 효과에 대한 **'보충적 역할'**(補充的機能, gap-filling role)을 감당하기 위한 역할에서 뿐만 아니라 국제사법의 판결・판정기준과 지침을 제공하기 위한 목적을 선언하고 있는데, 이에 걸맞게 PICC는 계약체결 전의 과실책임에 관한 명시적인 규정을 두고 있다.

[336] 즉, **'불성실한 교섭'**(negotiations in bad faith)에 관한 규정이 그것인데, 본 규정에서는 **"당사자는 자유로이 교섭할 수 있고, 합의에 이르지 못한 것에 대해 책임지지 아니 한다"**고 하여 계약자유의 원칙을 표방하고 있다[제2.1.15조 (1)]. 다만, **"불성실하게(in bad faith) 교섭을 행하거나 교섭을 불성실하게 파기한 당사자는, 상대방이 입은 손실에 관하여 책임을 진다"**고 하는 부가조항을 두어 이 원칙을 제한하고 있다[제2.1.15조 (2)]. 이 경우의 **불성실**(bad faith)에 관해서는, **"상대방과 합의하지 아니할 의사를 가지고 교섭을 시작하거나 교섭을 계속하는 당사자는 불성실한 것이다"**라고 정의하고 있다[제2.1.15조 (3)].

[337] 요컨대, PICC는 계약체결을 위한 교섭단계를 포함하여, 계약의 전 단계에서 계약당사자가 준수하여야 할 기본원칙으로서, **'신의성실 및 공정거래'**(good faith and fair dealing)에 관한 규정을 명시하고 있다[제1.7조]. 뿐만 아니라 PICC의 위 규정에 연관되어 있거나, 이를 보충하고 있는 규정은 PICC의 제반 규정에 산재되어 있다. 예컨대, **"계약의 당사자는 국제상거래에서 신의성실과 공정거래의 원칙에 따라 행동하여야 하고, 각 당사자는 이 의무를 배제하거나 제한할 수 없다"**고 한 규정 등을 예시할 수 있다[제1.7조(신의와 공정거래), 제3.10조(현저한 불균형), 제4.8조(계약공백의 보충) 등].

[338] 또한, 계약체결을 위한 교섭과정에서, **'현저한 불균형'**(gross disparity)이 개입된 경우 원칙적으로 당해 계약이나 계약의 개별조항을 취소할 수 있도록 규정하고 있다[제3.10조].[185] 다만,

가급적 계약을 원만히 유지・이행할 수 있도록 배려하고자 하는 취지에서, "취소권이 있는 당사자의 요청에 의하여 법원은 공정거래에 관한 합리적인 상거래 기준에 부합되도록 계약 또는 계약의 개별조항을 개정할 수 있다"는 부가규정을 추보하여 두고 있다.

[339] 나아가, PICC는 계약과정에서 생략된 조항을 보충할 수 있는 근거도 마련해 두고 있다. 즉, "계약당사자가 쌍방의 권리의무의 확정에 관하여, 중요한 조항에 대해 합의하지 아니한 경우에는 그 상황 아래서 적절한 조항이 보충되어야 한다"고 규정하고[제4.8조 (1)], 아울러, 적절한 조항인지를 결정할 수 있는 고려사항으로서, '계약당사자의 의사'(intention of the parties), '계약의 성질과 목적'(nature and purpose of the contract), '신의성실과 공정거래'(good faith and fair dealing), '합리성'(reasonableness) 등을 제시하고 있다[제4.8조 (2), (a)~(d)].

[340] 요약하면, PICC는 CISG가 그 성립과정에 이해관계의 대립으로 인하여 누락되었던 신의성실과 공정거래에 관한 적용범위와 기준을 명확히 규정하고 있다. 계약체결을 위한 교섭단계에서 뿐만 아니라 계약체결의 전 과정을 통하여 이 같은 원칙이 공히 적용될 수 있도록 PICC의 제정취지에 맞게 보다 구체적인 규정을 보유하고 있는 것이다.

⑤ PECL의 경우

[341] PECL에서는 계약체결을 위한 교섭단계에 관한 법규제가 CISG, PICC에 견주어 보다 구체적이고 충실하다고 볼 수 있다. PECL은 계약체결을 위한 '교섭상의 책임'(liability for negotiations)으로써 '신의칙에 반하는 교섭'(negotiations contrary to good faith)에 대한 규정을 두고 있는데, 이는 [앞서 살핀 바 있는] PICC의 '불성실한 교섭'에 관한 규정과 동일하다[제2:301조].

[342] 그렇지만, 한편으로, PECL은 계약체결을 위한 교섭단계에서 계약상의 채무를 발생시키는 보다 구체적인 내용, 즉 "계약체결을 위한 교섭단계에서 당사자 일방에 의하여 행하여진 언명[陳述, statement]은 상대방이 당해 사정 아래 계약상의 의무를 발생시키는 것으로 합리적으로 이해한 경우에는 계약상 의무가 발생한 것으로 본다"고 명시하고 있다[제6.101조(계약상 채무를 발생시키는 언명) (1)].

[343] 다만, 이 경우 '상대방에 대해 당해 진술의 현저한 중요성'(the apparent importance of the

185) 다만, 고려되어야 하는 요건으로서 '상대방에 대한 종속상태(從屬狀態), 경제적 궁핍(經濟的窮乏), 긴급한 필요, 당사자의 경솔(輕率), 무지(無知), 무경험(無經驗), 교섭기술의 결여(缺如) 등을 상대방이 부당하게 이용한 사실, 당해 계약의 성질과 목적' 등을 결부하고 있다[PICC 제3.10조 (1)의 (a), (b)].

statement to the other party), '그 당사자가 진술을 상거래과정에서 행사하였는지의 여부'(whether the party was making the statement in the course of business), '양당사자의 상대적인 전문지식'(the relative expertise of the parties) 등에 관한 사정이 포함되어 있는지의 여부를 고려하여야 한다는 것을 조건으로 두고 있다[제6.101조 (1), (a)~(c)].

[344] 아울러, "계약당사자 일방이 '전문공급자'(professional supplier)로서, 용역이나 물품 기타의 재산의 질이나 이용에 관한 정보를 판매활동이나 선전을 행하는 과정에서 또는 다른 방식으로 계약을 체결하기 전에 제공한 경우에는 그 진술은 계약상 의무를 발생시키는 것으로 본다"고 하고, 다만 "상대방이 그 진술이 정확하지 않다는 것을 알았거나 모를 수 없었다(could not have been unaware)는 사실이 증명된 경우에는 그러하지 아니하다"는 규정을 부가하여 그 적용을 제한하고 있다[제6.101조 (2)].

2. 계약체결 전의 과실책임에 관한 입법례의 비교

[345] CISG, PICC, PECL에 관하여, [각기 계약체결 전의 과실책임의 법적 시각을 중심으로] 그 기준 및 입법적 시사점을 요약·정리하면 다음과 같다. CISG의 경우 일반적 의무로서 신의칙은, CISG의 국제적인 성격과 그 적용상의 통일성의 증진을 위한 필요성을 고려하여, CISG가 채용한 규칙 및 규정해석에만 적용되는 것으로 두고 있다. PICC는 신의칙 및 공정거래에 관한 규정과, 계약교섭단계에서 현저한 불균형에 대한 취소권을 인정하여, CISG의 경우보다 진일보한 법적 시각을 내재하고 있다[제1.7조 (1), 제3.10조, 제4.8조, 제5.1.2조(묵시적 의무) 등]. PECL은 [한 걸음 더 나아가] 유효한 계약을 전제로 신의칙 및 공정거래에 관한 규정을 강행규정으로 두고 있을 뿐만 아니라 상호협력의무와 주의의무 및 합리성에 관한 규정까지도 마련하여, CISG 및 PICC에 비하여 보다 구체적이고도 충실한 규정을 보유하고 있다[제1:201조(신의성실 및 공정거래), 제1:202조(협력의무), 제1:302조(합리성) 등].

[346] 요컨대, CISG는 계약체결 전의 과실책임, 즉 계약체결상의 과실책임을 규율할 수 있는 명시적인 규정을 두고 있지는 않지만, 신의칙에 상당한 유사개념을 규정체계 내에 반영하여 이를 해결할 수 있는 여지를 남겨두고 있다. PICC는 계약체결을 위한 교섭상 비밀유지의무와 불성실한 교섭으로부터의 책임귀속을 명시적으로 규정하여 CISG의 처지를 보충하고 있다[제2.1.15조, 제2.1.16조]. PECL은 PICC의 규정을 그대로 수용하고는 있지만, 다만 신의칙에 반하는 교섭에 대한 손해배상책임 뿐만 아니라 교섭과정에서 계약상의 채무를 발생시킬 수 있는 보다 구체적인 규정을 둠으로써 PICC에 비하여 한걸음 더 진전한 법적 기준을 제시하고 있다[제2:301조(신의성실에 반하는 교섭), 제2:302조(비밀성 침해), 제6:101조(계약상 채무를 발생시키는 진술) 등].

SUMMARY [*Article 22*]

Article 22 provides that an offeree may withdraw its acceptance if the withdrawal reaches the offeror before or at the same time as the acceptance becomes effective. An acceptance is generally effective at the moment it reaches the offeror in accordance with article 18 (2) (although in certain circumstances an acceptance by an act is effective when the act is performed, as provided in article 18 (3)). Article 24 defines when an acceptance and a withdrawal of an acceptance 'reaches' the offeror. There are no reported cases applying this article.

나형(裸形)의 약속(約束)이라 함은, 합의(合意)는 있으되 대가(對價)는 없는 경우를 말한다. 대가가 있으면 채무(債務)를 발생시키고, 소권(訴權) 또한 발생한다.

판정례 연습

[33] 매도인과 매수인은 특정한 인쇄공정에 따라 물품을 제조하여 공급하기로 하는 계약을 체결하였다. 계약체결 후 매도인은 매수인이 요구한 인쇄공정 때문에 제조비를 인상하겠다고 승낙을 변경하였다. 그 후 계약된 것 보다 많은 수량의 물건이 제3자에게 인도되었고, 이에 매수인이 대금지급을 거절하였다. 이 경우 매수인의 대금지급 거절은 정당하다고 볼 수 있는가?

[34] 당사자 간에 물품매매계약이 체결되었고, 물품은 10월 말까지 인도하기로 하였다. 계약을 체결한 때부터 한 달이 지난 후, 매도인은 매수인에게 서면으로 물품의 정확한 가격을 통보하였고, 물품을 '7월, 8월, 9월, 10월 중'에 인도하겠다고 통보하였다. 매수인은 매도인의 서면에 수기로 물품을 '7월 또는 8월, 늦어도 8월 15일까지' 인도받기를 원한다고 부기하여 통지하였다. 이 경우 인도시기와 관련하여 당해 청약의 조건이 실질적으로 변경되었다고 볼 수 있는가?

[35] 매수인은 청약을 하면서, 매도인이 제시한 가격은 시장가격의 하락에 따라 조정되어야 하고, 물품은 매도인의 확인을 조건으로 특정 일자에 인도되어야 한다고 명백히 하였다. 매도인 또한 가격이 시장가격의 상승 및 하락에 따라 조정되어야 한다고 명시하여 응답하였다. 그 후 매수인이 주문의 일부를 취소하였으나, 매도인은 해당 물품을 이미 발송하였다고 주장하면서 대금의 지급을 구하였다. 매수인의 청약에 대한 매도인의 첫 번째 응답은 청약의 조건을 실질적으로 변경하였다고 볼 수 있는가?

[36] 12월 1일에 매도인은 "귀사의 승낙은 12월 31일까지 당사에 도착해야 한다"고 명시한 청약을 우편으로 발송했다. 12월 15일에 매수인은 "당사는 12월 1일자 귀사의 청약을 승낙한다"고 명시한 회신을 우편으로 발송했다. 12월 15일자 서신은 통상적으로는 12월 20일에 매도인에게 도달했을 것이었다. 그러나, 승낙은 우편이 지연되어 한 달 후인 1월 20일에 이르러서야 매도인에게 도달했다. 이 경우 승낙의 유효성에 관하여 논해 보라.

Naked promise where there is no consideration besides the agreement; but when there is a consideration, an obligation is created and an action arises

제3장 계약의 성립시기

구분 및 내용	
제3편 계약의 성립	제14조~제24조
제1장 청 약	제14조~제17조
제2장 승 낙	제18조~제22조
제3장 계약의 성립시기	제23조~제24조
제23조 계약의 성립시기	
제24조 도달의 정의	

[347] 제23조[계약의 성립시기]는 청약에 대한 승낙의 효력이 발생하는 때에, 계약(契約, contract)[186]이 성립한다고 규정하고 있다. 제18조[승낙의 시기 및 방법] (3)에서 언급된 경우를 제외하고, 제18조 (2)에 의해 승낙의 표시가 청약자에게 도달한 때에, 승낙으로서의 효력이 발생한다. 제18조 (3)에 의하면, 당사자 간에 확립된 관례나 관습의 결과로서 피청약자가 청약자에게 통지 없이, 어떠한 행위를 함으로써 승낙을 하는 경우에 그러한 행위가 합리적으로 이해될 수 있다면, 당해 계약은 그 유효성을 확보한다.

186) 보충설명으로써, '계약'(契約)이라 함은, '서로 대립하는 두 개 이상의 의사표시의 합치로 성립하는 법률행위'로 채권·채무관계의 발생을 목적으로 한다. 일반적으로 '계약'을 '넓은 의미의 계약'과 '좁은 의미의 계약'으로 나누고, 전자는 채권·채무의 발생을 목적으로 하지 않는 '합의', 즉 물권적 합의[지상권설정계약이나 저당권설정계약] 또는 가족법상의 계약[혼인에 관한 합의]도 포함하는 반면, 후자는 채권·채무관계의 형성에 관한 '채권계약'만을 말한다. 우리 민법 중의 채권편의 연구대상인 '계약'은 채권·채무의 발생을 목적으로 하는 좁은 의미의 계약, 즉 '채권계약'에 한한다. 다만, '채권계약'에 관한 채권편의 규정은 그 성질이 허용하는 한 다른 '계약'에도 유추적용된다. 의사표시가 합치하기 위해서는 의사표시의 내용적 일치와 의사표시의 상대방에 대한 일치가 있어야 한다. 즉, 당사자 상호 간의 의사표시의 객관적 내용이 서로 합치[객관적 합치]하여야 하는 동시에, 상대방의 의사표시와 결합하여 '계약'을 성립시킨다고 하는 주관적 합치가 필요하다. 그러나, 이러한 경우가 아니더라도 '계약'의 성립이 인정되는 경우가 있다. '의사실현'에 의한 '계약'의 성립이나 '교차청약'(交叉請約)이 그것이다. 의사표시의 내용이 서로 불일치하면 원칙적으로 '계약'은 성립하지 않는다. 또한 두 개의 의사표시가 일치하더라도 일방당사자의 의사표시가 착오에 의한 것인 때에는 그 '계약'은 일단 유효하게 성립하고 당사자는 언제든지 그 의사표시 내지 '계약'을 취소할 수 있다. 두 개의 의사표시의 내용이 서로 다르거나 부분적으로만 일치하는 것을 불합의라고 하며, 이 경우 '계약'은 성립하지 않는다.

023. 계약의 성립시기

Art. 23
A contract is concluded at the moment when an acceptance of an offer becomes effective in accordance with the provisions of this Convention.

제23조
계약은 청약에 대한 승낙이 본 협약의 규정에 따라 효력을 발생하는 시점에 성립한다.

[348] 승낙이 효력을 발생하는 시기는, 일반적으로 승낙이 도달하는 때이지만[제18조(승낙의 시기 및 방법) (2)], 승낙의 행위가 이루어지는 때일 수도 있다[제18조 (3)]. 연착된 승낙의 경우에는 제21조[연착된 승낙]의 요건 아래 연착된 승낙이 도달하는 때에, 승낙의 효력이 발생하게 되고, 이때에 계약이 유효하게 성립하게 된다.

[349] 양당사자는 제18조의 규정 또는 제8조[당사자의 진술 또는 그 밖의 행위의 해석]의 해석에 따라, 이에 부합하는 행위 또는 통신을 하는 경우를 조건으로 청약에 대한 승낙의 효력이 있을 때에, 당해 계약을 성사시킬 수 있게 된다. 일단 계약이 유효하게 성립하면, 그 이후의 통신은 계약을 변경하고자 하는 의사표시가 된다. 한편, 제23조는 계약의 성립장소에 관해서는 규정하고 있지 않다는 점은 유의하여야 할 사항이다.

[350] 영미법(英美法)의 경우 계약은 채권・채무관계, 즉 대가관계(對價關係)를 창설하는 당사자 간의 '합의'(合意, agreement)를 의미한다.[187] 예컨대, 미국의 통일상법전(UCC)에서 '합의'는, '당사자 간의 진술 중에 또는 계약교섭과정 또는 거래의 관행 내지 이행과정을 포함한 일련의 사정 아래 묵시적으로 사실상 제시된 당사자 상호 간의 상거래'를 의미한다[§1-201 (3) 및 §1-205 등].[188]

---

187) '계약'은, '당사자 간 합의(合意)를 기초로 하는 것'이지만, 일정한 경우 당사자 간의 합의와 관계없이 법에 의해 계약과 유사한 법률관계가 성립하기도 한다. 이를 총칭하여 '준계약'(準契約, quasi-contract) 또는 '법에 의하여 묵시(默示) 또는 의제(擬制)된 계약'(contract implied in law)이라고 한다. 이는 대체적으로 우리나라 민법상의 '부당이득'(不當利得, unjust enrichment)에 해당되는 것이라고 할 수 있지만, 미국에서는 '준계약'을 부당이득의 '원상회복'(原狀回復, restitution)이라고 보고 '준계약' 이외에 '원상회복'을 실현하기 위한 많은 법칙을 집약하는 일련의 법제도로서 '원상회복'에 관한 법리를 확립하고 있다.

188) UCC §1-201. : "(20) Good faith except as otherwise provided in Art. 5, means honesty in fact and the observance of reasonable commercial standards of fair dealing." ; §1-205(Reasonable time; Seasonableness). : "(a) Whether a time for taking an action required by [the Uniform Commercial Code] is reasonable depends on the nature, purpose, and circumstances of the action. (b) An action is taken seasonably if it is taken at or within the time agreed or, if no time is agreed, at or within

[351] 한편, 영국 **물품매매법**(Sale of Goods Act : SGA)에서는 물품의 소유권 이전이 장래에 이행되거나 또는 계약 이후에 충족되어야 할 일정한 조건을 전제로 한 경우를 **'매매의 합의'**(agreement to sell)라고 규정하고[제2조 (5)], 매매의 합의에 대한 부가조건으로 물품의 소유권이 이전되는데 필요한 시간이 경과하거나 또는 그 조건이 충족된 당시를 매매로 하는 규정을 두고 있다[제2조 (6)].[189] 그러나, 이들 규정 아래 당사자 간의 합의, 즉 의사의 합치가 전제가 되었다고 하더라도 **'계약의 성립'**(formation of contract)에 따른 법률효과는 발생하지 않는다. 왜냐하면, 영미법상 합의가 법에 의하여 강제될 수 있기 위해서는 그 합의가 **약인**(consideration)을 수반한 것이거나 또는 **서면**(writing)에 의한 것이어야 하기 때문이다.

[352] 다른 한편, PECL에서는 계약의 성립요건으로서, **"계약은 당사자가 법적으로 구속될 의도가 있고 다른 요건을 충족할 필요 없이 충분한 합의에 도달한 경우에 성립된다"**고 규정하고 있다[제2:101조 (1)]. 그리고 계약의 형식적 요건으로서, **"계약은 서면으로 체결 또는 입증될 필요가 없고, 또한 형식에 관한 다른 요건에 종속되지 않으며, 증인을 포함하여 어떠한 수단에 의해서든지 증명될 수 있다"**는 **불요식성**(不要式性)을 인정하고 있다[제2:101조 (2)]. 이 경우 PICC의 관련 규정을 PECL의 경우와 비교하면, 형식의 불요식에 관한 내용은 다르지 않지만[제1.2조(형식의 자유)], 청약과 승낙에 의한 합의의 구속력을 부가하고 있는 차이점이 있다[제2.1.1조(계약체결의 방법), 제2.1.2조(청약의 정의)]. 또한, PECL에서는 **'충분한 합의'**(sufficient agreement)에 대한 요건을 보다 세부적으로 명시하고 있다. 즉, 계약에 의도된 내용이 당사자 간에 충분히 확정되어 계약이 실행될 수 있거나, 이 원칙에 의하여 결정될 수 있는 경우로 두고 있다[제2:103조(충분한 합의) (1)]. 그렇지만, 당사자 일방이 당사자 간 특정한 사항에 관하여 합의하지 않고 계약을 체결하기를 거절하는 경우, 곧 그 사항에 관해 합의에 이르지 못한 경우에는 계약은 성립하지 아니한다[제2:103조 (2)]. PICC는 표준약관(standard terms)의 계약편입을 **'의외의 약관'**(surprising terms), **'약관의 충돌'**(battle of forms)의 경우를 제외하고, 계약의 성립에 관한 일반규정에 위임하고 있다[제2.1.19조, 제2.1.20조, 제2.1.22조 등]. 반면에, PECL에서는 **일반조건**(general conditions)을 편입시키고자 의도한 당사자가 계약체결 전 또는 체결 당시에 상대방이 이에 주의를 기울이도록 하기 위한 **'합리적 조치'**(reasonable steps)를 취한 경우에만, 상대방이 이를 알지 못한 경우에도 이를 상대방에 대해 원용할 수 있다[제2:104조(개별적으로 합의하지 아니한 계약내용) (1)]. 아울러, 계약서에 단순히 일반조건의 존재를 지적하는 것만으로는 [비록 상대방이 서명하였더라도] 상대방으로 하여금 이에 주의하도록 하기 위한 합리적 조치가 취해졌다고는 볼 수 없다고 규정하고 있다[제2:104조 (2)].

---

a reasonable time."

189) SGA Art. 2 (Contract of sale). : "(5) Where under a contract of sale the transfer of the property in the goods is to take place at a future time or subject to some condition later to be fulfilled the contract is called an agreement to sell. (6) An agreement to sell becomes a sale when the time elapses or the conditions are fulfilled subject to which the property in the goods is to be transferred."

■ SUMMARY [*Article 23*]

Article 23 provides that a contract is concluded when an acceptance of an offer becomes effective. Except as provided in article 18 (3), an acceptance is effective at the moment it reaches the offeror in accordance with article 18 (2). The exception in article 18 (3) provides that an acceptance is effective at the moment the offeree performs an act if, by virtue of the offer or as a result of practices which the parties have established between themselves or of usage, the offeree is authorized to indicate its acceptance of the offer by an act without notice to the offeror.

판결례와 평가

- 적용범위 : 계약의 성립요건
- 출처표시 : 「Comisión para la Protección del Comercio Exterior de Mexico」(Mexico), 『M/21/95』, 1996.04.29.

1. 논점과 사실관계

① 본 사건은 매수인이 매도인 명의로 신용장을 개설하였고, 그간 당사자 간 계약체결을 위한 수차례의 교섭과정이 인정되고 있는 상황에서, 제3자가 물품을 인도하기로 한 사정이 있더라도 당해 계약은 유효하게 성립한 것이라고 판정한 사례이다.

② **매수인**[멕시코]과 **매도인**[아르헨티나]은 과일 캔을 계약의 목적물로 매매계약을 체결하였다. 물품은 칠레의 회사에서 생산·운송되어 매수인에게 인도하기로 되어 있었다. 매수인은, 매도인과 칠레 회사를 상대로 과일 캔의 품질과 포장의 하자를 이유로 이자를 포함한 물품대금반환 및 이에 따른 손해배상을 청구하고자 중재신청에 임하였다.

③ 사실관계로서, 매도인은 종전까지 자신이 매수인에게 과일 캔을 공급하였으나, [본건과 관련하여] 이후로 당해 물품을 공급할 수 없었기 때문에 매수인에게 칠레 회사를 소개하였고, 이로부터 그들 간에 계약이 체결되었으므로 칠레 생산자에게 계약의 이행에 따른 모든 책임이 있다고 하면서, 그 과정에서 매수인이 매도인 명의로 신용장을 개설한 후 매도인이 칠레 회사에 물품대금을 지급하기로 했다고 주장하였다. 또한, 매도인은 [계약의 형식적 조건과 관련하여] 아르헨티나가 제96조[국내법상 형식요건의 고수]에 의한 유보를 선언하고 있기 때문에, 이에 CISG는 본건에 적용되지 않는다고 주장하였다.

2. 판정요지

④ 중재판정부는 [칠레 생산자에게 물품대금을 지급하기 위하여] 매수인이 매도인 명의로 신용장을 개설한 사실에 비추어, 제12조[국내법상의 형식요건] 및 제23조에 의거, 양당사자는 유효하게 본건 계약을 체결하였다고 판정하였다. 또한, 양당사자 간 [그간의 수차례 합의과정에 비추어] 계약을 인정하기에 충분한 입증자료가 존재하고 있음을 지적하였다.

⑤ 중재판정부는, 계약조건인 수량, 품질, 가격이 물품대금지급 등에 관한 사안이 서면으로 합의된 사실에 비추어, 제12조 및 제96조에 기한 아르헨티나의 유보선언에 따라 CISG가 적용되지 않는다는 매도인 주장은 수용할 수 없다고 판정하였다.

⑥ 또한, 본건은 제11조[계약의 형식]에 의하여 서면으로 체결된 계약인 까닭에, 본건 매매계약을 요식계약(要式契約)으로 취급하여 CISG를 해석하는 것은 CISG의 일반원칙에 반한다는 판정주문을 통해 매도인의 주장을 일축하였다.

024. 도달의 정의

Art. 24
For the purposes of this Part of the Convention, an offer, declaration of acceptance or any other indication of intention reaches the addressee when it is made orally to him or delivered by any other means to him personally, to his place of business or mailing address or, if he does not have a place of business or mailing address, to his habitual residence.

제24조
본 협약 제2편의 적용상, 청약, 승낙의 선언 그 밖의 의사표시는 그것이 수신인에게 구두로 전해지거나 또는 그 밖의 방법으로 직접 수신인 또는 그의 영업소나 우편송부처에 전달된 때, 수신인이 영업소나 우편송부처가 없는 경우에는 그 상거소에 전달된 때에 수신인에게 도달한 것으로 한다.

[353] 제3편[계약의 성립]의 적용과 관련하여, 제24조는 통지가 수신인에게 도달하는 시기를 다루고 있다. 곧, 제2편의 다음 조항은 통지가 상대방에게 도달하는 시기를 명시하고 있는 규정이다. 곧, 제15조[청약으로서 효력 발생시기] (1), 제15조[청약의 철회] (2), 제16조[승낙의 취소] (1), 제17조[청약의 거절], 제18조[승낙으로서 효력발행시기] (2), 제20조[즉시 통신방식으로 청약을 하는 경우 승낙의 기간] (1), 제21조[정상의 경우 도달하였을 것이라는 경우에의 지연승낙] (2), 제23조[계약성립의 시기] 등이 그것이다.

[354] 본조는 계약의 성립 전 또는 성립 시의 통신에 관해서만 다루고 있다. 연관규정으로서, 제27조[통신상의 지연 또는 오류]는 계약의 성립 이후에 이루어진 통신의 경우, 통신의 부도달, 지연 또는 오류로 인하여 발생하는 위험은 수신인이 부담하여야 한다고 규정하고 있다.

[355] 송신인이 수신인에게 구두로 통지할 경우에 당해 통지는 수신인에게 도달하여야 그 효력이 발생한다. 그 밖의 통지의 경우에도 수신인의 상거소(常居所), 영업소 또는 우편송부처에 도달하는 때에, 수신인에게 도달하는 것으로 본다. 만약, 수신인이 영업소 또는 우편송부처를 가지고 있지 않는 경우에는 당해 통지가 수신인의 상거소에 도달할 때 수신인에게 도달하는 것으로 본다. 이 경우 수신인의 주소가 변경된 경우, 관련된 주소로 발송된 통지도 효력을 지닌다.

[356] 한편, 제27조는 수신인이 인지할 수 없는 언어에 의한 통지가 수신인에게 도달하였을 때, 당해 통지의 유효성에 관하여는 언급하고 있지 않다. 생각건대, 이 경우는 제8조[당사자의 진

술 또는 그 밖의 행위의 해석] (1)과 (2)에 의하여, 양당사자의 통상적 이해를 기준으로 판단하여야 할 것이다. 달리, 통상적 이해를 뒷받침할 수 없는 경우라면, 상대방과 동일한 지위에 있는 **합리적**(reasonable)인 자가 동일한 상황하에서 이해하고 있는 바에 따라 해석하여야 할 것이다.

[357] 승낙은 청약과 합치하여 계약을 성립시키는 효력이 있다. 승낙의 효력의 발생시기는, 곧 **계약의 성립시기**[승낙적격(承諾適格)]이며, 이 경우 승낙의 도달장소는, 계약의 성립장소가 된다. 이때 계약의 성립장소는, 준거법의 적용이나 재판관할의 결정기준이 될 수 있다.

[358] CISG에서는, "**청약에 대한 승낙은 그 승낙의 의사표시가 청약자에게 도달한 때에 효력을 발생한다**"고 규정하고 있다[제18조(승낙의 시기 및 방법)]. 아울러, 청약과 승낙에 관한 CISG의 기타 관련 조문에서도 의사표시는 상대방에게 도달하는 때에, 그 효력이 발생한다고 규정하여 일괄적으로 '**도달주의**'(到達主義, receipt rule)를 취하고 있다. 이는 앞서 본 바와 같다.

[359] PICC의 규정[제2.1.6조(승낙의 방법)]도 마찬가지로 도달주의를 명시하여, CISG의 규정취지에 부합한다. 다만, PICC[제1.9조(관습과 관행)]와 PECL[제1:303조(통지)]의 '**통지**'(通知)에 관한 규정은 그 내용상 차이가 있다. 곧, 이들 모두 통지에 관하여 '**도달주의**'(到達主義)를 천명하고 있으나, PECL은 예외적으로 일방당사자의 불이행의 경우 요구되는 통지에 대해서는 '**발신주의**'(發信主義, dispatch rule)를 채용하고 있다[제1:303조 (4)]. 본 규정의 내용은, "**일방당사자가 상대방의 불이행을 이유로 또는 그러한 불이행이 합리적으로 그 당사자에 의하여 예견되었기 때문에 통지한 경우 그 통지가 적절하게 발송되거나 교부되었다면, 그 통지가 연착되거나 잘못 전달되거나 또는 도달하지 않았다고 하더라도, 그러한 사실은 통지의 효력발생에 영향을 미치지 않는다**"와 같다.[190]

■ SUMMARY [*Article 24*]

Article 24 defines, for the purposes of Part II (governing formation of the contract), when a communication reaches the other party. Part II of the Convention refers to the time when a communication 'reaches' the other party in articles 15 (1) (time when an offer becomes effective), 15 (2) (withdrawal of offer), 16 (1) (revocation of acceptance), 17 (rejection of an offer), 18 (2) (time when an acceptance becomes effective), 20 (1) (commencement of time period for acceptance if an offer is made via instantaneous means of communication), 21 (2) (late acceptance that normally would have arrived in time), and 23 (time of conclusion of contract).

---

190) PECL의 경우에 도달주의를 원용한 규정으로는, 제1:303조를 포함하여 제1:304조[기간계산], 제2:203조[청약의 거절], 제2:205조[계약의 성립시기], 제2:206조[승낙 기간의 제한] 등이 있다.

판정례 연습

[37] 매수인은 매도인이 인도한 물품의 일부만 수령하고 나머지는 반환하면서, 그 취지의 서면을 매도인에게 보냈다. 이에 관하여 매도인이 응답을 하였다. 그런데, 매수인은 계약서의 주소지에서 이사를 하였고, 그 사실에 대한 주소지 정보를 매도인에게 알려주지 않았다. 매도인이 송부한 서면은 도달로서 효력이 있다고 볼 수 있는가?

제 4 편

물품의 매매

제 4 편

물품의 매매

구분 및 내용		
제 4 편 물품의 매매		제25조~제88조
	제1장 총 칙	제25조~제29조
	제2장 매도인의 의무	제30조~제52조
	제3장 매수인의 의무	제53조~제65조
	제4장 위험의 이전	제66조~제70조
	제5장 매도인과 매수인에게 공통적으로 적용되는 규정	제71조~제88조

[360] 국제물품매매계약(國際物品賣買契約)이 체결된 이후의 과정으로, CISG 제3편에서는 계약으로 인한 당사자의 실질적 의무를 규정하고 있다. 곧, 제3편은, 제1장 총칙[제25조~제29조], 제2장 매도인의 의무[제30조~제52조], 제3장 매수인의 의무[제53조~제65조], 제4장 위험의 이전[제66조~제70조], 제5장 매도인과 매수인의 의무에 관한 일반규정[제71조~제88조]으로 구성되어 있다.

■ SUMMARY [*Part III*]

Part III of the Sales Convention contains rules stating the substantive obligations of the parties created by the contract. Timing requirements for the application of these rules are set out in article 100 (b). Part III of the Convention is comprised of Chapter I, 'General Provisions' (articles 25-29); Chapter II, 'Obligations of the Seller' (articles 30-52); Chapter III, 'Obligations of the Buyer' (articles 53-65); Chapter IV, 'Passing of Risk' (articles 66-70); and Chapter V, 'Provisions Common to the Obligations of the Seller and of the Buyer' (articles 71-88).

제1장 총　칙

구분 및 내용	
제3편 물품의 매매	제25조~제88조
제1장 총 칙	제25조~제29조
제25조 중대한 계약위반의 정의	
제26조 계약해제의 통지	
제27조 통신상의 지연 또는 오류	
제28조 이행청구와 국내법	
제29조 계약의 변경과 서면요건	
제2장 매도인의 의무	제30조~제52조
제3장 매수인의 의무	제53조~제65조
제4장 위험의 이전	제66조~제70조
제5장 매도인과 매수인에게 공통적으로 적용되는 규정	제71조~제88조

[361] **제3편 총칙**에 해당하는 **제1장**은, 5개 조항[제25조~제29조]으로 구성되어 있다. 첫 번째 조항과 두 번째 조항은 계약의 **해제**(解除, cancellation)[191]와 관련된 사항을 규정하고 있다. 곧, **제25조**는 **'중대한 계약위반'**(fundamental breach of contract)에 관하여 명시하고 있는데, 본 규정은 **제49조**

---

191) **'해제'**(解除)도 **'해지'**(解止)도 다 같이 계약의 효력을 해소시키는 것이다. 그러나, 다음과 같은 점에서 큰 차이가 있다. 즉, **'해제'**라고 하는 것은 계약이 유효하게 성립된 후에 계약당사자의 일방의 의사표시에 의하여 계약의 효력을 해소시켜 그 계약이 처음부터 없었던 것과 같은 법률상의 효과를 발생시키는 것이다. 이 **'해제'**를 할 수 있는 지위 또는 자격을 **'해제권'**(解除權)이라고 부르며, 이것은 법률의 규정에 의하여 당연히 생기는 것이다. 이를 **'법정해제권'**(法定解除權)이라 한다. 일반적으로 이행지체 등 채무불이행에 의한 **'해제권'**이 이에 해당하고, 매도인의 담보책임 등 특별한 규정에 의한 경우도 있고, **'사정변경의 원칙'**에 의한 **'해제권'**도 똑같이 취급되고 있다. 이행지체인 때에는 상당한 기간을 정하여 이를 최고하고 이 최고기간이 지나면 **'법정해제권'**을 행사할 수 있다. 정기행위인 경우에는 최고를 하지 않아도 계약을 **'해제'**할 수 있고, 이행불능인 때에는 채권자는 최고없이 계약을 **'해제'**할 수 있다. 또 이 **'법정해제권'**에 대립하는 용어로서 **'약정해제권'**(約定解除權)이 있다. 즉, 당사자 간의 계약[이것을 해제계약(解除契約)이라고 한다]에 의하여 **'해제권'**이 발생하는 일도 있는데, 이 **'해제권'**을 **'약정해제권'**이라고 부르고 있다. 이에 관하여 **'해지'**라고 하는 것은 계속적인 계약관계에 관하여 당사자의 일방적인 의사표시에 의하여 그 계약의 효력을 장래에 향하여 소멸시키는 것이다. 따라서, 양자의 차이는 계약의 효력이 과거로 소급하여 처음부터 없었던 것과 같이 되는가, 과거의 것은 그대로 두고 다만 장래에 향하여 효력이 없게 되는가라는 점이다. 이상과 같은 법적 효과의 차이에서 **'해제'**의 경우는 **'해제권'**이 행사되면 양당사자에 원상회복의무, 또 때로는 손해배상의무가 발생하게 된다. 계약의 **'해지'**는 손해배상의 청구에 영향을 미치지 아니하므로 손해배상의무가 발생하는 일은 없다.

신법(新法)은 모든 장래(將來)에 향(向)하여 규범(規範)을 설정(設定)하고, 과거(過去)에 대하여 규범을 설정하지 않는다.

[매수인의 계약해제권] (1)의 (a), 제51조[물품일부의 부적합] (2), 제64조[매도인의 계약해제권] (1)의 (a), 제72조[이행기전의 계약해제] (1) 그리고 제73조[분할이행계약의 해제] (1)과 (2)에 언급되고 있는 계약해제의 전제조건으로서 기능한다. 제26조[계약해제에 관한 통지]는 반드시 상대방에게 [계약해제에 관한] '통지'(通知)하여야만, 비로소 계약해제의 선언이 효력을 가진다고 규정하고 있다. 제27조[통신상의 지연 또는 오류]는 제3편에서의 통지를 발송하는 과정에서 지연 또는 착오가 발생하거나, 도달하지 못한 경우 통지의 효력여부를 다루고 있다. 제28조[이행청구와 국내법]는 법원이 자국 국내법에 의해서 반드시 특정이행에 관하여 재판을 할 의무가 없는 경우에는 특정이행 의무에 관하여 재판하는 것을 거부할 수 있도록 하고 있다. 끝으로 제29조[계약의 변경과 서면요건]는 CISG의 적용에 있어 계약변경의 문제를 다루고 있다.

■ SUMMARY　　[*Chapter Ⅲ*]

Chapter I of Part III of the Convention, entitled 'General Provisions,' encompasses four articles 25-29. The first two of those articles deal with matters relating to avoidance of contract: article 25 defines a 'fundamental breach,' which is a prerequisite for avoidance of contract under articles 49 (1) (a), 51 (2), 64 (1) (a), 72 (1), and 73 (1) and (2) (as well as a prerequisite for a buyer to require delivery of substitute goods under article 46 (2)); article 26 states that effective avoidance of contract requires notice to the other party. The remaining provisions of Chapter I cover a variety of matters. Article 27 addresses whether a notice under Part III is effective despite a delay or error in transmission or its failure to arrive. Article 28 permits a court to refuse to order specific performance in circumstances in which it would not do so under its own domestic law. Finally, article 29 governs modifications of contracts to which the Convention applies.

025. 중대한 계약위반의 정의

Art. 25
A breach of contract committed by one of the parties is fundamental if it results in such detriment to the other party as substantially to deprive him of what he is entitled to expect under the contract, unless the party in breach did not foresee and a reasonable person of the same kind in the same circumstances would not have foreseen such a result.

제25조
당사자 일방의 계약위반은 그 계약에서 상대방이 기대할 수 있는 바를 실질적으로 박탈하는 정도의 손해를 초래하는 경우에는 중대하다. 다만, 위반당사자가 그러한 결과를 예견하지 못하였고, 동일한 부류의 합리적인 자도 동일한 상황에서 그러한 결과를 예견하지 못하였을 경우에는 그러하지 아니하다.

[362] 제25조에서는 CISG의 제반 조항에서 인용하고 있는, '중대한 계약위반'(fundamental breach of contract)의 정의 및 의의를 명정하고 있다. 본조상 중대한 계약위반은, 이를테면 일련의 구제조치에 관한 제한규정으로 취급할 수 있는데, 곧 제49조[매수인의 계약해제권] (1)의 (a)와 제64조[매도인의 계약해제권] (1)의 (a) 중의 계약의 해제권 또는 제46조[매수인의 이행청구권] (2)에서 매수인이 부적합한 물품의 대체물을 요구하는 권리를 규정하고 있는 조항과의 연관규정으로서 기능한다. 아울러, CISG에서 그 밖의 계약해제와 관련되는 조항 중에도, '중대한 계약위반'이라고 하는 용어가 빈번히 사용되고 있음은 반드시 참조하여야 할 사항이다[제51조 (2), 제72조 (1), 제73조 (1)~(2) 등].

[363] 한편, 본조에서의 '중대한 계약위반'은 CISG의 위험이전에 관한 조항의 적용 시에도 영향을 미치고 있는 규정이다. 본조는 예컨대, 물품의 훼손 또는 가격의 하락과 같이 계약위반에 대한 정상적인 구제의 경우와, 계약해제와 같이 보다 과도한 구제요구를 하는 경우의 분기점을 제공하고 있다는 시각에서 특별히 유의하여야 한다.

1. 중대한 위반의 일반적 정의

[364] '중대한 계약위반'은, 먼저 일방당사자의 계약위반(契約違反, breach of contract, non-performance)[192]이 행사되어야 한다. 곧, 당사자의 합의 또는 CISG의 적용조항에 따른 책임소재

192) 계약은 거래당사자가 서로 정해진 내용을 이행해야 한다. 이것은 거래당사자의 의무이며, 계약을 이

를 불문하고, 본조의 '중대한 계약위반' 요건에 해당하는 경우에는 여하히 계약위반으로 취급된다.

행하지 않는 것을 '계약불이행'(契約不履行, non-performance) 또는 '계약위반'(契約違反, breach of contract)이라 한다. 즉, '계약위반'이란 '매매당사자가 자기에게 책임있는 사유[귀책사유(歸責事由)]로 채무의 내용에 따른 이행을 하지 않는 것, 곧 채무자가 채무의 내용에 적합한 급부를 하지 않는 것'으로서 주로 영미법(英美法)에서 사용하는 개념이고, 우리 민법이나 대륙법(大陸法)에서는 '채무불이행'(債務不履行) 또는 '계약불이행'(契約不履行, non-performance of contract or non-fulfillment of contract)이라고 부른다. '계약위반'은, '법률규정, 계약취지, 거래관습 및 신의성실의 원칙 등에 의해서 합당한 이행을 하지 않는 것'으로서 우리 민법상에서는 '이행지체'(履行遲滯), '이행불능'(履行不能), '불완전이행'[不完全履行, 적극적 채권침해(積極的債權侵害)] 등 3가지 형태로 구분한다. i) '이행지체'(履行遲滯) : 이행이 가능하나 이행기가 지나도 채무자가 이행을 하지 않는 것으로서 '채무불이행'의 일종이다. 채권의 목적물이 소실하거나 이행불능의 상태에 있는 것이 아니라, 이행하려고 생각하면 이행할 수 있는 상태에 있다는 점에서 '이행불능'(履行不能)과는 다르다. 이행기는 당사자 사이에 결정하는 경우가 많지만, 기일을 특정하여 확정적으로 정하였을 때에는[확정기한부채무(確定期限附債務)] 그 기한이 도래하면 지체가 되고 또한 상경을 하면 시계를 주겠다고 하는 것처럼 불확정한 기한을 정하였을 때는[불확정기한부 채무(不確定期限附債務)] 채무자가 상대방이 상경한 사실을 알았을 때[상경하였을 때가 아니라]부터 지체가 된다. 기한을 정하지 않았을 때는 채무자가 이행청구를 받은 때로부터 지체가 된다. 기한을 정하지 않은 채무라도 소비대차의 경우에는 대주는 상당한 기간을 정하여 반환을 최고해야 하므로, 차주는 최고를 받은 후 상당한 기간이 경과한 후 지체책임을 진다. '이행지체'로 인하여 채권자가 뜻밖의 손해를 입는 때가 있다. 그런 경우에는 '이행지체'를 이유로 하여 손해배상을 받으려면 채무자에게 지체에 대한 고의나 과실이 있어야 한다. 그러나, 금전채무에 관하여서는 특별한 규정이 있다. '이행지체'가 '불가항력'(不可抗力, *force majeure*)에 의한 경우이거나 또는 손해의 유무에 불구하고 지연이자를 받을 수 있다. 그리고 계약에 있어서 당사자 일방이 그 채무를 이행하지 아니하는 때에는 상대방은 상당한 기한을 정하여 이행을 최고하고 그 기간 내에 이행하지 않을 때는 계약을 해제할 수 있다. ii) '이행불능'(履行不能) : 채무가 성립할 당시에는 이행이 가능하였으나 후에 채무자의 고의나 과실에 의하여 이행이 불가능하게 된 경우를 말한다[협의적 이행불능(狹義的履行不能)]. 예를 들면, 매매계약을 할 당시에는 채무자가 소유하고 있던 가옥을 매수인에게 인도하기 전에, 매도인의 부주의로 소실한 경우나 매도인이 제3자에게 이중으로 양도하고 등기도 이전해 버린 경우이다. '불가항력'으로 인한 불능이라 하더라도 그것이 일단 '이행지체'가 된 후에 발생하였을 때에는 결국은 채무자에게 책임이 있다고 할 수 있다. '이행불능' 여부의 판단은 사회통념에 따라 정할 것이며, 일반 거래실정에서 이행하는 것이 극히 곤란하면 불능이라 할 것이다. 또한 그 판단시기는 이행기를 기준으로 한다. 다만, 이행기 전이라도 급부불능이 확정되면 바로 '이행불능'이 된다. '이행불능'이 된 경우에는 채권자는 채무자에 관하여 손해배상[전보배상(塡補賠償)]을 청구할 수 있다. 그리고 그 채무가 계약에 근거하고 있을 때에는 채권자는 계약을 해제할 수 있다. 광의로는 채무의 성립 당시에 이미 이행을 할 수 없는 상태인 경우[원시적 불능(原始的不能)]도 '이행불능'이라고 하지만 그런 경우에는 당초부터 계약이 성립되지 않기 때문에 앞에서의 문제는 발생하지 않는다. 또한 채무성립 후에 이행불능이 된 경우[후발적 불능(後發的不能)]일지라도 그것이 '불가항력'에 의한 때에는 채무는 소멸한다. 그리고 쌍무계약의 경우에는 위험부담이 문제될 뿐이다. iii) '불완전이행'(不完全履行) : 채무자가 일단 이행은 했지만 그 이행이 채무의 내용에 따른 완전한 것이 아닌 경우이다. 즉, 채무의 이행으로 일정한 행위를 하였으나 급부목적물이나 급부행위에 하자가 있거나 또는 이행과 관련하여 주의를 제대로 하지 않음으로써 급부목적물이나 급부결과 또는 채권자의 법익에 손해를 발생시킨 경우를 말한다. 예를 들면, 책을 샀는데 중간의 페이지가 떨어져 나갔다든가, 정량 60kg의 쌀을 샀는데 55kg밖에 나가지 않는다든가 또는 정원사에게 정원수의 이식을 도급주었는데 오히려 고사한 경우 등이다. '불완전이행'이 채무자의 고의나 과실에 의한 때에는 채권자는 그로 인하여 발생한 손해의 배상을 청구할 수 있다. 보통 한 포대 60kg의 쌀을 65kg라고 속여 급부하였다 할지라도 '불완전이행'으로 인한 손해는 없겠지만, 이식에 실패하여 정원수가 고사한 경우 등에는 '불완전이행'으로 인한 손해가 발생할 수 있다. '불완전이행'의 경우에는 '추완'(追完)이 가능한 한[이 경우 식목의 이식의 실패는 이미 추완은 불가능하다] 채권자는 완전한 이행을 청구할 수 있다. 페이지가 떨어져 나간 책은 바꿀 수 있으며, 쌀의 부족량을 추가하여 받으면 된다. '추완'이 가능하더라도 손해가 있으면 손해배상청구도 할 수 있다. '추완'이 불가능한 경우에는 채권자는 손해배상 이외에 계약의 해제를 청구할 수 있을 뿐이다. 이 경우 '추완'이란, '필요한 요건을 갖추지 않았기 때문에 효력이 없는 법률행위가 후에 요건을 갖추어 유효하게 되는 것'을 말한다.

[365] 한편, 계약위반은 물품과 관련하여 반드시 그 어떠한 특성과 연관된 중요성을 가지고 있어야 '**중대한 계약위반**'을 구성한다. 즉, 피해당사자는 계약에 의해 자신의 권리로 기대할 수 있는 것을 실질적으로 박탈할 정도로 피해를 입어야 중대한 계약위반이 된다. 그러므로 계약위반은 계약에 있어 피해당사자의 정당한 기대를 무효 또는 실질적으로 감소시킬 수 있어야 한다.

[366] 이 경우 어떠한 기대가 정당한 기대인지는, 구체적으로 계약, 계약에 규정되는 위험의 분배, 관습 그리고 CISG의 개별 조항 등에 의해서 판단되어야 한다. 다만, [유의하여야 할 사항으로] 본조의 적용상 계약을 위반한 일방당사자가 당해 계약위반으로 인한 기대가 실질적으로 감소됨을 합리적으로 예측할 수 있었던 경우에만 '**중대한 계약위반**'에 해당한다는 점이다.

2. 중대한 위반의 구체적 상황

[367] 계약의 이행과 관련한 지연은, [물품인도의 지연이든 또는 대금지급의 지연이든] 반드시 그 자체가 '**중대한 계약위반**'을 구성하는 것은 아니다. 다만, 계약의 이행기간이 계약에 명시되어 있음과 동시에, 이것이 계약상 매우 중요한 경우에는 그러하지 아니하다. 예컨대, 계절과일과 같이 이행기간의 준수여부가 계약의 목적상 반드시 분명해야 할 필요가 있는 경우 이러한 상황에서의 지연은 '**중대한 계약위반**'으로 취급된다. 그러나, 비록 당해 지연이 '**중대한 계약위반**'이 아니더라도, CISG에서는 피해당사자가 계약의 이행기간을 연장[추가기간의 지정]할 수 있도록 하고 있는데, 그럼에도 불구하고 [당초 계약을 위반한 당사자가] 그 기간 내에도 이행하지 못하게 되면, 피해당사자는 [본조상의 중대한 계약위반에 기하여] 계약의 해제를 선언할 수 있다[연관규정으로서, 제49조 (1), (b)., 제64조 (1), (b) 참조].

[368] 인도된 물품이 **하자**(瑕疵, deficiency)[193]가 있는 경우 그 물품의 부적합이 '**중대한 계약위**

193) 이 경우 물품에 '**하자**'(瑕疵)가 있는 경우의 담보책임을 '**하자담보책임**'(瑕疵擔保責任)이라 한다. '**하자**'란, '**매매목적물에 존재하는 물질적인 결함**'을 말하는데, 결함으로 인정할 것인지 여부는 거래관념에 비추어 일반적으로 그 종류의 물건으로서 통상의 품질·성능 등이 결여되는지 여부를 표준으로 판단하여야 한다[다수설]. 목적물에 법률적 장애가 있는 경우 '**권리의 하자**'라 하고[다수설], 일부학설과 판례는 '**물건의 하자**'라 한다. 선의·무과실의 매수인만이 매도인에게 '**물건의 하자**'에 대한 '**하자담보책임**'을 물을 수 있다. '**하자**'로 인하여 매매의 목적을 달성할 수 없는 경우에 매수인은 계약해제권과 손해배상청구권을 행사할 수 있고, 만약 '**하자**'가 계약의 목적을 달성할 수 없는 정도로 중대한 것이 아니라면, 계약을 해제하지는 못하고 손해배상만을 청구할 수 있다. 불특정물매매에서 특정이 있기 전에는 매도인이 '**하자**' 없는 물건을 인도할 의무를 부담하므로, 이 단계에서는 담보책임이 문제될 여지가 없다. 따라서, 특정되고 난 후, 그 물건에 '**하자**'가 있는 경우에 담보책임이 문제된다. 선의·무과실의 매수인은 특정물매매에서와 같이 계약의 해제나 손해배상을 청구할 수 있음은 물론이다. 나아가 이에 갈음하여 '**하자**'없는 완전한 물건의 급부를 청구할 수도 있다.

반'에 해당하게 되면, 매수인은 계약해제를 선언할 수 있다[제49조 (1), (a)]. 따라서, 어떠한 상황에서 계약에 부적합한 물품을 인도하는 것이 '중대한 계약위반'이 되는 것인지를 반드시 파악해 두어야 한다.

[369] 실례로, 물품에 심각한 결함이 있는 경우, 매수인이 계약과 일치한 물품을 사용하여야 다른 제품을 제조할 수 있는 경우, 매수인이 부적합한 물품을 다른 용도로 사용하거나 전매할 수 있는 여지에 대한 언급이 없는 경우 등은 '중대한 계약위반'으로 취급된다. 한편, 매도인과 매수인 국가에서 모두 불법적인 물품으로 규정되고 있는 재료가 추가됨으로써 물품이 불일치한 경우에도 그 결과는 마찬가지이다.

[370] '중대한 계약위반'은 피해당사자가 당해 계약으로부터 기대하고 있는 실질적 이해를 박탈하여야 하며, 동시에 이 같은 박탈은 타방당사자가 미리 예측할 수 있는 결과이어야 한다. 일례로, 교부된 물품의 증명서류가 부정확한 경우라고 하더라도, 만약 물품이 상품성을 가지고 있거나, 매수인이 매도인의 비용으로 정확한 증명서류를 신속하게 취득할 수 있다면, 이는 '중대한 계약위반'에 해당하지 아니한다.

[371] 반면에, 상대방의 권리를 부당하게 부정하는 경우에는 '중대한 계약위반'이 된다. 예컨대, '소유권 유보조항의 유효성'과 '매도인의 물품을 소유하는 권리를 인정함에 대한 거절' 또는 '물품의 견본(sample)을 수령한 이후에 유효한 계약에 대한 부당한 부정'을 포함하여, '전매(轉賣)에 관한 제한을 실질적으로 위반하는 경우' 등이 이에 해당된다.

[372] 한편, 여러 가지 복합된 계약의무의 위반은, '중대한 계약위반'으로 볼 수 있으나, 그렇다고 이것이 자동적으로 '중대한 계약위반'이 되는 것이 아니다. 이 경우 '중대한 계약위반'의 여부는 판례의 처지 또는 당해 위반으로 인해 피해당사자가 계약으로부터의 주요 이익과 계약에 규정되고 있는 권리를 상실했는지에 의해 판단된다.

3. 입증책임

[373] 본조는 '중대한 계약위반'에 관한 요건을 증명함에 있어, 입증책임(burden of proof)을 규정하고 있다. 곧, 본조에 기하여 예견가능한 요건에 관한 입증책임은 위반한 당사자가 부담하는 것이 통상적이다. 이 경우 입증사실에 대한 핵심은 당사자가 당해 계약위반으로 인한 실질적인 손해를 예견하지 못했고, 나아가 동일한 상황에서 동일한 자격을 가지는 합리적인 자도 그러한 결과를 예견할 수 없었음을 증명하여야 한다. 반면에, 피해당사자는 당해 계약위반으로

인하여, 계약에 의해 자신의 권리로 기대할 수 있었던 것이 실질적으로 박탈되었음을 증명하여야 한다.

■ SUMMARY [*Article 25*]

Article 25 defines the term 'fundamental breach,' which is used in various provisions of the Convention. A fundamental breach as here defined is a prerequisite for certain remedies under the Convention, including a party's right to avoid the contract under articles 49 (1) (a) and 64 (1) (a), and a buyer's right to require delivery of replacements for goods that failed to conform to the contract (article 46 (2)). The phrase is also used in other provisions of the Convention in connection with avoidance of contract (see articles 51 (2), 72 (1), 73 (1) and (2)). A fundamental breach also impacts the operation of the passage-of-risk provisions of the Convention. In general article 25 defines the border between situations giving rise to 'regular' remedies for breach of contract like damages and price reduction and those calling for more drastic remedies, such as avoidance of contract.

판결례와 평가

- 적용범위 : 중대한 계약위반의 기준
- 출처표시 : 「Oberlandesgericht Hamburg」(Germany), 『1 U 167/95』, 1997.02.28.

1. 논점과 사실관계

① 본 사건은 매도인에 의한 물품인도의 지연이 **'중대한 계약위반'**에 해당하는지 여부를 다루고 있는 사례이다.[194] **매수인**[영국]과 **매도인**[독일]은 중국산 몰리브덴 강철을 목적물로 매매계약을 체결하였다. 특별히, 계약내용에는 인도조건[CIF]과 본건 물품의 특정함유량에 관한 합의사항을 명시하고 있었다. 아울러, 본건 계약조건에는 불가항력에 기한 물품의 인도불능 또는 지연에 따른 매도인의 면책조항이 포함되었다.

---

194) ① 「American Arbitration Association」(USA), 『50181T 0036406』, 2007.12.12.
② 「Hof van Beroep, Antwerpen」(Belgium), 『2002/AR/2087』, 2006.04.24.
③ 「Ontario Supreme Court of Justice」(Canada), 『03-CV-23776 SR』, 2003.10.06.
④ 「Court of Appeal, Turku」(Finland), 『S 95/1023』, 1997.02.18.
⑤ 「Corte di Appello di Milano」(Italy), 『790』, 1998.03.20.
⑥ 「U.S. District Court, New Jersey」(USA), 『CIV.01-5254(DRD)』, 2006.04.04.

② 계약체결 이후 수일이 경과한 상태에서 본 물품의 시장가격이 상승하여, 이에 매도인이 물품가격의 증액을 제안하였으나, 매수인은 이 같은 매도인의 제안을 거절하였다. 또 다시 매도인은 매수인에게 물품인도기일의 연장과 함께 물품의 특정함유량이 낮은 강철을 [당초 계약물품의 대체물로서] 공급하는 것을 제안하였으나, 매수인은 특정함유량에 관한 매도인의 요청은 수용할 수 있으나, 인도기일의 연장은 수용할 수 없음을 통지하였다.

③ 매수인의 의사에 대해 매도인은 매수인에게 재차 물품을 적기에 인도하기 위해서는 부득불 인도기일 연장[추가기간]이 필요하다고 하고 이에 그 연장을 재차 요청하였고, 이에 매수인은 본건 추가기간의 허여에 따른 손해배상액의 지급을 요구하였다. 그러나, 매도인은 [계약의 이행과정에서 당해 물품을 공급자[중국]로부터 인도받지 못한 상황에서] 본 추가기간이 허여되었음에도 불구하고 매수인에게 물품을 인도하지 못했다. 이에 따라 매수인은 추가기간이 종료된 이후 제3자와 계약을 체결하고 보다 높은 가격으로 대체거래에 임하였고, 이에 본건 계약에서 비롯된 물품대금과 당초 계약대금과의 차액에 관하여 매도인에게 손해배상을 청구하는 본건 소송을 제기하였다.

2. 판결요지

④ 법원은, 제75조[대체거래와 손해액]에 의거, 매수인의 손해배상청구를 인정하였다. 아울러, 제49조[매수인의 계약해제권] (1), (a) 및 (b)에 의하여 계약의 해제를 인정하였다. 본조 (a)에 의하면, 인도의 지연은 [본건 사안에 비추어] 중대한 계약위반에 해당된다고 볼 수는 없으나, 양당사자의 계약내용에 비추어 확정된 기일내의 인도가 매수인에게 특별한 의미를 가지고 있고, 이것이 계약체결 시에 예측할 수 있었던 것으로 보아, 본건 매도인의 계약위반은 중대한 계약위반에 해당한다고 판시하였다.

⑤ 나아가 법원은, 매도인은 당초 기한 무렵의 인도가 매수인에게 중요하다고 하는 사실을 인식하고 있었으므로 본건 물품인도지연은 중대한 계약위반에 해당하고, 이것은 CIF를 수용하고 있는 계약내용을 참고할 경우에도 다름없다고 판시하였다. 곧, [본 조건에 의하면] 합의된 기간 내에 인도를 행하여야 하는 것이 매도인의 의무이고, 또한 제47조[이행을 위한 추가기간의 지정]에 비추어 추가기간이 합의되었음에도 불구하고, 그 기간 내에도 인도하지 않았기 때문에 이에 매수인의 계약해제권은 다름없이 인정할 수 있다고 판시하였다.

⑥ 법원은, [계약해제의 통지에 관하여] 설령 매도인이 인도의무의 이행을 거절한 것이 되었던 경우라고 하더라도 제7조[계약의 해석원칙] (1)에 따른 신의에 반하게 되므로 본조항의 적용은 필요

치 않다고 설시하였다. 따라서, 본건 계약해제는 원칙적으로 가능하며, 나아가 대체거래가 있었을 때에 매도인은 자신의 의무를 이행을 하지 않는 것이 명백할 것이라는 [본건에서 매도인은 그 의무를 이행할 수 없다고 인정하고 있다] 사실로부터 통지는 그다지 중요하지 않다고 보고, 매도인의 인도불이행 이후의 대체거래도 '상당한 기간'(reasonable time) 내에 행해진 것으로 판단하였다.

⑦ 아울러, 법원은 [매도인 이행의무의 면책 여부를 판단함에 있어] 본건에서 매도인은 계약의 불가항력 조항이나 제79조[손해배상책임의 면제] (1)에 의해서도 그 책임은 면제될 수 없다고 판시하였다. 곧, 매도인은 자신의 공급자로부터 계약의 목적물을 공급받아야 하는 위험을 부담하고 있는 까닭에, 시장에서 동등 또는 동종 품질의 물품이 공급되지 않는 경우에만 그 책임이 면책될 수 있다고 하고, 나아가 대체거래의 시기에 시장가액이 상승할 위험을 부담하는 것 또한 매도인의 책임이라고 판시하였다. 이에 추보하여 시장가액이 본건 계약 당시에 합의한 가액보다 실제로 3배 이상 상승하였다고 하더라도 그것은 본건 거래자체가 고도의 투기적인 것이기에, 달리 이에 상당한 희생가격이라고는 볼 수 없다고 첨언하였다.

3. 해설

⑧ 본 사건은 매도인에 의한 인도의무의 불이행이나 지연이 매수인에 의한 계약해제를 정당화할 수 있는, 곧 중대한 계약위반에 해당하는지의 여부를 판단한 사례이다. 통상 매도인은 제30조[매도인 의무의 총괄]에 의거, 물품인도의무를 부담하고 있어, 매도인에 의한 물품의 인도가 완전히 실행되지 않는 경우, 계약에 부적합한 흠결 있는 물품을 인도한 경우, 정당한 이유 없이 이행기 또는 이행기 전에 당해 이행의 거절을 한 경우에는 중대한 계약위반으로 취급될 수 있지만, 본건에 기하여 이행기에 이행하지 않은, 곧 이행지체의 경우에도 마찬가지로 중대한 계약위반에 해당될 수 있는지가 문제된다.

⑨ 이행지체의 경우 보통은 중대한 계약위반에 해당하지 않지만, 인도시기가 중요한 경우, 예컨대, 계절물품으로서 인도일이 특정일인 경우, 매수인이 매도인에 대하여 재판매업체에의 인도기일을 통지한 경우, 계약상 인도기일이 중요하다는 것을 명시하고 있는 경우, 이행지체가 [당해 사정에 비추어 명확히] 중요한 의미를 가지는 경우 등에 해당하는 이행지체는 중대한 계약위반으로 취급된다. 한편, 일부불이행 등과 같은 불완전이행의 경우에는 [기일 무렵의 완전한 이행이 중요한 요소라고 하는 경우로서] 당해 불이행을 정당화할 수 있는 이유가 부재한 경우에는 제51조[물품일부의 부적합]에 따라 중대한 계약위반으로 취급될 수 있는 여지가 존재한다.

⑩ 본건은 인도기일이 중요하다는 점을 매도인이 인식하고 있었던 경우로서, 제49조 (1), (a)

에 의거, 당해 인도지연은 중대한 계약위반에 해당하는 한편, 동시에 당사자 간에 인도의 이행을 위해 추가기간이 합의되었음에도 불구하고, 그 추가기간이 경과하고도 이행이 되지 않았으므로, 본조 (b)에 따라 계약해제가 정당화된 사례이므로, 매도인이 물품을 조달할 수 없었던 것에 대해서도 [매도인이 부담하여야 할 위험으로서] 불가항력에 의한 면책을 주장할 수 없다는 법원의 판시에 기하여, 법적용상의 중요성이 부각된다.

판결례와 평가

- 적용범위 : 중대한 계약위반에 해당하는지의 여부
- 출처표시 : 「Oberlandesgericht Frankfurt am Main」(Germany), 『5 U 15/93』, 1994.01.18.

1. 논점과 사실관계

① 본 사건은 '중대한 계약위반'에 해당하는지의 여부를 다루고 있는 사례이다.[195] 매수인은 계약의 목적물을 신발로 하여 계약을 체결하고, 물품을 수령한 후, 합의한 대로 물품대금을 지급하였다. 그러나, 물품수령 이후, 매수인의 검사결과 물품 대부분에 하자가 발견되어 그 판매가 불가능한 상황이었다. 이에 매수인은 매도인에게 본건 하자를 통지하고, 그 교환을 요구하였다.

② 매도인은 인도된 물품에 하자가 있음을 인정했으며, 자사의 다른 물품으로 교환해 주겠다고 제의하였다. 그러나, 매수인의 국내시장에서 판매가 가능한 물품으로의 교환은 원천적으로 불가능하였다. 이에 매수인은 기 지급한 물품대금반환을 요구하였는데, 매도인은 이를 거절하고, 오로지 물품의 교환만을 요구하였다. 이에 매수인은 본건 소송을 제기하였다.

---

195) ① 「Oberster Gerichtshof」(Austria), 『6 Ob 117/01a』, 2001.07.05.
② 「Rechtbank van Koophandel, Hasselt」(Belgium), 『AR/05/2945』, 2005.09.14.
③ 「Cour d'Appel de Paris」(France), 『2002/18702』, 2004.06.04.
④ 「Oberlandesgericht Koblenz」(Germany), 『1U 486/07』, 2007.11.21.
⑤ 「Tribunale di Busto Arsizio」(Italy), 『Unknown』, 2001.12.13.
⑥ 「Rechtbank Utrecht」(Netherlands), 『219436/HA ZA 06-2279』, 2007.07.18.
⑦ 「Tribunal Supremo」(Spain), 『133/2008』, 2008.01.17.
⑧ 「Schweizerisches Bundesgericht」(Switzerland), 『4A 68/2009』, 2009.05.18.
⑨ 「U.S. District Court, Southern District of Florida」(USA), 『08-23497-CIV-GARBER』, 2009.10.29.
⑩ 「Supreme Court of Poland」(Poland), 『V CSK 456/06』, 2007.05.11.

2. 판결요지

③ 법원은, [하자물품의 대금지급과 관련] 매수인은 물품대금의 반환을 청구할 수 있는 권리가 있다고 하고, 매도인은 제35조[물품의 일치성]에 따라, 계약에 규정된 수량, 품질, 규격에 따라 본건 물품을 다름없이 인도했어야 했다고 판시하였다.

④ 그러나, 본 사건에서와 같이, 물품이 계약과 완전히 부적합하고, 이에 매수인은 이미 부적합의 통지를 매수인에게 보냈을 뿐만 아니라 당해 하자를 발견한 이후, 제39조[부적합의 통지]에 따라 상당한 기간 내에 이를 매도인에게 통지한 것이 인정된다고 판시하였다.

⑤ 결국, 법원은 매도인이 계약을 위반한 것으로 판단하였고, 본건에서 [매수인의 주장이 중대한 계약위반에 해당하는 지의 여부를 판단함에 있어] 매수인에게 인도된 물품 중에서 본 계약에 적합한 물품이 10%에 불과한 바, 이는 제25조에 의거, 중대한 계약위반을 구성한다고 판시하였다. 이에 법원은, 매수인은 계약을 해제할 수 있으며, 동시에 제84조[이익의 반환]에 따라, 기 지급한 물품대금반환 및 그 이자 또한 매도인에게 청구할 수 있다고 최종 판결하였다.

026. 계약해제의 통지

A declaration of avoidance of the contract is effective only if made by notice to the other party.

계약해제의 의사표시는 상대방에 대한 통지로써 행하여진 경우에만 효력이 있다.

[374] **제26조**는 당사자의 의사표시에 의해서만 계약해제가 이루어질 수 있다는 것을 명시하고 있는 규정이다. 동시에 [법률상의 일정한 요건이 충족되면, 즉시 해제의 법률효과가 발생하는] **'자동적 해제'**(自動的解除)를 CISG는 수용하고 있지 않음을 선언하고 있는 규정이기도 하다.

[375] 본조에 따라, 계약해제는 반드시 당사자의 **'의사표시'**(declaration)가 있어야 하며, 또한 그 의사표시는 상대방에게 **'통지'**(通知)되어야 비로소 그 유효성을 확보하게 된다. 이때 상대방에게 통지하도록 그 의무를 부과하고 있는 취지는, 상대방이 계약의 내용과 그 이행과정을 사전에 적절히 파악할 수 있도록 배려하기 위함에 두고 있다.

[376] 이 경우 **'통지'**는 특정한 형식으로 행할 필요가 없다. 곧, 서면 또는 구두 등 그 형식요건에 있어 여하한의 제한이 없다. 나아가, 그 내용에 있어서도 일방당사자가 상대방의 계약위반으로 인해 계약해제의 의사를 통지하는 경우에 굳이 계약해제의 **'선언'** 또는 **'해제'**라는 용어를 사용할 필요는 없고, 또한 CISG의 관련 조항을 원용할 필요도 없다.

[377] **'통지'**는 반드시 상대방에게 발송되어야 한다. 통상 **원계약**(原契約, original contract)을 체결한 상대방에게 [또는 그의 대리인에게] 발송되면 그것으로 족하다. 다만, 계약상 권리가 제3자에게 이전된 경우에는 새로운 상대방에게, 즉 제3자에게 발송되어야 한다. 한편, 연관규정으로서, **제49조**[매수인의 계약해제권] (2)와 **제64조**[매도인의 계약해제권] (2)의 규정에 의거, 계약해제의 통지는 반드시 **'상당한 기간'**(reasonable time) 내에 전달되어야 함은 유념하여야 한다.

■ SUMMARY [*Article 26*]

1. Article 26 provides that avoidance of contract must be declared by the party who intends to terminate the contract, and that the declaration must be effected by notice to the other party. The Convention does not provide for an automatic avoidance of contract. It has nevertheless been held that notice of avoidance is unnecessary where a seller has 'unambiguously and definitely' declared that it will not perform its obligations, since notice in such a situation would be a 'mere formality,' the date of avoidance can be determined from the obligor's declaration of the intention not to perform, and requiring notice of avoidance would be contrary to the mandate in article 7 (1) to interpret the Convention in a fashion that promotes the observance of goods faith in international trade.

2. The purpose of the notice requirement is to ensure that the other party becomes aware of the status of the contract.

판결례와 평가

- 적용범위 : 통지요건
- 출처표시 : 「Juzgado de primera instancia」(Spain), 『Unknown』, 2003.11.12.

1. 논점과 사실관계

① **매도인**[독일]은 **매수인**[스페인]에게 자동차 석유소비량을 감소시킬 수 있는 장치를 판매하였다. 물품대금은 2001년 1월에 지급하기로 하였다. 그러나, 물품인도 이후 본건 장치는 [계약내용에 비추어] 석유소비량을 감소시키지 못했다. 매수인은 이 사실을 매도인에게 통지하였다. 이에 매도인은 2001년 6월 매수인 회사를 방문해서 매수인이 주장한 물품의 부적합을 확인하였다. 2002년 3월 매수인은 계약부적합에 대하여 정식으로 매도인에게 통지하여 계약을 해제하였다.

② 그렇지만, 본건 소송에서 매도인은 매수인의 통지가 상당한 기간 내에 이루어지지 않았다는 이유를 들어 매수인의 계약해제가 부당하다고 주장하였다. 법원은 이 같은 매도인의 주장이 타당하다고 판단하고, 이에 매수인의 청구를 기각하였다. 매수인은 법원의 이 같은 판결에 불복하고 상소하였다.

2. 판결요지

③ 상소법원은, 본 사건은 **제25조**[중대한 계약위반]에 따라, 본건 물품의 부적합은 중대한 계약위반에 해당한다. 매수인이 서면으로 매도인에게 통지하기 전에, 이미 부적합한 사실 및 물품을 반송하려는 의도를 구두로 매도인에게 통지하였고, 심지어 매도인은 매수인의 회사까지 방문한 사실이 있다. 그러므로, 매수인은 **제26조**와 **제49조**[매도인의 계약해제권]에 따라, 계약을 해제하려는 의도를 매도인에게 통지한 것으로 볼 수 있다. 나아가, 본 통지는 제49조에 규정된 상당한 기간 내에 이루어진 것으로 취급할 수 있다고 하고, 이에 원심을 파기하고 매수인의 청구를 인정하였다.

입증책임(立證責任)은 소송(訴訟)의 제기자(提起者)에게 있다.

027. 통신상의 지연 또는 오류

Art. 27
Unless otherwise expressly provided in this Part of the Convention, if any notice, request or other communication is given or made by a party in accordance with this Part and by means appropriate in the circumstances, a delay or error in the transmission of the communication or its failure to arrive does not deprive that party of the right to rely on the communication.

제27조
본 협약 본 편에 별도의 명시적인 규정이 없는 한, 어떠한 통지나 요청 그 밖의 통신이 본 편에 따라 또한 상황에 적절한 방법으로 당사자에 의하여 보내어진 또는 행하여진 경우에는 통신의 전달에 있어서의 지연이나 오류 또는 부도달이 있더라도 당사자는 그 통신을 주장할 권리를 상실하지 아니한다.

[378] 제27조에 기하여, 일반적으로 '통지'(通知)를 발송하는 원칙은 제3편[당사자의 권리와 의무]에서 규정하고 있는 모든 유형의 통지에 적용된다. 이 원칙에 따라 당사자가 적절한 통신수단으로 통지를 발송하기만 하면, 그 통지의 전달에 따른 모든 위험은 상대방에게 이전된다.

[379] CISG에서 '발신주의'(發信主義)는, 당사자가 그 어떠한 통지, 요구 또는 그 밖의 의사표시를 적절한 통신수단에 의해 발송한 경우에 그 효력이 발생한다. 이 원칙은 '부적합의 통지' 또는 '제3자에 대한 청구권'[제39조와 제43조], '특정이행의 요구'[제46조], '가격할인'[제50조], '손해'[제45조 (1)의 (b)] 또는 '이자'[제78조], '계약해제의 선언'[제49조, 제64조, 제72조, 제73조], '계약이행을 위한 추가기간의 확정'[제47조와 제63조] 그리고 제32조[운송의 수배] (1), 제67조[운송조항부계약과 위험의 이전] (2), 제88조[물품의 매각]에서 규정하고 있는 기타의 '통지' 등과도 연관이 있다. 제3편의 일반원칙으로서 '도달주의'(到達主義)에 관한 합의가 없는 한[연관규정으로서, 제47조 (2), 제48조 (4), 제63조 (2), 제65조, 제79조 (4) 등], '발신주의'는 양당사자가 계약에서 규정하고 있는 그 밖의 모든 의사표시에 선택적으로 적용된다.

[380] 발신자는 본조의 규정에 따라, [상대방과의 다툼을 미연에 방지하기 위한 취지에서] 반드시 적절한 통신수단에 의해 그 '통지'를 발송하여야 한다. 나아가, 통신에 사용되는 언어는 그 유효성을 확보하기 위하여, i) 양당사자가 분명하게 합의한 언어, ii) 이전에 사용되었던 언어, iii) 수신자가 이해할 수 있는 언어, iv) 수신자가 자신의 이해를 전달할 때 사용하였던 언어 등을 사용하여야 한다.

The necessity of proving lies with him who sues.

[381] 그럼에도 불구하고, 발신자가 부적절한 통신을 사용하는 경우에는 통상적으로 그 **'통지'**는 무효로 취급된다. 따라서, 만약 매수인이 부적합에 관한 **'통지'**를 다른 사람에게 잘못 발송하였거나, 위 요건에 해당하는 경우에는, 이로부터 부적합한 물품에 대한 **구제청구권**(救濟請求權)은 상실하게 된다.

[382] 매수인은 반드시 **'통지'**의 발송사실을 증명하여야 하며, 또한 **'통지'**가 발송된 시간과 그 형식에 관해서도 이를 보증하여야 한다. 만약, 양당사자가 통지의 구체적인 형식에 관하여 별도로 합의해 두었다면, 발신자는 반드시 자신이 합의한 형식에 따라, 본 통지의 발송사실을 증명하여야 한다. 그러나, 발신자는 당해 **'통지'**가 이미 상대방에게 도달한 것에 관해서는 입증책임을 부담하지 않는다.

■ SUMMARY [*Article 27*]

Article 27 states that, in general, the dispatch principle applies to all kinds of communications provided for in Part III of the Convention (articles 25-89). Under this principle the declaring party has only to dispatch its communication by using an appropriate means of communication; the addressee then bears the risk of correct and complete transmission of the communication.

판결례와 평가

- 적용범위 : 상당한 기간의 산정
- 출처표시 : 「Landgericht Stuttgart」(Germany), 『16 S 40/91』, 1991.08.13.

1. 논점과 사실관계

① 본 사건은 **'상당한 기간'**(reasonable time)에의 적정성 여부를 다루고 있는 사례이다.196) **매수인**[독일]은 **매도인**[프랑스]에게 옷을 주문하였고, 매도인은 물품을 발송하였다. 그렇지만, 매수인은 당해 물품을 수령하지 않았다. 매도인은 팩스 및 전화로 매수인에게 물품의 수령을 요구하였

196) ① 「ICC International Court of Arbitration」(Arbitral Award), 『11849』, 2003
② 「Oberster Gerichtshof」(Austria), 『2 Ob 191/98 X』, 1998.10.15.
③ 「Rechtbank Arnhem」(Netherlands), 『172920/HA ZA 08-1228』, 2009.02.11.
④ 「Oberster Gerichtshof」(Austria), 『4 Ob 80/05 a』, 2005.05.24.
⑤ 「Oberlandesgericht Naumburg」(Germany), 『9 U 146/98』, 1999.04.27.

지만, 매수인은 침묵으로 일관하였다. 이에 매도인은 보다 싼 가격으로 물품을 다른 매수인에게 판매하였다. 그리고 매수인에게 소송을 제기하여, 본건 계약금액과 다른 매수인에게 판매한 물품대금의 차액을 [대체거래에 의한 차액] 청구하였다.

2. 판결요지

② 법원은, 매수인이 물품의 수령기간을 과대하게 지연시켰으므로 매도인은 제88조[물품의 매각]에 따라 물품을 재판매하는 권리를 보유한다고 하고, 매도인이 팩스 및 전화로 매수인에게 물품을 재판매 하겠다는 통지를 보낸 것은 자신의 의무를 충실히 이행한 것으로 볼 수 있다고 판시하였다.

③ 아울러, 법원은 매도인이 매수인에게 지정한 14일의 수령기간은 상당한 기간에 해당된다고 보고, 매도인이 매수인에게 송부한 팩스가 실질적으로 매수인의 손에 전달되지 못한 가능성에 관해서는, 제27조에 의거, 매수인은 매도인이 그 통신에 의존할 권리를 박탈할 수 없다고 최종 판시하였다.

028. 특정이행과 국내법

Art. 28
If, in accordance with the provisions of this Convention, one party is entitled to require performance of any obligation by the other party, a court is not bound to enter a judgement for specific performance unless the court would do so under its own law in respect of similar contracts of sale not governed by this Convention.

제28조
당사자 일방이 본 협약의 규정에 따라 상대방의 의무이행을 요구할 권리가 있더라도, 법원이 본 협약이 적용되지 아니하는 유사한 매매계약에 관하여 자국법에 따라 특정이행을 명하는 판결을 해야 하는 경우가 아닌 한, 특정이행을 명하는 판결을 할 의무가 없다.

[383] 대륙법계에서는 계약위반에 대한 구제수단으로서 **'이행청구'**(履行請求)가, 영미법계는 **'손해배상'**(損害賠償)이 원칙이다. 그렇지만, 양 법계 공히 이행청구는 예외적이고 제한적으로 인정된다. 제28조는 이러한 양자의 처지에 대한 타협의 결과로서 성안된 규정이다.

[384] 본조의 의미는 두 가지로 해석할 수 있다. 하나는 CISG는 이행청구권은 인정하고 있지만, 소송상으로 이행판결을 받을 가능성은 소송이 제기된 국가의 국내법에 따라 달라질 수 있다는 것이다. 그러나, 이 경우 국내법은 국제사법을 포함하지 않은 국내 실질법으로서, 예컨대, 우리의 경우 민·상법만을 의미한다. 다른 하나는 법원이 이행판결을 내릴 수 있는 요건을 제시하고 있다는 것이다.

[385] 본조는 **특정이행**(特定履行)에 관하여, 각 법체계에서의 상이한 처리방식을 절충하여 마련한 조항이다. 본조는 국내법에 특정이행에 관한 별도의 제한요건이 없는 경우 법원은 CISG에 의한 특정이행에 관하여 지시할 의무가 없다고 명시하고 있다.

[386] 이 경우 특정이행은 **민사소송**(民事訴訟, civil procedure)[197]을 통해서 상대방에게 계약에 기

197) **'민사소송'**(民事訴訟)은, **'사인의 생활관계에서 일어나는 분쟁을 국가 재판권에 의해 법률적·강제적으로 해결하는 일련의 절차'**를 말한다. 사법은 사인 간의 모든 생활을 규율하는 준칙이 되는 한편 여기에서 생기는 법적 지위나 권리를 국가권력에 의하여 보장·실현하는 역할을 한다. 그러므로 사회생활에서 일어나는 분쟁이 사법의 규율대상이 되는 사건에 속할 경우에 권리를 주장하는 자는 스스로 원고가 되어 법원에 소를 제기하여야 한다. 법원에 관하여 재판을 하려면, 자기가 주장하는 내용이 정당하다는 것을 입증할 만한 자료를 제출하여야 한다. 또한 상대방인 피고로서도 자기에게 유리한 공격과 방어를 함으로써 스스로의 지위를 지켜가게 된다. 이 같이 **'민사소송'**은 원고와 피고의 대립된 이해

한 의무의 이행을 요구하는 것으로 요약할 수 있다. 예컨대, 매수인은 법원의 지시에 따라 매도인에게 계약서에 명시된 바에 따라, 계약내용에 적합한 수량 또는 품질의 물품인도를 요구할 수 있다.

[387] 한편, CISG가 일방당사자에게 특정이행을 요구할 수 있는 권리를 부여하고 있다면, 본조는 각국의 법원이 유사한 판례를 처리하는 과정에서 자국 국내법에 의한 구제가능성을 모색할 수 있는 근거규정으로서 기능할 수 있을 것이다. 만약, 각국의 판례에서 국내법이 특정이행에 대한 지시를 할 수 있다고 가정하면, 이는 본 협약과 충돌되지 않으며, 이로부터 아무런 문제도 발생하지 않을 것이다.

[388] 그러나, [이에 반하여] 국내법에서 특정이행에 대한 지시를 할 수 없도록 제한하고 있다면, 이 경우 그 밖의 대체가능한 구제방법[대다수의 경우에 사용되는 구제방법은 손해배상(損害賠償)]을 지시할 수 있을 것이다. 이 같은 가정하에서, 본조는 CISG가 국제물품매매계약을 그 적용범위로 두고 있는 상황에서, 각국 법원이 국내법을 채택하여 특정이행을 처리할 필요가 없다는 것을 규정하고 있음을 특별히 유념해야 한다.

■ SUMMARY [*Article 28*]

1. The article constitutes a compromise between legal systems that deal differently with the right of a party to claim specific performance of the contract. According to article 28, a court is not obliged to grant specific performance under the Convention if it would not do so for similar sales contracts under its domestic law.

2. 'Specific performance' means requiring the other party to perform its obligations under the contract through court action. For example, the buyer may obtain a court order requiring the seller to deliver the quantity and quality of steel contracted for.

3. There is little case law on this provision; only one case has been reported thus far. In that case, a court stated that where the Convention entitles a party to claim specific performance, article 28 allows the seized court to look to the availability of such relief under its own substantive law in a like case. If the national law would also grant specific performance in the case, no conflict with the Convention and no problem arises. If the national law would, however, disallow specific performance, alternative relief in most cases, damages could be granted instead. Article 28, however, merely provides that the court 'is not bound' to adopt the solution of its national law regarding specific performance in the context of an international sale of goods governed by the Convention.

관계에서 투쟁에 의하여 진행된다. 소송의 결과 판결이 확정되면 집행력이 생기고, 국가의 공권력에 의하여 사권의 목적이 실현되는 것이다.

판결례와 평가

- 적용범위 : 특정이행의 청구
- 출처표시 : 「U.S. District Court of Illinois」(USA), 『99 C 5153』, 1999.12.07.

1. 논점과 사실관계

① 본 사건은 매수인이 매도인에게 특정이행을 청구함에 있어, 매도인이 매수인의 구제를 인정하기에 그 주장이 충분하지 않다는 소송의 각하신청을 면하기 위해 매수인은 어떠한 방법으로 그 주장을 정당화하여야 하는지를 다루고 있는 사건이다.[198] 매수인[원고로서 미국에 영업소를 둔 철강제품 판매업자]과 매도인[피고로서 독일에 영업소를 둔 철강판매업자임과 동시에 미국 일리노이주에 판매사무소를 설치하고 있다]은, 매도인을 중간업자로, 우크라이나 철강회사로부터 매수인의 사양에 맞춘 철강의 매매를 위한 교섭을 시작하였다.

② 매수인은 서면으로 매도인에게 본건 철강의 사양, 희망매수가격, 신용장에 의한 물품대금 결제 등의 의향을 제시하였다. 이에 매도인은 매수인의 희망매수가격보다도 일정부분 높은 가격으로 회신하였다. 매수인은 매도인의 이 같은 제시가격을 수락하고, 본건 수량을 확정하였다. 매수인은 이상의 조건 및 당초 당사자 간에 교섭한 그 밖의 조건을 주문서에 기재하였다. 매도인은 매수인이 제시한 본 조건에 대해, 발주서를 확인하는 즉시 주문확인서를 송부할 것을 약속하였다. 이후 매도인은 임시주문확인서를 매수인에게 송부하였다. 그러나, 본 주문확인서에 첨부되었던 일반계약조건은 물품의 하역조건, 분쟁해결 및 준거법 등에서 매수인의 주문서에 첨부되었던 계약조건과는 상이하였다.

③ 매수인과 매도인은 계약조건[곧, 물품의 하역조건, 분쟁해결 및 준거법 등]의 상이에 따른 문제를 해결하기 위해 교섭을 계속하였다. 당해 교섭과정에서 매도인은 매수인에게 신용장을 개설을 독촉하였다. 매수인은 신용장 개설 전에 매도인에게 신용장 제반조건의 검토를 요청하였고, 이에 매도인은 신용장상에 사소한 변경을 요구하면서, 그 외의 모든 조건은 수락할 수 있다는 전문을 회신하였다. 매수인은 모든 계약조건이 합의될 때까지 신용장을 개설하지 않겠다고 통지하였으나, 그럼에도 매도인은 즉시 신용장을 개설하도록 독촉하였다.

---

198) 「International Arbitration Court of Russian Federation 」(Arbitral Award), 『147/2005』, 2007.01.30.

권리(權利)를 행사(行使)하는 자는 타인(他人)의 권리를 침해(侵害)할 수 없다.

④ 이후 매도인은 변경된 주문확인서를 매수인에게 발송하였다. 동시에 매도인은 본건 발송일 기준으로 매수인이 신용장을 개설하지 않으면 본 주문을 취소하겠다고 통지하였다. 이후 양자는 남아있는 계약상의 문제에 합의하였다. 다만, 매도인은 선하증권을 화물수취증으로 대체하도록 신용장 변경을 요구하였으나, 매수인은 매도인의 이 같은 제안을 거절하였다.

⑤ 한편, 매수인은 변경된 매도인의 주문확인서를 최종 합의한 바에 따라 적합하게 수정해 줄 것을 요구하였다. 동시에 본건 철강사양에 관하여 사소한 변경을 요구하였다. 이에 매도인은 철강회사는 이미 본 주문에 따른 대부분의 물품생산이 끝난 상태이고, 잔여분도 이미 생산과정에 있으므로 당해 물품사양을 변경할 수 없다고 통지하였다. 나아가, 매도인은 매수인에게 일정기간 내에 신용장을 변경하지 않으면 본 계약을 해제하고 물품을 제3자에게 전매하겠다고 최종 통보하였다. 이로부터 매수인은 매도인이 계약을 위반했다고 판단하고, 신용장을 취소하였다. 이에 매도인은 신용장을 반환하고, 본건 물품을 제3자에게 매각하려고 시도하였다.

⑥ 결국, 매수인은 매도인이 이행기 전의 계약위반에 기한 손해배상과 매도인에게 별단의 특정이행을 요구하고 본 소송을 제기하였다. 이에 매도인은 매수인의 소송에 대해 소의 각하를 신청하였다.

2. 판결요지

⑦ 법원은, [매수인의 특정이행요구와 관련하여] 제46조[매수인의 이행청구권] (1)에 의거, 매수인이 그 청구와 양립하지 않는 구제를 요구한 경우를 제외하고, 매수인은 매도인에 대해 그 의무이행을 청구하는 것이 가능하다는 규정에 따라 매도인 소의 각하신청을 기각하였다.

⑧ 한편, 법원은 [제28조 특정이행의 청구요건에 관하여] CISG의 규정에 따라 당사자 일방이 상대방에 의한 의무이행을 요구할 권리가 있더라도, 법원이 자국의 국내법하에서 CISG에 의해 규율되지 않는 유사한 매매계약에 관하여 특정이행을 명하는 판결을 내리게 될 경우가 아닌 한, 당해 법원은 특정이행을 명하는 판결을 내릴 의무가 없다고 설시하였다. [즉, 본건은 미국 통일상법전(UCC)하에서 특정이행청구가 가능한지에 주안점을 두고 있다]

⑨ 법원은, [UCC 제2-716조 (1)에 비추어[199]] 물품이 독특한 것이거나 또는 그 밖의 적절한 사정

199) UCC, §2-716(Buyer's Right to Specific Performance or Replevin) : "(1) Specific performance may be decreed if the goods are unique or in other proper circumstances. In a contract other than a consumer contract, specific performance may be decreed if the parties have agreed to that remedy. However,

하에서 법원은 특정이행을 명할 수가 있다고 명시하고 있음에 따라, 본규정은, 대체물품의 입수가 불가능하다는 사실은 다른 적절한 사정을 반영한 결정적 증거로서 고려되어야 한다는 취지를 담고 있다고 하고, 나아가 본규정은 특정이행을 드물게 인정하고 있는 보통법 처지의 완화를 의도하고 있는 조항으로서 이에 법원은 당해 물품이 실제로 대체 가능한지, 공개시장에서 동일한 물품의 입수가 가능한지의 여부에 따라 특정이행의 가부를 결정할 수 있다고 설시하였다.

⑩ 결국, 본 사건에서 법원은 [UCC에서 특정이행이 가능한지를 결정함에 있어] 대체가능성의 문제가 주안점이 되고 있다는 사실을 고려할 때, 본건 원고는 대체물 입수가 곤란하다는 것을 주장하고 있는 것만으로도 본 법원으로부터 당해 구제를 인정받기에 충분한 주장을 한 것으로 최종 판시하였다.

3. 해설

⑪ 제46조 (1)에 비추어, 매수인은 매도인에 대해 그 의무이행을 청구할 수 있다고 규정하고 있음과 동시에, 현실적 강제이행을 법원에 요구할 권리를 매수인에게 부여하고 있다. 다만, 매수인이 그 청구와 양립하지 않는 구제, 예컨대, 계약해제나 대금감액 등을 청구한 경우에는 해당하지 않는다. 또한 특정이행이 불가능한 경우, 이를테면, 달리 대체할 수 없는 물품이 인도 전에 멸실된 경우 매수인의 이행청구권은 소멸한다.

⑫ 나아가, 제46조에 기한 이행청구권은, 제28조에서 규정하고 있는 특정이행에 관한 제한요건에 구속된다. 이를테면, 일본이나 독일처럼 채무불이행이 행사된 경우 채권자에게 이행청구권을 인정하고, 그것을 강제적으로 실현할 수 있는 법규정을 마련해 두고 있는 국가가 있는 반면에, 보통법상의 국가들처럼 채무불이행의 일차적인 구제방법을 손해배상으로, 특정이행은 예외적으로 인정하는 법제를 취하고 있는 국가도 있다. 제28조는 특정이행을 예외적으로 인정하고 있는 국가에게 [이를테면, CISG 비준을 용이하게 할 수 있도록] 일정한 범위내에서 법정지국 법

---

even if the parties agree to specific performance, specific performance may not be decreed if the breaching party's sole remaining contractual obligation is the payment of money. (2) The decree for specific performance may include such terms and conditions as to payment of the price, damages, or other relief as the court may deem just. (3) The buyer has a right of replevin or similar remedy for goods identified to the contract if after reasonable effort the buyer is unable to effect cover for such goods or the circumstances reasonably indicate that such effort will be unavailing or if the goods have been shipped under reservation and satisfaction of the security interest in them has been made or tendered. (4) The buyer's right under subsection (3) vests upon acquisition of a special property, even if the seller had not then repudiated or failed to deliver."

원의 재량을 인정하고 있는 특징이 있다. 요컨대, 본조에 의해 법원은, CISG가 규율하지 않고 있는 유사한 매매계약, 곧 국내매매계약에 관하여 특정이행을 명할 수 있는 의무를 지지 않는다. 따라서, 자국 법률에 따라 특정이행을 명할 수 있는 경우를 제외하고, 당해 구제방법으로서 특정이행을 제한하고 있는 법역의 법원은, 다툼이 되는 의무의 특정이행을 거부할 수 있다.

⑬ 본건에서, 매수인은 매도인에게 계약상 인도의무의 특정이행을 청구하고 있다. 이에 매도인은, 본 구제청구가 원고의 소장에 기재되지 않았기 때문에, 미국 연방민사소송규칙(Federal Rules of Civil Procedure : FRCP)에 따라, 소의 각하를 신청하였다. 본 소의 각하신청을 검토함에 있어 법원은, 원고가 소장에 기재한 주장을 사실로 수용하고, 또 그 사실로부터 합리적으로 도출할 수 있는 모든 추론을 원고에 유리하게 판단한다는 기준을 적용하고 있다.

⑭ 본 사례에서, 미국 연방지방법원은 CISG에서 통상 특정이행이 그 구제수단으로서 인정되고 있다는 점을 재확인하였다. [앞서 본 바와 같이] 제28조에서는 유사한 매매계약에 관하여 자국의 법률에서 특정이행이 인정되고 있는 경우를 제외하고, 법원은 특정이행을 명할 의무를 지지 않는다. 한편, 만약 자국의 법률에서 특정이행이 구제수단으로서 인정되고 있는 경우 자국의 법률과 CISG 사이에 저촉은 발생하지 않기 때문에, 특정이행을 구제수단으로서 인정하는 것에 문제는 없다고 본다.

⑮ 한편, 본 연방지방법원은, 자국 법률인 UCC를 검토한 뒤, 제2-716조하에서 대체물품의 입수가 곤란한 경우에는 특정이행이 본건 구제방법으로서 인정된다고 판시했다. 따라서, 대체물품의 입수가 곤란한 경우 UCC와 CISG 간에는 별단의 저촉이 발생하지 않기 때문에, 특정이행을 구제방법으로서 인정하는 것에 문제는 없다. 본건에서 원고는 대체물품의 입수가 곤란함을 주장하고 있었기 때문에, 본 법원은 [당해 구제청구가 원고 소장에 기재되어 있다는 사실에 비추어] 피고에 의한 소의 각하신청을 기각하였다.

029. 계약의 변경과 서면요건

Art. 29

(1) A contract may be modified or terminated by the mere agreement of the parties.

(2) A contract in writing which contains a provision requiring any modification or termination by agreement to be in writing may not be otherwise modified or terminated by agreement. However, a party may be precluded by his conduct from asserting such a provision to the extent that the other party has relied on that conduct.

제29조

(1) 계약은 당사자의 단순 합의에 의해 변경 또는 종료될 수 있다.

(2) 합의에 의한 변경 또는 종료는 서면에 의하여야 함을 요구하고 있는 규정이 있는 경우에 서면계약은 이외의 다른 방법으로 변경 또는 종료될 수 없다. 다만, 당사자는 상대방이 자신의 행위를 신뢰한 범위까지는 그러한 규정을 원용할 수 없다.

[389] **제29조**는 계약의 변경 · 추가 또는 해제를 다루고 있는 규정이다. 본조 (1)은 당사자 간의 합의에 따라 계약을 변경 또는 해제할 수 있다고 규정하고 있다. 반면에, (2)는 당사자들이 계약의 변경 또는 해제는 반드시 서면에 의하여야 한다고 합의하고 있는 경우[**서면형식**(書面形式)], 당해 계약은 서면 이외의 다른 방식으로는 변경 또는 해제될 수 없음을 명시하고 있다. 다만, 일방의 행위를 상대방이 신뢰한 경우에 본조항은 적용되지 않는다.

[390] 참고로, 본조 (1)은 CISG가 적용되는 계약에 있어서 보통법상의 **약인**(約因, consideration)[200]

---

200) 미국 등 **보통법**(普通法, common law)계에서는 계약을 기능적 측면으로 정의하여, 계약을 '**법적으로 강제되는 당사자 간의 약속이나 합의**'(legally enforceable agreement or promise)로 새겨두고 있다. 여기에서 법적으로 강제할 수 있음은 계약의 일방당사자가 합의내용을 이행하지 않을 경우, 타방당사자의 청구에 따라 법원에 의하여 법에 따른 제재가 가해짐을 의미한다. 보통법에 의하면, '**계약**'이라 함은, '**1개 또는 1조**(組)**의 약속으로서, 그것에 위반하는 것에 관하여 법이 구제하여 주거나 또는 어떠한 형태로든 그 이행을 의무로서 인정하는 것**'이다. 1개의 약속인 경우를 '**일방계약**'(一方契約, unilateral contract), **1조**(組)의 약속인 경우를 '**쌍방계약**'(雙方契約, bilateral contract)이라 한다. '**계약**'이란 보통 서면인 경우를 말하지만 '**구두계약**' 역시 포함한다. 어떤 '**계약**'은 '**사기방지법**'(詐欺防止法, statue of frauds)에 따라 반드시 서면으로 해야 한다. 보통법에서는 '**계약**'을 구성하는 5 가지 요소가 있다. i) '**청약**'(offer), ii) '**승낙**'(acceptance), iii) '**약인**'(consideration), iv) '**법적 자격**'(capacity), v) '**법적 절차**'(formalities)가 바로 그것이다. 이 경우 '**약인**'(約因)은 영미법 내 고유의 개념으로, '**약속과 교환하여 약속자가 받는 권리 · 이익 · 편의 또는 약속을 받는 자가 부담하는 부작위 · 불이익 · 손실 · 의무 또는 이러한 것들의 약속, 즉 대가의 교환성**'을 의미한다.

에 기하여, 계약의 변경 또는 계약해제의 요건이 되는 것을 배제하기 위한 취지를 그 배경에 두고 있다.

[391] 본조에 의하면, 당사자들은 합의를 통해서 계약을 변경 또는 해제할 수 있다. 그렇지만, 그 합의는 제2편의 규정[제14조~제22조]에 부합하는 합의이어야 한다. 이에 본조에서는 당사자들이 합의한 경우에만 계약을 변경 또는 해제할 수 있다고 규정하고 있다. 제18조 (1)에 의하면, 일방당사자가 상대방의 계약을 변경하고자 하는 의사표시에 대해서 침묵하고 있는 경우에 그러한 의견을 수락한 것으로 볼 수 없다고 규정하고 있다. 이 경우 당사자 간의 계약의 변경 또는 해제에 관한 합의를 해석함에 있어서는 **제8조**[당사자 진술 또는 기타 행위의 해석]가 그 기준이 될 수 있을 것이다.

[392] 본조에 비추어, 계약을 변경 또는 해제하려고 하는 경우에는 양당사자의 합의가 절대적으로 요구된다. 이 경우 형식에 관한 유보가 있거나, 양당사자들이 달리 합의하고 있는 내용이 없는 한, 그 합의는 형식에 있어 별단의 제한이 없다. 일례로, **제11조**[계약의 형식]에서 명시하고 있는 바와 같이 당사자들은 서면 · 구두 또는 그 어떠한 형식으로도 계약을 변경 또는 해제할 수 있다. 나아가, 경우에 따라서는 [곧, 관행과 관습이 존재하고 있는 경우] 침묵으로 계약을 해제하는 것도 가능하다.

[393] 본조 (2)에 의하면, 계약의 변경 또는 해제는 반드시 서면형식으로 하여야 한다는 합의가 계약내용에 포함되어 있는 경우에는 서면 외의 다른 방식으로는 당해 계약을 변경 또는 해제할 수 없다. 한편, 사전의 협상내용을 모두 계약서에 포함하고 있는, 소위 **병합약관**(倂合約款)은 구두로는 그 변경이 불가능한 것으로 취급된다.

[394] 본조 (2)의 제2문은, 일방당사자의 행위를 상대방이 신뢰하고 있는 경우에는 구두로 그 변경이 불가하다는 원칙을 따를 필요가 없다는 것을 명시하고 있다. 곧, 본조항의 내용은 CISG 하에서 **신의칙**(信義則)의 구현[제7조(계약의 해석원칙) (1)]으로 취급된다.

■ SUMMARY [*Article 29*]

1. Article 29 addresses modification (which includes an addition to) and termination of an already concluded contract by agreement of the parties. According to article 29 (1), the mere consent of the parties is sufficient to effect such a modification or termination. If, however, the parties have agreed in writing that a modification or termination of their contract must be done in writing, paragraph 2 provides that the contract cannot be otherwise modified or terminated although a party's conduct may preclude it from asserting such a provision to the extent that the other party has relied on that conduct.

2. Article 29 (1) is intended to abolish the common law doctrine of 'consideration' as a requirement for modification or termination of contracts governed by the Convention.

판결례와 평가

- 적용범위 : 합의에 따른 계약변경에의 적용
- 출처표시 : 「U.S. Court of Appeals」(USA), 『Nos.06-3390, 06-3525』, 2007.07.19.

1. 논점과 사실관계

① 본 사건은 매도인이 그 이행을 지연하고 있는 관계로, 매수인은 매도인에게 이행기간의 연장 및 물품대금의 감액을 허락하였다. 이 경우 제29조에 기하여, 계약변경에 합의한 것으로 취급하는 것이 적절한지, 아니면 제27조에 따라, [매도인이 이행할 수 있도록] 매수인이 추가기간을 정한 것으로 해석하는 것이 적절한지의 여부를 다루고 있는 사건이다.[201]

② **매도인**[핀란드]과 **매수인**[미국]은 **나프타**(naphtha)를 목적물로 매매계약(**원계약**)을 체결하였다. 원계약에 따르면 매도인은 매수인의 뉴욕항 **시설**[터미널]에서 본선인도조건으로 물품을 인도하여야 하고, 운송을 위한 본선지정은 매수인의 승낙이 있어야 하며, 동시에 매수인은 합리적인 이유 없이 매도인의 본선지정을 거절해서는 안 된다는 내용도 포함하고 있었다.

③ 원계약 체결 후에 매도인이 선적준비를 시작했으나, 매수인의 승낙을 얻을 시간적 여유가 없었던 까닭에, 매도인의 임의로 A선박을 이용해야 하는 상황이었다. [참고로, 매도인은 과거 석유제품을 운송할 때에 수차례 A선박을 사용한 경험이 있다] 결국, 매도인은 매수인의 본선지정 없이 A선박을 본건 운송에 사용하기로 하고 이 같은 사실을 매수인에게 통지하였다.

④ 그러나, 매수인은 자신의 시설기준에 일치하지 않는다는 이유로 A선박에 의한 운송을 허

201) ① 「Rechtbank van Koophandel, Hasselt」 (Belgium), 『AR 1849/94』, 1995.05.02.
② 「Oberlandesgericht München」 (Germany), 『7 U 1720/94』, 1995.02.08.
③ 「Gerechtshof Leeuwarden」 (Netherlands), 『0400549』, 2005.08.31.
④ 「Zhejiang High People's Court」 (China), 『Unknown』, 2008.04.24.
⑤ 「Handelsgericht Zürich」 (Switzerland), 『HG 930634』, 1998.11.30.

락할 수 없다는 뜻을 매도인에게 통지하였다. 매도인은 인도기간 관계로 이미 다른 선박을 찾을 수 없는 상황이었기에, 매수인의 통지에도 불구하고 A선박에 본 물품의 선적을 개시하였다. 그렇지만, 선적작업이 지연되면서 목적항[뉴욕항]에의 도착일 또한 지연되어 당초 원계약에서 정한 이행기간 내에 물품을 인도할 수 없는 상황이었다.

⑤ 이에 당사자는 새로운 합의를 통해, 매수인은 매도인에게 A선박으로 물품을 운송하여도 무방하나, 다만 [매수인 시설에서의 본선인도조건에서] 피드선에 의한 인도조건으로 변경할 것, 본 피드선의 준비와 비용은 매도인이 부담할 것, 인도기간은 이 같은 상황을 고려하여 일정기간 연장한다는 것, 매도인은 본 물품가격을 감액할 것 등에 합의하고 당초 계약을 변경하였다. 한편, 이 같은 계약변경의 사실에 기하여 매도인은 법정에서 본건 계약의 변경은 [당시 자신의 절박한 상황을 고려할 때] 어쩔 수 없이 승낙할 수밖에 없었다고 증언하였다.

⑥ A선박이 뉴욕항에 도착하였을 당시, 매도인은 피드선의 수배에 시간이 필요하여 당초 합의서에 명시된 기한 중에 본 물품을 매수인에게 인도할 수 없었다. 이에 매수인은 매도인의 물품인도지연을 중대한 계약위반으로 취급하고 본 물품의 수령을 거절하였다. 그리고 매수인은 매도인의 이 같은 중대한 계약위반을 적시하고, 자신이 입은 손해에 대하여 손해배상을 청구하는 소송을 제기하였다.

2. 판결요지

⑦ 법원은, 본건 합의는 제47조[이행을 위한 추가기간의 지정]에 기하여, 매수인이 매도인의 의무이행을 위해 지정한 추가기간으로 이해하는 것이 적절하며, 또한 실제로 매도인의 지연은 이틀간으로 이러한 사소한 지연은 중대한 계약위반으로 취급할 수 없다고 판시하였다[제1심].

⑧ 한편, 당사자 간의 합의는 제29조에 근거한 원계약의 변경계약으로 해석해야 하며, 제47조에 따라, 매수인이 지정한 [매도인의 의무이행을 위한] 추가기간으로 해석해서는 안 된다고 판시하였다[항소심]. 또한 매도인은 본건 합의가 매수인의 제안[계약내용의 변경]에 반대할 수 있는 상황이 아니어서 어쩔 수 없이 합의한 것이라고 주장하지만, 그렇다고 매수인의 강요에 의해 합의한 것으로 보기는 어렵다고 설시하였다. 나아가, 당사자의 단순한 합의만으로도 계약은 변경할 수 있다는 제29조를 원용하면서, 본건에서 원계약은 이후 당사자의 합의하에 유효하게 변경된 것으로 해석해야 한다고 최종 판결하였다.

3. 해설

⑨ 제47조에 따르면, 매수인이 매도인의 의무이행을 위하여 상당한 추가기간을 지정하고, 그 기간 내에 당해 의무가 이행되지 않을 경우 매수인은 계약을 해제할 수 있도록 하고 있다. 그러나, 이 추가기간 동안에 매수인은 또 다른 구제를 요구할 수 없다.

⑩ 제1심에서는 매수인이 추가이행기간을 상대방에게 부여하면서 대금감액도 함께 요구하는 것은 인정할 수 없다고 판단하였기에 이후의 합의는 무효로 취급하고, 이에 매수인은 매도인에게 추가이행기간을 부여한 것으로 인정했다. 또한 실제로 물품납입이 늦어진 것은 이틀로, 이 정도의 지연은 중대한 계약위반을 구성하지 않는 것으로 취급하여 매수인에 의한 계약해제는 인정할 수 없다고 판단했다.

⑪ 한편, 항소심에서는 당사자가 합의할 때에 반대의 의사표시가 인정될 수 있는 상황이 아니었던 까닭에, 어쩔 수 없이 이를 수용하였다는 매도인의 주장은 용인할 수 없으며, 제29조에 기하여, 본건은 당사자 간의 단순한 합의에 따라 계약변경이 이루어진 것으로 판단하고, 당해 합의는 당사자 간 유효한 계약변경의 합의임을 인정하였다.

⑫ 참고로, **미국통일상법전**(UCC) 제2-209조에 의하면, 계약의 변경은 그것이 신의에 따라 합의된 경우에만 유효하다.[202] CISG는 계약의 유효성에 관하여, 공서양속이나 사기·협박에 관한 문제는 제4조[적용사항과 비적용사항]에서 법정지의 국제사법에 의해 결정되는 국내법에 따라 판단하도록 하고 있다. 본 사건에서는 미국법에 따라 사기나 협박, 그 밖의 신의에 반하는 당사자의 행위는 존재하지 않았다는 가정하에서 제29조가 적용된 것으로 판단된다.

---

202) UCC, §2-209 : "(1) An agreement modifying a contract within this Article needs no consideration to be binding. (2) An agreement in a signed record which excludes modification or rescission except by a signed record may not be otherwise modified or rescinded, but except as between merchants such a requirement in a form supplied by the merchant must be separately signed by the other party. (3) The requirements of Section 2-201 must be satisfied if the contract as modified is within its provisions. (4) Although an attempt at modification or rescission does not satisfy the requirements of subsection (2) or (3), it may operate as a waiver. (5) A party that has made a waiver affecting an executory portion of a contract may retract the waiver by reasonable notification received by the other party that strict performance will be required of any term waived, unless the retraction would be unjust in view of a material change of position in reliance on the waiver."

판정례 연습

[38] 매도인과 매수인은 중고 격납고를 매매하고 분해하는 계약을 체결하였다. 대금은 3회 분할지급하기로 하였다. 매수인은 2회분 대금을 지급하였으나, 일부 금속부품이 격납고를 재조립하는데 사용될 수 없어 계약에 부적합하다고 주장하면서, 나머지 대금의 지급을 거절하였다. 매도인은 하자 있는 부품을 수리하였으나, 매수인은 매도인이 새로운 신규 금속부품을 출시하고 있다고 주장하면서, 수리된 부품을 수령하지 아니하였다. 이 경우 매도인의 행위가 중대한 계약위반을 구성한다고 볼 수 있는가?

[39] 제3자와의 계약을 이행하기 위하여, 매수인[한국]은 매도인[태국]과 화학비료 매매계약을 체결하였다. 매도인은 공급자[일본]에게 비료의 일부를 주문하였다. 매수인은 공급자에게 인도에 사용될 포장[매도인의 지시에 따라 매수인이 제작한 포대]을 보냈다. 매수인이 보내온 포대가 일본 화학산업의 기술기준에 적합하지 않아 공급자가 이를 사용할 수 없었다. 결과적으로, 물품이 계약에서 정해진 기간 내에 인도되지 아니하였다. 매수인은 매도인에게 서면으로 언제 물품이 인도될 것인지를 문의하면서, 매도인이 인도시기를 분명히 특정하지 않으면, 아직 인도되지 아니한 물품에 관하여 계약을 해제하겠다고 하였다. 매도인의 응답이 분명하지 않자 매수인은 제3자와 이미 체결한 계약을 이행하기 위하여 더 높은 가격으로 대체거래를 할 수 밖에 없었다. 이에 매수인은 매도인의 분명한 확약이 없으면, 계약의 일부를 해제하겠다는 점을 명백히 한 서면을 매도인에게 통지하였다. 이 경우 후속의 명시적인 계약해제의 선언이 없더라도 당해 계약해제는 유효할 수 있는가?

[40] 매도인[한국]과 매수인[중국]은 매수인의 지정에 따라 생산될 대리석 타일의 매매계약을 체결하였다. 매수인은 당사자 간의 계약체결에 있어서 중개인 역할을 하였던 제3자에게 전화로 물품의 부적합을 통보하였다고 주장하면서 물품대금지급을 거절하였다. 매도인은 통보를 받지 못하였고 물품대금지급을 구하는 소를 제기하였다. 매도인과 더 이상의 관계를 가지고 있지 아니한 독립된 중개인에게 통지한 것이 적절하다고 볼 수 있는가?

제2장 매도인의 의무

구분 및 내용	
제 4 편 물품의 매매	제25조~제88조
제1장 총 칙	제25조~제29조
제2장 매도인의 의무	제30조~제52조
제1절 물품의 인도 및 서류의 교부	제31조~제34조
제2절 물품의 일치성과 제3자 클레임	제35조~제44조
제3절 매도인의 계약위반에 대한 구제	제45조~제52조
제3장 매수인의 의무	제53조~제65조
제4장 위험의 이전	제66조~제70조
제5장 매도인과 매수인에게 공통적으로 적용되는 규정	제71조~제88조

[395] 제3편 제2장[제30조~제52조]은, 국제물품매매계약에서 매도인의 책임과 의무를 종합적으로 다루고 있다. 곧, 본장은 매도인의 의무를 규정하고 있는 독립적 조항[제30조]을 위시하여, 당해 의무의 구성요소를 각기 3개 절로 구분하여 다루고 있다.

■ SUMMARY [*Part III*]

The provisions in Chapter II of Part III of the Convention, entitled 'Obligations of the seller,' contain a comprehensive treatment of the Convention's rules on the seller's duties under an international sales contract governed by the CISG. The chapter begins with a single provision describing in broad strokes the seller's obligations (article 30), followed by three sections that elaborate on the constituent elements of those obligations: Section I, 'Delivery of the goods and handing over of documents' (articles 31-34); Section II, 'Conformity of the goods and third party claims' (articles 35-44); and Section III, 'Remedies for breach of contract by the seller' (articles 45-52). Chapter II of Part III generally parallels Chapter III ('Obligations of the buyer', articles 53-65) of Part III in both structure and focus.

타인(他人)에 의하며 행위(行爲)를 한 자는 스스로 이를 행한 것으로 취급한다.

제1절 물품의 인도 및 서류의 교부

구분 및 내용		
제4 편 물품의 매매		제25조~제88조
	제1장 총 칙	제25조~제29조
	제2장 매도인의 의무	제30조~제52조
	제1절 물품의 인도 및 서류의 교부	제31조~제34조
	제31조 물품인도장소	
	제32조 운송의 수배	
	제33조 인도시기	
	제34조 물품에 관한 서류	
	제2절 물품의 일치성과 제3자 클레임	제35조~제44조
	제3절 매도인의 계약위반에 대한 구제	제45조~제52조
	제3장 매수인의 의무	제53조~제65조
	제4장 위험의 이전	제66조~제70조
	제5장 매도인과 매수인에게 공통적으로 적용되는 규정	제71조~제88조

[396] 제2장 제1절은 '물품인도와 서류교부'[제31조~제34조], 제2절은 '물품의 일치와 제3자 클레임'[제35조~제44조], 제3절은 '매도인의 계약위반 시의 구제'[제45조~제52조] 등으로 구성되어 있다. 제4편 제2장의 구성과 내용은 제3장[매수인의 의무, 제53조~제65조]과 그 체계를 동일하게 구성하고 있는 특징이 있다.

■ SUMMARY [*Chapter II*]

Section I of Chapter II ('Obligations of the seller') in Part III ('Sale of goods') of the Convention contains provisions elaborating on two of the seller's primary obligations described in article 30 of the CISG: the obligation to deliver the goods, and the obligation to hand over documents relating to the goods. Of the four articles within Section I, the first three (articles 31-33) focus on the seller's obligation to deliver the goods and the final article (article 34) deals with the seller's obligation to hand over documents. The provisions dealing with delivery of the goods contain rules governing the place of delivery (article 31), the seller's supplementary delivery obligations where carriage of the goods is involved (article 32), and the time for delivery (article 33). Several of the rules within these articles are addressed specifically to delivery by carrier. The Section I provision dealing with handing over of documents (article 34) addresses the time and place of such handing over, the form of the documents, and curing lack of conformity in the documents. Provisions dealing with conformity of delivered goods (as well as with the effect of third party claims to delivered goods) are contained in a different division (Section II (articles 35-44) of Part III Chapter II.

030. 매도인의 의무 총괄

Art. 30
The seller must deliver the goods, hand over any documents relating to them and transfer the property in the goods, as required by the contract and this Convention.

제30조
매도인은 계약과 본 협약에 따라 물품을 인도하고, 물품에 관련된 서류를 교부하며, 물품의 소유권을 이전하여야 한다.

[397] 제30조는 매도인이 이행하여야 할 기본적인 의무를 명시하고 있다. 그리고 매도인은 계약에서 규정하고 있는 추가의무 또는 제9조[관행과 관습의 구속력]에 따라, 양당사자 간에 이미 확립된 관례 또는 관습에 따른 책임을 이행하여야 할 의무를 부담한다.

1. 물품인도의무

[398] 매도인은 물품을 인도해야 할 의무가 있다. CISG를 적용한 계약당사자는, 예컨대, 정형거래조건의 어느 조건을 채택함으로써 물품을 인도하는 책임을 명시할 수 있는데, 이 경우 당해 조건은 CISG에 우선하여 적용된다.

2. 서류교부의무

[399] 매도인은 물품과 관련된 서류를 교부해야 할 의무가 있다. 그러나, 본조의 해석상 매도인이 이러한 서류를 발급하는 의무를 부담하는 것은 아님을 유의하여야 한다.

3. 소유권이전의무

[400] CISG는 계약이 물품의 소유권에 미치는 효과에 대해서는 다루고 있지 않지만[제4조(적용대상과 비적용대상) (b)], 본조상 매도인이 매수인에게 부담하여야 할 가장 중요한 의무는 매수인에게 '물품의 소유권을 이전'하는 것이다. 다만, 물품의 소유권이 매수인에게 이전되었는지의 여부에 대한 문제는 [CISG에서 다루지 않고 있기 때문에] 국제사법의 원칙에 따라 국내법에 의해 해결하여야 한다. 곧, 물품의 소유권에 미치는 효과에 대해서는 CISG의 적용범위에서 배제되어 있는 바, 이는 법원 소재지의 국제사법 원칙에 의해 지정된 법률의 적용범위에 속한다. 다만,

소유권의 이전에 관한 유보의 합의가 있는 경우 또는 당해 소유권의 이전에 관한 유보가 계약위반에 해당하는 지의 여부는 다름없이 CISG의 규정에 따라 결정된다는 점은 유의하여야 한다.

[401] CISG에는 본조 이외에도 매도인의 의무를 별도로 명시하고 있는 규정을 보유하고 있는데, 이를테면 **제5장**[제71조~제88조]에서 규정하고 있는 제반 책임과, **제9조**[관행과 관습의 구속력]에서 규정하고 있는 당사자 간에 확립된 관례 또는 관습에 따른 의무 등이 이에 해당한다.

4. 그 밖의 의무

[402] 당사자의 의사나 관습 및 관행에 의해 또는 신의칙에 기해서도 별단의 의무가 발생할 수 있는데, 일례로 양당사자의 **'수출 · 입 허가'**에 관한 개별 의무를 예시할 수 있다. 아울러, **'탁송통지의무'**[제32조 (1)], **'운송계약의 체결에 관한 의무'**[제32조 (2)], **'보험정보의 제공의무'**[제32조 (3)], **'이행정지의 통지의무'**[제71조 (3)], **'손해경감의무'**[제77조], **'이행장애의 통지의무'**[제79조 (4)], **'목적물 보관의무'**[제85조] 등도 그 밖의 의무에 해당한다.

■ SUMMARY [*Article 30*]

Article 30 identifies and summarizes the main duties that the seller is obliged to fulfil. The seller is also bound to perform any additional obligations provided for in the contract, as well as duties mandated by a usage or practice between the parties as provided in article 9. Such additional obligations could include, for example, a contractual duty to deliver exclusively to the buyer.

판결례와 평가

- 적용범위 : 물품 소유권의 귀속
- 출처표시 : 「Landgericht Berlin」(Germany), 『88 U 89/02』, 2007.03.21.

1. 논점과 사실관계

① 본 사건은 당사자 간 매매계약서에 매도인의 물품품질 및 권원과 관계된 **담보책임면제규정**(without warranty clause)이 명시되어 있는 경우 매도인이 제30조에 기한 매도인의 기본적 의무를 이행하지 않은 경우 당해 면책규정에 의한 책임의 면제가 가능한지를 다루고 있는 사례이

다.[203] 매도인[독일]과 매수인[벨라루스]은 중고자동차를 목적물로 매매계약을 체결하였다. 계약의 내용에는 [목적물에 관한 품질 및 권원에 대해] 매도인은 담보책임을 지지 않는다는 취지의, 소위 담보책임면제규정이 포함되었다.

② 매수인은 물품대금을 지급했지만, 본 물품은 도난자동차였음이 판명되어, 벨라루스 관할기관에 의해 압류조치 되었다. 이 같은 사실을 통지받은 매도인은 본건 자동차가 관할기관으로부터 반환되는 것을 조건으로 대금을 매수인에게 전액 반환하겠다는 취지를 통지하였지만, 끝내 자동차는 반환되지 않았고, 이에 매도인은 물품대금 또한 반환하지 않았다. 이로부터 매수인은 매도인에게 본건 물품대금을 청구하고자 독일 법원에 소송을 제기하였다.

③ 제1심 법원은 매도인에게 물품대금, 등록비용 및 상실이익을 배상하도록 명하였다. 한편, 매도인은 계약상 품질 및 권원에 대한 담보책임면제규정을 근거로 [제30조에 기하여] 자신의 기본적 의무는 매수인이 물품을 수령한 것에 의해 그 이행이 종결된 상태라고 주장하면서 당해 판결에 불복하였다.

2. 판결요지

④ 법원은, [독일 국내법에 의거] 본건 도난품은 선의취득이 성립하지 않고, 이에 매도인은 본 물품에 관한 정당한 권원을 취득하고 있지 않다고 하면서, 매수인 또한 본 물품수입에 의해 그 권원을 취득할 수 없다고 판시하였다.

⑤ 한편, 제79조[손해배상책임의 면제] (1)에 기하여, 매도인은 [본 물품이 도난물품이었던 것과 관련, 예견불가능한 장애가 존재하였는지의 여부에 대하여] 중고차 판매자로부터 본 물품을 구입했지만, 당시 자동차등록증도 함께 인도되어 이점에 관해서는 그 어떠한 의문도 찾아볼 수 없었다고 주장하였다.

⑥ 법원은, [이 같은 매도인의 주장에 관하여] 자동차 이력에 관한 S/N 번호는 통상 엔진룸에 표기되어 있지만, 본 물품은 자동차에 용접되어 덧붙여진 특별한 금속 플레이트에 S/N 번호가 표시되어 있었음을 지적하면서, 매도인이 상당한 주의를 기울였다면 이를 파악했을 것이며, 따라서 본 물품이 도난자동차였던 것을 매도인은 예견해야 했었다고 설시하였다. 나아가, [담보책임면제

203) ① 「Tribunale di Forlì」(Italy), 『2280/2007』, 2008.12.11.
② 「Commercial Court of Donetsk Region」(Ukraine), 『44/69』, 2007.04.13.
③ 「Supreme Court of Poland」(Poland), 『V CK 293/05』, 2005.11.10.

조항과 관련하여] 매도인은 본 물품의 품질 및 권원에 관한 담보책임을 면하고 있으나, 이러한 특약이 [제30조에 기하여] 물품의 소유권을 매수인에게 이전시키는 매도인의 기본적 의무마저도 면제하는 것은 아니라고 판시하였다.

3. 해설

⑦ CISG는 [물품소유권의 귀속이라고 하는] 물권법적 측면에 관해서는 규정하지 않고 있기 때문에, 이 문제는 각국 국내법에 따라 판단된다. 본 법원은 [독일 국제사법에 따라] 물품의 소유권 귀속에 관해서는 계약체결 시 물품소재지의 법률이 적용된다고 하여 준거법을 독일법으로 정하였고, 동법 적용으로부터 도난물품에 대한 선의취득과, 매도인은 본 물품에 관한 정당한 소유자로서 인정할 수 없다는 점을 분명히 하면서 본 물품의 소유권 취득을 부정하였다. 아울러, 매도인의 의무는 당사자 사이의 특약에 의해 배제할 수 있고, 또한 제30조의 소유권을 매도인에게 이전시킬 의무는 매도인의 기본적인 의무를 정하는 것이어서 본 법원의 [본건 면책조항에 의해서도 면책될 수 없다는] 판시는 적절한 결정이었다고 판단된다.

031. 물품인도장소

Art. 31

If the seller is not bound to deliver the goods at any other particular place, his obligation to deliver consists:

(a) if the contract of sale involves carriage of the goods in handing the goods over to the first carrier for transmission to the buyer;

(b) if, in cases not within the preceding subparagraph, the contract relates to specific goods, or unidentified goods to be drawn from a specific stock or to be manufactured or produced, and at the time of the conclusion of the contract the parties knew that the goods were at, or were to be manufactured or produced at, a particular place in placing the goods at the buyer's disposal at that place;

(c) in other cases in placing the goods at the buyer's disposal at the place where the seller had his place of business at the time of the conclusion of the contract.

제31조

매도인이 물품을 다른 특정한 장소에서 인도할 의무가 없는 경우에 그 인도의무는 다음과 같다.

(a) 매매계약이 물품의 운송을 포함하는 경우 매수인에게 송부하기 위하여 물품을 최초운송인에게 인도한다.

(b) 전항의 규정에 해당되지 아니하는 경우로서 계약이 특정한 물품에 관련되어 있거나 또는 특정한 재고로부터 인출되어질 또는 제조 또는 생산되어질 불특정물에 관련되어 있으며, 또한 당사자 쌍방이 계약체결 시에 그 물품이 특정한 장소에 있었다는 것을 또는 특정한 장소에서 제조 또는 생산될 것을 알고 있었던 경우 물품을 그 장소에서 매수인의 처분 하에 둔다.

(c) 그 밖의 경우에는 물품을 매도인이 계약체결 시에 영업소를 가지고 있었던 장소에서 매수인의 처분 하에 둔다.

[403] 제30조는 매도인의 두 가지 주요 의무를 다루고 있다. 곧, '물품을 인도하여야 하는 의무'와, '물품과 관련되는 서류를 교부해야 하는 의무'가 그것이다. 이하 3개 조항[제31조~제33조]은 매도인의 '물품인도의무'를, 제34조는 매도인의 '서류교부의무'를 다루고 있다. 곧, '물품인도의무'와 관련되는 조항은 제31조[물품의 인도장소], 제32조[물품이 운송됨에 있어서 매도인의 추가의무], 제33조[물품의 인도시기] 등이다.

의무(義務)를 부담(負擔)하는 자는 이익(利益)도 향수(享受)해야 한다.

1. 계약상 운송을 포함하는 경우

[404] 매도인이 특정한 장소에서 인도할 의무가 없는 상황임에도 불구하고, 계약에서 물품의 운송을 요구하고 있다면, 매도인은 물품을 매수인에게 이전하는 과정에서 '최초운송인'(first carrier)에게 인도하는 것으로 그 의무를 다하게 된다. 이러한 매매를 통상 '송부매매'(送付賣買)라고 하는데, 이 경우 '계약에서 운송을 포함하는 경우'라고 함은, '매도인과 매수인 이외의 독립된 운송인이 당해 물품의 운송을 담당하고 있음'을 의미한다.

[405] 이 경우 송부매매는, '독립된 운송인'의 존재를 그 요건으로 두고 있기 때문에, 단순히 운송의 주선만을 감당하는, 소위 운송주선인(運送周旋人, freight forwarder)[204]에게 물품을 인도한 것만으로는 그 인도의무를 다했다고 볼 수는 없다. 이 경우 유의하여야 할 사항은 운송주선뿐만 아니라 동시에 운송도 겸업(兼業)하고 있는 운송주선인 또한 운송인으로 취급해도 무방하다는 사실이다. 그 밖에 물품을 운송인에게 '인도한다'는 것은, 매도인이 매수인에게 당해 물품을 선날하고자 하는 의도가 결부되어 있어야 하며, 또한 이 경우 '넘겨준다'는 의미는 '물품의 점유(占有)까지 이전시키는 것'을 의미한다.

2. 계약상 운송을 포함하지 않은 경우와 기타

[406] 계약에서 운송을 요구하고 있지 않는 경우 매도인은 물품을 매수인의 임의처분(voluntary disposition)하에 두는 것으로 자신의 인도의무를 다하게 된다. 이 경우 [인도장소와 관련] i) 물품이 특정물이거나 또는 특정한 재고품, 제조·생산되는 불특정물이어야 하고, 이에 관하여 당사자 쌍방이 계약체결 시에 그 특정장소나 제조장소를 알고 있었던 때에는, 매도인은 그 장소에서 물품을 매수인의 임의처분에 두면 된다. 운송 중의 매매도 이와 다름이 없다. [그러나, 실무적으로 운송 중의 매매에 있어 물품인도는 보통 서류를 교부함으로써 이루어지고 있음이 상례이다] ii) 이 외의 경우에 매도인은 계약체결 시에 그 자신의 영업소에서 물품을 매수인의 임의처분에 두면 된다. 결국,

---

204) '운송주선인'(運送周旋人)이란, '우리 상법상 자기명의로 물품운송의 주선을 영업으로 하는 자'를 말한다. '운송위탁자의 계산에서 자기명의로 운송인과 물품운송계약(物品運送契約)을 체결하는 것이므로 판매 또는 매수를 자기명의로 위탁자의 계산에서 주선하는 위탁매매인(委託賣買人)과 같으나, 주선행위의 내용이 물품운송인 점에서 다르다'. '운송주선인'은 물품운송만을 주선하고, 여객운송은 주선하지 않는다. 여객운송의 주선을 영업으로 하는 자는 '운송주선인'이 아니고 '준위탁매매인'(準委託賣買人)에 속한다. 그러나, 물품인 이상 육상운송이든 해상운송이든 또 공중운송이든지 상관없다. 운송주선계약은 위탁매매계약과 같이 주선계약의 일종인 까닭에, 민법상의 위임계약(委任契約)의 일종이다. 그러므로 '운송주선인'에 관하여는 다른 규정이 없는 한 '위탁매매인'에 관한 규정이 준용된다. '운송주선인'은 위임사무를 처리할 때에 선량한 관리자의 주의로써 운송주선계약의 의무를 이행할 책임을 부담하는데, 이것에 위반한 때에는 채무불이행으로 인한 손해배상책임을 부담하는 것은 당연하지만 그 밖의 권리·의무에 관하여 우리 상법은 여러 가지 특칙을 두고 있다.

최종의 인도장소는 매도인 영업소가 되므로, CISG에서 물품인도의무는 **추심채무**(推尋債務, collect obligation)[205]의 원칙을 수용하고 있는 것으로 볼 수 있다.

■ SUMMARY [*Article 31*]

The article specifies the place of performance of the seller's duty of delivery. The provision fixes where the seller has to deliver the goods and what the seller has to do for that purpose. Article 31 addresses three different cases for which different rules apply. The general rule, however, appears to be that the seller's place of business is the presumed place of delivery.

판결례와 평가

- 적용범위 : 물품의 계약적합성과 재판관할
- 출처표시 : 「Schweizerisches Bundesgericht」(Switzerland), 『4A 131/2009』, 2009.06.26.

1. 논점과 사실관계

① 본 사건은 매도인이 인도한 물품의 계약적합성에 관한 재판관할의 인정여부를 다루고 있는 사례이다.[206] **매도인**[독일]과 **매수인**[스위스]은 계약의 목적물을 방청제로 하여 매매계약을 체결하였다. 매도인은 본건 물품을 매수인의 창고에 납입했지만, 매수인은 물품의 품질이 부적합하다고 주장하면서 매도인에게 물품대금 반환을 요구하였다. 그럼에도 매도인이 이에 응하지 않아 매수인은 스위스 법원에 소송을 제기하였다. 제1심 법원은 본건에 대해서 재판관할권

205) **'임대인이 임차인에게로 와서 차임을 받는 경우와 같이 채권자가 채무자의 주소 또는 영업소에서 급부를 받아야 하는 채무'**를 일컬어 **'추심채무'**(推尋債務)라고 한다. 당사자의 특약이나 관습에 의하여 채무자의 주소 외의 장소가 급부장소일 수 있다. 채무자가 채권자에게로 가서 이행하는 **'지참채무'**(持參債務)에 대립하는 용어이다. 당사자가 특히 **'추심채무'**라고 결정하거나 어음·수표채무와 같이 법률로써 **'추심채무'**라고 결정하고 있는 경우 이외에는 **'지참채무'**가 원칙이다. 이 경우 **'지참채무'**는 임차인이 매달 그 차임을 임대인에게로 가서 지급하는 경우와 같이 채무자가 채권자의 주소 또는 영업소에서 이행하기로 되어 있는 채무를 말한다.

206) ① 「Oberster Gerichtshof」(Austria), 『2 Ob 221 / 98h』, 1998.09.10.
② 「Hof van Beroep, Antwerpen」(Belgium), 『A.R. 2006/AR/384』, 2007.01.22.
③ 「Højesteret (Supreme Court)」(Denmark), 『569/1997』, 2001.02.15.
④ 「Court d'Appel de Versailles」(France), 『Unknown』, 2002.11.28.
⑤ 「Landgericht Neubrandeburg」(Germany), 『10 O 74/04』, 2005.08.03.
⑥ 「Corte Suprema di Cassazione, Sez. Un.」(Italy), 『21191』, 2009.10.05.

이 없다고 판시하였다. 매수인은 상급법원에 공소했는데, 본건 상급법원은 재판관할을 인정하고, 본건을 제1심 법원에 환송하였다.

2. 판결요지

② 법원은 재판관할과 그 집행에 관한 **루가노 조약** 제5조에 기하여, 물품에 품질의 부적합이 있었는지의 다툼에 관해서는 의무이행지를 기준으로 판단해야 한다고 판시하였다. 곧, 만약 주된 쟁점이 계약 또는 계약으로부터 야기된 클레임인 경우 매수인은 채무가 이행된 또는 이행되어야 할 장소의 법원에서 소를 제기할 수 있다고 최종 판결하였다.

3. 해설

③ 제31조는 인도장소에 관하여 당사자 간 합의가 없고, 또한 별단의 관습이나 관행이 없는 경우에 대해 규정하고 있다. 본조에 의해 정해지는 인도장소는 채무이행지의 해석과 관련이 있다. 따라서, 인도장소는 계약상 채무이행지를 의미하는 것이라고 볼 수 있다. 결국, 본건 매도인은 매수인의 창고에 물품을 인도한 사실에 기하여 그 채무를 이행하였다고 본다.

판결례와 평가

- 적용범위 : 특정장소에서 물품인도의무가 없는 경우
- 출처표시 : 「Handelsgericht des Kantons Zürich」(Switzerland), 『HG 970238.1』, 1999.02.10.

1. 논점과 사실관계

① 본 사건은 제31조 (a)에서 매도인이 특정장소에서 물품을 인도할 의무가 없는 경우에 그 적용요건을 다루고 있는 사례이다.[207] **매도인**[스위스]과 **매수인**[이탈리아]은 종이박스를 목적물로 매매계약을 체결하였다. 계약의 이행과정에서 매수인은 물품대금을 지급하지 않았다. 이에 매도인은 법원에 소송을 제기하여, 물품대금 및 그 이자를 청구하였다. 사실관계로서, 양당사자 간에 통상적인 거래관계가 존재하였고, 그간 매수인의 지시에 따라 매도인이 물품을 운송인에게 이전하고 매수인은 당해 물품을 수령하였다.

---

207) 「Cour de Justice de Genève」(Swiss), 『C/27176/2001』, 2006.01.20.

② 그러나, [본 다툼에 기하여] 매수인은 이미 물품대금을 선납하였기 때문에, 본 클레임에 결부된 물품대금이 이미 지급한 물품대금 중에서 어느 것인지 모른다고 주장하였다. 곧, 그간에 인도된 물품과 관련하여 그 자신은 모든 지급의무를 이행하였는데, 다툼이 된 물품은 아직 인도되지 않았다는 것이 매수인 주장의 핵심이었다. 매수인은 이에 덧붙여 본건 물품이 이미 인도되었다고 하더라도 이를 거절할 것이며, 매도인과 그간의 기록을 상호 조회하여 쌍방의 이행상황을 확인하겠다고 하였다.

③ 매도인은 [매수인이 물품인도에 있어 누가 자신을 대신하여 물품을 수령하여야 하는지를 확정하지 않았다는 주장에 대하여] 매수인이 지정한 운송인이 본 물품을 수령하였다고 항변하면서, 매수인의 주장을 부인하였다. 아울러, 매도인은 물품이 매수인이 지정한 운송인에게 인도될 당시, 매수인이 이를 확인하고 날인하였을 뿐만 아니라 이에 관련된 제반 계산서에도 관세청의 확인도장이 날인되었다고 진술하였다.

④ 한편, 매도인은 [매수인이 물품이 수령하였다는 근거로서, 곧 매수인이 날인하였다는 사실을 입증하기 위해] 물품인도에 관한 증거서류를 제시하였는데, 선적을 위한 운송대리인의 물품수령 확인서류 및 선하증권 등이 그것이었다. 그럼에도 불구하고, 매수인은 본건에 대한 반증과 또한 물품의 수령 및 대금의 선납 등에 관한 증거를 제시하지 못하였다.

2. 판결요지

⑤ 법원은, 매도인이 특정장소에서 물품을 인도할 의무가 없는 경우 인도의무는 매매계약에서 운송을 포함하고 있는 경우에 매수인에게 송부하기 위하여 물품을 최초운송인에게 인도하여야 한다는 제31조 (a)를 원용하여, 매도인의 주장을 인정하였다. 이에 매수인은 본 판결에 불복하고 상소를 제기하였으나, 상소법원은 매수인 상소를 하급심에서와 같이 기각하였다.

3. 해설

⑥ 계약에서 운송을 요구하지 않는 경우에 [앞서 본 바와 같이] 매도인은 물품을 매수인의 임의처분에 두는 것으로 자신의 인도의무를 다하게 된다. 다만, 양당사자가 계약체결 시에 물품이 인도될 장소를 특정하거나 알고 있었던 경우에는 마찬가지로 매도인은 그 장소에서 물품을 매수인의 임의처분하에 두면 된다. 운송 중의 매매도 이와 다름이 없다. 본 판례는 CISG에서 물품의 인도의무는 추심채무의 원칙을 수용하고 있다는 사실을 재확인한 정형적인 판결례로 취급할 수 있다.

입증(立證)되지 아니한 사항(事項)은 존재(存在)하지 않은 것으로 본다.

판결례와 평가

- 적용범위 : 물품의 통상 사용목적과 물품인도의무와의 견련성 여부
- 출처표시 : 「Cour d'Appel de Paris, 1ere chambre, section D」(France), 『46』, 1998.

1. 논점과 사실관계

① 본 사건은 물품의 통상적인 사용목적과 물품인도의무와의 견련성 여부를 다루고 있는 사례이다. **매수인**[프랑스]과 **매도인**[이탈리아]은 화장품 생산용 기계를 목적물로 매매계약을 체결하였다. 본건 물품인도 이후, 기계에 하자가 있음이 밝혀지자 당사자는 하자있는 기계를 다른 종류와 가격의 기계로 대체하는 것에 합의하고 별도의 계약을 체결하였다.

② 새로운 기계가 인도된 후에, 매수인은 그 새로운 기계마저도 하자가 있다고 주장하고, 프랑스 법원에 소를 제기하였다. 매수인은 매도인이 당해 기계의 하자를 치유하여야 한다고 주장하면서, 자신이 본건 기계의 수리를 위해 지출한 비용의 상환을 청구하였다. 매수인의 이 같은 주장에 대하여 매도인은 프랑스 법원에 관할권이 없다고 항변하였다.

2. 판결요지

③ 법원은, [본건에서 문제시 되고 있는 매도인의 의무와 관련하여] 매도인은 계약에 적합한 물품을 인도하여야 한다고 판시하였다. 이에 덧붙여 **제35조**[물품의 일치성]에 의할 경우 물품이 통상의 사용목적에 적합하여야 한다는 의무는 인도의무와 별개의 것으로 취급할 수 없고, 따라서, 양자의 의무가 같은 장소에서 이행되어야 한다고 판시하였다.

3. 해설

④ 본 사건에서 당사자는 인도장소를 이탈리아에 있는 매도인의 영업소로 합의하였다. 나아가, [계약내용에 비추어] 매도인은 물품을 자신의 영업소에서 매수인이 지정한 운송인에게 인도하였다. 제31조 (a)에 의할 경우 계약에 적합한 물품의 인도의무는 매도인의 영업소에서 이행되어야 한다.

⑤ 그런데, 매수인이 하자있는 물품의 수리와 수리비용의 상환을 청구하는 본건에서는 매도인이 통상의 사용목적에 적합한 물품을 제공하여야 할 의무는 물품인도의무와 별개의 것이 아니므로 두 의무는 같은 장소에서 이행되어야 한다고 판시하고 있다.

032. 운송의 수배

Art. 32

(1) If the seller, in accordance with the contract or this Convention, hands the goods over to a carrier and if the goods are not dearly identified to the contract by markings on the goods, by shipping documents or otherwise, the seller must give the buyer notice of the consignment specifying the goods.

(2) If the seller is bound to arrange for carriage of the goods, he must make such contracts as are necessary for carriage to the place fixed by means of transportation appropriate in the circumstances and according to the usual terms for such transportation.

(3) If the seller is not bound to effect insurance in respect of the carriage of the goods, he must, at the buyer's request, provide him with all available information necessary to enable him to effect such insurance.

제32조

(1) 매도인이 계약 또는 본 협약에 따라 물품을 운송인에게 인도한 경우에 그 물품이 화인, 선적서류 그 밖의 방법에 의하여 그 계약의 목적물로서 명확히 특정되어 있지 아니한 경우에는 매도인은 매수인에게 물품을 특정하는 탁송통지서를 송부하여야 한다.

(2) 매도인이 물품의 운송을 수배하여야 하는 경우에는 매도인은 상황에 따라 적절한 운송수단에 및 그 운송을 위한 통상적인 조건으로 지정된 장소까지의 운송에 필요한 계약을 체결하여야 한다.

(3) 매도인이 물품의 운송과 관련하여 담보하여야 할 의무가 없는 경우에는 매도인은 매수인의 요청에 따라, 매수인이 그렇게 담보할 수 있도록 하는데 필요한 모든 가능한 정보를 매수인에게 제공하여야 한다.

[407] **제32조**는 **운송계약**(運送契約, contract of carriage)[208]이 수반되는 계약에 있어서, **제31조**[**물품의 인도장소**]에서 규정하고 있는 내용 이외에 매도인의 의무를 규정하고 있는 조항이다.

---

208) '**운송계약**'(運送契約)은, '**당사자의 일방이 화물 또는 여객의 운송을 인수하고 상대방이 이에 대한 운임을 지급할 것을 약속하는 계약**'을 말한다. 우리 상법상 이를 체결하고 운송을 인수하는 행위는 기본적 상행위에 속한다. 운송의 목적물에 따라 **화물운송계약**(貨物運送契約)과 **여객운송계약**(旅客運送契約)으로 나누어지며, 또 그 운송수단에 따라 **육상운송계약**(陸上運送契約)과 **해상운송계약**(海上運送契約)으로 나누어진다. 어느 것이나 목적지까지 운송한다는 일의 완성을 인수하는 것이므로 **도급계약**(都給契約)의 성질을 가지지만, 이에 관하여 우리 상법에 자세한 특별규정을 두고 있으므로 민법이 적용될 여지는 없다. 항상 운송증권의 작성을 수반한 **요식계약**(要式契約)인 것은 아니고, **낙성계약**(諾成契約)·**유상계약**(有償契約)·**쌍무계약**(雙務契約)에 속한다. 오늘날 '**운송계약**'은 거의 '**부합계약**'(附合契約)인 것이 상례이다.

[408] 본조는, 세 개의 조문으로 구성되어 있다. 구분하면, i) 매도인이 운송인에게 물품을 인도하였으나, 물품의 화인(shipping mark), 선적서류 또는 기타의 방식에 의하여 계약물품임이 명확히 표시되어 있지 않는 경우에 매도인은 매수인에게 당해 물품을 명세한 통지를 하여야 한다. ii) 매도인이 물품의 운송을 수배할 의무가 있는 경우에는 이를 위한 적절한 조치를 취하여야 한다. iii) 비록 매도인이 [물품의 운송과 관련하여] 보험에 부보(付保)해야 할 의무가 없다고 하더라도, 매수인의 요청이 있는 경우 매도인은 매수인이 부보할 수 있도록 필요한 모든 정보를 매수인에게 제공하여야 한다는 것 등이다.

[409] 한편, 본조 (2)에 의하면, 물품의 운송을 수배할 의무가 있는 매도인은 통상적인 조건으로 적절한 운송수단에 의하여야 한다고 규정하고 있으나, 양당사자의 계약내용에 매도인이 그 어떠한 운송수단을 사용하여야 하는지에 관한 언급이 없다고 가정할 때, 이 경우 매수인은 특정한 운송수단으로 당해 물품을 운송하기로 합의했음을 입증하여야 한다. 그럼에도 불구하고 매수인이 이를 입증하지 못하는 경우 매도인은 당해 운송수단을 선택할 수 있는 권리를 보유하게 된다. 곧, 본조의 적용상 유의하여야 할 사항은, 양당사자가 본조의 규정내용을 변경하였다는 사실 또는 본조에 구속되지 않겠다는 것에 관한 합의가 존재하였다는 사실 등을 주장하는 일방당사자는 당해 합의에 관한 입증책임을 부담하여야 한다는 사실이다.

■ SUMMARY [*Article 32*]

1. When the contract involves carriage of the goods (i.e., transporting the goods via a third party), Article 32 sets forth obligations of the seller beyond those specified in article 31.

2. The article states three rules: If goods are not clearly identified (by markings on the goods, shipping documents, or other means) as the goods covered by the contract when they are handed over to a carrier, the seller must specify the goods in a notice to the buyer of the consignment (paragraph 1). When the seller is bound to arrange for carriage of the goods, he must make reasonable arrangements (paragraph 2); if the seller is not bound to arrange for insurance covering the carriage of goods, he must nevertheless, at the buyer's request, provide the buyer 'all available information' needed for the buyer to procure such insurance (paragraph 3).

3. One decision has applied article 32 (2). This provision requires a seller who is under a duty to arrange for carriage of the goods to choose 'means of transportation appropriate in the circumstances and according to the usual terms for such transportation', but the provision does not otherwise oblige the seller to employ a particular mode of transport. Under article 6 of the Convention, of course, the parties could agree to a specific type of carrier. According to the decision, the buyer in the case had failed to meet the burden of proving an agreement to transport the goods by a particular means (truck), so that the choice of the mode of transportation was left to the seller.

판결례와 평가

- 적용범위 : 운송계약의 체결과 조건
- 출처표시 : 「Handelsgericht Zürich」(Switzerland), 『HG 930634』, 1998.11.30.

1. 논점과 사실관계

① 본 사건은 운송의 수배에 관한 제32조 (2)의 적용요건을 다루고 있는 규정이다.[209] 매수인 [오스트리아]은 매도인과 증류주를 계약의 목적물로 매매계약을 체결하였다. 운송방법에 관해서 매수인은 트럭에 의한 일관운송을 주장하였지만, [최종납입처는 러시아] 매도인은 트럭과 열차에 의한 복합운송을 주장하여 당사자 간에는 합의가 이루어지지 않았다. 이후 매수인은 [합의된 결제수단으로서] 신용장을 개설하지 않았고, 이에 매도인은 물품을 납입하지 않았다. 결국, 매수인은 매도인에게 기 지급한 선금의 반환 및 매도인의 채무불이행에 기한 손해배상청구를 목적으로 스위스 법원에 본건 소송을 제기하였다.

2. 판결요지

② 법원은, [CISG는 입증책임에 관한 규정을 보유하지 않고 있음에 따라] 본 계약의 준거법인 스위스 법에 따라, 트럭에 의한 물품의 일관운송에 관하여 당사자 간 합의가 있었다고 주장하는 매수인은 그 사실을 증명하여야 하나, 매수인은 이를 증명하지 못했기 때문에 제32조 (2)에 따라, 운송수단은 매도인이 결정할 수 있다. 또한 매수인이 신용장을 개설하지 않은 것은 중대한 계약위반에 해당하므로 매도인은 추가기간을 부여하고, 그럼에도 매수인이 이를 이행하지 않을 경우 매도인은 계약을 해제할 권리가 있다고 최종 판시하였다.

3. 해설

③ 운송수단의 선택은 운송비용이나 운송기간과 밀접한 관계를 가지고 있기 때문에 계약당사

---

209) ① 「Audiencia Provincial de Barcelona」(Spain), 『JUR 2002\114334』, 2002.02.12.
② 「Bezirksgericht der Saane」(Switzerland), 『T.171/95』, 1997.02.20.

무주(無主)의 재산(財産)은 국고(國庫)에 귀속(歸屬)한다.

자는 신중하게 협의하여 결정하여야 한다. 본건에서는 운송방법에 관하여 당사자 간의 합의가 결여된 채로 물품의 매매합의가 성립되었다. 통상 매도인의 주장과 같이 유럽에서 트럭에 의한 직송의 경우는 [철도와 연계된] 복합운송에 비해 그 비용이 많이 소요되는 것이 상례라 할 때, 매도인으로서는 [정해진 가격이라면] 통상 철도와 트럭의 복합운송에 의할 것이고, 또 그것이 대상물품의 일반적인 운송방법이라고 할 수 있다.

④ 당사자 간에 운송수단에 관한 합의가 없다면, 제32조 (2)에 기하여 매도인이 운송방법을 결정할 수 있다. 다만, 그 방법이 상황에 따라 적절할 것과 당해 운송을 위한 통상적인 수단에 의한 것이어야 한다. 본 사례는 이를 명확히 제시하고 있는 판결례라고 하는 점에서 그 의의를 구할 수 있다.

033. 인도의 시기

Art. 33

The seller must deliver the goods:

(a) if a date is fixed by or determinable from the contract, on that date;

(b) if a period of time is fixed by or determinable from the contract, at any time within that period unless circumstances indicate that the buyer is to choose a date; or

(c) in any other case, within a reasonable time after the conclusion of the contract.

제33조

매도인은 다음의 시기에 물품을 인도하여야 한다.

(a) 인도기일이 계약에 의하여 지정되어 있거나, 확정될 수 있는 경우에는 그 기일

(b) 인도기간이 계약에 의하여 지정되어 있거나, 확정될 수 있는 경우에는 매수인이 기일을 선택할 것이라는 사정이 나타나 있지 않은 한, 그 기간 내의 어떠한 시기 또는

(c) 그 밖의 경우에는 계약체결 후 상당한 기간 내.

[410] **제33조**는 물품의 인도시기를 다루고 있는 규정이다. 본조에서 물품의 인도시기는 차례로, 당사자의 의사, 인도의 시기가 기간으로 정해져 있는 경우에는 그 기간 내에 그리고 그 밖의 모든 경우에는 계약체결 이후 **상당한**(reasonable) 기간 내에 인도하면 된다. 한편, 매도인이 이상의 시기를 경과하게 되면, 즉시 인도의무의 위반으로 취급되며, 이에 매수인은 **제45조**[매수인 구제권의 총괄]에 따라, 별단의 구제수단을 행사할 수 있다.

[411] 본조에 의할 경우 인도기일이 계약에 의해 명시되어 있거나, 확정될 수 있는 경우에는 매도인은 그 확정된 일자에 물품을 인도하여야 한다. 한편, 계약에 의해 지정되어 있거나, 확정될 수 있는 인도기간이 정해져 있는 경우에 매도인은 그 기간 내에 인도시기를 선택할 수 있다. 그러나, 매수인이 특정한 날을 선택해야 할 사정이 있는 경우에는 그러하지 아니하다. 예컨대, 매수인이 그 기간 내에 운송을 주선하기로 되어 있거나, 또는 매수인의 요청이 있을 때에 인도하기로 한 경우가 이에 해당한다. 그렇지만, 당해 기간 내에도 불구하고, 매수인의 선택이 없다면, 그 기간이 경과하더라도 매도인은 스스로 인도할 필요가 없고, 또한 인도하여서도 안 될 것이다. 이 경우에는 다름없이 매수인의 계약위반에 해당한다. 이상의 어느 경우에도 해당하지 않는 때에는, 계약체결 이후 **'상당한 기간'**(reasonable time) 내에 매도인은 물품을 인도하여야

한다. 이때 '상당한 기간'의 산정 및 확정은 당해 상황의 종합적인 판단에 따라 사실의 문제로 귀결된다.

■ SUMMARY [*Article 33*]

1. Article 33 specifies the time at or within which the seller must deliver the goods. Under articles 33 (a) and (b), the time of delivery is governed first by the provisions of the contract, consistently with the general principle of party autonomy adopted in the Convention. If no delivery date or delivery period can be inferred from the contract, article 33 (c) states a default rule requiring delivery 'within a reasonable time after the conclusion of the contract.'

2. Although article 33 addresses only the duty to deliver, its approach is applicable to other duties of the seller, which also must be performed at the time provided in the contract or, absent such a provision, within a reasonable time.

판결례와 평가

- 적용범위 : 상당한 인도기간의 기준
- 출처표시 : 「Oberlandesgericht Naumburg」(Germany), 『9 U 146/98』, 1999.04.27.

1. 논점과 사실관계

① 본건은 제33조 (c)에서의 상당한 인도기간의 결정에 관한 사례이다.[210] **피고**[덴마크 도매상]는 **원고**[독일 자동차 판매상]에게 자동차 1대를 주문하였다. 계약서에는 지정된 기일 이전에 본 자동차를 인도하여야 한다고 명시되어 있었다. 원고는 이를 승낙하였지만, 인도기일의 변경이 가능하다고 하는 표준약관을 당해 계약서에 추가하였다. 이후 계약에 지정된 기일까지 자동차는 인도되지 않았고, 이에 피고는 원고의 계약이행을 위해 추가로 1주일의 기간을 지정하였다. 그러나, 그 추가기간에도 원고는 그 어떠한 통지도 하지 않았다. 이에 피고는 계약해제를 선언하였다. 본 선언 이후 7주 뒤에 자동차가 인도되었다. 피고는 물품대금지급을 거절하였고, 이에 원고는 소송을 제기하였다.

---

210) ① 「ICC Court of Arbitration」(Paris), 『8611/HV/JK』, 1997.01.23.
② 「Hof van Beroep, Antwerpen」(Belgium), 『2002/AR/2087』, 2006.04.24.

2. 판결요지

② 법원은, 피고가 제49조[매수인의 계약해제권]에 따라, 계약해제를 선언한 것은 마땅하다. 원고가 계약서에 인도기일의 변경에 관한 표준약관을 추가한 것은, 그 내용이 제19조[청약을 변경하는 승낙] (2)에서의 실질적 변경에 해당하는 사항이라고 볼 수 없으므로, 이는 계약의 일부분으로 취급할 수 있다고 판시하였다. 나아가, 법원은 본건 계약상 표준약관에는 명시적으로 인도기일에 대한 언급이 없기 때문에, 이는 제33조 (c)에 따라 해석되어야 한다. 곧, 제33조는 계약이 체결된 이후 상당한 기간 내에 물품이 인도되어야 한다고 규정하고 있다. 따라서, 피고의 청약에 지정된 날짜가 원고에게 구속력이 없다고 하더라도 이는 일종의 상당한 기간의 산정에 영향을 미치지 아니한다고 볼 수 있다. 원고가 이 기간 내에 물품을 인도하기 않았고, 이에 피고는 제47조[이행을 위한 추가기간의 지정]에 따라, 추가기간을 지정하여 이를 원고에게 통보하였다. [당해 사실에 비추어] 피고의 제반 행위는 제49조에 의거, 계약의 해제를 선언할 수 있는 충분한 사유가 되기에 합당하다고 최종 판시하였다.

3. 해설

④ 법원은 1주일의 추가기간을 상당한 기간으로 볼 수 있는지에 관하여는 언급하지 않고 있다. 그럼에도 이 같이 짧은 기간이 지정되었다면, 응당 원고는 상당한 기간의 부적합성을 들어 이를 피고에게 통지했어야 하고, 나아가 법원에 추가기간의 부적합을 주장했어야 할 것이다. 따라서, 피고의 주장은 [7주 동안 침묵으로 일관하였다는 사실에 비추어] 여하히 이유가 없다고 판단된다.

034. 물품에 관한 서류

Art. 34
If the seller is bound to hand over documents relating to the goods, he must hand them over at the time and place and in the form required by the contract. If the seller has handed over documents before that time, he may, up to that time, cure any lack of conformity in the documents, if the exercise of this right does not cause the buyer unreasonable inconvenience or unreasonable expense. However, the buyer retains any right to claim damages as provided for in this Convention.

제34조
매도인이 물품에 관한 서류를 교부하여야 하는 경우에 매도인은 계약에서 정한 시기, 장소 및 방식에 따라 이를 교부하여야 한다. 매도인이 계약에서 정한 시기 이전에 서류를 교부한 경우에 매도인은 그 시기까지는 서류상의 모든 흠결을 보완할 수 있다. 다만, 이러한 권리행사가 매수인에게 불합리한 불편이나 불합리한 비용을 야기하지 아니하여야 한다. 그러나, 매수인은 본 협약에서 규정된 바에 따라 손해배상을 청구할 권리를 보유한다.

[412] 제34조는 제30조[매도인 의무의 총괄]에 명시된 매도인의 **'서류교부의무'**를 구체화하고 있는 규정이다. 그 내용은, i) **'서류교부의무'**의 내용을 정하고 있는 것과, ii) 서류가 부적합한 경우에 계약에서 정한 교부 시까지 매도인이 치유할 수 있음을 정하고 있는 내용으로 요약된다.

1. 서류교부의무

[413] 매도인은 계약에서 정한 시기 · 장소 · 방식에 따라, 물품에 관한 서류를 매수인에게 교부하여야 한다. 여기에 해당되는 서류에는 **선하증권**(bill of lading), **창고증권**(warehouse receipt), **화물상환증**(貨物相換證, carriage note)[211] 그 밖에도 매수인이 당초 매도인에게 요구한 일체의 서류가

211) **'화물상환증'**(貨物相換證)이란, **'운송인이 증권기재의 운송물을 수령하였다는 것을 확인하고 목적지에서 이것을 증권소지인에게 인도할 의무를 부담하는 유가증권**(有價證券)'을 말한다. 송하인의 청구가 있는 때에는, 운송인은 **'화물상환증'**을 작성 · 교부하여야 한다. 다만 그 작성 · 교부가 계약의 성립요건은 아니다. 송하인은 운송물을 운송인에게 인도한 다음에 **'화물상환증'**의 교부를 청구할 수 있다. 해상운송에 있어서의 선하증권을 육상운송에 응용한 것으로서, 송하인은 **'화물상환증'**에 의하여 운송중의 화물을 **양도**(讓渡) 또는 **입질**(入質)을 하여 금융을 얻을 수 있고, 또 수하인도 이 **'화물상환증'**을 제3자에게 양도하면, 화물도착 전에 화물을 전매하는 것과 동일한 효과를 얻을 수 있다. **'화물상환증'**은 **요식증권**(要式證券)이지만, 어음과 같이 엄격한 요식증권은 아니고, **법정기재사항**(法定記載事項) 중의 하나를 결하여도 운송물의 동일성이 인정되고, 운송인에 의한 수령과 목적지에 있어서의 인도의무를 인정할 수 있는 것이라면, 증권은 유효하다. 반대로 법정기재사항 이외의 사항도 **'화물상환증'**의 본질에 반하

포함된다. 예컨대, **수출 · 입허가서**(import or export licence) · **원산지증명서**(certificate of origin) · **보험서류**(insurance policies) 등이다. 한편, 서류교부의 시기 · 장소 · 방식 등은, 일차로 당사자의 의사나 관습, 관행 등에 근거할 수 있을 것이나, 통상적으로는 **정형거래조건**[Incoterms]에 의하고 있음이 상례이다.

2. 서류의 부적합

[414] 매도인이 서류를 이미 교부했음에도 불구하고, 당해 '**서류의 부적합**'이 있는 경우에는 서류를 교부해야 할 시점까지 매도인이 당해 부적합을 **치유**(治癒, cure)할 수 있다. 다만, 이 경우 매도인은 그 행위로부터 매수인에게 불합리한 불편이나 비용을 부담하게 해서는 아니 된다. 여기서 '**서류의 부적합**'에는 당해 서류가 계약내용에 비추어 어긋난 모든 경우를 포함하며, 그 판단은 상황에 따라 사실의 문제로 귀결된다.

3. 구제수단

[415] 매도인이 서류교부의무를 위반한 경우에 매수인은 **제45조**[매수인 구제권의 총괄] 이하의 모든 구제수단을 행사할 수 있다. 설령, 매도인이 서류의 부적합을 교부해야 할 시기까지 당해 서류의 부적합을 치유하였다고 하더라도, 매수인은 그로부터 발생된 손해배상을 다름없이 청구할 수 있다.

■ SUMMARY [*Article 34*]

1. Article 34 addresses the seller's duty to deliver documents relating to the goods being sold, where such an obligation exists.

2. According to the first sentence of article 34, the documents must be tendered at the time and place, and in the form, required by the contract. The second sentence provides that, if the seller has delivered non-conforming documents before the agreed time, he has the right to cure the defects if this would not cause the buyer unreasonable inconvenience or expense. Under the final sentence of the provision, however, the buyer can claim any damages suffered despite the seller's cure.

지 않는 한, 이것을 기재할 수 있고, 이것을 기재하였을 때에는, 그 사항은 유효하다고 해석하여야 한다. '**화물상환증**'을 **지시식**(指示式)으로 발행한 경우는 물론이고, 단순히 **기명식**(記名式)으로 발행한 때도 **배서**(背書)에 의하여 양도할 수 있다.

선택권(選擇權)은 한번 행사(行使)되면, 이의 변경(變更)을 허락하지 않는다.

판결례와 평가

- 적용범위 : 물품에 관한 서류교부의 요건
- 출처표시 : 「Intermediate Peoples' Court Economic Chamber」(China), 『102』, 1998.02.15.

1. 논점과 사실관계

① 본 판정례는 매도인의 물품에 관한 서류교부의무와 신의칙 및 중대한 계약위반에 관한 CISG의 규정이 적용된 사례이다. 1998년 4월 **매도인**[중국]은 **매수인**[미국]과 공업용 원재료에 관한 매매계약을 체결하였다. 매수인은 **'신용장 결제방식'**(L/C base)을 요구하였다. 물품이 매수인에게 인도된 후, 매도인은 화환취결에 임했으나, 본 물품의 하자로 은행에서 대금지급이 거절되었다. 곧, 신용장 문면상의 날짜와 선하증권상의 날짜가 [매도인의 운송인이 선하증권에 1998년을 1999년으로 기입한 사실] 서로 달랐기 때문이었다.

② 그럼에도 불구하고, 매도인은 매수인에게 당해 하자를 수용하고 물품대금을 지급하여 줄 것과, 선하증권의 매입을 요구하였다. 이에 매수인은 본건 불일치가 매도인의 귀책사유임을 적시하고, 물품대금의 할인을 요구하였다. 매도인은 이 같은 매수인의 요구를 거절하였는데, 그 이유는 매수인이 물품을 수령하지도 않고, 또한 그 대금을 지급하지도 않았기 때문이었다. 결국, 매도인은 매수인이 아닌 제3자에게 물품을 판매하여 손실을 입게 되었다. 매도인은 매수인을 상대로 중재를 신청하여, 매수인에게 제시한 기타의 요구 이외에, 이로부터의 손실 및 대금지급일 이전까지의 이자를 청구하였다.

2. 판정요지

③ 매수인은, [매도인의 중재신청 사유에 기하여] 본건 운송서류는 제34조 규정에 따라, 자신에게 인도된 것이 아니기 때문에 이는 [매도인의] 중대한 계약위반에 해당한다. 또한 매도인은 제3자에게 전매하겠다는 의사를 자신에게 통지하지 않았기에, [이는 부당한 계약해제가 되어] 이 또한 중대한 계약위반을 구성한다. 아울러, 선하증권과 신용장의 [날짜의 상이에 따른] 불일치는 매수인이 물품을 전매하는 과정에서도 추가비용이 발생할 것이므로, 자신이 매도인에게 이에 상당한 할인을 청구하는 것은 합리적인 요구라고 주장하였다.

④ 중재판정부는 이 같은 매수인의 주장을 배척하였다. 중재판정부는, 서류의 불일치가 반드

시 계약위반을 구성하는 것은 아니다. 본건에 있어 다툼이 된 날짜의 불일치는 인쇄상의 사소한 실수로 볼 수 있으며, 무엇보다도 매수인은 신의칙에 따라 당해 물품을 수령했어야 했다. 나아가, 선하증권에 명기된 날짜의 기재착오가 물품의 전매에 영향을 미쳤다고는 볼 수 없는바, 이에 매수인의 물품대금할인 청구는 이유가 없다. 또한 매수인은 상당한 기간 내에 본 물품을 수령하지 않겠다는 그 어떠한 통지도 매도인에게 발송한 사실이 없으므로, 이는 매수인이 주장하는 바와 같이 중대한 계약위반에 해당하지 않는다. 따라서, 매도인은 매수인에게 통지하지 않고 물품을 전매할 권리를 보유한다고 최종 판정하였다.

3. 해설

⑤ 본 판정례는 제34조에 기하여, 매도인이 물품에 관한 서류를 교부하여야 할 의무가 있는 경우 매도인은 계약에서 요구되는 시기와 장소 및 그 형식에 따라 서류를 교부하여야 한다는 점, 매도인이 계약에서 요구된 시기 이전에 서류를 교부한 경우 매도인은 그 시기까지는 서류상의 모든 흠결을 보완할 수 있다는 점, 다만 이러한 권리의 행사가 매수인에게 불합리한 불편이나 불합리한 비용을 야기하지 아니하여야 한다는 점, 그러나, 매수인은 본 협약에서 규정된 바에 따라 손해배상을 청구할 권리를 보유한다는 당해 규정내용을 다름없이 적용한 정형적인 판정례로 취급할 수 있다.

판정례 연습

[42] **매도인**[한국]과 **매수인**[일본]은 한국의 지정선적항으로부터 선적되는 냉동 건어물에 관하여 CIF로 계약을 체결하였다. 물품이 일본 보건당국의 기준에 따라 일본으로 수입에 부적합한 경우에는 매도인이 책임을 진다는 것이 계약의 명시적 조건이었다. 물품이 일본 목적항에 도착하였을 때, 물품은 일본 보건당국에 의하여 본건 물품이 식용에 적합하지 않은 것이 밝혀졌고, 이에 수입이 금지되었다. 매수인은 매도인에게 물품이 일본으로 수입하기에 부적합하여 이를 수령거절 한다고 통지하였다. 이후 물품은 중국의 다른 매수인에게 재판매되었고, 매도인은 판매대금에서 일본 항구로부터 한국 항구로 다시 중국 항구까지의 운송비용을 공제한 나머지 금액을 일본 매수인에게 상환하였다. 일본 매수인은 공제된 금액의 반환을 구하는 소를 제기하였다. 이 경우 매도인은 공제된 금액을 매수인에게 반환하여야 하는가?

[43] **매도인**[한국]과 **매수인**[중국]은 매수인의 지정에 따라, 매도인이 개발한 생산기계를 목적물로 메메계약을 체결하였다. 본 기계가 매수인에게 인도된 후 매수인은 물품의 계약부적합을 주장하였다. 당사자는 기계를 수리하고 개량하기 위해 매도인에게 반송하기로 합의하였다. 그 과정에서 매도인이 지정한 운송인이 본 기계를 운송하였는데, 운송 중의 과실로 본 기계는 더한 손상을 입게 되었다. [사실관계로서 매수인은 기계에 대한 운송지시를 한 사실이 없었다] 이에 운송 중 입은 손상을 이유로 매도인은 기계를 수리하거나 개량하는 것을 거부하였다. 매도인의 반송거부는 적합하다고 볼 수 있는가?

[44] **매수인**[일본]과 **매도인**[중국]은 매매계약을 체결하였다. 매수인은 합의된 물품대금을 미화로 지급하였으나, 물품은 인도되지 않았다. 매도인은 물품이 인도준비가 완료되었으나, 매수인이 제공해야 할 서류가 구비되지 않아 선적할 수 없었다고 주장하였다. 이 경우 양당사자 책임관계에 관하여 논해 보라.

[45] 당사자는 용수철을 목적물로 매매계약을 체결하였다. 매수인의 주문에 의하면 물품은 절반씩 각각 다른 인도기일이 지정되어 있었다. 매도인은 그 조건을 확정일자라고 수용하였다. 1차 선적된 물품이 지체되어 인도되자 매수인은 본건 인도분을 제외하고, 아직 인도되지 아니한 잔여분에 관하여 계약의 해제를 요구하였다. 매도인은 용수철 생산에 필요한 철을 이미 구입하였고, 그 철은 다른 용도로 사용될 수 없다고 주장하고, 매수인의 계약해제 요구를 거절하면서 이에 상당한 대금지급을 구하는 소를 제기하였다. 이 경우 양당사자의 계약책임에 관하여 논해 보라.

[46] 당사자는 직물을 목적물로 매매계약을 체결하였다. 매수인은 크리스마스 전에 주문을 하였으나, 물품은 1월에 인도되었고 이후 1개월이 지나서야 매수인의 고객들이 물품의 하자를 통지하였을 때, 비로소 매수인은 당해 직물의 하자를 알게 되었다. 매수인이 물품대금을 지급하지 않자 매도인은 대금지급을 구하는 소를 제기하였고, 매수인은 매도인을 상대로 본건 물품의 하자는 중대한 계약위반이라며 매도인을 상대로 손해배상을 청구하였다. 매도인은 물품이 계절상품이고 따라서, 인도시기가 중요하나, 계약체결 후 상당한 기간 내에 물품을 인도하였기 때문에 문제가 없다고 항변하였다. 이 경우 양당사자의 계약책임에 관하여 논해 보라.

[47] 매도인[일본]과 매수인[한국]은 가스압축기의 인도계약을 체결하였다. 매수인은 물품을 수령하고, 3개월 후에 물품을 검사하였다. 당시 매수인은 의료기기상 요구되는 신고서류가 있음을 인지하고, 매도인에게 이 사실을 통지하였다. 매수인은 한국 법의 요건에 본 물품이 적합하지 않고, 매도인이 물품의 생산과정에 관한 정보를 담은 필요서류를 교부하여야 하는 의무를 위반하였다고 주장하면서, 본건 계약의 해제를 선언하였다. 이 경우 매수인의 계약의 해제선언은 유효하다고 볼 수 있는가?

제2절 물품의 일치성과 제3자 클레임

구분 및 내용		
제4편 물품의 매매		第25조~第88조
	제1장 총 칙	第25조~第29조
	제2장 매도인의 의무	第30조~第52조
	제1절 물품의 인도 및 서류의 교부	第31조~第34조
	제2절 물품의 일치성과 제3자 클레임	第35조~第44조
	제35조 물품의 일치성	
	제36조 물품의 손상과 일치성에 미치는 효과	
	제37조 인도기일전의 보완권	
	제38조 물품검사시기	
	제39조 부적합의 통지	
	지40조 매도인의 익의	
	제41조 물품에 대한 제3자의 클레임	
	제42조 지적재산권 등에 기초한 제3자 클레임	
	제43조 제3자의 클레임에 관한 통지	
	제44조 불통지의 정당사유	
	제3절 매도인의 계약위반에 대한 구제	第45조~第52조
	제3장 매수인의 의무	第53조~第65조
	제4장 위험의 이전	第66조~第70조
	제5장 매도인과 매수인에게 공통적으로 적용되는 규정	第71조~第88조

[416] **제4편 제2장 제2절**[第35조~第44조]은 물품의 일치성과 제3자의 클레임에 관한 규정으로 구성되어 있다. 당해 규정들은 '**매도인의 물품에 기한 하자담보책임**'을 그 핵심으로 두고 있는데, 이에 부수하여 '**물품에 대한 제3자의 클레임**', '**지적재산권 등에 기초한 제3자 클레임**', '**제3자 클레임에 관한 통지**' 및 '**불통지의 정당한 사유**' 등으로 그 체계를 마련해 두고 있다.

■ SUMMARY [*Chapter II*]

1. The second section of Chapter II of Part III of the Convention contains provisions addressing some of the most important seller obligations under a contract for sale in particular, the obligation to deliver goods that conform to the requirements of the contract and of the Convention in terms of quantity, quality, description and packaging (article 35), as well as the duty to ensure that the goods are free from third party claims to ownership rights (article 41) and to intellectual property rights (article 42). Other provisions connected to the question of conformity are included in the section, including an article governing the relation between the timing of a defect's occurrence and the division of responsibility therefor between the seller and the buyer (article 36), and a provision addressing the seller's right to cure a lack of conformity if goods are delivered before the date required for delivery.

2. The section also includes provisions regulating the procedure that a buyer must follow in order to preserve claims that the seller has violated the obligation to deliver conforming goods or to deliver goods free from third party claims. These include a provision governing the buyer's duty to examine the goods following delivery (article 38) and provisions requiring the buyer to give notice of alleged violations of the seller's obligations (articles 39 and 43 (1)), as well as provisions excusing or relaxing the consequences of a buyer's failure to give the required notice (articles 40, 43 (2), and 44). Articles 38 and 39 have proven to be among the most frequently-invoked (and most controversial) provisions in litigation under the Convention.

035. 물품의 계약적합성

Art. 35

(1) The seller must deliver goods which are of the quantity, quality and description required by the contract and which are contained or packaged in the manner required by the contract.

(2) Except where the parties have agreed otherwise, the goods do not conform with the contract unless they:

(a) are fit for the purposes for which goods of the same description would ordinarily be used;

(b) are fit for any particular purpose expressly or impliedly made known to the seller at the time of the conclusion of the contract, except where the circumstances show that the buyer did not rely, or that it was unreasonable for him to rely, on the seller's skill and udgement;

(c) possess the qualities of goods which the seller has held out to the buyer as a sample or model;

(d) are contained or packaged in the manner usual for such goods or, where there is no such manner, in a manner adequate to preserve and protect the goods.

(3) The seller is not liable under sub-paragraphs (a) to (d) of the preceding paragraph for any lack of conformity of the goods if at the time of the conclusion of the contract the buyer knew or could not have been unaware of such lack of conformity.

제35조

(1) 매도인은 계약에서 정한 수량, 품질 및 명세에 일치하고, 계약에서 정한 방법으로 용기에 담기거나, 포장된 물품을 인도하여야 한다.

(2) 당사자가 달리 합의한 경우를 제외하고, 물품이 다음과 같지 아니하면, 그 물품은 계약에 적합하지 아니하다.

(a) 물품이 이와 동일한 명세의 물품이 통상적으로 사용되는 목적에 적합하다.

(b) 물품이 계약체결 시에 명시적 또는 묵시적으로 매도인에게 알려져 있는 특정 목적에 적합하다. 다만, 사정으로 보아 매수인이 매도인의 기량과 판단을 신뢰하지 않았거나 또는 이를 신뢰함이 불합리했던 경우에는 그러하지 아니하다.

(c) 물품이 매도인이 견본 또는 모형으로 매수인에게 제시한 물품의 품질을 보유하고 있다.

(d) 물품이 그러한 물품에 대해서는 통상적인 방법으로 또는 그러한 방법이 없는 경우에는 그 물품을 보존하고 보호하는데 적절한 방법으로 용기에 담기거나 또는 포장되어 있다.

(3) 매수인이 계약체결 시에 물품의 부적합을 알고 있었거나 또는 모를 수가 없었던 경우에는 매도인은 물품의 부적합에 관하여 전항 (a)와 (d)에 따른 책임을 지지 아니한다.

[417] 제35조는 매도인이 매수인에게 인도한 물품의 종류 · 수량 · 품질 그리고 포장 등이 계약에 일치하는지의 여부에 관한 기준을 다루고 있다. 아울러, [이와 관련하여] 매도인이 계약을 이행하는데 있어 특단의 의무를 규정하고 있다.

[418] 매도인이 매수인에게 인도한 물품이 본조의 요구에 부합되지 않으면, 매도인은 당해 계약상 의무를 위반하게 된다. 그러나, 부적합[불일치(不一致)]한 물품의 가치와 그 용도가 [계약내용에 비추어] 특정된 물품과 동일할 경우에 그 부적합한 물품의 인도는 대개의 경우 계약위반을 구성하지 아니한다. 그리고 매도인이 본조의 의무를 위반하는 행위가 제25조의 '중대한 계약위반'을 구성하게 되는 경우에 매수인은 제49조[매수인의 계약해제권] (1)에 의해 계약을 해제할 수 있다.

[419] 본조 (1)은 전술한 바와 같이, "매도인이 매수인에게 인도하는 물품의 규격 · 품질 · 수량 · 포장 등은 다름없이 계약과 일치하여야 한다"고 규정하고 있다. 이 경우 계약에서 물품에 대해 어떠한 수량 · 품질 · 규격 또는 특정방식의 포장을 요구하고 있는지를 결정함에 있어서는, 반드시 통상의 규칙에 따라 양당사자가 그들의 계약에서 합의된 내용을 기초로 판단하여야 한다.

[420] 본조 (2)는 물품의 품질 · 용도 또는 포장에 관한 기준을 명시하고 있다. 본조는 강제성을 띠고 있지는 않지만, 그럼에도 불구하고 매매계약에서 그 내용의 일부분으로 취급되고 있다. 왜냐하면, 양당사자들이 물품의 특성에 관한 별단의 합의가 없다고 하더라도, 이러한 기준은 매도인에게 구속력이 있는 묵시적 약관으로 볼 수 있기 때문이다. 따라서, 양당사자는 이러한 기준이 당해 계약에 적용되는 것을 피하기 위해서는, 사전에 별도로 합의해 두어야 한다. 환언하면, 양당사자가 본조 (2)의 적용을 배제 또는 감퇴시켜 두고 있지 않는 한, 양당사자는 본조의 기준에 다름없이 구속된다.

[421] 본조 (2)는 4개 부분으로 구성되어 있다. 이 중의 2개 부분[(2), (a), (b)]은 양당사자가 달리 합의하지 않는 한, 모든 계약에 적용될 수 있고, 나머지 2개 부분[(2), (c), (d)]은 특별한 상황에서만 적용될 수 있다. 물론, 이러한 각각의 기준들은 상호 개별적인 것이 아니라, 병합된 규정이라고 볼 수 있다. 따라서, 당해 물품이 적용되는 각각의 기준에 모두 부합하지 않는 경우에는 마땅히 그 물품은 계약에 부적합한 것으로 취급된다.

[422] 본조 (2), (a)에 비추어, 매도인이 인도한 물품은 반드시 동일한 명세의 물품으로서 통상의 사용목적에 적합하여야 한다. 한편, 본조 (2), (a)의 기준은, 물품이 통상의 목적에 적합하여야 한다는 것만 규정하고 있다. 이 경우 [유의하여야 할 사항으로서] 통상의 목적에 적합하여야 한다는 것이 반드시 완벽한 물품을 요구하는 것은 아니라고 하는 사실이다.

[423] 본조 (2), (b)에서는, "물품은 계약체결 시 명시 또는 묵시적으로 매도인에게 알려진 어떠한 특정한 목적에 적합하여야 한다"고 규정하고 있다. 이 경우 본조가 적용되기 위해서는 계약체결 시에 매도인에게 하나 또는 그 이상의 특정한 목적을 통지하여야 한다. 아울러, 상황에 따라 매수인이 매도인의 기술력과 판단력을 신뢰하지 않았거나, 이를 신뢰하는 것이 불합리한 경우에는 본조의 요구가 적용되지 아니한다.

[424] 본조 (2), (c)에 비추어, 물품은 [매도인이 매수인에게 제공한] 당해 물품의 견본 또는 모형과 다름없이 일치하여야 한다. 곧, 당사자가 달리 합의해 둔 바가 없다면, 매도인이 매수인에게 견본 또는 물품의 모형을 제공한 경우에 본조가 적용된다. 한편, 본조 (2), (d)에서는 "물품이 계약에서 요구하고 있는 방법으로 담기거나 포장되어야 한다"고 명시하고 있다.

[425] 본조 (3)에 의하면, 매수인이 계약체결 시에 물품의 부적합을 알았거나 또는 모를 수 없었던 경우에 매도인은 본조 (2)에 따라 물품의 부적합으로 인한 일련의 책임을 부담할 필요가 없다. 한편, 물품에 분명한 부적합이 존재하고 있음에도 불구하고, 매수인이 여전히 당해 물품을 인수하겠다는 의사를 표시한 경우에는 그 상태[물품에 분명한 부적합이 존재하고 있는 상태]로 물품을 인수하여야 함은 물론이다.

[426] 본조는 당해 부적합 물품에 관한 입증책임을 다루지 않고 있어, 이에 따른 특단의 문제가 발생할 수 있다. [판정례에 의하면] 대부분의 법원에서는 매수인이 물품의 부적합에 관한 입증책임을 부담하여야 한다고 판시하고는 있으나, 그 법리적 배경은 양분되어 있다. 그 하나는, CISG에서는 당해 입증책임에 대한 명시적인 규정이 없으므로, 이 경우 국내법을 적용하여 물품의 부적합을 주장하는 매수인에게 그 입증책임을 부담하여야 한다는데 기초하고 있고, 다른 하나는, 비록 CISG가 입증책임의 문제를 다루고 있지 않다고 하더라도, CISG는 국제적인 통일법으로서 이에 상당한 일반원칙을 수용하고 있다고 볼 수 있어, 이에 당해 물품의 부적합을 주장하는 일방당사자가 그 주장에 관한 입증책임을 부담하여야 한다는데 기초하고 있다. 생각건대, 후자의 주장이 옳을 것이라고 본다. 왜냐하면, 제7조[협약의 해석원칙]에 기하여, 마땅히 당해 권리를 주장하는 자가 그 입증책임을 부담하는 것은 어느 법계 내지 국제사법에서도 공히 수용하고 있는 법리적 형평이라 볼 수 있기 때문이다.

1. 계약적합성의 요건과 담보책임

① 대륙법계의 경우

[427] 대륙법계에서는, [로마법 이래로] 채무불이행 책임과는 별도의 독립된 책임으로 매도인의 담보책임을 인정하여 왔다. 그러나, 현재의 추이는 영미법계의 영향을 받아, 점차 담보책임이 채무불이행 책임에 편입되고 있는 상황에 있는데, 이는 대륙법계에서 [전통적으로 인정된] **추탈담보책임**(追奪擔保責任, Haftung wegen Eviktion)[212]과 **하자담보책임**(瑕疵擔保責任, Gewehrleistung wegen Mangels der Sache)[213]으로서의 담보책임 분류체계가 사실상 유명무실하게 되었음을 시사한다. 결국, 대륙법계에서 담보책임의 내용은, 대개 매수인의 **추완청구권**(追完請求權, claim of complement)을 일차적 권리구제책으로 그리고 **대금감액권**(代金減額權, right of demand a reduction in the purchase price)[214] · **손해배상청구권**(損害賠償請求權, right to claim compensation for damages)과 **계약해제권**(契約解除權, right to rescission of a contract)을 이차적 권리로 각각 인정하고 있다. 당해 추완청구권에는 하

---

212) **'추탈담보책임'**(追奪擔保責任)이란, **'매매(賣買)의 목적인 권리에 하자(瑕疵)가 있는 경우에 매도인이 지는 담보책임'**을 말한다. 예컨대, 타인의 권리를 매매의 목적으로 한 때에 후일 진정한 권리자에 의해 매수인이 그 권리를 빼앗기게 된 경우에 매도인이 지는 책임과 같다. 법령상 용어는 아니고, 물건의 **'하자담보책임'**(瑕疵擔保責任)과 대비되는 의미에서 로마법 이래로 쓰여 온 말이다. 그러나, 우리 민법상 담보책임은 **추탈**(追奪)의 경우에 한하지 않으므로, **'권리의 하자에 대한 담보책임'**이 타당하다. 민법상 권리의 하자에 관한 담보책임에는 타인의 권리를 매매한 경우, 권리의 일부가 타인에게 속한 경우, 매매의 목적물의 수량부족 및 일부 멸실의 경우, 매매의 목적물에 제한물권[**예컨대, 지상권**(地上權) · **지역권**(地役權) · **전세권**(傳貰權) · **질권**(質權) · **유치권**(留置權) 등]이 붙어 있는 경우, **저당권**(抵當權) 및 전세권 행사로 소유권을 잃는 경우, 지상권 및 전세권이 매매의 목적이 된 경우 등 여러 가지가 있다. 담보책임의 내용은 각 경우에 따라 또는 매수인의 선의 · 악의에 따라 달라지나, 대체로 매수인에게 **계약해제권**(契約解除權) 및 **손해배상청구권**(損害賠償請求權)이 발생하고 경우에 따라 **대금감액청구권**(代金減額請求權)도 인정된다.

213) **'하자담보책임'**(瑕疵擔保責任)이란, **'매매 기타의 유상계약**(有償契約)**에 있어서 그 목적물에 하자가 있을 때에 일정한 요건하에 매도인 등 인도자**(引渡者)**가 부담하는 담보책임'**을 말한다. 우리 민법상 하자로 인하여 매수인이 계약의 목적을 달성할 수 없는 경우에는 매수인이 계약을 해제하고 손해배상을 청구할 수 가 있고, 그렇지 않은 경우에는 **완전물급부**(完全物給付)와 **대금감액**(代金減額) 및 **손해배상청구**(損害賠償請求)를 할 수 있다. **'하자담보책임'**의 **근거**[**성질**(性質)]에 관하여는 **'묵시적 담보계약설'**(黙示的擔保契約說), **완전물급부채무불이행설**(完全物給付債務不履行說), **하자고지의무불이행설**(瑕疵告知義務不履行說), 매수인의 기대보호를 위한 **특별책임설**(特別責任說) 등 학설상 논쟁이 있으나, 현재의 다수설은 유상계약에 있어서 일반거래의 동적 안전을 보장하려는 뜻에서 인정되는 특별한 **법정책임**(法定責任)이라 한다. 당해 책임을 지는 요건으로는 매매의 목적물에 물질적인 **하자**(瑕疵)가 있고, 매수인이 그 하자를 알지 못했음에 관하여 **선의**(善意) · **무과실**(無過失)임을 요한다. 매수인의 **악의**(惡意)는 매도인이 이를 입증하여야 한다. 매도인의 담보책임은 고의 · 과실 등의 **귀책사유**(歸責事由)를 그 요건으로 하고 있지 않으므로, 일종의 **무과실책임**(無過失責任)이다. **상인**(商人) 간의 매매에 관하여는 우리 상법상 **특칙**(特則)이 있다.

214) **통례**(通例)에 비추어 매매의 목적이 되는 권리의 일부가 다른 사람에게 속함으로써 매도인이 이를 매수인에게 이전할 수 없는 경우 및 수량을 지시하여 매매한 물건이 수량부족 또는 일부 멸실한 경우에 매도인의 담보책임의 효력으로서 매수인은 그 부족한 부분 또는 멸실부분의 비율에 따라서, 대금의 감액을 청구할 수 있다. 이 권리의 행사로서 선의의 매수인은 별도로 손해배상을 청구할 수 있다.

하자보수청구권(瑕疵補修請求權, claim of warranty against defects) · 대체물급부청구권(代替物給付請求權, claim of fungible payment) · 부족수량청구권(不足數量請求權, claim of deficiency amount) 등을 기본적인 구제책으로 인정하고 있다. 대륙법계하에서 이 같은 담보책임의 법리적 시각의 변용은, 후술하는 영미법계 영향에 기인하고 있다고 보는 시각이 상례인데, 곧 영미법계에 있어 계약부적합에 기한 담보책임의 법적 시각은 제반 국제통일계약법규범에 수용되어 대륙법계의 전통적 법리를 대체하고 있는 실정에 있다.

② 영미법계의 경우

[428] **영국 물품매매법**(SGA)**의 경우** : **보통법**(common law)상 계약적합성의 위반, 곧 **'보증특성의 위반'**[breach of warranty]은 여타의 **계약위반**(breach of contract)에 견주어 볼 때, **계약책임**(contractual liability)에 관한 한, 그 취급상의 차이는 없다. 다만, 계약당사자 간의 **약속**(promise)에는, **'조건'**(條件, condition)215)과 **'보증'**(保證, warranty)216)을 구별하여, 그 중 어느 하나가 포함되어 있는 것으로

---

215) **'조건'**(條件)이란, 시험에 합격하면 시계를 준다거나, 시험에 불합격하면 학비를 내주지 않는다고 하는 것처럼, **'법률행위의 효력의 발생 · 소멸을 장래의 불확실한 사실의 성부에 의존케 하는 법률행위의 부관**(法律行爲의 附款)'이다. 법률행위에 **'조건'**을 붙이는 것은 자유이나, 법률행위의 성질상 법률관계가 확정적이어야 하는 경우나, **'조건'**을 붙이면 법률의 목적에 명백히 반하는, 이른바 **'조건'**에 **친**(親)하지 않는 법률행위는 **'조건'**을 붙일 수 없다. 일례로, 어음 · 수표행위와 **혼인**(婚姻) · **이혼**(離婚) · **입양**(入養) · **인지**(認知) · **상속**(相續)의 **승인**(承認) 및 **포기**(拋棄) 등 신분법상의 행위는 그 효과가 확정적으로 발생할 것이 요구되므로 **'조건'**을 붙일 수 없음이 원칙이다. 다만, 유언은 **'조건'**을 붙여도 무방하다. 또한 **상계**(相計) · **해제**(解除) · **해지**(解止) · **철회**(撤回) · **취소**(取消) 등 단독행위는 **'조건'**을 붙이면, 상대방의 지위를 현저하게 불리하게 하므로 붙일 수 없다. 다만, 상대방의 동의가 있거나 상대방에게 이익만을 주는 경우[**예컨대, 채무면제**(債務免除), **유증**(遺贈) **등**]는 단독행위라도 **'조건'**을 붙일 수 있다. **'조건부 법률행위'**(條件附法律行爲)의 효력이 발생하거나 소멸하는 것은 **'조건'**이 성취한 때부터이다. 조건성취의 효과는 원칙적으로 소급하지 않는다. 다만 당사자가 조건성취의 효력을 그 성취 전에 소급할 의사를 표시한 경우는 그 의사에 의함이 원칙이다.

216) 본래 **'보증'**(保證)이라고 하는 것은 일반적으로 **'보증채무'**(保證債務)를 지칭한다. 이 경우 **'보증채무'**란, **'주된 채무자 갑이 채권자 을에게 채무의 이행을 하지 않는 경우에 갑에 갈음하여 그 이행을 해야 하는 보증인 병의 의무'**를 말한다. 우리 상법의 경우로 상인 갑의 영업자금의 차입에 관하여 **을[이 경우 을은 상인이라도 상인이 아니라도 좋다]**이 **'보증'**하는 경우 등과 같이 주된 **채무자[이 예에서는 갑]**의 상행위로 인하여 생긴 **'보증'**이나 은행이 거래처를 위하여 **'보증'**하는 경우 등과 같이 보증행위 그 자체가 상행위인 **'보증'**은 **'상사보증'**(商事保證)이라고 불리며, 반대의 특약이 없는 한 보증인은 주된 채무자와 연관하여 변제할 책임이 있다고 하고 있는 등, 민법의 **'보증채무'**와 비교하여 볼 때 보증인에게 강한 책임을 지우고 있다. **'보증'**이라고 하는 용어는 일반적으로 위와 같은 의미를 가진 용어로서 사용되고 있으나, 때로는 오히려 광의로 **담보**(擔保)와 같은 의미로 사용되고 있는 일이 있다. 즉, 위에서 설명한 **'보증'**은 주된 채무의 존재를 전제로 하나, 담보와 같은 의미로 사용되는 때에는, 주된 채무의 존부에 관계없이 타인에게 생길 손해를 인수하고, 그 타인에 관하여 독립된 채무를 지는 것을 의미하는 것이다. 신원보증인이 일반적으로 피용자의 행위로 인하여 사용자가 입는 손해를 배상하는 경우의 **'보증'**은 이 의미의 **'보증'**이다. 한편 **'보증'**과 구별되는 용어로 **'보장'**(保障)이라고 하는 용어는 본래의 의미가 **'장해가 되지 않게 보호하는 것 또는 장해가 없도록 보증하는 것'**인데, 법률용어로서는, **'현재 또는 장래에 있어 일정한 상태 내지 지위를 어떤 침해로부터 방지하고 보전하는 것'**을 의미한다.

인식되어 있다. 예컨대, SGA에서는 '**조건**'과 '**보증**'에 관하여, 계약이 매도인에 의하여 충족되어야 할 조건을 전제하고 있는 경우에 [이 경우 매수인이 그 조건을 포기하거나, 그 조건위반을 보증위반으로 취급하거나, 계약의 이행거절 사유로 취급하지 아니할 수 있음을 요건으로 한다] 매매계약에서 그 어떠한 약정이 보증위반으로 인하여 계약의 이행거절로 취급하는 권리를 발생하게 하는 '**조건**'인지, 이와는 달리 그 위반으로 인하여 손해배상청구권은 발생하지만, 물품거절 및 계약의 이행거절로 취급하는 권리는 발생하지 않는 '**보증**'인지의 여부는, 당해 계약의 내용에 있어 당사자의 의사표시의 해석여하에 달려있다고 규정하고 있다. 따라서, 그 어떠한 약정이 계약에서 '**보증**'으로 칭하고 있는 경우라고 하더라도, [법률행위의 해석에 기하여] 달리 '**조건**'으로 특정될 수 있는 여지를 남겨두고 있다[제11조(계약의 형식)]. 나아가, 이미 유효하게 성립된 매매계약의 분리가 가능하지 않고, 또한 매수인이 물품의 전부 또는 일부를 인수한 경우에 매도인에 의하여 충족되어야 할 조건의 위반은 응당 보증위반으로 취급될 수 있으나, 달리 매수인의 이행지체 및 이행거절의 사유로 취급될 수는 없다고 명시하고 있다. 다만, 당사자의 합의에 기한 명시적 또는 묵시적 계약조항이 존재하는 경우에는 마땅히 그 효과가 배제된다. 결론적으로, SGA에서는 매매계약상의 이 같은 규정위반에 따라 이행거절권이 발생하는 것을 '**조건**'으로 수용하여 손해배상청구권을 인정하고 있고, 이에 반하여 물품의 제공을 거절하거나 또는 계약의 이행을 거절할 수 있는 것까지는 인정하지 않는 것을 '**보증**'이라고 하여, 이를 각기 구분하고 있는 특징이 있다.

[429] **미국 통일상법전**(UCC)**의 경우** : UCC에서는 SGA와는 달리, '**조건**'과 '**보증**'을 구별하지 아니하고, '**보증**'의 개념을, '**전체적인 위반**'(total breach)과 '**부분적인 위반**'(partial breach)으로 특정하고 있다. 곧, UCC에서는 SGA에서의 조건위반에 해당하는 것 모두를 보증위반으로 통일하여 다루고 있는 특징이 있다. 곧, 각각의 위반으로부터의 손해를 입은 당사자가 상대방으로 하여금 계약의 이행과 적절한 균형을 취할 수 있게 하거나, 또는 그것이 수용될 수 있도록 요구하였을 때의 청구권은 [특정이행에 부가한 손해배상청구를 조건으로] 전체적인 위반에 따른 손해배상청구권이 아닌, 부분적인 위반에 의한 손해배상청구권으로 취급하고 있다. 한편, UCC에서는 특별히, '**명시적 보증**'(express warranty)과 '**묵시적 보증**'(implied warranty)을 각기 인정하고 있다. 먼저, 전자는 [express warranty], i) 물품에 관한 그리고 '**계약상 기초의 일부**'(part of the basis of the bargain)가 되는 매도인의 매수인에 대한 사실의 **확인**(affirmation)이나 **약속**(promise)은 물품이 그 확인이나 약속에 부합한다는 명시적인 보증책임을 발생시키고, ii) '**계약상 기초의 일부**'로서 이루어진 물품명세는, 공히 그 물품이 당해 명세에 부합한다는 명시적 보증책임을 발생시키며, iii) 또한 '**계약상 그 일부**'로서 수용된 **견본**(sample)이나 **모형**(model)은 그 어느 것이든, 그 물품의 전부가 견본이나 모형에 부합한다는 명시적 보증책임을 발생시킨다고 규정하고 있다.[217] 다만, 명시적 보증책임

---

217) SGA에서는 명시적으로 '**견본매매**'(見本賣買, sale by sample)에 관하여 규정하고 있는데, 그 내용은 우

포기(抛棄)란 자기의 권리(權利)를 자발적(自發的)으로 폐지(廢止)함을 말한다.

의 형성을 목적으로 매도인이, 이를테면 'Warranty'나 'Guarantee'와 같은 용어를 사용하거나, 그가 보증에 기한 여하의 특정의사를 가질 필요는 없다고 하고, 아울러, 단순한 물품가치의 확인이나, 물품에 관한 의견이나, 추천에 불과한 매도인의 진술은, 명시적 보증책임과는 관계되지 않는다는 단서조항을 부가하고 있다[§2-313]. 반면에 후자는[implied warranty], 매도인이 동종의 물품을 취급하는 **상인**(merchant)의 지위를 보유한 경우에[§2-104 (1)], 계약목적물이 **물품적합성**[merchantability]을 갖는다는 보증을 묵시적으로 포함하는 것으로 취급하고 있다. 그러나, 본 규정은 임의규정으로서 당사자 간에 특정한 합의로써 배제하거나 또는 변경할 수 있는 여지를 남기고 있다. 이 경우 계약적합성의 충족요건은, i) 계약에서 명시하고 있는 대로 하자없이 인도되었을 것, ii) 대체가능물인 경우에 표시된 범위 내에서 **'평균적인 품질'**(fair average quality)일 것, iii) 그러한 물품은 사용에 있어 **'통상의 목적'**(ordinary purposes)에 적합할 것, iv) 계약상 허용된 범위내에서, 개별 단위에서의 물품과 전체 단위에서의 물품이, 서로 그 종류 · 품질 · 수량 등의 면에서 균등할 것, v) 계약에서 요구한 대로, 적절하게 **수용**(contained) · **포장**(packaged) 그리고 **표시**(labeled)되어 있을 것, vi) **용기**(container) 또는 **명세**(label)에 사실에 대한 약속이나 확인이 표시되어 있는 때에는 그에 부합할 것 등에 두고 있다[§2-314 (2)].

③ CISG의 경우

[430] 제35조 (1)은, **'물품의 계약적합성'**(conformity of goods with the contract)의 기준을, [당사자의 합의를 기초로] **'계약상 요구되는 수량**(quantity) · **품질**(quality) · **명세**(description)**에 일치하고, 또한 계약에서 요구되는 방법으로 용기에 담기거나 포장된 물품의 인도'**에 두고 있다. 이는 **'계약의 목적물'**(subject matter with the contract)로서 당해 물품이, **통상적**(ordinary)으로 보유하고 있을 것으로 기대하고 있는 성질, 이를테면 매도인이 당해 목적물에 담보하고 있는, 소위 **'보증특성'**(保證特性, zugesicherte Eigenschaft)과 동일시 할 수 있다.[218]

[431] 이 경우, **'보증특성의 위반'**, 곧 CISG에서 **'계약적합성의 위반사유'**['물품의 부적합'(lack of

---

선 **'계약상 견본매매에 관한 명시적 · 묵시적인 조항이 존재하는 경우의 매매계약'**을 **'견본매매'**로 정의하고, 당해 **'견본매매'**에 있어서의 묵시적 담보[**보증특성**(保證特性)]의 내용을 i) 현품은 품질에 있어서 견본과 일치하여야 하고, ii) 매수인은 현품을 견본과 대조하는데 상당한 기회를 가져야 하며, iii) 물품은 견본의 정당한 검사에 의하여도 발견되지 아니하고, 아울러, 매매에 부적합한 것으로 취급되는 하자에 해당하지 않아야 하는 것을 요건으로 두고 있다. 이 경우 **'매매에 부적합'**하다고 하는 의미는, **'물품이 명세 및 상당한 경우 대금 그리고 기타 모든 관련된 사정에 따라 합리적으로 기대된 바와 같이 통상적인 매입목적에 적합하지 않은 경우'**로 명시하고 있다[SGA 제15조 및 연관규정으로서, 제14조 (6)].

218) 독일 민법의 문리해석상 **'보증특성'**은 **'계약상 전제로 하고 있는 사용 또는 그 밖의 여타 이유로 매수인이 필요로 하는 상당한 기간 동안 계약목적물에 지속되어 있어야 할 특성'**으로 정의된다[Bürgerliches Gesetzbuch (BGB), §§459 II, 463 S. 1, 480 II].

conformity of the goods)]는, 통상적으로 보증특성에 기하여 물품에 흠[瑕疵]이 있는 경우를 포함하여, 매수인이 당초에 기대하고 있는 계약목적물의 사용가치 또는 교환가치가 감소된 경우를 일괄하고 있다. 만약, '물품의 부적합'에 해당하는 경우에 매도인은 계약적합성의 위반에 따른 담보책임을 면할 수 없게 되고, 이에 매수인은 당해 사안에 따라 대금감액청구권, 계약해제권, 손해배상청구권 등의 구제책을 행사할 수 있다.

[432] 요컨대, CISG는 계약적합성에 기한 담보책임의 요건으로서, i) 물품이 통상의 사용목적에 적합할 것, ii) 당해 사정으로 보아 매수인이 매도인의 기량과 판단을 신뢰하지 않았거나 또는 이를 신뢰함이 불합리했을 경우를 제외하고, 물품이 계약체결 시에 명시적 또는 묵시적으로 매도인에게 알려져 있는 특정한 목적에 적합할 것, iii) 당해 물품은 매도인이 매수인에게 견본 또는 모형으로서 제시한 물품의 품질을 보유하고 있을 것,[219] iv) 아울러, 물품이 통상적인 방법으로 또는 그러한 방법이 없는 경우에 물품을 보존하고 보호하는데 적절한 방법으로 용기에 담기거나 또는 포장되어 있을 것 등에 두고 있다. 다만, 단서조항으로 매수인이 계약체결 시에 물품의 계약부적합을 알고 있었거나 또는 알았어야 했을 경우에는 당해 '보증특성'에 기한 매도인의 담보책임이 면제된다[제35조 (2), (a)~(d)].

[433] 그렇지만, 계약체결 시에 합의된 바를 기초로, 만약 계약에서 물품명세의 의미를 당사자가 서로 달리 이해하고 있는 경우에는 계약내용에 기한 '사실의 문제'(the matter of fact)로 귀결되고, 이 경우 판단기준은 제8조[당사자 진술 또는 기타 행위의 해석]가 적용된다.

[434] 한편, CISG에서 물품의 계약적합성 위반의 판단시점은 위험이 매수인에게 이전하는 때부터 적용되는데, 이는 설령 당해 위반이 위험의 이전시점 이후에 밝혀지더라도, 그 위반에 대한 법률효과는 문제되지 아니한다[제36조(물품의 손상과 일치성에 미치는 효과) (1)~(2)].[220] 다만, [제한요건으로] 매수인은 물품의 위반사항을 발견하였거나, 발견하여야 했을 때로부터 상당한(reasonable) 기간 내에 매도인에게 그 내용을 명세하여 통지(notice)하여야 한다[제39조(부적합의 통지) (1)]. 이 경우 통지의 제척기간(除斥期間, exclusion period)[221]은 물품이 매수인에게 실제로 인도

219) 견본(見本) 또는 모형(模型)으로서의 품질과 통상적 또는 적절한 방법에 의해 포장되었을 경우에 이에 상당한 계약적합성에 대한 규정은 매도인이 매수인에게 견본 또는 모형으로서 계약상 물품의 특성을 제시한 경우 그 자신이 그러한 견본이나 모형에 일치할 것이라는 이해를 성립시키고 있는 것으로 취급된다.

220) 이 경우 계약부적합이 위험의 이전시기 이후에 발생하는 어떠한 부적합에 관하여도 그것이 매도인의 어떠한 의무의 위반에 기인하고 있는 경우에는 이에 책임을 진다. 그러한 의무의 위반에는 일정한 기간 동안 물품이 통상적인 목적 또는 어떠한 특정의 목적에 부합하는 적합성을 유지하여야만 한다는, 곧 보증특성의 위반도 포함된다.

된 날을 기준으로 2년이다[제39조 (2)].

④ PICC의 경우

[435] PICC에서는 물품의 계약부적합 위반에 관한 명시적 규정은 보유하고 있지는 않으나, 이를 유추할 수 있는 규정을 존치해 두고 있다. 그 내용은, 먼저 당사자의 계약상 의무는 명시적 또는 묵시적일 수 있음을 전제하고[제5.1.1조(명시적·묵시적 의무)], 이 경우 묵시적 의무에 한하여, **'계약의 성질과 목적'**(the nature and purpose of the contract), **'당사자 간에 확립된 관행과 관습'**(practices established between the parties and usages), **'신의칙과 공정거래'**, **'합리성'**(reasonableness)222) 등의 요건을 고려하여야 한다고 명시하고 있다[제5.1.2조(묵시적 의무)].

[436] 또한, **이행**(performance)의 품질이 계약에서 달리 지정되어 있지 않고, 아울러, 이로부터 결정될 수도 없는 경우에 당사자는 사정에 따라 합리적으로 **'평균 수준에 뒤지지 아니한 품질'**(not less than average)의 이행을 제공하여야 한다고 규정하고 있다[제5.1.6조(이행의 질의 결정)].

[437] PICC상 물품의 계약적합성 위반에 대한 매수인의 구제수단은, 우선 **계약부적합치유청구권**(契約不適合治癒請求權)이 인정되고, 다음으로 손해배상청구 및 계약해제권의 행사가 인정된다. 이 경우 계약부적합치유청구권에는 **대체물급부청구권**(代替物給付請求權), **부적합보완청구권**(不適合補完請求權), **부족수량인도청구권**(不足數量引渡請求權) 등이 포함된다.

[438] 아울러, 계약부적합 위반에 대한 보완의 조건은, i) 부당한 지체 없이 [제안사항으로서] 보

---

221) **'제척기간'**(除斥期間)은, **'어떤 권리에 관하여 법률이 예정하는 존속기간'**이다. 따라서, 권리의 존속기간인 **'제척기간'**이 만료하게 되면 그 권리는 당연히 소멸하는 것이 된다. **'제척기간'**의 법적 성질, 즉 **'제척기간'**이 정하여져 있는 권리의 행사방법에 관해 통설은 **'제척기간'**은 그 기간 내에 재판상 행사되어야 하는 **'제소기간'**(提訴期間)이라고 하는 반면, 판례는 재판상 또는 재판 외의 권리행사가 있으면 보전된다고 한다. 우리 민법은 **'제척기간'**에 관하여 여러 곳에 분산적으로 규정하고 있을 뿐, 체계적으로 규정한 바가 없으나, **'시효'**와 비슷하면서도 다음과 같은 차이점이 존재한다. 어느 것이 **'제척기간'**에 해당하는지를 법률은 언급하고 있지 않으나, 대략 법문에 **'시효에 의하여'**라고 규정된 것 이외에는 **'제척기간'**으로 해석되고 있다. 형성권의 행사기간은 대부분 **'제척기간'**으로 본다. 점유보호청구권 및 매도인의 하자담보책임에 관한 기간 등은 **'제척기간'**의 예이다.

222) 참고로, CISG상 **'합리성'**(合理性, reasonableness)은 **신의칙**(信義則)에 **의제**(擬制)되는 개념으로서, **견해**[학설(學說)]에 따라 그 개념을 살피면, i) CISG의 일반원칙과 관련하여 그들 스스로가 합리적인 자의 기준에 따라 행동하는 당사자 간의 규칙, ii) 분별력 있고 공정하게 행동하는 당사자의 윤리적 기준, iii) 그 적용기준은 당해 처지하에서 상당한 주의의무에 따라 행동하여야 하는 것으로 CISG 내에 기초하고 있거나 적어도 현재 적용되는 여타 실정의 법체계하에서의 기준, iv) 국제상거래에서 통상적이고도 수용가능한 것을 결정함에 있어서의 판단기준, v) 당사자 간 확립한 관행과 관습의 구속력을 명시하고 있는 CISG 제9조의 접근방식에 기초한 계약적 의무의 기준 등으로 설명되고 있다.

완의 방법 및 시기를 나타내는 **통지**(通知)가 있어야 하며, ii) 그 보완이 처한 사정에 적절하고, iii) 계약적합성의 위반에 따라, 손해를 입은 당사자는 그 보완의 거절을 주장하지 못하며, v) 당해 보완은 즉시 달성되어야 할 것 등에 두고 있다[제7.1.4조(불이행 당사자에 의한 치유) (1), (a)~(d)].

⑤ PECL의 경우

[439] PECL에서는 계약부적합의 위반사유를 PICC에서와 마찬가지로 계약상의 의무를 이행하지 않은 것으로 규정하고, 그 구성요건으로 이행지체 및 하자 있는 이행을 포함하고 있다. 나아가, 계약의 완전한 이행을 담보하기 위한 취지에서 **상호협력의무**(相互協力義務, duty to co-operate)를 명시적으로 규정하고 있는 특징이 있다[제1:202조(협력의무), 제1:301조(용어의 정의) (4)].

[440] PECL에서 계약부적합에 대한 구제책은 [장애로 인한 면책요건에 해당하지 않음을 조건으로] 매수인의 청구권 행사에 제한을 두고 있지는 않으나[제8:101조(원용할 수 있는 구제수단) (1)], 다만 자신의 행위가 상대방의 불이행을 야기한 한도 이내인 경우에는 당해 효과가 배제된다[제8:101조 (3)]. 또한 양립할 수 없는 구제수단은 동시에 청구가 가능하고, 나아가 그 밖의 구제수단을 행사할 경우에 있어서도 손해배상청구권은 상실되지 아니한다고 규정하고 있다[제8:102조(구제수단의 병존)].

[441] 한편, 계약부적합을 야기한 불이행 당사자에 의한 **추완**(complement)은 [가급적 계약내용의 실현을 도모하기 위하여] 계약부적합을 이유로 상대방에 의하여 **변제**(辨濟, performance)[223]의 급부를 제공받지 못하게 된 당사자로 하여금 이행기가 아직 도래하지 아니하거나, 그 지연이 중대한 불이행에 해당되지 않는 경우에 한하여, 새로이 계약에 적합한 이행을 제공할 수 있도록 허용

---

223) '**변제**'(辨濟)란, '**채무의 내용에 좇은 급부를 실현하는 것**'으로서 달리 '**이행**'(履行)이라고도 한다. '**변제**'는 급부행위[이행행위(履行行爲)]를 통해 채권의 목적 달성이라는 점에 초점을 맞춘 것이다. '**변제**'의 법적 성질에 관해서, 통설은 **준법률행위설**[準法律行爲說, **사실행위설**(事實行爲說)]을 취한다. '**변제**'를 완료하기 위해서는 채무자와 채권자가 서로 협력을 필요로 하는 경우가 많다. 채무자가 자기의 채무에 관하여 스스로 할 수 있는 데까지 이행할 필요가 있다는 것은 물론이지만, 이에 따라 채권자도 협력해야 할 신의칙상의 의무가 있다. 이 채무자의 행위를 '**변제의 제공**'이라고 하고 채권자의 행위를 '**변제의 수령**'이라고 하는데, 모두가 신의칙이나 거래관습에 따라서, 그 내용이나 정도를 결정해야 한다. '**변제**'는 채권의 내용이 되고 있는 본래의 급부대로 이행하는 것이 보통이지만, 채권자의 승낙이 있으면 다른 물건으로 변제할 수도 있다. 이것을 '**대물변제**'(代物辨濟)라고 한다. '**변제**'는 채무자가 아닌 자도 할 수 있는데 이것을 '**제3자의 변제**'라고 한다. 제3자는 '**변제**'한 부분에 관하여 **구상권**(求償權)을 행사할 수 있다. 이것을 '**변제자의 대위**' 또는 '**대위변제**'(代位辨濟)라고 한다. 또한 변제는 채권자만이 수령하는 것을 원칙으로 하고 있지만 예외적으로 채권자에게 수령권한이 없는 때가 있고[예컨대, 채권이 압류된 경우 등], 수령권한이 없는 자에 대한 변제가 유효인 경우도 있다[예컨대, 예금증서와 도장을 소지하고 있는 자나, 영수증서의 지참인이 진정한 수령권한이 있는 자가 아닌데도 그 자에게 변제한 경우 등].

판결(判決)된 바는 이를 진실(眞實)로 취급한다.

하고 있는 특징이 있다[제8:104조(불이행 당사자에 의한 추완)].

[442] PECL에서 매수인의 구제책은 우선 **추완청구권**(追完請求權)이 인정되고, 다음으로 **대금감액권**(代金減額權)·**손해배상권**(損害賠償權)이 인정되며, 최종적으로 **계약해제권**(契約解除權)이 인정되는데, 달리 매도인의 **계약부적합보완권**(契約不適合補完權)은 원칙적으로 인정되지 아니한다. 이 경우 **추완청구권**에는 **하자보수청구권**(瑕疵補修請求權)·**대체물급부청구권**(代替物給付請求權)·**부족수량청구권**(不足數量請求權)이 모두 포함된다.

[443] PECL에 있어 '**이행의 보장**'(assurance of performance)과 '**이행을 위한 추가기간을 정하는 통지**'(notice fixing additional period for performance)에 관한 규정은 공히 PICC의 규정내용과 동일하다[PECL 제8:105조(이행의 담보), 제8:106조(이행을 위한 추가기간을 정하는 통지]. 다만, PICC에서는 부가규정으로 이행지체가 중대하지 않고, **계약부적합**[不履行]을 당한 당사자가 상당한 기간의 추가기간을 허용하는 통지를 제공한 경우 당해 불이행된 의무가 단지 불이행 당한 당사자의 계약채무 중에서 경미한 부분을 차지하는 때에는 당해 계약의 종료를 행사하지 못하도록 규정하고 있는 특징이 있다. 이는 PECL과 비교할 경우에 무삭할 수 있는 차이점이나[PICC 제7.1.5조(이행을 위한 추가기간) (3)~(4)].

2. 계약적합성의 요건에 관한 입법례의 비교

[444] 대륙법계에서 담보책임의 내용은, 통상 **추완청구권**(追完請求權)·**대금감액권**(代金減額權)·**손해배상청구권**(損害賠償請求權)·**계약해제권**(契約解除權) 등이다. 이 경우 **추완청구권**은 **하자보수청구권**(瑕疵補修請求權)·**대체물급부청구권**(代替物給付請求權)·**부족수량청구권**(不足數量請求權) 등을 포함한다. 대륙법계에서의 이 같은 담보책임의 내용과 법리는 영미법계에서의 그것을 다름없이 수용하고 있다고 볼 수 있는데, 이는 영미법계에 있어 계약부적합에 기한 담보책임의 법적 기준은 제반 국제통일계약법규범에 수용되어 대륙법계의 전통적 법리를 대체하고 있다는 사실로부터 유추할 수 있다.

[445] CISG에서의 계약적합성은 계약에서 요구되는 수량·품질·명세에 일치하고, 또한 계약에서 요구되는 방법으로 용기에 담기거나, 포장된 물품의 인도에 두고 있는데, 이는 '**보증특성**'에 의제된다. 곧, 계약부적합은 보증특성에 흠이 있는 경우, 이를테면 물품의 사용 및 교환가치가 감소된 일체의 경우를 포함하며, 결국 이에 부합하는 때에 매도인은 상당한 계약책임을 부담하게 된다. 요컨대, CISG에서 보증특성에 기한 담보책임의 요건은, '**물품의 사용목적**', '**특정목적**', '**적합한 품질의 보장**', '**적절한 포장 및 보관**' 등이며, 계약부적합의 판단시점은 위험이

매수인에게 이전하는 때를 기준으로 하고, 이 경우 '통지'(notice)를 정지조건으로 제척기간은 '2년'이다.

[446] 한편, SGA에서는 '조건'과 '보증'에 관하여 계약이 매도인에 의하여 충족되어야 할 '조건'이 전제된 경우에 매수인으로 하여금, i) 그 '조건'의 포기, ii) 당해 '조건위반'을 '보증위반'으로 취급할 수 있는 것에 대한 선택권, iii) 계약의 이행거절 사유로의 취급 여부 등을 매수인의 임의처분 하에 두고 있다. 아울러, 매매계약상의 약정에 있어, i) '보증위반'에 기한 계약이행거절, ii) 계약위반에 기한 손해배상청구권의 행사 여부, iii) 물품거절 및 계약의 이행거절로 취급하기 위해 이에 상당한 권리의 발생을 의욕하고 있는 '보증' 여부 등은 계약내용에 기한 당사자의 의사표시 여부에 두고 있다. 또한 일정한 조건하에서 매도인에 의해 충족되어야 할 '조건위반'은 경우에 따라 '보증위반'으로 취급될 수 있다고 하고, 다만 그 효력에 있어 당사자의 합의에 의한 명시적 또는 묵시적 계약조항이 존재하는 경우에는 이를 제한하고 있다. 요컨대, SGA에서의 '조건'은 매매계약상의 계약위반에 의거하여, 이행거절권이 발생하는 것으로 특정하고 있고, 달리 '보증'은 물품의 제공을 거절하고 계약의 이행을 거절할 수 있는 것까지는 인정되지 않는 것으로 각기 구분하고 있다.

[447] 다른 한편, UCC에서는 '조건'과 '보증'을 구별하지 아니하고, 이를 달리 '전체적 위반'과 '부분적 위반'으로 구분하고 있는 특징이 있다. 그렇지만, '보증'에 관하여는 '명시적 보증'과 '묵시적 보증'을 각기 인정하고 있다. 전자의 경우에 계약의 일부로서 '사실의 확인' 또는 '약속'을 명시적 보증책임의 발생요건으로 두고 있다. 이에 '보증특성'을 "물품은 계약명세에 적합해야 하고, 물품의 전부는 견본 · 모형에 부합해야 한다"고 명시하고, 다만 단순한 물품가치의 확인 · 의견 · 추천 등에 대한 진술은 명시적 보증과는 일절 관계치 않는다고 추보하고 있다. 이에 반하여 후자는 '매도인이 상인된 자격을 보유하고 있는 경우에 물품적합성에 대한 보증을 묵시적으로 포함하고 있는 것'으로 취급하고, 동시에 이를 임의규정으로 두고 있다. 이 경우 계약적합성의 충족요건은, '적합한 인도', '평균의 품질', '통상의 목적에 부합', '물품의 균질', '외관의 적합' 등이다.

[448] PICC에서 계약부적합의 구성요건은 묵시적 의무에 한하여, '계약의 목적', '관행과 관습', '신의칙', '합리성' 등의 고려를 그 기준으로 삼고 있다. 다만, 물품의 품질이 지정되지 않고 있는 경우에 당해 물품은 합리적이고 평균수준의 물품이어야 한다는 단서를 두고 있다. 아울러, 계약부적합에 관한 구제책은 순차적으로 대체물급부청구권 · 부적합보완청구권 · 부족수량인도청구권 등을 포함한 계약부적합치유청구권과, 이에 부수하는 손해배상청구권 및 계약해제권 등이다. 또한 계약부적합의 보완을 위한 전제조건은 '보완의 방법 및 시기에 대한 통지', '보완의 적절성', '보완거절에 관한 권리의 배제', '보완의 즉시성' 등에 두고 있다.

수권(授權)된 자의 권리는 [법률에 별단의 규정이 있는 경우를 제외하고] 수권자의 권리가 소멸(消滅)한 때 소멸한다.

[449] PECL에서 규정하고 있는 계약부적합의 사유는 대체로 PICC와 동일한 내용을 담고 있다. 다만, 계약의 완전하고도 성실한 이행을 담보하기 위하여 '상호협력의무'를 명시적으로 규정하고 있는 점은 차이점이자 주목할 만한 특징이다. 마찬가지로 계약부적합에 관한 구제책은 장애로 인한 면책을 정지조건으로 매수인에게 모든 청구권의 행사를 보장하고 있다. 그러나, 자신의 행위가 당해 계약부적합 사유와 연관되어 있는 경우에는 배제된다. 계약부적합에 관한 추완권의 행사는 가급적 원만한 계약이행을 담보하기 위한 취지에서 적극 보장하고 있다.

■ SUMMARY [*Article 35*]

1. Article 35 of the CISG states standards for determining whether goods delivered by the seller conform to the contract in terms of type, quantity, quality, and packaging, thereby defining the seller's obligations with respect to these crucial aspects of contractual performance. Two courts have stated that the unitary notion of conformity defined in article 35 displaces the concepts of 'warranty' found in some domestic laws.

2. In general, a failure by the seller to deliver goods that meet the applicable requirements of article 35 constitutes a breach of the seller's obligations, although it has been stated that a failure of goods to conform to the contract is not a breach if the non-conforming goods are equal in value and utility to conforming goods. A seller's breach of its obligations under article 35, furthermore, can in proper circumstances rise to the level of a fundamental breach of contract as defined in article 25 of the Convention, thus justifying the buyer in avoiding the contract under article 49 (1) of the Convention.

판결례와 평가

- 적용범위 : 물품의 계약부적합에 기한 담보책임
- 출처표시 : 「The Maritime and Commercial Court of Copenhagen」(Denmark), 『H-0126-98』, 2002.01.31.

1. 논점과 사실관계

① 본 사건은 물품의 계약부적합에 기한 담보책임을 다루고 있는 사례이다.[224] 매도인[덴마크]

224) ① 「Oberster Gerichtshof」(Austria), 『10 Ob 344/99g』, 2000.03.21.
② 「Shanghai First Intermediate People's Court」(China), 『Unknown』, 2008.12.25.
③ 「Helsinki Court of Appeal」(Finland), 『S 96/1129』, 1998.01.29.
④ 「Cour d'Appel de Paris」(France), 『2002/18702』, 2004.06.04.

과 매수인[러시아]은 계약의 목적물을 생선으로 하여 매매계약을 체결하였다. 본건 생선의 인도 이후, 매수인은 당해 물품이 계약상 품질에 미치지 못한다는 이유[즉, 계약부적합이라는 사유]를 들어 필요한 형식요건을 구비하여 명시적으로 물품대금지급을 거절하였다.

② 이에 매도인은 통상 생선에 대한 매매에 적용되는 덴마크 관습을 원용하여, 14일 이내에 계약부적합에 대한 매수인으로부터 통지가 없는 경우 매수인은 그 권리를 상실한다고 주장하면서 대금지급을 구하는 소를 제기하였다.

③ 이에 대하여 매수인은 반소를 제기하였는데, [반소의 사유로서] 매수인 자신은 계약부적합에 대한 적정한 통지를 하였을 뿐만 아니라 본건은 [매도인의 주장과 달리] 국제물품매매계약에 해당하는 까닭에, 특정한 국내법 및 관행과 관습이 적용될 수 없다고 항변하였다.

2. 판결요지

④ 법원은, 특정지역의 관습은 국제성(internationality)을 수용함에 있어 고려할 필요가 없음을 전제하고, 비록 CISG가 계약 또는 그 어떠한 관행의 유효성을 다루고 있지는 않다고 하더라도[제4조(적용사항과 비적용사항) (a)], 당사자는 그들이 합의한 모든 관행과 당사자 간에 확립되어 있는 관습에 구속되며, 별도의 합의가 없는 한 당사자가 알았거나 알았어야 했을 관행으로서 국제상거래에서 [당해 상거래에 관련된] 동일한 부류의 당사자에게 널리 알려져 있고, 통상적으로 준수되고 있는 관행은 당사자가 이를 그들의 계약 또는 계약의 성립에 묵시적으로 적용하는 것으로 본다는 CISG 규정을 언급하였다[제9조(관행과 관습의 구속력), PICC 제1.9조(관습과 관행), PECL 제1:105조(관습과 관행)].

⑤ 한편 법원은, 생선공급에 대한 계약체결 시에 매도인이 독일관습을 발주서에 명시하였음과 매수인은 이를 알았어야 했을 것이라는 점을 인정하였다[제8조(당사자의 진술 또는 행위의 해석) (3)].

⑥ 법원은, 최종 판결에서 매도인의 청구를 기각함과 동시에, 매수인의 반소청구에 관하여 이를 계약부적합이 아닌 인도불이행으로 취급하고, 매도인에게 대체품의 인도를 명하였다. 그러

⑤ 「Oberlandesgericht Rostock」(Germany), 『6 U 126/00』, 2002.09.25.
⑥ 「Gerechtshof Arnhem」(Netherlands), 『2005/1005』, 2006.07.18.
⑦ 「Audiencia Provincial de Madrid」(Spain), 『244/2007』, 2007.03.22.
⑧ 「Schweizerisches Bundesgericht」(Switzerland), 『4C.144/2004』, 2004.07.07.
⑨ 「United States District Court for the District of Colorado」(USA), 『Civil Action No. 09-cv-01763-WYD-KMT』, 2010.07.06.

나, 물품인도를 위한 비용은 매수인 부담으로 하였다[제35조(물품의 일치성) (3)].

⑦ 법원은, 최종 판결의 근거로서, [물품의 계약적합성에 대한 제35조를 원용하여] 당사자가 달리 합의한 경우를 제외하고 물품이 통상적으로 사용되는 목적에 적합하지 아니한 경우와[제35조 (2)의 (a)], 당해 사정으로 보아 매수인이 매도인의 기량과 판단을 신뢰하지 않았거나 또는 이를 신뢰함이 불합리했던 경우를 제외하고, 물품이 계약체결 시에 명시적 또는 묵시적으로 매도인에게 알려져 있는 어떠한 특정한 목적에 적합하지 아니한 경우에[제35조 (2)의 (b)], 당해 물품은 계약에 부적합하다는 규정을 제시하였다. 아울러, 전자의 경우, 매수인이 계약체결 시에 물품의 부적합을 알고 있었거나 또는 모를 수가 없었던 경우에는 매도인은 물품의 부적합에 대한 별단의 책임을 지지 않는다는 내용도 첨언하였다[제35조 (3)].

판결례와 평가

- 적용범위 : 물품의 계약부적합
- 출처표시 : 「The Maritime and Commercial Court of Copenhagen」(Denmark), 『Unknown』, 2004.08.09.

1. 논점과 사실관계

① 매수인은 매도인으로부터 생선을 주문하였다. 당사자는 이전에 수차례 계약을 체결한 사실이 있으나, 본건 생선의 매매와 관련해서는 단 한 번의 계약을 체결한 사실만이 있을 뿐이다. 사실관계에 있어, 본건 계약서류에는 [매수인의 요청에 따라] 매도인의 물품명세가 포함되어 있었는데, 그 내용은 라틴어로 표기되어야 할 생선명 · 크기 · 포장 · 용기의 종류 · 어획일자 등을 포함하고 있었다. 이에 매도인은 라틴어로 표기되어야 할 생선명만을 생략한 채, 그 밖의 주문내용을 재차 확인하였고, 그 결과 송장에는 자연히 생선의 라틴어 명이 누락된 채, 나머지 명세만이 기재되게 되었다.

② 물품이 매수인에게 인도된 이후, 매수인은 즉시 매도인에게 라틴어 표기에 의한 생선명 누락을 사유로 계약부적합을 통지하였다. 당해 계약적합성 위반에 관한 통지에도 불구하고, 이후 양당사자는 오랜 기간 별단의 합의를 도출하지 못하였고, 그동안 생선은 매수인의 비용으로 보관되었다.

③ 물품수령 이후, 수개월 뒤에 비로소 매수인은 [본건 관련 논외의 사안으로] 생선의 어획시기가 계약에서 합의한 약정과는 다르다는 사실을 발견하고, 그 내용을 매도인에게 통지하게 되었는데, 이에 양당사자는 생선 어획시기의 특정을 위해 전문가의 감정을 시행하기로 합의하였다.

④ 매수인은, [전문가 감정에 기하여] 생선명이 당초 약정된 내용과 다르다는 사유로 [매도인의 담보책임을 물어] 손해배상을 청구하였는데, 그 내용[청구원인]은 생선포장의 표기사항에 인도된 생선이 약정된 시기보다 이른 시기에 어획되었다고 하는 사실과, 더불어 그 품질에도 하자가 있었다는 사실 등이었다. 이에 매도인은 자신의 담보책임을 부인하면서, 매수인을 상대로 그간 미지급된 대금지급을 구하는 소외 별단의 소송을 제기하였다.

⑤ 본건 상거래에서의 관행은 [당사자 간에 다툼이 없는 사실로서] 생선명을 라틴어로 기재하는 것이 상례이었던 까닭에, 응당 매수인은 이에 적합한 주문을 하게 되었으나, 종국적으로 인도된 실제 생선은 [다만, 표기사항에 누락이 있었다고 하더라도] 계약상 특정한 생선과 다름이 없었다.

2. 판결요지

⑥ 본 사건에 있어 법원은, 매도인이 표기사항의 누락을 인정하였지만, 계약상 라틴명에 적합한 생선을 인도하였다면, 계약에 부적합한 물품을 인도한 것으로는 볼 수 없다고 판시하였다. 나아가, [어획시기와 그 품질에 관하여] 매수인이 물품의 수령시점에서 [생선이라고 하는 물품의 특성상] 그 포장 및 생선 자체를 쉽게 검사할 수 있었음에도 [곧, 어획시기를 당해 시점에서 즉시 확인할 수 있었음에도 불구하고] 실행가능한 단기간 내에 생선을 검사하지 않은 사실이 엄연히 존재하고 있는 바, 이는 매수인이 매도인에게 본건 생선의 어획시기와 품질에 관하여, 즉시 통지하지 않은 귀책사유를 구성하기에 충분하다고 하는 이유에서 상기 매수인의 청구원인을 배척하였다.

3. 해설

⑦ 본건 판결은, 물품표시에 관하여 [당사자가 계약상 일치하여 이해한 경우] 본래 의미대로 그 효력을 인정하여야 한다는 이른바 [계약내용의 해석에 있어] '자연적 해석'의 기준이 반영된 결과라는 점에서 그 의의를 구할 수 있다.[225] 결국, 본건에서 [신의칙에 기하여] 계약당사자 그들 스스로가

225) 계약내용의 자연적 해석에 관한 대표적 사례는 독일의 「RGZ 99, 147」(1920. 06. 08.) 사례를 들 수 있다. 동 판결의 골자를 살펴보면, 'Haakjöringsköd'는 노르웨이어로 '상어고기'를 의미하는데, 계약당사자는 이것이 '고래고기'를 뜻하는 말로 상호 잘못 이해하고 매매계약을 체결하면서 계약상 'Haakjöringsköd'으로 표기하였는 바, 법원은 착오에 의한 취소를 배척하였다. 동 판결의 취지는 양당사자는 '고래고기'에 대한 계약체결을 의도했으나, 당해 계약상의 의사를 표시함에 있어서 착오로

기대하였던 바, 물품의 성질에 특별한 하자가 없다면, 매수인의 주장은 배척되어야 하는 것이 타당할 것이다. 그러나, 당사자 간 당초 약정한 계약내용에, [이를테면 물품명세에 수출 · 입 통관상의 규제와 같이] 매수인의 이해에 직결되는 사안이 결부된 경우에는 매도인의 [계약부적합에 대한] 책임을 물을 수 있음은 물론이다.

⑧ 이상의 판결요지는 계약내용의 해석에 관한 일반원칙으로서의 규정[CISG, 제8조, PICC, 제4.1조, 제4.2.조, PECL, 제5:101조, 제5:102조]과 관행 · 관습의 유효성에 관한 규정[CISG, 제9조, PICC, 제1.9조, PECL, 제1:105]의 취지에 비추어 합당하다고 생각된다.

판결례와 평가

- 적용범위 : 물품의 계약부적합
- 출처표시 : 「Hof' S-Hertogenbosch」(Netherlands), 『Unknown』, 2002.10.15.

1. 논점과 사실관계

① 네덜란드 **매도인**[가스전 탐사와 생산을 주업으로 하는 연합회사]은 **다국적 기업**(MNCs)으로서 **매수인**[원유정제 및 석유제품과 가스유통을 주업으로 하는 다국적 기업]과 장기계약을 체결하였다. 양당사자는 계약의 목적물을 천연혼합원유라고 불리는 원유와, 이에 혼합된 응축혼합물로 특정하고, 이를 인도하기 위한 일련의 내용에 합의하고 이를 계약내용으로 수용하고 있었다.

② 계약이행의 과정에서 응축혼합물의 특성상, 높은 수은의 농도로 인하여 최종소비자가 가공처리 하는데 문제가 야기되자, 매수인은 매도인에게 차기계약분의 응축혼합물 수령거부와, 향후 당해 사안에 대한 해결책이 선결될 때까지 응축혼합물의 수령을 거절하겠다는 의사를 통지하였다. 본 통지에도 불구하고, 매도인으로부터 여하의 의사표시가 없어, 매수인은 이에 계약해제를 선언하였다. 이후 매도인은 매수인이 수령하지 않은 응축혼합물을 당초 가격보다 현저히 낮은 가격에 제3자에게 재판매할 수밖에 없었다고 항변하고, 매수인을 상대로 손해배상을 청구하였다.

③ 매도인은, 본 계약에서 그 어떠한 품질조건에 관한 합의가 없었던 까닭에, 기 인도된 응축

그들의 진의에 부합하지 않는 명칭인 'Haakjöringsköd'가 사용되었다고 하더라도, 그들 사이의 법률관계는 바로 그들의 의사에 부합하는 명칭인 '고래고기'를 사용한 경우와 다름없다는 것으로 요약된다.

혼합물은 계약에 적합한 것이고, 또한 계약체결 시에, 매수인이 응축혼합물을 사용함에 있어 특별한 목적[곧, 재가공을 위한 정제과정]을 통지하지 않았을 뿐만 아니라 이 같은 사실은 그간의 상거래를 통해서도 특별한 문제가 없었다는 사실에 비추어 자신의 정당성을 주장하였다.

④ 결국, 본건 다툼의 핵심은 매수인이 계약부적합에 관한 통지를 하지 않았고, 당해 물품의 수령을 거절하고, 이로부터 계약상 의무이행을 정지함으로써 매도인의 실질적 기대를 박탈하였다고 하는 매도인의 주장과, 양당사자의 합의를 기초로 계약의 목적물로서 응축혼합물이 계약에 부적합할 뿐만 아니라 당초 매도인은 그것이 사용될 특별한 목적을 알았거나 알 수 있었다는 매수인 주장과의 대립에 있었다.

2. 판결요지

⑤ 법원은, [계약내용에 비추어] 양당사자의 품질에 관한 약정이 부재한 까닭에, 제35조 (1)은 적용할 수 없고, 나아가 계약체결 시 매도인에게 명시적 · 묵시적으로 응축혼합물의 특별한 목적을 알았거나 알았어야만 했다는 증거도 없으므로 제35조 (2), (b) 또한 적용할 수 없다고 하고, 제35조 (2), (a)에 규정하고 있는, 곧 상당한 품질기준을 적용하여 당사자가 합의한 가격은 대체거래에서 받을 수 없는 가격임과, [그간의 사정을 종합하여] 인도지체된 본 물품이 매수인의 품질기준에 미치지 못하였음을 인정하고, 이에 본건 물품은 계약에 적합하지 아니하다고 최종 판시하였다.

3. 해설

⑥ 본건은 계약상 계약목적물의 품질에 관한 약정이 없고, 또한 이를 특정할 근거마저도 없는 경우에 제35조 (2), (a)에 비추어 [영국 보통법상의 물품적합성 기준이나 대륙법계의 평균품질원칙 대신에] 상당한 품질기준을 적용하여 당사자가 합의한 가격은 대체거래에서 받을 수 없는 가격이고, 인도된 물품이 그간 매수인에게 익숙한 품질기준에 미치지 못하였기 때문에 본건 물품은 계약에 적합하지 아니하다고 판결한 사례이다.[226)]

⑦ 통상의 사용목적에 대한 적합여부를 규정하고 있는 제35조 (2), (a)의 의미에 관하여, [본건

226) ① 「Rechtbank van Koophandel (Commercial Court)」(Belgium), 『Unknown』, 2002.
② 「Cour d'Appel de Paris」(France), 『2002/18702』, 2004.
③ 「Supreme Court of Western Australia」(Australia), 『FUL 169 of 2003』, 2004.
④ 「U.S. District Court, Southern District of New York」(USA), 『00 Civ. 5189 (RCC)』, 2006.

판결과 같이] 영미법계의 '**상품성 기준**'(merchantability test)이나 대륙법계의 '**평균품질원칙**'(average quality rule)을 배척하고, '**상당한 품질기준**'(reasonable quality standard)을 적용하여야 한다는 입장을 취하고 있는 판례와, 달리 영미법계의 상품성 기준이나 대륙법계의 평균품질원칙 중에서 전자의 기준을 적용하는 것이 타당하다는 입장을 취한 판례,[227] 그리고 물품이 평균품질을 가지고 있는 경우에는 동조의 요건을 충족하나 물품이 상품성이 있는 정도에 불과한 경우에는 이를 충족하지 아니한다는 입장을 취한 판례[228]도 있음을 유의하여야 한다.

판결례와 평가

- 적용범위 : 물품의 통상의 사용목적에의 적합성
- 출처표시 : 「Bundesgerichtshof」(Germany), 『VIII ZR 159/94』, 1995.03.08.

1. 논점과 사실관계

① **매도인**[스위스]과 **매수인**[독일]은 뉴질랜드산 홍합을 계약의 목적물로 매매계약을 체결하였다. 계약의 이행과정에서 매수인은 홍합에 포함된 [중금속으로서] 카드뮴의 함량이 독일 연방후생성이 공표한 식품으로서의 권장기준 대비 상당히 초과된 사실을 발견하고, 물품대금지급을 거절하면서, 매도인에게 위 사실에 기한 계약부적합 통지와 함께 물품의 반환을 요구하였다. 참고로, 본 사안은 [사실관계에 있어] 매도인의 중대한 계약위반이라고는 볼 수 없는 바, **제25조** [중대한 계약위반] 및 **제49조**[매도인의 계약해제권] (1), (a)상 매수인은 본 계약을 해제할 수 없다. 그 취지는 홍합이 동종 물품의 통상 사용목적에 적합하다고 하는 제35조 (2), (a)를 충족하고 있기 때문이다.

2. 판결요지

② 법원은, 독일 연방후생성이 어패류에 관하여 공표한 기준은, 별단의 구속력을 인정하기에 불충분한, 단지 특정기관의 권고에 불과할 따름이고, 홍합의 식용과 관련한 중금속의 함량에 있어서도, 통상 다른 식품에 비하여 간헐적으로 소량으로 섭취하는 것이 상례일 뿐만 아니라 건강에 유해한 카드뮴의 양은 식품의 종류에 따라 각기 다르다는 사실을 공히 인정하였다. 나

---

227) 「Oberlandesgericht Frankfurt am Main」(Germany), 『13 U 51/93』, 1994.

228) 「Landgericht Berlin」(Germany), 『52 S 247/94』, 1994.

아가, 법원은 당사자는 명시적·묵시적으로 권장 카드뮴의 함량을 계약조건으로 합의하지 않고 있을 뿐만 아니라 가사, 독일 연방후생성의 기준이 구속력이 있는 공법적 규칙이라고 하더라도, 본건 홍합은 [동일한 부류의 물품에 견주어] 통상의 사용목적에 적합하다고 하고, [이에 매도인이 본건 물품이 수입지 국가에서 시행되는 식품기준에 관한 공법 규정에 위배된다고 하더라도] 본 물품은 계약에 적합하다고 인정함에 있어 무리가 없다고 최종 판시하였다.

3. 해설

③ CISG가 적용되는 국제물품매매에서는 국가별로 생활양식·문화·법규제 등이 다르다. 따라서, 매도인과 매수인의 영업소가 있는 국가에서 통상의 사용목적 또는 특정목적에 대한 적합성 기준이 다를 가능성이 있다. 특히, 매수인 국가의 공법상 규제가 매도인 국가보다도 엄격한 기준을 정하고 있는 경우에 문제가 발생하기 쉽다. 본 사건에서 독일 법원은 국제물품매매에서 매수인 국가의 공법상 규제를 매도인이 알고 있어야 했다는 것은 기대하기 어렵다는 이유에서 원칙적으로 매수인 국가의 특별한 공법상 규제에 적합한 물품을 인도할 매도인의 의무는 없다고 판단하였다. 다만, 특별한 사정에 의해 매수인 국가의 공법상 규제를 매도인이 알고 있거나 알아야 했을 경우에 한하여 매수인 국가의 공법상 기준을 고려할 수 있다고 첨언하였다.

판결례와 평가

- 적용범위 : 물품의 계약부적합
- 출처표시 : 「Arbitration Institute of the Stockholm Chamber of Commerce」(Sweden), 『Unknown』, 1998.06.05.

1. 논점과 사실관계

① 본 사건은 매도인의 품질보증책임에 관하여, CISG와 다른 별단의 원칙을 정했다고 하더라도, 이로부터 당연히 CISG의 묵시적 적합성에 관한 요건의 적용이 제한되는 것은 아니라는 사실을 표창하고 있는 사례이다.[229] 매도인[미국]과 매수인[중국]은 [경트럭용 차체 생산에 사용할 목적으로] 프레스에 대한 매매계약을 체결하였다. 참고로, 본 물품의 보증기간은 18개월로 하였다.

---

229) ① 「Helsinki Court of Appeal」(Finland), 『S 96/1129』, 1998.01.29.
② 「Bundesgerichtshof」(Germany), 『VIII ZR 67/04』, 2005.03.02.
③ 「U.S. District Court, Northern District of Illinois, Eastern Division」(USA), 『01 C 5938』, 2003.01.29.

임차권(賃借權)과 소유권(所有權)은 동일인(同一人)이 이를 향유(享有)할 수 없다.

② 물품의 인도시점에 이르러, 매도인은 매수인에게 별단의 통지없이 프레스 부품을 교체하였다. 그러나, 매도인은 매수인에게 그 설치방법에 대해서는 별도로 통지하지 않았다. 이후 프레스는 분해되어 매수인의 공장으로 인도되었고, 그곳에서 매수인의 기술자들에 의하여 조립·가동되었다. 본 프레스는 매수인의 관할 하에 일련의 문제없이 3년 동안 사용되었지만, 본건의 내용과 같이 이후 프레스는 장애를 일으켜 자체 심각한 손상이 발생하였다.

③ 프레스의 장애 이후, 매수인은 교체된 부품이 매도인이 제시한 당초 설계시방서와는 다른 것으로 교체되었다는 것을 인지하게 되었고, 이에 매수인은 프레스가 당사자 간 계약에서 합의한 바에 일치하지 않다고 주장하면서 중재를 신청하였다. 매수인의 청구취지는, 본건 부품으로부터 야기된 당해 물품의 문제는 매도인이 제시한 당초 시방서에 명시된 것보다, 저급한 품질의 부품을 사용함으로써 비롯된 것이라는 주장에 근거하고 있었다.

④ 한편, 매도인은 [이 같은 매수인의 주장에 대하여] 계약상 18개월이라고 하는 보증기간이 이미 경과하였음을 적시하고, 매수인의 손해배상청구는 이유가 없다고 주장하였다. 이에 매수인은 매도인이 계약의 교섭단계에서, 당해 프레스는 적어도 30년간은 무리 없이 사용될 수 있다고 언급하였음을 근거로, [매도인이 주장하고 있는 것처럼] 제척기간의 적용은 불가하다고 주장하였다.

2. 판정취지

⑤ 중재판정부는, [본건 사실관계로부터] 우선 제척기간의 적용이 불합리하다는 매수인의 주장에 대하여, 물품의 사용기간에 대한 매도인의 진술로부터 이 같은 보증은 분명 통상의 거래관행에 반하며, 또한 매우 이례적인 것으로 취급할 수 있다고 하고, 이로부터 본 물품의 수명기간 동안 매수인에게 계약상 보증이 있었다고는 인정할 수 없다고 판정하였다.

⑥ 아울러, 중재판정부는 [양당사자의 계약내용을 참고로] 본 물품은 일반적인 보증을 포함하고 있다고 할 것이고, 이는 마땅히 제35조 (1)에도 모순되지 않고, 나아가 본조 (2)에서 규정하고 있는 바와 같이, 당사자가 달리 합의하지 않고 있는 한, 본 물품은 동일한 부류의 통상의 사용목적에 적합하여야 한다고 판정하였다. 이에 덧붙여, 매수인이 매도인의 기술과 판단을 신뢰하였다면, 매도인에게 명시적 또는 묵시적으로 알려진 특별한 목적에 적합하여야 한다는 일반보증에 의할 경우에도, 그 결과는 마찬가지라고 첨언하였다.

⑦ 결론적으로 중재판정부는, 당초 매수인에게 제공된 계약서류에 교체부품이 어떻게 설치되어야 하는지에 관한 설명이 포함되어 있지 않았고, 프레스 고장사유가 매수인의 설치 및/또는

관리부실에 기인한 바 없다고 보아, 프레스의 교체부품은 매수인이 기대하고 목적한 장기간의 계속적인 프레스의 사용에 부적합하였다고 최종 판정하였다.

3. 해설

⑧ CISG는 [원칙적으로 임의법규로서] 그 방식의 자유를 정한 제12조[국내법상의 형식요건]를 제외하고, CISG의 여하한 규정도 당사자 간 합의로 그 적용을 제한하거나 그 효력을 변경할 수 있다 [제6조(계약에 의한 배제 또는 변경)]. 따라서, 물품의 계약적합성에 관한 매도인의 의무에 관하여도 당사자 간 합의로 자유로이 그 적용을 제한하거나 효력을 감퇴시킬 수 있다. 그러나, 매도인이 계약서에 단순히 매도인의 품질보증책임에 대해 CISG와 다른 원칙을 특정하였다고 하더라도 그로 인해 당연히 CISG의 묵시적 적합성 요건의 적용이 제한되는 것은 아니라는 점에 주의를 기울일 필요가 있다.

036. 물품의 손상과 계약적합성에 미치는 효과

Art. 36

(1) The seller is liable in accordance with the contract and this Convention for any lack of conformity which exists at the time when the risk passes to the buyer, even though the lack of conformity becomes apparent only after that time.

(2) The seller is also liable for any lack of conformity which occurs after the time indicated in the preceding paragraph and which is due to a breach of any of his obligations, including a breach of any guarantee that for a period of time the goods will remain fit for their ordinary purpose or for some particular purpose or will retain specified qualities or characteristics.

第36조

(1) 매도인은 위험이 매수인에게 이전하는 때에 존재하는 부적합에 관하여 계약 및 본 협약에 따른 책임을 지며, 이는 비록 그 부적합이 그 시점 이후에 밝혀지더라도 마찬가지다.

(2) 매도인은 또한 부적합이 전항 소정의 시섬 이후에 발생하더라도 그것이 그의 의무위반에 기인하는 경우에는 이에 대한 책임을 지며, 그의 의무위반에는 일정기간 동안 그 물품이 통상적인 목적 또는 어떠한 특정한 목적에 적합하게 유지될 것이라는 보증이나 또는 특정한 품질 또는 특질을 보유할 것이라는 보증의 위반이 포함된다.

[450] 第36조는 물품의 계약부적합과 관련하여, 매도인에게 그 책임을 묻기 위해서 그 부적합이 어느 시점에 존재하여야 하는가에 대한 기준을 다루고 있는 규정이다. 이 경우 본조에서는 원칙적으로 위험의 이전 시에 있었던 물품의 부적합에 관하여 그 책임을 부담하여야 한다고 규정하고 있다. 아울러, 매도인은 위험의 이전 이후에 발생한 물품의 부적합에 관해서도 그 책임을 부담하여야 할 경우가 있는데, 곧 물품의 부적합이 매도인의 계약위반에 기인한 경우와 물품을 보증하고 있는 경우가 이에 해당한다.

[451] 본조 (1)에 의하면, 양당사자의 권리는 항상 위험이 매수인에게 이전하는 시점에서 당해 부적합의 존재여부에 따라 이전된다. 이 경우 어느 당사자가 그 부적합의 입증책임을 부담해야 하는가에 관한 사안이 중요한 문제로 부각된다. 본 사안은, i) 국제사법의 원칙에 따라 지정된 국내법에 의해 해결하여야 한다는 주장과, ii) 계약의 해석원칙[第7조 (2)]에 기하여 물품의

부적합을 주장하는 일방당사자[곧, 매수인]가 그 입증책임을 부담하여야 한다는 주장으로 대별된다. 생각건대, 이는 제35조[물품의 일치성]의 입증책임에 관한 문제와 다름이 없고, 그 결과 또한 마찬가지로 귀결될 것이라 본다. 곧, 후자의 견해가 타당하리라 판단된다.

[452] 본조 (2)에서는 매도인은 위험이 매수인에게 이전된 이후에 발생하는 부적합에 관해서도 그 책임을 부담하여야 한다고 규정하고 있다. 그러나, 그러한 부적합은 매도인의 의무위반으로 인해 발생하는 경우에만 해당한다. 곧, 본조 (2)에 의거하여, 당해 부적합이 매도인이 일정기간 동안 그 물품의 통상적인 목적, 또는 그 어떠한 특정의 목적, 또는 그 어떠한 특정의 품질이나 특질을 유지할 것이라는 보증으로 인해 발생하였다면, 매도인은 위험이 이전한 이후에 발생하는 부적합에 대해서도 다름없이 그 책임을 부담하여야 한다.

1. 위험이전 시의 물품의 부적합

[453] 매도인은 위험의 이전 시에 존재하는 물품의 계약부적합에 관하여 그 책임을 부담한다. 이 경우 [물품의 부적합을] 매도인이 인지하고 있었는지의 여부는 일절 관련이 없으며, 아울러, 그러한 물품의 계약부적합이 위험의 이전 이후에 명확하게 된 경우에도 위험의 이전 시에 이미 그 물품의 계약부적합이 존재하였던 경우에는 다름없이 매도인에게 그 책임이 전가된다. 위험이전의 시기는 우선 당사자의 합의에 의하여 결정되고, 달리 당해 합의가 존재하지 않고 있는 경우에는 제67조[운송조항부계약과 위험의 이전] 및 제69조[기타의 위험]의 적용에 따라 결정될 수 있다.

2. 위험이전 이후의 물품의 부적합

[454] 본조 (1)의 예외로서 위험의 이전 이후에 발생한 물품의 계약부적합에 관하여 매도인이 책임을 지는 경우는, i) 물품부적합이 매도인의 계약위반에 기인한 경우[이를테면, 매도인이 포장을 부실하게 하여 운송 중에 당해 물품이 손상된 경우], ii) 매도인이 당해 물품에 관한 보증특성을 위반하여 물품의 부적합이 발생한 경우로 구분할 수 있다. 다만, 후자의 경우 당해 물품에 관한 보증은, 명시적 보증은 물론 묵시적 보증으로도 가능하다.

■ SUMMARY [*Article 36*]

Article 36 deals with the time at which a lack of conformity in the goods must have arisen in order for the seller to be liable for it. Article 36 (1) states a general rule that the seller is liable for a lack of conformity that exists at the time risk of loss for the goods passes to the buyer. Article 36 (2) extends the seller's responsibility in certain circumstances by providing that the seller is liable for a lack of conformity occurring even after risk has passed if the non-conformity is caused by a breach by the seller of its obligations, including a breach of a guarantee of the future performance or qualities of the goods. Several decisions illustrate the operation of the two paragraphs of article 36. A flower shop that purchased daisy plants refused to pay the price when the buyer's own customers complained that the plants did not bloom throughout the summer as expected: a court of appeals affirmed the seller's right to the price because (1) the buyer failed to prove, pursuant to article 36 (1), that the plants were defective when the risk passed to the buyer, and (2) the buyer failed to prove that the seller had guaranteed the future fitness of the goods under article 36 (2). Another court concluded that the seller was not liable under article 36 (1) for damage to pizza boxes that occurred while the boxes were being shipped by carrier because risk of loss had passed to the buyer when the goods were handed over to the first carrier; the result was not changed by article 36 (2) because the damage was not due to any breach by the seller.

판결례와 평가

- 적용범위 : 위험이전 이후의 물품의 계약부적합
- 출처표시 : 「Audiencia Provincial de Barcelona」(Spain), 『Unknown』, 1998.05.26.

1. 논점과 사실관계

① **매수인**[오스트리아]은 **매도인**[스페인]과 기계 및 기계의 설치에 관한 계약을 체결하였다. 본 계약에는, 기계가 설치된 이후, 30일 이내에 매수인은 본건 물품대금을 지급하여야 한다고 명시하고 있었다. 그러나, 이 기간이 경과된 이후에, 매수인은 물품대금지급을 거절하고, 본 기계에 결함이 있음을 주장하였다. 이에 매수인은 기계고장으로 인하여 발생한 손실비용 및 자신의 기업이미지에 미친 손해에 대하여 매도인에게 손해배상을 청구하였다. 이에 대하여 매도인은 매수인이 지급하지 않은 물품대금에 대한 청구소송을 제기하고 승소하였다. 매수인은 본 판결에 불복하고, 본건 상소를 제기하였다.

2. 판결요지

② 법원은 본건 계약을 [물품매매와 기계설치를 포함하는] 혼합계약으로 인정하였다. 또한 본 계약은 기계의 매매가 주요 부분이며, 서비스는 당해 물품에 부수하는 일부분임을 강조하였다. 나아가, 제36조에 의거, 매도인의 의무위반으로 인해 물품의 위험이 매수인에게 이전된 이후에 발생한 계약의 부적합에 관하여 매도인은 그 책임을 부담하여야 한다고 설시하였다. 그렇지만, 매수인은 당해 계약의 목적물로서 기계가 정상적으로 작동이 불가능하다고 하는 사실을 입증하지 못했기 때문에, 매수인이 제기한 소송은 제36조 (2) 및 제45조[매수인 구제권의 총괄]에 따라, 물품대금의 지급을 피하기 위한 의도에 불과하다고 판단하였다. 이에 법원은, 당해 기계가 당초 매수인이 기대에 부합하는 것으로 최종 판시하였다. 법원은, [본 판결의 근거로서] 계약체결 이후, 매수인은 매도인에게 자신의 대리인에게 선적 전에, 본 기계의 시운전을 요구하였고, 매도인은 매수인의 이 같은 요구를 수용하여 시운전에 임했다고 하는 전문가의 증언을 제시하면서, 본건 매수인의 상소를 기각하였다.

037. 인도기일 전의 보완권

Art. 37
If the seller has delivered goods before the date for delivery, he may, up to that date, deliver any missing part or make up any deficiency in the quantity of the goods delivered, or deliver goods in replacement of any non-conforming goods delivered or remedy any lack of conformity in the goods delivered, provided that the exercise of this right does not cause the buyer unreasonable inconvenience or unreasonable expense. However, the buyer retains any right to claim damages as provided for in this Convention.

제37조
매도인이 인도기일 이전에 물품을 인도한 경우에는 매수인에게 불합리한 불편이나 또는 불합리한 비용을 야기하지 아니하는 한, 매도인은 그 기일까지는 인도된 물품의 누락분을 인도하거나 또는 수량의 부족을 보충하거나 또는 인도된 부적합 물품에 갈음하는 물품을 인도하거나 또는 인도된 물품의 부적합을 시정할 수 있다. 그러나, 매수인은 본 협약에서 규정된 바의 손해배상을 청구할 권리를 보유한다.

[455] 제37조는 매도인이 계약에 규정된 기일 이전에 부적합한 물품을 인도한 경우를 다루고 있는 규정이다. 본조 제1문의 내용에 비추어, 매도인은 물품의 수량이 부족한 경우에 누락된 부분을 인도하거나, 인도된 물품의 부족을 보충하여야 하며, 만약 인도된 물품의 품질에 결함이 있는 경우에 매도인은 대체물품을 인도하거나, 인도된 물품 중에 계약에 부적합한 사항에 관하여는 이를 시정하여야 한다. 제2문에서는, 비록 손해배상금액은 반드시 매도인이 앞선 첫 번째 내용에 따라 실시한 구제방법에 따라 이를 반영하여야 할 것이나, 그럼에도 불구하고 매수인은 CISG에서 규정하고 있는 손해배상청구권은 다름없이 보유한다고 규정하고 있다.

[456] 본조가 적용되기 위해서는 매도인이 인도기일 이전에 물품을 인도하였어야 하며, 또한 당해 물품의 인도가 '**불완전**'해야 한다. 이 경우 '**불완전**'의 의미는 '**물품의 하자**'뿐만 아니라 '**권리의 하자**'도 포함된다.

[457] 매도인에 의한 추완의 방법은 통상적으로, i) 누락분의 인도, ii) 부족분의 보충, iii) 대체물품의 인도, iv) 부적합의 제거 등이 있다. 이 경우 추완에 따른 수단 내지 방법의 선택권은 매도인에게 있음은 유의하여야 할 사항이다. 그러나, 당해 추완이 매수인에게 불합리한 불편 또는 불합리한 비용을 발생시킬 수 있는 경우에 매도인은 추완권을 행사할 수 없고, 또한 매수

인은 이 같은 매도인의 추완권 행사를 거절할 수 있다.

[458] 그렇지만, 매수인이 정당한 이유 없이 매도인의 추완을 거절하는 경우 물품하자에 기한 그 자신의 권리를 상실하게 된다. 그러나, 당해 매도인의 추완에도 불구하고 이행기 전에 매도인의 중대한 위반이 명백한 경우라면 매수인은 제72조[이행기 전의 계약해제] (1)에 의거 계약의 해제를 선언할 수 있다.

SUMMARY [*Article 37*]

Article 37 of the CISG deals with non-conforming deliveries made by the seller before the date specified in the contract. The first sentence of article 37 specifies that, in the case of a delivery of insufficient quantity, the seller can cure by 'delivering any missing part' or by 'making up any deficiency in the quantity of the goods delivered.' In the case of a delivery of goods deficient in quality, the seller can cure by delivering replacement goods or by 'remedying any lack of conformity in the goods delivered.' The second sentence of article 37 specifies that the buyer retains any right to damages provided by the Convention, although the amount of such damages presumably must reflect any cure accomplished by the seller under the first sentence of the provision. The second sentence of article 37 was invoked by an arbitral tribunal where a seller had made a delivery of confectionary products before the buyer had furnished a banker's guarantee required by the contract. Although the buyer accepted the delivery, it failed to pay for the goods, arguing that the seller had breached the contract by delivering before the guarantee was in place and that this default should be considered a fundamental breach of contract justifying the buyer's non-payment. The arbitral tribunal, however, ruled that the breach by the seller did not permit the buyer to refuse to pay, noting that under the last sentence of article 37 the buyer could claim damages for any losses caused by the early delivery.

038. 물품검사시기

Art. 38

(1) The buyer must examine the goods, or cause them to be examined, within as short a period as is practicable in the circumstances.

(2) If the contract involves carriage of the goods, examination may be deferred until after the goods have arrived at their destination.

(3) If the goods are redirected in transit or redispatched by the buyer without a reasonable opportunity for examination by him and at the time of the conclusion of the contract the seller knew or ought to have known of the possibility of such redirection or redispatch, examination may be deferred until after the goods have arrived at the new destination.

제38조

(1) 매수인은 상황에 비추어 실행가능한 단기간 내에 물품을 검사하거나 검사하게 하여야 한다.

(2) 계약이 물품의 운송을 포함하는 경우에는 검사는 물품이 목적지에 도착한 이후까지 연기될 수 있다.

(3) 물품이 매수인에 의한 검사를 위한 합리적인 기회도 없이 매수인에 의하여 운송 중에 목적지가 변경되거나 또는 전송되고 또한 계약체결 시에 매도인이 그러한 변경이나 전송의 가능성을 알았거나 또는 알았어야 했던 경우에는 검사는 물품이 새로운 목적지에 도착한 이후까지 연기될 수 있다.

[459] 제38조는 물품에 관한 매수인의 검사의무를 다루고 있는 규정이다. 본조에서 매수인의 검사의무는 [독립적이고도 고유한 의무가 아니라] 제39조 부적합의 통지에 관한 규정과 연관성을 갖고 있는 부가규정으로 취급할 수 있다. 즉, 매수인이 만약 사전에 물품검사를 하였더라면 발견했을 부적합을 그럼에도 불구하고 검사하지 않아 그 부적합을 발견하지 못하여 이를 매도인에게 통지할 수 없었던 경우에 한하여 물품의 부적합에 대한 책임을 부담하게 된다. 따라서, 검사하지 않았다고 하더라도 부적합의 통지만을 했을 경우에 당해 검사를 시행하지 않은 것은 문제시 되지 않는다. 결국, 매수인의 검사의무에 대해 매도인은 검사를 청구할 권리가 없으며, 또한 매수인이 검사하지 않았다는 사실에 기하여, 별단의 손해배상을 청구할 수는 없다.

[460] 한편, 매수인의 물품검사 기간은 [그 상황에서 실제적으로 가능한 한] '짧은 기간' 내이어야 한다. 이 경우 '짧은 기간'이라고 함은 당해 상황에서 실제적으로 가능했어야 하는 기간이라는 사실이 적의 고려되어야 한다. 여기서 물품의 검사는 [전술한 바와 같이] 제39조의 부적합 통지와

연관되어 있기 때문에 검사기간은 흔히 부적합의 통지기간과 함께 고려되는 것이 상례이다.

[461] **송부매매**(送付賣買) 시의 검사와 관련하여, 계약이 물품의 운송을 포함하고 있다면, 검사는 물품이 목적지에 도착한 후까지 연장된다. 이 경우 **'운송을 포함한다'**는 것은 **제31조**[물품인도장소] (a)에서와 같은 의미이다. 따라서, 송부매매 시에 매도인의 인도의무는 최초운송인에게 인도하는 때에 종료되지만, 매수인의 검사의무는 물품이 목적지에 도착할 때까지 연장된다.

[462] 매수인이 물품을 검사할 합리적인 기회를 갖지 못한 채, 물품운송 중에 목적지를 변경하거나, 여타 다른 곳으로 재차 운송되는 경우 물품검사는 새로운 목적지에 도착한 후까지 연장된다. 이 경우 전제조건은 그러한 변경 또는 **재운송**(再運送)의 사실을 계약체결 시에 매도인이 알았거나 알 수 있었을 경우에 한 한다.

■ SUMMARY [*Article 38*]

1. Article 38 directs a buyer to whom goods have been delivered to examine them or cause them to be examined. Much of the text of article 38 focuses on the time when this examination should take place. Thus article 38 (1) specifies the general rule that the examination must occur 'within as short a period as is practicable in the circumstances.' Article 38 (2) provides a special rule for cases involving carriage of goods, permitting the examination to be deferred until the goods arrive at their destination. With respect to the relationship between articles 38 (1) and 38 (2), one court has explained that normally the place of examination is the place where the seller's delivery obligation is performed under article 31 of the Convention, but if the contract involves carriage of the goods the examination may be deferred until the goods reach their destination. Article 38 (3) contains another special rule, applicable if the buyer redirects goods while they are in transit or redispatches goods before having a reasonable opportunity to examine them: in such cases, examination may be deferred until after the goods arrive at their 'new destination,' provided the seller was on notice of the possibility of such redirection or redispatch when the contract was concluded.

2. The obligation to examine under article 38 (and to give notice of lack of conformity under article 39) applies not just to non-conformities under CISG article 35, but also to non-conformities under contractual provisions that derogate from article 35. The examination mandated by article 38, furthermore, should ascertain not only that the quality, quantity, capabilities and features of the goods conform to the seller's obligations, but also that the goods are accompanied by documentation required by the contract.

3. According to several opinions, the purpose of the article 38 examination obligation, in conjunction with the notice requirement imposed by article 39, is to make it clear, in an expeditious fashion, whether the seller has properly performed the contract. In this regard, article 38 is similar to rules commonly found in domestic sales law; indeed, article 38 has been applied as a matter of 'international trade usage' even though the States of neither the buyer nor the seller had, at the time of the transaction, ratified the Convention Article 38, however, is a provision of international uniform law distinct from similar domestic rules, and is to be interpreted (pursuant to article 7 (1)) from an international perspective and with a view to promoting uniformity in its application. It has been asserted that the requirements of article 38 are to be strictly applied.

판결례와 평가

- 적용범위 : 물품검사의무
- 출처표시 : 「Oberster Gerichtshof」(Austria), 『7 Ob 301/01t』, 2002.01.14.

1. 논점과 사실관계

① 본 사건은 매수인이 물품을 검사할 수 있는 조건과 그 의무에 관하여 디루고 있는 사례이다.[230] **매도인**[독일]과 **매수인**[오스트리아]은 매도인의 특별한 주문사양이 포함된 **냉방기계**(cooling system)를 계약의 목적물로 하여 매매계약을 체결하였다. 계약에 의하면, 기계는 검사를 받기 위하여 오스트리아에 있는 매수인의 영업소에 인도된 이후, 최종적으로는 독일에 건설될 수처리 공장에 설치될 예정이었다.

② 계약내용에 비추어 중요사항은, 공장주의 대리인이 매수인에게 냉방기계의 인도와 설치를 요청하고 있다는 것, 매수인과 최종 고객의 대리인 간의 계약은 특정한 인도기일을 정하고 있다는 것, 이행지체 시에는 상당한 위약금을 지급하도록 정하고 있다는 것 등이었다.

③ 매도인은 청약에서 송장의 이면에 기재된 표준약관을 명시적으로 원용하였고, 매수인은 매도인과 기존의 상거래 관계로 인하여 이미 표준약관의 존재 및 그 내용을 잘 알고 있었다. 본 표준약관에 의하면, 매수인은 인도 이후, 즉시 물품을 검사할 의무와, 인도일로부터 8일 이

230) ① 「The Maritime and Commercial Court of Copenhagen」(Denmark), 『H-0126-98』, 2002.01.31.
② 「Helsinki Court of Appeal」(Finland), 『S 96/1129』, 1998.01.29.
③ 「Oberlandesgericht Schleswig」(Germany), 『11 U 40/01』, 2002.08.22.
④ 「U.S. District Court, Eastern District of Arkansas」(USA), 『4:09cv00318 SWW』, 2010.08.19.
⑤ 「Inalta Curte de Casatie si Justitie」(Romania), 『2957/2003』, 2003.06.06.

내에 명백한 부적합을 매도인에게 서면으로 통지할 의무가 있고, 부적합을 치유하기 위하여 물품을 수리할 것인지, 아니면 대체물을 인도할 것인지는 매도인이 선택할 문제이고, 제척기간은 12개월이며, 간접손해는 배상되지 않을 뿐 아니라 이행장소와 분쟁해결장소는 매도인의 영업소로 하고, 준거법은 독일법으로 정하고 있었다.

④ 계약의 이행과정에서 매도인이 인도기일을 지키지 못하였기 때문에 냉방기계는 독일에 있는 건설현장으로 인도되어야 했고, 그곳에서 매수인은 간단한 검사를 할 수 밖에 없었다. 매수인은 약간의 명백한 하자로서 부식 및 거친 마감을 발견하고, 즉시 매도인에게 통지하였다. 그럼에도 매수인은 대리인과의 계약에서 규정된 위약금을 지급하지 않기 위하여 기계를 설치하였다.

⑤ 그후 추가적인 기술적 하자로서 저성능 및 고소음이 발견되었고, 매수인은 마찬가지로 즉시 매도인에게 이 사실을 통지하였다. 매도인은 지연된 통지에도 이의를 제기하지 않았고, 저성능 및 고소음에 대한 하자보완을 약속하였다. 그럼에도 불구하고 하자가 수리되지 않았던 까닭에, 급기야 매수인과 대리인은 대체기계의 인도를 요구하였으나, 매도인은 이를 거절하였다.

⑥ 이후 당해 하자에 관하여 매도인은 자기의 계산과 비용으로 재차 수리를 시행하였으나 효과가 없자 매수인과 건설시공자는 매수인이 후에 대체기계를 제공하기로 하고, 하자있는 기계를 임시적으로 설치하기로 합의하였다. 매도인은 이 합의에 관여하지 않았고, 달리 통보받지도 못하였다. 약정된 날에 매수인이 기계를 개조하여 재차 설치하였는 바, 기계는 정상적으로 작동하였다.

⑦ 매도인이 매수인을 상대로 당사자 간의 다른 거래에 관한 송장에 대한 지급을 구하는 소를 제기하자 매수인은 그 지급을 거절하고, 송장에 대하여 지급할 채무를 하자있는 냉방기계의 인도로 인하여 발생한 손해배상채권으로 상계할 수 있다고 주장하였다.

2. 판결요지

⑧ 법원의 판결요지는 다음과 같다. 매도인의 표준약관에 독일법을 준거법으로 하는 준거법 선택조항이 포함되어 있는 경우 CISG는 당해 국가의 법체계의 일부이므로 이것이 묵시적으로 CISG 적용을 배제한 것이라고 볼 수 없다[제6조]. 매도인이 청약에서 명시적으로 표준약관을 원용하였고, 매수인이 매도인과 기존 거래로부터 이미 표준약관을 알고 있었으므로 표준약관은 매수인을 당연히 구속한다. 결국, 매수인의 냉방기계 구매로 인한 손해의 주장은 타당하다

고 할 것이나, 손해배상청구액은 제한하기로 한다.

⑨ 법원은, [매수인이 하자를 기간 내에 통지하지 않았다는 매도인 주장에 관하여] 매수인이 물품수령 이후, 즉시 검사하여 발견할 수 있었던 하자에 관하여는 통지기간 내에 통지를 하였고, 이후에 발견되는 잠재적 하자에 관한 통지기간은 발견 후 상당한 기간이다[제38조, 제39조]. 이 경우 상당한 기간은 각 사건의 상황, 특히 매수인 회사의 규모와 구조, 검사될 물품의 성질과 수량, 검사에 드는 노력, 선택된 법적 구제방법 등을 고려하여 결정함이 타당하다.

⑩ 본건에서 매수인이 너무 늦게 통지하였다고 하더라도, 매도인은 통지를 받은 후, 매수인에게 특히 즉시 항변을 제기하지 않고, 하자를 보완하겠다고 명시적으로 선언함으로써 항변을 제기할 권리를 상실하였다. 따라서, 매수인의 통지가 하자의 종류를 충분히 기술하지 못하였다는 매도인의 항변은 배척한다. 물품의 계약부적합은 매도인이 적절한 방법으로 대응할 수 있도록 특정되어야 하나, 이러한 요건은 과도하게 요구되어서는 아니 되고, 또한 그 요건마저도 각 경우의 상황에 따라 다를 것인 바, 특히 매수인이 물품을 검사할 수 있는 조건을 고려하여야 한다[제39조(부적합의 통지) (2)].

3. 해설

⑪ 본건은 당사자가 물품의 부적합을 치유하기 위해 물품을 수리할 것인지, 아니면 대체물을 인도할 것인지는 매도인이 선택하기로 약정한 사안에서 매도인의 1차 수리에도 불구하고 하자가 수리되지 않아 매수인이 대체물 인도를 요구하였으나 매도인이 이를 거절하였고, 2차 수리에도 불구하고 하자가 수리되지 아니한 경우 매도인의 하자있는 기계의 인도로 인한 매수인의 손해배상청구권을 인정한 사례이다.

판결례와 평가

- 적용범위 : 위험이전 시기에 물품의 검사의무
- 출처표시 : 「U.S. District Court, North. District, Illinois, East. Div.」(USA), 『01 C 4447』, 2003.05.28.

1. 논점과 사실관계

① 본 사건은 매수인이 위험이전 시기에 검사를 실시하지 않은 경우 매수인에 의한 물품대금

지급거절이 인정될 수 있는지의 여부를 다루고 있는 사례이다.[231] **매수인**[N사]은 돼지고기를 목적물로 **매도인**[C사]와 매매계약을 체결하였다. 계약내용에는 수량, 물품대금 및 지급기한, 물품의 설명, 집하일과 장소 등을 포함하고 있었다. [계약의 유효성에 대해서는 당사자 간에 다툼이 없었다]

③ C사의 원료구입처에서는 돼지고기를 해체처리 후 단위상자에 적입하고 급속냉동 후 야외 냉동고에서 출하하기까지 보관하였다. [C사는 거래의 어느 시점에서도 자사 제품을 보관하는 일은 없었다] 원료구입처는 자사냉동고 외에 다른 2개사의 냉동고에 보관하였고, 자사의 품질관리기록에 따르면 물품은 적정온도에서 보관되어, 업무기준에 따라 처리・보관되고 있었다. 소송에서 제시된 기록에 의하면 외부 1개사의 위탁보관 중에는 허용온도 또는 그 이하에서 보관되고 있었지만, 다른 1개 회사는 당사자로부터 증거의 제시는 없었다.

⑤ **운송회사**[B사]는 N사의 대리인으로서 물품을 구입처로부터 집하하였고, 화물수령 시에 B사는 선하증권에 서명하고, 물품이 'in apparent good order'(외형은 양호)라는 취지를 기재하였다. 당해 선하증권은 **'포장내용물의 내용과 상태는 불명'**(contents and condition of contents of packages [were] unknown)이라는 소위 부지약관이 첨부되었다. 이후 B사는 물품을 N사 고객에게 배송했다. 이후 N사 고객은 선하증권에 서명하면서, 외형은 양호한 상태임을 인정하였다.

⑥ 이후 [N사는 C사에게] 물품대금 지급기한이 도래하였음에도, N사는 지급하지 않았다. B사가 화물을 보관처로부터 정상상태로 수령하고 있어, C사는 본 계약에 따라 N사에 대해 물품대금지급을 요구하였다. [N사의 계약교섭자는 당시 N사는 당해 지급을 거절할 이유가 없었다는 사실을 증언하고 있다]

⑦ N사 고객은 물품의 가공에 임하면서, 규격 외의 품질이 있다는 것을 알게 되었다. 나아가, [검사관이 물품검사를 실시한 결과] 당해 물품이 품질기준에 미달하고 있다는 사실이 발견되었고, 이에 N사 고객에게 그 가공처리를 중단하도록 지시하고 관계기관에 의해 회수된다는 표시의 꼬리표와 함께, 이에 **'황색・녹색・온도 취급불량・열화'**라고 기재하고 N사 고객의 냉동고에 보관시켰다. 당시 양당사자는 물품에 잠재적인 문제가 발생하고 있는 것을 인지하고 있었다. [검사관은 그 후 현장검사를 계속하였고, 이후 당해 결과에 대한 이상이나 편차는 발견되지 않았다]

---

231) ① 「Oberster Gerichtshof」(Austria), 『7 Ob 301/01t』, 2022.01.14.
② 「Hof van Beroep, Gent」(Belgium), 『Unknown』, 2003.05.12.
③ 「Oberlandesgericht Köln」Germany(), 『16 U 62/07』, 2008.05.19.
④ 「Tribunale di Forlì」(Italy), 『2280/2007』, 2008.12.11.
⑤ 「Gerechtshof's-Hertogenbosch」(Netherlands), 『C0500427/HE』, 2007.01.02.
⑥ 「Tribunal Supremo」(Spain), 『133/2008』, 2008.01.17.
⑦ 「Handelsgericht Zürich」(Switzerland), 『HG 930634』, 1998.11.30.
⑧ 「U.S. District Court, Southern District of New York」(USA), 『09 Civ. 3059 (TPG)』, 2010.03.30.

⑧ 문제의 단위상자를 검사할 당시, 보관방법은 제각각이었고, 개별적으로 냉동된 것은 문제가 없었지만, 집하되어 냉동된 것은 부패되어 있었다. 사료로서 재이용하려고 한 제작중인 물품은 이미 부패한 상태가 되어 있었다. 검사당국은 물품이 N사 고객에게 부패한 상태로 도착한 것은, 다수의 공급원으로부터 조달된 것을 집하한 결과라고 판단하고, 이에 재이용은 불가하다고 최종 판단하였다.

2. 판결요지

⑨ 법원은, N사에게 물품대금 및 지연이자 지급을 명한 원심을 지지하면서, 항소인 N사의 청구를 기각하고 원심대로 판결하였다. 아울러, 법원은 CISG하에서는 계약상의 보증위반의 입증책임은 매수인 측에 있다고 판단하고 있다. 그럼에도 불구하고 N사는 당해 물품검사를 실시하지 않았기 때문에, 물품의 부적합이 위험이전 시에 발생하였다는 사실에 대한 묵시적인 물품의 계약적합성 보증의무 위반의 입증책임을 주장할 수 없다. 따라서, 보증의무 위반사실을 이유로 대금지급유보를 행할 수 없다고 최종 판시하였다.

3. 해설

⑩ 우선 [미국 당사자의 소송에서 문제될 수 있는 준거법 문제와 관련하여] 본건에서는 명확히 CISG를 준거법으로 하고 있다. 소송의 쟁점인 물품검사의 의무와 묵시적 물품의 계약적합성 위반에 의한 권리와 의무는 계약에 정해져 있지 않으므로 이 경우 CISG를 참조하는 것은 적절한 방법이라고 판단된다.

⑪ 준거법인 CISG에서 검사와 위험이전의 시기에 관한 기준이 본건의 초점이다. 본 판결에서 물품의 계약부적합에 관한 보증위반의 주장이 외견상 입증책임의 소재와 그 이행에 주안점을 두고 있는 것처럼 보이지만, 본 판결은 실제로 매수인이 검사를 실시해야 하는 시기를 판결의 초점에 두고 있다.

⑫ 본 판결은 CISG하에서 계약위반의 사유로서 묵시적 물품의 계약적합성에 기한 보증의무 위반의 입증책임을 완수하기 위한 필수요건은 당해 물품검사임을 명확히 하고 있고, 또한 물품검사가 실행되어야 할 시기와 그 실시 유무에 근거하고 있다는 점을 명확히 하고 있다.

⑬ 본건에 기한 시사점은, 매수인은 물품검사를 가능한 최단기간 내에 행하여야 하고[제38조(1)], 물품의 계약부적합 판단시점은 위험이전 시이며[제69조(기타 경우의 위험) 및 제36조(물품의 손상

과 일치성에 미치는 효과)], 검사결과 물품에 계약부적합이 발견된 경우 이것이 기대이익을 상실할 정도의 중대한 계약위반이 아닌 한[제25조(중대한 계약위반)], 물품의 부적합을 발견하거나 발견해야 할 시점으로부터 상당한 기간 내에 매도인에게 통지하지 않는 한, 법적구제는 용인될 수 없다는 사실[제39조(부적합의 통지) (1)], 그리고 매수인의 물품대금 지급의무에 대해서도 검사완료[제58조(대금지급시기)]와 중대한 계약위반이 없는 한, 면책될 수 없다고 하는 사실 등으로 요약할 수 있다[제49조(매수인의 계약해제권)].

판결례와 평가

- 적용범위 : 물품의 통상의 사용목적이 특정국가의 공법규정에 적합하여야 하는지 여부
- 출처표시 : 「Audiencia Provincial de Granada」(Spain), 『143/2000』, 2000.

1. 논점과 사실관계

① 본 사건은 물품의 통상의 사용목적이 특정국가의 공법규정에도 다름없이 적합하여야 하는지의 여부를 다루고 있는 사례이다. **매도인**[스페인]과 **매수인**[미국]은 계약의 목적물을 냉동닭으로 하여 [우크라이나로의 최종인도를 포함한] 매매계약을 체결하였다. 계약체결 전에 매수인은 매도인의 농장을 검사하고 물품표본의 품질과 특질을 승인하였다. 그런데, 인도된 물품이 우크라이나 국내법의 요건을 충족하지 못하여 지역시장에 판매할 수 없었다. 이에 매수인은 매도인을 상대로 당해 부적합을 이유로 소를 제기하였다.

2. 판결요지

② 법원은, 매수인은 물품이 원산지 국가의 국내법 요건에 적합하여야 하고, 나아가 물품이 판매될 국가의 특정한 법률요건에 적합하여야 한다는 것을 매도인에게 특별히 통지하지 않았고, 특히 매수인이 미리 동일한 물품의 표본을 검사하고 승인하였다면, 물품이 판매될 국가의 특정한 국내법 요건을 충족시키지 못했다는 사실이 제35조 (2), (a)에 따른 통상의 사용에 적합하지 않다는 규정에 부합한다고는 볼 수 없다. 또한 [부적절한 운송에 관하여 살피기에] 물품을 관리한 운송인은 물품이 특별한 이상 없이 정상적으로 운송되었다고 진술하였고, 매수인은 물품이 도착한 이후 4~5일이 지나서야 비로소 물품을 검사하였으므로 매수인은 이후에 발생한 모든 손해에 대한 책임을 부담하여야 한다고 최종 판결하였다.

3. 해설

③ 본 사건은 물품이 당해 국가의 원산지 식별요건에 적합하고, 매수인이 매도인에게 물품이 판매될 국가의 특정한 법률요건에 적합하여야 한다는 것을 알리지 않았으며, 나아가 매수인이 사전에 동일한 물품의 표본을 검사하고 승인하지 않았다면, 물품이 판매될 국가의 특정한 국내법상 요건을 충족하지 못했다고 하는 사실이 제39조에 비추어, 물품이 통상의 사용목적에 적합하지 않다는 의미로는 볼 수 없다고 판시한 사례이다.

039. 계약부적합의 통지

Art. 39

(1) The buyer loses the right to rely on a lack of conformity of the goods if he does not give notice to the seller specifying the nature of the lack of conformity within a reasonable time after he has discovered it or ought to have discovered it.

(2) In any event, the buyer loses the right to rely on a lack of conformity of the goods if he does not give the seller notice thereof at the latest within a period of two years from the date on which the goods were actually handed over to the buyer, unless this time-limit is inconsistent with a contractual period of guarantee.

제39조

(1) 매수인이 물품의 부적합을 발견하였거나 또는 발견하였어야 했던 때로부터 상당한 기간 내에 매도인에게 당해 부적합의 내용을 명세하여 통지하지 아니하는 경우에는 매수인은 물품의 부적합을 원용할 권리를 상실한다.

(2) 매수인은 물품이 매수인에게 실제로 인도된 날로부터 늦어도 2년 이내에 매도인에게 그에 따른 통지를 아니한 경우에는 물품의 부적합을 원용할 권리를 상실한다. 다만, 이러한 기간제한이 계약상의 보증기간과 양립하지 아니하는 경우에는 그러하지 아니하다.

[463] **제39조**는 매수인의 부적합 통지의무에 관하여 다루고 있는 규정이다. 본조의 내용상 매수인이 발견할 수 있는 물품의 부적합인 경우에는 상당한 기간 내에, 물품의 부적합을 발견할 수 없는 경우에는 물품을 수령한 후 2년 내에, 물품의 부적합에 관한 통지가 없으면, 매수인은 당해 물품의 부적합에 기한 권리를 상실한다.

[464] 본조는 임의규정이므로 당사자 간의 합의에 의해 그 기간을 단축 또는 연장할 수 있다. 본조는 매수인이 일정기간 내에 물품의 부적합 통지를 하지 않으면 이와 관련한 제반 권리를 상실한다는 내용을 담고 있다. 이 경우 CISG에서는 **소멸시효**(消滅時效, extinctive prescription)[232]의

232) '**소멸시효**'(消滅時效)란 일정기간 행사하지 않으면 권리를 소멸시키는 제도이다. '**취득시효**'(取得時效)와 함께 축약하여 '**시효**'(時效)라고 불린다. '**시효**'로 인하여 권리가 소멸하려면 다음과 같은 요건이 필요하다. i) 권리가 '**소멸시효**'의 목적이 될 수 있어야 한다. 우리 민법은 채권 외에도 소유권을 제외한 재산권을 '**소멸시효**'의 대상이 된다고 규정하고 있다. 그러나, 소유권, 점유권과 유치권, 담보물권, 공유물분할청구권, 존속기간이 정하여져 있는 형성권, 보증인의 최고·검색의 항변권과 동시이행의 항변권, 가족법상의 권리는 '**소멸시효**'의 대상이 아니다. ii) 권리를 행사할 수 있음에도 그 권리를 행사

문제를 다루고 있지 않으므로 매수인 권리의 소멸시효는 국제사법이 지정하는 국내법에 의하게 된다.

[465] 매수인은 물품의 부적합을 발견하였거나 발견할 수 있었던 때로부터 '상당한 기간'(reasonable time) 내에 매도인에게 부적합 사항을 특정하여 통지하지 않으면, 이후로 물품의 부적합에 기한 권리를 주장할 수 없게 된다.

[466] 요컨대, 물품의 부적합은, '물품 그 자체의 하자'뿐만 아니라 '포장의 부적합', '수량의 미달', '상이한 물품의 인도' 등이 해당되며[제35조(물품의 일치성)], 이 경우 매수인은 물품의 부적합 유형과 종류에 상관없이 매도인에게 반드시 당해 물품의 부적합을 통지하여야 한다.

[467] 물품의 부적합에 대한 통지기간은 물품의 검사에 의해 부적합한 사항이 발견된 때 또는 발견될 수 있었던 때로부터 기산된다. 이 경우 '상당한 기간'은 사실의 문제로 귀결되겠지만, 때로는 물품의 특성이 당해 '상당한 기간'을 추론함에 있어 그 영향을 줄 수도 있을 것이다.

[468] 한편, 부적합에 관한 통지의 내용은 구체적이어야 하며, 또한 그 부적합의 유형 내지 종류를 명확히 언급하고 있어야 한다. [이는 매도인을 보호하기 위한 취지이다] 부적합 통지는 서면·구두 여하를 불문하고 불요식(不要式)에 기하나, 다만 발송과 동시에 그 효력이 발생한다는 사실은 유의하여야 한다. 이 경우 통지는 매도인 또는 매도인과 동일시 할 수 있는 자에게 통지하여야 하는데, 이를테면 단순한 대리인이나 중개인, 그 밖의 제3자에게 보내는 것은 원칙적으로 효력이 없다.

[469] 다른 한편, 부적합 통지가 없는 경우, 곧 매수인이 부적합 통지를 하지 않았거나, 통지를 했어도 상당한 기간을 초과하여 하였거나 또는 비정상적인 방법으로 행한 경우에 [제35조의 규정에 따라] 매수인은 물품의 부적합에 관한 제반 권리를 상실하게 된다. 따라서, 물품에 하자가 있거나 또는 수량이 부족한 경우라고 하더라도 물품대금은 계약내용에 준하여 다름없이 지급하여야 한다. 아울러, 매수인은 물품수량의 초과분을 수령한 경우에도 당해 초과분의 대금을

하지 않았어야 한다. '소멸시효'는 그 권리를 행사할 수 있을 때, 즉 그 권리를 행사하는데 법률상의 장애가 없는 때부터 진행한다. 개별적인 경우에 '소멸시효'의 기산점을 파악하면 확정기한부 권리는 그 기한이 도래한 때, 불확정 기한부인 권리는 기한이 객관적으로 도래한 때, 기한을 정하지 않은 권리는 권리가 발생한 때, 정지조건부 권리는 조건이 성취된 때, 부작위를 목적으로 한 권리는 위반행위를 한 때, 채무불이행으로 인한 손해배상청구권은 채무불이행시 등이다. iii) '소멸시효'의 기간이 경과하여야 한다. '채권에 있어 우리 민·상법상 민사는 10년, 상사는 5년, 그 외 재산권은 20년의 불행사에 의하여 소멸함이 원칙'이다. 다만, 민법은 예외적으로 3년 또는 1년의 단기 '소멸시효' 기간을 규정하고 있다.

어김없이 지급해야 한다.

[470] 이 같은 부적합 통지의 하자에 기한 매수인의 권리상실과 관련하여, i) 당해 부적합에 대해 매도인의 악의가 개입된 경우와, ii) 매수인이 통지를 하지 못한 것에 합리적인 이유가 있는 경우에는, 설령 부적합 통지에 하자가 있었다고 하더라도 매수인의 모든 권리가 상실되는 것은 아니다. 즉, 물품의 부적합에 대해 매도인이 알았거나 또는 모를 수 없었을 경우에 매도인은 매수인의 부적합 통지의무 위반을 주장할 수 없고, 나아가 매수인이 물품의 부적합 통지를 하지 못한 것에 합리적인 이유가 있었다면, 매수인은 대금감액을 주장하거나 경우에 따라 손해배상을 청구할 수도 있다.

[471] 매수인의 물품검사에 의해 물품의 부적합이 발견되지 않았더라도 물품이 매수인에게 사실상 인도된 날로부터 2년이 경과하였다면, 매수인은 그 부적합에 대한 자신의 권리를 상실한다. 다만, 계약상 보증기간이 2년을 초과하고 있는 경우에는 그 보증기간에 의한다. 이 경우 2년은 **제척기간**(除斥期間)을 의미하며, 기산점은 물품이 매수인에게 실제로 인도된 때부터이다. 여기서 2년의 제척기간은 매도인이 물품의 부적합을 알았거나 또는 모를 수 없었던 경우에 한하여 예외가 인정되지만, 매수인이 부적합의 통지를 하지 못한 것에 대한 합리적인 이유가 있는 경우에는 2년의 제척기간이 그대로 적용된다.

■ SUMMARY [*Article 39*]

Under article 39, a buyer who claims that delivered goods do not conform to the contract has an obligation to give the seller notice of the lack of conformity. The provision is divided into two subsections addressing different time periods for the required notice: article 39 (1) requires that notice of lack of conformity be given within a reasonable time after the buyer has discovered or ought to have discovered the lack of conformity; article 39 (2) specifies that, in any event, the buyer must give the seller notice of the claimed lack of conformity within two years of the date on which the goods were actually handed over to the buyer, unless this time limit is inconsistent with a contractual period of guarantee.

판결례와 평가

- 적용범위 : 합리적인 조치와 상당한 기간 내의 통지
- 출처표시 : 「Audiencia Provincial de Castellon」(Spain), 『Unknown』, 1997.

1. 논점과 사실관계

① 매수인[스페인]과 매도인[벨기에]은 신선한 돼지고기를 계약의 목적물로 매매계약을 체결하였다. 이후 매도인은 소송을 제기하여 매수인에게 물품대금지급의무의 이행을 청구하였고, 이에 매수인은 매도인이 제공한 물품의 품질에 문제가 있다고 주장하였다.

② 양당사자의 다툼의 소지는 계약의 목적과 그 목적물에 관한 것이었다. 곧, [계약에 구체적으로 규정하고 있지는 않았지만] 매수인은 당초 매도인에게 물품중량 및 지방함량이 일정한 기준이 되어야 스페인에서 상업적 가공용도로서의 햄으로 판매될 수 있다는 사실을 통지하였음에도 불구하고, 매도인은 본 사항을 고려하지 않았던 바, 이에 제35조[물품의 계약적합성] (1), (2)에 따라, [이 같은 매도인의 의무위반을 적시하면서, 당해 계약이 상업적 판매와 연관되어 있었다는 사실을 기초로] 본건 물품은 매수인의 목적, 즉 전매에 부적합하였다고 주장하였다.

③ 한편, 매수인은 [물품의 최종목적을 알고 있었는지의 여부에 관하여] 물품의 하자가 발견되기 전에, 매도인은 최종목적[용도]을 알고 있었다는 사실을 입증하면서, 동시에 [본건 물품중량 및 지방함량의 부족이 계약위반에 해당하는 지의 여부에 관하여] 제35조 (1)과 전문가 측정결과를 기초로, 물품을 수령한 이후 수 개 월 뒤에, 본건 물품을 건조・염장하는 과정에서 물품의 일부분이 판매에 부적절하다는 사실을 발견하였다고 주장하였다.

④ 매도인은, [이 같은 매수인의 주장에 대하여] 제38조[물품검사시기]와 제39조를 원용하여, 매수인이 물품을 검사하였으나, 상당한 기간 내에 본건 물품의 부적합 문제를 제기하지 않았고, 나아가 그 결함에 대한 구체적인 설명도 없었다고 주장하였다. 이에 매수인은 제40조[매도인의 악의]에 의거, [부적합 물품에 관하여] 매도인이 이미 알았거나 모를 수가 없었기 때문에 매도인은 제38조와 제39조를 원용할 권리가 없다고 항변하였다.

2. 판결요지

⑤ 법원은, 물품이 이미 매수인에게 인도된 이후, 그 가공절차를 통해 매수인 생산과정의 일부분이 되었음을 지적하면서, 이에 계약위반을 원용하는 당사자는, 이익의 상실을 포함하여, 계약위반으로 인한 손실을 경감하기 위하여, 그 사정에 따라 합리적인 조치를 취하여야 한다고 설시하였다. 나아가, 당사자가 이러한 조치를 취하지 아니하는 경우 위반당사자는 경감되었어야 했던 손실만큼 그 금액을 손해액에서 감액할 수 있다는 제77조[손해경감의무]를 원용하면서, 매수인이 [CISG에서 규정하고 있는 권리행사에 반하여] 취하여야 할 합리적인 조치를 취하지 않

았다고 판시하였다.

⑥ 법원은, 그 근거로서, 매수인은 물품수령을 거절하지도 않았고, 이에 물품을 보관하지도 않았음을 지적하였다. 아울러, [매수인이 물품을 보관할 수 없었다는 진술에 관하여] 매수인은 본건 물품을 제3자의 창고에 보관시키지도 않았고, 또한 판매하지도 않았을 뿐만 아니라 당해 물품을 정히 수령하였고, 또한 이미 물품대금을 지급하였다는 사실을 강조하였다.

⑦ 결국, 법원은 매수인이 제38조와 제39조를 준수하지 않았다고 판정하고 매수인의 주장을 일축하였다. 아울러, [매도인의 모든 행위에 비추어] 물품이 매수인에게 적합하게 인도되었다고 판단하기에 무리가 없고, 설령 매수인의 주장에 이유가 충분하다고 하더라도, [매수인은 당해 상황에 비추어] 매도인으로 하여금 합리적인 조치를 취할 수 있도록 매수인은 상당한 기간 내에 통지를 했어야 함에도 불구하고 이를 행하지 않았다는 점을 명확히 하였다[제46조(매수인의 이행청구권), 제48조(인도기일 이후의 보완)].

판결례와 평가

- 적용범위 : 통지기한의 도과
- 출처표시 : 「Internationales Schiedsgericht der Bundeskammer der gewerblichen Wirtschaft」(Austria), 『SCH-4318』, 1994.

1. 논점과 사실관계

① 본 사건은 계약상의 매수인 통지기한을 초과하였다는 매도인의 항변이, 매도인 스스로의 행위에 의해 부정될 수 있는 여지를 다루고 있는 사례이다.[233] **매도인**[오스트리아]과 **매수인**[독일]은 금속판 코일을 계약의 목적물로 매매계약을 체결하였다. 본건 물품은 수차례 분할인도의 형태로 FOB조건하에서 **'수출사양의 포장'**(export standard packing)으로 출하되는 것으로 하였다.

② 최초 2회분은 벨기에 회사에 **전매**(轉賣)된 후, 다시 최종고객인 포르투갈 제조사에 **재전매**

233) ① 「ICC Court of Arbitration, Paris」(France), 『11333』, 2002.
② 「Hof van Beroep, Antwerpen」(Belgium), 『1995/AR/1558』, 1998.11.04.
③ 「Cour d'Appel de Paris」(France), 『03/21335』, 2005.02.25.
④ 「Rechtbank Arnhem」(Netherlands), 『172920/HA ZA 08-1228』, 2009.02.11.

말은 사물(事物)로 하여금 무효(無效)로 되게 하기 보다, 이를 유효(有效)가 되도록 해석(解釋)하여야 한다.

(再轉賣)되었다. 최종고객은 물품의 품질에 결함이 있음을 이유로 최초 인도분 이외의 인수를 거절하였다. 매수인은 물품이 계약상 사양에 부적합하다는 통지를 발송하였으나, 매도인은 손해배상금의 지급에 관한 통지가 적시에 이루어지지 않았다고 주장하였다. 이에 매수인은 계약내용의 중재조항에 따라 중재를 신청하였다.

2. 판정요지

③ 중재판정부는, 매도인에 대하여 매수인이 계약부적합으로 인해 입은 손해배상금과 그 이자의 지급을 명하였다. 곧, 매수인이 제38조, 제39조의 적용이 배제된 계약상의 검사의무와 통지의무를 준수하지 않았다는 사실과, 매수인이 물품수령 이후 국제적으로 저명한 회사의 전문적 의견을 첨부하여 계약부적합에 관한 통지를 한 사실을 공히 인정하였다. [계약상 본 통지는 2개월 이내에 하여야 한다고 규정하고 있었다]

④ 나아가, 중재판정부는 [매도인이 통지의무 불이행에 대한 항변권의 행사를 포기했다는 매수인의 주장에 관하여] 이러한 권리포기에 관해서는 계약당사자의 명확한 합의에 따라 행해져야 하나, 본건에서는 당해 합의가 있었음을 입증할 만한 아무런 자료가 없다는 이유에서 계약당사자의 합의를 인정하지 않았다. 동시에, 매도인이 본건 통지를 수령한 후에 매수인에게 당해 물품의 하자에 관한 정보를 제공하여 줄 것을 의뢰한 행동을 고려할 때, '금반언(estoppel)의 법리'에 따라 매도인에게 통지의무 불이행에 대한 항변의 행사는 허용될 수 없다고 판정하였다.

⑤ 한편, 중재판정부는 CISG상 '금반언의 법리'는 다루어지지 않고 있지만, 제7조[협약의 해석원칙] (2), 제16조[청약의 취소] (2)의 (b), 제29조[계약의 변경과 서면요건] (2)를 참고로, 소위 "본인의 과거행위에 반하는 일은 해서는 아니 된다"*(venire contra fatum propriom)*는 법격언(法格言)을 추보하였다.

3. 해설

⑥ 본 사건은 재판이 아닌 중재판정부에 의한 판정사안이지만, 그 적용법리가 정확하게 일치되어 판정된 사례로 취급할 수 있다. 상대방의 통지에 대해 이의를 주장하는 경우에는 권리포기(waiver)의 문제가 대두된다. 이는 영미법의 법리로서, 소위 금반언의 원칙이 관계됨을 의미하는데, 본건에서 매도인이 매수인에게 물품의 클레임 정보를 계속해서 제공해 줄 것을 요구하고, 또한 지속적으로 협상에 임하는 등 매도인이 매수인에 대해 통지의무 불이행의 항변을 행사하지 않을 것이라는 사실을 매수인으로 하여금 충분히 믿게 할 만한 행동을 한 상황으로부터, [금반언의 원칙에 따라] 매도인에게 통지의무 불이행에 대한 항변의 행사가 허용되지 않는다

고 판정한 것이다. 따라서, 본 판정은 영미법이 적용되고 있는 **법역**(法域, legal territory) 이외에서의 재판에서도 [금반언의 원칙에 기하여] 단지 이전의 행동이나 발언을 위배한 것만으로도 충분히 귀책사유가 발생될 수 있음을 보여준 좋은 사례라고 할 수 있다.

판결례와 평가

- 적용범위 : 통지기한을 지키지 않은 경우
- 출처표시 : 「Cour d'Appel de Paris」(France), 『2002/02304』, 2003.09.10.

1. 논점과 사실관계

① 본 사건은 매수인이 계약상 통지기한을 지키지 않은 경우 그 어떠한 권리를 상실하는지에 관한 사례이다.[234] **매도인**[이탈리아 유리병 제조업자]은 술병을 목적물로 **매수인**[스위스 유통업자]과 매매계약을 체결하였다. 두 차례에 걸친 물품인도 이후 매수인은 본 물품의 계약부적합을 이유로 대금지급을 거절함과 동시에, 매도인을 상대로 손해배상을 청구하였다.

② 제1심 법원은 1차 인도물품의 일부는 부적합 물품이었다고 인정했지만, 2차분에 대해서는 매수인이 적기에 통지하지 않았다는 이유에서, 제39조의 위반을 들어 이를 인정하지 않았다. 이에 매수인은 항소하였다.

2. 판결요지

③ 우선 상급법원은, 제39조 (1)의 해석에 있어 본조 (2)가 고려되지 않았기 때문에 하급심의 판결이 잘못되었다는 매수인의 주장을 배척하였다. 판결의 내용으로서, 본조 (2)는 매수인의 주장과 같이, 본조 (1)을 수정하는 것이 아니라, 2년이 경과할 때까지 매수인이 매도인에게 통지하지 않는 경우에 단지 매수인은 물품의 계약부적합을 주장할 수 없다는 것에 지나지 않은

234) ① 「Oberster Gerichtshof」(Austria), 『6 Ob 117/01a』, 2001.07.05.
② 「Rechtbank van Koophandel, Kortrijk」(Belgium), 『8336』, 1996.12.16.
③ 「Landgericht Saarbrücken」(Germany), 『8 O 49/02』, 2002.07.02.
④ 「Tribunale di Busto Arsizio」(Italy), 『Unknown』, 2001.12.13.
⑤ 「Hoge Raad」(Netherlands), 『16.442』, 1998.02.20.
⑥ 「Schweizerisches Bundesgericht」(Switzerland), 『4C.395/2001 /rnd』, 2002.05.28.
⑦ 「U.S. District Court, North. District, Illinois, East. Div.」(USA), 『01 C 4447』, 2003.05.28.

규정이라고 지적하였다. 나아가, [제39조에 기한 통지의 효과로서] 본조상 통지는 [매수인이 물품수령을 거부하고 있는 상황에서] 매수인이 매도인에게 가급적 신속하게 물품의 하자를 통지하면, 매수인의 물품보증도를 주장할 수 있는 권리행사 여부를 매도인이 신속히 판별할 수 있도록 함으로써, 이로부터 매도인의 실질이익을 보호할 수 있는 중요한 기능이 있다고 설시하였다.

④ 나아가, 법원은 [당사자 간의 계약내용에 비추어] 매수인은 물품수령 이후 [통상의 거래상황에 비추어] 가급적 신속하게 물품의 하자를 매도인에게 통지를 하여야 하며, 본 통지는 물품수령 후 8일 이내이어야 함을 지적하면서, 이는 당사자 합의사항으로서 제39조에 우선하여 적용되어야 한다고 판시하였다. 이에 매수인이 계약상 8일을 도과하여 통지하였다면 본건 계약부적합을 이유로 물품대금지급을 거절할 수 없다고 최종 판시하였다.

3. 해설

⑤ 본건은 매수인의 계약부적합 통지와 관련하여 그 시기가 적절한지 여부와, 본 통지가 없었을 경우 매수인의 불리한 처지를 다루고 있는 판례로 취급할 수 있다. CISG하에서는 매수인의 계약부적합 통지 여부만으로 책임귀속의 기준을 특정하고 있지만, 본건에서는 CISG 적용이 아닌 [당사자 합의에 기초한] 계약내용에 따라, 통지의무를 위반한 매수인에게 그 책임을 묻고 있다.

⑥ 참고로, [계약의 성립에 필요한 승낙의 통지와 같이] 물품의 계약부적합 이외의 통지에 대해서는 [곧, 당해 통지의 지연 또는 오류는] 제27조[통신상의 지연 또는 오류]가 적용된다. 제27조는 상황에 적절한 방법으로 통지하였음에도 불구하고 통지가 도달하지 않았을 경우에 [통지를 행한] 당사자는 그 통지에 의존할 권리를 박탈당하지 않는다고 규정하고 있으므로, 이는 결국 통지를 한 당사자에게 유리한 조항이라고 볼 수 있다.

⑦ 그러나, 물품부적합의 경우에는 이와는 상반되기 때문에 특단의 주의가 필요하다. 왜냐하면, [앞서 본 바와 같이] 제39조의 통지는 매도인을 보호하는 중요한 기능이 있기 때문이다. 곧, 매수인이 물품수령을 거절하였을 경우 매도인은 [대체물품의 제공, 전매, 매각, 상계 등과 같이] 매수인의 계약부적합 통지에 관한 일련의 대응방안을 취할 수 있기 때문이다.

⑧ 한편, 제39조 (2)에서, 2년의 기한 내 통지는 [규정내용 그대로] 최대 2년 이내인 것을 의미하고, 달리 본조 (1)의 상당한 기간을 연장하고 있는 것은 아니라는 점에서 그 주의가 필요하다.

Words to which reference is made seem to be incorporated.

040. 매도인의 악의

Art. 40
The seller is not entitled to rely on the provisions of Arts 38 and 39 if the lack of conformity relates to facts of which he knew or could not have been unaware and which he did not disclose to the buyer.

제40조
물품의 부적합을 매도인이 알았거나 또는 모를 수가 없었고 또한 매도인인 매수인에게 고지하지 아니했던 사실과 관련되어 있는 경우 매도인은 제38조 및 제39조의 규정을 원용할 권리가 없다.

[472] **제40조**는 매수인의 물품검사 및 부적합의 통지를 규정하고 있는 제38조와 제39조의 예외규정으로서 기능한다. 곧, 매도인이 물품의 부적합을 알았거나 모를 수 없었을 경우에 매도인은 매수인이 상당한 기간 내에 물품의 부적합을 통지하지 않아 자신의 제반 권리를 상실했다고 주장할 수 없다. 이 경우 매도인의 **악의**(惡意, in bad faith, *mala fide*)[235]는 물품인도 시가 기준이 되며, **'모를 수 없었을 경우'**라고 함은, 통상의 **중과실**(重過失, gross negligence)[236]에 준한 모든 경우로 취급된다. 이상의 요건에 해당하는 경우 매도인은 일반적인 부적합 통지뿐만 아니라 2년의 제척기간도 주장할 수 없음은 물론이다.

■ SUMMARY [*Article 40*]

Article 40 relieves the buyer from the consequences of failing to meet the requirements of articles 38 (which governs the buyer's obligation to examine delivered goods) and 39 (which

---

235) 사회통념상 **'선의'**(善意)는, 선량한 마음으로 타인을 생각하는 마음으로, **악의**(惡意)는 타인에게 해를 가하려고 하는 마음에서 함부로 나쁘다고 하는 뜻으로 사용하고 있다. 그러나, 법률상 **'선의'**는 **'어떤 사실을 알고 있지 못하는 것'**, **'악의'**는 **'어떤 사실을 알고 있었다는 것'**을 뜻하며, 도덕적인 **선악**(善惡)이라고 하는 요소를 전혀 포함하고 있지 아니하다. 따라서, 이 **'선의'**인가 **'악의'**인가에 따라 법률효과가 다르게 된다. 예컨대, A가 재산을 감추기 위해서 B에게 토지를 **가장매매**(假裝賣買)하였다. 가장매매는 본래 무효이므로 A는 B에게 토지를 되돌려 달라고 말할 수 있다. 그러나, C가 가장매매임을 알지 못하고, 즉 **'선의'**로 B로부터 그 토지를 매입했다고 하면, 이 경우 A는 **'선의'**의 제3자인 C에 관하여 무효를 주장할 수 없다. 만일 C가 **'악의'**, 즉 가장매매임을 알고 B로부터 매입했다면, A는 무효를 주장하여 토지를 되돌려 받을 수 있다.

236) **'주의의무**(注意義務)**의 위반이 중대한 경우의 과실'**이다. 조금만 주의를 하였더라면 능히 그러한 결과발생을 예견할 수 있고, 따라서, 결과발생을 충분히 방지할 수 있었음에도 불구하고, 이러한 주의를 현저히 태만한 경우이다. **'중과실'**(重過失)에 대해서는 일반의 과실, 즉 **'경과실'**(輕過失)에 비하여 형이 가중되는 경우가 있다.

regulates the buyer's obligation to notify the seller of lack of conformity in delivered goods). The relief provided by article 40 is available only if the buyer's failure to meet its examination and/or notice obligations relates to a lack of conformity that is known to the seller, or of which the seller 'could not have been unaware.'

판결례와 평가

- 적용범위 : 제척기간 이후 물품의 부적합
- 출처표시 : 「Oberster Gerichtshof」(Austria), 『9 Ob 75/07f』, 2007.12.19.

1. 논점과 사실관계

① 본 사건은 제척기간 이후에 발견된 물품의 계약부적합의 문제를 다루고 있는 사례이다.237) **피고**[오스트리아 매도인]는 **원고**[독일 매수인]의 스위스 자회사에게 다층유리를 인도하였고, 매수인의 스위스 자회사는 다층유리를 **단열유리**(insulating glass)로 가공하였다. 단열유리의 생산과정에서 **하자**[wormholes]가 발견되었는데, 그럼에도 불구하고 매수인은 물품이 인도된 후 2년 내에 이를 매도인에게 통지하지 않았다.

2. 판결요지

② 법원은, 매수인의 자회사가 단열유리 가공과정에서 손해의 원인을 야기한 것으로 판단하고, 매수인의 소송청구를 기각하였다. 그리고 매수인의 자회사가 물품의 하자에 관하여 상당한 기간 내에 매도인에게 통지하지 않은 사실을 인정하고 매수인의 청구를 기각하였다. 이에 매수인은 상소하였다.

---

237) ① 「Federal Court of Australia」(Australia), 『VID 414/2008』, 2010.08.13.
② 「Rechtbank van Koophandel, Hasselt」(Belgium), 『AR/3568/04』, 2005.09.20.
③ 「Ontario Superior Court of Justice」(Canada), 『98-CV-142493CM』, 1999.08.31.
④ 「Vestre Landsret (Western High Court)」(Denmark), 『B-29-1998』, 1999.11.10.
⑤ 「Cour de Cassation」(France), 『08-10678』, 2009.04.08.
⑥ 「Bundesgerichtshof」(Germany), 『VIII ZR 321/03』, 2004.06.30.
⑦ 「Tribunale di Reggio Emilia」(Italy), 『N.505/2010 R.G.』, 2011.04.12.
⑧ 「Rechtbank Breda」(Netherlands), 『197586 / KG ZA 08-659』, 2009.01.16.
⑨ 「Audiencia Provincial de Valencia」(Spain), 『908/2007』, 2008.04.08.
⑩ 「Schweizerisches Bundesgericht」(Switzerland), 『4A_68/2009』, 2009.05.18.
⑪ 「U.S. District Court, Southern District of New York」(USA), 『09 Civ. 3059 (TPG)』, 2010.03.30.
⑫ 「Inalta Curte de Casatie si Justitie」(Romania), 『2957/2003』, 2003.06.06.

③ 상소법원은, **제39조**[부적합의 통지] (2)에 의거, 물품이 실질적으로 매수인에게 인도된 날로부터 2년 내에 매수인이 본 물품의 부적합을 매도인에게 통지하지 않았다면, 이로 인한 손해배상청구권은 상실한다고 판시하였다. 나아가, [본조에 따라] 매수인이 2년 내에 통지를 발송하지 않는 것이 인정되고, 설령 2년 후에 이 같은 하자가 발생하더라도 본건 물품의 부적합을 근거로 손해배상을 청구할 수 없다고 판시하였다. 또한 [본건 판결에 추보하여] 양당사자는 합의를 통해 본조에서 규정하고 있는 2년의 시효를 연장시키거나 배제할 수 있다고 첨언하였다.

판결례와 평가

- 적용범위 : 매도인이 부적합을 알고 있었던 경우 매수인의 통지의무
- 출처표시 : 「Arbitration Institute of the Stockholm」(Sweden), 『Unknown』, 1998.06.05.

1. 논점과 사실관계

① 본 사건은 매도인이 물품의 부적합을 알고 있었던 경우 매수인의 통지의무는 어떻게 취급되는가에 관한 사례이다.[238] 본건은 **매도인**[미국의 기계 제조업자]이 **매수인**[중국 자동차 제조회사]에게 판매한 프레스기의 품질문제로 인해 발생한 사건이다. 본건 계약내용에는 보증조항으로서, "**프레스기는 최우량의 재료를 사용하고, 일급품 · 신제품이며, 미사용품임을 보증한다**"는 내용이 명시되어 있었다. 매도인은 제조공정상 자신이 매수인에게 제공한 사양과는 다른 종류의 부품을 대체하여 사용하였다. 그러나, 매도인은 이를 매수인에게 통지하지 않았을 뿐만 아니라 당해 부품을 적절하게 조립하여야 한다는 설명도 하지 않았다.

② 매도인은 본건 프레스기를 분해하여 매수인에게 인도하였고, 매수인이 본 프레스기 및 그 부품을 조립한 이후 [그 프레스기의 부품은 부적절하게 장착되었다] 4년이 경과된 시점에서 본 부품이 파손되어 프레스기에 중대한 손상이 발생하였다. 매도인은 본건 프레스기의 하자에 대해 일체 책임을 부담하지 않겠다고 매수인에게 통지하였고, 이에 매수인은 본건 중재를 신청하였다. 본건의 쟁점은, 매도인이 계약에 부적합한 물품을 판매한 것인지, 매수인의 계약부적합에 관한 통지가 적합하였는지에 관한 것이 그 핵심이다.

---

238) ① 「Oberster Gerichtshof」(Austria), 『9 Ob 75/07f』, 2007.12.19.
② 「Cour de Cassation」(France), 『1303 FS-P+B』, 2005.10.04.

2. 판정요지

③ 중재판정부는, 매도인은 본건 프레스기의 하자에 기한 손해배상책임이 있다고 판정하였다. 곧, 제35조[물품의 일치성] (2)에 기하여, 본건 프레스기는 계약에 부적합하였다고 판단하였다. 또한 매수인의 계약부적합 통지의 적절성에 관해서는, 본 부품이 부적절하게 조립되는 경우 반드시 파손될 것이라는 점을 매도인은 익히 알고 있었음에도 불구하고 이 같은 사실을 매수인에게 통지하지 않은 점을 지적하였다. 아울러, [계약내용에 비추어] 보증조항의 규정은 본조 (2)의 적용을 방해하지 않으며, 더욱이 매수인이 부품을 장착한 이후 본건 프레스기를 유지・관리하는 과정에서 그 어떠한 주의의무 위반은 없었다고 판단하였다.

④ 나아가, 중재판정부는 매수인의 하자통지는, 제39조[부적합의 통지]에서 정한 2년 내의 통지기한 규정에도 불구하고, 제40조[매도인의 악의]에 따라, 매도인이 계약부적합 사실을 알고 있었던 경우에는 그 기한이 적용되지 않는다고 판정하고, 이 같은 판정은 제7조[계약의 해석원칙]와도 부합하며, 나아가 매도인이 계약부적합에 연관되어 있는 중요한 사실을 의도적으로 매수인에게 통지하지 아니함으로써, [제40조에 기하여] 매수인의 통지의무를 면할 수 있다고 최종 판정하였다.

041. 물품에 대한 제3자의 클레임

Art. 41
The seller must deliver goods which are free from any right or claim of a third party, unless the buyer agreed to take the goods subject to that right or claim. However, if such right or claim is based on industrial property or other intellectual property, the seller's obligation is governed by Art. 42.

제41조
매수인이 제3자의 권리 또는 클레임의 대상이 된 물품을 수령하는데 동의한 경우를 제외하고, 매도인은 제3자의 권리 또는 클레임으로부터 자유로운 물품을 인도해야 한다. 그러나, 그러한 권리 또는 클레임이 공업소유권 또는 기타 지적재산권에 기초하는 경우 매도인의 의무는 제42조에 의하여 규율된다.

[473] **제41조**에 따라, 매도인은 제3자의 권리 또는 클레임으로부터 자유로운 물품을 인도해야 한다. 본조는 [제3자로부터 그 어떠한 권리 또는 클레임을 제기할 수 없도록 하는] 곧, 매도인의 책임을 다루고 있는 규정이다. 본조의 취지는 매수인이 그러한 권리 또는 클레임에서 벗어나 그 어떠한 제한 없이 물품의 점유권과 소유권을 보유할 수 있도록 이를 보장하기 위한 것에 두고 있다.

[474] **제4조**[적용사항과 비적용사항] (b)에서는 계약이 물품의 소유권에 미치는 영향에 관해서는 이를 CISG의 적용에서 배제하고 있지만, 본조에서는 매도인에게 매수인이 제3자의 권리 또는 클레임에 구속되지 않도록 그 명확한 소유권을 매수인에게 제공하는 의무를 부과함으로써 이를 CISG의 적용범위 내에 일정부분 수용하고 있다.

[475] 그럼에도 불구하고 매도인이 본조를 위반할 경우에는 마땅히 계약위반으로 취급된다. 본조 제1문은 이 같은 매도인의 의무를 설명하고 있는데, 곧 매도인이 매수인에게 인도하는 물품은 반드시 제3자가 당해 물품에 관하여 그 어떠한 권리 또는 클레임을 제기할 수 없는 물품이어야 한다. 그러나, 예외적으로 매수인이 제3자의 권리 또는 클레임이 결부되어 있음에도 불구하고, 당해 물품의 수령을 동의하는 경우에는 이 같은 사유가 조각된다. 제2문에는 **산업재산권**(industrial property right) 또는 **지적재산권**(intellectual property right) 등에 기초하고 있는 제3자의 권리 또는 클레임과, 그 밖에 제3자의 권리 또는 클레임을 구분하고 있다. 요컨대, 후자는 본조의 범주에 포함되어 있고, 전자는 이하 **제42조**[지적재산권 등에 기초한 제3자의 클레임]에 의해 규율된다.

■ SUMMARY [*Article 41*]

Article 41 governs the seller's duty to ensure that the goods it delivers are not subject to rights or claims by a third party. Freedom from such rights or claims permits the buyer to enjoy undisturbed possession and ownership of the goods. Under article 4 (b) of the Convention, questions concerning 'the effect which the contract may have on the property in the goods sold' are beyond the scope of the CISG. Article 41, however, makes it clear that the seller's obligation to give the buyer clear property rights in the goods so that the buyer is free from third party rights or claims is a matter governed by the Convention: the seller will be in breach of its duties under the Convention if it does not meet the requirements imposed by article 41. The basic statement of the seller's obligation is found in the first sentence of article 41: the seller must deliver goods that 'are free from any right or claim of a third party...'. An exception to this obligation arises, however, if the buyer 'agreed to take the goods subject to that right or claim'. The second sentence of article 41 mandates a distinction between third party rights or claims based on 'industrial or other intellectual property' and other rights or claims of third parties. Only the latter are within the scope of article 41, whereas the former are governed by article 42 of the Convention.

판결례와 평가

- 적용범위 : 제3자 권리의 대상이 아닌 물품의 인도
- 출처표시 : 「Oberster Gerichtshof」(Austria), 『10 Ob 518/95』, 1996.02.06.

1. 논점과 사실관계

① 본 사건은 계약의 성립 후에 물품의 인도가 국내법상 수출제한조치에 영향을 받는 경우 매도인은 제3자 권리의 대상이 아닌 물품을 인도하여야 할 의무에 관하여 다루고 있는 사례이다.[239] **매도인**[독일]과 **매수인**[오스트리아]은 계약의 목적물을 프로판 가스로 하여, 본건 매매계약을 체결하였다. 매수인은 본 계약에서 물품이 벨기에로 수출되어야 함을 명확히 하였다. 본건 계약에 의하면 물품대금은 신용장으로 지급되는 것으로 하였다.

② 매수인은 계약에 약정된 대로 매도인에게 선적항을 지정하여 줄 것을 수차례 요청하였다. 그렇지만, 매도인은 이를 지정하지 않아 매수인은 신용장을 개설할 수 없었다. 이에 대하여 매도인은 자신의 공급자가 베네룩스 국가에 가스를 수출하는 것에 동의하지 않고 있다고 통지하

239) 「Bundesgerichtshof」(Germany), 『VIII ZR 268/04』, 2006.01.11

고, 이로부터 물품의 인도를 거절하였다. 이에 매수인은 이미 본 물품을 재판매한 고객으로부터 청구되어진 손해를 포함하여 손해배상청구 소송에 임하였다.

③ 매도인은 계약내용에 비추어 매수인의 승낙은 서면에 의하지 아니하였으므로 본건 계약이 성립하지 않았다고 주장하였다. 또한 매도인은 매수인이 신용장을 개설하지 않았다고 주장하였다.

2. 판결요지

⑤ 법원은, 제41조에 의거, 계약의 성립 후에 물품의 인도가 국내법에 따라 수출제한조치에 영향을 받는다면, 매도인은 제3자의 권리의 대상이 아닌 물품을 인도하여야 할 의무가 있다고 하고, 이에 매도인의 주장을 일축하였다.

042. 지적재산권 등에 기초한 제3자의 클레임

Art. 42

(1) The seller must deliver goods which are free from any right or claim of a third party based on industrial property or other intellectual property, of which at the time of the conclusion of the contract the seller knew or could not have been unaware, provided that the right or claim is based on industrial property or other intellectual property:

(a) under the law of the State where the goods will be resold or otherwise used, if it was contemplated by the parties at the time of the conclusion of the contract that the goods would be resold or otherwise used in that State; or

(b) in any other case, under the law of the State where the buyer has his place of business.

(2) The obligation of the seller under the preceding paragraph does not extend to cases where:

(a) at the time of the conclusion of the contract the buyer knew or could not have been unaware of the right or claim; or

(b) the right or claim results from the seller's compliance with technical drawings, designs, formulae or other such specifications furnished by the buyer.

제42조

(1) 매도인은 계약체결 시에 자신이 알았거나 모를 수가 없었던 공업소유권 그 밖의 지적재산권에 기초한 제3자의 권리 또는 클레임으로부터 자유로운 물품을 인도하여야 한다. 다만, 이러한 권리 또는 클레임은 다음과 같은 국가의 법에 의한 공업소유권 그 밖의 지적재산권에 기초하여야 한다.

(a) 당사자 쌍방이 계약체결 시에 물품이 어느 국가에서 전매되거나 그 밖의 방법으로 사용될 것을 예상한 경우에는 그 물품이 전매되거나 그 밖의 방법으로 사용될 국가의 법

(b) 그 밖의 경우에는 매수인이 영업소를 가지는 국가의 법

(2) 전항의 매도인의 의무는 다음의 경우에는 적용되지 아니한다.

(a) 매수인이 계약체결 시에 이러한 권리 또는 클레임을 알았거나 또는 모를 수가 없었던 경우

(b) 이러한 권리나 클레임이 매수인에 의해 제공된 기술설계, 디자인, 방식 그 밖의 명세를 매도인이 따른 결과로 발생한 경우

[476] **제42조**는 매도인이 제3자의 지적재산권 또는 클레임이 없는 물품을 매수인에게 인도하여야 할 의무에 관해서 다루고 있는 규정이다. 매도인이 본조의 규정을 위반하여 물품을 인도하게 되는 경우에는 계약위반으로 취급된다. 여기서 **지적재산권**이란 **특허권**(特許權, patent right)[240] · **저작권**(著作權, copy right)[241] · **실용신안권**(實用新案權, utility model right)[242] · **상표권**(商標權, trade mark right)[243] · **의장권**(意匠權, design right)[244] 등을 포함하며, 제41조와 마찬가지로 매도인은 제3자의 정당한 지적재산권뿐만 아니라 부당한 지적재산권의 주장에 대해서도 그 책임을 부담하여야 한다.

[477] 매도인은 [본조에 따라] 제3자의 권리 또는 클레임의 대상으로부터 자유로운 물품을 인도함에 있어 세 가지의 제한을 수반한다. i) 제3자의 권리 또는 클레임은 계약체결 시에 매도인이 알았거나 모를 수 없는 권리 또는 클레임으로서 매도인은 이에 상당한 의무를 부담한다. ii)

---

240) **'특허권'**(特許權)이란, **'특허권자(特許權者)가 갖는 독점적이고 배타적인 지배권'**을 말한다. 특허출원을 하여 **'특허권'**을 인정받을 수 있는 것은, i) 그 발명이 자연법칙을 이용한 고도의 기술적 창작으로서, 산업상 이용할 수 있는 것이어야 하며, ii) 국내에서 이미 알려졌거나 공공연히 사용된 것이 아니고, 또 국내외의 간행물에 게재된 것이 아닌 신규의 출원이어야 한다. 이는 아무리 기발한 발명품이라 하더라도, 이미 타인에 의하여 알려져 있거나 사용된 바 있는 경우에는 새로이 독점적 권리를 부여하는 것이 타당치 않기 때문이다. 특허권자는 업으로서 그 특허발명을 실시할 권리를 독점하게 된다. **'특허권'**은 이를 양도할 수 있으며, **'특허권'**이 공유인 경우에는 각 공유자는 다른 공유자의 동의를 얻지 아니하면 그 지분을 양도하거나 그 지분을 목적으로 하는 **질권**(質權)을 설정할 수 없다.

241) **'저작권'**(著作權)은, **'문예 · 학술 · 미술의 범위에 속하는 저작물에 대한 배타적 독점적 권리'**를 말한다. **'무체재산권'**의 일종이다. 저작자의 창작에 대한 노고와 그것이 갖는 재산적 가치에 비추어 저작에 이와 같은 권리가 인정된다. 저작권은 그 성질상 국제적인 것이므로 **만국저작권보호동맹조약**(萬國著作權保護同盟條約)이 체결되어 있다. 우리나라에서는 **'저작권법'**에 의하여 보호된다. 우리 법상 존속기간은 원칙으로 저작자의 생존기간 및 사후 50년이다.

242) **'실용신안권'**(實用新案權)은, **'특허권(特許權)으로 보호하기에는 부족한 가벼운 정도의 기술 등에 부여되는 권리'**이다. 특허권과 다른 것은, 특허권은 원칙적으로 발명대상에 제한을 두고 있지 않으나, **'실용신안권'**은 **'물품의 형상 · 구조 · 조합에 관한 고안으로 한정되어 있다는 것 그리고 고도한 발명이 아니라도 된다는 것'**이다.

243) **'상표권'**(商標權)이란, **'상표를 상표법상 정해진 규정에 따라 등록을 받은 자에게 주어지는 권리'**를 말한다. 따라서, **상표등록**(商標登錄)을 받은 자가 **상표권자**(商標權者)이고, **'상표권'**의 대상이 되는 것을 **'상표'**(商標)라 한다. **'상표'**라 함은, **'상품을 생산 · 가공 · 증명 또는 판매하는 것을 업으로 영위하는 자가 자기의 업무에 관련된 상품을 타인의 상품과 식별되도록 하기 위해 사용하는 기호 · 문자 · 형상 · 색채 · 홀로그램 · 동작 또는 이들을 결합한 것이나 그 밖에 시각적으로 인식할 수 있는 것'**을 말한다.

244) **'의장권'**(意匠權)이란, **'산업적 물품 또는 제품의 독창적이고 장식적인 외관 형상의 보호를 위하여 등록을 통하여 허용된 권리'**이며 **산업재산권**(産業財産權)의 하나이다. **'의장'**이란, **'물품에 표현되어 눈으로 보아 미적 감각을 일으키게 하는 디자인'**이다. 즉, 기술과는 무관하게 물품의 미적 외관을 시각적인 관점에서 파악되는 것이며, 반드시 특정된 물품에 표현되어야 한다. **'의장제도'**는, **'물품의 미적 외관에 재산적 가치를 인정하여 참신하고 우수한 기능을 주는 디자인 창작자의 노력을 보호하기 위하여 창작자에게 일정기간 창작된 디자인에 대한 독점적인 권리를 부여하는 것'**이다. 즉, **'물건의 형상 · 모양 · 색채 또는 이들을 결합한 것을 산업에 이용할 수 있도록 새로운 고안을 한 자가 그 고안에 대해 향유하게 되는 독점적 · 배타적 권리'**이다.

매도인은 제3자의 권리 또는 클레임이 본조 (1), (a) 또는 (b)에 따라 적용되는 국내법에 의할 경우에 한하여 그 의무를 부담한다. iii) 만약, 제3자의 권리 또는 클레임이 매수인이 계약체결 시에 알았거나 모를 수 없었던 권리 또는 클레임인 경우 그러한 권리 또는 클레임이 매수인이 매도인에게 제공한 **기술규격**[예컨대, 설계도 · 디자인 · 방식 등]에 기인한 것이라면 매도인은 그 책임을 부담하지 않는다.

■ SUMMARY [*Article 42*]

Article 42 states the seller's duty to deliver goods that are free from intellectual property rights or claims of third parties. A seller is in breach if it delivers goods in violation of article 42, but the seller's obligation to deliver goods free of third party rights or claims based on intellectual property is subject to three significant limitations. First, the seller is only liable under article 42 if the third party's right or claim is one "of which at the time of the conclusion of the contract the seller knew or could not have been unaware". Second, the seller is only liable if the third party's right or claim is based on the law of the State designated by articles 42 (1) (a) or (b), whichever alternative is applicable. The third limitation on the seller's obligations under article 42 is stated in article 42 (2), and appears to be based on assumption of risk principles: the seller is not liable if the third party's right or claim is one of which the buyer "knew or could not have been unaware" when the contract was concluded, or if the right or claim arose from the seller's compliance with technical specifications("technical drawings, designs, formulae or other such specifications") that the buyer itself supplied to the seller.

판결례와 평가

- 적용범위 : 매수인 악의에 기한 제3자의 지적소유권의 침해
- 출처표시 : 「Cour de Cassation」(France), 『526 FP』, 2002.03.19.

1. 논점과 사실관계

① **매도인**[스페인]은 **매수인**[프랑스]에게 위조된 상표 리본이 부착된 신발을 인도하였다. 프랑스 지적소유권자는 매수인에게 당해 신발의 국내유통에 따른 배상금을 청구하고 이를 수령하였다. 이에 매수인은 매도인에게 소송을 제기하여 본건 신발의 국내유통에 따른 배상금 및 손해배상금을 청구하였다.

2. 판결요지

② 법원은, 매수인은 본 신발의 국내유통업자로서 그 전문성이 인정되는 바, 당초 매도인이 인도한 신발이 위조된 물품인지를 모를 수가 없었다고 판단하고, 이에 매수인의 청구를 기각하였다. 곧, 법원은 매수인은 당해 리본이 제3자의 지적소유권을 침해한 것이라는 사실을 알고 있었다고 판단하였다.

③ 아울러, 제42조 (2), (a)에 의거, 본 사건이 계약체결 시에 매수인이 이러한 권리 또는 클레임을 알았거나 또는 모를 수가 없었던 경우에 해당한다고 설시하고, 본조항이 매도인이 그 어떠한 지적소유권도 없는 물품을 인도하여야 할 의무를 포함하는 것은 아니라는 사실 또한 추보하였다.

043. 제3자 클레임에 관한 통지

Art. 43

(1) The buyer loses the right to rely on the provisions of Art. 41 or Art. 42 if he does not give notice to the seller specifying the nature of the right or claim of the third party within a reasonable time after he has become aware or ought to have become aware of the right or claim.

(2) The seller is not entitled to rely on the provisions of the preceding paragraph if he knew of the right or claim of the third party and the nature of it.

제43조

(1) 매수인이 제3자의 권리 또는 클레임을 알았거나 또는 알았어야 했던 때로부터 상당한 기간 내에 매도인에게 제3자의 권리나 클레임의 내용을 특정하여 통지하지 아니한 경우에는 매수인은 제41조 또는 제42조의 규정을 원용할 권리를 상실한다.

(2) 매도인이 제3자의 권리 또는 클레임 및 그 내용을 알고 있었던 경우에는 매도인은 전항의 규정을 원용할 권리가 없다.

[478] 제43조는 제39조[부적합의 통지]와 마찬가지로 물품의 권리상 제3자의 클레임과 연관된 하자에 대한 매수인의 통지의무를 다루고 있음과 동시에, 그러한 통지를 하지 않은 경우에 매도인이 이를 주장할 수 없는 예외를 다루고 있는 규정이다. 본조는 물품의 계약부적합에 관한 제40조[매도인의 악의]에 대응하는 규정이다.

[479] 본조는 제39조 물품의 부적합에 대한 통지규정과는 달리, 검사의무 및 제척기간에 관한 내용을 다루고 있지 않다. 그리고 매수인이 제3자 클레임과 연관된 하자통지를 하지 않아도 매도인이 이를 원용할 수 없는 예외는, 매도인이 그 하자를 당초부터 알고 있었던 때에 한 한다.

[480] 본 하자통지의무와 관련하여, 매수인은 제3자의 클레임과 연관된 권리의 하자를 알았거나 알 수 있었을 때부터 상당한 기간 내에 그 권리의 하자를 매도인에게 특정하여 통지하여야 한다. 이 경우 상당한 기간은 상황에 따라 달라질 수 있지만, 그 기산점은 하자를 알았거나 알 수 있었을 때부터이다. 또한 매수인은 제3자의 클레임과 연관된 권리하자의 내용을, [매도인이 이에 적절히 대처할 수 있도록] 명확히 특정하여야 한다. 아울러, 이때의 통지는 마찬가지로 **발신주의**(發信主義) 원칙에 의하게 됨은 유의하여야 한다.

■ SUMMARY [*Article 43*]

Article 43 (1) imposes on the buyer a notice requirement with respect to claims that the seller breached articles 41 or 42. In certain circumstances, Article 43 (2) provides for a defence if a buyer has failed to give the notice required by article 43 (1). The provisions of article 43 parallel in many ways the notice requirement and defence thereto that articles 39 and 40 establish with respect to breaches of article 35.

판결례와 평가

- 적용범위 : 매수인 악의에 기한 제3자의 지적소유권의 침해
- 출처표시 : 「Bundesgerichtshof」(Germany), 『VIII ZR 268/04』, 2006.01.11.

1. 논점과 사실관계

① **원고**[네덜란드 자동차 판매상]는 **피고**[독일 자동차 판매상]로부터 중고 자동차 한 대를 구입하였다. 당시 경찰은 이 자동차가 계약이 체결되기 전에 절도된 차량으로 취급하고, 원고로부터 자동차를 압수하였다. 아울러, 원래 자동차 소유자의 보험회사는 원고에게 서신으로 본 자동차의 반환을 요구하였다. 이와 동시에, 원고는 자동차가 **장물**(stolen goods)이므로, 본 계약이 무효라고 주장하고, 피고에게 자동차 대금의 반환을 요구하였다. 매도인은 이 요구를 거절하였고, 이에 매수인은 소송을 제기하여, 물품대금의 반환 및 매도인으로부터 물품수령함에 있어 발생한 비용에 관하여 손해배상을 청구하였다.

2. 판결요지

② 하급법원에서는 원고가 승소하였으나, 상급법원에서는 원고의 주장이 기각되었다. 상급법원은 다음과 같이 판시하였다. 제43조 (1)의 상당한 기간 내에, 매수인이 법적 결함을 매도인에게 통지하지 않았다면, 매수인은 **제45조**[매수인 구제권 총괄]에 의한 구제권을 상실한다. 제43조 (1)에 규정된 상당한 기간은 개별사건의 상황에 따라 결정되어야 한다. 따라서, 본 사건에서 매수인이 당해 상황을 충분히 인지할 수 있도록 상당한 기간을 지정해 주어야 할 것인 바, 자동차가 압수된 지 2개월이 지난 시점에서 매도인에게 서신으로 통지한 것은, 본조 (1)에 규정된 상당한 기간을 초과하였다고 판단된다.

의사(意思)는 이를 행위(行爲)로 보아야 한다.

③ 나아가, 법원은, 매수인은 당해 서신을 수령한 이후, 상당한 기간 내에 보험회사의 요구를 매도인에게 통지해야 했음에도 불구하고, 이를 이행하지 않았기 때문에, 보험회사가 본건 자동차에 대한 반환을 요구함에 있어, 매수인은 그 어떠한 권리도 주장할 수 없다. 제3자의 권리에 대한 통지에는, 반드시 누가 클레임을 제기하는지 또한 어떠한 조치를 취하였는지가 포함되어야 한다. 왜냐하면, 이러한 통지를 통해 매도인은 제3자와의 협의를 통해 매수인에 대한 클레임을 저지할 수 있기 때문이라고 판시하였다.

④ 한편, 법원은 [사실관계에 비추어] 경찰이 자동차를 압수한 이후, 원고가 매도인에게 서신을 보냈으나, 그 편지에는 단지, "경찰이 자동차를 장물로 의심하여 압수하였다"는 내용만 포함되어 있었다는 사실과 매도인이 보험회사의 서신을 수령한 후에, 매수인은 매도인에게 그 어떠한 통지도 하지 않았다는 사실을 지적하였다.

⑤ 결국, 법원은 이 같은 사실을 종합하여, [아울러, 매수인이 상당한 기간 내에 매도인에게 통지를 행하지 않았다고 하는 사실에 비추어] 제44조에 의거, 제43조상의 예외적 요건이 충족되지 않는 것으로 보아, 매수인의 주장을 일축하였다.

044. 불통지의 정당한 사유

Art. 44
Notwithstanding the provisions of paragraph (1) of Art. 39 and paragraph (1) of Art. 43, the buyer may reduce the price in accordance with Art. 50 or claim damages, except for loss of profit, if he has a reasonable excuse for his failure to give the required notice.

제44조
제39조 (1) 및 제43조 (1)에도 불구하고 매수인이 요구된 통지를 하지 못한 것에 대한 정당한 사유가 있는 경우 제50조에 따라 대금을 감액하거나 이익의 손실을 제외한 손해배상을 청구할 수 있다.

[481] **제44조**가 적용되는 경우 매수인은 **제39조**[부적합의 통지] (1) 또는 **제43조**[제3자의 클레임] (1)에 규정된 통지를 행하지 못하여 발생된 결과에 따라 물품대금을 감액할 수 있다. 통상 매수인이 이러한 통지를 행하지 않게 되면, 부적합한 물품 또는 제3자의 클레임으로 인해 그 자신이 매도인에게 주장할 수 있는 구제권을 상실하게 된다. 다만, 적절한 통지를 발송하지 못한 것에 대한 '**정당한 사유**'가 있는 경우 매수인은 **제50조**[대금의 감액]에 따라 물품대금을 감액하거나 또는 이익의 손실을 제외한 손해배상을 청구할 수 있다.

[482] 본조에서의 구제는 제39조 (1) 또는 제43조 (1)의 통지요구를 위반하는 경우에만 적용된다. 따라서, 본조는 매수인이 제39조 (2)에 정하고 있는 부적합 통지에 관한 2년의 제척기간이 경과한 경우에는 그 적용이 배제된다.

[483] 매수인이 제39조 (2)에서 규정하고 있는 통지에 관한 최종기한을 준수하지 못하면, 그러한 통지를 하지 못한 것에 따른 정당한 사유가 존재하였더라도, 본조에 따라, 당해 결과에 따른 불이익을 피할 수 없게 된다.

[484] 매수인은 본조의 적용에 따른 입증책임을 부담하여야 한다. 특히, 제39조 (1) 또는 제43조 (1)의 통지요구에 따르지 못하게 된 정당한 사유에 관한 입증책임도 부담하여야 한다. 결국, 정당한 사유에 관한 충분한 증거를 결하고 있는 경우 본조의 적용에 따른 매수인의 주장은 배척될 가능성이 크다.

■ SUMMARY [*Article 44*]

When it applies, Article 44 softens although it does not eliminate the consequences suffered by a buyer that has failed to give the notice called for by either article 39 (1) (which requires notice of lack of conformity in delivered goods) or article 43 (1) (which requires notice of third party claims relating to the goods). Normally, a buyer that does not comply with these notice provisions loses its remedies against the seller for the alleged lack of conformity or third party claim. Under article 44, however, if a buyer has 'a reasonable excuse' for its failure to give proper notice under articles 39 (1) or 43 (1), some of the buyer's remedies are restored: "the buyer may reduce the price in accordance with article 50 or claim damages, except for loss of profit...". However other remedies that the buyer would have if it had satisfied the notice requirements are not restored, such as remedies associated with avoidance of contract. Thus in one decision in which the buyer had a 'reasonable excuse', as per article 44, for its failure to give proper notice under article 39 (1), an arbitral panel permitted the buyer to recover damages for a lack of conformity, although pursuant to article 44 the tribunal denied any damages for loss of profit. In another arbitration ruling, a buyer that had failed to notify the seller of a lack of conformity within the time permitted by the contract was permitted to reduce the price as per article 50, although the panel noted that the buyer would be denied remedies premised on avoidance of the contract.

판결례와 평가

- 적용범위 : 매수인 악의에 기한 제3자의 지적소유권의 침해
- 출처표시 : 「Oberlandesgericht Koblenz」(Germany), 『2 U 580/96』, 1998.09.11.

1. 논점과 사실관계

① **원고**[모로코 매수인]는 **피고**[독일 매도인]로부터, **건혼합재료**[PVC를 생산하기 위한 원재료]를 구매하였다. 매수인은 인도된 건혼합재료가 계약내용에 비추어 **부적합**[품질불량]하다는 것을 이유로 소송을 제기하였다.

2. 판결요지

② 법원은, 매수인이 물품을 수령하고 3주 후에, 물품의 부적합을 명세하여 발송한 통지가 상

당한 기간이 경과된 이후의 통지이며, 이에 따라 제39조[부적합의 통지] (1)에 의거, 본 계약의 부적합을 원용한 매수인은 그 권리를 상실하였다고 판단하고, 매수인의 주장을 기각하였다. 또한 법원은, 만약 매수인이 시제품 가공을 통해 물품의 품질을 검사하는 절차가 필요하였다면, 이는 일주일이면 족하고, 그 이후 일주일 내에 통지를 발송하는 것은 합리적으로 볼 수 있다고 판단하였다.

③ 이 같은 법원의 판단에, 매수인은 당시에 PVC 생산설비가 건조중이어서, 물품의 검사를 적기에 행할 수가 없었다고 주장하였지만, 당해 주장은 정당한 사유가 아닌 것으로 배척되었다[제44조]. 법원은, 이 경우 '정당한 사유'에는, 매수인이 진지하고 신속하게 물품의 검사를 시행하여야 하는 것과, 여기에는 시제품 가공에 필요한 기계도 포함되어 있어야 한다고 판시하였다. [이에 추보하여 그럼에도 불구하고 매수인은 자신이 합리적으로 이러한 행위를 모두 이행하고자 했다는 그 어떠한 증거도 제시하지 못하였음을 지적하였다]

④ 결국, 법원은 매수인이 [그가 시제품 생산에 사용하고자 했던 설비에 대하여] 매도인에게 그 어떠한 통지도 하지 않았기 때문에, 매수인의 생산설비로 PVC를 제조함에 있어 당해 건혼합재료가 적절하지 않다는 것에 관하여, 매도인은 이를 알지 못하였고 또한 알 수도 없었다는 사실을 인정하였다. [곧, 매수인이 적절한 통지를 발송하지 않았음을 주장하는 매도인의 주장을 다름없이 인정하였다]

판정례 연습

[48] 다음 사례에 대한 법원의 판결을 추론해 보라. 매도인[네덜란드 대륙붕에 위치한 가스전의 탐사와 생산을 하고 있는 컨소시움 회사]은, 매수인[원유의 정제와 석유제품과 가스의 유통에 종사하는 주요 국제회사]과, 원료공급에 대한 장기간 계약을 체결하였다. 계약에 의하면, 매수인을 위해 정제되어 사용자들에게 판매될 수지물혼합이라고 불리는 원유와 혼합된 응축액을 인도하기로 되어 있었다. 수지물혼합의 높은 수은 농도로 인하여, 최종소비자가 가공처리하는데 문제가 야기되자 매수인은 매도인에게 차기분 수지물혼합의 인도를 수령하지 않고, 이 문제에 대한 해결책이 강구될 때까지는 수지물혼합의 수령을 정지하겠다고 통지하였다. 이후 아무런 조치가 취해지지 않자 매수인은 계약을 해제하였다. 이로 인하여 매도인은 매수인이 수령하지 않은 수지물혼합을 계약가격보다 상당히 낮은 가격에 제3자에게 재판매할 수밖에 없었고, 이에 큰 손해를 입었다고 주장하였다. 매도인은 계약에서 어떠한 특정의 품질조건도 합의되지 않았으므로 인도된 수지물혼합은 적합한 것이고, 매수인이 수지물혼합을 사용할 특별한 목적이 정제임을 알지 못하였고, 과거 최종소비자와 그 어떠한 문제도 없었다고 주장하였다. 매도인은 매수인이 제39조에 기한 부적합 통지를 하지 않았을 뿐만 아니라 물품의 수령을 거절하고, 그의 의무이행을 정지함으로써 계약을 위반하였다고 주장하였다. 반면에, 매수인은 수지물혼합이 계약에 부적합하고 매도인은 그것이 사용될 특별한 목적을 알았거나 알 수 있었다고 주장하였다.

[49] 덴마크 꽃 판매상은 독일 화원에 튜울립을 판매하였다. 매수인은 첫 번째 인도분에 관하여 물품대금을 지급하였고, 이를 고객에게 판매하였다. 그러나, 매수인은 튜울립이 여름 동안 계속 개화하여야 함에도 불구하고 그러지 못하였다는 불평을 듣고 고객들에게 대금을 반환하였다고 주장하면서, 두 번째 인도분에 대한 대금지급을 거절하였다. 이에 매도인은 대금 지급을 구하는 소를 제기하였다. 튜울립이 시든 것에 대한 입증책임에 관하여 논해 보라.

[50] 매도인[프랑스]과 매수인[독일]은 매수인의 블라인드 부품 제조에 사용될 플라스틱의 인도계약을 체결하였다. 그 후 매수인은 그의 제품을 제3자[블라인드 제조자]에게 매도하였다. 일부 블라인드가 햇빛을 효과적으로 차단하지 못한다는 고객의 불평을 듣고, 제3자는 매수인에게 손해배상을 구하였다. 그 결과 매수인은 물품대금의 일부만 지급하였다. 이에 매도인은 대금전액의 지급을 구하는 소를 제기하였고, 매수인은 부적합으로 인한 손해의 상계(相計, set-off)를 주장하였다. 사실관계로서 하자 없는 블라인드를 제조하기에 충분한 농도의 물질을 포함하도록 계약에서 합의하였으나, 인도된 플라스틱의 한 종류에는 이에 미달하는 농도의 물질이 포함되어 있었다. 플라스틱의 성분은 특수한 화학검사를 통하여만 발견될 수 있었다. 이 경우 매수인

은 손해배상청구로써 매도인의 나머지 대금 청구를 상계할 수 있는가?

[51] **매수인**[독일]은 **매도인**[이탈리아]으로부터 6개의 승강대를 구매하였다. 5개의 승강대가 계약에 적합하지 않았으므로 매도인은 이를 수리하였다. 수리된 후 물품은 매수인에게 인도되었으나, 매수인은 그 대금을 지급하지 않았다. 매도인은 대금과 이자의 지급을 구하는 소를 제기하였다. 매수인은 수리가 만족스럽지 못하다고 주장하였다. 매도인의 물품수리가 적절치 않은 경우 또 다른 계약위반으로 보아 매수인은 재차 매도인에게 통지해야 하는가?

[52] **매도인**[오스트리아]과 **매수인**[이탈리아]은 장기간 목재에 관한 거래관계가 있었다. 매수인이 인도된 물품의 계약부적합을 주장하면서 대금지급을 거절하였다. 이에 매도인은 대금지급을 구하는 소를 제기하였다. 매도인은 매수인이 계약부적합의 통지를 하지 않았다고 주장하였다. 이에 매수인은 인도 후 즉시 계약부적합을 구두로 통지하였다고 주장하였다. 이 경우 구두통지에 대한 유효성에 관하여 논해 보라.

[53] **매도인**[미국]과 **매수인**[중국]은 압형기를 목적물로 매매계약을 체결하였다. 보증기간은 24개월로 합의하였다. 압형기는 미국에서 제조되어 조립되었다. 매도인이 매수인에게 통지하지 않고 물품을 교체하였으나, 그 설치방법에 대해서는 알려주지 아니하였다. 그 후 압형기는 분해되어 매수인의 공장으로 인도되었고, 그곳에서 매수인의 기술자들에 의하여 조립되어 가동되었다. 이후 약 3년 동안 매수인은 문제없이 압형기를 계속 사용하였다. 그러나, 압형기에 심각한 손상이 발생하였다. 본 손상으로부터 매수인은 물품의 부품이 매도인의 도면과는 다른 것으로 교체되었다는 사실을 알게 되었다. 매수인은 압형기가 계약내용에 적합하지 않다고 주장하면서 중재절차를 개시하였다. 중재과정에서 매수인은 본건 문제가 [매도인이 **통상적으로 사용하고 있는 것이 아닌**] 매도인의 도면에 표시된 것보다 저품질의 교체부품을 사용함으로써 비롯된 것이라고 주장하였다. 이에 관하여 매도인은 계약상의 보증기간의 경과로 매수인이 손해배상청구를 할 수 없다고 주장하였다. 이 경우 계약책임에 관하여 논해 보라.

[54] **매수인**[네덜란드]은 **매도인**[이탈리아]으로부터 직물을 구매하여 자신의 고객에게 판매하였다. 그런데, 매수인은 제3자로부터 직물의 디자인에 관한 저작권을 위반하였다는 소를 제기당하여 손해배상청구를 받았다. 매수인이 본 사건을 해결하기 위한 일련의 조치에 관하여 논해 보라.

[55] **매도인**[중국]과 **매수인**[독일]은 제3자가 공급할 일정량의 음료를 목적물로 매매계약을 체결하였다. 계약내용에는 양당사자가 공동으로 임명한 독립된 기관이 본 물품을 검사하도록 하였다. 이후 물품검사 시에 본건 물품이 선적 시 제시된 검사서에 기재된 것과 다른 중량과 품

질임이 밝혀졌다. 매수인은 매도인에게 즉시 부적합의 통지를 하지 않고, 일정시점이 지나서야 물품대금의 반환을 요구함과 동시에 본 물품수령을 거절하였다. 매도인은 자신은 음료제조자의 단순한 대리인에 불과하므로 부적합에 관하여 책임이 없다고 주장하였다. 이 경우 양당사자의 계약책임에 관하여 논해 보라.

[56] **매도인**[독일]과 **매수인**[오스트리아]은 [계약내용에 지정된 화학성분에 따라 제조된] 플라스틱을 목적물로 매매계약을 체결하였다. 본 계약에 의하면, 매도인은 물품을 검사하여 매수인이 공급계약을 맺고 있는 덴마크 회사에 인도할 의무를 규정하고 있었으나, 매도인은 물품을 검사하지 않은 채 인도하였다. 물품인도 후 약 한 달이 지나서 덴마크 회사는 매수인에게 물품이 계약에 규정된 품질에 적합하지 않다고 통지하였고, 이에 손해배상을 청구하였다. 매수인은 두 달이 지나서야 매도인에게 물품의 부적합 및 덴마크 고객의 손해배상청구를 통지하였다. 이 경우 양당사자의 계약책임에 관해 논해 보라.

제3절 매도인의 계약위반에 대한 구제

구분 및 내용		
제 4 편 물품의 매매		제25조~제88조
	제1장 총 칙	제25조~제29조
	제2장 매도인의 의무	제30조~제52조
	제1절 물품의 인도 및 서류의 교부	제31조~제34조
	제2절 물품의 일치성과 제3자 클레임	제35조~제44조
	제3절 매도인의 계약위반에 대한 구제	제45조~제52조
	제45조 매수인 구제권의 총괄	
	제46조 매수인의 이행청구권	
	제47조 이행을 위한 추가기간의 통지	
	제48조 인도기일 이후의 보완	
	제49조 매수인의 계약해제권	
	제50조 대금의 감액	
	제51조 물품일부의 부적합	
	제52조 조기인도 및 수량초과	
	제3장 매수인의 의무	제53조~제65조
	제4장 위험의 이전	제66조~제70조
	제5장 매도인과 매수인에게 공통적으로 적용되는 규정	제71조~제88조

[485] **제4편 제2장 제3절**은 매도인의 계약위반에 대한 매수인의 구제수단을 다루고 있는 규정들로 구성되어 있다. **제45조**는 **'매수인 구제권의 총괄'**을 다루고 있으며, **제46조**는 **'매수인의 이행청구권'**, **제47조**는 **'이행을 위한 추가기간의 통지'**, **제48조**는 **'인도기일 이후의 보완'**, **제50조**는 **'대금 감액'**, **제51조**는 **'물품일부 부적합'**, **제52조**는 **'조기인도 및 수량초과'**에 관한 규정 등이다.

■ SUMMARY [*Chapter Ⅲ*]

The provisions in Section III of Part III, Chapter II of the Convention address various aspects of the remedies available to a buyer that has suffered a breach of contract by the seller: they catalogue those remedies and authorize their use (article 45 (1)); they define their availability and operation (articles 45 (2) and (3), 46, 48, and 50); they provide for an aggrieved buyer's right to avoid the contract (articles 47 and 49), thereby regulating the buyer's choice between alternative sets of remedies; and they define the operation of the buyer's remedies in certain special circumstances (articles 51 and 52).

045. 매수인의 구제수단

Art. 45

(1) If the seller fails to perform any of his obligations under the contract or this Convention, the buyer may:

(a) exercise the rights provided in Arts 46 to 52;

(b) claim damages as provided in Arts 74 to 77.

(2) The buyer is not deprived of any right he may have to claim damages by exercising his right to other remedies.

(3) No period of grace may be granted to the seller by a court or arbitral tribunal when the buyer resorts to a remedy for breach of contract.

제45조

(1) 매도인이 계약 또는 본 협약상의 의무를 이행하지 아니하는 경우 매수인은,

(a) 제46조 내지 제52조에 규정된 권리를 행사할 수 있고,

(b) 제74조 내지 제77조에 규정된 손해배상을 청구할 수 있다.

(2) 매수인이 손해배상을 청구할 수 있는 권리는 다른 구제를 구하는 권리를 행사함으로써 상실되지 아니한다.

(3) 매수인이 계약위반에 대한 구제를 구하는 경우에 법원 또는 중재판정부는 매도인에게 유예기간을 부여할 수 없다.

[486] 제45조는 매도인이 계약 또는 CISG에서 규정하고 있는 그 어떠한 의무를 이행하지 않아 계약위반을 범하는 경우에 매수인이 취할 수 있는 구제수단에 관하여 다루고 있는 규정이다. 본조 (1), (a)에서는 제46조[매수인의 이행청구권] 내지 제52조[조기인도 및 수량초과인도]에서 규정하고 있는 권리와, (1), (b)에서는 제74조[손해액 산정] 내지 제77조[손해경감의무]에서 규정하고 있는 손해배상청구를 보장하고 있다. 이 경우 손해배상금액은 제74조 또는 제76조[시가(時價)에 기초한 손해배상액]의 규정내용에 따라 결정된다. 본조 (2)는 손해배상청구권과 그 밖의 구제수단에 관한 제한요건을 부가하고 있다. 아울러, (3)은 매수인이 계약위반에 대한 구제를 구하는 경우에 법원 또는 중재판정부가 추가기간을 부여할 수 있는 권리를 제한하고 있다. 그 이유는 추가기간의 지정은 경우에 따라 CISG에서 수용하고 있는 구제제도에 뜻밖의 장애로 기능할 수 있는 개연성이 있기 때문이다.

[487] 본조는 매수인 구제수단의 내용을 구체적으로 열거하지는 않고 있다. 그러나, CISG 여타 규정에서는 이를 대신하여 보다 구체적인 구제수단을 규정하고 있다. 예컨대, 제71조 내지 제73조[이행정지, 이행기 전의 계약해제, 분할이행계약의 해제] 또는 제84조[이익의 반환] (1) 등이 그것이

다. 요컨대, 본조는 매수인에게 적용될 수 있는 국내법에 의하여 계약위반에 따른 구제행사를 방지하기 위한 규정이다. 이는 CISG가 기본적으로 제반 국내법의 적용가능성을 가급적 배제하고자 하는 입장을 그대로 표창하고 있는 결과로 볼 수 있다.

[488] 매수인이 그 어떠한 구제를 행사할 수 있는지의 여부는, 매도인이 계약·관습·양당사자 간에 확립된 관례 또는 CISG에서 규정하고 있는 계약위반의 내용에 따라 결정될 것이다. 한편, 매도인이 CISG에서 구체적으로 다루고 있지 않는 **추가책임**[예컨대, 매수인의 명의로 되어있는 은행보증서(銀行保證書, bank guarantee)[245]를 연장시키는 책임]을 위반한 경우에도 매수인은 CISG에서의 구제수단을 행사할 권리를 다름없이 보유한다. 다만, [특이할 것은] 이 경우 매수인이 구제를 행사할 수 있는지의 여부를 판단함에 있어서 매도인의 계약위반의 정도는 이에 영향을 미치지 아니한다. 곧, CISG에서는 '**중대한 계약위반**'의 경우에만 매수인에게 구제수단을 행사를 보장하고 있다. 이 경우 **제79조**[손해배상책임의 면제] (5)에 의하여 매도인이 면책을 주장하는 경우를 제외하고, 일반적으로 매도인이 계약을 위반하는 원인도 마찬가지로 그 아무런 영향을 미치지 않는다.

[489] 만약, 매도인이 계약위반에 대한 구제책임을 보다 구체적인 조건에 결부시켜 두고 있는 경우에 특히, 매수인이 상당한 시간 내에 발송한 적절한 통지에 의하는 경우[제38조(물품검사시기), 제39조(부적합의 통지), 제43조(제3자의 클레임에 관한 통지)]에는 매수인이 당해 구제를 취할 수 있는 권리를 유보할 수 있는 추가조건은 당해 규정에 의거하여 반드시 충족되어야 한다.

[490] 본조 (1), (a)에는 제46조 내지 제52조에 관한 적용을 언급하고 있다. 그 주요 골자를 요약하면, 제46조 (2), 제49조 (1), (a), 제51조 (2)는 중대한 계약위반을 요구하고 있고, 제49조 (1), (b)는 물품을 불인도하는 경우를 다루고 있다. 아울러, 제50조는 물품이 부적합한 경우에 대금의 감액, 제51조는 물품일부의 부적합, 제52조는 조기인도 및 수량초과인도에 관하여 규정하고 있다.

[491] 본조 (1), (b)는 매수인이 손해배상을 청구하기 위한 실질적인 요건을 다루고 있는 규정이다. 곧, 매도인이 그 어떠한 의무를 위반한 경우에 매수인이 [그러한 위반으로 인해] 피해를 입게 되면, 이에 상당한 손해배상을 청구할 수 있다. 예컨대, **차등품**(次等品)의 인도로 야기된 손

---

245) '**은행보증서**'(銀行保證書)는, '**은행에 신청하여 개설하는 일종 담보성질의 서류상의 약속**'이라 할 수 있다. 곧, 신청인이 수익인과의 계약 또는 채무약속을 이행하지 못했을 때에 은행이 담보책임을 진다. '**은행보증서**'는 은행의 신용으로 담보하기 때문에 거래처가 쉽게 접수될 수 있다는 특징이 있다. 일반적으로 **신용장**(信用狀)과 비슷하지만 다른 점도 있다. 곧 신용장과의 구별은 신용장은 여타 상업관련서류를 요구하지만, '**은행보증서**'는 위탁인의 위약성명과 증명에 한한다. '**은행보증서**'는 거래쌍방이 계약서의 약속을 위반하지 않았을 경우, 보상에 따른 지급책임이 없고, 기한 내에 유효하며, 기한이 지나면 보상지급이 불가하다. 일반적으로 '**은행보증서**'는 수정이 불가하다.

해에 관하여, 매수인은 매도인에게 손해배상을 청구할 수 있다. 만약, 매도인이 상당한 기간 내에 약정된 물품을 인도할 수 없다는 것을 선언함으로써 제71조[이행정지]에 의한 계약위반을 범한 경우에 매수인은 이로부터 입게 된 그 어떠한 피해에 대해서도 매도인에게 손해배상을 청구할 수 있다. 그러나, 계약 또는 CISG에서 매수인이 손해배상을 청구하는 권리에 관하여, 별단의 조건을 규정하고 있는 경우에는, 이를테면, 제38조[물품검사시기], 제39조[부적합의 통지] 또는 제43조[제3자 클레임에 관한 통지]와 관련한 통지(notice)의 요구가 있는 경우에는 반드시 당해 통지의 요건을 충족하여야 한다.

[492] 특히, 본조의 적용상 유의사항은, CISG에서 규정하고 있는 손해배상청구권은 객관적인 계약위반을 전제로 두고 있어, 여타 과실의 유형 또는 그 어떠한 명시적 보증에 대한 위반은 본조를 적용함에 있어 고려되지 않는다는 점이다. 다만, 제79조[손해배상책임의 면제]에서 규정하고 있는 조건 또는 제80조[자신의 귀책사유와 상대방의 불이행]에 해당하는 경우에는 매도인의 손해배상책임이 면책된다. 아울러, 본조 (1), (b)에서는 제74조 내지 제77조의 손해배상에 관한 청구금액의 결정기준을 명시하고는 있으나, 이들 기준이 손해배상을 청구하는 근거는 아니라는 사실 또한 유의하여야 한다.

[493] 매수인이 [매도인의 계약위반으로 인하여] 손해를 입은 경우에 행사할 수 있는 청구권은, 그 자신이 취할 수 있는 구제수단 일체를 포함한다. 아울러, 그 밖의 구제수단을 취하더라도 [그럼에도 불구하고] 손해가 발생하는 경우를 대비하여, 이러한 권리는 다른 구제책과 병합하여 행사할 수 있다. 이 경우 손해배상금액은 매수인이 취하는 구제수단에 따라 결정된다.

[494] 본조 (3)은 매수인이 계약위반에 대한 구제를 구하는 경우에 법원 또는 중재판정부는 매도인에게 그 어떠한 유예기간도 부여할 수 없다고 규정하고 있다. 한편, 이와 같은 유예기간의 허여가능성은 일련의 절차법(節次法)에 관련된 사항이라 볼 수 있기 때문에, CISG의 적용범위에 속하지 아니할 것이나, 그럼에도 불구하고 본조 (3)은 이를 명시적으로 분명히 배제하고 있다. 그렇지만, 양당사자는 상호 합의한 바에 따라 당해 이행기간을 추가로 연장 또는 변경시킬 수 있다.

[495] 본조에서 규정하고 있는 모든 권리와 요구의 이행지는 당해 주요 의무를 위반하는 장소에 따라 결정된다[예컨대, 물품의 인도, 서류교부 등의 장소]. 한편, CISG는 시효(時效, prescription)에 대한 기준을 다루고 있지 않다. 따라서, 본조에서 규정하고 있는 권리 또는 요구가 적용되는 시효에 관한 문제는 [반드시 적용되는 국내법 또는 적용가능 한 경우에] 1980년 개정된 소위 '국제물품매매에서의 기간의 제한에 관한 협약'(UN Convention on the Limitation Period in the International Sale of Goods)에 의해 결정된다.

[496] 본조상 그 밖의 부분은 소송을 제기하는 구제적인 권리를 매수인에게 부여하고 있지 않기 때문에, 이에 따른 입증책임의 문제는 본조 (1)의 (b)에서 규정하고 있는 손해배상청구의 문제에만 관련된다. 결국, 당해 손해배상청구에 있어서 매수인은 **입증책임**[매도인 계약위반과, 당해 위반으로 인한 매수인의 손해에 대한 증명]을 부담한다. 이 경우 제79조상 면책에 대한 입증책임은 달리 매도인에게 귀속되어 있음은 유의하여야 한다.

■ SUMMARY [*Article 45*]

1. This provision gives an overview of the remedies available to the buyer when the seller has committed a breach by non-performance of any of its duties under the contract or the Convention. In its paragraph (1) (a), the provision simply refers to other provisions, namely articles 46-52, which specify the conditions under which the rights provided by those provisions may be exercised. On the other hand, article 45 (1) (b) constitutes the basis for the buyer's right to claim damages and as such has great practical importance. As far as the amount of damages is concerned, it is to be adjudicated according to articles 74-76. Article 45 (2) allows the combination of the right to damages with other remedies. Article 45 (3) limits the ability of courts and arbitral tribunals to grant periods of grace; such grace periods would interfere with the remedial system of the Convention.

2. Article 45 does not enumerate the buyer's remedies exhaustively. The Convention provides for further remedies, e.g., in articles 71-73 or 84 (1). Nevertheless, article 45 is exhaustive in the sense that it preempts the buyer from invoking remedies for breach of contract otherwise available under the applicable domestic law, since the Convention excludes recourse to domestic law where the Convention provides a solution.

판결례와 평가

- 적용범위 : 매수인 구제권의 요건과 계약해제권
- 출처표시 : 「Juzgado de Primer Instancia, Badalona」(Spain), 『Unknown』, 2006.05.22.

1. 논점과 사실관계

① 본 사건은 제45조에 의해 제49조[매수인의 계약해제권]의 적용여부를 다루고 있는 사례이다.[246] **매도인**[스페인]은 **매수인**[독일]과 자동차를 목적물로 매매계약을 체결하였다. [계약내용에

246) ① 「ICC Court of Arbitration」(Paris, France), 『5713/1989』, 1989.
② 「Corte di Appello di Milano」(Italy), 『790』, 1998.03.20.

변호사(辯護士)는 돈을 내지 않으면 결코 참된 의견(意見)을 말하지 않는다.

의하면] 본 자동차는 이집트 및 이란에 판매하여야 한다고 명정하고 있었다. 당사자는 장기간 거래관계를 유지하고 있었는데, 그간 물품대금지급은 **선지급조건**(advanced payment)이었다. 그러나, 매도인은 본건 물품인도를 거절하고, 또한 종전 계약에 의해 판매된 물품이 동유럽에서 발견되었다는 이유를 들어, [매수인이 중동국가에서만 물품을 판매하여야 한다는 계약위반에 기하여] 본 계약을 해제하고 손해배상을 청구하였다.

2. 판결요지

③ 법원은, [본 매매계약에서] 당해 목적물은 중동국가에서만 판매되어야 한다는 합의의 존재를 인정하였으나, 매수인이 자신의 고객들이 중동국가에서만 물품을 판매하고 있는지를 확인해야 할 의무와, 또한 이를 감독해야 할 의무에 관한 합의가 없음을 지적하였다. 이에 따라 법원은 매도인의 본건 청구는 인정할 수 없다고 판시하면서, 본건 매도인이 계약에 따라 물품을 인도하지 않는 것은, **제40조**[매도인의 악의]에 의거, 중대한 계약위반으로 취급할 수 있고, 그 결과 매수인은 제45조에 따라, **제74조**[손해액 산정의 일반원칙] 및 **제77조**[손해경감의무]에 관한 클레임을 제기할 수 있으며, **제49조**[매수인의 계약해제권] (1)에 의해 본건 계약을 해제할 수 있다고 판결하였다.

③ 한편, [물품대금반환에 대하여] 매수인은 매도인이 송금비용을 이유로 일부분의 대금을 반환하지 않았다고 주장하였다. [이 주장에 관하여] 법원은, 매도인에게 일부분의 대금과 그 이자지급까지 명령하였다. 나아가, 매도인은 그간에 매수인이 입은 수익의 손실까지도 배상하여야 한다고 최종 판결하였다.

3. 해설

④ 본건 매도인의 계약위반은, 본 계약이 **분배계약**(distribution contract)이 아니라 일시에 인도되는 매매계약이라는 사실을 분별하지 못한 매도인의 착오에 기인한 사건이라 생각된다. 가사, 다른 합의가 존재하고 있더라도, 매수인이 장래에 계약을 위반할 수 있다는 이유만으로 계약을 해제할 수는 없다. CISG에서는 분할인도인 경우에만 계약해제를 허용하고 있으므로, 본건과 같은 개별적이나 독립적 인도에 대하여는, 계약해제의 사유가 적용되지 않는다.

---

③ 「Landgericht Braunschweig」(Germany), 『21 O 703/01』, 2001.07.30.
④ 「Pretura di Locarno Campagna」(Switzerland), 『6252』, 1992.04.27.

046. 매수인의 이행청구권

Art. 46

(1) The buyer may require performance by the seller of his obligations unless the buyer has resorted to a remedy which is inconsistent with this requirement.

(2) If the goods do not conform with the contract, the buyer may require delivery of substitute goods only if the lack of conformity constitutes a fundamental breach of contract and a request for substitute goods is made either in conjunction with notice given under Art. 39 or within a reasonable time thereafter.

(3) If the goods do not conform with the contract, the buyer may require the seller to remedy the lack of conformity by repair, unless this is unreasonable having regard to all the circumstances. A request for repair must be made either in conjunction with notice given under Art. 39 or within a reasonable time thereafter.

제46조

(1) 매수인은 매도인에게 의무의 이행을 청구할 수 있다. 다만, 매수인이 이러한 청구와 양립하지 아니하는 구제를 구한 경우 그러하지 아니하다.

(2) 물품이 계약에 부적합한 경우에 매수인은 대체물품의 인도를 청구할 수 있다. 다만, 당해 계약부적합이 중대한 계약위반이 되고 대체물품의 청구가 제39조의 통지와 동시에 또는 그 후 상당한 기간 내에 행하여지는 경우에 한한다.

(3) 물품이 계약에 부적합한 경우에 매수인은 모든 상황을 고려하여 불합리한 경우를 제외하고, 매도인에게 수리에 의한 부적합의 보완을 청구할 수 있다. 수리청구는 제39조의 통지와 동시에 또는 그 후 상당한 기간 내에 행하여져야 한다.

[497] 제46조에서는 매수인이 매도인에게 의무의 이행을 청구할 수 있는 일반적인 권리를 다루고 있다. 본조 (2)와 (3)은 부적합한 물품의 대체 또는 수리문제와 이와 관련한 구제수단에 관한 제한요건을 다루고 있고, (1)은 그 밖의 경우를 다루고 있다.

[498] 본조에서 의무이행의 청구권은 제28조[이행청구와 국내법]의 제한을 받는다. 즉, 소송을 심리하는 법원이 이전의 판례를 근거로 자국 법률에 의해 매수인의 구제수단을 허용하지 않는 경우에는 CISG에 따를 필요가 없을 것이다. 그러므로, 법원은 국내법에 따라 이러한 구제를 허용하여, 손해배상에 관해서만 판결하는 경우를 제외하고, 특정이행을 제한하는 경우에 법원은 당해 특정이행에 관하여 판결하는 것을 거절할 수 있다.

소송(訴訟)을 하여 태산을 취하기 보다, 화해(和解)를 하여 작은 이익을 취하는 것이 좋다.

1. 일반적 요구

[499] 매수인의 의무이행청구권은, 당해 의무의 존재와 계약위반을 전제하고 있다. 곧, 매수인은 본조에 규정된 권리를 행사하고자 할 경우에 반드시 상대방에게 의무의 이행을 청구하여야 한다. 이는 당해 의무의 이행을 명시적으로 요구하는 것을 의미한다. 본조 (2)와 (3)에 의하면, 구제의 청구에 대한 통지는, 반드시 상당한 기간 내에 발송되어야 한다. 한편, 매수인은 제47조[이행을 위한 추가기간의 지정]에 따라 매도인이 의무를 이행할 수 있도록 추가기간을 지정할 수 있다.

2. 의무이행을 청구하는 일반적 권리

[500] 본조 (2)와 (3)의 경우를 제외하고, 매수인은 본조 (1)에 따라 매도인에게 의무이행을 청구할 수 있는 일반적 권리를 보유한다. 그러므로, 매수인은 매도인에게, 예컨대, 물품의 인도, 지정은행에서 담보기간의 획득, 독점적 판매의무의 이행 등을 청구할 수 있다. 다만, 제28조[이행청구와 국내법]에 저촉되지 않는 한, 매수인은 법원의 협조를 통해 매도인 본래의 의무와 그 밖의 의무이행을 청구할 수 있다. 이 경우 매도인 본래 의무의 이행이 불가능한 경우[이행불능으로서, 예컨대, 계약상 특정된 고유한 물품이 인도되기 이전에 소멸된 경우]에는 매수인이 매도인에게 청구할 수 있는 의무이행의 권리도 소멸된다.

[501] 본조 (1)은 매수인이 부적합한 물품에 관하여 구제를 행사하는 경우에 일정한 의무이행에 관한 청구권을 제한하고 있다. 곧, 매수인이 계약을 해제하거나, 제50조[대금의 감액]에 의거, 물품대금을 감액하는 경우 등이 이에 해당한다. 그러나, 매수인은 자신의 의무이행에 관한 청구권과 그 밖의 손해[예컨대, 매도인의 의무이행 지연에 따라 야기된 손해]에 관한 배상청구를 병합할 수 있다. 이를테면, 당해 의무이행을 청구한 매수인은 이와 동시에 그 밖의 다른 구제를 청구할 수 있다. 다만, 매수인이 매도인으로 하여금 제47조[이행을 위한 추가기간의 지정] (2)에 따라, 당해 의무를 이행할 수 있도록 추가기간을 지정해 주는 경우에는 그 밖의 구제권을 행사할 수 없다.

3. 대체물품의 교부

[502] 본조 (2)에 의거, 매수인은, i) 매도인이 부적합한 물품을 인도한 경우, ii) 당해 부적합한 물품이 중대한 계약위반에 해당하는 경우, iii) 대체물품에 대한 청구가 제39조[부적합의 통지]에 따라 상당한 기간 내에 발송된 통지에 의거 제기된 경우 등의 요건을 만족하고 있을 경우에 한하여 대체품을 청구할 수 있다.

[503] 계약상 약정된 물품이 계약과 일치하는지의 여부는, **제35조**[물품의 계약적합성]에 의해서 결정되는데, 이 경우 **'물품의 부적합'**은 예컨대, **차등품**(次等品), **결함물품**, **포장불량**, **수량부족** 등이 있다. i) **차등품**에 관하여, 당해 인도가 매수인이 계약에 의해 자신의 권리로 기대하고 있는 바를 실질적으로 박탈하고 있는 정도의 것이라면, 당해 인도는 중대한 계약위반으로 취급된다[제25조(중대한 계약위반)]. 이 경우 본조 (2)에 규정된 중대한 위반은 반드시 **제49조**[매수인의 계약해제권] (1), (a)상 계약을 해제하는 방법과 동일하게 그리고 **제25조**에 제공되는 일반적 정의에 의해 판단하여야 한다. ii) **결함물품**에 관하여, 물품에 심각한 결함이 있으나, 수리가 가능한 경우에 중대한 계약위반의 기준에 따른 별단의 문제가 발생할 수 있다. 이때의 기준은 적어도 매도인이 적극적으로 신속한 수리를 제의하거나 또는 실시하여 매수인에게 그 어떠한 불편을 끼치지 않은 경우라면 중대한 위반을 구성하지는 않을 것이다. 그 판단은 제48조[인도기일 이후의 보완]에 따라 매도인 구제권과 부합하여 사실의 문제로 귀결될 것이다.

[504] 본조 (2)는 매수인이 상당한 기간 내에 매도인에게 대체물품을 청구하여야 함을 요구하고 있다. 대체물품에 대한 청구는 **제39조**[부적합의 통지]에 따른 부적합의 통지와 함께 발송될 수 있으며, 그 발송은 본조에서 규정하고 있는 시한에 따른다. 한편, **제82조**[동일한 상태의 물품반환의 불가능] (1)에 의하면, 매수인은 물품을 수령한 상태 그대로 반환해야 할 의무가 있다. 매수인은 당해 의무를 이행하여야만 대체물품의 청구를 주장할 수 있다. 제82조 (2)는 이 반환의무와 관련하여 다양한 면책규정을 두고 있다. 이는 후술한다.

4. 수 리

[505] 본조 (3)에 의하면, 매수인은 제35조에 따라 인도된 부적합한 물품에 관하여 매도인에게 그 **수리**(repair)를 청구할 수 있는 권리를 보유한다. 그러나, 이러한 수리청구가 객관적이고도 합리적이라고 판단되어야 당해 구제를 행사할 수 있다. 이 경우 매수인이 수리청구를 제기하는 기한은, 반드시 본조 (2)에서의 고지행위가 적용되는 기한과 동일하여야 한다. 즉, 당해 수리청구가 제39조에 따라 발송된 통지와 함께 제기되거나, 그 통지가 발송된 이후 상당한 기간 내에 제기되어야 한다.

[506] 물품으로부터 비롯된 부적합한 사항이 그 수리가 가능한 경우에만 본조 (3)이 적용된다. 그러나, 매수인이 합리적으로 용이하게 그 자신 스스로 물품을 수리할 수 있는 경우에는 매도인에게 당해 수리를 청구하는 것은 비합리적이다. 이러한 경우에는 오히려 매수인의 수리가 보다 합리적이고도 효율적일 수 있다. 그럼에도 불구하고 당해 수리에 따른 수리비용은 전적으로 매도인이 부담하여야 한다.

[507] 물품이 수리된 이후에, 당사자가 당초 합의하였던 것과 다름없이 당해 물품이 그 사용 목적에 적합하게 되었다면, 그 수리는 유효하게 실시된 것으로 취급된다. 그렇지만, 물품이 수리된 이후에도 수리되기 전과 마찬가지로 동일한 문제가 발생하였다면, 매수인은 반드시 당해 결함[하자(瑕疵)]을 매도인에게 통지하여야 한다.

■ SUMMARY [*Article 46*]

1. Article 46 gives the buyer a general right to require the seller to perform its contractual obligations in kind. Paragraphs 2 and 3 deal with replacement and repair of non-conforming goods (in the sense of article 35), and articulate some restrictions on these specific remedies; paragraph 1 applies to all other cases.

2. The right to require performance is subject to the restriction regarding specific performance set forth in article 28. If the seized court would not, on the facts of the case before, grant such remedy under its own national law, it will not be bound to do so under the Convention. Therefore the courts of those jurisdictions that restrict the availability of specific performance may refuse to grant specific performance of the obligation in dispute, except in circumstances where the court would grant the remedy under its own domestic law, and may award only damages.

3. The fact that the right to performance is provided for first among the remedies described in articles 46-52 reflects that, under the Convention, the contractual bond should be preserved as far as possible; avoidance of the contract should be available only as a last resort, and only if the continuation of the contract would no longer be tolerable because of a severe breach of contract by the seller (see article 49). The same approach applies when the buyer has breached the contract (articles 62 and 64).

4. Despite its importance, the right to require performance has not been the subject of much case law. In practice aggrieved parties have preferred to pursue other remedies in particular the right to claim damages.

판결례와 평가

- 적용범위 : 매수인 이행청구권의 요건
- 출처표시 : 「Oberster Gerichtshof」(Austria), 『7 Ob 301/01t』, 2002.01.14.

1. 논점과 사실관계

① 본 사건은 물품의 계약부적합에 기하여 어떠한 조건을 만족하여야 매수인이 그 대체품 또

는 수리를 청구할 수 있는지에 관한 사례이다.[247] 매도인[독일]과 매수인[오스트리아]은 [매도인에 의해 특별하게 제조된] 냉각장치를 목적물로 매매계약을 체결하였다. [계약내용에 비추어] 본 냉각장치는 시운전을 위해 매수인의 시설로 인도되고, 최종적으로 독일의 냉각시설 상표로 설치될 예정이었다. 당해 상표소유자 대리인으로서 중개자가 개입하여 매수인에게 냉각장치의 인도와 그 설치를 요구하고, 매수인과 중개자 간의 계약에서 인도일이 정해졌으며, 이행지체의 경우에는 고액의 지체배상금이 규정되었다.

② 매도인은 당해 제안에 있어 송장 이면에 인쇄된 표준조항의 적용을 언급하였다. 매수인은 이전에 적정하게 행해진 수차례의 거래에서 당해 표준조항을 익히 알고 있었다. 표준조항에 의하면, 매수인은 인도된 물품을 도착 후 직접 검사하고 물품수령 후 8일 이내에 명백한 흠결을 서명으로 매도인에게 통지하여야 한다고 명시되어 있었다. 아울러, 물품의 부적합의 치유는 매도인 선택에 의하고, 물품보증의 보증기간은 24개월, 이행지와 중재지는 매도인의 영업소, 준거법은 독일법으로 하였다.

③ 중개자는 상표소유자에게 합의한 기한 내 냉각장치를 설치하는 것과 자신에게 인도하는 제반 조건을 제시하였고, 매수인은 본 제안을 수락하였다. 그러나, 매도인은 본 제안에 비추어 물품을 적기에 인도할 수 없는 상황이었다. 이에 매수인은 매도인에게 직접 독일의 지정장소에 물품을 인도할 것을 지시하였다. 매수인은 그 시설을 검사할 수 없었지만, 그 장소에 매수인의 종업원이 육안검사를 실시하였고, 이에 육안검사에 의한 하자를 판명하고 그 사실을 직접 매도인에게 통지하였다.

④ 한편, 매수인은 [이러한 하자에 관계없이] 중개자와 계약에 의한 이행기에 따라 냉각장치의 설치가 요구되었다. 최초 시운전에서 설계상 하자가 판명되고, 매수인은 서면으로 매도인에게 시운전은 당해 하자에 의해 정지될 수밖에 없다는 사실을 통지하였다. 이후 매도인의 종업원은 설치장소에서 매수인이 지적한 하자보수를 시도하고, 매수인에게 당해 하자와 그 보수사실을 전언으로 통지하였다.

⑤ 본 서면에 의하면, 매도인은 전언통신에 의한 하자내용을 수령하고, 기한 내 보수할 것을 약속하였다. 매수인은 매도인에게 고객이 현재 상태로 냉각장치의 수용을 거부하고 있은 바, 이에 대체물품을 요구하였다. 이후 매수인은 본건 하자 외에 또 다른 하자를 통지하고, 이로부터 손해를 최소화하기 위해 제3자로부터 대체물품을 조달하겠다는 사실 또한 통지하였으나,

247) ①「Landgericht Oldenburg」(Germany),『12 O 674/93』, 1994.11.09.
② 「Cour d'Appel de Versailles, 12ème chambre」(France),『56』, 1998.01.29.

매도인은 이에 어떠한 회신도 없었다.

⑥ 이후 중개자와의 합의에 의해 매수인은 매도인으로부터 당해 장치의 보수를 위하여 인도된 냉각장치를 분리하였다. 이후 냉각장치를 보수하여 재차 설치했지만, 그럼에도 냉각장치는 충분한 기능을 발휘하지 못하였다. 매수인은 재차 냉각장치를 분리하고, 모든 하자를 최종적으로 보완하였다. 그 후 냉각장치는 순조롭게 운전되었다.

⑦ 당사자 다툼의 소지로서, 매도인은 매수인이 그 발견한 각각의 흠결을 적절하게 알려주지 않았다고 주장하고 있는 반면에, 매수인은 이를 부정하였다. 이에 매도인은 양자 간의 또 다른 거래에 관하여 매수인에게 물품대금 지급청구를 위한 소를 제기하였다. 이에 매수인은 그 지급을 거절하고, 당해 대금지급의무와 하자 있는 냉각장치의 인도의 결과 발생한 손실을 매도인에게 상환청구하고 동시에 그 상계를 주장하였다.

2. 판결요지

⑧ 당사자의 다툼에 관하여, 법원은 다음과 같이 판시하였다. 우선 매수인이 물품수령 이후 목적물의 검사에 의해 발견한 하자통지는 8일의 기한 내에 이루어졌다. 아울러, 이후 발견된 모든 감추어진 설계상의 하자는 제38조[물품검사시기] 및 제39조[부적합의 통지]에 따라 상당한 기간 내에 통지 되었다. 설령, 매수인의 통지가 지체된 경우라고 하더라도 매도인은 당해 하자를 보수할 의사를 명시적으로 표명한 사실에 비추어 매도인의 주장과 같이 매수인이 당해 통지를 지체하였다고 하는 항변을 인정할 수 없다. 매도인이 상당한 기간 내에 치유하지 않았다면 또는 매도인에 의한 당해 치유가 기대되지 않은 상황에서, 즉 제46조[매수인의 이행청구권] (3)에 기한 보수청구를 할 수 없는 때에도 매수인은 당해 하자를 스스로 또는 제3자에 의해 치유하여 이에 따른 손해비용을 매도인에 청구할 수 있다.

⑨ 법원은, 매수인에 의해 행해진 통지가 하자의 종류를 충분히 기재하지 않았다는 매도인의 주장에 대해서도 이를 인정하지 않았다. 곧, 물품의 부적합은 매도인이 적절한 방법으로 이에 대응할 수 있도록 특정하여야 하지만, 이는 사실의 문제로 판단하여야 할 것인 바, 본건에 기하여 매수인은 그 시설에서의 완전한 물품검사의 기회를 매도인의 물품인도지연에 의해 상실하였다고 판단되고, 따라서 [매수인이 제한된 검사밖에 할 수 없었다고 하더라도] 매수인의 부적합 통지는 내용상 충분했다고 판시하였다.

⑩ 한편, 법원은 매수인은 제74조[손해액 산정의 일반원칙]에 따라 냉각장치의 보수에 기한 비용

을 회복할 수 있지만, 고객과의 관계에서 야기된 그 밖의 손실은 매도인의 표준조항에 의해 결과적 손해는 배제할 수 있을 것인 바, 이는 회복할 수 없다고 판시하였다.

3. 해설

⑪ 본건 냉각장치의 흠결에 관한 매수인의 통지는 제39조 (1)의 요건을 만족하고 있고, 또한 상당한 기간 내에 행하여 졌으며, 그 내용은 충분하다는 법원의 판결은 타당하다고 생각된다. 나아가, 물품검사방법과 통지의 내용, 상당한 기간에 관한 결정기준에 대해서도 법원은 [본건 사안을 고려할 때] 유연한 그리고 합리적인 판단을 하고 있다고 생각된다.

⑫ 매도인의 본건 물품인도에 관하여, 당초 예정기한이 지체되었고, 또한 발견된 하자보수를 시행하였지만 하자를 치유하지 못했다. 이와 같이 매도인의 불이행은 중대한 계약위반에 해당하고, 이에 매수인이 매도인에게 통지한 시점 이후 계약해제의 선언이 가능하다고 판단된다.

⑬ 매수인은 이후 당해 냉각장치를 분리하여 스스로 하자보수를 행하여 이를 치유하였다. 매수인은 조기에 계약을 해제하여 손해배상을 청구하는 것보다는 고객과의 관계로부터 하자있는 냉각장치를 스스로 치유하고 있다. 판결문에는 매수인이 스스로 하자보수에 임한 이유는 언급하지 않고 있으나, 생각건대, 매수인에 의한 하자보수 작업도 장기간에 걸쳐 시행되었던 것을 고려할 때, 그간에 매수인 고객의 손해 또한 상당하였을 것으로 짐작된다.

판결례와 평가

- 적용범위 : 매수인 이행청구권의 요건
- 출처표시 : 「ICC Chamber of Commerce」(Swiss), 『Unknown』, 2000.

1. 논점과 사실관계

① 매도인과 매수인은 **기념주화**(souvenir coins)를 목적물로 매매계약을 체결하고, **분할인도**(partial shipment)하기로 합의하였다. 매도인은 기념주화 한 개를 샘플로 송부하였다. 계약에는 "**매도인의 배상책임을 일정한 금액으로 제한한다**"는 것과, "**매수인이 클레임을 제기하는 경우에는 물품이 도착한 후 40일 내에 서면으로 제출하여야 한다**"는 합의내용을 포함하고 있었다.

② 매도인이 기념주화 1차 선적분을 인도하였다. 그런데, 기념주화가 당초 매도인이 발행한 증명서와 불일치 할 뿐만 아니라 기념주화의 진위 또한 의심이 된다는 매수인 고객들의 불평이 있었다. 이에 매수인은 중재를 신청하여 매도인에게, 아직 판매되지 않은 물품의 회수, 기 지급된 물품대금의 반환, 매수인의 그 밖의 손실 등에 대한 배상을 요구하였다.

2. 판정요지

③ 중재과정에서 양당사자는 합의에 따라 당해 중재에 CISG를 적용하기로 합의하였다. 그 과정에서 중재판정부는 이러한 기념주화가 일반화폐로 사용될 수 있음에도 불구하고[제2조(제외되는 매매) (d)], 본건 기념주화의 매매계약에 CISG를 적용하였다.

④ 중재판정부는, [계약에서 규정하고 있지 않더라도] 물품은 설명서 및 증명서와 일치하여야 하는바, 이에 매도인은 당해 계약을 위반하였다고 판정하였다. 그러나, 매수인이 물품의 75% 이상을 이미 판매하였기 때문에 매도인은 계약의 의한 매수인의 권리를 완전히 박탈한 것으로는 볼 수 없다고 하고, [이에 매도인의 계약위반은 중대하지 않다고 판정하였다] 결국, 제46조[매수인의 이행청구권]에 의거, 매수인이 대체품 인도청구는 인정할 수 없다고 판정하였다.

⑤ 한편 중재판정부는, "손해배상을 제한하는 약관은 양당사자의 합의에 따른 자치적 약정이므로, 적용법을 위반하지 않은 범위에서라면, 이는 합리적이고 유효한 것이다"라고 하고, [이에 추보하여] 결과적으로 매도인의 계약위반은 중대하다고 볼 수 없으므로, 물품대금의 반환을 제기한 매수인의 청구는 여하히 인정할 수 없다고 최종 판정하였다.

047. 이행을 위한 추가기간의 지정

Art. 47

(1) *The buyer may fix an additional period of time of reasonable length for performance by the seller of his obligations.*

(2) *Unless the buyer has received notice from the seller that he will not perform within the period so fixed, the buyer may not, during that period, resort to any remedy for breach of contract. However, the buyer is not deprived thereby of any right he may have to claim damages for delay in performance.*

제47조

(1) 매수인은 매도인의 의무이행을 위하여 상당한 기간의 추가기간을 지정할 수 있다.

(2) 매수인이 매도인으로부터 당해 지정된 추가기간 내에 이행하지 아니하겠다는 통지를 수령한 경우를 제외하고, 매수인은 그 기간 중에는 계약위반에 대한 어떠한 구제도 구할 수 없다. 다만, 매수인은 이행지체에 대한 손해배상을 청구할 수 있는 권리를 상실하지 아니한다.

[508] **제47조** (1)은 매도인의 의무이행을 위해 매수인으로 하여금 상당한 기간의 추가기간을 지정할 수 있도록 명시하고 있다. 본조는 제46조의 의무이행청구권을 보완하고 있는 규정임과 동시에, **제49조**[매수인의 계약해제권]에서 규정하고 있는 계약해제권과 밀접한 연관성을 갖고 있는 규정이다. 곧, 제49조 (1), (b)에 의하면, 본조에 따른 추가기간이 경과하였음에도 불구하고 매도인이 매수인에게 물품을 인도하지 못하게 된 경우에 매수인에게 계약을 해제할 수 있는 권리를 부여하고 있는 바, 이에 본조는 제49조와 연계하여야 그 실질적인 의미를 지닌다. 본조에서 추가기간의 지정은 계약해제의 사전조치라고 할 수 있으나, 이 경우 계약해제의 요건은 물품이 인도되지 않은 경우에 한하여 적용될 수 있음을 유의하여야 한다.

[509] 본조 (2)에 비추어, 매수인이 매도인의 의무이행을 위한 추가기간을 지정하게 되면, 비록 매수인이 그 기간 내에 매도인의 이행지체에 따른 손해배상청구권을 보유하고 있다고 하더라도, 그 추가기간 내에 별단의 구제수단을 행사할 수는 없다. 본 규정은 매수인에 의해 허여된 추가기간 동안에 매도인의 의무이행을 보호하기 위한 것에 그 취지를 두고 있다. 곧, 매도인이 매수인의 추가의무의 이행요구를 수용하여 이로부터 상당한 비용을 지출하면서 당해 의무이행을 위한 준비에 임할 수 있게 하기 위한 그 기대를 보호하기 위함에 있다. 이에 반하여 매도인이 매수인의 추가기간 지정통지에도 불구하고 당해 의무를 이행할 수 없음을 매수인에게 통지하는 경우 매수인은 그 자신이 취할 수 있는 제반 구제수단을 자유롭게 행사할 수 있다.

친해지면 소송(訴訟)은 끝이다.

[510] 요컨대, 본조는 매도인이 계약에서 정한 의무를 이행할 수 있도록 매수인으로 하여금 추가기간의 지정을 허용하고 있는 규정이다. 따라서, 매도인이 그 자신의 의무이행을 수용하는 경우에 한하여 본조가 적용된다. 그러나, 매도인이 물품인도의 의무를 위반하는 경우에는 본조에서 허용하고 있는 추가기간의 지정은 단지 계약을 해제하기 위한 일련의 절차로서 기능한다.

1. 추가기간

[511] 매수인은 본조 (1)에 따라, [매도인의 의무이행을 위한] 추가기간을 지정할 수 있는 권리를 보유한다. 한편, 매도인이 약정된 기간 내에 물품을 인도하지 못하는 경우에 매수인이 매도인에게 지정한 추가기간은 한편으로 매수인에게 유익이 될 수 있다. 곧, 매수인이 지정한 추가기간 내에 매도인이 물품을 인도하지 못하게 되면, 매수인은 당해 물품인도의 지연이 중대한 계약위반이라고 하는 사실을 입증할 필요 없이, 계약해제권을 행사할 수 있기 때문이다. 결국, 물품인도가 지연된 경우 매수인이 추가기간을 지정하지 않게 되면, 계약해제권은 주장할 수 없게 된다.

[512] 본조 (1)을 충족하기 위해서는 매수인이 지정한 추가기간은 반드시 '상당한 기간'(reasonable time)이어야 한다. 한편, 매수인이 지정한 추가기간에도 불구하고 매도인이 이행을 못하는 경우에 매수인은 본조에 의해 계약을 해제할 수 있다. 다만, 매수인이 추가기간 지정 시에 그 기한에 관한 표현은 반드시 명확하여야 한다. 실례로, 추가기간 내에 인도시한을 확정하지 않고, 인도에 대한 모호한 표현, 이를테면 '즉시'(prompt) 등의 표현으로는 본조의 요건을 충족할 수 없다.

2. 추가기간의 효력

[513] 본조 (1)에 따라, 지정된 추가기간은 기본적으로 의무이행기간의 연장을 획득한 매도인에게 유익할 수 있다. 본조 (2)에 의하면, 매도인이 지정된 추가기간 내에 이행하지 않겠다고 또는 이행을 못하겠다는 선언을 하거나, 계약에서 규정하지 않고 있는 조건을 의무이행의 조건으로 하지 않는 한, 매수인은 지정된 추가기간 내에 계약을 해제하거나 또는 물품대금을 감액할 수 없다. 만약, 매도인이 추가기간 내에 그 자신의 의무를 이행하였다면, 매수인은 반드시 그 이행을 인정하여야 한다. 그렇지만, 매수인은 매도인의 이행지체로 인한 손해배상청구권은 유보할 수 있다. 다른 한편, 매도인이 추가기간 내에 자신의 의무를 이행하지 못하면, 매수인은 다름없이 당해 계약을 해제할 수 있다.

■ SUMMARY [*Article 47*]

1. Article 47 (1) gives the buyer the right to fix an additional period of time beyond that provided for in the contract within which the seller must perform its obligations. The provision thus complements the right to require performance under article 46, but it has a particular association with the right to avoid the contract under article 49. In fact, article 47 has practical significance primarily in connection with the latter provision: article 49 (1) (b) provides that, if the seller fails to deliver by the expiration of the additional period of time fixed in accordance with article 47, the buyer can declare the contract avoided. Thus the fixing of an additional period of time paves the way for the avoidance of the contract. This mechanism for avoiding the contract, however, applies only in cases of non-delivery.

2. Article 47 (2) states that a buyer who fixes an additional period of time pursuant to the provision binds itself not to resort to other remedies during that period, although it retains the right to claim damages for delay in performance that occurs during the period. This binding effect is intended to protect the seller who, in response to the buyer's notice fixing an additional period for performance, may as a result prepare the performance during that period, perhaps at considerable expense, and thus should be entitled to expect that the buyer will accept the requested performance if it is not otherwise defective. Only if the seller informs the buyer that it will not perform during the additional period is the buyer be free to resort to other available remedies during the period, since in that case the seller needs no protection.

3. Article 47 allows the buyer to fix an additional period of time for performance of any obligation the seller has not performed. The provision thus can be applied to all obligations the seller has agreed to fulfil. The granting of an addition period under article 47 functions as a step toward avoidance of the contract, however, only if the seller has violated its duty to deliver the goods.

판결례와 평가

- 적용범위 : 추가기간의 허여
- 출처표시 : 「U.S. Court of Appeals」(USA), 『Nos.06-3390, 06-3525』, 2007.07.19.

1. 논점과 사실관계

① 본 사건은 인도를 위해 매수인이 추가기간을 설정하는 것을 허용하고 있는 **제47조**와 계약의 변경을 허용하고 있는 **제29조**[계약의 변경과 서면요건]의 연관성 및 그 적용에 관한 기준을 다루고 있는 사례이다.[248] 당사자는 석유정제물을 목적물로 매매계약을 체결하였다. 본 계약은

당사자가 직접 계약체결에 임하지는 않았고, 중개업자를 통해 이루어졌다. 본 거래에 관한 서면확인서는 중개업자에 의해 같은 날 당사자에게 송부되었다. 이 확인서는 가격조건과 인도조건을 포함하고 있었다.

② 매도인은 유럽에 있는 자신의 저장고로부터 미국에 있는 매수인의 유류탱크로 석유정제물을 운반하기 위한 선박을 수배하였다. 이때 이전에도 다른 석유정제물을 운반한 적이 있는 G라는 선박에 나프타를 적재하였다. 매도인이 운송선박을 선정할 때 매수인의 승인이 필요하다는 계약조항에도 불구하고, 매도인은 자신의 임의로 선박을 지정하고 매수인에게 G에 의해 운송할 것을 제안하였다. 매도인은 매수인이 이전에도 다른 석유정제물을 운반하는데 G선을 승인한 경험이 있었기 때문에, 응당 매수인의 승인이 있을 것으로 보고 본 선박으로 지정하였다.

③ 매도인이 매수인에게 G선으로의 지정을 통지한 후 매수인은 선적작업을 진행하였다. 그러나, 매수인은 G선에 의한 운송을 거부하였다. 매수인의 이 같은 거부에도 불구하고, 매도인은 다른 선박을 구할 수 없었기 때문에, 부득불 G선에 나프타를 선적하였다. 그러나, 본선은 선적이 지연에 따라 출항이 지체되었다. 결국, G선은 계약상 인도기일을 경과하여 목적항에 도착하였다.

④ 이에 당사자는 새로운 계약을 체결하였다. 곧, 매수인은 매도인에게 자신이 수용하지 않은 선박을 사용하였기 때문에, 목적항에서 G선이 직접 접안해서 하역하는 것이 아닌, 피드선을 이용하여 인도할 것과, 피드선의 용선비용을 매도인이 부담하도록 요구하였다. 매도인은 매수인의 본 제안을 수용하였다. 매수인은 이 같은 사실을 명시한 서면확인서를 매도인에게 송부하였다.

⑤ 본 물품은 인도기간을 경과하여 매수인에게 인도되었다. 그럼에도 불구하고 매도인은 만약 매수인이 피드선으로 인도할 것을 자신에게 요구하지 않았다면, 매수인이 지정한 추가기간 내에 본건 물품을 인도할 수 있었다고 주장하였다. 이에 매수인은 물품의 인도지연으로부터 상당한 손해를 입었다고 주장하고 [매도인의 계약위반에 기하여] 본건 손해배상청구 소송을 제기하였다.

248) ① 「Oberlandesgericht Koblenz」(Germany), 『1U 486/07』, 2007.11.21.
② 「Audiencia Provincial de Barcelona」(Spain), 『Unknown』, 1997.22.03.
③ 「Court of Appeal of Eastern Finland」(Finland), 『S 96/605』, 1997.03.27.

2. 판결요지

⑥ 법원은, [추가기간 지정과 계약의 변경에 관하여] G선에 대한 매수인의 거절은 비합리적이며, 사실관계로서 계약에서 정한 이틀의 인도기일 지체는 계약위반으로 볼 수 있지만, 이 지연이 [계약내용에 비추어] 중대한 계약위반으로는 취급할 수 없기 때문에, [본 지연에 기하여] 매수인이 계약상 의무를 회피할 수 있는 권리마저도 인정할 수는 없다고 설시하였다. 이에 매수인은 항소하였다.

3. 해설

⑦ 제47조의 목적은, 물품인도를 위해 매수인이 추가기간을 지정하는 것을 허용하는데 있다. 본건 계약은 가격인하조건과 매도인이 피드선으로 나프타를 인도하는 요구를 내용으로 하고 있기 때문에 제1심 법원은 본조 (2)에서 제한하고 있는 추가적인 구제의 부당한 변경으로 본 계약을 취급하였다. 따라서, 변경된 계약의 효력을 제한하였다.

⑧ 그러나, 항소법원은 이 논거에 동의하지 않았다. 곧, 항소법원은 제1심 법원이 판시한 내용과 같이 본 계약이 제47조를 위반하였다는 것이, [계약의 효력이 없는] 계약변경을 의미하지는 않는다고 판단하였다. 제29조에서는 당사자의 단순한 합의만으로 계약의 변경할 수 있도록 하고 있다.

⑨ 본건 계약의 변경은 당사자들의 단순한 합의에 해당하며, 따라서, 제47조의 이행을 위한 추가기간의 지정이라기보다는 제29조에서 말하는 계약의 변경을 해당한다고 볼 수 있다. 결국, 9월 19일자 계약은 유효하며, 당사자의 행위를 구속한다고 할 것이다.

판결례와 평가

- 적용범위 : 추가기간의 적정성
- 출처표시 : 「Oberlandesgericht Naumburg」(Germany), 『9 U 146/98』, 1999.04.27.

1. 논점과 사실관계

① 본 사건은 매도인에 의한 물품인도 지연이 발생한 경우 매수인이 매도인의 의무이행을 위해 정한 추가기간이 상당한 기간으로서는 짧았던 경우라고 하더라도 이에 매수인은 추가기간

의 초과를 이유로 계약을 해제할 수 있는지의 여부를 다루고 있는 사례이다. 매수인[독일 자동차 소매업자]은 매수인[덴마크 자동차 도매업자]에게 자동차 1대를 주문하였다. 본 주문서에는 인도기일을 명시하고, 표준계약조건으로 매도인은 인도기일을 변경할 수 있다는 유보조항을 삽입하였다. 매수인은 본건 주문서를 수용하고 이에 서명한 후 매도인에게 반송하였다.

② 매수인은 계약의 목적물로서 본 자동차가 기일 내 인도되지 않으면, 계약을 해제하겠다는 의사를 매도인에게 통지하였다. 그럼에도 불구하고 자동차가 인도되지 않자, 매수인은 매도인에게 계약해제를 선언하였다. 이후 매도인은 매수인에게 자동차의 인도준비가 되었다는 통지를 하였다. 매도인은 매수인에게 물품대금지급을 독촉하면서, 이를 위한 추가기간을 수차례 지정하였으나, 그럼에도 매수인은 대금지급을 거절하였다. 결국, 매도인은 당초 매수인과의 계약가격보다도 낮은 가격으로 제3자에게 본 자동차를 전매하였다.

③ 이로부터 매도인은 매수인에게 당해 전매금액과 본건 계약금액과의 차액지급을 요구하며 소송을 제기하였다. 소송에서 매도인은 당초 계약에는 인도기일을 지정하지 않았다는 사실과 매수인으로부터 계약해제의 통지를 수락하지 않았다는 사실을 부각하였다. 본건은 제1심이 이 같은 매도인의 청구를 기각한 것에 대한 항소의 건이다.

2. 판결요지

④ 법원은, 제19조[청약을 변경하는 승낙] (1)에 의거, 청약에 대한 승낙이 계약내용의 변경을 포함하고 있다면, 이는 통상 청약의 거절, 곧 대응청약으로서 취급된다는 사실을 지적하였다. 그러나, 본건에서 승낙은 [양당사자의 다툼 없는 사실로서] 승낙자[매수인]가 별단의 이의를 제기하지 않았던 것으로 보아, 청약의 내용을 실질적으로 변경하는 의사표시로서는 취급할 수 없다고 판시하였다. [결국, 본건 계약내용은, 매수인이 매도인의 청약변경의 추가를 승낙한 것으로 볼 수 있다고 보았다]

⑤ 한편, 법원은 매도인의 주문수락서에는 인도기일이 명확히 특정되어 있지 않고, 또한 인도기일을 변경하는 권리를 유보한다는 조건이 명시되어 있었기 때문에, 당해 인도기일을 계약내용으로 특정할 수는 없다고 하였다[제33조(인도시기) (a)]. 이에 매도인은, 계약체결 후 상당한 기간 내에 물품을 인도하여야 한다고 판시하였다[제33조 (c)].

⑥ 법원은, 본건에서 기한 내 인도를 요구한 매수인의 요청은 제33조 (c)에 의거, 물품인도를 위한 상당한 기간을 결정함에 있어 고려하여야 한다고 판시하였다. 곧, 매수인은 물품인도의 기간을 명확히 정하고 있다는 점에서, 매도인은 계약체결 후의 상당한 기간 내에 물품을 인도

하여야 했다고 판시하였다. 나아가, 본건에서 2주에서 4주의 물품인도 지연이 당해 상거래계에 비추어 통상적인 관행인지의 여부는 본 판단에 있어 고려되지 않는다고 하고, 물품인도를 위한 상당한 기간은 당사자의 언명 및 계약에 관한 구체적인 사정을 고려하는 것이 합당하다고 추보하였다.

⑦ 법원은, 본건에서 매수인의 권리는 제45조[매수인 구제권의 총괄] 이하의 규정에 의해 결정될 수 있다고 첨언하였다. 곧, 물품인도가 이루어지지 않는 경우 매수인이 정한 추가기간 내에 매도인이 물품을 인도하지 않았다면, 매수인은 계약해제를 선언할 수 있다고 하였다. [제49조 (1), (b)] 한편, 법원은 제47조 (1)에 따르면, 매수인은 매도인이 자신의 의무를 이행하기 위한 상당한 추가기간을 정할 수 있다고 규정하고 있지만, 추가기간의 설정은 무엇보다도 계약을 해제하기 위한 일련의 전제조건으로 취급할 수 있다고 판시하였다.

⑧ 나아가, 법원은, 매도인이 정한 추가기간이 적정했는지를 판단할 이유는 없다고 하고, [왜냐하면, 추가기간이 짧은 경우라도, 상당한 기간이 개시되었기 때문이다] 본건에 상정된 상당한 기간은 늦어도, 매수인이 계약해제의 의사를 표시한 때에는 이미 경과했다고 설시하였다.

⑨ 또한, 법원은 [사실관계에 비추어] 매수인은 매도인에게 계약해제의 의사를 통지하였는 바[제49조 (1)], 이 경우 매도인이 본 통지를 수령했는지의 여부는 관계가 없다고 하고, 제27조[통신상의 지연 또는 오류]에 따라, 매수인은 당해 발신을 증명하면 되고, 이 경우 통신의 도달을 증명할 필요는 없다고 설시하였다. 이에 추보하여, 발신자[매수인]는 상황에 따라 적절한 방법으로 당해 통지를 발신한 경우 비록 그 통지가 수신자에게 너무 늦게 도달했거나, 변경되었거나 또는 전혀 도달하지 않았다고 하더라도, 당초 본래의 통지내용은 다름이 없다고 하였다.

⑩ 더불어, 매수인은 유효하게 계약을 해제했기 때문에, 매도인은 그 손실에 따른 배상을 청구할 권리를 갖지 않는다고 하고, 제74조[손해액 산정의 일반원칙]에 따라, 본 손해배상청구는 상대방 당사자의 계약위반이 요건인 바, 이에 매수인은 정당하게 본건 계약을 해제한 것으로 취급할 수 있음에 따라 이에 법원은 본건 항소를 기각하였다.

3. 해설

⑪ 매도인이 계약상 그 의무를 이행하지 않았을 경우 매수인은 제47조 (1)에 의거, 매도인의 의무이행을 위해 상당한 추가기간을 정할 수 있다. 매수인이 본조항에 따라, 추가기간을 정한 경우 그 추가기간 내에 이행하지 못한다는 취지의 통지를 매도인으로부터 수령한 경우를 제외

하고, 당해 기간 내에는 계약위반에 따른 그 어떠한 구제도 청구할 수 없다[제47조 (2)]. 이는 매수인에 의한 추가기간의 통지에 대해, 당해 추가기간 내에 그 의무이행을 준비하는 매도인을 보호하기 위한 규정이다. 그럼에도 불구하고 매수인은 매도인의 이행지체에 관한 손해배상을 청구할 권리를 박탈당하지 않는다.

⑫ 제47조 (1)의 규정은, 제46조[매수인의 이행청구권]의 이행청구권을 보완하고 있는 규정으로 취급할 수 있음과 동시에, 제49조[매수인의 계약해제권]에 기한 계약해제권과 밀접한 관련이 있다. 곧, 제49조 (1), (b)는, 물품인도가 정히 이루어지지 않는 경우 매수인이 제47조 (1)의 규정에 따라, 그 추가기간 내에 매도인이 물품을 인도하지 않거나 또는 매도인이 그 추가기간 내에 인도하지 않겠다는 취지의 의사표시를 한 경우 매수인은 계약해제의 의사표시를 할 수 있는 것으로 규정하고 있다.

⑬ 제49조 (1), (b)에 따른 계약해제의 경우 [그 이외의 경우와는 달리] 매도인의 의무불이행이 중대한 계약위반에 해당하는지의 여부는 당해 요건이 되지 않는다. 따라서, 제47조 (1)에 의한 추가기간 설정은, 매수인의 계약해제에 대한 이를테면 사전준비의 의미를 갖는다. 한편, 제47조 (1)의 요건충족을 위해서는, 매수인이 정한 매도인의 의무이행을 위한 추가기간은 상당한 기간이어야 한다. 매수인이 불합리하게 짧은 기간을 추가기간으로 정한 경우 법원은 상당한 기간을 대신 특정할 수 있다.

⑭ 본 사례에서는, 인도기일 내에 물품을 인도하지 않은 매도인에 대해, 매수인은 1주간의 추가기간을 설정했다. 그 후 인도기일로부터 약 4주 뒤에 매수인은 계약해제의 의사를 표시했다. 법원은, 매수인이 정한 추가기간이 상당한 기간에 부족했다고 하더라도, 계약해제의 의사를 통지했을 때까지는 당해 상당한 기간은 경과하였다고 보고, 매수인의 본건 계약해제를 인정하고 있다.

048. 인도기일 이후의 보완

Art. 48

(1) Subject to Art. 49, the seller may, even after the date for delivery, remedy at his own expense any failure to perform his obligations, if he can do so without unreasonable delay and without causing the buyer unreasonable inconvenience or uncertainty of reimbursement by the seller of expenses advanced by the buyer. However, the buyer retains any right to claim damages as provided for in this Convention.

(2) If the seller requests the buyer to make known whether he will accept performance and the buyer does not comply with the request within a reasonable time, the seller may perform within the time indicated in his request. The buyer may not, during that period of time, resort to any remedy which is inconsistent with performance by the seller.

(3) A notice by the seller that he will perform within a specified period of time is assumed to include a request, under the preceding paragraph, that the buyer make known his decision.

(4) A request or notice by the seller under paragraph (2) or (3) of this Art. is not effective unless received by the buyer.

제48조

(1) 제49조의 경우를 제외하고 매도인은 인도기일 이후에도 불합리하게 지체하지 아니하고, 매수인에게 불합리한 불편 또는 매수인이 선지급한 비용을 매도인으로부터 보상받는데 대한 불안을 초래하지 아니하는 경우에는 자신의 비용으로 그 의무의 불이행을 보완할 수 있다. 다만, 매수인은 본 협약에 규정된 바의 손해배상을 청구할 권리를 보유한다.

(2) 매도인이 매수인에게 그 이행을 인수할지의 여부를 알려주도록 요구하였으나 매수인이 상당한 기간 내에 그 요구에 응하지 아니하는 경우 매도인은 자신의 요구에서 제시한 기간 내에 이행할 수 있다. 매수인은 그 기간 중에는 매도인의 이행과 양립하지 아니하는 구제를 구할 수 없다.

(3) 특정기간 내에 이행하겠다는 매도인의 통지는 매수인이 그의 결정을 알려주어야 한다는 전항의 요구를 포함하는 것으로 추정한다.

(4) 본조 (2) 또는 (3)에 따른 매도인의 요구 또는 통지는 매수인이 수령하지 아니하는 한, 그 효력이 발생하지 아니한다.

[514] 제48조 (1)은 매도인에게 구제권을 부여함과 동시에 그 자신이 계약상 규정된 의무의 이행기간 이후에도 계약 또는 CISG에서 규정하고 있는 불이행에 대한 구제를 행할 수 있도록 하고 있다. 그러나, 이러한 구제의 행사가 매수인에게 그 어떠한 불합리한 불편을 초래해서는

법의 부지(不知)는 면책사유(免責事由)가 되지 않는다.

아니 된다. 매도인이 사전에 계약에 부적합한 물품을 인도한 경우에는 제37조[인도기일 전의 보완권]에 따라, 지정된 인도기일이 도래하기 전에 구제를 행할 수 있다.

1. 불이행한 의무를 구제하는 권리

[515] 매도인은 본조 (1)에 의해, 자신이 불이행한 그 어떠한 의무에 관하여 구제를 행할 수 있다. 그러나, 이러한 구제는 매수인이 계약을 해제할 수 있는 일반권리를 규정하고 있는 제49조[매수인의 계약해제권]의 제한을 받는다. 곧, 매수인에 의한 계약해제는 매도인의 구제권을 제한한다. 일반적으로 매수인은 계약해제의 여부를 결정하는 당사자로서, 곧 [매수인은 계약해제권을 행사함에 있어] 매도인의 구제권으로부터 그 어떠한 제한도 받지 아니한다. 이는 본조 (2)에 의거, 보충되고 있는데, 본조항에 따르면, 매도인은 당해 구제의 수용여부를 매수인에게 문의할 수 있다. 따라서, [매도인이 구제를 행할 것인지의 여부와 관계없이] 계약해제권을 보유한 매수인은 중대한 계약위반이 행사된 경우에 그 즉시 계약을 해제할 수 있다.

[516] 그러나, [이 경우 주의하여야 할 사항으로] 불이행이 쉽게 보완될 수 있다면, 당해 계약위반은 중대한 계약위반으로 취급될 수 없다고 하는 점이다. 환언하면, 어떠한 경우이든 매수인이 매도인에게 구제할 수 있는 기회를 제공하는 것이 계약해제의 결정적인 사유는 아니라고 하는 점이다.

[517] 제46조[매수인의 이행청구권]와 본조에 비추어, 매도인이 인도한 결함물품을 구제하는 경우에 매수인이 이로부터 부담한 비용은 일절 매도인이 부담하여야 한다. 한편, 품질불량이 중대한 위반이 되는지를 판단함에 있어, 매도인이 당해 불이행에 대한 구제를 희망하는지 여부는, 매수인의 입장에서는 단지 중대한 위반을 결정할 수 있는 참조사항이 될 수 있을 뿐이다.

[518] 설령, 매도인이 불이행에 대한 구제를 행하지 않더라도, 본조 (1)에 의하면, 매도인이 당해 구제조치를 취하는 것과는 별도로, 이로부터 매수인이 입은 손실에 관한 손해배상청구권은 다름없이 보유한다.

2. 불이행의 구제에 대한 청구

[519] 본조 (1)에 의하면, 매도인은 상당한 기간 내에 불이행을 구제하겠다는 통지를 매수인에게 발송할 수 있으며, 동시에 매수인에게 당해 구제를 인수할 것인지의 여부에 관한 통지를 요구할 수 있다. 본조 (3)은 매수인이 구제를 수용하겠다는 통지는 그러한 요구를 포함한 것으

로 추정한다고 규정하고 있다. 만약, 매수인이 특정한 기간 내에 매도인의 요구에 대한 응답이 없는 경우에 또는 그 자신의 요구를 수용한 것으로 추정할 수 있는 근거가 있다면, 매도인은 자신이 제시한 기간 내에 구제를 행할 수 있다. 이에 본조 (2)에서는 매수인이 그 특정한 기간 내에 매도인이 행한 구제와 양립하는 구제를 취할 수 없다고 명시하고 있다.

[520] 매도인이 본조 (2)와 (3)에 의거, 매수인에게 제의한 구제방법에 관한 통지에는 매도인이 그 의무를 이행할 수 있는 기간을 명확히 포함하고 있어야 한다. 그러한 기간에 관한 설명이 없는 청구는 본조 (2)에 따른 효력을 담보할 수 없게 된다.

[521] 제27조[통신상의 지연 또는 오류]의 예외로서, 본조 (4)는 매도인이 매수인에게 발송한 구제방법에 대한 요구 또는 통지는 그것이 반드시 매수인에게 도달하여야 본조 (2)에서 규정하고 있는 효력을 갖는다고 규정하고 있다. 그러나, 제27조는 매수인의 통지에도 적용될 수 있는데, 곧 매수인의 응답이 적절한 수단으로 발송되었다면, 그 도착여부와 관계없이 효력이 발생한다.

■ SUMMARY [*Article 48*]

Article 48 (1) gives the seller the so-called right to 'cure,' which allows the seller to correct any failure to perform its obligations under the contract or under the Convention, and to do so even after the date for performance required under the contract, provided that the exercise of that right does not cause the buyer unreasonable inconvenience. If the seller has made an early non-conforming delivery, article 37, in comparison, permits the seller to cure up to the required date for delivery.

판결례와 평가

- 적용범위 : 인도기일 이후의 보완
- 출처표시 : 「Amtsgericht München」(Germany), 『Unknown』, 1995.06.23.

1. 논점과 사실관계

① 본 사건은 매도인이 불이행을 추완하기 위해서는 불합리한 지체 없이 행하여야만 하는데, 이에 어떠한 상황에서 당해 요건을 충족시킬 수 있는지의 여부를 다루고 있는 사례이다.[249]

1993년 3월 15일 매도인[이탈리아]과 매수인[독일]은 의약품 제조를 위해 25μ 이하의 마이크로화라는 규격을 갖춘 화학물품 200kg을 목적물로 매매계약을 체결하였다. 본 물품의 출하는 당초 1993년 3월 말로 합의되었지만, 매도인의 비용에 의해 항공편으로 5월 5일 이루어졌다. 물품은 5월 10일 독일 뮌헨에 도착, 매수인에 의해 매수인의 고객에게 5월 11일에 발송되었다.

② 5월 25일 매수인의 고객은 마이크로화가 그 물품을 사용하는 생산 프로세스를 가동하는데 불충분하다는 불만을 제기하였고, 이에 매수인은 매도인에게 이 같은 부적합을 통지하였다. 매도인의 동의에 따라 시험생산이 매수인의 고객이 있는 곳에서 실행되었으나, 실패함에 따라, 5월 25일 당사자는 하자를 보수하기 위해 물품 전부를 이탈리아로 발송하는 사항에 합의하였다.

③ 매도인은 5월 25일자 서신으로 매수인에게 물품반송지시를 내고, 5월 25일 팩스에는 반송에 따른 운송비는 매도인의 부담으로 물품을 수령해서 보수하는 즉시, 동일한 운송수단으로 동일한 운송인에 의해 매수인에게 반환하겠다는 뜻을 표명하였다. 동시에 매도인은 독일 뮌헨의 운송인에게 물품운송을 위탁하고 [매수인 고객의 영업장 소재지를 고려하여] 물품을 가능한 한 빠른 시일 내에, [가능하다면 25일 매수인 고객의 영업소에서 인수하여] 이탈리아로 운송하도록 지시하였다. 이에 뮌헨의 운송인은 그 대리점에게 매수인 고객 영업소에서 물품을 인수하도록 위탁하였다.

④ 그러나, 6월 1일 매수인이 뮌헨의 운송인에게 문의한 바로는, 물품이 운송인의 사정으로 뮌헨에 그대로 보관되어 있었는데, 그 이유는 이탈리아 운송대리점에서 운송을 위한 사전준비가 없었기 때문이었다. 이 문제로 매도인과 매수인은 수차례 연락을 취했으나, 그 사이에 운송인은 매수인 창고에서 일부 물품을 인도하고, 6월 4일 20kg을 반출하여 매수인 고객에게 발송했다.

⑤ 그럼에도 불구하고 그 제품 또한 마이크로화 규격에 적합하지 않았다. 6월 8일 팩스로 매수인은 매도인에게 당해 부적합 사항을 재차 통지하고, 매수인의 고객이 결국 생산을 정지할 상황이었기 때문에 독일회사에 즉시 마이크로화 할 필요가 있다는 뜻을 전하였다. 그러나, 매수인은 고객으로부터 더 이상의 지체는 용인할 수 없으며, 지금까지의 이행지체에 상당한 손해배상청구에 임할 것이라는 통지를 받았다.

⑥ 6월 9일 매도인은 독일에서 마이크로화의 시장가격이 상당히 높다는 이유에서, 이에 동의할 수 없다는 뜻을 전하였다. 당일 매수인은 브레멘에 소재한 회사에 전체 물량의 마이크로화를 위탁하고, 6월 14일 그곳에서 매수인의 고객에게 직접 제품을 전달했다. 매수인은 당초 계

249) ① 「Oberlandesgericht Koblenz」(Germany), 『2 U 31/96』, 1997.01.31.
② 「Cour d'Appel de Grenoble, Chambre Commerciale」(France), 『RG 93/4879』, 1995.04.26.

약대금에서 운송비를 포함하여 마이크로화에 소요된 비용을 상계하고 그 잔금을 매도인에게 지급하였으나, 매도인은 당초 계약대금 전액의 지급을 요구하였다.

2. 판결요지

⑦ 양당사자의 다툼에 기하여 독일 뮌헨법원은 다음과 같이 판시하고 매수인의 주장을 인정하였다. 곧, 제48조 (1)에 의거 이탈리아에서 부적합을 추완한다는 매도인의 시도는 반환되기로 예정되었던 물품이 이탈리아로 운송되지 않고, 뮌헨에 유치된 후 저지되었다. 결과적으로 매도인은 매수인의 불합리한 불편이 발생하지 않은 기간 내에 [즉, 1993년 6월 8일까지] 추완하지 않았다. 6월 8일 이후의 지체는 매도인의 고객이 상당한 손해배상을 청구하기에 충분하다는 점에 대해서는 이견이 없는 것으로, 이는 매수인에게 불합리한 불편을 야기한 것으로 볼 수 있다.

⑧ 매수인은 매도인에 의한 불합리한 추완 때문에 매수인의 명의로 뮌헨의 운송인에게 위탁하였으나, 이는 매도인의 계산에 의한 것이었다. 매수인은 전적으로 매도인의 지시에 입각해 운송을 위탁하였으나, 운송계약은 매도인의 의무를 수행하기 위한 방편으로, 매수인 자신을 위한 것이라고는 보기 어렵다. 따라서, 매수인은 운송을 위탁할 의무가 있으나, 운송계약의 적정한 수행에 실질적인 책임을 지고 있는 것으로 볼 수는 없다.

⑨ 물품이 아직 뮌헨에 보관되어 있다는 사실을 알게 되었을 당시에 물품이 뮌헨의 운송인에 의해 이탈리아로 운송하는 것은 매도인의 지시에 달려 있고, 또한 매수인, 뮌헨의 운송인, 이탈리아의 운송대리점에 지시를 내린 일에 따라 손해를 면하는 일도 매도인에게 달려있었음에도, 매도인은 그 어떠한 지시도 내리지 않았다.

⑩ 물품의 하자에 대한 판매인의 추완은 이탈리아에서 한층 더 마이크로화 하는 것이었으나, 그것은 1993년 6월 8일 이후의 불합리한 이행지체에 이르게 되었다. 이러한 사실은, 제48조 (1)에 의거, 자신의 비용으로 물품을 추완하는 매도인의 권리를 배제한 것이라고 볼 수 있다.

3. 해설

⑪ 6월 8일 시점으로, 본 화학물품을 사용하여 의약품을 제조하는 매수인의 고객은 생산중단을 감수하지 않을 수 없는 상황이 되어, [계약내용에 비추어] 더 이상의 지체는 매수인의 불합리한 불편을 야기할 수 있기 때문에 매도인은 이미 제48조 (1)에 따라, 추완할 수 없도록 한 재판소의 판단은 타당하다고 본다. 또한 매도인은 운송업무의 적정한 수행에 대해 책임을 부담한

다는 판단도 타당하다.

⑫ 매수인 고객은 손해를 발생시키지 않기 위해, 즉시 독일회사에 마이크로화할 필요가 있었으나, 매도인은 독일에서 마이크로화의 비용이 상당히 높다는 이유에서 이탈리아로 돌려보내 마이크로화 하는 일을 고집하며 매수인의 제안을 거절하였다. 그 결과 매수인은 이를 대신할 방법으로 당해 손해를 경감시키기 위해 독일회사에서 마이크로화를 행한 것이다.

⑬ 본 화학물품의 인도는, 당초 3월 말 출하를 예정하고 있었음에도 크게 지연되었을 뿐만 아니라 물품의 계약부적합에 따른 보수까지 문제시 되어 더욱 큰 폭으로 지연되었다는 점에서 이는 중대한 계약위반이라고 취급하는 것에 무리가 없다. 6월 1일 운송인의 불이행이 판명된 시점에서 매수인은 중대한 계약위반에 의한 계약해제를 선언하고 독일회사에 마이크로화 하는 대체조치를 조기에 강구하는 것이 가능하였다.

⑭ 그렇지만, 매수인은 6월 9일에 이르러 스스로 독일회사에 마이크로화를 위탁하게 된다. [이렇게까지 매수인이 행동을 지체한 이유는 판결문에서는 명확하지 않지만] 결과적으로 마이크로화의 대폭 지연은 매수인 고객의 생산에 악영향을 미치는 데까지 이르게 했던 것으로 생각된다.

판결례와 평가

- 적용범위 : 계약해제의 요건
- 출처표시 : 「Landgericht Regensburg」(Germany), 『6 U 107/98』, 1998.09.24.

1. 논점과 사실관계

① 섬유전시회에서 **매수인**[독일]은 여성의류를 생산하기 위한 원단을 매도인에게 주문하였다. 물품이 인도된 이후, 매수인은 원단이 경제적이고 저렴한 방식으로 재단될 수 없다는 이유로 원단의 품질과 사이즈에 대하여 이의를 제기하였다. 매수인은 매도인에게 '**14일 내에 당해 사양을 만족시킬 수 있는 다른 물품을 인도할 것**'을 요구하였다. 이에 매도인은 다른 원단의 샘플을 송부하면서 '여성의류를 **생산할 때, 발생할 수 있는 문제**'에 대한 자세한 설명을 매수인에게 요구하였다. 그러나, 매수인은 이러한 요구를 거절하였고, 이에 매도인은 소송을 제기하여 당초 지급된 물품대금의 반환을 청구하였다.

2. 판결요지

② 법원의 판단은 다음과 같다. 원단이 계약과 일치하므로 매수인은 본건 물품대금의 지급을 거절할 수 없다. [계약내용에 비추어] 원단의 수량 · 품질 · 사이즈에 관하여 판단할 때, 이러한 원단은 여성의류의 생산에 적합한 것으로 취급할 수 있다. 원단을 경제적이고 저렴한 방식으로 재단할 수 있는 것과 관련된 정보에 관하여, 매수인은 이를 매도인에게 제공하지 않았다. 그리고 이 같은 요구는 통상적으로 분명하다고 볼 수 없다. 이에 법원은 원단의 재질 및 품질이 전시회에서 전시되는 샘플과 동일하므로 제35조[물품의 일치성] (2)의 (c)에 의하여, 본건 원단은 당해 계약에 일치한 것으로 취급하였다.

③ 법원은, [이 같은 판단의 근거로서] 원단의 품질에 있어 매수인은 당해 부적합의 성격에 대하에 구체적으로 설명하지 않았고, 또한 [설령, 물품이 규격에 일치하지 않았다고 하더라도] 이를 제39조[부적합의 통지]의 규정에 따라, 매도인에게 적절한 통지를 발송하지 않았다는 사실을 지적하였다.

④ 법원은, 매수인은 제49조 (2), (b) 및 (3)의 규정을 위반하여 계약해제권을 상실하였다고 판시하였다. 곧, 매수인은 제48조에 의거, 계약을 이행하기 위해 구제조치를 취하는 매도인의 권리를 방해하였고, 또한 '수용가능한 제품'에 대한 구체적인 설명 없이 대체품의 인도를 요구하였을 뿐만 아니라 그럼에도 불구하고, 이미 발송된 다른 원단의 샘플의 수령을 거절하였다는 사실을 지적하였다. 결국, 법원은 매수인은 제49조에의 계약해제의 요건을 만족했다고 볼 수 없다고 최종 판시하였다.

049. 매수인의 계약해제권

Art. 49

(1) The buyer may declare the contract avoided:

(a) if the failure by the seller to perform any of his obligations under the contract or this Convention amounts to a fundamental breach of contract; or

(b) in case of non-delivery, if the seller does not deliver the goods within the additional period of time fixed by the buyer in accordance with paragraph (1) of Art. 47 or declares that he will not deliver within the period so fixed.

(2) However, in cases where the seller has delivered the goods, the buyer loses the right to declare the contract avoided unless he does so:

(a) in respect of late delivery, within a reasonable time after he has become aware that delivery has been made;

(b) in respect of any breach other than late delivery, within a reasonable time:

i) after he knew or ought to have known of the breach;

ii) after the expiration of any additional period of time fixed by the buyer in accordance with paragraph (1) of Art. 47, or after the seller has declared that he will not perform his obligations within such an additional period; or

iii) after the expiration of any additional period of time indicated by the seller in accordance with paragraph (2) of Art. 48, or after the buyer has declared that he will not accept performances.

제49조

(1) 매수인은 다음의 경우에 계약의 해제를 선언할 수 있다.

(a) 계약 또는 본 협약에 따른 매도인의 의무불이행이 중대한 계약위반에 이르게 되는 경우

(b) 인도불이행의 경우 매도인이 제47조 (1)에 따라 매수인이 지정한 추가기간 내에 물품을 인도하지 아니하거나, 그 지정된 기간 내에 인도하지 아니하겠다고 선언하는 경우

(2) 그러나, 매도인이 물품을 인도한 경우 매수인은 다음의 시기에 계약해제를 선언하지 아니하는 한, 계약해제권을 상실한다.

(a) 인도지체의 경우 매수인이 인도가 이루어진 사실을 알게 된 때로부터 상당한 기간 내,

(b) 인도지체 이외의 모든 위반과 관련하여 다음의 때로부터 상당한 기간 내,

i) 매수인이 그 위반을 알았거나 또는 알 수 있었던 때

ii) 매수인이 제47조 (1)에 따라 지정한 추가기간이 경과한 때 또는 매도인이 추가기간 내에 의무를 이행하지 아니하겠다고 선언한 때

iii) 제48조 (2)에 따라 매도인이 제시한 추가기간이 경과한 때 또는 매수인이 이행을 인수하지 아니하겠다고 선언한 때

[522] 제49조는 매수인이 계약을 해제할 수 있는 조건을 다루고 있는 규정이다. 곧, 본조에 의해 계약을 해제할 수 있는 경우는, i) 매도인이 계약에 규정된 의무를 불이행하는 것이 제25조[중대한 계약위반]에 해당하는 경우와, ii) 제47조[이행을 위한 추가기간의 지정]에서 명시하고 있는 바와 같이 추가기간을 허여하였음에도 불구하고 매도인이 물품을 인도하지 않는 경우 등이다.

[523] 통상, 계약해제는 최후의 구제수단으로서, 매수인이 더 이상 계약의 이행을 원하지 않는 경우에 행사할 수 있다. 다만, 이 경우 매수인은 당해 계약해제에 대한 통지의 의무를 부담한다[제26조(계약해제의 통지)]. 매도인으로부터 물품이 인도되기 전에, 본조의 요건을 충족하게 되면, 매수인은 계약을 해제할 수 있다. 그러나, 매도인이 물품을 인도한 이후부터 상당한 기간 내에 계약해제권을 행사하지 않으면, 매수인은 이에 관한 모든 권리를 상실한다.

1. 일반적 계약해제

[524] 매수인은 반드시 '통지'(notice)에 의해 계약을 해제하여야 한다[제26조(계약해제의 통지)]. CISG는 통지에 관한 구체적인 형식을 규정하고 있지는 않지만, 그럼에도 불구하고 제12조[국내법상의 형식요건]와 제96조[국내법상 형식요건의 고수]에 따라, 그 유보가 행해진 경우에는 별단의 형식이 요구되어질 수 있다. 한편, 통지에는 계약을 종료하겠다는 매수인의 의사가 분명하고도 확실하게 명시되어 있어야 한다. 일례로, 계약이 종료될 것이라는 사실만을 통지하거나, 별도의 설명 없이 물품인도 또는 반환에 대한 독촉만을 표시한 경우에는 그 효과가 부인된다. 또한 계약해제와 관련되어 제기된 소송은 다름없이 [계약해제에 관한] 통지로 취급된다.

[525] 매도인이 계약에 부적합한 물품 또는 제3자의 클레임이 결부된 물품을 인도하여, 이로부터 매수인이 계약을 해제하려는 경우에 당해 매도인의 계약위반은 반드시 중대한 위반을 구성하여야 하며, 이 경우 매수인은 제39조[부적합의 통지]와 제43조[제3자 클레임에 관한 통지] (1)에 따라 부적합한 물품 또는 제3자의 클레임에 관한 통지를 발송하여야 한다. 만약, 제40조[매도인의 악의] 또는 제43조 (2)에 의거, 통지를 발송하지 않으면, 매수인은 당해 통지의무의 위반에 따라 본 계약을 해제할 수 없다.

2. 중대한 계약위반에 기한 계약의 해제

[526] 본조 (1), (a)에 따라, 제25조에 해당하는 그 어떠한 중대한 계약위반은 다름없이 계약해제의 사유를 구성한다. 매수인은 본조 (1), (a)에 의거, 계약을 해제하려면 정당하고도 합리적인 이유가 있어야 한다. 이 경우 매도인의 의무불이행은 '매수인이 당해 계약으로부터 그 자신의 권리로 기대하고 있는 것을 실질적으로 박탈할 정도의 것'이어야만 한다.

[527] 중대한 계약위반은 매도인이 계약・관습・양당사자 간에 확립된 관례 또는 CISG에 따라 이행하여야 할 의무를 위반해야 할 것을 요구한다. 한편, 매도인이 계약에서 정한 물품을 인도하여야 하는 기본적 의무 이외에 그 밖의 추가의무를 위반할 경우에도 사안에 따라 중대한 계약위반이 될 수 있다.

[528] 합의된 추가의무의 위반이 중대한 계약위반인 경우에, 설령 매도인이 계약에 의한 그 자신의 주요 이익을 상실하였다고 하더라도, 매수인은 계약을 해제할 수 있다. 이 경우 [앞서 본 바와 같이] 계약의 위반은 매수인이 계약에 의해 자신의 권리에 기하여 합리적으로 기대하고 있는 것을 실질적으로 박탈할 수 있을 정도의 것이어야 '중대한'(fundamental) 것이 된다.

[529] 매도인의 의무위반이 중대한 계약위반을 구성하기 위해서는 그 계약위반이 당초 본 계약에서 매수인이 기대하고 있는 바를 실질적으로 박탈할 수 있는 사안이라는 것을 매도인 자신이 합리적으로 예측할 수 있었어야만 한다[제25조(중대한 계약위반)]. 아울러, 설령 매도인이 당해 계약위반으로 인해 매수인이 계약에서 의도하고 있는 대부분의 이익을 상실하게 될 것이라는 사실을 예측하지 못했다고 하더라도, 합리적인 자가 동일한 상황에서 이러한 결과를 예측할 수 있었다면, 이는 중대한 계약위반을 구성한다.

3. 중대한 계약위반의 구체적 사항

[530] 물품인도의 지연은 그 자체가 중대한 계약위반을 구성하지는 않는다. 다만, [계약내용에 비추어] 계약의 이행기간이 매우 중요한 경우 또는 상황에 따라 그 이행기간이 분명히 특정될 필요가 있는 경우[예컨대, 계절과일, 크리스마스 트리, 신년연하장 등]에 해당하는 지연은 중대한 계약위반에 해당한다.

[531] 계약위반이 중대한 것인지의 여부를 결정함에 있어 문제시 될 수 있는 경우는, 차등품(次等品)의 인도와 관련된 사안이다. 일례로, [불합리하지 않고 특별한 불편을 초래하지 않는 한] 매수인이 물

품을 사용할 수 있거나 또는 할인가격으로 재판매할 수 있는 경우에 그 품질의 부적합은 중대한 위반으로 볼 수는 없다. 또한 수선이 불가능하고 심각한 결함이 있는 물품이 어느 정도 사용될 수 있다고 하더라도[예컨대, 여름 내내 번창할거라 예상되던 꽃이 일정기간 후에 시들어 버린 경우], 이는 매수인의 계약해제에 영향을 미치지 아니할 것이다. 그렇지만, 물품에 심각한 결함이 있어 매수인이 계약에 일치한 물품을 사용하여야 또 다른 물품을 제조할 수 있는 경우에는 [이러한 결함이 있는 부적합한 물품을 매수인이 다른 용도로 사용하거나, 전매할 수 있는 가능성에 관계없이] 중대한 위반이 될 것이다.

[532] 한편, 매도인 국가와 매수인 국가에서 모두 불법적인 물품으로 규정하고 있는 재료가 추가됨으로써 당해 물품이 부적합한 경우에도 그 사안은 마찬가지일 것이다. 이 경우 이러한 부적합한 물품에 관한 국내법상의 법규는 매도인이 물품을 잘못 인도하는 경우에도 적용될 수 있음은 유의하여야 한다.

[532] 물품이 심각한 결함이 있음에도 불구하고, 수리가 가능한 경우에 특별한 문제가 생길 수 있다. 이를테면, 매도인이 매수인에게 그 어떠한 불편도 주지 않으면서 물품의 수리를 신속히 완료하는 경우에 그러한 위반은 중대한 위반으로 취급되지 않을 것이다. 이는 제48조[인도기일 이후의 보완]에서 매도인의 구제권에 해당된다. 그러나, 만약 수리가 지연되거나 매수인에게 불합리한 불편을 야기하게 되는 경우에는 다름없이 중대한 위반을 구성하게 된다.

[533] 물품의 인도와 관련되어 있는 서류의 결함은, [매수인이 물품을 전매하거나 그 밖의 방법으로 처리할 수 있는 가능성에 비추어] 이로부터 실질적인 손해가 발생하게 되면, 중대한 위반이 된다. 그러나, 매수인 자신이 당해 서류의 결함을 쉽게 수리할 수 있는 경우[예컨대, 서류의 재발급을 신청하여 그 서류의 결함을 쉽게 보완할 수 있는 경우]에는, 중대한 위반을 구성할 수 없을 것이다. 실례로, 허위로 원산지증명서(certificate of origin)를 교부하였으나, 그럼에도 불구하고 물품이 재판매될 수 있거나, 매수인이 올바른 증명서를 쉽게 취득할 수 있다면, 이는 중대한 위반에 해당하지 않는다. 그렇지만, 정당한 이유 없이 타방당사자의 계약상 권리를 부정하는 경우[예컨대, 소유권 유보약관의 유효성, 매도인의 물품에 대한 소유권 또는 물품을 점유한 후에 정당한 이유 없이 유효한 계약을 부정하는 경우]에는 공히 중대한 위반으로 취급될 것이다.

4. 추가기간 내에 물품의 불인도로 인한 계약의 해제

[534] 매수인이 제47조[이행을 위한 추가기간의 지정]에 따라, 지정한 추가기간 내에 매도인이 물품을 인도하지 못한 경우 매수인은 계약을 해제할 수 있다. 매도인이 추가기간 내에 물품을 인도하지 않겠다는 선언을 하는 경우에도 그 결과는 마찬가지이다.

5. 물품이 인도된 후 계약해제의 시기

[535] 일반적으로 매수인은 특정기간 내에 계약을 해제할 필요가 없다. 곧, 계약을 해제할 수 있는 사유가 발생하게 되면, 매수인은 항시 계약해제를 선언할 수 있다. 그러나, 만약 물품이 이미 인도된 경우에는 본조 (2)에서 규정하고 있는 기간에 따라야 한다. 이 경우 매수인은 반드시 **'상당한 기간'** 내에 계약을 해제하여야 한다.

[536] **'상당한 기간'**을 계산함에 있어서의 기준은 계약위반의 행위가 인도지연이거나, 그 밖의 계약위반에 따른 행위인지의 여부에 따라 결정된다. 우선 인도지연의 경우에는 매수인이 인도됨을 알았을 때부터 기산된다[제49조 (2), (a)]. 달리, 그 밖의 계약위반에 따른 행위인 경우에는 매수인이 그러한 위반을 알았거나 알 수 있었을 때부터 **'상당한 기간'**을 기산한다. 그러나, 매수인이 제47조에 따라 추가기간을 지정한 경우 또는 매도인이 제48조 (2)에 따라 구제시기를 정한 경우에는 그러한 기간이 정해질 때부터 계약해제를 위한 **'상당한 기간'**이 기산된다.

6. 입증책임

[537] 매수인은 매도인의 계약위반이 중대한 위반을 구성하며, 그러한 중대한 위반으로 인하여 그 자신이 계약에 의해 자신의 권리로 기대할 수 있었던 것이 실질적으로 박탈되었음에 대한 입증책임을 부담한다.

7. 국제계약법규범에서의 계약해제

[538] 강학상, 계약의 **해제**(解除, termination)라고 함은, **'계약당사자 일방의 의사표시에 의하여 이미 유효하게 성립한 계약의 효력을 소급적으로 소멸시켜 계약이 처음부터 없었던 것과 같은 효과를 발생시키기 위한 법률행위'**로 설명된다. 따라서, 해제는 **'계속적 법률**[채권(債權)]**관계의 효력을 장래에 관하여 소멸시키는 해지**(解止)' 또는 **'모든 법률행위에 관하여 행사될 수 있는 취소**(取消)'와 그 적용시점 및 범위에 있어서 구별된다.

[539] 일반적으로 계약해제의 효과는 **통지**(通知)시로부터 계약의 효력이 소급되어 소멸하므로, 이행기 전의 계약상 의무는 자연히 소멸하고, 이미 이행을 한 부분에 대해서는 상대방에게 **원상회복**(restoration)의 의무가 발생하게 된다. 이 경우 해제는 의무불이행에 기한 손해배상청구에 영향을 미치지 아니한다.

[540] 해제의 효과는 **약정해제**(約定解除)와 **법정해제**(法定解除)에 따라 그 인정범위가 각기 다르고,[250] 나아가, 법정해제에 있어서도 각국 실정법의 입법처지에 따라 그 내용이 상이하다. 이를테면, 법정해제는 의무불이행을 원인으로 하여 인정되는 **법적 권리**[형성권(形成權)]인 까닭에, 자연히 이행이 전제된 계약에 한하여 적용된다. 다만, 각국 및 국제계약법규범의 입법례를 참고할 경우 모든 계약에 법정해제를 인정하는 경우도 있고, 달리 일정한 범위에 한하여 제한적으로 인정하고 있는 경우도 있다.

[541] 요컨대, 대부분의 입법례에서는 법정해제에 있어서도, 특히 **쌍무계약**(bilateral contract)에 대해 인정하고 있음이 보편적이다. 그 취지는 [쌍무계약의 법적 특성에 기하여] 일방의 의무불이행이 행해진 경우 불이행을 당한 당사자에게 당해 계약관계의 구속을 면할 수 있도록 하기 위한 것에 두고 있다.

[542] 계약해제의 법률효과는 국제계약법규범의 처지에 있어서도 개별 법규범의 적용범위 및 그 규정내용의 특성에 따라, 각기 상이하게 인정되고 있다. 예를 들면, CISG에서는 그 적용범위를 국제물품매매에 한정하고 있는 까닭에, 당연히 쌍무계약을 대상으로 계약의 해제를 인정하고 있으나, PICC 및 PECL에서는 쌍무계약에 한정하지 않고 공히 **편무계약**(unilateral contract)에도 법정해제를 인정하고 있는 차이점이 있다.

[543] 해제는 약정해제와 법정해제에 따라 그 인정범위가 각기 다르고, 특히 법정해제에 있어서도 개별 법규범의 입법처지에 따라 그 적용이 상이하다. 곧, 약정해제의 경우에 계약당사자 간의 계약내용에 따라 해제권을 유보해 두고, 일방이 그 유보된 해제권의 행사에 의하여 당해 계약을 소멸케 하므로, 채권계약을 비롯하여 **물권계약**(物權契約)[251] 및 **준물권계약**(準物權契約)에도 공히 인정되나, 법정해제의 경우에는 **의무불이행**(義務不履行, non-performance)을 원인으로 당해 법률이 정한 바에 따라 인정되므로, 그 적용범위는 계약이행이 전제된 경우에 국한된다. 이 경우 불이행은 일반적으로 법률관계를 형성한 계약당사자 간의 상호 의무의 내용에 좇은 이행이 행사되지 않는 것, 곧 법률의 규정, 계약의 취지, 상거래 관행, 신의칙 등에 비추어 이에 상

---

250) **'약정해제'**(約定解除)는, **'당사자의 계약에 의하여 발생하는 해제권'**을 의미한다. 이를테면, **해제**(解除)와 **환매**(還買) 등을 예시할 수 있다. **'약정해제'**는 당사자의 일방을 위하여 또는 쌍방을 위하여 보류할 수 있는데, 반드시 당초의 계약에 의거하여 행사할 수 있는 것은 아니고 후일 별개의 계약으로써도 행사할 수 있다. 이에 반하여 **'법정해제'**는, **'법률의 규정에 의해서 발생하는 권리'**로서 발생원인을 **의무불이행**(義務不履行)에 두고 있으며, 그 내용은 **이행지체**(履行遲滯) · **이행불능**(履行不能) · **수령선지체**(受領選遲滯) 등이다.

251) **'직접 물권의 설정 · 이전 · 소멸을 목적으로 하는 계약'**으로, 달리 **'물권적 합의'**(物權的合意)라고도 한다. 물권행위의 대부분을 차지한다. 계약이 아닌 물권행위는 **유언**(遺言) 이외에 그 예가 드물다.

범인(犯人)에의 자비(慈悲)는 인민(人民)에 대한 무자비(無慈悲)가 되는 수도 있다.

당한 이행을 하지 않은 것으로, 이는 불법행위와 함께 위법행위를 구성한다. 그렇지만, 불이행은 그 유형 · 효과에 관한 법리구성에 있어 [앞서 살핀 바와 같이] 국제사법상 및 법계 간에 일정한 시각차가 존재한다.

[544] 국제계약법규범에서는 단순한 의무불이행만으로는 계약해제를 선언할 수 없고, 그 의무불이행이 중대한 계약위반에 해당하는 경우에 한하여 계약을 해제할 수 있도록 규정하고 있다. 그렇지만, 개별 계약규범[CISG, PICC, PECL] 공히 당해 불이행을 계약상 의무에 위반되는 경우로 통일하여 규정체계 내에 수용하고 있으나, 용어사용에 있어 CISG는 **계약위반**(breach of contract)으로, 그 밖의 계약법규범은 **불이행**(non-performance)으로 구분해 두고 있다.

① CISG의 경우

[545] 개별 국제계약법규범에서는 공히 계약해제의 요건을 중대한 계약위반[불이행(不履行)]이 행사된 경우에 한하여 규정하고 있는데[CISG 제25조(중대한 계약위반), PICC 제7.3.1조(계약해제권), PECL 제9:301조(계약해제권)], 이 경우 계약해제의 행사[선언(宣言)]에 있어 의무이행자의 귀책사유는 문제되지 아니한다.

[546] CISG에서 중대한 계약위반의 내용은 [앞서 살핀 바와 같이] 당사자 일방이 범한 계약위반이 [계약내용에 비추어] 상대방이 기대할 권리가 있는 바를 **'실질적으로 박탈'**(substantially deprive)할 정도의 손해를 야기한 경우로 특정하고 있는데, 그 범위는 계약당사자 일방의 특정한 의무위반으로 상대방이 계약의 이행과정에서 기대하였던 이익을 향유하지 못한 것에 두고 있다. 다만, 단서조항으로 계약위반을 행한 당사자가 그러한 결과를 예견하지 못하였고, 또한 동일한 부류의 **합리적**(reasonable)인 자가 동일한 사정하에서 이 같은 결과를 예상할 수 없었던 경우에는 그 사유가 조각된다[제25조]. 아울러, 계약위반의 내용에는 **이행지체**(delay of performance), **이행불능**(impossibility of performance), **불완전이행**(imperfect performance), **담보책임**(liability for security), **부수의무위반**(breach of incidental obligation) 등의 모든 의무불이행을 포함한다.

[547] 학리적으로, CISG에서 중대한 계약위반에 해당되는지 여부를 판단할 수 있는 기준은, **불이익**(detriment), **합리적 기준**(reasonable standards), **예견가능성**(foreseeability), **입증책임**(burden of proof), **실질적 박탈**(substantially deprive) 등이 제시되어 있으나, 그 판단은 오로지 개별 계약조항 및 그 내용에 의거한다.

[548] CISG에서는 계약위반이 행사된 경우에 불이행을 당한 당사자의 손실범위와 불이행 당

사자의 주관적 인식의 정도를 경합하여, [이를 적의 고려한 후에] 계약해제의 여부를 판단하도록 하고 있다. 그렇지만, 이 경우에도 그 고려의 결과가 계약당사자 간에 공히 중대한 계약위반에 해당하는 경우에만 적용할 수 있도록 그 행사를 제한하고 있다.

[549] CISG에서는 **사정변경**(事情變更, impediment)에 의한 계약해제의 효과를 명시적으로 규정하고 있지는 않지만, **장애**(障碍, impediment)[252]에 기하여 계약을 해제할 수 있는 일말의 여지를 남겨두고 있다. 이를테면, 사정변경에 기한 장애의 효과에 관하여, 당사자 일방은 [계약내용에 기하여] 당해 의무불이행이 그 자신의 지배를 벗어난 장애에 기인하였다는 점과, 계약체결 시에 그 장애를 고려하거나 또는 당해 장애와 장애의 결과를 회피하거나 극복하는 것이 합리적으로 기대될 수 없었다는 점을 입증하는 경우에는 자신의 그 어떠한 의무불이행으로 인한 CISG에서의 손해배상책임을 면할 수 있다는 명시적인 규정을 보유하고 있다[제79조(손해배상책임의 면제) (1)]. 이 경우 면책은 장애가 존재하는 동안에만 그 효력을 발생한다[제79조 (3)].[253]

[550] 또한 CISG에서는 이행기 도래 전의 계약해제와 관련하여, 계약당사자 일방이 계약의 이행기 전에 중대한 계약위반을 범할 것이 명백한 경우에 상대방으로 하여금 계약해제를 선언할 수 있도록 규정하고 있다. 이 경우 제한요건으로, [시간이 허용하는 경우에] 계약해제를 선언하고자 하는 상대방은 일방이 그 이행에 관한 '**적절한 보장**'(adequate assurance)을 제공할 수 있도록 [가급적 계약의 이행을 도모하기 위한 입법적 배려의 차원에서] **통지**(notice)의 의무를 부가하고 있다. 다만, 당해 의무는 계약당사자 일방이 계약상 의무를 이행하지 아니할 것을 선언한 경우 적용되지 않는다[제72조(이행기 전의 계약해제) (1)~(3)].

[551] CISG는 중대한 계약위반 및 **사정변경**[impediment] 이외에도, 매도인이 '**계약의 목적물**'을

252) 이 경우 '**장애**'의 의미는, 이행을 방해하는 객관적 · 외부적 사유에 한하고 있는데, 그 입법취지는 당해 '**장애**'를 보다 좁게 그리고 객관적으로 해석되도록 하기 위함에 있다. 곧, 객관적 · 외부적 '**장애**'를 해석함에 있어서는, 이것이 자연적 · 사회적 · 정치적 원인에 기하여 초래된 것인지 또는 물리적 또는 법적 '**장애**'인지의 여부를 불문한다. 다만, 불이행 당사자의 주관적 · 내부적 사정과 '**법률의 착오**'(mistake of law) 등은 제79조[손해배상책임의 면제]에 해당하는 '**장애**'가 아니라는 시각이 있음을 참고로 한다.

253) 특별히 CISG에서는 제79조[손해배상책임의 면제] (4)에서 불이행의 당사자는 당해 장애사유와 그것이 자신의 이행능력에 미치는 영향에 관하여 상대방에게 '**통지**'(通知, notice, Nachfrist)하여야 한다고 규정하고 있는데, 곧 당해 '**통지**'는 불이행 당사자자가 장애를 알았거나 또는 알았어야 하는 때로부터 상당한 기간 내에 그 '**통지**'가 상대방에게 도착하지 아니한 경우 당사자는 불착으로 인하여 발생하는 손해에 대한 책임을 부담하여야 함을 명시하고 있다. 요컨대, CISG에서는 **사정변경**[장애(障碍)]의 법률효과를 연관된 규정을 통해 우회적으로 인정하고는 있으나, 이하 여타 규범에 비하여 그 요건이 매우 엄격하다. 즉, 사정변경의 내용 또한 그 기간을 제한하고 뿐만 아니라 이행당사자의 면책 또한 단순한 사정변경에 의한 것이 아닌 '**불가항력**'(不可抗力, *force majeure*)에 상당하여야 함을 전제로 이를 허용하고 있다.

인도하지 않은 경우에 매수인이 지정한 **'상당한 추가기간'** 내에 물품을 인도하지 않거나 또는 매도인이 그 지정기간 내에 인도하지 않겠다는 의사를 표시한 경우에는 매수인에게 계약해제를 선언할 수 있도록 규정하고 있다[제49조(매수인의 계약해제권) (1), (b)].

[552] 그렇지만, 매도인이 물품을 이미 인도한 경우에 매수인 본인은 인도지연에 관하여, i) 인도가 이루어진 사실을 알게 된 때로부터 상당한 기간 내에, ii) 인도지연 이외의 모든 위반에 관하여 본인이 당해 위반을 알았거나 또는 알았어야 하는 때, iii) 본인에 의하여 지정된 추가기간이 경과한 때 iv) 매도인이 그러한 추가기간 내에 의무를 이행하지 않겠다는 뜻을 선언한 때 v) 매도인에 의하여 제시된 어떠한 추가기간이 경과한 때로부터 상당한 기간 내에 계약해제를 선언하지 않은 경우 매수인은 당해 계약해제의 권리를 여하히 상실하게 된다[제49조 (2), (a)~(b)].

[553] 매수인이 대금을 지급하지 않거나, 물품수령을 거부하는 경우와, 매도인이 지정한 추가기간 내에 매수인이 그 이행을 거부하겠다는 의사를 표명한 경우에는 [매수인의 경우와 마찬가지로] 매도인 본인은 위 매수인의 계약해제권에 준한 권리를 행사할 수 있도록 명시하고 있다[제64조(매도인의 계약해제권)]. 특히, CISG에서는 불완전이행의 경우에 그 불완전이행이 마찬가지로 중대한 계약위반에 해당되는 경우에 한하여 계약해제를 선언할 수 있도록 규정하고 있다[제51조(물품일부의 부적합) (2)].

② PICC의 경우

[554] PICC에서는 [용어의 사용에 있어] CISG의 **계약위반**(breach of contract)을 달리 **불이행**(non-performance)으로 통일하여 규정하고 있다. 그 내용은 **'당사자가 계약에 따른 어떠한 의무이행을 행사하지 않은 것으로서 하자있는 이행 또는 지체된 이행을 포함'** 한다[제7.1.1조(불이행의 정의)]. 이 경우 신의칙에 기하여, 계약의 완전한 실현을 위한 **'상호협력이 수반되지 않는 경우'**(failure to co-operate)도 불이행으로 취급된다. 아울러, 불이행 당사자의 귀책사유를 묻지 않고 있음은 CISG의 경우와 동일하다[제7.1.3조(이행보류)]. 다만, 계약당사자 간에 [대가관계(對價關係)에 있어] 동시이행이 전제된 경우 각 당사자는 상대방의 이행이 행사될 때까지 당해 이행을 보류할 수 있도록 규정하고, 나아가 그 이행이 순차적으로 행사되어야 할 경우에는 **차순**(次順, later)의 이행당사자가 상대방의 이행을 조건으로 당해 이행을 보류할 수 있도록 규정하고 있다.

[555] PICC에서 불이행에 대한 계약해제는, [CISG에서의 '중대한 계약위반'과 마찬가지로] **'중대한 불이행'**(fundamental non-performance)에 해당하는 경우로 특정하고 있는데[제7.3.1조(계약해제권)], 다만

불이행의 판단기준을 CISG에 비하여 보다 구체적으로 규정하여, 법기능상 CISG를 보충(gap-filling)하고 있다. 곧, 불이행된 의무를 엄격히 준수하는 것이 [계약내용에 비추어] 중요한지의 여부, 불이행이 고의적이거나 부주의한 것인지의 여부, 계약이 해제될 경우에 불이행 당사자가 그 준비 또는 이행의 결과로서 불균형적인 손실을 입는지의 여부 등을 포함하여,[254] 이행기 전에 당사자의 중대한 불이행이 발생할 것이 명백한 경우[제7.3.3조(불이행의 예견)], 계약당사자 일방의 중대한 불이행이 발생할 것이라 합리적으로 믿는 상대방은 정당한 계약의 이행을 위한 적절한 보장을 요구할 수 있을 뿐만 아니라 그 때까지 자신의 이행을 보류할 수 있고, 또한 이러한 보장이 상당한 기간 내에 제공되지 않는 경우에 이를 요구한 당사자로 하여금 계약을 해제할 수 있도록 규정하고 있다[제7.3.1조].

[556] 요컨대, PICC에서는 당해 불이행이 면책되지 않는 범위 내에 있다면, 상대방으로 하여금 PICC에서 수용하고 있는 모든 법적 구제수단을 행사할 수 있도록 하고 있으나, 다만 '불가항력(*force majeure*)에 의한 불이행', '계약당사자 일방의 방해(interference by the other party)에 의한 불이행', '동시이행 또는 선이행의 항변에 의한 이행유보(withholding performance)' 등이 행사되는 경우에는 불이행에 대한 이행청구 및 손해배상청구를 주장할 수 없도록 하고 있다.

[557] 한편, PICC에서는 CISG와는 달리, 사정변경[hardship]에 의한 계약의 해제를 명시적으로 규정하고 있다. 곧, PICC에서는 당해 계약의 이행이 당사자 일방에게 보다 큰 부담을 가중케 하는 경우 [그럼에도 불구하고 당사자는 장애(障碍)에 관한 의무를 이행하여야 한다는 규정을 우선 전제하고][제6.2.1조(계약준수의 원칙)] 사정변경의 인정요건을, 당사자의 이행비용을 증가시키거나, 당사자가 받는 이행가치를 감소시키는 것을 이유로 '계약의 형평성'(equilibrium of the contract)을 '중대하게 변경시키는 사건이 발생'(occurrence of events fundamentally alters)한 경우로 정의하고 있다[제6.2.2조(이행가혹의 정의)]. 아울러, 그 내용으로서 당해 사건이 발생한 때에 또는 불이익을 입은 당사자가 계약체결 이후에 그 사건을 알게 된 경우, 계약체결 시에 불이익을 입은 당사자가 그 사건을 합리적으로 기대할 수 없었던 경우, 당해 사건이 불이익을 입은 당사자의 통제를 벗어난 경우, 그 사건의 위험이 불이익을 입은 당사자에 의해 인수되지 않은 경우 등으로 특정하고 있다[제6.2.2조 (a)~(d)].

[558] 이상의 각 요건의 적용에 따라, 사정변경의 요건이 충족되는 경우에 법적 효과는, 먼저 불이익을 입은 당사자는 계약내용의 재교섭(renegotiations)을 청구할 권리를 보유하게 되는데, 이 경우 그 요구는 부당한 지체 없이 이루어져야 할 뿐만 아니라 재교섭의 이유를 명확히 특정하

254) 이행지체의 경우 피해당사자는 상대방이 제7.1.5조[이행기간의 추가규정]에 따라, 이행기간이 만료되는 경우 계약을 해제할 수 있는 부가규정을 두고 있다[제7.3.1조 (3)].

여야 한다. 또한 재교섭을 요구한 경우에 불이익을 입은 당사자는 당해 계약의 이행을 요구할 권리가 없음을 규정하고, 나아가 상당한 기간이 경과하여도 합의에 이르지 못한 경우에는 각 당사자로 하여금 법원에 계약의 형평성을 회복할 수 있는 조정을 청구할 수 있도록 배려하고 있다[제6.2.3조(이행가혹의 효과) (1)~(3)]. 이에 따라 법원이 당해 장애를 합리적으로 인정한 경우 지정된 기일 및 그 조건에 따라 계약을 해제시키거나, [계약의 형평성을 회복시키기 위한 취지에서] 계약을 **변경**(adaptation)하게 할 수 있도록 명시하고 있다[제6.2.3조 (4)].

③ PECL의 경우

[559] PECL에서는 PICC와 마찬가지로, 모든 계약위반의 내용을 불이행으로 통일하고, 또한 불이행이 **중대한**(fundamental) 경우에 계약을 해제할 수 있도록 하고 있다[제9:301조(계약해제권) (1)]. 다만, 중대하지 않은 이행지체의 경우에 **'불이행을 당한 당사자'**(aggrieved party)는 상당한 추가기간을 지정한 통지가 전제된 상황에서 그 통지기간의 종료 시에 계약을 해제할 수 있으며, 또한 불이행을 당한 당사자는 본 통지에도 불구하고 상대방이 지정된 기간 내에 이행하지 아니하는 경우 계약은 **'자동적으로 해제'**(terminate automatically)될 수 있다고 하는 계약내용을 별도로 정할 수 있도록 하고 있다[제9:301조 (2)].

[560] 한편, 추가기간이 **단기**(短期)인 경우 불이행을 당한 당사자는 **'통지 시부터'**(from the time of the notice) 상당한 기간이 지난 후에 계약을 해제할 수 있고, 계약이 자동적으로 해제되는 것으로 합의한 경우에도 마찬가지로 상당한 기간 경과를 조건으로 두고 있다[제8:106조(추가기간을 정하는 통지) (3)].

[561] PECL에서는 **'중대한 불이행'**(fundamental non-performance)의 인정요건을, 채무에 대한 엄격한 준수가 계약의 중심적인 의미를 지니는 경우에 [계약을 위반한 당사자가 불이행의 결과를 예견하지 못했거나 합리적으로 예견할 수 없었던 경우를 제외하고] 당해 불이행으로 계약당사자가 [계약을 통하여] 기대하였던 바가 실질적으로 박탈된 경우에 그 불이행이 **고의적**(intentional)[255]이고, 또한 당해 불이행으로 인하여 불이행 당한 당사자에게 상대방의 장래 이행을 기대할 수 없다고 믿을 만한 이유가 있는 경우로 두고 있다[제8:103조(중대한 불이행)].

---

255) 'intentional'한 행위는 **'행위의 결과를 일으키기 위한 목적을 가지고 이를 의식적으로 행한 경우'**를 의미한다. PECL 규정에는 'intentional'과의 유사개념으로서 'recklessly'한 행위를 명시하고 있는데, 이는 **'행위 결과의 가능성을 알고는 있지만, 그것이 결과로 일어날 지의 여부는 개의치 않고 행한 경우'**로, 대개 **'미필적 고의'**(未畢的故意, *dolus eventualis*)에 의제된다. 반면에 **'자신의 행위의 결과를 전혀 고려하지 못한 경우'**를 **과실있는**(carelessly) 행위라고 하여, 이를 'intentional' 행위와 구분하고 있다[제1:301조 (3)].

[562] PECL에 있어 **사정변경**[change of circumstances]에 의한 계약해제는 PICC와 마찬가지로 명문의 규정을 보유하고 있지만, 그 내용은 PICC에 비하여 보다 구체적이다. 곧, 급부의 이행비용이 증가하거나 또는 반대급부의 가치가 떨어져 급부의 부담이 **'가중'**(more onerous)된 경우에도 당사자는 자신의 의무를 이행하여야 한다고 규정하고 있다[제6:111조(사정의 변경) (1)]. 다만, 계약의 이행과정에서 사정변경으로 인하여 당해 급부가 **'현저히 가중'**(excessively onerous)된 경우에는 그 사정변경이 계약체결 이후에 발생하고, 그 가능성이 계약체결 시에 합리적으로 고려할 수 있었던 것이 아니었으며, 이 같은 사정변경으로 인한 위험이 [계약내용에 비추어] 불이익을 입은 당사자가 부담하여야 할 것이 아닌 경우 등을 조건으로 당사자는 계약을 해제 또는 변경하기 위한 교섭을 개시하여야 한다고 규정하고 있다[제6:111조 (2), (a)~(c)]. 그럼에도 불구하고, 당사자들이 상당한 기간 내에도 합의에 이르지 못하게 된 경우에는 법원으로 하여금 일정시점 및 조건을 두고, 계약을 해제시키거나 또는 계약내용의 수정을 명할 수 있도록 규정하고 있다[제6:111조 (3), (a)~(b)].

[563] 특히, PECL은 어느 경우에나 신의성실 및 공정거래에 반하여 당해 교섭을 거부하거나 또는 교섭을 파기한 경우에 그 당사자에 의해 입게 된 손실에 관하여 법원으로 하여금 배상을 명할 수 있게 한 규정을 보유하고 있는데[제6:111조 (3), (c)], 이는 앞서 살핀 PICC의 연관규정[제6.2.3조(이행가혹의 효과)]과 비교할 경우에 부각할 수 있는 차이점이다.

[564] 요컨대, PECL은 여타 계약법규범에 비하여 사정변경원칙의 적용을 보다 상세히 규정하여, 혹여 사정변경으로 발생될 수 있는 당사자의 이해를 적의 조정할 수 있도록 그 구체적인 법적 기준을 제시하고 있을 뿐만 아니라 법원으로 하여금 이에 적극적으로 **관여**[개입(介入)]할 수 있도록 그 적용범위를 확장해 두고 있는 특징이 있다.

④ CISG, PICC, PECL의 비교

[565] 개별 계약법규범에서는, 공히 중대한 계약위반[**불이행**(不履行)]에 해당하는 경우에 한하여 계약해제의 권리를 주장할 수 있고, 나아가 당해 계약위반에는 고의·과실에 기한 귀책사유를 요건으로 두고 있지 않다. 다만, 계약해제의 효과는 그 입법취지에 따라 다음과 같이 그 내용을 달리하고 있다.

[566] 먼저, [공통적으로] CISG, PICC, PECL에서는 계약해제의 요건을 **중대한 계약위반**[또는 중대한 불이행]에 해당하는 경우에 행사할 수 있도록 규정하고 있다. [이 경우 계약해제의 행사에는 의무이행자의 귀책사유는 문제되지 아니한다]

사면(赦免)은 범죄자(犯罪者)를 만든다.

[567] CISG에 있어 중대한 계약위반의 판단기준은, **'불이익'**, **'실질적 박탈'**, **'예견가능성'**, **'합리적 기준'**, **'입증책임'** 등에 의하고 있으나, 계약해제의 인정은 오로지 개별 계약조항 및 그 내용에 의거한다. 곧, CISG에서는 계약위반이 행사된 경우에 피해당사자의 손실정도와 위반당사자의 주관적 인식의 정도를 경합하여 이를 고려한 후에 계약해제의 행사를 결정할 수 있도록 하고 있다. 또한 CISG에서는 사정변경에 의한 계약해제의 효과에 관한 명시적인 규정은 보유하고 있지 않지만, 그 효과에 관하여 당사자의 지배를 벗어난 장애에 기인하였다는 점과, 당초 그 장애에 대한 예견가능성이 담보되지 않았다는 점을 입증하는 경우에는 자신의 그 어떠한 의무불이행으로 인한 CISG상의 손해배상책임을 면할 수 있다고 하는 규정을 보유하여, 계약해제의 효과를 우회적으로 수용하고 있다. 아울러, 불완전이행 또한 중대한 계약위반에 해당되는 경우에 한하여, 계약해제를 선언할 수 있도록 명시하고 있다.

[568] PICC는 CISG에서의 **'계약위반'**을 **'불이행'**으로 통일하여 규정하고 있다. 그 내용은 당사자가 [계약내용에 비추어] 그 어떠한 의무이행을 행하지 않은 것으로서, 여기에는 하자 또는 지체된 이행을 포함한다. 한편, 불이행에 관한 PICC의 판단기준은 CISG에 비하여 보다 구체적이다. 곧, [계약내용에 비추어] **'불이행의 중요성'**, **'불이행의 성격'**, **'계약의 형평성'**, **'불이행의 발생가능성'**, **'불이행에 대한 보장'** 등을 고려하여 계약해제권을 행사할 수 있도록 하고 있다. PICC에서 사정변경에 의한 계약해제의 요건은 일괄하여 **'계약의 형평성을 중대하게 변경시키는 사건이 발생한 경우'**로 특정하고 있다. 그 효과는 재교섭청구권, 법원에 대한 조정청구권을 포함하여, 법원의 재량에 의한 계약해제 및 계약내용의 변경조정권 등이다.

[569] PECL에서 규정하고 있는 중대한 불이행의 요건은 [PICC와 유사하게] **'계약내용에 따른 의무이행의 중요성'**, **'불이행의 정도'**, **'불이행의 성격'**, **'불이행의 예견가능성'** 등에 두고 있다. 또한 사정변경에 의한 계약의 해제는 당해 급부가 현저히 부담스럽게 된 경우로 두고, 당해 사정변경이 계약체결 이후에 발생하고, 그것이 **우연한**[unforeseeable] 것이었으며, 사정변경으로 인한 위험을 불이익을 입은 당사자가 부담하여야 할 것이 아닌 경우를 조건으로, 계약의 수정・해제에 관한 교섭개시를 명하여, 가급적 계약이 원만히 이행될 수 있도록 배려하고 있다. 다만, PICC와 구별되는 차이점은 법원의 개입을 적극적으로 보장하고 있다는 점이다.

■ SUMMARY [*Article 49*]

1. Article 49 specifies the conditions under which the buyer is entitled to declare the contract avoided. Avoidance under article 49 is available in two situations: 1) if the seller's failure to perform its contractual obligations amounts to a fundamental breach of contract as defined in article 25 (article 49 (1) (a)); or 2) if the seller fails to deliver the goods within an additional period of time fixed in accordance with article 47 (article 49 (1) (b)).

2. Avoidance of the contract is a remedy of last resort (ultima ratio) that is available when the buyer can no longer be expected to continue the contract. A contract is avoided only when the buyer provides notice of avoidance (article 26). In cases of non-delivery, the buyer is entitled to avoid the contract at any time after all prerequisites for avoidance have been met. If the seller has delivered the goods, however, the buyer loses the right to avoid the contract if the buyer does not exercise it within the reasonable time periods specified in article 49 (2).

판결례와 평가

- 적용범위 : 매수인의 계약해제권의 요건
- 출처표시 : 「Oberster Gerichtshof」(Austria), 『8 Ob 22/00v』, 2000.09.07.

1. 논점과 사실관계

① 본 사건은 매수인 계약해제권의 적용요건에 관한 판단기준을 다루고 있는 사례이다.[256)] **매도인**[독일]과 **매수인**[오스트리아]은 그간의 상거래에서와 같이 **'검은색 돌로 만들어진 묘지석'**(gravestones made of dark stone)을 계약의 목적물로 매매계약을 체결하였다. 대금은 환어음으로 지급하기로 합의하였다.

② 매도인의 표준약관에 의하면, 물품의 계약부적합 통지는 목적물의 인도일로부터 24시간 내에 서면으로 하도록 되어 있다. 물품이 적합하지 아니한 경우 매도인은 하자를 치유하거나, 물품을 교환하거나, 대금을 반환하도록 되어 있다. 또한 매수인은 대금지급을 유보할 수 없게 되어 있다. 목적물 인도 이후, 묘지석에서 흰 자국이 발견되었다. 이 자국은 후에 발생한 것으로 인도 시에는 발견될 수 없었다. 매수인은 매도인에게 이 사실을 통지하였고, 매도인은 묘지석을 검사하기 위해 검수인을 파견하였다.

---

256) ① 「Arbitral Institute of the Stockholm」(Sweden), 『Unknown』, 2007.04.05.
② 「Hof van Beroep, Antwerpen」(Belgium), 『2002/AR/2087』, 2006.04.24.
③ 「Audiencia Provincial de Barcelona」(Spain), 『JUR 2002\114334』, 2002.02.12.
④ 「Oberlandesgericht Stuttgart」(Germany), 『6 U 220/07』, 2008.03.31.
⑤ 「Tribunal of Int'l Commercial Arbitration」(Russia), 『102/2005』, 2006.02.13.
⑥ 「U.S. District Court, E.D., Louisiana」(USA), 『Civ. A. 90-0380』, 1999.05.17.

③ 매도인이 새로운 묘지석을 송부하여야 하는지 또는 매수인이 대금을 지급할 필요가 없는지의 여부는 논의되지 않았다. 아울러, 표준주문서의 조건 역시 논의되지 않았다. 환어음이 인수거절로 부도가 나자 매도인은 매수인과 협상을 계속하지 않기로 하였다.

④ 이에 매수인은 계약을 해제하였다. 매도인은 매수인이 대금지급을 유보할 권리가 없고, 더욱이 물품이 적합하고 적어도 묘지석의 하자가 중하지 아니하므로 대금을 지급하여야 한다고 주장하면서, 매수인을 상대로 소를 제기하였다. 매수인은 표준약관의 유효성을 다툼과 동시에, 본인에게 계약해제권이 있으므로 물품대금을 지급할 필요가 없음을 주장하였다.

2. 판결요지

⑤ 본 사건에 있어서 법원의 판결요지는 다음과 같다. 제49조 (1)에 의거, 매수인은 일정한 경우 계약을 해제할 수 있는 권리가 있으나, 당사자는 이 규정의 적용을 배제하여 매수인의 해제권을 제한할 수 있다. 다만, 그것은 제4조[적용사항과 비적용사항]에 따라, 준거법인 국내법에 의할 경우 유효하여야 하며, 또한 [준거법인 국내법에 의하여 유효한 경우에도] 국내법의 규칙이 협약의 기본원칙에 반하여서는 아니 된다고 판시하였다.

⑥ 나아가, 매도인이 추가기간이 경과한 후에도 물품을 인도하지 못하거나, 매도인의 보완에도 불구하고 물품이 근본적으로 사용할 수 없는 때에는, 매수인은 종국적 구제수단으로서 계약해제권을 갖는다는 것은, CISG의 기본원칙 중의 하나이다. 계약해제권을 제한하는 경우에도 매수인의 손해배상청구권은 인정되어야 한다고 설시하였다. 한편, 준거법인 독일법에 의할 경우에도 물품대금지급유보권의 제한을 포함하는 표준약관은 다름없이 유효하다는 점을 들어 이와 같이 최종 판결하였다.

3. 해설

⑦ 물품대금지급유보권의 제한은 매수인의 계약해제권에 영향을 미치지 아니하므로, [국내법에 의하여 유보권의 제한이 유효하다고 하더라도] 이는 CISG의 기본원칙에 반하지 않는다고 할 것이다. 따라서, 매수인은 물품의 계약부적합의 문제가 해결되지 않았다고 하더라도 당해 물품대금을 지급하여야 한다. 다만, 매도인이 물품의 하자를 보완하지 못하거나, 대체물을 공급하지 못하는 경우에 매수인이 계약을 해제할 수 있는지, 아니면 대금감액권을 가지는데 그치는지 여부가 문제될 것이다.

⑧ 요컨대, 본 판례는, 두 가지 법적 시사점을 제시하고 있다. 그 하나는 매수인은 CISG에서 인정되는 계약해제권을 보유하나, 당사자는 이에 관한 CISG 규정의 적용을 배제하여 준거법인 국내법과 CISG의 기본원칙 하에서 매수인의 계약해제권을 제한할 수 있다는 것과, 다른 하나는 당사자가 매수인이 대금지급을 유보하지 못하도록 약정하였다면, 매수인은 물품의 계약부적합의 문제가 해결되지 않았다고 하더라도 대금을 지급하여야 하며, 매도인이 물품의 하자를 보완하지 못하거나, 대체물을 공급하지 못하는 경우 매수인이 계약을 해제할 수 있는지, 아니면 대금감액권을 가지는데 그치는지 여부가 문제된다는 것이다.

판결례와 평가

- 적용범위 : 매수인의 계약해제권의 요건
- 출처표시 : 「Cour d'Appel de Grenoble」(France), 『RG 93/4879』, 1995.04.26.

1. 논점과 사실관계

① 본 사건은 매도인이 제공한 물품의 품질이 낮아 계약에 부적합한 것이 매수인에게 계약해제를 인정할 수 있는 중대한 계약위반에 해당하는지 여부를 다루고 있는 사례이다.[257)] **매도인**[프랑스]은 **매수인**[포르투갈]에게 중고 창고의 해체작업 및 수송비용을 계약내용으로 매매계약을 체결하였다. 본건 계약내용에 매매대금은 3회 분할지급으로 되었는데, 매수인은 최초 2회분은 지급하였지만, 마지막 3회차 잔금은 해체된 중고 창고의 금속재료에 하자가 있어 재조립이 되지 않는다는 이유로 그 지급을 거절하였다.

② 이후 매도인은 하자있는 재료를 수선하여 매수인에게 제공하였지만, 매수인은 당해 재료의 인수를 거절하였고, 이에 매도인은 매수인이 새로운 금속재료를 공급하여 줄 것을 요청하였다고 주장하고 법원에 당해 잔금의 지급을 구하는 소를 제기하여, 자신의 주장을 일부 인정하는 판결을 받았다. 매수인은 이에 항소하여, 본건 계약을 취소하는 판결을 구함과 동시에, 이

257) ① 「Oberlandesgericht Linz」(Austria), 『6 R 160/05z』, 2006.01.23.
② 「Rechtbank van Koophandel, Kortrijk」(Belgium), 『AR/2136/2003』, 2004.06.04.
③ 「Ontario Supreme Court of Justice」(Canada), 『03-CV-23776 SR』, 2003.10.06.
④ 「Oberlandesgericht Koblenz」(Germany), 『1U 486/07』, 2007.11.21.
⑤ 「Rechtbank Utrecht」(Netherlands), 『219436/HA ZA 06-2279』, 2007.07.18.
⑥ 「Juzgado de Primer Instancia, n. 3 de Badalona」(Spain), 『Unknown』, 2006.05.22.
⑦ 「Schweizerisches Bundesgericht」(Switzerland), 『4A 68/2009』, 2009.05.18.

미 지급한 물품대금의 반환과 이에 상당한 손해배상을 청구하였다. 이에 대해 매도인은 주문을 받은 금속형틀[하자가 있는 10가지 재료를 제외한]을 매수인에게 제공하였고, 포르투갈에 수송하여 본건 인도의무를 이행하였을 뿐만 아니라 그 외 하자가 있는 재료는 수선하여 매수인에게 제공하였다고 주장하였다.[258]

2. 판결요지

③ 법원은 매도인은 부적합한 금속재료를 매수인에게 인도하였기 때문에 본건 계약위반이라는 사실은 변함이 없다고 판시하였다. 나아가, 사실상 하자있는 금속재료는 매도인이 계약체결 전에 알고 있었던 창고의 재조립이라는 매수인의 특정목적에는 부합하지 않는다고 하고, 비록 본건의 계약부적합이 창고의 일부에 관련된 것이라도, [매도인은 당해 하자있는 재료의 수선을 할 수 있었다는 점에서] 본건 계약적합성을 담보하지 못한 것은 매수인이 당해 계약에서 기대하고 있었던 이익을 매도인이 실질적으로 박탈한 것으로 보아, 이는 중대한 계약위반을 구성한다고 판시하였다. 이에 법원은 제49조에 의거, 본건에서 계약의 취소는 정당한 것이라고 판시하였다.

④ 아울러, 법원은, 매도인은 제46조[매수인의 이행청구권] (2)에 따라, 해당 금속재료를 수선하여 부적합의 흠결을 유효하게 치유해야 했다고 하면서, 나아가 매수인이 수선 후의 하자있는 재료가 창고의 재조립에 사용되지 않았다는 점에 관한 입증이 없었다는 것이 중대한 계약위반에 해당하는지 여부는 본건 판결 시의 고려대상이 되지 않는다고 설시하였다.

3. 평가

⑤ CISG를 기초로, 일방당사자가 계약해제권을 행사하기 위해서는 상대방의 계약위반의 결과가 당사자에게 예견된 합리적인 기대이익의 상실에 해당하는 경우이고, 그로 인한 기대이익의 상실은 중대한 계약위반이 되어 각각 제49조[매수인이 계약해제권], 제64조[매도인의 계약해제권]의 규정내용이 적용된다.

⑥ 본건에서는 계약목적물의 일부에 계약부적합에 해당하는 하자가 있는 경우로서 이러한 하자의 존재는 매수인의 기대이익을 상실하게 하는 중대한 계약위반에 해당하므로, 매도인이 계

---

258) 본 계약은 프랑스 매도인과 포르투갈에 매수인 사이에 체결된 것으로, 당시 프랑스는 CISG의 체약국이지만, 포르투갈은 CISG에 서명하지 않았기 때문에, 제1조[적용가능성에 관한 일반원칙] (1)의 (b)에 따라, 국제사법에 의한 체약국의 법이 적용되기 위해 CISG의 적용을 결정해야만 하는데, 본건에서는 프랑스 국제사법에서 프랑스 법의 적용을 인정하므로 CISG가 간접 적용된다고 판시하였음을 참조한다.

약에 부적합한 하자에 수선을 하여 매수인에게 제공한 사실에도 불구하고, 그것이 실제 창고의 재조립에 이용되었는지를 매수인이 증명하지 못했다고 하더라도, 본건은 매수인의 기대이익에 비추어 실질적인 손해가 발생한 경우에 해당한다.

⑦ 이 경우 기대이익의 상실에 해당하는지의 여부는 개별 사안에 따라 판단하여야 하고, 나아가 어떤 경우에 기대이익의 상실로 취급할 수 있는지, 또한 중대한 계약위반이 여부를 판단함에 있어 상대방이 그것을 예견할 수 있는 상태에 있었는지 여부의 문제 등을 충분히 고려하여 당사자 간의 계약내용에 비추어 판단하여야 한다는 시사점을 제공하고 있는 사례로 취급할 수 있다.

판결례와 평가

- 적용범위 : 중대한 계약위반의 입증책임
- 출처표시 : 「Cour d'Appel, Mons」(Belgium), 『R.G. 1999/242』, 2001.

1. 논점과 사실관계

① 본 사건은 중대한 계약위반의 입증책임에 관한 사례이다. **매도인**[벨기에]은 **매수인**[프랑스]에게 '**금속배지 신분증**'(identification metal badges)을 주문하였다. 본 물품이 인도된 이후 매도인은 매수인에게 물품대금지급을 청구하는 서신을 보냈다. 이에 매수인은 물품에 하자가 있다고 통지하였는데, 그 내용은 일부 배지에는 표면에 포말이 있고, 그중 일부분은 파손되었을 뿐만 아니라 표면에 이름이 밝은 색상으로 쓰여 있어 읽을 수가 없다는 것이었다.

② 매도인은 즉시 서면으로 매수인에게 검사를 위해 물품의 반송을 요청하였고, 아울러 하자 있는 배지의 교환을 제안하였다. 매수인은 응답하지 않았고 검사나 교환을 위해 물품을 반송하지도 않았다. 이에 매도인은 매수인을 상대로 미지급된 대금지급을 구하는 소를 제기하였다.

2. 판결요지

③ 법원은, 매수인은 [자신이 주장하는 하자에 관한] 물품의 계약부적합을 입증하여야 하나[제35조(물품의 계약적합성)], 매수인은 주장한 물품의 하자를 입증하지 못하였고, 정당한 사유 없이 매도인의 요청에 따라 물품을 반송하지도 않았을 뿐만 아니라 자신이 물품의 품질에 관한 부적합

명세를 통지하지 않았음을 지적하였다[제39조(부적합의 통지)]. 나아가, [계약해제에 관하여] 매수인은 매도인의 중대한 계약위반을 입증하지 못하였고[제49조(매도인의 계약해제권)], 또한 항소 시에 비로소 계약을 해제하였는 바, [이는 상당한 기간이 지나서 해제한 것이므로] 본 해제의 선언은 효력이 없다고 판시하였다[제49조 (2), (b), (i)].

3. 해설

④ CISG에서는 매도인의 계약위반이 존재하고, 그 계약위반이 중대한 경우 매수인은 계약해제를 선언할 수 있다[제25조(중대한 계약위반)]. 통상 확정기매매의 경우 매도인이 인도시기를 지키지 않았다면 중대한 계약위반을 구성한다. 또한 다른 종류의 물품을 인도하였거나, 권리에 하자가 있는 물품을 인도한 경우에도 [경우에 따라서는] 중대한 계약위반이 될 것이다. 그러나, 중대한 계약위반이라고 판단하여 계약을 해제하였으나, 후일 소송에서 중대한 계약위반이 아니라고 인정된다면, 그 위험은 모두 매수인에게 귀속된다. 본 판례는 매수인이 매도인의 중대한 계약위반을 입증하지 못했다고 하는 이유에서 [매도인의 행위를 이유로] 계약을 해제할 수 없다고 판시한 전형적 사례이다.

050. 대금의 감액

Art. 50

If the goods do not conform with the contract and whether or not the price has already been paid, the buyer may reduce the price in the same proportion as the value that the goods actually delivered had at the time of the delivery bears to the value that conforming goods would have had at that time. However, if the seller remedies any failure to perform his obligations in accordance with Art. 37 or Art. 48 or if the buyer refuses to accept performance by the seller in accordance with those Arts, the buyer may not reduce the price.

제50조

물품이 계약에 부적합한 경우에 대금지급 여부와 관계없이 매수인은 실제로 인도된 물품이 인도 시에 가지고 있던 가액이 계약에 적합한 물품이라면, 그 당시에 가지고 있었을 가액에 관하여 가지는 비율에 따라 대금을 감액할 수 있다. 다만, 매도인이 제37조 또는 제48조에 따라 그 의무의 불이행을 보완하거나, 매수인이 당해 조항에 따라 매도인의 이행의 인수를 거절한 경우에는 대금을 감액할 수 없다.

[570] 제50조는 [매도인의 부적합한 물품의 인도에 따른] 매수인의 대금감액에 관한 구제권을 다루고 있다. 이 경우 매수인은 물품가치의 감소비율에 따라 물품대금을 감액할 수 있다. 그러나, 만약 매도인이 제37조[인도기일 전의 보완권] 또는 제48조[인도기일 이후의 보완]에 따라, 물품의 결함을 구제하거나 또는 매수인이 그 구제를 거절하는 경우 매수인은 대금감액권을 행사할 수 없다.

[571] 본조의 적용을 위해서는 물품이 계약에 부적합하여야 한다. 이 경우 물품의 부적합에 대한 기준은 제35조[물품의 계약적합성]에 의거한다. [즉, 품질 · 규격 · 포장에 결함이 있는 경우 및 서류의 결함 등이다] 그러나, 인도지연 또는 매도인이 [계약내용에 기하여] 이행하여야 할 의무 이외에 그 밖의 의무를 위반한 경우에 매수인은 대금감액의 구제를 취할 수 없다.

[572] 물품의 부적합에 관한 대금감액은 일반적인 위반이든지, 중대한 위반이든지, 매도인에게 귀책사유가 존재하고 있었는지, 매도인이 제79조[손해배상책임의 면제]에 의해 면책을 주장할 수 있는지 등의 여부에 관계없이 행사할 수 있다. 그리고 대금감액의 방법 또한 매수인이 이미 대금을 지급했는지의 여부에도 관계가 없다.

[573] 대금감액은 매수인이 제39조[부적합 통지] 또는 제43조[제3자의 클레임에 관한 통지]에 의해

점유(占有)는 하자(瑕疵)있는 특허장(特許狀)과 같은 가치(價値)가 있다.

부적합한 물품에 관한 통지를 발송한 것으로 추정한다. 만약, 적절한 통지를 발송하지 못한 경우 매수인은 계약부적합을 주장할 수 없고, 이에 모든 구제권을 상실한다. 다만, [예외사항으로서] 제44조[불통지의 정당사유]에 따라, 매수인은 본 계약부적합의 불통지에 관한 정당한 이유를 제시할 수 있다. 이 경우 매수인은 본조에 기한 대금감액권 또는 그 밖의 청구권을 보유한다. 그러나, 매도인이 제37조 또는 제48조에 따라, 그 어떠한 부적합에 관한 구제권을 행사하는 경우에는 대금감액을 주장할 수 없다. 아울러, 매도인이 제37조 또는 제48조에 따라, 구제의 요청을 적극적으로 제기하는데 반하여, 매수인이 그러한 제안을 거절하는 경우에도 그 결과는 마찬가지이다.

[574] 제45조[매수인 구제권의 총괄] (2)에 따라, 권리침해를 입은 매수인은 여타의 구제수단을 병합해서 행사할 수 있다. [이를테면, 매수인은 대금감액과 손해배상청구를 동시에 주장할 수 있다] 그러나, 여타의 구제방법을 병합하는 경우 물품가치의 감소분은 이미 대금감액에 반영되었기 때문에, 매수인은 물품가치의 감소부분을 제외한 그 밖의 손해에 관해서만 배상을 청구할 수 있다.

[575] 대금감액은 반드시 비율에 의해 산정되어야 한다. 곧, 부적합한 물품의 가치와 계약에서 규정된 물품의 장래가치 간의 상호 비율에 의해 당해 물품가격을 감액하여야 한다. 이 경우 물품의 인도장소에서 실질적으로 물품을 인도하는 때가, 이에 상당한 가치를 확정하는 기산점이 된다.

■ SUMMARY [*Article 50*]

Article 50 provides for the remedy of price reduction when the seller has delivered goods that do not conform with the contract. In these circumstances, the buyer then may reduce the price in proportion to the reduced value of the goods. The remedy is, however, not available if the seller has cured the defects in the goods under articles 37 or 48, or if the buyer has refused the seller the opportunity for such cure.

판결례와 평가

- 적용범위 : 대금감액의 요건
- 출처표시 : 「Bundesgerichtshof」(Germany), 『VIII ZR 259/97』, 1998.11.25.

1. 논점과 사실관계

① 본 사건은 **제39조**[부적합의 통지], **제45조**[매수인 구제권의 총괄], **제50조**[대금의 감액], **제74조**[손해액 산정의 일반원칙]를 적용하여 물품의 대금감액을 인정한 사례이다.[259] **원고**[스페인 농산품 매도인]와, **피고**[독일 농산품 매수인]는 감자를 목적물로서 계약을 체결하였다. 원고는 물품을 5회에 걸쳐 분할인도 하였다. 각 분할분은 공히 계약과의 **불일치**[파손, 변형, 부패 등]가 상당부분 존재하였다. 매수인은 이상의 물품을 정히 수령한 후, 그 부적합을 매도인에게 통지하였다. 이후 [당사자는 물품이 계약에 부적합함을 확인하고] 매수인은 가능한 한 높은 가격으로 본 물품을 제3자에게 전매하기로 합의하였다.

② 피고는 [합의한 대로] 각 분할분의 물품가격을 할인하였고, 판매가 불가능한 감자는 무상으로 전매하였다. 또한 물품의 불일치로 발생한 추가비용과 운송비는 물품대금에서 상계하였다. 그러나, 원고는 소송을 제기하여, 본 물품의 부적합을 부인하고, 매수인에게 물품대금 전액의 지급을 요구하였다.

2. 판결요지

③ 법원은, 제39조 (1)에 따라, [계약내용에 비추어] 매수인은 본건과 같이 쉽게 부패될 수 있는 물품인 경우 24시간 이내에 물품의 부적합을 매도인에게 통지하여야 한다고 설시하였다. 나아가, 제50조에 의하면, 양당사자는 가능한 한 높은 가격으로 물품을 전매하기로 한 경우 매수인은 그 전매로부터 입은 손실만큼 물품대금을 감액할 수 있으며, 매도인은 [매수인과의 합의를 전제로] 물품판매가 불가능한 상태인 경우에 매도인은 당해 물품대금에 대한 청구권을 상실하게 된다고 판시하였다. 한편, 법원은 본건에서 피고가 대금감액권을 행사할 수 있음에 따라, 제45조 (1), (b) 및 제74조에 따라 클레임을 제기하고 대금감액 또는 상계를 청구할 수 있다고 최종 판시하였다.

3. 해설

④ 계약부적합을 주장하기 위해서는, 반드시 매수인은 물품의 부적합을 발견하였거나 또는 발견했어야 했던 때로부터 상당한 기간 내에 매도인에게 당해 부적합의 내용을 통지하여야 한다. 아울러, 매수인은 다른 구제를 구하는 권리를 행사함으로써 손해배상을 청구할 수 있는 권

---

259) 「Oberlandesgericht Hamburg」(Germany), 『18 U 38/22』, 2002.08.22.

리를 박탈당하지 않으며, 또한 물품이 계약과 일치하지 아니하는 경우 [대금이 이미 지급되었는지 여부에 관계없이] 매수인은 물품이 인도 시에 가지고 있던 가액과 계약에 일치하는 물품이 당초 가지고 있었을 가액과의 비율에 따라 대금을 감액할 수 있다.

⑤ 이 경우 [손해액 산정의 일반원칙으로서] 당사자 일방의 계약위반으로 인한 손해액은, 이익의 상실을 포함하여 그 위반의 결과로서 상대방이 입은 손실과 동등한 금액으로 한다. 본건은 이상의 요건과 제한을 병합하여 적용한 사례로서 그 의의를 구할 수 있다.

판결례와 평가

- 적용범위 : 물품의 일부를 전매한 경우 대금감액청구
- 출처표시 : 「Pretura di Locarno-Campagna」(Switzerland), 『6252』, 1992.04.27.

1. 논점과 사실관계

① 본 사건은 매수인이 수령한 물품의 일부를 제3자에게 전매한 경우 제50조에 기한 감액청구를 주장할 수 있는지의 여부를 다루고 있는 사례이다.[260] 본 사건은 **매도인**[이탈리아의 가구도매회사]과 **매수인**[스위스 소매점] 간에 가구를 목적물로 한 매매계약에 관하여, 매도인이 매수인에게 물품대금의 지급을 청구한 사안이다. 매수인은 리빙룸의 가구 한 조를 자신의 고객에게 판매하였는데, 고객으로부터 물품의 부적합을 통지받고 매도인에게 본건 사실을 전달하였다. 매도인은 매수인에게 본건 가구를 일부 교환해 주겠다고 제안하였으나, 매수인은 이를 거절하고 계약의 해제를 선언하였다.

2. 판결요지

② 법원은, 매수인은 매도인에 대하여 사전에 통지 없이, 수령한 물품의 일부를 이미 제3자에게 전매하였으므로, [그 전매부분에 대하여는 제38조 및 제39조에 따라] 물품의 부적합에 따른 대금감액청구권을 상실하였다고 판시하였다. 아울러, [전매하지 않은] 나머지 부분에 대하여는 매수인은 매도인에 대하여 하자를 통지하였고, 이에 매도인은 당해 목적물의 하자치유를 거절하였으

260) ① 「Oberster Gerichtshof」(Austria), 『3Ob193/04k』, 2005.05.23.
② 「Amtsgericht Nordhorn」(Germany), 『3 C 75/94』, 1994.06.14.
③ 「Handelsgericht des Kantons Zürich」(Switzerland), 『HG 970238.1』, 1999.02.10.

므로 제50조의 대금감액청구권은 다름없이 보유한다고 판시하였다.

③ 소송 중에, 매도인은 본건 수리비용을 지급하겠다고 제안하였으나, 법원은 제50조의 취지는 물품이 계약에 적합하지 않은 경우에 매수인은 인도된 물품이 인도 시에 갖는 가치[합리적인 시장가격]가 계약에 적합한 물품이었을 경우 당해 인도 시에 가질 수 있었던 가치에 대하여 갖는 비율과 같은 비율에 따라 대금을 감액할 수 있다는 사실을 명확히 하였다. [곧, 매도인이 본건 수리비용을 지급하겠다는 취지의 제안을 배척하였다]

3. 해설

④ 제50조는 물품이 인도되었으나, 물품이 계약에 적합하지 않는 경우에 일정비율의 대금감액을 인정하고 있는 규정이다. 다만, 본조의 대금감액은 매도인이 제37조[인도기일 전의 추완(보완)권] 또는 제48조[인도기일 이후의 추완(보완)권]의 규정에 기하여, 당해 의무불이행을 추완한 경우 또는 매수인이 이들 규정에 근거한 매도인의 이행을 거절하는 경우에는 적용되지 않는다. 나아가, 본조의 대금감액청구권이 인정되기 위해서는 제39조[부적합의 통지] (1), 제43조[제3자 클레임에 관한 통지] (1)에 따라, 부적합 등의 통지가 반드시 행해져야 하고, 상당한 기간 내에 통지를 하지 않는 경우에는 원칙으로서 본조에 기한 구제를 청구할 수 없다. 다만, 예외적으로 불통지의 정당한 사유가 있는 경우 당해 구제권은 존속된다[제44조(불통지의 정당사유)].

⑤ 본조는 인도의 지연과 계약에 적합한 물품을 인도한 경우의 계약위반에는 적용되지 않는다. 또한, 대금감액은 어디까지나 매수인에게 해당 물품이 귀속되어 있는 것을 조건으로 하고, 본 사안과 같이 전매된 부분에 대해서는 본조의 대금감액청구권은 인정되지 않는다.

판결례와 평가

- 적용범위 : 통지여부와 감액인정의 기준
- 출처표시 : 「Tribunal of International Commercial Arbitration」(Russia), 『Unknown』, 2000.01.24.

1. 논점과 사실관계

① 본 사건은, [제50조의 감액청구가 인정될 수 있는 조건으로서] 매수인이 계약에서 정한 시기까지 제46조[매수인의 이행청구권]에 따라, 매도인에게 물품결함의 통지를 행하였는지 여부와, 제77조[손

자기보존(自己保存)은 자연(自然)의 제일 법(第一法).

해경감의무]에 비추어, 매수인의 조치의무위반이 있는 경우 매도인은 경감되었어야 할 손실액을 손해배상액으로부터 그 감액을 청구할 수 있는데, 본건은 이상의 기준을 다루고 있는 사례이다.

② **매도인**[러시아]은 **매수인**[미국]과 FCA로 매매계약을 체결하였다. 본건 매매계약하에서 2회의 출하가 이루어졌다. 매도인은 FCA하에서 물품의 발송 전에 품질검사를 행할 의무를 부담하고 있었으나, 본 물품의 기술적인 이유에 따라 최초 출하분에 대하여는 최종목적지에서 매수인에 의한 검사가 실시되었다. 그러나, 최종목적지의 검사에서 최초 출하분에 중대한 부적합이 발견되어, 이에 최종 고객에게는 부적합 외의 잔여 물품이 인도되었다.

③ 매수인은 최초 출하분에 대하여, 고객이 물품대금의 지급을 거절한 분에 대한 대금감액을 제50조에 의거, 요구하였다. 또한 매수인은 최초 출하분에 의해 고객의 신뢰를 잃어버린 결과가 판매감소로 이어졌다는 이유에서 2회 출하분에 대한 일실이익을 청구하였다. 이에 매도인은 제46조에 따라, 계약에서 정해진 기한까지 매수인으로부터 별단의 통지를 받지 못하였고, 또한 매수인이 당해 물품에 결함이 있다는 사실을 증명하지도 않았다고 반론하였다.

2. 판정요지

④ 중재판정부는, 매수인은 계약에서 정해진 기한까지 결함물품의 대체를 조회하는 서신을 매도인에게 송부하였고, 이는 매수인이 제46조에 따라 매도인에게 통지를 행한 것이었다고 인정하고, 그 결과로서 최초 출하분에 대하여 제50조에 의한 감액청구를 인정하였다. 한편, 2회 출하분에 대한 일실이익에 대한 손해배상청구는 손해의 증명이 불충분하였다는 이유에서 이를 인정하지 않았다. 다만, 중재판정부는 [매수인의 통지에 비추어] 매도인이 당해 결함을 정확히 확정하는 것이 불가능하였으므로, 제77조하에서 매수인에 의한 합리적인 조치의무위반을 인정하였다. 이 경우 계약위반의 당사자로서 매도인은 경감되었어야 할 손실액을 손해배상액으로부터 감액할 것을 청구할 수 있는데, 이에 따라 최종 고객과 매수인 간의 계약금액과 매도인과 매수인의 계약금액의 차액을 고려하여, 손해액 전체의 절반[50%의 감액]을 인정하였다.

3. 해설

⑤ 본 사건은 당해 매매계약의 해제가 없었으므로, 최초 출하분에 대하여 **제75조**[대체거래와 손해액] 및 **제76조**[시가에 기초한 손해배상액]의 규정과 연관하여 제50조의 대금감액청구권만을 인정한 사례이다.

051. 물품일부의 부적합

Art. 51

(1) If the seller delivers only a part of the goods or if only a part of the goods delivered is in conformity with the contract, Arts 46 to 50 apply in respect of the part which is missing or which does not conform.

(2) The buyer may declare the contract avoided in its entirety only if the failure to make delivery completely or in conformity with the contract amounts to a fundamental breach of the contract.

제51조

(1) 매도인이 물품의 일부만을 인도하거나, 인도된 물품의 일부만이 계약에 적합한 경우에 제46조 내지 제50조는 부족 또는 부적합한 부분에 적용된다.

(2) 매수인은 인도가 완전하게 또는 계약에 적합하게 이루어지지 아니한 것이 중대한 계약위반에 해당하는 경우에 한하여, 계약전체의 해제를 선언할 수 있다.

[576] 제51조는 물품의 일부가 인도되거나, 인도된 물품이 계약에 부적합한 경우를 다루고 있는 규정이다. 일반적으로 매수인이 구하는 구제조치는 [계약내용에 비추어] 매도인이 불이행한 부분에만 적용되며, 그 밖의 부분은 영향을 받지 아니한다. 특히 불이행한 부분은, [계약의 전부를 중대한 위반으로 취급하지 않는 한] 계약의 전부를 해제할 수 없는 경우에 적용될 수 있다.

[577] 본조가 적용되기 위해서는 제35조[물품의 일치성]에 따라, 매도인이 계약에서 규정한 수량보다 물품을 부족하게 인도하거나, 계약에 부적합한 물품의 일부를 인도했어야만 한다. 곧, 본조는 그 적용상 물품이 부분적으로 분할될 수 있음을 요구하고 있다. 아울러, 매수인이 제39조[부적합의 통지]에 따라 부적합에 대한 통지를 발송하는 것은 본조상 구제조치의 전제조건이 된다.

[578] 인도된 물품의 부적합한 부분과 관련하여, 본조는 매수인이 제46조[매수인의 이행청구권] 또는 본조에서 규정하고 있는 구제를 취할 수 있도록 하고 있다. 그러나, 그 어떠한 경우이든 이러한 조항의 전제조건은 반드시 충족되어야 하는데, 곧 품질에 관한 부적합이 중대한 위반[예컨대, 매수인에 있어 부적합한 부분이 합리적인 용도가 없는 경우]이 되어야 매수인은 당해 물품의 부적합한 부분에 관하여 계약을 해제할 수 있다. 반면에, 계약과 일치한 물품의 인도를 위하여 매수인이 추가기간을 지정하는 것은, 당해 계약해제권의 행사와는 아무런 관련이 없다. 왜냐하면, 제49조[매수인의 계약해제권] (1), (b)는 매도인이 물품을 인도하지 않았을 경우에만 적용되며, 달리 인도된 물품이 결함이 있는 경우에는 적용되지 않기 때문이다.

장물취득자는 도인(盜人)과 동죄(同罪).

[579] 특정기간 내에 물품의 인도지연은, 통상적으로 중대한 위반이 아니기 때문에, 매수인은 당해 인도지연에 대해 계약을 해제할 수 없다. 그러나, 매수인은 매도인으로 하여금 물품의 부족한 부분을 인도할 수 있도록 추가기간을 지정할 수 있다. 그럼에도 불구하고 제49조 (1), (b)에 의거, 추가기간 내에도 매도인이 물품을 인도하지 못하게 되는 경우에 매수인은 계약의 일부분을 해제할 수 있다. 다만, [앞서 본 바와 같이] 매수인이 특정기간에 물품의 인도를 특별히 중시하고 있는 경우 또는 매수인이 물품의 인도지연보다 불인도를 더 원하고 있었다는 것을 매도인이 예견하고 있었던 경우에는 매도인의 물품의 부족분에 대한 인도가 계약에 규정된 인도기간 내에 이루어지지 않으면, 이는 다름없이 중대한 위반을 구성한다.

[580] 본조 (1)은 제46조 내지 제50조[대금감액]와 연관된 구제수단만을 다루고 있다. 그렇지만, 본 규정은 제45조[매수인 구제권의 총괄] (1), (b)에서 명시하고 있는 손해배상의 구제책을 제외하고 있는 것은 아니다. 동시에 본조 (1)에 언급된 구제를 대체 또는 제외하지 않는 한, 당해 구제수단은 감퇴・배제되지 않으며, 이는 여전히 유효하게 행사할 수 있다. 설령, 시간이 경과하여 매수인이 계약해제권를 상실했다고 하더라도, 제74조[손해액 산정의 일반원칙]에 의해 손해배상을 청구할 수 있는 여지는 그대로 남아있게 된다.

[581] 본조 (2)에 의하면, 물품의 일부분이 인도되지 않거나, 인도된 물품의 일부분이 부적합한 것이 중대한 위반에 해당하는 경우에만 매수인이 당해 계약의 전부에 대해 해제할 수 있다. 그렇지만, 부분적인 계약위반인 경우에는 매수인이 당해 계약의 전부로부터 기대하였던 주요 이익을 얻지 못하는 경우에 한하여, [매수인의 정당한 권리행사에 기하여] 계약의 전부를 해제할 수 있다.

■ SUMMARY [*Article 51*]

Article 51 deals with partial non-delivery and delivery of partially non-conforming goods. The general rule is that the buyer's remedies can be applied to that part of the contract that was not performed. The rest of the contract can remain unimpaired. In particular the entire contract cannot be declared avoided unless the partial nonperformance amounts to a fundamental breach of the entire contract.

판결례와 평가

- 적용범위 : 계약해제의 요건
- 출처표시 : 「Oberlandesgericht Koblenz」(Germany), 『1U 486/07』, 2007.11.21.

1. 논점과 사실관계

① 본 사건은 계약에 적합한 이행이 일부에 해당하였을 때, 어떠한 경우 계약해제가 가능한지의 여부를 다루고 있는 사례이다.[261] **매도인**[이탈리아]과 **매수인**[독일]은 신발을 공급하는 계약을 체결하였다. [매수인은 매도인으로부터 정기적으로 신발을 구입하고 있다]

② 매수인은 자신의 고객들로부터 신발의 바느질 땀과 바닥이 헐겁다는 불만을 접수하고 기인도된 물품 일부에 대한 하자를 매도인에게 통지하였다. 이후 매수인은 서신으로 계약해제를 선언하였고, 잔여분의 신발을 반송하였다. 매수인은 이와 같이 많은 양의 클레임으로 인해 계약상 자신의 의무이행을 기대하기가 어렵게 되었다고 주장하였다. 이에 매도인은 매수인의 물품대금의 일부 지급을 수용할 수 없다고 하고 잔여분의 물품대금지급을 청구하며 소송을 제기하였다. 법원은, 본건 [계약물품 대비 총 10% 내외] 물품의 일부만이 부적합하다고 판명된 사실에 비추어, 매수인의 계약해제 선언은 제49조에 의거 정당하지 않으므로, 매도인은 잔여분의 물품대금을 회수할 권리가 있다고 하고, 이에 매수인의 주장을 배척하였다.

2. 판결요지

③ 상급법원은 다음과 같은 취지에서 제1심 판결을 번복하였다. 곧, 당초 매수인은 서신에서 본 클레임으로 인해 계약관계를 지속할 의사가 없고, 남은 신발에 대해 계약해제를 선언하였다. 이 선언은 매수인이 형식, 참고번호, 수량 등을 명시함으로써 신발과 함께 사전에 전달된 클레임을 언급하였으므로 충분히 특정되었다고 볼 수 있다. 본 통지로 특정된 일부물품에는 상당한 결함이 있었다. 곧, 접착제가 흘러내린다거나, 구두에 균열이 있고, 바느질 매듭이나 바닥이 부분적으로 헐겁거나, 가죽부분이 여러 차례 너무 짧았다. 이와 같은 물품은 빈약한 재료로 제조되었다고 취급할 수 있고 또한 그 제조과정도 이에 상당할 것이다.

④ 매수인은 아직 팔리지 않은 남은 신발도 동일한 결함을 갖고 있는 물품이지 않을까 염려하

---

261) 「Bundesgerichtshof」(Germany), 『VIII ZR 300/96』, 1997.06.25.

소송(訴訟)의 최대(最大)의 결점(缺點)은 하나가 20을 낳는다고 하는 점.

지 않을 수 없었다고 생각된다. 아울러, 매수인은 지금까지 제기된 불만사항을 통해, 품질의 결함은 일반적으로 고객의 신뢰상실로 이어질 수 있다는 생각에 판매감소의 두려움을 느꼈을 수도 있다. 이러한 정황은 하자를 내재한 물품이 사소한 부분에 지나지 않는다고 하더라도, 매수인이 소규모 신발점을 경영하고 있다는 사실에 비추어 상당히 큰 부분을 차지하는 사안에 해당하는 것일 수 있다.

⑤ 하자있는 신발을 판매하는 것은 소규모 신발점에 있어 거대한 손실을 야기할 수 있는 개연성이 있다. 매도인은 매수인으로부터 받은 물품이 소비자에게 판매된다는 것을 알고 있었다. 따라서, 매수인은 신발의 일부에서 명확한 하자가 있는 물품이 있었다는 사실에 비추어 계약의 전체를 해제할 수 있는 권리가 있다.

⑥ 제39조[부적합의 통지]에 따라, 매수인은 불만을 접수하고 즉시 하자있는 물품을 매도인과 그 대리인에게 반송하였다. 본건 신발은 약 10일간의 짧은 간격으로 반송하고, 동시에 불만사항 접수 후 지체 없이 행하였다. 또한 계약해제의 선언은 서신으로 상당한 기간 내에 이루어졌다고 판단된다. 본 서신에서 매수인은 제49조[매수인의 계약해제권] (1), (a)와 제51조 (2)에 의거, 계약을 적정하게 해제하였다고 판시하였다.

⑦ 나아가, 법원은 제27조[통신상의 지연 또는 오류]에 의거, 매도인의 이행을 위해 상당한 추가기간이 지정되어야 하는 것이 계약해제의 요건이라는 매도인의 주장에 대해서는, 본건 중대한 계약위반이 발생하였기에 그와 같은 추가기간은 필요하지 않다고 추보하였다.

3. 해설

⑧ 물품에 하자가 있다고 매도인에게 통지된 신발은 수량으로는 전체 10% 내외에 지나지 않지만, 상급법원은 당해 하자가 매수인과 같은 소규모 사업에 미칠 수 있는 영향을 다음과 같이 판단하고 있다. 우선, 본건 하자의 정황은 빈약한 재료가 사용되어 제조 그 자체도 빈약했을 것이라는 점에서 남은 신발에 대해서도 같은 결함이 있는 물품이지는 않을까 하는 두려움이 매수인을 사로잡았다. 둘째, 이러한 신발의 하자는 구전으로 널리 확산되어 매수인과 같은 소규모 신발점에 있어는 거대한 손실을 불러일으킨다는 경험을 매수인은 인지하고 있었다. 따라서, 계약의 대상이 되는 신발의 성질, 하자의 내용, 매수인의 사업 규모를 감안할 때, 당해 하자는 중대한 계약위반에 해당한다는 판단은 타당하다고 생각된다.

⑨ 또한, 매수인은 하자의 통지에 대해 그 성질을 하자를 발견한 시점부터 상당한 기간 내에

구체적으로 행하였기에 제39조 (1)의 요건을 충족하고 있으며, 아울러 계약해제의 선언은 계약위반 시점부터 상당한 기간 내에 이루어 졌다고 보아 제49조 (2), (b)의 요건을 충족시키고 있다고 판단된다.

⑩ 본건 매도인과 매수인은 이전에도 동일한 신발의 매매를 정기적으로 하였다고 판단된다. 인도된 신발의 일부에 생긴 하자가 중대한 계약위반인지의 여부에 관하여, 매수인은 그간의 거래에서 이 같은 품질 상의 하자 경험을 갖고 있었겠지만, 그럼에도 본건에 비추어 매도인과의 역학적 관계를 고려할 때, 당해 판결례는 실무계에 있어 그 시사하는 바가 클 것으로 보인다.

판결례와 평가

- 적용범위 : 물품의 계약부적합과 대금감액
- 출처표시 : 「ICC Court of Arbitration」(Paris), 『4979』, 1997.09.15.

1. 논점과 사실관계

① 매도인은 **롤러 베어링**(roller bearing) 제조상으로서 매수인인 독점 대리인을 통해 미국시장으로 물품을 공급하였다. 거래관계 창설 이후 2년 동안 계약의 이행에는 문제가 없었으나, 이후 매수인은 대금지급을 연체하였고 끝내 그 지급을 중단하였다. 이에 매도인은 매수인에게 인도된 물품대금 및 이자에 대하여 클레임을 제기하고, 중재를 신청하였다.

② 한편, 매수인은 개별 **상업송장**(invoice)을 기준으로, 물품이 계약에 부적합하며, 그 인도에 있어서도 지연 또는 수량부족이 있었고, 이에 따라 자신이 입은 손해를 매도인의 클레임과 상쇄하여야 한다고 주장하였다.

2. 판정요지

③ 중재판정부는, 매수인이 일부분 또는 지연된 물품의 대금을 지체할 수는 없다고 판정하였다. 곧, **제45조**[매수인 구제권의 총괄] (1)에 의하면, 매도인이 계약 또는 CISG에 따른 의무를 불이행하는 경우에 매수인은 **제46조**[매수인의 이행청구권] 내지 **제52조**[조기인도 및 수량초과인도]에서 규정하고 있는 권리를 행사할 수 있으며, 이에 **제74조**[손해액 산정의 일반원칙] 내지 **제77조**[손해경감의무]에 규정에 따른 클레임을 제기할 수 있다. 그리고 제51조에 따르면, 매도인이 일부분의 물

관습(慣習)뿐이라면 생활도 안락(安樂), 이를 법[성문법(成文法)]이 깨뜨린다.

품만을 인도하는 경우 또는 인도된 물품의 일부분만 계약과 일치하는 경우 CISG를 적용할 수 있다. 분할이행의 계약에 있어 몇 회의 분할분이 적기에 인도되지 않는 경우 제73조[분할이행계약의 해제] (1)을 통해 이러한 지연행위의 결과를 판단할 수 있다. 그럼에도 매수인은 CISG상의 구제조치를 취하지 않았을 뿐만 아니라 계약에 따라 인도된 물품에 대한 대금을 지급하지 않았다고 판정하였다.

④ 또한, 중재판정부는 [제71조(이행정지) 적용을 고려함에 있어] 상대방의 계약위반을 예견할 수 있는 경우 일방당사자가 관련된 의무이행을 중지할 수 있다. 본건에서 매수인은 장래에 발생할 수 있는 계약위반 때문에 자신의 의무를 중지한 것이 아니라, 이미 수령한 물품대금을 이유 없이 보류한 것이다. 따라서, 제71조는 본건에는 적용되지 않는다고 판정하였다.

⑤ 한편, 중재판정부는, 제78조[지연된 금액의 이자]에 의거, 일방당사자가 연체된 물품대금을 지급하지 않았다면, 타방당사자는 당해 물품대금에 대하여 그 이자를 청구할 수 있으나, 그 이자율은 국내법에 따라 결정되어야 한다고 하고, 이에 스위스의 법률을 적용하여 매수인의 이자율을 결정하였다.

052. 조기인도 및 수량초과인도

Art. 52

(1) If the seller delivers the goods before the date fixed, the buyer may take delivery or refuse to take delivery.

(2) If the seller delivers a quantity of goods greater than that provided for in the contract, the buyer may take delivery or refuse to take delivery of the excess quantity. If the buyer takes delivery of all or part of the excess quantity, he must pay for it at the contract rate.

제52조

(1) 매도인이 이행기 전에 물품을 인도한 경우에 매수인은 이를 수령하거나, 거절할 수 있다.

(2) 매도인이 계약에서 정한 것보다 많은 양의 물품을 인도한 경우 매수인은 초과분을 수령하거나 또는 거절할 수 있다. 매수인이 초과분의 전부 또는 일부를 수령한 경우 계약의 비율에 따라 그 대금을 지급하여야 한다.

[582] 매도인이 계약에서 정해진 수량보다 많은 양의 물품을 인도하는 경우에[수량초과인도], 계약상 의무불이행의 문제가 발생할 수 있다. 제52조는 이와 관련하여, (1)에서 i) 매도인이 규정된 기간 전에 물품을 인도하는 경우와, ii) 수량을 초과하여 인도하는 경우를 다루고 있다. 본조항에 의하면, 이상의 경우에 매수인은 물품을 거절할 수 있는 권리를 보유한다. 다만, 만약 매수인이 초과한 부분을 수령하였다면, 계약의 비율에 따라 그에 대한 상당한 대금을 지급하여야 한다.

[583] 매도인이 [계약의 내용에 비추어] 인도기간이 종료되기 전에 물품을 인도하면, 매수인은 인도를 수령하거나, 달리 수령을 거절할 수 있다. 계약상 어느 날 또는 어느 기간 내에 [예컨대, 해당 연도의 25주에 인도] 반드시 물품을 인도하여야 한다고 표시되어 있는 경우에 인도날짜가 그러한 기간의 이전이면 다름없이 사전인도가 된다. 그 밖의 경우에는 [예컨대, 9월 1일 전 인도] 해당 날짜 이전에의 인도가 계약에 일치한 것이다. 매수인이 매도인의 사전인도로 인해 물품의 수령을 거절할 경우에 매도인은 본래의 인도기간 내에 재차 계약에 적합한 물품을 인도하여야 한다. 다만, 제86조[매수인의 물품보존의무]상 매수인이 사전인도 된 물품에 대해 거절할 경우에는 [신의칙에 기하여] 그 기간 동안 물품을 보관해야 할 의무가 발생한다.

[584] 매수인이 사전인도 된 물품을 수령하는 경우에 물품대금지급의무는 여전히 유효하다. 제45조[매수인 구제권의 총괄] (1), (b)에 의하면, 사전물품의 수령은 인도날짜를 변경하는 것으로

악사(惡事)에 정당이유(正當理由) 없다.

합의되어 있지 않는 한, 이로부터 발생한 기타의 손해에 관한 배상을 청구할 수 있다[예컨대, 추가된 보관비용 등]. 한편, 물품과 관련되는 서류도 동시에 사전에 교부되는 경우에 사전인도의 규칙이 적용될 수 있을 것이다.

[585] 매도인이 인도한 물품의 수량이 계약에서 정한 수량을 초과한 경우에 매수인은 그 초과된 부분에 대한 물품의 수령을 거절할 수 있다. 다만, 무역관습상 통상적으로 계약에서 정한 수량의 ±5%의 과부족은 허용된다[과부족용인약관(過不足容認約款, more or less clause)].[262] 곧, 인도된 물품의 수량이 이 범위에 속하면, 초과인도라고 할 수 없다. 만약, 매수인이 초과된 물품을 수령하거나 또는 [그 부분에 대한 대금지급을 원하지 않는 경우에] 인도수량이 초과된 사실은, 제39조의 통지의 요구가 적용되는 부적합한 사항에 해당되므로, 어느 경우이든 그 착오된 수량에 대한 통지를 발송하여야 한다. 마찬가지로 제86조[매수인의 물품보존의무]에 따라, 매수인이 초과된 부분을 정당하게 거절하려면, 매수인은 그 초과된 물품을 합리적으로 보관하여야 한다. 그러나, 매수인이 그 초과된 물품의 전부 또는 일부분을 수령하고자 할 경우에는 그 초과된 부분에 대한 대금을 지급하여야 한다. 이 경우 매수인은 초과된 부분의 수령을 거절함에 있어 그 초과된 부분이 중대한 위반이 되는 경우 계약을 해제할 수 있다. 그렇지만, 매수인이 계약을 해제하지 않고, 초과된 부분을 수령하는 경우에는 제39조[부적합의 통지]에 관한 요건의 충족을 조건으로, 그에 대한 대금을 지급하여야 한다. 그러나, 이러한 계약위반으로 인한 그 어떠한 손해에 관한 매수인의 손해배상청구는 다름없이 존속한다.

1. 하자담보책임의 효과 : 구제수단의 법적 기준

① CISG의 경우

[586] CISG에서 계약부적합에 대한 담보책임은, 먼저 일차적인 구제수단으로서 매수인의 이

262) 이를 '과부족용인약관'(過不足容認約款)이라 한다. '국제무역에서 물품의 성질상 계약수량을 정확히 인도하기 어려울 경우 약간의 과부족을 허용한다는 거래조건'이다. 수량조건의 하나로, 장기간에 걸쳐 운송되는 광석이나 곡물·원유 등의 물품에 적용한다. 1993년 개정된 신용장 통일규칙의 과부족허용규정에 따라 ±5%를 허용한도로 하며, 만일 신용장의 수량기재 항목 앞에 'about'나 'approximately' 등의 표현이 있을 경우에는 ±10%까지의 과부족이 허용된다. 과부족허용한도 내의 과부족에 대해서는 매수인은 클레임을 제기하지 않고 계약된 가격에 따라 정산한다. 화물의 성질상 정확하게 계약수량을 인도하기 어려운 경우는 선적중량조건, 양륙중량조건의 어느 것을 채용하더라도 약간의 과부족을 인정하지 않으면 거래 할 수 없다. 따라서, '5% more or less at seller's option'(5%의 과부족은 매도인의 임의)처럼 약정한다. 이 경우 5%의 과부족이 발생하여도 매도인은 클레임을 제기 당하지 않고 나중에 과부족 분에 관하여 계약가격에 의거하여 정산하면 된다. 계약 시 그 수량 앞에 'about', 'approximately' 또는 'circa' 등의 문자를 붙이는 경우 언급된 금액 또는 수량 또는 단가의 상사 10%를 초과하지 않는 과부족분은 허용하는 것이 일반적이다.

행청구권이 인정되는데, 이 경우 당해 이행청구가 불합리한 경우에는 손해배상청구권, 대금감액권이 부차적으로 인정된다. 그리고 계약해제는 이후의 최종적인 구제수단으로 행사될 수 있다.

[587] 한편, CISG에서는 불이행된 의무가 무엇인지를 구체적으로 특정하지 않고, 단지 포괄적으로 당해 매매계약상의 모든 의무를 불이행의 대상으로 두고 있는데[제79조(손해배상책임의 면제) (1)], 다만 개별규정 내에서 불이행 될 수 있는 매매계약 당사자 간의 주요 의무를 대칭적으로 편제해 두고 있는 특징이 있다. 이를테면, 매도인의 경우에는 '물품의 인도 및 서류교부에 관한 의무'[제30조~제34조]와 '물품의 일치성 및 제3자의 권리에 대한 의무'[제35조~제44조]로 대별하고, 특정의무로써 '물품인도의 의무', '서류교부의 의무', '선적수배의 의무', '물품의 권리이전 의무' 등을 명시하고 있다. 매수인의 경우에는 '대금지급의 의무'[제53조~제59조]와 '인도된 계약의 목적물에 대한 수령의무'[제60조]를 계약당사자 간의 상호 대가관계에 입각하여 규정하고 있다.

[588] 일반적으로 물품인도 여부의 법적 기준은, '인도된 물품의 계약적합성 여부'와 '점유이전'에 각기 주안점을 둔 접근방식으로 대별된다. 전자의 경우는, 물품이 계약내용에 적합한 경우에만 그 인도를 인정하고, 달리 물품에 일부의 결함이 존재하는 경우에는 인도 그 자체가 이행되지 않은 것으로 취급한다. 입법례로 헤이그협약(Uniform Law for the International Sale of Goods, ULIS)에서는 이와 같은 방식을 취하고 있다[ULIS 제19조 (1)].[263)]

[589] 반면에 후자의 경우는, 물품의 점유이전에 인도의 기준을 두고 있는 까닭에, 설령 계약에 적합하지 않은 물품이라고 하더라도, 그 인도가 이미 이행된 경우에는 일단 당해 인도를 인정한다. 영국의 물품매매법(SGA)은 이를 수용한 규정내용을 보유하고 있다[SGA 제61조 (b)].[264)]

[590] 한편, CISG의 경우에는 인도를 '계약의 이행'과 '위험의 이전'으로 각기 구분하고는 있으나, 당해 인도에 '계약적합성 여부'는 포함하지 않고 있다. 그렇지만, 물품인도와 관련한 인도방식[제30조, 제32조, 제34조], 인도장소[제31조], 인도시기[제33조]를 규정하여, '부적합한 물품'(non-confirming goods)이 인도된 경우의 상세한 구제수단을 명시하고 있다.

[591] CISG에서는 계약상 모든 의무에 대한 계약위반이 있게 된 경우에 당해 계약의 종료를 위한 해제(termination)는 [앞서 수차례 언급한 바와 같이] '중대한 계약위반'(fundamental breach of contract)

---

263) ULIS, Art. 19 (Delivery of the Goods), (1) : "Delivery consists in the handing over of goods which conform with the contract."

264) SGA, Art. 61 (Interpretation), (1), (b) : "Delivery means voluntary transfer of posession from one person to another."

에 해당하는 경우에 한하여 행사할 수 있도록 제한하고 있다. 곧, CISG에서는 계약위반이 있게 된 경우 '불이행을 당한 당사자'(aggrieved party)의 손실정도와 계약을 위반한 당사자의 주관적 인식의 정도를 경합하여 이를 고려한 후에 판단하도록 하고 있다. 다만, 이 같은 고려의 결과도 마찬가지로 공히 중대한 계약위반에 해당하는 경우에만 그 행사가 가능하다.

[592] 그러나, 중대한 계약위반에 이르지 않은 경우에 매수인은 상당한 추가기간을 정하고, 수리[보수]에 의한 부적합의 보완[치유(cure)]을 청구할 수 있도록 하고 있는데, [그럼에도 불구하고 매도인이 추가기간 내에 이행하지 않겠다는 뜻의 통지를 수령하지 아니하는 한] 매수인은 그 기간 중에는 계약위반에 대한 어떠한 구제도 청구할 수 없다. 그러나, 매수인은 당초 매도인의 이행지체에 관한 손해배상을 청구할 수 있는 권리는 다름없이 보유한다[제47조(매도인의 이행을 위한 매수인의 추가기간의 지정), 연관규정으로서, 제63조(매수도의 이행을 위한 매도인의 추가기간의 지정)].

[593] CISG에서 계약부적합에 대한 매수인의 구제수단은, 먼저 제46조 (1)[의무이행청구], 제46조 (2)[대체물급부청구],[265] 제46조 (3)[수리청구]에 따라, 그 권리를 주장할 수 있으며, 매도인의 경우에는 제48조 (1)[의무불이행 치유권]에서 명시하고 있는 권리의 행사를 보장하고 있다. 다음으로 매수인은 제50조[대금감액]와 제25조[중대한 계약위반] 및 제49조[계약해제]상의 권리가 인정되는데, 차례로 살피면 다음과 같다.

[594] 대금감액권의 행사는, 물품이 [계약내용에 비추어] 부적합한 경우에 대금지급의 여부를 불문하고 매수인으로 하여금 인도 당시의 물품가치가 계약에 적합하였더라면 보유했을 가치에 대한 적정비율에 따라 이를 주장할 수 있도록 하고 있다. 이 경우 매도인이 그 의무의 어떠한 불이행을 보완하거나 또는 그 자신이 매도인이 인도한 물품의 인수를 거절하는 경우에는 이를 주장할 수 없다고 하는 조건이 부가된다. 가령, 매도인이 손해배상책임을 거부하는 경우에는 대금감액만 가능하고, 달리 손해배상책임을 지는 경우에는 대금감액권과 손해배상청구권이 병존하는데, 이는 대금감액권의 행사는 경우에 따라 손해배상청구권과 양립할 수 있음을 함의한다. 다만, 제한요건은, i) 매도인의 귀책사유에 의하지 않은 사유가 개입된 경우에는 대금감액권의 행사만 인정되고, ii) 법원의 결정이 요구되는 손해배상과는 달리, 대금감액은 매수인의 일방적 선언에 의해 행사될 수 있으며, iii) 대금감액권은 매수인에게 발생한 여하의 경제적 손실에도 불구하고 행사할 수 있고, iv) 손해배상청구권은 매수인의 여타 구제행사의 권리와 양립할 수 있다는 것 등이다[제79조(손해배상책임의 면제)].

---

265) '대체물급부청구권'은 계약해제권과 마찬가지로 부적합이 '중대한 계약위반'에 해당되는 경우에 한하여 행사할 수 있는데, 이 경우 매매의 성격에 있어 특정물매매, 불특정매매의 경우를 불문한다.

[595] 계약해제에 관한 규정은 계약당사자, 곧 매도인과 매수인의 권리와 의무를 병립적으로 구성하고 있으나,[266] 달리 계약해제의 효과에 관해서는 일괄적으로 규정하고 있는 특징이 있다. 계약해제의 효과에 관한 규정내용은 제81조[의무의 소멸과 반환청구], 제82조[동일한 상태에서 물품반환의 불가능], 제83조[기타 구제권 존속], 제84조[이익의 반환] 등이다.

② PICC의 경우

[596] PICC에서는 일방당사자의 불이행이 그 자신의 통제를 벗어난 장애[impediment][267]에 기인한 것이고, 계약체결 시에 당해 장애의 고려 및 회피 또는 장애나 그 결과의 극복이 합리적으로 기대할 수 없었던 것임을 그 자신이 입증하는 경우에 면책될 수 있음을 규정하고 있다[제7.1.7조(불가항력) (1)]. 다만, 불이행 당사자는 반드시 장애와 그 장애가 자신의 이행능력에 미치는 영향에 관하여 상대방에게 통지(notice)하여야 함을 규정하고, 그럼에도 불구하고, 만약 물품의 계약부적합을 명시하여 통지하지 않은 경우에 당해 부적합을 주장할 수 없도록 그 행사를 제한하고 있다[제7.1.7조 (3)].

[597] 통지의 요건은, 우선 통지가 요구된 경우에 당해 통지는 그 사정에 적절한 그 어떠한 수단으로도 행사될 수 있으며, 통지는 도달한 때에 효력이 발생한다. 곧, 통지는 이를 받는 자에게 구두로 주어졌을 때에 또는 수신인의 영업소나 우편송부처에 전달되었을 때에 도달한 것으로 규정하고 있다[제1.10조]. 또한 통지에는 그 어떠한 선언(declaration), 요구(demand), 청구(request) 또는 '그 밖의 모든 의사의 통신'(any other communication of intention)을 포함하고 있다[연관규정으로서, PECL 제1:303조].

[598] PICC에 있어 '물품의 부적합'[계약부적합]에 대한 매수인의 구제수단은, 먼저 불완전이행치유청구권[계약부적합치유청구권]이 인정되고, 다음으로 손해배상청구권 및 계약해제권의 행사가 인정된다. 이 경우 불완전이행치유청구권에는 대체물급부청구권, 부적합보완청구권, 부족수량인도청구권 등이 포함되는데, 다만 CISG와는 달리 대체물급부청구의 경우에 '중대한 계약위반'[중대한 불이행(fundamental non-performance)]의 요건은 적용되지 않는다.

---

266) 이에 상당하는 규정은 제26조[계약해제의 통지], 제49조[매수인의 계약해제권], 제64조[매도인의 계약해제권], 제72조[이행기전의 계약해제], 제73조[분할이행계약의 해제] 등이다.

267) 동 규정은 제79조[손해배상책임의 면제]와 연관되는 규정이다. 본조에서 명시하고 있는 '장애'(障碍, impediment)에 해당할 수 있는 예로는, '천재지변'[지진 · 태풍 · 홍수 등], '사회적 · 정치적 재난'[전쟁 · 내란 · 혁명 · 폭동 · 동맹파업 등], '법적 장애'[수용 · 폐쇄 · 수출입 금지 또는 제한 · 대외지급정지 등], '기타 화재 · 운송수단의 멸실' 등이다.

[599] 물품의 계약부적합 보완의 전제조건은, 먼저 i) 부당한 지체 없이 제안된 보완의 방법 및 시기를 나타내는 통지가 있어야 하며, ii) 그 보완이 당해 사정에 적절하고, iii) 불이행을 당한 당사자는 당해 보완을 거절할 권리가 없으며, iv) 그 보완이 즉시 달성되는 경우로 두고 있다[제7.1.4조(불이행 당사자에 의한 치유) (1), (a)~(d)]. 아울러, 불이행을 보완할 권리는, i) 계약해제의 통지에 의하여 배제되지 아니하며, ii) 불이행을 당한 당사자는 보완 시까지 그 이행을 유보할 수 있고, iii) 보완이 행사된 경우에도 피해당사자는 그 보완으로 인하여 발생되었거나 이로 인하여 방지되지 못한 모든 손해뿐만 아니라 이행지체로 인한 모든 손해배상을 청구할 권리를 보유한다[제7.1.4조 (2)~(5)].

[600] 이 경우 손해배상은 계약체결 시에 당해 불이행으로부터 발생될 것으로 예견하였거나 또는 합리적으로 예견할 수 있었던 손해, 곧 '**손해의 예견가능성**'(foreseeability of harm)에 상당하는 범위에서 행사될 수 있도록 규정하고 있다[제7.4.4조(예견가능한 손해)].[268] 특히, PICC에서는 비금전적 손해에 있어, 곧 '**육체적 또는 정신적 고통**'(physical suffering or emotional distress)에 상당하는 손해배상을 인정하고 있는 특징이 있다[제7.4.2조(완전배상) (2)].

③ PECL의 경우

[601] PECL에서는 불이행을 PICC[제7.1.1조]에서와 마찬가지로 '**계약상 의무이행이 행사되지 아니한 것**'으로 규정하고, 당해 불이행에는 면책여부와 관계없이 이행지체, 하자있는 이행을 포함하고 있으며, 계약의 완전한 이행을 담보하기 위한 **상호협력의무**(duty to co-operate)를 명시적으로 규정하고 있다[제1:202조(협력의무), 제1:301조(용어의 정의) (4)].

[602] PECL에서 불이행에 관하여는, 원용이 가능한 구제수단의 행사는 불이행이 **장애**(impediment)로 인한 면책조항에 해당하지 않은 경우에[269] 불이행을 당한 당사자는 개별적인 구제수단 중에 그 어느 것이라도 주장할 수 있으나[제8:101조(원용할 수 있는 구제수단) (1)], 다만 자신의 행위가 상대방의 불이행을 야기한 한도 내에서라면 이를 배제하고 있다[제8:101조 (3)]. 또한, 양립할 수 없는 것이 아닌 구제수단은 병존할 수 있고, 나아가 그 밖의 구제수단을 행사할 경우에 있어서도 손해배상청구권은 상실되지 아니한다고 규정하고 있다[제8:102조(구제수단의 병존)].

---

268) PICC에서는, '손해'(損害, harm)를 '**불이행을 당한 당사자가 자신의 비용 또는 손해를 부담하지 아니함으로써 얻은 모든 이익을 고려하고, 자신이 부담한 모든 손실과 박탈된 모든 이익을 포함하는 것**'으로 정의하고 있다[제7.4.1조, (1)].

269) 당사자의 불이행이 면책되는 경우[제8:108조]에는, 불이행을 당한 당사자는 이행청구와 손해배상청구를 제외하고, 개별적 구제수단 일체를 원용할 수 있다[제8:101조 (2)].

[603] 중대한 불이행에 대해서는, PICC[제7.3.1조(계약해제권)]에 준한 동일한 규정내용을 보유하고 있지만[제8:103조(중대한 불이행)], 다만 중대한 불이행에 해당하는지의 여부를 결정함에 있어 고려하여야 할 요건으로서, 계약이 해제될 경우에 불이행 당사자가 그 준비 또는 이행의 결과로서 불균형적 손실을 입는 경우에 상당하는 명시적인 규정[PICC 제7.3.1.조 (e)]은 보유하고 있지 않다. 그렇지만, 불이행 당사자에 의한 추완에 관해서는 [가급적 계약내용의 실현을 도모하기 위하여] 계약부적합을 이유로 상대방에 의하여 변제의 제공이 수령하지 않게 된 당사자로 하여금, 이행기가 아직 도래하지 아니하거나, 그 지연이 중대한 불이행에 해당되지 않는 경우에 한하여, 새로이 계약에 적합한 이행을 제공할 수 있도록 배려하고 있는 특징이 있다[제8:104조(불이행 당사자에 의한 추완)].

[604] 결국, PECL에서 매수인에 대한 권리의 구제수단은, 일차적으로 추완청구권이 인정되고, 이차적으로 대금감액권, 손해배상권이 인정되며, 최종적으로 계약해제권이 인정되는데, 달리 매도인의 계약부적합보완권은 원칙적으로 인정되지 아니한다. 이 경우 추완청구권에는 하자보수청구권, 대체물급부청구권, 부족수량청구권을 모두 포함한다.

[605] 한편, PECL에서 제8:105조[이행의 보장]와 제8:106조[이행을 위한 추가기간을 정하는 통지]에 관한 규정은 공히 PICC의 규정내용과 동일하다. 다만, PICC에서는 부가규정으로, 이행지체가 중대하지 않고, 불이행을 당한 당사자가 상당한 기간의 추가기간을 허용하는 통지를 제공한 경우 불이행된 의무가 단지 불이행 당한 당사자의 계약채무 중에서 경미한 부분을 차지하는 때는 계약의 해제를 선언하지 못하도록 정하고 있는 점은[제7.1.5조(이행을 위한 추가기간) (3)~(4)] PECL과 비교할 경우 부각할 수 있는 차이점이다.

2. 구제수단에 관한 법적 기준의 비교

[606] 먼저, 하자의 개념과 요건에 관하여, CISG에서는 하자발생의 요건을 '**계약적합성의 위반**'[계약부적합]으로 두고, **수량적합성 · 품질적합성 · 종류적합성** 및 **포장 · 용기적합성** 등을 그 내용으로 두고 있다. 따라서, 이상의 요건에 반하여 당사자 간의 합의 또는 보증특성에 부합하지 아니하는 경우 이는 계약부적합에 해당하며, 그 결과 매도인은 이에 상당한 계약위반책임을 감수하게 된다. 다만, 계약부적합에 관한 적용범위에 있어, 계약상 명시적 규정이 존재하지 않거나 불명확한 경우에는 통상의 목적 또는 특정목적에의 적합여부가 계약내용에 준하여 차선으로 적용된다. 아울러, 계약상 물품에 내재된 의미를 양당사자가 서로 달리 이해하고 있는 경우에는 CISG의 해석규정에 따라, 당사자 간의 교섭과 그들 사이에서 확립한 관행과 상거래 관습 및 당사자들의 후속하는 행위를 포함하여 관련된 일체의 사정이 고려된다.

[607] CISG에서 물품의 계약부적합 판단시점은 위험이 매수인에게 이전하는 때부터 적용되며, 이는 당해 계약부적합이 위험이전의 시점 그 이후에 밝혀지더라도, 당해 계약부적합에 대한 법률효과는 문제되지 아니한다. 다만, 제한요건으로 매수인은 물품의 부적합을 발견하였거나, 발견하여야 했던 때로부터 상당한 기간 내에 매도인에게 당해 부적합의 내용을 통지하여야 한다.

[608] 하자담보책임의 효과로서, CISG에서는 일차적인 구제수단으로서 매수인의 이행청구권이 인정되며, 부차적으로 손해배상청구권·대금감액권이 인정된다. 계약해제는 이후의 최종적인 구제수단으로 인정된다. 인도의무에 관하여 CISG는 인도를 계약의 이행과 위험이전으로 각각 구분하고는 있으나, 당해 인도에 계약적합성의 충족여부는 포함하지 않고 있다. 다만, 물품인도와 관련하여 인도방식·인도장소·인도시기를 규정하고, 부적합한 물품이 인도된 경우의 상세한 구제수단을 명시하고 있다. 아울러, 계약상 모든 의무에 관한 계약위반이 있게 된 경우 계약해제는 중대한 계약위반에 한하여 허용된다. 계약부적합에 대한 매수인의 구제수단은, 우선 의무이행청구·대체물급부청구·수리청구 등의 권리를 주장할 수 있으며, 매도인의 경우에는 의무불이행치유권을 행사할 수 있다.

[609] PICC에서는 불이행을 당시지기 계약에 따른 그 어떠한 의무이행을 행사하지 않은 것으로 규정하고, 하자있는 이행 또는 지체된 이행을 포함하고 있다. PICC에 있어 불이행의 구성요건은, 묵시적 의무에 한하여, 계약의 성질과 목적·당사자 간 확립된 관행과 관습·신의칙과 공정거래·합리성 등의 요건을 고려하고 있다. 다만, 이행과정에서의 품질이 [계약내용에 비추어] 달리 지정되어 있지 않고, 아울러, 이로부터 결정될 수도 없는 경우에 당사자는 사정에 따라 합리적이고 평균수준에 뒤지지 아니한 품질을 제공하여야 한다.

[610] PICC에서는 이행에 관한 권리에 하자있는 이행의 보수와 대체 또는 기타의 보완에 대한 권리를 포함하고 있으며, 불가항력에 기한 의무불이행의 경우에 당사자로 하여금 그 책임을 면할 수 있는 규정을 보유하고 있는 특징이 있다. 다만, 당해 면책사유에도 불구하고, 매수인이 물품의 계약부적합 내용을 상대방에게 통지하지 않은 경우에는 그 부적합을 원용할 수 없다. 요컨대, PICC는 하자담보책임의 법리적 해석 및 그 적용에 있어 CISG를 보충하고 있다고 볼 수 있다.

[611] PICC에서 물품의 부적합에 대한 매수인의 구제수단은, 먼저 불완전이행치유청구권이 인정되고, 다음으로 손해배상 및 계약해제권이 인정된다. 이 경우 불완전이행치유청구권에는 대체물급부청구권·부적합보완청구권·부족수량인도청구권 등이 포함되는데, 다만 CISG와는 달리 대체물급부청구의 경우 중대한 계약위반의 요건은 적용되지 않는다. 물품에 대한 계약부

적합 보완의 전제조건은, 부당한 지체 없이 제안된 보완의 방법 및 시기를 나타내는 통지가 있어야 하며, 그 보완이 당해 사정에 적절하고, 불이행을 당한 당사자가 보완을 거절할 권리가 없으며, 당해 보완이 즉시 달성되는 경우로 두고 있다. 특히, PICC에서는 비금전적 손해에 있어, [앞서 본 바와 같이] 육체적 또는 정신적 고통에 상당하는 손해배상을 인정하고 있는 특징이 있다.

[612] PECL은 PICC와 마찬가지로 불이행으로 통합하여 그 법리를 구성하고 있는데, 그 내용은 계약상 의무를 이행하지 못한 경우로 일원화하고 있다. 곧, 불이행은 면책여부와 관계가 없으며, 이행지체, 하자있는 이행이나, 계약의 완전한 실현을 위하여 협력하지 않은 경우 등을 포함하고 있다. 특히, PECL은 여타의 계약법규범과 구별되는 차이점으로, '합리성'(reasonableness)에 관한 명시적인 규정을 보유하고 있으며, 통지의무에 대한 보다 구체적인 요건을 두고 있다.

[613] PECL에서는 불이행에 관하여, 그 원용이 가능한 구제수단의 행사는, 당해 불이행이 장애로 인한 면책조항에 해당하지 않은 경우를 조건으로 불이행을 당한 당사자는 개별적인 구제수단 중 그 어느 것이라도 주장할 수 있으나, 다만 자신의 행위가 상대방의 불이행을 야기한 한도 내에서라면, 이를 배제하고 있다. 또한, 양립할 수 없는 것이 아닌 구제수단은 병존할 수 있고, 나아가 [앞서 본 바와 같이] 그 밖의 구제수단을 행사할 경우에 있어서도 손해배상청구권은 상실되지 아니한다.

[614] 중대한 불이행에 대해서는 PICC에 준한 동일한 규정내용을 보유하고 있지만, 달리 중대한 불이행에 해당하는지 여부를 결정함에 있어 유의하여야 할 사항은, 계약이 해제될 경우에 불이행 당사자가 그 준비 또는 이행의 결과로서 불균형적 손실을 입는 경우에 상당하는 명시적인 규정은 보유하고 있지 않다는 사실이다. 매수인에 대한 구제수단은, 일차적으로 추완청구권, 이차적으로 대금감액권 · 손해배상권이 인정되고, 이후 최종적으로 계약해제권이 인정되며, 달리 매도인의 계약부적합보완권은 원칙적으로 인정되지 아니한다. 이 경우 추완청구권에는 하자보수청구권 · 대체물급부청구권 · 부족수량청구권이 모두 포함된다.

■ SUMMARY [*Article 52*]

Even where the seller does more than is required by the contract there is an issue of non-performance. Article 52 addresses two such situations namely, if the seller delivers goods too early (article 52 (1)) or delivers too many goods (article 52 (2)). In both cases article 52 provides that the buyer is entitled to refuse delivery of the goods. If the buyer accepts a greater quantity of goods than that provided for in the contract, article 52 (2) provides that the buyer is bound to pay the contract price for the excess quantity.

판결례와 평가

- 적용범위 : 부적합의 통지요건과 기타
- 출처표시 : 「Ontario Superior Court」(Canada), 『98-CV-142493CM』, 1999.08.31.

1. 논점과 사실관계

① 본 사건은 부적합의 통지요건을 만족하였는지 여부, 매도인의 악의에 상당한 행위가 있었는지 여부, 과부족용인약관의 적용기준 등을 다루고 있는 사례이다.[270] **원고**[이탈리아 매도인]는 액자 몰딩을 **피고**[캐나다 매수인]에게 판매하였다. 당초 양당사자는 서면으로 계약을 체결하지 않았으나, 1989년부터 1996년까지 당사자는 지속적으로 거래에 임하여 왔다.

② 당해 거래에서 매수인은 물품대금을 기한 내에 지급하지 아니하였다. 대금지급기간을 수차례 연장시킨 후, 매도인은 매수인에게 소송을 제기하였다. 그러나, 이와 같은 매도인의 소송에 대하여 매수인은 반소를 제기하였는데, 그 이유는 인도된 일부분의 물품이 부적합하고, 더불어 수량초과인도의 사실을 적시하였다.

2. 판결요지

③ 법원은, CISG가 1988년 및 1992년에 각각 이탈리아와 캐나다에서 발효되었기 때문에 본 사건에 CISG를 적용하였다. 아울러, 이 경우 CISG는 1993년 이후 선적된 물품에만 적용되며, 본건 각 선적분은 독립된 개별계약에 의해 이행된 것으로 판단하였다.

④ 법원은 매수인의 물품부적합에 대한 주장을 배척하였다. 왜냐하면, 부적합 통지가 제39조에 따라 상당한 기간 내에 매도인에게 발송되지 않았을 뿐만 아니라 소송과정에서 매수인은 부적합에 관한 그 어떠한 서면 내지 진술도 제출하지 않았기 때문이었다. 또한, 물품의 하자에 관해서도 매도인이 이미 알고 있었거나 알았어야 했던 증거가 없었으므로, 이에 제40조의 적용을 배제하였다. 또한, 법원은 [수량초과인도에 관하여] 당사자는 [계약내용에 비추어] 물품수량에 10%의 과부족을 용인하기로 합의하였고, 과거 당사자 간의 거래에서 수량초과인도인 경우 매수인이 물품을 수령하고, 이에 상당한 물품대금을 지급하였던 사실을 지적하고, 마찬가지로 매수인의 주장을 배척하였다.

---

270) 「Oberlandesgericht Rostock」(Germany), 『6 U 126/00』, 2002.09.25.

3. 해설

⑤ 참고로, [본건 판결에 비추어] 과부족용인약관은 국제무역에서 물품의 성질상 계약수량을 정확히 인도하기 어려울 경우 일정 부분의 과부족을 허용한다는 거래조건이다. 이는 수량조건의 하나로, 장기간에 걸쳐 운송되는 광석이나 곡물 · 원유 등의 물품에 적용한다. 1993년 개정된 신용장 통일규칙의 과부족용인규정에 따라 ±5%를 허용한도로 하며, 만약 신용장 수량기재 항목 앞에 'about'나 'approximately' 등의 표현이 있을 경우 ±10%까지의 과부족이 용인된다. 과부족용인한도 내의 과부족에 대해서는 매수인은 클레임을 제기하지 않고 계약된 가격에 따라 정산한다.

⑥ 화물의 성질상 정확히 계약수량을 인도하기 어려운 경우에는 선적 또는 양륙중량조건의 어느 것을 채용하더라도 약간의 과부족을 인정하지 않으면 거래 할 수 없다. 따라서, '5% more or less at seller's option'(5% 과부족은 매도인의 임의)처럼 약정한다. 이 경우 5%의 과부족이 발생하여도 매도인은 클레임을 당하지 않고 추후 과부족 분에 관하여 계약가격에 의거 정산하면 된다.

1페니의 사랑은 1파운드의 법보다 낫다.

판정례 연습

[57] 매도인[일본]과 매수인[한국]은 신발을 목적물로 매매계약을 체결하였다. 매수인은 계약과는 달리 신발에 특정한 표식이 부착되었다고 주장하면서, 물품대금을 반으로 감액하였다. 매도인은 나머지 대금의 지급을 구하는 소를 제기하였다. 매수인은 물품을 실행가능한 단기간 내에 이 사건에 있어서는 물품이 인도된 날에 검사하였고, 매도인에게 인도 다음날 부적합 성질을 특정하여 통지하였다. 이 경우 매수인의 행위는 적합하다고 볼 수 있는가?

[58] 매도인[일본]과 매수인[한국]은 기계를 목적물로 매매계약을 체결하였다. 매수인의 주문에 '긴급'이라는 조건이 포함되었으나, 매도인은 2개월 후에 초도 인도하였고, 나머지는 재차 2개월 뒤에 인도하였다. 매수인은 인도지체와 물품부적합을 주장하면서 대금지급을 거절하였다. 또한, 매수인은 부적합으로 인한 손해와 계약에서 합의된 대금의 상계를 주장하였다. 그러나, 매도인은 매수인이 의무이행 청구를 하지 않았고, 이행을 위한 추가기간을 정하지 않았다고 항변하였다. 이 경우 매수인의 행위는 적합하다고 볼 수 있는가?

[59] 매수인[일본]은 매도인[한국]으로부터 창문 50개를 주문하였다. 본건 물품을 설치한 후, 그 중 일부에서 하자가 발견되었다. 매도인은 새로운 창문틀을 인도하였고, 매수인은 이를 자신의 비용으로 다시 설치하였다. 판매대금의 일부가 지급되지 아니하였다. 매도인은 매수인을 상대로 나머지 대금을 구하는 소를 제기하였다. 매수인은 대체된 창문틀의 설치비용으로 상계를 주장하였다. 이 경우 매수인은 설치비용을 상환받을 수 있는가?

[60] 매도인[이탈리아]과 매수인[독일]은 화학물을 목적물로 하여 매매계약을 체결하였다. 매수인은 본 물품을 수령하고 이를 재차 자신의 고객에게 송부하였다. 본건 화학물이 충분히 정제되어 있지 않다는 고객의 불평을 듣고, 당사자는 매도인이 이탈리아에서 하자 있는 물품을 치유하기로 합의하였다. 물품은 매도인이 지정한 독일 운송인에 의하여 이탈리아로 반송하기로 하였고, 즉시 매도인의 비용으로 매도인에게 인도하기로 하였다. 매수인이 독일 운송인에게 전화하였을 때, 물품이 아직 이탈리아로 발송되지 않았다는 것을 알게 되었고, 이를 매도인에게 통지하였다. 매수인은 고객이 본 물품이 없이는 자신의 특정물품을 생산할 수 없으므로, 즉시 물품을 처리하여야 한다고 주장하면서, 자신의 비용으로 독일에서 물품을 처리하였다. 매수인은 판매대금에서 처리비용을 공제하였다. 매도인은 물품이 이탈리아에 적시에 도착하였다면, 이탈리아에서 더 낮은 비용으로 처리하였을 것이라고 주장하면서, 판매대금 전액의 지급을 주장하였다. 본건 사례에서 매도인의 이행을 위한 추가기간을 정하는 것이 손해배상을 구할 수

있는 조건이 되는가?

[61] **매수인**[일본]과 **매도인**[한국]은 신발을 목적물로 매매계약을 체결하였다. 매수인은 매도인이 합의된 기간 내에 물품을 인도하지 않았고, 물품이 계약에 적합하지 않다고 주장하면서, 물품대금의 일부를 지급하지 않았다. 매도인은 나머지 대금의 지급을 구하는 소를 제기하였다. 이 경우 이행지체를 이유로 계약을 해제하려면 어떠한 요건을 충족하여야 하는가?

[62] **매수인**[한국]과 **매도인**[중국]은 산업기계에 대한 매매계약을 체결하였다. 물품인도 후 매수인은 중대한 하자를 발견하였고 계약을 해제하였다. 매수인은 낮은 가격에 물품의 일부만을 재판매할 수 있었으므로, 이로 인한 손해배상을 구하였다. 이 경우 매도인의 인도기일 후의 보완권은 매수인의 동의가 조건이므로, 매수인이 물품의 하자를 이유로 계약을 해제한 경우 매도인은 대체물을 공급함으로써 불이행을 치유할 수 있는가?

[63] **매도인**[중국]과 **매수인**[한국]은 가구의 매매계약을 체결하였다. 매수인은 거실 가구 한 세트를 고객에게 판매하였고, 그 후 즉시 물품에 하자가 있다는, 곧 소파에 앉으면 쿠션이 앞으로 밀린다는 불평을 들었다. 매수인은 매도인의 쿠션의 재료를 교체하여 수리해 주겠다는 제안을 받아들이지 않고 계약을 해제하였다. 매수인은 또한 매도인이 인도한 다른 거실 세트도 하자가 있다고 주장하였고, 매도인이 수리해 줄 것을 거절하자, 수리비의 반환을 청구하였다. 매도인은 판매된 모든 가구의 대금전액의 지급을 구하는 소를 제기하였다. 이 경우 매수인은 쿠션의 재료를 교체하여 수리해 주겠다는 매도인의 청약을 수용하는 것이 적합했는지의 여부에 관하여 논해 보라.

[64] 다음 사례에 대한 법원의 판결을 추론해 보라. **매수인**[당시 서독소재 기업]과 **매도인**[동유럽 소재 기업]은 준거법을 독일법으로 하여 배송을 포함한 기계류의 매매에 대한 장기계약을 체결하였다. 매수인의 입장에서 장기계약을 체결하게 된 배경은 지속적이고도 안정적인 기계류의 공급을 보장받기 위함이었는데, 실질적 · 정책적으로도 동유럽에 소재한 매도인과 계약을 체결하는 것이 시장상황에 비추어 보다 경제적이라고 하는 사실에 있었다. 한편, 당해 분쟁이 있기 전까지 독일은 아직 통일되지 않은 상황이었다. 그러나, 독일이 통일된 후 상황은 급변하여 동유럽 국가에 소재한 기업에 비하여 상대적으로 경쟁력이 우위에 있었던 서유럽 소재 기업들이 독일소재 기업들에 관하여 개방되기에 이르렀는데, 그 결과 매수인은 당해 장기계약에서 합의되었던 계약내용에 따른 매도인의 급부 이행을 거절하였고, 나아가 당해 계약을 해제하였다. 이에 매도인은 매수인의 계약해제의 부당성을 이유로 준거법에 따라 독일소재 중재판정부에 중재를 신청하였다.

사면(赦免)이 남용(濫用)되면, 범죄(犯罪)도 많아진다.

[65] **매수인**[한국]과 **매도인**[미국]은 제3국으로 선적될 물품의 매매계약을 체결하였다. 물품은 2회로 분할되어 인도되었다. 목적항에서 물품검사 시 초도 인도된 물품 중 일부에 하자가 있는 것으로 밝혀졌고, 그 결과 최종 고객에게 상당히 낮은 가격으로 판매되었다. 매수인은 매도인을 상대로 최종 고객에 의하여 지급되지 않은 물품대금의 보전과 초도 인도된 물품의 부적합으로 인하여 신용을 잃었고, 그 결과 두 번째 물품을 재판매하기가 어려워졌다고 주장하면서, 이익의 상실에 대한 배상을 구하는 중재절차를 개시하였다. 이 경우 매수인은 당해 물품의 하자를 이유로 대금을 감액할 수 있는가?

[66] **매수인**[일본]과 **매도인**[한국]은 토마토를 목적물로 매매계약을 체결하였다. 매도인이 물품대금지급을 청구한 것과 관련하여, 매수인은 토마토가 너무 익어서 재판매에 적합하지 않다는 이유로 대금감액을 구하였다. 이 경우 매수인은 당해 물품의 하자를 이유로 대금을 감액할 수 있는가?

[67] **매도인**[스위스 베어링 제조자]과 **매수인**[미국의 독점권자] 간에 미국 시장에서의 본건 물품공급을 위한 기본계약이 체결되었다. 약 2년이 지난 후 매수인이 수령한 인도분에 관하여, 물품대금지급을 거절하자 매도인은 대금과 이자의 지급을 구하는 중재절차를 개시하였다. 매수인은 매도인의 계약위반으로 인한 손해배상청구권으로 **상계**(相計, set-off)를 주장하였다. 매수인의 항변에 따른 하자는 매도인이 대금을 청구한 인도분과 다른 인도분에 관한 것이므로 매수인이 인도된 물품의 부적합을 주장하였다. 이 경우 매수인은 매도인이 대금을 청구한 인도분과 다른 인도분에 대한 하자를 이유로 대금감액을 주장할 수 있는가?

[68] **매도인**[오스트리아]은 커피기계를 **매수인**[이탈리아]에게 판매하였고, 매수인은 이를 그의 고객에게 재판매하였다. 매수인의 고객이 커피기계를 사용한 후 약 한 달이 지나 매수인은 물품하자에 관한 불평[기계의 낙후되고 하자있는 구조로 인한 전기 누전과 누수]을 받게 되었다. 매수인과 매도인이 수차례 기계를 수리하려고 시도하였으나 하자는 계속되었다. 매수인은 물품이 전체가치를 상실하였다고 주장하면서, 물품대금을 지급하지 않았고, 하자 있는 기계와 아직 포장되어 있는 기계를 반송하려고 하였다. 그러나, 매도인은 물품의 반송을 거절하였고, 미지급된 대금의 지급을 구하는 소를 제기하였다. 판매된 물품가치가 모두 상실된 경우 대금을 전액 감액하는 것이 인정될 수 있는가?

[69] 오스트리아 회사와의 계약을 이행하기 위하여 **매수인**[독일]은 팩스로 **매도인**[미국]에게 11개의 컴퓨터 부품을 주문하였는데, 그 중 5개의 가격만을 지정하였다. 매도인은 주문된 11개 중 5개만 인도하였다. 매수인은 일부 인도로 인하여 [오스트리아 회사와의 계약을 이행하기 위하여] 대

체물을 구매했다고 주장하면서 5개의 부품에 대한 물품대금지급을 거절하였다. 이 경우 매도인의 대금지급 청구의 타당성 여부에 관하여 논해 보라.

[70] 상기 사례와 결부하여 일부인도가 계약해제권이 발생하는 중대한 계약위반이 되기 위해서는, 당해 위반으로 인하여 매수인이 본 계약으로부터 기대할 수 있는 것이 박탈되었어야 하는 바, 매도인이 주문된 11개의 컴퓨터 부품 중 5개만 인도하였으나, 매수인은 나머지 부분에 관하여 대체물을 구매하여 제3자와의 계약을 이행할 수 있었다면, 이것이 계약해제권을 발생시키는 중대한 계약위반에 해당한다고 볼 수 있는가?

제3장 매수인의 의무

구분 및 내용		
제4 편 물품의 매매		제25조~제88조
	제1장 총 칙	제25조~제29조
	제2장 매도인의 의무	제30조~제52조
	제3장 매수인의 의무	제53조~제65조
	제1절 대금의 지급	제53조~제59조
	제2절 인도의 수령	제60조
	제3절 매수인의 계약위반에 대한 구제	제61조~제65조
	제4장 위험의 이전	제66조~제70조
	제5장 매도인과 매수인에게 공통적으로 적용되는 규정	제71조~제88조

[615] **제4편**[물품의 매매] **제3장**[매수인의 의무]은 매수인의 의무를 다루고 있다. **제3장**의 구성과 중심내용은 **제4편 제2장**[매도인의 의무(제30조~제52조)]과 대칭적 편제로 구성되어 있다. **제3장**의 첫 번째 조항에서는 매수인의 기본적인 의무를 설명하고 있으며, 그 다음에 이러한 의무를 3개의 절로, 곧 **제1절 '대금의 지급'**[제53조~제59조], **제2절 '인도의 수령'**[제60조], **제3절 '매수인의 계약위반에 대한 매도인의 구제'**[제61조~제65조]로 구분하여 다루고 있다.

■ SUMMARY [*Chapter III*]

Chapter III of Part III of the Convention contains provisions addressing the buyer's obligations under an international sales contract governed by the CISG. Both the structure and the focus of the chapter parallel Chapter II ('Obligations of the seller', articles 30-52) of Part III. Thus Chapter III open with a single provision describing in general terms the fundamental duties of the buyer (article 53). This is followed by three sections that collect provisions addressing those duties in greater detail: Section I, 'Payment of the price' (articles 54-59), Section II, 'Taking delivery' (article 60), and Section III, 'Remedies for breach of contract by the buyer' (articles 61-65).

제1절 대금의 지급

구분 및 내용	
제4편 물품의 매매	제25조~제88조
제1장 총 칙	제25조~제29조
제2장 매도인의 의무	제30조~제52조
제3장 매수인의 의무	제53조~제65조
제1절 대금의 지급	제53조~제59조
제53조 매수인 의무의 총괄	
제54조 대금지급을 위한 조치	
제55조 대금불확정계약	
제56조 순중량에 의한 대금결정	
제57조 대금지급장소	
제58조 대금지급시기	
제59조 대금지급의무와 지급요구의 불요성	
제2절 인도의 수령	제60조
제3절 매수인의 계약위반에 대한 구제	제61조~제65조
제4장 위험의 이전	제66조~제70조
제5장 매도인과 매수인에게 공통적으로 적용되는 규정	제71조~제88조

[616] 제4편 제3장 제1절[대금의 지급]은 7개 조항을 포함하고 있다. 제53조에서는 매수인의 기본적인 의무인 물품대금지급의 의무를 다루고 있다. 매수인이 지급하여야 할 물품대금과 관련하여, 제1절의 2개 조항[제53조 내지 제54조]은 특별한 경우의 물품대금에 관하여 규정하고 있다. 제55조는 계약에 가격이 규정되지 않거나 확정되지 않는 경우에 그 가격에 관한 규정이다. 제56조에는 물품의 중량으로 가격을 결정하는 경우에 그 가격결정방법을 규정하고 있다. 제1절 그 밖의 4개 조항들은 대금의 지급방식에 관한 규정이다. 그 내용은 제54조[매수인이 대금지급을 위해 준비 조치를 취하는 의무와 요구되는 절차에 따르는 의무], 제57조[지급장소], 제58조[지급시기] 그리고 제59조[매도인의 정식적인 대금지급요청의 면제] 등이다.

[617] 일반적인 사항으로서 제3장 제1절의 각 조항은 [앞서 본 바와 같이] 제2장[매도인의 의무] 제1절[물품의 인도와 서류의 교부, (제31조~제34조)]과 대칭되어 있다. 제31조와 제33조에서 '매도인의 물품인도의무와 서류교부의무의 이행장소와 시기'를 규정하고 있는 것과 마찬가지로, 본절의 제56조와 제58조에는 '매수인이 그 자신의 의무를 이행하는 장소와 시기'를 규정하고 있다. 제55조에

신탁수익권(信託受益權)은 신임관계(信任關係)상의 소유권(所有權)이다.

명시적으로 규정된 바와 같이, 본조는 제14조[물품매매계약을 위한 청약의 구성] (1)과 특별한 관계를 가지고 있다. 그리고 제57조[지급장소]는 계약해제와 관련되는 각 조항, 특히 계약의 해제를 선언한 이후의 물품반환의무를 규정하고 있는 제81조[의무의 소멸과 반환청구] (2)와 연관성을 갖고 있다.

[618] 특히, 본절의 일부분 조항들은 CISG의 적용범위 이외의 사항과 특별한 관계가 있다. 그러므로 대금지급을 위해 필요한 준비조치를 취해야 하는 매수인의 의무를 규정하고 있는 제54조는 신용장(letter of credit), 담보(security), 은행보증(bank guarantee), 환어음(bill of exchange) 등과 관련되어 있는 비협약적인 규칙들과 밀접한 연관성이 있음을 유념하여야 한다. 아울러, 매수인의 대금지급장소를 다루고 있는 제57조는 관할규정과 특별한 관계가 있다.

■ SUMMARY [*Section I*]

Section I of Chapter III ('Obligations of the buyer') in Part III ('Sale of goods') of the Convention consists of six articles addressing one of the fundamental buyer obligations described in article 53 of the CISG: the obligation to pay the price. Although the amount of the price that the buyer must pay is usually specified in the contract, two articles in Section I contain rules governing the amount of the price in particular special circumstances: article 55 specifies a price when one is not fixed or provided for in the contract, and article 56 specifies the way to determine the price when it is 'fixed according to the weight of the goods'. The remaining four provisions in Section I relate to the manner of paying the price: they include rules on the buyer's obligation to take steps preparatory to and to comply with formalities required for paying the price (article 54); provisions on the place of payment (article 57) and the time for payment (article 58); and an article dispensing with the need for a formal demand for payment by the seller (article 59).

053. 매수인 의무의 총괄

Art. 53
The buyer must pay the price for the goods and take delivery of them as required by the contract and this Convention.

제53조
매수인은 계약 및 본 협약에 따라, 물품의 대금을 지급하고, 물품의 인도를 수령하여야 한다.

[619] 제53조는 제3장의 개요로서, 매수인의 주요 의무를 다루고 있다. CISG에서는 '물품매매의 요건'을 언급하고 있지 않으나, 통상 본조와 제30조[매도인 의무의 총괄]를 연관하여 이를 설명하고 있다. 매수인의 주요 의무는 계약과 CISG 규정에 따라, '물품대금을 지급'하고 '물품을 수령'하는 것이다. 본 규정과 제6조[계약에 의한 배제 또는 변경]을 병합할 경우에 만약, 계약상 CISG에 규정하고 있는 방식과 다른 방식으로 계약을 이행하도록 규정되어 있는 경우에는 당사자의 합의가 우선하게 된다.

[620] 그 밖에 매수인의 의무로서, 계약에는 매수인이 물품대금지급의무와 물품수령의무 이외의 의무를 부담할 수 있다. 예컨대, 물품대금지급의 담보를 제공하는 의무, 물품을 제조하거나 생산함에 있어 원료를 제공하는 의무[제3조(제조될 물품 및 서비스) (1)] 그리고 물품의 형태・크기 또는 그 밖의 특징을 제공하는 의무[제65조(물품명세의 확정권에 관한 규정)] 등이 이에 해당한다.

■ SUMMARY [*Article 53*]

Article 53 states the principal obligations of the buyer, and serves as an introduction to the provisions of Chapter III. As the Convention does not define what constitutes a 'sale of goods', article 53, in combination with article 30, also sheds light on this matter.1 The principal obligations of the buyer are to pay the price for and take delivery of the goods 'as required by the contract and this Convention'. From this phrase, as well as from article 6 of the Convention, it follows that, where the contract provides for the performance to take place in a manner that differs from that set forth in the Convention, the parties' agreement prevails.

보통법(普通法)을 개폐(改廢)하는 제정법(制定法)은 이를 엄격(嚴格)하게 해석(解釋)하여야 한다.

054. 대금지급을 위한 조치

Art. 54
The buyer's obligation to pay the price includes taking such steps and complying with such formalities as may be required under the contract or any laws and regulations to enable payment to be made.

第54조
매수인의 대금지급의무에는 그 지급을 위하여 계약 또는 관련 법규에서 요구되는 조치를 취하고 또한 그 절차를 준수하는 것이 포함된다.

[621] 第54조는 계약이나 또는 적용법규에 따라 물품대금지급을 위한 매수인의 준비조치를 다루고 있다. 예컨대, 계약에서 요구되는 준비조치에는 '신용장 개설', '담보증명', '은행지급보증', '어음의 인수' 등이 해당될 수 있다. 이 경우 당해 준비조치는 반드시 적용되는 법률 또는 규칙에 따라야 한다.

[622] 본조는 두 가지의 중요한 역할을 매수인에게 요구하고 있다. 먼저, 계약에서 달리 정한 바가 없다면, 본조에서 언급하고 있는 제반 의무를 매수인이 부담하도록 하고 있는데, 곧 매수인은 [달리 합의한 바가 없다면] 물품대금지급과 관련되는 제반 비용을 부담하여야 한다. 이러한 의무를 위반할 경우 매도인은 第61조[매도인 구제권의 총괄]에 따라 구제를 취할 수 있다. 다만, 이러한 절차는 第71조[이행정지] (1)에서 규정하고 있는 '이행준비 또는 계약의 이행을 위한 행위'가 아님을 유의하여야 한다. 요컨대, 이러한 절차의 불이행은 그 발생이 가능한 이행기 전의 위반에 관한 일련의 저촉적 요소로서 계약위반으로 취급된다.

1. 매수인 의무의 범위

[623] 매수인 의무의 범위와 관련하여, 본조는 매수인이 물품대금지급을 위한 필요한 절차를 이행하여야 하는 것만을 규정하고 있는지, 매수인이 그 결과에 대한 책임마저도 부담해야 하는지, 필요한 결과를 얻지 못한 경우에 매수인이 그 절차를 위반하게 되는지 등의 여부에 관하여 다루고 있는 규정이다.

[624] 본조의 적용에 있어, 물품대금지급을 위해 적용되는 법률 또는 규칙이 행정조치마저도 포함하고 있는지의 여부가 문제시 될 수 있다. 이 같은 문제를 효과적으로 해결하기 위해

서는, 이를 **'상업적 조치'**(商業的措置)와 **'행정적 조치'**(行政的措置)로 구분하여 접근하는 방법을 취할 수 있다. 곧, 전자는 매수인이 필요한 결과를 달성하겠다는 약속이며, 후자는 매수인이 **최고**(催告)의 방법을 사용함에 따른 의무만을 부담하는 것이다. 이렇게 분류하는 이유는, 일례로, 매수인의 행정당국이 외환송금을 승인하는 것을 담보하는 것보다도, 매수인에게 그러한 조치를 취하게 함으로써, 이에 필요한 제반 행정허가를 취득할 수 있게 하는 것이 보다 효과적이기 때문이다.

2. 지급화폐

[625] 본조에는 지급화폐에 관한 언급이 없다. 이 문제는 **제6조**[당사자의 의도]와 **제9조**[관행과 관습의 구속력]를 고려하여야 할 것이다. 통상적으로 매도인 영업소의 화폐를 지급화폐로 하는 이유는, 통상적으로 매도인의 영업소가 대금지급의무를 이행하는 장소[제57조]이며, 동시에 물품을 인도하는 장소[제31조 (c)]이기 때문이다.

■ SUMMARY [*Article 54*]

1. This provision deals with actions preparatory to payment of the price which are specified in the contract or in applicable laws and regulations. For example, the contract may provide for the opening of a letter of credit, the establishment of security for or a bank guarantee of payment, or the acceptance of a bill of exchange. Preparatory actions required under applicable laws or regulations might include, for example, an administrative authorization needed to transfer funds.

2. Article 54 has two important effects. First, unless otherwise specified in the contract article 54 assigns responsibility for the tasks it references to the buyer, who must thus bear the costs thereof. Indeed, one court decision suggests that the costs associated with payment are generally the responsibility of the buyer. Furthermore, the steps for which the buyer is responsible under article 54 are obligations, violation of which permits the seller to resort to the remedies specified in articles 61; they are not considered merely 'conduct in preparing to perform or in performing the contract' as described in article 71 (1). Thus failure to perform those steps constitutes a breach, not merely a factor in a possible anticipatory breach of contract.

판결례와 평가

- 적용범위 : 연체된 물품대금에 관한 책임소재
- 출처표시 : 「Hof van Beroep, Gent」(Belgium), 『1997/AR/384』, 1994.05.20.

1. 논점과 사실관계

① **매수인**[피고]은 A사와 그의 자회사인 B사이며, 지난 수년 동안 프랑스 **매도인**[원고]에게 플라스틱을 구매해 왔다. 본건 이전에, A사는 B사의 플라스틱 사업을 인수하면서 그 상호를 B에서 C로 변경하였다. 그런데, 양 회사가 통합된 후에, A사에서 근무하고 있었던 원래 B사 직원들은 통합되기 전 B사의 회사명이 **인쇄**[letterhead]된 서면과 스탬프를 계속적으로 사용하여 매도인에게 플라스틱을 주문하였다. 이후 본건 상업송장에 따른 물품대금이 지급되지 않았다. 매도인은 C사, 즉 통합되기 전의 B사에게 소송을 제기하여, 물품대금 지급을 청구하였다. 그런데, C사는 물품이 A사의 명의로 구매된 것이기 때문에 연체된 대금에 관하여 그 책임이 없다고 주장하였다.

2. 판결요지

② 법원은, [누가 매매계약의 당사자인가의 여부를 판단함에 있어 제7조(계약의 해석원칙)를 원용하여] 양당사자의 계약을 해석함에 있어서는 신의칙에 따라야 하며, 소송과 연관된 모든 상황에 관해서도 적의 고려하여야 한다. 비록 CISG에 계약내용의 해석에 관한 그 어떠한 구체적인 방법이 규정되어 있지 않다고 하더라도, 원칙적으로는 CISG에 근거하여 해석하여야 한다. 이러한 방법을 통해도 문제가 해결할 수 없는 경우에만 관련되는 국내법을 적용할 수 있다. 이에 본건에는 C사가 반드시 매도인의 주장에 대하여 회답하여야 한다고 설시하였다.

③ 본 사건의 최종 판결로서, 법원은, [제54조에 따라] C사는 매도인의 주장과 같이 당해 물품대금을 지급하여야 할 의무가 있다. 또한, **제62조**[매도인의 이행청구권]에 의할 경우에 매수인이 대금지급의무를 불이행함에 따른 구제조치로서, 매도인은 당해 물품대금을 청구할 권리를 보유한다고 판시하고, 매도인의 주장을 다름없이 수용하였다.

판결례와 평가

- 적용범위 : 조기인도 및 수량초과인도의 요건
- 출처표시 : 「Oberlandesgericht Köln」(Germany), 『Unknown』, 2000.

1. 논점과 사실관계

① 계약당사자는 CFR으로 화학물에 관한 계약을 체결하였다. 계약에 의하면 **선하증권**(B/L) 발급 후 90일 이내에 **취소불능신용장**(irrevocable letter of credit)을 통해 물품대금을 지급하기로 하였다. 계약의 내용에는, 초도물품의 선적기간과, 신용장이 개설기한에 관한 약정을 포함하고 있었다. 아울러, 만약 매수인이 신용장을 개설하지 못하게 되는 경우에 매도인은 신용장 개설기간을 연장시켜 주거나 또는 클레임을 제기할 수 있도록 하였다.

② 신용장 개설에 즈음하여, 매수인은 시장에 큰 변화가 생겼다고 주장하면서, 신용장 개설을 거절하였다. 이에 매도인은 본건 선적을 연기하는 것과, 신용장의 개설기한을 연장하는 것에 동의하였다. 그러나, 매수인은 수차례의 선적 및 신용장 개설 연기요청만을 거듭하였고, 나아가 물품의 가격할인을 포함하여 제반 인도조건까지 그 변경을 요구하였다.

③ 그 과정에서 매도인은 본건 물품의 특성상 장기간 고온에 보관되면 변질될 우려가 있었기에, 그 손실을 감소시키기 위해 다른 매수인에게 물품을 전매하였다. 아울러, 매수인의 불합리한 요구로부터 발생한 손실을 충당하기 위하여 소송을 제기하였다. 곧, 매도인은 매수인의 이 같은 계약위반에 기하여, 경제적 손실 및 그 이자에 대하여 손해배상을 청구하였다.

④ 매수인은 [매도인의 청구에 대하여] 다음과 같이 항변하였다. 자신은 신용장 개설을 거절한 것이 아니라, 다만 개설기한을 연기하고자 한 것이다. 그리고 자신은 계약에 의한 매도인의 권리를 실질적으로 박탈하지 않았기 때문에, 이러한 행위가 중대한 계약위반이 될 수는 없다. 또한, 자신은 매도인이 다른 구매자에게 물품을 전매하는 것을 알지 못했으며, 오히려 매도인은 자신의 이해를 박탈하고 자신의 고객에게 물품을 전매하였다고 하였다. 이에 매수인은 반소를 제기하여, 매도인의 중대한 계약위반, 제3의 고객에게 물품을 전매함으로써 매수인 자신에게 끼친 손실, 제3자와의 거래에 있어 발생한 비용 등에 대하여 매도인에게 손해배상을 청구하였다.

2. 판결요지

⑤ 법원의 최종 판결은 다음과 같다. 매수인이 계약에 따라 지정된 기간 내에 신용장을 개설하지 않은 것은 중대한 계약위반에 해당한다. 매수인은 CFR 조건에 비추어, 물품대금을 반드시 지급하여야 한다. 제53조[매수인 의무의 총괄], 제54조[대금지급을 위한 조치] 및 제59조[대금지급 요구와 지급요구의 불요성]에 의하면, 매수인은 약정한 지급수단으로 물품대금을 지급하여야 한다. 나아가, 제25조[중대한 계약위반], 제63조[이행을 위한 추가기간의 지정] (1) 및 제64조[매도인의 계약해제권]에 의거, 매수인은 중대한 계약위반을 범하였고, 이에 매도인은 계약을 해제할 수 있는 권리를 보유한다. 아울러, 매도인의 추가기간 지정에도 불구하고, 매수인이 그 의무를 불이행하였는 바, 이에 매도인은 계약을 해제할 수 있다. 따라서, 매수인은 제61조[매도인 구제권의 총괄], 제74조[손해액 산정의 일반원칙], 제75조[대체거래와 손해액]에 따라, 매도인에게 손해배상청구 금원 및 그 이자를 지급하여야 한다.

055. 대금불확정계약

Art. 55
Where a contract has been validly concluded but does not expressly or implicitly fix or make provision for determining the price, the parties are considered, in the absence of any indication to the contrary, to have impliedly made reference to the price generally charged at the time of the conclusion of the contract for such goods sold under comparable circumstances in the trade concerned.

제55조
계약이 유효하게 성립되었으나, 그 대금을 명시적 또는 묵시적으로 정하고 있지 아니하거나, 이를 정하기 위한 규정을 두지 아니한 경우에 당사자는 반대의 표시가 없는 한, 계약체결 시에 당해 거래와 유사한 상황에서 매매되는 그러한 종류의 물품에 관하여 일반적으로 청구되는 대금을 묵시적으로 원용한 것으로 본다.

[626] 통상적으로, 대부분의 법원에서는 "제55조를 적용하기 전에 반드시 양당사자의 의사를 고려하여야 한다"고 판시하고 있다. 곧, 당사자들이 가격을 결정하거나 및/또는 가격을 결정할 수 있도록 하고 있는 경우에 본조는 법원 또는 중재판정부에 가격을 결정할 수 있는 권한을 부여하고 있지 않다. 당사자가 상호 간에 차후의 가격에 관한 합의에 의하도록 하는 경우에도 본조는 적용되지 아니한다.

1. 가격이 확정되지 않는 계약

[627] 판결례로서, 비행기 엔진를 판매하고자 하는 제안에서, 매수인이 선택할 수 있는 모든 비행기 엔진의 가격이 포함되어 있지 않다는 이유에서, 그 제안은 제14조[청약의 기준]를 충족하고 있지 않은 것으로 취급하고, 이 같은 제안에서 비롯된 계약은 그 효력이 없다고 판시한 경우가 있다. 본 사례에 의하면, 본조는 가격조정을 결여한 실효된 계약에 그 구제권을 허여하지 않고 있음에 따라, 본조보다는 제14조의 규정을 우선시 하고 있다. 곧, 제14조는 가격조건을 포함하여야 그 계약이 유효하다고 규정하고 있다.

[628] 이와는 다른 판결례로서, 당사자가 사전에 합의하지 않았던 원재료 가격을 결정함에 있어 본조를 원용하고 있다. 제14조 또는 본조를 적용하는 문제에 기하여, 법원은 통상적으로 본조를 우선 적용하는 것이 타당하다고 판시하고 있는데, 그 취지는 본 계약을 유효하게 취급하여, 결여된 가격을 조정할 수 있도록 그 기회를 제공하기 위한 관습적 배려에 있다고 하였다.

물건(物件)이 멸실(滅失)된 때 그 손해(損害)는 소유자(所有者)에게 귀속(歸屬)한다.

2. 가격의 결정

[629] 본조가 적용되는 경우에 양당사자가 합의한 가격은 계약체결 시에, [이와 유사한 상황에서] 해당 물품의 통상적인 판매가격에 의한 것으로 추정한다. 해당 물품이 원재료 또는 반제품인 경우에 본조의 적용에는 그다지 큰 어려움이 없을 것이다. 그러나, 완제품의 경우에는 상황이 달라질 수 있다. 판정례를 참고하면, 동종의 물품[앞선 사례에서 비행기 엔진]의 시장가격이 없으므로, 본조에 의해 비행기 엔진의 가격이 결정될 수 없다고 판시한 사례가 있다. 이에 반하여, 제76조[시가에 기초한 손해배상액]에서 규정하고 있는 손해배상청구의 '시가'(current price)를 결정할 때, 본조의 가격결정방법을 통하여 그 가격이 표시되어 있지 않은 경우 묵시적 가격 또는 이에 준한 가격의 결정방법을 정하고 있는 유사한 계약을 참조할 수 있다고 판시한 사례로 있다. 요컨대, 본조는 제14조와 결부하여 그 명확한 이해가 요구된다.

■ SUMMARY [*Article 55*]

As is revealed by the Convention's travaux preparatoires, the interplay of articles 14 and 55 is one of the most difficult questions raised by the Convention. Court and arbitral decisions consistently hold that, in determining the applicability of article 55 (as with other provisions of the Convention), one must refer first and foremost to the intention of the parties. Article 55 does not empower a judge or arbitrator to establish a price when the price has already been determined, or made determinable, by the contracting parties. Article 55 of the Convention is also inapplicable when the parties have made their contract subject to subsequent agreement on the price.

판결례와 평가

- 적용범위 : 물품대금을 정하지 아니하거나, 이를 정하기 위한 규정을 두지 아니한 경우
- 출처표시 : 「Bezirksgericht St. Gallen」(Switzerland), 『3PZ 97/18』, 1997.08.03.

1. 논점과 사실관계

① **매도인**[네덜란드]과 **매수인**[스위스]은 **직물**(textiles)을 목적물로 구두합의로 매매계약을 체결하였다.[271] 계약내용에는 직물이 매수인에게 인도되기 전에 수를 놓기 위하여, 제3자인 자수업자

271) ① 「Cour d'Appel de Grenoble, Chambre Commerciale」(France), 『213』, 1995.04.26.
② 「Landgericht Neubrandeburg」(Germany), 『10 O 74/04』, 2005.08.03.

에게 인도할 것을 명시하고 있었다. 이후 매수인은 팩스로 매도인에게 본건 직물을 자수업자에게 인도해 줄 것을 요청하였다. 또한, 매수인은 매도인에게 자수업자에게 인도된 직물에 대한 상업송장의 발행을 요청하였고, 이에 매도인은 매수인에게 상업송장을 발행하였다.

② 이후 매수인은 매도인에게 인도된 직물의 가격이 고가이므로 이를 재조정해 줄 것을 요청하였고, 동시에 인도된 수량이 계약서에서 합의한 수량과 다르다고 주장하는 내용의 서신을 발송하였다. 이에 매도인은 요청한대로 가격을 재조정한 서신을 발송하였다. 그렇지만, 일정기간 후에, 매수인은 계약서가 작성되지 않았다고 하는 사실과, 그 과정에서 당사자 간에 직물가격을 합의하지 않았다고 하는 사실을 이유로, 본건 계약의 성립을 부정하고 이를 파기하였다. 이에 매도인은 당해 법원에 소를 제기하였다.

2. 판결요지

③ 법원의 판결요지는 다음과 같다. [구두합의에 따라 계약서가 없으므로 계약이 유효하게 성립하였는지 판단하기 위하여] 우선 CISG에서 요구하고 있는 청약의 요건[제14조(청약의 기준)]이 갖추었는지를 검토할 때, 이는 청약자로서 매수인이 승낙의 경우에 구속될 의사가 있었는지와 물품의 수량을 정함에 있어서 충분히 확정되었는가에 따라 결정될 것이다. 상대방과 같은 부류의 합리적인 자가 동일한 상황에서 이해하였을 바에 따라, 당사자의 진술과 행위를 해석하건대[제8조(당사자의 진술 또는 기타 행위의 해석)], 당초 매수인은 계약에 구속될 의사가 있었을 뿐만 아니라 물품수량 또한 확정되었다고 할 것이다.

④ 계약체결 시에 당사자 간에 확립된 사정이나 관례가 없다면, 계약에 구속될 의사는 계약체결 이후 당사자의 행위에 비추어 해석되어야 할 것인 바, 매수인이 매도인에게 물품에 대한 상업송장을 발행하도록 요구한 것은 매수인이 제안할 당시 계약에 구속될 의사가 있었음을 증명하는데 충분하다. 마찬가지로 매수인의 행위에 비추어, 매수인이 물품이 인도된 후 2개월이 지나서야 수량에 대하여 이의를 제기한 사실은 실제로 인도된 수량의 물품에 대하여 매매계약이 유효하게 체결되었다고 인정하기에 충분하다.

⑤ 당사자가 계약상 매매가격에 대하여 합의하지 않았으나, 매수인이 수정된 상업송장에 표시한 가격에 대하여 이의를 제기하지 않았으므로, 그 가격은 당해 거래에 있어서 유사한 상황에서 일반적으로 청구되는 가격으로 해석할 수 있다[제55조(대금불확정계약)].

3. 해설

⑥ 본 판결례의 논점은 계약이 유효하게 성립하였으나, 그 대금을 명시적 또는 묵시적으로 정하지 아니하거나 또는 이를 정하기 위한 규정을 두지 아니한 경우 당사자는 그 어떠한 반대의 표시가 없는 한, 계약체결 시에 당해거래와 유사한 상황하에서 매매되는 물품에 대하여, 일반적으로 징구되는 대금을 묵시적으로 원용한 것으로 본다는 것이다.

⑦ 본건의 경우에도, [매수인이 매도인을 상대로 물품에 대한 상업송장을 발행하도록 요구한 것에 비추어] 매수인이 제안을 할 당시 계약에 구속될 의사가 있었다고 볼 수 있으며, 매수인이 물품이 인도된 후 2개월이 지나서야 수량에 대하여 이의를 제기한 사실은, 실제로 인도된 수량의 물품에 대하여 매매계약이 유효하게 체결되었다고 보기에 충분하다고 판단한 점에서, 당사자의 행위에 의하여 매매계약의 성립이 인정되는 범위를 넓게 인정한 사례이다.

056. 순중량에 의한 대금의 결정

Art. 56
If the price is fixed according to the weight of the goods, in case of doubt it is to be determined by the net weight.

제56조
대금이 물품의 중량에 따라 정해지는 경우에 의심이 있는 때에는, 순중량에 의하여 대금을 결정하는 것으로 한다.

[630] 당사자가 물품중량을 기준으로 가격을 정하는 경우에 만약 **총중량**(總重量, gross weight) 또는 **순중량**(純重量, net weight)으로 하는지를 명확히 합의해 두고 있지 않다면, **순중량**으로 [즉, 포장중량을 제외한 물품의 순중량] 물품대금을 결정한다. **제56조**는 당사자 의사나 관행 또는 관습이 없는 경우에 적용되는 해석원칙이라 할 수 있다.

■ SUMMARY [*Article 56*]
Article 56 provides that, if the parties fix the price according to the weight of the goods, and it is unclear whether they intended to refer to gross weight or net eight, it is net weight the weight remaining after subtracting the weight of the packaging that governs the price. This is a rule of interpretation applied in the absence of contractual stipulations, usages or practices established between the parties on the matter.

057. 대금지급의 장소

Art. 57

(1) If the buyer is not bound to pay the price at any other particular place, he must pay it to the seller:

(a) at the seller's place of business; or

(b) if the payment is to be made against the handing over of the goods or of documents, at the place where the handing over takes place.

(2) The seller must bear any increase in the expenses incidental to payment which is caused by a change in his place of business subsequent to the conclusion of the contract.

제57조

(1) 매수인이 다른 특정한 장소에서 대금을 지급하여야 할 의무가 없는 경우에 매수인은 다음과 같은 장소에서 매도인에게 이를 지급하여야 한다.

(a) 매도인의 영업소

(b) 대금이 물품 또는 서류의 인도와 상환으로 지급되어야 하는 경우 그 인도가 행하여지는 장소

(2) 매도인은 계약체결 후에 자신의 영업소를 변경함으로써 발생하는 대금지급에 대한 부수비용의 증가액을 부담하여야 한다.

[631] 제57조 (1)은 대금지급장소를 규정하고 있다. 본조에 의하면, 당사자가 달리 합의한 바가 없다면, 물품대금은 매도인의 영업소에서 지급되어야 하고, 당사자가 물품의 인도 또는 서류의 교부 시에 대금을 지급하기로 합의한 경우에는 물품 또는 서류가 인도되는 당해 장소에서 대금이 지급되어야 한다.

[632] 한편, 계약체결 후에, 매도인의 영업소가 변경될 수 있다. 본조 (1)의 (a)에 의하면, 매도인의 영업소는 대금지급장소가 되므로, 본조 (2)에서는 이러한 경우에 매도인의 영업소가 변경되어 발생한 대금지급에 관한 추가비용은 마땅히 매도인이 부담하도록 하고 있다.

1. 대금지급 장소의 결정

[633] "의무이행지에 관할권이 있다"는 법률체계를 보유한 국가에서, 본조 (1)은 매우 중요한 법적 기능을 감당한다. 예컨대, 유럽연합[EU]이 여기에 해당한다. EU 회원국에게 구속력이 있으며, 민사·상사에 관한 관할권과 판결집행의 권한에 관하여 다루고 있는, 소위 브뤼셀협약

(Brussels Convention : 1968)에서는, 원고로 하여금 의무이행지의 법원에서 계약에 관한 소송을 제기할 수 있도록 허용하고 있다[제5.1조].[272] 본조항은 **유럽자유무역연맹**(EFTA) 국가에 구속력을 가지는 **루가노협약**(Lugano Convention : 1988)에도 포함되어 있다[제5조].[273] 이상의 **브뤼셀협약**과 **루가노협약**에 따라, CISG에서도 매도인은 자신의 영업소가 소재한 지역에 관할권을 갖고 있는 법원에서, 계약위반의 당사자로서 매수인을 상대로 소송을 제기할 수 있도록 허용하고 있다.

2. 매도인 영업지의 변경

[634] 본조 (2)에서는, 계약체결 이후에 매도인의 영업지 변경으로 인하여 발생한 대금지급에 부수하는 비용은 응당 매도인이 부담하여야 한다고 규정하고 있다. 이 경우 매수인은 매도인의 새로운 영업지에서 대금지급의무를 이행하여야 한다. 다만, 이때 매도인은 반드시 상당한 기간 내에 영업지의 변경사항을 매수인에게 통지하여야 한다. **제80조**[자신의 귀책사유와 상대방의 불이행]에 의하면, 주소지 변경에 관한 통지의 지연으로 인하여 대금지급이 지연되는 경우에 매도인은 매수인의 대금지급의무 불이행을 주장할 수 없다.

■ SUMMARY [*Article 57*]

1. Article 57 (1) defines the place where payment is to be made. Absent a different agreement between the parties, the price is to be paid at the seller's place of business (article 57 (1) (a)) or, if the parties agreed that the price would be payable against the handing over of the goods or of documents, at the place where such handing over takes place (article 57 (1) (b)). Several decisions have determined that the burden of proof of

---

272) Brussels Convention, Art. 5 : "A person domiciled in a Contracting State may, in another Contracting State, be sued: (1) in matters relating to a contract, in the courts for the place of performance of the obligation in question; (2) in matters relating to maintenance, in the courts for the place where the maintenance creditor is domiciled or habitually resident or, if the matter is ancillary to proceedings concerning the status of a person, in the court which, according to its own law, has jurisdiction to entertain those proceedings, unless that jurisdiction is based solely on the nationality of one of the parties."

273) Lugano Convention, Art. 5 : "A person domiciled in a Contracting State may, in another Contracting State, be sued: 1. in matters relating to a contract, in the courts for the place of performance of the obligation in question; in matters relating to individual contracts of employment, this place is that where the employee habitually carries out his work, or if the employee does not habitually carry out his work in any one country, this place shall be the place of business through which he was engaged; 2. in matters relating to maintenance, in the courts for the place where the maintenance creditor is domiciled or habitually resident or, if the matter is ancillary to proceedings concerning the status of a person, in the court which, according to its own law, has jurisdiction to entertain those proceedings, unless that jurisdiction is based solely on the nationality of one of the parties."

payment of the price rests on the buyer.

2. After the conclusion of the contract, the seller might change its place of business, which under article 57 (1) (a) may be the place for payment. In that case, article 57 (2) provides that any increase in the expenses incidental to payment that is caused by the change is to be borne by the seller.

판결례와 평가

- 적용범위 : 신유럽규범에 입각한 재판관할의 판정 (1)
- 출처표시 : 「Oberster Gerichtshof」(Austria), 『1 Ob 205/07i』, 2008.04.03.

1. 논점과 사실관계

① 본 사건은 물품대금의 지급지 판정에 있어, 소위 신유럽규범에 근거한 경우 당해 이행지는 실제로 물품을 인도한 장소여야만 하는가의 문제를 다루고 있는 사례이다.[274] 원고[오스트리아 매도인]는 피고[독일 매수인]에게 바이올린을 매도하였다. 매도인은 매수인을 상대로 대금지불을 청구하는 소송을 오스트리아에서 제기하였다. 매수인은 매매계약에 따라 바이올린을 인수받아 자신이 전매하고 물품대금은 전매의 상황에 따라 분할지급하기로 하였다.

② 그런데, 매수인이 물품대금 지급불능에 처하자 매도인은 제57조와 관련된 EuGVVO(재판관할에 관한 2000년 12월의 '민사 및 상사 소송사건 판결의 승인과 집행에 관한 EU법령', Jurisdiction and the Recognition and Enforcement of Judgments in Civil and Commercial Matters) 제5조[275]에 따라, 본 오스트리

---

274) ① 「Rechtbank van Koophandel, Hasselt」(Belgium), 『A.R: 04/79』, 2004.02.25.
② 「Oestre Landsret (Eastern High Court)」(Denmark), 『B-1145-00』, 2000.12.04.
③ 「Cour de Cassation」(France), 『1101 F-P』, 2001.06.26.
④ 「Oberlandesgericht Düsseldorf」(Germany), 『I-23 U 70/03』, 2004.01.30.
⑤ 「Corte Suprema di Cassazione, Sez.Un.」(Italy), 『7503』, 2004.04.20.
⑥ 「Gerechtshof's Amsterdam」(Netherlands), 『243/1997』, 1997.11.20.
⑦ 「Audiencia Provincial de Navarra」(Spain), 『182/1999』, 1999.07.23.
⑧ 「Schweizerisches Bundesgericht」(Switzerland), 『4C.100/2000/rnd』, 2000.07.11.

275) EuGVVO, Article 5 : "A person domiciled in a Member State may, in another Member State, be sued: 1. (a) in matters relating to a contract, in the courts for the place of performance of the obligation in question; (b) for the purpose of this provision and unless otherwise agreed, the place of performance of the obligation in question shall be: - in the case of the sale of goods, the place in a Member State where, under the contract, the goods were delivered or should have been delivered, - in the case of the provision of services, the place in a Member State where, under the contract, the services were provided or should have been provided, (c) if subparagraph (b) does not apply then

아 법원에 재판관할권이 있다고 주장하였고, 매수인은 매도인의 이 같은 주장에 이의를 제기하였다. 제1심에서는 오스트리아 법원이 재판관할권을 가지려면, EuGVVO 제2조276)에 준하는 외국인이 아니면 안 되고, 또한 EuGVVO 제5조 (1), (b)에 따른 이행지는 매도인의 진술에 따라 물품을 인도한 독일이라고 판단하였다.

③ 항소심은, 제1심 판결을 인정하고, EuGVVO 제5조 (1), (b)에 따라 이미 인도가 완료된 경우에는 그것이 계약에 적합한 형태라면, 계약이행지는 실제로 물품을 인도한 곳이 아니면 안 된다고 하였다. 재판관할에 관해서는, [곧, CISG와 EuGVVO 중 어느 쪽이 우선 적용되어야 하는지에 관해서는] 제57조는 단순히 지급의무에 관해서만 영향을 끼치고 있음에 반하여, EuGVVO 제5조 (1), (b)는 이점에 입각한 내용은 아니고, 단지 지급청구에 대해 EuGVVO 제5조 (1), (b)에 상관없이 이행장소에 관한 명확한 계약합의가 유효한지의 여부만을 논의할 수 있음에 따라, 매도인은 이러한 주장은 할 수 없다고 판시하였다.

2. 판결요지

④ 본건 법원은, 매도인의 상고는 기각하고, 매도인이 청구한 소송비용을 매수인은 지급하여야 한다고 판시하였다. 상고심에서는 매도인의 상고를 인정하는 것이 정당하지 않다고 하였다. 곧, 매도인으로서는 [EuVVO 제5조와 제57조 (1)과 견련성에 기하여] 매도인의 지급요구에 대한 국제

---

subparagraph (a) applies; 2. in matters relating to maintenance, in the courts for the place where the maintenance creditor is domiciled or habitually resident or, if the matter is ancillary to proceedings concerning the status of a person, in the court which, according to its own law, has jurisdiction to entertain those proceedings, unless that jurisdiction is based solely on the nationality of one of the parties; 3. in matters relating to tort, delict or quasi-delict, in the courts for the place where the harmful event occurred or may occur; 4. as regards a civil claim for damages or restitution which is based on an act giving rise to criminal proceedings, in the court seised of those proceedings, to the extent that court has jurisdiction under its own law to entertain civil proceedings; 5. as regards a dispute arising out of the operations of a branch, agency or other establishment, in the courts for the place in which the branch, agency or other establishment is situated; 6. as settlor, trustee or beneficiary of a trust created by the operation of a statute, or by a written instrument, or created orally and evidenced in writing, in the courts of the Member State in which the trust is domiciled; 7. as regards a dispute concerning the payment of remuneration claimed in respect of the salvage of a cargo or freight, in the court under the authority of which the cargo or freight in question: (a) has been arrested to secure such payment, or (b) could have been so arrested, but bail or other security has been given; provided that this provision shall apply only if it is claimed that the defendant has an interest in the cargo or freight or had such an interest at the time of salvage."

276) EuGVVO, Article 2 : "1. Subject to this Regulation, persons domiciled in a Member State shall, whatever their nationality, be sued in the courts of that Member State. 2. Persons who are not nationals of the Member State in which they are domiciled shall be governed by the rules of jurisdiction applicable to nationals of that State."

재판관할의 최초 판결임으로, 이는 그 전례가 없는 일이어서 특별상고를 인정했다는 주문이었다.

⑤ 매도인은 [제57조 (1)에 비추어] 특별히 모순된 합의점이 없는 본건과 같은 경우에 매도인은 오스트리아의 법정에서 물품매매대금의 지급을 청구하여도 무방하며, 이 경우 CISG는 유일한 절차법으로서 통일된 실체법의 지위만을 가진다고 주장하였다. 이점에 대해 법원은, CISG에 입각하여 판단하지 않으면 안 되는 사항까지를 포함하여, 계약의 특수한 사항이 이행되어야만 하고 또는 이행되었어야 할 장소야 말로 절차법상 계약의무의 이행장소임을 고려해야 한다고 판시하였다.

⑥ 참고로, 계약이행이 실제로 이루어진 장소는 법이론상의 선택에 있어서 결정기준이며, 계약의 이행장소는 법정기준이 아니라 당사자 간에 [계약내용에 비추어] 실무적으로 결정할 수 있는 점은 특히 중요한 일이였다. 곧, 계약에 따라 매수인 영업소 소재지에서 물품이 인도된 경우에는 행위지에 기한 재판관할이 발생하며, 이는 CISG에 의한 해결에 있어서도 그 처지는 동일하였다.

⑦ 그러나, EuGVVO 제5조 (1), (b)가 적용되는 경우에 한해, 계약의 이행 의무 전반에 걸쳐 물품인도장소가 결정기준이 되기 때문에, 제57조 (1)은 물품매매대금의 청구에 대해서는 적용되지 않는다. 이에 법원은 원고의 상고에 대해서는 정당한 이유가 없다고 판시하였다.

3. 해설

⑧ 제55조의 물품매매거래 금액의 사정과 함께 주목해야 할 또 하나의 주안점은, 본조상 매수인의 지급의무 이행지와 재판관할을 둘러싼, 소위 신유럽규범에 구속되는 판결례와, CISG의 일반원칙에 입각하여 그 구속을 받지 않는다는 판결례가 병존하고 있다는 사실이다.

⑨ 제57조는 특단의 규정이 없는 한, 매수인의 지급의무 이행지를 매도인 소재지 또는 서면인도지 등으로 두고 있어, 외견상 간단하게 보이는 규정이지만, 본 규정은 재판관할과 준거법 결정에 지대한 영향을 미치고 있으므로, 이로부터 당해 판결의 결과에 끼치는 영향도 크고, 또한 실제로 재판에서 본 사안과 관련하여 다투는 일이 빈번한 상황이다. 또한, 본조는 매도인 소재지의 변경으로 인하여 발생한 비용증가분은 매수인의 부담이 되지만, 달리 채권양도처의 지정에 의한 경우는 배제된다.

⑩ 2000년 12월 이전에 유럽에서는 재판관할에 있어 CISG 체약국 내지 EU 회원국인 경우에

본조에 입각하여 [매수인의 지급의무를 둘러싼 재판관할은] 매도인의 소재지로 한다는 판결이 매우 많았다. 그러나, 이것은 이상의 폐단 때문에 2000년 12월 EuGVVO에 따라, 역내 CISG 체약국 간 재판의 경우에서도 그 수정이 가해졌다. 곧, 최대의 변경사항은 지급의무를 둘러싼 재판관할지가 물품의 인도지 기준으로 변경되어 확립되었다는 점이다.

⑪ CISG는 국제협약으로서 국내법에 우선해서 적용되어야할 법적 지위를 보유하고 있으나, EU에서는 당사자가 별도의 국가에 소재하고 있다고 하더라도, 회원국이라면 당해 국가는 EU의 구성국인 까닭에, EU 관련 조약에 따라 동일국내에서 국내법이 적용되는 것과 동일한 효과를 원칙적으로 적용하는 의무를 가맹국이 지고 있는 상황에서 [EU 법령이 균등하게 적용되어] EU 법령이 CISG에 우선하여 국내법과 같이 적용받게 되는 결과로 귀착되게 된다.

⑫ 또한, EU 법령에는 규정되어 있지 않은 사항으로서, CISG에 규정되어 있는 사항에 관해서는, CISG를 적용하게 된다는 판례도 보인다. 그러나, 당사자의 합의관할이 계약내용에 유효하게 규정되어 있다면, 합의관할지에서의 국제재판도 가능하다는 판례도 있다. 이 경우 물품의 하자에 기한 손해배상금 지급과, 과다지급금의 이행지는 재판이 이루어지는 장소의 준거법에 따라 정해진 소재지가 된다는 해석이 통설이다. 한편, 본조는 **제58조**[대금지급시기]와 같이 병행해서 취급되는 경우도 다수임을 참고한다.

⑬ 본 판결은, 2000년 12월 이후의 신유럽규범을 적용하여 재판관할을 결정한 오스트리아 최고 법원의 판결이다. 요컨대, 본건 판결은 CISG의 표준이라고 할 수 있는 '**지급의무이행지, 매도인 국가, 재판관할지**'라는, **등가공식**(等價公式)은 완전히 배제되고, CISG에 입각해서 판단되지 않으면 안 되는 사항까지 포함하여, 계약의 특징적 사항의 이행이 이루어지고, 또 이루어졌어야 할 장소가 절차법상 시각에서 계약의무의 이행장소임을 고려해야 한다는 시사점을 제공하고 있다. 일괄하면, 본 판결은 국제상거래에 있어 EU 회원국을 대상으로 한 소위 신유럽규범의 위상을 돋보인 전형적 사례라 할 수 있다.

판결례와 평가

- 적용범위 : 신유럽규범에 입각한 재판관할의 판정 (2)
- 출처표시 : 「Oberlandesgericht Köln」(Germany), 『Unknown』, 2005.12.21.

1. 논점과 사실관계

① 본 사건은 독일을 국제재판관할로 한 상관습이 존재하여, 이것을 계약합의의 일부라고 취급하는 경우 [지급의무지 판정에 있어] 신유럽규범에 입각하여 독일 국제재판관할을 확정할 수 있는가에 관한 사례이다. **원고**[독일 매도인]는 스페인 국내에 국한시킨 매매계약상의 지급의무와 관련하여, **피고**[스페인 매수인]을 제소하였다[사실관계의 상세는 비공개이고, 본건은 독일 쾰른 법원에서 원고청구를 국제재판관할권 결여를 이유로 기각하자 피고가 항소한 사건임을 참고한다].

2. 판결요지

② 상급심에서는 제1심의 판결을 인정하고, 원고의 청구에 대해서 [독일의 국제재판관할권이 없다는 이유로] 이를 기각하였다. 본건 법원은 EuGVVO[상게 판정례 참조] 제60조 (1),[277)] 제66조 (1),[278)] 제76조[279)]의 각조에 의해 당사자의 본건 계약체결이 그 이전에 이루어진 계약에도 적용되는 것으로 하였다.

③ 본건에서 법원은, EuGVVO 제23조[280)]에 입각한 당사자 합의에 의한 독일 법정의 국제재판

277) EuGVVO, Article 60 : "1. For the purposes of this Regulation, a company or other legal person or association of natural or legal persons is domiciled at the place where it has its: (a) statutory seat, or (b) central administration, or (c) principal place of business. 2. For the purposes of the United Kingdom and Ireland "statutory seat" means the registered office or, where there is no such office anywhere, the place of incorporation or, where there is no such place anywhere, the place under the law of which the formation took place. 3. In order to determine whether a trust is domiciled in the Member State whose courts are seised of the matter, the court shall apply its rules of private international law."

278) EuGVVO, Article 66 : "1. This Regulation shall apply only to legal proceedings instituted and to documents formally drawn up or registered as authentic instruments after the entry into force thereof. 2. However, if the proceedings in the Member State of origin were instituted before the entry into force of this Regulation, judgments given after that date shall be recognised and enforced in accordance with Chapter III, (a) if the proceedings in the Member State of origin were instituted after the entry into force of the Brussels or the Lugano Convention both in the Member State or origin and in the Member State addressed; (b) in all other cases, if jurisdiction was founded upon rules which accorded with those provided for either in Chapter II or in a convention concluded between the Member State of origin and the Member State addressed which was in force when the proceedings were instituted".

279) EuGVVO, Article 76 : "This Regulation shall enter into force on 1 March 2002. This Regulation is binding in its entirety and directly applicable in the Member States in accordance with the Treaty establishing the European Community."

280) EuGVVO, Article 23 : "1. If the parties, one or more of whom is domiciled in a Member State, have agreed that a court or the courts of a Member State are to have jurisdiction to settle any disputes which have arisen or which may arise in connection with a particular legal relationship, that

관할권은 당사자의 유효한 합의가 없으므로 존재하지 않으며, 나아가 이점에 관해 원고의 반론도 존재하지 않으므로, 본건 판결에서는 이점을 다루지 않았다. 또한, 독일을 [상관습에 입각하여] 합의적 국제재판관할로 하여야 한다는 주장도 이러한 상관습의 존재여부를 매도인이 충분히 증명하지 못했다는 이유에서 이를 배척하였다. 나아가, EuGVVO 제5조 (1), (b)에 의할 경우에도 독일의 국제재판관할은 확정할 수 없다고 설시하였다[앞선 판정례의 전게각주 참조]. 그 취지는 다음과 각 항과 같다.

④ EuGVVO 제5조 (1), (b)에 따르면, EU 회원국은 계약의무가 이행되고 또는 이행되어야 할 다른 회원국에서 피소될 수 있음을 규정하고 있고, 그 지역은 물품이 인도된 장소를 의미한다. 본건 계약에서는 그 장소가 독일이 아닌 스페인에 위치한 영업소라고 특정하고 있는 바, 이에 당해 장소가 인도장소가 된다. 본 장소는 매수인이 물리적인 관리통제권을 갖고 있는 장소임과 동시에 배송처이기도 하다. 또한, 매도인은 제57조 (1)에 입각하여 독일 재판관할권을 주장하고 있으나, CISG를 적용하는 경우 합의된 지급의무이행지가 매도인의 영업소 소재지이여야만 하므로, 이 주장은 이유가 되지 않는다. 왜냐하면, 합의된 계약의무이행지가 당해 합의가 없는 경우에 적용되는 법령과 상이할 때에는, 단순히 합의가 존재하고 있다는 사실로부터 실제의 의무이행지도 합의된 대로 되지 않으면 아니 되기 때문이다.

⑤ 본건에서는 당사자의 명시적인 배제가 없기 때문에 묵시적으로 CISG 가 적용될 수 있다. 따라서, 사법적인 별단의 법규범의 존재도 인정되지 않으며, 또한 실제로 행해진 계약의무 이행의 실제행위도 이러한 법규범은 인정되지 않는다. 한편, 계약체결이 EuGVVO의 시행시기보다 빠르다고 해서 본 제5조를 적용할 수 없고, 이에 제57조 (1)에 따라야 한다는 매도인의 주장 역시 인정할 수 없다. 이를테면, 합의가 단순히 이행장소를 정하기 위한 법적 인도장소의 합의

---

court or those courts shall have jurisdiction. Such jurisdiction shall be exclusive unless the parties have agreed otherwise. Such an agreement conferring jurisdiction shall be either: (a) in writing or evidenced in writing; or (b) in a form which accords with practices which the parties have established between themselves; or (c) in international trade or commerce, in a form which accords with a usage of which the parties are or ought to have been aware and which in such trade or commerce is widely known to, and regularly observed by, parties to contracts of the type involved in the particular trade or commerce concerned. 2. Any communication by electronic means which provides a durable record of the agreement shall be equivalent to 'writing'. 3. Where such an agreement is concluded by parties, none of whom is domiciled in a Member State, the courts of other Member States shall have no jurisdiction over their disputes unless the court or courts chosen have declined jurisdiction. 4. The court or courts of a Member State on which a trust instrument has conferred jurisdiction shall have exclusive jurisdiction in any proceedings brought against a settlor, trustee or beneficiary, if relations between these persons or their rights or obligations under the trust are involved. 5. Agreements or provisions of a trust instrument conferring jurisdiction shall have no legal force if they are contrary to Articles 13, 17 or 21, or if the courts whose jurisdiction they purport to exclude have exclusive jurisdiction by virtue of Article 22."

라면, EuGVVO 제23조 규정의 형식요건을 충족시켜야만 하며, 달리 추상적인 합의는 형식요건을 충족시킬 수 없다. 또한, 매도인이 CISG를 포함한 독일법을 선택한다는 것이 계약당사자의 자유에 있다는 주장 역시 같은 이유로 인정할 수 없다. 나아가, EuGVVO 제5조 (1), (b)에 비추어, 실제의 인도장소는 독일이 아닌 계약이행지의 원칙이 적용되고 있다는 점과 물품의 보관비용은 매도인의 부담인 점 등으로 미루어 인도장소는 물품이 설치되는 스페인에 있음을 인정할 수 있다.

3. 해설

⑥ 본 판결도 앞선 판정례와 마찬가지로 2000년 12월 이후 신유럽규범을 적용하여 재판관할을 결정한 판결이다. 본건 판결로부터의 유의점은 합의관할이 계약상 유효하게 인정되고 있는 경우에 EuGVVO 제23조에 의해 독일의 재판소에 국제재판관할권이 존재할 수 있음다는 사실이다.

판결례와 평가

- 적용범위 : 신유럽규범이 적용되지 않는 재판관할의 판정
- 출처표시 : 「Handelsgericht des Kantons Aargau」(Switzerland), 『Unknown』, 2007.06.19.

1. 논점과 사실관계

① 본 사건은 신유럽규범이 적용되지 않는 **원고**[스위스 매도인]가 **피고**[독일 매수인]를 제소한 경우 스위스 국제재판관할권이 인정되는지 여부를 다루고 있는 사례이다. 매도인은 터널건설용 기계를 전문으로 취급하는 서비스업자로서 광산개발용 기자재 등을 판매하는 독일 매수인에게 스위스 국유철도의 중고 레일과 레일 결합용 조인트를 계약의 목적물로 매매계약을 체결하였다.

② 본건 매매계약에 의하면, 매도인이 수송비를 부담하고, 매수인은 관세 및 이와 관련한 그 밖의 부대비용을 부담하기로 되어 있었다. 이후 매도인에 의해 선정된 운송인이 계약의 내용대로 두 차례에 나누어 이들 물품을 독일에 반입하고, 매수인은 이를 수령했으나 운송인이 매수인에게 추가 청구한 운송비 관련 부가가치세의 지급을 거절하였다.

③ 본건과는 별도로 매수인은 추가로 레일과 조인트 등을 발주하였다. 그런데, 이전의 비용이 미지급된 상태였으므로 매도인은 이들 추가 발주분을 납품하지 않기로 하였다. 이후 매도인의

지급독촉에 대응한 매수인은 당해 지급을 미루고 있다가, 추후 물품대금의 지급연기를 제의하였으나 매도인은 이를 거절하였다. 이에 매도인은 물품대금 및 이에 상당한 지체상금과 소송비용의 배상을 청구하고자 매수인을 스위스 법원에 제소하였다.

2. 판결요지

④ 법원은 매도인의 주장을 인정하고, 매수인에게 물품대금, 지체상금 및 이자, 소송비용을 지급할 것을 주문하였다. 한편, 법원은 CISG의 적용과 재판관할에 관해서는 국제조약이 우선되지 않는 한, [저촉법에 관하여] 스위스 국내법을 적용하여 스위스가 체약국으로 있는 루가노 조약을 본건에 적용하였다.

⑤ 본건에서 특정의 재판관할에 관한 명시적인 합의는 존재하지 않고, 다만 당해 법적 의무의 이행에 관하여 재판관할이 존재하는 국가에서의 재판이 유효하다고만 규정하고 있어, 법원은 본건 계약의무의 이행지와 관련, 독일과 스위스 모두 CISG 체약국이므로 이에 저촉법으로서 CISG를 적용하였다.

⑥ 법원은 매도인의 청구권은 별도의 제한은 없으며, 또한 매수인이 인도를 행하는 장소에서 그 지급을 행하여야 한다고 판시하였다. 곧, 매수인 지급의무의 이행장소는 매도인의 영업소 소재지에서 행하여야 한다고 판시하였다. 한편, 매수인은 계약불이행에 대한 반론을 기한 내에 제기하지 않았기 때문에 법원은 이를 인정하지 않았다.

⑦ 매도인의 물품대금청구는 매수인의 청약과 매도인의 승낙에 의해 유효하게 성립되었다고 보아 이는 정당하며, 또한 CISG는 본건 계약이 국내법에 입각해서 무효가 될 수 있는 여지가 없음에 따라 매도인의 청구를 인정하였다.

⑧ 법원은, 본건은 매도인이 물품을 독일에서 매수인에게 인도한 경우 매도인은 세금 또는 관세를 부담하지 않는다는 계약조건을 포함하고 있었기 때문에, 매수인이 이를 부담할 의무가 있었지만 매수인은 이를 이행하지 않았다. 또한, 매도인은 제31조[물품인도장소]의 의무를 다했기 때문에 매수인은 제53조[매수인 의무의 총괄]에 입각하여 물품대금을 지급할 의무가 있다. 나아가, 매수인은 물품대금 지급연기를 요청하였으므로 매도인에게 당해 물품대금을 지급할 의무를 인정하고 있음을 명확히 하였다.

⑨ 매도인은 자신이 운송인에게 매수인을 대신하여 기 지급한 부가가치세 상당금액의 지급을

국왕(國王)의 권리(權利)와 인민(人民)의 권리가 경합(競合)하는 경우에는 국왕의 권리를 우선(優先)시켜야 한다.

매수인에게 요구하고 있는 바, 매도인의 이 같은 주장은 인정할 수 있다. 왜냐하면, CISG는 주된 권리·의무의 이행뿐만 아니라 그 밖의 권리·의무도 규율하고 있기 때문이다. 본건 계약에서 매수인은 부가가치세를 지급할 당연한 의무를 부담하고 있음에도 불구하고, 매수인은 이를 이행하지 않았다. 이에 매도인은 **제74조**[손해액 산정의 일반원칙]과 **제61조**[매도인 구제권의 총괄] (1), (b)에 의거 손해배상을 청구할 권리가 있다.

3. 해설

⑩ 본 사건은 신유럽규범이 적용되지 않은 **스위스**[CISG의 체약국이지만 EU의 회원국은 아님]의 매도인이 제57조의 적용에 따라, 스위스 국제재판관할권을 행사해 승소한 사건이다. EU 비회원국으로서 당연한 판결례이지만, 신유럽규범이 적용되지 않은 경우 CISG의 지급의무이행지는 매도인 국가가 되며, 동시에 재판관할지라는 등가공식이 그대로 적용된 판결례로 취급할 수 있다.

판결례와 평가

- 적용범위 : 물품대금 지급지와 관할권
- 출처표시 : 「Corte Suprema di Cassazione, Sez. Un.」(Italy), 『7759』, 1998.08.07.

1. 논점과 사실관계

① 본 사건은 재판관할권과 물품대금의 지급지 결정에 관한 법적 기준을 다루고 있는 사례이다.[281)] **원고**[이탈리아 매도인]는 **피고**[오스트리아 매수인]에게 여성용 스타킹을 판매하였다. 매도인은 매수인이 물품대금을 지급하지 않았다는 사유를 들어 이탈리아 법원에 소송을 제기하였다. 이에 피고는 자신의 영업소가 오스트리아에 위치하고 있다는 이유로 이탈리아 법원에 관할권이 없다고 주장하였다.

---

281) ① 「Oberster Gerichtshof」(Austria), 『3 Ob 221/04b』, 2005.01.26.
② 「Hof van Beroep, Gent」(Belgium), 『Unknown』, 2002.05.15.
③ 「Cour de Cassation」(France), 『1101 F-P』, 2001.06.26.
④ 「Bundesgerichtshof」(Germany), 『VIII ZR 163/01』, 2002.10.02.
⑤ 「Corte Suprema di Cassazione, Sez.Un.」(Italy), 『7503』, 2004.04.20.
⑥ 「Schweizerisches Bundesgericht」(Switzerland), 『4C.100/2000/rnd』, 2000.07.11.

② 소송 전에 매도인은, 이미 양국 모두 CISG를 비준하고 있어, 이에 제57조를 통해 이 문제를 해결할 수 있을 것으로 판단하였다[참고로, 본조 (1)에 의하면, 매수인이 특정한 장소에서 대금을 지급하여야 한다는 규정이 없으면, 매도인의 영업지에서 그 대금을 지급하여야 한다. 물품이나 서류의 인도와 상환하여 대금을 지급하여야 하는 경우에는 그 인도장소에서 지급하여야 한다고 규정하고 있다].

③ 법원은, 양당사자의 계약에는 별단의 규칙의 적용에 관하여 합의하지 않고 있는 까닭에, 제57조를 본 사건에 적용할 수 있다. 따라서, 매수인은 매도인의 영업지에서 대금을 지급하여야 하며, 재판관할지 또한 이탈리아가 된다고 판시하였다. 아울러, [재판관할지 지정에 관한 근거로서] 이탈리아의 국내법상 이탈리아 국경 내에서 당사자의 의무가 이행되는 경우 이탈리아 법원에 당사자를 대상으로 소송을 제기할 수 있다는 규정을 예시하고, 이에 제57조를 연계하여 이탈리아 법원에 관할권이 있는 것으로 최종 판시하였다.

058. 대금지급의 시기

Art. 58

(1) If the buyer is not bound to pay the price at any other specific time, he must pay it when the seller places either the goods or documents controlling their disposition at the buyer's disposal in accordance with the contract and this Convention. The seller may make such payment a condition for handing over the goods or documents.

(2) If the contract involves carriage of the goods, the seller may dispatch the goods on terms whereby the goods, or documents controlling their disposition, will not be handed over to the buyer except against payment of the price.

(3) The buyer is not bound to pay the price until he has had an opportunity to examine the goods, unless the procedures for delivery or payment agreed upon by the parties are inconsistent with his having such an opportunity.

제58조

(1) 매수인이 다른 어떤 특정한 시기에 대금을 지급하여야 할 의무가 없는 경우에 매수인은 매도인이 계약과 본 협약에 따라 물품 또는 그 처분을 지배하는 서류를 매수인의 처분하에 두는 때에 대금을 지급하여야 한다. 매도인은 그 지급을 물품 또는 서류의 인도를 위한 조건으로 할 수 있다.

(2) 계약이 물품의 운송을 포함하는 경우 매도인은 대금의 지급과 상환으로 물품 또는 그 처분을 지배하는 서류를 매수인에게 인도한다는 것을 조건으로 물품을 발송할 수 있다.

(3) 매수인은 물품을 검사할 기회를 가질 때까지는 대금을 지급할 의무가 없다. 다만, 당사자 간에 합의된 인도 또는 지급절차가 매수인이 검사기회를 가지는 것과 양립하지 아니하는 경우에는 그러하지 아니하다.

[635] **제58조**는 그 어떠한 특정한 시기에 물품대금을 지급하여야 할 의무가 없는 경우 매수인의 대금지급의 시기를 규정하고 있다. 아울러, 본조는 물품대금지급을 요구할 수 있는 시기를 결정하고 있음과 동시에, **제78조**[연체된 금액의 이자]에 언급된 이자의 누적의 시기 또한 다루고 있다.

1. 물품 또는 서류의 인도와 동시에 대금의 지급

[636] 본조 (1)에서는 물품인도와 대금지급이 동시에 이루어져야 한다는, 소위 **'동시이행의 원칙'**

(the principle of simultaneous performance)[282]을 규정하고 있다. 이 경우 매도인이 물품 또는 물품의 처분권을 지배하는 서류를 매수인의 임의처분하에 두었을 때, 매수인은 당해 물품대금을 지급하여야 한다. 본조 (1)의 제2문에서 언급하고 있는 바와 같이, 만약 매수인이 대금을 지급하지 아니하면, 매도인은 물품 또는 물품의 처분권을 지배하는 서류를 매수인에게 교부하는 것을 거절할 수 있다. 따라서, 이러한 경우에 매도인은 물품[또는 물품의 처분권을 지배하는 서류]을 유보할 권리를 보유한다.

[637] 본조 (1)의 원칙은 역(逆)으로의 적용이 가능하다. 곧, [달리 합의하고 있지 않는 한] 물품 또는 물품의 처분권을 지배하는 서류가 이전되기 전이라면, 매수인은 물품대금을 지급할 의무가 없다. 본조 (3)은 매수인에게 물품의 대금을 지급하기 전에, 물품을 검사할 수 있는 '보완적 권리'를 부여하고 있다. 그럼에도 불구하고, 당해 인도 또는 지급방법과 관련되어 있는 계약의 내용은 이러한 권리와 다름없이 일치하여야 한다.

[638] '계약의 내용', '국제상관습', '당사자 간에 확립되어 있는 관례'는 공히 물품이전과 대금지급이 동시에 이루어져야 한다는, 소위 '동시이행의 원칙'을 감퇴시킬 수 있다. 본조 (1)은 매수인이 별단의 특정한 기간 내에 물품대금을 지급하는 의무가 없는 경우에만 적용되기 때문이다. 실례로, 만약 양당사자가 물품을 주문할 때 30%의 대금을 지급하고, 물품이 선적될 때 및 설치될 때 각각 30%의 대금을 지급하기로 합의한 경우에 나머지 10%의 대금은 설비가 정상적으로 구동될 때에 지급하여야 한다. 이와 같이 양당사자는 동시이행의 원칙을 감퇴시킬 수 있다.

[639] 물품 또는 서류의 이전장소는 계약의 내용에 의하여 정해진다. 계약에 이와 관련된 내용이 없는 경우에는 제31조[물품인도장소]의 적용에 따라야 한다. 한편, 본조 (2)는 운송계약을 수반하고 있는 상황을 포함하고 있다.

---

282) 대금을 지급하면 물품을 인도한다는 매매계약에서는 서로가 대가관계(對價關係)에 있는 채무를 부담하고 있다. 즉, 매수인은 대금을 지급한다는 채무를 부담하고 매도인은 물품을 인도한다는 채무를 부담하는 것이다. 따라서, 매도인의 입장에서 본다면, 물품의 인도는 대금의 지급이 있을 때까지 거절할 수 있고, 매수인의 경우 대금의 지급은 물품의 인도가 있을 때까지 이를 거절할 수 있다. 이와 같이 거절할 수 있는 권리를 '동시이행의 항변권'이라고 한다. '동시이행의 항변권'은 공평의 원칙에 기하여 인정되는 것이므로, 두 채무가 1개의 쌍무계약에 기한 것이 아니더라도, 1개의 법률요건에 기하여 발생한 것이고, 양자를 동시에 이행하게 하는 것이 공평한 경우에 널리 인정되어야 한다. 일반적으로 '동시이행의 항변권'을 행사하려면, 다음의 요건이 요구된다. I) 서로 대가적 의미를 가지는 채무가 존재하여야 한다. ii) 상대방의 채무가 이행기에 있어야 한다. 먼저 이행할 의무가 있을 때는 항변권이 발생하지 않는다. iii) 상대방이 자기 채무의 이행이나 이행의 제공을 하지 않고 이행을 청구할 때이다. 한 번이라도 제공하면, 항변권이 영구히 소멸할 것인가의 여부는 의문이지만, 소멸하지 않는다는 것이 판례의 입장이다. 그 효력은, I) 항변권이 있는 한, 채무의 이행을 거절할 수 있으며, 거절을 해도 채무불이행이 되지 않는다. ii) 소송을 하면, 상대방의 급부[대금지급(代金支給)]와 상환하여 급부하라는 제한승소판결을 받을 수 있다.

[640] 본조 (1)은 물품의 인도와 물품의 처분권을 지배하는 서류를 동일하게 취급하고 있다. 그 이유는 양자가 동등한 효력을 가지고 있기 때문이다. 이 경우 문제시 될 수 있는 사안은, **'물품의 처분권을 지배하는 서류'**를 정확하게 정의하는 것이다. 예컨대, **원산지증명서**(certificate of origin, C/O), **품질증명서**, **통관서류** 등은 본조에서 규정하고 있는 **'물품의 처분권을 지배하는 서류'**로 취급할 수 없으므로, 이러한 서류가 인도되지 않았다는 사유로 매수인은 대금지급을 거절할 수 없다.

2. 운송계약을 수반하는 매매계약

[641] 본조 (2)는 제3자가 물품을 운송하는 경우의 매매계약을 규정하고 있다. 본조에 의하면, 매도인은 **"매수인이 대금을 지급하지 않으면, 물품 또는 물품의 처분권을 지배하는 서류를 매수인에게 인도하지 않는다"**는 조건으로 물품을 발송할 수 있다. 당사자 간에 특별한 합의가 없는 경우에 본조 (2)는 매수인이 지급한 **전도금**(advanced payment)을 조건으로, 물품을 운송인에게 이전시킬 수 있는 권리를 매도인에게 부여하지 않고 있다. 그러므로, [달리 합의가 없는 경우에] 운송인이 물품 또는 물품의 처분권을 지배하는 서류를 매수인에게 이전하기 전에, 매수인은 약정된 물품대금을 지급할 필요가 없다.

3. 매수인의 물품에 관한 사전 검사권

[642] 원칙적으로 매수인이 미리 대금을 지급하기로 약정하고 있지 않는 한, 물품검사의 기회가 주어지기 전에, 매수인은 당해 물품대금을 지급할 의무가 없다. 그렇지만, 이 같은 사전검사권은 계약의 내용 또는 물품의 검사와 양립할 수 없는 인도 또는 지급절차를 통해 배제할 수 있다. 예컨대, **서류인도지급조건**(payment against handing over of documents), **인도지급조건**(payment against handing over of the delivery slip) 등이 그 예이다.

■ SUMMARY [*Article 58*]

Article 58 defines the time when the price becomes due in the absence of any particular contractual stipulation on the question. Where it fixes the time at which payment of the price may be demanded, article 58 also determines the point in time at which interest based on article 78 of the Convention starts to accrue, as has been noted in a number of decisions.

판결례와 평가

- 적용범위 : 물품대금 지급지의 판정
- 출처표시 : 「Tribunale di Padova」(Italy), 『Unknown』, 1999.

1. 논점과 사실관계

① **매도인**[이탈리아]과 **매수인**[나이지리아]은 요리설비를 계약의 목적물로 한 매매계약을 체결하였다. 계약체결 이후, 매수인은 대금지급 및 물품인도를 수차례 연기하였다가 최종 보증금을 지급하였다. 이후 매수인은 또 다시 물품대금지급을 거절하였고, 나아가 물품의 수령도 거절하였다. 매도인은 이에 보증금을 유치함과 동시에, 매수인에게 계약해제의 통지를 발송하고 법원에 매수인의 계약불이행에 대한 소송을 제기하여 손해배상을 청구하였다.

2. 판결요지

② 법원은 이탈리아 국내법에 의해 본건 관할권을 확인하였다. 법원은 그 근거로서, 동법에는 1998년의 **'브뤼셀 협약'**을 언급하고 있음과 동시에, **반정**(renvoi)의 원칙에 따라 동 협약에 나이지리아가 체약국이 아니더라도, 동 협약이 적용될 수 있다고 명시하고 있다는 사실, [동 **협약**에 의하면] 당해 계약에 연관되는 의무이행지의 법원은 당해 사건에 대하여 관할권을 가지게 된다고 규정하고 있는 바, 이에 따라 당해 계약의 이행지는 국제사법의 원칙에 의해 결정될 수 있다고 하는 사실 등을 지적하고, 이에 본 사건에는 국제사법의 원칙에 따라 이탈리아의 법률을 적용할 수 있다고 판단하였다. 아울러, 법원은 **제57조**[대금지급장소]를 언급하면서, 본건에서 매도인의 영업소가 이탈리아에 있으므로 이탈리아의 법원이 관할권을 가진다고 추보하였다.

③ 사실관계로서, 제53조 및 제58조에 의하면, 매수인이 대금을 지급하는 것은 물품인도의 전제조건이다. 그리고 매도인이 **제63조**[이행을 위한 추가기간의 지정]에 따라 추가기간을 지정하였음이 입증되었다. 이에 법원은 매수인이 계약을 불이행한 것으로 판단하였다. 본건에서 매도인이 계약을 해제했을 뿐만 아니라 매수인의 보증금도 유치한 사실과 관련하여, 법원은 **제7조**[계약의 해석원칙]를 원용하였다. 곧, 법원은 CISG가 규율하는 문제에 대하여 구체적인 해결방안이 마련되지 않으면, CISG를 기초로 한 일반원칙에 의해 해결되어야 하며, 만약 이러한 원칙이 없는 경우에는 국제사법의 원칙에 따라 적용되는 법에 의해 해결하여야 한다고 설시하였다.

④ 이에 따라, 법원은 당해 계약은 당해 계약과 가장 밀접한 국가의 법률에 규율되며, 본건은 이탈리아가 당해 계약과 가장 밀접한 관계를 가지는 국가인 바, 따라서 이탈리아의 국내법이 적용법이 된다고 판시하였다. 아울러, 법원은 과거에 최고법원이 심리한 이탈리아 판례법에 대하여 언급하였고, 이에 매도인이 보증금을 보류할 권리가 있는 것으로 판결하였다.

059. 대금지급의무와 지급요구의 불필요

Art. 59
The buyer must pay the price on the date fixed by or determinable from the contract and this Convention without the need for any request or compliance with any formality on the part of the seller.

제59조
매수인은 계약 또는 본 협약에서 지정되거나, 확정될 수 있는 기일에 대금을 지급하여야 하며, 이 경우 매도인의 입장에서는 어떠한 요구를 하거나, 어떠한 절차를 따를 필요가 없다.

1. 대금지급 이전에 절차의 면제

[643] 제59조에 의하면, 매수인은 그 어떠한 통지 또는 매도인에 의한 그 어떠한 절차를 준수할 필요 없이, 예정대로 대금을 지급하여야 한다. 매수인이 대금지급의 의무를 위반하는 경우에 매도인은 CISG에서 규정하고 있는 모든 구제권을 행사할 수 있으며, 이 경우 대금지급을 요구할 필요가 없다. 그리고 대금을 지불하여야 하는 시기부터 제78조[연체된 금액의 이자]가 적용된다.

2. 기타 화폐로 지불하기 전에 절차의 면제

[644] 본조는 계약의 일방당사자가 상대방에게 요구하고 있는 모든 화폐와 관련된, 그 어떠한 클레임에도 적용될 수 있는 일반원칙[다만, 제7조(계약의 해석원칙) (2)의 범위 내를 그 조건으로 한다]을 제공하고 있다. 이러한 클레임은 '계약해제에 따른 대금지급', '보상금의 지급', '물품관리에 따른 비용의 지급'[제85조(매도인의 물품보존의무), 제86조(매수인의 물품보존의무)] 등이 해당한다.

■ SUMMARY [*Article 59*]

1. Under article 59 the buyer must pay the price as soon as it is becomes due without the need for any notice or compliance with any other formality by the seller. As a result, one decision has noted, if the buyer defaults on its obligation to pay the price the seller can resort to the remedies provided under the Convention, and without prior demand for payment. Furthermore, the interest provided for under article 78 begins to accumulate as soon as the price becomes due.

2. It has been asserted that article 59 embodies a general principle (within the meaning of article 7 (2)) that is valid for any and all monetary claims by one party to a sales contract against the other. Such claims would include those for restitution of the price following avoidance of the contract, for payment of compensation, and for repayment of sums expended for conservation of the goods (see articles 85-86). No decisions have yet addressed this issue.

판결례와 평가

- 적용범위 : 매수인의 대금연체에 기한 매도인의 지급요청의 적정성
- 출처표시 : 「Landgericht Berlin」(Germany), 『103 O 213/02』, 2003.03.21.

1. 논점과 사실관계

① 본 사건은 매수인의 대금연체에 관하여 매도인이 정식적으로 지급요청을 할 권리가 있는지의 여부를 다루고 있는 사례이다.[283] **매도인**[이탈리아]은 **매수인**[독일]과 섬유를 목적물로 매매계약을 체결하였다. 물품이 매수인에게 인도된 이후 매수인은 매도인에게 부적합을 통지하였으며, 아울러 본건 물품의 부적합으로 인한 대금의 감액을 요구하였다.

② 매도인은 물품이 계약에 부적합함을 부인하고, 동시에 매수인의 물품부적합에 관한 통지가 부적절하였다고 주장하였다. 곧, 매수인은 자신의 한 가지 결함만을 언급하였는데, 그럼에도 불구하고 이는 섬유를 염색할 때에만 발견할 수 있는 당해 물품의 잠재적인 고유한 특성이라고 주장하였다.

2. 판결요지

③ 법원은, **제53조**[매수인 의무의 총괄]에 의거, 매도인이 물품대금의 지급을 청구할 수 있는 권리를 인정하였다. 곧, 법원은 **제39조**[부적합의 통지]에 따라, 매수인이 상당한 기간 내에 매도인에

283) ① 「Tribunal de commerce, Namur」(Belgium), 『985/01』, 2002.01.15.
② 「Oberlandesgericht Düsseldorf」(Germany), 『I-6 U 210/03』, 2004.07.22.
③ 「Tribunale di Padova - Sez. Este」(Italy), 『Unknown』, 2004.03.31.
④ 「Obergericht des Kantons Appenzell Ausserrhoden」(Switzerland), 『O1Z 08 1』, 2008.08.18.
⑤ 「Commercial Court of Donetsk Region」(Ukraine), 『44/69』, 2007.04.13.
⑥ 「Supreme Court of the Slovak Republic」(Slovakia), 『6 Obo 120/2007』, 2008.04.03.

게 물품의 부적합에 관한 통지를 하지 않았기 때문에, 이를 인정할 수 없다. 또한 매수인이 제38조[물품검사시기] (1)에서의 최소한의 물품검사의 의무를 준수하지 않았고, 따라서, 매수인이 비록 추후에 물품의 결함을 발견했다고 하더라도, 당해 부적합을 원용할 수는 없다고 판시하였다.

④ 나아가, 당해 섬유가 물품의 특성상 염색하여야 비로소 그 물품의 결함이 발견될 수 있었다고 하더라도 [이와 같은 사실은 물론 매수인이 익히 알고 있었고 또한 모를 수도 없었을 것이라는 사실을 지적하고] 매수인은 자신의 물품검사의무를 이행하기 위하여 무작위로 당해 섬유의 샘플을 취하여 이를 염색했어야 했다. 그리고 매수인이 신속한 선적을 요구했기 때문에, 그 상황에서 가능한 한 최소의 검사기간 내에 또한 매도인이 예견할 수 있는 기간 내에 물품을 검사했어야 했다. 그러므로 물품 인도된 지 7주 후 발송된 통지는 부적절하다고 추보하였다.

⑤ 한편 법원은, 제59조에 의거, 매수인의 대금연체에 관하여 매도인이 정식적으로 지급요청을 할 필요가 없다고 하였다. 아울러, 매수인에게 제78조[지연된 금액의 이자]에 의거, 본 물품대금의 지연에 관한 이자지급 또한 명하였다. 다만, 그 이자율에 관해서는 CISG에 명시적인 규정이 없으므로, 이 경우 채무자인 매수인 소재국의 법률, 즉 독일법에 따라 지급하라고 판시하였다.

판정례 연습

[71] **매수인**[캐나다]은 **매도인**[미국]에게 면화의 주문가능성 여부를 팩스로 송부하였다. 매도인은 본 매수청약을 승낙하면서 가격조건과 선적조건을 명기하여 회신하였다. 그러자 매수인은 자신이 송부한 팩스는 다만 문의에 불과한 것으로 매도인의 승낙조건에 동의하지 않는다고 응답하였다. 이에 매도인은 매수인의 청약은 이미 승낙되었고, 이에 귀사는 본 계약에 구속된다고 회신하였다. 이 경우 계약의 유효성에 관하여 논해 보라.

[72] 매도인과 매수인은 모니터를 계약의 목적물로 매매계약을 체결하였다. 또한, 물품대금은 현금으로 지급하기로 하였다. 그러나, 매매계약에는 대금지급장소에 대한 언급은 없었다. 매수인은 언제 어디서 본건 물품대금을 지급하여야 하는가?

[73] 매도인과 매수인 간에 매매계약이 체결되었다. 계약내용에는 대금지급방법, 대금지급시기, 물품검사에 대한 내용이 없었다. 계약에 의하면, 매도인은 기한 내 물품을 선적하여야 한다. 매도인은 선적 후 대금지급을 요구하였다. 매도인이 대금지급을 받기 위해서는 물품검사는 언제 이루어지는 것이 합당한가?

제2절 인도의 수령

구분 및 내용	
제 4 편 물품의 매매	제25조~제88조
제1장 총 칙	제25조~제29조
제2장 매도인의 의무	제30조~제52조
제3장 매수인의 의무	제53조~제65조
제1절 대금의 지급	제53조~제59조
제2절 인도의 수령	제60조
제60조 매수인의 인도수령의무	
제3절 매수인의 계약위반에 대한 구제	제61조~제65조
제4장 위험의 이전	제66조~제70조
제5장 매도인과 매수인에게 공통적으로 적용되는 규정	제71조~제88조

[645] 제4편[물품의 매매] 제3장[매수인의 의무] 제2절[인도의 수령]은 제60조 하나의 조항만을 포함하고 있다. 본조는 제53조에서 언급된 매수인의 기본적 의무로서, 즉 인도의 수령을 다루고 있다.

[646] 매수인의 물품수령의무와 관련하여, [본절에서는 설명하지 않고 있으나] 매도인의 물품인도의무를 규정하는 조항의 지배를 받고 있다. 따라서, 매도인이 물품을 인도하는 장소와 시기를 규정하고 있는 제31조[물품인도장소]와 제33조[인도시기]는 매수인의 물품수령의무에도 적용될 수 있을 것이다.

■ SUMMARY [*Section II*]

1. The second section ('Taking delivery') of Chapter III of Part III consists of a single provision (article 60) that describes the constituent aspects of the remaining fundamental obligation of the buyer described in Article 53 the obligation to take delivery of the goods.

2. Several aspects of the buyer's obligation to take delivery are not addressed in Section II and instead are controlled by provisions governing the seller's obligation to make delivery. Thus article 31, which regulates the place for seller to make delivery, and article 33, which governs the time for seller to deliver, presumably apply also to the buyer's obligation to take delivery.

060. 매수인의 인도수령의무

Art. 60
The buyer's obligation to take delivery consists:
(a) in doing all the acts which could reasonably be expected of him in order to enable the seller to make delivery; and
(b) in taking over the goods.

제60조
매수인의 인도수령의무는 다음과 같다.
(a) 매도인의 인도를 가능하게 하기 위하여 매수인에게 합리적으로 기대될 수 있는 모든 행위를 하는 것
(b) 물품을 수령하는 것

[647] **제60조**는 매수인의 물품수령의무를 다루고 있다. 본조는 **제53조**[매수인 의무의 총괄]에서 명시하고 있는 매수인의 기본적인 의무 중의 하나이다. 물품의 수령의무는 이하 두 가지의 요건을 포함한다.

1. 협조의 의무

[648] 본조 (a)는 매수인에게 **'협조의 의무'**를 부담하도록 하고 있다. 곧, 매수인은 매도인이 물품을 인도할 수 있도록, 매도인이 매수인에게 합리적으로 기대하고 있는 일체의 모든 행위를 다하여야 한다. 그렇지만, 그 협조의무는 계약내용에 따라 변경할 수 있다. 일례로, 만약 인도장소가 매수인의 영업소인 경우에 매수인은 반드시 매도인이 당해 장소로 진입할 수 있게 협조하여야 하며, 매도인이 설비를 설치하여야 하는 경우에 그러한 목적을 위해 매수인은 적절한 장소를 제공하여야 한다.

2. 매수인이 물품을 수령하는 의무

[649] 본조 (b)에서는 [매수인의 물품수령의무의 두 번째 요건으로서] 매수인은 매도인이 물품을 인도하는 장소에서 물품을 수령하여야 하는 의무를 규정하고 있다. 이 경우 물품의 수령준비는 당사자가 합의한 인도방식에 따른다. 예컨대, 물품인도의무가 매도인의 영업소에서 물품을 매수인의 임의처분하에 두어야 한다면, 매수인은 반드시 직접 또는 자신이 선택한 제3자를 통해

물품을 그 장소로부터 옮겨야 한다.

3. 물품수령을 거절하는 권리

[650] 본조는 매수인이 물품의 수령을 거절하는 경우를 다루지 않고 있다. 그렇지만, CISG의 그 밖의 조항에서는 두 가지의 구체적인 경우를 규정하고 있다. 즉, 제52조 (1)[지정된 시기 이전에의 인도]과 제52조 (2)[계약에서 정해진 수량을 초과하는 인도]이 그것이다. 만약, 매도인이 중대한 계약위반을 행한 경우에 매수인은 당해 물품의 수령을 거절할 수 있다[제25조(중대한 계약위반)]. 이 경우 매수인은 계약해제를 선언하거나[제49조(인도기일 이후의 보완) (1), (a)], 대체품을 요구할 수 있는 권리를 보유한다[제46조(매수인의 이행청구권 (2)]. 또한, 매수인이 제47조[이행을 위한 추가기간의 지정] (1)에 따라 추가기간을 지정하였음에도 불구하고, 매도인이 물품을 인도하지 못한 경우에는 매수인은 계약의 해제를 선언할 수 있다[즉, 물품의 수령을 거절할 수 있다][제49조 (1), (b)].

[651] 그러나, 매도인이 계약을 위반하였으나, 당해 계약위반이 중대하지 않은 경우에는 매수인은 물품을 정히 수령하여야 한다. 만약, 매수인이 물품의 수령을 거절할 의향이 있으면, 그 자신이 합리적인 조치를 취하여 물품을 보관하여야 하며, 심지어는 물품을 보관하기 위한 의도에서라도 물품을 수령하여야 한다. 그러나, 매수인은 그러한 보관으로 인해 발생하는 비용에 관하여 매도인에게 상환청구할 수 있다[제86조(매수인의 물품보존의무)].

■ SUMMARY [*Article 60*]

Article 60 defines the components of the buyer's obligation to take delivery of the goods, one of the two basic obligations of the buyer set forth in article 53. The obligation to take delivery involves the two elements described in the provision.

판결례와 평가

- 적용범위 : 계약의 존재여부와 관행의 유효성
- 출처표시 : 「Audiencia Provincial de Palencia」(Spain), 『Sentencia 00227/2005』, 2005.09.26.

1. 논점과 사실관계

① 본 사건은 매수인의 인도수령을 포함한 성실한 계약의무이행은, 매도인의 중대한 계약위

피고(被告)의 지위(地位)는 [원고(原告)보다] 유리(有利)하다.

반이 행사된 경우 매수인에게 계약해제와 손해배상[대체품 구입비용과의 차액을 포함]을 인정하기 위한 전제조건인가의 여부를 다루고 있는 사례이다.[284)] 피고[미국 매도인]와 원고[스페인 매수인]는 인쇄기를 계약의 목적물로 매매계약을 체결하였다. 본건 인쇄기 설치 후, 인쇄기가 정상적으로 작동하지 않았지만, 매도인은 기존 발전기에 접속된 인쇄기의 수리를 거부하고, 우선 매수인이 다른 전압의 발전기에 접속하도록 요구하였다.

② 그럼에도 불구하고, 이후에도 인쇄기 고장의 원인은 명확하지 않은 채, 매수인은 네덜란드 회사로부터 대체용 인쇄기를 구입하고, 그 인쇄기는 예정대로 구동되었다. 한편, 문제의 본건 인쇄기는 새로운 전기접속으로도 끝내 개선되지 않았다. 이에 매수인은 매도인과의 계약을 해제하고, 물품대금의 은행송금 수수료, 수입부대비용, 기술자의 체류비용, 타사의 인쇄업무 원조비용 그리고 대체용 인쇄기 구입비용과 본건 인쇄기의 계약금액과의 차액에 따른 전매비용을 청구하였다.

③ 제1심은 매수인의 계약해제를 인정하고, 매수인의 주장과 같이 대체물품구입 차액을 제외한 손해배상을 인정하였다. 본건 법원은 시기상조의 대체물품구입을 본건의 판시이유로 하였다.

2. 판결요지

④ 항소법원은 제1심 판결을 파기하고, 매수인에게 계약해제와 대체물품구입을 포함한 일체의 손해배상청구를 인정하였다. [제1심 판결에 대해] 항소법원은, 우선 제25조[중대한 계약위반], 제30조[매도인 의무의 총괄], 제35조[물품의 일치성] (1), (2)에 의거, 매도인이 하자가 있는 인쇄기를 납입한 것과 관련하여, [이것이 중대한 계약위반에 해당하는지의 여부를 판단함에 있어] 본건 인쇄기가 부적절한 장소에 설치되었기 때문에 정상적으로 작동하지 않았다는 매도인의 주장이 입증되지 않았으므로 이를 기각하였다.

⑤ 또한 항소법원은, 제60조에 의거, 매수인의 의무위반이 없음을 언급하고, 이에 매수인이 계약해제를 인정한 것은 정당하다고 하고, 따라서 당사자에게 제81조[원상회복의무]에 따라, 본건 계약의 이행으로부터 수령한 것을 반환하여야 하는 원상회복의무를 명하였다. 또한, 매수인은 제45조[매수인 구제권의 총괄] 및 제74조[손해액 산정의 일반원칙]에 따라, 손해배상청구를 인정하였다.

---

284) ① 「Schiedsgericht der Börse für Landwirtschaftliche Produkte : Wien」(Arbitral Award), 『S2/97』, 1997.12.10.
② 「Bulgarska turgosko-promishlena palata」(Bulgarian Chamber of Commerce and Industry), 『11/1996』, 1998.02.12.

⑥ 법원은, 본건 인쇄기 하자원인이 상세히 밝혀지지 않았던 것은 대체물품구입 시나 그 후나 마찬가지라고 보고, 이에 매수인이 대체물품을 구입한 것은 매도인이 제공한 인쇄기의 결정적 하자가 그 원인이 된 것으로 취급할 수 있으므로, 본건 손해배상액은 대체물품의 구입에 따른 차액에 상당하는 전매가격도 포함되어야 한다고 하고, 이에 매수인이 인쇄업에 종사하고 있는 사정도 참작하여, 본건 대체물품구입은 시의적절하다고 최종 판결하였다.

3. 해설

⑦ 본 판례는, 매수인이 계약상 의무로서 제60조에 규정된 매수인의 인도수령의무를 포함한 계약위반이 행사되지 않았음을 인정하고 있는 한편, 본건 매도인의 중대한 계약위반을 인정하고 있다. 곧, [매수인의 청구대로] 계약해제와 이에 대체물품구입에 따른 그 밖의 발생비용을 포함한 손해배상을 전면적으로 인정한 판결이다.

판결례와 평가

- 적용범위 : 계약의 존재여부와 관행의 유효성
- 출처표시 : 「ICC Court of Arbitration」(Arbitral Award), 『Unknown』, 1997.

1. 논점과 사실관계

① 본 판례는 계약해제의 원인 및 계약이 해제된 후 대체거래로 인하여 발생된 손해에 대한 배상청구권에 관한 것이다. 매도인[중국]은 매수인[스위스]과 몰리브덴 합금에 관한 매매계약을 체결하였다. 이후 매수인은 물품검사기간이 너무 짧았던 이유에서 [매도인이 그 의무를 이행하는 의사가 불분명한 것으로 보아] 매수인은 신용장을 개설하지 않았고, 구제조치의 실시에 대하여도 거절하였다. 이에 매도인은 물품을 전매하여 손실을 입었다는 이유에서 클레임을 제기하였다. 매도인은 몰리브덴 합금의 국제시장가격 하락을 이유로 매수인은 계약의 이행을 거부하였다고 주장하였다.

2. 판정요지

② 중재판정부는 제60조에 따라, 매수인의 물품수령거절을 중대한 계약위반으로 취급하고, 이에 따른 모든 손해배상책임을 부담하여야 한다고 판정하였다. 또한, 운송인은 매도인의 선적요

소송(訴訟)중 어떤 일도 변경(變更)할 수 없다.

청에 관한 증거를 제공하였으나, 매수인은 선적기간이 완료된 때, 아직 물품이 선적되지 않는 것에 관한 증거제시가 없었던 이유에서, 제64조[매도인의 계약해제권]에 의거, 매수인은 계약해제권을 인정하지 않았다. 또한, 매수인의 행위가 [계약내용에 비추어] 물품대금지급 의사가 없었던 것으로 취급할 수 있기에 무리가 없다고 보아, 제74조[손해액 산정의 일반원칙]에 따라, 계약위반으로 인해 발생된 매도인의 손실에 대하여 매수인은 배상하여야 한다고 하고, 나아가 매도인이 상당한 기간 내에 합리적인 조치를 취해 손실을 감소시키지 않았다는 매수인의 주장에 관하여, 제77조[손해경감의무]에 의해 이 주장을 인정하지 않았다. 아울러, 차액에 대한 매도인의 클레임과, 제75조[대체거래와 손해액] 및 제78조[지연된 금액의 이자]에 따라 매도인의 이자청구권을 인정할 수 있다고 최종 판정하였다.

제3절 매수인의 계약위반에 대한 구제

구분 및 내용	
제 4 편 물품의 매매	제25조~제88조
제1장 총 칙	제25조~제29조
제2장 매도인의 의무	제30조~제52조
제3장 매수인의 의무	제53조~제65조
제1절 대금의 지급	제53조~제59조
제2절 인도의 수령	제60조
제3절 매수인의 계약위반에 대한 구제	제61조~제65조
제61조 매도인 구제권의 총괄	
제62조 매도인의 이행청구권	
제63조 이행을 위한 추가기간의 지정	
제64조 매도인의 계약해제권	
제65조 물품명세의 확정권	
제4장 위험의 이전	제66조~제70조
제5장 매도인과 매수인에게 공통적으로 적용되는 규정	제71조~제88조

[652] 제4편[물품의 매매] 제3장[매수인의 의무] 제3절[매수인의 계약위반에 대한 매도인의 구제]은, 매수인이 계약을 위반하는 경우에 매도인이 선택할 수 있는 구제수단을 다루고 있다. 본절 첫 번째 조항, 제61조는 피해를 입은 매도인이 선택할 수 있는 구제수단을 규정하고 있다. 본절 그 밖의 조항에는, 특별구제 또는 구제의 요건을 규정하고 있다. 주요 내용은 제62조[매도인의 이행청구권], 제63조[매수인이 의무를 이행할 수 있기 위해 추가적 이행기간을 지정할 수 있는 매도인의 권리], 제64조[매도인의 계약해제권], 제65조[매수인이 적절한 시간 내에 물품의 사양을 정하지 않는 경우에 매도인이 그 사양을 정할 수 있는 권리] 등이다.

[653] 본절의 주제, 즉 '매수인의 계약위반에 대한 매도인의 구제'는 제4편 제2장[매도인의 의무] 제3절의 '매도인의 계약위반에 대한 구제'[제45조~제52조]와 대칭적 편제를 이루고 있다. 그러므로 '매도인의 구제'를 규정하고 있는 제61조는 '매수인의 구제'를 규정하고 있는 제45조와 밀접한 관계가 있다. 본절 중에서 매수인의 구제와 대칭적 편제를 이루고 있는 조항은, 제62조[매도인이 매수인에게의 의무이행청구권][제46조(매수인의 이행청구권)와 대칭], 제63조[매수인이 의무를 이행할 수 있기 위해 매도인이 추가시간을 지정하는 권리][제47조(이행을 위한 추가기간의 지정)와 대칭], 제63조[매도인의 계약해

특약(特約)없는 경우에 인정되지 않는 사항(事項)도, 특약(特約)이 있으면 인정된다.

제권] [제49조(매수인의 계약해제권)와 대칭] 등이다.

[654] 매수인의 구제방법을 규정하고 있는 조항들과 마찬가지로, 매도인의 구제를 규정하고 있는 각 조항은, 본절 이외의 개별 조항들과 상호 대칭적으로 연관하여 이해하여야 한다. 따라서, 매수인에게 의무이행을 청구할 수 있는 매도인의 권리는 제28조[이행청구와 국내법]에 의한다. 매도인이 매수인의 계약위반으로 인해 입은 손실에 대한 청구권을 가진다고 규정하고 있는 제61조 (1), (b)는 손해의 산정방법을 규정하고 있는 제74조 내지 제76조와 관련되어 있다. 또한, 피해를 입은 매도인의 계약해제권을 인정하고 있는 제49조는 계약해제와 관련된 규정들 중에 하나이며, 그러한 규정들은 제25조[중대한 계약위반의 정의], 제26조[계약해제를 선언함에 대한 통지], 제72조 내지 제73조[특별한 경우에 계약해제를 선언함에 관한 규정], 제75조 및 제76조[계약의 해제 시에 손해의 산정방법], 제3편 계약해제의 효과를 규정하고 있는 제5장[매도인과 매수인에게 공통적으로 적용되는 규정] 제5절[해제의 효과] 등이 있다.

■ SUMMARY [*Section III*]

1. The remedies available to a seller that has suffered a breach of contract by the buyer are addressed in Section III of Chapter III of Part III. The first provision in the section, article 61, catalogues those remedies and authorizes an aggrieved seller to resort to them. The remaining provisions of the section address particular remedies or prerequisites to remedies: the seller's right to require the buyer to perform (article 62), the seller's right to set an additional period for the buyer's performance (article 63), the seller's right to avoid the contract (article 64), and the seller's right to set specifications if the buyer fails to do so in timely fashion (article 65).

2. The subject matter of the current section 'Remedies for breach of contract by the buyer' obviously parallels that of Section III of Chapter II of Part III 'Remedies for breach of contract by the seller' (articles 45-52). Many individual provisions within these sections form matched pairs. Thus article 61, which catalogs the seller's remedies, closely parallels article 45, which catalogs the buyer's remedies. Other provisions in the current section that have analogues in the section on buyer's remedies include article 62, seller's right to require buyer's performance (parallel to article 46); article 63, seller's right to fix an additional period for buyer to perform (parallel to article 47); and article 64, seller right to avoid the contract (parallel to article 49).

3. As was the case with the provisions on buyers' remedies, the articles governing sellers' remedies operate in conjunction with a variety of provisions outside the current section. Thus the seller's right to require performance by the buyer is subject to the rule in article 28 relieving a court from the obligation to order specific performance in circumstances in which it would not do so under its own law. The authorization in article 61 (1) (b) for a seller to claim damages for a buyer's breach operates in connection with (and, indeed, expressly refers to) articles 74-76, which specify how damages are to be measured. Article 49, stating when an aggrieved seller can avoid the contract, is part of a network of provisions that address avoidance, including the definition of fundamental breach (article 25), the requirement of notice of avoidance (article 26), provisions governing avoidance in certain special circumstances (articles 72 and 73), measures of damages available only if the contract has been avoided (articles 75 and 76), and the provisions of Section V of Part III, Chapter V on 'effects of avoidance'.

061. 매도인의 구제권

Art. 61

(1) If the buyer fails to perform any of his obligations under the contract or this Convention, the seller may:

(a) exercise the rights provided in Arts 62 to 65;

(b) claim damages as provided in Arts 74 to 77.

(2) The seller is not deprived of any right he may have to claim damages by exercising his right to other remedies.

(3) No period of grace may be granted to the buyer by a court or arbitral tribunal when the seller resorts to a remedy for breach of contract.

제61조

(1) 매수인이 계약 또는 본 협약상의 의무를 이행하지 아니하는 경우에 매도인은 다음의 권리를 행사할 수 있다.

(a) 제62조 내지 제65조에 규정된 권리

(b) 제74조 내지 제77조의 규정에 따른 손해배상의 청구

(2) 매도인이 손해배상을 청구할 수 있는 권리는 다른 구제를 구하는 권리의 행사로부터 박탈되지 아니한다.

(3) 매도인이 계약위반에 대한 구제를 구하는 경우에 법원 또는 중재판정부는 매수인에게 유예기간을 허여할 수 없다.

[655] 제61조는 매수인의 계약위반에 관하여 매도인이 선택할 수 있는 통상의 구제방법을 다루고 있다. 본조 (1), (a)에서 매도인은, "제62조 내지 제65조에 규정된 권리를 행사할 수 있다"고 규정하고 있으나, 이는 독립적으로 그 조항들에게 법적 효력을 부여하고 있는 규정이라고는 볼 수 없다. 곧, 당해 조항들은 피해를 입은 매도인에게 당해 규정에 의한 권리를 부여하고 있으므로, 본조 (1), (a)가 없다고 하더라도 매도인은 그러한 권리를 행사할 수 있다.

[656] 본조 (1), (b)의 "매도인이 제74조 내지 제77조에 규정되어 있는 손해배상을 청구할 수 있다"는 규정은 매도인에게 손해배상의 청구권에 대한 법적 근거를 제공하고 있다. 곧, 제74조 내지 제77조는 손해의 산정방법만을 규정하고 있는 조항이다. 따라서, 당해 조항을 매도인의 손해배상청구권의 적용규정으로서 원용하기 위해서는, 제74조가 아닌 본조 (1), (b)를 원용하는 것이 보다 정확한 방법일 것이다.

[657] 매수인이 계약 또는 CISG에 따른 그 어떠한 의무를 이행하지 않는 것은, 본조 (1)에 비추어 매도인이 당해 구제를 행사할 수 있는 유일한 요건이다. 따라서, 피해를 입은 매도인이 행할 수 있는 구제는 매도인이 매수인의 계약위반을 증명하는 요구를 그 조건으로 하지 아니한다.

[658] 본조 (1)은 피해를 입은 매도인의 구제만을 다루고 있다. 매도인은 매수인의 계약위반으로 인해 피해를 입는 경우에 본조에 언급된 구제 이외 그 밖의 구제를 행사할 수 있다. 그러한 구제의 실질적인 내용은, 제71조[이행정지], 제72조[이행기전의 계약해제], 제73조[분할이행계약의 해제], 제78조[연체된 금액의 이자], 제88조[물품의 매각] 등에서 규정하고 있다.

[659] 본조 (3)에 의하면, 법원이나 중재판정부는 매수인에게 의무를 이행할 수 있는 유예기간을 허여할 수 없다. 이 경우 오직 매도인만이 매수인에게 그 유예기간을 부여할 수 있다.

■ SUMMARY [*Article 61*]

1. Article 61 (1) describes in general terms the various remedies available to the seller when the buyer does not perform one of its obligations. In stating that the seller may 'exercise the rights provided in articles 62 to 65', article 61 (1) (a) merely refers to these provisions without independently giving them legal force: each of the referenced provisions itself authorizes an aggrieved seller to exercise the rights described therein, so that those rights would be available to the seller even absent the reference in article 61 (1) (a). On the other hand, in providing that the seller may 'claim damages as provided in articles 74 to 77', article 61 (1) (b) provides the legal basis for the seller's right to claim such compensation; articles 74 to 77 merely specify the way in which damages, once they are found to be awardable, are to be measured. It is thus correct to cite article 61 (1) (b) as the source of a seller's right to claim damages, as a number of court and arbitrational decisions have done, and not to refer merely to, e.g., article 74 of the Convention.

2. Failure on the part of the buyer to perform any one of its obligations is the only prerequisite for recourse to the remedies referred to in article 61 (1). Thus, as one decision stated, an aggrieved seller's recourse to remedies is not subject to a requirement that the seller prove the buyer was at fault.

3. Article 61 (1) mentions only the principal remedies available to an aggrieved seller. Other remedies in addition to those referred to in this provision may be available when a seller suffers a breach by the buyer. These remedies are set out in articles 71, 72, 73, 78 and 88 of the Convention.

4. As reflected in case law, the main difficulty in applying article 61 (1) arises in cases in which the contract of sale imposes on the buyer obligations not provided for by the Convention. As suggested by the heading of the section of the Convention in which article 61 appears (Section III of Part III, Chapter III 'Remedies for breach of contract by the buyer'), failure by the buyer to perform any of its obligations gives the seller recourse to the remedies provided in the Convention, even when the failure relates to a contractual obligation created by an exercise of party autonomy. Thus in these cases there is no need to look to the national law governing the contract in order to determine the seller's remedies, as the approach adopted in several decisions confirms. In one decision, however, the court resorted to national law.

판결례와 평가

- 적용범위 : 매수인의 계약위반에 기한 매도인의 구제수단으로써 계약해제권
- 출처표시 : 「Oberster Gerichtshof」(Austria), 『7 Ob 301/01t』, 2002.01.28.

1. 논점과 사실관계

① 본 사건은 매수인의 계약위반에 기한 매도인의 구제수단으로써 계약해제권을 다루고 있는 사례이다. **매도인**[오스트리아]은 **매수인**[중국]과 양모를 계약의 목적물로 매매계약을 제설하였다. 대금지급조건은 신용장 방식으로 지정되었다. 매도인은 물품을 인도할 때까지 매수인은 물품대금을 지급하지 않았고, 또한 자신이 물품대금지급을 수차례 독촉하여 양모가 전매될 수 있다는 통지를 발송할 때까지도 매수인은 신용장을 개설하지 않았다고 주장하였다. 이에 매도인은 물품을 제3자에게 전매하였고 중재를 신청하여 전매에 따른 차액 및 그 추가비용에 대하여 매수인을 상대로 클레임을 제기하였다.

2. 판정요지

② 당사자는 본건 계약에서 적용법을 지정하지 않았다. 그러나, 중재판정부는 중국과 오스트리아가 모두 CISG의 체약국이므로 CISG를 적용할 수 있다고 판정하였다. 본 사건에 관하여 중재판정부는 매수인은 신용장을 개설하여야 할 의무가 있으며, 이는 매도인의 이행을 조건으로 하지 아니한다고 하고, 매도인이 물품을 인도할 수 없다고 하는 사실을 매수인이 증명할 수 없는 경우 매수인은 신용장 개설의무에서 벗어날 수 없다고 판정하였다.

③ 아울러, [계약내용에 비추어] 선적기간이 지정되어 있음에 따라, 매수인은 그 전에 신용장을 개설하여야 한다. 그럼에도 불구하고 매수인은 당해 의무를 이행하지 않았던 바, **제64조**[매도인

의 계약해제권]에 의거, 매수인은 중대한 계약위반을 범하였고, 이에 매도인은 제61조 및 제75조[대체거래와 손해액]에 따라 클레임을 제기할 수 있다고 판정하였다.

④ 한편, 매도인은 전매로 인한 차액의 손실, 이자손실, 추가비용, 창고보관비용 및 그 자신의 기대이익에 대한 손해배상을 청구하였다. 이에 중재판정부는 차액손실은 계약금액과 물품이 실질적으로 전매된 가격과의 차액에 따라 계산되어야 한다고 판정하였다.

⑤ 중재판정부는 매도인이 매수인의 계약위반에 따라 본건 목적물을 전매한 사실과 관련하여, 제64조에 의거, 이를 매도인의 계약해제로 취급하였다. 또한 이 경우는 제77조[손해경감의무]에 따라, 매도인이 당해 물품의 손실을 경감시키기 위해 합리적 조치를 취하여야 하나, 당해 계약위반으로 인한 손실 중 일부분이 매도인이 물품보관의무에 따른 손실을 경감시키지 않아 야기된 것이기 때문에 매도인은 당해 클레임을 제기할 권리가 없다고 추보하였다.

⑥ 한편 중재판정부는, 이자손실 및 추가비용, 창고비용에 관한 클레임은 계약해제 이후 물품이 전매된 날짜까지 계산되어야 하고, 또한 기한부 외국환 거래계약으로 인해 발생한 손실 및 클레임은 당해 매매계약의 기대이익을 목적으로 한 새로운 계약 때문에 야기된 것으로 취급할 수 있는 바, 이 경우 손실은 계약체결 시에 매수인이 예견할 수 있는 또는 예견했어야 한 범위를 초과한 것으로 볼 수 있다고 하였다. 이에 제74조[손해액 산정의 일반원칙]에 의거, 매도인은 이 손실에 대해 클레임을 제기할 수 없다고 최종 판정하였다.

3. 해설

⑦ 중재판정부의 판정으로서, 매수인이 신용장을 개설하여야 할 의무가 있고, 이는 매도인의 이행을 조건으로 하지 아니한다는 것과 매도인이 물품을 인도할 수 없다고 하는 사실을 매수인이 증명할 수 없는 경우에 매수인은 신용장 개설의무에서 벗어날 수 없다고 판정한 사실은 법적용상의 문제가 아니라, 당해 상거래계의 관행과 관습을 고려할 경우에도 마땅한 판정주문이라고 생각된다. 아울러, 선적기간 이전에 당해 신용장을 개설하여야 하는 것도 마찬가지의 경우라고 할 것이다.

⑧ 본건에서 신용장 미개설의 사실은, 매수인의 중대한 계약위반으로 취급하기에 마땅하나, 매도인의 전매로 인한 차액의 손실, 이자손실, 추가비용, 창고보관비용 및 그 자신의 기대이익에 대한 손해배상청구는 인정될 수 있다고 하더라도, 당해 제반 비용의 계산은 계약이 해제되어 물품이 전매된 날짜까지로 한정하여야 하고, 또한 대체거래로 야기된 새로운 계약에서 비

롯된 기대이익은 계약체결 시에 매수인이 예견할 수 있는 또는 예견했어야 한 범위를 초과한 것으로 보아, 이를 인정하지 않은 사실은 본 사건 적용규정[제61조, 제64조, 제74조, 제75조, 제77조 등]에 비추어 합리적이라 판단된다.

062. 매도인의 이행청구권

Art. 62
The seller may require the buyer to pay the price, take delivery or perform his other obligations, unless the seller has resorted to a remedy which is inconsistent with this requirement.

제62조
매도인은 매수인에게 대금의 지급, 인도의 수령 또는 그 밖의 의무의 이행을 청구할 수 있다. 다만, 매도인이 당해 청구와 양립하지 아니하는 구제를 구한 경우에는 그러하지 아니하다.

[660] 제62조는 매도인은 매수인으로 하여금 그 의무의 이행을 청구할 수 있는 권리를 보유하고 있다고 규정하고 있다. 이는 대륙법계에서 보편적으로 인정되는 일련의 구제책이다. 그러나, 보통법에서는 한정된 상황에서만 당해 구제수단[통상적으로 특정이행(specific performance)으로 총칭한다]의 행사를 허용하고 있다. 아울러, 본조는 매수인이 자신의 의무[특히, 물품의 수령의무]를 이행함에 있어 특별한 이익을 가지고 있는 매도인의 구제수단을 다루고 있다.

[661] 본조에서 매수인의 의무이행을 청구하는 권리에 대한 제한은 두 가지가 있다. 그 하나는, 만약 매도인이 이미 자신의 의무의 이행을 청구하는 권리와 양립되지 않는 어느 구제방법을 채택한 경우[예컨대, 제64조에 기하여 계약해제를 선언하거나, 제63조에 의거 의무를 이행함에 있어 추가기간이 주어진 경우], 매도인은 매수인에게 의무의 이행을 청구할 수 있는 권리를 상실한다는 것과, 다른 하나는, 제28조[이행청구와 국내법]와 연관이 있는데, 곧 본조에서 매도인이 매수인에게 의무의 이행을 청구할 권리가 있다고 규정하고 있음에도 불구하고, 법원이 CISG가 규율하지 않는 유사한 계약에 관하여, 자국의 국내법에 의해 특정이행을 주문하지 않는 한, 법원은 매도인을 대신하여 매수인에게 특정이행을 청구할 필요가 없다는 것이다.

■ SUMMARY [*Article 62*]

1. Article 62 entitles the seller to require the buyer to perform its obligations. This remedy is generally recognised in civil law systems, whereas common law systems generally allow for the remedy (often under the designation 'specific performance') only in limited circumstances.

2. Article 62 is a remedy for sellers who have a special interest in performance by the buyer, particularly in performance of the obligation to take delivery of the goods. Examples

추인(追認)은 모두 소급효(遡及效)를 갖는다. 따라서, 사전(事前)에 위임(委任)받은 경우와 동일(同一)하게 취급된다.

of recourse to this remedy where a buyer has refused to take delivery, however, are rare in case law. Cases in which article 62 is invoked as a remedy for the buyer's failure to pay the purchase price, on the other hand, are numerous.

판결례와 평가

- 적용범위 : 매도인의 이행청구권
- 출처표시 : 「Amtsgericht Nordhorn」(Germany), 『3 C 75/94』, 1994.06.14.

1. 논점과 사실관계

① 본 사건은 제62조의 해석과 적용을 다루고 있는 사례이다.[285] **매도인**[이탈리아]과 **매수인**[독일]은 목적물을 신발로 하여 매매계약을 체결하였다. 계약내용에는, **'확정이 아닌 개략의 인도'**(approximate delivery without commitment)라는 제목으로 그 내용에 있어 **'휴가철 전, 늦지 않게'**(before holidays, not later)라고 수기로 된 문언이 기재되어 있었다. 이탈리아에서 휴가철 전이라고 함은 통상 8월 전을 의미한다.

② 초도 인도분의 물품이 매수인에게 송부되었다. 매수인은 이에 대한 대금을 지급하였다. 그런데, 두 번째 물품이 인도된 시점에서 매수인은 전언통신으로 계약해제를 선언하였다. 이에 매도인은 매수인이 계약을 해제할 권리가 없다고 주장하면서, 매수인을 상대로 대금전액과 이자를 구하는 소를 제기하였다. 또한, 매도인은 그간의 매매에 관하여, 매수인이 물품의 일부부적합을 통지한 후 유보한 대금의 지급을 구하였다.

③ 매수인은 계약에 인도를 위한 확정기일이 정해져 있고, 매도인이 이를 위반하였으므로 자신은 계약을 해제할 수 있다고 주장하였다. 그간의 매매에 비추어, 매수인은 매도인이 시기에 늦은 부적합의 통지를 다투지 아니하였고, 부적합한 물품반환을 인수하였다고 주장하였다. 따라서, 본건 물품대금을 청구하는 것은 신의칙에 반한다고 주장하였다.

---

285) ① 「Chamber of Commerce of Arbitration」(Hungary), 『Vb/97142』, 1999.05.25.
② 「Hof van Beroep, Gent」(Belgium), 『1997/AR/384』, 2009.03.19.
③ 「Shanghai First Intermediate Court」(China), 『Unkown』, 2006.04.03.
④ 「Oberlandesgericht Köln」(Germany), 『16 U 17/05』, 2009.03.12.
⑤ 「District Court Komarno」(Slovakia), 『5 Cb/254/2008』, 2009.01.28.
⑥ 「Foreign Trade Court of Arbitration of the Serbian」(Serbia), 『T-8/08』, 2009.01.28.

2. 판결요지

④ 법원은, 매도인은 제62조에 의거, 대금전액의 지급을 구할 수 있고, 두 번의 물품인도분은 실제로 합의된 기일이 지난 후 인도되었으나, 매수인은 계약을 해제하였을 경우에만 대금을 지급하지 아니할 수 있다고 판시하였다. 또한, 매수인의 계약해제선언은 계약서 이면에 기재되어 있고, 계약에 편입된 것으로 보이는 [매도인의 표준약관에 포함된] 조항에 따라 이루어진 것이 아니라고 하면서, 본조항은 매수인은 매도인에게 계약을 이행하도록 최고한 후에 매도인이 그러한 최고를 받고 계약을 이행함이 없이 15일의 영업일이 도과된 후에만 계약해제를 선언할 수 있다고 규정하고 있음을 지적하였다.

⑤ 아울러, 본 계약서 이면에 인쇄되어 있는 매도인의 보통거래약관의 유효성은 협약의 적용대상이 아니고, 독일 국제사법의 규칙에 의하여 지정되는 준거법인 이탈리아법에 따라 결정되어야 한다고 하면서, 이에 이탈리아법에 의하면 본조항은 유효하며, 매수인이 계약에서 약정한 절차에 따라 계약해제를 선언하지 아니하였으므로, 본건 해제선언은 효력이 없다고 설시하였다.

⑥ 한편, '**휴가철 전, 늦지 않게**'라고 한 것은 명시적으로 규정되지 않았으므로 확정인도기일을 정한 것은 아니고, 당사자는 확정인도기일을 합의하기를 원하지 아니하였다고 할 것이며, 본조항은 그러한 의미에서 명확하지 아니하고, 또한 매수인의 행위에 비추어 보아도 인도기일이 확정기일이 아닌 것으로 보인다고 판단하였다.

⑦ 법원은, 실제로 매수인은 첫 번째 인도분을 인수하였고, 매도인이 통지한 두 번째 인도분의 인도기일에 대하여 이의를 제기하지 아니하였으며, 매도인의 표준약관에 규정된 절차에 따라 매도인에게 15일 내에 계약을 이행할 것을 최고하지 아니하였음을 지적하였다. 아울러, 인도기일 이후에도 매수인은 매도인에게 계약을 해제할 것인지의 의사를 분명하게 표시하지 아니하였기에, [곧, 매수인이 매도인에게 계약해제의 의사를 통지할 수 있었음에도 그러하지 아니하였으므로] 매수인은 계약해제를 선언할 수 없다고 하였다.

⑧ 또한, 매수인은 인도가 이루어진 것을 안 후, 상당기간 내에 본건 계약을 해제하지 아니하였으므로 매수인은 인도지체를 이유로 계약을 해제할 수 없고, 이에 매수인은 매도인에게 물품대금전액을 지급하여야 하며, 이 경우 CISG는 적용되지 않는다고 판시하였다. 나아가, 법원은, [그간의 매매와 관련하여] 매수인이 매도인에게 보낸 3번의 부적합 통지 중 하나만이 유효하며, 이 사건에 있어 매도인은 통지가 인도시점을 기준으로 10일 내에 이루어지지 않았다는 이유로 그 통지가 유효하지 않다고 주장할 수 없다고 하였다.

⑨ 또한 법원은, 본건에서 실제로 매수인은 하자있는 물품을 매도인에게 반송하였고, 이는 유효한 부적합 선언에 해당하며, 당해 유효한 부적합 통지에 대해서는 매수인은 [대금감액을 위하여] 하자있는 물품대금 전부를 유보할 수 있다고 하였다. 한편, 매도인이 표준약관에 규정된 6개월의 제척기간 만료를 주장한 것과 관련, 이는 신의칙에 반하지 아니하므로, 다른 두 부적합에 관한 청구는 인정될 수 없고, 그간의 매매에 관해 매도인은 유효하게 통지된 부적합 청구 이외에 매수인이 유보한 대금지급을 구할 수 있다고 추보하였다.

3. 해설

⑩ 본 사건에 있어서의 참고할 수 있는 논점은 [신의칙과 계약해제의 요건은 별론으로 하더라도] 매도인이 매수인에게 물품대금의 지급, 인도의 수령 또는 그 밖에 그 의무의 이행을 청구할 수 있으나, 매도인이 이러한 청구와 양립하지 아니하는 구제를 구한 경우에는 그러하지 아니하다고 하는 제62조의 해석과 적용에 있다.

⑪ 본건에 기하여, 두 번의 물품인도분은 실제로 합의된 기일이 지난 후 인도되었으나, 매수인은 계약을 해제하였을 경우에만 물품대금을 지급하지 아니할 수 있다는 사실로부터 매도인은 본조에 따라 그 대금전액의 지급을 구할 수 있다는 법원의 판시는 본조의 해석에 기하여 적절하였다고 판단된다.

⑫ 아울러, [본건에서 법원의 판시사항으로서] 계약서의 이면에 기재된 매수인의 계약해제선언의 편입과 매도인의 표준약관에 포함된 조항은 본 판시에는 영향을 미치지 않는다고 하는 점, 그렇지만, 당해 사안은 매수인은 매도인에게 계약을 이행하도록 최고, 곧 통지한 이후에 계약해제를 선언할 수 있다는 점에 주목할 필요가 있다.

⑬ 요컨대, 본 판결은 매수인이 대금감액청구권의 행사로서 하자있는 물품의 대금 전부의 지급을 유보할 수 있는지의 여부에 관하여 적극적으로 판시한 사례로 취급할 수 있다.

063. 이행을 위한 추가기간의 지정

Art. 63

(1) The seller may fix an additional period of time of reasonable length for performance by the buyer of his obligations.

(2) Unless the seller has received notice from the buyer that he will not perform within the period so fixed, the seller may not, during that period, resort to any remedy for breach of contract. However, the seller is not deprived thereby of any right he may have to claim damages for delay in performance.

제63조

(1) 매도인은 매수인의 의무이행을 위하여 상당한 기간의 추가기간을 지정할 수 있다.

(2) 매도인은 매수인으로부터 그 추가기간 내에 이행하지 아니하겠다는 통지를 수령한 경우를 제외하고, 그 기간 중에는 계약위반에 대한 그 어떠한 구제도 구할 수 없다. 다만, 매도인은 이로 인하여 이행지체에 대한 손해배상을 청구할 수 있는 권리를 박탈당하지 아니한다.

[662] 매도인은 매수인으로 하여금 [앞서 본 바와 같이] 그 의무를 이행할 수 있도록 하기 위하여 추가기간을 지정할 수 있다. 이 경우 제63조는 제47조[이행을 위한 추가기간의 지정]와 함께 매수인에게 부여하고 있는 권리와 동등한 권리를 매도인에게 부여하고 있다. 이 두 조항은 그 형식 · 표현 또는 내용이 유사하다.

[663] 본조의 목적은 [제47조와 마찬가지로] 다음과 같은 상황을 명확히 하고자 함에 주안점을 두고 있다. 곧, 매수인이 지정된 기간 내에 자신의 기본적 의무로서 대금지급의무 또는 지정된 기간 내에 물품의 수령의무를 이행하지 않는 경우에 매도인은 본조에 따라 매수인의 의무이행을 위해 추가기간을 지정했으나, 당해 추가기간의 완료 시까지 그 결과가 없으면, 매도인은 계약을 해제할 수 있다. 이 경우 매수인의 의무이행의 지연이 중대한 계약위반임을 입증할 필요는 없다[제64조(매도인의 계약해제권) (1), (b)]. 따라서, 매수인의 의무이행의 지연이 중대한 계약위반에 해당하는지의 여부가 명확하지 않는 경우에 본조의 유용성이 부각된다.

[664] 본조 (1)에서 매도인이 지정하는 기간은 반드시 상당한 기간이어야 한다. 아울러, 본조 (2)에 의하면, 매도인은 지정한 추가기간 내에 [매도인이 매수인의 지연으로 인한 손해배상청구권을 보유하고 있음에도 불구하고] 매수인의 계약위반에 관하여 그 어떠한 구제도 행사할 수 없다. 그러나, 매수인이 지정한 기간 내에 그 의무를 이행하지 않겠다는 것을 선언하는 경우에는 본조항의

제한은 적용되지 아니한다. 이 경우 추가기간에 관한 실례로서, 물품대금지급, 신용장 개설 또는 물품수령을 위한 추가기간의 지정 등을 들 수 있다.

■ SUMMARY [*Article 63*]

1. In permitting the seller to fix an additional period of time for the buyer to perform, article 63 grants the seller a right equivalent to that granted to the buyer in article 47: the two provisions are conceived in the same fashion and worded in comparable terms. The principal purpose of article 63, parallel to that of article 47, is to clarify the situation that arises when a buyer has not performed one of his fundamental obligations to pay the price or to take delivery of the good in the required time: if a seller facing this situation fixes an additional period of time, pursuant to article 63, for the buyer to perform, and the additional period elapses without result, the seller is entitled to declare the contract avoided without having to prove that the buyer's delay in performance is a fundamental breach of contract (article 64 (1) (b)). Thus article 63 is especially useful when it is unclear whether the buyer's delay has become a fundamental breach.

2. Article 63 (1) requires that the additional period of time fixed by the seller be of reasonable length. Decisions addressing what constitutes a reasonable length of time are rare. Article 63 (2) specifies that, during the additional period that a seller has fixed he may not resort to remedies for the buyer's breach (although he retains the right to claim damages resulting from the buyer's delay); this limitation does not apply, however, if the buyer declares that he will not perform within the additional period.

판결례와 평가

- 적용범위 : 이행을 위한 추가기간의 지정
- 출처표시 : 「Cour d'Appel de Grenoble, Chambre Commerciale」(France), 『RG 97008146』, 1999.02.04.

1. 논점과 사실관계

① 본건은 매수인이 물품인도에 대한 수령의무를 이행하지 않은 상황에서 수일이 경과한 경우 매도인이 이행을 위한 추가기간을 부여하지 않고 계약을 해제할 수 있는지 여부를 다루고 있는 사례이다.[286] 1996년 5월 매수인[프랑스]은 매도인[스페인]에게 오렌지 과즙을 주문하였다.

286) ① 「Supreme Court of Queensland」(Australia), 『No. 10680 of 1996』, 2000.11.17.

계약상 물품인도는 1996년 5월로부터 12개월에 걸쳐 분할공급하기로 하였다. 당사자는 이후 물품가격인하의 대가로 당초 9월 상순까지 지급하기로 했던 9월분 물품을 8월말까지 지급하기로 합의하였다. 그런데, 매수인이 8월말까지 물품을 수령하지 않은 채, 9월 2일 물품수령을 9월 11일까지 연기하자고 제안하였다.

② 매도인은 9월 3일과 5일 매수인이 8월말까지 물품을 수령하지 않았기 때문에, 보관상의 문제가 발생하여 오렌지 과즙의 보존을 위하여 이를 농축하였고, 그로 인해 당해 오렌지 과즙을 당초 합의한 가격에는 인도할 수 없다고 답변하였다. 이에 매수인은 매도인으로부터 오렌지 과즙을 구입할 수 없게 되었기 때문에, 9월부터 12월에 걸쳐 대체품으로서 오렌지 과즙을 본건 계약상 금액보다 높은 가액에 제3자로부터 구입하겠다고 통지하면서, 이전에 인도받은 물품대금지급을 거절하였다. 이에 당사자 간에 다툼이 발생하였고, 동 사안은 법원에 회부되었다. 제1심은 매도인이 매매대금의 지불을 청구할 수 있다고 판단하였고, 본건은 이에 매수인이 항소한 사안이다.

2. 판결요지

③ 8월말 변경계약에 따라 합의된 바와 같이, 매수인이 매매계약의 목적물인 오렌지 과즙을 수령하지 않았던 것과, 9월 3일에 매도인이 이미 오렌지 과즙을 보유하고 있지 않다고 매수인에게 통지하였던 사실에 관해서는 당사자 간에 다툼이 없다. 한편, 제64조 (1), (a)에서는 계약 또는 CISG에 기초하여 매수인의 의무불이행이 중대한 계약위반에 해당하는 경우 매도인이 계약해제의 의사표시를 하는 것을 인정하고 있다. 물품의 부족, 즉 오렌지 과즙을 제공할 수 없는 것에 관하여 언급한 매도인의 9월 3일자 전언에는 8월말에 매수인이 수령하지 않고 불만을 나타냈던 매도인의 2일 후의 또 다른 메시지와 함께 이를 계약해제의 의사표시로 해석할 수 있다. 다만, 이 같은 매수인의 행동이 중대한 계약위반에 해당하는지 여부를 판단하여야 한다.

④ 이 경우 [본 사안과 관련하여] 제25조[중대한 계약위반]는 중대한 계약위반을 상대방이 그 계약에 기하여 기대할 수 있었던 것을 실질적으로 박탈할 정도의 불이익을 상대방에게 발생시키는 것으로 규정하고 있다. 아울러, 본조에서는 계약을 위반한 당사자가 그러한 결과를 예견하지 못하였고, 동일한 부류의 합리적인 자가 동일한 상황에서 그러한 결과를 예견하지 못하였을 경우에는 이에 해당하지 않는다고 명시하고 있다. 따라서, 불이행되었던 의무가 채권자로서 실질적으로 예견되는 한편, 채무자도 그것을 예견할 수 있었던 경우에는 중대한 계약위반이 발생한다.

② 「Hof van Beroep, Antwerpen」(Belgium), 『2002/AR/2087』, 2006.04.24.
③ 「Corte di Appello di Milano」(Italy), 『Unknown』, 1998.12.11.

⑤ 8월말에 인도하는 것을 수령하지 않았던 것이 중대한 계약위반인지 여부를 결정하기 위해서는 이 시기에 합의되었던 제반 상황을 검토하여야 한다. 우선, 당초 계약상 물품수령은 8월말 이후 예정되었던 것을 고려하는 것이 적절하다. 매도인은 매수인으로부터 가격인하의 요구를 받고, 이에 8월말까지 인도하고 수령하는 것을 제안하고 있다.

⑥ 법원은, 동년 9월 5일 오렌지 과즙의 불안정성 및 8월말 이후 농축해야 할 필요가 있는 것에 관하여 매도인이 언급한 적이 없었음을 고려하지 않을 수 없다. 매수인에 의한 동년 12월까지의 대체거래는 동년도의 오렌지 과즙에 관한 것이었다. 8월말까지 물품수령은 매도인에게 가격인하의 교환조건으로서 제안되었던 것이었다. 따라서, 매수인의 중대한 계약위반으로써 계약을 적법하게 해제하기 위해서는, 매도인은 물품인도를 수령하기 위한 추가기간을 부여하지 않으면 안 되었다. 이를 행하지 않고 계약을 해제하는 것은 다름없이 매도인의 계약위반에 해당한다고 최종 판시하였다.

3. 해설

⑦ 제63조의 추가기간의 지정에 관한 규정은 매수인에 의한 추가기간의 지정에 관한 제47조 [이행을 위한 추가기간의 지정]에 대응하는 규정이다. 본건 매수인이 계약상 이행기까지 그 의무를 이행하지 않은 경우에 매도인은 제63조 (1)에 따라 매수인의 의무이행을 위한 상당한 추가기간을 지정할 수 있다. 나아가, 본조항에 따라, 추가기간을 지정한 경우 그 기한 내에 이행을 하지 않겠다는 취지를 매수인으로부터 통지받은 경우를 제외하고 [본조 (2)에 의거] 그 기간 내에는 계약위반과 관련하여 어떠한 구제도 요구할 수 없다. 다만, 매도인은 이행지체에 관하여 손해배상청구권을 박탈당하지는 않는다.

⑧ 제63조의 취지는 제47조와 같은 경우로서, 매수인이 그 기본적인 의무, 곧 물품대금의 지급의무와 물품의 인도수령의무를 정해진 기한까지 이행하지 않았던 경우 매도인이 계약을 해제하기 위한 조건을 정한 것이다. 이러한 상황에 직면한 매도인은 매수인에게 의무를 이행하기에 상당한 정도의 추가기한을 부여하였음에도, 당해 추가기간 내에 매수인이 의무를 이행하지 않았다면, 제64조 (1), (b)에 따라 매수인에 의한 이행지체가 중대한 계약위반에 해당하는 것을 입증할 필요 없이 계약을 해제할 수 있다.

⑨ 제64조 (1), (b)에 의거, [곧, 중대한 계약위반에 해당하는 것을 입증할 필요 없이 매도인이 계약을 해제할 수 있다는 것은] 매도인이 정한 추가기간 내에 매수인이 대금지급의무 혹은 물품수령의무를 이행하지 아니하거나, 매수인이 추가기간 내에 그 의무를 이행하지 않겠다는 의사표시를 한 경우

에 한정된다. 또한, 본조항에서 대금지급의무는, CISG에 기하여 대금을 지급하여야 할 의무뿐만 아니라 그 지급을 가능하게 하기 위해 계약 또는 법령에 따라서, 필요한 조치를 취하는 것과 같은 절차를 준수하여야 할 의무가 포함된다. 마찬가지로 물품수령의무는 물품수령뿐만 아니라 매도인의 인도를 가능하게 하기 위해 매수인에게 합리적으로 기대할 수 있는 모든 행위가 포함된다.

⑩ 제63조에 의한 추가기간의 지정은 매수인의 이행지체가 중대한 계약위반에 해당하는 지의 여부가 확실치 않는 경우에 특히 중요시 된다. 본건에서는 매도인이 추가기간의 지정 없이 계약해제의 의사표시를 했기 때문에, 법원은 매수인의 의무위반은 중대한 계약위반에 해당한다고는 볼 수 없고, 달리 매도인에 의한 계약해제가 계약위반을 구성한다고 판시하고 있다.

판결례와 평가

- 적용범위 : 매도인의 구제권 및 계약해제권
- 출처표시 : 「Oberlandesgericht Köln」(Germany), 『48 U 244/93』, 2002.02.10.

1. 논점과 사실관계

① 본 사건은 **제61조**[매도인 구제권의 총괄], **제63조, 제64조**[매도인의 계약해제권] 등이 적용된 사례로서, 이상의 조항들과의 연관규정과의 견련성을 밝히고 있는 사례이다. **원고**[독일 매도인]는 **피고**[오스트리아 매수인]에게 천막을 판매하였다. 당사자의 계약에 의하면, 매수인은 물품대금을 분할하여 지급하여야 한다. 그러나, 매수인은 심각한 재정문제 때문에 물품대금지급을 지체하였다.

② 매수인은 오스트리아 회사법에 따라 파산관리를 당하였다. 이에 매도인은 매수인과 그의 관리자에게 소송을 제기하여, [계약내용에 따라] 소유권 유보조항에 의해 자신이 본건 천막의 소유권을 가지고 있다고 주장하면서, 이미 인도된 천막을 반송해 줄 것과 그 손실에 대한 클레임을 제기하였다.

2. 판결요지

③ 법원은, 독일과 오스트리아가 모두 CISG의 체약국이므로 본건에 CISG를 적용하였다. 아울러, 계약에 명시된 소유권 유보약관은 당사자의 진술 또는 행위의 해석, 계약의 형식, 청약의

취(醉)함은 모든 범죄(犯罪)를 유발(誘發)하며, 동시(同時)에 모든 범죄를 노출(露出)시킨다.

기준, 승낙의 시기 및 방법, 계약의 변경과 서면요건 등에 관하여 명시하고 있는 CISG의 관련 규정에 의해 판단되어야 한다고 판시하였다. 한편, CISG는 재산권과 연관이 없기 때문에, 약관의 유효성에 관해서는 관련된 국내법에 의해 판단되어야 한다고 설시하고, 이에 당해 계약에 유관한 국내법에 따를 경우 동 약관은 유효한 것으로 판단하였다.

④ 본건에 기하여 법원은, 매수인이 지정한 관리자가 제25조[중대한 계약위반]에 의거, 중대한 계약위반을 범하였으므로, 매도인은 매도인의 계약해제권에 관한 제64조 및 매도인 구제권의 총괄규정으로서 제61조에 따라 계약을 해제할 수 있는 권리를 보유한다. 매수인에 대해 실시된 재산관리가 매도인의 이익을 침해하였고, 또한 계약에 의해 매도인이 기대하고 있는 바를 실질적으로 박탈하였다. 따라서, 관리자는 그 자체의 지위로서 매수인의 대리인이 된다. 결국, 매도인이 관리자에게 천막의 반송을 요구했으나, 관리자가 이를 거절한 것은 소유권 유보약관에 대한 위반으로서 이 또한 중대한 계약위반을 구성한다고 판시하였다.

⑤ 또한, 법원은 매수인이 매도인에게 이자를 지급하지 않은 것은 관리자보다 먼저 계약을 위반한 것으로 취급할 수 있으나, 매도인은 매수인에게 물품대금을 청구하지 않았을 뿐만 아니라 제63조에 따른 추가이행기간도 지정하지 않은 사실이 인정된다. 따라서, 매수인의 행위를 중대한 계약위반으로 취급할 수 없는 바, 이에 매도인의 계약해제권을 인정할 수 없다고 판시하였다.

3. 해설

⑥ 본 사건에서 주목할 수 있는 논점은, 계약에 유효한 소유권 유보약관이 기재되어 있음에 따라, 물품대금이 완납되기까지 물품의 소유권은 매수인에게 이전되지 아니한다는 사실과, [그렇지만, 매도인의 의무불이행에 기하여] 매수인의 관리인이 매수인의 채무를 일괄하여 변제하는 시점 이후에 매도인은 본건 물품을 회수하고 이에 부수하는 손해배상을 청구할 수 있다고 판시한 사실 등이다. 이로부터 제61조 및 제64조의 적용에 따른 그 법적 의의를 구할 수 있다.

064. 매도인의 계약해제권

Art. 64

(1) The seller may declare the contract avoided:

(a) if the failure by the buyer to perform any of his obligations under the contract or this Convention amounts to a fundamental breach of contract; or

(b) if the buyer does not, within the additional period of time fixed by the seller in accordance with paragraph (1) of Art. 63, perform his obligation to pay the price or take delivery of the goods, or if he declares that he will not do so within the period so fixed;

(2) However, in cases where the buyer has paid the price, the seller loses the right to declare the contract avoided unless he does so:

(a) in respect of late performance by the buyer, before the seller has become aware that performance has been rendered; or

(b) in respect of any breach other than late performance by the buyer, within a reasonable time:

(i) after the seller knew or ought to have known of the breach; or

(ii) after the expiration of any additional period of time fixed by the seller in accordance with paragraph (1) of Art. 63, or after the buyer has declared that he will not perform his obligations within such an additional period.

제64조

(1) 매도인은 다음의 경우에 계약의 해제를 선언할 수 있다.

(a) 계약 또는 본 협약상 매수인의 의무불이행이 중대한 계약위반이 되는 경우

(b) 매수인이 제63조 (1)에 따라 매도인이 지정한 추가기간 내에 물품대금 지급 또는 물품의 인도를 수령할 의무를 이행하지 아니하거나, 매수인이 그 기간 내에 이를 이행하지 아니하겠다고 선언하는 경우

(2) 그러나, 매수인이 대금을 지급한 경우 매도인은 다음의 기간 내에 계약을 해제하지 않는 한, 계약해제권을 상실한다.

(a) 매수인의 이행지체와 관련해서 매도인이 이행이 이루어진 것을 알기 전

(b) 매수인의 이행지체 이외의 위반과 관련해서 다음의 때로부터 상당한 기간 내,

i) 매도인이 그 위반을 알았거나 또는 알 수 있었던 때

ii) 매도인이 제63조 (1)에 따라 지정한 추가기간이 경과한 때 또는 매수인이 그 추가기간 내에 의무를 이행하지 아니하겠다고 선언한 때

판사(判事)의 직(職)은, 이를 매각(賣却)하여서는 안 된다.

[665] 제64조는 매수인이 하나 또는 그 이상의 의무를 위반하는 경우에 매도인이 계약을 해제할 수 있는 상황을 다루고 있다. 본조는 제49조[매수인의 계약해제권]와 유사하다. 곧, 제49조에서는 매도인이 계약상 의무를 위반하는 경우 매수인은 계약을 해제할 수 있다고 규정하고 있다. 한편, 제81조[의무의 소멸과 반환청구] 내지 제84조[이익의 반환]는 계약위반의 효과를 규정하고 있다. 특히, 이 모든 경우에는 공히 매도인이 제26조[계약해제의 통지]의 규정에 따라 계약해제에 관한 '선언'을 하여야 한다.

[666] 본조 (1)은 매도인이 계약해제권을 보유하는 경우를 두 가지로 설명하고 있다. 곧, 매수인이 중대한 계약위반을 한 경우와, 매도인이 제63조[이행을 위한 추가기간의 지정]에 따라, 지정한 추가기간 내에 매수인이 대금지급의무 또는 물품의 수령의무를 이행하지 않는 경우[또는 이러한 의무를 이행하지 않겠다는 것을 선언한 경우]가 이에 해당한다.

[667] 매도인이 본조 (1)에 따라 계약을 해제할 수 있는 첫 번째 경우는, 매수인의 행위가 제25조[중대한 계약위반]에 해당하는 경우이다. 이 경우 매도인은 계약에 의해 자신의 권리로 기대할 수 있었던 것을 실질적으로 박탈당할 정도로 피해를 입어야 한다. 실례로서, 중대한 계약위반에 해당할 수 있는 사안으로는 '대금의 미지급', '물품의 미수령', '계약의무의 불이행' 등이다. 이 경우 유의할 사항으로, 예컨대, '신용장 개설 지연'은 중대한 계약위반으로 취급되지 않는다는 사실이다.

[668] 매도인이 제63조 (1)의 규정에 따라, 지정한 추가기간 내에 매수인이 대금지급의무 또는 물품수령의무를 불이행하거나 또는 매수인이 그 추가기간 내에 그러한 의무를 이행하지 않겠다고 선언하는 경우에 매도인은 본조 (1), (b)에 의하여 계약을 해제할 수 있다.

[669] 매수인의 대금지급의무에는, 매수인이 제54조[대금지급을 위한 조치]에 따라 그러한 목적을 위해 취하여야 하는 조치가 포함된다. 매도인이 제63조에 따라 지정한 추가기간 내에 매수인은 필요한 조치를 취하지 못한 경우에는 마찬가지로 매도인은 본조 (1), (b)에 의하여 계약을 해제할 수 있다.

[670] 계약의 해제를 선언하는 시기와 관련하여, 본조 (2)에서는 매도인이 반드시 어느 기간 내에 계약해제의 권리를 행사하여야 한다고 규정하고 있다. 본조항에 의하면, 매수인이 대금을 지급하지 않으면, 매도인의 계약해제의 권리행사에 그 어떠한 시간적 제한도 없다. 그러나, 일단 대금이 지급되었다면, 매도인은 반드시 지정된 기간 내에 계약해제권을 행사하여야 한다. 매수인의 의무이행이 지연되는 경우 매도인은 매수인이 의무를 이행했음을 알기 전에 계약을

해제하지 않는 한, 당해 계약해제권은 상실된다[본조 (2), (b), i)]. 그 밖의 유형에 해당하는 위반의 경우 매도인이 그러한 계약의 위반을 알았거나 또는 알았어야 하는 때부터 상당한 기간 후 또는 제63조 (1)에 따라 지정된 추가기간이 완료된 후에는[본조 (2), (b), ii)], 매도인의 계약해제권은 상실된다.

SUMMARY [*Article 64*]

Article 64 identifies situations in which the seller may declare the contract avoided because the buyer is in breach of one or more of its obligations. The rules mirror those of article 49 governing the buyer's right to declare the contract avoided for breach by the seller. The effects of avoidance are governed by articles 81 to 84. In all cases, avoidance requires a declaration by the seller as specified in article 26.

판결례와 평가

- 적용범위 : 매도인의 계약해제권
- 출처표시 : 「Federal Court, South Australia District Adelaide」(Australia), 『57 FCR 216』, 1995.04.28.

1. 논점과 사실관계

① 본 사건은 매수인이 회사정리절차 또는 파산에 임했을 경우 이 같은 사실이 중대한 계약위반에 해당하여 매도인이 계약해제를 선언할 수 있는지의 여부를 다루고 있는 사례이다.[287] **매도인**[독일에서 대형텐트 및 옥외텐트를 판매]은 **매수인**[오스트리아에서 그랑프리 등의 이벤트를 실행]에게 텐트의 구조물로서 알루미늄텐트 외형틀, 대형텐트의 커버 부속품 등을 매도하고, 매수인은 그 대금을 분할하여 지급하는 계약을 체결하였다.

② 그러나, 매수인은 심각한 재정상의 곤란에 처해 물품대금의 분할지급을 지연하였다. 이후 매수인은 오스트리아의 회사법에 따라 정리절차에 임했고, 이에 매도인은 매수인 및 매수인의 재산관리인을 상대로 매수인과 관련된 계약에 근거한 소유권 유보조항에 기하여, 본건 텐트의

287) ① 「Cour d'Appel de Grenoble」(France), 『RG 97008146』, 1999.02.04.
② 「Oberlandesgericht Oldenburg」(Germany), 『2 U 54/98』, 1998.09.22.
③ 「Gerechtshof Leeuwarden」(Netherlands), 『0400549』, 2005.08.31.
④ 「U.S. District Court of Illinois」(USA), 『99 C 5153』, 1999.12.07.

소유권 유보를 주장하고, 텐트의 반환과 손해배상을 구하는 소송을 제기하였다.

2. 판결요지

③ 법원은, 계약에 소유권 유보조항이 있는지 여부는 제8조[당사자의 진술 또는 행위의 해석], 제11조[계약의 형식], 제15조[청약의 효력발생시기와 사전 철회] 및 제29조[계약의 변경과 서면요건] 등에 따라 결정해야 할 문제이고, 그 유보조항의 유효성에 관해서는, 제4조[적용사항과 비적용사항] 및 적절한 국내법이 적용되는지 여부를 고려하여야 한다고 하고, 본 계약에서의 소유권 유보조항의 유효성을 다름없이 인정하였다.

④ 본건에서 법원은, 매도인은 매수인이 재산관리인을 지명하였음을 이유로, 제61조[매도인의 구제권] 및 제64조[매도인의 계약해제권]에 따라, 계약해제권을 보유하고 있다고 판단하였다. 그리고 재산관리인의 지명은 제25조[중대한 계약위반]의 사유를 구성한다고 보았다. 즉, 매수인에 대한 정리절차의 개시는 매도인에 의한 계약상 기대이익을 박탈하게 된다고 하고, 또한 재산관리인은 [매수인의 대리인으로서] 매도인으로부터 텐트의 반환을 요구할 수 있는지에 관하여, 이에 재산관리인이 계약상 소유권 유보조항이 있다는 것을 부정하고, 텐트 등의 반환을 거절하는 것은 중대한 계약위반이 된다고 판시하였다.

⑤ 법원은, 재산관리인의 지명에 앞서 매수인의 물품대금 분할지급의 지연으로부터 계약위반의 상태에 있었지만, 매도인은 매수인에게 그 지급을 요구하지 않았고, 또한 제63조[이행을 위한 추가기간의 지정]에 의하면, 매수인에 대한 의무이행에 추가기간이 지정되어 있지 않은 경우 [계약해제를 정당화할 수 있는] 중대한 계약위반을 구성하지 못하는 바, 매도인은 청구서에 필요사항을 기재하였지만, 제26조[계약해제의 통지]상의 계약해제를 유효하게 하는 조건으로서 계약해제의 통지요건을 충족했다고 판시하였다.

⑥ 나아가 법원은, 본 계약에는 유효한 소유권 유보조항이 규정되어 있고, 매도대금의 지급이 완료되었다면, 물품소유권은 매수인에게 이전되었고, 매수인의 채권자가 매수인의 사업 및 채무지급의 재구성을 위한 회사정리안을 승인한 경우에는 이 시점부터 매도인 텐트의 반환을 해야 한다고 주문하였다.

3. 해설

⑦ 일방당사자가 계약해제의 권리를 행사하고자 하는 경우에는 상대방의 계약위반의 결과가

당사자가 예견할 수 있는 합리적인 기대이익의 상실에 해당하지 않아야 하고, 이러한 기대이익의 상실에 해당하는 경우에는 중대한 계약위반을 구성하며, 이에 제49조[매수인의 계약해제권]과 제64조[매도인의 계약해제권]에서 규정하고 있는 권리를 행사할 수 있다.

⑧ 본건은 매수인이 매도인의 재산관리인 지명이 제25조에 비추어 중대한 계약위반을 구성한다고 판시한 사례이다. 더욱이, 매수인의 회사정리절차의 개시는 매도인에게 당해 계약으로부터의 기대권을 박탈하는 것이 되기에 충분하고, 나아가 재산관리인이 매도인에게 계약상 소유권 유보조항을 부정하고, 텐트 등의 반환을 거절했던 것은 중대한 계약위반에 해당한다고 하였다.

⑨ 또한, 매도인은 자신의 의무를 이행하면 매수인이 대금을 지급하는 것을 기대하고 있지만, 매수인의 재산상태가 악화되었다는 이유로 재산관리인을 지명하는 것은 매도인의 이러한 기대권을 박탈하는 중대한 계약위반으로 취급될 수 있다는 점에서 본 판결의 의의를 구할 수 있다.

065. 물품명세의 확정권

Art. 65

(1) If under the contract the buyer is to specify the form, measurement or other features of the goods and he fails to make such specification either on the date agreed upon or within a reasonable time after receipt of a request from the seller, the seller may, without prejudice to any other rights he may have, make the specification himself in accordance with the requirements of the buyer that may be known to him.

(2) If the seller makes the specification himself, he must inform the buyer of the details thereof and must fix a reasonable time within which the buyer may make a different specification. If, after receipt of such a communication, the buyer fails to do so within the time so fixed, the specification made by the seller is binding.

第65조

(1) 계약상 매수인이 물품의 형태, 규격 그 밖의 특징을 명세하여야 하는 경우에 매수인이 합의된 기일 또는 매도인으로부터 요구를 수령한 후 상당한 기간 내에 그러한 물품명세를 확정하지 아니한 경우에는 매도인은 자신이 보유하는 다른 권리를 해함이 없이 자신이 알고 있는 매수인의 요구조건에 따라 스스로 물품명세를 확정할 수 있다.

(2) 매도인이 스스로 물품명세를 확정하는 경우 매수인에게 이에 관한 세부사항을 통지하여야 하고, 매수인이 그와 다른 물품명세를 확정할 수 있도록 상당한 기간을 지정하여야 한다. 매수인이 그 통지를 수령한 후, 지정된 기간 내에 다른 물품명세를 확정하지 아니하는 경우에는 매도인이 확정한 물품명세가 구속력을 가진다.

[671] **第65조**는 계약에서 매수인이 **'물품의 특징'**[규격(規格). 예컨대, 크기 · 색상 또는 형태 등]을 확정하여야 하는 상황에 적용된다. 본조는 매수인이 합의한 기간 내에 또는 매도인으로부터 요구를 받은 후 상당한 기간 내에, 합의된 당해 특징을 확정하지 않는 경우에 발생될 수 있는 문제를 다루고 있다.

[672] 매수인이 상당한 기간 내에, 물품의 형태 · 크기 또는 특징에 관한 정보를 제공하지 않는 경우 본조는 매도인에게 자신이 알고 있는 매수인의 요구에 따라, 그 정보를 확정할 수 있는 권리를 부여하고 있다. 그러나, 이 경우 매도인이 그 정보를 확정하여야 할 의무는 없다. 한편, 매도인은 매수인의 행위가 계약위반이 된 상황에서 적절한 구제책을 우선적으로 취할 수 있다.

[673] 본조 (2)는 매도인이 (1)에 의거하여, 매수인을 대신하여 당해 특징을 확정하는 권리를 행사하는 것을 다루고 있다. 곧, 매도인이 확정한 특징을 매수인에게 통지하고, 매수인이 이와 관련한 특징을 확정할 수 있도록 상당한 기간을 지정하여야 한다. 만약, 매수인이 매도인으로부터 통지를 받은 후 상당한 기간 내에, 그러한 권리에 따른 상이한 특징을 확정하지 못한 경우에는 당초 매도인이 확정한 특징은 구속력을 가진다.

1. 국제상사계약법규범에서 불이행의 구성과 법률효과

① 불이행의 요건

[674] 일반적으로, **계약위반**(breach of contract)에 **의제**(擬制)되고 있는 **불이행**(non- performance)은 **'법률관계를 형성한 계약당사자 간에 상호 의무의 내용에 좇은 이행이 행사되지 않는 것, 곧 법률의 규정, 계약의 취지, 상거래 관행, 신의칙 등에 비추어 이에 상당한 이행을 하지 않은 것'**으로 이는 **불법행위**(tort, unlawful act)288)와 함께 **위법행위**(illegal act, delict)289)를 구성한다.

---

288) **'불법행위'**(不法行爲)란, **'고의 또는 과실로 인하여 타인에게 손해를 끼치는 행위'**를 말한다. **'채무불이행**(債務不履行)**으로 인한 손해배상책임**(損害賠償責任)**과 더불어 채권발생의 양 대 원인'**이 된다. **'불법행위'**로 생긴 손해는 가해자가 배상하여야 하는데, 그 손해에는 재산상의 손해 및 재산 이외의 손해도 포함된다. **'불법행위'**는 **'일반불법행위'**(一般不法行爲)와 **'특수불법행위'**(特殊不法行爲)로 나뉘는데, 그 성립요건을 살피면 다음과 같다. i) **'일반불법행위'**(一般不法行爲) : 첫째, 가해자의 고의 또는 과실이 있어야 한다. 이것은 근대 민법에서 고의 또는 과실이 없으면, 손해배상책임이 생기지 않는다는 **'과실책임의 원칙'**을 표창한 것이지만, 현대에는 **'무과실책임'**(無過失責任)이 인정되는 경우가 증가추세에 있다. 둘째, 가해자에게 책임능력이 있어야 한다. 일반적으로 자기행위의 책임을 **변식**(辨識)할 지능이 없는 미성년자나 심신상실자는 **'불법행위'**에 기한 책임을 부담하지 않는다. 다만, 이 경우 무조건 책임능력이 없는 것은 아니고, 구체적인 경우에 따라 판단하여야 한다. 셋째, 가해행위에 위법성이 있어야 한다. 이 경우 가해행위가 위법하다고 하는 것은, 법률이 보호할 가치 있는 이익을 위법하게 침해하는 것을 말하는데, 위법성의 유무는 **피침해이익**(被侵害利益)의 성질과 침해행위의 양태와의 상관관계에서 구체적으로 판단하여야 한다. 다만, 일반적으로는 위법성이 있는 경우라도, 별도로 **정당방위**(正當防衛) · **긴급피난**(緊急避難), 피해자의 승낙, 정당행위 등의 사유가 있을 때에는 위법성이 **조각**(阻却)되어 행위자는 그 손해를 배상할 책임이 없다. 이 경우 피해자는 정당방위 등의 원인을 준 처음의 가해자에 관하여 손해배상을 청구할 수 있다. 넷째, 손해가 발생하여야 한다. 이는 재산적 손해에 한하지 않고 정신적 손해도 포함한다. 다만, 당해 손해는 가해행위와 **상당인과관계**(相當因果關係)에 있는 범위 내의 것이어야 한다. ii) **'특수불법행위'**(特殊不法行爲) : 타인의 행위에 관하여 책임을 인정하고 또 고의 · 과실의 **거증책임**(擧證責任)의 전환 또는 무과실책임을 인정하고 있다. 한편 **'불법행위'**가 성립하게 되면 가해자는 피해자에게 그 손해를 배상하여야 하고, 이 경우 그 배상의 방법은 **금전배상**(金錢賠償)이 원칙이다. 우리 민법상 **'불법행위'**로 인한 손해배상의 청구권은 피해자나 그 법정대리인이 그 손해 및 가해자를 안 날로부터 3년간 또는 **'불법행위'**를 한 날로부터 10년간 행사하지 아니하면 **'시효'**(時效)로 인하여 소멸한다.

289) **'성문**(成文)**의 법규는 물론 관습법**(慣習法) **· 판례법**(判例法) **· 조리법**(條理法)**에 위반한 행위'**를 말한다. **'위법행위'**(違法行爲)는, **'그 진압 또는 결과 제거를 위해 무효 · 취소 · 행정소송제기 · 강제 · 처벌 · 손해배상 등의 공법적 효과를 발생하는 행위'**이다. **'위법행위'**는 행정소송의 대상이 되는데 비해, **'부당행위'**(不當行爲)는 **소원**(訴願)의 대상은 되나, 행정소송의 대상은 되지 않는다는 차이점이 있다.

누구도 자기의 위법행위(違法行爲)로부터 이익(利益)을 향수(享受)할 수 없다.

[675] 불이행은 그 유형 · 효과에 관한 법리구성에 있어, 국제사법상 및 법계 간 일정한 시각차가 존재하는데, 예컨대, 우리나라를 포함하여 독일법을 계수한 대륙법계에서는 대개 불이행의 유형으로 이행지체, 이행불능, 불완전이행으로 구분하고, 각각의 법률효과로써 **이행강제**,[290] **손해배상청구권**,[291] **추완청구권**,[292] **완전물급부청구권** 및 **계약해제권** 등을 인정하고 있다.

[676] 반면에, 영미법계에서는 이행의 유형을 오직 **계약위반**(breach of contract)이라고 하는 법률사실로 포섭하고 있는데, 이 경우 법률효과는 계약위반의 정도에 따라 각기 차별하여 구성하

---

290) '**채무자가 채무의 이행을 하지 않을 경우 법원에 신청하여 강제적으로 채무를 이행시키는 일**'을 말한다. 우리 현행법상 채권자에 의한 **사력강제**(私力强制)는 허용되지 않으며, 법원에 신청하여 행하여야 한다. '**이행강제**'(履行强制)는 채무자가 채무이행을 하지 않을 때에 손해배상의 청구와 함께 채권자의 양 대 구제수단의 하나가 된다. 현행 우리 민법상 또는 민사소송법상 인정되는 강제이행방법으로서는, '**직접강제**'(直接强制) · '**간접강제**'(間接强制) · '**대체집행**'(代替執行), '**의사표시[법률행위**(法律行爲)**] 의무의 집행**' 등이 있다. i) '**직접강제**'(直接强制)란, '**물품의 인도채무에 있어서 목적물의 점유를 채무자로부터 빼앗아 채권자에게 교부하거나 또는 금전채무에 있어서 채무자의 재산을 경매하여 그 대금을 채권자에게 배당하는 것과 같이, 국가기관이 직접 실력을 행사해서 채권의 내용을 실현하는 방법**'이다. 주로 금전 · 물품 등의 '**주는 채무**'에 인정되며, 어떤 행위를 해야 하는 '**하는 채무**'에 관하여는 채무자의 인격을 존중하여 '**대체집행**'이나 '**간접강제**'에 의하여야 한다. ii) '**간접강제**'(間接强制)는, '**비대체적 작위채무**[타인이 대신할 수 없는 채무]**를 이행하지 않을 경우에 손해배상을 명하거나 벌금을 과하는 등의 수단을 써서 채무자를 심리적으로 압박해서 채무를 이행시키는 방법**'이다. iii) '**대체집행**'(代替執行)은, '**타인이 대신할 수 있는 '대체적 작위채무'**(代替的作爲債務)**에 관하여 채무자의 비용으로 채권자 또는 제3자로 하여금 채권의 내용을 실현하게 하는 방법**'이다. 예컨대, 건물 기타 공작물을 철거해야 할 채무나 담을 쌓아야 할 채무 등을 이행하지 않는 경우에 인부를 고용해서 채권의 내용을 실현시키고, 그 비용을 채무자에게 부담시키는 것과 같다. iv) 법률행위를 목적으로 하는 채무에 관하여는 재판으로써 채무자의 의사표시에 갈음할 수 있다. **법률행위**[**의사표시**(意思表示)]를 목적으로 하는 채무는 작위채무의 일종이나, 이는 채무자의 행위나 행위의 사실적 결과를 목적으로 하는 것이 아니라, 관념적인 법률효과의 발생을 목적으로 하는 것이므로, 이에 관하여는 대체집행이나 간접강제를 쓰지 않고서 의사표시를 명하는 판결의 확정으로, 곧 채무자의 의사에 갈음하기로 하고 다른 특별한 집행을 생략한다. 이 방법은 법률행위뿐만 아니라 **준법률행위**[**의사표시 · 관념의 통지 등**]에도 적용된다. 즉, 채무자가 권리관계의 성립을 인정한 때에는 그 조서로 의사의 진술을 명한 판결이 확정한 때에는 그 판결로 인정이나 의사의 진술로 본다.

291) '**손해배상청구권**'(損害賠償請求權)의 발생원인은 다음과 같다. i) '**채무불이행**(債務不履行)**에 의한 경우**' : 채무자가 정당한 사유가 없는데도 채무의 내용에 따른 **급부**(給付)를 하지 않는 경우를 말하며, 이에는 앞서 본 바와 같이 '**이행지체**'(履行遲滯), '**이행불능**'(履行不能), '**불완전이행**'(不完全履行)의 세 가지가 있다. '**이행지체**'(履行遲滯)는, '**이행이 가능함에도 불구하고 이행기간에 이행하지 않는 것**'이고, '**이행불능**'(履行不能)은, '**채권이 성립한 후에 채무를 이행할 수 없게 된 경우**'[후발적 불능(後發的不能)]이며, '**불완전이행**'(不完全履行)은, '**채무의 이행으로서 어떤 급부를 하기는 하였으나, 그것이 채무의 내용에 합당한 것이라고 인정할 수 없는 경우**'이다. '**채무불이행에 의하여 손해배상청구권이 발생하기 위해서는 채무자에게 귀책사유, 즉 고의 또는 과실이 있어야 하고, 책임능력이 있어야 하며, 손해의 발생과 위법성이 있어야 한다**'. 또 '**손해의 발생은 채무불이행과 인과관계가 있어야 한다**'. ii) '**불법행위**(不法行爲)**에 의한 경우**' : 앞서 본 바와 같이, 행위자의 고의 또는 과실로 인한 위법행위로 타인에게 손해를 가하는 행위를 '**불법행위**'라 한다. 이러한 '**불법행위**'에 의하여 손해배상청구권이 성립하기 위해서는, '**행위자의 고의 · 과실, 행위자의 책임능력, 위법성, 손해의 발생이 있어야 하고, 이 손해의 발생은 가해행위와 인과관계가 있어야 한다**'.

292) 완전물급부와 하자보수에 대한 청구권을 합쳐, '**추완에 대한 청구권**'이라 부른다.

고 있다. 요컨대, 영미법계에서는 계약상 당해 계약요건에 상당한 의무위반의 존부를 계약위반의 성립요건으로 두고 있다고 하는 점에서, 고의·과실에 기한 불이행 당사자의 귀책사유를 요건으로 두고 있는 대륙법계의 법리와는 근본적으로 구별되는 차이점이 존재한다.

[677] 이 같은 차이점은 영미법계의 경우에, 예컨대, 불이행 당사자가 상대방에 관하여 손해배상을 완결할 경우 당해 계약은 파기할 수 있다는 법리적 형평(equity)에 주안점을 두고 있는 반면,[293] 대륙법계에서의 시각에서는 모름지기 '약속은 반드시 지켜져야 한다'(pacts must be respected, *pacta sunt servanda*)는 계약책임을 강조하고 있다고 하는 사실로부터 추론할 수 있다.

② CISG에서의 계약위반[불이행(不履行)]

[678] 국제계약법규범에서 불이행의 법리구성에 따른 기준은, '원시적 불능인 급부를 목적으로 하는 계약의 법적 처리와 매도인의 담보책임을 불이행에 흡수하여 구성할 것인가' 아니면 '원시적 불능인 급부를 목적으로 하는 계약은 계약체결상 과실의 문제와 담보책임으로 나누어 구성하고 매도인의 담보책임을 별도로 독립한 체계로 구성할 것인가'의 문제로 대별된다.

[679] CISG, PICC, PECL은 [이하 살펴보는 바와 같이] 당해 불이행을 계약상 의무의 내용에 위반되는 경우를 통일하여 규정체계 내에 수용하고 있으나, 다만 용어의 사용에 있어, CISG는 계약위반(breach of contract)으로, 그 밖의 계약규범은 불이행(non-performance)으로 구분해 두고 있다. 그렇지만, 통일된 시각은 계약위반이나 불이행 공히 고의·과실에 기한 귀책사유를 요건으로 두고 있지 않으며[참고로, 우리 민법의 처지와는 다르다], 특별히 이행지체, 이행불능을 포함하여 담보책임, 원시적 불능인 급부를 목적으로 하는 계약 일체를 포괄하고 있는 특징이 있다.[294]

[680] 요컨대, CISG에서는 불이행된 의무가 무엇인지를 특정하지 않고, 포괄적으로 당해 매매계약상의 모든 의무를 불이행의 대상으로 두고 있다[제79조 (1)]. 다만, 개별규정 내에서 불이행 될 수 있는 매매계약당사자 간의 주요 의무를 대칭적으로 편제해 두고 있는데, 이를테면 [앞서 살핀 바와 같이] 매도인의 경우 '물품의 인도 및 서류교부에 관한 의무'[제30조~제34조]와 '물품의 일치성 및 제3자의 권리에 대한 의무'[제35조~제44조]로 대별하고, 특정 의무로써 '물품인도의 의무', '서류교부의 의무', '선적수배의 의무', '물품의 권리이전의 의무' 등을 명시하고 있다.[295] 반면

293) 김상용, 「비교계약법」, 법영사, 2002, 118~119면.

294) 참고로, 이하 제79조[손해배상책임의 면제]상의 의무는 일부불이행 또는 전부불이행을 구분하지 않고 있으며, 이행불능의 경우를 포함하여 원시적 또는 후발적 장애(後發的 障碍)에 의한 불이행인지의 여부를 구분하지 않고 있다.

에, 매수인의 경우에는 '대금지급의 의무'[제53조~제59조]와 '인도된 계약의 목적물에 대한 수령의무'[제60조]를 계약당사자 간에 상호 대가관계에 입각하여 규정하고 있다.

[681] CISG에서는 계약상 모든 의무에 대한 계약위반이 행사된 경우에 계약의 종료를 위한 해제(termination)296)는 '중대한 계약위반'(fundamental breach of contract)의 경우에만 적용되는 것으로 규정하고 있다[제25조(중대한 계약위반). 연관규정으로서, 제49조(매수인의 계약해제권) 및 제64조(매도인의 계약해제권)]. 본 규정내용은 당사자 일방이 범한 계약위반이 당해 계약상 상대방이 기대할 권리가 있는 바를 '실질적으로 박탈'(substantially deprive)할 정도의 손해를 야기한 경우로 명시하고 있는데, 이 경우 중대한 계약위반의 범위는 계약당사자 일방의 특정한 의무위반으로 상대방이 계약의 이행과정에서 기대하였던 이익을 향유하지 못한 것에 두고 있다. 다만, 단서조항으로 위반을 행사한 당사자가 그러한 결과를 예견하지 못했고, 또한 동일한 종류의 합리적인 자가 동일한 사정에서 이 같은 결과를 예상할 수 없었던 경우에는 중대한 계약위반에 해당하지 않는다고 규정하고 있다[제25조]. 요컨대, 당해 위반의 요건을 판단할 수 있는 기준은, 학리상 '불이익'(detriment), '예견가능성'(foreseeability), '실질적 박탈'(substantial deprive), '입증책임'(burden of proof) 등이 제시되어 있으나, 그 판난은 오로지 개별 계약조항 및 내용에 의거해야 함이 원칙이다.

[682] 결국, CISG에서는 계약위반이 행사된 경우에 피해당사자의 손실정도와 위반당사자의 주관적 인식의 정도를 경합하여 이를 고려한 후에 판단하도록 하고 있는데, 다만 이 같은 고려의 결과가 계약당사자 간에 공히 중대한 계약위반에 해당하는 경우에만 계약을 해제할 수 있도록 규정하고 있다.

[683] 당해 규정내용을 재차 살피면, [먼저 매도인의 계약해제권에 관련하여] 매도인에 의하여 지정

---

295) 물품의 인도(引渡, delivery)여부의 판정에 관한 접근방식은 인도된 물품의 계약적합성 여부와 점유이전에 각기 주안점을 두고 판단하는 논리로 대별된다. 다만, 전자의 경우 물품이 계약내용에 적합한 경우에만 인도를 인정하고, 달리 물품에 일부의 결함이 존재하는 경우에는 인도 그 자체가 이행되지 않은 것으로 본다. 입법례로 헤이그협약(Uniform Law for the International Sale of Goods : ULIS)에서는 이와 같은 방식을 취하고 있다[제19조 (1)]. 반면에 후자의 경우에는 점유이전에 초점을 두고 있는 까닭에, 가사 계약에 적합하지 않은 물품이라고 하더라도 인도가 행사된 경우라면 일단 당해 인도를 인정하고 있다. 영국 물품매매법(Sale of Goods Act : SGA)에서 이에 상당한 입법례를 일례로 둘 수 있다[제61조 (b)]. 한편 CISG에서는 인도를 이행과 위험이전으로 구분하고는 있으나 당해 인도에 계약적합성 여부를 포함하지 않고 있다. 다만, 물품인도와 관련 인도방식[제30조, 제32조, 제34조], 인도장소[제31조], 인도시기[제33조]를 규정하여 '부적합한 물품'(non-confirming goods)이 인도된 경우 상세한 구제수단을 정하고 있다.

296) 영미법에서는 용어사용에 있어 '(계약위반에 기한) 해제(解除)'를 'cancellation'으로 여타 '(계약의) 종료[終了 또는 消滅]'를 'termination'으로 표현한다[예컨대, UCC 제2-106조]. 이하 PECL에서는 불이행 책임체계 내에서 계약이 해제되는 경우를 포함하여 계약관계가 소멸되는 경우를 통일하여 'termination'으로 사용하고 있음을 참고로 한다.

된 추가기간 내에 물품대금의 지급 또는 물품의 인도수령의무가 이행되지 아니하거나, 매수인이 이를 이행하지 않겠다고 선언한 경우로 명시하고 있다. 다만, 매수인이 이미 대금을 지급한 경우에 매수인에 의한 이행지연과 관련하여, 매도인이 그 이행이 이루어진 사실을 알기 이전에, 그리고 이외의 모든 위반에 대해서는 매도인이 그 위반을 알았거나 또는 알았어야 하는 때, 또는 매도인에 의하여 지정된 추가기간이 경과한 때, 또는 매수인으로부터 추가기간 내에 그 의무를 이행하지 않겠다는 선언이 있은 후 상당한 기간 내에 해제를 선언하지 않는 한, 계약해제권을 상실한다고 하는 단서를 부가하고 있다[제64조(매도인의 계약해제권). 연관규정으로서, 제63조(이행을 위한 추가기간의 지정) (1)]. 반면에, 매수인의 계약해제권은 물품대금지급에 관한 **대가관계**(對價關係)에서 계약목적물에 대한 인도불이행의 경우와 연관하여 명시하고 있는데, 본 규정은 매도인에 관한 위 규정내용에 준한다[제49조(매수인의 계약해제권). 연관규정으로서, 제47조(이행을 위한 추가기간의 지정) (1)].

[684] 결국, CISG에서 불이행에 관한 계약해제권의 발생과 그 행사에 대한 제한요건은, i) 그 불이행이 중대한 계약위반에 해당하여야 하며, ii) 인도불이행의 경우에도 중대한 계약위반에 해당하여야 함은 동일하나, 다만 그 행사는 매수인이 부여한 추가기간 내에 매도인의 이행이 행사되지 아니하거나, 인도거부를 선언한 경우에 한정되고,[297] iii) 계약해제는 상대방에 대한 통지로써 그 효력이 발생하는 것으로 요약할 수 있다.[298]

③ PICC에서의 불이행[계약위반(契約違反)]

[685] PICC에서는 CISG에서의 계약위반을 달리 불이행으로 통일하여 규정하고 있다. 그 내용은, '**당사자가 계약에 따른 어떠한 채무이행을 행사하지 않은 것으로서 하자있는 이행 또는 지체된 이행을 포괄하는 것**'으로 명시하고 있다.[299] 아울러, 불이행 당사자의 귀책사유를 묻지 않고 있음은 CISG의 경우와 동일하다[제7.1.1조(불이행의 정의)]. 다만, 계약당사자 간에 동시이행이 전제된 경우에 각 당사자는 상대방이 당해 이행을 제공할 때까지 이행을 보류할 수 있도록 규정하고 있고, 아울러, 당사자 간 순차적으로 이행하여야 할 경우에는 **차순**(次順)의 이행당사자가 상대방의 이행을 조건으로 당해 이행을 보류할 수 있도록 명시하고 있다[제7.1.3조(이행보류)].

---

297) 참고로, 물품의 권리를 표창한 '**권리증권**'(權利證券, documents of title)의 이전이 없는 경우에도 이에 준한다.

298) 참고로, 이 경우 계약해제를 위한 통지의 부도달 위험은 불이행을 행사한 매도인 책임으로 귀속된다[제27조(통신상의 지연 또는 오류)].

299) 참고로, 신의칙에 입각하여 계약의 완전한 실현을 위한 '**상호 협력이 수반되지 않는 경우**'(failure to co-operate)도 불이행으로 취급된다. PECL의 경우에는 이를 명시적으로 규정체계 내에 수용하고 있다[제1:202조, 제1:301조 (4)].

[686] 불이행에 대한 PICC 계약해제의 권리는 당사자가 상대방의 계약내용에 의거한 불이행이 CISG의 경우와 마찬가지로 '중대한 불이행'(fundamental non-performance)에 해당하는 경우로 특정하고 있는데,[300] 다만 당해 불이행의 판단기준을 CISG에 비하여 보다 구체적으로 규정하고 있어, 이를 통해 CISG를 보충[gap-filling]하고 있다. 열거하면, i) 불이행된 의무를 엄격히 준수하는 것이 계약상 중요한지의 여부, ii) 불이행이 고의적이거나 부주의한 것인지의 여부, iii) 계약이 해제될 경우에 불이행 당사자가 그 준비 또는 이행의 결과로서 불균형적인 손실을 입는지의 여부 등을 포함하여,[301] iv) 이행기 전에 당사자의 중대한 불이행이 발생할 것이 명백한 경우[제7.3.3조(불이행의 예견)], v) 상대방의 중대한 불이행이 발생할 것이라 합리적으로 믿는 당사자는 정당한 이행의 적절한 보장을 요구할 수 있을 뿐만 아니라 그 때까지 자신의 이행을 보류할 수 있고, 또한 이러한 보장이 상당한 기간 내에 제공되지 않는 경우 이를 요구한 당사자로 하여금 계약을 해제할 수 있도록 규정하고 있다.

[687] 요컨대, PICC에서는 당해 불이행이 면책되지 않는 범위에서라면, 상대방으로 하여금 PICC 규정체계 내에서의 모든 법적 구제수단을 행사할 수 있도록 하고 있으나, 다만, i) '불가항력(*force majeure*)에 의한 불이행', ii) '상대방의 방해(interference by the other party)에 의한 불이행', iii) '동시이행 또는 선이행의 항변에 의한 이행유보(withholding performance[302])' 등의 사유에 기인하여 면책되는 경우에는 이행청구 및 손해배상청구를 행사할 수 없다고 규정하고 있다.

[688] 특히, PICC에서는 불이행과 관련하여 이행에 대한 권리에 하자있는 이행의 보수와 대체에 관한 권리를 포함하고 있는데[제7.2.3조(불완전한 이행의 추완 또는 대체)], [이하 후술하는 바와 같이] 본규정은 금전지급의 의무가 있는 당사자가 이를 이행하지 않는 경우에 상대방은 그 현실적 이행을 담보하기 위한 지급을 요구할 수 있도록 하고 있으며[제7.2.1조(금전채무의 이행)], 비금전채무의 이행에 있어서도, i) 이행이 법률상 또는 사실상 불가능한 경우, ii) 이행 또는 집행이 경우에 따라 불합리한 부담이나 비용을 요하는 경우, iii) 이행을 수령할 당사자가 다른 방법으

300) PICC 제7.3.1조[계약해제권], CISG 제25조[중대한 계약위반]에 연관된 동일한 규정내용을 담고 있다. 이는, '불이행이 피해당사자로부터 계약에 따라 그가 기대할 권리가 있었던 것을 중대하게 박탈하는 지의 여부, 다만 상대방이 그러한 결과를 예견하지 못했거나 또는 합리적으로 예견할 수 없었던 경우에는 예외로 한다'와 같다.

301) 아울러, 이행지체의 경우 피해당사자는 상대방이 제7.1.5조[이행기간의 추가규정]에 따라 허용된 기간이 만료되기 전에 이행하지 아니할 경우에도 계약을 해제할 수 있도록 하는 부가규정을 두고 있다[제7.3.1조, (3)].

302) 'performance'는 대개 '이행'(履行)으로 번역되나, '변제'(辨濟) 또는 '급부'(給付)로도 번역된다. 살피기에, '이행은 채권을 소멸케 하는 행위의 시각'에서, '변제는 채권의 소멸이라는 상태의 시각'에서 각각 구분하여 사용되어져야 할 것으로 보이나, 생각건대, 양자 공히 그 실질적 내용이 동일한 것으로 취급하여도 무방할 것 같다.

로 합리적인 이행을 얻을 수 있는 경우, iv) 이행이 완전히 개인적인 성격이 있을 경우, v) 이행을 수령할 당사자가 불이행을 알았거나 알았어야 할 때로부터 상당한 기간 내에 이행을 요구하지 아니한 경우 등을 제외하고, 마찬가지로 당해 이행을 요구할 수 있도록 이행에 대한 권리 규정의 연관규정으로서 기능하고 있다[제7.2.2조(비금전채무의 이행)].

④ PECL에서의 불이행

[689] PECL은 [앞서 본 바와 같이] 유럽 역내에서 회원국 간에 공통적으로 적용될 수 있는 계약법 원칙을 통일하여 제시한 것으로, 그 적용범위는 순수한 국내계약이나 상인과 소비자 간의 계약 등을 포함한 모든 계약에 공히 적용된다. 따라서, 통일법적 시각에서 계약관계에서의 급부장애 또는 불이행책임을 포괄하고 있는 PICC와 유사한 체계를 구성하고 있으나,[303] 다만 PECL은 회원국 간 **'역내 계약법의 일반규칙'**(general rules of contract law in the EC)으로서 적용되는 것을 의도하고 있는 까닭에[제1:101조(원칙의 적용)], 국제상사계약을 위한 일반규범으로서, 곧 국제상사계약을 그 적용범위로 두고 있는 PICC와는 근본적으로 구분된다.[304] 또한 **국제물품매매**(international sale of goods)에 한정하고 있는 CISG와도 그 적용범위에 있어 구별되는 차이점이 존재한다.

[690] PECL상의 불이행은 PICC의 경우와 마찬가지로 계약상 의무의 이행이 행사되지 아니한 것으로 면책여부와 관계없이 이행지체, 하자있는 이행을 포함하고 있을 뿐만 아니라 계약의 완전한 실행을 위한 **'상호 협력의무'**(duty to co-operate)를 명시적으로 규정하고 있다[제1:202조(협력의무), 제1:301조(용어의 정의) (4)]. PECL은 특히 **'불이행과 구제수단의 일반'**[non-performance and remedies in general : 제8장]과 **'불이행에 대한 개별적 구제수단'**[particular remedies for non-performance : 제9장]으로 대별하여 구성하고 있는데, 전자의 주요한 규정내용을 살피면 다음과 같다.

[691] 먼저, 원용할 수 있는 구제수단으로서, 당사자가 계약내용에 좇은 의무를 이행하지 않고, 그 불이행이 **장애**[impediment]로 인한 면책조항에 해당하지 않은 경우[305] **피해당사자**[aggrieved

303) PICC 전체 119개 조항 중 약 70여 개의 조문이 PECL과 공통한 조항이다.

304) 국제사법의 통일화의 시각에서 PICC와 PECL은 비입법기구에 의해 제정된 통일계약규범으로써의 공통점이 있으나, 그 기원과 적용범위가 다른 까닭에 양자가 실제로 국제상거래에 있어 경합하는 일은 없을 것으로 보여진다. 왜냐하면, PECL은 주로 유럽 역내 회원국 간 이용될 목적으로 제정된 지역적 범위에 국한하여 적용되고, 반면에 PICC는 당사자 간 국제상거래에 있어 적어도 일방의 당사자가 역외 비회원국인 경우 적용법규가 될 것이기 때문이다.

305) 당사자의 불이행이 면책되는 경우[제8:108조]에는 불이행을 당한 당사자는 이행청구와 손해배상청구를 제외하고 개별적 구제수단 일체를 원용할 수 있다[제8:101조 (2)].

party]는 구제수단 중 어느 것이라도 원용할 수 있도록 하고 있으나, 다만 그 행위가 상대방의 불이행을 야기한 한도 내에서라면, 이를 원용할 수 없도록 제한하고 있다. 또한, 양립할 수 없는 것이 아닌 구제수단은 병존할 수 있고, 또한 그 밖의 구제수단을 행사할 경우에 있어서도 손해배상청구권은 상실되지 아니한다고 규정하고 있다.

[692] 중대한 불이행에 관해서는 PICC에 준한 동일한 규정내용을 보유하고 있지만, 불이행 당사자의 이행결과가 불균형적인 손실을 입는 경우에 대한 명시적인 규정은 보유하고 있지 않다. 그렇지만, 불이행 당사자에 의한 추완에 관해서는, [가급적 계약내용의 실현을 도모하기 위하여] 계약에의 부적합을 이유로 상대방에 의하여 변제의 제공이 수령하지 않게 된 당사자로 하여금, 이행기가 아직 도래하지 아니하거나, 그 지연이 중대한 불이행에 해당되지 않는 경우에 한하여, 새로이 계약에 적합한 이행의 제공을 할 수 있도록 배려하고 있는 특징이 있다[제8:104조(불이행 당사자에 의한 추완)].

[693] 한편, PECL에 있어 **'이행의 보장'**(assurance of performance)과 **'이행을 위한 추가기간을 정하는 통지'**(notice fixing additional period for performance)에 관한 규정은, 공히 PICC의 규정내용과 동일하다. 다만, PICC에서는 부가규정으로 이행시체가 중대하지 않고, 피해당사자가 상당한 기간의 추가기간을 허용하는 통지를 제공한 경우에 불이행된 채무가 단지 피해당사자의 계약채무 중에서 경미한 부분을 차지하는 때에는, 당해 계약의 종료를 행사하지 못하도록 규정하고 있는 점은 PECL과의 차이점이다[제7.1.5조(이행을 위한 추가기간) (4)].

[694] PECL의 **'장애에 의한 면책'**(excuse due to an impediment) 규정은[제8:108조] PICC에 있어 **면책조항**[제7.1.6조]과 **불가항력**[제7.1.7조]에 상당하는 규정이다. 다만, PICC에서는 [불가항력에 관한 규정에도 불구하고] 당사자에게 계약해제와 이행보류 및 채권액에 대한 이자청구권을 부가하여 명시하고 있다[제7.1.7조, (4)]. 이에 반하여, PECL에서는 별도로, **'책임의 제한 및 배제약정'**(clause limiting or excluding remedies)으로, 그 어떠한 제한이나 배제를 주장하는 것이 신의성실 및 공정거래에 반하는 경우를 제외하고는, 불이행에 대한 구제수단을 제한하거나 배제할 수 있는 규정을 존치하여 두고 있는 특징이 있다[제8:109조(책임의 제한 및 배제약정)].

⑤ CISG, PICC, PECL의 비교

[695] PICC는 CISG를 기반으로 입법된 연혁을 보유하고 있는 까닭에, 불이행에 관한 규정체계뿐만 아니라 그 내용에 있어서도 상당히 유사한 특징을 보이고 있다. 이를테면, **'불이행 내지 계약위반을 중심으로 한 규정체계'**[CISG 제25조, PICC 제7.1.1조], **'이행을 위한 추가기간의 추가규**

정'[CISG 제47조, 제63조, PICC 제7.1.5조] '불이행 당사자의 추완권과 피해당사자의 추완청구권'[CISG 제37조, 제48조, 제46조, 제62조, PICC 제7.1.4조] '손해배상책임과 면책조항 및 불가항력에 관한 규정'[CISG 제79조, PICC 제7.1.6조 내지 제7.1.7조], '중대한 계약위반 내지 불이행에 기한 계약해제의 권리규정'[CISG 제25조, 제49조, 제64조, PICC, 제7.3.1조] 등을 포함하여, 불이행에 관한 계약해제의 효과로서 '계약종료는 소급효를 구성하지 않는다는 원칙' 및 '계약해제와 손해배상청구권의 양립' 등에 관련한 규정례를 열거할 수 있다.

[696] CISG에 보충적 역할을 감당하고 있는 PICC는, CISG에 비하여 보다 진일보한 규정내용을 포괄하고 있다. 예컨대, [앞서 본 바와 같이] i) 중대한 불이행의 판단기준을 보다 상세하게 명시하고 있다는 점, ii) [면책규정과 관련하여] 불이행에 관한 당사자의 책임을 제한 또는 면제하거나, 또는 당사자로 하여금 상대방이 합리적으로 기대하였던 것과 본질적으로 다른 이행을 제공하도록 허용하는 어떠한 조항은 계약의 목적을 고려함에 있어 그 결과가 중대하게 불공정한 경우 이를 주장하지 못한다는 효력을 명시하고 있다는 점, iii) 손해배상의 범위를 CISG와 마찬가지로 예견가능성(foreseeability)[306]을 포함하고 있다는 점 외에도,[307] iv) '손해의 확실성'(certainty of harm)을 명시한 규정을[308] 부가하여 두고 있다는 점 등을 열거할 수 있다.

[697] 한편, 불이행에 관한 책임체계를 비교할 경우 PICC와 PECL은 유사한 규정내용을 담고 있다. 공통한 내용을 요약하면, i) 채무불이행 또는 계약위반을 불이행으로 통일하여 규정하고 있는 점, ii) 담보책임도 원시적 불능을 포괄하여 귀책사유의 여부에 관계없이 이행이 행사되지 않는 경우 당연히 불이행이 성립하는 것으로 규정하고 있는 점, iii) 이행의 당사자에게 상호협력의무를 부가하고 있는 점, iv) 중대한 불이행을 계약해제의 원인으로 규정하고 있는 점, v) 계약해제는 소급효를 구성하지 않는다는 규정체계, vi) 계약해제권과 손해배상청구권은 양립할 수 있다고 하는 점 등이다. CISG의 경우 또한 이에 준한다.

[698] PICC의 경우에, i) 부적합한 이행을 행사한 당사자의 추완권을 PECL에 견주어 보다 광

306) 달리 '불가능성'(improbability)이라고도 한다.

307) 당사자 일방의 계약위반에 대한 손해배상액은 이익의 손실을 포함하여, 그 위반의 결과로 상대방이 입은 손실과 동등한 금액으로 한다. 그러한 손해배상액은 계약체결 시에 위반의 당사자가 알았거나 알았어야 했을 사실 및 사정에 비추어 당해 위반의 당사자가 계약체결 시에 계약위반의 가능한 결과로서 예견하였거나 또는 예견했어야 하는 손실을 초과할 수 없다[제74조(손해액 산정의 일반원칙). 연관규정으로서, PICC 제7.4.4조(예견가능한 손해)].

308) 배상은 장래의 손해를 포함하여 합리적인 정도의 확실성에 의하여 확립되는 손해인 경우에만 가능하도록 하고 있고, 또한 그 발생가능성에 비례하여 기회를 상실한 경우에도 가능할 수 있도록 규정하고 있다. 아울러, 손해배상액이 충분한 정도의 확실성에 의하여 확립될 수 없는 경우에 그 평가는 법원의 재량권에 위임해 두고 있다[PICC 제7.4.3조(손해의 확실성)].

범위한 가능성을 전제해 두고 있는 점, ii) 나아가, 그 방법에 있어서도 보다 상세한 규정을 보유하고 있는 점, iii) 계약해제의 경우에 불이행 당사자가 그 준비 또는 이행의 결과로써 불균형적인 손실을 입는지의 여부를 고려하고 있는 점 등은 부각할 수 있는 차이점이다. 아울러, iv) 당사자는 불이행이 그 당사자의 작위 또는 부작위에 기인하거나, 또는 그 당사자가 위험을 부담하는 별개의 사건에 기인하여 발생된 범위 내에서는 상대방의 불이행에 의존할 수 없도록 규정하고 있는 점은 PECL에서는 보유하고 있지 않은 PICC만의 규정이다.

2. 계약위반[불이행(不履行)]에 대한 개별적 구제수단의 비교

① 이행청구권

[699] **금전채무의 이행** : PICC상 '**금전채무의 이행**'(performance of monetary obligation)과 관련하여, 채무가 있는 당사자가 이를 이행하지 않는 경우에 상대방은 그 지급을 요구할 수 있도록 규정하고 있으나[PICC 제7.2.1조(금전채무의 이행)], PECL에서는 이를 보다 구체화 하여 **채권자**(creditor)는 이행기가 도래한 금전을 지급받을 권리를 향유함과 동시에, 채권자가 자신의 채무를 이행하지 않는 경우 **채무자**(debtor)가 당해 이행을 수령할 의사가 없음이 명백한 때에는, 채권자는 그럼에도 불구하고 자신의 의무를 이행하고 계약에 기하여 받을 금액의 지급을 청구할 수 있도록 규정하고 있다. 다만, 상당한 노력이나 비용의 지출이 없이 '**합리적인 대체거래**'(reasonable substitute transaction)를 할 수 있었을 경우[PECL 제9:506조(대체거래)][309]와, 이행을 하는 것이 그 사정에서 불합리한 경우를 조건으로 두고 있다[PECL 제9:101조(금전채무)]. 한편, CISG에서는 매도인과 매수인의 이행청구권을 병립하여 규정하고 있는데, 각 규정 공히 이행청구의 당사자로 하여금 상대방에게 의무의 이행을 청구할 수 있도록 명시하고 있다. 다만, 단서조항으로 이러한 청구와 양립하지 아니하는 구제를 구한 경우에는 이를 배제하고 있다. 그렇지만, 매수인의 경우에는 물품이 계약과 일치하지 아니하는 경우에 당해 부적합이 중대한 계약위반이 되고, 모든 사정으로 보아 불합리하지 않음을 조건으로, 매수인은 대체품의 인도를 청구하거나, 수리에 의한 부적합의 시정을 청구할 수 있도록 규정하고 있고, 개별 청구의 조건으로서, 그 행사는 반드시 통지와 연계하여, 또는 그 후 상당한 기간 내에 행해져야 한다는 내용을 부가하고 있다[CISG 제46조(매수인의 이행청구권), 제62조(매도인의 이행청구권)].

[700] **비금전채무의 이행** : PICC 및 PECL은 공히 금전지급 이외의 채무가 있는 당사자가 계

309) 동 규정은 불이행을 당한 당사자가 계약을 해제한 경우에 그 자신이 상당한 기간 내에 합리적인 방식으로 대체거래를 한 경우에는 계약가격과 대체거래가격의 차액을 상환받을 수 있고, 또한 전보될 수 있는 한도에서 그 밖의 손실에 관하여 배상받을 수 있다고 하는 내용을 담고 있다.

약내용에 좇은 이행을 하지 않았을 경우에 상대방으로 하여금 그 이행을 청구할 수 있도록 규정하고 있는데, PECL은 특히 이에 결함 있는 이행의 추완을 포함하여, 특정이행청구권을 행사할 수 있도록 그 범위를 확장하여 두고 있다. 다만, 이행청구의 제한요건으로서 공통되는 규정내용은, i) 이행이 위법적이거나 불능인 경우, ii) 이행에 있어 불합리한 부담이나 비용이 수반되는 경우, iii) 이행이 완전히 개인적인 성격의 경우, iv) 피해당사자가 다른 수단을 통하여 동일한 이행을 얻을 수 있는 경우, v) 불이행 사실을 알았거나 알았어야 했을 때로부터 상당한 기간 내에 당해 청구가 행사되지 않았을 경우 등이다[PICC 제7.2.2조(비금전채무의 이행), PECL 제9:102조(비금전채무)]. 그 밖의 경우로, PICC는 여타 계약법규범과는 별도로, i) 하자있는 이행의 보수와 대체규정을 존치하여 두고 있는데, 그 내용은 이행에 대한 권리는 경우에 따라 하자있는 이행의 보수, 대체 또는 기타 보완에 대한 권리를 포함하는 것으로 명시하고 있다. ii) 아울러, '**사법적 벌금**'(judicial penalty) 규정으로 법원이 당사자에게 이행을 명령함에 있어 당사자가 이를 준수하지 아니할 때에는, 이에 상당한 벌금지급을 명할 수 있도록 허용하고 있다[PICC 제7.2.4조(사법적 벌금)].

② 이행유보

[701] PECL에서는 여타 계약법규범에 비하여, '**이행유보권**'(right to withhold performance)에 대한 보다 상세한 규정내용을 보유하고 있는데, 곧 상대방과 동시에 또는 그 이후에 이행하여야 하는 당사자는 상대방이 이행을 제공하거나 이행할 때까지 당해 이행을 유보할 수 있으며, 그 당사자는 자신의 급부 전체나 당해 상황에 합리적인 부분만큼 거절할 수 있도록 규정하고 있다. 아울러, 상대방 채무이행기에 상대방에 의한 불이행이 명백한 경우에도, 마찬가지로 당사자는 그 이행을 유보할 수 있도록 하고 있다[PECL 제9:201조(이행유보권)].

③ 계약해제

[702] 계약해제는 일정한 사유가 발생한 경우에 계약당사자 일방의 의사표시에 의하여, 이미 유효하게 성립한 채권관계를 소멸시키고, 계약의 성립 이전의 상태로 환원시키는 법률효과의 발생을 의미한다. CISG의 경우, 계약해제에 관한 규정은 계약당사자, 곧 매도인과 매수인의 권리와 의무에 따른 대칭적 편제에 의거, 이를 병립적으로 구성하고 있는 특징이 있다. 이에 상당하는 규정은, '**매도인의 계약해제권**'[제64조], '**매수인의 계약해제권**'[제49조], '**계약해제의 통지**'[제26조], '**이행기 전의 계약해제**'[제72조], '**분할이행계약의 해제**'[제73조] 등이다. 반면에 계약해제의 효과에 관해서는 일괄적으로 규정하고 있는데, 곧 '**의무의 소멸과 반환청구**'[제81조], '**동일한 상태에서 물품반환의 불가능**'[제82조], '**기타 구제권의 존속**'[제83조], '**이익의 반환**'[제84조] 등이다. 그 주

요 내용은 정당한 손해배상의무를 제외하고, 양당사자 모두 계약상 의무로부터 면제시키는 효과와[제81조 (1)], 원상회복의무로서 계약의 전부 또는 일부를 이행한 당사자는 상대방에 대하여 계약에서 그 자신이 이미 제공 또는 지급한 것에 대한 반환청구권을 행사할 수 있도록 규정하고 있다. 이 경우, 혹여 양당사자 모두에게 반환의무가 공히 존재하는 경우에는 동시이행의 반환을 명시하고 있다[제81조 (2)]. 아울러, 매수인이 물품을 반환할 수 없는 경우에는 계약해제나 대체품의 청구권을 상실한다고 하고[제46조 (2), 제82조], 이에 따른 구제방식도 규정하고 있다[제83조]. 이 경우에 이익반환의무는 대체품의 청구에도 공히 적용된다[제84조 (2), (b)].

[703] 이에 상당한 PICC의 규정은, **'계약해제의 권리'**[제7.3.1조], **'해제의 통지'**[제7.3.2조], **'이행기전의 불이행'**[제7.3.3조], **'정당한 이행의 적절한 보장'**[제7.3.4조], **'해제효과의 통칙'**[제7.3.5조], **'원상회복의무'**[제7.3.6조] 등으로 이상의 규정내용은 이미 앞서 살핀 바 있다. 다만, **'계약해제의 통칙'**에 관한 규정은 계약해제로부터 양당사자는 장래 이행의 제공과 수령에 대한 의무를 면하게 되며, 계약해제는 불이행에 대한 손해배상청구권을 배제하지 아니할 뿐만 아니라 분쟁해결을 위한 계약상 모든 규정 또는 해제 후에도 효력이 있는 그 밖의 모든 계약조건에 영향을 미치지 아니하는 것으로 규정하고 있다. **'원상회복'**(restitution)에 관한 의무에 있어서는, 현물에 의한 원상회복이 불가능하거나 부적절한 경우에는 **합리성**(reasonableness)에 비추어, 금전에 의한 원상회복을 고려하여야 한다고 규정하고, 그럼에도 불구하고 계약의 이행기간이 연장되고 분할가능한 경우 원상회복은 계약해제로부터 비로소 요구될 수 있도록 하고 있다. 이상의 규정내용은 CISG의 연관규정과 그 맥을 같이 한다[제81조(의무의 소멸과 반환청구)].

[704] 계약해제에 관한 PECL의 규정은 PICC의 해당 규정과 일치하고는 있으나, 다만 PECL은 원상회복에 관한 보다 구체적인 규정을 보유하고 있다. 곧, PICC의 원상회복 규정에 비하여[제7.3.6.조 (1)] PECL의 규정내용은, i) 수령물의 가치가 중대하게 손상된 경우에 계약해제의 당사자는 당해 물품을 거절할 수 있으며[제9:306조(수령물 가치의 손상)], ii) 계약해제로부터 당사자 일방은 자신이 수령하지 아니하였거나, 정당하게 거절한 이행에 대한 대가로 지급한 금전에 관해서는 이를 상환청구 할 수 있도록 하고[제9:307조(지급된 금전의 상환)], iii) 당사자 일방이 반환될 수 있는 물품을 인도하였음에도 불구하고, 이에 대한 대가로서 금전이나 그 밖의 반대급부를 수령하지 아니한 경우에는 계약해제로 당해 물품을 반환시킬 수 있을 뿐만 아니라[제9:308조(물품의 반환)], iv) 이미 이행을 제공하였음에도, 이에 대한 대가로서 금전이나 그 밖의 반대급부를 수령하지 아니한 당사자는 그것이 반환될 수 없을 때에 한하여, 계약해제로 상대방의 급부의 가치에 관한 합리적인 평가액을 상환청구 할 수 있도록 하고 있다[제9:309조(반환될 수 없는 이행에 대한 반환)].[310]

④ 대금감액

[705] CISG 제50조는 '대금감액권'(right to reduce price)을 규정하고 있다. 곧, 물품이 [계약내용에 비추어] 부적합한 경우에 대금지급의 행사여부에 관계없이, 매수인으로 하여금 인도당시의 물품가치가 계약에 적합하였더라면 보유했을 가치에 대한 비율에 따라, 그 대금을 감액할 수 있도록 하고 있다. 그렇지만, 매도인이 그 의무의 어떠한 불이행을 보완하거나, 또는 매수인이 매도인이 행사한 이행의 인수를 거절하는 경우에는 대금감액을 주장할 수 없다는 조건을 결부해 두고 있다. 설령, 매도인이 손해배상책임을 감당하지 아니하는 경우에는 그 대금감액만 가능하고, 달리 손해배상책임을 지는 경우에는 대금감액권과 손해배상청구권을 선택하여 행사할 수 있다. 이 경우 대금감액권의 행사는 상대방에 대한 의사표시가 전제되어야 하며, 당해 의사표시는 발신주의에 의한다. 대금감액권의 행사는 경우에 따라 손해배상청구권과 양립할 수 있다. 이 경우 전제되어야 할 사항은, i) 매도인의 귀책사유에 의하지 않은 사유가 개입된 경우, 예컨대 불이행의 예견가능성(foreseeability), 불가항력(*force majeure*) 등에 기인한 경우에 매수인의 손해배상청구는 인정되지 않지만[제79조(손해배상책임의 면제)], 대금감액권은 그 행사가 인정된다고 하는 점, ii) 손해배상은 매도인 또는 법원의 인정이 요구되나, 대금감액은 매수인의 일방적인 선언(declaration)에 의해서도 행사될 수 있다고 하는 점, iii) 대금감액권은 매수인에게 발생한 경제적 손실에도 불구하고 행사할 수 있다고 하는 점, iv) 매수인이 다른 구제를 구하는 권리를 행사함에 있어서도 손해배상청구권은 인정된다고 하는 점 등이다.

[706] 대금감액권에 관한 PECL의 규정내용은, 먼저, i) 계약에 상응하지 아니하는 이행의 제공을 수령한 당사자는 대금감액청구권을 행사할 수 있도록 명시하고, 이는 이행이 제공될 당시에 그 이행가액을 계약에 상응하는 이행제공이 지녔을 가치와 비교하여, 그 감소분에 비례하여 감액할 수 있도록 하고 있다[제9:401조(대금감액권) (1)]. ii) 이에 따라, 만약 대금감액권을 보유한 당사자가 감액된 대금을 초과하는 금액을 이미 지급하였을 경우에는 상대방으로부터 그 초과액의 상환청구권을 행사할 수 있다[제9:401조 (2)]. iii) 그러나, 대금을 감액한 당사자는 이와 동시에 이행가치의 감소를 이유로 손해배상청구권을 행사할 수 없도록 규정하고 있으나, 이 경우에도 손해배상과 이자에 관한 규정체계[제9장 제5절]에 따라, 전보될 수 있는 한도에서 그가 입은 여하의 손실에 관한 손해배상청구권은 유지되는 것으로 두고 있다[제9:401조, (3)]. 이 같은 PECL의 규정체계는, 여타의 구제수단과 병립하여 대금감액청구권을 명시하고 있다고 하는 시각에서, 또한 모든 종류의 계약에 공히 적용될 수 있는 적용범위를 고려할 때, 단지 국제상사계

---

310) 계약해제에 관한 PECL 여타의 규정체계는, 제9:301조[계약해제권(right to terminate the contract)], 제9:302조[분할이행계약(contract to be performed in parts)], 제9:303조[해제통지(notice to termination)], 제9:304조[이행기전의 불이행(anticipatory non-performance)], 제9:305조[해제의 일반적 효과(effects of termination in general)] 등이다.

약(international commercial contracts)을 그 적용범위로 두고 있는 PICC의 상당규정[제7.4.1조(손해배상청구권) 내지 제7.4.3조(손해의 확실성)]에 비하여 보다 구체적인 입법체계를 마련해 두고 있다.

⑤ 손해배상

[707] CISG에서는 계약위반에 관한 구제로써, 양당사자에게 각각 손해배상청구권을 인정하고 있다[제45조(매수인 구제권의 총괄) (1), (b), 제61조(매도인 구제권의 총괄) (1), (b)]. 그렇지만, 손해배상청구권은 그 밖의 구제수단의 행사에 의해 상실되는 권리가 아니고, 오히려 동시에 양립할 수 있는 권리일 뿐만 아니라 [그 밖의 구제수단과 마찬가지로] 당해 권리를 행사함에 있어 양당사자의 불이행이 전제되는 경우라면 이에 족하고, 또한 이 경우에도 고의・과실에 기한 귀책사유의 여부는 문제되지 아니한다.[311]

[708] PICC 또한 계약이 취소되었는지의 여부와 관계없이, 취소의 사유를 알았거나 알았어야 했을 당사자는 계약이 체결되지 않았더라면, 당사자가 처해 있을 동일한 상태로 상대방을 원상회복시키기 위한 손해배상액에 관하여, 그 책임을 부담하여야 한다고 규정하고[제3.18조(손해배상)], 모든 불이행은 당해 불이행이 면책되는 경우를 제외하고, 피해당사자에게 배타적으로 또는 여타의 모든 구제수단과 병합하여 당해 손해배상청구권의 행사를 인정하고 있다[제7.4.1조(손해배상청구권)]. 한편, 손해배상범위에 관하여는 별도의 제한요건을 부가하지 않고, 다만 예견가능성의 법리를 채택하고 있음은 개별 계약법규범 공히 공통한 규정체계를 구성하고 있으나, 다만 손해배상의 방법과 관련하여, PICC에서는 피해당사자가 불이행의 결과로서 입은 '손해'에 관하여, '완전한 배상'(full compensation)을 받을 권리를 보장하고 있다. 이 경우 '손해'라고 함은, '피해당사자가 자신의 비용 또는 손해를 부담하지 아니함으로써 얻은 모든 이익을 고려해야 함을 전제로, 피해당사자가 부담한 모든 손실과 박탈된 모든 이익을 함께 포함하는 것'으로 명시하고 있다. 다만, 그 손해가 비금전적일 경우 '육체적 또는 정신적 고통'(physical suffering or emotional distress)을 포함하고 있다는 특징이 있다. 결국, 손해배상의 방법에 관하여 완전배상을 명시하고 있는 PICC의 당해 조문내용은 PECL에 비할 경우 주목되는 규정이다.

---

311) 손해배상책임의 면제를 규정하고 있는 제79조의 규정에 의할 경우 면책에는 위약금이나 손해배상예정(損害賠償豫定, liquidated damage)은 포함되지 않고 있다. 따라서, 손해배상 이외의 권리, 이를테면, 계약당사자의 이행청구권 및 계약해제권에 관한 연관규정을 포함하여, 연체된 금액의 이자 청구[제78조], 대금감액, 급부반환청구[제81조 (2)], 이익의 반환청구[제84조 (2)] 등은 여전히 존속한다.

⑥ CISG, PICC, PECL의 비교

[709] 국제상사계약의 법통일화 시각에서 살펴본 이상의 개별 계약법규범의 불이행에 대한 개별적 구제수단은, 대체로 유사한 규정체계 또는 내용을 담고 있다. 그렇지만, [앞선 내용에 비추어] 이하 PECL의 조문체계와 규정내용을 중심으로 그 구별되는 차이점 또는 시사점을 요약하면 다음과 같다.

[710] 먼저, 이행청구권에 있어 PECL은, i) 금전채무에 관하여, 채권자는 이행기가 도래한 금전을 지급받을 권리를 보유함과 동시에, [합리적인 대체거래를 행사할 수 있었을 경우와, 이행이 당해 사정에서 불합리한 경우 및 채권자 자신의 의무이행을 조건으로] 계약내용에 준한 급부청구권을 보장하고 있다[제9:101조(금전채무)]. 비금전채무에 관하여는, 결함이 있는 이행의 추완과 특정이행청구권을 행사를 보장하고 있다. ii) 이행유보는, 상대방과 동시에 또는 그 이후에 이행하여야 하는 당사자는 상대방이 이행을 제공하거나 이행할 때까지 그 이행을 유보할 수 있으며, 그 당사자는 자신의 급부 전체나, 당해 상황에 합리적인 부분만큼 거절할 수 있도록, 또한 상대방 채무의 이행기에 상대방에 의한 불이행의 행사가 명백한 경우에도, 마찬가지로 당사자는 그 이행을 유보할 수 있도록 하여, 여타 계약법규범에 비하여 그 권리에 관한 보다 상세한 규정내용을 보유하고 있다. iii) 계약해제는, PICC의 연관규정과 대체로 일치하고는 있으나, 수령물의 가치가 중대하게 손상된 경우에 물품의 거절, 물품을 수령하지 않았거나 거절한 경우에 당해 이행에 대한 대가로 기 지급한 금전에 대한 상환청구, 물품의 인도에도 불구하고 그 대가로서 반대급부를 수령하지 아니한 경우에 물품의 반환, 이행의 제공 이후에 반대급부를 수령하지 않은 경우에 그 합리적 평가액의 상환청구 등의 구체적인 조문내용을 담고 있다. iv) 대금감액권에 관한 PECL의 규정내용은, 우선 계약에 부적합한 이행을 수령한 경우에 대금감액청구권의 행사, 감액된 대금의 초과지급 시의 상환청구권, 대금감액권의 행사 이후에 이행가치감소의 사유에 따른 손해배상청구권의 제한, 손해배상과 이자에 관한 규정체계에 기하여 전보될 수 있는 한도 내에서 손해배상청구권의 존속 등을 명시하고 있다. v) PECL 및 개별 계약법규범 공히 손해배상범위에 관하여 별도의 제한요건을 부가하지 않고, '예견가능성의 법리'를 채택하고 있다. 다만, 손해배상의 방법과 관련하여, PICC의 경우에는 완전한 배상에 준한 권리를 보장하고 있는 특징이 있다. 이 경우 '손해'라고 함은 '모든 손실과 박탈된 모든 이익을 함께 포함하는 것'으로, 혹여 그것이 비금전적일 경우에는 육체적 · 정신적 고통을 포함한다. 이는 PECL에 견주어 주목할 수 있는 규정이다.

SUMMARY [*Article 65*]

Article 65 applies in cases where the contract leaves it to the buyer to specify features of the goods sold, such as dimensions, colour or shape. The provision addresses the problems that arise if the buyer fails to provide promised specifications by the date agreed upon or within a reasonable period of time after receipt of a request by the seller for the information.

제4장 위험의 이전

구분 및 내용	
제 4 편 물품의 매매	제25조~제88조
제1장 총 칙	제25조~제29조
제2장 매도인 의무	제30조~제52조
제3장 매수인 의무	제53조~제65조
제4장 위험의 이전	제66조~제70조
제66조 위험이전의 효과	
제67조 운송조항부계약과 위험의 이전	
제68조 운송 중인 물품의 매매와 위험	
제69조 기타 경우의 위험	
제70조 매도인의 계약위반과 위험의 이전	
제5장 매도인과 매수인에게 공통적으로 적용되는 규정	제71조~제88조

[711] 제3편[물품의 매매] 제4장[위험의 이전]은 물품의 멸실 또는 손해에 관한, 위험의 이전을 다루고 있다. 그 주요 내용은 위험이전효과, 운송조항부 계약과 운송 중인 물품의 매매와 위험, 그 밖의 경우 등이다.

■ SUMMARY [*Chapter Ⅳ*]

Chapter IV of Part III of the Convention deals with the passing to the buyer of the risk of loss of or damage to goods. The first article of the chapter (article 66) states the consequences for the buyer after such risk passes to the buyer. The following three articles (articles 67-69) set out rules for when the risk passes to the buyer. The final article of the chapter (article 70) states the allocation of the risk of loss or damage if the seller commits a fundamental breach. As a general rule, a seller that satisfies its obligation to deliver goods or documents (see Section I of Chapter II of Part III (articles 31-34), entitled 'Delivery of the goods and handing over of documents') will cease to bear the risk of loss or damage. The language used in chapter IV and in articles 31-34 is often identical. One decision therefore concludes that the same interpretation should be given to the word 'carrier' in articles 31 and 67. The rules in chapter IV apply without regard to whether the seller or the buyer owns the goods. Chapter IV therefore displaces domestic sales law that allocates risk to the 'owner' of the goods, although the outcome may be the same in any particular case under both the Convention and the domestic law.

왕은 다른 인민(人民)의 손해(損害)를 희생(犧牲)으로 하여, 인민에게 은혜(恩惠)를 베풀 수 없다.

066. 위험이전의 효과

Art. 66
Loss of or damage to the goods after the risk has passed to the buyer does not discharge him from his obligation to pay the price, unless the loss or damage is due to an act or omission of the seller.

제66조
위험이 매수인에게 이전된 후에 물품이 멸실, 손상되더라도 매수인은 대금지급의무를 면하지 못한다. 다만, 그 멸실 또는 손상이 매도인의 작위 또는 부작위에 기인한 경우에는 그러하지 아니하다.

[712] 제66조에 의하면, 물품의 멸실 또는 손상이 매도인에 의해 발생한 것이 아닌 이상, 물품의 멸실 또는 손상에 관한 위험이 매수인에게 이전된 이후라면, 매수인은 대금지급의무를 면하지 못한다. 본조는 대금지급의무를 다루지 않고 있으며, 이 경우 당해 의무는 제53조[매수인 의무의 총괄]에 의한다. 또한, 본조는 물품의 멸실 또는 손상에 관한 위험의 이전시기에 관하여도 다루지 않고 있다. 참고로, 위험의 이전시기는 [당사자 간의 계약내용에 의거하여] 제67조[운송조항부계약과 위험의 이전], 제70조[매도인의 계약위반과 위험의 이전]에서 이를 확정할 수 있는 규정을 명시하고 있다.

[713] 위험이 매수인에게 이전하는 효과와 관련하여, 매도인이 물품이 멸실 또는 손상되기 전에 당해 위험이 이전했음을 입증하는 경우 매수인은 물품대금을 다름없이 지급하여야 한다. 그러나, 반대로 매수인이 물품의 멸실 또는 손상이 매도인의 책임에 기인하였음을 입증하는 경우에는 [달리, 제66조를 원용하여 만약 위험이 이전한 것을 매도인이 입증하지 못하면] 매수인은 그 멸실 또는 손상된 물품에 관하여 대금을 지급할 필요가 없다.

[714] 그 밖의 조항에서도 매수인이 위험을 부담하는 효과를 명시적 또는 묵시적으로 언급하고 있다. 예컨대, 매수인이 물품을 수령한 후에, 계약에 부적합한 물품 또는 뒤늦게 발견된 불량품에 관하여 매도인에게 통지하지 않았을 경우에 매수인은 위험이 이전하는 시점에서 부적합 물품에 관한 입증책임을 부담하여야 한다.

[715] 매도인의 작위 또는 부작위로 발생한 멸실 또는 손상의 예외로서, 위험이 매수인에게 이전한 후에, 물품이 멸실 또는 손상되는 경우 매수인은 대금지급의 의무를 면하지 못하지만,

만약 이러한 멸실 또는 손상이 매도인의 작위 또는 부작위에 기인하여 발생하였다는 것이 입증되면, 제66조에 따라 이는 **불면책약관**(non-dischargability)312)의 예외로서 취급된다.

[716] 매수인의 대금지급의무에 관한 면책규정은, 위험이 이전하는 시점에서 물품의 부적합이 존재하는 경우[설령, 당해 부적합이 그 시점 후에 발견되더라도], 매도인의 계속책임[제36조 (1)]은, 매도인이 물품에 이러한 부적합이 존재하지 않았음을 보증하였음에도 불구하고, 그 부적합이 발견되는 경우 이에 상당한 매도인의 계속책임[제36조 (2)]과는 다름을 유의하여야 한다.

■ SUMMARY [*Article 66*]

Article 66 provides that the buyer is not discharged from the obligation to pay the price if the goods are lost or damaged after the risk has passed to the buyer unless the loss or damage was caused by the seller. Article 66 does not create the obligation to pay the purchase price; that obligation is set out in article 53. Article 66 is also silent as to when the risk of loss or damage passes. The parties' contract and articles 67-70 set out rules for determining when the risk passes.

판결례와 평가

- 적용범위 : 위험이전의 효과에 관한 기준
- 출처표시 : 「International Trade Arbitration Commission」(China), 『Unknown』, 1995.

1. 논점과 사실관계

① 본 사건은 제66조에 기하여 위험이 매수인에게 이전된 이후에 물품이 멸실 또는 손상되었을 경우 매수인의 대금지급의무를 명정하고 있는 사례이다. 본 사건에는 연관규정으로서 **제30조**[매도인 의무의 총괄]가 병합되어 있다. **매도인**[중국]과 **매수인**[미국]은 향수 원료인 '**자스미**

312) 참고로, '**채무자가 법률상 부담하게 되는 책임을 특히 면제 또는 경감하는 약관**'을 칭하여 '**면책약관**'(免責約款)이라 한다. 일례로, **선하증권**(船荷證券)이나 **보험증권**(保險證券) 등의 이면에 기재되는 보통 계약조항 중에 삽입되는 일이 많다. 그러나, 일반적으로 '**면책약관**'이라고 할 때에는 법률상 또는 그 해석상 당연히 면책될 사항에 관하여 의혹을 피하기 위하여 특히 기재하는 것, 예컨대, **지진약관**(地震約款)도 포함하고 있다. 법률상 부담하는 채무의 면제 또는 경감은 **해상운송인**(海上運送人)인 선박소유자의 **감항능력**[堪航能力, seaworthiness, 선박이 안전하게 항해하기 위하여 필요한 인적 · 물적인 준비를 갖추고 있는 것] · **담보의무**(擔保義務) 등과 같이 법률이 그 면책을 금지하고 있는 사항 이외는 채무자의 고의로 인한 손해 등을 제외하고는 일반적으로 유효하다.

날'[jasminal]에 관한 매매계약을 체결하였다. 인도조건은 CIF로 하였다.

② 매수인은 팩스로 매도인에게 물품의 민감성에 대하여 주의하여야 할 것과, 당해 물품을 고온에 보관하거나 또는 고온의 상태로 선적하지 말 것을 통보하였다. 이에 매도인은 선적항의 온도가 물품에 적절한 것인지의 여부를 확인한 이후 본 물품선적에 문제가 없다고 판단하고, 당해 물품을 홍콩을 경유하여 뉴욕까지 운송하였다.

③ 물품이 목적항에 도착한 후 하역과정에서, 운송인은 물품이 녹아지고 누설된 것을 발견하고, 즉시 매수인의 고객에게 물품을 인도하였으나, 고객은 당해 물품수령을 거절하였다. 이에 매수인은 보험사 및 매도인에게 본 사실을 통지하였다.

④ 목적항에서 검사결과에 의하면, 물품은 운송과정 중에 고온 때문에 손해가 발생한 것으로 판명되었다. 이에 매수인과 매도인 및 보험사는 협상을 통하여, 보험사와 매도인이 연대하여 매수인의 손해보상에 합의하였다. 아울러, 매수인은 매도인과 매도인이 추가적으로 매수인에게 일정한 손해금액을 배상한다고 합의하였다. 그러나, 매도인은 [당해 추가합의에도 불구하고] 이를 이행하지 않았다. 이에 매수인은 중재판정부에 중재를 신청하였다.

⑤ 중재판정의 과정에서 매도인은 매도인 의무의 총괄규정으로서 제30조 및 CIF에 의해 물품의 손실에 관한 자신의 책임을 부인하였다. 곧, 매도인은 유선상으로 선적에 적절한 온도를 운송인에게 통지하였다고 주장하고, 이에 그 책임을 운송인에게 전가하였다.

2. 판정요지

⑤ 중재판정부는, 양당사자의 영업소가 서로 다른 국가에 있으며, 당해 국가가 모두 체약국이기 때문에 CISG가 적용되는 것으로 판정하였다. 동시에, CIF에 있어 위험의 분기점은 물품이 본선난간을 통과하는 시점에서 당해 위험이 매도인으로부터 매수인에게 이전되나, 제66조에 의할 경우에 양당사자 간에 적절한 운송에 따른 '특별한 합의'[이 경우 물품의 특성 및 온도에 관한 사항]의 내용이 있었다면, 그 내용이 우선 적용된다고 판정하였다.

⑥ 나아가, 매도인이 직접적으로 물품을 선적하지도 않고, 또한 운송인에게 본 물품의 특성에 관한 충분한 통지를 하지도 않았기 때문에[이 경우 매도인은 그 자신이 적절한 통지를 하였다고 하는 주장에 관한 입증사실이 없었다], 매도인은 [계약내용에 비추어] 특별한 합의를 위반한 것으로 판정하였다. 이에 중재판정부는 매도인에게, 자신이 매수인에게 약속한 배상금액을 지급하여야 한다고

최종 판정하였다.

3. 해설

⑦ 제66조 제1문에 따라, 위험이 이전된 후에는 비록 물품이 멸실 또는 손상되었다고 하더라도, 매수인은 물품대금을 지급하여야 한다. 그러나, CISG에서는 이러한 원칙을 조각할 수 있는 두 가지 예외를 인정하고 있다. 그 하나는, 본조 제2문에 의거, 물품의 멸실 또는 손상이 매도인의 작위 또는 부작위에서 비롯된 것이었을 경우 매수인은 물품대금을 지급할 의무가 없다는 것이고, 다른 하나는, 이하 제70조[매도인의 계약위반과 위험의 이전]에 따라 매도인이 중대한 계약위반을 행하였을 경우 물품의 멸실이나 또는 손상여부와 관계없이 매수인은 이에 상당한 구제수단을 행사할 수 있다는 것이 그것이다.

⑧ 따라서, 위험이 이전된 이후에 물품이 멸실 또는 손상되었다고 하더라도, 매도인의 중대한 계약위반이 개입되어 있는 경우 매수인은 계약을 해제하거나, 달리 대체물 급부를 청구할 수 있다. 이에 따라 매수인은 계약해제 시에 물품을 반환하지 못하더라도 당해 물품대금지급 의무를 부담하지 않게 된다.

⑨ 본 사건에서 매수인은 사전에 매도인에게 물품의 민감성에 대하여 주의하여야 할 것과, 당해 물품을 고온에 보관하거나 또는 고온의 상태로 선적하지 말 것을 통보하였음에도 불구하고, 매도인은 이 같은 사실을 운송인에게 통지하지 않았다는 사실에 비추어 물품의 일치성에 관한 제35조를 적용할 경우에 있어서도 그 책임을 면하기 어렵다고 할 것이다.

067. 운송조항부계약과 위험의 이전

Art. 67

(1) If the contract of sale involves carriage of the goods and the seller is not bound to hand them over at a particular place, the risk passes to the buyer when the goods are handed over to the first carrier for transmission to the buyer in accordance with the contract of sale. If the seller is bound to hand the goods over to a carrier at a particular place, the risk does not pass to the buyer until the goods are handed over to the carrier at that place. The fact that the seller is authorized to retain documents controlling the disposition of the goods does not affect the passage of the risk.

(2) Nevertheless, the risk does not pass to the buyer until the goods are clearly identified to the contract, whether by markings on the goods, by shipping documents, by notice given to the buyer or otherwise.

제67조

(1) 매매계약이 물품의 운송을 포함하고, 매도인이 특정한 상소에서 이를 인도하여야 할 의무가 없는 경우에 위험은 매매계약에 따라 매수인에게 송부되기 위해서 물품이 최초운송인에게 인도되는 때에 매수인에게 이전한다. 매도인이 특정한 장소에서 물품을 운송인에게 인도하여야 하는 경우에 위험은 물품이 그 장소에서 운송인에게 인도되기까지 매수인에게 이전하지 아니한다. 매도인이 물품의 처분을 지배하는 서류를 보유할 권한이 있다는 사실은 위험의 이전에 영향을 미치지 아니한다.

(2) 그럼에도 불구하고, 위험은 물품이 화인, 선적서류, 매수인에 대한 통지 그 밖의 방법에 의하여 계약에 명확히 특정될 때까지 매수인에게 이전하지 아니한다.

1. 운송계약이 수반되는 매매계약

[717] 제67조는 운송계약이 수반되는 매매계약에서, 물품의 멸실 또는 손상에 관한 위험이 매수인에게 이전하는 시기를 다루고 있는 규정이다. 통상적으로 위험은, 매도인이 물품을 지정된 운송인에게 인도하는 때에, 매수인에게 이전된다. 위험의 이전은 매도인 또는 매수인이 물품의 소유권을 가지는지, 어느 당사자가 운송과 보험에 관한 의무를 부담하는지의 여부와는 관계가 없다. [위험의 이전이 매수인의 대금지급의무에 미치는 영향에 관해서는, 제66조에서 본 바와 같다] 한편, 매도인이 중대한 계약위반을 범하는 경우에 위험이전에 관한 사항은, 제70조[매도인의 계약위반과 위험의 이전]에서 규정하고 있다.

[718] 계약당사자는 **제6조**[계약에 의한 배제 또는 변경]에 따라, 본조의 효력을 감퇴 · 변경하기로 합의할 수 있으며, 또는 **제9조**[관행과 관습의 구속력]에 의거, 본조의 효력을 감퇴시키는 관행이나 관습에 구속될 수 있다. 실례로, **정형거래조건**[예컨대, FOB 또는 CIF 등]이 본조 (1)과 일치하지 않은 경우에는 제6조에 따라, 당초 양당사자의 합의가 우선된다.

[719] 본조에서는 매매계약이 운송계약을 수반하는지에 관하여 언급하지 않고 있다. 참고로, 이 경우 **제31조**[물품인도장소] (a)는 운송계약이 수반되는 매매계약의 경우에 매도인이 **'최초운송인'**(first carrier)에게 물품을 인도한 때에, 물품인도의무가 완료되는 것으로 규정하고 있다.

[720] **제68조**[운송 중인 물품의 매매와 위험]는 물품이 운송되는 과정에서 **판매**[매각(賣却)]되는 경우 위험이전을 규정하고 있다. 그러므로, 운송 중의 물품에 관한 매매계약은 본조에 언급된 운송계약이 수반되는 매매계약이 아니라고 할 것이다.

[721] 차후의 운송에 관하여, 명시 또는 묵시적으로 규정하고 있는 매매계약은 운송계약을 수반하고 있는 것으로 취급된다. 따라서, 계약당사자는 매매계약에서 물품이 운송될 것을 명시적으로 규정할 수 있다. 예컨대, 매도인이 물품을 최초운송인에게 인도하는 의무를 규정하고 있는 **정형거래조건**[Incoterms]과 같은 인도조건을 삽입시키는 것은 가장 효율적인 방법일 수 있다.

2. 위험의 분배

[722] 본조 (1)은 두 가지 다른 경우에 관한 규칙을 규정하고 있다. 첫 번째는, 매도인이 지정된 장소에서 운송인에게 물품을 인도하는 의무가 없는 경우의 규칙이며[본조 (1) 제1문], 두 번째는, 매도인이 그러한 의무가 있는 경우의 규칙이다[본조 (1) 제2문]. 이 양자의 경우에는 매도인이 지정된 운송인에게 물품을 인도할 때에, 위험이 매수인에게 이전한다.

3. 매도인이 지정장소에서 운송인에게 물품을 인도하는 의무가 없는 경우

[723] 매도인이 지정장소에서 운송인에게 물품을 인도하는 의무가 없는 경우에는 물품이 최초운송인에게 인도될 때에, 매수인에게 물품의 멸실 또는 손상에 관한 위험이 이전한다. 이 조항은 매도인이 제31조 (a)의 규정에 따라 물품을 인도하는 의무와 같다.

4. 매도인이 지정장소에서 운송인에게 물품을 인도하는 의무가 있는 경우

[724] 본조 (1)의 제2문에 의하면, 매도인이 지정장소에서 운송인에게 물품을 인도하는 의무

가 없는 경우에는 물품이 운송인에게 인도될 때에, 위험이 이전된다.

5. 매도인의 서류의 유보

[725] 본조 (1)의 제3문에 의하면, 매도인이 물품을 처분함과 관련된 서류를 유보하는 것은 본조상 위험의 이전에 관하여 그 어떠한 영향도 미치지 아니한다.

6. 물품의 확정

[726] 본조 (2)는 물품이 계약물품으로 확정되는 것을 위험이전의 조건으로 두고 있다. 이러한 규칙을 명정해 둔 이유는, 매도인이 손상된 물품을 계약물품으로 확정하는 것을 방지하기 위해서이다.

SUMMARY [*Article 67*]

1. Article 67 provides rules governing the time at which the risk of loss or damage passes to the buyer if the contract of sale involves carriage of the goods. In general, the risk passes to the buyer when the seller hands over the goods to the specified carrier. The risk passes without regard to whether the seller or the buyer has title to the goods, and without regard to who is responsible for arranging transport and insurance. The consequence of the passing of the risk on the buyer's obligation to pay is dealt with in article 66. The effect on the passing of risk in cases where the seller commits a fundamental breach is addressed in article 70.

2. Article 67 states a generally accepted international rule. A constitutional court, hearing a challenge to a similar domestic rule on the ground that it was inconsistent with the constitutional principle of equality, cited articles 31 and 67 of the Convention as evidence of general acceptance.

3. Under article 6 the parties may agree to derogate from the provisions of article 67, or they may be bound by usages of trade or a course of dealing that derogate (article 9). If the parties' agreement is consistent with article 67, courts frequently cite the article. This is also true when the parties agree on trade terms that address the passage of risk. Decisions have found the terms 'CIF', 'CFR' and 'list price ex works' to be consistent with article 67 (1). If the trade term is inconsistent with article 67 (1), the parties' agreement prevails in accordance with article 6. Thus, although the goods in the particular case were handed over to a third-party carrier, a court did not apply article 67 in a case where the parties agreed that the goods would be delivered 'free delivery', which the court construed to mean that the seller undertook to deliver the goods to the buyer's place of business.

판결례와 평가

- 적용범위 : 운송계약부 조항과 위험의 이전에 관한 기준
- 출처표시 : 「U.S. District Court, S.D.」(USA), 『Civ. 9344 (SHS)』, 2002.

1. 논점과 사실관계

① 본 사건은 CIF로 매매계약이 체결되었으나, [계약내용에 비추어] Incoterms에 따른다는 취지의 명문규정이 존재하지 않고, 또한 매도인은 물품대금지급 시까지 물품의 소유권을 유보하고 있는 경우 Incoterms에 의한 CIF에 따라 그 위험이 이전된다고 판단되어야 할 것인가에 관한 사례이다.[313)] 매도인[독일]과 매수인[미국]은 자기공명영상(magnetic resonance imaging : MRI) 시스템을 계약의 목적물로 하여 매매계약을 체결하였다. 본 계약의 준거법은 독일법으로 합의되었다. 정형거래조건은 'CIF New York'으로 명시되어 있었는데, 다만 국제상업회의소(ICC)가 정한 Incoterms에 따른다는 취지는 명시되어 있지 않았다.

② 한편, 계약내용에는 지정목적항에서의 통관 및 통관 이후 매수인의 영업소까지 운송은 매도인이 수배하고 그 비용을 부담하도록 하였다. 또한, MRI 부속품과 옵션을 포함한 모든 부속기기는 독일에서 본 시스템 일체에 손상이 없다는 것과, 또한 MRI가 정상적으로 기능하는 것이 확인된 후에 선적하는 것으로 하였는데, 그럼에도 최종목적지에 도착했을 때는 중대한 손상이 발생되었고, 이에 MRI의 근본적인 수리가 필요한 상황이었다.

③ 물품대금은 계약 시의 전도금, 선적 전 일부지급, 매수인에 의한 최종 물품수령검사 종료 후 지급 등의 3회차 분할지급을 약정하고, 나아가 매도인은 물품대금이 완전히 지급될 때까지는 당해 MRI를 포함하여 일체의 부속기기 전부에 대해 그 소유권을 유보할 수 있도록 하였다. 매수인은 본건 전체 시스템에 대해 보험에 가입했으며, 이에 보험사는 이 시스템 보수비용에 상당하는 금액을 매수인에게 지급했던 이유에서 보험사는 매수인을 대위해서 매도인을 상대로 본건 소송을 제기하였다.

---

313) ① 「Amtsgericht Duisburg」(Germany), 『49 C 502/00』, 2000.
② 「Oberlandesgericht Schleswig」(Germany), 『11 U 40/01』, 2002.
③ 「Bundesgerichtshof」(Germany), 『VIII ZR 67/04』, 2005.

2. 판결요지

④ 법원은, 본건의 거래조건은 'CIF New York'으로 합의되었으나, Incoterms에 의한다는 명확한 규정은 없었다. 그러나, 당사자가 본건에서와 같이 합의한 CIF는 다름없이 Incoterms에서 정해진 기준이며, 설령 본건 계약내용에서와 같이 Incoterms에 준거한다는 취지의 확인이 없는 경우라고 하더라도 본건은 Incoterms의 기준에 따라 해석해야 한다고 판시하였다. 곧, 법원은 ICC가 Incoterms를 제정한 목적은 국제상거래에서 공통적으로 사용되는 정형거래조건의 기준을 제공하는 것에 있으며, 본건에 관해서도 [준거법인 독일법에 비추어] 당사자가 합의한 CIF에 관해서는 Incoterms에 따라 해석하여야 할 것인 바, 따라서, 본 시스템 일체에 관한 위험부담은 선적항에서 이 시스템을 본선에 적부한 시점에서 매도인으로부터 매수인에게 이전되었다고 설시하였다.

⑤ 한편, 법원은, 매수인은 본 시스템 일체에 대해서 물품대금이 완제될 때까지 매도인이 소유권을 유보하는 것으로 합의하였고, 또한 매수인은 물품수령 이후 본 시스템의 검수를 거쳐 최종 인도한다는 합의는 Incoterms에 기한 CIF에서 위험의 이전시기를 변경하는 합의라고 주장하고 있지만, Incoterms하에서의 해석과 마찬가지로, CISG에서는 위험부담의 이전은 소유권 귀속과 관계없이 독립해서 발생하는 것으로 규정하고 있음을 지적하였다.

⑥ 결국, 법원은 본 사건에 대해서 Incoterms에 기하여 CIF와 다른 당사자의 합의가 있었다고는 인정할 수 없고, 나아가 지정목적항에서의 통관과 이후 최종목적지까지의 내륙운송을 매수인이 수배하여, 그 비용을 부담하기로 합의한 사실은 단순히 당사자 간의 계약내용에 준한 별단의 합의로 취급할 수 있음에 따라, 본건이 CIF에서의 위험부담의 이전시기에 대한 예외를 정한 특약이라고는 인정할 수 없다고 최종 판시하였다.

3. 해설

⑦ 제67조 (1)은 운송을 수반하는 매매계약에서 위험부담의 이전에 대해 규정하고 있는 규정으로서, 무엇보다도 당사자의 합의를 우선하고 있다는 점에서 당사자가 CISG와 다른 합의를 한 경우는 그 다른 합의의 내용이 우선 적용된다[연관규정으로서 제6조(계약에 의한 배제 또는 변경)]. 통상의 무역거래에서는 ICC의 Incoterms가 가장 보편적으로 널리 활용되고 있다. 그럼에도 불구하고, 설령 Incoterms와 다른 별단의 무역거래조건으로 합의하고자 하는 경우에는 [본 사건에서의 시사점으로서] 장래의 분쟁에 대비하여 명확한 근거 내지 조건의 합의가 필요할 것이다.

068. 운송 중인 물품의 매매와 위험

Art. 68
The risk in respect of goods sold in transit passes to the buyer from the time of the conclusion of the contract. However, if the circumstances so indicate, the risk is assumed by the buyer from the time the goods were handed over to the carrier who issued the documents embodying the contract of carriage.
Nevertheless, if at the time of the conclusion of the contract of sale the seller knew or ought to have known that the goods had been lost or damaged and did not disclose this to the buyer, the loss or damage is at the risk of the seller.

第68조
운송 중에 매각된 물품에 관한 위험은 계약체결 시에 매수인에게 이전한다. 다만, 특별한 사정이 있는 경우에 위험은 운송계약을 표창하는 서류를 발행한 운송인에게 물품이 인도된 때로부터 매수인이 부담한다. 그럼에도 불구하고, 매도인이 매매계약의 체결 시에 물품이 이미 멸실 또는 손상되었다는 사실을 알았거나, 알았어야 했고 또한 이를 매수인에게 밝히지 아니한 경우에는 그 멸실 또는 손상은 매도인의 위험에 속한다.

[727] 第68조는 물품이 운송과정에서 매각되는 경우 위험의 이전시기에 관하여 다루고 있다. 통상의 일반원칙에 의하면, 위험은 계약체결 시에 이전한다. 그러나, 해당[적용(適用)]되는 경우 위험은 물품이 운송인에게 이전될 때에 이전한다. 만약, 계약체결 시에 매도인이 물품의 손실이나 손해를 알고 있었거나, 알았어야 하면서도 매수인에게 이러한 사실을 알려주지 않는 경우에는 응당 매도인이 당해 위험을 감수하여야 한다.

[728] 당사자 간에 운송 중의 물품에 관하여 매매계약을 체결하는 경우 위험이전은 통상 계약체결 시에 이루어진다. 이 경우 운송은 그 수단에 관계없이 육상운송 · 해상운송 · 항공운송 · 도로운송 · 복합운송(multimodal transport)[314] 모두를 포함한다.[315] 그러나, 컨테이너(container)[316]로

314) '복합운송'(複合運送)은, '특정의 운송품이 둘 이상의 종류가 다른 운송수단에 의하여 잇달아 운송되는 경우'를 말한다. 또 그 운송의 일관성을 강조하여 '일관운송'이라고도 한다. '복합운송'은 원래부터 단일계약에 의해 연속되는 운송을 내용으로 하여 성립되는 것이므로 송화인 스스로가 아니면 여러 운송인을 자신의 대리인으로 하여, i) 각 구간에서 별개의 운송계약을 체결하는 경우[부분운송(部分運送)], ii) 특정 운송수단의 운송인이 다른 종류의 운송수단에 의한 하도급 운송으로 하여 이용하는 경우[하청운송(下請運送)], iii) 다른 운송수단에 의한 운송인도 동시에 운송을 인수하는 경우[동일운송(同一運送)] 및 iv) 후속하는 다른 운송수단에 의한 운송인이 각각 최초의 운송계약 관계에 참가하는 경우[연대운송(連帶運送)]로 대별된다.

운송하는 경우에는 발생된 물품의 멸실 또는 훼손이 계약체결 이전에 있었는지 이후에 있었는지를 판단하기 어려울 때가 많다. 이 경우 위험이전 시에 물품에 하자가 없었음을 입증해야 하는 당사자는 매도인이므로, 매도인은 이에 상당한 위험을 감수하여야 한다.

[729] 특단의 사정이 있는 경우 운송계약상의 서류를 발행한 운송인에게 물품이 인도된 때에

---

315) 참고로, '해운'(海運, Carriage by Sea, Shipping, Ocean Shipping, Sea Transportation, Marine Transportation)이라 함은, '해상운송(海上運送)의 약어(略語)'이다. 요컨대, '해상운송'이란, '운송의 하나로서 바다를 통로(通路)로 하고 선박을 운반구(運搬具)로 하여 선박기관(船舶機關)을 동력하는 운송'을 말한다. 이 같은 '해상운송'이 통로로 하는 바다[해상(海上)]란, '호천(湖川)과 같은 내수(內水) 및 항만을 제외한 수면(水面)'을 의미한다. 호천이나 항만에서 이루어지는 운송은 우리 상법 상 육상운송(陸上運送)에 속한다. 그러나, 해상운송을 주체로 하는 기업을 포괄적으로 해운업(海運業)이라고도 하는데, 이에는 선박소유자(船舶所有者), 선박임차인(船舶賃借人), 정기용선자(定期傭船者)는 물론 항해용선자(航海傭船者), 재운송인(再運送人), 운송주선인(運送周旋人) 등이 해상운송의 주체가 될 수 있는 바, 이들을 통틀어 '해상운송인'(海商運送人)이라고 지칭한다. 이 경우 '해상운송인'이란, '해운업자(海運業者)라는 뜻이기 보다는 송화인(送貨人)이나 용선자(傭船者)와 운송계약(運送契約)을 체결하는 당사자'를 뜻한다. '해상운송계약'(海上運送契約)이 영업으로 영위될 때에는 상행위(商行爲)가 된다. '해상운송계약'은, '당사자의 한쪽이 상대방에 관하여 물건[물품(物品)]이나 여객(旅客)의 장소적 이전(移轉)을 약정하는 것'인 바, 그 근본은 용역 급부의 약속이며, 그 용역의 결과인 장소적 이전의 완성에 관하여 보수를 지급하는 것이므로 '도급계약'(都給契約)에 속한다. '해운'이란 기 언급한 바와 같이 '해상운송'이라는 말의 약어임에 틀림없으나, 실무상 막연히 '해운'이라고 하면 일반적으로 단순한 '해상운송'만이 아니라 그에 부수되는 여러 가지 업무를 포괄하는 개념으로 사용되는 경우가 많다.

316) 국제표준화기구[國際標準化機構, International Organization for Standardization (ISO)]의 '컨테이너' 정의에 따르면, '컨테이너란 내구성 및 반복사용에 견딜 만한 강도를 갖고 있고, 물품수송을 하나 이상의 수송방식에 연계할 수 있으며, 도중에 재차 채워 넣음 없이 물품수송을 하도록 특별히 설계되어진 것을 말한다'고 되어 있는데, 세부적으로는 취급내용이 특히 한 운송방식에서 다른 운송방식으로 바뀔 경우 용이한 취급이 가능한 장치가 부착되고 물품을 채워 넣고 빼내는데 용이하게 설계되었으며, 35.3㎥ 이상의 용적을 가진 수송설비를 요건으로 한다. 또한 ISO 규격에 의하면 '컨테이너'를 그 길이에 따라 20ft, 40ft, 45ft 등으로 구분하고 있는데, 이중 20ft를 TEU(Twenty-Foot Equivalent Unit)라 하여 화물을 산출하기 위한 표준단위로 삼고 있다. 이 단위는 '컨테이너' 선박의 최대적재용적의 표시와 운임지급의 기준이 된다. '컨테이너'에 의한 해상운송방식은 운송의 신속화, 안정성과 함께 비용절감이라는 장점을 가지고 있다. 현재는 국제적으로 화물수송의 주종을 이루고 있다. '컨테이너'는 포장·보관·하역·운송 등 화물유통의 전 과정을 일관 수송할 수 있는 혁신적인 수송도구로 현대 화물수송의 주종을 이루고 있다. '컨테이너' 운송의 장점으로는 신속성·안전성·경제성을 들 수 있다. 하역 및 운송기간의 단축 및 화물의 관리를 신속·용이하게 할 수 있으며, '컨테이너' 그 자체가 운송용구로서 멸실 및 손상의 위험을 줄일 수 있을 뿐만 아니라 이는 해상운송에 있어 위험요소의 감소를 통한 보험료 절감을 이룰 수 있다. 또한, 포장비 및 보관비의 절감 등 경제적 효율성을 증진시킬 수 있다. 그러나, '컨테이너' 운송의 단점은 이용할 수 있는 화물이 제한되어 있고, '컨테이너' 전용시설확보에 따른 경비부담 그리고 '컨테이너' 및 제반 설비의 관리문제 등과 관련한 한계점을 가지고 있어서 모든 수출·입 화물 운송이 '컨테이너'화 되기에는 많은 어려움이 있다. '컨테이너' 운송의 최적상품으로는 고부가가치 상품인 전자제품, 피복류, 의약품이 해당되며, 적합상품으로는 철제류·피혁제품·일반 소비재 등이 되고 부적합상품으로는 중량물·장척물(長尺物) 등을 포함하여 단가가 낮고 일시 대량수송이 경제적으로 유리한 물품인 예컨대, 양곡·광석 등을 들 수 있다. '컨테이너'는 화물의 종류·주된 수송기관·구조·재질·적재량·모양 등에 따라 여러 가지가 있는데, 용적 3㎥ 이하의 것을 소형, 그 이상을 대형이라고 부른다. '컨테이너' 수송이 갖고 있는 장점으로서는 하역의 기계화·포장비 절감·도난방지 등을 들 수 있다. 일단 적입(積入, vanning, stuffing)하면 재작업 없이 '문전에서 문전'(door to door)까지 수송할 수 있다는 점이다.

위험이 이전될 수 있는데, 여기에 해당할 수 있는 **'특단의 사정'**에는, 이를테면, 매도인이 운송보험에 부보하여 매수인에게 이를 양도함으로써 매수인이 계약체결 이전에도 보험상의 피보험자로서의 지위를 담보하고 있는 경우를 예시할 수 있다. 또한, 운송계약을 표창하고 있는 서류는 물품의 처분권을 보유하고 있는 서류[**예컨대, 선하증권**(船荷證券)]뿐만 아니라 운송계약이 체결되었음을 증명하는 서류이면 모두가 가능하다.

■ SUMMARY　[*Article 68*]

Article 68 provides rules for the time when risk passes if goods are sold while in transit. The general rule is that the risk passes from the time the contract of sale is concluded. If, however, the circumstances so indicate, the risk is deemed to have passed when the goods were handed over to the carrier. Only if the seller knew or ought to have known that the goods were lost or damaged at the time the contract was concluded and did not inform the buyer will the risk remain with the seller. Although article 68 has been cited in reported decisions, these decisions do not interpret its contents.

판결례와 평가

- 적용범위 : 운송중인 물품의 매매와 위험이전에 관한 해석
- 출처표시 : 「China International Arbitration Commission」, 『Unknown』, 1997.

1. 논점과 사실관계

① 중국에 영업소를 둔 당사자 간에 물품매매의 합의가 구두로 이루어진 후에 정식 매매계약서가 교환되었다. 그 사이에 물품의 선적이 이루어지고 정식계약이 체결되었을 때 본선은 이미 출항한 상태였다. 본 사건은 이 경우 물품의 위험부담이 어느 때에 매도인으로부터 매수인에게 이전되었다고 판단하여야 하는 지를 다루고 있는 사례이다.

② 당사자 모두는 중국에 영업소를 둔 회사로 외국무역에 종사할 수 있는 자격을 가진 상인이다. 두 회사는 1996년 1월 페루산 어분 매매에 관해 협의를 시작하였고, 매도인은 동년 1월 구두로 매매계약이 성립되었다고 주장하였다. 1월 30일 페루항에서 선적이 완료됨과 동시에 무사고선하증권이 본선 대리인으로부터 발행되었고 본선은 페루를 출항했다. 2월 5일 매도인은 매수인에게 CIF로 물품가격을 명시하고 이에 확정청약서를 송부했다. 2월 6일 매수인은 매도

인에게 본건 매매계약을 체결하기 위한 계약서를 요구했다. 이에 매수인은 2월 12일 계약서에 서명한 후 이를 매도인에게 팩스로 송부하였고, 매도인은 그 자신이 서명한 것을 매수인에게 다시 팩스로 송부하였다.

③ 그러나, 매수인은 계약의 내용에 오류가 있었음을 발견하고, 이를 매도인과 이미 합의하였다는 사실을 기초로 계약내용을 변경하고, 2월 15일에 그 내용을 확인하였다. 이후 실제로 매매계약서가 양당사자의 확인을 거쳐 최종적으로 체결된 것은 3월 6일이었다.

④ 매수인은 2월 17일 본건 결제를 위한 신용장을 개설했다. 매매계약에는 'CIF major ports in China'로 특정되었고, 선적일은 'Before 31 January 1996'으로 명기되었다. 본선은 운송도중에 환적을 위해 체류한 미국 로스앤젤레스에서 불법행위에 의해 24일간 구류처분을 받아 실제로 본 물품이 중국 항구에 도착한 것은 1996년 6월이었다.

⑤ 매수인은 이 같은 본선의 이례적인 항해일수 장기화로 인한 인도기일 지연을 이유로 당해 물품수령을 거절하였다. 이에 매도인은 당해 물품을 제3자에게 매각처분함과 동시에, [매매계약서상 중재합의조항에 따라] 본건으로부터 비롯된 손해배상을 청구하기 위해 중재를 신청하였다.

2. 판정요지

⑥ 본건 중재판정부는, 중국계약법 제10조에서는 '**매매계약의 성립시기에 관하여 당사자가 당해 거래조건에 대하여 합의하고 또한 그 서면에 서명했을 때**'라고 규정하고 있다.[317] 따라서, 본건에서 당사자 간에 매매계약이 성립한 것은 당해 기본조건에 대하여 당사자 간에 합의가 성립된 2월 12일이며, 구두로 매매합의가 성립했다는 매도인의 주장은 인정할 수 없다. 이에 논외 사안으로 제68조에 의할 경우에도 물품의 위험은 당사자 간 계약체결 시에 매도인으로부터 매수인에게 이전했다고 볼 수 있다고 판정하였다.

⑦ 또한, 매수인은 본선이 항해에 견딜 수 있는 것이 아니었다는 점에서 [곧, 감항성 담보의무의 위반에 기하여] 현저한 도착지연이 발생하였고, 이에 운송계약을 체결한 매도인에게 그 책임이 있다고 주장하고 있는 바, 본 사안과 관련하여 중재판정부는, 본건에서 매도인은 CIF에 기한

317) CLPRC(Contract Law of the People's Republic of China), Art. 10(Forms of Contract; Writing Requirement) : "A contract may be made in a writing, in an oral conversation, as well as in any other form. A contract shall be in writing if a relevant law or administrative regulation so requires. A contract shall be in writing if the parties have so agreed."

상관습에 따라 본선의 **내항증명서**(certificate of seaworthiness)를 확인했다는 사실에 비추어 매도인의 과실은 인정할 수 없다고 판정하였다.

⑧ 나아가, 매도인은 당해 매매계약에 따른 매도인으로서의 의무를 충실히 이행했다는 점에서 매수인의 계약해제는 인정할 수 없다. 이에 매수인은 매도인이 입은 손해를 배상할 의무가 있고 이에 매수인의 주장은 배척한다고 최종 판정하였다.

3. 해설

⑨ 제68조는 운송 중인 물품의 매매거래에 있어서 위험의 이전시기에 대해서 규정하고 있다. 원칙은 매매계약의 체결 시에 당해 위험이 이전되는 것으로 규정하고 있으나, 운송보험계약이 존재하는 등과 같이 운송계약을 증명하는 서류를 발행한 운송인에 대해서 물품이 교부되었을 때부터 매수인이 위험을 인수하는 것을 상황을 통해 알 수 있는 경우에는 매도인이 운송계약을 표시한 서류를 발행한 운송인에게 물품을 교부한 때로 소급하여 매수인에게 그 위험이 이전된다. 다만, 매도인이 계약체결 시에 알고 있었거나 혹은 알았어야 할 물품의 멸실이나 그 훼손을 매수인에게 통지하지 않았던 것에 대해서는 매도인이 그 멸실이나 훼손에 대한 책임을 부담한다.

⑩ 본건에서 위험부담의 이전시기를 의미하는 '**계약체결 시**'란, 중국이 **제11조**[계약의 형식], 곧 계약방식자유의 원칙을 유보를 하고 있는 까닭에 당사자 간에 구두의 합의가 성립된 시점이 아니라, 합의가 기재된 서면에 서명한 때라고 중재판정부는 결론을 내리고 있다. 한편, 정형거래조건이 CIF이었다는 점을 고려할 경우 응당 제68조 제2문이 적용되었어야 할 것으로 판단된다.

동의(同意)의 성립(成立)을 방해(妨害)하는 것으로 폭력(暴力)과 공포(恐怖)와 같은 것은 없다.

069. 기타 경우의 위험

Art. 69

(1) In cases not within Arts 67 and 68, the risk passes to the buyer when he takes over the goods or, if he does not do so in due time, from the time when the goods are placed at his disposal and he commits a breach of contract by failing to take delivery.

(2) However, if the buyer is bound to take over the goods at a place other than a place of business of the seller, the risk passes when delivery is due and the buyer is aware of the fact that the goods are placed at his disposal at that place.

(3) If the contract relates to goods not then identified, the goods are considered not to be placed at the disposal of the buyer until they are clearly identified to the contract.

제69조

(1) 제67조와 제68조에 해당되지 아니하는 경우에 위험은 매수인이 물품을 수령한 때, 매수인이 적시에 이를 수령하지 아니한 경우에는 물품이 매수인의 처분하에 놓이고 또한 매수인이 이를 수령하지 아니하여 계약위반을 범하게 된 때 매수인에게 이전한다.

(2) 그러나, 매수인이 매도인의 영업소 이외의 장소에서 물품을 수령하여야 하는 경우에 위험은 인도기일이 도래하고, 물품이 그 장소에서 매수인의 처분하에 놓인 사실을 매수인이 안 때에 이전한다.

(3) 불특정물에 관한 계약의 경우에 물품은 계약에 명확히 특정될 때까지 매수인의 처분하에 놓이지 아니한 것으로 본다.

[730] 제69조는 앞선 제67조[운송조항부 계약과 위험의 이전]와 제68조[운송 중인 물품의 매매와 위험]에서 언급하고 있지 않은 위험이전의 시기에 관하여 규정하고 있다. 본조 (1)은 매도인의 영업소에서 인도하는 경우, (2)는 그 밖의 경우를 다루고 있다. 위험의 이전이 매수인의 대금지급의무에 미치는 영향은, [앞서 본 바와 같이] 제66조[위험이전의 효과]에서 규정하고 있다. 매도인이 중대한 계약위반을 범하는 경우 위험이전의 효과는 제70조[매도인의 계약위반과 위험의 이전]에서 다루고 있다.

[731] 본조는 제67조와 제68조가 적용되지 않는 경우에만 적용된다. 제67조는 운송계약이 수반되는 매매계약과, 본조의 범위를 넘어 제67조의 규정범위에 속하는 경우를 규정하고 있다. 곧, 본조는 매도인이 직접 운송차량을 수배하여 물품을 운송하거나, 제3의 운송인을 통해 운송

하는 경우 이 모두를 포함한다. 통상적으로, 어떤 특정한 경우에 어느 조항이 적용되어야 하는지는, 당사자 간의 합의를 기초로 합리적인 해석을 통해서 판단하여야 한다.

1. 매도인 영업소에서 물품의 인도

[732] 매도인 영업소에서 물품을 인도하는 경우와 관련하여, 본조 (1)에 따르면, 매수인이 물품을 수령하는 시점에 위험이 매수인에게 이전한다. 매수인이 물품을 수령하지 못했을 경우에는 본조 (1)에 따라 물품이 매수인의 임의처분하에 놓인 때, 곧 매수인이 물품을 수령하지 않음으로 인해 계약을 위반하는 시점부터 위험이 매수인에게 이전한다.

2. 그 밖의 장소에서 물품의 인도

[733] 본조 (2)는 매수인이 매도인의 영업소 이외에 그 밖의 장소에서 물품을 인도하는 경우를 다루고 있다. 이 경우에 위험은 인도시기가 도래하고, 매수인이 물품이 자신의 임의처분하에 놓인 것을 알았을 때 이전한다. 이 경우 본조 (3)에 의하면, 계약이 아직 특정되지 아니한 물품과 관련되어 있는 경우에는 물품이 계약에 명확히 특정되기까지는 당해 물품이 매수인의 임의처분하에 놓이지 아니한 것으로 취급된다.

[734] 본조 (2)에는 '**제3자 창고에서 물품의 인도**', '**매도인 영업소나 매수인 영업소 이외의 기타 장소 또는 매수인 영업소에서 물품을 인도**'하는 경우를 다루고 있다. 실례로, 매수인이 계약에 의한 신용장을 개설하지 않은 경우에 매도인이 물품을 보관함으로써, 합의에 따라 **국경인도조건**(DAF)으로 물품을 매수인에게 인도하거나, 매수인의 임의처분 상태로 놓아두지 않았기 때문에 멸실위험을 부담하여야 한다고 판시한 사례가 있다.

■ SUMMARY [*Article 69*]

1. Article 69 provides residual rules on the time of passing of risk in cases not covered by the preceding two articles of the Convention. Paragraph (1) covers cases where delivery is to take place at the seller's place of business, while paragraph (2) addresses all other cases. The consequence of the passing of the risk on the buyer's obligation to pay is dealt with in article 66. The effect on the passing of risk in cases where the seller commits a fundamental breach is addressed in article 70.

2. Article 69 applies only if the preceding two articles of the Convention do not apply. Article 67 governs cases where the contract of sale involves carriage of goods, and cases falling within that provision are thus beyond the scope of article 69. If the contract of sale is silent as to the carriage of goods, however, article 69 rather than article 67 will govern the passing of risk. This is true whether or not the buyer arranges for subsequent transportation of the goods by its own vehicles or by a third-party carrier. Which article applies in a particular case often turns on interpretation of the parties' agreement. A court concluded that a contract where the seller agreed to deliver the goods under the 'DAF' ('Delivery at Frontier') Incoterms, an arbitral tribunal found that article 69 (2) rather than article 67 governed the issue of when risk passed.

판결례와 평가

- 적용범위 : 기타 위험에 관한 기준
- 출처표시 : 「Oberlandesgericht Hamm」(Germany), 『19 U 127/97』, 1998.

1. 논점과 사실관계

① 당사자는 가구를 계속적으로 거래하고 있었는데 매수인이 발주한 가구는 창고에 일단 보관되고, 그 후 매수인의 지시에 따라 지정장소로 납입되었다. 그러나, 창고회사는 도산하였고 이후 재고로 있던 가구는 소실되었다. 본 사건은 이 경우 어느 당사자에게 위험부담에 관한 책임을 귀속시킬 것인가를 다루고 있는 사례이다.[318)]

② **매도인**[오스트리아]과 **매수인**[독일]은 지속적으로 가구를 거래해왔으며, 매수인의 지시에 따라 매도인은 헝가리제 가구를 헝가리 창고에 기탁하고, 그 후 매수인의 지시로 물품을 매수인에게 인도하는 과정을 거쳤다. 본건에 기하여 매도인은 창고에 본건 가구가 기탁된 시점에서 창고송장을 매수인에게 발송했고, 이에 창고에서 출고되어 매수인이 수령한 물품에 대해 대금이 결제되었다. 창고 위탁기간 중의 창고사용료와 금리는 매도인이 부담하였다.

③ 원고는 매도인의 채권자인데, 매도인에 대한 채권을 확보하기 위해 [매도인의 매수인에 대한] 물품대금채권을 담보로 취득하고, 매수인에게 본 채권양도에 대해 승낙을 요청하고, 매수인은 이를 승낙한 경위가 있다. 이후 창고회사는 도산하였고, 이후 기탁된 가구는 소실되어 매수인에게 인도되지 않았다.

---

318) ① 「Rechtbank van Koophandel, Ieper」(Belgium), 『A.R. 318/00』, 2002.
② 「District Court of Colorado」(USA), 『09-cv-01763-WYD-KMT』, 2010.

④ 원고는 이 같은 상황 하에서 매수인에게 창고송장을 발행하여 물품대금지급을 요구하였으나, 매수인이 이를 거부했기 때문에 본건 소송을 제기하였다. 제1심에서 법원은, 매수인은 물품대금지급의무를 부담하지 않는다고 판결하였다. 본건은 원고가 이에 불복하여 항소한 사건이다.

2. 판결요지

⑤ 법원의 판결요지는 다음과 같다. 우선, 매도인은 물품을 매수인에게 인도하지 않았으며, 이는 제30조[매도인 의무의 총괄]에 위반한다. 또한, 위험부담에 대해서는 당사자 간에 위험부담에 관한 명확한 합의내용이 없고, 매수인이 매도인의 영업소 이외의 장소에서 물품을 수령할 의무를 부담하는 경우에는 제69조 (2)에 기하여 위험은 인도시기가 도래하고, 또 물품이 그 장소에서 매수인의 처분에 맡겨진 것을 매도인이 알았을 때에 이전된다.

⑥ 그러나, 본 사건에서 매수인은 위탁창고에 물품이 납입된 것을 매도인에게 통지하지 않았고, 또한 원고도 위험이 매수인에게 이전된 사실을 증명하지 못했다는 점에서 그 위험이 매수인에게 이전되었다는 원고의 주장은 인정할 수 없다. 한편, 법원은 채권양도에 대해 매수인이 승낙을 한 사실과 관련하여, 그 법률효과에 대해서는 CISG에 적용규정이 없으므로, [독일의 국제사법에 따라] 준거법인 오스트리아 국내법에 의할 경우 채권양도에 대한 승낙은 매수인에 의한 채무의 승인이라고는 취급하지 않고 있음을 명확히 하였다.

3. 해설

⑦ 물품을 창고에 적치해 두고 매매를 행하는 것은 무역에서 상용화된 통상의 방법이라고 할 수 있다. 이 방법은 물품재고를 배송거점에 집하해 두고 수요자에게서 주문을 받을 때마다 출고함으로써, 수요자의 요구에 신속하게 대응할 수 있다는 점에서 그 실효성을 부각할 수 있다.

⑧ 한편, 물품이 적치된 재고기간 중의 위험에 관하여, 어느 당사자가 당해 위험을 부담해야 하는지, 창고보관료나 필요한 화재보험 등은 어느 당사자가 부담해야 하는지, 창고업자가 본 물품을 다른 물품과 구별하여 보관하고 있는지 또는 이 같은 물품들이 뒤섞여 혼합·혼재되어 보관되고 있지는 않은지 등의 상세한 조건을 명정하는 것과 함께, 이에 따른 세심한 관리가 요구된다.

⑨ 매도인이 물품의 소유권을 물품출고 시까지 유보하는 경우에는 매도인이 보험에 부보하고, 이에 필요한 위와 같은 재고관리를 할 필요가 있을 것이고, 또한 물품이 입고단계에서 소유권

이 매수인에게 이전되는 경우에는 응당 매수인이 보험에의 부보와, 재고관리에 대해 책임을 부담해야 할 것이다. 또한, 이러한 거래를 영업창고에서 하는 경우도 있지만, 매도인 소유의 창고에서 매도인 또는 제3자의 소유물품과 혼합·혼재해서 보관하는 경우도 있으므로 그 거래실태에 따른 주의가 요구된다.

⑩ 본 사건에서는 [상기한 유의점에 비추어] 당사자 간 합의된 내용은 막연하고 불충분하였다고 판단된다. 이에 법원은, 계약의 목적이 되는 물품이 계약조건에 따라 매수인에게 인도되지 않은 사실과, 이에 원고는 위험부담이 매수인에게 이전된 사실을 증명하지 못한 것을 이유로 원고의 주장을 부인하고 있다는 점에서 이상의 유의점을 재삼 부각할 수 있다.

070. 매도인의 계약위반과 위험의 이전

Art. 70
If the seller has committed a fundamental breach of contract, Arts 67, 68 and 69 do not impair the remedies available to the buyer on account of the breach.

제70조
매도인이 중대한 계약위반을 범한 경우에는 제67조, 제68조, 제69조는 매수인이 당해 위반을 이유로 구할 수 있는 구제를 침해하지 아니한다.

[735] 제70조에 비추어, 매도인이 중대한 계약위반을 범한 경우에 비록 물품의 손실 또는 손해에 관한 위험이, 앞선 3개 조항[제67조 내지 제69조]에 의해 매수인에게 이전되었다고 하더라도, 이는 매수인의 구제에 영향을 미치지 아니한다.

[736] 제67조[운송조항부 계약과 위험의 이전] 내지 제69조[기타 경우의 위험]에 따라, 위험이 이전되기 전에 매도인이 중대한 계약위반을 하였다면, 비록 위험이전 이후에 물품이 우연히 멸실 또는 훼손되었다고 하더라도, 매수인은 중대한 계약위반에 기한 구제수단을 행사할 수 있다. 이 경우 구제수단에는 별단의 제한이 없으므로, 계약해제나 대체물인도청구뿐만 아니라 물품의 부적합에 따른 보완이나 손해배상청구 또는 대금감액, 이 모두가 가능하다.

■ SUMMARY [*Article 70*]

Under article 70, even though risk of loss or damage to the goods has passed to the buyer as provided in the preceding three articles, the buyer retains its remedies unimpaired if the seller has committed a fundamental breach of contract. There are no reported cases applying this article.

판결례와 평가

- 적용범위 : 매도인의 계약위반과 위험의 이전에 관한 기준
- 출처표시 : 「Comisión para la Protección del Comercio Exterior」(Mexico), 『M/21/95』, 1996.

1. 논점과 사실관계

① 본 사건은 운송에 따른 품질저하의 책임귀속에 관한 문제를 다루고 있는 사례이다.[319] **매수인**[멕시코]과 **매도인**[아르헨티나]은 과일통조림을 목적물로 하여 매매계약을 체결하였다. 무역거래조건은 Incoterms에 따라 FOB로 합의되었다. 본 계약에 기하여 과일통조림은 칠레 제조사에 의해 제조되어 멕시코로 수출되었지만, [과일통조림 캔 및 그 포장이 해상운송에 적합하지 않았던 이유에서] 매수인이 과일통조림을 수령한 시점에서 물품의 부적합이 발견되었다.

② 매수인은 과일통조림 캔과 그 포장이 해상운송에 부적합할 뿐만 아니라 품질 또한 열등하였으며, 이것이 원인이 되어 과일통조림의 품질저하가 발생하였다고 주장하고, 매도인과 제조사 쌍방을 상대로 **중재판정부**[멕시코]에 중재를 신청하였다. 그러나, 이 단계에서 칠레 제조사는 파산수속에 임하게 되었으며, 또한 아르헨티나의 매도인은 이 같은 매수인의 중재위탁을 거부함에 따라, 멕시코 중재판정부는 다만 구속력이 없는 의견만을 공시하였다.

2. 판정요지

③ 중재판정부의 의견은 다음과 같다. 우선, 매도인은 당해 매매계약은 칠레의 제조사와 매수인 간에 체결한 것이며, 자신은 본건의 계약당사자가 아니라고 주장하지만, 그럼에도 불구하고 물품대금결제를 위한 신용장이 매도인을 수익자로 하여 개설되어졌다는 점에서, 본 계약은 매도인과 매수인 간에 체결되었다고 볼 수 있다.

④ 또한, 매도인은 합의된 **무역거래조건**[FOB]에 따라 물품의 위험은 매수인에 이전되었다고 주장하지만, 위험부담의 이전과는 관계없이 매도인은 [물품의 일치성과, 물품의 손상과 일치성에 미치는 효과를 명시하고 있는] 제35조 및 제36조에 따라 물품을 매수인에게 인도할 의무를 부담하여야 한다.

⑤ 계약의 목적물로서 과일통조림 캔 및 그 포장이 해상운송에 적합한 상태가 아니었다는 점은, 책임있는 검사기관에 의한 검수결과로부터 인정하기에 충분하다. 따라서, [본건 물품이 해상운송에 부적합하여 품질저하에 이르게 되었다는 매수인의 주장을 인정하여] 본건 물품은 계약에 부적합하였다고 볼 수 있다. 결국, 매도인은 본건 계약위반으로부터 발생한 손해에 대한 전적인 책임을

319) ① 「Chamber of Commerce of Arbitration」(Hungary), 『Vb/96074』, 1996.
② 「Cámara Nacional de Apelaciones en lo Comercial」(Argentina), 『47448』, 1995.
③ 「Oberlandesgericht Koblenz」(Germany), 『2 U 923/06』, 2006.

부담하여야 한다. [나아가, 중재판정부는 본건에서 물품의 위험부담이 매수인에게 이전된 이후에도 매도인의 당해 책임은 면책될 수 없다고 추보하였다]

3. 해설

⑥ 본건은 매도인에게 중대한 계약위반이 있을 경우 위험부담의 이전이 어떠한 영향을 미칠 수 있는지의 논점에 관하여, 매수인의 권리행사를 방해할 수 없다고 판정한 사례이지만, 당해 위험부담이 매도인의 계약위반을 포함하고, 작위 또는 부작위에 의해 발생한 경우의 법률효과는 제66조[위험이전의 효과]가 규정하고 있다는 점에서, 중재판정부는 본건이 매도인의 계약위반에 의한 물품의 멸실이나 훼손의 경우에는 본조가 적용될 수 없다고 밝히고 있다.

⑦ 매도인의 계약위반에 의한 물품의 손실 또는 훼손에 관해서는 당해 위험을 누가 부담할 지에 대한 문제와는 관계없이, 본 사건에서는 무엇보다도 매도인의 계약위반이 문제가 된다. 이 경우 제70조[매도인의 계약위반과 위험의 이전]를 적용하기 위해서는 매도인의 계약위반과는 관계없이 물품이 멸실 또는 훼손된 경우로 제한된다.

⑧ 요컨대, 본 사건은 이와 같은 경우 매수인은 위험부담의 이전과는 관계없이 권리를 행사할 수 있다는 점을 명확히 했다는 것이 본건 판정의 취지라 할 수 있다. 곧, 본 판정에 기한 법적 효과는 물품의 위험부담이 매수인에게 이전된 후에 멸실 또는 훼손이 발생한 경우라도, 그와 관계없이 매수인은 매도인의 중대한 계약위반을 이유로 계약을 해제할 수 있다는데 있다.

⑨ 본 사건에서 물품의 위험부담은 이미 매도인으로부터 매수인에게 이전되어 있다. 만약, 물품의 손상이 매도인의 작위 또는 부작위에 의해 발생한 것이 아닌 경우에는 [제66조에 따라] 다름없이 매수인이 당해 위험을 부담하는 것이 원칙이다.

⑩ 그러나, 매도인의 중대한 계약위반이 행사된 경우 매수인은 제49조[매수인의 계약해제권]에 의거, 당해 권리를 행사할 수 있으며, 연관규정으로서 제70조는, 바로 이와 같은 경우에 매수인의 권리행사를 방해할 수 없다고 규정하고 있다.

⑪ 본건은 매도인의 중대한 계약위반은 존재하나, 물품이 당해 매도인의 계약위반과는 관계없이 훼손 또는 멸실된 경우의 위험을 누가 부담할 것인지에 관한 문제를 다루고 있지만, 제70조에서는 그 위험이 일단 매수인에게 이전된 이후라고 하더라도, 최종적으로 매도인은 물품에 발생한 멸실 등에 의한 손해를 매수인에게 청구할 수 없으며, 그 책임 또한 매도인에게 귀속된

누구도 타인(他人)의 권리침해(權利侵害)없이, 행위(行爲)없이, 과실(過失)없이, 책임을 부담하지 아니 한다.

다고 하는 것이 주요 골자이다.

⑫ 본건 중재판정부의 판정에 의하면, 과일통조림의 대부분이 파손된 것은 해당물품이 해상운송 될 것이라는 사실을 매도인이 인식하고 있음에도 불구하고, 용기인 과일통조림 캔과 그 포장이 이에 견딜 수 있는 품질이 아니었다는 것에 주안점을 두고 있다.

⑬ 결국, 매도인은 **제35조[물품의 일치성]** 및 **제36조[물품의 손상과 일치성에 미치는 효과]**를 위반했다는 사실을 부인할 수 없고, 또한 매도인은 물품의 위험부담은 정형거래조건에 따라 이미 매수인에게 이전되었기에 자신은 책임이 없다고 주장하고 있지만, 이 점에 관해 중재판정부는 당해 위험부담의 이전과는 관계없이 매도인은 계약위반에서 발생한 결과에 대한 책임이 있다고 판정하고 있다는 취지에서 본 사건의 의의를 구할 수 있다.

판정례 연습

[74] 계약에 의하면 매도인은 1등급 품질의 쌀 50톤을 '새 포대'에 넣어서 선적해야 한다. 계약조건은 'FOB New York'이었다. 매도인이 1등급 품질의 쌀 100포대를 선적했지만, 이 중에서 5포대가 낡고 약했기 때문에 운송도중에 파손되었고 그리하여 쌀이 멸실되고 말았다. 동 사례를 해석할 때 위험이전이 우선인가? 아니면 매도인의 계약위반이 우선인가?

[75] 매도인[독일]과 매수인[미국] 간에 국제물품매매계약을 체결하였다. 계약내용은 '매도인은 함부르크에서 물품을 지정된 운송인에게 인도한다'로 되어 있다. 함부르크로 물품이 운송되던 도중에 물품이 손상을 입었다. 이 경우 물품의 손상에 대한 책임관계에 관하여 논해 보라.

[76] 중개상 매도인은 1등급 면화 1,000포대를 소유하고 있다. 이 면화는 현재 운송 중에 있으며, 6월 1일 인도에서 선적되어 7월 1일 영국에 도착할 예정이다. 매도인은 영국에 있다. 6월 15일, 매도인은 그 면화가 현재 운송 중에 있다는 점을 매수인에게 통지하였고, 그 후에 매매계약이 체결되었다. 물품이 도착되었을 당시 검사결과, 물품이 해상운송 중에 해수에 의하여 손상되었음이 밝혀졌다. 이 경우 운송책임에 관하여 논해 보라.

[77] 계약에 의하면, 매도인은 물품을 제조하여 포장한 후 5월 1일까지 자신의 영업소에서 매수인을 위하여 보관하고 있어야 한다. 계약에는 5월 중에는 어느 때든지 매수인이 물품을 가져갈 수 있으며, 또한 운송은 매수인이 담당한다고 명시되어 있었다. 5월 1일 매도인은 물품의 포장을 완료하고 인도준비도 끝냈다. 5월 10일 물품이 매도인의 창고에서 화재로 인하여 멸실되었다. 이 경우 당사자 위험의 부담책임에 관해 논해 보라.

[78] 매도인과 매수인이 매매계약을 체결하였다. 계약에 의하면, 매도인은 1등급 품질의 콩 1,000포대를 선적해야 하지만, 운송 중의 위험은 매도인이 부담하지 않았다. 매도인은 콩 1,000포대를 선적했다. 그런데, 999포대는 계약과 일치했으나, 1포대가 1등급이 아닌 2등급이었다. 그러나, 운송도중에 콩 500포대가 해수에 의하여 손상되고 말았다. 매수인은 도착 시에 콩 500포대가 1등급이 아니라는 이유로 대금감액을 청구할 수 있는가? 아울러, 콩 500포대가 물품의 계약적합성을 상실하게 되어 중대한 계약위반이 되었다는 이유로 매수인은 물품을 거절할 수 있는가?

제5장 매도인과 매수인에게 공통적으로 적용되는 규정

구분 및 내용	
제 4 편 물품의 매매	제25조~제88조
제1장 총 칙	제25조~제29조
제2장 매도인의 의무	제30조~제52조
제3장 매수인의 의무	제53조~제65조
제4장 위험의 이전	제66조~제70조
제5장 매도인과 매수인에게 공통적으로 적용되는 규정	제71조~제88조
제1절 이행기 전의 계약위반과 분할이행계약	제71조~제73조
제2절 손해액	제74조~제77조
제3절 이 자	제78조
제4절 면 책	제79조~제80조
제5절 해제의 효과	제81조~제84조
제6절 물품의 보존	제85조~제88조

[715] 제4편[물품의 매매] 제5장은 '매도인과 매수인에게 공통적으로 적용되는 규정'[제71조~제88조]으로서, 총 6개의 절로 구성되어 있다. 그 내용은 차례로 '이행기전의 계약위반과 분할이행계약'[제71조~제73조], '손해액'[제74조~제77조], '이자'[제78조], '면책'[제79조~제80조], '해제의 효과'[제81조~제84조], '물품의 보존'[제85조~제88조] 등이다.

■ SUMMARY [*Chapter Ⅳ*]

Chapter V, which contains provisions applicable with respect to both the seller's obligations and the buyer's obligations, is the final chapter of Part III ('Sale of Goods'), and thus is the last chapter of the Convention containing substantive rules for international sales.1 It's six constituent sections are: Section I 'Anticipatory breach and instalment contracts'; Section II 'Damages'; Section III 'Interest'; Section IV 'Exemption'; Section V 'Effects of avoidance'; and Section VI 'Preservation of the goods'.

No one is presumed to be bad.

제1절 이행기 전의 계약위반과 분할이행계약

구분 및 내용	
제 4 편 물품의 매매	제25조~제88조
제1장 총 칙	제25조~제29조
제2장 매도인의 의무	제30조~제52조
제3장 매수인의 의무	제53조~제65조
제4장 위험의 이전	제66조~제70조
제5장 매도인과 매수인에게 공통적으로 적용되는 규정	제71조~제88조
제1절 이행기 전의 계약위반과 분할이행계약	제71조~제73조
제71조 이행정지	
제72조 이행기전의 계약해제	
제73조 분할이행계약의 해제	
제2절 손해액	제74조~제77조
제3절 이 자	제78조
제4절 면 책	제79조~제80조
제5절 해제의 효과	제81조~제84조

[737] 제3편 제5장 제1절은, 매도인의 의무과 매수인의 의무 모두에 공히 적용되는 3개 조항을 포함하고 있다. 곧, 제71조[이행정지], 제72조[이행기전의 계약해제], 제73조[분할이행계약의 해제] 등이다.

■ SUMMARY [*Section* /]

The first section of Chapter V of Part III of the Convention contains three provisions, applicable to both buyers and sellers, that address avoidance (or partial avoidance) of contract or suspension of performance under a contract in certain special situations specifically, where a party has in some fashioned threatened future non-performance of its obligations (articles 71, 72 and, in certain respects, article 73 (2)) or where there is a breach of an instalment contract (article 73). Thus under the first two articles of the section, an aggrieved party may suspend its obligations (article 71) or avoid the contract (article 72) before the time for performance is due if the conditions of these articles are satisfied. Where the parties have entered into a contract by which the goods are to be delivered in instalments, an aggrieved party may avoid the contract with respect to a single instalment, future instalments, or the contract as a whole as provided in the third article (article 73).

071. 이행정지

Art. 71

(1) A party may suspend the performance of his obligations if, after the conclusion of the contract, it becomes apparent that the other party will not perform a substantial part of his obligations as a result of:

(a) a serious deficiency in his ability of perform or in his credit worthiness; or

(b) his conduct in preparing to perform or in performing the contract.

(2) If the seller has already dispatched the goods before the grounds described in the preceding paragraph become evident, he may prevent the handing over of the goods to the buyer even though the buyer holds a document which entitles him to obtain them. The present paragraph relates only to the rights in the goods as between the buyer and the seller.

(3) A party suspending performance, whether before or after dispatch of the goods, must immediately give notice of the suspension to the other party and must continue with performance if the other party provides adequate assurance of his performance.

第71조

(1) 당사자는 계약체결 이후에 상대방이 다음과 같은 사유로 그의 의무의 실질적 부분을 이행하지 아니할 것이 명백하게 되는 경우 자신의 의무의 이행을 정지할 수 있다.

(a) 상대방의 이행능력 또는 신용도의 중대한 결함

(b) 계약의 이행준비 또는 이행에 관한 상대방의 행위

(2) 전항의 사유가 명백하게 되기 전에 매도인이 이미 물품을 발송한 경우에는 매수인이 물품을 취득할 수 있는 권리증권을 소지하고 있더라도 매도인은 물품이 매수인에게 인도되는 것을 저지할 수 있다. 본항은 매도인과 매수인 간의 물품에 관한 권리에만 적용한다.

(3) 이행을 정지한 당사자는 물품의 발송 전·후에 관계없이 즉시 상대방에게 그 정지를 통지하여야 하고, 상대방이 그 이행에 관하여 적절한 보장을 제공한 경우에는 이행을 계속해야 한다.

[738] **제71조**에서 일방당사자는 상대방 의무이행의 **실질적**(substantial)인 내용을 취득하지 못하는 경우에 매도인 또는 매수인이 계약에 규정된 의무의 이행을 정지할 수 있다고 규정하고 있다. 만약, **이행정지**(suspension)가 합리적이면, 이로부터 의무이행을 정지하는 당사자의 계약위반은 고려되지 아니한다. 그러나, 이행정지가 본조의 범위에 속하지 않는 경우에는 그러하지 아

니 하다. 의무이행의 정지권은 이행기간이 완료될 때까지 계속되지만, 일단 이행기간이 초과되면, 그 피해를 입은 당사자가 반드시 CISG에서 규정하고 있는 바와 다름없이 그 밖의 구제권을 행사하여야 한다. 이러한 권리는 의무이행을 정지하는 조건이 더 이상 존재하지 않을 때까지 그 지속이 가능하다.

[739] 본조에서 규정하고 있는 의무이행의 정지권은, 제72조[이행기 전의 계약해제]의 계약해제의 권리와는 다르다. 곧, 계약해제는 당사자의 의무를 정지시키는 것이며, 달리 의무이행을 정지하는 것은 계약의 효력을 인정하는 동시에, 당사자가 그들 서로에게 의무의 이행에 관하여 보증하도록 하는 것이다.

[740] 본조에서 규정하고 있는 의무이행의 정지권은, 단일한 매매계약에 적용될 수 있고, 또한 제73조[분할이행계약의 해제]에 따라, 분할인도계약에도 적용될 수 있다. 이 두 개 조항의 전제조건이 모두 충족되는 경우에 피해를 입은 당사자는 본조에 따라 의무이행을 정지하거나, 또는 제73조에 따라 금후의 분할분에 관하여 계약을 해제할 수 있다. 만약, 일방당사자가 의무이행의 정지를 선택하는 경우에는 반드시 본조 (3)에 따라 통지(notice)하여야 함은 물론이다. 참고로, 제6조[계약에 의한 배제 또는 변경]에 따라, 양당사자는 제71조 적용을 배제 또는 감퇴시킬 수 있다.

[741] 일방당사자가 의무를 불이행하는 것은 객관적으로 명백히 드러나야 하며, 그러한 의무의 불이행이 본조 (1), (a) 또는 (b)에 해당하여 발생하는 경우에 타방당사자는 본조 (1)에 의해 의무이행을 정지할 수 있다. 다만, 이 경우 의무불이행이 반드시 중대한 계약위반을 구성해야 할 필요는 없다.

[742] 실례로, 일방당사자는 다음의 경우에 의무의 이행을 정지할 수 있다. i) 매수인이 계약에 규정된 어느 약관을 불이행하는 경우, ii) 매도인이 공급상 제한조건과 관계없이 물품을 인도할 수 없는 경우, iii) 매수인이 대금을 지급하지 않는 경우, iv) 매수인이 과거의 매매계약의 대금을 지급하지 않거나 또는 지연하여 지급하는 경우, v) 매수인이 유효한 은행담보를 취득하지 못한 경우 등이다. 한편, 매수인이 신용장을 개설하지 않는 경우에 매도인은 제64조에 따라 계약을 해제할 수 있음은 물론이다.

[743] 본조 (3)에 따르면, 이행을 정지하는 당사자는 물품의 발송 전 · 후를 불문하고, 상대방에게 즉시 그 정지에 관한 통지를 보내야 하고, 또한 상대방이 그의 이행에 관하여 적절한 보장을 제공하는 경우에는 당해 이행을 계속하여야 한다고 규정하고 있다. 본조항은 보증의 형식 및 방법에 관한 설명이 없으며, 보증을 제공하는 시기에 관하여도 규정하지 않고 있다. 따

누구도 자기의 행위(行爲) 또는 과실(過失)에 의하지 아니하고는, 그 재물(財物)을 빼앗기지 않는다.

라서, 이 경우는 사실의 문제로 귀결된다고 할 것이다.

SUMMARY [*Article 71*]

1. Article 71 authorizes a seller or a buyer to suspend performance of its obligations under the sales contract if the party is unlikely to receive a substantial part of the counter-performance promised by the other party. The suspending party does not breach the contract if the suspension is rightful. If, however, the suspension is not authorized by article 71, the suspending party will breach the contract when it fails to perform its obligations. The right to suspend exists until the time for performance is due, but once the date for performance has passed the aggrieved party must look to other remedies under the Convention. The right continues until the conditions for suspension no longer exist, there is a right to avoid the contract, or the other party gives adequate assurance of performance in accordance with article 71 (3). The Convention's rules on the right to suspend displace domestic sales law rules that permit the suspension of a party's obligation.

2. The right to suspend under article 71 is to be distinguished from the right to avoid the contract under article 72. Unlike avoidance of the contract, which terminates the obligations of the parties (see article 81), the suspension of contractual obligations recognizes that the contract continues and encourages mutual reassurance that both parties will perform. The preconditions for exercise of the right to suspend and the right to avoid differ, as do the obligations with respect to communications between the two parties.

3. The right to suspend under article 71 applies both to contracts of sale calling for a single delivery and to instalment contracts governed by article 73. When the preconditions of both articles are satisfied, the aggrieved party may choose between suspending performance under article 71 and avoiding the contract with respect to future instalments under article 73 (2). If a party chooses to suspend performance with respect to future instalments it must give a notice in accordance with article 71 (3).

4. The parties may agree, pursuant to article 6, to exclude application of article 71 or to derogate from its provisions. One decision found that by agreeing to take back equipment, repair it, and then redeliver it promptly, the seller had implicitly agreed to derogate from article 71, and therefore could not suspend its obligation to redeliver the equipment because of the buyer's failure to pay past debts.

판결례와 평가

- 적용범위 : 대금지급의 정지요건
- 출처표시 : 「Oberlandesgericht Köln」(Germany), 『16 U 62/07』, 2008.05.19.

1. 논점과 사실관계

① 매도인과 매수인은 농업용 화학제품을 유통하는 무역업자들로서 오랜 기간 거래관계를 이어왔다. 제1심 법원의 소송절차가 진행되기 전까지, 매도인은 660,000유로에 해당하는 물품의 식물보호제를 인도하고, 이에 대한 물품대금지급에 관한 이행청구권을 주장해 왔다. 이에 매수인은 본건 **법원**[독일]은 관할권이 없음을 지적하면서, 청구사실 중 일부에 대하여 이의를 제기하였다.

② 본건 법원은 당해 판결에 의하여, 매수인으로 하여금 매도인에게 477,000유로와 소송비용 및 그 이자를 지급하도록 명령하였다. 그러나, 매도인의 나머지 청구는 기각하였다.

③ 법원은 증인심리 후, 매수인이 매도인의 납입금 청구를 거절한 사실에 관하여, 매수인이 매도인과 당해 물품의 주문취소합의가 있었음을 입증한 사실을 인정하였다. 이에 법원은 추가로 일정금액의 추가공제를 주문하였는데, 이는 물품운송이 당사자가 합의하지 않은 비용외적 초과운송이라고 판단했기 때문이었다. 다만, 법원은 매도인의 나머지 청구는 다름없이 인정하였다.

3. 해설

④ 본 사건의 쟁점 중 하나는, 매수인이 제71조를 적용하여 물품대금지급을 정지할 수 있다는 주장에 대한 것이다. 이에 법원은, 제71조의 조건이 만족되지 않는다고 보았다. 곧, 제71조에 따르면, 당사자 일방은 계약을 체결한 후에 다른 당사자가 그 의무의 실질적인 부분을 이행하지 아니할 것이 명백하게 된 경우에는 자기의 의무의 이행을 정지할 수 있다고 하고 있다.

⑤ 본조는, 소위 '**기능적 견련성**'을 구체화하고 있는 규정으로 취급할 수 있는데, 그 중에서도 **유보**(retention)의 권리는 적절한 때에 의무당사자가 자신의 의무를 이행하도록 하는 타방당사자의 주장을 보호하고, 나아가 그러한 압박을 주는 것을 목적으로 하고 있다.

⑥ 본건에서 매수인이 자신의 급부와 반대급부 간에 필요한 견련관계가 존재하지 않는다는 취지에서, 대체구매를 했었던 것에서 알 수 있듯이, 매수인은 매도인의 이행에 더 이상 관심이 없었다. 따라서, 항소법원은 매수인이 이행을 정지하기 위해서는, 타방당사자의 의무에 대응한 자신의 의무의 이행을 할 의사가 있었어야 한다고 판시하였다.

누구도 동일(同一)한 사유(事由)에 관하여 두 번 판결(判決)받지 아니 한다.

072. 이행기 전의 계약해제

Art. 72

(1) If prior to the date for performance of the contract it is clear that one of the parties will commit a fundamental breach of contract, the other party may declare the contract avoided.

(2) If time allows, the party intending to declare the contract avoided must give reasonable notice to the other party in order to permit him to provide adequate assurance of his performance.

(3) The requirements of the preceding paragraph do not apply if the other party has declared that he will not perform his obligations.

제72조

(1) 계약의 이행기 전에 일방이 중대한 계약위반을 범하는 것이 명백한 경우 상대방은 계약해제를 선언할 수 있다.

(2) 시간이 허용하는 경우 계약해제를 선언하고자 하는 당사자는 상대방이 그 이행에 관하여 적절한 보장을 제공할 수 있도록 그에게 합리적인 통지를 하여야 한다.

(3) 전항의 요건은 상대방이 그 의무를 이행하지 아니하겠다고 선언한 경우에는 적용되지 아니한다.

[744] 계약이 이행되기 전에, 타방당사자가 중대한 계약위반을 범할 것이 분명한 경우에 매도인이나 매수인은 제72조에 의거 계약을 해제할 수 있다. 일방당사자가 계약을 이행하지 못하거나, 계약에 따른 의무를 이행하지 못한 경우에 이는 중대한 위반을 범하는 것이며, 이 경우 제49조[매수인의 계약해제권]가 아닌 본조가 적용된다. 따라서, 매수인이 계약이 이행되기 전에 계약을 해제하지 못하는 경우에는 본조에 따라 계약을 해제할 수 없으며, 이러한 경우에는 제45조[매수인 구제권의 총괄]와 제49조의 규정에 따라야 한다.

[745] 본조에 따른 매수인의 계약해제권과 제71조[이행정지]에 따른 매수인의 의무이행정지권은 구분하여 이해하여야 한다. 왜냐하면, 양 조항은 모두 계약위반의 발생여부를 다루고는 있지만 계약위반의 심각함 또는 발생가능성의 시각에서 의무이행을 정지하는 것보다 계약을 해제하는 구제의 전제조건을 더욱 엄격히 다루고 있기 때문이다. 나아가, 양 조항에 규정된 통지에 관한 규정도 상이하다. 곧, 본조에서는 합리적 통지를 하여야 하고, 일방당사자가 계약불이행을 선언하는 경우에 통지의무를 면한다고 규정하고 있는데, 제71조에서는 예외 없이 즉시 그 정지의 통지를 발송하여야 한다고 규정하고 있음이 그것이다.

[746] '독립적 인도계약'인 경우에 피해당사자가 본조에 따라 계약이 이행되기 전에 계약을 해제할 수 있다. '분할인도계약'인 경우에 후속의 분할분에 관한 계약해제는 제73조[분할이행계약의 해제]에서 다루고 있다.

[747] 제73조 (1)에서는 합리적인 계약해제의 전제조건을 규정하고 있다. 당해 전제조건을 충족하기 위해서는, 계약이 이행되기 전에 의무를 이행하여야 하는 당사자가 중대한 계약위반을 범할 것이 분명하여야 한다. 여기서 유의하여야 할 사항은, 그러한 행위가 반드시 발생할 것이라는 사실보다도, 중대한 계약위반을 범할 가능성이 보다 중요하다는 사실이다. 한편, [다른 경우로] 일방당사자가 의무불이행을 선언하게 되면, 이 경우에도 계약해제에 관한 전제조건을 충족하게 된다. 예컨대, 계약조건에 반하여 인도에 관하여 새롭게 요구하는 것은 이행기 전에 의무불이행을 선언하는 행위로 취급할 수 있다.

[748] 실례로, 제73조 (1)에 따른 전제조건은 다음의 경우에는 충족된 것으로 취급된다. i) 매수인이 이전의 물품대금을 지급하지 못하는 경우, ii) 매수인이 신용장을 개설하지 못하는 경우, iii) 매도인이 약속대로 물품을 인도하지 못하는 경우, iv) 매도인이 고의로 물품인도의무를 정지하는 경우 등이다.

[749] 달리, 이상의 전제조건은 다음의 경우에는 충족되지 아니한 것으로 취급된다. i) 당사자 간의 다툼으로 인하여 매도인이 물품을 발송하지 않은 경우, ii) 매도인이 물품인도의무를 정지하는 의사를 표현했으나, 지속적으로 협상하기로 합의한 경우, iii) 매수인이 하나의 분할분에 대한 물품대금을 지급하지 못한 경우 등이다.

[750] 본조 (1)의 규정이 충족된 상황에서, 본조 (2)는 타방당사자가 의무이행에 관한 보증을 제공할 수 있도록, 피해당사자는 상당한 기간 내에 자신이 계약해제의 의향이 있음을 반드시 타방당사자에게 통지하여야 한다고 규정하고 있다. 이 통지는 제26조[계약해제의 통지]에서 계약해제의 선언과는 다르다. 곧, 후자는 피해당사자가 충분한 보증을 얻지 못하고 계약을 해제함에 있어서, 반드시 충족[제공(提供)]되어야 할 사실이다.

[751] 한편, 본조 (2)에서 통지에 관한 요구는, 그 통지를 받는 타방당사자로 하여금 충분한 이행보증을 제공할 수 있도록 배려하기 위함에 그 취지를 두고 있다.

■ SUMMARY [*Article 72*]

1. Article 72 entitles a seller or a buyer to avoid the contract if it becomes clear before the date for performance that the other party will commit a fundamental breach. However, article 49 rather than article 72 applies if, at or after the date for performance, a party's failure to perform or nonconforming performance amounts to a fundamental breach. Thus a buyer who has not declared the contract avoided before the date for performance may not avoid the contract under article 72 but must act instead under articles 45 and 49.

2. The right of an aggrieved party to avoid the contract under article 72 is to be distinguished from the right to suspend its obligations under article 71. Both articles are concerned with predicting whether there will be a breach but the preconditions for the more drastic remedy of avoidance are more stringent than those for suspension, both as to the seriousness of the predicted breach and the probability that the breach will occur. The notification requirements of the two provisions also differ. Article 72 requires 'reasonable' prior notice only if time allows, and excuses the notice if the other party has declared that it will not perform; article 71, in contrast, requires immediate notice of suspension with no exceptions.

3. Article 72 entitles an aggrieved party to avoid a contract before the date for performance if the contract is for a single delivery, while article 73 provides special rules on avoidance with respect to future instalments if the contract is an instalment contract. Several decisions recognize that, in an instalment contract, the aggrieved party might act under either article as to future instalments.

판결례와 평가

- 적용범위 : 이행기전의 계약해제
- 출처표시 : 「U.S. District Court, Southern District of New York」(USA), 『08 Civ. 1587 (BSJ)(HBP)』, 2009.05.29.

1. 논점과 사실관계

① 본 사건은 계약의 이행기 전에 당사자 일방이 중대한 계약위반을 범할 것이 명백한 경우에 상대방은 계약해제를 선언할 수 있다는 제72조의 적용을 다루고 있는 사례이다.[320)]

---

320) ① 「Supreme Court」(Australia), 『Civil Jurisdiction No. 10680 of 1996』, 2000.11.17.
② 「Oberlandesgericht Düsseldorf」(Germany), 『17 U 146/93』, 1994.01.14.

② 원고[매도인 의류제작과 관련된 한국회사]이며, 피고[매수인은 A와 B라는 등록상표로 의류를 제작하고 유통하는 미국회사]이다. 2007년 4월과 10월 사이에 양당사자는 피고의 주문사양에 맞춰, 약 500,000개의 뜨개질된 여자바지, 치마, 상반신 의류를 제작하여, 미국 LA로 운송하는 것을 목적으로 계약을 체결하였다. 계약내용은 약 460,000개의 의류들이 A와 B라는 브랜드로 판매될 것이고, 당해 의류는 탈부착이 가능한 라벨에 본건 브랜드 마크가 찍히지 않고, 옷의 위와 또는 의류의 부분에 찍혀 나올 것이었다.

③ 매수인은 모든 운송비용까지 포함된 가격으로서, 매도인과 각 의류 당 3.20달러에서 12.50달러에 의류를 구입할 것을 합의하였다. 본건 계약내용에 의하면, 매수인은 의류를 수령한 이후 15일 내에 매도인에게 물품대금을 지급하기로 하였다. 2007년 7월과 8월 매도인은 매수인에게 382,000달러를 지불하기로 하고, 매수인이 주문한 78,000개의 의류를 운송하였다.

④ 매수인은 9월 7일에 7월과 8월의 의류를 수령하였다. 9월 22일 당시에 매수인은 매도인에게 당해 의류에 대한 대금을 지급하지 않았다. 9월 22일과 10월 9일 사이에 매도인은 매수인에게 당해 인도분의 물품대금을 지급할 것에 대한 보증을 요구하고, 그 보증을 수령하였다.

⑤ 10월과 11월 초, 매도인은 재차 매수인에게 158,000개의 의류를 660,000달러의 가격에 인도하였다. 그리고 매수인은 11월 20일에 본 의류를 수령하였다. 10월과 11월 매수인은 매도인에게 250,000개의 의류를 추가 주문하였다. 당해 물품대금은 운송비용까지 포함된 880,000달러에 상당하였다. 동년 11월 21일 매수인은 매도인에게 200,000달러를 지불하였다.

⑥ 11월 25일 매도인은 매수인에게 추가로 14,000개의 의류를 운송하였고, 동 물품대금은 68,000달러에 상당하였다. 12월 1일 매도인은 매수인에게 추가적인 보증을 요구하였고, 이에 12월 8일 양당사자는 각 당사자의 권리와 의무를 변경하는 계약을 체결하였다.

⑦ 매수인은 매도인에게 미지급 대금을 지급할 것을 확약하였고, 당해 대금은 총 931,000달러였다. 당해 대금은 12월 14일과 28일, 2008년 1월 11일과 25일, 4월 20일에 분할지급하기로 하였다. 또한, 매도인은 매수인에게 2007년 12월 14일까지 당해 대금지급을 보증하는 신용장을 개설할 것과, 그에 대한 대가로 매도인은 삭감된 지급금액을 수용하고, 나아가 매수인의 이 같은 수정된 대금지급계획 또한 수용하였다.

⑧ 2008년 1월 중순까지 매도인은 계획된 분할지급액 중 어떤 것도 지불하지 않았고, 또한 신용장도 개설하지 않았다. 매도인이 의류운송을 일시중지할 시점에서 매도인은 11월 의류를 매

수인에게 인도하지 않았다. 매도인은 의류를 보관하고 있었다. 또한, 매도인은 39,000의 추가 의류제작을 모두 종료한 상태였으나 운송은 하지 않았고, 추가적인 의류의 잔여분 210,000개의 의류제작을 시작했었다. 이에 매도인에게는 추가적인 의류에 대한 대부분의 비용이 투입된 상황이었고, 그 제작과정을 최대한의 노력을 통해 달성한 상태였다.

⑨ 추가적인 의류에 대한 제작을 마치고 난 이후, 매도인은 베트남에 당해 의류를 보관하였다. 매도인은 제작이 완료된 11월 의류와 추가적인 의류를 인도하지 않았다. 그 이유는 매수인이 어느 시점부터 그들의 지식재산권들을 보호하려는 시도와, 매수인이 그 의류를 직접 판매할 것을 매도인에게 암시하고 있었기 때문이었다.

2. 판결요지

⑩ 법원은, 매수인이 주문한 의류에 대한 물품대금지급을 지속적으로 이행하지 않았고, 더 이상 합의된 대금을 지급할 수 없었을 뿐만 아니라, 나아가 그 지급의사도 없었다고 판단하고, 이에 매도인이 적법하게 본 계약을 해제하였고, 아울러, 매도인이 11월 의류의 인도를 최종적으로 거절한 것도 마땅한 처사였다고 판시하였다.

⑪ 2008년 1월 말 매수인은 물품대금 지급보증을 위한 신용장을 개설하지 않았고, 2007년 12월 14일과 28일, 2008년 1월 11일과 25일 분할지급 하여야 할 물품대금지급도 이행하지 않았을 뿐만 아니라 매수인은 이미 인도된 분에 대한 물품대금 지급의무를 다할 것이라는 그 어떠한 믿음도 매도인에게 주지 못했다는 사실을 지적하고, 매도인의 계약해제와 그에 따른 손해배상에 관한 청구를 다름없이 인정하였다.

3. 해설

⑫ 제72조는 계약의 이행기일 전에 당사자 일방이 중대한 계약위반을 범하리라는 것이 분명한 경우에는 상대방은 계약의 해제를 선언할 수 있다고 하고, 또한 시간이 허용하는 경우에 계약해제를 선언하고자 하는 당사자는 상대방이 그 이행에 관하여 적절한 보장을 제공할 수 있도록 하기 위하여, 그에게 합리적인 통지를 하여야 한다고 명시하고 있다.

⑬ 나아가, 이상의 요건은 상대방이 그의 의무를 이행하지 아니하겠다고 선언한 경우에는 적용되지 아니한다고 규정하고 있다. 본 사건은 제72조의 제반 규정내용이 정형적으로 적용된 사건으로서, 곧 본조 적용사례의 표본이라고 취급할 수 있다.

No one alleging his own turpitude it to be heard as a witness.

073. 분할이행계약의 해제

Art. 73

(1) In the case of a contract for delivery of goods by instalments, if the failure of one party to perform any of his obligations in respect of any instalment constitutes a fundamental breach of contract with respect to that instalment, the other party may declare the contract avoided with respect to that instalment.

(2) If one party's failure to perform any of his obligations in respect of any instalment gives the other party good grounds to conclude that a fundamental breach of contract will occur with respect to future installments, he may declare the contract avoided for the future, provided that he does so within a reasonable time.

(3) A buyer who declares the contract avoided in respect of any delivery may, at the same time, declare it avoided in respect of deliveries already made or of future deliveries if, by reason of their interdependence, those deliveries could not be used for the purpose contemplated by the parties at the time of the conclusion of the contract.

제73조

(1) 물품을 분할인도하는 계약의 경우 어느 분할분에 관한 일방의 의무불이행이 그 분할분과 관련하여 중대한 계약위반이 되는 경우에 상대방은 그 분할분에 관하여 계약의 해제를 선언할 수 있다.

(2) 어느 분할분에 관한 당사자 일방의 의무불이행이 상대방으로 하여금 장래의 분할분과 관련하여 중대한 계약위반이 있으리라는 결론을 내리게 하는 충분한 근거가 되는 경우 상대방은 장래에 관하여 계약해제를 선언할 수 있다. 다만, 당해 계약해제는 상당한 기간 내에 이루어져야 한다.

(3) 어느 인도분에 관하여 계약의 해제를 선언하는 매수인은 이미 행하여진 인도분 또는 장래의 인도분에 대해서도 계약의 해제를 선언할 수 있다. 다만, 당해 인도분은 상호 의존관계로 인하여 계약체결 시에 당사자 쌍방이 의도한 목적으로 사용될 수 없는 경우에 한한다.

[752] 제73조는 분할인도계약에 관한 내용을 다루고 있다. 매도인이 어느 분할분을 인도하지 못하거나, 매수인이 어느 분할분에 대한 물품대금을 지급하지 않은 경우 피해당사자는 제46조[매수인의 이행청구권]나 제64조[매도인의 계약해제권]에 따라, 계약을 위반한 당사자에게 추가기간을 지정할 수 있고, 그럼에도 불구하고, 타방당사자가 추가기간 내에 이행을 못했을 경우에는 매

도인은 당해 계약을 해제할 수 있다. 아울러, 물품이 전부가 아닌 부분적으로 인도된 경우에 부분인도에 관해서는 **제51조[물품일부의 부적합]**와 본조를 적용할 수 있다.

[753] 분할인도계약은 물품을 수차례로 나누어 인도하는 물품매매계약이다. 이 경우 물품은 반드시 대체가능한 물품이어야 함에 그치지 아니하고, 이러한 분할인도계약은 매 분할분마다 다른 종류의 물품의 인도를 모두 포함할 수 있다. 물품의 분할분을 인도하는 계약에서, 어느 분할분에 관한 일방의 어떠한 의무의 불이행이 그 분할분과 관련하여 중대한 계약위반이 되는 경우에 타방당사자는 본조 (1)에 따라, 그 분할분에 관한 계약을 해제할 수 있다. 일방당사자가 범한 계약위반이 중대한 위반인지를 판단하는 기준은, 독립인도계약과 분할인도계약 모두에 공히 적용된다. 장래의 분할분의 경우에 피해당사자는 본조 (2)에 따라, 장래의 분할분에 관하여도 계약해제의 권리를 보유한다.

[754] 실례로, 다음의 경우에는 피해당사자가 장래의 분할분에 대해 계약을 해제할 수 있다. i) 매도인이 대금을 받았으나 물품을 인도하지 않는 경우, ii) 매도인이 최초 분할분의 물품을 인도하지 않는 경우, iii) 매도인이 계속적으로 물품을 인도하지 못할 것이라는 사실을 통지한 경우, iv) 물품의 시장가격 폭등을 이유로 매도인이 계속적으로 당해 물품을 인도하지 못한다고 선언하는 경우, v) 매도인이 분할분의 인도를 지연함으로써 매수인 측의 생산에 심각한 혼란을 발생시킨 경우, vi) 인도된 물품이 품질불량인 경우 등이다.

[755] 본조 (2)에 따라, 장래의 분할분에 대해 계약을 해제하려는 경우에 피해당사자는 반드시 상당한 기간 내에 통지로써 계약해제를 선언하여야 함은 물론이다.

[756] 일방당사자가 본조 (1)에 따라, 계약을 해제하려는 경우에 계약해제 된 물품과 상호 의존적 관계가 있는 인도된 분할분 또는 장래의 분할분은, 양당사자가 계약체결 시에 기대한 목적을 충분히 만족시키지 못하게 될 것인 바, 이러한 분할분에 관해서는 본조 (3)에 따라, 추가로 계약을 해제할 수 있다.

■ SUMMARY [*Article 73*]

1. This article provides special rules for instalment contracts. These rules set out when a seller or a buyer is entitled to declare the contract avoided with respect to a single instalment, future instalments, or the contract as a whole. In accordance with article 26 a declaration of avoidance is effective only if the aggrieved party gives notice to the other party.

2. Article 73 does not preclude application of other articles of the Convention. When a seller fails to deliver an instalment or a buyer fails to pay for an instalment, the aggrieved party is entitled under article 47 or article 64 to give the breaching party an additional period of time and to avoid the instalment if that party fails to perform within the additional time. When some but not all instalments are delivered, article 51 on partial delivery and article 73 may be applicable. An aggrieved party may have both the right to suspend its performance under article 71 (1) and the right to avoid the contract as to future instalments under article 73 (2). An aggrieved party may also be able to avoid its contractual obligations to make further deliveries under either article 72 or article 73.

판결례와 평가

- 적용범위 : 분할이행 계약상 구제청구의 여부
- 출처표시 : 「Cour d'Appel de Grenoble, Chambre Commerciale」(France), 『53』, 1995.02.22.

1. 논점과 사실관계

① 본 사건은 분할이행의 계약에 있어서 채무자의 불이행이 어느 정도 명확한 경우 채권자가 장래이행의 불안에 기인하여 계약을 해제하고, 이에 대한 구제를 받을 수 있는지의 여부를 다루고 있는 사례이다.[321)] **매도인**[프랑스 B사]은 1991년에 **매수인**[미국 P사]과 ⓑ라는 브랜드 의류의 분할매매계약을 체결하였다. 양당사자 간의 계약의 교섭과정에서 매수인은 자신은 미국의 고객을 위해 본건 의류를 수입하는 것이 아니라, 아프리카와 남미의 고객을 위해 구입한다는 의사를 표명하였다. 그리고 본건 의류의 최종목적지는 에콰도르의 G항이라고 하였다.

② 매수인은 10월 14일 2개 항목의 의류주문을 검토 중에 있다고 매도인에게 통지하면서, 최종도착지는 R이라고 하였다. 매도인은 매수인의 주문을 수락하고, 본건 의류의 인도에 합의하였다. 10월 27일 매수인은 선적에 관한 사항 및 고객과 목적지를 매도인에게 통지하였다.

③ 11월 초 매도인은 10월말에 판매되었던 의류가 에콰도르 G항에 인도되었다는 사실을 증명할 수 있는 서류를 매수인에게 요구했다. 매수인은 이러한 요청에 당해 서류를 제공하는 권한

321) ① 「Højesteret (Supreme Court)」(Denmark), 『56/2006』, 2007.10.27.
② 「Landgericht Ellwangen」(Germany), 『1 KfH O 32/95』, 1995.08.21.
③ 「Audiencia Provincial de Barcelona」(Spain), 『Unknown』, 1997.11.03.
④ 「Handelsgericht Zürich」(Switzerland), 『HG 95 0347』, 1997.02.05.

을 운송인에게 회부하였다. 나아가, 물품이 선적된 것을 증명하는 선하증권을 매도인에게 제시하고자 의도하였다. 11월 15일 매도인은 10월에 인도되었던 의류에 관하여, 최종목적지의 서면증거가 없었다고 지적하면서, 이에 향후 추가주문을 거절하겠다고 통지하였다.

④ 매도인은 현재 수많은 해외 판매업자와 계약에 구속되고 있고, 특히 상표에 대한 위조문제가 심각한 상황이었던 바, 이에 관련하여 수많은 클레임에 봉착해 있고, 나아가 일부 국가에서 물품이 압류 중에 있어 본건 물품의 최종목적지가 어디인가는 [계약내용에 비추어] 매우 중대한 조건이었다고 주장하였다. 또한, 매도인은 에콰도르 G항이 목적지인 1991년 9월 본건 물품은 실제로 마드리드의 상점에 인도되었고, 이 운송을 매수인이 프랑스 운송대리인에게 지시한 것을 설명하고, 그 증거를 제시하였다.

⑤ 이로부터 매도인은 신규로 물품인도를 진행하기 전에, 물품의 최종목적지를 정확하게 지정하도록 매수인에게 요구할 권한이 있었다고 주장하면서, 이 같은 요구가 거절될 경우에는 당해 물품인도를 취소하고, 계약해제 및 이에 상당한 손해배상을 청구할 권한이 있다고 주장하였다.

⑥ 이에 대해 매수인은 물품의 최종목적지에 대한 통지 여부 및 본건 의류가, 실제로 에콰도르 G항에 인도되었다는 것을 입증할 수 있는 자료제시를 거부함과 동시에, 설령 스페인에 본건 물품이 최종 도착하였다고 하더라도, 매도인은 당초 이 같은 사실[수출금지국가에로의 반입금지]에 대한 그 어떠한 통지도 없었다고 주장하였다.

2. 판결요지

⑦ 본건 항소법원은, 주된 논점에 관하여 아래와 같이 설시하면서, 매도인[원고]의 주장을 인용하였다. 제8조[당사자의 진술 또는 기타 행위의 해석]를 적용하면, 매도인의 진술 또는 기타의 행위는 매수인이 매도인의 의도가 무엇이었는지를 알았거나 또는 모를 수 없었던 경우에는 그 의도에 따라 해석되어야 한다. 매도인과 매수인 사이에 장기적인 상거래 관계를 확립하기 위해, 매수인은 최초 계약부터 남아메리카 또는 아프리카로 선적되는 물품에 관하여만 상거래 관계가 형성된다는 것을 알고 있었다. 이 사실에 관하여 매수인은 본건 계약체결의 과정에서 매도인에게 재차 확인한 사실이 인정된다.

⑨ 매도인은 계약내용에 명시된 인도장소가 실제 인도장소라는 것을 입증할 수 있는 증거를 요구할 권리가 있다. 이에 [본건 사실관계에 비추어] 매도인이 실제 인도장소를 알았다는 증거가

없고, 매수인이 선하증권의 복사본을 제공하지 않은 것은 매도인이 본 계약으로부터 기대하고 있는 권리를 침해한 것이고, 매수인의 이러한 행위는 제25조에서 규정하고 있는 중대한 계약위반에 해당한다.

⑩ 매도인은 [이와 같은 상황을 고려하여] 매수인에게 계약상 성실한 의무를 촉구하기 위해 상당한 추가기간을 매수인에게 부여했다. 매수인이 이 기간 내에 최초 계약의 충분한 이행을 하지 않는 경우에는 매도인은 본건 계약을 해제할 권리가 있다.

3. 해설

⑪ 본건 분할이행계약에는 계약의 목적물로서 의류가 아프리카와 남아메리카의 고객에게 송부되어지는 것으로 합의하고 있었다. 매도인에게는 특별히 스페인이나 아메리카에 판매되는 것이 최대의 관심사였다고 보인다. 또한, 매도인에게는 최종목적지를 확인하는 증빙서류의 제공을 요구할 권리가 있는데, 법원은 이러한 의무를 위반한 매수인에게 제25조에 의거, 중대한 계약위반에 해당한다고 판시하였다.

⑫ 매수인은 실제로 스페인에 인도되는 것과 관계없이, 최종목적지가 에콰도르의 G항이라고 주장하였다. 분할이행계약의 최초 이행이 불충분한 경우에 [본 사안에 있어] 법원이 매수인의 [최종목적지가 실제로 그렇다고 한] 악의를 고려하여, 장래의 인도부분에 있어서도 마찬가지로 중대한 계약위반이 발생할 것이라고 판단하고, 이에 매도인에게 계약해제권을 인정한 본건 판결은 타당하다고 본다.

판정례 연습

[79] 계약에 의하면, 매도인은 매수인에게 1월, 2월, 3월에 각각 1대씩, 총 3대의 기계를 인도해야 했다. 이 3대의 기계는 상호 연관되어 있는 일련의 생산공정을 수행하도록 고안된 것이었다. 이들 기계는 모두 다른 제조업자가 만든 기계로 대체될 수 없는 것이었다. 1월에 인도된 기계는 계약과 일치했지만, 2월에 인도된 기계에는 매도인이 치유할 수 없는 중대한 하자가 있었다. 이 두 번째 기계를 대체하는 것도 불가능했다. 매수인은 2월에 인도된 기계뿐만 아니라 1월에 인도된 기계와 앞으로 3월에 인도될 기계에 대하여 본건 계약을 해제할 수 있는가?

제2절 손해액

구분 및 내용	
제 4 편 물품의 매매	제25조~제88조
제1장 총 칙	제25조~제29조
제2장 매도인의 의무	제30조~제52조
제3장 매수인의 의무	제53조~제65조
제4장 위험의 이전	제66조~제70조
제5장 매도인과 매수인에게 공통적으로 적용되는 규정	제71조~제88조
제1절 이행기전의 계약위반과 분할이행계약	제71조~제73조
제2절 손해액	제74조~제77조
제74조 손해액 산정의 일반원칙	
제75조 대체거래와 손해액	
제76조 시가에 기초한 손해배상액	
제3절 이 자	제78조
제4절 면 책	제79조~제80조
제5절 해제의 효과	제81조~제84조
제6절 물품의 보존	제85조~제88조

[757] 제5장 제2절은 손해액 산정의 기본원칙을 다루고 있는 규정들로 구성되어 있다. 그 내용은 '손해액 산정의 일반원칙'으로서 제74조, '대체거래와 손해액'을 규정하고 있는 제75조, '시가에 기초한 손해배상액'의 산정을 다루고 있는 제76조 등이다.

■ SUMMARY [*Section II*]

1. Article 74 establishes the general formula applicable in all cases where an aggrieved party is entitled to recover damages. It provides that 'damages for breach of contract' comprise all losses, including loss of profits, caused by the breach, to the extent that these losses were foreseeable by the breaching party at the time the contract was concluded. An aggrieved party may claim under article 74 even if entitled to claim under article 75 or 76. The latter articles explicitly provide that an aggrieved party may recover additional damages under article 74.

2. Articles 75 and 76 apply only in cases where the contract has been avoided. Article 75 measures damages concretely by reference to the price in a substitute transaction, while article 76 measures damages abstractly by reference to the current market price. Article 76 (1) provides that an aggrieved party may not calculate damages under article 76 if it has concluded a substitute transaction under article 75. If, however, an aggrieved party concludes a substitute transaction for less than the contract quantity, both articles 75 and 76 may apply.

3. Pursuant to article 77, damages recoverable under articles 74, 75 or 76 are reduced if it is established that the aggrieved party failed to mitigate losses. The reduction is the amount by which the loss should have been mitigated.

074. 손해액 산정의 일반원칙

Art. 74
Damages for breach of contract by one party consist of a sum equal to the loss, including loss of profit, suffered by the other party as a consequence of the breach. Such damages may not exceed the loss which the party in breach foresaw or ought to have foreseen at the time of the conclusion of the contract, in the light of the facts and matters of which he then knew or ought to have known, as a possible consequence of the breach of contract.

제74조
당사자 일방의 계약위반으로 인한 손해액은 이익의 상실을 포함하여, 그 위반의 결과 상대방이 입은 손실과 동등한 금액으로 한다. 그 손해액은 위반당사자가 계약체결 시에 알았거나, 알았어야 했던 사실 및 사정에 비추어, 계약위반의 가능한 결과로서 예견하였거나, 예견할 수 있었던 손실을 초과할 수 없다.

[758] 제74조는 CISG하에서 손해배상금액을 계산하는 일반적인 방법을 다루고 있다. 계약의 일방당사자가 계약 또는 CISG에 따른 의무를 위반하는 경우에 본조가 적용된다. 본조 제1문은 배상청구자가 상대방의 위반으로 인한 이익손실이 포함된 모든 손실을 다루고 있고, 제2문은 이러한 손실에 관한 청구범위를 위반당사자가 계약체결 시에 예견 또는 예견하였어야 했던 범위로 제한하고 있다. 이 방법은 매수인 및 매도인의 청구에 모두 적용된다.

[759] 본조에서 손해배상은 계약위반이 있을 때에 청구할 수 있다. 이 경우 계약위반이란, 당사자 간의 계약과 CISG에서 정하고 있는 당사자의 의무를 위반하는 것으로 특정할 수 있다[연관규정으로서, 제45조 (1), 제61조 (1)].

[760] 계약위반은 이미 행해졌을 것을 원칙으로 하지만, 장래에 향하여 당해 계약위반이 명백할 경우에 제72조[이행기전의 계약해제]에 의거, 손해배상을 청구할 수 있다. 그렇지만, [앞서 본 바와 같이] 당해 계약위반에의 귀책사유는 문제되지 아니한다.

[761] 구제수단으로서 손해배상은, 그 밖의 다른 구제수단과 언제나 병합하여 행사할 수 있다. 다만, 그 구제수단이 어느 것이냐의 여부에 따라 손해의 범위가 달라질 수 있을 뿐이다. 예컨대, 계약해제와 물품의 부적합에 대한 보완청구의 여부에 따라, 손해배상의 범위가 달라질 수 있다.

필요(必要)는 법을 모른다[필요는 법률상의 면책사유(免責事由)이다].

[762] 손해배상은 계약위반의 결과로 상대방이 입은 모든 손실을 금액으로 환산하게 된다. 따라서, CISG상 손해배상은 **'완전배상'**(完全賠償)과 **'금전배상'**(金錢賠償)을 기본원칙으로 한다. 또한, 계약위반의 결과로 생긴 손실이어야 하므로 계약위반과 손실과의 사이에 **'인과관계'**(causation, cause and effect)가 존재하여야 한다. 그러나, 여기서 **'인과관계'**는 **'사실적 인과관계'**(actual causation)로 족하며, **'상당인과관계'**(reasonable and probable causation)까지는 요구되지 않음을 유의하여야 한다.

[763] 손해배상의 범위는 계약위반의 당사자가 계약체결 시에 예견가능 했던 손해에 한정된다. 결국, 계약위반 당사자는 계약체결 시에 합리적으로 보아, 그 자신이 책임위험으로 인식했던 것 이상으로 손해배상에 임할 필요는 없다. 한편으로, **예견가능성**(foreseeability)의 대상은 계약위반이 아니라, 손해 그 자체이며, 이 경우 예견가능성의 시점은 계약체결 시라는 점은 유의하여야 한다. 또한, 예견의 당사자는 계약위반자 그 자신이 아닌, 그와 같은 상황에서의 합리적인 계약위반자를 기준으로 한다.

[764] 계약체결 시에 계약위반자가 당해 계약위반의 결과로 예견할 수 있었던 손해인 경우에 이는 모두 손해배상의 범위에 포함된다. 예컨대, i) 불이행으로 인한 손해, ii) 이행지체로 인한 손해, iii) 물품의 부적합으로 인한 손해, iv) 인도 후 수령을 거부하여 발생한 손해 등이 이에 해당한다.

[765] 피해당사자가 본조에 따라 손해배상을 청구하거나, 또는 **제75조**[대체거래와 손해액] 및 **제76조**[시가에 기초한 손해배상액]에 따라 손해배상을 청구하는 것을 선택할 수 있다. 아울러, 제75조 및 제76조에서는 피해당사자가 본조에 의해 그 밖의 손해배상을 청구할 수 있다고 명시적으로 규정하고 있다. 한편, 피해당사자가 **제77조**[손해경감의무]에 따라 손실을 경감하지 않은 사실이 인정되면, 본조에 따른 손해배상금액이 감소될 수 있다. 이 경우 감소될 금액은 원래 경감할 수 있었던 금액이다.

[766] **제78조**[연체된 금액의 이자]에서는 특정한 상황에서의 이자청구를 규정하고 있는데, 이는 본조에 따라 취득할 수 있는 손해배상금을 방해하지 않는다. 아울러, 피해를 입은 매도인은 매수인에게 **제62조**[매도인의 이행청구권]에 의거, 당해 물품의 대금지급을 요구할 수 있다.

[767] 본조는 손해배상금액의 일반적인 결정방법을 규정하고 있는데, 연관규정으로서 **제45조**[매수인 구제권의 총괄] (1), (b) 및 **제61조**[매도인 구제권의 총괄] (1), (b)에는, 손해배상청구권을 규정하고 있다. 동시에 일방당사자가 계약에 따른 어떠한 의무를 위반하면, 피해를 입은 매수인과

매도인은 본조 내지 제77조의 규정에 따라, 손해배상을 청구할 수 있다. 그러므로, 본조의 방법은 CISG에 따른 의무 또는 매매계약을 위반함으로 인한 손해배상액을 결정하는데 적용할 수 있는 규정이다.

[768] 한편, 본조는 계약위반으로 인한 손실에 관하여, 손해배상을 청구할 수 있도록 명시하고 있으나, 그 위반 또는 손실정도에 관한 조건을 규정하지는 않고 있다. 다만, 제45조 및 제65조[물품명세의 확정권]의 의하면, 위반당사자의 과실여부와 상관없이 피해당사자는 손해배상을 취득할 권리가 있다.

[769] 피해를 입은 매수인은 정당한 이유 없이 제39조[부적합의 통지] 또는 제43조[제3자 클레임에 관한 통지]에 따라, 당해 계약을 위반한 매도인에게 적절한 통지를 발송하지 않았다면, 피해를 입은 매수인은 손해배상을 청구하는 시점부터 매도인의 위반으로 인한 여하한의 권리를 상실하게 된다. 그러나, 제44조[불통지의 정당사유]에 비추어, 매수인이 적절한 통지를 발송하지 못했던 정당한 이유가 존재하는 경우에 매수인은 이익손실 이외의 손해배상을 청구할 수 있음은 물론이다.

[770] 달리, 계약을 위반한 당사자는 자신의 불이행의 장애가 제79조[손해배상책임의 면제] (1)의 조건에 만족한다면, 본 규정에 의거하여 손해배상청구에 임할 필요가 없다. 참고로, 제79조 (4)에 의하면, 계약을 위반한 당사자는 상대방이 장애 또는 그 장애의 효과에 대한 통지를 받지 못하였음으로 인하여 발생한 손해에 대해 그 책임을 부담하여야 한다고 명시하고 있다.

[771] 본조 제1문에 의하면, 피해당사자의 손해배상금액은 계약위반으로 인한 손실과 이로부터의 이익의 상실을 포함한다. 아울러, 본조는 비물질적 권익의 손해로 인한 손실을 제외시키지 않고 있다. 예컨대, 상대방의 위반으로 인해 피해당사자의 명예의 손실 또는 상업적 명예의 손해에 대한 배상청구권을 묵시적으로 인정하고 있다고 볼 수 있다.

[772] 본조에 의하면, 손해배상액은 손실액과 동일하여야 한다. 곧, 제1문은 손해배상에 이익의 손실을 포함한다고 명시하고 있다. 아울러, 제2문은 계약위반으로 인한 손해의 배상청구금액을 위반당사자가 계약체결 시에 예견하였거나, 예견하였어야 하는 범위로 제한하고 있다. 동시에, 계약위반으로 인한 손해의 배상청구금액을 위반당사자가 계약체결 시에 예견하였거나 예견하였어야 하는 범위로 제한하고 있기도 하다.

■ SUMMARY [*Article 74*]

1. Article 74 sets out the Convention's general formula for the calculation of damages. The formula is applicable if a party to the sales contract breaches its obligations under the contract or the Convention. The first sentence of article 74 provides for the recovery of all losses, including loss of profits, suffered by the aggrieved party as a result of the other party's breach. The second sentence limits recovery to those losses that the breaching party foresaw or could have foreseen at the time the contract was concluded. The formula applies to the claims of both aggrieved sellers and aggrieved buyers.

2. The Convention determines the grounds for recovery of damages, but domestic procedural law may apply to the assessment of evidence of loss. Applicable domestic law also determines whether a party may assert a right to set off in a proceeding under the Convention (see paragraph 37 below). Domestic substantive law may also govern issues relevant to the determination of the amount of damages, such as the weighing of evidence.

3. One tribunal has derived from the damage formula in article 74 a general principle of full compensation. Pursuant to article 7 (2), the tribunal used this general principle to fill the gap in article 78, which provides for the recovery of interest in stated circumstances but does not indicate how the rate of interest is to be determined.

4. In accordance with article 6 a seller and buyer may agree to derogate from or vary article 74. Several decisions enforce contract terms limiting or liquidating damages. The validity of these contract terms is, by virtue of article 4 (a), governed by applicable domestic law rather than the Convention.

판결례와 평가

- 적용범위 : 손해배상액의 산정
- 출처표시 : 「U.S. District Court, N.D.」(USA), 『88-CV-1078』, 1994.

1. 논점과 사실관계

① 본 사건은 **제74조**의 적용에 따른 **손해배상액의 산정**과 **제76조**[시가에 기초한 손해배상액]와 **제77조**[손해경감의무] 및 **제78조**[지연된 금액의 이자]와의 견련성에 관한 사건이다. **매수인**[이탈리아]과 **매도인**[미국]은 압축기를 목적물로 하여, 총 3회에 걸쳐 매수인에게 분할인도 할 것을 내용으로 계약을 체결하였다. 본건 압축기는 매수인이 동년 여름 판매를 예정하고 있는 냉방기 제조에 충당할 예정이었다. 매수인은 이 같은 취지를 매도인에게 통지하였고, 계약이행에 앞서 매도인은 매수인에게 압축기의 견본과 시방서를 송부하였다.

② 1차분 압축기가 해상으로 운송되어 매수인에게 인도되었고, 이후 매도인은 2차분 압축기를 발송했지만, 운송도중에 매수인은 1차 인도된 압축기가 견본 및 시방서에 적합하지 않다는 사실[압축기의 90%가 계약에 부적합하였다는 사실]을 발견하고, 이를 매도인에게 통지하였다. 이후 매도인에 의해 부적합한 압축기를 수리하는 과정을 거쳤지만, 그럼에도 완전한 수리는 불가능하였다. 이에 매수인은 견본 및 시방서에 적합한 새로운 압축기의 인도를 매도인에게 요구하였다.

③ 그러나, 매도인은 매수인의 이 같은 요구를 거절하였고, 이에 매수인은 전문으로 계약해제를 선언하고, 동시에 매도인의 부적합한 물품인도에 기한 계약위반을 이유로 손해배상청구소송을 제기하였다.

2. 판결요지

④ 법원은, [본 사건의 판결로서] 매도인은 계약에 적합한 본건 압축기를 제공하지 않은 사실에 비추어 계약위반을 인정하고, 제74조에 의거, 당사자가 예견가능했던 합리적인 금액을 한도로, [아울러, 이익의 상실금액을 포함하여] 매수인의 주장에 상당하는 금액의 손해배상청구를 다음과 같이 주문하였다.

⑤ 매수인은 매도인이 부적합한 물품의 인도를 인정하였기에 그 자신이 지출했던 비용에 상당하는 금액의 손해배상청구가 가능하다. 당해 비용은 냉방기의 생산비와는 구별되는 것이고, 이는 매도인이 예견할 수 있었던 사실이었기 때문에 매수인의 청구에 상당하는 금액의 손해배상청구를 인정할 수 있다. 매수인은 자신의 손해를 경감하기 위해 지출한, 곧 대체품 인도에 필요한 비용의 배상청구가 가능하다.

⑥ 당해 대체품은 계약위반이 발생하기 이전단계에서 초도 발주되었기 때문에, 손해경감의무에 관한 제77조에 따라 이를 인정할 수 있고, 매수인에 의해 대체품의 인도는 상거래상 합리적인 것으로 대체품의 항공운송과 1차 해상운송 발주분과의 차액에 상당한 배상청구를 인정할 수 있다.

⑦ 매수인은 부적합한 물품의 수용 및 그 보관비용에 상당하는 금액의 배상청구가 가능하다. 즉, 매수인은 2차로 인도된 압축기의 보관에 소요된 정확한 비용을 산정하고 있지는 않지만, 그렇다고 하더라도 초도 물품인도에 상당하는 금액의 배상청구를 인정할 수 있다. CISG는 계약부적합 물품의 인도로부터 발생한 이익의 상실에 관한 손해배상을 인정하고 있기 때문에, 이에 당사자가 합리적인 정도의 확실성을 가지고 배상액을 추정할 수 있는 충분한 증거의 제시를 조건으로, 이익의 상실에 따른 배상을 인정할 수 있다.

⑧ 그렇지만, 매수인은 매도인의 압축기를 이용하여 냉방기 생산에 필요한 비용에 상당하는 금액의 배상청구는 용인할 수 없다. 왜냐하면, 당해 비용은 매수인이 배상을 청구할 수 없는 별단의 고정비로 취급할 수 있기 때문이다.

3. 해설

⑨ 제74조는 손해배상액의 산정에 관한 일반원칙을 규정하고 있다. 곧, 본조에 따라 당사자 일방의 계약위반에 따른 손해배상액은 상대방이 상실한 손해 및 기대이익을 포함하여 이에 상당한 금액으로 환산할 수 있는데, 다만 이 금액은 계약당사자가 계약위반으로 발생하는 결과로서 계약체결 시에 예견하였거나 또는 예견했어야만 했던 손실금액을 초과할 수는 없다.

⑩ 제74조는 매수인과 매도인에 의한 손해배상청구에 공히 적용되는 것이며, 당해 손해배상청구는 각양의 상황에 의해 발생할 수 있기 때문에, 본조를 통해 기대했던 이익의 손해 이외에 그 어떠한 손해가 당해 손해배상청구의 대상이 될 수 있는지의 여부는 사실의 문제로 귀결된다.

⑪ 요컨대, [본건 판결에 기하여] 손해배상의 대상이 되는 손해의 내용은, 우선, 매도인의 계약위반의 결과로서 매수인이 지출한 비용과 관련[본 사건에서는, 매수인이 물품의 부적합을 회복하기 위해 지출한 비용, 대체품의 급송에 필요한 비용, 매수인이 부적합한 물품의 수령 및 보관에 필요한 비용 등이 해당된다], 본건 대체품은 계약위반이 발생하기 전에 발주되었기 때문에, 그 급송에 필요한 비용의 배상청구는 인정될 수 있다.

⑫ 결국, 제74조는 이러한 부수적 손해, 이를테면 손해를 경감하기 위해 지출한 비용의 배상을 명문으로 인정하고 있지는 않지만, 제77조에서 계약위반의 상대방에게 그 손해의 경감을 요구할 수 있도록 하고 있어, 이에 피해당사자는 당해 상대방의 계약위반으로 인한 손해를 경감하기 위해, 당해 사정에 따라 합리적인 조치를 취했다는 증거의 제시를 조건으로, 본조에서의 완전배상원칙에 따라 그 배상을 청구하는 것이 가능하다.

075. 대체거래와 손해액

Art. 75

If the contract is avoided and if, in a reasonable manner and within a reasonable time after avoidance, the buyer has bought goods in replacement or the seller has resold the goods, the party claiming damages may recover the difference between the contract price and the price in the substitute transaction as well as any further damages recoverable under Art. 74.

제75조

계약이 해제되고, 계약해제 후 합리적인 방법으로, 상당한 기간 내에 매수인이 대체품을 매수하였거나, 매도인이 물품을 재매각한 경우 손해배상을 청구하는 당사자는 계약대금과 대체거래대금과의 차액 외에 제74조에 따른 그 밖의 손해액을 배상받을 수 있다.

[773] **제75조**는 계약을 해제한 이후, 당해 물품에 관한 '**대체거래**'(substitute transactions)가 있었던 경우에 그 손해를 산정하는 방법을 다루고 있다. 본조가 적용되기 위해서는, i) 계약해제가 있어야 하고, ii) 물품에 대한 대체거래가 발생했어야 하며, iii) 계약해제는 실제로 계약해제의 의사표시가 있어야 하고, iv) 당해 의사표시가 유효하여야 한다. 단지, 계약해제의 가능성만으로 또는 부당한 계약해제에는 본조가 적용되지 않는다.

[774] 본조는 계약이 해제되는 경우에 적용되는 두 가지 손해배상청구방법 중에 첫 번째 방법을 규정하고 있다. 본조는 손해배상금액을 계약가격과 대체거래가격과의 차액으로 명시하고 있다. 이에 반하여, **제76조**[시가에 기초한 손해배상액]는 손해배상금액을 계약가격이 피해당사자가 대체거래를 진행하기 전의 물품의 **시가**[時價, current price, 이 경우 시가는 동일한 종류의 물품이 같은 조건으로 시장(市場, market)에서 판매되는 일반가격을 말한다]와의 차액으로 규정하고 있다. 제76조 (1)에 의하면, 만약 피해당사자가 일련의 대체거래를 진행하게 되는 경우 제76조의 손실을 계산할 수 없게 된다. 그러나, 대체거래의 물품수량이 계약수량보다 적은 경우에는 본조 및 제76조 모두가 적용된다.

[775] 본조에 따라 손해배상을 계산하고자 하는 피해당사자는 반드시 대체물품거래를 이루어야 한다. 만약, 피해당사자가 매도인인 경우에 대체물품거래는 계약물품을 다른 매수인에게 **전매**(轉賣)하는 것이다. 한편, 피해를 입은 매수인이 해제된 계약상 인도하기로 한 물품을 대체하여 다른 물품을 구매하는 것은 마찬가지로 대체물품거래에 해당한다.

지체(遲滯)는 법이 배척한다.

[776] 물품에 대한 대체거래는 매수인이 다른 곳에서 매입한 것과 마찬가지로 매도인이 다른 곳에 매도한 것, 이 모두가 해당한다. 그러나, 이러한 대체거래는 합리적인 방법으로 그리고 계약해제 후 상당한 기간 내에 이루어져야 함은 물론이다.

[777] 이상의 요건이 충족되면, **대체거래자**[매수인 또는 매도인]는 계약내용에 준한 대금과 대체거래 대금의 차액을 청구할 수 있다. 그러나, 이것은 직접적인 불이행 손해에 해당하는 것이므로, 그 외에도 손해가 있다면, 제74조[손해액 산정의 일반원칙]에 따라, 추가적으로 손해배상을 청구할 수 있다. 예를 들면, **'지체손해에 따른 비용'** · **'검사비용'** · **'보관비용'** · **'반송비용'** · **'대체거래에 의한 운송비용'** 등이 이에 해당한다.

■ SUMMARY [*Article 75*]

Article 75 provides that an aggrieved party may recover damages measured by the difference between the contract price and the price in a substitute transaction if the original contract has been avoided and if the substitute transaction was concluded in a reasonable manner and within a reasonable time after avoidance. The last clause of article 75 provides that an aggrieved party may recover further damages under the general damage formula set out in article 74. The formula in article 75 is a familiar one and can be found in domestic sales laws.

판결례와 평가

- 적용범위 : 대체거래와 손해배상액의 산정
- 출처표시 : 「Oberlandesgericht Celle」(Germany), 『3 U 246/97』, 1998.

1. 논점과 사실관계

① 본 사건은 **제75조**와 **제76조**[시가에 기초한 손해배상액] 및 **제77조**[손해경감의무]의 적용여부와 이에 따른 손해배상액의 산정기준을 다루고 있는 사례이다. **원고**[네덜란드 매도인]는 **피고**[독일 매수인]와 매매계약을 체결하고 목적물인 진공청소기를 인도하였다. 매수인은 인도된 진공청소기를 판매처인 A지점에 인도하였다.

② 그런데, A지점은 이를 매수인에게 반품하였고, 이에 매수인은 계약을 해제하였다. 이에 대하여 매도인은 계약해제를 부정하면서, 물품대금의 반환을 구하는 본건 소송을 제기하였다. 그

러나, 매수인은 매도인의 의무위반을 이유로 자신에게 발생한 손해와의 상계를 주장하였다.

③ 제1심 판결에서는 매도인의 청구가 인정되었고, 매수인의 상계는 기각되었다. 본건은 이에 대한 항소심 판결이다. 매수인에게 A지점으로부터 반품된 진공청소기는 1,330대이며 131대는 다른 고객에게 판매되었기 때문에 반환불능이 되었다.

2. 판결요지

④ 본건 법원의 판결요지는 다음과 같다. 우선, 제1심 판결에서 매수인에게 물품대금의 지급을 명한 것은 적절하며, 매수인의 상계는 적정한도 내에서 인정된다. 매도인은 물품대금지급에 관한 제53조[매수인 의무의 총괄], 청약의 기준과 효력발생시기 및 철회를 규정하고 있는 제14조 내지 제15조 그리고 승낙의 시기 및 방법을 규정하고 있는 제18조에 따라 물품대금의 지급청구가 가능하며, 반환받지 못한 131대의 물품대금에 상당하는 금액의 청구 또한 가능하다.

⑤ 통상 손해배상청구는 계약위반의 요건이 되며, 본건에 있어서 계약위반이 인정되는 경우 그것은 진공청소기의 계약부적합이라고 판단되는데, 이점에 관해서도 당사자 간에 다툼이 있다. 즉, 매수인이 A지점으로부터 반환된 진공청소기를 다른 고객에게 판매하였고, 그 반품율은 통상의 기준에 비추어 적합하였을 뿐만 아니라 매수인이 주장하고 있는 물품의 하자 또한 충분히 증명되고 있지 않다. 나아가, 제74조에 기한 손해배상청구에 있어서는 손해배상을 청구하는 매수인이 자신이 입은 손해를 정확히 산정하여야 함에도 불구하고 매수인은 이를 정확히 산정하지 않고 있다.

⑥ 이에 대하여 제76조[시가에 기초한 손해배상액]는 계약이 해제된 경우 규정이며, 시가가 있는 물품의 손해에 대한 추상적인 산정방법을 규정하고 있다. 당해 산정방식은 계약에서 정한 가격과 계약해제 시의 시가와의 차액을 기초로 한 것으로서, 여기서 시가는 당해 업계에 있어서 동종물건의 일반적인 금액을 의미한다.

⑦ 따라서, 시가가 존재하지 않는 경우 손해액은 제74조에 따라서, 산정되는 것이 마땅하다고 할 때, 이에 본건에서와 같이 아무런 상표가 없는 진공청소기의 시가를 인정할 수는 없고, 이 점에서 매수인이 충분한 증거를 제출하고 있다고도 볼 수 없기 때문에 매수인이 주장하는 얻었어야 할 이익의 상실을 인정할 수는 없다.

⑧ 또한, 제1심 판결이 매수인은 대체거래를 행하지 않고 그 손해를 경감하지도 않아 제77조

에 근거한 손해배상청구를 부정한 것도 적절하다. 매수인은 매도인이 인도하지 않았던 진공청소기에 관해서만 언급하고 있을 뿐 독일 국내에서 적절한 기간 내에 대체거래를 할 수 없었다는 주장도 충분하지 않다.

⑨ 본건에서 매수인은 매도인으로부터 물품을 매입하고 있으며[대체거래에 관해서도 동일하다], 독일 국내는 처음부터 국외로부터의 청약도 고려할 필요가 있음에도 불구하고, 매수인이 이와 같은 시도에 대하여 아무런 설명을 하지 않은 것은 결정적이다. 더욱이, 손해경감의무 위반의 입증책임은 채권자인 매도인에게 귀속된다고 할 때, 매수인은 어디서 대체거래의 청약을 받았는가에 관한 최소한의 증거를 제출할 의무가 있다. 그럼에도 불구하고, 매수인이 제출한 증거는 전체적으로 불충분하기 때문에 법원은 손해의 범위를 특정할 수가 없으며, 이 같은 이유에서 매수인은 얻었어야 할 이익의 상실과의 상계를 인정할 수 없다.

⑩ 나아가, 매수인이 주장하는 광고비용과의 상계도 부적절하다. 매수인은 신문을 통하여 대대적인 물품광고를 하였다고 주장하고, 이에 대한 증거로서 당해 진공청소기를 일정금액에 판매한다는 취지의 광고를 시행하였다고 주장하고 있으나, 이에 상응하는 비용이 입증되지 않고 있어 증거로서 인정하기에는 불충분하다. 다만, 진공청소기의 반환에 필요한 비용에 상당하는 금액의 상계는 인정된다.

⑪ 매수인은 화물의 수령, 포장의 개봉, 그리고 고충처리 등에 소요된 비용을 주장하고 있는바, 당해 금액은 이상의 금액으로 추정할 수 있다. 이것은 A지점에 대한 진공청소기 인도와 반품을 위한 운송에 의해 발생한 것으로 매수인 항소는 일정금액의 범위내에서 인정할 수 있다고 최종 판결하였다.

3. 해설

⑫ 제76조 (1)에 의하면, 계약이 해제되고 또한 물품에 시가가 있는 경우 손해배상을 청구하는 당사자가 본조의 규정에 따라 매입 또는 재매매를 하지 않은 경우 당사자는 계약에 정한 가격과 계약해제 시 시가와의 차액 및 제74조에 따라서, 청구가 가능한 그 밖의 손해배상을 청구하는 것이 가능하다.

⑬ 제76조에서는 계약이 해제되었음에도, 제75조[대체거래와 손해액]의 규정에 근거하여 대체거래가 이루어지지 않은 경우 당해 물품에 시가가 있음을 요건으로 한다. 따라서, 본건에서는 이른바 상표가 없는 물품에 시가를 인정하는 것은 곤란하다고 판시한 점과, 시가의 존재에 관해

서는 손해배상 청구자가 입증책임을 부담한다고 판시한 점에서 그 의의를 구할 수 있다.

⑭ 또한, 본건 판결은 제76조에 근거하여 손해배상액의 산정이 부정된 경우 손해배상액의 산정을 검토하는데도 참고할 수 있는 사례이다. 곧, 계약이 해제된 경우라고 하더라도 제75조와 제76조는 적용되지 않는 경우가 있으며, 그러한 경우에 있어서도 제74조의 규정에 따른 손해배상청구는 가능하다고 생각함과 동시에 당사자는 제75조를 대신하여 제74조에 따른 손해배상을 청구할 수 있다.

⑮ 그러나, 본건 판결에 따르면, 제74조에 근거하여 손해배상을 청구하기 위해서는 제75조나 제76조에 따라 손해배상을 청구하는 경우와 비교하여 손해배상 청구자가 당해 손해발생의 사실이나 정확한 손해액 등을 보다 구체적으로 입증하여야 한다.

⑯ 아울러, 제74조에 근거한 손해배상으로 매수인이 목적물을 A지점에 인도하고 또는 A지점으로부터 반품된 운송비용 등에 상당하는 배상액이 인정되고 있는 것 외에도, 광고비용에 상당하는 배상액 또한 인정될 수 있다고 하는 점도 유의하여야 할 사항이다.

076. 시가에 기초한 손해배상액

Art. 76

(1) If the contract is avoided and there is a current price for the goods, the party claiming damages may, if he has not made a purchase or resale under Art. 75, recover the difference between the price fixed by the contract and the current price at the time of avoidance as well as any further damages recoverable under Art. 74. If, however, the party claiming damages has avoided the contract after taking over the goods, the current price at the time of such taking over shall be applied instead of the current price at the time of avoidance.

(2) For the purposes of the preceding paragraph, the current price is the price prevailing at the place where delivery of the goods should have been made or, if there is no current price at that place, the price at such other place as serves as a reasonable substitute, making due allowance for differences in the cost of transporting the goods.

제76조

(1) 계약이 해제되고, 물품에 시가가 있는 경우에 손해배상을 청구하는 당사자는 제75조에 따라 구매 또는 재매각하지 아니하였다면, 계약에서 정한 대금과 계약해제 시의 시가와의 차액 및 그 밖에 제74조에 따른 손해액을 배상받을 수 있다. 다만, 손해배상을 청구하는 당사자가 물품을 수령한 후에 계약을 해제한 경우에는 계약해제 시의 시가에 갈음하여 물품수령 시의 시가를 적용한다.

(2) 전항의 적용에 있어, 시가는 물품이 인도되었어야 했던 장소에서의 지배적인 가격, 그 장소에서 시가가 없는 경우에는 물품 운송비용의 차액을 적절히 고려하여 합리적으로 대체할 수 있는 다른 장소에서 가격을 말한다.

[778] **제76조**에 의하면, 계약이 해제되고 물품에 **'시가'**(時價)가 있는 경우에 피해당사자가 대체거래를 하지 않았다면, 피해당사자는 계약가격과 물품의 시가와의 차액에 따라 그 손해배상을 청구할 수 있다. 아울러, 본조는 시가의 결정시간과 장소를 규정하고 있다.

[779] 본조는, 앞선 **제75조**[대체거래와 손해액]와 마찬가지로, 계약해제 시에 손해를 산정하는 방법을 다루고 있다. 곧, 대체거래가 없었다면 시가에 의함으로써, 결국 시가로 대체거래가 있었다고 가정하는 것이다. 따라서, 본조의 손해산정에 관한 규정은 제75조와 달리 추상적인 규정이라고 할 수 있다.

[780] 본조는 계약이 해제되는 경우에 적용될 수 있는 두 가지의 손해배상방법 중 두 번째 것이다. 제75조는 실제 대체거래의 가격에 의해 손해배상금액의 계산에 관한 규정이고, 본조는 시가를 참고하여 이론적으로 손해배상금액을 계산하는 규정이라 할 수 있다. 곧, 본조 (1)에 의하면, 당해 손해배상방법은 피해당사자가 대체거래를 한 경우에는 적용되지 아니한다. 피해당사자는 제74조[손해액 산정의 일반원칙]에 규정된 기본적인 손해배상방법에 따라 그 밖의 손해에 대해 청구할 수 있다. 다만, 본조에 따라 손해배상을 취득할 수 있는 경우에도 피해당사자는 제74조에 따라 손해배상을 취득하는 것을 선택할 수 있다. 만약, 본조에 의한 배상조건에 만족하지 않은 경우에는 제74조에 의해 손해배상을 취득할 수 있음은 물론이다.

[781] 본조가 적용되기 위해서는, i) 계약해제는 통지[의사표시(意思表示)]되어야 하고, ii) 유효하여야 하며, iii) 대체거래가 없었거나 또는 불합리하여 제75조가 적용될 수 있는 여지가 없어야 한다. 한편, 시가의 결정시점은, 원칙적으로 계약해제의 시점이지만, 손해배상청구권자가 물품을 수령한 후에 계약을 해제하는 경우에는 달리 물품수령 시가 그 기준이 된다. 다른 한편, 시가가 결정되는 장소는 물품의 인도장소가 된다. 그러나, 인도장소에 시가가 존재하지 않는 경우에는 합리적인 대체장소가 기준이 될 수 있다. 다만, 이 경우 시가를 결정할 때에는, 물품 운송비용의 차액을 적의 고려하여야 한다.

[782] 이상의 요건이 충족되는 경우에 손해배상청구권자는 계약에 확정된 가격과 시가 간의 차액을 손해배상으로 청구할 수 있다. 그러나, 이것은 최소한의 손해배상으로서 그 외에 발생한 손해가 더 있을 경우에는 제74조에 따라 추가배상을 청구할 수 있다.

[783] 피해당사자가 제77조[손해경감의무]에 의거하여, 손실을 경감시키지 않는 것이 인정되면, 본조에 따라 취득할 수 있는 손해배상금액이 감소될 수 있다. 이 경우 감소될 수 있는 금액은 피할 수 있었던 손실금액이다. 한편, 본조에 따르면, 당사자는 합의를 통해 본조에 규정된 방법을 감퇴 또는 변경시킬 수 있다.

[784] 요컨대, 본조는 계약이 해제되고, 물품에 시가가 있으며, 피해당사자가 대체거래를 하지 않았던 경우에 적용된다. 또한, 본조는 계약이 해제되지 않는 경우에는 적용되지 아니한다. 그러므로, 피해당사자가 계약을 해제하는 권리가 있었으나 그러하지 않은 경우 또는 계약을 해제하는 권리를 유효하게 행사하지 않은 경우에는 본조는 적용되지 아니한다. 따라서, 물품에 시가가 있는 경우에만 본조의 방법이 적용될 수 있다.

[785] 한편, 피해당사자가 대체물품을 구매하였다면, 본조에 의해 손해배상을 취득할 수 없

다. 매도인은 물품을 인도하지 못했고, 피해를 입은 매수인은 대체물품을 구매하지 못했던 경우 매수인이 입은 손해는 본조에 의해 계산된다.

[786] 본조는 당사자의 **책임체계**[입증책임(立證責任)]에 관한 언급이 없으나, 생각건대, 이 문제는 손해배상을 청구하는 일방당사자가 그 입증책임을 부담하여야 할 것이다.

■ SUMMARY [*Article 76*]

Article 76 provides that an aggrieved party may recover damages measured by the difference between the contract price and the current price for the goods if the contract has been avoided, if there is a current price for the goods, and if the aggrieved party has not entered into a substitute transaction. The article designates when and where the current price is to be determined. The last clause of the first sentence of paragraph (1) also provides that an aggrieved party may recover further damages under the general damage formula set out in article 74. The article 76 formula is a familiar one.

판결례와 평가

- 적용범위 : 대체거래가 행해지지 않은 경우 손해배상액의 산정
- 출처표시 : 「Oberster Gerichtshof」(Austria), 『1 Ob 292/99v』, 2000.

1. 논점과 사실관계

① 본 사건은 계약해제 후에 합리적인 대체거래가 행해지지 않은 경우 손해배상액의 산정에 관한 판례이다. **원고**[독일 매도인]와 **피고**[오스트리아 매수인]는 매도인이 보석을 가공 · 판매하고, 매수인은 그 대금을 지급한다는 내용으로 계약을 체결하였다. 대금지급의 내용은 선금인 경우 15%, 현물상환지급인 경우 5% 할인으로 각각 약정하고, 지급기일은 11월 10일로 하였다.

② 매도인은 대금을 수령한 후 11월 13일 또는 14일 매수인에게 보석을 인도하기로 하고, 추가주문 대금은 5% 할인가격으로 물품수령일로부터 7일 이내에 지불하기로 약정하였다. 또한, 주문서에는 독일 외의 고객에 대하여는 선금 또는 현금상환지급의 경우에 한하여 인도한다는 취지의 약정 및 당해 물품대금 전액이 지급될 때까지 매도인은 그 소유권을 유보한다는 합의 조항이 포함되었다.

③ 매도인은 11월 5일 매수인의 주문에 따라 보석을 가공함과 동시에, 각각의 물품대금청구서를 송부하였다. 이 경우 현금상환지급 5%의 할인을 고려하였다. 11월 14일 매도인은 매수인에게 물품대금의 지급기한과, 당해 물품의 발송은 대금수령과 동시에 즉시 발송하겠다는 취지를 통지하였다. 매도인은 11월 17일에 재차 지급기한을 통지하면서 지급기한을 11월 26일까지 연장한다는 통지를 첨부하였다.

④ 12월 3일 매수인은 매도인의 청구서에 대한 지급액으로서 두 통의 수표를 매도인에게 송부하였으나, 은행은 매수인의 보유자금부족을 이유로 당해 수표의 추심을 거절하였다. 12월 22일 매도인은 매수인에게 이 사실을 통지하면서 이에 당해 물품을 발송할 수 없다고 하였다.

⑤ 다음 해 1월 12일 매도인은 매수인에 대하여 물품대금 지급기일을 최종 2월 2일까지 연장하면서 당해 기일까지 물품대금이 지급되지 않는 경우 매도인은 매수인의 계약불이행으로 인한 손해배상을 청구하거나, 본 계약을 해제하겠다는 취지를 서면으로 통지하였다.

⑥ 결국, 매도인은 이에 상당한 손해를 입었다고 주장하고, 당해 손해는 물품대금과 가공비용과의 차액에 상당하는 것이며, 또한 이 손해는 자신이 다른 매수인의 주문에 따라 보석을 재판매 하는 것과도 관계가 없는 것이라고 주장하였다. 그 이유로서 보석의 재판매는 매수인의 주문과는 관계없이 이루어졌다는 사실을 적시하였다. 나아가, 매도인은 보석의 대부분은 매수인을 위하여 특별히 가공된 것일 뿐만 아니라 매수인에게 당해 의무를 이행하지 않으면 계약해제 이후에 손해배상을 청구한다는 통지를 하였음에도 불구하고, 매수인은 대금지급을 거절하였다는 사실을 적시하였다.

⑦ 이에 매수인은 당사자 간 합의에 기하여, 대금지급은 목적물의 인도와 물품검사 후에 행하여지는 것이며, 본건 물품대금은 수표에 의하여 지급되었음에도 당시 목적물은 인도되기 전이었기 때문에, 물품대금의 지급은 불이행된 것이 아니라 다만 정지된 상태에 있는 것이라고 주장하였다.

⑧ 한편, 매수인은 매도인이 보석을 보다 싼 가격으로 재판매하여 자신의 손해를 발생시키고 있다고 주장하고, 또한 매도인의 청구에는 당해 물품매매로부터 얻는 이익금이 포함되어 있으나, 이것은 원래 매도인이 매수인에게 청구할 수 없는 것이라고 항변하였다. 이에 매수인은 당해 상거래계에 있어 전형적인 매매에서 얻는 이익금으로서 매입가격의 배에 상당하는 금액의 손해배상을 청구하는 반소를 제기하였다.

해악(害惡)은 추정(推定)되지 않는다.

⑨ 제1심 판결에서는 매도인의 청구가 인정되어, 매수인에게 당해 시점 기준으로 5%의 이자를 포함한 손해배상액 지급을 명하였다. 또한, 항소심에서는 본 사건은 CISG 적용사안으로 1월 12일의 통지는 계약해제의 의사표시로서 충분한 것이고, 소송절차에 있어서 계약해제의 의사표시로 시의적절한 것이었다고 판시하였다. 또한, 시장성이 있는 물품의 경우에 설령, 매수인이 목적물인 보석을 수령하였어도 별도의 거래가 행해질 가능성이 높다는 취지에서, 물품대금과 생산원가의 차액에 상당하는 매도인의 배상청구를 인정한 제1심 판결을 확정하고, 이에 추보하여 당사자 사이에 본 사건과 같은 다툼이 발생한 후에 물품이 판매되었다 하더라도 이는 대체거래로 인정되지 않는다고 판시하였다.

2. 판결요지

⑩ 본건 법원의 판결요지는 다음과 같다. 우선, 이행을 위한 추가기간의 지정에 관한 제63조 (1)에서는 매도인은 [매수인의 이행을 위한] 추가기간을 정할 수 있으며, 또한 매도인의 계약해제권을 명시하고 있는 제64조 (1), (b)는 매도인은 매수인이 기간 내에 대금지급의무 또는 물품의 인도에 대한 수령의무를 이행하지 않은 경우 계약해제를 선언할 수 있다고 규정하고 있다. 이 경우 계약해제는 당사자의 일방적인 의사표시로서 이는 별단의 형식이나 절차를 필요로 하지 않는다. 따라서, 계약해제의 의사표시는 계약의 유지를 원치 않는다는 점에서 명백하지 않으면 아니 되고, 항소심에서 지적된 바와 같이 11월 17일의 서면은 조건부 해제의 의사표시로 이해된다.

⑪ 당해 계약내용에 비추어, '**또는 계약으로부터 이탈한다**'라는 문언에서 찾아볼 수 있는 불명확성은, 명백히 계약해제의 의사를 표시하고 있는 청구원인에 의하여 해소되고 있다. 곧, CISG에 있어서 계약해제의 의사표시는 원칙상 형식이나 기한에 구속되지 않기 때문에, 청구의 원인은 해제의 의사표시로 취급될 수 있는 것이다.

⑫ 한편, CISG 적용범위 외의 사항으로서 오스트리아 및 독일의 판례법에 따르면, 일반적으로 해제된 계약의 목적물인 물품의 정기적인 거래를 행하는 상인은 해제된 계약의 목적물인 물품 또는 별도의 물품을 현행 시장가격으로 판매한다는 대체거래를 용인하고 있는 차제에 그 취지는 매도인이 당해 거래로부터 취득하는 이익은 차후의 거래를 위하여 추가로 물품을 입수하지 않아도 된다는 입수비용의 절약에 있다고 본다. 그러므로, 본 사건에서 문제시 되고 있는 거래의 구입가격과, 그 판매에서 얻는 이익금의 차액은 대체가능한 물품의 거래에 있어 매도인의 손실로 취급할 수 있으므로, 당해 이익은 계약체결 시에 이미 매도인 자산의 일부가 되었다고 취급할 수 있기 때문에, 그 상실은 실제손해 또는 직접손해로 평가할 수 있다.

⑬ 이 같은 사실로부터, 당사자의 계약위반에 관한 손해배상액의 산정에는 본건 계약위반에 기한 상대방이 입은 손실과, 이에 따른 기대이익의 상실을 포함한 손해배상액 기준을 명시하고 있는 제74조를 적용할 수 있고, 당해 손해배상액은 제74조 (2)에 의하여, 계약위반을 행한 당사자의 예견가능성에 의해서만 제한될 수 있다. 따라서, 기대이익의 상실은 물품의 수령을 거절한 매수인이 예견가능 했던 손해라고 볼 수 있다.

⑭ CISG는 계약위반을 하지 않은 당사자에게 대체거래를 용인할 수 있게 하거나 또는 물품의 시가를 참조할 수 있도록 함으로써 손해액을 산정할 수 있도록 하고 있다. 다만, 제75조[대체거래와 손해액]와 제76조[시가에 기초한 손해배상액]는 어느 것이나 피해당사자에 의하여 계약이 해제된 경우 제74조에 기하여 당해 불이행으로 인하여 발생한 손해액이 구체적으로 산출될 가능성을 배제하지 않고 있다.

⑮ 결국, 당사자가 유사한 거래를 정기적으로 행하는 경우 제76조가 규정하는 추상적인 손해배상액의 산정이 배제되는 것은 대체거래가 특정된 경우에 한정된다. 그리고, 이 문제와는 별도로 매도인이 제77조[손해경감의무]를 근거로 손해경감을 하지 않았다고 하는 매수인의 주장은 채권자가 대체거래를 하고 있는 중에 최초의 거래와 같은 이익을 가져올 유사한 거래를 상실하고 있는 경우에는 인정되지 않는다. 이러한 경우 매도인은 완전배상의 원칙에 따라 [계약가격과 비용과의 차액에 따라] 자신의 계약상 이익을 평가할 수 있는 것이고, 물품의 재판매가 매수인의 주문과는 관계없이 이루어 질 수 있다는 것을 제1심 판결이 인정하고 있는 이상, 매도인이 손해를 경감하지 않고 있다는 매수인의 주장은 여하히 인정할 수 없다고 최종 판결하였다.

3. 해설

⑯ 본 사건은 제75조 또는 제76조가 적용되는 경우에도 제74조를 근거로 손해배상청구가 가능하다는 것을 판시한 것이다. 곧, 본건 판결에 의하면, 당사자는 제75조 내지 제76조를 근거로 손해배상이 가능한 경우에도 제74조에 따라 손해배상청구가 가능하고, 나아가 제75조를 근거로 한 손해배상청구 대신에 제74조에 기한 손해배상 청구가 가능하다. 이 경우 제74조에 근거한 손해배상을 청구하는 경우 제75조와 제76조를 근거로 손해배상을 청구하는 것보다, 손해발생의 사실이나 손해액을 구체적으로 증명하고 산정할 필요가 있기 때문에 주의가 필요하다.

⑰ 또한, 제75조에 기하여 손해배상을 청구함에 있어서는 대체거래 이전에 계약해제가 필요하며, 계약해제에는 명확한 의사표시가 필요하다. 이에 대하여, [본건 판결에 의하면] 제76조에서

는 이와 같은 요건은 없고, 손해배상청구소송에 있어 청구원인에 의해 계약해제의 의사표시가 인정될 수도 있으며, 이 경우에 있어서도 제76조의 적용은 배제되지 않는다고 보고 있다.

⑱ 나아가, 계약이 해제되는 경우 손해액은 일반적으로 제75조에 따라 산정되는 경우가 많으며, 제76조는 제75조가 적용되지 않는 경우에도 동일한 산정을 할 수 있고, 본건 판결은 제74조를 근거로 손해배상 청구를 함에 있어서도 동일한 산정방식, 곧 물품의 입수비용과 계약가격과의 차액에 의하여 손해배상액의 산정을 할 수 있다는 것을 시사하고 있다.

⑲ 일반적으로, 계약위반의 상대방인 매도인이 계약의 목적물을 재판매한 경우에 매도인으로서는 목적물과 유사한 물품을 매수인 이외의 제3자에게 판매할 능력과 기회가 주어져 있는 것이고, 이에 매도인은 매수인의 계약위반이 없으면 재판매가 가능한 것으로 생각할 수 있기 때문에, 설령 목적물의 재판매에 의하여 기대이익을 취했다고 하더라도, 응당 기대이익을 취하지 않았다고도 생각할 수 있을 것이다. 결국, 본 사건은 이 같은 경우에 매도인이 매수인과의 거래로부터 얻었어야 할 이익의 상실에 상당하는 손해배상액을 인정한 사례로 평가된다.

077. 손해경감의 의무

Art. 77

A party who relies on a breach of contract must take such measures as are reasonable in the circumstances to mitigate the loss, including loss of profit, resulting from the breach. If he fails to take such measures, the party in breach may claim a reduction in the damages in the amount by which the loss should have been mitigated.

제77조

계약위반을 주장하는 당사자는 이익의 상실을 포함하여, 그 위반으로 인한 손실을 경감하기 위해, 그 상황에서 합리적인 조치를 취하여야 한다. 계약위반을 주장하는 당사자가 이러한 조치를 취하지 아니하는 경우에 위반당사자는 경감되었어야 했던 손실만큼 손해배상액의 감액을 청구할 수 있다.

[787] 제77조는 손해배상의 채권자에게 손해를 경감시킬 의무를 부과하고 있는 규정이다. 그러나, 본 의무는 간접의무라 할 수 있다. 따라서, 이 의무에 위반하면 경감되었을 손해만큼 그 손해배상의 범위가 축소된다.

[788] 본조는 손해배상청구권에 한하여 적용되며, 그 밖의 다른 구제수단[예컨대, 이행청구권, 계약해제 또는 대금감액 등]에는 원칙적으로 영향을 미치지 않는다. 그러나, 손해의 확대뿐만 아니라 손해의 발생을 저지할 의무도 포함하며, 나아가 계약위반이 발생한 이후뿐만 아니라 위반 전이라고 하더라도, 예견될 수 있는 계약위반에 대해 합리적인 조치를 취할 의무까지도 포함한다.

[789] 본조에 의하면, 손해배상을 청구하는 피해당사자는 당해 손실을 경감하기 위해 합리적인 조치를 취하여야 한다. 만약, 피해당사자가 이러한 조치를 취하지 않은 경우에 계약을 위반한 당사자는 손해배상에서 경감될 수 있었던 손실금액을 공제할 수 있다. 다만, 피해당사자가 손해배상을 적극적으로 청구하거나 또는 '상계'(set-off)를 요구하는 경우에 본조는 적용되지 아니한다. 한편, CISG의 기타조항에서는 양당사자에게 손해를 방지하기 위한 특정한 조치를 취할 것을 요구하고 있다. 예컨대, 제85조 내지 제88조에 의하면, 매매당사자가 계약을 위반한 후, 그들이 점유하는 물품보관에 관해서는 반드시 합리적인 조치를 취하여야 한다.

[790] 손해배상을 청구하는 피해당사자는, 반드시 합리적이고 성실한 채권자에 준하는 상황에서 당해 손실을 경감하기 위해 필요한 조치를 취하여야 한다. 다만, 계약이 해제된 경우에

피해당사자가 계약을 위반한 당사자에게 손실의 경감을 위한 조치를 취하라는 통지만으로는 계약의 해제를 취소할 수 없음은 유의하여야 할 사항이다.

[791] 피해당사자가 손실을 경감하기 위한 조치를 취하는 시기에 관하여, 본조에서는 이를 명시적으로 규정하지 않고 있다. 생각건대, 피해당사자가 확실히 손실경감의 조치를 취했다면, 당시의 상황에 따라 상당한 기간 내에 당해 조치를 취하여야 할 것이다.

[792] 다음의 경우에는 통상적으로 피해당사자인 매수인이 당해 손실을 경감하지 못한 것으로 인정될 수 있다. i) 매수인이 물품을 합리적으로 검사하지 못하였으며, 또한 물품의 부적합사항이 열거된 해당 서류를 제공하지 못한 경우, ii) 매수인이 특정지역 이외의 시장에서 대체물품을 구하는 경우, iii) 매수인이 후속된 매수인과의 매매계약 또는 대체물품에 관한 구매계약을 해제하지 못한 경우, iv) 매수인이 부적합한 물품을 후속 매수인에게 판매하여 기 지급된 대금에 대해 증명할 수 없는 경우, v) 매수인 자신이 매도인이 지정한 도매상으로부터 동일한 물품을 구매할 수 있는지를 증명하는 증거를 제공할 수 없는 경우 등이다.

[793] 다음의 경우에는 피해를 입은 매도인이 손실을 경감하지 못한 것으로 인정될 수 있을 것이다. i) 계약이 해제되기 전에 담보된 특정물품을 사용하는 경우, ii) 계약을 위반한 매수인이 계약내용의 수정이 여의치 않았을 경우에 이전의 물품가격보다 낮은 견적가격으로 물품을 전매하는 경우 등이다. 한편, 계약을 위반한 일방당사자는 타방의 피해당사자에게 지급하는 손해배상금액에서 합리적인 손실경감조치로 감소될 수 있었던 손실금액을 공제하는 것을 요구할 수 있다.

■ SUMMARY [*Article 77*]

Article 77 requires an aggrieved party claiming damages to take reasonable steps to mitigate losses; if he fails to do so, the breaching party may claim a reduction in the damages recoverable in the amount by which the loss should have been mitigated. If an aggrieved party does not request damages, whether by way of an affirmative claim or by way of set-off, article 77 does not apply.

판결례와 평가

- 적용범위 : 손해경감의무 위반에 기한 손해배상액의 산정
- 출처표시 : 「Oberlandesgericht München」(Germany), 『7 U 1720/94』, 1995.

1. 논점과 사실관계

① 본 사건은 매매계약을 해제하지 않고, 그 전에 매도인이 은행으로부터의 지급보증을 요구하는 것이 제77조상 매도인에 의한 합리적 조치의무의 위반으로 취급될 수 있는 지의 여부에 관한 것이다. **매도인**[독일]은 **매수인**[이탈리아]과 독일제 승용차 11대에 대한 매매계약을 체결하였다. 본 계약에서 매수인은 물품대금에 상당한 은행보증을 제공하기로 합의하였다.

② 계약의 목적물로서 승용차 11대 중 5대는 인도준비가 완료되었고, 나머지 6대는 인도기간내에 인도될 예정이었다. 그러나, 매수인은 환율변동에 따라 물품대금 지급이 불가능하다는 이유로 승용차 제조사에게 그 인도를 연기해줄 것을 매도인에게 요구하였다. 이에 매도인은 승용차 제조사에게 주문 전부를 취소하고, 벌과금으로서 은행보증 지급을 요구하고 이를 수령하였다. 매수인은 이 같은 매도인의 처사에 불복하고, 은행보증금의 반환지급 및 당해 이자에 관한 손해배상을 청구하였다.

2. 판결요지

③ 법원은, 은행보증에 관한 준거법에 관하여, 본 사건은 독일과 이탈리아 간의 물품매매이므로, 통상 CISG를 적용할 수 있음에도 불구하고, 당초 당사자는 은행보증에 관한 매도인의 권리에 관해서는 준거법으로서 독일법이 적용되는 것으로 하였다. 이에 본 사건의 은행보증은 물품대금을 지급하기 위한 방편으로서 채택된 것이므로, 벌과금 성격으로 존재하는 것은 아니라고 판시하였다. 따라서, 매도인은 독일 민법 제812조 (1)에 따라,[322] 법적 근거 없이 부당이득을 얻은 것으로 취급하고, 이에 매수인은 매도인에 대하여 은행보증금의 지급을 청구할 수 있다고 판단하였다.

④ 그러나, 법원은, 매도인이 본건 계약을 해제하지 않은 상황에서, 이전에 매도인이 은행으로부터 지급보증을 요구하는 것은 제77조에서 명시하고 있는 바와 같이 매도인이 합리적인 조치의무를 다하지 않았다고 볼 수 있으므로, 매도인은 은행보증금의 지불을 요구할 수 없다고 설시하고, 이에 매수인의 청구를 인정하였다. 다만, **제45조**[매수인 구제권의 총괄] (1), (b) 및 (2), **제49조**[매수인의 계약해제권] (1), (a), **제25조**[중대한 계약위반]를 원용하여, 본건 계약에서 당사자는

---

322) BGB, § 812(Claim for restitution) : "(1) A person who obtains something as a result of the performance of another person or otherwise at his expense without legal grounds for doing so is under a duty to make restitution to him. This duty also exists if the legal grounds later lapse or if the result intended to be achieved by those efforts in accordance with the contents of the legal transaction does not occur."

규약(規約)의 효력(效力)은 행위지법(行爲地法)에 의한다.

인도기일을 명확히 합의하지 않았으므로, 계약에서 2회에 걸친 인도는 매도인의 계약위반으로 볼 수 없고, 매수인은 당해 매도인의 인도불이행이 중대한 계약위반에 따른 계약해제의 이유가 될 수 없다고 보아 매수인의 당해 청구를 기각하였다.

⑤ 다른 한편, 금리손해에 관하여 법원은, 제84조[이익의 반환]에 따라 매수인은 이를 청구할 수 있다고 판시하였다. 또한, 은행보증금의 지급과 관련, 독일 민법 제812조를 적용할 수 있으나, 금리에 대하여는 당해 금원에 상당하는 대금반환을 청구할 수 있으므로, 이에 CISG를 적용할 수 없다고 하였다. 나아가, 금리의 이율에 관하여는, CISG에 별단의 규정이 없으므로 독일법상 상사이율 연 5%의 적용이 타당하다고 판시하였다.

3. 해설

⑥ 법원은, 은행보증금의 지급에 관하여는 독일 민법 제812조를, 매도인에 의한 합리적인 조치의무위반에 관하여는 CISG를 적용하고, 나아가 [계약내용에 비추어] 본건에서 매도인에게 중대한 계약위반이 없었다고 보고, 이에 매수인의 반환금 청구를 기각하였다. 또한, 금리에 관하여는, CISG를 적용하여 당해 대금의 반환요구를 인정하였으나, 금리이율에 관하여는, CISG의 해당규정이 없으므로 독일법상 상사이율 연 5%를 적용하였다.

⑦ 본 판결은 은행보증금의 매도인 지불청구권에 관하여 독일 민법을 적용하면서, 매도인에 의한 합리적 조치의무위반에 관하여는 제77조를 적용하고 있다는 점에서, 당해 법적용상의 타당성의 관점에서 일관성이 결여되었다고 평가할 수 있다. 그러나, 매도인이 계약을 해제하지 않고, 그 전에 매도인이 은행에 지급보증을 요구하는 것은 제77조하에서 매도인에 의한 합리적 조치의무를 행하지 않은 것으로 볼 수 있으므로, 이에 매도인은 당해 은행보증금의 지급을 청구할 수 없다고 하는 점은 실무에서 참고할 수 있는 유의점이 될 수 있을 것으로 생각된다.

판정례 연습

[80] 본건 계약에 의하면 매도인은 철판을 제작하여 이를 매수인에게 인도하여야 했다. 매도인은 자신의 철판공장에 생산차질이 생겨서 인도기일 내에 철판을 인도할 수 없게 되었다고 매수인에게 통지하였다. 또한, 이러한 생산차질은 이후에도 계속될 수 있으며, 그 기간도 알 수 없다고 통지하면서, 매수인에게 다른 업자로부터 철판을 구매하도록 요청하였다. 매수인은 자신의 지역에서 대체가능한 철판을 구할 수 있었고, 또한 가격변동도 없는 상황이었다. 아울러, 매수인은 다른 업자로부터 철판을 구해보려고도 하지 않았다. 그 결과, 매수인의 생산시설은 일정기간 가동되지 못하였다. 매수인은 소송을 제기하여 조업중단에 대한 손해배상금을 청구했다. 매도인은 매수인이 손해를 경감하기 위하여 그 사정에 따라 합리적인 조치를 취하지 않았다고 항변하였다. 이 경우 매수인은 조업중단에 대한 손해배상금을 청구할 수 있는가?

제3절 이 자

구분 및 내용	
제 4 편 물품의 매매	제25조~제88조
제1장 총 칙	제25조~제29조
제2장 매도인의 의무	제30조~제52조
제3장 매수인의 의무	제53조~제65조
제4장 위험의 이전	제66조~제70조
제5장 매도인과 매수인에게 공통적으로 적용되는 규정	제71조~제88조
제1절 이행기전의 계약위반과 분할이행계약	제71조~제73조
제2절 손해액	제74조~제77조
제3절 이 자	제78조
제78조 연체된 금액의 이자	
제4절 면 책	서79소~제80조
제5절 해제의 효과	제81조~제84조
제6절 물품의 보존	제85조~제88조

[794] **제5장 제3절**[이자]은 연체된 금액의 이자에 관한 단일조항으로 구성되어 있다. 그 내용은 계약당사자 일방이 물품대금 또는 그 밖의 연체된 금액을 지급하지 아니하는 경우에 타방은 **제74조**[손해액 산정의 일반원칙]에 따라 회복이 가능한 손해에 대한 손해배상청구권을 해함이 없이, 그 금액에 대한 이자를 청구할 수 있다는 것이다.

■ SUMMARY [*Section III*]

Section III of Chapter V of Part III of the Convention, entitled 'Interest', encompasses a single provision, article 78, which provides for the recovery of interest on the unpaid price (if overdue) and 'any other sum that is in arrears'. Despite the title of this section, a provision in another section of the Convention article 84 (1) (located in Part III, Chapter 5, Section V 'Effects of avoidance') also provides for the recovery of interest in certain situations. Interest has also been awarded as damages under article 74, one of the damages provisions on in Part III, Chapter V, Part II.

078. 연체금액의 이자

Art. 78
If a party fails to pay the price or any other sum that is in arrears, the other party is entitled to interest on it, without preudice to any claim for damages recoverable under Art. 74.

제78조
어느 일방이 대금이나 그 밖의 연체된 금액을 지급하지 아니하는 경우에 상대방은 제74조에 따른 손해배상청구권을 해함이 없이 그 금액에 대한 이자를 청구할 수 있다.

[795] 제78조는 CISG상의 **금전채무**(金錢債務)와 관련하여, 원칙적으로 **이자청구권**(利子請求權)이 있다는 것을 명시하고 있는 유일한 규정이다. 또한, 본조에서 이자청구권은 손해배상청구권과는 별단의 권리임을 명시하고 있다.

[796] **이자청구권**은 CISG에서 인정하고 있는 금전채무에서 원칙적으로 인정하고 있는 권리이다. 여기에서 가장 중요한 것이 **대금지급채무**(代金支給債務)이고, 그 밖에도 **비용상환채무**(費用償還債務)나, 대금감액에서 감액된 **대금반환채무**(代金返還債務)도 이에 속한다. 특히, 계약해제 시에 지급된 물품대금의 반환채무에 대해서는 제84조[이익의 반환] (1)에서 다루고 있다.

[797] 본조에서 이자를 취득하는 권리는, 채권자가 입은 손실을 증명하여야 하는지의 여부와는 관계가 없다. 따라서, 이자를 청구하는 것은 대금지급의 지연으로 인한 손실에 관하여 그 배상을 청구할 수 있다. 또한, 연체된 금액에 관한 이자청구권은 제74조[손해액 산정의 일반원칙]에서 회복가능한 손해의 배상청구권에 영향을 주지 않고 있다. 그러한 손해배상에는 연체된 금액으로 인하여 채권자가 은행으로부터 대출금을 받아 발생한 비용 또는 연체된 금액으로부터 획득할 수 있었던 투자수익을 포함할 수 있다.

[798] 본조에서는 명시적으로 이자를 계산하는 구체적인 내용을 명정하고 있지 않다. 나아가, CISG의 여타 규정에서도 이는 마찬가지이다. 당해 문제는 CISG가 규율하여야 하는 사항임에도 불구하고, 이에 대한 명시적 규정이 없기 때문에 CISG 이외의 다른 방식으로 이를 해결하여야 한다. 결국, 제7조[계약의 해석원칙] (2)에 따라, 이 문제는 CISG의 일반원칙에 의해 해결되어야 하며, 그러한 원칙이 존재하지 않는 경우에만 국제사법이 적용되는 국내법에 의하여야

한다. 반대로, 만약 이 문제를 CISG의 적용범위에서 제외하는 경우에 CISG의 일반원칙이 아니라 국제사법규칙에 적용되는 국내법에 의해 해결되어야 한다. 그러나, 만약 당사자들이 어느 이자율에 관하여 합의하고 있다면, 그 합의된 이자율이 적용될 수 있음은 물론이다.

[799] 이자청구권이 발생하는 시점은 금전채무의 만기 시이고, 대금지급채무는 그 이행기이며, 비용상환채무는 당해 청구권의 발생 시가 된다. 또한, 계약해제로 인한 대금상환채무는 물품대금을 지급받은 날로부터 그 이자가 계산된다.

[800] 본조에서 이자는 손해배상과 별개의 구제수단이다. 따라서, 먼저 이자를 청구하고도 여전히 손해가 존재하는 경우에는 당해 손해에 대한 배상청구도 가능하다. 또한, 채권자가 이자를 청구하지 않고, 손해배상만을 청구하는 것도 가능하다.

■ SUMMARY [*Article 78*]

1. Article 78 deals with the right to interest on 'the price or any other sum that is in arrears'. The provision does not, however, apply where the seller has to refund the purchase price after the contract has been avoided, in which case article 84 of the Convention governs as lex specialis.

2. Article 78 entitles a party to interest on 'the price and any other sum that is in arrears'. According to case law, Article 78 entitles a party to interest on damages.

판결례와 평가

- 적용범위 : 연체이자의 산정
- 출처표시 : 「Kantonsgericht des Kantons Zug」(Switzerland), 『Unknown』, 1999.

1. 논점과 사실관계

① 본 사건은 지급기한을 넘긴 물품대금에 대하여 어떠한 기준으로 그 이자를 계산하여야 하는지를 다루고 있는 사례이다. **원고**[독일 매도인]는 **피고**[스위스 매수인]의 주문에 응해서 건설자재를 공급함과 동시에, 매수인의 지시에 따라 그 자재를 설치하기로 합의하였다. 본 주문에 따라, 매도인과 매수인은 [공급과 설치에 관한] 복수의 계약을 체결하고, 매도인은 주문된 물품을 인도하여 건설작업을 이행할 채무를, 매수인은 이에 상당한 대금지급의 채무를 부담하기로 약정하

였다.

② 그러나, 매수인은 본건 물품대금을 지급하지 않았다. 이에 매도인은 매매계약상 자신의 채무를 다름없이 이행하였고, 그 이행에 대하여 매수인은 여하한의 부적합통지가 없었으며, 또한 청구된 물품대금에 대하여도 아무런 이의가 없었다고 주장하였다. 본 사안에서 매도인은 매수인에게 물품대금에 더하여, 미지급기간에 해당하는 이자 및 매수인을 호출한 비용, 채권회수비용에 상당하는 배상액을 청구하고자 본건 소송을 제기하였다.

2. 판결요지

③ 법원의 판결요지는 다음과 같다. 매도인은 물품대금에 이자를 더하여 그 지급을 청구하고 있다. 매도인은 이자에 대한 이율이 독일 건설업계의 일반적인 이율이라고 주장하고 있다. 제78조에 따르면, 기한이 지난 물품대금과 그 밖의 금전지급을 하지 않은 당사자는 기한이 지난 이후의 이자를 지급하여야 할 의무를 부담하게 되나, CISG는 그 이율에 대하여 아무런 규정도 두지 않고 있다.

④ 따라서, 이에 대한 일반적인 견해로서 본건 이율은 국제사법의 규칙에 따라 결정되는 국내법에 의하여 결정된다. 이에 스위스 국제사법 제117조에 의하면,[323] 준거법의 선택이 없는 경우 당해 계약은 가장 밀접한 관계에 있는 국가의 법에 따르도록 하고 있다. 이에 본 사건에 가장 밀접한 관계에 있는 나라는 독일이다. 따라서, 이율은 독일법에 의하여 결정되고, 당사자는 독일 상법 제1조에서 규정하고 있는 상인이기 때문에,[324] 이율은 동법에 의하여 결정된다. 곧, 독일 상법 제352조 (1)에 의할 경우 지연이자를 포함한 이자의 법정이율은 5%이며,[325] 당사자

323) CPIL, Art. 117(Absence of a choice of law) : "(1) In the absence of a choice of law, the contract shall be governed by the law of the State with which it is most closely connected. (2) It is presumed that the closest connection exists with the State in which the party who must perform the characteristic obligation is habitually resident or, if the contract was concluded in the exercise of a professional or commercial activity, where such party has his place of business. (3) In particular, the following shall be considered the characteristic obligation: (a) The obligation of the alienator, in contracts of alienation; (b) The obligation of the party transferring the use of a thing or a right, in the case of contracts concerning the use of a thing or a right; (c) The service provided, in the case of mandates, work and labor contracts, and similar service contracts; (d) The obligation of the custodian, in custodial contracts; (e) The obligation of the guarantor or the surety, in guaranty or surety contracts."

324) HGB, Art. 1 : "Mercantile trader in this Code means any person carrying on a mercantile trade."

325) HGB, Art. 352 : "(1) The rate of interest implied by law as payable in bilateral mercantile transactions, including interest due in the event of delay in the performance of an obligation, is 5

가 이 보다 더 높은 이율로 합의하였다는 주장은 계약의 내용에 비추어 찾아볼 수 없다.

⑤ 매수인은 지연이자에 대하여 기한이 지난 이후 5%에 상당하는 이자의 지급의무를 부담하여야 한다. 또한, 매도인은 매수인에 대하여 호출에 드는 비용의 지급명령을 법원에 소구하고 있으며, 그 비용은 호출장에 의하여 증명되고 있다. 따라서, 관련 법규에 따라 그 집행비용은 채무자의 부담이 되기 때문에 매수인은 해당비용을 지급하여야 한다.

⑥ 한편, 매도인은 독촉 및 채권회수비용을 청구하고 있다. 이자지급의무와 손해배상지급의무는 상호 독립된 것으로서 이에 각각을 독립요건으로 인정할 수 있다. 따라서, 채권자는 이자의 지급과 함께 이행지체로 인하여 발생한 손해의 보전을 구하는 소송이 가능하다. 따라서, 매수인은 당해 이행지체로 인하여 발생한 추가적 손해로서 이를 비용에 상당한 손해액을 전보할 의무를 부담한다.

3. 평가

⑦ 제78조에 의하면, 당사자 일방이 물품대금 및 그 밖의 금전을 기한이 도과하였음에도 지급하지 않은 경우 상대방은 제74조의 규정에 따라서, 손해배상청구를 방해받지 않고 당해 이자를 청구할 수 있다.

⑧ 그러나, CISG에는 그 이율에 관한 규정이 없기 때문에, 이에 어떠한 이율이 적용될 것인가에 관해서는 견해가 나누어지고 있다. CISG의 제반 적용사례를 참조할 경우 CISG의 기초를 이루는 일반원칙에 기하여 그 해결을 시도한 사례가 다수 보이고 있으나, 무엇보다도 대다수의 판례나 중재판정은 이 문제가 CISG 적용 밖의 사안이라고 취급하고 있다.

⑨ 결국, 대부분의 국가에서는 국제사법의 준칙에 따라 결정된 특정의 국내법을 적용하여 당해 문제의 해결을 시도하고 있다. 본 판결도 이러한 경향을 수용하고 있는 것으로 볼 수 있다. 또한, 제78조에 기한 이자청구는 당사자 일방이 물품대금 및 그 밖의 금전을 기한이 지나 지급할 수 없는 경우에 인정된다. 그리고, 본건에서 법원은 제74조의 규정에 따라 소구하는 손해배상청구를 방해받지 않는다고 판시하고 있다.

⑩ 따라서, 기한이 도과하였음에도 물품대금 및 그 밖의 금전을 지급하지 않은 당사자의 상대

---

percent."

방은 당해 지체로 인하여 실제로 손해가 발생하였음을 증명할 필요 없이 [제78조에 기하여] 이자 청구가 가능하며, 또한 금전지급의 지체에 의하여 이자를 초과하는 손해가 발생한 경우 제74조에 따른 손해배상청구가 가능하다.

⑪ 본건에서는 제74조에 근거한 추가적 손해배상으로서 변호인 등을 포함한 채권회수업자를 이용한 비용에 상당하는 금원의 배상청구가 인정되고 있으나, 다른 한편 그 비용의 보전을 부정하는 판례도 있음을 유의하여야 한다. 이를테면, 물품대금 및 그 밖의 금전지급 기한이 경과하였음에도, 당해 대금이 지급되지 않음으로써 발생한 손해로서는, 필요한 자금을 금융기관에서 조달함으로써 발생한 지급이자나, 물품대금을 운용하여 취득하게 되었을 이익의 상실 등을 고려할 수 있다.

⑫ 실제로, 재판에 있어서는 매수인이 물품대금을 지급하지 않았기 때문에 매도인이 금융기관에서 법정이율보다 높은 이율로 자금을 조달한 경우나, 매도인이 물품대금을 운용하여 법정이율보다 높은 운용이익을 취득한 경우 매도인은 국제사법의 준칙에 따라 국내법 이율보다도 높은 이율의 운용을 소구하는 경우가 있으며, 이를 인정한 판례도 다수 존재한다.

⑬ 한편, 이자를 초과하는 손해배상을 청구하려면, 제74조의 요건을 충족할 필요가 있으며, 또한 그 입증책임은 채권자, 곧 피해당사자가 부담하는 것이 되기 때문에 매도인이 법정이율에 따라 산정된 이자를 초과하는 손해발생을 증명하지 않았다고 하여, 국내법이 규정하는 이율에 의해 산정된 이자청구만을 인정한 판례도 있다.

⑭ 더욱이, 물품대금의 지급기한은 당사자가 합의하거나 합의가 없는 경우에는 대금지급시기에 관한 제58조에 따라 정해진다. 또한, 물품대금 이외의 금전 지급기한은 원칙상 당해 지급의무의 발생과 동시에 도래하는 것으로 취급할 수 있고, 이로부터 손해배상청구가 인정되는 경우에는 판결 전의 이자를 청구하는 것이 가능할 것이다.

제4절 면 책

구분 및 내용		
제 4 편	물품의 매매	제25조~제88조
	제1장 총 칙	제25조~제29조
	제2장 매도인의 의무	제30조~제52조
	제3장 매수인의 의무	제53조~제65조
	제4장 위험의 이전	제66조~제70조
	제5장 매도인과 매수인에게 공통적으로 적용되는 규정	제71조~제88조
	제1절 이행기전의 계약위반과 분할이행계약	제71조~제73조
	제2절 손해액	제74조~제77조
	제3절 이 자	제78조
	제4절 면 책	제79조~제80조
	제79조 손해배상책임의 면제	
	제80조 자신의 귀책사유와 상대방의 불이행	
	제5절 해제의 효과	제81조~제84조
	제6절 물품의 보존	제85조~제88조

[801] 제5장 제4절은 '면책'에 관한 2개의 조문으로 구성되어 있다. 하나는 '손해배상책임의 면책'에 관한 제79조와, 다른 하나는 '자신의 귀책사유와 상대방의 불이행'에 관하여 다루고 있는 제80조이다.

■ SUMMARY [*Section IV*]

Section IV of Part III, Chapter V of the Convention includes two provisions that, in specified circumstances, may exempt a party from some or all of the legal consequences of a failure to perform its obligations under the contract or the Convention. Article 79, which is in the nature of a force majeure provision, may relieve a non-performing party from liability for damages if the failure to perform was due to an 'impediment' that meets certain requirements. Article 80 provides that a party may not rely on the other party's failure to perform to the extent that the failure resulted from the first party's 'act or omission'; thus this provision may also operate to relieve a party from the consequences of its failure to perform.

079. 손해배상책임의 면제

Art. 79

(1) A party is not liable for a failure to perform any of his obligations if he proves that the failure was due to an impediment beyond his control and that he could not reasonably be expected to have taken the impediment into account at the time of the conclusion of the contract or to have avoided or overcome it or its consequences.

(2) If the party's failure is due to the failure by a third person whom he has engaged to perform the whole or a part of the contract, that party is exempt from liability only if:

(a) he is exempt under the preceding paragraph; and

(b) the person whom he has so engaged would be so exempt if the provisions of that paragraph were applied to him.

(3) The exemption provided by this Art. has effect for the period during which the impediment exists.

(4) The party who fails to perform must give notice to the other party of the impediment and its effect on his ability to perform. If the notice is not received by the other party within a reasonable time after the party who fails to perform knew or ought to have known of the impediment, he is liable for damages resulting from such non receipt.

(5) Nothing in this Art. prevents either party from exercising any right other than to claim damages under this Convention.

제79조

(1) 당사자가 그 의무의 불이행이 자신이 통제할 수 없는 장애에 기인하였다는 것과, 계약체결 시에 그 장애를 고려하거나 또는 그 장애나 그로 인한 결과를 회피하거나 극복하는 것이 합리적으로 기대될 수 없었다는 것을 입증하는 경우에는 그는 자신의 의무불이행에 관하여 책임이 없다.

(2) 당사자의 불이행이 계약의 전부 또는 일부를 이행하기 위하여 사용한 제3자의 불이행에 기인하는 경우에는 그 당사자는 다음의 경우에 한하여 그 책임을 면한다.

(a) 당사자가 전항의 규정에 따라 면책되고, 또한

(b) 당사자가 사용한 제3자도 그에게 전항이 적용된다면 역시 면책되는 경우

(3) 본조에 규정된 면책은 장애가 존재하는 기간 동안 그 효력을 가진다.

(4) 불이행 당사자는 상대방에게 장애 및 그 장애가 자신의 이행능력에 미치는 영향을 통지하여야 한다. 불이행 당사자가 장애를 알았거나, 알았어야 했던 때로부터 상당한 기간 내에 그 통지가 상대방에게 도달하지 아니하는 경우에 그는 그러한 부도달에 기인하는 손해에 관하여 책임이 있다.
(5) 본조의 규정은 어느 당사자에 대해서도 본 협약에 따른 손해배상청구권 이외의 모든 권리의 행사를 방해하지 아니한다.

1. 면책요건

[802] 제79조에 비추어, 불이행 당사자가 면책되기 위해서는, i) 그 불이행이 자신의 통제를 벗어난 장애에 기인하였어야 하고, ii) 계약체결 시에 그러한 장애를 고려하는 것이 그에게 합리적으로 기대될 수 없었어야 하고, iii) 계약체결 후에도 그러한 장애가 예견되는 경우에 그러한 장애나 장애의 결과를 회피하는 것이 합리적으로 기대될 수 없었어야 하고, iv) 추후 그러한 장애가 실제로 발생한 경우에도, 그러한 장애나 장애의 결과를 회피 또는 극복하는 것이 합리적으로 기대될 수 없었어야 하며, v) 그러한 장애와 불이행 사이에는 인과관계가 있어야 하며, vi) 불이행 당사자는 이상의 사항을 모두 입증하여야 한다. 이러한 본조 (1)의 기본취지는 불이행 당사자의 통제를 벗어난 장애에 기인하여 불이행이 발생한 경우의 면책, 곧 손해배상책임을 허용하고 있는 것이라 이해된다.

① 의무불이행

[803] 본조는 불이행된 의무가 무엇인지를 가리지 않고 있다. 환언하면, 매매계약상의 모든 의무가 불이행의 대상이 된다. 이 경우 불이행이 될 수 있는 매도인의 주요 의무로는, **'물품인도의무'**[제30조, 제31조 내지 제33조], **'물품적합의무'**[제30조, 제35조 내지 제37조], **'권리적합의무'**[제30조, 제41조], **'서류제공의무'**[제30조, 제34조] 등이 있다. 이에 반하여 매수인의 주요 의무로는, **'대금지급의무'**[제53조, 제54조 내지 제59조], **'인도수령의무'**[제53조, 제60조] 등을 예시할 수 있다.

[804] 본조는 계약위반의 형태를 가리지 않는다. 또한, 의무의 일부불이행 또는 전부불이행을 가리지 않으며, 또한 원시적 장애 또는 후발적 장애에 의한 불이행인지를 가리지 않는다. 특히, 이행불능의 경우에 있어서도 이것이 CISG는 원시적 불능인지 후발적 불능인지를 묻지 않는다.

[805] 한편, **제30조**[매도인 의무의 총괄]에 의할 경우에 매도인의 소유권 이전의 의무도 본조에서의 의무에 해당하는지에 대한 문제가 부각될 수 있다. 생각건대, **제30조** 및 **제41조**[물품에 대한

제3자 클레임]에서 제3자의 권리는 소유권 등의 물권을 의미하는 것으로 이해되므로, 본조에서 소유권 이전의 의무를 배제하는 것은 옳지 않다고 생각된다.

[806] 인도된 물품에 하자가 있는 경우 본조에 의한 면책이 허용되는지에 관하여, 이는 매도인이 계약에 적합한 물품을 인도할 의무, 즉 물품적합의무도 본조 (1)에 따른 의무[곧, 'any of his obligations']에 해당하는지의 문제로서, 현재 본조의 해석상 가장 빈번히 다투어지고 있는 문제이다. 이 경우 적극설과 소극설이 대립하고 있다.

[807] 소극설의 입장에서 볼 때, CISG에서의 면책은 **'당사자의 모든 불이행'**['failure to perform any of his obligations']에 적용된다는 점은 부인하지는 않고 있다. 그러나, **국제무역법위원회**(UNCITRAL)는 CISG 입안 당시 ULIS 제74조[면책][326]에서 'circumstances'[상황(狀況)]라는 용어 대신에 'impediment'[장애(障碍)]라는 용어를 택했는데, 소극설의 입장에서는 후자['impediment']는 'obstacle'과 마찬가지로 이행을 **'방해'**(妨害, prevent)하는 그 어떤 것을 의미하는 반면에, 매도인 이행의 주관적이고도 인적 측면은 내포하지 않는 표현이므로, 이러한 용어의 대체는 오직 이행을 방해하는 장애에만 면책을 적용하겠다는 입법자의 결단이라고 주장하고 있다. 동시에, 이러한 결단은 ULIS 제74조에는 없던 본조 (4)의 통지규정에 의해서도 역시 뒷받침된다고 한다. 즉, 본조 (4)에 비추어, 불이행 당사자는 상대방에게 그러한 장애를 통지하여야 하는데, 이러한 통지요건은 하자있는 물품을 인도한 매도인에게 부과하기는 부적절하다는 것이다. 이외에도 물품부적합의 문제는, 본조상 **'장애'**[impediment]의 요건에 의해 본조에서 배제하고 있다고 취급하고 있다. 예컨대, 계약체결 시의 기술수준으로는 그 어느 누구도 발견할 수 없었던 하자가 물품에 내재되어 있었던 경우에 매도인은 계약에서 요구된 품질을 보유한 물품을 인도할 의무를 불이행한 것은 장애가 있었기 때문이라고 주장할 것인 바, 이는 매도인이 다름 아닌, **'자신이 하자를 몰랐거나 알 수 없었다는 것'**이, 곧 그의 불이행을 초래한 장애라고 말하는 것이 된다

---

326) ULIS, Article 74 : "1. Where one of the parties has not performed one of his obligations, he shall not be liable for such non-performance if he can prove that it was due to circumstances which, according to the intention of the parties at the time of the conclusion of the contract, he was not bound to take into account or to avoid or to overcome; in the absence of any expression of the intention of the parties, regard shall be had to what reasonable persons in the same situation would have intended. 2. Where the circumstances which gave rise to the non-performance of the obligation constituted only a temporary impediment to performance, the party in default shall nevertheless be permanently relieved of his obligation if, by reason of the delay, performance would be so radically changed as to amount to the performance of an obligation quite different from that contemplated by the contract. 3. The relief provided by this Article for one of the parties shall not exclude the avoidance of the contract under some other provision of the present Law or deprive the other party of any right which he has under the present Law to reduce the price, unless the circumstances which entitled the first party to relief were caused by the act of the other party or of some person for whose conduct he was responsible."

고 한다. 따라서, 만약 이렇게 매도인의 '내면적 상태'(state of minds)가 장애에 해당할 수 있다면, 단지 본조는 과실책임을 규정하면서 그 입증책임을 전환하고 있는 것이 되고야 만다는 것이다. 같은 맥락에서, 소극설은 적극설이 물품하자 그 자체를 장애로 다루고 있다고 비판한다. 환언하면, 매도인은 그 하자가 자신의 통제를 벗어난 것이었음을 입증하게 되면, 물품부적합에 대한 책임을 지지 않게 되는데, 이 경우 물품하자 그 자체가 장애는 아니므로 적극설은 옳지 않다는 것이다.

[808] 적극설은, 계약에 부적합한 물품의 인도 역시나 본조에서 말하는 불이행의 하나로 취급하고 있다. 환언하면, CISG는 매도인의 물품적합의무로서 매도인은 계약에서 요구되는 바에 일치하는 물품을 인도하여야 한다고 규정하고 있을 뿐[제35조(물품의 일치성) (1)], 특별한 담보책임을 부과하고 있지 않으므로, 이러한 물품적합의무도 본질적으로 그 밖의 의무와 다를 바가 없으며, 따라서 본조에서도 물품적합의무를 달리 취급할 이유가 없다는 것이다. 같은 시각에서, 인도된 물품에 하자가 있으면, 매도인은 불완전한 이행을 한 것이고, 따라서 이러한 경우 그 이행에 매도인의 통제를 벗어난 장애가 있었는지 여부를 묻는 것은 응당 논리적일 뿐만 아니라 이행을 방해하는 장애는 계약체결 시에 채무자[곧, 매도인]와 동일한 입장에 있는 합리적인 자가 물품의 부존재나 물품부적합의 상태를 알 수 없었던 사실 그 자체에 있다고 한다. 이러한 적극설의 입장은, 본조 (1), 특히, 'any of his obligations'의 법문의 문리해석(文理解釋)에 그 기초를 두고 있다. 이러한 입장은, 비록 물품적합의무를 본조에서 배제하는 것이 입법자들의 당초 입법의도였다고 하더라도, 그 보다는 법문의 문리해석을 우선하여야 한다는 주장으로 이해된다.

[809] 생각건대, [사견으로는] 적극설을 취하는 것이 바람직 할 것이라 판단된다. 제35조 (1)은 물품적합의무에 관해, 매도인은 계약에서 요구되는 바에 일치하는 물품을 인도하여야 한다고 규정하여 그 밖의 여타 의무의 규정방식과 달리하고 있지 않고, 또한 본조도 마찬가지로 불이행된 의무가 무엇인지를 가리지 않고 있으므로, CISG에서의 물품적합의무도 본질적으로 여타 의무와 다를 바 없는 까닭에, 이에 물품적합의무를 특별히 달리 취급할 이유가 없다고 본다. 나아가, 물품적합의무를 본조에서 배제하는 것이 당초 입법자의 의도였다고 하더라도, 그 보다는 법문의 문리해석이 우선되어야 한다고 본다. 왜냐하면, 당해 사안은 CISG에서 명시적으로 해결되지 않는 문제[제7조(계약의 해석원칙) (1)]에 한하여 참작 또는 고려되어야 할 것이기 때문이다.

② 장애

[810] 면책사유로서 본조에서 '장애'[impediment]라는 용어는, 특정한 국내법의 법률용어나 법

적 개념도 아니다. 일견, 본조에서 '**장애**'라고 할 수 있는 예로는, i) **천재지변**(act of God), ii) 사회적·정치적 재난, iii) 법적 장애로서, 물품압류·항구나 공항의 폐쇄·수출입의 금지 또는 제한·대외지급정지 등, iv) 그 밖의 경우로서, 화재·선박 등 운송수단의 멸실·운하폐쇄·절도·강도·일반적 발전 또는 전력공급의 중단 등을 들 수 있다. 이러한 장애는 경우에 따라 매도인의 물품생산·조달, 운송인에 의한 물품의 보관, 은행에 의한 대금지급을 방해하거나, 물품의 전부 또는 일부의 멸실 또는 손상을 초래할 수 있다. 물론, 이러한 장애에 기인하여 불이행 당사자가 면책되는지의 여부는 개별 사안의 사실관계에 따라 다를 것이다. 예컨대, 화재로 인해 공장이 전소되었더라도 매도인이 화재의 예방을 위한 기본적인 주의를 해태한 경우에서와 같이, 물품인도의무의 불이행책임을 항상 면하는 것은 아니다. 더욱이, 불이행이 장애에 기인했더라도 불이행 당사자가 면책되기 위해서는, 본조에서 그 밖의 면책요건이 모두 충족되어야 함은 응당 당연한 사항이다.

[811] 본조는 장애의 발생시기를 묻지 않고 있다. 본조는 단지 계약체결 시에 그러한 장애를 고려하는 것이 불이행 당사자에게 합리적으로 기대될 수 있었는지의 여부만을 묻고 있을 뿐이다. '**후발적 장애**'(後發的障碍)가 본조상 장애에 해당함은 의문이 없다. 그러나, '**원시적 장애**'(原始的障碍), 예컨대, 원시적 불능도 여기에 포함되는지에 관하여는 의문이 있다. 곧, 원시적 불능은 일부 법제에 의하면, 계약의 무효사유로 취급되고 있는 바, 그렇다면 **제4조**[**적용사항과 비적용사항**] (a)에 의해 CISG는 계약의 유·무효 여부에는 관련성이 없기 때문이다.

[812] 생각건대, 본조의 문리해석에 의할 때, 이를 좁게 해석하여 원시적 장애라고 하더라도, 본조에서 그 밖의 면책요건을 충족하고 있는 이상, 불이행 당사자의 면책사유가 된다고 보아야 한다. 계약체결 시에 원시적 장애가 이미 존재하고 있는 경우 [**다른 약정이 없는 한**] 이러한 원시적 장애가 없었을 것임을 불이행 당사자가 절대적으로 담보하고 있다고는 보기 어렵다. 비록, 국내법에서 원시적 불능을 계약의 무효사유로 다루고 있다고 하더라도, 동일한 사실관계에 CISG가 적용되고 있는 한, 국내법의 적용은 배제되고, 다름없이 CISG가 적용된다고 보아야 한다.

[813] 본조에서의 장애는 불이행 당사자의 통제를 벗어난 것이어야 한다. 그 장애가, '**통제를 벗어난다**'는 문구는 불이행 당사자가 그러한 장애에 '**대항할 수 없다**'는 의미를 가짐과 동시에, 그 장애가 '**외부적**' 장애이어야 한다는 의미를 갖는다.

[814] 본조 (3)에 비추어, 일시적 장애는 일시적인 기간 동안 면책의 효력을 가질 뿐이다. 그러나, 면책의 효과는 불이행 당사자가 자신의 손해배상책임을 면하도록 할 뿐이므로 이러한 일시적 장애의 규정은 특히 불이행 당사자의 통제를 벗어나 장애로 인한 이행지체의 경우에

재판관할권(裁判管轄權)을 갖지 않는 법관(法官)에 의하여 내려진 판결(判決)은 효과(效果)를 갖지 않는다.

본조상 그 밖의 모든 면책요건이 충족되는 한, 일시적 장애에 의해 불이행 당사자의 이행이 연기되는 결과를 낳게 된다. 한편, CISG에서는 일시적 장애가 채무자의 이행기가 도래하기 전에 발생하였는지, 아니면 그 후에 발생하였는지, 곧 채무자의 이행지체 중에 그것이 발생하였지 여부를 구별할 실익은 없어 보인다. CISG는 이행지체를 포함한 모든 의무불이행의 발생요건으로 불이행 당사자의 고의·과실이 있을 것을 요구하고 있지는 않고, 또한 면책의 효과로서 불이행 당사자가 오직 손해배상책임만을 면하도록 하고 있기 때문이다. 요컨대, 일시적 장애는 본조 소정의 여타의 모든 면책요건이 충족되는 경우에 불이행 당사자가 그의 이행지체에 기한 손해배상책임을 면하도록 하는데, 의미가 있다.

③ 예견불가능

[815] 불이행 당사자는 계약체결 시에, 그러한 장애를 고려하는 것이 합리적으로 기대될 수 없었음을 입증하는 경우에 한하여 면책될 수 있다. 소위, 이를 '**예견불가능**(unforeseeability)**의 요건**'이라 한다. 본조는 불이행 당사자가 장애를 예견하고 있었는지 여부를 묻지 않는다. 오히려 장애를 예견하는 것이 불이행 당사자에게 합리적으로 기대될 수 있었는지의 여부만을 묻고 있다. 이러한 시각에서 CISG는 예견가능여부를 불이행 당사자가 아닌, 합리적인 자의 기준으로 판단하도록 함으로써 면책요건을 객관화하고 있다. 이에 예견불가능한 장애는, 객관적·추상적 의미에서의 예견불가능한 장애를 말한다.

[816] 한편, 본조 (1)에서 장애를 고려하는 것이 불이행 당사자에게 합리적으로 기대될 수 없었는지는 계약체결 시를 기준으로 판단한다. 이 경우 계약체결 시에 이미 존재한 장애였는지는 문제되지 않는다. 또한, 후발적 장애의 경우에는 이행을 방해하는 장애가 실제로 발생할 가능성이 있었고, 불이행 당사자가 이를 인지했음에도 별단의 합의 없이 계약을 체결하였다면, 그 당사자는 이행지체 또는 이행불능이 될 위험을 부담한 것으로 해석될 것이다.

④ 회피·극복 기대불능

[817] 불이행 당사자는 그러한 장애나 장애의 결과를 회피 또는 극복하는 것이 합리적으로 기대될 수 없었음을 입증하는 경우에 한하여 면책될 수 있다. 마찬가지로, 이 요건도 CISG에서 면책요건 중의 하나이다. 따라서, 불이행 당사자는 자신이 합리적으로 예견할 수 없었던 장애에 기인하여 불이행이 발생했더라도, 합리적인 방법으로 그러한 장애나 장애의 결과를 회피 또는 극복할 수 있었다면 면책되지 않는다.

[818] 본 요건은 예견불능의 요건과는 달리, 계약체결 후의 장애가 현실화된 때의 불이행 당사자의 행위를 그 대상으로 한다. 그러나, 회피극복의 기대불능에 관한 요건도 예견불능요건과 마찬가지로, 그 기준은 객관화되어 있다. 따라서, 불이행 당사자에 의한 본 요건의 충족여부는 동일한 부류의 합리적인 자의 시각을 기준으로 판단해야 하며, 또한 사안별로 해결해야 할 것이다.

⑤ 인과관계

[819] 장애와 불이행 사이에는 반드시 인과관계가 존재해야 한다. 그리고 인과관계의 존재는 면책을 주장하는 불이행 당사자가 입증하여야 한다. 그러나, CISG는 어느 정도의 인과관계가 요구되는지, 복수의 원인이 불이행에 기인하고 있는 경우 그 일부는 면책사유이고, 다른 일부는 면책사유가 아닌 경우에 이를 어떻게 해석하여야 할 것인지, 이행지체 중에 장애가 발생한 경우에 이를 어떻게 처리할 것인지 등에 관해서는 다루지 않고 있다. 그렇다면, 결국 인과관계의 존부는 관련 국내법에서 당해 개별 사안에 따라 결정될 것이다.

2. 면책효과

① 손해배상책임의 면제

[820] 본조 (5)에 비추어, 본조항은 각 당사자가 CISG하에서 손해배상청구권 외의 권리를 행사하는 것을 방해하지 않는다. 곧, CISG에서 면책은 단지 불이행 당사자가 그의 손해배상책임을 면하도록 할 뿐이다. 그리고 일부불이행은 응당 그 일부에 한해 면책효과가 발생한다.

② 계약불이행 상태를 포함한 계약의 존속

[821] CISG에서 면책은 장애로 인하여 불이행된 의무만을 그 대상으로 할 뿐이므로, 그 밖의 의무에는 영향을 미치지 않으며, 또한 계약 그 자체를 소멸시키지도 않는다. 계약의 소멸은 피해당사자가 계약을 해제한 경우에 비로소 소멸할 수 있다[연관규정으로서, 제25조(중대한 계약위반), 제49조(매수인의 계약해제권), 제64조(매도인의 계약해제권), 제51조(물품일부의 부적합) 및 제81조 내지 제84조(계약해제의 효과 등)].

[822] 한편, 면책이 허용되더라도 불이행 당사자는 여전히 계약위반의 상태에 머물러 있게 되고, 이에 피해당사자는 손해배상청구권 이외에 여타의 구제권을 행사할 수 있다. 그러나, 불

이행 당사자는 [다른 약정이 없는 한] 계약의 **'재협상'**(renegotiation)이나 **'재조정'**(adaptation)에 관한 청구권을 상실한다.

③ 그 밖의 구제권의 존속

[823] CISG에서는 면책에도 불구하고 피해당사자의 그 밖의 구제권은 존속한다. 예컨대, **이행청구권**[대체물인도청구권, 치유청구권 등]이나 **추가기간지정권, 대금감액권, 계약해제권** 등을 여전히 행사할 수 있다. 다만, 이러한 구제권은 CISG 소정의 요건이 충족된 경우에 한하여 비로소 행사할 수 있음은 물론이다. 이를테면, 계약해제권은, 특히, 불이행 당사자의 중대한 계약위반이 있거나, 피해당사자가 지정한 추가기간 내에 이행되지 않는 경우에 한하여 행사할 수 있고, 대체물인도청구권은 인도된 물품의 계약부적합으로 인해, 매도인의 중대한 계약위반이 인정되고, 또한 매수인에 의한 물품부적합의 통지가 있었던 경우에 한하여 인정된다. 이자청구권 또한 이와 다름이 없다.

■ SUMMARY [*Article 79*]

1. Article 79 specifies the circumstances in which a party 'is not liable' for failing to perform its obligations, as well as the remedial consequences if the exemption from liability applies. Paragraph (1) relieves a party of liability for 'a failure to perform any of his obligations' if the following requirements are fulfilled: the party's non-performance was 'due to an impediment'; the impediment was 'beyond his control'; the impediment is one that the party 'could not reasonably be expected to have taken into account at the time of the conclusion of the contract'; the party could not reasonably have 'avoided' the impediment; and the party could not reasonably have 'overcome' the impediment 'or its consequences'.

2. Article 79 (2) applies where a party engages a third person 'to perform the whole or a part of the contract' and the third person fails to perform.

3. Article 79 (3), which has not been the subject of significant attention in case law, limits the duration of an exemption to the time during which an impediment continues to exist. Article 79 (4) requires a party that wishes to claim an exemption for non-performance 'to give notice to the other party of the impediment and its effect on his ability to perform'. The second sentence of article 79 (4) specifies that failure to give such notice 'within a reasonable time after the party who fails to perform knew or ought to have known of the impediment' will make the party who failed to give proper notice 'liable for damages resulting from such non-receipt'. Article 79 (4) also appears not to have attracted significant attention in case law, although one decision did note that the party claiming exemption in that case had satisfied the notice requirement.

4. Paragraph (5) makes it clear that article 79 has only a limited effect on the remedies available to a party aggrieved by a failure of performance for which the non-performing party enjoys an exemption. Specifically, article 79 (5) declares that an exemption precludes only the aggrieved party's right to claim damages, and not any other rights of either party under the Convention.

판결례와 평가

- 적용범위 : 예견불가능 사유의 적절성
- 출처표시 : 「Arbitral Tribunal, Schiedsgericht Berlin」(Germany), 『SG 126/90』, 1990.

1. 논점과 사실관계

① 본 사건은 [사정변경을 구성하기 위한] 예견불가능 사유가 적절한지 여부에 관한 사례이다. **매수인**[당시의 서독 소재 기업]과 **매도인**[동유럽 소재 기업]은 준거법을 독일법으로 하여 배송을 포함한 기계류의 매매에 대한 장기계약을 체결하였다. 매수인의 입장에서 장기계약을 체결하게 된 배경은 지속적이고도 안정적인 기계류의 공급을 보장받기 위함이었는데, 실질적·정책적으로도 동유럽에 소재한 매도인과 계약을 체결하는 것이 시장상황에 비추어 보다 경제적이라고 하는 사실에 있었다. 한편, 당해 분쟁이 있기 전까지 독일은 아직 통일되지 않은 상황이었다.

② 그러나, 독일이 통일된 후 상황은 급변하여 동유럽 국가에 소재한 기업에 비하여 상대적으로 경쟁력이 우위에 있었던 서유럽 소재 기업들이 독일소재 기업들에 대하여 개방되기에 이르렀는데, 그 결과 매수인은 본 장기계약에서 합의되었던 매도인의 급부 이행을 거절하였고, 나아가 본 계약을 해제하였다. 이에 매도인은 매수인의 계약해제가 부당하다고 주장하면서 독일 소재 중재판정부에 중재를 신청하였다.

2. 판정요지

③ 중재판정부는, 본건 사정변경은 당사자의 통제를 벗어난 외부적 사실에 의한 것이고, 또한 계약체결 시에 그 장애의 고려·회피 또는 장애나 그 결과의 극복을 합리적으로 기대할 수 없었음이 명백한 이상 매수인의 계약해제 선언은 정당하다고 하고, 아울러, 이 같은 판정은 계약의 형평성 차원에서도 다름없이 마땅하다고 판정하였다[PICC, 제3.10조(현저한 불균형), 제6.2.1.조(계약준수의 원칙), 제6.2.3조(이행가혹의 효과)].

법관(法官)은 주장(主張) 또는 입증(立證)된 사실(事實)에 따라 판결(判決)을 해야 한다.

3. 해설

④ 본 판정에서 적용하고 있는 PICC[제6.2.3조]와 관련하여, **장애**[hardship]의 효과를 요약하면 다음과 같다. 우선, 불리한 당사자는 재협상을 요구할 권리를 갖게 되는데, 그 요구는 부당한 지체 없이 이루어져야 하고 또한 그 이유를 명시하여야 한다. 아울러, 재협상을 요구한 경우 불리한 당사자는 이행을 유보할 권리가 없고, 한편으로 상당한 기간 내에 합의에 도달하지 못한 경우에는 각 당사자는 법원에 호소할 수 있다. 이 경우 법원은 장애를 발견한 경우 지정된 기일 및 그 조건에 따라 계약을 종료시키거나 또는 계약의 형평성을 회복시키기 위하여 계약의 변경을 명할 수 있다.

⑤ 본 판정례는 PICC상의 현저한 불균형에 관한 규정[제3.10조]과, 계약에서 준수되어야 할 사항에 관한 규정 그리고 상기한 장애의 효과에 대한 규정을 적용하여, 매수인의 계약해제가 예견할 수 없었던 사정변경에 해당하고, 이로부터 매수인의 계약해제가 정당하다고 한 사례이다.

판결례와 평가

- 적용범위 : 실질적 국제상관습이 사정변경의 요건을 구속할 수 있는지의 여부
- 출처표시 : 「ICC International Court of Arbitration」(Paris), 『8873』, 1997.

1. 논점과 사실관계

① 본 사건은 실질적인 국제상관습이 사정변경의 요건을 구속할 수 있는지 여부를 다루고 있는 사례이다. **도급자**[프랑스]와 **수급자**[스페인]는 제3국에서의 건설공사 하청을 내용으로 계약을 체결하였다. 그런데, 계약체결 이후 건설경기의 급변으로 예견치 못했던 수많은 장애가 발생하였고, 이는 실질적으로 공사비용을 증가시키는 원인으로 작용하였다.

② 당사자의 계약에는 스페인 국내법을 적용한다는 조항을 포함하고 있었지만, 그럼에도 불구하고 도급자는 국제상사계약의 일반원칙으로서 PICC[제6.2.2.조(이행가혹의 정의) 내지 제6.2.3조(이행가혹의 효과)]에 의거, 예견할 수 없었던 장애의 발생을 이유로 **국제상업회의소**(ICC)의 중재판정부에 본건 계약의 **재교섭**(renegotiation)을 청구취지로 하는 중재를 신청하였다.

③ 또한, 도급자는 PICC의 연관조항 뿐만 아니라 '제네바 협약'(Geneva Convention on International Commercial Arbitration : 1961, Art. 7)[327] 그리고 '중재와 조정에 관한 ICC 규칙'[ICC Rules of Conciliation & Arbitration, Art. 13 (5)][328]을 청구의 근거로서 제시하였다.

2. 판정요지

④ 중재판정부는, 우선 명시적으로 당사자가 합의한 계약내용에 따라 스페인의 국내법은 물론이고, PICC 및 그 밖의 국제상관습의 적용을 청구하고 있는 도급자의 주장을 수용하였으나, 도급자가 주장하는 사정변경의 성립은 인정되지 않는다고 판정하여 도급자의 청구취지를 기각하였다.

⑤ 그 이유로서 중재판정부는, PICC[제6.2.2.조 내지 제6.2.3조]를 원용할 경우에 있어서 뿐만 아니라 당해 건설분야에 있어 계약의 실질적인 국제상관습에 비추어 보더라도 도급자의 주장은 인정할 수 없다고 하면서, 재교섭의 신청을 인용하지 않았다. 아울러, 중재판정부는 이 사건에 달리 특정한 국가의 법률을 적용하더라도 그 판정의 결과는 동일할 것이라고 판정하였다.

3. 해설

⑥ 본건은 건설공사계약에서 국제상사계약에 있어서의 일반원칙으로서 계약의 성실한 이행을 우선하여 사정변경의 상당여부를 판정한 사례이다. 중재판정부는 사정변경의 상당성 여부를 판단하는 기준으로서 PICC[제6.2.2조]를 적용하고 있는데, 그 내용은 계약체결 후에 사건이 발생하거나 당사자에게 알려진 경우, 계약체결 시에 당사자가 사건을 합리적으로 고려할 수 없었던 경우, 사건이 당사자의 통제를 벗어난 경우, 사건의 위험이 당사자에 의해 인수되지 아니한 경우 등이다.

---

327) GCICA Art. VII(Applicable law) : "1. The parties shall be free to determine, by agreement, the law to be applied by the arbitrators to the substance of the dispute. Failing any indication by the parties as to the applicable law, the arbitrators shall apply the proper law under the rule of conflict that the arbitrators deem applicable. In both cases the arbitrators shall take account of the terms of the contract and trade usages. 2. The arbitrators shall act as amiables compositeurs if the parties so decide and if they may do so under the law applicable to the arbitration."

328) ICC Rules of Conciliation & Arbitration Art. 13(Terms of Reference) : "(5) In all cases the arbitrator shall take account of the provisions of the contract and the relevant trade usages."

080. 자신의 귀책사유와 상대방의 불이행

Art. 80
A party may not rely on a failure of the other party to perform, to the extent that such failure was caused by the first party's act or omission.

제80조
당사자는 상대방의 불이행이 자신의 작위 또는 부작위에 기인하는 한, 상대방의 불이행을 주장할 수 없다.

[824] 제80조는 채권자로부터 비롯된 불이행으로 인해 채무자가 불이익을 받아서는 안 된다는, 이를테면 신의칙을 내재하고 있는 규정으로 취급할 수 있다. 본조는 제79조[손해배상책임의 면제]와 다름없이 면책사유를 인정하고 있음에도 불구하고, 제79조에 비하여 그 효과가 광범위하다고 할 수 있다.

[825] 본조의 적용상, 자신의 귀책사유와 상대방의 불이행 요건은, 채무자의 불이행이 채권자의 작위 또는 부작위에 기인해야 한다. 이 경우 채권자의 작위 또는 부작위는, 반드시 계약위반의 행위일 것이 요구되지는 않고, 마찬가지로, 일련의 과실도 요구되지 않는다. 그러나, 채권자의 행태는 채무자의 불이행과 인과관계가 있어야 한다.

[826] 채권자는 채무자의 불이행을 원용할 수 없음에 따라, 불이행에 기한 구제수단을 주장할 수 없게 된다. 이것은 손해배상뿐만 아니라 이행청구, 대금감액, 계약해제에 공히 적용된다. 그럼에도 불구하고, 채권자는 자신의 채무는 어김없이 모두 이행하여야 할 뿐만 아니라, 채권자의 행태가 의무위반에 해당하는 경우에 이에 대한 책임까지 부담하여야 한다.

1. 사정변경원칙의 법적 기준과 불가항력

[827] '사정변경의 원칙'(change of circumstances, *clausula rebus sic stantibus*)이란, '법률행위 특히 계약체결 당시에 있었던 환경 또는 그 행위를 하게 된 사정이 당초에 정한 계약내용에 비추어 현저히 변경되어, 당해 법률행위의 효과 내지 계약의 내용을 그대로 유지 · 강제하는 것이 신의성실의 원칙에 반하는 부당한 결과를 발생시킬 경우에 계약의 법률효과를 새로운 사정에 적합할 수 있도록 변경하거나 또는 부정하여야 한다는 법리'를 말한다. 곧, '사정변경의 원칙'은 '신의칙'의 구체적 적용의 단편으로서, 법률행위 중에서도 특별히 계속적 계약에 주로 적용되고 있는 사법상의 원칙이다.

[828] 그렇지만, '**사정변경의 원칙**'은, 각국의 국내 실정법 및 국제계약법규범에서 널리 인정되고 있음에도 불구하고, 이를 적용함에 있어서의 기준은 일정하지 않은데, 이를테면, 명문의 규정으로 존치하여 두고 있는 경우도 있고, 달리 우리나라와 같이 판례를 인정의 법원으로 두고 있는 경우도 있다.

① 사정변경의 법적 요건과 제한

[829] 가사, 국제상사계약의 이행과정에서[주관적 인식의 정도를 반영한] '**사정변경의 원칙**'을 빌미삼아 계약을 함부로 파기하는 것을 인정하게 되면, '**신의칙**' 및 계약적 **공평**(equity)과 **형평**(equilibrium)에 반하게 되는 결과를 초래할 수 있는 까닭에, 일반적으로 사정변경이 성립하기 위해서는 다음과 같은 제한요건이 뒤따른다.[329]

[830] 곧, i) 계약의 성립 당시 환경 또는 그 행위를 하게 된 사정이 당초에 정한 계약내용에 비추어 현저히 변경되어야 하고, ii) 당해 사정변경이 당사자의 책임 있는 사유에 기인한 것이 아니어야 하며, iii) 그 사정변경을 당사자가 예견하지 못했고 또한 예견할 수 없었던 비정상적인 것이어야 할 뿐만 아니라, iv) 사정변경의 원인에 비추어, 당초의 계약내용에 당사자를 구속시키는 것이 신의칙 또는 공정거래에 있어 '**합리적 기준**'(reasonable standards)에 반하여야 함을 요건으로 한다.

[831] 요컨대, '**사정변경의 원칙**'은 일반적으로 당사자로 하여금 장래에 향하여 계약내용을 수정할 것을 상대방에게 요구하든지 또는 해제 및 해지를 구할 수 있음을 그 내용으로 하는데, 다만 '**현저한 사정의 변경**'과 '**계약내용의 실현**'은 [계약적 공평과 형평을 고려하기 위한 법익 담보의 차원에서] 상호 조화를 추구해야 하는 법리적 실익으로서 대립한다.

② 사정변경과 불가항력의 관계

[832] '**불가항력**'(unforeseen event, *force majeure*)은, '**외부로부터 발생한 장애에 관하여 보통 필요하다고 인정되는 수단을 강구하더라도 피할 수 없는 상태로서, 대개 사법상 책임 또는 채무 여타 불이익을 면하게 하는 기준**'으로 사용되는 관념이다.[330] 곧, '**불가항력**'은 보통의 무과실보다 엄격한 관

329) 사정변경원칙의 표현으로 인정되는 우리 민법규정은 제218조, 제312조, 제286조, 제557조, 제599조, 제628조, 제661조, 제698조, 제716조, 제720조 등을 예시할 수 있다.

330) 불가항력의 내용으로서, '**천재지변**'(acts of God), '**국가기관의 행위**'(acts of government), 전쟁 · 폭동 등의 '**정치적 요인**'(wars, riots, civil commotions), 파업 · 운송사고 등의 '**경제 · 사회적 요인**'(strikes, accidents in

념이며, 고의·과실의 유무에도 불구하고 절대적 책임을 지는 경우 이를 제한하는 표준으로, 법사학적으로 **로마법**(*ius gentium*)의 **'수령책임'**(Receptumhaftung)[331]에 대한 예외적 **면책사유**[책임조각사유(責任阻却事由)]로서 발달하였다.

[833] 실제로, **'불가항력'**은 계약상 또는 불법행위상 면책사유로서 법적 지위를 점하고 있으나, 한편으로 함축하고 있는 의미가 매우 넓어, 경우에 따라 반드시 그 개념이 동일하지 않다는 특성이 있다. 다만, **'불가항력'**을 사정변경의 한 내용으로써 구분하면, 이하 세 가지[설(說)]로 요약할 수 있다.

[834] 외부로부터의 사정변경에 기하여 야기된 손해의 발생이, 거래관념상 그 방지에 필요하다고 인정되는 모든 방법을 강구하여도 피할 수 없는 상태를 의미한다. 이 경우 사정변경이 **예견가능**(foreseeability)한 것이었는지의 여부 또는 이로부터 손해의 정도가 어떠했는지의 여부는 문제되지 아니한다. 따라서, **'불가항력'**에 의한 손해란 거래관념상 필요한 모든 수단을 동원하여도 방지할 수 없음을 의미한다. 이 경우 거래관념은, 경제적 실익을 법익으로 하여 가능한 방법과 사성에 응하여 합리적으로 기대할 수 있는 상당한 주의를 기울였더라도 손해의 결과를 방지할 수 없고, 사고의 발생을 당사자가 기대하지 않고 있었던 바를 기준으로 한다[**절충설**(折衷說)].

[835] 이 절충설은, 다시 주관설과 객관설로 양분되는데, 먼저 주관설에 의하면, 당사자가 상당한 주의를 기울였다고 하더라도 부득이 피할 수 없는 손해가 발생한 경우에 한하여 이를 불가항력에 의한 사고로 인정한다. 다만, 이 설은 과실책임주의를 기초로 무과실책임 이외의 면책사유를 적용할 경우에는 부적당하고, 또한 **'통상의 주의'**와 **'상당한 주의'**를 구별하는 것이 곤란한 한계를 내재한다[**주관설**(主觀說)].

[836] 한편, 객관설은 불가항력을 외부의 특정한 영역[**영업**(營業)]으로부터 기인한 손해의 원인이 내부영역으로 수용되어 발생한 손해에 한정한다. 다만, 외부영역의 발생원인 및 손해결과를 예측할 수 없었음이 전제되어야 하는데, 이 경우 **'불가항력'**의 개념은 [**일반원칙으로서**] 책임을 부담하는 자는 그 책임에서 벗어나고, 또한 어떤 사람이 당연히 상실하는 이익을 구제하고, 각 경우마다 공평을 실현하고자 하는 법리적 배경을 전제하고 있다[**객관설**(客觀說)].

---

transportation) 등을 예시할 수 있다.

331) **'해상·육상 운송인이나 여관을 업으로 하는 자 등이 객으로부터 임치받은 물건이나 휴대물 등의 멸실·훼손에 관하여 법률상 부담하던 결과책임'**으로 로마법 이래 인정되어온 법리이다. 일례로, 우리 상법도 이를 계수하여 공중접객업자에게 이와 유사한 책임을 묻고 있다[상법 제152조 내지 제154조].

[837] 사정변경의 법적 처리와 마찬가지로, '**불가항력**'의 법적 처리 또한, 명문의 규정이 입법화되어 있는 경우에는 그 규정에 의하면 족할 것이나, 그럼에도 불구하고 명문의 규정이 불비한 경우에는 문제시 될 수 있다. 이 경우 '**불가항력**'의 법적 처리기준은, 대개, i) 의무불이행이 행사되었음에도 불구하고 불가항력에 해당하는 경우 당사자의 면책을 인정하고 있는 경우와, ii) [우리 민법의 처지에서와 같이 의무불이행의 성립요건으로] 당사자의 고의·과실에 기한 귀책사유가 전제된 경우 불가항력에 따른 의무불이행을 인정하고 있지 않은 경우[다만, 이 경우 불가항력으로 인한 당사자의 면책은 공히 인정되나, 그 법리구성은 위험부담의 법리규정의 유추적용이나 사정변경의 원칙에 의할 수 있다]로 대별할 수 있다.

[838] 결국, '**불가항력**'은 위험부담의 법적 기준과, '**사정변경의 원칙**'에 따라 해결할 수 있는 상호 선택적인 법적용의 기준을 제시하고 있다. 그렇지만, 각국의 실정법에서는 [그 입법처지에 따라] 사정변경을 '**불가항력**'의 경우에만 인정하고 있기도 하고[사정변경의 범위를 좁게 인식하고 있는 경우로, 프랑스, 영국 등], 달리 '**불가항력**'의 경우는 물론이거니와 그 밖의 사정변경의 경우에도 이를 공히 인정하고 있는 경우도 있다[사정변경의 범위를 폭 넓게 인식하고 있는 경우로, 우리나라, 독일 등].

2. 국제상사계약법규범에서 사정변경원칙의 적용

① CISG의 경우

[839] CISG에서는 사정변경에 관한 명시적인 규정은 보유하고 있지 않다. 그렇지만, 사정변경에 따른 효과에 관하여, 당사자 일방은 계약내용에 기한 그 의무불이행이 자신의 지배를 벗어난 **장애**[impediment]에 기인하였다는 점과, 계약체결 시에 그 장애를 고려하거나 또는 당해 장애와 장애의 결과를 회피하거나 극복하는 것이 합리적으로 기대될 수 없었다는 점을 입증하는 경우에는 자신의 어떠한 의무불이행으로 인한 CISG상의 손해배상책임을 면할 수 있다는 규정을 보유하고 있는데[제79조 (1)], 이 경우 면책은 장애가 존재하는 동안에만 그 효력이 있다[제79조 (3)].

[840] 특히, CISG에서는 불이행 당사자는 당해 장애사유와 그것이 자신의 이행능력에 미치는 영향에 관하여, 상대방에게 '**통지**'(notice)하여야 한다고 규정하고 있는데[제79조 (4)], 곧, 본 통지는 불이행 당사자가 그 장애를 알았거나 또는 알았어야 하는 때로부터 상당한 기간 내에 본 통지가 상대방에게 도달하지 아니한 경우 당사자는 그 불착으로 인하여 발생하는 손해에 대한 책임을 부담하여야 함을 명시하고 있다.

증여(贈與)는 수증자(受贈者)가 물건을 점유(占有)함에 의하여 완성(完成)한다.

[841] 요컨대, CISG에서는 사정변경[장애(障碍)]의 법률효과를 연관규정을 통해 우회적으로 인정하고는 있으나, 이하 그 밖의 계약법규범에 비하여 그 요건이 매우 엄격하다. 즉, 사정변경의 내용 또한 그 기간을 제한하고 뿐만 아니라 이행당사자의 면책 또한 단순한 사정변경에 의한 것이 아닌, 불가항력에 상당하여야 함을 전제로 이를 제한적으로 허용하고 있는 특징이 있다.

② PICC의 경우

[842] PICC에서의 '사정변경의 원칙'은, CISG에 비하여 보다 상세한 규정체계를 보유하고 있다. 곧, 계약의 이행이 당사자 일방에게 보다 큰 부담으로 작용할 경우에 그 당사자는 [그럼에도 불구하고] 장애[hardship]에 관한 당해 의무를 이행하여야 한다는 규정을 전제하고[제6.2.1조(계약준수의 원칙)], 사정변경이 인정되기 위한 요건으로서, 당사자의 이행비용을 증가시키거나, 당사자가 받는 이행의 가치를 감소시키는 것을 이유로 '계약의 형평성'(equilibrium of the contract)을 '중대하게 변경하는 사건이 발생'(occurrence of events fundamentally alters)한 경우로 특정하고 있다[제6.2.2조(이행가혹의 정의)].

[843] 또한, [그 내용으로서] i) 당해 사건이 발생한 때 또는 불이익을 입은 당사자가 그 사건을 알게 된 때가 계약체결 후인 경우, ii) 계약체결 시에 불이익을 입은 당사자가 그 사건을 합리적으로 기대할 수 없었던 경우, iii) 그 사건이 불이익을 입은 당사자의 지배를 벗어난 경우, iv) 그 사건에 기한 위험이 불이익을 입은 당사자에 의해 인수되지 않았을 것 등을 요건으로 두고 있다[제6.2.2조 (a)~(d)].

[844] 결국, PICC에서는 '사정변경의 원칙'보다도 성실한 계약의 이행이 우선되어야 할 원칙임을 전제하고, 이에 사정변경을 예외적으로 인정하고 있음을 엿볼 수 있다. 곧, 사정변경도 계약의 형평성이 변경된 경우에 한하여 인정될 수 있고, 달리 성실한 계약의 이행이 담보되지 않은 경우에는 인정될 수 없다고 하는 법적 기준을 표창하고 있다.

[845] PICC의 위 개별조항에 의하여, 사정변경의 요건이 충족되는 경우 발생하는 효과는 다음과 같다. 먼저, i) 불이익을 입은 당사자는 계약내용의 '재교섭'(renegotiations)을 청구할 권리를 보유하게 되는데, 다만 그 요구는 부당한 지체 없이 이루어져야 하고, 또한 재교섭이 기초하고 있는 이유를 명시해야 함을 조건으로 두고 있다. ii) 또한, 재교섭을 요구한 경우에 불이익을 입은 당사자는 당해 이행을 요구할 권리가 없음을 규정하고, iii) 만약, 상당한 기간 내에 합의에 이르지 못한 경우 각 당사자는 법원에 계약의 형평성을 회복할 수 있는 조정을 청구할 수 있도록 배려하고 있다. iv) 이에 법원이 장애를 합리적으로 인정한 경우에는 지정된 기일 및 그 조

건에 따라 계약을 해제시키거나 또는 [계약의 형평성을 회복시키기 위한 관점에서] 계약을 변경할 수 있도록 하고 있다.

[846] 한편, PICC에서는 당사자의 불이행이 당사자의 통제를 벗어난 장애에 기인한 것이고, 계약체결 시에 그 장애의 고려나 회피 또는 그 장애나 장애결과의 극복을 합리적으로 기대할 수 없었던 것임을 그 당사자가 입증하는 경우에는 면책된다고 규정하여[제7.1.7조(불가항력)], 장애와는 별도로 불가항력에 의한 면책의 여지를 남겨두고 있다. 따라서, 불가항력에 의한 면책의 효과는 재협상의 효과를 내재하고 있는 장애에 비하여 상대적으로 엄격하다고 할 수 있는데, 이는 장애의 경우에 가능한 계약의 이행에 주안점을 두고 있는 반면에, 불가항력은 사정변경을 이유로 이행 당사자를 보호하고자 하는 바에 주안점을 두고 있음을 함의한다.

[847] 결국, PICC는 사정변경을 인정하고는 있으나, 그 적용범위를 좁게 두고 있다. 곧, 사정변경은 계약의 형평성이 중대하게 변경된 경우에만 적용되며, 그 적용에도 법원으로 하여금 당사자의 청구에 의하여 계약내용을 조정하거나 또는 해제할 수 있도록 하고 있다. 아울러, 사정변경의 사유가 발생한 경우라고 하더라도, 이는 장래에 이행하여야 할 계약의 급부에 대해서만 적용되며, 달리 기 이행한 급부에 대해서는 적용되지 아니한다.

③ PECL의 경우

[848] PECL에서는 PICC와 유사하게 '**사정변경의 원칙**'에 대한 명문의 규정을 보유하고, 그 내용을 상세히 규정하고 있다. 곧, 당해 규정에서는 급부의 이행비용이 증가하거나, 반대급부 가치가 떨어져 당해 급부부담이 '**보다 커지게**'(more onerous)된 경우에도 당사자는 자신의 채무를 이행하여야 하는데[제6:111조(사정변경) (1)], 다만, 계약이행에 있어 사정변경으로 당해 급부가 '**현저히 부담스럽게**'(excessively onerous)된 경우에는, i) 사정변경이 계약체결 이후에 발생하고, ii) 사정변경의 가능성이 계약체결 시에 합리적으로 고려할 수 있었던 것이 아니었으며, iii) 이와 같은 사정변경으로 인한 위험을 [계약내용에 비추어] 불이익을 입은 당사자가 부담하여야 할 것이 아닌 경우를 조건으로, 당사자는 계약을 수정 또는 해제하기 위한 교섭을 개시해야 한다고 규정하고 있다[제6:111조 (2), (a)~(c)].

[849] 또한, 당사들이 '**상당한 기간**'(reasonable period)내에 합의에 달하지 못하는 경우에 법원은 일정시점 및 조건을 두고 계약을 해제시키거나 또는 [사정변경으로 인한 손익을 당사자 간에 '공정(just)·공평(equitable)하게 분배'하기 위하여] 계약내용의 수정을 명할 수 있도록 규정하고 있다[제6:111조 (3), (a), (b)]. 다만, PICC와 견줄 경우 구별되는 차이점은, 어느 경우에나 법원은 신의성

실 및 공정거래에 반하여 당해 교섭을 거부하거나, 또는 교섭을 파기하는 경우에 그 당사자에 의해 입게 된 손실에 관하여, 법원으로 하여금 배상을 명할 수 있게 한 규정을 보유하고 있다는 점이다[제6:111조 (3), (c)].

[850] 요컨대, PECL에서는 사정변경의 원칙을 규정체계 내에 수용하여, 혹여 사정변경으로 발생될 수 있는 당사자의 이해를 적의 조정할 수 있도록, 그 구체적인 법적 기준을 마련하고 있을 뿐만 아니라 법원으로 하여금 이에 적극적으로 관여할 수 있는 규정을 존치해 두고 있다.

[851] 한편, PECL의 **'장애에 의한 면책'**(excuse due to an impediment) 규정[제8:108조]은 CISG[제79조] 및 PICC의 **면책조항**[제7.1.6조]과 **불가항력**[제7.1.7조]에 연관되는 규정이다. 다만, PICC에서는 불가항력에 관한 규정에도 불구하고, 당사자에게 계약의 해제와 이행보류 및 채권액에 대한 이자청구권을 부가하고 있다[제7.1.7조(불가항력) (4)].

[852] 이에 반하여, PECL에서는 별도로 **'책임의 제한 및 배제약정'**(clause limiting or excluding remedies)에서, [그 어떠한 제한이나 배제를 주장하는 것이 신의성실 및 공정거래에 반하는 경우를 제외하고는] 불이행에 대한 구제수단을 제한하거나 배제할 수 있는 규정을 존치해 두고 있는 특징이 있다[제8:109조(책임의 제한 및 배제 약정)].

[853] PECL에서 장애에 의한 면책의 규정내용은, 당해 불이행이 자신의 영향력이 미치는 책임영역 외의 장애요소에 기인하고, 또한 이 장애요소를 계약체결 시에 고려하거나, 그 장애의 결과를 방지 또는 극복하는 것이 합리적으로 기대될 수 없었음을 입증하는 경우에는 당사자의 불이행은 면책된다고 규정하고, 혹여 일시적 장애의 경우 면책은 그 장애가 존재하는 동안에만 효력을 갖지만, 그 이행지체가 **'중대한 불이행'**(fundamental non-performance)에 해당하는 경우 **당사자**[the obligee]는 이를 **'중대한 불이행'**과 동일하게 취급할 수 있다고 명시하고 있다.[332)]

---

332) 참고로, 불이행에 관한 책임체계를 비교할 경우에 PICC와 PECL은 유사한 규정내용을 담고 있다. 공통한 내용을 요약하면, i) 채무불이행 또는 계약위반을 불이행으로 통일하여 규정하고 있는 점, ii) 담보책임도 원시적 불능을 포괄하여 귀책사유의 여부에 관계없이 이행이 행사되지 않는 경우 당연히 불이행이 성립하는 것으로 규정하고 있는 점, iii) 이행의 당사자에게 상호 협력의무를 부가하고 있는 점, iv) 중대한 불이행을 계약해제의 원인으로 규정하고 있는 점, v) 계약해제는 소급효를 구성하지 않는다는 규정체계, vi) 계약해제권과 손해배상청구권은 양립할 수 있다고 하는 점 등이다. CISG의 경우 또한 이에 준한다. 다만 PICC의 경우에 i) 부적합한 이행을 행사한 당사자의 추완권을 PECL에 견주어 보다 광범위한 가능성을 전제해 두고 있는 점, ii) 나아가 그 방법에 있어서도 보다 상세한 규정을 보유하고 있는 점, iii) 계약해제의 경우에 불이행 당사자가 그 준비 또는 이행의 결과로써 불균형적인 손실을 입는지의 여부를 고려하고 있는 점 등은 부각할 수 있는 차이점이다. iv) 아울러, 당사자는 불이행이 그 당사자의 작위 또는 부작위에 기인하거나 또는 그 당사자가 위험을 부담하는 별개의 사건에 기인하여 발생된 범위 내에서는, 상대방의 불이행에 의존할 수 없도록 규정하고 있는 점은, PECL에서는 보유하고 있지 않은 PICC만의 규정이다.

⑥ CISG, PICC, PECL의 비교

[854] CISG에서는 사정변경에 대한 명시적인 규정은 보유하고 있지 않으나, 다만 사정변경[장애(障碍)]의 법률효과를 인정함에 있어서는, PICC, PECL에 비하여 매우 제한적인 입장을 취하고 있다. 곧, 사정변경의 내용뿐만 아니라 그 기간까지 제한하고 있고, 이행당사자의 면책사유 또한 단순한 사정변경에 의한 것이 아닌 불가항력의 수준에 이르러야 함을 전제하고 있다.

[855] PICC에서 사정변경에 관한 규정내용은, CISG에 비하여 보다 상세한데, 곧, 장애에 관한 당해 의무를 이행하여야 함을 조건으로, [사정변경의 요건으로서] 계약의 형평성을 중대하게 변경시키는 사건이 발생한 경우에 한하여, 당해 사정변경이 계약체결 후에 발생하고, 이것이 합리적으로 기대할 수 없었던 경우와 불이익을 입은 당사자의 지배를 벗어난 경우, 그 위험이 불이익을 입은 당사자에 의해 인수되지 않은 경우 등으로 두고 있다. PICC에서는 사정변경에 우선하여, 계약의 성실한 이행에 주안점을 두고, 제한적이나마 [그렇지만, CISG에 비해서는 보다 넓게] 사정변경을 예외적으로 인정하고 있다.

[856] PECL에서는 PICC와 유사한 규정체계를 마련하고 있으나, PICC와의 구별되는 차이점은, 법원으로 하여금 신의성실 및 공정거래에 반하여 당해 교섭을 거부하거나, 교섭을 파기한 당사자에 의하여 입게 된 손실에 관한 배상을 명할 수 있도록 규정하고 있다는 점이다. 곧, PECL에서는 법원의 개입을 허용하여, 당해 사정변경으로 인한 당사자의 이해를 적극적으로 조정할 수 있는 법적 기준을 제시하고 있는 특징이 있다.

■ SUMMARY [*Article 80*]

Article 80 strips a party of its right to rely on the other side's failure to perform to the extent that the second party's failure was caused by an 'act or omission' of the first party. Thus article 80 may relieve a party of at least some of the legal consequences of a failure to perform. The broad equitable rule of article 80 that a party cannot claim legal redress for the other party's breach to the extent its own actions caused the breach has been cited as evidence that principles of good faith apply under the CISG.

판정례 연습

[81] 다음 사례에 대한 법원의 판결을 추론해 보라. 도급자[프랑스]와 수급자[스페인]는 제3국에서의 건설공사 하청을 내용으로 계약을 체결하였다. 계약체결 이후 건설경기의 급변으로 예기치 못했던 수많은 장애가 발생하였고, 이는 공사비용을 증가시키는 원인으로 작용하였다. 당사자의 계약에는 스페인의 국내법을 준거법으로 채용하고 있었지만, 그럼에도 불구하고 도급자는 국제상사계약에 있어서의 일반원칙으로서 PICC[제6.2.2조(이행가혹의 정의) 내지 제6.2.3조(이행가혹의 효과)]에 의거, 예견할 수 없었던 장애의 발생을 이유로 국제상업회의소(ICC)의 중재판정부에 중재를 신청하였다. 또한, 도급자는 PICC의 상기 조항뿐만 아니라 제네바 협약[Geneva Convention on International Commercial Arbitration : 1961, 제7조],[333] '중재와 조정에 관한 ICC 규칙'[ICC Rules of Conciliation & Arbitration, 제13조 (5)][334] 등을 청구의 근거로서 제시하였다.

[82] 매도인은 6월 1일 물품을 매수인에게 인도하기로 하였다. 인도기일 전에 정부의 수출금지로 인하여 매도인이 계약을 이행할 수 없게 되었다. 6월 30일에 수출금지가 해제되었고, 그리하여 매도인의 물품인도가 가능하게 되었다. 이 경우 매수인은 물품인수를 거부하고 계약을 해제할 수 있는가?

---

333) GCICA Art. VII(Applicable law) : "1. The parties shall be free to determine, by agreement, the law to be applied by the arbitrators to the substance of the dispute. Failing any indication by the parties as to the applicable law, the arbitrators shall apply the proper law under the rule of conflict that the arbitrators deem applicable. In both cases the arbitrators shall take account of the terms of the contract and trade usages. 2. The arbitrators shall act as amiables compositeurs if the parties so decide and if they may do so under the law applicable to the arbitration."

334) ICC Rules of Conciliation & Arbitration, Art. 13(Terms of Reference) : "(5) In all cases the arbitrator shall take account of the provisions of the contract and the relevant trade usages."

제5절 해제의 효과

구분 및 내용	
제4 편 물품의 매매	제25조~제88조
제1장 총 칙	제25조~제29조
제2장 매도인의 의무	제30조~제52조
제3장 매수인의 의무	제53조~제65조
제4장 위험의 이전	제66조~제70조
제5장 매도인과 매수인에게 공통적으로 적용되는 규정	제71조~제88조
제1절 이행기전의 계약위반과 분할이행계약	제71조~제73조
제2절 손해액	제74조~제77조
제3절 이 자	제78조
제4절 면 책	제79조~제80조
제5절 해제의 효과	제81조~제84조
제81조 의무의 소멸과 반환청구 등	
제82조 동일한 상태의 물품반환의 불가능	
제83조 그 밖의 구제권의 존속	
제84조 이익의 반환	
제6절 물품의 보존	제85조~제88조

[857] 제81조를 포함하여 제5장[매도인과 매수인에게 공통적으로 적용되는 규정] 제5절[계약해제의 효과]의 조항들은 계약해제에 관한 효과로서 그 기본적인 내용을 다루고 있는 규정이다. 곧, 본 규정들은 계약해제 이후에 위험분배에 관한 우선적이고도 기본적인 골격을 그 핵심으로 두고 있다.

[858] 제81조에서 매수인의 반환의무를 규정하고 있는 취지는 실질적으로 인도된 물품의 반환을 청구하기 위한 것에 두고 있다. 곧, CISG의 여타 규정에서도 계약해제 이후의 반환의무를 규정하고 있음은 이를 뒷받침하고 있는데, 제82조에 의할 경우 [중요한 예외를 제외하고] 매수인이 물품을 수령할 때의 상태로 물품을 반환할 수 없다면, 계약해제권 또는 대체물품인도청구권을 상실한다. 본조에서 매수인이, 매도인에게 물품을 반환하여야 하는 경우에는 물품이 반환되기 전에 그 물품으로부터 얻은 이익도 매도인에게 반환하여야 한다고 규정하고 있다. 아울러, 제

지방적(地方的) 관습(慣習)은 각각 준수(遵守)되어져야 한다.

84조에서는 매도인이 매수인에게 대금을 반환하여야 하는 경우에 그 대금이 반환될 때까지의 이자를 지급하여야 한다고 규정하고 있다.

■ SUMMARY [*Section V*]

Although Section V of Part III, Chapter V is entitled 'Effects of avoidance', only the first of its provisions, article 81, is devoted exclusively to this topic. Another provision of the section, article 84, also provides for certain consequences of avoidance of contract (specifically, a seller's liability for interest on payments that it received, and a buyer's liability for benefits derived from goods), but at least some of those consequences also apply when the contract is not avoided and the buyer demands delivery of substitute goods under article 46 (2). The other two provisions of the section, article 82 and 83, are a matched pair that do not at all address the effects of avoidance: article 82 imposes a limit on an aggrieved buyer's right to avoid (buyer loses the right to avoid the contract, or to demand substitute goods, unless it either can return delivered goods substantially in the condition in which they were received, or can invoke an exception from this requirement in article 82 (2)); article 83 preserves other remedies for an aggrieved buyer that has, under article 82, lost the right to avoid or demand substitute goods. Section V has been cited in support of the proposition that avoidance of contract is 'a constitutive right of the buyer, which changes the contractual relationship into a restitutional relationship.'

081. 의무의 소멸과 반환청구 등

Art. 81

(1) Avoidance of the contract releases both parties from their obligations under it, subject to any damages which may be due. Avoidance does not affect any provision of the contract for the settlement of disputes or any other provision of the contract governing the rights and obligations of the parties consequent upon the avoidance of the contract.

(2) A party who has performed the contract either wholly or in part may claim restitution from the other party of whatever the first party has supplied or paid under the contract. If both parties are bound to make restitution, they must do so concurrently.

제81조

(1) 계약의 해제는 정당한 손해배상의무를 제외하고, 당사자 모두를 계약상 의무로부터 해방시킨다. 해제는 계약상 분쟁해결을 위한 조항이나 또는 계약의 해제에 따라 발생하는 당사자의 권리와 의무를 규율하는 그 밖의 계약조항에는 영향을 미치지 아니한다.

(2) 계약의 전부 또는 일부를 이행한 당사자는 상대방에게 당해 계약하에서 자신이 이미 제공 또는 지급한 것에 대한 반환을 청구할 수 있다. 당사자 쌍방이 모두 반환의무가 있는 경우에는 이를 동시에 반환하여야 한다.

[859] 제81조는 계약해제 시에 발생하는 법적 효과을 다루고 있다. 곧, 계약해제 시에 양당사자는 아직 이행하지 않은 급부의무에서 벗어나게 되지만, 그럼에도 불구하고 손해배상청구권 등은 그대로 존속함과 동시에, 혹여 이행된 것이 있다면, 동시에 반환하여야 한다고 규정하고 있다.

[860] 계약해제에 의해, 양당사자는 계약상 모든 의무로부터 벗어나게 되지만, 이 경우 모든 의무가 그 대상이 되는 것은 아니다. 곧, 아직 이행하지 않은 쌍무적 관계에서의 [대가관계(對價關係)에 준한] 일차적 급부의무에 관해서만 자유로울 수 있다. 이를테면, 인도의무나 대금지급의무 또는 서류교부의무 등이 이에 속한다. 이에 반하여, 손해배상의무와 계약해제 후의 권리의무에 관한 합의조항은 그대로 존속하는데, 예컨대, '중재조항'(arbitration clause), '관할권조항'(jurisdiction clause), '벌칙조항'(penalty clause) 등이 이에 속한다.

[861] 한편, 양당사자는 계약해제 시에, 이미 이행된 것이 있으면, 원칙적으로 동시에 반환하

여야 한다. 이 경우에는 수령한 모든 것을 반환하여야 하는데, 특히 매도인은 기 수령한 물품대금에 그 이자를 더하여, 달리 매수인은 인수한 물품으로부터 수익한 사용수익을 다름없이 반환하여야 한다.

■ SUMMARY [*Article 81*]

1. Article 81 governs the general consequences that follow if one of the parties avoids the contract or some part thereof.

2. Article 81 and the other provisions in Chapter V, Section V, dealing with the 'Effects of avoidance' have been described as creating a 'framework for reversal of the contract' that, at its core, contains a 'risk distribution mechanism' overriding other risk allocation provisions of the CISG when the contract is avoided. It has also been stated that, under article 81, an avoided contract 'is not entirely annulled by the avoidance, but rather it is 'changed' into a winding-up relationship.' Several decisions have held that article 81 does not apply to 'consensual avoidance' i.e. termination of the contract that occurs where the parties have, by mutual consent, agreed to cancel the contract and to release each other from contractual obligations but rather is properly limited to cases where one party 'unilaterally' avoids the contract because of a breach by the other party. In such cases of 'consensual avoidance', it has been asserted, the rights and obligations of the parties are governed by the parties' termination agreement. Thus, where the parties agreed to cancel their contract and permit the seller to deduct its out-of-pocket expenses before refunding the buyer's advance payment, the seller was allowed to make such deductions but was denied a deduction for its lost profit because that was not part of the parties' agreement. Where an issue arises that is not expressly addressed in the parties' termination agreement, however, a court has asserted that, pursuant to article 7 (2), the gap should be filled not by recourse to national law but by reference to the principles of article 81 and related provisions of the CISG.

판결례와 평가

- 적용범위 : 계약해제 이후의 효과
- 출처표시 : 「Oberster Gerichtshof」(Austria), 『8 Ob 125/08b』, 2009.04.02.

1. 논점과 사실관계

① 본 사건은 계약해제의 결과로서 원상회복의무의 범위를 다루고 있는 사례이다. **매수인**[독일

배관업자]은 매도인[오스트리아 보일러 제조업자]으로부터 2002년 8월 12일자 주문서에 기하여 보일러와 부속품의 구입을 발주하였다.

② 당사자는 본건 보일러는 자동가열방식이라는 것에 합의하였고, 특별히 매수인은 보일러의 연료로서 자신의 공장에 목재파레트, 나무조각 등을 사용하는 것을 희망하는 고객과의 사이에 계약이 있었으므로, 이에 목제품 및 톱밥이 본건 보일러에 사용될 수 있도록 매도인의 대리인과 합의하였다.

③ 또한, 매도인의 표준매매조건이 매수인에게 발주 전에 송부되었고, 여기에는 모든 분쟁은 오스트리아법에 따른다는 취지의 규정을 두었다. 매수인은 2002년 9월 물품을 수령하였고, 10월 10일 보일러를 자신의 고객이 지정한 장소에 설치하였다. 당시 매도인의 종업원도 현장에 있었는데, 톱밥이 사용되는 경우 보일러가 제대로 작동되지 않을 수도 있다는 사실을 매수인에게 설명하였다.

④ 보일러는 당초부터 자동가열장치 등이 적절하게 동작하지 않아, 매수인의 고객은 이 사실을 매수인에게 통지하였는데, 매수인은 이를 매도인에게 통지하지 않았다. 매도인은 2003년 2월 매수인의 고객으로부터 직접 연락을 받았는데, 자신의 기술자가 그 하자를 수리하기 위해 매수인의 고객을 방문한 결과, 목재파레트가 보급센서에 걸리는 것을 발견하고, 이에 센서를 교체하면서 사용된 목재파레트의 나무조각이 너무 길다고 지적하였다.

⑤ 그러나, 자동가열장치는 적절하게 작동되지 않았고, 매수인의 고객은 2004년 1월 8일 서신으로 그 하자를 재차 매도인에게 통지하였다. 매도인은 이러한 부품을 교환하기 위하여 다른 기술자를 보내면서 매수인의 고객에게 2005년 10월까지 품질보증기간을 연장해 주겠다고 통지하였고, 이를 매수인의 고객은 수용하였다.

⑥ 그럼에도 불구하고, 여전히 보일러는 적절하게 작동되지 않아, 이에 매수인의 고객은 2005년 1월 8일 본건 하자를 최종 통지하면서 물품의 반환을 요구하였다. 그 과정에서 매도인은 매수인의 고객에게 그간에 보일러를 사용하였으므로 일정한 금액을 감액해줄 것을 요구하였다. 매수인의 고객은 이 같은 매수인의 물품대금감액요구를 거절하였다. 한편, 보일러는 불순물이 섞이지 않은 재료로만 가동하고, 목재파레트로는 작동되지 않는다는 사실을 매수인은 이미 알고 있었다.

⑦ 매수인의 고객은 매수인에 대하여, 2005년 3월 7일 계약해제의 의사표시를 내용증명으로 송부하였고, 이에 매수인은 고객에게 새로운 가열시스템을 판매하였지만, 보일러는 적절하게

작동되지 않아 2005년 말까지 매수인 고객의 장소에서 적절한 보존조치를 하지 않은 상태로 보관되었다. 결국, 매수인은 2005년 8월 26일 소송을 제기하여 계약해제, 물품대금의 반환 및 신규 보일러의 설치비용을 청구하였다.

2. 판결요지

(1) 제1심

⑧ 제1심은 매수인의 청구권을 인정하지 않았다. 아울러, 당사자 간에 보일러는 자동가열방식 및 연료가 보충되어야 한다는 것에 합의하고 있으므로, 이에 물품의 계약적합성의 결여가 인정될 가능성이 존재하지만, 매수인은 적시에 물품검사를 하지 않았고, 또한 자신의 고객으로부터 이 같은 사실이 통지되었음에도 불구하고, 이를 매도인에게 통지하지 않았음을 지적하였다. 결국, 법원은 본건 보일러는 매수인에 의해 수령된 것으로 보아 본건 손해배상청구권은 인정할 수 없다고 최종 판시하였다.

(2) 항소심

⑨ 항소심에서는 제1심 판결을 일부 취소하고, 매수인의 계약해제권을 일부 인정하였다. 판결 내용으로서 항소심은, 제1심 법원의 판결에서와 같이 본 사건에 오스트리아 법은 적용할 수 없고, CISG가 적용되어야 한다고 판시하였다. 즉, 당사자는 서로 다른 국가에 영업소를 두고 있고, 당사자는 CISG의 적용을 배제하는 합의를 하지 않았기 때문에, CISG가 적용되어야 한다고 판시하였다.

⑩ **제38조**[물품검사시기]에 의해 매수인은 보일러를 가능한 상당한 기간 내에 검사하지 않으면 안 되고, 나아가 본건 부적합을 발견한 이후 이것을 발견한 때로부터 상당한 기간 내에 부적합 내용을 매도인에게 통지하여야 함에도 이를 행하지 않았으므로, 보일러의 계약적합성 불비를 청구할 수 있는 권리를 상실하였다고 설시하였다. 본건에서 매수인은 완전한 물품검사를 하지 않고, 매수인의 고객으로부터 통지를 받은 후에도 이를 매도인에게 통지를 하지 않았다. 이러한 사실에 비추어, **제45조**[매수인 구제권 총괄]에 따라 그 권리를 상실하였다고 판시하였다.

⑪ 한편, 매도인은 제82조에 기하여 매수인은 수령한 상태로 물품을 반환할 의무가 있음에도 불구하고, 본건 계약이 해제된 이후 매수인은 보일러의 적절한 보관의무를 해태하였다는 이유에서 자신의 일부 손해배상청구가 타당하다고 주장하면서, 제82조 (2)에 따라, 매수인은 물품

을 수령한 때로부터 취한 이익을 자신에게 반환하여야 한다는 취지로 상고하였다.

(3) 상고심

⑫ 상고심에서는 항소심 판결을 인정하지 않았다. 곧, 당사자는 CISG의 적용을 배제하였다고 판단하였다. 법원은, CISG를 배제하려는 당사자의 의도는 당사자가 오스트리아법의 규정을 인용하고 있다는 사실로부터 마땅히 도출될 수 있는 판단이라고 설시하였다. 다만, 법원은 본건 계약이 CISG 적용을 받는지의 문제는 본 사건에는 직접적인 관련이 없고, 항소심에 있어서도 매수인은 오스트리아법 및 **제39조**[부적합의 통지]에 따라 물품의 계약적합성 결여로 계약해제권을 상실했다는 것을 다름없이 판결하고 있으므로, 이에 매수인의 주장을 각하하였다.

3. 해설

⑬ 계약이 해제된 경우의 효과로서, **제81조**[의무의 소멸과 반환청구 등]에서는 손해배상의무를 면하게 되고, 계약상의 의무로부터 해방되며, 또한 기 이행된 계약상 급부에 대해서는 동시이행의 관계로 반환해야 한다는 것 등을 규정하고 있는데, 이 경우 계약해제는 분쟁해결을 위한 계약조항 또는 계약해제의 결과로부터 발생하는 당사자의 권리 및 의무를 규율하는 다른 계약조항에 영향을 미치지 않는다는 취지를 분명히 하고 있다.

⑭ 본조에 따라 제외되는 손해배상의무와 관련하여, **제74조**[손해액 산정의 일반원칙]는 상대방의 계약위반이 행사된 경우 피해당사자에게 인정되는 일반적인 손배해상의 범위를 규정하고 있지만, 이는 계약해제 효과로서의 손해배상으로 취급할 수 있는 규정이라고는 볼 수 없다.[335)]

⑮ 또한, 계약해제 이후의 손해배상에 관해서는 **제75조**[대체거래와 손해액]에서 상대방 당사자에게 대체거래가 있는 경우, **제76조**[시가에 기초한 손해배상액]에서 손해배상액 및 대체거래가 없는 경우로 대별하여 규정하고 있음을 참고할 수 있다.

---

335) Bruno Zeller, *Damages under the Convention on Contracts for the International Sales of Goods*, 2nd ed., Oxford Univ. Press, 2009, pp.65-67.

082. 물품반환의 불가능

Art. 82

(1) The buyer loses the right to declare the contract avoided or to require the seller to deliver substitute goods if it is impossible for him to make restitution of the goods substantially in the condition in which he received them.

(2) The preceding paragraph does not apply:

(a) if the impossibility of making restitution of the goods or of making restitution of the goods substantially in the condition in which the buyer received them is not due to his act or omission;

(b) the goods or part of the goods have perished or deteriorated as a result of the examination provided for in Art. 38; or

(c) if the goods or part of the goods have been sold in the normal course of business or have been consumed or transformed by the buyer in the course of normal use before he discovered or ought to have discovered the lack of conformity.

제82조

(1) 매수인이 물품을 수령한 상태와 실질적으로 동일한 상태로 물품을 반환할 수 없는 경우에 매수인은 계약의 해제를 선언하거나, 매도인에게 대체품의 인도를 청구할 권리를 상실한다.

(2) 전항의 규정은 다음의 경우에는 적용되지 아니한다.

(a) 물품을 반환할 수 없거나, 매수인이 물품을 수령한 상태와 실질적으로 동일한 상태로 반환할 수 없는 이유가 매수인의 작위 또는 부작위에 기인하지 아니한 경우

(b) 제38조에 규정된 검사로 인하여 물품의 전부 또는 일부가 멸실 또는 훼손된 경우

(c) 매수인이 부적합을 발견하였거나, 발견하였어야 했던 시점 이전에 물품의 전부 또는 일부가 매수인에 의하여 이미 통상적인 상거래과정에서 매각되거나, 통상적인 사용과정에서 소비 또는 변형된 경우

[862] 제82조는 매수인이 계약해제권 또는 대체물청구권을 보유하고 있음에도 불구하고 수령한 물품 그대로 반환할 수 없는 경우를 다루고 있다. 이 경우 매수인은 원칙적으로 계약해제권이나 대체물청구권을 상실한다. 그러나, 매수인 그 자신의 책임있는 사유로 물품을 반환하지 못하게 된 것이 아닌 경우에는 계약해제권이나 대체물청구권을 상실하지는 않는다.

[863] 계약해제권이나 대체물청구권 상실여부의 판단시점은, 계약해제의 의사표시나 대체물청

구의 의사표시를 발송한 때이다. 당해 시점에서 물품의 상태가 온전하여 계약해제권을 상실하지 않았다면, 이후에 물품의 상태가 실질적으로 변경되었다고 해도 본 계약의 해제는 유효하다.

[864] 매수인이 물품을 실질적으로 반환할 수 없는 경우에도, i) 물품을 실질적으로 동일한 상태 그대로 반환할 수 없게 된 사유가 매수인의 작위 또는 부작위에 기인하지 않은 경우, ii) 물품의 전부 또는 일부가 제38조[물품검사시기]에 명시된 바와 같이 물품검사의 결과로 멸실 또는 훼손된 경우, iii) 물품의 전부 또는 일부가 정상적인 거래에 의하여 매각되거나, 또는 정상적인 사용으로 소비 또는 변형된 경우에는 매수인은 여전히 계약해제권이나 대체물청구권을 다름없이 행사할 수 있다.

■ SUMMARY [*Article 82*]

Article 81 (2) of the Convention requires the parties to an avoided contract to make restitution of whatever has been 'supplied or paid under the contract'; article 82 deals with the effect of an aggrieved buyer's inability to make restitution of goods substantially in the condition in which they were delivered. Specifically, article 82 (1) conditions an aggrieved buyer's right to declare the contract avoided (or to require that the seller deliver substitute goods) on the buyer's ability to return whatever goods have already been delivered under the contract substantially in the condition in which he received them. Article 82 (2), however, creates three very broad exceptions to the rule of article 82 (1): a buyer is not precluded from avoiding the contract or demanding substitute goods if his inability to return the goods to the seller substantially in their original condition was not the result of the buyer's own act or omission (article 82 (2) (a)), if it occurred as a consequence of the examination of the goods provided for in article 38 (article 82 (2) (b)), or if it arose from buyer's resale, consumption or transformation of the goods in the normal course and 'before he discovered or ought to have discovered the lack of conformity' (article 82 (2) (c)).

판결례와 평가

- 적용범위 : 계약상 장래의 분할이행분에 관해 계약해제를 선언하기 위한 요건
- 출처표시 : 「Landgericht Ellwangen」(Germany), 『1 KfH O 32/95』, 1995.08.21.

1. 논점과 사실관계

① 본 사건은 계약상 장래의 분할이행분에 관해 계약해제를 선언하기 위한 요건을 다루고 있

는 사례이다. **매도인**[스페인]과 **매수인**[독일]은 고추향료를 계약의 목적물로 분할이행계약을 체결하였는데, 당시 매수인은 **초도**[1차] 이행분에 대한 대금을 이미 지급한 상태였다.

② 이후 매도인의 2차 분할이행분이 인도된 시점에서, 매수인은 독일향료협회로부터 스페인으로부터 수입된 **금번**[2차] 고추향료는 독일 국내법에서 규정하고 있는 화학첨가물 허용치를 초과하고 있다는 내용의 공문을 접하게 되었는데, 이 사실은 금번 인도된 고추향료의 명세에 의하여 인도 이후 판명된 사실이었다.

③ 매수인은, 즉시 매도인에게 당해 공문을 근거로 독일 국내법에서 규정하고 있는 식품안전기준에 비추어, 이미 인도된 물품이 식용으로 부적합하다고 하는 사실과, 이에 매수인과 합의를 전제로 매도인이 수용할 수 있는 추가기간 내에 대체품을 인도하여 줄 것을 통지하였다. 이 같은 매수인의 통지에 대하여 매도인은 매수인의 요구를 수용하였으나, 합의된 추가기간이 지나도록 매도인은 대체품 인도를 이행하지 않았다.

④ 이에 매수인은 계약을 해제하고, 아울러, 기 이행된 인도분[2차]에 대한 대금지급을 거부하였고, 매도인 또한 반소를 통해 기 이행된 인도분에 대한 매도인의 대금지급거절을 이유로 손해배상을 청구하였다.

2. 판결요지

⑤ 법원의 판결요지는 다음과 같다. 양당사자가 소재한 국가가 CISG 체약국이므로 이 사건에는 CISG가 적용된다. 그간 양당사자의 상업적 매매계약관계를 고려할 때, 양자 모두 묵시적으로 식품안전에 대한 독일 국내법 기준의 적용에 동의하고 있는 것으로 보이는 바, 매수인의 대금지급의무는 없다.

⑥ 매도인은 계약에서 요구된 수량·품질 및 물품명세에 일치하고, 또한 계약에서 요구되는 방법으로 용기에 담기거나 또는 포장된 물품을 인도하여야 한다[제35조(물품의 일치성)]. 아울러, 당사자 일방이 범한 계약위반이 당해 계약에서 상대방이 기대할 권리가 있는 바를 실질적으로 박탈할 정도의 손해를 야기한 경우에는 중대한 계약위반이 될 수 있으나, 당해 계약을 위반한 당사자가 그러한 결과를 예견하지 못하였으며, 또한 동일한 종류의 합리적인 자도 동일한 사정하에서 그러한 결과를 예견할 수 없었던 경우에는 중대한 계약위반에 해당하지 않는다. 따라서, 매수인과 합의한 추가기간 내에 대체품의 인도불이행에 상관없이, 이 경우 매도인은 묵시적 동의에 비추어 2차 인도분에 대한 대금지급을 청구할 수 없다[제25조(중대한 계약위반)].

⑦ 그렇지만, [매수인의 주장에 대하여] 매수인이 기 수령한 물품의 상태[1차]와 실질적으로 동등한 물품을 반환하는 것이 불가능한 경우에 매수인은 계약해제를 선언하거나 또는 매도인에게 대체품의 인도를 요구하는 권리를 상실할 것이나[제82조 (1)], 그럼에도 불구하고, 매수인이 부적합을 발견하였거나 또는 발견하였어야 했던 시점 이전에, 물품의 전부 또는 일부가 이미 매수인에 의하여 정상적인 영업과정에서 매각되었거나 또는 정상적인 사용과정에서 소비되었거나 변형된 경우에는 본 규정[제82조 (2)]을 적용할 수 없다.

3. 해설

⑧ 이 판결은 계약목적물의 분할이행분에 관한 당사자 일방의 의무불이행이 상대방으로 하여금 장래의 분할분에 관하여 계약의 중대한 위반이 발생할 것이라는 결론을 내릴 수 있는 충분한 근거가 존재하는 경우 상대방은 장래의 분할분에 관하여 계약해제를 선언할 수 있다는 점을 재확인한 사례이다.

083. 그 밖의 구제권의 존속

Art. 83
A buyer who has lost the right to declare the contract avoided or to require the seller to deliver substitute goods in accordance with Art. 82 retains all other remedies under the contract and this Convention.

제83조
매수인은 제82조에 따라 계약해제권 또는 대체물품인도청구권을 상실한 경우에도 계약 및 본 협약에 따른 그 밖의 모든 구제권을 보유한다.

[865] **제83조**에 의하면, 매수인은 **제82조**[동일한 상태의 물품반환 불가능]에 따라, 계약해제권 또는 매도인에게 대체물품에 대한 청구권을 상실하더라도, 그 밖의 **구제권**[예컨대, 대금감액, 손해배상 또는 이행청구권 등]을 보유한다. 이러한 구제권은 계약의 내용 또는 CISG의 규정에 따른 것인지에 대한 여부와 관계가 없다.

[866] 판결례로서, 매수인이 계약을 해제한 후에, 운송인을 통해 물품을 매도인에게 반환하는 과정에 발생한 물품의 손해에 관하여, 당해 손해는 매수인이 부담하지 아니한다고 판시한 사례가 있다. 본건 판시의 근거는, 제81조 내지 제84조상의 핵심내용은 위험의 분배방법이며, 이러한 방법은 CISG상 계약해제의 법리체계에서 **제66조**[위험이전의 효과] 또는 그 이후의 조항에 언급된 위험부담규정보다 우선한다는 논거에 두고 있다.

[867] 요컨대, 매수인이 **제47조**[이행을 위한 추가기간의 지정]에 따라, 의무이행을 위한 추가기간을 지정하지 않았음과 동시에, 제82조에 따라 물품을 반환하지 않은 경우 매수인은 계약해제의 권리를 상실하게 된다.

■ SUMMARY [*Article 82*]

1. Article 83 states that a buyer who has lost the right to avoid the contract or to require the seller to deliver substitute goods under article 82 nevertheless retains its other remedies, whether those remedies have their origin in provisions of the contract or in the CISG itself. Decisions have devoted very little attention to article 83. The provisions of Part III, Chapter V, Section V of the CISG ('Effects of avoidance'), which include article 83, have been cited in support of certain broad propositions concerning avoidance under the Convention. Thus, it has been asserted that 'the avoidance of the contract is thus a constitutive right of the buyer, which changes the contractual relationship into a restitutional relationship (arts. 81-84 CISG)'. And in a decision holding that a buyer was not responsible for damage to goods that occurred while they were being transported by carrier back to the seller following the buyer's avoidance of the contract, the court asserted that 'Articles 81-84 CISG contain at their core a risk distribution mechanism, which within the framework of the reversal of the contract (restitution), overrides the general provisions on the bearing of risk contained in Art. 66 et. seq. CISG'. In addition, an arbitral tribunal has asserted that, where the contract is avoided and damages under article 74 are claimed, 'one uniform right to damages comes into existence, which can be compared to the right to damages for non-performance under [applicable domestic law] and prevails over the consequences of the termination of a contract provided for in articles 81-84 CISG.'

2. In one decision a buyer was found to have lost the right to avoid the contract both because he failed to set an additional period of time for performance under article 47 and because he was unable to make restitution of the goods as required by article 82; the court noted that the buyer nevertheless retained a right to damages for breach of contract (although the buyer had not sought them), but the court did not cite article 83 in support of its assertion.

판결례와 평가

- 적용범위 : 계약해제의 효과에 관한 적용
- 출처표시 : 「Schweizerisches Bundesgericht」(Switzerland), 『4A 68/2009』, 2009.05.18.

1. 논점과 사실관계

① 본 사건은 수령한 물품에 관하여 동일한 상태로 반환할 수 없는 경우 계약해제권 또는 대체물급부청구권을 행사할 수 있는지의 여부를 다루고 있는 사례이다.[336] 매도인[스위스]과 매수인[스웨덴]은 2000년 12월 계약의 목적물을 포장기계로 한 매매계약을 체결하였다. 계약내용에는 매도인은 기계를 매수인의 공장에서 설치하고 가동하는 것과 설치가 완료한 후 당해 기계의 시운전을 완료하여야 하는 것이 포함되었다.

② 그런데, [계약내용의 해석에 기하여] 기계의 성능에 관해서 당사자 간에 다툼이 발생하였는데,

336) ① 「Cour de Cassation」(France), 『T 08-12.399』, 2009.11.03.
② 「Bundesgerichtshof」(Germany), 『VIII ZR 300/96』, 1997.06.25.
③ 「Oberlandesgericht Linz」(Austria), 『6 R 160/05z』, 2006.01.23.
④ 「Arrondissementsrechtbank Rotterdam」(Netherlands), 『95/3590』, 1996.11.21.

매수인은 본건 물품의 성능보증이 매도인에 의해 약속되어 있다고 주장하고 있는 반면에, 매도인은 이러한 전체적인 성능은 가능하지도 않고, 당사자 간의 합의도 없었다는 반론을 제기하였다. 계약의 이행과정에서 매도인은 수차례에 걸쳐서 포장기계의 성능을 높이려고 노력하였지만, 매수인의 당초 기대에는 미치지 못했다. 결국, 매수인은 2003년 3월 계약해제를 선언하고, 물품대금의 반환과 그 손해배상을 요구하였고, 이에 매도인은 2004년 2월 잔금의 지급과 손해배상을 구하는 소송을 제기하였다.

③ 2004년 8월 매수인은 매도인을 상대로 스위스의 지방재판소에 소송을 제기하고 포장기계 반환에 따른 비용과 이에 상당한 이자의 배상을 청구하였다. 본건은 [제1심 및 공소심 모두 CISG의 규정에 따라 매수인의 청구를 인정한 것에 대한] 매도인 상고의 건이다.

2. 판결요지

④ 상고심은, [공소심에 대해서] 중대한 계약위반이 있다고 판단한 것은 제25조[중대한 계약위반]의 적용에 따라, 인도받은 기계의 현실적인 성능이 계약내용에 기하여 매수인이 기대하고 있었던 성능에 도달하지 못했기 때문이라는 사실에 주안점을 두고 있는 바, 이를 고려할 때, 매수인은 제25조에 따라 본건 계약에 기하여 자신의 기대가 박탈되었다고 보아, 제49조[매수인의 계약해제권] (1)에 따라, 계약해제권을 행사한 것은 정당하다고 판시하였다.

⑤ 나아가, 제49조 (2), (b)에 의해, 매수인은 계약해제의 권리를 포기했다고 하는 매도인의 주장과 관련하여, 당해 이행기간이 합리적이라고 하는 판단은 본건의 정황, 특히, 물품의 성질, 물품의 계약적합성 기준, 매수인의 부적합의 통지에 관한 매도인의 행동 등을 포함하여, 본조항의 목적을 종합적으로 판단하여 결정하여야 한다고 설시하였다.

⑥ 법원은, 본건에서 매수인은 기계가 설치되고, 최초의 시운전이 실시된 후 기계에 발생하는 문제를 매도인에게 즉시 통지하였기 때문에, 제39조[부적합의 통지] (1)에 의거, 본건 물품의 계약부적합의 통지는 적기에 이루어졌다고 판시하였다. 나아가, 제49조 (2), (b)에 따라, 계약해제를 선언하기 위한 상당한 기간으로서 2003년 2월 의사표시가 있었다는 점과, 매도인은 본건 계약에 의해 요구되고 있는 기계의 성능을 높이기 위한 해결책을 제안하였던 사실에 비추어, 매도인 자신 또한 [본건 기계의 성능으로부터] 중대한 계약위반이 존재하였다는 것을 그 결과로 인식하고 있었다는 점을 지적하였다. 결국, 법원은 매수인의 계약해제는 상당한 기간 내에 행하여진 적합한 것으로 인정하였다.

⑦ 한편, [매수인은 계약해제권을 상실하였다는 매도인 주장과 관련하여] 법원은, 제82조 (1)에 따라, [본 기계의 상태에 비추어] 매도인이 그 반환을 기대할 수 있었다고 보기는 어렵다고 보아, 매도인의 주장은 그 사실을 판단하기 어렵다는 취지에서 이를 배척하였다. 또한, 법원은 제84조[이익의 반환] (2)에 따라, 기계의 사용에 대한 배상청구권은 매도인이 그 증거를 제시하지 않았다는 이유에서 마찬가지로 이를 인정하지 않았다.

3. 해설

⑧ 본 사건은 계약해제권과 대체물급부청구권을, 피해당사자의 구제수단으로 취급하고, 나아가 물품의 반환이 이들의 권리행사의 전제가 되어있다는 사실에 기하여, 매수인이 물품을 수령한 시기와 실질적으로 동일한 상태의 물품반환이 어려울 경우에는 [별단의 예외를 제외하고] 계약해제권 및 대체물급부청구권을 상실한다는 제82조 (1)을 적용한 판결이다.

⑨ 물품반환 시의 상태에 대해서는 [본건에 비추어] 실질적으로 동일한 상태라면 무리가 없다고 하더라도, [예컨대, 물품의 사용에 의해 열화와 훼손이 있었었다고 하더라도 실질적으로 동일한 상태라고 취급될 수 있는 한] 매수인은 계약해제권과 대체물급부청구권은 상실하지 않을 것으로 판단된다. 이러한 열화와 훼손에 관해서는 제84조에 비추어 손해배상과 이자반환에 대한 충분한 고려가 선행되어야 할 것으로 생각된다.

⑩ 한편, 실질적으로 동일한 상태인가 아닌가를 결정할 수 있는 시기에 관하여, 이는 계약해제의 의사표시가 있었던 시점에 따라, 또한 이후에 실질적으로 동일한 상태로 반환할 수 없게 되었더라도, 본 청구의 효과에는 영향을 미치지 않을 것이라 생각된다.

⑪ 요컨대, 본 판결은 제82조에 의해 계약해제권과 대체물급부청구권을 상실한 경우라고 하더라도, 그 밖에 당사자 간의 계약내용 및 CISG 관련 규정을 근거로, 계약위반에 대한 구제수단에 관해서는 아무런 영향을 받지 않는다는 제83조[그 밖의 구제권의 존속] 등의 규정을 통섭하고 있다는 시각에서 의미 있는 판결이라고 생각된다.

084. 이익의 반환

Art. 84

(1) If the seller is bound to refund the price, he must also pay interest on it, from the date on which the price was paid.

(2) The buyer must account to the seller for all benefits which he has derived from the goods or part of them:

(a) if he must make restitution of the goods or part of them; or

(b) if it is impossible for him to make restitution of all or part of the goods or to make restitution of all or part of the goods substantially in the condition in which he received them, but he has nevertheless declared the contract avoided or required the seller to deliver substitute goods.

제84조

(1) 매도인이 대금을 반환하여야 할 의무가 있는 경우에 매도인은 대금이 지급된 날로부터 그에 대한 이자도 지급하여야 한다.

(2) 매수인은 다음의 경우에는 물품의 전부 또는 일부로부터 취득한 이익을 매도인에게 반환하여야 한다.

(a) 매수인이 물품의 전부 또는 일부를 반환하여야 하는 경우

(b) 매수인이 물품의 전부 또는 일부를 반환할 수 없거나, 물품을 수령한 상태와 실질적으로 동일한 상태로 물품의 전부 또는 일부를 반환할 수 없음에도 불구하고, 매수인이 계약을 해제하거나, 매도인에게 대체품의 인도를 청구한 경우

[868] 제84조는 계약이 해제된 경우에, 양당사자의 반환의무와, 매수인이 제46조[매수인의 이행청구권] (2)에 따라, 매도인에게 대체물품을 요구하는 권리에 관한 반환의무를 다루고 있는 규정이다. 제78조[연체된 금액의 이자]와 마찬가지로, 본조 (1)에는 이자율에 관한 명시적인 내용이 없다. 이에 대부분의 판정례는, 국내법의 규정에 따라 그 이자율을 정하고 있다. 이 경우 법원은, 통상적으로, '법의 선택원칙'(choice of law principles)에 따라 국내법을 정하게 되며, 제7조[계약의 해석원칙] (2)에서 "CISG가 규율하는 사항의 문제로서, CISG에서 명시적으로 해결되지 않거나, CISG의 일반원칙에 따라 해결될 수 있는 경우에 국제사법의 규칙에 의해 적용되는 법에 따라 해결되어야 한다"는 규정을 인용하고 있음이 상례이다.

[869] 본조 (1)에 의하면, 매도인은 매수인이 지급한 물품대금을 반환하여야 하며, 이는 물품대금을 지급한 날로부터 기산한 이자를 계산하여야 한다. 대부분의 판정례에서도 당해 기일로

부터 이자를 지급하여야 한다고 판시하고 있음이 통례이다. 실례로, 은행이 매수인을 대신하여 물품대금을 지급하고, 매수인에게 물품대금의 상환을 지시한 경우 매도인은 은행이 물품대금을 지급한 날로부터 매수인에게 그 이자를 지급하여야 한다. 또한, 계약의 일부분을 해제한 경우 매수인이 해제된 계약의 일부분에 대한 물품대금을 지급한 날로부터 그 이자를 계산하여야 한다. 본조 (1)은 이자의 계산에 관한 종료시기를 규정하지 않고 있지만, 대부분의 판정례에서는 물품대금을 실제로 반환할 때까지 그 이자를 계산하여야 한다고 명하고 있음이 통상적이다. 그리고 계약을 해제한 매수인에게 반환한 물품대금과 이자는, 그 대금이 지급될 때 사용되는 화폐로 계약에 의해 매도인에게 물품대금이 지급될 때의 환율에 따라 반환하여야 한다는 판결도 있었음은 주지하여야 할 사항이다.

[870] 본조 (2)에서 매수인은 해제된 계약에 의해 인도된 물품 또는 매수인이 제46조[매수인의 이행청구권] (2)에 따라, 매도인에게 요구한 대체품으로부터 취득한 이익을 매도인에게 반환하는 것을 요구하고 있다. 이상의 경우에 매수인은 매도인의 물품반환요구에 응하여야 한다. 따라서, 제81조[의무의 소멸과 반환청구] (2)에 비추어, 매수인은 계약해제의 당사자로서 반드시 계약에 의해 수령한 물품을 반환하여야 한다.

[871] 제82조[동일한 상태의 물품반환의 불가능]에 의하면, 매수인이 계약을 해제하려고 하거나, 제46조 (2)의 규정에 따라, 매도인에게 대체품을 요구하는 경우에 제82조 (2)의 경우를 제외하고, 매수인은 반드시 물품을 수령할 당시의 상태 그대로 물품을 반환하여야 한다. 그러나, 본조 (2)에는, i) 매수인은 물품을 반환할 의무가 있으며, ii) 그리고 매수인이 실질적으로 물품을 수령한 상태로 물품을 반환할 수 없음에도 불구하고, 계약을 해제하거나 매도인에게 대체물을 요구하였을 경우에 매수인은 반드시 물품 또는 일부분 물품으로부터 취득한 이익을 매도인에게 반환하여야 한다고 규정하고 있다.

■ SUMMARY [*Article 84*]

Article 84 elaborates on the restitutionary obligations imposed on parties to a contract that has been validly avoided, as well as on the restitutionary obligations of a buyer that invokes its rights under article 46 (2) to require the seller to deliver substitute goods.

판정례 연습

[83] 계약에 따라 물품이 인도되기 직전에 매수인이 물품대금을 지급했으나, 매도인은 물품을 인도하지 않았다. 매수인은 계약해제를 선언하고 소송을 제기하여, 물품대금과 그 대금이 지급된 날로부터의 이자를 반환받고자 했다. 이 경우 법원은 매수인에게 지급되어야 할 이자를 어떻게 계산해야 하는가?

[84] 매도인과 매수인 모두에게 이행기가 도달했지만, 어느 누구도 계약을 이행하지 않고 있었다. 이 때, 당사자 일방이 상대방과의 계약의 이행을 거절하였고, 그리하여 피해당사자는 계약해제권을 보유하게 되었다. 이에 피해당사자는 계약을 해제하였다. 이상의 경우 피해당사자의 계약해제에 따른 법적 효과에 관해 논해 보라.

제6절 물품의 보존

구분 및 내용	
제 4 편 물품의 매매	제25조~제88조
제1장 총 칙	제25조~제29조
제2장 매도인의 의무	제30조~제52조
제3장 매수인의 의무	제53조~제65조
제4장 위험의 이전	제66조~제70조
제5장 매도인과 매수인에게 공통적으로 적용되는 규정	제71조~제88조
제1절 이행기전의 계약위반과 분할이행계약	제71조~제73조
제2절 손해액	제74조~제77조
제3절 이 자	제78조
제4절 면 책	제79조~제80조
제5절 해제의 효과	제81조~제84조
제6절 물품의 보존	제85조~제88조
제85조 매도인의 물품보존의무	
제86조 매수인의 물품보존의무	
제87조 제3자 창고에의 임치	
제88조 물품의 매각	

[872] **제5장 제6절**[물품의 보존]은 신의칙에 입각한 계약당사자의 '**물품보존의무**'를 다루고 있다[제85조~제86조]. 아울러, 물품을 보존하기 위한 조치로서 '**제3자 창고에의 임치**'에 관한 규정[제87조]과 '**물품의 매각**'에 관한 규정[제88조]을 이에 병합해 두고 있다.

■ SUMMARY [*Section VI*]

Parties to a contract governed by the Convention will sometimes find themselves justifiably in possession or control of goods that should be in the hands of the other party. A seller may find himself in such a situation if a buyer refuses to make payment and the seller therefore withholds delivery, or if the buyer simply refuses to take delivery. A buyer may end up in similar circumstances if he has received delivery and either avoids the contract (which means that the goods are to be restored to the seller as provided in articles 81 (2) and 82) or demands substitute goods under article 45 (2) (which requires the buyer to return the original delivery as provided in article 82). The first two provisions of Section VI of Part III, Chapter V articles 85 and 86 require such a buyer or seller to take reasonable steps to preserve the goods in his hands, although these provisions also give the preserving party the right to retain the goods until the other side reimburses the costs of preservation. The remaining two provisions of the section refine the rules on preserving goods by specifying that storing the goods in a third party's warehouse at the other side's (reasonable) expense is one proper method of preservation (article 87), and by giving a preserving party a right, or even an obligation, in specified circumstances, to sell the goods and to retain the reasonable costs of preservation out of the proceeds.

085. 매도인의 물품보존의무

Art. 85
If the buyer is in delay in taking delivery of the goods or, where payment of the price and delivery of the goods are to be made concurrently, if he fails to pay the price, and the seller is either in possession of the goods or otherwise able to control their disposition, the seller must take such steps as are reasonable in the circumstances to preserve them. He is entitled to retain them until he has been reimbursed his reasonable expenses by the buyer.

제85조
매수인이 물품인도의 수령을 지체하거나, 대금의 지급과 물품의 인도가 동시에 이행되어야 함에도 매수인이 대금을 지급하지 아니한 경우로서, 매도인이 물품을 점유하고 있거나, 그 밖의 방법으로 물품의 처분을 지배할 수 있는 경우에 매도인은 물품을 보존하기 위하여 그 상황에서 합리적인 조치를 취하여야 한다. 매도인은 그의 합리적인 비용을 매수인으로부터 상환받을 때까지 물품을 보유할 권리가 있다.

[873] 제85조는 '매도인의 물품보관의무'를 다루고 있다. 본조를 포함하여 제86조[매수인의 물품보존의무]에서 규정하고 있는 보관의무의 기본원칙은, 물품의 소유권이나 그 위험이 누구에게 있는지와 상관없이, 물품이 사실상 개별 당사자의 책임영역에 존재하고 있는 경우 그 자신이 물품을 보관해야 한다는 것이다. 당해 보관의무는 공히 신의칙을 수용하고 있는 규정이라 할 수 있다.

[874] 본조는 매수인이 물품의 수령을 지연하거나 또는 물품인도와 대금지급이 동시이행(simultaneous performance)이 되어야 할 때에, 매수인이 물품대금을 지급하지 못하게 되는 경우에 매도인은 물품을 점유하거나 처분할 수 있는 권리를 보유한다고 규정하고 있다. 본조 제1문에 따라, 매도인은 물품을 보관하기 위하여 합리적 조치를 취하여야 한다. 더불어, 본조 제2문에 의거, 매도인은 매수인으로부터 자신이 지급한 합리적 비용을 상환받기 전까지 물품의 점유권을 보유한다.

[875] 매수인은 계약위반의 당사자로서, 피해를 입은 매도인이 물품을 보관함 있어 기 지급한 비용에 관하여, 그 책임을 부담하여야 한다. 통상적으로 본조를 원용함에 있어서는, 흔히 제74조[손해액산정의 일반원칙]의 규정이 병합되어 적용됨이 일반적이다. 예컨대, 매수인이 계약에서 요구된 신용장을 개설하지 못하여 물품의 보관비용이 발생하였으나, 매수인이 정당하지 않은 이유로 물품수령을 거절한 경우 매도인은 그 보관비용의 상환을 청구할 수 있다.

하지 않을 수 없는 일은 해도 합법(合法)이다.

■ SUMMARY [*Article 85*]

Article 85 creates both an obligation and a right, applicable to sellers that have retained possession or control of goods either because the buyer has delayed taking delivery or because the buyer has failed to make a payment due concurrently with delivery. Under the first sentence of article 85, such a seller must 'take such steps as are reasonable in the circumstances' to preserve the goods. Under the second sentence of article 85, such a seller has the right to retain the goods until the buyer reimburses the seller's reasonable expenses of preservation. Article 85 has been cited in relatively few decisions, most of which have focused on the seller's right to reimbursement for the expenses of preserving the goods.

판결례와 평가

- 적용범위 : 계약의 존재여부와 관행의 유효성
- 출처표시 : 「Tribunal of Int'l Commercial Arbitration」(Russia), 『200/94』, 1995.04.25.

1. 논점과 사실관계

① 본 사건은 매도인이 물품을 기일 내에 인도하지 않는 경우에 그 물품을 적절하게 보존하여야 할 당사자의 의무를 다루고 있는 사례이다. 매도인[체코]은 매수인[소비에트연방]과 1991년 3월에서 동년 말까지 50대의 트럭을 인도할 것을 내용으로 매매계약을 체결하였다. 양당사자는 1991년 10월 본건 물품의 운송문제를 해결하기 위해 수정계약을 체결하고, 매도인은 제조사에게 자신의 창고에 본건 트럭운송을 의뢰하고, 1991년 11월 물품인도를 개시하였다.

② 12월 3일 매수인은 매도인에게 본건 물품인수를 중단하겠다는 의사를 통지하였다. 나아가, 매수인은 1992년 2월 계약해제의 의사를 매도인에게 통지했지만, 매도인은 이를 거절하였다. 이후 1992년 4월 매수인은 매도인에게 계약해제를 선언하였다. 이에 매도인은 중재판정부에 매수인의 부당행위에 의해 발생한 손해 및 인도를 위한 그간의 물품보관비용과, 아울러, 보관 중에 소요된 그 밖의 비용 등을 매수인에게 청구하고자 이에 중재를 신청하였다.

2. 판정요지

③ 중재판정부는 당사자 간의 수정계약에는 인도시기를 1991년 말까지 연기하는 것을 규정하고 있기 때문에, 매도인은 당해 시점까지 물품의 인도의무가 발생한다고 판정하였다. 나아가,

물품인도가 시작된 이후 [본건 물품인도를 중단하겠다는 매수인의 통지로부터] 매수인은 매도인의 물품인도를 부당하게 거절하였고, 이에 매도인은 제85조[매도인의 물품보존의무] 및 제87조[제3자 창고에의 임치]에 따라, 자신의 비용으로 물품을 보존하고, 또한 창고에 보관하였다는 사실이 인정된다. 중재판정부는, [이에 최종판정으로서] 매수인에게 당초 트럭의 계약금액과 제3자에게 판매할 동안 시장가치와의 차액, 보관료, 그 밖의 부대비용을 배상할 것을 명하였다.

3. 해설

④ 제85조와 제86조는 물품의 멸실, 훼손, 감가를 방지하는 것을 목적으로 당사자의 물품보존의무를 규정하고 있는 규정이다. 이들 규정취지는 계약위반의 유무와 상관없이 물품보관의무의 이행을 위하여, 당사자는 물품을 보관하기 위해 상황에 따라 합리적인 조치를 취하여야 한다는 것에 두고 있다. 본건에서 매수인의 부당한 계약해제의 선언으로 인하여 물품보존에 소요된 비용은, 응당 매수인이 부담하는 것이 타당하다. 다만, 매수인이 물품보존에 소요된 비용을 지급하지 않을 경우 매도인은 본 물품의 유치권 행사가 가능하며, 또한 시장가격으로 처분하는 것도 가능하다[제88조(물품의 매각) (1)].

086. 매수인의 물품보존의무

Art. 86

(1) If the buyer has received the goods and intends to exercise any right under the contract or this Convention to reject them, he must take such steps to preserve them as are reasonable in the circumstances. He is entitled to retain them until he has been reimbursed his reasonable expenses by the seller.

(2) If goods dispatched to the buyer have been placed at his disposal at their destination and he exercises the right to reject them, he must take possession of them on behalf of the seller, provided that this can be done without payment of the price and without unreasonable inconvenience or unreasonable expense. This provision does not apply if the seller or a person authorized to take charge of the goods on his behalf is present at the destination. If the buyer takes possession of the goods under this paragraph, his rights and obligations are governed by the preceding paragraph.

제86조

(1) 매수인이 물품을 수령한 후에 그 물품을 거절하기 위하여 계약 또는 본 협약에 따른 권리를 행사하고자 할 경우에 매수인은 물품을 보존하기 위하여 그 상황에 따라 합리적인 조치를 취하여야 한다. 매수인은 매도인으로부터 그 합리적인 비용을 상환받을 때까지 물품을 보유할 권리가 있다.

(2) 매수인에게 발송된 물품이 목적지에서 그의 처분하에 놓인 후에, 그가 물품을 거절하는 권리를 행사할 경우 매수인은 매도인을 위하여 그 물품을 점유하여야 한다. 다만, 이는 대금지급 및 불합리한 불편이나 비용 없이 점유할 수 있는 경우이어야 한다. 본조항은 매도인이나 그를 위하여 물품을 관리하는 자가 목적지에 있는 경우에는 적용되지 아니한다. 매수인이 본조항에 따라 물품을 점유하는 경우에는 그의 권리와 의무는 전항의 규정에 의하여 규율된다.

[876] 매수인에게 물품보관의무가 발생하기 위해서는, i) 매수인이 물품을 수령했어야 하고 [이 경우 '사실상의 점유'를 요건으로 한다], ii) 매수인이 정당한 물품거절권을 보유하고 있음과 동시에, 그 권리를 행사하고자 하여야 한다. 이 경우 물품거절권은 **제49조**[매수인의 계약해제권]에서의 **'계약해제'**, **제46조**[매수인의 이행청구권] (2)의 **'대체물청구'**, **제51조**[물품일부의 부적합]에서의 **'일부인도'**, **제52조**[조기인도 및 수량초과인도]에서의 **'사전인도'** 및 **'초과인도'**의 사안으로부터 비롯될 수도 있다. 이상의 요건이 충족되면 매수인은 물품보관을 위해 그 상황에서 합리적인 조치를 취해야 한다. 또한, 매도인으로부터 그 비용을 상환받을 때까지 물품을 **'유치'**(lien)할 수 있다. 이 경우 물품보관의무를 위반한 매수인은 계약해제권이나 대체물청구권을 상실하게 된다. 그러나,

물품보관의무를 위반한 결과, 물품에 사소한 손상이 발생하여 계약해제가 여전히 가능할 경우에 매수인은 그 손해를 마땅히 배상하여야 할 것이다.

[877] **제86조**는 매수인이 물품의 소유권을 보유하고 있는 상태에서 물품을 반송하려는 경우 물품보관의무를 다루고 있다. 본조 (1)은 **제85조**[**매도인의 물품보존의무**]와 밀접한 관계가 있다. 곧, 본조항은 매수인이 물품을 수령한 후, 물품을 반송하려고 하는 경우에 물품을 보관하기 위해 합리적인 조치를 취하는 의무를 다루고 있다. 그리고 본조항에 따라, 물품을 반송하는 매수인은 매도인으로부터 합리적 비용을 상환받기 전에, 거절된 물품을 보관하는 의무를 부담한다. 물품을 반송하려고 하는 매수인은, 본조항에 언급된 물품을 수령하지 않았으나, 물품이 여전히 목적지에 도착하여 매수인의 임의처분 상태에 놓여있는 경우 본조 (2)에 따라, 매수인은 매도인을 대신하여 물품을 수령하며, 이에 매수인은 본조 (1)에서 물품의 보관에 따른 권리와 의무를 보유한다.

■ SUMMARY [*Article 86*]

Article 86 governs a buyer's obligation to preserve goods if the goods are subject to the buyer's control and the buyer intends to reject them. Article 86 (1) closely parallels for buyers the provisions of article 85 applicable to sellers: article 86 (1) imposes a duty on a buyer who has received goods and intends to reject them to take such steps to preserve them as are reasonable in the circumstances. Furthermore, article 86 (1) gives a rejecting buyer a right to retain rejected goods until the seller reimburses reasonable preservation expenses. If a buyer who intends to reject goods has not 'received' them within the meaning of article 86 (1), but the goods have nevertheless reached their destination and been placed at the buyer's disposition, article 86 (2) requires the buyer to take possession of the goods 'on behalf of the seller', and the buyer then is subject to the rights and obligations relating to preservation provided for in article 86 (1).

판결례와 평가

- 적용범위 : 매수인의 물품보존의무
- 출처표시 : 「Cour d'Appel de Paris」(France), 『Unknown』, 1998.

1. 논점과 사실관계

① 매수인은 매도인과 시계부품에 관한 매매계약을 체결하였다. 본건 계약에는 물품사양에

관한 명확하고 상세한 설명을 포함하고 있었다. 매수인은 계약서에 따라 신용장을 개설하였다.

② 물품이 목적항에 도착한 후에, 매수인은 물품을 검사하였는데, 그 결과 물품의 수량·사양·용적 및 품질이 모두 계약에 부적합한 것을 발견하였다. 그리고 수량의 불일치는 선적 전에 물품의 정확한 수량검사가 시행되지 않은 이유에서 발생한 것으로, 또한 당해 물품은 선적시에 이미 심각한 품질문제가 존재하고 있었던 것으로 조사되었다.

③ 물품을 검사한 후에, 매수인은 매도인에게 수량과 품질에 결함이 있다는 통지를 발송하였다. 이에 매도인은 전문가를 보내 제2차 검사를 실시하여 당초 물품검사증명서의 내용이 적합한지의 여부를 확인하였다. 그 결과, 매도인이 지정한 전문가는 본 물품이 계약과 일치하는 것으로 판단하고, 이를 매도인에게 통지하였다.

④ 그렇지만, 매도인은 매수인에게 물품의 반환 및 그 대금의 환불을 수용하겠다고 통지하였다. 그럼에도 불구하고, 매수인은 대부분의 물품을 이미 판매하였고, 매도인의 제안에 대하여 침묵으로 일관하였다. 이후에 매수인은 물품의 결함 및 수량부족의 이유로 본건 소송을 제기하였다.

2. 판결요지

⑤ 본건 클레임에 관하여, 법원은 물품이 목적항에 도착한 이후 매수인이 시기적절하게 물품을 검사하고, 그 결과를 매도인에게 통지한 행동은 적절하고도 합리적인 행위로 볼 수 있으나, 매수인은 매도인의 통지에 대하여 침묵으로 일관하였던 것에 대하여 그 책임을 부담하여야 한다고 판시하였다.

⑥ 나아가, 매수인이 대부분의 시계부품을 이미 판매한 것은 제86조 (1)의 규정 및 당해 상거래계의 관습을 위반한 것이므로, 매수인은 물품을 수령하고, 클레임을 주장할 수 있는 권리를 주장할 수 없다고 판시하고, 이에 매수인이 제기한 클레임을 기각하였다.

087. 제3자 창고에의 임치

Art. 87
A party who is bound to take steps to preserve the goods may deposit them in a warehouse of a third person at the expense of the other party provided that the expense incurred is not unreasonable.

제87조
물품을 보존하기 위한 조치를 취하여야 할 당사자는 그 비용이 불합리하지 않는 한, 상대방 비용으로 제3자 창고에 임치할 수 있다.

[878] **제87조는, 제85조**[매도인의 물품보존의무]와 **제86조**[매수인의 물품보존의무]의 당사자에게 상대방의 비용으로 물품을 제3자에게 **'임치'**(deposit)[337]하는 것과 관련한 내용을 정하고 있는 규정이다. 이 경우 물품보관의무자는 상대방의 비용으로 물품을 제3자의 창고에 임치할 수 있으나, 다만, 그 비용이 불합리하지 않아야 한다. 만약, 비용이 불합리할 경우에는 응당 **합리적**(reasonable)인 비용만 청구가 가능하다. CISG는 상대방으로부터 물품보관비용을 상환받을 때까지 [자신이 점유하고 있거나 처분할 수 있는] 물품보관을 위한 합리적인 조치를 취하여야 할 의무를 제85조 및 제86조에서 규정하고 있다. 아울러, 본조에서는 일방당사자가 물품의 보관의무를 이행하기 위한 그 수단을 규정하고 있는데, 곧 보관비용이 불합리하지 않는 한, 타방당사자의 비용으로 물품을 제3자의 창고에 임치할 수 있다는 것이 그것이다.

■ SUMMARY [*Article 87*]

In certain circumstances, the CISG imposes upon sellers (article 85) and buyers (article 86) an obligation to take reasonable steps to preserve goods that are within the party's possession or control, along with a right to retain the goods until the party is reimbursed its expenses of preservation. Article 87 specifies one means by which a party can fulfil its obligation to preserve goods: it can store the goods in a third party's warehouse 'at the expense of the other party provided that the expense incurred is not unreasonable'.

---

337) '일방[임치인(任置人)]이 상대방[수치인(授置人)]의 금전이나 유가증권 기타 물품보관을 위탁하는 것'을 말하고, 이 계약을 '임치계약'(任置契約)이라고 한다. '유상임치'는 '선량한 관리자의 주의', '무상임치'는 '자기재산과 동일한 주의'로 보관할 것이 요구된다.

088. 물품의 매각

Art. 88

(1) A party who is bound to preserve the goods in accordance with Art. 85 or 86 may sell them by any appropriate means if there has been an unreasonable delay by the other party in taking possession of the goods or in taking them back or in paying the price or the cost of preservation, provided that reasonable notice of the intention to sell has been given to the other party.

(2) If the goods are subject to rapid deterioration or their preservation would involve unreasonable expense, a party who is bound to preserve the goods in accordance with Art. 85 or 86 must take reasonable measures to sell them. To the extent possible he must give notice to the other party of his intention to sell.

(3) A party selling the goods has the right to retain out of the proceeds of sale an amount equal to the reasonable expenses of preserving the goods and of selling them. He must account to the other party for the balance.

제88조

(1) 제85조 또는 제86조에 따라 물품을 보존하여야 할 의무가 있는 당사자는 상대방이 물품을 점유하거나, 반환받거나 또는 대금이나 보존비용을 지급함에 있어 불합리한 지체가 있는 경우 적절한 방법으로 물품을 매각할 수 있다. 다만, 상대방에게 매각의사를 합리적으로 통지하여야 한다.

(2) 물품이 급속하게 훼손되기 쉽거나, 그 보존에 불합리한 비용이 요구되는 경우에 제85조 또는 제86조에 따라 물품을 보존하여야 할 당사자는 물품을 매각하기 위하여 합리적인 조치를 취하여야 한다. 이 경우 가능한 범위에서 상대방에게 그 매각의사를 통지하여야 한다.

(3) 물품을 매각한 당사자는 매각대금에서 물품의 보존과 매각에 소요된 합리적인 비용과 동일한 금액을 보유할 권리가 있다. 그러나, 그 차액은 상대방에게 반환해야 한다.

[879] 제88조는 물품보관의무가 있는 매도인 또는 매수인이, 그 보관하고 있는 물품에 관하여, 본인 스스로가 매각할 수 있는지, 그리고 어떤 경우에 매각할 수 있는지, 또한 그 매각대금의 처리방법에 관하여 다루고 있다.

[880] 물품을 보관하여야 할 매도인 또는 매수인은, i) 상대방이 물품을 점유하거나 반환받는 것 또는 물품대금이나 그 보관비용을 지급하는 것을 불합리하게 지체하는 경우와 ii) 상대방에

게 매각의사를 상당한 기간 내에 합리적으로 통지한 경우에는 당해 물품을 매각할 수 있다. 그러나, 불합리한 지체가 없는 경우에 또는 합리적인 통지 없이 매각한 경우에는 물품의 매각으로 인해 발생한 손해는 매각한 당사자가 이를 배상하여야 한다.

[881] 한편, 물품이 급속히 훼손될 염려가 있는 경우에 또는 보관하는데 불합리한 비용이 발생하는 경우에는 그 물품의 보관의무자가 물품을 매각하기 위한 합리적인 조치를 취해야 한다. 아울러, 물품의 매각대금은 합리적인 보관비용과 매각비용을 공제하고 이를 상대방에게 반환하여야 한다.

SUMMARY [*Article 88*]

Under article 88 a party who is required by either article 85 or article 86 to preserve the goods for the other side may be entitled or even required to sell the goods to a third party.

판결례와 평가

- 적용범위 : 매수인의 물품보존의무
- 출처표시 : 「Hof van Beroep, Gent」(Belgium), 『Unknown』, 1999.

1. 논점과 사실관계

① 당사자는 **스티커**(sticker)에 관한 매매계약을 체결하였다. 초도 물품이 인도된 이후, 매수인은 매도인에게 팩스를 발송하여, 자신의 고객이 주문을 취소한 관계로, 두 번째 분할분의 물품을 수령할 수 없다고 통지하였다. 매수인은 본 팩스에서, **"우리 회사는 가능한 한 구제조치를 취하여, 수요가 있는 잠재고객을 위해 물품을 수령하겠다"**고 명시하였다. 이 같은 통지에 기하여 매도인은 물품을 창고에 오랫동안 보관하다가 최종적으로 전매하였다.

② 매수인은, **"매도인은 쌍방의 매매계약이 해제되기 전에 물품을 전매하였기 때문에 물품의 보관비용 이외의 비용에 대하여 매도인은 제88조 (3)에 따라 클레임을 제기할 수 없다"**고 주장하였다. 이에 법원은 매수인의 주장을 기각하였다. 왜냐하면, 두 번째 분할분 물품을 창고에서 보관시켜 전매하지 않은 것에 관하여 매도인이 충분한 증거를 제공하였기 때문이었다.

2. 판결요지

③ 법원은, 계약체결 시에 매도인이 손실을 입을 것을 예견할 수 없었기 때문에, 매도인의 이익상의 손실에 한계가 있다는 매수인의 주장을 기각하였다[제74조(손해액 산정의 일반원칙)]. 이 또한, 계약체결 시에 매도인이 손실을 예견할 수 없었던 것과 관련하여, 매수인이 그 어떠한 사실 및 증거도 제공하지 않았기 때문이었다.

④ 매수인의 주장을 기각함에 있어 법원은, 매도인이 매수인으로부터 팩스를 받은 이후, 일정기간 지체하다가 물품을 전매한 것은 합리적이다. 매수인이 팩스로 장래에 물품을 수령할 것이라고 표시하였다고 하더라도, 매수인은 어느 시기에 물품을 수령할 것이라는 의사를 명확히 표시하지 않았고, 또한 매도인이 당해 물품을 매수인이 수령하지 않을 것이라는 사실을 알았거나 알았어야 했다는 것에 관한 사실을 증명하지 않았다는 사실을 상기하였다.

⑤ 한편, 법원은 매도인이 본건 스티커를 제3자에게 전매했다는 사실로부터, 매도인이 최선을 다해 그 손실을 최소화하려는 노력을 기울이지 않았다는 매수인의 주장은, 그간의 과정에 비추어 인정할 수 없다고 판시하였다[제77조(손해경감의무)]. 그리고 충분한 증거 없이 보관비용이 불합리하다는 매수인의 주장은 이유 없다고 하고[제87조(제3자 창고에의 임치)], 최종 판결로서 매수인에게 당해 손해배상금의 지급을 명하였다.

판정례 연습

[85] 매도인은 물품을 선적하고 선하증권을 발급받았다. 선하증권은 물품이 직접 매수인에게 인도되도록 발행되었으며, 매도인이나 또는 매도인의 지정인에게 인도되도록 발행되지는 않았다. 따라서, 매도인은 유통성 선하증권으로써 물품의 통제권을 보유하지 않았다. 물품이 도착하자 매수인은 이를 거절하였다. 거절이유는 물품에 심각한 하자가 있었기 때문이었다. 이 경우 매수인의 거절이유는 정당하다고 볼 수 있는가?

[86] 매매계약에 의하면, 매도인은 운송인을 통해 물품을 매수인에게 송부하여야 했다. 매도인은 [매수인에게 물품인도 시에 대금후불조건으로 하지 않은 상황에서] '매도인이나 그 지정인'에게 물품을 인도하도록 되어 있는 선하증권을 발급받고 물품을 선적하였다. 매도인은 자신의 은행을 통해 **서류**[선하증권]를 점유하고 있었고, 이에 물품의 처분을 통제하고 있었다. 물품이 목적지에 도착하자 매도인은 물품대금과 상환으로 서류를 매수인에게 인도하겠다고 제의하였다. 매수인은 물품대금을 지급하지 않았다. 물품은 여전히 운송인의 점유하에 있다. 이 경우 고액의 **체선료**(滯船料, demurrage charge)[338]가 발생하고 있으며, 또한 물품이 도난당할 위험도 있다. 본건 물품과 관련한 매도인의 의무에 관하여 논해 보라.

---

338) **'체선료'**(滯船料)란, **'선박에서 화물 양륙이 늦어져 발생하는 비용과 손실에 대한 요금'**을 말한다. 곧, **'계약된 기간 내에 화물을 선적하거나 하역하지 못하여 발생하는 비용'**이다. **'계약된 기간보다 빠르게 선적하거나 하역하였을 때 선박회사가 하주에게 지급하는 비용'**으로서 **'조출료'**(早出料, despatch charge)에 상대되는 개념이다. 항구의 하역능력에 문제가 있거나 항만 노동조합의 동맹파업 등으로 인하여 양륙이 어려울 때에, 선박회사가 손실을 막기 위해 하주 또는 화물 인수자에게 징수하는 할증료이다. 무역에서 빈번하게 발행하는 것으로 분쟁을 방지하기 위하여, 용선계약을 체결할 때에, 합의하여 요율을 명기하는 것이 보통이다. 선박경비와 항비, 기타 경비의 증액 또는 다음 항해의 차질에서 발생하는 손실의 보상 등을 요율에 산정한다. 통상적으로 하루 또는 중량톤수 1톤당을 기준으로 그 금액을 산정한다.

제 5 편

최종규정

제 5 편

최종규정

구분 및 내용	
제5 편 최종규정	제89조~제101조
	제89조 수탁기관
	제90조 타협약과의 관계
	제91조 서명과 비준 및 가입
	제92조 제2편 또는 제3편을 배제하는 유보
	제93조 연방국가의 비준
	제94조 상호 유사한 법을 가진 복수국가의 비준
	제95조 제1조 (1), (b)의 배제
	제96조 국내법상 형식요건의 고수
	제97조 유보선언의 절차 및 유효일
	제98조 유보의 금지
	제99조 협약의 발효와 경과규정
	제100조 청약 및 계약에 대한 발효일
	제101조 협약의 폐기

[882] **제5편 최종규정**은 CISG의 마지막 부분이다. 이에 해당하는 제반 조항은 CISG의 **국제공법**(international public law)의 특징을 표창하고 있는 규정으로 구성되어 있다. 즉, CISG의 체약국 또는 체약국이 되고자 하는 주권국가에 대한 적용조항을 포함하고 있다.

[883] **제5편**의 조항은 다음과 같은 내용을 다루고 있다. **제89조**[수탁기관], **제90조**[타협약과의 관계], **제91조**[서명 · 비준 · 수락 · 승인 또는 CISG의 가입], **제92조**[체약국이 본 협약 제2편과 제3편에 구속되지 아니하겠다는 선언], **제93조**[체약국의 영토단위에 관한 선언], **제94조**[CISG가 규율하는 사항에 있어서 동일하거나 유사한 법률체계를 가지고 있는 국가 간의 매매계약에 적용되지 않겠다는 선언], **제95조**[제1조 (1)의 (b)에

대한 유보선언], 제96조[일방당사자가 유보선언을 한 체약국에 영업소를 가지는 경우에 본 협약 중에서 서면 이외의 형식을 허용하는 조항이 적용되지 아니한다는 선언], 제97조[유보를 선언하거나 선언을 철회하는 절차와 발효시기], 제98조[CISG 내에서 명시적으로 허용되는 내용에 한하는 선언], 제99조[CISG가 체약국에서 발효하는 시기], 제100조[매매계약 또는 청약이 본 협약에 적용되는 시기], 제101조[CISG의 탈퇴시기] 등이다.

SUMMARY [*Part V*]

Part IV is the last division of the Convention. It contains what can be characterized as the public international law provisions of the Convention i.e., provisions directed primarily to the sovereign states that are or may become Contracting States to the Convention. The provisions of Part IV address the following matters: the designated depositary for the Convention (article 89); the relationship between the Convention and other international agreements containing 'provisions concerning the matters governed by this Convention' (article 90); signature, ratification, acceptance and approval of, and accession to, the Convention (article 91); declarations that a Contracting State is not bound by Part II or by Part III of the Convention (article 92); declarations with respect to territorial units of a Contracting State (federal state clause) (article 93); declarations excluding application of the Convention to contracts of sale between states with 'the same or closely related legal rules on matters governed by this Convention' (article 94); declarations that a Contracting State is not bound by article 1 (1) (b) of the Convention (article 95); declarations that Convention rules which dispense with requirements of written form do not apply when a party is located in a declaring Contracting State (article 96); the process for making and withdrawing a declaration, and the effective date thereof (article 97); limiting permitted declarations to those expressly authorized in the Convention (article 98); when the Convention enters into force with respect to a Contracting State (effective date), and denunciation of predecessor conventions (article 99); the timing of contracts of sale and offers therefor in relation to application of the Convention (article 100); denunciation of the Convention (article 101).

089. 수탁기관

Art. 89
The Secretary-General of the United Nations is hereby designated as the depositary for this Convention.

第89条
본 협약에 의거하여 UN 사무총장을 수탁기관으로 임명한다.

[884] UN이 제정하는 협약에 관해서는, UN사무총장을 협약의 **수탁기관**(受託機關, depositary)으로 임명하는 것이 하나의 관례로 되어 있다.

090. 타 협약과의 관계

Art. 90
This Convention does not prevail over any international agreement which has already been or may be entered into and which contains provisions concerning the matters governed by this Convention, provided that the parties have their places of business in States parties, to such agreement.

第90条
본 협약은 이미 발효되었거나 또는 앞으로 발효될 국제협약이 본 협약에 의하여 규율되는 사항에 관한 규정을 포함하고 있는 경우에 본 협약은 그러한 국제협약에 우선하지 아니한다. 다만, 양당사자가 그러한 협약의 당사국에 영업소를 가지고 있어야 한다.

[885] 第90条에서는 CISG가 이미 발효되었거나 또는 앞으로 발효될 그 어떠한 국제협약이 CISG에 의하여 규율되는 사항에 관한 규정을 포함하고 있는 경우에는 이에 우선하지 아니한다고 규정하고 있다.

[886] 또한, 第1条[적용가능성에 관한 일반원칙]상의 적용범위에 관한 내용을 포함하고도 있다.

곧, 제1조 (1), (a)는 매도인과 매수인의 영업소가 상이한 체약국에 있을 때, CISG가 적용됨을 규정하고 있다. 그런데, 이 경우 특수한 상황으로서, 예컨대, 계약의 체결행위와 이행행위가 매도인 또는 매수인 국가도 아닌 제3국에서 행해지는 경우에는 비록 법정지의 국제사법이 비체약국법을 지정하고 있다고 하더라도, 제1조 (1), (a)는 CISG의 적용을 요구할 수 있다.

[887] 그렇지만, [개연성이 있는 경우로써] 예컨대, 이들 두 국가 중에서 단지 일국만이 제95조[제1조 (1), (b)의 배제]에 따른 유보를 선언했기 때문에, [또는 본 협약상의 관련조항을 해석함에 있어] 타협이 불가능한 의견이 제시되고 있기 때문에, [매도인과 매수인이 각각 소재하고 있는 두 체약국에서 야기된 논쟁의 쟁점에 관하여] CISG의 내용이 다른 경우에는 1955년 헤이그협약(Convention on the Law Applicable to International Sale of Goods, The Hague Convention 1955) 제3조[339]에 의해, CISG를 포함하여 지정되는 체약국의 법률이 적용될 수 있을 것이다.

091. 서명과 비준 및 가입

Art. 91

(1) This Convention is open for signature at the concluding meeting of the United Nations Conference on Contracts for the International Sale of Goods and will remain open for signature by all States at the Headquarters of the United Nations, New York until 30 September 1981.

(2) This Convention is subject to ratification, acceptance or approval by the signatory States.

(3) This Convention is open for accession by all States which are not signatory States as from the date it is open for signature.

(4) Instruments of ratification, acceptance, approval and accession are to be deposited with the Secretary-General of the United Nations.

---

339) The Hague Convention (1955), Art. 3 : "In default of a law declared applicable by the parties under the conditions provided in the preceding Article, a sale shall be governed by the domestic law of the country in which the vendor has his habitual residence at the time when he receives the order. If the order is received by an establishment of the vendor, the sale shall be governed by the domestic law of the country in which the establishment is situated. Nevertheless, a sale shall be governed by the domestic law of the country in which the purchaser has his habitual residence, or in which he has the establishment that has given the order, if the order has been received in such country, whether by the vendor or by his representative, agent or commercial traveller. In case of a sale at an exchange or at a public auction, the sale shall be governed by the domestic law of the country in which the exchange is situated or the auction takes place."

제91조
(1) 본 협약은 국제물품매매계약에 관한 국제연합회의의 최종회의에서 서명을 위하여 개방되며, 또한 1981년 9월 30일까지 뉴욕의 국제연합본부에서 모든 국가의 서명을 위하여 개방된다.
(2) 본 협약은 서명국의 비준, 수락 또는 승인되어야 한다.
(3) 본 협약은 서명을 위하여 개방된 날로부터 서명국이 아닌 모든 국가의 가입을 위하여 개방된다.
(4) 비준서, 수락서, 승인서 또는 가입서는 국제연합 사무총장에게 기탁되어야 한다.

[888] 제91조 (1)은 CISG가 비엔나 회의의 종료일인 1980년 4월 11일부터 1981년 9월 30일까지 서명을 위하여 개방된다고 규정하고 있다. 본조 (2)에서는 **서명**(signature)이 **비준**(ratification), **수락**(acceptance) 또는 **승인**(approval)을 조건으로 한다고 규정하고 있다. 따라서, 이러한 두 번째 단계, 곧 비준, 수락 또는 승인 이후에 비로소 당해 국가는 체약국으로서의 지위를 점하게 된다.

092. 제2편 또는 제3편을 배제하는 유보

Art. 92
(1) A Contracting State may declare at the time of signature, ratification, acceptance, approval or accession that it will not be bound by Part II of this Convention or that it will not be bound by Part III of this Convention.
(2) A Contracting State which makes a declaration in accordance with the preceding paragraph in respect of Part II or Part III of this Convention is not to be considered a Contracting State within paragraph (1) of Art. 1 of this Convention in respect of matters governed by the Part to which the declaration applies.

제92조
(1) 체약국은 서명, 비준, 수락, 승인 또는 가입 시에 본 협약의 제2편 또는 제3편에 구속되지 아니한다는 취지의 선언을 할 수 있다.
(2) 전항의 규정에 따라 본 협약 제2편 또는 제3편에 관하여 유보선언을 한 체약국은 그 선언이 적용되는 각 편에 의하여 규율되는 사항에 관해서는 본 협약 제1조 (1)에서 규정하는 체약국으로 보지 아니한다.

[889] 1964년 국제물품매매계약의 성립과 당사자의 의무에 관한 두 개의 협약, 곧 '**국제물품매매계약의 성립에 관한 통일법**'(Uniform Law on the Formation of Goods, ULF)과 '**국제물품매매에 관한 통일법**'(Uniform Law for the International Sale of Goods, ULIS)이 채택되었다. 이에 따라 UNCITRAL 실무위원회는 두 개의 독립된 협약초안을 준비했다. 그러나, 1978년에 두 개의 초안을 단일한 협약초안으로 병합했으며, 이때 체약국은 본조를 통해 **제2편**[계약의 성립]이나 또는 **제3편**[계약당사자의 의무]에 구속받지 않겠다고 선언할 수 있도록 이를 명시하였다.

[890] 실제로, 당시 덴마크 · 핀란드 · 노르웨이 · 스웨덴은 모두 CISG에 가입하면서 본조에 따라, 제2편의 유보를 선언했으며, 그리하여 계약의 성립에 관한 제2편에 구속받지 않게 되었다. 그러나, 1990년 현재 본조에 따라 별단의 유보를 선언한 국가는 없는 상황이다.

판결례와 평가

- 적용범위 : 재판관할권의 지정
- 출처표시 : 「ICC International Court of Arbitration」(Arbitral Award), 『Unknown』, 2003.

1. 논점과 사실관계

① **매수인**[캐나다]은 **매도인**[덴마크]에 상대로 중재를 신청하였다. 계약의 목적물은 가축축사를 제조하는 대형 블록제조기계와 그 금속형틀기계였다. 매도인은 당해 계약에서 캐나다에서 기계를 설치하기로 하였다.

② 매수인이 설치하고자 하는 가축축사는 주로 캐나다의 농촌에서 가축을 기르는 농부에게 판매되는 것이기 때문에, 매수인은 이 기계가 과거에 매도인이 생산한 덴마크에서 사용된 유사한 주형기계보다 커야 한다는 것에 관하여 매도인에게 자세히 설명하였다.

③ 본건 계약에는, "**본 기계가 정상적으로 가동되는 것에 관한 보증을 포함하지만, 본 기계를 사용하여 생산한 제품의 품질에 관하여는 이를 보증할 수 없다**"는 명시약관을 포함하고 있었다. 또한, 본 계약에는 북유럽 물품인도에 관한 **표준약관**(Nordic Standard Conditions of Delivery)도 포함되어 있었다. 이 표준약관에 의하면, 계약이 해제되는 경우 매도인의 계약위반이 중대하지 않다면, 매도인의 책임한도는 계약금액의 15%를 최대한도로 하였다.

④ 본건 기계가 매수인의 영업소에 설치된 이후, 매수인은 가축축사의 생산을 시작하였지만, 조만간 제조한 금속형틀에 문제가 있다고 불평하였고, 매도인에게 본 기계를 수리 또한 보완할 것을 요구하였다.

⑤ 이에 매도인은 매수인의 수리 및 보완요구는 수용하였지만, 한편으로 이 문제는 매수인이 제공한 금속형틀의 크기와 혼합재료에 기인하였다고 주장하였다. 매도인은 수차례 당해 문제를 해결하려고 본 기계의 하자보완을 시도하였지만 실패하였고, 이에 매수인은 당초 매도인이 계약과 일치한 가축축사 생산기계를 인도하지 못한 것에 대한 책임을 물어, 이를 중대한 계약위반으로 취급하고, 계약의 해제와 동시에 매도인에게 물품대금반환을 요구하였다.

⑥ 이에 매도인은 계약의 부적합을 부인하고, 본 기계로 생산한 물품품질에 관한 보증과 북유럽 물품인도에 관한 표준약관을 제시하였다. 적용법에 관하여 중재판정부는, CISG가 매도인 국가 법률의 일부분이므로 본 클레임에 적용되나, 덴마크가 제92조에 의한 선언에 따라, 덴마크 국내법이 계약의 성립에 관한 문제 및 북유럽 물품인도에 관한 표준약관의 책임제한에 관한 문제에 적용된다고 하였다.

⑦ 본건 중재판정부는 [전문가의 증언을 참고로] 매도인이 인도한 기계 및 모형이 본건 계약에서 정한 물품을 생산하지 못하므로, 이에 본 기계는 계약에 부적합한 것으로 볼 수 있다. 곧, 매수인이 매도인에게 본 기계의 모형과 그 사양을 제공한 사실은 매수인의 요구에 따라 기계 및 모형을 생산하는 매도인의 의무를 면하게 할 수 없다. 따라서, 제조한 물품의 품질에 관한 면책약관도 그러한 역할을 인정한 것으로 해석될 수 없다고 판정하였다[제8조(당사자의 진술 또는 기타 행위의 해석)].

⑧ 나아가, 매도인이 상당한 기간 내에 모형을 수정함으로써 기계를 수리하지 못하였으므로, 매도인은 북유럽 표준약관 및 제46조[매수인의 이행청구권]를 위반하였다고 볼 수 있다. 따라서, 매수인의 계약해제권의 행사는 당연하다[제25조(중대한 계약위반) 및 제49조(매수인의 계약해제권)]. 이에 매수인은 본건 기계의 수리비 손실에 관한 배상을 매도인에게 청구할 수 있다고 최종 판정하였다[제74조(손해액 산정의 일반원칙)].

093. 연방국가의 비준

Art. 93

(1) If a Contracting State has two or more territorial units in which, according to its constitution, different systems of law are applicable in relation to the matters dealt with in this Convention, it may, at the time of signature, ratification, acceptance, approval or accession, declare that this Convention is to extend to all its territorial units or only to one or more of them, and may amend its declaration by submitting another declaration at any time.

(2) These declarations are to be notified to the depositary and are to state expressly the territorial units to which the Convention extends.

(3) If, by virtue of a declaration under this Art., this Convention extends to one or more but not all of the territorial units of a Contracting State, and if the place of business of a party is located in that State, this place of business, for the purposes of this Convention, is considered not to be in a Contracting State, unless it is in a territorial unit to which the Convention extends.

(4) If a Contracting State makes no declaration under paragraph (1) of this Art., the Convention is to extend to all territorial units of that State.

제93조

(1) 체약국이 그 헌법상 본 협약에서 다루고 있는 사항과 관련하여 상이한 법제가 적용되는 둘 이상의 영역단위를 가지고 있는 경우 체약국은 서명, 비준, 수락, 승인 또는 가입 시에 본 협약은 모든 영역단위 또는 일부영역에만 적용된다고 선언할 수 있으며, 언제든지 다른 선언을 제출함으로써 그 선언을 변경할 수 있다.

(2) 전항의 선언은 수탁기관에 통고하여야 하며, 본 협약이 적용되는 영역을 명기하여야 한다.

(3) 본조의 선언에 의하여 본 협약이 체약국의 하나 또는 그 이상의 영역단위에 적용되며, 모든 영역단위에는 적용되지 아니하고 또한 당사자의 영업소가 그 체약국에 있는 때에는 그 영업소가 본 협약이 적용상 영역단위에 있지 아니하는 한, 그 영업소는 본 협약 적용상 체약국에 있지 아니한 것으로 본다.

(4) 체약국이 (1)에 따른 선언을 하지 아니하는 경우에는 본 협약은 그 체약국의 모든 영역단위에 적용된다.

[891] 제93조에서는 체약국으로 하여금 자국의 영토 내에서 하나 또는 그 이상의 영토단위에만 CISG가 적용된다고 선언할 수 있도록, 곧 체약국이 CISG를 입법화한 영토단위에서만 CISG가 적용될 수 있도록 하는 일련의 선택권을 허용하고 있다.

사실(事實)의 부지(不知)는 항변(抗辯)일 수 있으나, 법(法)의 부지는 항변일 수 없다.

094. 상호 유사한 법을 가진 복수국가의 비준

Art. 94

(1) Two or more Contracting States which have the same or closely related legal rules on matters governed by this Convention may at any time declare that the Convention is not to apply to contracts of sale or to their formation where the parties have their places of business in those States. Such declarations may be made jointly or by reciprocal unilateral declarations.

(2) A Contracting State which has the same or closely related legal rules on matters governed by this Convention as one or more non-Contracting States may at any time declare that the Convention is not to apply to contracts of sale or to their formation where the parties have their places of business in those States.

(3) If a State which is the object of a declaration under the preceding paragraph subsequently becomes a Contracting State, the declaration made will, as from the date on which the Convention enters into force in respect of the new Contracting State, have the effect of a declaration made under paragraph (1), provided that the new Contracting State joins in such declaration or makes a reciprocal unilateral declaration.

제94조

(1) 본 협약에 의하여 규율되는 사항에 관하여 동일한 또는 밀접하게 관련된 법규를 가지고 있는 둘 이상의 체약국은 언제든지 계약당사자 쌍방이 이들 체약국에 영업소를 가지고 있는 경우에는 매매계약 또는 그 성립에 본 협약이 적용되지 아니한다고 선언할 수 있다. 이러한 선언은 공동으로 또는 상호 간에 단독으로 할 수 있다.

(2) 본 협약에 의하여 규율되는 사항에 관하여 하나 또는 그 이상의 비체약국과 동일하거나, 밀접하게 관련된 법규를 가지고 있는 체약국은 언제든지 계약당사자 쌍방이 이들 국가에 영업소를 가지고 있는 경우에는 매매계약과 그 성립에 이 협약을 적용되지 아니한다고 선언할 수 있다.

(3) 전항에 따른 선언의 대상이 된 국가가 차후에 체약국이 되는 경우에 그 선언은 새로운 체약국에 관하여 효력이 발생하는 날로부터 (1)항의 선언으로서의 효력을 가진다. 다만, 새로운 체약국이 그 선언에 참가하거나 또는 상호 간에 단독으로 선언하는 경우에 한한다.

[892] 이를테면, **북유럽국가**(nordic states)는 물품의 매매나 그 밖의 법률문제와 관련하여, [동일한 또는 유사한 법률을 개발함에 있어] 오래되고 성공적인 협력의 역사를 가지고 있다. 이에 **제94조**

에서는 이러한 국가들로 하여금, CISG가 이들 국가에 영업소를 가지고 있는 당사자 간의 계약에는 적용되지 않는다고 선언할 수 있도록 배려하고 있다. 실례로, **덴마크 · 핀란드 · 노르웨이 · 스웨덴** 등은 CISG를 비준하면서 본조를 수권하는 선언을 했다. 다만, 이들 국가들은 본 선언을 하면서 계약당사자의 어느 일방이 이들 북유럽 4개국 가운데 어느 한 국가에 영업소를 가지고 있고, 그 상대방의 영업소가 아이슬란드에 있는 경우에는 CISG가 적용되지 않는다고 추가하고 있다.

095. 제1조 (1), (b)의 배제

Art. 95
Any State may declare at the time of the deposit of its instrument of ratification, acceptance, approval or accession that it will not be bound by subparagraph (1) (b) of Art. 1 of this Convention

제95조
어느 국가든지 비준서, 수락서, 승인서 또는 가입서의 기탁 시에 본 협약 제1조 (1), (b)에 구속되지 아니하겠다고 선언할 수 있다.

[893] **제95조**는 어느 국가든지, 당사국이 비준서나 수락서 · 승인서 또는 가입서의 기탁 시에, 제1조 (1), (b)에 구속되지 아니하겠다고 선언할 수 있도록 허용하고 있다. 제1조 (1)은 CISG의 적용가능성에 관하여, 두 가지의 근거를 제공하고 있다. 이는, 곧 (1), (a)상의 당사자들의 영업소가 상이한 체약국에 있는 경우와, (b)의 국제사법의 규칙에 따라 어느 체약국의 법률을 적용하게 되는 경우이다.

096. 국내법상 형식요건의 고수

Art. 96
A Contracting State whose legislation requires contracts of sale to be concluded in or evidenced by writing may at any time make a declaration in accordance with Art. 12 that any provision of Art. 11, Art. 29, or Part II of this Convention, that allows a contract of sale or its modification or termination by agreement or any offer, acceptance, or other indication of intention to be made in any form other than in writing, does not apply where any party has his place of business in that State.

제96조
국내법상 매매계약이 서면으로 체결 또는 입증되도록 요구하고 있는 체약국은 언제든지 제12조의 규정에 따라 매매계약이나 합의에 의한 매매계약의 변경 또는 종료 또는 청약, 승낙 또는 기타의 의사표시가 서면 이외의 어떠한 방식으로 행하여질 수 있도록 허용하는 본 협약 제11조, 제29조 또는 제2편의 어떠한 규정이 계약당사자가 그 체약국에 영업소를 가지고 있는 경우에는 적용되지 아니한다고 선언할 수 있다.

[894] **제96조**는 **제11조**[계약의 형식]를 배제하는 선언을 허용하고 있는 규정이다. 제11조는, 일례로, 각국의 **사기방지법**(statues of frauds) 등에 명시되어 있는 국내법상의 형식요건을 부정하고 있는 조항이다.

판결례와 평가

- 적용범위 : 국내법상 형식요건 고수의 적용
- 출처표시 : 「U.S. Court of Appeals (3rd Circuit)」(USA), 『04-7771』, 2005.04.07.

1. 논점과 사실관계

① 본 사건은 **제96조**와 **제11조**[계약의 형식] 및 **제29조**[계약의 변경과 서면요건]의 견련성을 다루고 있는 사례이다. 매도인은 아르헨티나에서 이 사건에서 언급되는 철광석과 이에 부수된 제조물을 생산하고 있다. 매수인은 미국의 무역회사이다.

② 매도인과 매수인은 매도인의 철광석을 미국에 있는 제3자에게 판매하기로 하는 구두계약을 체결하였다. 본건 계약에 따라, 매도인은 매수인에게 철광석을 인도하였고, 이에 매수인은 매도인에게 1차분에 상당하는 물품대금을 지급하였다. 이후 매도인은 본건 2차분의 물품대금 잔금을 요구하였으나, 매수인은 그 지급을 거절하였다. 이에 매도인은 매수인의 지급거절은 계약위반이라고 주장하고, 미국 지방법원에 소송을 제기하였다. 매수인은 본건의 물품대금을 지급한 것은 인정하였지만, 잔금이 있다는 사실은 부정하였다. 아울러, 매수인은 서면에 의한 계약체결의 사실이 없었다고 주장하였다.

③ 지방법원은, 매도인이 매수인과 본건 계약의 합의를 입증할 그 어떠한 증거도 제시하지 못

했던 것을 이유로 매수인의 주장을 수용하여, 서면에 의한 계약이 없었기 때문에 매도인의 청구를 기각하였다. 매도인은 이에 항소하였다. 요컨대, 매수인은 매도인과 계약을 체결하였다는 사실을 부인하지는 않았지만, 당사자 간 서면에 의한 계약이 없었던 사실에 비추어, 서면계약의 부재를 이유로 매도인의 주장[곧, 잔금의 존재]을 일축하였다.

④ 매도인도 서면의 부재를 이유로 한 본건 지방법원의 판결은, 자신이 매수인에게 물품을 운송하였다는 사실, 매수인이 기 지급한 물품대금 송금내역, 매수인이 물품대금의 잔금을 지급하지 않았다는 회계사의 진술서와 송장 등을 제시하면서 본건 거래과정에 비추어, 당해 지방법원의 판결은 부당하다고 주장하였다.

2. 판결요지

⑤ 항소법원의 판시요지는 다음과 같다. 제7조[계약의 해석원칙] (1)은 법원이 CISG를 해석하는데 있어서 CISG의 국제적인 성격과 그 적용상이 통일성의 증진을 위한 필요성을 고려할 것을 명시하고 있다. 이러한 원칙으로부터 CISG는 계약의 존재를 증명하는데 결부된 그 어떠한 절차를 요구하고 있지 않다. 특히, 제11조에 기하여, 매매계약은 서면에 의하여 체결되나 또는 입증되어야 할 필요가 없으며, 또한 그 형식에 관해서도 어떠한 다른 요건에 따라야 할 필요는 없다고 규정하고 있다. 아울러, 매매계약은 증인을 포함하여 여하한 수단에 의해서도 입증될 수 있다고 규정하고 있다. 나아가, 연관규정으로 제29조는 서면형식이 아닌 계약의 변경을 허용하고 있다.

⑥ 한편, 제11조상 서면요건을 요구하지 않고 있다는 것이 CISG가 적용되는 모든 사례에 적용되는 것은 아니다. 제96조는 제11조와 제29조 및 계약의 성립에 관한 제2편의 적용제외를 규정하고 있다. 제12조[국내법상의 형식요건]는 제11조, 제29조 또는 제2편의 규정은 어느 당사자가 제96조에 따라, 유보선언을 행한 체약국에 영업소를 갖고 있는 경우에는 적용되지 아니한다고 규정하고 있다. 또한, 당사자는 본조의 효과를 감소시키거나 변경시키지 못한다.

⑦ 미국은 제96조의 선언을 하지 않았기 때문에, 미국에 영업소를 보유한 당사자와 선언을 하지 아니한 다른 체약국이 당사자인 소송의 경우에는 제11조가 당해 계약의 성립에 대해 적용된다. 그러나, 아르헨티나는 제96조의 유보선언을 하였고, 이로부터 제11조, 제29조, 제2편의 적용이 배제된다.

⑧ 요컨대, 본건 항소법원은, CISG의 문리해석에 의존하였다. 곧, 아르헨티나는 제11조와 제

일반적(一般的) 법칙(法則)은 이를 일반적으로 풀이해야 한다.

29조 및 제2편의 적용을 유보하였기 때문에, CISG는 계약위반의 주장이 서면계약이 존재하지 않는 상황에서 타당한지에 대한 쟁점을 명시적으로 조정하고 있지 않는다고 판단하였다.
⑨ 항소법원은, 제96조는 국내법이 매매계약을 서면으로 체결하거나 또는 입증하도록 요구하고 있는 경우에만 체약국이 제11조의 적용을 유보할 수 있다고 보고, 실제로 아르헨티나의 법률은 그것을 요구하고 있다고 판단하였다. 이에 사실관계에서의 주문과 다름없이 최종 판시하였다.

3. 해설

⑩ 본건에서 매수인은 아르헨티나가 제96조에 의한 유보선언을 하였다는 점에서 서면계약을 필요로 하고, 매도인은 정식의 서면계약을 하지 않았기 때문에 본건 판결이 적합하다고 판단하고 있다.

⑪ 한편, 매수인은 매도인이 자신과의 계약체결에 관한 신뢰할 수 있는 증거를 제시하지 못했다고 주장하였다. 당초 지방법원은 당사자 간에 계약의 증거가 없었다고 판시하고 매도인의 수장을 수용하고 있다. 그러나, 매도인이 철광석을 매수인에게 인도하였고, 매수인은 매도인에게 물품대금을 지급했다는 것은 이론의 여지가 없다. 사실상 매수인은 당사자 간에 본 계약을 구두로 체결하였다는 것을 부정하지 않았다. 나아가, 매도인은 자신의 주장을 증명하기 위해서 송장뿐만 아니라 관련서류와 함께 회계증명서를 제출하였다.

⑫ 당초 지방법원은, 이러한 물적 증거들을 명시적으로 언급하지 않았고, 항소법원 또한 지방법원이 어떠한 이유로 당해 증거를 묵살하였는지를 알고 있지 못한 것으로 판단된다. 곧, 지방법원은 매도인의 손해를 인정하지 않았지만, 이미 CISG가 본건에 적용된다고 판시하였을 때, 국내법과의 관계를 설명하지 않은 채, 나아가 아르헨티나 법률하에서의 병행적 분석도 없이 미국의 주법에 기하여 이 같은 판결을 한 것으로 생각된다.

⑬ 요컨대, 항소법원은 [당사자 간에 계약관계가 존재하고 있는지의 여부와 관련하여] 어떠한 법이 본 사건에 적용되는지에 관하여 침묵하고 있다고 볼 때, 본건에의 판결은 그 결과에 앞서 중대한 문제[곧, 본 판결의 부당성]를 내포한 사례로 취급할 수 있을 것이다.

판결례와 평가

- 적용범위 : 재판관할권의 지정
- 출처표시 : 「ICC International Court of Arbitration」(Arbitral Award), 『Unknown』, 2000.

1. 논점과 사실관계

① **매수인**[중국]과 **매도인**[독일]은 **코일**(coils)에 관한 매매계약을 체결하였다. 계약에 의하면, 대금지급은 신용장 방식으로 하였다. 매수인이 신용장을 개설한 이후, 매도인은 선적기간을 변경하고자 하였다. 이에 매수인이 신용장의 변경에 대하여 동의하였고, 이로부터 본건의 선적기간을 변경하였다.

② 매도인은 선적기일 내에 물품을 A선박에 선적하였다고 매수인에게 통지하였다. 그러나, A선박은 목적항에 도착하지 않았다. 이에 매수인은 매도인의 사기를 우려하여 신용장 변경을 거절하였다.

③ 이후 A선박이 목적항에 도착하였을 당시, 당사자는 현장에서 물품의 수령에 관하여 의견을 조율하였다. 매수인은 물품대금감액을 요구하였으나, 매도인은 이를 거절하였다. 당사자는 합의에 이르지 못하였고 매도인은 A선박에 재차 선적항으로 출항을 지시하였다.

④ 그러나, 매수인은 이미 중국내 자신의 고객과 물품판매에 관한 계약을 체결하였다는 이유를 들어, 이에 따른 기대이익의 손실 및 본건 매도인의 계약위반으로 자신의 고객에게 지출한 위약금에 대하여 클레임을 제기하였다.

⑤ 매수인은, 본 클레임에서, 신용장을 변경하고 선적기일을 변경하고자 한 매도인의 청구는 계약에 부적합한 것이며, 이는 새로운 청약이 된다. 매수인이 선적기일을 변경한 것은 새로운 청약에 대한 거절이고, 반대청약이 된다. 따라서, 새로운 계약이 성립되지 않았기 때문에 매도인은 당초 계약에 명시된 선적기일에 물품을 선적했어야 했다고 주장하였다.

⑥ 이에 매도인은, 매수인이 이미 신용장 변경과 선적기일을 연기하는 것에 동의하였다. 따라서, 매수인이 신용장을 변경하지 않고 물품을 수령한 것은 중대한 계약위반에 해당하고, 이에 따라 자신은 당해 손실에 대하여 운송인에게 배상할 수밖에 없었다. 또한, 자신은 이미 매수인

에게 정확한 선박명이 A라고 재차 통보하였으므로, 매수인이 인쇄가 잘못된 선박명에 대하여 집착하는 것은 신의칙 위반으로 취급할 수 있다. 따라서, 매수인은 무조건 물품을 수령했어야 했다고 주장하였다. 사실관계로서 당사자는 본 계약에 'Incoterms 1990'의 및 'UCP 500' 그리고 CISG를 적용하기로 합의하였다.

2. 판정요지

⑦ 본 사건에서 중재판정부는, 매수인은 신용장 변경에 동의하였다. 따라서, 당사자가 정확한 선적일에 대하여 합의하지 못했더라도 매수인은 신용장을 변경했어야 했다. 매수인이 신용장을 변경하지 않은 것은 중대한 계약위반이 된다. 변경된 선적기일 전에 물품을 선적한 것이 매수인의 요구를 승낙한 것이라는 매도인이 주장은 **제18조**[승낙의 시기 및 방법] (3)에 의해 물품을 선적한 것이 사실상 상대방의 요구에 대한 승낙으로 볼 수 있다.

⑧ 그러나, 이러한 승낙은 두 가지의 요건을 충족하여야 한다. 곧, 중국은 '**서면요건**'에 관하여 이를 유보하고 있기 때문에, 매도인은 반드시 매수인에게 서면으로 통지를 발송하여야 하며, 당해 승낙의 통지는 상당한 기간 내에 발송되어야 한다는 것이 그것이다. 따라서, 본건 선적 이후 발송된 선적통지는 유효한 승낙의 행위로 볼 수 없다고 판정하였다.

⑨ 나아가, 중재판정부는, **원산지증명서**(certificate of origin : C/O)가 포함된 운송서류에 선박명이 A로 되어 있었고, 매도인은 선박명의 착오에 대하여 알고 있음에도 불구하고, 은행에 화환취결을 위해 선하증권 원본 및 그 밖의 양도가능한 서류를 수정하지 않은 것은 계약위반에 해당한다. 그리고 선적통지가 선적 후 일정기간을 경과하여 발송된 것은 계약위반일 뿐만 아니라 이로부터 매수인이 '**선적연체에 대하여 의심하고 원산지에 조작행위가 있다**'고 판단할 수 있게 한 원인이기에 충분하다고 판정하였다.

⑩ 한편 중재판정부는, 물품검사와 관련하여, 선박이 도착된 후, 운송대리인은 매수인에게 A선박의 선하증권 원본 및 은행에서 발급된 **수입화물선취보증서**(L/G)로 물품을 수령하라는 통지를 하였다. 이에 매수인은 응당 자신의 고객과의 계약을 고려하여, A선박의 선하증권 원본으로 물품을 수령할 수 있도록, 이 같은 사실을 운송대리인 및 매도인에게 요구했어야 했다.

⑪ 그러나, 매수인은 이를 해태하였을 뿐만 아니라, 개설은행에게 신용장의 변경이 불가함을 통지하고, 매도인에게 물품대금의 감액을 요구하였다. 매수인의 이러한 행위로 계약이 불이행하게 되었기 때문에 매수인은 이에 대하여 그 책임을 부담하여야 한다고 추보하였다.

⑫ 아울러, 매도인은 A선박이 계약물품을 운송하기 위한 용선임을 확인하였으면, 매수인이 의심하지 않고 계약이 원활하게 이루어질 수 있도록 그 자신이 적극적으로 증거를 제공하거나, 적절한 조치를 취해 물품의 양하통지를 했어야 했다. 그러나, 매도인은 이를 이행하지 않았던바, 이에 관련된 책임을 부담하여야 한다고 판정하였다. 결국, 중재판정부는 양당사자 모두가 계약을 위반하여 상대방에게 손실을 입힌 것으로 최종 판정하였다.

097. 유보선언의 절차 및 유효일

Art. 97

(1) Declarations made under this Convention at the time of signature are subject to confirmation upon ratification, acceptance or approval.

(2) Declarations and confirmations of declarations are to be in writing and be formally notified to the depositary.

(3) A declaration takes effect simultaneously with the entry into force of this Convention in respect of the State concerned. However, a declaration of which the depositary receives formal notification after such entry into force takes effect on the first day of the month following the expiration of six months after the date of its receipt by the depositary. Reciprocal unilateral declarations under Art. 94 take effect on the first day of the month following the expiration of six months after the receipt of the latest declaration by the depositary.

(4) Any State which makes a declaration under this Convention may withdraw it at any time by a formal notification in writing addressed to the depositary. Such withdrawal is to take effect on the first day of the month following the expiration of six months after the date of the receipt of the notification by the depositary.

(5) A withdrawal of a declaration made under Art. 94 renders inoperative, as from the date on which the withdrawal takes effect, any reciprocal declaration made by another State under that Art.

제97조

(1) 본 협약에 따라 서명 시에 행하여진 선언은 비준, 수락 또는 승인과 동시에 확인되어야 한다.

(2) 선언 및 선언의 확인은 이를 서면으로 행하여야 하며, 또한 정식으로 수탁기관에 통고되어야 한다.

(3) 선언은 해당국가에 관하여 본 협약이 효력을 발생함과 동시에 그 효력을 발생한다. 그러나, 본 협약이 해당국가에 관하여 효력을 발생한 이후에 수탁기관이 어떤 선언에 관한 정식통고를 수령하는 경우 그 선언은 수탁기관이 이를 수령한 날로부터 6개월이 경과한 달의 바로 다음 달의 초일에 그 효력을 발생한다. 제94조에 따른 상호적인 일방선언은 수탁기관이 최후의 선언을 수령한 날로부터 6개월을 경과한 달의 바로 다음 달의 초일에 그 효력을 발생한다.

(4) 본 협약에 따라 선언을 행한 국가는 언제든지 수탁기관을 수신인으로 하는 서면에 의한 정식통고에 의하여 그 선언을 철회할 수 있다. 이러한 철회는 수탁기관이 통고를 수령한 날로부터 6개월을 경과한 달의 다음 달 초일에 효력을 발생한다.

(5) 제94조에 따라 행하여진 선언의 철회는 그 철회가 효력을 발생하는 날로부터 동 조에 따라 다른 국가의 행한 상호 선언의 효력을 상실케 한다.

098. 유보의 금지

Art. 98

No reservations are permitted except those expressly authorized in this Convention.

제98조

본 협약에서 명시적으로 인정된 경우를 제외하고는 어떠한 유보도 허용되지 아니한다.

099. 협약의 발효와 경과규정

Art. 99

(1) This Convention enters into force, subject to the provisions of paragraph (6) of this Art. on the first day of the month following the expiration of twelve months after the date of deposit of the tenth instrument of ratification, acceptance, approval or accession, including an instrument which contains a declaration made under Art. 92.

(2) When a State ratifies, accepts, approves or accedes to this Convention after the deposit of the tenth instrument of ratification, acceptance, approval or accession, this Convention, with the exception of the Part excluded, enters into force in respect of that State, subject to the provisions of paragraph (6) of this Art., on the first day of the month following the expiration of twelve months after the date of the deposit of its instrument of ratification, acceptance, approval or accession.

(3) A State which ratifies, accepts, approves or accedes to this Convention and is a party to either or both the Convention relating to a Uniform Law on the Formation of Contracts for the International Sale of Goods done at The Hague on 1 uly 1964 (1964 Hague Formation Convention) and the Convention relating to a Uniform Law on the International Sale of Goods done at The Hague on 1 uly 1964 (1964 Hague Sales Convention) shall at the same time denounce, as the case may be, either or both the 1964 Hague Sales Convention and the 1964 Hague Formation Convention by notifying the Government of the Netherlands to that effect.

(4) A State party to the 1964 Hague Sales Convention which ratifies, accepts, approves or accedes to the present Convention and declares or has declared under Art. 92 that it will not be bound by Part II of this Convention shall at the time of ratification, acceptance, approval or accession denounce the 1964 Hague Sales Convention by notifying the Government of the Netherlands to that effect.

(5) A State party to the 1964 Hague Formation Convention which ratifies, accepts, approves or accedes to the present Convention and declares or has declared under Art. 92 that it will not be bound by Part III of this Convention shall at the time of ratification, acceptance, approval or accession denounce the 1964 Hague Formation Convention by notifying the Government of the Netherlands to that effect.

(6) For the purpose of this Art ratifications, acceptances, approvals and accessions in respect of this Convention by States parties to the 1964 Hague Formation Convention or to the 1964 Hague Sales Convention shall not be effective until such denunciations as may be required on the part of those States in respect of the latter two Conventions have themselves become effective. The depositary of this Convention shall consult with the Government of the Netherlands, as the depositary of the 1964 Conventions, so as to ensure necessary co-ordination in this respect.

제99조

(1) 본 협약은 본조 제6항 소정의 제한 아래서 제92조하에서 행해진 선언을 담은 문서를 포함하여 제10번째의 비준서, 수락서, 승인서 또는 가입서가 기탁된 날로부터 12개월이 경과한 달의 바로 다음 달의 초일에 그 효력을 발생한다.

(2) 어느 국가가 제10번째의 비준서, 수락서, 승인서 또는 가입서가 기탁된 이후에 본 협약을 비준, 수락, 승인 또는 가입하는 경우 본 협약은 그 적용이 배제되는 편을 제외하고는 본조 제6항 소정의 제한 아래서 그 국가의 비준서, 수락서, 승인서 또는 가입서가 기탁된 날로부터 12개월이 경과한 달의 바로 다음 달 초일에 그 국가에 관하여 효력을 발생한다.

(3) 본 협약을 비준, 수락, 승인 또는 가입하는 국가가 1964년 7월 1일 헤이그에서 제정된 '국제물품매매계약의 성립에 관한 통일법'에 관련한 협약[1964년 헤이그 성립협약]과 1964년 7월 1일에 헤이그에서 제정된 '국제물품매매에 관한 통일법'에 관련한 협약[1964년 '헤이그 매매협약'] 중의 어느 하나 또는 양자 모두의 당사국인 경우 그 국가는 비준, 수락, 승인 또는 가입과 동시에 네덜란드 정부에 폐기의 취지를 통고함으로써 경우에 따라 1964년 '헤이그 매매협약'과 1964년 '헤이그 성립협약' 중의 어느 하나 또는 양자 모두를 폐기하여야 한다.

(4) 1964년 '헤이그 매매협약' 당사국으로서 본 협약을 비준, 수락, 승인 또는 가입하는 국가가 제92조에 따라 본 협약의 제2편에 구속되지 아니하겠다고 선언하거나 또는 이미 선언한 경우에 그 국가는 본 협약의 비준, 수락, 승인 또는 가입 시에 네덜란드 정부에 그 폐기의 취지를 통고함으로써 1964년 '헤이그 매매협약'을 폐기하여야 한다.

(5) 1964년 '헤이그 성립협약' 당사국으로서 본 협약을 비준, 수락, 승인 또는 가입하는 국가가 제92조에 따라 본 협약 제3편에 구속되지 아니하겠다고 선언하거나 또는 이미 선언한 경우 그 국가는 본 협약의 비준, 수락, 승인 또는 가입시에 네덜란드 정부에 그 폐기의 취지를 통고함으로써 1964년 '헤이그 성립협약'을 폐기하여야 한다.

(6) 본조의 적용에 있어 1964년 '헤이그 성립협약' 또는 1964년 '헤이그 매매협약'의 당사국에 의한 본 협약의 비준, 수락, 승인 또는 가입은 이 두 협약과 관련하여 그 당사국 측에 요구되는 바의 그러한 폐기가 스스로 효력을 발생하기 까지는 그 효력을 발생하지 아니한다. 본 협약의 수탁기관은 이러한 점에서 필요한 협력을 확보하기 위하여 1964년 협약들의 수탁기관인 네덜란드 정부와 협의하여야 한다.

No action arises out of an immoral consideration.

판결례와 평가

- 적용범위 : 협약의 발효와 경과규정
- 출처표시 : 「Corte Suprema di Cassazione, Sez. Un.」(Italy), 『5739』, 1998.10.24.

1. 논점과 판결요지

① **매도인**[이탈리아]은 **매수인**[독일]과 과일을 목적물로 매매계약을 체결하였다. 이탈리아는 이미 CISG를 비준하였으나, 제99조 (6)에 따라 1964년 헤이그 협약을 폐기하여야 CISG가 발효될 수 있다.

② 즉, CISG는 이탈리아에 대하여 1988년 1월 1일부터 그 효력이 발생하는 것이다. 본 계약은 이 기간 이전에 체결된 것이어서 법원은 CISG가 본 사건에 적용되지 않는 것으로 판시하였다.

100. 청약 및 계약에 대한 발효일

Art. 100

(1) This Convention applies to the formation of a contract only when the proposal for concluding the contract is made on or after the date when the Convention enters into force in respect of the Contracting States referred to in subparagraph (1) (a) or the Contracting State referred to in subparagraph (1) (b) of Art. 1.

(2) This Convention applies only to contracts concluded on or after the date when the Convention enters into force in respect of the Contracting States referred to in subparagraph (1) (a) or the Contracting State referred to in subparagraph (1) (b) of Art. 1.

제100조

(1) 계약체결을 위한 제의가 본 협약이 제1조 (1), (a) 소정의 체약국이나, 동조 (1), (b) 소정의 체약국에 관하여 효력을 발생한 날 또는 그 이후에 행하여진 경우에만 본 협약은 계약의 성립에 적용된다.

(2) 본 협약이 제1조 (1), (a) 소정의 체약국이나, 본조 (1), (b) 소정의 체약국에 관하여 효력을 발생한 날 또는 그 이후에 체결되는 계약에 관해서만 본 협약이 적용된다.

[895] CISG는 소급효(遡及效)가 없다. 제100조 (1)에 따르면, CISG가 당해 체약국에 관하여 효력을 발생한 일자 또는 그 이후에 계약체결을 위한 제의가 이루어진 경우에만, CISG상의 계약의 성립에 관한 규정[제1편 및 제2편]이 적용될 수 있다.

[896] 본조 (2)에 따르면, 계약상의 권리와 의무를 규율하는 규정[제1편 및 제3편]은 CISG가 당해 체약국에 관하여 효력을 발생한 날 또는 그 이후에 체결되는 계약에 대해서만 적용된다.

판결례와 평가

- 적용범위 : 계약의 적용시점
- 출처표시 : 「Handelsgericht Zürich」(Switzerland), 『Unknown』, 1991.

1. 논점과 사실관계

① 피고[스위스 컴퓨터 소프트웨어 회사로서 매도인]는 원고[매수인]의 스위스 은행의 계정을 가압류하였고, 이에 원고는 소프트웨어에 관한 매매계약의 이행을 요구하였다. 원고는 이미 계약을 해제한 상태였다.

2. 판결요지

② 법원은, 스위스법을 적용하여 원고의 주장을 배척하고, 피고가 승소함을 판결하였다. 곧, 당해 소프트웨어에 관한 매매계약은 1990년 9월 21일에 체결되었고, CISG는 1991년 3월 1일부터 스위스에서 발효되었다.

③ 제100조에 의하면, CISG는 체약국에 대하여, 그 효력이 발생한 후에, 행하여진 물품매매계약에 적용된다. 이에 따라 관할권을 결정함에 있어, 법원은 CISG가 적용되지 않는 것으로 판시하였다. 곧, 이 경우에는 매도인이 소재한 스위스법이 그 적용법이 되며, 달리 제1조[적용가능성에 관한 일반원칙] (1), (b)에 의거하여 판단하더라도, 그 결과는 다르지 않을 것이라고 설시하였다.

판결례와 평가

- 적용범위 : CISG 효력발생시기와 적용
- 출처표시 : 「ICC International Court of Arbitration」(Arbitral Award), 『Unknown』, 1998.

1. 논점과 사실관계

① **원고**[프랑스 과일도매상]는 **피고**[벨기에 생산자]와 사과와 배를 계약의 목적물로 계약을 체결하였다. 계약체결 이후, 인도된 과일의 품질이 [계약내용에 비추어] 부적합하다는 이유로 매수인은 물품대금의 일부만을 지급하였다. 이에 매도인은 중재판정부에 중재를 신청하면서, 매수인에게 대금지급의무의 이행을 요구하였다.

2. 판정요지

② 중재판정부는 매도인의 소송과 매수인이 제기한 반대신청을 검토하고, 본건 적용법에 대하여 판정하였다. 곧, [매도인은 벨기에 법의 적용타당성을 주장하고 있고, 매수인은 프랑스 법의 적용을 요구하고 있는 것과 관련하여] 당사자 간에 [계약내용에 비추어] 본건 적용법에 관한 합의는 존재하지 않고 있다고 판정하였다.

③ 중재판정부는, CISG는 서로 다른 국가에 영업소를 가지는 당사자들 간의 매매계약에 있어 통일적 규칙을 제공하고자 하는 목적으로 제정되어, 국제물품매매계약에 있어 매매당사자들 간의 권리와 의무를 규율하고 있고, 이에 CISG는 프랑스와 벨기에에 이미 비준되었다는 사실을 상기시키고, 본건에 CISG를 적용하였다.

④ 그러나, 중재판정부는 CISG가 벨기에에 효력이 발생하는 시간[1997년 11월 1일] 또는 제100조에 관하여 언급하지 않았다. [본건 계약은 CISG가 벨기에에 발효되기 전에 체결된 것이기 때문에, 이러한 사항은 본 사건에 있어 결정적인 의미를 가지는 부분일 수 있었다] 그럼에도 불구하고 중재판정부는 당사자가 CISG의 적용을 배제하려고 하는 의도가 계약서 및 그간의 관련 서류에서 발견할 수 없었다는 사실을 지적하고, 이에 당사자에게 본 사건 및 그 판정에 관한 CISG의 적용가능성에 연관될 수 있는 사실 또는 증거 및 법률의 근거를 각자 제출하라고 지시하였으나, 양당사자 공히 이의를 제기하지 않았다. [곧, 양당사자는 CISG의 적용을 수용하였다]

101. 협약의 폐기

Art. 101

(1) A Contracting State may denounce this Convention, or Part II or Part III of the Convention, by a formal notification in writing addressed to the depositary.

(2) The denunciation takes effect on the first day of the month following the expiration of twelve months after the notification is received by the depositary. Where a longer period for the denunciation to take effect is specified in the notification, the denunciation takes effect upon the expiration of such longer period after the notification is received by the depositary.

제101조

(1) 체약국은 수탁기관을 수신인으로 하는 서면에 의한 정식통고에 의하여 본 협약 또는 본 협약 제2편 또는 제3편을 폐기할 수 있다.

(2) 폐기는 수탁기관이 그 통고를 수령한 날로부터 12개월이 경과한 달의 바로 다음 달의 초일에 그 효력을 발생한다. 그 통고에서 폐기가 효력을 발생하는 보다 장기의 기간이 명시되어 있는 경우에 폐기는 수탁기관이 그 통고를 수령한 날로부터 이러한 보다 장기의 기간이 경과한 때에 그 효력을 발생한다.

판정례 연습

[87] 양당사자는 각각 A국과 B국에 영업소를 가지고 있다. 양 국가는 모두 CISG와 1955년 헤이그협약을 채택했다. 계약에 의하면, 매도인은 C국에서 매수인에게 기계를 인도해야 했다. C국은 CISG를 채택하지 않았다. C국 국내법에 의하면, 매수인이 물품인도 후 6개월 이내에 물품의 하자를 매도인에게 통지하지 않는 경우에는 "매수인은 물품의 하자로 인한 손해를 회복할 수 없으며, 이는 '숨은 하자'(latent defect)가 6개월이 지난 이후에 발견되는 경우에도 예외가 아니다"고 규정하고 있다. 매수인에게 인도된 기계는 비록 매수인의 적절한 검사에도 불구하고, 중대한 숨은 하자가 있었는데, 이는 인도일로부터 8개월이 지나도록 발견되지 않았다. 매수인은 이를 매도인에게 통지하고 손해배상을 청구하였다. 매도인은 위의 C국 국내법을 원용함으로써 이러한 청구를 거절했다. 매수인은 체약국인 A국에서 매도인을 상대로 소송을 제기했다. 동 사례는 헤이그협약과 CISG 중 어느 것에 의해 해석되어야 하는가?

[88] A국 매도인과 B국 매수인이 서로 통신을 교환했으나 그 방식에 문제가 있었기에, 계약체결에 관한 의문이 제기되었다. 양국이 모두 CISG를 채택하였으나 B국은 제92조에 따른 유보를 선언함으로써 계약의 성립에 관한 CISG 제2편을 배제하고 있다. 어떤 상황하에서 제2편이 본건에 적용될 수 있는가?

[89] C국은 제93조에 따라, CISG가 E지역에는 적용되고, F지역에는 적용되지 않는다고 선언했다. 매도인 A와 B는 각각 매수인과 매매계약을 체결했다. A는 E지역에, B는 F지역에, 매수인은 D국에 영업소를 보유하고 있다. 체약국 D국은 이러한 유보를 선언하지 않았다. 본건에 CISG를 적용할 수 있는가?

[90] CISG가 A국에 대해서는 2010년 3월 1일에, B국에 관하여는 2010년 5월 1일에 각각 발효했다. 4월 20일 매도인은 매수인에게 텔렉스를 통하여 매매계약의 체결을 제의했다. 매도인은 A국에 있고 매수인은 B국에 있다. 5월 10일 매수인은 텔렉스를 통하여 매도인에게 승낙을 발송했다. 이들 통신이 계약을 성립시키는지 여부에 CISG[제2편 및 제3편]가 적용되는가?

부 록

【부록 1】

[국제물품매매계약에 관한 UN 협약 (CISG)]
- UN Convention on Contract for the International Sale of Goods (1980) -

PREAMBLE

The States Parties to this Convention,

Bearing in mind the broad objectives in the resolutions adopted by the sixth special session of the General Assembly of the United Nations on the establishment of a New International Economic Order,

Considering that the development of international trade on the basis of equality and mutual benefit is an important element in promoting friendly relations among States,

Being of the opinion that the adoption of uniform rules which govern contracts for the international sale of goods and take into account the different social, economic and legal systems would contribute to the removal of legal barriers in international trade and promote the development of international trade,

Have agreed as follows:

전 문

본 협약의 당사국은 신국제경제질서의 확립에 관하여 국제연합 총회 제6차 특별회기에서 채택된 결의안의 광범위한 제반 목적을 유념하고, 평등과 상호이익에 바탕을 둔 국제거래의 발전이 국가 간의 우호관계를 증진시키는데 중요한 요소라 생각하며, 국제물품매매계약을 규율하고 상이한 사회적·경제적 및 법적 제도를 고려하는 통일법의 채택이 국제거래에서 법적 장벽을 제거하는데 기여하고, 또한 국제거래의 발전을 증진시키리라는 견해하에서 다음과 같이 합의하였다.

Part I. Sphere of application and general provisions
제1편 적용범위 및 총칙

Chapter I. Sphere of application and general provisions
제1장 적용범위

Art. 1

(1) This Convention applies to contracts of sale of goods between parties whose places of business are in different States:

(a) when the States are Contracting States; or

(b) when the rules of private international law lead to the application of the law of a Contracting State.

(2) The fact that the parties have their places of business in different States is to be disregarded whenever this fact does not appear either from the contract or from any dealings between, or from information disclosed by, the parties at any time before or at the conclusion of the contract.

(3) Neither the nationality of the parties nor the civil or commercial character of the parties or of the contract is to be taken into consideration in determining the application of this Convention.

제1조 (적용상의 기본원칙)

(1) 본 협약은 다음과 같은 경우에 영업소가 서로 다른 국가에 있는 당사자 간의 물품매매계약에 적용된다.

(a) 당해 국가가 모두 체약국인 경우

(b) 국제사법의 규칙에 의한 체약국의 법이 적용되는 경우

(2) 당사자가 서로 다른 국가에 영업소를 가지고 있다는 사실은 계약으로부터 또는 계약체결 전이나, 계약체결 시에 당사자 간의 거래나 당사자에 의해 밝혀진 정보로부터 드러나지 아니한 경우에는 고려되지 아니한다.

(3) 당사자의 국적 또는 당사자나 계약의 민사적, 상사적 성격은 본 협약의 적용여부를 결정하는데 고려되지 아니한다.

Art. 2

This Convention does not apply to sales:

(a) of goods bought for personal, family or household use, unless the seller, at any time before or at the conclusion of the contract, neither knew nor ought to have known that the goods were bought for any such use;

(b) by auction;

(c) on execution or otherwise by authority of law;

(d) of stocks, shares, investment securities, negotiable instruments or money;

(e) of ships, vessels, hovercraft or aircraft;

(f) of electricity.

제2조 (제외되는 매매)

본 협약은 다음의 매매에는 적용되지 아니한다.

(a) 개인용, 가족용 또는 가정용으로 구입되는 물품의 매매에는 적용되지 않는다. 다만, 매도인이 계약체결 전이나, 계약체결 시에 물품이 그와 같은 용도로 구입된 사실을 알지 못하였고, 알았어야 하지도 않았던 경우에는 그러하지 아니하다.

(b) 경매에 의한 매매

(c) 강제집행 그 밖의 법률의 수권에 의한 매매

(d) 주식, 지분, 투자증권, 유통증권 또는 통화의 매매

(e) 선박, 부선, 수상익선 또는 항공기의 매매

(f) 전기의 매매

Art. 3

(1) Contracts for the supply of goods to be manufactured or produced are to be considered sales unless the party who orders the goods undertakes to supply a substantial part of the materials necessary for such manufacture or production.

(2) This Convention does not apply to contracts in which the preponderant part of the obligations of the party who furnishes the goods consists in the supply of labour or other services.

제3조 (서비스 계약 등의 제외)

(1) 물품을 제조 또는 생산하여 공급하는 계약은 매매로 본다. 다만, 물품을 주문한 당사자가 그 제조 또는 생산에 필요한 재료의 실질적인 부분을 공급하기로 한 경우에는 그러하지 아니하다.

(2) 본 협약은 물품을 공급하는 당사자 의무의 주된 부분이 노무 그 밖의 서비스 공급에 있는 계약에는 적용되지 아니한다.

Art. 4

This Convention governs only the formation of the contract of sale and the rights and obligations of the seller and the buyer arising from such a contract. In particular, except as otherwise expressly provided in this Convention, it is not concerned with:

(a) the validity of the contract or of any of its provisions or of any usage;

(b) the effect which the contract may have on the property in the goods sold.

제4조 (적용사항과 비적용사항)

본 협약은 매매계약의 성립과 그 계약으로부터 발생하는 매도인과 매수인의 권리와 의무만을 규율한다. 특히 본 협약에 별도의 명시적인 규정이 있는 경우를 제외하고, 본 협약은 다음의 사항과는 관련이 없다.

(a) 계약이나 그 조항 또는 관행의 유효성

(b) 계약이 매각된 물품의 소유권에 미치는 효과

Art. 5

This Convention does not apply to the liability of the seller for death or personal injury caused by the goods to any person.

제5조 (사망 등에 대한 책임의 배제)

본 협약은 물품에 의하여 발생한 사람의 사망 또는 상해에 대한 매도인의 책임에는 적용되지 아니한다.

Art. 6
The parties may exclude the application of this Convention or, subject to Art. 12, derogate from or vary the effect of any of its provisions.
제6조 (계약에 의한 적용배제 또는 변경)
당사자는 본 협약의 적용을 배제할 수 있고, 제12조를 제외하고 본 협약의 어떠한 규정의 효력을 감퇴시키거나 또는 변경할 수 있다.

CHAPTER II. GENERAL PROVISIONS
제2장 총 칙

Art. 7
(1) In the interpretation of this Convention, regard is to be had to its international character and to the need to promote uniformity in its application and the observance of good faith in international trade.
(2) Questions concerning matters governed by this Convention which are not expressly settled in it are to be settled in conformity with the general principles on which it is based or, in the absence of such principles, in conformity with the law applicable by virtue of the rules of private international law.
제7조 (협약의 해석원칙)
(1) 본 협약의 해석에 있어서는 협약의 국제적 성격과, 적용상의 통일성 및 국제상거래에서 신의의 준수를 증진할 필요성을 고려하여야 한다.
(2) 본 협약에 의해 규율되는 사항에 관한 문제로서, 본 협약에서 명시적으로 해결되지 않는 문제는, 본 협약이 기초하고 있는 일반원칙에 따라 해결되어야 하며, 만약, 그러한 원칙이 없는 경우에는 국제사법의 규칙에 의해 적용되는 법에 따라 해결되어야 한다.

Art. 8
(1) For the purposes of this Convention statements made by and other conduct of a party are to be interpreted according to his intent where the other party knew or could not have been unaware what that intent was.
(2) If the preceding paragraph is not applicable, statements made by and other conduct of a party are to be interpreted according to the understanding that a reasonable person of the same kind as the other party would have had in the same circumstances.
(3) In determining the intent of a party or the understanding a reasonable person would have had, due consideration is to be given to all relevant circumstances of the case including the negotiations, any practices which the parties have established between themselves, usages and any subsequent conduct of the parties.
제8조 (당사자의 진술 또는 기타 행위의 해석)
(1) 본 협약의 적용상 당사자의 진술 또는 기타의 행위는 상대방이 그 당사자의 의도를 알았거나, 모를 수 없었던 경우에는 그 당사자 의도에 따라 해석되어야 한다.
(2) 전항이 적용되지 아니하는 경우에 당사자의 진술 또는 기타의 행위는 상대방과 동일한 부류의 합리적인 자가 동일한 상황에서 이해하였을 바에 따라 해석되어야 한다.
(3) 당사자의 의도 또는 합리적인 자가 이해하였을 바를 결정함에 있어서는 교섭, 당사자 간에 확립된 관습, 관행, 당사자의 후속하는 행위를 포함하여 관련된 일체의 사정을 충분히 고려하여야 한다.

Art. 9
(1) The parties are bound by any usage to which they have agreed and by any practices which they have established between themselves.
(2) The parties are considered, unless otherwise agreed, to have impliedly made applicable to their contract or its formation a usage of which the parties knew or ought to have known and which in international trade is widely known to, and regularly observed by, parties to contracts of the type involved in the particular trade concerned.
제9조 (관행과 관습의 구속력)
(1) 당사자는 합의한 관행과 당사자 간에 확립된 관습에 구속된다.

(2) 별도의 합의가 없는 경우에 당사자가 알았거나, 알 수 있었던 관행으로서 국제상거래에서 당해 상거래에 관련된 종류의 계약을 하는 자에게 널리 알려져 있고, 통상적으로 준수되고 있는 관행은 당사자가 이를 계약 또는 계약의 성립에 묵시적으로 적용하는 것으로 본다.

Art. 10

For the purposes of this Convention:

(a) if a party has more than one place of business, the place of business is that which has the closest relationship to the contract and its performance, having regard to the circumstances known to or contemplated by the parties at any time before or at the conclusion of the contract;

(b) if a party does not have a place of business, reference is to be made to his habitual residence.

제10조 (영업소의 정의)

본 협약의 적용에 있어,

(a) 일방당사자가 둘 이상의 영업소를 가지고 있는 경우에는 계약체결 전이나, 계약체결 시에 당사자들에게 알려져 있었거나, 예기되었던 사정을 고려하여 계약 및 그 이행과 가장 밀접한 관련이 있는 장소가 영업소가 된다.

(b) 일방당사자가 영업소를 가지고 있지 아니한 경우에는 그의 상거소를 영업소로 본다.

Art. 11

A contract of sale need not be concluded in or evidenced by writing and is not subject to any other requirement as to form. It may be proved by any means, including witnesses.

제11조 (계약의 형식)

매매계약은 서면에 의하여 체결 또는 입증될 필요가 없고, 형식에 관한 그 어떠한 요건에도 구속되지 아니한다. 매매계약은 증인을 포함하여 여하한의 방법에 의해 입증될 수 있다.

Art. 12

Any provision of Art. 11, Art. 29 or Part II of this Convention that allows a contract of sale or its modification or termination by agreement or any offer, acceptance or other indication of intention to be made in any form other than in writing does not apply where any party has his place of business in a Contracting State which has made a declaration under Art. 96 of this Convention. The parties may not derogate from or vary the effect of this Art.

제12조 (국내법상의 형식요건)

매매계약 또는 합의에 의한 계약의 변경이나 해제, 청약, 승낙 또는 기타의 의사표시를 서면 이외의 형식으로 행할 수 있도록 허용하고 있는 본 협약 제11조, 제29조 및 제2편의 규정은 당사자가 본 협약 제96조에 따라 유보선언을 한 체약국에 영업소를 가지고 있는 경우에는 적용되지 아니한다. 당사자는 본조를 배제하거나, 그 효력을 감퇴 또는 변경할 수 없다.

Art. 13

For the purposes of this Convention 'writing' includes telegram and telex.

제13조 (서면의 정의)

본 협약의 적용에 있어 서면은 전보와 텔렉스를 포함한다.

Part II. Formation of the contract
제2편 계약의 성립

Art. 14

(1) A proposal for concluding a contract addressed to one or more specific persons constitutes an offer if it is sufficiently definite and indicates the intention of the offeror to be bound in case of acceptance. A proposal is sufficiently definite if it indicates the goods and expressly or implicitly fixes or makes provision for determining the quantity and the price.

(2) A proposal other than one addressed to one or more specific persons is to be considered merely as an invitation to make offers, unless the contrary is clearly indicated by the person making the proposal.

제14조 (청약의 기준)

(1) 1인 또는 복수 이상의 특정인에 대한 계약체결의 제의는 그것이 충분히 확정적이고 또한 승낙이 있는 때에 구속된다는 청약자의 의사를 표명하고 있는 경우에 청약이 된다. 당해 제의가 물품을 표시하고, 명시적 또는 묵시적으로 그 수량과 대금을 정하고 있거나, 이를 결정하기 위한 규정을 두고 있는 경우에 그 제의는 충분히 확정적이다.

(2) 1인 또는 복수 이상의 특정인에 대한 제의 이외에 불특정 다수인에 대한 제의는 당해 제의를 행한 자가 다른 의사를 명확히 표명하지 아니하는 한, 단지 청약의 유인으로 본다.

Art. 15

(1) An offer becomes effective when it reaches the offeree.

(2) An offer, even if it is irrevocable, may be withdrawn if the withdrawal reaches the offeree before or at the same time as the offer.

제15조 (청약의 효력발생시기)

(1) 청약은 피청약자에게 도달한 때에 효력을 발생한다.

(2) 청약은 비록 취소불능의 청약이더라도, 철회의 의사표시가 청약의 도달 전에 또는 그와 동시에 피청약자에게 도달하는 경우에는 철회할 수 있다.

Art. 16

(1) Until a contract is concluded an offer may be revoked if the revocation reaches the offeree before he has dispatched an acceptance.

(2) However, an offer cannot be revoked:

(a) if it indicates, whether by stating a fixed time for acceptance or otherwise, that it is irrevocable; or

(b) if it was reasonable for the offeree to rely on the offer as being irrevocable and the offeree has acted in reliance on the offer.

제16조 (청약의 취소)

(1) 청약은 계약이 성립하기까지는 취소할 수 있다. 다만, 당해 취소의 의사표시는 피청약자가 승낙을 발송하기 전에 피청약자에게 도달하여야 한다.

(2) 그러나, 다음의 경우에는 청약은 취소될 수 없다.

(a) 청약에서 승낙을 위한 특정한 기간을 명시하거나, 그 밖의 방법으로 취소불능임을 표시하고 있는 경우

(b) 피청약자가 청약을 취소불능이라고 신뢰하는 것이 합리적이고 또한 피청약자가 당해 청약을 신뢰하여 행동한 경우

Art. 17

An offer, even if it is irrevocable, is terminated when a rejection reaches the offeror.

제17조 (청약의 거절)

청약은 비록 그것이 취소불능이더라도, 거절의 의사표시가 청약자에게 도달한 때에는 효력을 상실한다.

Art. 18

(1) A statement made by or other conduct of the offeree indicating assent to an offer is an acceptance. Silence or inactivity does not in itself amount to acceptance.

(2) An acceptance of an offer becomes effective at the moment the indication of assent reaches the offeror. An acceptance is not effective if the indication of assent does not reach the offeror within the time he has fixed or, if no time is fixed, within a reasonable time, due account being taken of the circumstances of the transaction, including the rapidity of the means of communication employed by the offeror. An oral offer must be accepted immediately unless the circumstances indicate otherwise.

(3) However, if, by virtue of the offer or as a result of practices which the parties have established between

themselves or of usage, the offeree may indicate assent by performing an act, such as one relating to the dispatch of the goods or payment of the price, without notice to the offeror, the acceptance is effective at the moment the act is performed, provided that the act is performed within the period of time laid down in the preceding paragraph.

제18조 (승낙의 시기 및 방법)

(1) 청약에 대한 동의를 표시하는 피청약자의 진술 그 밖의 행위는 승낙이 된다. 침묵 또는 부작위는 그 자체로는 승낙이 되지 아니한다.

(2) 청약에 대한 승낙은 동의의 의사표시가 청약자에게 도달하는 시점에 효력이 발생한다. 승낙은 동의의 의사표시가 청약자가 지정한 기간 내에 도달하지 아니하거나 또는 당해 기간이 지정되지 아니한 경우 청약자가 사용한 통신수단의 신속성을 포함하여 거래의 상황을 충분히 고려하여 상당한 기간 내에 도달하지 아니하면 효력이 발생하지 아니한다. 구두의 청약은 특별한 사정이 없는 한, 즉시 승낙되어야 한다.

(3) 그러나, 청약에 의하여 또는 당사자 간에 확립한 관행이나 또는 관습의 결과로 인하여 청약자에게 아무런 통지 없이 피청약자가 물품의 발송이나 대금의 지급에 관한 행위를 행함으로써 동의를 표시할 수 있는 경우에는 승낙은 당해 행위가 행해지는 순간에 그 효력이 발생한다. 다만, 그 행위는 전항에 규정된 기간 내에 행해져야 한다.

Art. 19

(1) A reply to an offer which purports to be an acceptance but contains additions, limitations or other modifications is a rejection of the offer and constitutes a counteroffer.

(2) However, a reply to an offer which purports to be an acceptance but contains additional or different terms which do not materially alter the terms of the offer constitutes an acceptance, unless the offeror, without undue delay, objects orally to the discrepancy or dispatches a notice to that effect. If he does not so object, the terms of the contract are the terms of the offer with the modifications contained in the acceptance.

(3) Additional or different terms relating, among other things, to the price, payment, quality and quantity of the goods, place and time of delivery, extent of one party's liability to the other or the settlement of disputes are considered to alter the terms of the offer materially.

제19조 (청약을 변경하는 승낙)

(1) 승낙을 의도하고는 있으나 추가, 제한 그 밖의 변경을 포함하는 청약에 대한 응답은 청약에 대한 거절이고 또한 대응청약이 된다.

(2) 그러나, 승낙을 의도하고 있고 또한 청약의 조건을 실질적으로 변경하지 아니하는 추가적 또는 상이한 조건을 포함하는 청약에 대한 응답은 승낙이 된다. 다만, 청약자가 부당한 지체 없이 그 상이한 조건에 관하여 구두로 이의를 제기하거나 그러한 취지의 통지를 발송하는 경우에는 그러하지 아니하다. 청약자가 이의를 제기하지 아니하는 한, 청약의 조건과 함께 승낙에 포함되어 있는 변경사항이 추가되어 계약조건이 된다.

(3) 특히, 대금, 대금의 지급, 물품의 품질과 수량, 인도의 장소와 시기, 당사자 일방의 상대방에 대한 책임범위 또는 분쟁의 해결에 관한 추가적 또는 상이한 조건은 청약의 조건을 실질적으로 변경하는 것으로 본다.

Art. 20

(1) A period of time of acceptance fixed by the offeror in a telegram or a letter begins to run from the moment the telegram is handed in for dispatch or from the date shown on the letter or, if no such date is shown, from the date shown on the envelope. A period of time for acceptance fixed by the offeror by telephone, telex or other means of instantaneous communication, begins to run from the moment that the offer reaches the offeree.

(2) Official holidays or non-business days occurring during the period for acceptance are included in calculating the period. However, if a notice of acceptance cannot be delivered at the address of the offeror on the last day of the period because that day falls on an official holiday or a non-business day at the place of business of the offeror, the period is extended until the first business day which follows.

제20조 (승낙기간의 해석)

(1) 청약자가 전보 또는 서신에서 지정한 승낙기간은 그 전보가 발신을 위하여 교부되는 시점 또는 서신에 표시된 일자 또는 서신에 일자가 표시되지 아니한 경우에는 봉투에 표시된 일자부터 기산된다. 청약자가 전화, 텔렉스 그 밖의 동시적 통신수단에 의하여 지정한 승낙기간은 청약이 피청약자에게 도달한 시점으로부터 기산한다.

(2) 승낙기간 중의 공휴일 또는 비영업일은 기간의 계산에 산입한다. 다만, 기간의 말일이 청약자의 영업소 소재지에서 공휴일 또는 비영업일에 해당하여 승낙의 통지가 기간의 말일에 청약자에게 도달될 수 없는 경우에는 승낙기간은 그 다음의 최초영업일까지 연장된다.

Art. 21

(1) A late acceptance is nevertheless effective as an acceptance if without delay the offeror orally so informs the offeree or dispatches a notice to that effect.

(2) If a letter or other writing containing a late acceptance shows that it has been sent in such circumstances that if its transmission had been normal it would have reached the offeror in due time, the late acceptance is effective as an acceptance unless, without delay, the offeror orally informs the offeree that he considers his offer as having lapsed or dispatches a notice to that effect.

제21조 (지연된 승낙)

(1) 지연된 승낙은 그 지연에도 불구하고, 청약자가 지체 없이 승낙으로서 유효하다는 취지를 피청약자에게 구두로 알리거나 또는 그러한 취지의 통지를 발송하는 경우에는 승낙으로서 유효하다.

(2) 지연된 승낙을 담고 있는 서신 그 밖의 서면에 의하여, 그 전달이 정상적이었다면 그것이 제때에 청약자에게 도달할 수 있었다는 사정 아래 발송되었음이 나타나는 경우에는 그 지연된 승낙은 승낙으로서 유효하다. 다만, 청약자가 지체 없이 피청약자에게 자신의 청약이 실효하였다는 취지를 구두로 알리거나 또는 그러한 취지의 통지를 발송하는 경우에는 그러하지 아니하다.

Art. 22

An acceptance may be withdrawn if the withdrawal reaches the offeror before or at the same time as the acceptance would have become effective.

제22조 (승낙의 철회)

승낙은 그 효력이 발생하기 전에 또는 그와 동시에 철회의 의사표시가 청약자에게 도달하는 경우에는 철회된다.

Art. 23

A contract is concluded at the moment when an acceptance of an offer becomes effective in accordance with the provisions of this Convention.

제23조 (계약의 성립시기)

계약은 청약에 대한 승낙이 본 협약의 규정에 따라 효력을 발생하는 시점에 성립한다.

Art. 24

For the purposes of this Part of the Convention, an offer, declaration of acceptance or any other
indication of intention 'reaches' the addressee when it is made orally to him or delivered by any other means to him personally, to his place of business or mailing address or, if he does not have a place of business or mailing address, to his habitual residence.

제24조 (도달의 정의)

본 협약 제2편의 적용상, 청약, 승낙의 선언 그 밖의 의사표시는 그것이 수신인에게 구두로 전해지거나 또는 그 밖의 방법으로 직접 수신인 또는 그의 영업소나 우편송부처에 전달된 때, 수신인이 영업소나 우편송부처가 없는 경우에는 그 상거소에 전달된 때에 수신인에게 도달한 것으로 한다.

Part III. Sale of goods
제3편 물품의 매매

CHAPTER I. GENERAL PROVISIONS
제1장 총칙

Art. 25

A breach of contract committed by one of the parties is fundamental if it results in such detriment to the other party as substantially to deprive him of what he is entitled to expect under the contract, unless the party in breach did not foresee and a reasonable person of the same kind in the same circumstances would not have foreseen such a result.

제25조 (중대한 계약위반의 정의)

당사자 일방의 계약위반은 그 계약에서 상대방이 기대할 수 있는 바를 실질적으로 박탈하는 정도의 손해를 초래하는 경우에는 중대하다. 다만, 위반당사자가 그러한 결과를 예견하지 못하였고, 동일한 부류의 합리적인 자도 동일한 상황에서 그러한 결과를 예견하지 못하였을 경우에는 그러하지 아니하다.

Art. 26

A declaration of avoidance of the contract is effective only if made by notice to the other party.

제26조 (계약해제의 통지)

계약해제의 의사표시는 상대방에 대한 통지로써 행하여진 경우에만 효력이 있다.

Art. 27

Unless otherwise expressly provided in this Part of the Convention, if any notice, request or other communication is given or made by a party in accordance with this Part and by means appropriate in the circumstances, a delay or error in the transmission of the communication or its failure to arrive does not deprive that party of the right to rely on the communication.

제27조 (통신상의 지연 또는 오류)

본 협약 본 편에 별도의 명시적인 규정이 없는 한, 어떠한 통지나 요청 그 밖의 통신이 본 편에 따라 또한 상황에 적절한 방법으로 당사자에 의하여 보내어진 또는 행하여진 경우에는 통신의 전달에 있어서의 지연이나 오류 또는 부도달이 있더라도 당사자는 그 통신을 주장할 권리를 상실하지 아니한다.

Art. 28

If, in accordance with the provisions of this Convention, one party is entitled to require performance of any obligation by the other party, a court is not bound to enter a judgement for specific performance unless the court would do so under its own law in respect of similar contracts of sale not governed by this Convention.

제28조 (특정이행과 국내법)

당사자 일방이 본 협약의 규정에 따라 상대방의 의무이행을 요구할 권리가 있더라도, 법원이 본 협약이 적용되지 아니하는 유사한 매매계약에 관하여 자국법에 따라 특정이행을 명하는 판결을 해야 하는 경우가 아닌 한, 특정이행을 명하는 판결을 할 의무가 없다.

Art. 29

(1) A contract may be modified or terminated by the mere agreement of the parties.

(2) A contract in writing which contains a provision requiring any modification or termination by agreement to be in writing may not be otherwise modified or terminated by agreement. However, a party may be precluded by his conduct from asserting such a provision to the extent that the other party has relied on that conduct.

제29조 (계약의 변경과 서면요건)

(1) 계약은 당사자의 단순 합의에 의해 변경 또는 종료될 수 있다.

(2) 합의에 의한 변경 또는 종료를 서면으로 하여야 함을 요구하는 규정이 있는 경우에 서면계약은 다른 방법으로는 합의에 의하여 변경 또는 종료될 수 없다. 다만, 당사자는 상대방이 자신의 행위를 신뢰한 범위까지는 그러한 규정을 원용할 수 없다.

CHAPTER II. OBLIGATIONS OF THE SELLER
제2장 매도인의 의무

Art. 30

The seller must deliver the goods, hand over any documents relating to them and transfer the property in the goods, as required by the contract and this Convention.

제30조 (매도인의 의무 총괄)

매도인은 계약과 본 협약에 따라 물품을 인도하고, 물품에 관련된 서류를 교부하며, 물품의 소유권을 이전하여야 한다.

Section I. Delivery of the goods and handing over of documents
제1절 물품의 인도 및 서류의 교부

Art. 31

If the seller is not bound to deliver the goods at any other particular place, his obligation to deliver consists:

(a) if the contract of sale involves carriage of the goods in handing the goods over to the first carrier for transmission to the buyer;

(b) if, in cases not within the preceding subparagraph, the contract relates to specific goods, or unidentified goods to be drawn from a specific stock or to be manufactured or produced, and at the time of the conclusion of the contract the parties knew that the goods were at, or were to be manufactured or produced at, a particular place--in placing the goods at the buyer's disposal at that place;

(c) in other cases in placing the goods at the buyer's disposal at the place where the seller had his place of business at the time of the conclusion of the contract.

제31조 (물품인도장소)

매도인이 물품을 다른 특정한 장소에서 인도할 의무가 없는 경우에 그 인도의무는 다음과 같다.

(a) 매매계약이 물품의 운송을 포함하는 경우 매수인에게 송부하기 위하여 물품을 최초운송인에게 인도한다.

(b) 전항의 규정에 해당되지 아니하는 경우로서 계약이 특정한 물품에 관련되어 있거나 또는 특정한 재고로부터 인출되어질 또는 제조 또는 생산되어질 불특정물에 관련되어 있으며, 또한 당사자 쌍방이 계약체결 시에 그 물품이 특정한 장소에 있었다는 것을 또는 특정한 장소에서 제조 또는 생산될 것을 알고 있었던 경우 물품을 그 장소에서 매수인의 처분 하에 둔다.

(c) 그 밖의 경우에는 물품을 매도인이 계약체결 시에 영업소를 가지고 있었던 장소에서 매수인의 처분 하에 둔다.

Art. 32

(1) If the seller, in accordance with the contract or this Convention, hands the goods over to a carrier and if the goods are not dearly identified to the contract by markings on the goods, by shipping documents or otherwise, the seller must give the buyer notice of the consignment specifying the goods.

(2) If the seller is bound to arrange for carriage of the goods, he must make such contracts as are necessary for carriage to the place fixed by means of transportation appropriate in the circumstances and according to the usual terms for such transportation.

(3) If the seller is not bound to effect insurance in respect of the carriage of the goods, he must, at the buyer's request, provide him with all available information necessary to enable him to effect such insurance.

제32조 (운송의 수배)

(1) 매도인이 계약 또는 본 협약에 따라 물품을 운송인에게 인도한 경우에 그 물품이 화인, 선적서류 그 밖의 방법에 의하여 그 계약의 목적물로서 명확히 특정되어 있지 아니한 경우에는 매도인은 매수인에게 물품을 특정하는 탁송통지서를 송부하여야 한다.

(2) 매도인이 물품의 운송을 수배하여야 하는 경우에는 매도인은 상황에 따라 적절한 운송수단에 및 그 운송을 위한 통상적인 조건으로 지정된 장소까지의 운송에 필요한 계약을 체결하여야 한다.

(3) 매도인이 물품의 운송과 관련하여 담보하여야 할 의무가 없는 경우에는 매도인은 매수인의 요청에 따라, 매수인이 그렇게 담보할 수 있도록 하는데 필요한 모든 가능한 정보를 매수인에게 제공하여야 한다.

Art. 33

The seller must deliver the goods:

(a) if a date is fixed by or determinable from the contract, on that date;

(b) if a period of time is fixed by or determinable from the contract, at any time within that period unless circumstances indicate that the buyer is to choose a date; or

(c) in any other case, within a reasonable time after the conclusion of the contract.

제33조 (인도의 시기)

매도인은 다음의 시기에 물품을 인도하여야 한다.

(a) 인도기일이 계약에 의하여 지정되어 있거나, 확정될 수 있는 경우에는 그 기일

(b) 인도기간이 계약에 의하여 지정되어 있거나, 확정될 수 있는 경우에는 매수인이 기일을 선택할 것이라는 사정이 나타나 있지 않은 한, 그 기간 내의 어떠한 시기 또는

(c) 그 밖의 경우에는 계약체결 후 상당한 기간 내.

Art. 34

If the seller is bound to hand over documents relating to the goods, he must hand them over at the time and place and in the form required by the contract. If the seller has handed over documents before that time, he may, up to that time, cure any lack of conformity in the documents, if the exercise of this right does not cause the buyer unreasonable inconvenience or unreasonable expense. However, the buyer retains any right to claim damages as provided for in this Convention.

제34조 (물품에 관한 서류)

매도인이 물품에 관한 서류를 교부하여야 하는 경우에 매도인은 계약에서 정한 시기, 장소 및 방식에 따라 이를 교부하여야 한다. 매도인이 계약에서 정한 시기 이전에 서류를 교부한 경우에 매도인은 그 시기까지는 서류상의 모든 흠결을 보완할 수 있다. 다만, 이러한 권리행사가 매수인에게 불합리한 불편이나 불합리한 비용을 야기하지 아니하여야 한다. 그러나, 매수인은 본 협약에서 규정된 바에 따라 손해배상을 청구할 권리를 보유한다.

Section II. Conformity of the goods and third party claims
제2절 물품의 일치성과 제3자의 클레임

Art. 35

(1) The seller must deliver goods which are of the quantity, quality and description required by the contract and which are contained or packaged in the manner required by the contract.

(2) Except where the parties have agreed otherwise, the goods do not conform with the contract unless they:

(a) are fit for the purposes for which goods of the same description would ordinarily be used;

(b) are fit for any particular purpose expressly or impliedly made known to the seller at the time of the conclusion of the contract, except where the circumstances show that the buyer did not rely, or that it was unreasonable for him to rely, on the seller's skill and judgement;

(c) possess the qualities of goods which the seller has held out to the buyer as a sample or model;

(d) are contained or packaged in the manner usual for such goods or, where there is no such manner, in a manner adequate to preserve and protect the goods.

(3) The seller is not liable under subparagraphs (a) to (d) of the preceding paragraph for any lack of conformity of the goods if at the time of the conclusion of the contract the buyer knew or could not have been unaware of such lack of conformity.

제35조 (물품의 계약적합성)

(1) 매도인은 계약에서 정한 수량, 품질 및 명세에 일치하고, 계약에서 정한 방법으로 용기에 담기거나, 포장된 물품을 인도하여야 한다.

(2) 당사자가 달리 합의한 경우를 제외하고, 물품이 다음과 같지 아니하면, 그 물품은 계약에 적합하지 아니하다.
  (a) 물품이 이와 동일한 명세의 물품이 통상적으로 사용되는 목적에 적합하다.
  (b) 물품이 계약체결 시에 명시적 또는 묵시적으로 매도인에게 알려져 있는 특정목적에 적합하다. 다만, 사정으로 보아 매수인이 매도인의 기량과 판단을 신뢰하지 않았거나 또는 이를 신뢰함이 불합리했던 경우에는 그러하지 아니하다.
  (c) 물품이 매도인이 견본 또는 모형으로 매수인에게 제시한 물품의 품질을 보유하고 있다.
  (d) 물품이 그러한 물품에 대해서는 통상적인 방법으로 또는 그러한 방법이 없는 경우에는 그 물품을 보존하고 보호하는데 적절한 방법으로 용기에 담기거나 또는 포장되어 있다.
(3) 매수인이 계약체결 시에 물품의 부적합을 알고 있었거나 또는 모를 수가 없었던 경우에는 매도인은 물품의 부적합에 관하여 전항 (a)와 (d)에 따른 책임을 지지 아니한다.

Art. 36

(1) The seller is liable in accordance with the contract and this Convention for any lack of conformity which exists at the time when the risk passes to the buyer, even though the lack of conformity becomes apparent only after that time.
(2) The seller is also liable for any lack of conformity which occurs after the time indicated in the preceding paragraph and which is due to a breach of any of his obligations, including a breach of any guarantee that for a period of time the goods will remain fit for their ordinary purpose or for some particular purpose or will retain specified qualities or characteristics.

제36조 (물품의 손상과 계약적합성에 미치는 효과)

(1) 매도인은 위험이 매수인에게 이전하는 때에 존재하는 부적합에 관하여 계약 및 본 협약에 따른 책임을 지며, 이는 비록 그 부적합이 그 시점 이후에 밝혀지더라도 마찬가지다.
(2) 매도인은 또한 부적합이 전항 소정의 시점 이후에 발생하더라도 그것이 그의 의무위반에 기인하는 경우에는 이에 대한 책임을 지며, 그의 의무위반에는 일정기간 동안 그 물품이 통상적인 목적 또는 어떠한 특정한 목적에 적합하게 유지될 것이라는 보증이나 또는 특정한 품질 또는 특질을 보유할 것이라는 보증의 위반이 포함된다.

Art. 37

If the seller has delivered goods before the date for delivery, he may, up to that date, deliver any missing part or make up any deficiency in the quantity of the goods delivered, or deliver goods in replacement of any non-conforming goods delivered or remedy any lack of conformity in the goods delivered, provided that the exercise of this right does not cause the buyer unreasonable inconvenience or unreasonable expense. However, the buyer retains any right to claim damages as provided for in this Convention.

제37조 (인도기일 전의 보완권)

매도인이 인도기일 이전에 물품을 인도한 경우에는 매수인에게 불합리한 불편이나 또는 불합리한 비용을 야기하지 아니하는 한, 매도인은 그 기일까지는 인도된 물품의 누락분을 인도하거나 또는 수량의 부족을 보충하거나 또는 인도된 부적합 물품에 갈음하는 물품을 인도하거나 또는 인도된 물품의 부적합을 시정할 수 있다. 그러나, 매수인은 본 협약에서 규정된 바의 손해배상을 청구할 권리를 보유한다.

Art. 38

(1) The buyer must examine the goods, or cause them to be examined, within as short a period as is practicable in the circumstances.
(2) If the contract involves carriage of the goods, examination may be deferred until after the goods have arrived at their destination.
(3) If the goods are redirected in transit or redispatched by the buyer without a reasonable opportunity for examination by him and at the time of the conclusion of the contract the seller knew or ought to have known of the possibility of such redirection or redispatch, examination may be deferred until after the goods have arrived at the new destination.

제38조 (물품검사시기)

(1) 매수인은 상황에 비추어 실행가능한 단기간 내에 물품을 검사하거나 검사하게 하여야 한다.

(2) 계약이 물품의 운송을 포함하는 경우에는 검사는 물품이 목적지에 도착한 이후까지 연기될 수 있다.

(3) 물품이 매수인에 의한 검사를 위한 합리적인 기회도 없이 매수인에 의하여 운송 중에 목적지가 변경되거나 또는 전송되고 또한 계약체결 시에 매도인이 그러한 변경이나 전송의 가능성을 알았거나 또는 알았어야 했던 경우에는 검사는 물품이 새로운 목적지에 도착한 이후까지 연기될 수 있다.

Art. 39

(1) The buyer loses the right to rely on a lack of conformity of the goods if he does not give notice to the seller specifying the nature of the lack of conformity within a reasonable time after he has discovered it or ought to have discovered it.

(2) In any event, the buyer loses the right to rely on a lack of conformity of the goods if he does not give the seller notice thereof at the latest within a period of two years from the date on which the goods were actually handed over to the buyer, unless this time-limit is inconsistent with a contractual period of guarantee.

제39조 (계약부적합의 통지)

(1) 매수인이 물품의 부적합을 발견하였거나 또는 발견하였어야 했던 때로부터 상당한 기간 내에 매도인에게 당해 부적합의 내용을 명세하여 통지하지 아니하는 경우에는 매수인은 물품의 부적합을 원용할 권리를 상실한다.

(2) 매수인은 물품이 매수인에게 실제로 인도된 날로부터 늦어도 2년 이내에 매도인에게 그에 따른 통지를 아니한 경우에는 물품의 부적합을 원용할 권리를 상실한다. 다만, 이러한 기간제한이 계약상의 보증기간과 양립하지 아니하는 경우에는 그러하지 아니하다.

Art. 40

The seller is not entitled to rely on the provisions of Arts 38 and 39 if the lack of conformity relates to facts of which he knew or could not have been unaware and which he did not disclose to the buyer.

제40조 (매도인의 악의)

물품의 부적합을 매도인이 알았거나 또는 모를 수가 없었고 또한 매도인인 매수인에게 고지하지 아니했던 사실과 관련되어 있는 경우 매도인은 제38조 및 제39조의 규정을 원용할 권리가 없다.

Art. 41

The seller must deliver goods which are free from any right or claim of a third party, unless the buyer agreed to take the goods subject to that right or claim. However, if such right or claim is based on industrial property or other intellectual property, the seller's obligation is governed by Art. 42.

제41조 (물품에 대한 제3자의 클레임)

매수인이 제3자의 권리 또는 클레임의 대상이 된 물품을 수령하는데 동의한 경우를 제외하고, 매도인은 제3자의 권리 또는 클레임으로부터 자유로운 물품을 인도해야 한다. 그러나, 그러한 권리 또는 클레임이 공업소유권 또는 기타 지적재산권에 기초하는 경우 매도인의 의무는 제42조에 의하여 규율된다.

Art. 42

(1) The seller must deliver goods which are free from any right or claim of a third party based on industrial property or other intellectual property, of which at the time of the conclusion of the contract the seller knew or could not have been unaware, provided that the right or claim is based on industrial property or other intellectual property:

(a) under the law of the State where the goods will be resold or otherwise used, if it was contemplated by the parties at the time of the conclusion of the contract that the goods would be resold or otherwise used in that State; or

(b) in any other case, under the law of the State where the buyer has his place of business.

(2) The obligation of the seller under the preceding paragraph does not extend to cases where:

(a) at the time of the conclusion of the contract the buyer knew or could not have been unaware of the right or claim; or

(b) the right or claim results from the seller's compliance with technical drawings, designs, formulae or other such specifications furnished by the buyer.

제42조 (지적재산권 등에 기초한 제3자의 클레임)

(1) 매도인은 계약체결 시에 자신이 알았거나 모를 수가 없었던 공업소유권 그 밖의 지적재산권에 기초한 제3자의 권리 또는 클레임으로부터 자유로운 물품을 인도하여야 한다. 다만, 이러한 권리 또는 클레임은 다음과 같은 국가의 법에 의한 공업소유권 그 밖의 지적재산권에 기초하여야 한다.

(a) 당사자 쌍방이 계약체결 시에 물품이 어느 국가에서 전매되거나 그 밖의 방법으로 사용될 것을 예상한 경우에는 그 물품이 전매되거나 그 밖의 방법으로 사용될 국가의 법

(b) 그 밖의 경우에는 매수인이 영업소를 가지는 국가의 법

(2) 전항의 매도인의 의무는 다음의 경우에는 적용되지 아니한다.

(a) 매수인이 계약체결 시에 이러한 권리 또는 클레임을 알았거나 또는 모를 수가 없었던 경우

(b) 이러한 권리나 클레임이 매수인에 의해 제공된 기술설계, 디자인, 방식 그 밖의 명세를 매도인이 따른 결과로 발생한 경우

Art. 43

(1) The buyer loses the right to rely on the provisions of Art. 41 or Art. 42 if he does not give notice to the seller specifying the nature of the right or claim of the third party within a reasonable time after he has become aware or ought to have become aware of the right or claim.

(2) The seller is not entitled to rely on the provisions of the preceding paragraph if he knew of the right or claim of the third party and the nature of it.

제43조 (제3자 클레임에 관한 통지)

(1) 매수인이 제3자의 권리 또는 클레임을 알았거나 또는 알았어야 했던 때로부터 상당한 기간 내에 매도인에게 제3자의 권리나 클레임의 내용을 특정하여 통지하지 아니한 경우에는 매수인은 제41조 또는 제42조의 규정을 원용할 권리를 상실한다.

(2) 매도인이 제3자의 권리 또는 클레임 및 그 내용을 알고 있었던 경우에는 매도인은 전항의 규정을 원용할 권리가 없다.

Art. 44

Notwithstanding the provisions of paragraph (1) of Art. 39 and paragraph (1) of Art. 43, the buyer may reduce the price in accordance with Art. 50 or claim damages, except for loss of profit, if he has a reasonable excuse for his failure to give the required notice.

제44조 (불통지의 정당한 사유)

제39조 (1) 및 제43조 (1)의 규정에도 불구하고 매수인이 요구된 통지를 하지 못한데 대한 정당한 사유가 있는 경우에 제50조에 따라 대금을 감액하거나 이익의 손실을 제외한 손해배상을 청구할 수 있다.

Section III. Remedies for breach of contract by the seller
제3절 매도인의 계약위반에 대한 구제

Art. 45

(1) If the seller fails to perform any of his obligations under the contract or this Convention, the buyer may:

(a) exercise the rights provided in Arts 46 to 52;

(b) claim damages as provided in Arts 74 to 77.

(2) The buyer is not deprived of any right he may have to claim damages by exercising his right to other remedies.

(3) No period of grace may be granted to the seller by a court or arbitral tribunal when the buyer resorts to a remedy for breach of contract.

제45조 (매수인의 구제수단)

(1) 매도인이 계약 또는 본 협약상의 의무를 이행하지 아니하는 경우 매수인은,

(a) 제46조 내지 제52조에 규정된 권리를 행사할 수 있고,

(b) 제74조 내지 제77조에 규정된 손해배상을 청구할 수 있다.
(2) 매수인이 손해배상을 청구할 수 있는 권리는 다른 구제를 구하는 권리를 행사함으로써 상실되지 아니한다.
(3) 매수인이 계약위반에 대한 구제를 구하는 경우에 법원 또는 중재판정부는 매도인에게 유예기간을 부여할 수 없다.

Art. 46

(1) The buyer may require performance by the seller of his obligations unless the buyer has resorted to a remedy which is inconsistent with this requirement.
(2) If the goods do not conform with the contract, the buyer may require delivery of substitute goods only if the lack of conformity constitutes a fundamental breach of contract and a request for substitute goods is made either in conjunction with notice given under Art. 39 or within a reasonable time thereafter.
(3) If the goods do not conform with the contract, the buyer may require the seller to remedy the lack of conformity by repair, unless this is unreasonable having regard to all the circumstances. A request for repair must be made either in conjunction with notice given under Art. 39 or within a reasonable time thereafter.

제46조 (매수인의 이행청구권)

(1) 매수인은 매도인에게 의무의 이행을 청구할 수 있다. 다만, 매수인이 이러한 청구와 양립하지 아니하는 구제를 구한 경우 그러하지 아니하다.
(2) 물품이 계약에 부적합한 경우에 매수인은 대체물품의 인도를 청구할 수 있다. 다만, 당해 계약부적합이 중대한 계약위반이 되고 대체물품의 청구가 제39조의 통지와 동시에 또는 그 후 상당한 기간 내에 행하여지는 경우에 한한다.
(3) 물품이 계약에 부적합한 경우에 매수인은 모든 상황을 고려하여 불합리한 경우를 제외하고, 매도인에게 수리에 의한 부적합의 보완을 청구할 수 있다. 수리청구는 제39조의 통지와 동시에 또는 그 후 상당한 기간 내에 행하여져야 한다.

Art. 47

(1) The buyer may fix an additional period of time of reasonable length for performance by the seller of his obligations.
(2) Unless the buyer has received notice from the seller that he will not perform within the period so fixed, the buyer may not, during that period, resort to any remedy for breach of contract. However, the buyer is not deprived thereby of any right he may have to claim damages for delay in performance.

제47조 (이행을 위한 추가기간의 지정)

(1) 매수인은 매도인의 의무이행을 위하여 상당한 기간의 추가기간을 지정할 수 있다.
(2) 매수인이 매도인으로부터 당해 지정된 추가기간 내에 이행하지 아니하겠다는 통지를 수령한 경우를 제외하고, 매수인은 그 기간 중에는 계약위반에 대한 어떠한 구제도 구할 수 없다. 다만, 매수인은 이행지체에 대한 손해배상을 청구할 수 있는 권리를 상실하지 아니한다.

Art. 48

(1) Subject to Art. 49, the seller may, even after the date for delivery, remedy at his own expense any failure to perform his obligations, if he can do so without unreasonable delay and without causing the buyer unreasonable inconvenience or uncertainty of reimbursement by the seller of expenses advanced by the buyer. However, the buyer retains any right to claim damages as provided for in this Convention.
(2) If the seller requests the buyer to make known whether he will accept performance and the buyer does not comply with the request within a reasonable time, the seller may perform within the time indicated in his request. The buyer may not, during that period of time, resort to any remedy which is inconsistent with performance by the seller.
(3) A notice by the seller that he will perform within a specified period of time is assumed to include a request, under the preceding paragraph, that the buyer make known his decision.
(4) A request or notice by the seller under paragraph (2) or (3) of this Art. is not effective unless received by the

buyer.

제48조 (인도기일 이후의 보완)

(1) 제49조의 경우를 제외하고 매도인은 인도기일 이후에도 불합리하게 지체하지 아니하고, 매수인에게 불합리한 불편 또는 매수인이 선지급한 비용을 매도인으로부터 보상받는데 대한 불안을 초래하지 아니하는 경우에는 자신의 비용으로 그 의무의 불이행을 보완할 수 있다. 다만, 매수인은 본 협약에 규정된 바의 손해배상을 청구할 권리를 보유한다.

(2) 매도인이 매수인에게 그 이행을 인수할지의 여부를 알려주도록 요구하였으나 매수인이 상당한 기간 내에 그 요구에 응하지 아니하는 경우 매도인은 자신의 요구에서 제시한 기간 내에 이행할 수 있다. 매수인은 그 기간 중에는 매도인의 이행과 양립하지 아니하는 구제를 구할 수 없다.

(3) 특정기간 내에 이행하겠다는 매도인의 통지는 매수인이 그의 결정을 알려주어야 한다는 전항의 요구를 포함하는 것으로 추정한다.

(4) 본조 (2) 또는 (3)에 따른 매도인의 요구 또는 통지는 매수인이 수령하지 아니하는 한, 그 효력이 발생하지 아니한다.

Art. 49

(1) The buyer may declare the contract avoided:

(a) if the failure by the seller to perform any of his obligations under the contract or this Convention amounts to a fundamental breach of contract; or

(b) in case of non-delivery, if the seller does not deliver the goods within the additional period of time fixed by the buyer in accordance with paragraph (1) of Art. 47 or declares that he will not deliver within the period so fixed.

(2) However, in cases where the seller has delivered the goods, the buyer loses the right to declare the contract avoided unless he does so:

(a) in respect of late delivery, within a reasonable time after he has become aware that delivery has been made;

(b) in respect of any breach other than late delivery, within a reasonable time:

(i) after he knew or ought to have known of the breach;

(ii) after the expiration of any additional period of time fixed by the buyer in accordance with paragraph (1) of Art. 47, or after the seller has declared that he will not perform his obligations within such an additional period; or

(iii) after the expiration of any additional period of time indicated by the seller in accordance with paragraph (2) of Art. 48, or after the buyer has declared that he will not accept performances.

제49조 (매수인의 계약해제권)

(1) 매수인은 다음의 경우에 계약의 해제를 선언할 수 있다.

(a) 계약 또는 본 협약에 따른 매도인의 의무불이행이 중대한 계약위반에 이르게 되는 경우

(b) 인도불이행의 경우 매도인이 제47조 (1)에 따라 매수인이 지정한 추가기간 내에 물품을 인도하지 아니하거나, 그 지정된 기간 내에 인도하지 아니하겠다고 선언하는 경우

(2) 그러나, 매도인이 물품을 인도한 경우 매수인은 다음의 시기에 계약해제를 선언하지 아니하는 한, 계약해제권을 상실한다.

(a) 인도지체의 경우 매수인이 인도가 이루어진 사실을 알게 된 때로부터 상당한 기간 내,

(b) 인도지체 이외의 모든 위반과 관련하여 다음의 때로부터 상당한 기간 내,

i) 매수인이 그 위반을 알았거나 또는 알 수 있었던 때

ii) 매수인이 제47조 (1)에 따라 지정한 추가기간이 경과한 때 또는 매도인이 추가기간 내에 의무를 이행하지 아니하겠다고 선언한 때

iii) 제48조 (2)에 따라 매도인이 제시한 추가기간이 경과한 때 또는 매수인이 이행을 인수하지 아니하겠다고 선언한 때

Art. 50

If the goods do not conform with the contract and whether or not the price has already been paid, the buyer may reduce the price in the same proportion as the value that the goods actually delivered had at the time of the delivery bears to the value that conforming goods would have had at that time. However, if the seller remedies any failure to perform his obligations in accordance with Art. 37 or Art. 48 or if the buyer refuses to accept performance by the seller in accordance with those Articles, the buyer may not reduce the price.

제50조 (대금의 감액)

물품이 계약에 부적합한 경우에 대금지급 여부와 관계없이 매수인은 실제로 인도된 물품이 인도 시에 가지고 있던 가액이 계약에 적합한 물품이라면, 그 당시에 가지고 있었을 가액에 관하여 가지는 비율에 따라 대금을 감액할 수 있다. 다만, 매도인이 제37조 또는 제48조에 따라 그 의무의 불이행을 보완하거나, 매수인이 당해 조항에 따라 매도인의 이행의 인수를 거절한 경우에는 대금을 감액할 수 없다.

Art. 51

(1) If the seller delivers only a part of the goods or if only a part of the goods delivered is in conformity with the contract, Article 46 to 50 apply in respect of the part which is missing or which does not conform.

(2) The buyer may declare the contract avoided in its entirety only if the failure to make delivery completely or in conformity with the contract amounts to a fundamental breach of the contract.

제51조 (물품일부의 부적합)

(1) 매도인이 물품의 일부만을 인도하거나, 인도된 물품의 일부만이 계약에 적합한 경우에 제46조 내지 제50조는 부족 또는 부적합한 부분에 적용된다.

(2) 매수인은 인도가 완전하게 또는 계약에 적합하게 이루어지지 아니한 것이 중대적 계약위반에 해당하는 경우에 한하여, 계약전체의 해제를 선언할 수 있다.

Art. 52

(1) If the seller delivers the goods before the date fixed, the buyer may take delivery or refuse to take delivery.

(2) If the seller delivers a quantity of goods greater than that provided for in the contract, the buyer may take delivery or refuse to take delivery of the excess quantity. If the buyer takes delivery of all or part of the excess quantity, he must pay for it at the contract rate.

제52조 (조기인도 및 수량초과인도)

(1) 매도인이 이행기 전에 물품을 인도한 경우에 매수인은 이를 수령하거나, 거절할 수 있다.

(2) 매도인이 계약에서 정한 것보다 많은 양의 물품을 인도한 경우 매수인은 초과분을 수령하거나 또는 거절할 수 있다. 매수인이 초과분의 전부 또는 일부를 수령한 경우 계약의 비율에 따라 그 대금을 지급하여야 한다.

CHAPTER III. OBLIGATIONS OF THE BUYER
제3장 매수인의 의무

Art. 53

The buyer must pay the price for the goods and take delivery of them as required by the contract and this Convention.

제53조 (매수인 의무의 총괄)

매수인은 계약 및 본 협약에 따라, 물품의 대금을 지급하고, 물품의 인도를 수령하여야 한다.

Section I. Payment of the price
제1절 대금의 지급

Art. 54

The buyer's obligation to pay the price includes taking such steps and complying with such formalities as may be required under the contract or any laws and regulations to enable payment to be made.

제54조 (대금지급을 위한 조치)

매수인의 대금지급의무에는 그 지급을 위하여 계약 또는 관련 법규에서 요구되는 조치를 취하고 또한 그 절차를 준수하는 것이 포함된다.

Art. 55

Where a contract has been validly concluded but does not expressly or implicitly fix or make provision for determining the price, the parties are considered, in the absence of any indication to the contrary, to have impliedly made reference to the price generally charged at the time of the conclusion of the contract for such goods sold under comparable circumstances in the trade concerned.

제55조 (대금불확정계약)

계약이 유효하게 성립되었으나, 그 대금을 명시적 또는 묵시적으로 정하고 있지 아니하거나, 이를 정하기 위한 규정을 두지 아니한 경우에 당사자는 반대의 표시가 없는 한, 계약체결 시에 당해 거래와 유사한 상황에서 매매되는 그러한 종류의 물품에 관하여 일반적으로 청구되는 대금을 묵시적으로 원용한 것으로 본다.

Art. 56

If the price is fixed according to the weight of the goods, in case of doubt it is to be determined by the net weight.

제56조 (순중량에 의한 대금의 결정)

대금이 물품의 중량에 따라 정해지는 경우 의심이 있는 때는, 순중량에 의해 대금을 결정하는 것으로 한다.

Art. 57

(1) If the buyer is not bound to pay the price at any other particular place, he must pay it to the seller:
 (a) at the seller's place of business; or
 (b) if the payment is to be made against the handing over of the goods or of documents, at the place where the handing over takes place.

(2) The seller must bear any increase in the expenses incidental to payment which is caused by a change in his place of business subsequent to the conclusion of the contract.

제57조 (대금지급의 장소)

(1) 매수인이 다른 특정한 장소에서 대금을 지급하여야 할 의무가 없는 경우에 매수인은 다음과 같은 장소에서 매도인에게 이를 지급하여야 한다.
 (a) 매도인의 영업소
 (b) 대금이 물품 또는 서류의 인도와 상환으로 지급되어야 하는 경우 그 인도가 행하여지는 장소

(2) 매도인은 계약체결 후에 자신의 영업소를 변경함으로써 발생하는 대금지급에 대한 부수비용의 증가액을 부담하여야 한다.

Art. 58

(1) If the buyer is not bound to pay the price at any other specific time, he must pay it when the seller places either the goods or documents controlling their disposition at the buyer's disposal in accordance with the contract and this Convention. The seller may make such payment a condition for handing over the goods or documents.

(2) If the contract involves carriage of the goods, the seller may dispatch the goods on terms whereby the goods, or documents controlling their disposition, will not be handed over to the buyer except against payment of the price.

(3) The buyer is not bound to pay the price until he has had an opportunity to examine the goods, unless the procedures for delivery or payment agreed upon by the parties are inconsistent with his having such an opportunity.

제58조 (대금지급의 시기)

(1) 매수인이 다른 어떤 특정한 시기에 대금을 지급하여야 할 의무가 없는 경우에 매수인은 매도인이 계약과 본 협약에 따라 물품 또는 그 처분을 지배하는 서류를 매수인의 처분하에 두는 때에 대금을 지급하여야 한다. 매도인은 그 지급을 물품 또는 서류의 인도를 위한 조건으로 할 수 있다.

(2) 계약이 물품의 운송을 포함하는 경우 매도인은 대금의 지급과 상환으로 물품 또는 그 처분을 지배하는 서류를 매수인에게 인도한다는 것을 조건으로 물품을 발송할 수 있다.

(3) 매수인은 물품을 검사할 기회를 가질 때까지는 대금을 지급할 의무가 없다. 다만, 당사자 간에 합의된 인도 또는 지급절차가 매수인이 검사기회를 가지는 것과 양립하지 아니하는 경우에는 그러하지 아니하다.

Art. 59

The buyer must pay the price on the date fixed by or determinable from the contract and this Convention without the need for any request or compliance with any formality on the part of the seller.

제59조 (대금지급의무와 지급요구의 불필요)

매수인은 계약 또는 본 협약에서 지정되거나, 확정될 수 있는 기일에 대금을 지급하여야 하며, 이 경우 매도인의 입장에서는 어떠한 요구를 하거나, 어떠한 절차를 따를 필요가 없다.

Section II. Taking delivery
제2절 인도의 수령

Art. 60

The buyer's obligation to take delivery consists:

(a) in doing all the acts which could reasonably be expected of him in order to enable the seller to make delivery; and

(b) in taking over the goods.

제60조 (매수인의 인도수령의무)

매수인의 인도수령의무는 다음과 같다.

(a) 매도인의 인도를 가능하게 하기 위하여 매수인에게 합리적으로 기대될 수 있는 모든 행위를 하는 것

(b) 물품을 수령하는 것

Section III. Remedies for breach of contract by the buyer
제3절 매수인의 계약위반에 대한 구제

Art. 61

(1) If the buyer fails to perform any of his obligations under the contract or this Convention, the seller may:

(a) exercise the rights provided in Arts 62 to 65;

(b) claim damages as provided in Arts 74 to 77.

(2) The seller is not deprived of any right he may have to claim damages by exercising his right to other remedies.

(3) No period of grace may be granted to the buyer by a court or arbitral tribunal when the seller resorts to a remedy for breach of contract.

제61조 (매도인의 구제권)

(1) 매수인이 계약 또는 본 협약상의 의무를 이행하지 아니하는 경우에 매도인은 다음의 권리를 행사할 수 있다.

(a) 제62조 내지 제65조에 규정된 권리

(b) 제74조 내지 제77조의 규정에 따른 손해배상의 청구

(2) 매도인이 손해배상을 청구할 수 있는 권리는 다른 구제를 구하는 권리의 행사로부터 박탈되지 아니한다.

(3) 매도인이 계약위반에 대한 구제를 구하는 경우에 법원 또는 중재판정부는 매수인에게 유예기간을 허여할 수 없다.

Art. 62

The seller may require the buyer to pay the price, take delivery or perform his other obligations, unless the seller has resorted to a remedy which is inconsistent with this requirement.

제62조 (매도인의 이행청구권)

매도인은 매수인에게 대금의 지급, 인도의 수령 또는 그 밖의 의무의 이행을 청구할 수 있다. 다만, 매도인이 당해 청구와 양립하지 아니하는 구제를 구한 경우에는 그러하지 아니하다.

Art. 63

(1) The seller may fix an additional period of time of reasonable length for performance by the buyer of his obligations.

(2) Unless the seller has received notice from the buyer that he will not perform within the period so fixed, the seller may not, during that period, resort to any remedy for breach of contract. However, the seller is not deprived thereby of any right he may have to claim damages for delay in performance.

제63조 (이행을 위한 추가기간의 지정)

(1) 매도인은 매수인의 의무이행을 위하여 상당한 기간의 추가기간을 지정할 수 있다.

(2) 매도인은 매수인으로부터 그 추가기간 내에 이행하지 아니하겠다는 통지를 수령한 경우를 제외하고, 그 기간 중에는 계약위반에 대한 그 어떠한 구제도 구할 수 없다. 다만, 매도인은 이로 인하여 이행지체에 대한 손해배상을 청구할 수 있는 권리를 박탈당하지 아니한다.

Art. 64

(1) The seller may declare the contract avoided:

(a) if the failure by the buyer to perform any of his obligations under the contract or this Convention amounts to a fundamental breach of contract; or

(b) if the buyer does not, within the additional period of time fixed by the seller in accordance with paragraph (1) of Art. 63, perform his obligation to pay the price or take delivery of the goods, or if he declares that he will not do so within the period so fixed;

(2) However, in cases where the buyer has paid the price, the seller loses the right to declare the contract avoided unless he does so:

(a) in respect of late performance by the buyer, before the seller has become aware that performance has been rendered; or

(b) in respect of any breach other than late performance by the buyer, within a reasonable time:

(i) after the seller knew or ought to have known of the breach; or

(ii) after the expiration of any additional period of time fixed by the seller in accordance with paragraph (1) of Art. 63, or after the buyer has declared that he will not perform his obligations within such an additional period.

제64조 (매도인의 계약해제권)

(1) 매도인은 다음의 경우에 계약의 해제를 선언할 수 있다.

(a) 계약 또는 본 협약상 매수인의 의무불이행이 중대한 계약위반이 되는 경우

(b) 매수인이 제63조 (1)에 따라 매도인이 지정한 추가기간 내에 물품대금 지급 또는 물품의 인도를 수령할 의무를 이행하지 아니하거나, 매수인이 그 기간 내에 이를 이행하지 아니하겠다고 선언하는 경우

(2) 그러나, 매수인이 대금을 지급한 경우 매도인은 다음의 기간 내에 계약을 해제하지 않는 한, 계약해제권을 상실한다.

(a) 매수인의 이행지체와 관련해서 매도인이 이행이 이루어진 것을 알기 전

(b) 매수인의 이행지체 이외의 위반과 관련해서 다음의 때로부터 상당한 기간 내,

i) 매도인이 그 위반을 알았거나 또는 알 수 있었던 때

ii) 매도인이 제63조 (1)에 따라 지정한 추가기간이 경과한 때 또는 매수인이 그 추가기간 내에 의무를 이행하지 아니하겠다고 선언한 때

Art. 65

(1) If under the contract the buyer is to specify the form, measurement or other features of the goods and he fails to make such specification either on the date agreed upon or within a reasonable time after receipt of a request from the seller, the seller may, without prejudice to any other rights he may have, make the specification himself in accordance with the requirements of the buyer that may be known to him.

(2) If the seller makes the specification himself, he must inform the buyer of the details thereof and must fix a reasonable time within which the buyer may make a different specification. If, after receipt of such a

communication, the buyer fails to do so within the time so fixed, the specification made by the seller is binding.

제65조 (물품명세의 확정권)

(1) 계약상 매수인이 물품의 형태, 규격 그 밖의 특징을 명세하여야 하는 경우에 매수인이 합의된 기일 또는 매도인으로부터 요구를 수령한 후 상당한 기간 내에 그러한 물품명세를 확정하지 아니한 경우에는 매도인은 자신이 보유하는 다른 권리를 해함이 없이 자신이 알고 있는 매수인의 요구조건에 따라 스스로 물품명세를 확정할 수 있다.

(2) 매도인이 스스로 물품명세를 확정하는 경우 매수인에게 이에 관한 세부사항을 통지하여야 하고, 매수인이 그와 다른 물품명세를 확정할 수 있도록 상당한 기간을 지정하여야 한다. 매수인이 그 통지를 수령한 후, 지정된 기간 내에 다른 물품명세를 확정하지 아니하는 경우에는 매도인이 확정한 물품명세가 구속력을 가진다.

CHAPTER IV. PASSING OF RISK
제4장 위험의 이전

Art. 66

Loss of or damage to the goods after the risk has passed to the buyer does not discharge him from his obligation to pay the price, unless the loss or damage is due to an act or omission of the seller.

제66조 (위험이전의 효과)

위험이 매수인에게 이전된 후에 물품이 멸실, 손상되더라도 매수인은 대금지급의무를 면하지 못한다. 다만, 그 멸실 또는 손상이 매도인의 작위 또는 부작위에 기인한 경우에는 그러하지 아니하다.

Art. 67

(1) If the contract of sale involves carriage of the goods and the seller is not bound to hand them over at a particular place, the risk passes to the buyer when the goods are handed over to the first carrier for transmission to the buyer in accordance with the contract of sale. If the seller is bound to hand the goods over to a carrier at a particular place, the risk does not pass to the buyer until the goods are handed over to the carrier at that place. The fact that the seller is authorized to retain documents controlling the disposition of the goods does not affect the passage of the risk.

(2) Nevertheless, the risk does not pass to the buyer until the goods are clearly identified to the contract, whether by markings on the goods, by shipping documents, by notice given to the buyer or otherwise.

제67조 (운송조항부계약과 위험의 이전)

(1) 매매계약이 물품의 운송을 포함하고, 매도인이 특정한 장소에서 이를 인도하여야 할 의무가 없는 경우에 위험은 매매계약에 따라 매수인에게 송부되기 위해서 물품이 최초운송인에게 인도되는 때에 매수인에게 이전한다. 매도인이 특정한 장소에서 물품을 운송인에게 인도하여야 하는 경우에 위험은 물품이 그 장소에서 운송인에게 인도되기까지 매수인에게 이전하지 아니한다. 매도인이 물품의 처분을 지배하는 서류를 보유할 권한이 있다는 사실은 위험의 이전에 영향을 미치지 아니한다.

(2) 그럼에도 불구하고, 위험은 물품이 화인, 선적서류, 매수인에 대한 통지 그 밖의 방법에 의하여 계약에 명확히 특정될 때까지 매수인에게 이전하지 아니한다.

Art. 68

The risk in respect of goods sold in transit passes to the buyer from the time of the conclusion of the contract. However, if the circumstances so indicate, the risk is assumed by the buyer from the time the goods were handed over to the carrier who issued the documents embodying the contract of carriage. Nevertheless, if at the time of the conclusion of the contract of sale the seller knew or ought to have known that the goods had been lost or damaged and did not disclose this to the buyer, the loss or damage is at the risk of the seller.

제68조 (운송 중인 물품의 매매와 위험)

운송 중에 매각된 물품에 관한 위험은 계약체결 시에 매수인에게 이전한다. 다만, 특별한 사정이 있는 경우에 위험은 운송계약을 표창하는 서류를 발행한 운송인에게 물품이 인도된 때로부터 매수인이 부담한다. 그럼에도 불구하고, 매도인이 매매계약의 체결 시에 물품이 이미 멸실 또는 손상되었다는 사실을 알았거나, 알았어야 했고 또한 이를 매수인에게 밝히지 아니한 경우에는 그 멸실 또는 손상은 매도인의 위험에 속한다.

Art. 69

(1) In cases not within Arts 67 and 68, the risk passes to the buyer when he takes over the goods or, if he does not do so in due time, from the time when the goods are placed at his disposal and he commits a breach of contract by failing to take delivery.

(2) However, if the buyer is bound to take over the goods at a place other than a place of business of the seller, the risk passes when delivery is due and the buyer is aware of the fact that the goods are placed at his disposal at that place.

(3) If the contract relates to goods not then identified, the goods are considered not to be placed at the disposal of the buyer until they are clearly identified to the contract.

제69조 (기타 경우의 위험)

(1) 제67조와 제68조에 해당되지 아니하는 경우에 위험은 매수인이 물품을 수령한 때, 매수인이 적시에 이를 수령하지 아니한 경우에는 물품이 매수인의 처분하에 놓이고 또한 매수인이 이를 수령하지 아니하여 계약위반을 범하게 된 때 매수인에게 이전한다.

(2) 그러나, 매수인이 매도인의 영업소 이외의 장소에서 물품을 수령하여야 하는 경우에 위험은 인도기일이 도래하고, 물품이 그 장소에서 매수인의 처분하에 놓인 사실을 매수인이 안 때에 이전한다.

(3) 불특정물에 관한 계약의 경우에 물품은 계약에 명확히 특정될 때까지 매수인의 처분하에 놓이지 아니한 것으로 본다.

Art. 70

If the seller has committed a fundamental breach of contract, Arts 67, 68 and 69 do not impair the remedies available to the buyer on account of the breach.

제70조 (매도인의 계약위반과 위험의 이전)

매도인이 중대한 계약위반을 범한 경우에는 제67조, 제68조, 제69조는 매수인이 당해 위반을 이유로 구할 수 있는 구제를 침해하지 아니한다.

CHAPTER V. PROVISIONS COMMON TO THE OBLIGATIONS OF THE SELLER AND OF THE BUYER
제5장 매도인과 매수인의 의무에 공통되는 규정

Section I. Anticipatory breach and instalment contracts
제1절 이행기전의 계약위반과 분할이행계약

Art. 71

(1) A party may suspend the performance of his obligations if, after the conclusion of the contract, it becomes apparent that the other party will not perform a substantial part of his obligations as a result of:

(a) a serious deficiency in his ability of perform or in his creditworthiness; or

(b) his conduct in preparing to perform or in performing the contract.

(2) If the seller has already dispatched the goods before the grounds described in the preceding paragraph become evident, he may prevent the handing over of the goods to the buyer even though the buyer holds a document which entitles him to obtain them. The present paragraph relates only to the rights in the goods as between the buyer and the seller.

(3) A party suspending performance, whether before or after dispatch of the goods, must immediately give notice of the suspension to the other party and must continue with performance if the other party provides adequate assurance of his performance.

제71조 (이행정지)

(1) 당사자는 계약체결 이후에 상대방이 다음과 같은 사유로 그의 의무의 실질적 부분을 이행하지 아니할 것이 명백하게 되는 경우 자신의 의무의 이행을 정지할 수 있다.
  (a) 상대방의 이행능력 또는 신용도의 중대한 결함
  (b) 계약의 이행준비 또는 이행에 관한 상대방의 행위

(2) 전항의 사유가 명백하게 되기 전에 매도인이 이미 물품을 발송한 경우에는 매수인이 물품을 취득할 수 있는 권리증권을 소지하고 있더라도 매도인은 물품이 매수인에게 인도되는 것을 저지할 수 있다. 본항은 매도인과 매수인 간의 물품에 관한 권리에만 적용한다.

(3) 이행을 정지한 당사자는 물품의 발송 전 · 후에 관계없이 즉시 상대방에게 그 정지를 통지하여야 하고, 상대방이 그 이행에 관하여 적절한 보장을 제공한 경우에는 이행을 계속해야 한다.

Art. 72

(1) If prior to the date for performance of the contract it is clear that one of the parties will commit a fundamental breach of contract, the other party may declare the contract avoided.

(2) If time allows, the party intending to declare the contract avoided must give reasonable notice to the other party in order to permit him to provide adequate assurance of his performance.

(3) The requirements of the preceding paragraph do not apply if the other party has declared that he will not perform his obligations.

제72조 (이행기 전의 계약해제)

(1) 계약의 이행기 전에 일방이 중대한 계약위반을 범하는 것이 명백한 경우 상대방은 계약해제를 선언할 수 있다.

(2) 시간이 허용하는 경우 계약해제를 선언하고자 하는 당사자는 상대방이 그 이행에 관하여 적절한 보장을 제공할 수 있도록 그에게 합리적인 통지를 하여야 한다.

(3) 전항의 요건은 상대방이 그 의무를 이행하지 아니하겠다고 선언한 경우에는 적용되지 아니한다.

Art. 73

(1) In the case of a contract for delivery of goods by instalments, if the failure of one party to perform any of his obligations in respect of any instalment constitutes a fundamental breach of contract with respect to that instalment, the other party may declare the contract avoided with respect to that instalment.

(2) If one party's failure to perform any of his obligations in respect of any instalment gives the other party good grounds to conclude that a fundamental breach of contract will occur with respect to future installments, he may declare the contract avoided for the future, provided that he does so within a reasonable time.

(3) A buyer who declares the contract avoided in respect of any delivery may, at the same time, declare it avoided in respect of deliveries already made or of future deliveries if, by reason of their interdependence, those deliveries could not be used for the purpose contemplated by the parties at the time of the conclusion of the contract.

제73조 (분할이행계약의 해제)

(1) 물품을 분할인도하는 계약의 경우 어느 분할분에 관한 일방의 의무불이행이 그 분할분과 관련하여 중대한 계약위반이 되는 경우에 상대방은 그 분할분에 관하여 계약의 해제를 선언할 수 있다.

(2) 어느 분할분에 관한 당사자 일방의 의무불이행이 상대방으로 하여금 장래의 분할분과 관련하여 중대한 계약위반이 있으리라는 결론을 내리게 하는 충분한 근거가 되는 경우 상대방은 장래에 관하여 계약해제를 선언할 수 있다. 다만, 당해 계약해제는 상당한 기간 내에 이루어져야 한다.

(3) 어느 인도분에 관하여 계약의 해제를 선언하는 매수인은 이미 행하여진 인도분 또는 장래의 인도분에 대해서도 계약의 해제를 선언할 수 있다. 다만, 당해 인도분은 상호 의존관계로 인하여 계약체결 시에 당사자 쌍방이 의도한 목적으로 사용될 수 없는 경우에 한한다.

Section II. Damages
제2절 손해액

Art. 74

Damages for breach of contract by one party consist of a sum equal to the loss, including loss of profit, suffered by the other party as a consequence of the breach. Such damages may not exceed the loss which the party in breach foresaw or ought to have foreseen at the time of the conclusion of the contract, in the light of the facts and matters of which he then knew or ought to have known, as a possible consequence of the breach of contract.

제74조 (손해액 산정의 일반원칙)

당사자 일방의 계약위반으로 인한 손해액은 이익의 상실을 포함하여, 그 위반의 결과 상대방이 입은 손실과 동등한 금액으로 한다. 그 손해액은 위반당사자가 계약체결 시에 알았거나, 알았어야 했던 사실 및 사정에 비추어, 계약위반의 가능한 결과로서 예견하였거나, 예견할 수 있었던 손실을 초과할 수 없다.

Art. 75

If the contract is avoided and if, in a reasonable manner and within a reasonable time after avoidance, the buyer has bought goods in replacement or the seller has resold the goods, the party claiming damages may recover the difference between the contract price and the price in the substitute transaction as well as any further damages recoverable under Art. 74.

제75조 (대체거래와 손해액)

계약이 해제되고, 계약해제 후 합리적인 방법으로, 상당한 기간 내에 매수인이 대체품을 매수하였거나, 매도인이 물품을 재매각한 경우에 손해배상을 청구하는 당사자는 계약대금과 대체거래대금과의 차액 및 외에 제74조에 따른 그 밖의 모든 손해액을 배상받을 수 있다.

Art. 76

(1) If the contract is avoided and there is a current price for the goods, the party claiming damages may, if he has not made a purchase or resale under Art. 75, recover the difference between the price fixed by the contract and the current price at the time of avoidance as well as any further damages recoverable under Art. 74. If, however, the party claiming damages has avoided the contract after taking over the goods, the current price at the time of such taking over shall be applied instead of the current price at the time of avoidance.

(2) For the purposes of the preceding paragraph, the current price is the price prevailing at the place where delivery of the goods should have been made or, if there is no current price at that place, the price at such other place as serves as a reasonable substitute, making due allowance for differences in the cost of transporting the goods.

제76조 (시가에 기초한 손해배상액)

(1) 계약이 해제되고, 물품에 시가가 있는 경우에 손해배상을 청구하는 당사자는 제75조에 따라 구매 또는 재매각하지 아니하였다면, 계약에서 정한 대금과 계약해제 시의 시가와의 차액 및 그 밖에 제74조에 따른 손해액을 배상받을 수 있다. 다만, 손해배상을 청구하는 당사자가 물품을 수령한 후에 계약을 해제한 경우에는 계약해제 시의 시가에 갈음하여 물품수령 시의 시가를 적용한다.

(2) 전항의 적용에 있어, 시가는 물품이 인도되었어야 했던 장소에서의 지배적인 가격, 그 장소에서 시가가 없는 경우에는 물품 운송비용의 차액을 적절히 고려하여 합리적으로 대체할 수 있는 다른 장소에서 가격을 말한다.

Art. 77

A party who relies on a breach of contract must take such measures as are reasonable in the circumstances to mitigate the loss, including loss of profit, resulting from the breach. If he fails to take such measures, the party in breach may claim a reduction in the damages in the amount by which the loss should have been mitigated.

제77조 (손해경감의 의무)

계약위반을 주장하는 당사자는 이익의 상실을 포함하여, 그 위반으로 인한 손실을 경감하기 위해, 그 상황에서 합리적인 조치를 취하여야 한다. 계약위반을 주장하는 당사자가 이러한 조치를 취하지 아니하는 경우에 위반당사자는 경감되었어야 했던 손실만큼 손해배상액의 감액을 청구할 수 있다.

Section III. Interest
제3절 이자

Art. 78

If a party fails to pay the price or any other sum that is in arrears, the other party is entitled to interest on it, without prejudice to any claim for damages recoverable under Art. 74.

제78조 (연체금액의 이자)

어느 일방이 대금이나 그 밖의 연체된 금액을 지급하지 아니하는 경우에 상대방은 제74조에 따른 손해배상청구권을 해함이 없이 그 금액에 대한 이자를 청구할 수 있다.

Section IV. Exemption
제4절 면책

Art. 79

(1) A party is not liable for a failure to perform any of his obligations if he proves that the failure was due to an impediment beyond his control and that he could not reasonably be expected to have taken the impediment into account at the time of the conclusion of the contract or to have avoided or overcome it or its consequences.

(2) If the party's failure is due to the failure by a third person whom he has engaged to perform the whole or a part of the contract, that party is exempt from liability only if:

(a) he is exempt under the preceding paragraph; and

(b) the person whom he has so engaged would be so exempt if the provisions of that paragraph were applied to him.

(3) The exemption provided by this Art. has effect for the period during which the impediment exists.

(4) The party who fails to perform must give notice to the other party of the impediment and its effect on his ability to perform. If the notice is not received by the other party within a reasonable time after the party who fails to perform knew or ought to have known of the impediment, he is liable for damages resulting from such non receipt.

(5) Nothing in this Art. prevents either party from exercising any right other than to claim damages under this Convention.

제79조 (손해배상책임의 면제)

(1) 당사자가 그 의무의 불이행이 자신이 통제할 수 없는 장애에 기인하였다는 것과, 계약체결 시에 그 장애를 고려하거나 또는 그 장애나 그로 인한 결과를 회피하거나 극복하는 것이 합리적으로 기대될 수 없었다는 것을 입증하는 경우에는 그는 자신의 의무불이행에 관하여 책임이 없다.

(2) 당사자의 불이행이 계약의 전부 또는 일부를 이행하기 위하여 사용한 제3자의 불이행에 기인하는 경우에는 그 당사자는 다음의 경우에 한하여 그 책임을 면한다.

(a) 당사자가 전항의 규정에 따라 면책되고, 또한

(b) 당사자가 사용한 제3자도 그에게 전항이 적용된다면 역시 면책되는 경우

(3) 본조에 규정된 면책은 장애가 존재하는 기간 동안 그 효력을 가진다.

(4) 불이행 당사자는 상대방에게 장애 및 그 장애가 자신의 이행능력에 미치는 영향을 통지하여야 한다. 불이행 당사자가 장애를 알았거나, 알았어야 했던 때로부터 상당한 기간 내에 그 통지가 상대방에게 도달하지 아니하는 경우에 그는 그러한 부도달에 기인하는 손해에 관하여 책임이 있다.

(5) 본조의 규정은 어느 당사자에 대해서도 본 협약에 따른 손해배상청구권 이외의 모든 권리의 행사를 방해하지 아니한다.

Art. 80

A party may not rely on a failure of the other party to perform, to the extent that such failure was caused by the first party's act or omission.

제80조 (자신의 귀책사유와 상대방의 불이행)

당사자는 상대방의 불이행이 자신의 작위 또는 부작위에 기인하는 한, 상대방의 불이행을 주장할 수 없다.

Section V. Effects of avoidance
제5절 해제의 효과

Art. 81

(1) Avoidance of the contract releases both parties from their obligations under it, subject to any damages which may be due. Avoidance does not affect any provision of the contract for the settlement of disputes or any other provision of the contract governing the rights and obligations of the parties consequent upon the avoidance of the contract.

(2) A party who has performed the contract either wholly or in part may claim restitution from the other party of whatever the first party has supplied or paid under the contract. If both parties are bound to make restitution, they must do so concurrently.

제81조 (의무의 소멸과 반환청구 등)

(1) 계약의 해제는 정당한 손해배상의무를 제외하고, 당사자 모두를 계약상 의무로부터 해방시킨다. 해제는 계약상 분쟁해결을 위한 조항이나 또는 계약의 해제에 따라 발생하는 당사자의 권리와 의무를 규율하는 그 밖의 계약조항에는 영향을 미치지 아니한다.

(2) 계약의 전부 또는 일부를 이행한 당사자는 상대방에게 당해 계약하에서 자신이 이미 제공 또는 지급한 것에 대한 반환을 청구할 수 있다. 당사자 쌍방이 모두 반환의무가 있는 경우에는 이를 동시에 반환하여야 한다.

Art. 82

(1) The buyer loses the right to declare the contract avoided or to require the seller to deliver substitute goods if it is impossible for him to make restitution of the goods substantially in the condition in which he received them.

(2) The preceding paragraph does not apply:

(a) if the impossibility of making restitution of the goods or of making restitution of the goods substantially in the condition in which the buyer received them is not due to his act or omission;

(b) the goods or part of the goods have perished or deteriorated as a result of the examination provided for in Art. 38; or

(c) if the goods or part of the goods have been sold in the normal course of business or have been consumed or transformed by the buyer in the course of normal use before he discovered or ought to have discovered the lack of conformity.

제82조 (물품반환의 불가능)

(1) 매수인이 물품을 수령한 상태와 실질적으로 동일한 상태로 물품을 반환할 수 없는 경우에 매수인은 계약의 해제를 선언하거나, 매도인에게 대체품의 인도를 청구할 권리를 상실한다.

(2) 전항의 규정은 다음의 경우에는 적용되지 아니한다.

(a) 물품을 반환할 수 없거나, 매수인이 물품을 수령한 상태와 실질적으로 동일한 상태로 반환할 수 없는 이유가 매수인의 작위 또는 부작위에 기인하지 아니한 경우

(b) 제38조에 규정된 검사로 인하여 물품의 전부 또는 일부가 멸실 또는 훼손된 경우

(c) 매수인이 부적합을 발견하였거나, 발견하였어야 했던 시점 이전에 물품의 전부 또는 일부가 매수인에 의하여 이미 통상적인 상거래과정에서 매각되거나, 통상적인 사용과정에서 소비 또는 변형된 경우

Art. 83

A buyer who has lost the right to declare the contract avoided or to require the seller to deliver substitute goods in accordance with Art. 82 retains all other remedies under the contract and this Convention.

제83조 (그 밖의 구제권의 존속)

매수인은 제82조에 따라 계약해제권 또는 대체물품인도청구권을 상실한 경우에도 계약 및 본 협약에 따른 그 밖의 모든 구제권을 보유한다.

Art. 84

(1) If the seller is bound to refund the price, he must also pay interest on it, from the date on which the price was paid.

(2) The buyer must account to the seller for all benefits which he has derived from the goods or part of them:

(a) if he must make restitution of the goods or part of them; or

(b) if it is impossible for him to make restitution of all or part of the goods or to make restitution of all or part of the goods substantially in the condition in which he received them, but he has nevertheless declared the contract avoided or required the seller to deliver substitute goods.

제84조 (이익의 반환)

(1) 매도인이 대금을 반환하여야 할 의무가 있는 경우에 매도인은 대금이 지급된 날로부터 그에 대한 이자도 지급하여야 한다.

(2) 매수인은 다음의 경우에는 물품의 전부 또는 일부로부터 취득한 이익을 매도인에게 반환하여야 한다.

(a) 매수인이 물품의 전부 또는 일부를 반환하여야 하는 경우

(b) 매수인이 물품의 전부 또는 일부를 반환할 수 없거나, 물품을 수령한 상태와 실질적으로 동일한 상태로 물품의 전부 또는 일부를 반환할 수 없음에도 불구하고, 매수인이 계약을 해제하거나, 매도인에게 대체품의 인도를 청구한 경우

Section VI. Preservation of the goods
제6절 물품의 보존

Art. 85

If the buyer is in delay in taking delivery of the goods or, where payment of the price and delivery of the goods are to be made concurrently, if he fails to pay the price, and the seller is either in possession of the goods or otherwise able to control their disposition, the seller must take such steps as are reasonable in the circumstances to preserve them. He is entitled to retain them until he has been reimbursed his reasonable expenses by the buyer.

제85조 (매도인의 물품보존의무)

매수인이 물품인도의 수령을 지체하거나, 대금의 지급과 물품의 인도가 동시에 이행되어야 함에도 매수인이 대금을 지급하지 아니한 경우로서, 매도인이 물품을 점유하고 있거나, 그 밖의 방법으로 물품의 처분을 지배할 수 있는 경우에 매도인은 물품을 보존하기 위하여 그 상황에서 합리적인 조치를 취하여야 한다. 매도인은 그의 합리적인 비용을 매수인으로부터 상환받을 때까지 물품을 보유할 권리가 있다.

Art. 86

(1) If the buyer has received the goods and intends to exercise any right under the contract or this Convention to reject them, he must take such steps to preserve them as are reasonable in the circumstances. He is entitled to retain them until he has been reimbursed his reasonable expenses by the seller.

(2) If goods dispatched to the buyer have been placed at his disposal at their destination and he exercises the right to reject them, he must take possession of them on behalf of the seller, provided that this can be done without payment of the price and without unreasonable inconvenience or unreasonable expense. This provision does not apply if the seller or a person authorized to take charge of the goods on his behalf is present at the destination. If the buyer takes possession of the goods under this paragraph, his rights and obligations are governed by the preceding paragraph.

제86조 (매수인의 물품보존의무)

(1) 매수인이 물품을 수령한 후에 그 물품을 거절하기 위하여 계약 또는 본 협약에 따른 권리를 행사하고자 할 경우에 매수인은 물품을 보존하기 위하여 그 상황에 따라 합리적인 조치를 취하여야 한다. 매수인은 매도인으로부터 그 합리적인 비용을 상환받을 때까지 물품을 보유할 권리가 있다.

(2) 매수인에게 발송된 물품이 목적지에서 그의 처분하에 놓인 후에, 그가 물품을 거절하는 권리를 행사할 경우 매수인은 매도인을 위하여 그 물품을 점유하여야 한다. 다만, 이는 대금지급 및 불합리한 불편이나 비용 없이 점유할 수 있는 경우이어야 한다. 본조항은 매도인이나 그를 위하여 물품을 관리하는 자가 목적지에

있는 경우에는 적용되지 아니한다. 매수인이 본조항에 따라 물품을 점유하는 경우에는 그의 권리와 의무는 전항의 규정에 의하여 규율된다.

Art. 87

A party who is bound to take steps to preserve the goods may deposit them in a warehouse of a third person at the expense of the other party provided that the expense incurred is not unreasonable.

제87조 (제3자 창고에의 임치)

물품을 보존하기 위한 조치를 취하여야 할 당사자는 그 비용이 불합리하지 않는 한, 상대방 비용으로 제3자 창고에 임치할 수 있다.

Art. 88

(1) A party who is bound to preserve the goods in accordance with Art. 85 or 86 may sell them by any appropriate means if there has been an unreasonable delay by the other party in taking possession of the goods or in taking them back or in paying the price or the cost of preservation, provided that reasonable notice of the intention to sell has been given to the other party.

(2) If the goods are subject to rapid deterioration or their preservation would involve unreasonable expense, a party who is bound to preserve the goods in accordance with Art. 85 or 86 must take reasonable measures to sell them. To the extent possible he must give notice to the other party of his intention to sell.

(3) A party selling the goods has the right to retain out of the proceeds of sale an amount equal to the reasonable expenses of preserving the goods and of selling them. He must account to the other party for the balance.

제88조 (물품의 매각)

(1) 제85조 또는 제86조에 따라 물품을 보존하여야 할 의무가 있는 당사자는 상대방이 물품을 점유하거나, 반환받거나 또는 대금이나 보존비용을 지급함에 있어 불합리한 지체가 있는 경우 적절한 방법으로 물품을 매각할 수 있다. 다만, 상대방에게 매각의사를 합리적으로 통지하여야 한다.

(2) 물품이 급속하게 훼손되기 쉽거나, 그 보존에 불합리한 비용이 요구되는 경우에 제85조 또는 제86조에 따라 물품을 보존하여야 할 당사자는 물품을 매각하기 위하여 합리적인 조치를 취하여야 한다. 이 경우 가능한 범위에서 상대방에게 그 매각의사를 통지하여야 한다.

(3) 물품을 매각한 당사자는 매각대금에서 물품의 보존과 매각에 소요된 합리적인 비용과 동일한 금액을 보유할 권리가 있다. 그러나, 그 차액은 상대방에게 반환해야 한다.

Part IV. Final provisions
제4편 최종규정

Art. 89

The Secretary-General of the United Nations is hereby designated as the depositary for this Convention.

제89조 (수탁기관)

본 협약에 의거하여 UN 사무총장을 수탁기관으로 임명한다.

Art. 90

This Convention does not prevail over any international agreement which has already been or may be entered into and which contains provisions concerning the matters governed by this Convention, provided that the parties have their places of business in States parties, to such agreement.

제90조 (타 협약과의 관계)

본 협약은 이미 발효되었거나 또는 앞으로 발효될 국제협약이 본 협약에 의하여 규율되는 사항에 관한 규정을 포함하고 있는 경우에 본 협약은 그러한 국제협약에 우선하지 아니한다. 다만, 양당사자가 그러한 협약의 당사국에 영업소를 가지고 있어야 한다.

Art. 91

(1) This Convention is open for signature at the concluding meeting of the United Nations Conference on Contracts for the International Sale of Goods and will remain open for signature by all States at the Headquarters of the United Nations, New York until 30 September 1981.

(2) This Convention is subject to ratification, acceptance or approval by the signatory States.

(3) This Convention is open for accession by all States which are not signatory States as from the date it is open for signature.

(4) Instruments of ratification, acceptance, approval and accession are to be deposited with the Secretary-General of the United Nations.

제91조 (서명과 비준 및 가입)

(1) 본 협약은 국제물품매매계약에 관한 국제연합회의의 최종회의에서 서명을 위하여 개방되며, 또한 1981년 9월 30일까지 뉴욕의 국제연합본부에서 모든 국가의 서명을 위하여 개방된다.

(2) 본 협약은 서명국의 비준, 수락 또는 승인되어야 한다.

(3) 본 협약은 서명을 위하여 개방된 날로부터 서명국이 아닌 모든 국가의 가입을 위하여 개방된다.

(4) 비준서, 수락서, 승인서 또는 가입서는 국제연합 사무총장에게 기탁되어야 한다.

Art. 92

(1) A Contracting State may declare at the time of signature, ratification, acceptance, approval or accession that it will not be bound by Part II of this Convention or that it will not be bound by Part III of this Convention.

(2) A Contracting State which makes a declaration in accordance with the preceding paragraph in respect of Part II or Part III of this Convention is not to be considered a Contracting State within paragraph (1) of Art. 1 of this Convention in respect of matters governed by the Part to which the declaration applies.

제92조 (제2편 또는 제3편을 배제하는 유보)

(1) 체약국은 서명, 비준, 수락, 승인 또는 가입 시에 본 협약의 제2편 또는 제3편에 구속되지 아니한다는 취지의 선언을 할 수 있다.

(2) 전항의 규정에 따라 본 협약 제2편 또는 제3편에 관하여 유보선언을 한 체약국은 그 선언이 적용되는 각 편에 의하여 규율되는 사항에 관해서는 본 협약 제1조 (1)에서 규정하는 체약국으로 보지 아니한다.

Art. 93

(1) If a Contracting State has two or more territorial units in which, according to its constitution, different systems of law are applicable in relation to the matters dealt with in this Convention, it may, at the time of signature, ratification, acceptance, approval or accession, declare that this Convention is to extend to all its territorial units or only to one or more of them, and may amend its declaration by submitting another declaration at any time.

(2) These declarations are to be notified to the depositary and are to state expressly the territorial units to which the Convention extends.

(3) If, by virtue of a declaration under this Art., this Convention extends to one or more but not all of the territorial units of a Contracting State, and if the place of business of a party is located in that State, this place of business, for the purposes of this Convention, is considered not to be in a Contracting State, unless it is in a territorial unit to which the Convention extends.

(4) If a Contracting State makes no declaration under paragraph (1) of this Art., the Convention is to extend to all territorial units of that State.

제93조 (연방국가의 비준)

(1) 체약국이 그 헌법상 본 협약에서 다루고 있는 사항과 관련하여 상이한 법제가 적용되는 둘 이상의 영역단위를 가지고 있는 경우 체약국은 서명, 비준, 수락, 승인 또는 가입 시에 본 협약은 모든 영역단위 또는 일부영역에만 적용된다고 선언할 수 있으며, 언제든지 다른 선언을 제출함으로써 그 선언을 변경할 수 있다.

(2) 전항의 선언은 수탁기관에 통고하여야 하며, 본 협약이 적용되는 영역을 명기하여야 한다.

(3) 본조의 선언에 의하여 본 협약이 체약국의 하나 또는 그 이상의 영역단위에 적용되며, 모든 영역단위에는 적용되지 아니하고 또한 당사자의 영업소가 그 체약국에 있는 때에는 그 영업소가 본 협약이 적용상 영역

단위에 있지 아니하는 한, 그 영업소는 본 협약 적용상 체약국에 있지 아니한 것으로 본다.
(4) 체약국이 (1)에 따른 선언을 하지 아니하는 경우에는 본 협약은 그 체약국의 모든 영역단위에 적용된다.

Art. 94

(1) Two or more Contracting States which have the same or closely related legal rules on matters governed by this Convention may at any time declare that the Convention is not to apply to contracts of sale or to their formation where the parties have their places of business in those States. Such declarations may be made jointly or by reciprocal unilateral declarations.
(2) A Contracting State which has the same or closely related legal rules on matters governed by this Convention as one or more non-Contracting States may at any time declare that the Convention is not to apply to contracts of sale or to their formation where the parties have their places of business in those States.
(3) If a State which is the object of a declaration under the preceding paragraph subsequently becomes a Contracting State, the declaration made will, as from the date on which the Convention enters into force in respect of the new Contracting State, have the effect of a declaration made under paragraph (1), provided that the new Contracting State joins in such declaration or makes a reciprocal unilateral declaration.

제94조 (상호 유사한 법을 가진 복수국가의 비준)

(1) 본 협약에 의하여 규율되는 사항에 관하여 동일한 또는 밀접하게 관련된 법규를 가지고 있는 둘 이상의 체약국은 언제든지 계약당사자 쌍방이 이들 체약국에 영업소를 가지고 있는 경우에는 매매계약 또는 그 성립에 본 협약이 적용되지 아니한다고 선언할 수 있다. 이러한 선언은 공동으로 또는 상호 간에 단독으로 할 수 있다.
(2) 본 협약에 의하여 규율되는 사항에 관하여 하나 또는 그 이상의 비체약국과 동일한하거나, 밀접하게 관련된 법규를 가지고 있는 체약국은 언제든지 계약당사자 쌍방이 이들 국가에 영업소를 가지고 있는 경우에는 매매계약과 그 성립에 이 협약을 적용되지 아니한다고 선언할 수 있다.
(3) 전항에 따른 선언의 대상이 된 국가가 차후에 체약국이 되는 경우에 그 선언은 새로운 체약국에 관하여 효력이 발생하는 날로부터 (1)항의 선언으로서의 효력을 가진다. 다만, 새로운 체약국이 그 선언에 참가하거나 또는 상호 간에 단독으로 선언하는 경우에 한한다.

Art. 95

Any State may declare at the time of the deposit of its instrument of ratification, acceptance, approval or accession that it will not be bound by subparagraph (1) (b) of Art. 1 of this Convention.

제95조 [제1조 (1), (b)의 배제]

어느 국가든지 비준서, 수락서, 승인서 또는 가입서의 기탁 시에 본 협약 제1조 (1), (b)에 구속되지 아니하겠다고 선언할 수 있다.

Art. 96

A Contracting State whose legislation requires contracts of sale to be concluded in or evidenced by writing may at any time make a declaration in accordance with Art. 12 that any provision of Art. 11, Art. 29, or Part II of this Convention, that allows a contract of sale or its modification or termination by agreement or any offer, acceptance, or other indication of intention to be made in any form other than in writing, does not apply where any party has his place of business in that State.

제96조 (국내법상 형식요건의 고수)

국내법상 매매계약이 서면으로 체결 또는 입증되도록 요구하고 있는 체약국은 언제든지 제12조의 규정에 따라 매매계약이나 합의에 의한 매매계약의 변경 또는 종료 또는 청약, 승낙 또는 기타의 의사표시가 서면 이외의 어떠한 방식으로 행하여질 수 있도록 허용하는 본 협약 제11조, 제29조 또는 제2편의 어떠한 규정이 계약당사자가 그 체약국에 영업소를 가지고 있는 경우에는 적용되지 아니한다고 선언할 수 있다.

Art. 97

(1) Declarations made under this Convention at the time of signature are subject to confirmation upon ratification,

acceptance or approval.

(2) Declarations and confirmations of declarations are to be in writing and be formally notified to the depositary.

(3) A declaration takes effect simultaneously with the entry into force of this Convention in respect of the State concerned. However, a declaration of which the depositary receives formal notification after such entry into force takes effect on the first day of the month following the expiration of six months after the date of its receipt by the depositary. Reciprocal unilateral declarations under Art. 94 take effect on the first day of the month following the expiration of six months after the receipt of the latest declaration by the depositary.

(4) Any State which makes a declaration under this Convention may withdraw it at any time by a formal notification in writing addressed to the depositary. Such withdrawal is to take effect on the first day of the month following the expiration of six months after the date of the receipt of the notification by the depositary.

(5) A withdrawal of a declaration made under Art. 94 renders inoperative, as from the date on which the withdrawal takes effect, any reciprocal declaration made by another State under that Art..

제97조 (유보선언의 절차 및 유효일)

(1) 본 협약에 따라 서명 시에 행하여진 선언은 비준, 수락 또는 승인과 동시에 확인되어야 한다.

(2) 선언 및 선언의 확인은 이를 서면으로 행하여야 하며, 또한 정식으로 수탁기관에 통고되어야 한다.

(3) 선언은 해당국가에 관하여 본 협약이 효력을 발생함과 동시에 그 효력을 발생한다. 그러나, 본 협약이 해당국가에 관하여 효력을 발생한 이후에 수탁기관이 어떤 선언에 관한 정식통고를 수령하는 경우 그 선언은 수탁기관이 이를 수령한 날로부터 6개월이 경과한 달의 바로 다음 달의 초일에 그 효력을 발생한다. 제94조에 따른 상호적인 일방선언은 수탁기관이 최후의 선언을 수령한 날로부터 6개월을 경과한 달의 바로 다음 달의 초일에 그 효력을 발생한다.

(4) 본 협약에 따라 선언을 행한 국가는 언제든지 수탁기관을 수신인으로 하는 서면에 의한 정식통고에 의하여 그 선언을 철회할 수 있다. 이러한 철회는 수탁기관이 통고를 수령한 날로부터 6개월을 경과한 달의 다음 달 초일에 효력을 발생한다.

(5) 제94조에 따라 행하여진 선언의 철회는 그 철회가 효력을 발생하는 날로부터 동 조에 따라 다른 국가의 행한 상호 선언의 효력을 상실케 한다.

Art. 98

No reservations are permitted except those expressly authorized in this Convention.

제98조 (유보의 금지)

본 협약에서 명시적으로 인정된 경우를 제외하고는 어떠한 유보도 허용되지 아니한다.

Art. 99

(1) This Convention enters into force, subject to the provisions of paragraph (6) of this Art., on the first day of the month following the expiration of twelve months after the date of deposit of the tenth instrument of ratification, acceptance, approval or accession, including an instrument which contains a declaration made under Art. 92.

(2) When a State ratifies, accepts, approves or accedes to this Convention after the deposit of the tenth instrument of ratification, acceptance, approval or accession, this Convention, with the exception of the Part excluded, enters into force in respect of that State, subject to the provisions of paragraph (6) of this Art., on the first day of the month following the expiration of twelve months after the date of the deposit of its instrument of ratification, acceptance, approval or accession.

(3) A State which ratifies, accepts, approves or accedes to this Convention and is a party to either or both the Convention relating to a Uniform Law on the Formation of Contracts for the International Sale of Goods done at The Hague on 1 July 1964 (1964 Hague Formation Convention) and the Convention relating to a Uniform Law on the International Sale of Goods done at The Hague on 1 July 1964 (1964 Hague Sales Convention) shall at the same time denounce, as the case may be, either or both the 1964 Hague Sales Convention and the 1964 Hague Formation Convention by notifying the Government of the Netherlands to that effect.

(4) A State party to the 1964 Hague Sales Convention which ratifies, accepts, approves or accedes to the present Convention and declares or has declared under Art. 92 that it will not be bound by Part II of this Convention

shall at the time of ratification, acceptance, approval or accession denounce the 1964 Hague Sales Convention by notifying the Government of the Netherlands to that effect.

(5) A State party to the 1964 Hague Formation Convention which ratifies, accepts, approves or accedes to the present Convention and declares or has declared under Art. 92 that it will not be bound by Part III of this Convention shall at the time of ratification, acceptance, approval or accession denounce the 1964 Hague Formation Convention by notifying the Government of the Netherlands to that effect.

(6) For the purpose of this Art., ratifications, acceptances, approvals and accessions in respect of this Convention by States parties to the 1964 Hague Formation Convention or to the 1964 Hague Sales Convention shall not be effective until such denunciations as may be required on the part of those States in respect of the latter two Conventions have themselves become effective. The depositary of this Convention shall consult with the Government of the Netherlands, as the depositary of the 1964 Conventions, so as to ensure necessary co-ordination in this respect.

제99조 (협약의 발효와 경과규정)

(1) 본 협약은 본조 제6항 소정의 제한 아래서 제92조하에서 행해진 선언을 담은 문서를 포함하여 제10번째의 비준서, 수락서, 승인서 또는 가입서가 기탁된 날로부터 12개월이 경과한 달의 바로 다음 달의 초일에 그 효력을 발생한다.

(2) 어느 국가가 제10번째의 비준서, 수락서, 승인서 또는 가입서가 기탁된 이후에 본 협약을 비준, 수락, 승인 또는 가입하는 경우 본 협약은 그 적용이 배제되는 편을 제외하고는 본조 제6항 소정의 제한 아래서 그 국가의 비준서, 수락서, 승인서 또는 가입서가 기탁된 날로부터 12개월이 경과한 달의 바로 다음 달 초일에 그 국가에 관하여 효력을 발생한다.

(3) 본 협약을 비준, 수락, 승인 또는 가입하는 국가가 1964년 7월 1일 헤이그에서 제정된 '국제물품매매계약의 성립에 관한 통일법'에 관련한 협약[1964년 헤이그 성립협약]과 1964년 7월 1일에 헤이그에서 제정된 '국제물품매매에 관한 통일법'에 관련한 협약[1964년 '헤이그 매매협약'] 중의 어느 하나 또는 양자 모두의 당사국인 경우 그 국가는 비준, 수락, 승인 또는 가입과 동시에 네덜란드 정부에 폐기의 취지를 통고함으로써 경우에 따라 1964년 '헤이그 매매협약'과 1964년 '헤이그 성립협약' 중의 어느 하나 또는 양자 모두를 폐기하여야 한다.

(4) 1964년 '헤이그 매매협약' 당사국으로서 본 협약을 비준, 수락, 승인 또는 가입하는 국가가 제92조에 따라 본 협약의 제2편에 구속되지 아니하겠다고 선언하거나 또는 이미 선언한 경우에 그 국가는 본 협약의 비준, 수락, 승인 또는 가입 시에 네덜란드 정부에 그 폐기의 취지를 통고함으로써 1964년 '헤이그 매매협약'을 폐기하여야 한다.

(5) 1964년 '헤이그 성립협약' 당사국으로서 본 협약을 비준, 수락, 승인 또는 가입하는 국가가 제92조에 따라 본 협약 제3편에 구속되지 아니하겠다고 선언하거나 또는 이미 선언한 경우 그 국가는 본 협약의 비준, 수락, 승인 또는 가입 시에 네덜란드 정부에 그 폐기의 취지를 통고함으로써 1964년 '헤이그 성립협약'을 폐기하여야 한다.

(6) 본조의 적용에 있어 1964년 '헤이그 성립협약' 또는 1964년 '헤이그 매매협약'의 당사국에 의한 본 협약의 비준, 수락, 승인 또는 가입은 이 두 협약과 관련하여 그 당사국 측에 요구되는 바의 그러한 폐기가 스스로 효력을 발생하기 까지는 그 효력을 발생하지 아니한다. 본 협약의 수탁기관은 이러한 점에서 필요한 협력을 확보하기 위하여 1964년 협약들의 수탁기관인 네덜란드 정부와 협의하여야 한다.

Art. 100

(1) This Convention applies to the formation of a contract only when the proposal for concluding the contract is made on or after the date when the Convention enters into force in respect of the Contracting States referred to in subparagraph (1) (a) or the Contracting State referred to in subparagraph (1) (b) of Art. (1)

(2) This Convention applies only to contracts concluded on or after the date when the Convention enters into force in respect of the Contracting States referred to in subparagraph (1)(a) or the Contracting State referred to in subparagraph (1)(b) of Art. (1).

제100조 (청약 및 계약에 대한 발효일)

(1) 계약체결을 위한 제의가 본 협약이 제1조 (1), (a) 소정의 체약국이나, 동조 (1), (b) 소정의 체약국에 관하

여 효력을 발생한 날 또는 그 이후에 행하여진 경우에만 본 협약은 계약의 성립에 적용된다.

(2) 본 협약이 제1조 (1), (a) 소정의 체약국이나, 본조 (1), (b) 소정의 체약국에 관하여 효력을 발생한 날 또는 그 이후에 체결되는 계약에 관해서만 본 협약이 적용된다.

Art. 101

(1) A Contracting State may denounce this Convention, or Part II or Part III of the Convention, by a formal notification in writing addressed to the depositary.

(2) The denunciation takes effect on the first day of the month following the expiration of twelve months after the notification is received by the depositary. Where a longer period for the denunciation to take effect is specified in the notification, the denunciation takes effect upon the expiration of such longer period after the notification is received by the depositary.

제101조 (협약의 폐기)

(1) 체약국은 수탁기관에게을 수신인으로 하는 서면에 의한 정식통고에 의하여 본 협약 또는 본 협약 제2편 또는 제3편을 폐기할 수 있다.

(2) 폐기는 수탁기관이 그 통고를 수령한 날로부터 12개월이 경과한 달의 바로 다음 달의 초일에 그 효력을 발생한다. 그 통고에서 폐기가 효력을 발생하는 보다 장기의 기간이 명시되어 있는 경우에 폐기는 수탁기관이 그 통고를 수령한 날로부터 이러한 보다 장기의 기간이 경과한 때에 그 효력을 발생한다.

【부록 2】

[국제상사계약에 관한 일반원칙 (PICC)]
- UNIDROIT Principles of International Commercial Contracts (2010) -

PREAMBLE (Purpose of the Principles)

These Principles set forth general rules for international commercial contracts.
They shall be applied when the parties have agreed that their contract be governed by them.
They may be applied when the parties have agreed that their contract be governed by general principles of law, the *lex mercatoria* or the like.
They may be applied when the parties have not chosen any law to govern their contract.
They may be used to interpret or supplement international uniform law instruments.
They may be used to interpret or supplement domestic law.
They may serve as a model for national and international legislators.

전 문 (본 원칙의 목적)

본 원칙은 국제상사계약에 적용될 일반적 규칙들을 규정한다.
본 원칙은 당사자들이 그들의 계약이 본 원칙의 적용을 받는다고 합의한 경우에 적용된다.
본 원칙은 당사자들이 그들의 계약이 '법의 일반원칙'이나 '상인법' 등의 적용을 받는다고 합의한 경우에 적용될 수 있다.
본 원칙은 당사자들이 그들의 계약에 적용될 법을 선택하지 않은 경우에 적용될 수 있다.
본 원칙은 국제적인 통일법규범을 해석 또는 보충하는 데 사용될 수 있다.
본 원칙은 국내법을 해석하거나 보충하는 데 사용될 수 있다.
본 원칙은 국내·국제적으로 하나의 입법모델이 될 수 있다.

제1장 일반규정 (GENERAL PROVISIONS)

Article 1.1 (Freedom of contract)
The parties are free to enter into a contract and to determine its content.
제1.1조 (계약의 자유)
당사자들은 자유로이 계약을 체결하고 그 내용을 결정할 수 있다.

Article 1.2 (No form required)
Nothing in these Principles requires a contract, statement or any other act to be made in or evidenced by a particular form. It may be proved by any means, including witnesses.
제1.2조 (형식의 자유)
PICC의 어느 규정도 계약이나 진술 그 밖의 행위가 특정형식으로 행해지거나 증명될 것을 요구하지 않는다. 이는 증언을 포함, 어떠한 방법으로도 입증될 수 있다.

Article 1.3 (Binding character of contract)
A contract validly entered into is binding upon the parties. It can only be modified or terminated in accordance with its terms or by agreement or as otherwise provided in these Principles.

제1.3조 (계약의 구속력)
유효하게 체결된 계약은 양당사자를 구속한다. 계약은 당해 계약의 계약조건에 따르 거나 합의에 의하여 그 밖에 PICC의 규정에 따라 변경 또는 종료될 수 있다.

Article 1.4 (Mandatory rules)
Nothing in these Principles shall restrict the application of mandatory rules, whether of national, international or supranational origin, which are applicable in accordance with the relevant rules of private international law.
제1.4조 (강행규칙)
PICC의 어떠한 규정도 국제사법의 관련 규칙에 따라 적용되는 국가적·국제적 또는 초국가적 기원의 강행규칙의 적용을 제한하지 아니한다.

Article 1.5 (Exclusion or modification by the parties)
The parties may exclude the application of these Principles or derogate from or vary the effect of any of their provisions, except as otherwise provided in the Principles.
제1.5조 (당사자들에 의한 배제 또는 변경)
PICC에서 달리 규정하고 있지 않은 한, 당사자들은 PICC의 적용을 배제하거나 그 효력을 감퇴 또는 변경할 수 있다.

Article 1.6 (Interpretation and supplementation of the Principles)
(1) In the interpretation of these Principles, regard is to be had to their international character and to their purposes including the need to promote uniformity in their application.
(2) Issues within the scope of these Principles but not expressly settled by them are as far as possible to be settled in accordance with their underlying general principles.
제1.6조 (PICC의 해석과 보충)
(1) PICC를 해석함에 있어서는 PICC의 국제적 성격과 그 적용의 통일을 증진할 필 요성을 포함하여 PICC의 목적이 고려되어야 한다.
(2) PICC의 적용범위 내의 사항으로서 PICC에 의해 명시적으로 해결되지 않은 사항 은 가능한 PICC가 기초하고 있는 일반원칙에 따라 해결되어야 한다.

Article 1.7 (Good faith and fair dealing)
(1) Each party must act in accordance with good faith and fair dealing in international trade.
(2) The parties may not exclude or limit this duty.
제1.7조 (신의와 공정거래)
(1) 각 당사자는 국제거래에서의 신의와 공정거래에 좇아 행위하여야 한다.
(2) 당사자들은 당해 의무를 배제하거나 제한할 수 없다.

Article 1.8 (Inconsistent behaviour)
A party cannot act inconsistently with an understanding it has caused the other party to have and upon which that other party reasonably has acted in reliance to its detriment.
제1.8조 (불일치한 행위)
당사자는 자신으로 인하여 상대방이 어떤 이해를 하게 되었고 또한 상대방이 그러한 이해를 합리적으로 신뢰하여 행위 한 때에는 상대방의 그러한 이해에 반하여 그에게 피해가 되는 행위를 할 수 없다.

Article 1.9 (Usages and practices)
(1) The parties are bound by any usage to which they have agreed and by any practices which they have established between themselves.
(2) The parties are bound by a usage that is widely known to and regularly observed in international trade by parties in the particular trade concerned except where the application of such a usage would be unreasonable.

제1.9조 (관습과 관행)

(1) 당사자들은 그들이 동의한 관습과 그들 간에 확립한 관행에 구속된다.

(2) 당사자들은 국제거래에서 특정한 거래의 당사자들에게 널리 알려져 있고 또한 그들에 의해 통상적으로 준수되고 있는 관습에 구속된다. 다만 그러한 관습을 적용하는 것이 불합리한 경우에는 그러하지 아니하다.

Article 1.10 (Notice)

(1) Where notice is required it may be given by any means appropriate to the circumstances.

(2) A notice is effective when it reaches the person to whom it is given.

(3) For the purpose of paragraph (2) a notice "reaches" a person when given to that person orally or delivered at that person's place of business or mailing address.

(4) For the purpose of this article "notice" includes a declaration, demand, request or any other communication of intention.

제1.10조 (통지)

(1) 통지가 요구되는 경우 이는 당해 상황에 적절한 방법으로 행할 수 있다.

(2) 통지는 그것이 수신인에게 도달한 때에 효력이 발생한다.

(3) 전항에서의 통지는 수신인에게 구두로 행하여지거나 그의 영업소나 우편주소지에 전달된 때에 도달로 본다.

(4) 본조에서 말하는 통지는 선언 · 요구 · 청구 그 밖의 의사표시를 포함한다.

Article 1.11 (Definitions)

In these Principles

- "court" includes an arbitral tribunal;
- where a party has more than one place of business the relevant "place of business" is that which has the closest relationship to the contract and its performance, having regard to the circumstances known to or contemplated by the parties at any time before or at the conclusion of the contract;
- "obligor" refers to the party who is to perform an obligation and "obligee" refers to the party who is entitled to performance of that obligation.
- "writing" means any mode of communication that preserves a record of the information contained therein and is capable of being reproduced in tangible form.

제1.11조 (용어의 정의)

PICC에서,

- '법원'은 중재판정부를 포함한다
- 일방이 둘 이상의 영업소를 가지고 있는 경우 '영업소'는, 계약체결 전이나 계약체결 시에 당사자들에게 알려져 있거나 당사자들에 의해 예기되었던 제반사정을 참작하여 당해 계약 및 그 이행과 가장 밀접한 관계가 있는 장소를 말한다.
- '채무자'라 함은 의무를 이행하여야 하는 당사자를 말하며, '채권자'라 함은 동 의무의 이행을 청구할 수 있는 당사자를 말한다.
- '서면'이라 함은 그 안에 담긴 정보의 기록을 보존하고 또한 유체의 형태로 재생할 수 있는 모든 통신방법을 말한다.

제1.12조 (당사자들이 정한 기간의 계산)

(1) 이행을 위한 행위를 위해 당사자들이 정한 기간 중에 공휴일 또는 비영업일은 당해 기간을 계산하는 데에 산입된다.

(2) 그러나 그러한 기간의 말일이 당해 이행을 수행할 당사자의 영업소에서 공휴일 또는 비영업일에 해당하는 경우 다른 사정이 없는 한, 후속하는 최초의 영업일까지 그 기간은 연장된다.

(3) 다른 사정이 없는 한, 시기의 기준이 되는 표준시는 당해 시기를 정한 당사자의 영업소에서의 것을 기준으로 한다.

제2장 계약의 성립과 대리인의 권한(FORMATION AND AUTHORITY OF AGENTS)

제1절 계약의 성립(Formation)

Article 2.1.1 (Manner of formation)

A contract may be concluded either by the acceptance of an offer or by conduct of the parties that is sufficient to show agreement.

제2.1.1조 (계약체결의 방법)
계약은 청약의 승낙에 의하거나 합의를 보여주기에 충분한 당사자들의 행위에 의하여 체결된다.

Article 2.1.2 (Definition of offer)
A proposal for concluding a contract constitutes an offer if it is sufficiently definite and indicates the intention of the offeror to be bound in case of acceptance.
제2.1.2조 (청약의 정의)
충분히 확정적이고 또한 승낙이 있는 경우에 구속되겠다는 청약자의 의사를 표시하는 계약체결의 제의는 청약이 된다.

Article 2.1.3 (Withdrawal of offer)
(1) An offer becomes effective when it reaches the offeree.
(2) An offer, even if it is irrevocable, may be withdrawn if the withdrawal reaches the offeree before or at the same time as the offer.
제2.1.3조 (청약의 철회)
(1) 청약은 피청약자에게 도달한 때에 그 효력이 발생한다.
(2) 비록 취소불능한 청약이더라도, 철회의 의사표시가 청약의 도달과 동시에 또는 그 전에 피청약자에게 도달하는 한 청약은 철회된다.

Article 2.1.4 (Revocation of offer)
(1) Until a contract is concluded an offer may be revoked if the revocation reaches the offeree before it has dispatched an acceptance.
(2) However, an offer cannot be revoked
(a) if it indicates, whether by stating a fixed time for acceptance or otherwise, that it is irrevocable; or
(b) if it was reasonable for the offeree to rely on the offer as being irrevocable and the offeree has acted in reliance on the offer.
제2.1.4조 (청약의 취소)
(1) 계약이 체결되기까지는 청약은 취소될 수 있다. 다만 그 취소의 의사표시가 피청약자가 승낙을 발송하기 전에 그에게 도달하여야 한다.
(2) 그러나 다음의 경우에는 청약은 취소될 수 없다.
  (a) 청약에서 승낙기간을 정하여 명시하거나 그 밖의 방법으로 그것이 취소불능임을 표시하고 있는 경우 또는
  (b) 피청약자가 청약이 취소불능하다고 신뢰하는 것이 합리적이고 또한 피청약자가 당해 청약을 신뢰하여 행위한 경우.

Article 2.1.5 (Rejection of offer)
An offer is terminated when a rejection reaches the offeror.
제2.1.5조 (청약의 거절)
청약은 그 거절의 의사표시가 청약자에게 도달한 때 효력을 상실한다.

Article 2.1.6 (Mode of acceptance)
(1) A statement made by or other conduct of the offeree indicating assent to an offer is an acceptance. Silence or inactivity does not in itself amount to acceptance.
(2) An acceptance of an offer becomes effective when the indication of assent reaches the offeror.
(3) However, if, by virtue of the offer or as a result of practices which the parties have established between themselves or of usage, the offeree may indicate assent by performing an act without notice to the offeror, the acceptance is effective when the act is performed.
제2.1.6조 (승낙의 요건)
(1) 청약에의 동의를 표시하는 피청약자의 진술 그 밖의 행위는 승낙이다. 침묵이나 부작위는 그 자체로는 승낙이 되지 아니한다.
(2) 청약의 승낙은 동의의 표시가 청약자에게 도달하는 때에 그 효력이 발생한다.
(3) 그러나 청약에 의하여 또는 관습이나 당사자들이 그들 사이에서 확립한 관례의 결과로 인하여 피청약자가 청약자에게 통지함이 없이 어떤 행위를 수행함으로써 동의를 표시할 수 있는 경우 승낙은 그 행위가 수행되는 때에 효력을 발생한다.

Article 2.1.7 (Time of acceptance)

An offer must be accepted within the time the offeror has fixed or, if no time is fixed, within a reasonable time having regard to the circumstances, including the rapidity of the means of communication employed by the offeror. An oral offer must be accepted immediately unless the circumstances indicate otherwise.

제2.1.7조 (승낙의 기간)

청약은 청약자가 지정한 기간 내에 또는 그러한 기간이 지정되지 아니한 경우 청약자가 사용한 통신수단의 신속성을 포함한 거래의 제반사정을 고려한 상당한 기간 내에 승낙되어야 한다. 구두의 청약은 다른 사정이 없는 한 즉시 승낙되어야 한다.

Article 2.1.8 (Acceptance within a fixed period of time)

A period of time for acceptance fixed by the offeror begins to run from the time that the offer is dispatched. A time indicated in the offer is deemed to be the time of dispatch unless the circumstances indicate otherwise.

제2.1.8조 (지정된 기간 내의 승낙)

청약자가 정한 승낙기간은 청약이 발송된 때로부터 기산한다. 청약은 다른 사정이 없는 한 당해 청약에서 표시된 시기에 발송된 것으로 본다.

Article 2.1.9 (Late acceptance. Delay in transmission)

(1) A late acceptance is nevertheless effective as an acceptance if without undue delay the offeror so informs the offeree or gives notice to that effect.

(2) If a communication containing a late acceptance shows that it has been sent in such circumstances that if its transmission had been normal it would have reached the offeror in due time, the late acceptance is effective as an acceptance unless, without undue delay, the offeror informs the offeree that it considers the offer as having lapsed.

제2.1.9조 (연착된 승낙 및 전달중의 지연)

(1) 연착된 승낙임에도 청약자가 부당한 지체없이 피청약자에게 그것이 승낙으로서 효력이 있다고 알리거나 그러한 취지로 통지하는 경우 승낙으로서 효력이 있다.

(2) 연착된 승낙의 통지가 그 전달이 정상적이었다면 그것이 청약자에게 적시에 도달하였을 것이라는 상황하에서 발송되었음이 나타나는 경우 당해 연착된 승낙도 승낙으로서 효력이 있다. 다만 청약자가 부당한 지체없이 피청약자에게 당해 청약이 실효한 것으로 본다고 통지하는 경우에는 그러하지 아니하다.

Article 2.1.10 (Withdrawal of acceptance)

An acceptance may be withdrawn if the withdrawal reaches the offeror before or at the same time as the acceptance would have become effective.

제2.1.10조 (승낙의 철회)

승낙은 그 효력이 발생하기 전에 또는 그와 동시에 철회의 의사표시가 청약자에게 도달하는 경우에는 철회된다.

Article 2.1.11 (Modified acceptance)

(1) A reply to an offer which purports to be an acceptance but contains additions, limitations or other modifications is a rejection of the offer and constitutes a counter-offer.

(2) However, a reply to an offer which purports to be an acceptance but contains additional or different terms which do not materially alter the terms of the offer constitutes an acceptance, unless the offeror, without undue delay, objects to the discrepancy. If the offeror does not object, the terms of the contract are the terms of the offer with the modifications contained in the acceptance.

제2.1.11조 (변경된 승낙)

(1) 청약에 대한 응답으로서 승낙을 의도하고는 있으나 추가 또는 제한 그 밖의 변경을 담고 있는 응답은 청약의 거절이자 대응청약이 된다.

(2) 그러나 청약에 대한 응답으로서 승낙을 의도하고 있고 또한 청약의 조건을 중대하게 변경하지 아니하는 추가적 또는 상이한 조건을 담고 있는 응답은 승낙이 된다. 다만 청약자가 부당한 지체없이 그 상위에 반대하는 경우에는 그러하지 아니하다. 청약자가 반대하지 아니하는 한, 계약은 청약의 조건에 승낙의 변경이 가하여진 내용으로 체결된다.

Article 2.1.12 (Writings in confirmation)
If a writing which is sent within a reasonable time after the conclusion of the contract and which purports to be a confirmation of the contract contains additional or different terms, such terms become part of the contract, unless they materially alter the contract or the recipient, without undue delay, objects to the discrepancy.
제2.1.12조 (서면요건)
계약체결 후 상당한 기간 내에 송부된 서면으로서 계약의 확인을 의도하는 서면이 추가적 또는 상이한 계약조건을 담고 있는 경우 당해 조건은 계약의 일부가 된다. 다만 그러한 조건이 계약을 중대하게 변경시키거나 수신인이 부당한 지체없이 그 상이한 조건에 반대하는 때에는 그러하지 아니하다.

Article 2.1.13 (Conclusion of contract dependent on agreement on specific matters or in a particular form)
Where in the course of negotiations one of the parties insists that the contract is not concluded until there is agreement on specific matters or in a particular form, no contract is concluded before agreement is reached on those matters or in that form.
제2.1.13조 (특정사항에 대한 또는 특정형식에 의한 합의를 조건으로 하는 계약의 성립)
협상과정에서 당사자 일방이 특정사항에 관하여 또는 특정형식으로 합의가 이루어지기까지는 계약이 체결되지 아니한다고 선언한 경우 당해 특정사항에 관하여 또는 특정형식으로 합의가 이루어지지 않는 한 계약은 체결되지 아니한다.

Article 2.1.14 (Contract with terms deliberately left open)
(1) If the parties intend to conclude a contract, the fact that they intentionally leave a term to be agreed upon in further negotiations or to be determined by a third person does not prevent a contract from coming into existence.
(2) The existence of the contract is not affected by the fact that subsequently
  (a) the parties reach no agreement on the term; or
  (b) the third person does not determine the term,
provided that there is an alternative means of rendering the term definite that is reasonable in the circumstances, having regard to the intention of the parties.
제2.1.14조 (일부의 계약조건이 의도적으로 미정인 계약)
(1) 당사자들이 계약체결을 의도하는 한, 그들이 고의로 특정한 계약조건을 추후 협상하여 합의하기로 또는 제3자로 하여금 결정하도록 한 사실은 계약의 체결을 방해하지 않는다.
(2) 계약의 존재는 후속적으로 발생하는 다음 각호의 사실에 의해 영향을 받지 아니한다.
  (a) 당사자들이 그러한 계약조건에 대한 합의를 이루지 못하는 사실 또는
  (b) 제3자가 그러한 계약조건을 결정하지 아니하는 사실.
다만 당사자들의 의도를 고려하여 상황에 따라 합리적인 정도로 그러한 계약조건을 확정하는 다른 방법이 있어야 한다.

Article 2.1.15 (Negotiations in bad faith)
(1) A party is free to negotiate and is not liable for failure to reach an agreement.
(2) However, a party who negotiates or breaks off negotiations in bad faith is liable for the losses caused to the other party.
(3) It is bad faith, in particular, for a party to enter into or continue negotiations when intending not to reach an agreement with the other party.
제2.1.15조 (악의의 협상)
(1) 당사자는 자유로이 협상할 수 있고 합의의 부도달에 관해 책임지지 아니한다.
(2) 그러나 악의로 협상하거나 협상을 중단하는 당사자는 상대방이 입은 손해에 대해 책임을 진다.
(3) 특히 당사자가 상대방과의 합의에 도달할 의사도 없이 협상을 개시하거나 계속하는 것은 악의이다.

Article 2.1.16 (Duty of confidentiality)
Where information is given as confidential by one party in the course of negotiations, the other party is under a duty not to disclose that information or to use it improperly for its own purposes, whether or not a contract is subsequently concluded. Where appropriate, the remedy for breach of that duty may include compensation based on the benefit received by the other party.
제2.1.16조 (비밀유지의무)
협상과정에서 일방이 비밀로 다루어져야할 정보를 제공한 경우 상대방은 추후 계약의 체결 여부를 불문하고 그러한 정보를

공개하거나 자신의 이익을 위해 부당하게 사용하지 아니할 의무를 진다. 적절한 경우 당해 의무위반에 대한 구제는 상대방이 수취한 이익에 기초한 배상을 포함한다.

Article 2.1.17 (Merger clauses)
A contract in writing which contains a clause indicating that the writing completely embodies the terms on which the parties have agreed cannot be contradicted or supplemented by evidence of prior statements or agreements. However, such statements or agreements may be used to interpret the writing.
제2.1.17조 (통합조항)
당사자들이 합의한 계약조건을 전부 담고 있음을 보여주는 조항을 두고 있는 서면에 의한 계약은 사전의 진술이나 합의의 입증에 의해 반박되거나 보충될 수 없다. 그러나 그러한 진술이나 합의는 서면을 해석하는데 사용될 수 있다.

Article 2.1.18 (Modification in a particular form)
A contract in writing which contains a clause requiring any modification or termination by agreement to be in a a particular form may not be otherwise modified or terminated. However, a party may be precluded by its conduct from asserting such a clause to the extent that the other party has acted in reliance on that conduct.
제2.1.18조 (특정형식에 의한 변경)
합의에 의한 변경이나 종료를 특정형식으로 할 것을 요구하는 조항을 두고 있는 서면계약은 다른 방법으로 변경 또는 종료할 수 없다. 그러나 당사자는 그 행위에 의해 상대방이 그러한 행위를 신뢰하여 행위한 범위까지 당해 조항을 주장할 수 없다.

Article 2.1.19 (Contracting under standard terms)
(1) Where one party or both parties use standard terms in concluding a contract, the general rules on formation apply, subject to Articles 2.1.20 - 2.1.22.
(2) Standard terms are provisions which are prepared in advance for general and repeated use by one party and which are actually used without negotiation with the other party.
제2.1.19조 (표준약관에 의한 계약체결)
(1) 계약을 체결함에 있어 당사자의 일방 또는 쌍방이 표준약관을 사용한 경우 제2.1.20조 내지 제2.1.22조의 제한 하에 계약의 성립에 관한 일반규칙이 적용된다.
(2) 표준약관이라 함은 일반적이고 반복적인 사용을 목적으로 일방에 의해 미리 마련되고 또한 상대방과 협상됨이 없이 실제로 사용되는 계약조항을 총칭한다.

Article 2.1.20 (Surprising terms)
(1) No term contained in standard terms which is of such a character that the other party could not reasonably have expected it, is effective unless it has been expressly accepted by that party.
(2) In determining whether a term is of such a character regard shall be had to its content, language and presentation.
제2.1.20조 (의외의 조건)
(1) 표준약관에 담긴 계약조건으로서 그 성격으로 보아 상대방이 합리적으로 기대할 수 없었던 계약조건은 그에 의해 명시적으로 수락되지 않는 한 효력이 없다.
(2) 계약조건이 그러한 성격을 갖는지 여부를 결정함에 있어서는 그 내용과 표현 및 표기방법을 고려하여야 한다.

Article 2.1.21 (Conflict between standard terms and non-standard terms)
In case of conflict between a standard term and a term which is not a standard term the latter prevails.
제2.1.21조 (표준약관조건과 비표준약관조건 간의 충돌)
표준약관조건과 비표준약관조건이 충돌하는 때는 후자가 우선한다.

Article 2.1.22 (Battle of forms)
Where both parties use standard terms and reach agreement except on those terms, a contract is concluded on the basis of the agreed terms and of any standard terms which are common in substance unless one party clearly indicates in advance, or later and without undue delay informs the other party, that it does not intend to be bound by such a contract.

제2.1.22조 (서식의 교전)
양당사자가 표준약관을 사용하여 각각의 표준약관을 제외하고 합의에 도달한 경우 계약은 합의된 계약조건 및 각각의 표준약관상 공통한 내용의 계약조건에 따라 체결된다. 다만 일방이 사전에 또는 사후에 부당한 지체없이 상대방에게 자신은 그러한 계약에 구속되기를 의도하지 않는다고 분명하게 선언한 때는 그러하지 아니하다.

제2절 대리인의 권한(Authority of agents)

Article 2.2.1 (Scope of the Section)

(1) This Section governs the authority of a person ("the agent") to affect the legal relations of another person ("the principal") by or with respect to a contract with a third party, whether the agent acts in its own name or in that of the principal.

(2) It governs only the relations between the principal or the agent on the one hand, and the third party on the other.

(3) It does not govern an agent's authority conferred by law or the authority of an agent appointed by a public or judicial authority .

제2.2.1조 (본절의 적용범위)

(1) 본절은 제3자와의 계약에 의하여 또는 그것과 관련하여, 어떤 자('대리인')가 자신의 이름 또는 타인('본인')의 이름으로 행위한 경우에 있어 제3자와 본인 사이의 법률관계를 발생시키는 대리인의 권한을 규율한다.

(2) 본절은 본인 또는 대리인과 제3자 간의 법률관계만을 규율한다.

(3) 본절은 법에 의해 부여된 대리인의 권한이나 공공기관 또는 사법기관에 의해 임명된 대리인의 권한을 규율하지 아니한다.

Article 2.2.2 (Establishment and scope of the authority of the agent)

(1) The principal's grant of authority to an agent may be express or implied.

(2) The agent has authority to perform all acts necessary in the circumstances to achieve the purposes for which the authority was granted.

제2.2.2조 (대리권의 발생과 범위)

(1) 본인에 의한 대리권의 부여는 명시적이거나 묵시적일 수 있다.

(2) 대리인은 대리권이 부여된 목적을 이루기 위하여 사정에 따라 필요한 모든 행위를 할 수 있다.

Article 2.2.3 (Agency disclosed)

(1) Where an agent acts whithin the scope of its authority and the third party knew or ought to have known that the agent was acting as an agent, the acts of the agent shall directly affect the legal relations between the principal and the third party and no legal relation is created between the agent and the third party.

(2) However, the acts of the agent shall affect only the relations between the agent and the third party, where the agent with the consent of the principal undertakes to become the party to the contract

제2.2.3조 (현명대리)

(1) 대리인이 그의 권한의 범위 내에서 행위하고 또한 제3자가 대리인이 대리인으로서 행위한 것을 알았거나 알았어야 했던 경우 대리인의 행위는 본인과 대리인 사이의 법률관계를 직접 발생시키며, 이 경우 대리인과 제3자 사이에는 아무런 법률관계도 생성되지 아니한다.

(2) 그러나 대리인이 본인의 동의를 얻어 당해 계약의 당사자가 되기로 한 경우 대리인의 행위는 대리인과 제3자 사이에서만 법률관계를 발생시킨다.

Article 2.2.4 (Agency undisclosed)

(1) Where an agent acts whithin the scope of its authority and the third party neither knew nor ought to have known that the agent was acting as an agent, the acts of the agent shall affect only the relations between the agent and the third party.

(2) However, where such an agent, when contracting with the third party on behalf of a business, represents itself to be the owner of that business, the third party, upon discovery of the real owner of the business, may exercise also against the latter the rights it has against the agent.

제2.2.4조 (익명대리)

(1) 대리인이 그의 권한의 범위 내에서 행위하고 또한 제3자가 대리인이 대리인으로서 행위한 것을 알지 못하였거나 알았어

야 하지도 않은 경우 대리인의 행위는 대리인과 제3자 사이에서만 법률관계를 발생시킨다.

(2) 그러나 대리인이 어떤 기업을 대리하여 제3자와 계약을 체결하면서 자신이 동 기업의 소유자라고 표시한 경우 제3자는 당해 기업의 실제소유자를 알게 되는 즉시 그가 대리인을 상대로 가진 권리로 실제소유자를 상대로 행사할 수 있다.

Article 2.2.5 (Agent acting without or exceeding its authority)

(1) Where an agent acts without authority or exceeds its authority, its acts do not affect the legal relations between the principal and the third party.

(2) However, where the principal causes the third party reasonably to believe that the agent has authority to act on behalf of the principal and that the agent is acting within the scope of that authority, the principal may not invoke against the third party the lack of authority of the agent.

제2.2.5조 (무권대리 또는 월권대리)

(1) 대리인이 권한 없이 또는 그의 권한을 넘어 행위한 경우 그러한 행위는 본인과 제3자 사이에 법률관계를 발생시키지 아니한다.

(2) 그러나 대리인이 본인을 대리하여 행위할 권한을 가진 것으로 또는 대리인이 그의 권한의 범위내에서 행위한 것으로 제3자가 합리적으로 믿게 된 원인이 본인에게 있는 경우 본인은 제3자에 대해 그러한 대리권의 결여를 주장할 수 없다.

Article 2.2.6 (Liability of agent acting without or exceeding its authority)

(1) An agent that acts without authority or exceeding its authority is, failing ratification by the principal, liable for damages that will place the third party in the same position as if the agent had acted with authority and not exceeded its authority.

(2) However, the agent is not liable if the third party knew or ought to have known that the agent had no authority or was exceeding its authority.

제2.2.6조 (무권대리인 또는 월권대리인의 책임)

(1) 권한 없이 또는 그 권한을 넘어 행위한 대리인은 본인에 의한 추인이 없는 한, 그가 그렇게 하지 않았더라면 제3자가 놓이게 되었을 입장에 이르도록 하는 정도의 손해배상책임을 진다.

(2) 그러나 제3자가 그러한 대리인이 권한 없이 또는 그 권한을 넘어 행위함을 알았거나 알았어야 했던 경우에는 그러하지 아니하다.

Article 2.2.7 (Conflict of interests)

(1) If a contract concluded by an agent involves the agent in a conflict of interests with the principal of which the third party knew or ought to have known, the principal may avoid the contract. The right to avoid is subject to Articles 3.2.9 and 3.2.11 to 3.2.15.

(2) However, the principal may not avoid the contract

(a) if the principal had consented to, or knew or ought to have known of, the agent's involvement in the conflict of interests; or

(b) if the agent had disclosed the conflict of interests to the principal and the latter had not objected within a reasonable time.

제2.2.7조 (이익상반)

(1) 대리인에 의하여 체결된 계약이 본인과 대리인을 이익상반의 입장에 놓이게 하나 제3자가 이를 알았거나 알았어야 했던 경우 본인은 계약을 해제할 수 있다. 당해 해제권은 제3.2.9조 및 제3.2.11조 내지 제3.2.15조의 적용을 받는다.

(2) 그러나 본인은 다음의 경우에는 계약을 해제할 수 없다.

(a) 본인이 대리인의 이익상반행위에 동의하였거나 그러한 행위를 알았거나 알았어야 했던 경우 또는

(b) 대리인이 본인에게 이익상반의 사실을 고지하였는데 본인이 상당한 기간 내에 그에 반대하지 않았던 경우.

Article 2.2.8 (Sub-agency)

An agent has implied authority to appoint a sub-agent to perform acts which it is not reasonable to expect the agent to perform itself. The rules of this Section apply to the sub-agency.

제2.2.8조 (복대리)

대리인은 그가 직접 수행할 것을 기대하는 것이 합리적이지 않은 행위를 수행하기 위하여 복대리인을 선임할 묵시적 권한이 있다. 복대리에는 본절이 적용된다.

Article 2.2.9 (Ratification)

(1) An act by an agent that acts without authority or exceeds its authority may be ratified by the principal. On ratification the act produces the same effects as if it had initially been carried out with authority.

(2) The third party may by notice to the principal specify a reasonable period of time for ratification. If the principal does not ratify within that period of time it can no longer do so.

(3) If, at the time of the agent's act, the third party neither knew nor ought to have have known of the lack of authority, it may, at any time before ratification, by notice to the principal indicate its refusal to become bound by a ratification.

제2.2.9조 (추인)

(1) 권한 없이 또는 그의 권한을 넘은 대리인의 행위는 본인에 의해 추인될 수 있다. 추인과 동시에 그러한 대리인의 행위는 그것이 마치 처음부터 권한 내에서 수행된 것과 같은 효과를 발생한다.

(2) 제3자는 본인에게의 통지로써 추인을 위한 상당한 기간을 지정할 수 있다. 그러한 기간 내에 추인하지 않은 본인은 더 이상 추인할 수 없다.

(3) 대리인이 행위한 때에 대리권의 결여를 알지 못하였고 또한 알았어야 하지도 않았던 제3자는 추인이 있기 전에 본인에게의 통지로써 자신은 추인에 의해 구속되지 않을 것임을 선언할 수 있다.

Article 2.2.10 (Termination of authority)

(1) Termination of authority is not effective in relation to the third party unless the third party knew or ought to have known of it.

(2) Notwithstanding the termination of its authority, an agent remains authorised to perform the acts that are necessary to prevent harm to the principal's interests.

제2.2.10조 (대리권의 종료)

(1) 대리권이 종료되더라도 제3자가 그것을 알았거나 알았어야 하지도 않았던 한 제3자와의 관계에서 대리권의 종료는 그 효력이 없다.

(2) 대리권의 종료에도 불구하고, 대리인은 본인의 이익에 반하는 손해를 방지하기 위하여 필요한 행위는 여전히 수행할 수 있다.

제3장 유효성(VALIDITY)

제1절 일반규정(General Provisions)

Article 3.1.1 (Matters not covered)

This Chapter does not deal with lack of capacity.

제3.1.1조 (적용배제)

본장은 무능력을 다루지 아니한다.

Article 3.1.2 (Validity of mere agreement)

A contract is concluded, modified or terminated by the mere agreement of the parties, without any further requirement.

제3.1.2조 (단순한 합의의 효력)

계약은 당사자 간의 단순한 합의에 의해 체결·변경 또는 종료되며, 더 이상의 요건은 요구되지 아니한다.

Article 3.1.3 (Initial impossibility)

(1) The mere fact that at the time of the conclusion of the contract the performance of the obligation assumed was impossible does not affect the validity of the contract.

(2) The mere fact that at the time of the conclusion of the contract a party was not entitled to dispose of the assets to which the contract relates does not affect the validity of the contract.

제3.1.3조 (원시적 불능)

(1) 단지 의무의 이행이 계약체결 시에 이미 불가능하였다는 사실에 의해서는 계약의 효력이 부인되지 아니한다.

(2) 단지 계약체결 시에 당사자가 계약의 목적이 된 재산의 처분권이 없었다는 사실에 의해서는 계약의 효력이 부인되지 아니한다.

Article 3.1.4 (Mandatory character of the provisions)

The provisions on fraud, threat, gross disparity and illegality contained in this Chapter are mandatory.

제3.1.4조 (강행성격의 규정)

본장에서 사기 · 강박 · 중대한 불일치 및 위법성에 관한 규정은 강행적이다.

제2절 계약해제의 사유(Ground for avoidance)

Article 3.2.1 (Definition of mistake)

Mistake is an erroneous assumption relating to facts or to law existing when the contract was concluded.

제3.2.1조 (착오의 정의)

착오는 계약체결 시에 존재한 사실이나 법에 관한 오인을 말한다.

Article 3.2.2 (Relevant mistake)

(1) A party may only avoid the contract for mistake if, when the contract was concluded, the mistake was of such importance that a reasonable person in the same situation as the party in error would only have concluded the contract on materially different terms or would not have concluded it at all if the true state of affairs had been known, and

(a) the other party made the same mistake, or caused the mistake, or knew or ought to have known of the mistake and it was contrary to reasonable commercial standards of fair dealing to leave the mistaken party in error; or

(b) the other party had not at the time of avoidance reasonably acted in reliance on the contract.

(2) However, a party may not avoid the contract if

(a) it was grossly negligent in committing the mistake; or

(b) the mistake relates to a matter in regard to which the risk of mistake was assumed or, having regard to the circumstances, should be borne by the mistaken party.

제3.2.2조 (관련된 착오)

(1) 당사자는 다음의 경우 그와 동일한 입장에 있는 합리적인 자가 만약 진실한 실재 상태를 알았더라면 다른 내용으로 계약을 체결하였거나 계약을 전혀 체결하지 않았을 정도로 중대한 계약체결 시의 착오를 이유로 계약을 해제할 수 있다.

(a) 상대방도 동일한 착오를 하였거나, 상대방이 착오를 유발시켰거나 또는 상대방이 그러한 착오를 알았거나 알았어야 했고 또한 착오당사자를 착오상태에 놓아둔 것이 합리적인 공정거래의 기준에 반하는 경우 또는

(b) 해제 시에 상대방이 이미 계약을 신뢰하여 행위하지 아니한 경우.

(2) 그러나 당사자는 다음의 경우에는 계약을 해제할 수 없다.

(a) 그가 착오를 범하게 된 것이 그의 중대한 과실에 기인한 경우 또는

(b) 당해 착오가 착오당사자가 그러한 착오의 위험을 인수하였거나, 제반 상황으로 보아 그러한 위험을 부담하여야 하는 사항에 관련되는 경우.

Article 3.2.3 (Error in expression or transmission)

An error occurring in the expression or transmission of a declaration is considered to be a mistake of the person from whom the declaration emanated.

제3.2.3조 (표시 또는 전달상의 오류)

의사나 사실의 표시 또는 전달 중에 발생한 오류는 당해 의사나 사실을 표시하는 자의 착오로 본다.

Article 3.2.4 (Remedies for non-performance)

A party is not entitled to avoid the contract on the ground of mistake if the circumstances on which that party relies afford, or could have afforded, a remedy for non-performance.

제3.2.4조 (불이행에 기한 구제권)

착오당사자는 그가 의존하고 있는 바대로 그 사실이 불이행에 기한 구제권을 부여하는 때 또는 부여할 수 있었던 때는, 당해 착오를 이유로 계약을 해제할 수 없다.

Article 3.2.5 (Fraud)

A party may avoid the contract when it has been led to conclude the contract by the other party's fraudulent representation, including language or practices, or fraudulent non-disclosure of circumstances which, according to reasonable commercial standards of fair dealing, the latter party should have disclosed.

제3.2.5조 (사기)

언행 그 밖의 행태를 포함한 상대방의 사기적인 표시에 의하거나, 합리적인 공정거래의 기준에 의할 때, 상대방이 고지하였어야 할 사실의 사기적인 불실고지로 인하여 계약을 체결하게 된 당사자는 계약을 해제할 수 있다.

Article 3.2.6 (Threat)

A party may avoid the contract when it has been led to conclude the contract by the other party's unjustified threat which, having regard to the circumstances, is so imminent and serious as to leave the first party no reasonable alternative. In particular, a threat is unjustified if the act or omission with which a party has been threatened is wrongful in itself, or it is wrongful to use it as a means to obtain the conclusion of the contract.

제3.2.6조 (강박)

제반 상황으로 보아 다른 합리적인 대안이 없을 정도로 급박하고 심각한 상대방의 부당한 강박으로 인하여 계약을 체결하게 된 당사자는 계약을 해제할 수 있다. 특히 작위 또는 부작위의 강박행위 자체가 위법하거나 그러한 작위 또는 부작위를 계약체결의 수단으로 사용하는 것이 위법한 경우에 강박은 부당하다.

Article 3.2.7 (Gross disparity)

(1) A party may avoid the contract or an individual term of it if, at the time of the conclusion of the contract, the contract or term unjustifiably gave the other party an excessive advantage. Regard is to be had, among other factors, to
  (a) the fact that the other party has taken unfair advantage of the first party's dependence, economic distress or urgent needs, or of its improvidence, ignorance, inexperience or lack of bargaining skill; and
  (b) the nature and purpose of the contract.
(2) Upon the request of the party entitled to avoidance, a court may adapt the contract or term in order to make it accord with reasonable commercial standards of fair dealing.
(3) A court may also adapt the contract or term upon the request of the party receiving notice of avoidance, provided that that party informs the other party of its request promptly after receiving such notice and before the other party has reasonably acted in reliance on it. The provisions of Article 3.2.10(2) apply accordingly.

제3.2.7조 (현저한 불균형)

(1) 계약이나 특정한 계약조건이 계약체결 시에 상대방에게 과도한 이익을 부당하게 주는 경우 당사자는 계약의 전부를 해제하거나 당해 계약조건에 한하여 계약의 일부를 해제할 수 있다. 무엇보다도 특히 다음의 요소가 고려되어야 한다.
  (a) 당사자의 종속상태, 경제적 궁핍이나 긴박한 결핍 또는 그의 경솔·무지·무경험 또는 교섭기술의 결여를 상대방이 이용한 사실 그리고
  (b) 당해 계약의 성격과 목적.
(2) 해제권을 가진 당사자의 요청이 있는 때, 법원은 합리적인 공정거래의 기준에 부합되도록 당해 계약이나 계약조건을 변경시킬 수 있다.
(3) 또한 법원은 계약해제의 통지를 받은 당사자의 요청이 있는 때에도 당해 계약이나 계약조건을 변경시킬 수 있다. 다만 당사자가 그러한 통지를 수령한 후 신속하게 또한 상대방이 그러한 통지를 신뢰하여 행위하기 전에 자신은 그러한 요청을 할 것임을 상대방에게 알렸어야 한다. 이 경우 제3.2.10조 (2)의 규정이 적절히 준용된다.

Article 3.2.8 (Third persons)

(1) Where fraud, threat, gross disparity or a party's mistake is imputable to, or is known or ought to be known by, a third person for whose acts the other party is responsible, the contract may be avoided under the same conditions as if the behaviour or knowledge had been that of the party itself.
(2) Where fraud, threat or gross disparity is imputable to a third person for whose acts the other party is not responsible, the contract may be avoided if that party knew or ought to have known of the fraud, threat or disparity, or has not at the time of avoidance reasonably acted in reliance on the contract.

제3.2.8조 (제3자)

(1) 사기나 강박, 현저한 불균형 또는 당사자의 착오가 제3자에 의하여 발생하였거나 사기나 강박, 현저한 불균형 또는 당사자의 착오의 사실을 제3자가 알았거나 알았어야 했던 경우로서 그러한 제3자의 행위에 대한 책임이 상대방에게 귀속되

는 경우 그러한 제3자의 행위 또는 인지를 동 상대방 자신의 행위 또는 인지로 다루어 계약은 해제될 수 있다.

(2) 사기나 강박 또는 현저한 불균형이 제3자에 의하여 발생한 경우로서 그러한 제3자의 행위에 대한 책임이 상대방에게 귀속되지 않는 경우 상대방이 사기나 강박 또는 불균형의 사실을 알았거나 알았어야 했거나 또는 계약해제가 있기 전에 이미 당해 계약을 신뢰하여 행위하지 않은 경우에 한하여 계약이 해제될 수 있다.

Article 3.2.9 (Confirmation)

If the party entitled to avoid the contract expressly or impliedly confirms the contract after the period of time for giving notice of avoidance has begun to run, avoidance of the contract is excluded.

제3.2.9조 (추인)

계약을 해제할 수 있는 당사자가 해제의 통지를 할 수 있는 기간이 개시된 후에 명시적 또는 묵시적으로 계약을 추인하는 경우 계약은 해제하지 못한다.

Article 3.2.10 (Loss of right to avoid)

(1) If a party is entitled to avoid the contract for mistake but the other party declares itself willing to perform or performs the contract as it was understood by the party entitled to avoidance, the contract is considered to have been concluded as the latter party understood it. The other party must make such a declaration or render such performance promptly after having been informed of the manner in which the party entitled to avoidance had understood the contract and before that party has reasonably acted in reliance on a notice of avoidance.

(2) After such a declaration or performance the right to avoidance is lost and any earlier notice of avoidance is ineffective.

제3.2.10조 (해제권의 상실)

(1) 당사자가 착오를 이유로 계약을 해제할 수 있음에도 상대방이 그러한 해제권을 가진 당사자가 이해하는 바에 따라 계약을 이행할 의사가 있음을 밝히는 경우 계약은 해제권을 가진 당사자가 이해한 대로 체결된 것으로 본다. 상대방은 해제권을 가진 당사자가 계약을 이해한 바를 알게 된 후 신속하게 또한 당사자가 해제의 통지를 합리적으로 신뢰하여 행위하기 전에 그의 그러한 의사를 밝히거나 그렇게 이행하여야 한다.

(2) 그러한 의사표시나 이행이 있은 때 해제권은 소멸하고 그 전에 행하여진 해제의 통지는 효력을 갖지 않는다.

Article 3.2.11 (Notice of avoidance)

The right of a party to avoid the contract is exercised by notice to the other party

제3.2.11조 (계약해제의 통지)

당사자의 계약해제권은 상대방에 대한 통지로써 행사된다.

Article 3.2.12 (Time limits)

(1) Notice of avoidance shall be given within a reasonable time, having regard to the circumstances, after the avoiding party knew or could not have been unaware of the relevant facts or became capable of acting freely.

(2) Where an individual term of the contract may be avoided by a party under Article 3.2.7, the period of time for giving notice of avoidance begins to run when that term is asserted by the other party.

제3.2.12조 (기간제한)

(1) 계약해제의 통지는 해제당사자가 관련 사실을 알았거나 모를 수 없었던 때 또는 자유롭게 행위할 수 있게 된 때부터 제반사정을 고려한 상당한 기간 내에 행하여져야 한다.

(2) 제3.2.7조 하에서 당사자가 계약조건에 한하여 계약의 일부를 해제할 수 있는 경우 당해 해제의 통지기간은 상대방이 당해 계약조건을 원용하는 때에 개시된다.

Article 3.2.13 (Partial avoidance)

Where a ground of avoidance affects only individual terms of the contract, the effect of avoidance is limited to those terms unless, having regard to the circumstances, it is unreasonable to uphold the remaining contract.

제3.2.13조 (일부해제)

특정한 계약조건에 한하여 해제사유가 있는 때, 해제는 당해 계약조건에 한하여 그 효력을 갖는다. 다만 제반사정으로 보아 계약의 나머지 부분만을 존속시키는 것이 불합리한 때는 그러하지 아니하다.

Article 3.2.14 (Retroactive effect of avoidance)
Avoidance takes effect retroactively.
제3.2.14조 (해제의 소급효)
해제는 소급하여 그 효력을 발생한다.

Article 3.2.15 (Restitution)
(1) On avoidance either party may claim restitution of whatever it has supplied under the contract, or the part of it avoided, provided that the party concurrently makes restitution of whatever it has received under the contract, or the part of it avoided.
(2) If restitution in kind is not possible or appropriate, an allowance has to be made in money whenever reasonable.
(3) The recipient of the performance does not have to make an allowance in money if the impossibility to make restitution in kind is attributable to the other party.
(4) Compensation may be claimed for expenses reasonably required to preserve or maintain the performance received.
제3.2.15조 (반환권)
(1) 계약해제 시 일방은 자신이 계약 또는 해제된 계약의 일부에 의하여 공급한 것에 대하여 반환을 청구할 수 있다. 다만 그러한 당사자는 동시에 계약 또는 해제된 계약의 일부에 의하여 받은 것을 반환하는 경우에 한한다.
(2) 실물로 반환이 가능하지 않거나 적절하지 않는 경우 합리적일 경우 금전으로 조정하여야 한다.
(3) 이행을 수령한 자는 실물로 반환하는 것이 불가능한 이유가 타방에 기인한 경우 금전으로 조정할 필요가 없다.
(4) 수령한 이행을 보존하거나 유지하기 위하여 요구되는 합리적인 비용에 대하여 손해배상을 청구할 수 있다.

Article 3.2.16 (Damages)
Irrespective of whether or not the contract has been avoided, the party who knew or ought to have known of the ground for avoidance is liable for damages so as to put the other party in the same position in which it would have been if it had not concluded the contract.
제3.2.16조 (손해배상)
계약이 해제되는지 여부와는 상관없이, 당해 계약해제사유를 알았거나 알았어야 했던 당사자는 상대방이 만약 계약을 체결하지 않았더라면 그가 놓였을 지위에 놓이도록 하는 정도의 손해배상을 하여야 한다.

Article 3.2.17 (Unilateral declarations)
The provisions of this Chapter apply with appropriate adaptations to any communication of intention addressed by one party to the other.
제3.2.17조 (일방적인 선언)
본장의 규정은 일방이 타방에 대하여 제공한 의사표시방법에 준용한다.

제3절 불법성(Illegality)

Article 3.3.1 (Contracts infringing mandatory rules)
(1) Where a contract infringes a mandatory rule, whether of national, international or supranational origin, applicable under Article 1.4 of these Principles, the effects of that infringement upon the contract are the effects, if any, expressly prescribed by that mandatory rule.
(2) Where the mandatory rule does not expressly prescribe the effects of an infringement upon a contract, the parties have the right to exercise such remedies under the contract as in the circumstances are reasonable.
(3) In determining what is reasonable regard is to be had in particular to:
 (a) the purpose of the rule which has been infringed;
 (b) the category of persons for whose protection the rule exists;
 (c) any sanction that may be imposed under the rule infringed;
 (d) the seriousness of the infringement;
 (e) whether one or both parties knew or ought to have known of the infringement;
 (f) whether the performance of the contract necessitates the infringement; and

(g) the parties' reasonable expectations.

제3.3.1조 (강행규정을 침해하는 계약)

(1) 계약이 PICC의 제1.4조에 의하여 적용되는 국내 · 국제 또는 초국가적인 것인가에 상관없이 강행규칙을 침해하는 경우 당해 계약에 대한 그러한 침해의 효과는 그것이 존재하는 경우 그 강행규칙에 의하여 명시적으로 규정된 효과이다.
(2) 강행규칙이 계약에 대한 침해의 효과를 명시적으로 규정하고 있지 않는 경우 거래당사자는 그 상황에서 합리적으로 당해 계약하에서의 구체조치를 행사할 권리를 보유한다.
(3) 무엇이 합리적인가를 결정함에 있어 특히 다음 사항을 고려하여야 한다.
(a) 침해된 규칙의 목적
(b) 규칙이 존재하는 보호대상자의 범위
(c) 침해된 규칙에 의하여 부과될 수 있는 여하한의 제재
(d) 당해 침해의 심각성
(e) 일방 또는 쌍방 당사자가 당해 침해를 알았거나 알 수밖에 없었는지 여부
(f) 당해 계약의 이행이 그러한 침해를 수반하는지 여부
(g) 거래당사자의 합리적인 기대

Article 3.3.2 (Restitution)

(1) Where there has been performance under a contract infringing a mandatory rule under Article 3.3.1, restitution may be granted where this would be reasonable in the circumstances.
(2) In determining what is reasonable, regard is to be had, with the appropriate adaptations, to the criteria referred to in Article 3.3.1(3).
(3) If restitution is granted, the rules set out in Article 3.2.15 apply with appropriate adaptations.

제3.3.2조(원상회복)

(1) 제3.3.1조에 따라 강행규칙을 침해한 계약에 의거하여 이행이 이루어진 경우 당해 상항에 따라 합리적인 경우 원상회복이 허여될 수 있다.
(2) 무엇이 합리적인지를 결정함에 있어 제3.3.1조 (3)에 언급된 기준에 적절한 조정을 하여 고려되어야 한다.
(3) 원상복귀가 허용되는 경우 제3.2.15조에 있는 규칙이 준용된다.

제4장 해석(INTERPRETATION)

Article 4.1 (Intention of the parties)

(1) A contract shall be interpreted according to the common intention of the parties.
(2) If such an intention cannot be established, the contract shall be interpreted according to the meaning that reasonable persons of the same kind as the parties would give to it in the same circumstances.

제4.1조 (당사자들의 의사)

(1) 계약은 당사자 간의 공통된 의사에 따라 해석되어야 한다.
(2) 그러한 의사를 확정할 수 없는 경우 계약은 당사자들과 동일한 부류의 합리적인 사람들이 동일한 상황하에서 부여하였을 의미에 따라 해석되어야 한다.

Article 4.2 (Interpretation of statements and other conduct)

(1) The statements and other conduct of a party shall be interpreted according to that party's intention if the other party knew or could not have been unaware of that intention.
(2) If the preceding paragraph is not applicable, such statements and other conduct shall be interpreted according to the meaning that a reasonable person of the same kind as the other party would give to it in the same circumstances.

제4.2조 (진술 그 밖의 행위의 해석)

(1) 당사자의 진술 그 밖의 행위는 상대방이 당사자의 의사를 알았거나 모를 수 없었던 때에는 당사자의 의사에 따라 해석되어야 한다.
(2) 전항이 적용될 수 없는 경우 그러한 진술 그 밖의 행위는 상대방과 동일한 부류의 합리적인 자가 동일한 상황하에서 부여하였을 의미에 따라 해석되어야 한다.

Article 4.3 (Relevant circumstances)
In applying Articles 4.1 and 4.2, regard shall be had to all the circumstances, including
(a) preliminary negotiations between the parties;
(b) practices which the parties have established between themselves;
(c) the conduct of the parties subsequent to the conclusion of the contract;
(d) the nature and purpose of the contract;
(e) the meaning commonly given to terms and expressions in the trade concerned;
(f) usages.
제4.3조 (모든 사정의 고려)
제4.1조와 제4.2조를 적용할 때는 다음 각호를 포함하여 모든 사정을 고려해야 한다.
(a) 당사자 간의 예비적 협상
(b) 당사자들이 그들 사이에서 확립한 관례
(c) 계약체결후의 당사자들의 행위
(d) 계약의 성격과 목적
(e) 용어와 표현이 당해 거래에서 공통적으로 갖는 의미
(f) 관습

Article 4.4 (Reference to contract or statement as a whole)
Terms and expressions shall be interpreted in the light of the whole contract or statement in which they appear.
제4.4조 (계약이나 진술의 전반에 비춘 해석)
용어와 표현은 그것이 등장하는 당해 계약 또는 진술의 전반에 비추어 해석되어야 한다.

Article 4.5 (All terms to be given effect)
Contract terms shall be interpreted so as to give effect to all the terms rather than to deprive some of them of effect.
제4.5조 (해석의 원칙)
계약조건은 그 중의 일부의 효력이 부정되도록 하기보다는 오히려 모든 계약조건의 효력이 긍정되도록 해석되어야 한다.

Article 4.6 (*Contra proferentem* rule)
If contract terms supplied by one party are unclear, an interpretation against that party is preferred.
제4.6조 (문서작성자 불이익의 원칙)
일방이 제공한 계약조건이 불명확한 경우 당사자에게 불리한 해석을 우선한다.

Article 4.7 (Linguistic discrepancies)
Where a contract is drawn up in two or more language versions which are equally authoritative there is, in case of discrepancy between the versions, a preference for the interpretation according to a version in which the contract was originally drawn up.
제4.7조 (언어 간의 불일치)
하나의 계약에서 서로 다른 언어로 작성되고 각기 동등한 원본의 효력을 갖는 복수의 계약서가 존재하여 계약서 간 언어적인 불일치가 있는 때는, 그 중 가장 먼저 작성된 계약서에 따른 해석이 우선한다.

Article 4.8 (Supplying an omitted term)
(1) Where the parties to a contract have not agreed with respect to a term which is important for a determination of their rights and duties, a term which is appropriate in the circumstances shall be supplied.
(2) In determining what is an appropriate term regard shall be had, among other factors, to
(a) the intention of the parties;
(b) the nature and purpose of the contract;
(c) good faith and fair dealing;
(d) reasonableness.
제4.8조 (계약공백의 보충)
(1) 당사자들이 그들의 권리·의무의 확정에 중요한 계약조건을 합의하지 않은 때는, 제반사정으로 보아 적절한 계약조건으

로써 당해 공백을 보충한다.

(2) 무엇이 적절한 계약조건인가를 결정함에 있어서는 특히 다음의 요소를 고려하여야 한다.
  (a) 당사자들의 의사
  (b) 계약의 성격과 목적
  (c) 신의와 공정거래
  (d) 합리성

제5장 계약의 내용과 제3자의 권리 및 조건(CONTENT, THIRD PARTY RIGHTS AND CONDITIONS)

제1절 계약의 내용(Content)

Article 5.1.1 (Express and implied obligations)

The contractual obligations of the parties may be express or implied.

제5.1.1조 (명시적 · 묵시적 의무)

당사자들의 계약상 의무는 명시적 또는 묵시적일 수 있다.

Article 5.1.2 (Implied obligations)

Implied obligations stem from

(a) the nature and purpose of the contract;
(b) practices established between the parties and usages;
(c) good faith and fair dealing;
(d) reasonableness.

제5.1.2조 (묵시적 의무)

묵시적 의무는 다음으로부터 비롯된다.

(a) 계약의 성격과 목적
(b) 당사자 간에 확립한 관습과 관행
(c) 신의와 공정거래
(d) 합리성

Article 5.1.3 (Co-operation between the parties)

Each party shall co-operate with the other party when such co-operation may reasonably be expected for the performance of that party's obligations.

제5.1.3조 (당사자 간의 협력)

당사자는 상대방이 그 의무를 이행하는데 협력할 것이 합리적으로 기대되는 때는 그와 협력해야 한다.

Article 5.1.4 (Duty to achieve a specific result. Duty of best efforts)

(1) To the extent that an obligation of a party involves a duty to achieve a specific result, that party is bound to achieve that result.
(2) To the extent that an obligation of a party involves a duty of best efforts in the performance of an activity, that party is bound to make such efforts as would be made by a reasonable person of the same kind in the same circumstances.

제5.1.4조 (특정한 결과를 이행할 의무와 최선의 노력을 다할 의무)

(1) 당사자의 의무가 특정한 결과를 이룰 것을 그 내용으로 하는 범위에서, 당사자는 그러한 결과를 이행하여야 한다.
(2) 당사자의 의무가 어떤 일을 수행함에 있어 최선의 노력을 다할 것을 내용으로 하는 범위에서, 당사자는 그와 같은 부류의 합리적인 자가 동일한 상황하에서 행하는 정도의 노력을 하여야 한다.

Article 5.1.5 (Determination of kind of duty involved)

In determining the extent to which an obligation of a party involves a duty of best efforts in the performance of an activity or a duty to achieve a specific result, regard shall be had, among other factors, to

(a) the way in which the obligation is expressed in the contract;
(b) the contractual price and other terms of the contract;
(c) the degree of risk normally involved in achieving the expected result;
(d) the ability of the other party to influence the performance of the obligation.

제5.1.5조 (의무의 종류의 결정)

당사자의 의무가 어떤 일의 수행에 있어 최선의 노력을 다하는 것을 그 내용으로 하는지 아니면 특정한 결과를 이룰 것을 그 내용으로 하는지를 결정함에 있어서는 무엇보다도 다음의 요소들이 고려되어야 한다.

(a) 계약에서 당해 의무가 표현된 방법
(b) 물품대금 그 밖의 조건들
(c) 기대된 결과를 이루는데 통상 수반되는 위험의 정도
(d) 의무의 이행에 미치는 상대방의 영향력.

Article 5.1.6 (Determination of quality of performance)

Where the quality of performance is neither fixed by, nor determinable from, the contract a party is bound to render a performance of a quality that is reasonable and not less than average in the circumstances.

제5.1.6조 (이행의 질의 결정)

계약에 의해 이행의 질이 특정되지 않았고 또한 결정될 수도 없는 경우 당사자는 제반사정으로 보아 질적으로 합리적인 그러나 평균보다 낮지 않은 정도의 이행을 하여야 한다.

Article 5.1.7 (Price determination)

(1) Where a contract does not fix or make provision for determining the price, the parties are considered, in the absence of any indication to the contrary, to have made reference to the price generally charged at the time of the conclusion of the contract for such performance in comparable circumstances in the trade concerned or, if no such price is available, to a reasonable price.
(2) Where the price is to be determined by one party and that determination is manifestly unreasonable, a reasonable price shall be substituted notwithstanding any contract term to the contrary.
(3) Where the price is to be fixed by a third person, and that person cannot or will not do so, the price shall be a reasonable price.
(4) Where the price is to be fixed by reference to factors which do not exist or have ceased to exist or to be accessible, the nearest equivalent factor shall be treated as a substitute.

제5.1.7조 (가격의 결정)

(1) 계약에서 가격을 정하지도 않았고 또한 가격을 정하기 위한 규정도 두지 않은 경우 다른 표시가 없는 한, 당사자들은 계약체결 시에 그러한 이행에 대해 당해 거래와 유사한 상황하에서 일반적으로 징구되는 가격을, 그러한 가격이 없는 때는, 합리적인 가격을 적용하기로 한 것으로 본다.
(2) 일방이 가격을 결정하기로 하여 결정된 가격이 명백히 불합리한 경우 그러한 가격은 다른 어떠한 계약조건에도 불구하고 합리적인 가격으로 대체된다.
(3) 제3자가 가격을 정하기로 하였으나 그가 가격을 정할 수 없거나 정하지 않는 경우 당해 가격은 합리적인 가격으로 한다.
(4) 존재하지 않거나 이미 소멸하였거나 더 이상 접근할 수 없는 요소를 기준으로 가격이 결정되어야 하는 경우 그것과 가장 등가적인 요소를 그 대체기준으로 사용한다.

Article 5.1.8 (Contract for an indefinite period)

A contract for an indefinite period may be ended by either party by giving notice a reasonable time in advance.

제5.1.8조 (불확정기간의 계약)

기간이 불확정한 계약은 일방에 의해 상당한 기간의 사전통지로써 종료될 수 있다.

Article 5.1.9 (Release by agreement)

(1) An obligee may release its right by agreement with the obligor.
(2) An offer to release a right gratuitously shall be deemed accepted if the obligor does not reject the offer without delay after having become aware of it.

제5.1.9조 (합의에 의한 채무면제)

(1) 채권자는 채무자와의 합의로써 그의 권리를 포기할 수 있다.

(2) 무상의 권리포기제의는 채무자가 그러한 제의를 알게 된 후에 지체 없이 이를 거절하지 않은 한 수락된 것으로 본다.

제2절 제3자의 권리(Third party rights)

Article 5.2.1 (Contracts in favour of third parties)

(1) The parties (the "promisor" and the "promisee") may confer by express or implied agreement a right on a third party (the "beneficiary").

(2) The existence and content of the beneficiary's right against the promisor are determined by the agreement of the parties and are subject to any conditions or other limitations under the agreement.

제5.2.1조 (제3자를 위한 계약)

(1) 당사자들('행약자'와 '수약자')은 명시적 또는 묵시적 합의로써 제3자('수익자')에게 권리를 부여할 수 있다.

(2) 행약자에 대한 수익자의 권리의 존재와 내용은 당사자 간의 합의에 의해 결정되고 또한 당해 합의상의 조건 그 밖의 제한에 따른다.

Article 5.2.2 (Third party identifiable)

The beneficiary must be identifiable with adequate certainty by the contract but need not be in existence at the time the contract is made.

제5.2.2조 (제3자의 확정)

수익자는 계약에 의해 충분히 확실하게 확정되어야 하나 계약체결 시 반드시 존재할 필요는 없다.

Article 5.2.3 (Exclusion and limitation clauses)

The conferment of rights in the beneficiary includes the right to invoke a clause in the contract which excludes or limits the liability of the beneficiary.

제5.2.3조 (수익자의 의무나 책임을 배제·제한하는 계약조항)

수익자에게 부여되는 권리는 수익자의 의무나 책임을 배제 또는 제한하는 계약조항을 원용할 권리를 포함한다.

Article 5.2.4 (Defences)

The promisor may assert against the beneficiary all defences which the promisor could assert against the promisee.

제5.2.4조 (항변사유)

행약자는 그가 수약자에 대해 주장할 수 있는 모든 항변사유를 수익자에 대해 주장할 수 있다.

Article 5.2.5 (Revocation)

The parties may modify or revoke the rights conferred by the contract on the beneficiary until the beneficiary has accepted them or reasonably acted in reliance on them.

제5.2.5조 (권리부여의 취소)

계약당사자들은 계약에 의해 수익자에게 부여된 권리를 변경 또는 취소할 수 있다. 다만 수익자가 그러한 권리를 수락하거나 그러한 권리를 합리적으로 신뢰하여 행동한 후에는 그러하지 아니하다.

Article 5.2.6 (Renunciation)

The beneficiary may renounce a right conferred on it.

제5.2.6조 (수익자의 권리포기)

수익자는 그에게 부여된 권리를 포기할 수 있다.

제3절 조건(Conditions)

Article 5.3.1 (Types of condition)

A contract or a contractual obligation may be made conditional upon the occurrence of a future uncertain event, so that the contract or the contractual obligation only takes effect if the event occurs (suspensive condition) or comes to an end if the event occurs (resolutive condition).

제5.3.1조 (조건의 유형)

계약 또는 계약상 의무는 미래 불확실한 사건이 발생하는 경우 조건이 될 수 있다. 따라서 그 계약 또는 그 계약의 의무가 그 사건이 발생하는 경우(불확실한 조건)에만 유효하거나 또는 그 사건이 발생한 경우(해제조건)에 종료된다.

Article 5.3.2 (Effect of conditions)

Unless the parties otherwise agree :

(a) the relevant contract or contractual obligation takes effect upon fulfilment of a suspensive condition;

(b) the relevant contract or contractual obligation comes to an end upon fulfilment of a resolutive condition.

제5.3.2조 (조건의 효과)

거래당사자가 달리 합의한 경우를 제외하고

(a) 관련 계약 또는 계약상의 의무는 정지조건이 이행 시에 효력을 발생한다.

(b) 관련 계약 또는 계약상의 의무는 해제조건이 이행 시에 종료된다.

Article 5.3.3 (Interference with conditions)

(1) If fulfilment of a condition is prevented by a party, contrary to the duty of good faith and fair dealing or the duty of co-operation, that party may not rely on the non-fulfilment of the condition.

(2) If fulfilment of a condition is brought about by a party, contrary to the duty of good faith and fair dealing or the duty of co-operation, that party may not rely on the fulfilment of the condition.

제5.3.3조 (조건의 충돌)

(1) 일방당사자가 신의 및 공정거래의 의무 또는 상호 협력의 의무와 반하게 조건의 이행을 막는 경우 당사자는 그 조건의 불이행을 원용할 수 없다.

(2) 일방당사자가 신의 및 공정거래의 의무 또는 협력의 의무와 반하게 조건의 이행을 초래하는 경우 당사자는 조건의 이행을 원용할 수 없다.

Article 5.3.4 (Duty to preserve rights)

Pending fulfilment of a condition, a party may not, contrary to the duty to act in accordance with good faith and fair dealing, act so as to prejudice the other party's rights in case of fulfilment of the condition.

제5.3.4조 (권리보전의 의무)

조건의 이행이 이루어질 때까지 일방당사자는 신의 및 공정거래에 따라 행동할 의무에 반하여 당해 조건의 이행 시 상대방의 권리에 침해를 주기 위한 목적으로 행동할 수 없다.

Article 5.3.5 (Restitution in case of fulfilment of a resolutive condition)

(1) On fulfilment of a resolutive condition, the rules on restitution set out in Articles 7.3.6 and 7.3.7 apply with appropriate adaptations.

(2) If the parties have agreed that the resolutive condition is to operate retroactively, the rules on restitution set out in Article 3.2.15 apply with appropriate adaptations.

제5.3.5조 (해제조건의 이행 시 반환)

(1) 해제조건 이행 시, 제7.3.6조 및 제7.3.7조의 규정이 준용된다.

(2) 만약 거래당사자가 해제조건이 소급하여 적용된다고 합의한 경우 제3.2.15조에 있는 반환규칙이 준용된다.

제6장 이행(PERFORMANCE)

제1절 이행의 일반(Performance in General)

Article 6.1.1 (Time of performance)

A party must perform its obligations:

(a) if a time is fixed by or determinable from the contract, at that time;
(b) if a period of time is fixed by or determinable from the contract, at any time within that period unless circumstances indicate that the other party is to choose a time;
(c) in any other case, within a reasonable time after the conclusion of the contract.

제6.1.1조 (이행기)
당사자는 다음의 시기에 그의 의무를 이행하여야 한다.
(a) 계약에 의하여 시기가 정하여져 있거나 결정될 수 있는 경우 그 시기에
(b) 계약에 의하여 기간이 정하여져 있거나 또는 결정될 수 있는 경우 상대방이 시기를 선택할 것이라는 사정이 없는 한, 그 기간 내의 어느 시기에
(c) 그 밖의 모든 경우에는 계약체결 후 상당한 기간 내에

Article 6.1.2 (Performance at one time or in instalments)
In cases under Article 6.1.1(b) or (c), a party must perform its obligations at one time if that performance can be rendered at one time and the circumstances do not indicate otherwise.

제6.1.2조 (일시이행 또는 분할이행)
제6.1.1조 (b) 또는 (c)의 경우 그 일시이행이 가능하고 또한 다른 사정이 없는 한 당사자는 그의 의무를 일시에 이행하여야 한다.

Article 6.1.3 (Partial performance)
(1) The obligee may reject an offer to perform in part at the time performance is due, whether or not such offer is coupled with an assurance as to the balance of the performance, unless the obligee has no legitimate interest in so doing.
(2) Additional expenses caused to the obligee by partial performance are to be borne by the obligor without prejudice to any other remedy.

제6.1.3조 (일부이행)
(1) 채권자는 이행기 이후에는 일부이행의 제의를 거절할 수 있으며, 이때 그러한 제의와 병행하여 잔여부분의 이행에 대한 이행보장이 있는지 여부는 묻지 아니한다. 그러나 채권자가 그렇게 하는 것이 적법한 이익이 없는 때에는 그러하지 아니하다.
(2) 일부이행으로 인하여 채권자에게 발생한 추가비용은 채무자가 부담하여야 한다. 그러나 이로 인하여 그 밖의 구제권에 영향을 주지 않는다.

Article 6.1.4 (Order of performance)
(1) To the extent that the performances of the parties can be rendered simultaneously, the parties are bound to render them simultaneously unless the circumstances indicate otherwise.
(2) To the extent that the performance of only one party requires a period of time, that party is bound to render its performance first, unless the circumstances indicate otherwise.

제6.1.4조 (이행의 순서)
(1) 당사자들이 그들의 이행을 동시에 할 수 있는 한도 내에서는, 다른 사정이 없는 한, 당사자들은 동시에 이행하여야 한다.
(2) 당사자 일방의 이행이 기간을 요하는 한도 내에서는, 다른 사정이 없는 한, 그러한 당사자가 먼저 이행하여야 한다.

Article 6.1.5 (Earlier performance)
(1) The obligee may reject an earlier performance unless it has no legitimate interest in so doing.
(2) Acceptance by a party of an earlier performance does not affect the time for the performance of its own obligations if that time has been fixed irrespective of the performance of the other party's obligations.
(3) Additional expenses caused to the obligee by earlier performance are to be borne by the obligor, without prejudice to any other remedy.

제6.1.5조 (조기이행)
(1) 채권자는 채무자의 조기이행을 거절할 수 있다. 그러나 그렇게 하는 것에 적법한 이익이 없는 경우 그러하지 아니하다.
(2) 당사자가 조기이행을 수락하더라도 그의 의무의 이행기가 상대방의 의무의 이행과는 무관하게 정하여져 있는 경우 그러한 수락은 그의 의무의 이행기에 영향을 주지 아니한다.

(3) 조기이행으로 인하여 채권자에게 발생한 추가비용은 채무자가 부담하여야 한다. 그러나 이로 인하여 여타의 구제권에 영향을 주지 않는다.

Article 6.1.6 (Place of performance)

(1) If the place of performance is neither fixed by, nor determinable from, the contract, a party is to perform:
(a) a monetary obligation, at the obligee's place of business;
(b) any other obligation, at its own place of business.
(2) A party must bear any increase in the expenses incidental to performance which is caused by a change in its place of business subsequent to the conclusion of the contract.

제6.1.6조 (이행의 장소)

(1) 이행지가 계약에 의하여 정하여져 있지 아니하고 또한 결정될 수도 없는 때는 당사자는 다음 장소에서 이행하여야 한다.
(a) 금전채무는 채권자의 영업소에서
(b) 그 밖의 채무는 자신의 영업소에서
(2) 당사자는 계약체결후의 그의 영업소의 변경으로 인하여 이행에 부수하여 발생하는 비용의 증가를 부담하여야 한다.

Article 6.1.7 (Payment by cheque or other instrument)

(1) Payment may be made in any form used in the ordinary course of business at the place for payment.
(2) However, an obligee who accepts, either by virtue of paragraph (1) or voluntarily, a cheque, any other order to pay or a promise to pay, is presumed to do so only on condition that it will be honoured.

제6.1.7조 (수표 그 밖의 지급수단에 의한 금전지급)

(1) 금전지급은 당해 영업소의 통상적인 영업과정에서 사용되는 어떠한 방법으로도 할 수 있다.
(2) 그러나 전항에 의하거나 또는 자의로, 수표 그 밖의 지급지시 또는 지급약속을 수취하는 채권자는 그것이 결제되는 것을 조건으로 수취한 것으로 추정한다.

Article 6.1.8 (Payment by funds transfer)

(1) Unless the obligee has indicated a particular account, payment may be made by a transfer to any of the financial institutions in which the obligee has made it known that it has an account.
(2) In case of payment by a transfer the obligation of the obligor is discharged when the transfer to the obligee's financial institution becomes effective.

제6.1.8조 (자금이체에 의한 지급)

(1) 채권자가 특정한 계좌를 지정하지 않은 한, 금전지급은 채권자에 의해 그가 계좌를 갖고 있는 것으로 알려진 금융기관의 계좌에 이체할 수 있다.
(2) 이체에 의한 지급의 경우 채무자의 채무는 채권자의 금융기관에 당해 이체가 그 효력을 발생한 때에 소멸한다.

Article 6.1.9 (Currency of payment)

(1) If a monetary obligation is expressed in a currency other than that of the place for payment, it may be paid by the obligor in the currency of the place for payment unless
(a) that currency is not freely convertible; or
(b) the parties have agreed that payment should be made only in the currency in which the monetary obligation is expressed.
(2) If it is impossible for the obligor to make payment in the currency in which the monetary obligation is expressed, the obligee may require payment in the currency of the place for payment, even in the case referred to in paragraph (1)(b).
(3) Payment in the currency of the place for payment is to be made according to the applicable rate of exchange prevailing there when payment is due.
(4) However, if the obligor has not paid at the time when payment is due, the obligee may require payment according to the applicable rate of exchange prevailing either when payment is due or at the time of actual payment.

제6.1.9조 (지급통화)

(1) 금전채무가 지급지 통화가 아닌 통화로 표시된 때에도 채무자는 지급지의 통화로 지급할 수 있다. 그러나 다음의 경우에는 그러하지 아니하다.

(a) 당해 통화가 자유로이 환금가능하지 않은 경우 또는
(b) 당사자가 오직 당해 금전채무가 표시된 통화로만 지급할 것을 약정한 경우.

(2) 채무자가 당해 금전채무가 표시된 통화로 지급하는 것이 불가능한 때는, 채권자는 지급지의 통화로 지급할 것을 청구할 수 있으며, 이는 전항 (b)의 경우에도 마찬가지이다.
(3) 지급지의 통화에 의한 지급은 당해 채무의 이행기에 지급지에서 통용되는 환율에 따라 지급되어야 한다.
(4) 그러나 이행기에 채무자가 지급하지 아니한 때는, 채권자는 이행기 또는 실제지급 시에 통용되는 환율에 따라 지급할 것을 청구할 수 있다.

Article 6.1.10 (Currency not expressed)

Where a monetary obligation is not expressed in a particular currency, payment must be made in the currency of the place where payment is to be made.

제6.1.10조 (통화가 지정되지 않은 경우)

금전채무가 특정한 통화로 표시되지 않은 경우 당해지급은 지급이 행하여져야 할 장소의 통화로 하여야 한다.

Article 6.1.11 (Costs of performance)

Each party shall bear the costs of performance of its obligations.

제6.1.11조 (이행비용)

각 당사자는 자신의 의무에 대한 이행비용을 부담하여야 한다.

Article 6.1.12 (Imputation of payments)

(1) An obligor owing several monetary obligations to the same obligee may specify at the time of payment the debt to which it intends the payment to be applied. However, the payment discharges first any expenses, then interest due and finally the principal.
(2) If the obligor makes no such specification, the obligee may, within a reasonable time after payment, declare to the obligor the obligation to which it imputes the payment, provided that the obligation is due and undisputed.
(3) In the absence of imputation under paragraphs (1) or (2), payment is imputed to that obligation which satisfies one of the following criteria and in the order indicated:
  (a) an obligation which is due or which is the first to fall due;
  (b) the obligation for which the obligee has least security;
  (c) the obligation which is the most burdensome for the obligor;
  (d) the obligation which has arisen first.

If none of the preceding criteria applies, payment is imputed to all the obligations proportionally.

제6.1.12조 (금전변제의 충당)

(1) 동일한 채권자에 대해 수개의 금전채무를 부담하는 채무자는 지급 시에 당해 지급이 어느 채무의 변제로 의도된 것인지를 명시할 수 있다. 그러나 지급은 비용, 발생한 이자, 원본의 순서로 채무를 소멸시킨다.
(2) 채무자의 그러한 명시가 없는 경우 채권자는 지급이 있은 후 상당한 기간 내에 채무자에게 당해 지급이 변제충당 되는 채무를 지정하여 통보할 수 있다. 다만 그러한 채무는 이행기에 놓여 있고 또한 다툼이 없는 것이어야 한다.
(3) (1) 또는 (2)에 따른 변제충당이 없는 경우 금전지급은 다음의 어느 하나의 기준을 충족하는 채무에 지정된 순서에 따라 변제 충당된다.
  (a) 이행기에 있거나 먼저 이행기에 도달할 채무
  (b) 채권자의 담보가 최소인 채무
  (c) 채무자의 부담이 최대인 채무
  (d) 먼저 발생한 채무.

위의 기준들 중에서 어느 것도 적용되지 않는 때는, 금전지급은 모든 채무의 비율에 따라 변제충당 된다.

Article 6.1.13 (Imputation of non-monetary obligations)

Article 6.1.12 applies with appropriate adaptations to the imputation of performance of non-monetary obligations.

제6.1.13조 (비금전채무의 충당)

제6.1.12조는 비금전채무의 변제충당에 준용된다.

Article 6.1.14 (Application for public permission)

Where the law of a State requires a public permission affecting the validity of the contract or its performance and neither that law nor the circumstances indicate otherwise

(a) if only one party has its place of business in that State, that party shall take the measures necessary to obtain the permission;

(b) in any other case the party whose performance requires permission shall take the necessary measures.

제6.1.14조(공적 인、허가신청)

어떤 국가의 법규에 의해 계약의 유효성이나 계약의 이행에 영향을 주는 공적 인·허가의 취득이 요구되고 또한 그러한 법규와 제반 상황이 달리 가리키지 않는 한,

(a) 당사자의 일방만이 그러한 국가에 영업소를 두고 있는 때는, 당사자가 그러한 인·허가를 취득하기 위한 필요한 조치를 취하여야 한다.

(b) 그 밖의 경우에는 자신의 이행을 위해 인·허가의 취득이 요구되는 당사자가 그에 필요한 조치를 취하여야 한다.

Article 6.1.15 (Procedure in applying for permission)

(1) The party required to take the measures necessary to obtain the permission shall do so without undue delay and shall bear any expenses incurred.

(2) That party shall whenever appropriate give the other party notice of the grant or refusal of such permission without undue delay.

제6.1.15조 (인、허가신청 시의 절차)

(1) 인·허가를 취득하는 데 필요한 조치를 취하여야 하는 당사자는 부당한 지체없이 그렇게 하여야 하고 또한 그에 수반하는 비용을 부담하여야 한다.

(2) 그러한 당사자는 적절하게 부당한 지체없이 상대방에게 당해 인·허가의 취득 또는 거절의 사실을 통지하여야 한다.

Article 6.1.16 (Permission neither granted nor refused)

(1) If, notwithstanding the fact that the party responsible has taken all measures required, permission is neither granted nor refused within an agreed period or, where no period has been agreed, within a reasonable time from the conclusion of the contract, either party is entitled to terminate the contract.

(2) Where the permission affects some terms only, paragraph (1) does not apply if, having regard to the circumstances, it is reasonable to uphold the remaining contract even if the permission is refused.

제6.1.16조 (인、허가를 취득하지 못하고 인、허가가 거절되지도 않은 경우)

(1) 의무당사자가 필요한 모든 조치를 취하였음에도, 합의된 기간 내에 또는 합의된 기간이 없는 경우 계약체결 시로부터 상당한 기간 내에 인·허가를 취득하지 못하였으나 동시에 인·허가가 거절되지도 않은 때는 어느 당사자든지 계약을 해제할 수 있다.

(2) 당해 인·허가가 단지 계약의 일부에만 영향을 미치는 경우 인·허가가 거절되었더라도 제반 정황으로 보아 계약의 나머지 부분을 존속시키는 것이 합리적인 한 전항은 적용되지 아니한다.

Article 6.1.17 (Permission refused)

(1) The refusal of a permission affecting the validity of the contract renders the contract void. If the refusal affects the validity of some terms only, only such terms are void if, having regard to the circumstances, it is reasonable to uphold the remaining contract.

(2) Where the refusal of a permission renders the performance of the contract impossible in whole or in part, the rules on non-performance apply.

제6.1.17조 (인、허가가 거절된 경우)

(1) 계약의 유효성에 영향을 주는 인·허가의 거절은 계약을 무효화 할 수 있다. 그러한 인·허가의 거절이 계약의 일부에 한하여 유효성에 영향을 주는 경우 제반 상황으로 보아 계약의 나머지 부분을 존속시키는 것이 합리적인 한 일부만이 무효가 된다.

(2) 인·허가의 거절이 계약이행을 전부 또는 일부 불능하게 하는 때에는 불이행에 관한 규칙을 준용한다.

제2절 장애(Hardship)

Article 6.2.1 (Contract to be observed)
Where the performance of a contract becomes more onerous for one of the parties, that party is nevertheless bound to perform its obligations subject to the following provisions on hardship.
제6.2.1조 (계약준수의 원칙)
당사자 일방의 계약이행이 보다 가중하게 되더라도 당사자는 그 의무를 이행하여야 한다. 다만 장애에 관한 다음의 규정들이 정하는 한도 내에서는 그러하지 아니하다.

Article 6.2.2 (Definition of hardship)
There is hardship where the occurrence of events fundamentally alters the equilibrium of the contract either because the cost of a party's performance has increased or because the value of the performance a party receives has diminished, and
(a) the events occur or become known to the disadvantaged party after the conclusion of the contract;
(b) the events could not reasonably have been taken into account by the disadvantaged party at the time of the conclusion of the contract;
(c) the events are beyond the control of the disadvantaged party; and
(d) the risk of the events was not assumed by the disadvantaged party.
제6.2.2조 (장애의 정의)
당사자의 이행비용이 증가하거나 당사자가 수령하는 이행의 가치가 감소함으로 인하여 당해 계약의 균형을 근본적으로 와해시키는 사정이 발생하고 또한 다음 각호를 모두 만족하는 경우에 장애가 성립한다.
(a) 장애사유가 계약체결 후에 발생하거나 장애 당사자가 장애사유를 계약체결 후에 알게 되었을 것
(b) 장애 당사자가 계약체결 시에 장애사유를 합리적으로 고려할 수 없었을 것
(c) 장애사유가 장애 당사자의 통제를 벗어난 것일 것 그리고
(d) 장애 당사자가 장애사유의 위험을 인수하지 않았을 것

Article 6.2.3 (Effects of hardship)
(1) In case of hardship the disadvantaged party is entitled to request renegotiations. The request shall be made without undue delay and shall indicate the grounds on which it is based.
(2) The request for renegotiation does not in itself entitle the disadvantaged party to withhold performance.
(3) Upon failure to reach agreement within a reasonable time either party may resort to the court.
(4) If the court finds hardship it may, if reasonable,
(a) terminate the contract at a date and on terms to be fixed; or
(b) adapt the contract with a view to restoring its equilibrium.
제6.2.3조 (장애의 효과)
(1) 이행장애의 경우 장애 당사자는 재협상을 요구할 수 있다. 당해 요구는 부당한 지체없이 행하여져야 하고 또한 그 기초가 된 사유를 명시하여야 한다.
(2) 재협상요구는 그 자체만으로는 장애 당사자에게 이행보류권을 주지 아니한다.
(3) 상당한 기간 내에 합의에 도달하지 않는 때는, 어느 당사자든지 법원에 이행결정을 청구할 수 있다.
(4) 장애를 긍정하는 법원은, 합리적인 한,
(a) 그 시기와 그 계약조건을 새로이 정하여 계약을 종료시키거나 또는
(b) 계약의 균형을 복구하는 견지에서 계약을 변경시킬 수 있다.

제7장 불이행(NON-PERFORMANCE)

제1절 불이행 일반(Non-performance in general)

Article 7.1.1 (Non-performance defined)
Non-performance is failure by a party to perform any of its obligations under the contract, including defective performance or

late performance.

제7.1.1조 (불이행의 정의)

불이행은 당해 계약하에서 당사자에 의한 그의 어떠한 의무의 이행이 없는 것을 말하며, 이는 불완전한 이행이나 이행지체를 포함한다.

Article 7.1.2 (Interference by the other party)

A party may not rely on the non-performance of the other party to the extent that such non-performance was caused by the first party's act or omission or by another event for which the first party bears the risk.

제7.1.2조 (상대방의 방해)

당사자는 상대방의 불이행이 자신의 작위 또는 부작위나 자신이 위험을 부담하는 사건에 기인하는 한도 내에서는 그러한 불이행을 원용할 수 없다.

Article 7.1.3 (Withholding performance)

(1) Where the parties are to perform simultaneously, either party may withhold performance until the other party tenders its performance.

(2) Where the parties are to perform consecutively, the party that is to perform later may withhold its performance until the first party has performed.

제7.1.3조 (이행보류)

(1) 양당사자가 동시에 이행하여야 하는 경우 각 당사자는 상대방이 이행제공을 할 때까지 자신의 이행을 보류할 수 있다.

(2) 양당사자가 순차적으로 이행하여야 하는 경우 이후에 이행할 당사자는 먼저 이행하여야 하는 당사자가 이행할 때까지 자신의 이행을 보류할 수 있다.

Article 7.1.4 (Cure by non-performing party)

(1) The non-performing party may, at its own expense, cure any non-performance, provided that

  (a) without undue delay, it gives notice indicating the proposed manner and timing of the cure;

  (b) cure is appropriate in the circumstances;

  (c) the aggrieved party has no legitimate interest in refusing cure; and

  (d) cure is effected promptly.

(2) The right to cure is not precluded by notice of termination.

(3) Upon effective notice of cure, rights of the aggrieved party that are inconsistent with the non-performing party's performance are suspended until the time for cure has expired.

(4) The aggrieved party may withhold performance pending cure.

(5) Notwithstanding cure, the aggrieved party retains the right to claim damages for delay as well as for any harm caused or not prevented by the cure.

제7.1.4조 (불이행당사자에 의한 치유)

(1) 다음의 경우 불이행당사자는 자신의 비용으로 그의 불이행을 치유할 수 있다.

  (a) 불이행당사자가 부당한 지체없이 치유의 방법과 시기를 제시하여 통지할 것

  (b) 제반사정으로 보아 치유가 적절할 것

  (c) 피해당사자가 치유를 거절하는 데 적법한 이익을 갖지 않을 것 그리고

  (d) 치유가 즉시 실행될 것.

(2) 치유권은 계약해제의 통지에 의해 방해되지 아니한다.

(3) 유효한 치유통지가 있는 때는, 불이행당사자의 이행에 반하는 피해당사자의 권리는 당해 치유를 위한 기간이 경과할 때까지 정지된다.

(4) 피해당사자는 치유가 있을 때까지 그의 이행을 보류할 수 있다.

(5) 당해 치유에도 불구하고, 피해당사자는 여전히 지연손해와 당해 치유에 의하여 야기되었거나 방지되지 않은 손해배상을 청구할 수 있다.

Article 7.1.5 (Additional period for performance)

(1) In a case of non-performance the aggrieved party may by notice to the other party allow an additional period of time for

performance.

(2) During the additional period the aggrieved party may withhold performance of its own reciprocal obligations and may claim damages but may not resort to any other remedy. If it receives notice from the other party that the latter will not perform within that period, or if upon expiry of that period due performance has not been made, the aggrieved party may resort to any of the remedies that may be available under this Chapter.

(3) Where in a case of delay in performance which is not fundamental the aggrieved party has given notice allowing an additional period of time of reasonable length, it may terminate the contract at the end of that period. If the additional period allowed is not of reasonable length it shall be extended to a reasonable length. The aggrieved party may in its notice provide that if the other party fails to perform within the period allowed by the notice the contract shall automatically terminate.

(4) Paragraph (3) does not apply where the obligation which has not been performed is only a minor part of the contractual obligation of the non-performing party.

제7.1.5조 (이행을 위한 추가기간)

(1) 불이행이 있는 경우 피해당사자는 상대방에 대한 통지로써 이행을 위한 추가기간을 허여할 수 있다.

(2) 그러한 추가기간 동안에는 피해당사자는 대응하는 자신의 의무의 이행을 보류할 수 있고 또한 손해배상을 청구할 수 있으나 그 밖의 구제권은 원용할 수 없다. 피해당사자가 불이행당사자로부터 그러한 추가기간 내에 이행하지 않을 것임을 통지받거나 또는 그러한 추가기간이 만료되기까지 이행이 정히 행하여지지 않은 때에는 피해당사자는 본장에서 허용되는 모든 구제권을 행사할 수 있다.

(3) 중대하지 않은 이행지체의 경우 상당한 추가기간을 허여하여 통지한 피해당사자는 그러한 기간의 만료 시에 계약을 해제할 수 있다. 불합리하게 짧게 허여된 추가기간은 합리적인 정도로 연장된다. 피해당사자는 추가기간을 허여하는 통지에서 만약 상대방이 그러한 추가기간 내에 이행하지 않는다면 계약이 자동적으로 해제된다고 명시할 수 있다.

(4) 이행되지 아니한 의무가 불이행당사자의 당해 계약상의 의무의 사소한 부분에 불과한 때 전항은 적용되지 아니한다.

Article 7.1.6 (Exemption clauses)

A clause which limits or excludes one party's liability for non-performance or which permits one party to render performance substantially different from what the other party reasonably expected may not be invoked if it would be grossly unfair to do so, having regard to the purpose of the contract.

제7.1.6조 (면책조항)

당사자의 일방의 불이행책임을 제한 또는 배제하는 계약조항이나 일방이 상대방의 합리적인 기대와는 실질적으로 다른 내용으로 이행할 수 있도록 허용하는 계약조항은 그 원용을 하는 것이 당해 계약의 목적으로 보아 현저히 불공정한 때에는 원용할 수 없다.

Article 7.1.7 (*Force majeure*)

(1) Non-performance by a party is excused if that party proves that the non-performance was due to an impediment beyond its control and that it could not reasonably be expected to have taken the impediment into account at the time of the conclusion of the contract or to have avoided or overcome it or its consequences.

(2) When the impediment is only temporary, the excuse shall have effect for such period as is reasonable having regard to the effect of the impediment on the performance of the contract.

(3) The party who fails to perform must give notice to the other party of the impediment and its effect on its ability to perform. If the notice is not received by the other party within a reasonable time after the party who fails to perform knew or ought to have known of the impediment, it is liable for damages resulting from such non-receipt.

(4) Nothing in this article prevents a party from exercising a right to terminate the contract or to withhold performance or request interest on money due.

제7.1.7조 (불가항력)

(1) 당사자의 의무불이행이 그의 통제를 벗어난 장애에 기인하였다는 점과 계약체결 시에 그러한 장애를 고려하거나 그러한 장애 또는 그러한 장애의 결과를 회피 또는 극복하는 것이 합리적으로 기대될 수 없었다는 점을 입증하는 경우 그는 불이행에 대한 책임을 면한다.

(2) 장애가 단지 한시적인 경우 면책은 당해 장애가 계약의 이행에 미친 효과를 고려한 상당한 기간 동안 효력이 있다.

(3) 불이행당사자는 상대방에게 그러한 장애 및 당해 장애가 그의 이행능력에 미치는 효과를 통지하여야 한다. 불이행당사자

가 그러한 장애를 알았거나 알았어야 했던 때로부터 상당한 기간 내에 그러한 통지가 상대방에게 도달하지 아니하는 경우 불이행당사자는 그러한 부도달에 기인하는 손해에 관하여 책임을 진다.

(4) 본조의 어떠한 규정도 당사자의 계약해제권이나 이행보류권, 지급되어야 할 금원에 대한 이자청구권의 행사를 방해하지 아니한다.

제2절 이행청구권(Right to performance)

Article 7.2.1 (Performance of monetary obligation)

Where a party who is obliged to pay money does not do so, the other party may require payment.

제7.2.1조 (금전채무의 이행)

금전지급의무가 있는 당사자가 지급을 하지 않는 때 상대방은 그 지급을 청구할 수 있다.

Article 7.2.2 (Performance of non-monetary obligation)

Where a party who owes an obligation other than one to pay money does not perform, the other party may require performance, unless

(a) performance is impossible in law or in fact;

(b) performance or, where relevant, enforcement is unreasonably burdensome or expensive;

(c) the party entitled to performance may reasonably obtain performance from another source;

(d) performance is of an exclusively personal character; or

(e) the party entitled to performance does not require performance within a reasonable time after it has, or ought to have, become aware of the non-performance.

제7.2.2조 (비금전채무의 이행)

금전지급 외의 의무를 지는 당사자가 이행을 하지 않는 때, 상대방은 다음의 경우를 제외하고는 그 이행을 청구할 수 있다.

(a) 이행이 법률상 또는 사실상 불가능한 경우

(b) 이행이나, 적절한 경우, 그 강제가 불합리한 부담이나 비용을 야기하는 경우

(c) 이행청구당사자가 합리적으로 타처에서 이행을 득할 수 있는 경우

(d) 이행이 일신 전속적 성격을 갖는 경우 또는

(e) 이행청구당사자가 불이행의 사실을 알았거나 알았어야 했던 때로부터 상당한 기간 내에 이행청구를 하지 않은 경우

Article 7.2.3 (Repair and replacement of defective performance)

The right to performance includes in appropriate cases the right to require repair, replacement, or other cure of defective performance. The provisions of Articles 7.2.1 and 7.2.2 apply accordingly.

제7.2.3조 (불완전한 이행의 추완 또는 대체)

이행청구권은 적절한 경우 불완전한 이행의 추완, 대체 그 밖의 치유를 청구할 권리를 포함한다. 이에 제7.2.1조와 제7.2.2조의 규정이 적용된다.

Article 7.2.4 (Judicial penalty)

(1) Where the court orders a party to perform, it may also direct that this party pay a penalty if it does not comply with the order.

(2) The penalty shall be paid to the aggrieved party unless mandatory provisions of the law of the forum provide otherwise. Payment of the penalty to the aggrieved party does not exclude any claim for damages.

제7.2.4조 (사법적 벌금)

(1) 당사자에게 이행을 명하는 법원은 또한 당사자가 당해 명령을 위반하는 때에는 벌금지급을 명할 수 있다.

(2) 벌금은 법정지의 강행규정이 달리 정하지 않는 한, 피해당사자에게 지급되어야 한다. 피해당사자에게의 벌금지급은 그의 손해배상청구권을 방해하지 아니 한다.

Article 7.2.5 (Change of remedy)

(1) An aggrieved party who has required performance of a non-monetary obligation and who has not received performance

within a period fixed or otherwise within a reasonable period of time may invoke any other remedy.

(2) Where the decision of a court for performance of a non-monetary obligation cannot be enforced, the aggrieved party may invoke any other remedy.

제7.2.5조 (구제권의 변경)

(1) 비금전채무의 이행을 청구하였으나, 지정된 기간 내에 또는 그 밖의 상당한 기간 내에 이행을 수령하지 못한 피해당사자는 여타의 구제권을 행사할 수 있다.

(2) 비금전채무의 이행청구권을 인정하는 법원의 판결이 강제집행 될 수 없는 때는, 피해당사자는 여타의 구제권을 행사할 수 있다.

제3절 계약해제(Termination)

Article 7.3.1 (Right to terminate the contract)

(1) A party may terminate the contract where the failure of the other party to perform an obligation under the contract amounts to a fundamental non-performance.

(2) In determining whether a failure to perform an obligation amounts to a fundamental non-performance regard shall be had, in particular, to whether

(a) the non-performance substantially deprives the aggrieved party of what it was entitled to expect under the contract unless the other party did not foresee and could not reasonably have foreseen such result;

(b) strict compliance with the obligation which has not been performed is of essence under the contract;

(c) the non-performance is intentional or reckless;

(d) the non-performance gives the aggrieved party reason to believe that it cannot rely on the other party's future performance;

(e) the non-performing party will suffer disproportionate loss as a result of the preparation or performance if the contract is terminated.

(3) In the case of delay the aggrieved party may also terminate the contract if the other party fails to perform before the time allowed it under Article 7.1.5 has expired.

제7.3.1조 (계약해제권)

(1) 당사자는 상대방의 계약상 의무불이행이 중대한 불이행에 해당하는 경우 계약을 해제할 수 있다.

(2) 의무불이행이 중대한 불이행에 해당하는지 여부를 결정함에 있어서는, 다음을 고려하여야 한다.

(a) 불이행이 당해 계약하에서 피해당사자가 기대할 권리가 있는 바를 실질적으로 박탈하는지 여부. 다만 이것이 긍정되기 위해서는 상대방이 그러한 결과를 예견하지 못하였고 또한 합리적으로 예견할 수 없었어야 한다.

(b) 불이행된 의무의 엄격한 이행이 계약의 핵심인지 여부

(c) 불이행이 고의적이거나 무모한 것인지 여부

(d) 불이행이 피해당사자에게 상대방의 장래 이행을 기대할 수 없다고 믿을 만한 이유를 제공하는지 여부

(e) 계약이 해제되는 경우 불이행당사자가 그의 이행이나 그 준비의 결과로 형평에 반하는 손실을 겪게 되는지 여부

(3) 이행지체의 경우에는 상대방이 제7.1.5조에서 허여된 기간이 경과하기 전에 이행을 하지 않는다면 피해당사자는 계약을 해제할 수 있다.

Article 7.3.2 (Notice of termination)

(1) The right of a party to terminate the contract is exercised by notice to the other party.

(2) If performance has been offered late or otherwise does not conform to the contract the aggrieved party will lose its right to terminate the contract unless it gives notice to the other party within a reasonable time after it has or ought to have become aware of the offer or of the non-conforming performance.

제7.3.2조 (계약해제의 통지)

(1) 계약해제는 상대방에 대한 통지로써 행사된다.

(2) 이행이 늦게 제공되었거나 그 밖에 계약에 적합하지 않은 경우 불이행의 사실을 알았거나 알았어야 했던 때로부터 상당한 기간 내에 상대방에게 계약해제의 통지를 하지 않은 피해당사자는 계약해제권을 상실한다.

Article 7.3.3 (Anticipatory non-performance)
Where prior to the date for performance by one of the parties it is clear that there will be a fundamental non-performance by that party, the other party may terminate the contract.
제7.3.3조 (불이행의 예견)
당사자 일방의 이행이 있어야할 일자가 도래하기 전에 그의 중대한 불이행이 있을 것임이 명백한 경우 상대방은 계약을 해제할 수 있다.

Article 7.3.4 (Adequate assurance of due performance)
A party who reasonably believes that there will be a fundamental non-performance by the other party may demand adequate assurance of due performance and may meanwhile withhold its own performance. Where this assurance is not provided within a reasonable time the party demanding it may terminate the contract.
제7.3.4조 (적절한 이행보장)
장래 상대방의 중대한 불이행이 있을 것임을 합리적으로 신뢰한 당사자는 적절한 이행보장을 요구할 수 있고 또한 그러한 동안에는 그의 이행을 보류할 수 있다. 상당한 기간 내에 그러한 이행보장이 제공되지 않는 때는, 이행보장을 요구한 당사자는 계약을 해제할 수 있다.

Article 7.3.5 (Effects of termination in general)
(1) Termination of the contract releases both parties from their obligation to effect and to receive future performance.
(2) Termination does not preclude a claim for damages for non-performance.
(3) Termination does not affect any provision in the contract for the settlement of disputes or any other term of the contract which is to operate even after termination.
제7.3.5조 (계약해제의 효과 일반)
(1) 계약해제는 당사자 모두를 그들의 장래의 이행을 행하고 수령할 의무로부터 벗어나게 한다.
(2) 계약해제는 불이행에 기하는 손해배상청구를 방해하지 아니한다.
(3) 계약해제는 분쟁의 해결을 위한 계약상의 규정이나 계약해제 후에도 작용하여야 할 여타의 계약조건에는 영향을 미치지 아니한다.

Article 7.3.6 (Restitution with respect to contracts to be performed at one time)
(1) On termination of a contract to be performed at one time either party may claim restitution of whatever it has supplied under the contract, provided that such party concurrently makes restitution of whatever it has received under the contract.
(2) If restitution in kind is not possible or appropriate, an allowance has to be made in money whenever reasonable.
(3) The recipient of the performance does not have to make an allowance in money if the impossibility to make restitution in kind is attributable to the other party.
(4) Compensation may be claimed for expenses reasonably required to preserve or maintain the performance received.
제7.3.6조 (일시에 이행되어야 할 계약에 관한 구상권)
(1) 일시에 이행되어야 할 계약의 해제 시, 일방당사자는 당해 계약에 의하여 제공한 것에 대하여 반환을 청구할 수 있다. 다만, 그러한 당사자는 동시에 당해 계약에 의거하여 수령한 것을 반환한다는 조건의 경우에 한한다.
(2) 현물반환이 가능하지 않거나 적절하지 않는 경우 합리적인 금전으로 조정하여야 한다.
(3) 이행의 수령자는 동종의 반환이 불가능한 것이 타방당사자로 인한 것일 경우 금전으로 조정할 필요가 없다.
(4) 배상금은 수령된 이행을 유지하거나 보존하는데 합리적으로 요구되는 경비에 대하여 청구할 수 있다.

Article 7.3.7 (Restitution with respect to contracts to be performed over a period of time)
(1) On termination of a contract to be performed over a period of time restitution can only be claimed for the period after termination has taken effect, provided the contract is divisible.
(2) As far as restitution has to be made, the provisions of Article 7.3.6 apply.
제7.3.7조 (일정기간 동안에 이행되어야 할 계약에 대한 반환권)
(1) 일정기간 동안에 이행되어야 할 계약의 해제 시, 반환권은 당해 계약이 분리될 수 있다면, 계약해제가 발효한 이후의 기간 동안에만 청구될 수 있다.
(2) 반환이 이루어져야 하는 경우 전조의 규정이 적용된다.

제4절 손해배상(Damages)

Article 7.4.1 (Right to damages)

Any non-performance gives the aggrieved party a right to damages either exclusively or in conjunction with any other remedies except where the non-performance is excused under these Principles.

제7.4.1조 (손해배상청구권)

불이행은 피해당사자에게 배타적이거나 또는 그 밖의 구제권과 연계되는 손해배상청구권을 부여한다. 그러나 PICC에서 당해 불이행에 관하여 면책이 인정되는 경우에는 그러하지 아니하다.

Article 7.4.2 (Full compensation)

(1) The aggrieved party is entitled to full compensation for harm sustained as a result of the non-performance. Such harm includes both any loss which it suffered and any gain of which it was deprived, taking into account any gain to the aggrieved party resulting from its avoidance of cost or harm.

(2) Such harm may be non-pecuniary and includes, for instance, physical suffering or emotional distress.

제7.4.2조 (완전배상)

(1) 피해당사자는 불이행으로 인하여 입은 손해의 완전한 배상을 청구할 수 있다. 당해 손해는 피해당사자가 입은 모든 손실과 그가 상실한 모든 이익을 포함한다. 다만 그 비용이나 손해의 발생을 피하게 됨으로 인하여 얻은 이득은 공제되어야 한다.

(2) 그러한 손해는 비금전적일 수도 있고 또한 육체적 피해나 정신적 고통을 포함한다.

Article 7.4.3 (Certainty of harm)

(1) Compensation is due only for harm, including future harm, that is established with a reasonable degree of certainty.

(2) Compensation may be due for the loss of a chance in proportion to the probability of its occurrence.

(3) Where the amount of damages cannot be established with a sufficient degree of certainty, the assessment is at the discretion of the court.

제7.4.3조 (손해의 확실성)

(1) 배상되어야 할 손해는 장래의 손해를 포함하여 합리적인 정도로 확실한 손해에 한 한다.

(2) 기회상실의 손해는 그 발생확률에 비례하여 배상되어야 한다.

(3) 충분한 정도로 확실하게 손해액을 결정할 수 없는 때, 그 산정은 법원의 재량에 의한다.

Article 7.4.4 (Foreseeability of harm)

The non-performing party is liable only for harm which it foresaw or could reasonably have foreseen at the time of the conclusion of the contract as being likely to result from its non-performance.

제7.4.4조 (예견가능한 손해)

불이행당사자는 자신의 불이행으로 인하여 발생할 수 있음을 계약체결 시에 예견하였거나 합리적으로 예견할 수 있었던 손해에 한하여 책임을 진다.

Article 7.4.5 (Proof of harm in case of replacement transaction)

Where the aggrieved party has terminated the contract and has made a replacement transaction within a reasonable time and in a reasonable manner it may recover the difference between the contract price and the price of the replacement transaction as well as damages for any further harm.

제7.4.5조 (대체거래의 경우의 손해의 증명)

피해당사자가 계약을 해제하고 상당한 기간 내에 합리적인 방법으로 대체거래를 한 경우 그는 계약가격과 대체거래가격의 차액 및 그 밖의 손해배상을 청구할 수 있다.

Article 7.4.6 (Proof of harm by current price)

(1) Where the aggrieved party has terminated the contract and has not made a replacement transaction but there is a current price for the performance contracted for, it may recover the difference between the contract price and the price current at the time the contract is terminated as well as damages for any further harm.

(2) Current price is the price generally charged for goods delivered or services rendered in comparable circumstances at the place where the contract should have been performed or, if there is no current price at that place, the current price at such other place that appears reasonable to take as a reference.

제7.4.6조 (시가에 의한 손해의 증명)

(1) 피해당사자가 계약을 해제하고서도 대체거래를 하지 않았으나, 당해 계약의 이행에 적용될 시가가 있는 경우 당해 계약가격과 해제당시의 시가와의 차액 및 그 밖의 손해배상을 청구할 수 있다.

(2) 시가라 함은 인도된 물품이나 제공된 서비스에 관하여 계약이 이행되었어야 할 장소에서 유사한 상황하에 일반적으로 징구되는 가격을 말하며, 당해 장소에서 시가가 없는 경우에는 대체적용하기에 합리적으로 볼 수 있는 그 밖의 장소에서의 시가를 말한다.

Article 7.4.7 (Harm due in part to aggrieved party)

Where the harm is due in part to an act or omission of the aggrieved party or to another event for which that party bears the risk, the amount of damages shall be reduced to the extent that these factors have contributed to the harm, having regard to the conduct of each of the parties.

제7.4.7조 (피해당사자에 일부 기인한 손해)

손해가 피해당사자의 작위 또는 부작위나 그가 위험을 부담하는 사유에 일부 기인한 때는, 손해배상액은 각 당사자 행위를 참작하여 그러한 요인들이 당해 손해에 기여한 범위를 한도로 감액한다.

Article 7.4.8 (Mitigation of harm)

(1) The non-performing party is not liable for harm suffered by the aggrieved party to the extent that the harm could have been reduced by the latter party's taking reasonable steps.

(2) The aggrieved party is entitled to recover any expenses reasonably incurred in attempting to reduce the harm.

제7.4.8조 (손해의 경감)

(1) 불이행당사자는 피해당사자가 합리적인 조치를 취함으로써 경감할 수 있었던 범위에서는 피해당사자가 입은 손해에 대한 책임이 없다.

(2) 피해당사자는 손해를 경감시키는 조치를 취함에 있어 합리적으로 소요된 비용의 배상을 청구할 수 있다.

Article 7.4.9 (Interest for failure to pay money)

(1) If a party does not pay a sum of money when it falls due the aggrieved party is entitled to interest upon that sum from the time when payment is due to the time of payment whether or not the non-payment is excused.

(2) The rate of interest shall be the average bank short-term lending rate to prime borrowers prevailing for the currency of payment at the place for payment, or where no such rate exists at that place, then the same rate in the State of the currency of payment. In the absence of such a rate at either place the rate of interest shall be the appropriate rate fixed by the law of the State of the currency of payment.

(3) The aggrieved party is entitled to additional damages if the non-payment caused it a greater harm.

제7.4.9조 (금전부지급에 기한 이자)

(1) 당사자가 지급기일이 도래한 금전을 지급하지 않는 경우 피해당사자는 당해 금전이 지급되었어야 할 때부터 실제지급 시까지의 이자를 청구할 수 있으며, 이때 부지급의 면책여부는 묻지 아니한다.

(2) 당해 이율은 지급지에서 지급통화의 우량금전차용인들에게 널리 적용되는 평균은행 단기대출이자율로 하나, 지급지에 그러한 이자율이 존재하지 않는 경우 당해 지급통화를 인정하는 국가에서의 그러한 이자율로 한다. 그러한 두 장소 모두에서 그러한 이자율이 없는 경우 당해 지급통화를 인정하는 국가의 법이 정하는 적절한 이율로 한다.

(3) 금전부지급으로 보다 많은 손해를 입은 피해당사자는 그러한 추가손해의 배상을 청구할 수 있다.

Article 7.4.10 (Interest on damages)

Unless otherwise agreed, interest on damages for non-performance of non-monetary obligations accrues as from the time of non-performance.

제7.4.10조 (손해배상금을 원본으로 하는 이자)

달리 약정한 바 없는 경우 비금전채무의 불이행에 기한 손해배상금에 대한 이자는 불이행 시부터 발생한다.

Article 7.4.11 (Manner of monetary redress)

(1) Damages are to be paid in a lump sum. However, they may be payable in instalments where the nature of the harm makes this appropriate.

(2) Damages to be paid in instalments may be indexed.

제7.4.11조 (금전배상의 방법)

(1) 손해는 그 총액이 일시에 배상되어야 한다. 그러나 당해 손해의 성격에 의해 적절한 경우에는 손해를 분할하여 배상할 수 있다.

(2) 손해의 분할배상은 일정한 지수와 연동되도록 할 수 있다.

Article 7.4.12 (Currency in which to assess damages)

Damages are to be assessed either in the currency in which the monetary obligation was expressed or in the currency in which the harm was suffered, whichever is more appropriate.

제7.4.12조 (손해배상액산정의 기준통화)

손해배상액은 금전채무의 표시통화와 손해발생통화 중에서 보다 적절한 통화로 산정한다.

Article 7.4.13 (Agreed payment for non-performance)

(1) Where the contract provides that a party who does not perform is to pay a specified sum to the aggrieved party for such non-performance, the aggrieved party is entitled to that sum irrespective of its actual harm.

(2) However, notwithstanding any agreement to the contrary the specified sum may be reduced to a reasonable amount where it is grossly excessive in relation to the harm resulting from the non-performance and to the other circumstances.

제7.4.13조 (손해배상액의 예정)

(1) 계약에서 불이행당사자가 그의 불이행에 관하여 피해당사자에게 소정의 금액을 지급할 것을 정한 때는, 피해당사자는 그의 실제손해와는 상관없이 당해 금액의 지급을 청구할 수 있다.

(2) 그러나 달리 합의되었더라도 불이행으로 인한 손해 그 밖의 제반사정에 비추어 그러한 약정금액이 현저하게 과도한 때는 이를 합리적으로 감액할 수 있다.

제8장 상계(SET-OFF)

Article 8.1 (Conditions of set-off)

(1) Where two parties owe each other money or other performances of the same kind, either of them ("the first party") may set off its obligation against that of its obligee ("the other party") if at the time of set-off,

(a) the first party is entitled to perform its obligation;

(b) the other party's obligation is ascertained as to its existence and amount and performance is due.

(2) If the obligations of both parties arise from the same contract, the first party may also set off its obligation against an obligation of the other party which is not ascertained as to its existence or to its amount.

제8.1조 (상계의 요건)

(1) 쌍방이 서로 금전채무 그 밖의 동종의 채무를 부담하는 경우 각 당사자['상계당사자']는 상계 시에 다음의 요건이 충족될 경우 그의 채무와 그의 채권자['상대방']의 채무를 상계할 수 있다.

(a) 상계당사자가 그의 채무를 이행할 권리를 가지고 있을 것

(b) 상대방의 채무가 그 존재와 양의 면에서 확정되어 있고 또한 이행하여야 할 상태에 놓여 있을 것

(2) 쌍방의 채무가 동일한 계약에서 발생한 경우 상계당사자는 또한 그의 채무와 그 존재와 양이 확정되지 않은 상대방의 채무를 상계할 수 있다.

Article 8.2 (Foreign currency set-off)

Where the obligations are to pay money in different currencies, the right of set-off may be exercised, provided that both currencies are freely convertible and the parties have not agreed that the first party shall pay only in a specified currency.

제8.2조 (외화채무의 상계)

상이한 통화로 지급되어야 하는 두 금전채무의 경우 두 통화가 자유로이 상호 환금이 가능하고 또한 상계당사자가 오직 특

정한 통화로만 지급할 것을 당사자들이 약정하지 않은 한 상계권은 행사될 수 있다.

Article 8.3 (Set-off by notice)
The right of set-off is exercised by notice to the other party.
제8.3조 (상계의 통지)
상계권은 상대방에 대한 통지로써 행사된다.

Article 8.4 (Content of notice)
(1) The notice must specify the obligations to which it relates.
(2) If the notice does not specify the obligation against which set-off is exercised, the other party may, within a reasonable time, declare to the first party the obligation to which set-off relates. If no such declaration is made, the set-off will relate to all the obligations proportionally.
제8.4조 (통지의 내용)
(1) 상계의 통지는 상계되는 채무들을 명시하여야 한다.
(2) 상계의 통지에서 상계의 대상이 되는 채무를 명시하지 않은 경우 상대방은 상당한 기간 내에 상계당사자에게 상계되는 채무를 적시할 수 있다. 그러한 적시가 없는 때는, 모든 채무가 비율적으로 상계된다.

Article 8.5 (Effect of set-off)
(1) Set-off discharges the obligations.
(2) If obligations differ in amount, set-off discharges the obligations up to the amount of the lesser obligation.
(3) Set-off takes effect as from the time of notice.
제8.5조 (상계의 효과)
(1) 상계는 채무를 소멸시킨다.
(2) 채무들이 양적으로 상이한 경우 상계는 양적으로 적은 채무의 한도 내에서 채무를 소멸시키다.
(3) 상계는 통지 시부터 그 효력을 갖는다.

제9장 채권양도, 채무이전, 계약양도 (ASSIGNMENT OF RIGHT, TRANSFER OF OBLIGATIONS, ASSIGNMENT OF CONTRACTS)

제1절 채권양도(Assignment of right)

Article 9.1.1 (Definitions)
"Assignment of a right" means the transfer by agreement from one person (the "assignor") to another person (the "assignee"), including transfer by way of security, of the assignor's right to payment of a monetary sum or other performance from a third person ("the obligor").
제9.1.1조 (정의)
'채권양도'라 함은 금전지급 기타의 급부를 목적으로 하는 일방('양도인')의 제3자 ('채무자')에 대한 채권을 합의로써 타인('양수인')에게 양도하는 것을 말하며, 담보의 목적을 포함한다.

Article 9.1.2 (Exclusions)
This Section does not apply to transfers made under the special rules governing the transfers:
(a) of instruments such as negotiable instruments, documents of title or financial instruments, or
(b) of rights in the course of transferring a business.
제9.1.2조 (적용배제)
본절은 다음의 양도를 규율하는 특별한 법규하에서 행하여지는 양도에는 적용되지 아니한다.
(a) 유통가능증권, 권리증권 또는 금융증권과 같은 증권의 양도 또는
(b) 기업양도의 과정에서의 권리의 이전

Article 9.1.3 (Assignability of non-monetary rights)
A right to non-monetary performance may be assigned only if the assignment does not render the obligation significantly more burdensome.
제9.1.3조 (비금전채권의 양도)
비금전적 급부를 목적으로 하는 채권은 양도로 인하여 채무부담이 현저하게 가중되지 않는 경우에 한하여 양도될 수 있다.

Article 9.1.4 (Partial assignment)
(1) A right to the payment of a monetary sum may be assigned partially.
(2) A right to other performance may be assigned partially only if it is divisible, and the assignment does not render the obligation significantly more burdensome.
제9.1.4조 (일부양도)
(1) 금전지급을 목적으로 채권은 그 일부만이 양도될 수 있다.
(2) 그 밖의 급부를 목적으로 하는 채권은 그것이 분할가능하고 또한 양도로 인하여 채무의 부담이 현저하게 가중되지 않는 경우에 한하여 그 일부만이 양도될 수 있다.

Article 9.1.5 (Future rights)
A future right is deemed to be transferred at the time of the agreement, provided the right, when it comes into existence, can be identified as the right to which the assignment relates.
제9.1.5조 (장래의 채권)
장래의 채권은 그것이 존재하게 된 때, 양도되는 채권으로서 특정될 수 있는 경우에 한하여 합의 시에 양도된 것으로 본다.

Article 9.1.6 (Rights assigned without individual specification)
A number of rights may be assigned without individual specification, provided such rights can be identified as rights to which the assignment relates at the time of the assignment or when they come into existence.
제9.1.6조 (일괄양도)
복수의 채권도, 양도 당시에 또는 당해 채권들이 존재하게 된 경우 양도되는 채권으로서 특정될 수 있는 한, 개별지정 없이 양도될 수 있다.

Article 9.1.7 (Agreement between assignor and assignee sufficient)
(1) A right is assigned by mere agreement between the assignor and the assignee, without notice to the obligor.
(2) The consent of the obligor is not required unless the obligation in the circumstances is of an essentially personal character.
제9.1.7조 (양도인과 양수인 간의 합의에 의한 양도)
(1) 채무자에게 통지 없이도 단지 양도인과 양수인 사이의 합의에 의해 채권은 양도된다.
(2) 채무가 상황에 따라 인적 성질을 갖지 않은 한, 채무자의 동의는 요구되지 아니 한다.

Article 9.1.8 (Obligor's additional costs)
The obligor has a right to be compensated by the assignor or the assignee for any additional costs caused by the assignment.
제9.1.8조 (채무자의 추가비용)
채무자는 채권양도로 인하여 발생한 추가비용을 양도인 또는 양수인으로부터 배상받을 권리가 있다.

Article 9.1.9 (Non-assignment clauses)
(1) The assignment of a right to the payment of a monetary sum is effective notwithstanding an agreement between the assignor and the obligor limiting or prohibiting such an assignment. However, the assignor may be liable to the obligor for breach of contract.
(2) The assignment of a right to other performance is ineffective if it is contrary to an agreement between the assignor and the obligor limiting or prohibiting the assignment. Nevertheless, the assignment is effective if the assignee, at the time of the assignment, neither knew nor ought to have known of the agreement. The assignor may then be liable to the obligor for breach of contract.

제9.1.9조 (양도금지특약)

(1) 금전지급을 목적으로 하는 채권양도는 양도인과 채무자 사이에 양도를 제한 또는 금하는 약정이 있더라도 효력이 있다. 그러나 양도인은 채무자에 대해 계약위반의 책임을 진다.

(2) 그 밖의 급부를 목적으로 하는 채권양도는 그것이 그것을 제한 또는 금하는 양도인과 채무자 사이의 약정에 반하는 경우에는 효력이 없다. 그럼에도 양수인이 양도 시에 그러한 약정을 알지 못하였고 또한 알았어야 하지도 않은 경우 당해 양도는 효력이 있다. 이때 양도인은 채무자에 대해 계약위반의 책임을 진다.

Article 9.1.10 (Notice to the obligor)

(1) Until the obligor receives a notice of the assignment from either the assignor or the assignee, it is discharged by paying the assignor.

(2) After the obligor receives such a notice, it is discharged only by paying the assignee.

제9.1.10조 (채무자에게의 통지)

(1) 양도인 또는 양수인으로부터 양도통지를 수령하기 전에는, 채무자는 양도인에게 변제함으로써 채무를 소멸시킬 수 있다.

(2) 그러한 통지를 수령한 후에는, 채무자는 오직 양수인에게 변제함으로써만 채무를 소멸시킬 수 있다.

Article 9.1.11 (Successive assignments)

If the same right has been assigned by the same assignor to two or more successive assignees, the obligor is **discharged by paying according to the order in which the notices were received.**

제9.1.11조 (이중양도)

동일한 채권이 동일한 양도인에 의해 둘 이상의 양수인에게 양도된 경우 채무자는 양도통지를 수령한 순서에 따라 변제함으로써 채무를 소멸시킬 수 있다.

Article 9.1.12 (Adequate proof of assignment)

(1) If notice of the assignment is given by the assignee, the obligor may request the assignee to provide within a reasonable time adequate proof that the assignment has been made.

(2) Until adequate proof is provided, the obligor may withhold payment.

(3) Unless adequate proof is provided, notice is not effective.

(4) Adequate proof includes, but is not limited to, any writing emanating from the assignor and indicating that the assignment has taken place.

제9.1.12조 (양도의 적절한 증거)

(1) 양수인이 양도통지를 하는 경우 채무자는 양도가 있었음을 증명하는 적절한 증거를 상당한 기간 내에 제공할 것을 양수인에게 요구할 수 있다.

(2) 적절한 증거가 제공될 때까지 채무자는 이행을 보류할 수 있다.

(3) 적절한 증거가 제공되지 않는다면, 통지는 효력이 없다.

(4) 적절한 증거는 양도인에게서 나온 것으로 당해 양도가 있었음을 보여주는 문서를 포함하나 그에 한하지 아니한다.

Article 9.1.13 (Defences and rights of set-off)

(1) The obligor may assert against the assignee all defences that the obligor could assert against the assignor.

(2) The obligor may exercise against the assignee any right of set-off available to the obligor against the assignor up to the time notice of assignment was received.

제9.1.13조 (항변사유와 상계권)

(1) 채무자는 그가 양도인에 대해 주장할 수 있던 모든 항변사유를 양수인에 대해 주장할 수 있다.

(2) 채무자는 양도통지를 수령하기 까지는 그가 양도인을 상대로 행사할 수 있던 상계권을 양수인에 대해 행사할 수 있다.

Article 9.1.14 (Rights related to the right assigned)

The assignment of a right transfers to the assignee:

(a) all the assignor's rights to payment or other performance under the contract in respect of the right assigned, and

(b) all rights securing performance of the right assigned.

제9.1.14조 (양도되는 채권에 부종하는 권리)
채권양도는 양수인에게 다음의 권리를 이전시킨다.
(a) 양도되는 채권에 부종하는 것인 한, 계약상 양도인의 모든 지급청구권 그 밖의 이행청구권, 및
(b) 양도되는 채권의 이행을 담보하는 모든 권리.

Article 9.1.15 (Undertakings of the assignor)
The assignor undertakes towards the assignee, except as otherwise disclosed to the assignee, that:
(a) the assigned right exists at the time of the assignment, unless the right is a future right;
(b) the assignor is entitled to assign the right;
(c) the right has not been previously assigned to another assignee, and it is free from any right or claim from a third party;
(d) the obligor does not have any defences;
(e) neither the obligor nor the assignor has given notice of set-off concerning the assigned right and will not give any such notice;
(f) the assignor will reimburse the assignee for any payment received from the obligor before notice of the assignment was given.
제9.1.15조 (양도인의 보장)
양도인은 양수인에 대해 다음을 보장한다. 다만 양수인에게 이미 고지된 경우에는 그러하지 아니하다.
(a) 양도되는 채권이 장래의 채권이 아닌 한, 양도 당시에 존재함,
(b) 양도인은 당해 채권을 양도할 권리가 있음.
(c) 당해 채권이 이전에 다른 양수인에게 양도되지 않았고 또한 제3자의 권리나 클레임으로부터 자유로움.
(d) 채무자가 항변사유를 갖고 있지 않음.
(e) 채무자와 양도인이 양도되는 채권을 대상으로 상계의 통지를 하지 않았고 또한 그러한 통지를 하지도 않을 것임.
(f) 양도인은 양도통지가 있기 전에 그가 채무자로부터 수령한 금전을 양수인에게 상환할 것임.

제2절 채무이전(Transfer of obligations)

Article 9.2.1 (Modes of transfer)
An obligation to pay money or render other performance may be transferred from one person (the "original obligor") to another person (the "new obligor") either
a) by an agreement between the original obligor and the new obligor subject to Article 9.2.3, or
b) by an agreement between the obligee and the new obligor, by which the new obligor assumes the obligation.
제9.2.1조 (채무이전의 방법)
금전지급 그 밖의 이행제공을 내용으로 하는 채무는 다음 각호의 합의에 의해 어느 일인('원채무자')에게서 타인('신채무자')에게로 이전한다.
(a) 제9.2.3조의 제한을 받는 원채무자와 신채무자 사이의 합의 또는
(b) 신채무자가 채무를 인수하기로 하는 채권자와 신채무자 사이의 합의

Article 9.2.2 (Exclusion)
This Section does not apply to transfers of obligations made under the special rules governing transfers of obligations in the course of transferring a business.
제9.2.2조 (적용배제)
본절은 기업의 양도과정에서 채무이전을 규율하는 특별한 법규하에서 행해지는 경우에는 적용되지 아니한다.

Article 9.2.3 (Requirement of obligee's consent to transfer)
The transfer of an obligation by an agreement between the original obligor and the new obligor requires the consent of the obligee.
제9.2.3조 (채무이전에 대한 채권자의 동의의 요건)
원채무자와 신채무자 사이의 합의에 의한 채무이전은 채권자의 동의를 요한다.

Article 9.2.4 (Advance consent of obligee)

(1) The obligee may give its consent in advance.

(2) If the obligee has given its consent in advance, the transfer of the obligation becomes effective when a notice of the transfer is given to the obligee or when the obligee acknowledges it.

제9.2.4조 (채권자의 사전 동의)

(1) 채권자는 사전에 동의할 수 있다.

(2) 채권자가 시전에 동의한 경우 채무이전은 채권자에게 채무이전의 통지를 한 때 또는 채권자가 채무이전을 승인한 때 효력을 발생한다.

Article 9.2.5 (Discharge of original obligor)

(1) The obligee may discharge the original obligor.

(2) The obligee may also retain the original obligor as an obligor in case the new obligor does not perform properly.

(3) Otherwise the original obligor and the new obligor are jointly and severally liable.

제9.2.5조 (원채무자의 채무면제)

(1) 채권자는 원채무자를 그 채무에서 벗어나게 할 수 있다.

(2) 채권자는 또한 원채무자를 신채무자가 정히 이행하지 않는 경우 채무자로 남게 할 수 있다.

(3) 그 밖의 경우에는 원채무자는 신채무자와 연관하여 채무자로 남는다.

Article 9.2.6 (Third party performance)

(1) Without the obligee's consent, the obligor may contract with another person that this person will perform the obligation in place of the obligor, unless the obligation in the circumstances has an essentially personal character.

(2) The obligee retains its claim against the obligor.

제9.2.6조 (제3자에 의한 이행)

(1) 채권자의 동의가 없이도, 채무자는 제3자와 계약하여 당해 제3자가 채무자를 대신하여 채무를 이행하도록 할 수 있으나, 다만 채무가 상황에 따라 인적 성질을 갖는 때는 그러하지 아니하다.

(2) 채권자는 채무자를 상대로 여전히 청구할 수 있다.

Article 9.2.7 (Defences and rights of set-off)

(1) The new obligor may assert against the obligee all defences which the original obligor could assert against the obligee.

(2) The new obligor may not exercise against the obligee any right of set-off available to the original obligor against the obligee.

제9.2.7조 (항변사유와 상계권)

(1) 신채무자는 원채무자가 채권자에 대해 주장할 수 있던 모든 항변사유를 채권자에 대해 주장할 수 있다.

(2) 신채무자는 원채무자가 채권자에 대해 행사할 수 있었던 상계권을 채권자를 상대로 행사할 수 없다.

Article 9.2.8 (Rights related to the obligation transferred)

(1) The obligee may assert against the new obligor all its rights to payment or other performance under the contract in respect of the obligation transferred.

(2) If the original obligor is discharged under Article 9.2.5(1), a security granted by any person other than the new obligor for the performance of the obligation is discharged, unless that other person agrees that it should continue to be available to the obligee.

(3) Discharge of the original obligor also extends to any security of the original obligor given to the obligee for the performance of the obligation, unless the security is over an asset which is transferred as part of a transaction between the original obligor and the new obligor.

제9.2.8조 (이전되는 채무에 부종하는 권리)

(1) 채권자는 이전되는 채무에 부종하는 것인 한 당해 계약상의 모든 지급청구권 그 밖의 이행청구권을 신채무자에게 주장할 수 있다.

(2) 원채무자가 제9.2.5조 제1항하에서 그의 채무에서 벗어난 경우 신채무자 외의 제3자가 당해 채무의 이행을 위하여 제공한 담보는 그 제3자가 채권자에게 담보제공을 계속하기로 동의하지 않는 한 소멸한다.

(3) 원채무자가 그의 채무에서 벗어난 경우 그가 그 채무의 이행을 위해 제공한 담보도 소멸한다. 다만 그 담보의 목적인 재산이 원채무자와 신채무자 사이의 거래의 일부로서 양도되는 때는 그러하지 아니하다.

제3절 계약양도(Assignment of contracts)

Article 9.3.1 (Definitions)

"Assignment of a contract" means the transfer by agreement from one person (the "assignor") to another person (the "assignee") of the assignor's rights and obligations arising out of a contract with another person (the "other party").

제9.3.1조 (정의)

'계약양도'라 함은 제3자('원계약의 상대방')와의 계약에 기하여 발생한 어느 일방('양도인')의 권리와 의무를 양도인이 타방('양수인')에게 합의로써 양도하는 것을 말한다.

Article 9.3.2 (Exclusion)

This Section does not apply to the assignment of contracts made under the special rules governing transfers of contracts in the course of transferring a business.

제9.3.2조 (적용배제)

본절은 기업의 양도과정에서 계약양도를 규율하는 특별한 법규하에서 이루어지는 계약양도에는 적용되지 아니한다.

Article 9.3.3 (Requirement of consent of the other party)

The assignment of a contract requires the consent of the other party.

제9.3.3조 (동의의 요건)

계약양도는 원계약의 상대방 동의를 요한다.

Article 9.3.4 (Advance consent of the other party)

(1) The other party may give its consent in advance.

(2) If the other party has given its consent in advance, the assignment of the contract becomes effective when a notice **of the assignment is given to the other party or when the other party acknowledges it.**

제9.3.4조 (원계약의 상대방 사전 동의)

(1) 원계약의 상대방은 사전에 동의할 수 있다.

(2) 원계약의 상대방이 사전에 동의한 경우 계약양도는 원계약의 상대방에게 양도통지를 한 때 또는 원계약의 상대방이 계약양도를 승인한 때 효력이 발생한다.

Article 9.3.5 (Discharge of the assignor)

(1) The other party may discharge the assignor.

(2) The other party may also retain the assignor as an obligor in case the assignee does not perform properly.

(3) Otherwise the assignor and the assignee are jointly and severally liable.

제9.3.5조 (양도인의 채무면제)

(1) 원계약의 상대방은 양도인을 그의 채무에서 벗어나게 할 수 있다.

(2) 원계약의 상대방은 또한 양도인을 양수인이 정히 이행하지 않는 경우의 채무자로 남게 할 수 있다.

(3) 그 밖의 경우에는 양도인은 양수인과 연관하여 원계약의 상대방의 채무자로 남는다.

Article 9.3.6 (Defences and rights of set-off)

(1) To the extent that the assignment of a contract involves an assignment of rights, Article 9.1.13 applies accordingly.

(2) To the extent that the assignment of a contract involves a transfer of obligations, Article 9.2.7 applies accordingly.

제9.3.6조 (항변사유와 상계권)

(1) 계약양도가 채권양도를 포함하는 한도 내에서는 제9.1.13조를 준용한다.

(2) 계약양도가 채무인수를 포함하는 한도 내에서는 제9.2.7조를 준용한다.

Article 9.3.7 (Rights transferred with the contract)

(1) To the extent that the assignment of a contract involves an assignment of rights, Article 9.1.14 applies accordingly.

(2) To the extent that the assignment of a contract involves a transfer of obligations, Article 9.2.8 applies accordingly.

제9.3.7조 (계약과 함께 이전되는 권리)

(1) 계약양도가 채권양도를 포함하는 한도 내에서는 제9.1.14조를 준용한다.

(2) 계약양도가 채무인수를 포함하는 한도 내에서는 제9.2.8조를 준용한다.

제10장 제소기한(LIMITATION PERIODS)

Article 10.1 (Scope of the Chapter)

(1) The exercise of rights governed by the Principles is barred by the expiration of a period of time, referred to as "limitation period", according to the rules of this Chapter.

(2) This Chapter does not govern the time within which one party is required under the Principles, as a condition for the acquisition or exercise of its right, to give notice to the other party or to perform any act other than the institution of legal proceedings.

제10.1조 (본장의 적용범위)

(1) PICC의 적용을 받는 권리의 행사는 '제소기한'으로 명명된 기간의 만료에 의해 본장의 규칙에 따라 금지된다.

(2) 본장은 PICC하에서 일방이 그의 권리의 취득 또는 행사를 위한 요건으로서 상대방에게 통지하여야 할 기간이나 법적 절차를 개시하는 행위 외의 행위를 하여야 할 기간의 한도를 규율하지 아니한다.

Article 10.2 (Limitation periods)

(1) The general limitation period is three years beginning on the day after the day the obligee knows or ought to know the facts as a result of which the obligee's right can be exercised.

(2) In any event, the maximum limitation period is ten years beginning on the day after the day the right can be exercised.

제10.2조 (제소기한)

(1) 일반제소기한은 3년이며, 이는 권리의 행사를 가능하게 하는 사실을 채권자가 알았거나 알았어야 하는 일자의 익일에 개시된다.

(2) 어떠한 경우에도 최대 제소기한은 10년이며, 이는 권리가 행사될 수 있던 일자의 익일에 개시된다.

Article 10.3 (Modification of limitation periods by the parties)

(1) The parties may modify the limitation periods.

(2) However they may not

(a) shorten the general limitation period to less than one year;

(b) shorten the maximum limitation period to less than four years;

(c) extend the maximum limitation period to more than fifteen years.

제10.3조 (당사자들에 의한 제소기한의 변경)

(1) 당사자들은 제소기한을 변경할 수 있다.

(2) 그러나 당사자들은

(a) 일반제소기한을 1년보다 단기로 할 수 없다

(b) 최대제소기한을 4년보다 단기로 할 수 없다

(c) 최대제소기한을 15년보다 장기로 할 수 없다.

Article 10.4 (New limitation period by acknowledgement)

(1) Where the obligor before the expiration of the general limitation period acknowledges the right of the obligee, a new general limitation period begins on the day after the day of the acknowledgement.

(2) The maximum limitation period does not begin to run again, but may be exceeded by the beginning of a new general limitation period under Article 10.2(1).

제10.4조 (권리시인에 의한 제소기한의 갱신)

(1) 일반제소기한이 경과되기 전에 채무자가 채권자의 권리를 시인한 경우 그러한 시인이 있은 일자의 익일에 새로운 일반제소기한이 개시된다.

(2) 최대제소기한은 갱신되지 않으나 전항에 따른 새로운 일반제소기한의 개시에 의해 초과될 수 있다.

Article 10.5 (Suspension by judicial proceedings)

(1) The running of the limitation period is suspended

(a) when the obligee performs any act, by commencing judicial proceedings or in judicial proceedings already instituted, that is recognised by the law of the court as asserting the obligee's right against the obligor;

(b) in the case of the obligor's insolvency when the obligee has asserted its rights in the insolvency proceedings; or

(c) in the case of proceedings for dissolution of the entity which is the obligor when the obligee has asserted its rights in the dissolution proceedings.

(2) Suspension lasts until a final decision has been issued or until the proceedings have been otherwise terminated.

제10.5조 (사법절차에 의한 기간의 진행정지)

(1) 제소기한의 진행은 다음 각호의 경우에는 정지된다.

(a) 채권자가 사법절차를 개시함으로써 또는 이미 개시된 사법절차 중에 법정지의 법에 의해 채무자에 대한 채권자의 권리주장으로 인정되는 행위를 하는 경우

(b) 채무자가 도산한 경우에는 채권자가 당해 도산절차에서 그의 권리를 주장하는 경우 또는

(c) 법인인 채무자가 해산절차에 들어간 경우에는 채권자가 당해 해산절차에서 그의 권리를 주장하는 경우

(2) 기간의 진행정지는 판결이 있거나, 그 밖의 절차가 종료되는 때까지 지속된다.

Article 10.6 (Suspension by arbitral proceedings)

(1) The running of the limitation period is suspended when the obligee performs any act, by commencing arbitral proceedings or in arbitral proceedings already instituted, that is recognised by the law of the arbitral tribunal as asserting the obligee's right against the obligor. In the absence of regulations for arbitral proceedings or provisions determining the exact date of the commencement of arbitral proceedings, the proceedings are deemed to commence on the date on which a request that the right in dispute should be adjudicated reaches the obligor.

(2) Suspension lasts until a binding decision has been issued or until the proceedings have been otherwise terminated.

제10.6조 (중재절차에 의한 기간의 진행정지)

(1) 제소기한의 진행은 채권자가 중재절차를 개시함으로써 또는 이미 개시된 중재절차 중에 당해 중재절차법에 의해 채무자에 대한 채권자의 권리주장으로 인정되는 행위를 하는 경우에 정지된다. 중재절차법규나 중재절차의 정확한 개시일을 결정하는 규정이 없는 경우 당해 중재절차는 문제의 권리를 대상으로 한 중재요청서가 채무자에게 도달한 일자의 익일에 개시된 것으로 본다.

(2) 기간의 진행정지는 구속력 있는 중재판정이 선고되거나 그 밖의 당해 절차가 종료되는 때까지 지속된다.

Article 10.7 (Alternative dispute resolution)

The provisions of Articles 10.5 and 10.6 apply with appropriate modifications to other proceedings whereby the parties request a third person to assist them in their attempt to reach an amicable settlement of their dispute.

제10.7조 (소송 외 분쟁해결)

제10.5조와 제10.6조의 규정은 당사자들이 그들 간의 분쟁을 우호적으로 해결하려는 노력의 일환으로 제3자에게 도움을 청하는 그 밖의 분쟁해결절차에 준용된다.

Article 10.8 (Suspension in case of force majeure, death or incapacity)

(1) Where the obligee has been prevented by an impediment that is beyond its control and that it could neither avoid nor overcome, from causing a limitation period to cease to run under the preceding Articles, the general limitation period is suspended so as not to expire before one year after the relevant impediment has ceased to exist.

(2) Where the impediment consists of the incapacity or death of the obligee or obligor, suspension ceases when a representative for the incapacitated or deceased party or its estate has been appointed or a successor has inherited the respective party's position. The additional one-year period under paragraph (1) applies accordingly.

제10.8조 (불가항력, 사망 그 밖의 능력상실의 경우 기간의 진행정지)

(1) 채권자가 그의 통제를 벗어난 장애에 기한 방해로 앞의 규정들하에서 제소기한이 진행되는 것을 중단하지 못하게 되었고 또한 그가 그러한 장애를 회피하거나 극복할 수 없었던 경우 일반제소기한은 그 진행이 정지되고 또한 그러한 장애가 소멸한 후 1년 내에는 만료되지 아니한다.

(2) 채권자나 채무자의 능력상실 또는 사망이 그러한 장애에 해당하는 경우 능력을 상실하거나 사망한 당사자 또는 그의 재산의 대리인 또는 대표자가 선임되거나 승계인이 그러한 당사자의 지위를 승계한 때 기간의 진행이 재개된다. 이들 각각의 경우 전항의 1년 추가의 규칙이 적용된다.

Article 10.9 (The effects of expiration of limitation period)

(1) The expiration of the limitation period does not extinguish the right.

(2) For the expiration of the limitation period to have effect, the obligor must assert it as a defence.

(3) A right may still be relied on as a defence even though the expiration of the limitation period for that right has been asserted.

제10.9조 (제소기한 만료의 효과)

(1) 제소기한의 만료는 권리는 소멸시키지 아니한다.

(2) 제소기한의 만료는 채무자가 항변으로서 이를 주장하여야 효력이 발생한다.

(3) 권리의 제소기한이 만료되었다는 주장이 있더라도 채권자는 당해 권리에 의존하여 항변할 수 있다.

Article 10.10 (Right of set-off)

The obligee may exercise the right of set-off until the obligor has asserted the expiration of the limitation period.

제10.10조 (상계권)

채권자는 채무자가 제소기한만료를 주장하기 전에는 상계권을 행사할 수 있다.

Article 10.11 (Restitution)

Where there has been performance in order to discharge an obligation, there is no right of restitution merely because the limitation period has expired.

제10.11조 (반환)

채무변제를 위한 이행이 이미 있었던 경우 단지 제소기한이 만료되었다는 이유만으로는 그 반환을 청구할 수 없다.

제11장 다수의 채권자와 채무자(PLURALITY OF OBLIGORS AND OF OBLIGEES)

제1절 다수의 채무자(Plurality of obligors)

Article 11.1.1 (Definitions)

When several obligors are bound by the same obligation towards an obligee:

(a) the obligations are joint and several when each obligor is bound for the whole obligation;

(b) the obligations are separate when each obligor is bound only for its share.

제11.1.1조 (정의)

다수의 채무자가 하나의 채권자에 대하여 동일한 의무를 지고 있는 경우

(a) 각각의 채무자가 전체 의무를 부담하는 경우 당해 의무는 연대하여 개별적으로 진다.

(b) 각각의 채무자가 자기 몫에 해당하는 부분만 부담하는 경우 당해 의무는 개별적이다.

Article 11.1.2 (Presumption of joint and several obligations)

When several obligors are bound by the same obligation towards an obligee, they are presumed to be jointly and severally bound, unless the circumstances indicate otherwise.

제11.1.2조 (연대 및 개별 의무의 추정)

다수의 채무자가 하나의 채권자에 대하여 동일한 의무를 지는 경우 당해 채무자들은 상황이 달리 표시되는 경우를 제외하고 연대하여 개별적으로 의무를 지는 것으로 취급한다.

Article 11.1.3 (Obligee's rights against joint and several obligors)
When obligors are jointly and severally bound, the obligee may require performance from any one of them, until full performance has been received.
제11.1.3조 (연대 및 개별 채무자에 대한 채권자의 권리)
채무자가 연대하여 개별적으로 의무를 지는 경우 채권자는 이행이 완전히 이루어질 때까지, 그들 중 어느 누구에게라도 이행을 요구할 수 있다.

Article 11.1.4 (Availability of defences and rights of set-off)
A joint and several obligor against whom a claim is made by the obligee may assert all the defences and rights of set-off that are personal to it or that are common to all the co-obligors, but may not assert defences or rights of set-off that are personal to one or several of the other co-obligors.
제11.1.4조 (항변권과 상계권의 이용가능성)
채권자의 청구에 대항하여 개별 및 연대채무자는 자신에게 사적이거나 모든 공동채무자에게 공통적인 모든 항변과 상계권을 주장할 수 있다. 그러나 그 밖의 공동채무자중 한 명 이상에게 사적인 항변 또는 상계권을 주장할 수 없다.

Article 11.1.5 (Effect of performance and set-off)
Performance or set-off by a joint and several obligor or set-off by the obligee against one joint and several obligor discharges the other obligors in relation to the obligee to the extent of the performance or set-off.
제11.1.5조 (이행 또는 상계의 효과)
개별 및 연대채무자에 의한 이행이나 상계 또는 개별 및 연대채무자에 대항한 채권자의 상계는 그 이행 또는 상계의 정도만큼 당해 채권자에 대하여 그 밖의 채무자의 의무를 해제하는 것이다.

Article 11.1.6 (Effect of release or settlement)
(1) Release of one joint and several obligor, or settlement with one joint and several obligor, discharges all the other obligors for the share of the released or settling obligor, unless the circumstances indicate otherwise.
(2) When the other obligors are discharged for the share of the released obligor, they no longer have a contributory claim against the released obligor under Article 11.1.10.
제11.1.6조 (채무해제 또는 청산의 효과)
(1) 개별 및 연대채무자의 채무해제 또는 개별 및 연대채무자와의 청산은, 달리 상황이 발생하는 경우를 제외하고 채무가 해제되거나 청산이 된 채무자의 몫만큼 나머지 채무자의 채무를 해제시킨다.
(2) 나머지 채무자가 채무를 해제한 채무자의 몫만큼 채무가 해제되는 경우 그들은 제11.1.10조에 의거 채무가 해제된 채무자에 대항하여 분담청구를 갖지 못한다.

Article 11.1.7 (Effect of expiration or suspension of limitation period)
(1) Expiration of the limitation period of the obligee's rights against one joint and several obligor does not affect:
(a) the obligations to the obligee of the other joint and several obligors; or
(b) the rights of recourse between the joint and several obligors under Article 11.1.10.
(2) If the obligee initiates proceedings under Articles 10.5, 10.6 or 10.7 against one joint and several obligor, the running of the limitation period is also suspended against the other joint and several obligors.
제11.1.7조 (제척기간의 소멸 또는 정지의 효과)
(1) 1인의 개별 및 연대채무자에 대한 채권자 권리의 제척기간 소멸은 다음의 경우에 영향을 미치지 않는다.
(a) 나머지 개별연대채무자의 채권자에 대한 채무 또는
(b) 제11.1.10조에 의한 개별연대채무자간에 상환청구권
(2) 채권자가 1명의 개별 및 연대채무자에 대하여 제10.5조 제10.6조 또는 제10.7조에 의한 절차를 개시하는 경우 제척기간의 진행은 나머지 개별연대채무자에 대하여 중지된다.

Article 11.1.8 (Effect of judgment)
(1) A decision by a court as to the liability to the obligee of one joint and several obligor does not affect:
(a) the obligations to the obligee of the other joint and several obligors; or

(b) the rights of recourse between the joint and several obligors under Article 11.1.10.

(2) However, the other joint and several obligors may rely on such a decision, except if it was based on grounds personal to the obligor concerned. In such a case, the rights of recourse between the joint and several obligors under Article 11.1.10 are affected accordingly.

제11.1.8조 (판결의 효과)

(1) 1인의 개별 및 연대채무자의 채권자에 대한 채무에 대하여 법원이 결정한 것은 다음 사항에 영향을 미치지 않는다.

(a) 나머지 개별 및 연대채무자의 채권자에 대한 채무

(b) 제11.1.10조에 이하여 개별 및 연대 채무자들 간의 상환청구권

(2) 그러나 나머지 개별 및 연대채무자들은 그러한 결정을 신뢰할 수 있다. 다만 관련 채무자에 대해 사적인 근거에 의한 경우 제외된다. 그러한 경우 제11.1.10조에 의한 개별 및 연대채무자들 간의 상환청구권은 이에 따라 영향을 받게 된다.

Article 11.1.9 (Apportionment among joint and several obligors)

As among themselves, joint and several obligors are bound in equal shares, unless the circumstances indicate otherwise.

제11.1.9조 (개별 및 연대채무자 간의 배분)

개별 및 연대채무자들은 동일한 몫으로 그들 간에 채무를 진다. 다만 상황이 달리 정한 경우에는 예외로 한다.

Article 11.1.10 (Extent of contributory claim)

A joint and several obligor who has performed more than its share may claim the excess from any of the other obligors to the extent of each obligor's unperformed share.

제11.1.10조 (분담금 청구의 정도)

개별 및 연대채무자가 자신의 몫 이상으로 이행한 경우 각 채무자가 불이행한 몫의 정도만큼 나머지 채무자들 누구든지 초과분을 청구할 수 있다.

Article 11.1.11 (Rights of the obligee)

(1) A joint and several obligor to whom Article 11.1.10 applies may also exercise the rights of the obligee, including all rights securing their performance, to recover the excess from all or any of the other obligors to the extent of each obligor's unperformed share.

(2) An obligee who has not received full performance retains its rights against the co-obligors to the extent of the **unperformed part, with precedence over co-obligors exercising contributory claims.**

제11.1.11조 (채권자의 권리)

(1) 제11.1.10조가 적용되는 개별 및 연대채무자는 나머지 그 밖의 채무자들로 부터 초과분을 각 채무자가 불이행한 몫의 정도만큼을 받기 위하여 그들의 이행을 확보하는 모든 권리를 포함하여 채권자의 권리를 행사할 수 있다.

(2) 완전이행을 받지 않은 채권자는 연대채무자에 대해 불이행된 부분만큼 자신의 권리를 보유하며, 분담청구를 행사하는 연대채무자에 대하여 우선권을 가진다.

Article 11.1.12 (Defences in contributory claims)

A joint and several obligor against whom a claim is made by the co-obligor who has performed the obligation:

(a) may raise any common defences and rights of set-off that were available to be asserted by the co-obligor against the obligee;

(b) may assert defences which are personal to itself;

(c) may not assert defences and rights of set-off which are personal to one or several of the other co-obligors.

제11.1.12조 (분담금 청구에 대한 항변)

의무를 이행한 연대채무자에 의하여 제기된 청구권에 대하여 개별 및 연대채무자는

(a) 채권자에 대하여 연대채무자가 주장하는 것으로 이용가능한 여하한의 공동항변 및 상계권을 제기할 수 있다.

(b) 자신의 사적인 항변을 행사할 수 있다.

(c) 나머지 연대채무자의 1인 이상에게 시적인 항변과 상계권을 행사할 수 없다.

Article 11.1.13 (Inability to recover)

If a joint and several obligor who has performed more than that obligor's share is unable, despite all reasonable efforts, to recover contribution from another joint and several obligor, the share of the others, including the one who has performed, is increased proportionally.

제11.1.13조 (변상불능)

만약 자신의 몫보다 많은 것을 이행한 개별 및 연대채무자가 당해 합리적인 노력에도 불구하고, 또 다른 개별 및 연대채무자로부터 분담액을 돌려받을 수 없다면, 의무를 이행한자를 포함한 나머지 채무자들의 몫은 그 비율에 따라 증가된다.

제2절 다수의 채권자(Plurality of obligees)

Article 11.2.1 (Definitions)

When several obligees can claim performance of the same obligation from an obligor:

(a) the claims are separate when each obligee can only claim its share;

(b) the claims are joint and several when each obligee can claim the whole performance;

(c) the claims are joint when all obligees have to claim performance together.

제11.2.1조 (정의)

다수의 채무자는 1인의 채무자로부터 동일한 의무의 이행을 요구할 때,

(a) 각각의 채권자는 자신의 몫만 청구할 때 그 청구는 각각 개별적이다.

(b) 각각의 채권자가 전체 이행을 청구할 때, 그 청구는 연대 및 개별적이다.

(c) 모든 채권자가 공동으로 이행을 청구할 때 그 청구는 공동이다.

Article 11.2.2 (Effects of joint and several claims)

Full performance of an obligation in favour of one of the joint and several obligees discharges the obligor towards the other obligees.

제11.2.2조 (개별 및 연대청구의 효과)

다수의 개별 및 연대채무자 중 1인을 수익자로 의무의 완전한 이행은 나머지 채권자에 대하여 당해 채무자 의무를 해제한다.

Article 11.2.3 (Availability of defences against joint and several obligees)

(1) The obligor may assert against any of the joint and several obligees all the defences and rights of set-off that are personal to its relationship to that obligee or that it can assert against all the co-obligees, but may not assert defences and rights of set-off that are personal to its relationship to one or several of the other co-obligees.

(2) The provisions of Articles 11.1.5, 11.1.6, 11.1.7 and 11.1.8 apply, with appropriate adaptations, to joint and several claims.

제11.2.3조 (개별 및 연대채권자에 대한 항변의 이용가능성)

(1) 채무자는 여하한의 개별연대 채권자에 대하여 그 채무자와 개인적인 관계에 있는 모든 항변과 상계권을 행사할 수 있거나 또는 그것을 모든 공동 채권자에 대하여 행사할 수 있다. 그러나 나머지 공동채권자 중 1인 이상의 자와 개인적인 관련이 있는 항변과 상계권은 주장할 수 없다.

(2) 제11.1.5조, 제11.1.6조, 제11.1.7조 및 제11.1.8조의 규정은 적절한 조정을 가하여 개별연대 청구에 적용한다.

Article Article 11.2.4 (Allocation between joint and several obligees)

(1) As among themselves, joint and several obligees are entitled to equal shares, unless the circumstances indicate otherwise.

(2) An obligee who has received more than its share must transfer the excess to the other obligees to the extent of their respective shares.

제11.2.4조 (개별 및 연대채권자 간의 배분)

(1) 개별 및 연대채권자들은 상황이 달리 정한 경우를 제외하고, 자신들 간에 동일한 몫을 받을 권리가 있다.

(2) 자신의 몫을 초과하여 받은 채권자는 초과분을 다른 채권자들에게 각각의 몫만큼 돌려보내야 한다.

【부록 3】

[유럽계약법원칙 (PECL)]

- The Principles of European Contract Law (2002) -

CHAPTER 1 : GENERAL PROVISIONS
제1장 : 일반규정

Section 1 : Scope of the Principles
제1절 : 원칙의 적용범위

Art. 1:101 (Application of the Principles)

(1) These Principles are intended to be applied as general rules of contract law in the European Communities.

(2) These Principles will apply when the parties have agreed to incorporate them into their contract or that their contract is to be governed by them.

(3) These Principles may be applied when the parties:

(a) have agreed that their contract is to be governed by 'general principles of law', the '*lex mercatoria*' or the like; or

(b) have not chosen any system or rules of law to govern their contract.

(4) These Principles may provide a solution to the issue raised where the system or rules of law applicable do not do so.

제1:101조 (원칙의 적용)

(1) 이 원칙은 유럽 공동체 계약법의 일반 규정으로서 적용될 것을 목적으로 한다.

(2) 이 원칙은 당사자들이 그들의 계약에 규율될 것을 합의한 경우에 적용된다.

(3) 이 원칙은 다음의 경우에 적용된다.

(a) 당사자들이 그들의 계약이 '법의 일반원칙', '상관습법' 또는 이와 유사한 것에 의하여 규율될 것으로 약정한 경우 또는

(b) 당사자들이 그들의 계약을 규율할 법체계나 규정을 정하지 않은 경우

(4) 이 원칙은 준거법에 의한 법체계나 규정이 정하지 않음으로서 발생되는 문제에 대한 해결책을 제시한다.

Art. 1:102 (Freedom of contract)

(1) Parties are free to enter into a contract and to determine its contents, subject to the requirements of good faith and fair dealing, and the mandatory rules established by these Principles.

(2) The parties may exclude the application of any of the Principles or derogate from or vary their effects, except as otherwise provided by these Principles.

제1:102조 (계약의 자유)

(1) 당사자들은 계약을 체결하고 그 내용을 결정할 자유가 있다. 다만 신의성실과 공정거래의 요구와 이 원칙에 의하여 정하여진 강행규정에 따라야 한다.

(2) 당사자들은 이 원칙의 어떠한 규정도 배척하거나 원칙이 달리 정하지 않는 한 규정의 효과를 배제하거나 변경할 수 있다.

Art. 1:103 (Mandatory Law)

(1) Where the otherwise applicable law so allows, the parties may choose to have their contract governed by the Principles, with the effect that national mandatory rules are not applicable.

(2) Effect should nevertheless be given to those mandatory rules of national, supranational and international law which, according to the relevant rules of private international law, are applicable irrespective of the law governing the contract.

제1:103조 (강행법)

(1) 다른 정함이 없으면, 적용되는 법이 이를 허용하는 한, 당사자들은 계약이 이 원칙에 의하여 규율되고 국가의 강행규정이 적용되지 아니함을 정할 수 있다.

(2) 그러나, 국제사법의 관련 규정이 계약의 준거법에 불구하고 적용된다고 정하는 내국법·초국가법·국제법의 강행규정은 효력을 갖는다.

Art. 1:104 (Application to questions of consent)

(1) The existence and validity of the agreement of the parties to adopt or incorporate these Principles shall be determined by these Principles.

(2) Nevertheless, a party may rely upon the law of the country in which it has its habitual residence to establish that it did not consent if it appears from the circumstances that it would not be reasonable to determine the effect of its conduct in accordance with these Principles.

제1:104조 (합의 유무 문제에 대한 적용)

(1) 이 원칙을 채택하거나 계약의 내용으로 하는 당사자들의 약정의 존부와 유효성은 이 원칙에 의하여 결정된다.

(2) 그러나, 당사자는 제반 사정에 비추어 그의 행태의 효과를 이 원칙에 좇아 결정하는 것이 합리적이 아니라고 여겨지는 경우 그가 합의하지 아니하였음을 증명하기 위하여 그의 상거소가 있는 나라의 법을 원용할 수 있다.

Art. 1:105 (Usages and Practices)

(1) The parties are bound by any usage to which they have agreed and by any practice they have established between themselves.

(2) The parties are bound by a usage which would be considered generally applicable by persons in the same situation as the parties, except where the application of such usage would be unreasonable.

제1:105조 (관행과 관례)

(1) 당사자들은 그들이 합의한 관습과 당사자 간에 확립된 관행에 구속된다.

(2) 당사자들은 당사자들과 같은 상황하에서 일반적으로 적용되었을 것으로 보여지는 관습에 구속된다. 다만 그러한 관습의 적용이 불합리한 경우에는 그러하지 아니하다.

Art. 1:106 (Interpretation and Supplementation)

(1) These Principles should be interpreted and developed in accordance with their purposes. In particular, regard should be had to the need to promote good faith and fair dealing, certainty in contractual relationships and uniformity of application.

(2) Issues within the scope of these Principles but not expressly settled by them are so far as possible to be settled in accordance with the ideas underlying the Principles. Failing this, the legal system applicable by virtue of the rules of private international law is to be applied.

제1:106조 (해석과 보충)

(1) 이 원칙은 그 목적에 상응하여 해석되고 전개되어야 한다. 특히 신의성실 및 공정거래, 계약관계의 명확성과 적용에 있어서 통일성 제고의 필요성이 고려되어야 한다.

(2) 이 원칙에 의하여 규율되는 사항이나 원칙이 이를 명시적으로 해결하고 있지 않는 경우에는 가능한 한 이 원칙이 기초하고 있는 이념에 따라 해결하여야 한다. 그러한 것이 없는 때에는 국제사법에 의하여 적용되는 법체계에 따라 해결하여야 한다.

Art. 1:107 (Application of the Principles by Way of Analogy)

These Principles apply with appropriate modifications to agreements to modify or end a contract, to unilateral promises and other statements and conduct indicating intention.

제1:107조 (유추에 의한 원칙의 적용)

이 원칙은 계약을 변경하거나 종료시키는 약정, 일방적 약속 및 어떠한 의도를 지시하는 기타의 언명이나, 행태에 적절한 변경을 가하여 적용된다.

Section 2 : General Obligations
제2절 : 일반적 의무

Art. 1:201 (Good Faith and Fair Dealing)

(1) Each party must act in accordance with good faith and fair dealing.

(2) The parties may not exclude or limit this duty.

제1:201조 (신의성실 및 공정거래)

(1) 권리의 행사나 의무의 이행 시 각 당사자는 신의와 공정의 원칙에 따라야 한다.

(2) 당사자들은 이 의무를 배제하거나 제한할 수 없다.

Art. 1:202 (Duty to Cooperate)

Each party owes to the other a duty to cooperate in order to give full effect to the contract.

제1:202조 (협력의무)

각 당사자는 상대방에 관하여 계약의 완전한 실현을 위한 상호 협력의무를 진다.

Section 3 : Terminology and Other Provisions
제3절 : 용어 및 기타규정

Art. 1:301 (Meaning of Terms)

In these Principles, except where the context otherwise requires:

(1) 'act' includes omission;

(2) 'court' includes arbitral tribunal;

(3) an 'intentional' act includes an act done recklessly;

(4) 'non-performance' denotes any failure to perform an obligation under the contract, whether or not excused, and includes delayed performance, defective performance and failure to cooperate in order to give full effect to the contract.

(5) A matter is 'material' if it is one which a reasonable person in the same situation as one party ought to have known would influence the other party in its decision whether to contract on the proposed terms or to contract at all..

(6) 'Written' statements include communications made by telegram, telex, telefax and electronic mail and other means of communication capable of providing a readable record of the statement on both sides.

제1:301조 (용어의 의미)

이 원칙하에서 문맥상 달리 해석되지 아니하는 한, 각 용어는 다음을 의미한다.

(1) '행위'는 부작위를 포함한다.

(2) '법원'은 중재재판소를 포함한다.

(3) '고의적 행위'는 무모하게 이루어진 행위를 포함한다.

(4) '불이행'이라 함은 계약상의 채무의 이행을 하지 못한 경우를 의미한다. 이는 면책 여부와 관계없으며, 이행지체, 하자있는 이행이나 계약의 완전한 실현을 위하여 협력을 하지 않은 경우를 포함한다.

(5) 어떠한 사항이 같은 처지에 있는 합리적인 자가 제의된 내용대로 계약을 체결할 것인지 또는 계약을 체결할지 자체를 결정함에 있어서 상대방에게 영향을 줄 것임을 알았어야 했던 것이면, 이 사항은 '실질적'이다.

(6) '서면'에 의한 언명은 전보·텔렉스·팩스·전자메일 및 기타 양측에 대해 언명의 판독가능한 기록을 제공할 수 있는 의사전달수단에 의한 의사소통을 포함한다.

Art. 1:302 (Reasonableness)

Under these Principles reasonableness is to be judged by what persons acting in good faith and in the same situation as the parties would consider to be reasonable. In particular, in assessing what is reasonable the nature and purpose of the contract, the circumstances of the case, and the usages and practices of the trades or professions involved should be taken into account.

제1:302조 (합리성)
이 원칙하에서 합리성은 신의를 가지고 행위하는 자가 동일한 상황하에서 합리적이라고 볼 수 있는 바에 의하여 판단된다. 특히 무엇이 합리적인가를 평가함에 있어서 계약의 성질과 목적, 구체적 제반 사정 그리고 거래나 해당 직업의 관행과 관례가 고려되어야 한다.

Art. 1:303 (Notice)
(1) Any notice may be given by any means, whether in writing or otherwise, appropriate to the circumstances.
(2) Subject to paragraphs (4) and (5), any notice becomes effective when it reaches the addressee.
(3) A notice reaches the addressee when it is delivered to it or to its place of business or mailing address, or, if it does not have a place of business or mailing address, to its habitual residence
(4) If one party gives notice to the other because of the other's non-performance or because such non-performance is reasonably anticipated by the first party, and the notice is properly dispatched or given, a delay or inaccuracy in the transmission of the notice or its failure to arrive does not prevent it from having effect. The notice shall have effect from the time at which it would have arrived in normal circumstances.
(5) A notice has no effect if a withdrawal of it reaches the addressee before or at the same time as the notice.
(6) In this Art., 'notice' includes the communication of a promise, statement, offer, acceptance, demand, request or other declaration.

제1:303조 (통지)
(1) 이 원칙에 의거한 통지는 서면에 의하건 다른 방법에 의하건, 상황에 적합한 수단에 의하여 이루어졌다면 효력을 갖는다.
(2) 통지는 상대방에게 도달한 때에 효력을 가진다. 다만 (4)항, (5)항에 좇아야 한다.
(3) 통지는 상대방 또는 그의 영업지 또는 우편주소에 전달되던 때 또는 상대방에게 영업지나 우편 주소가 없는 경우에는 그의 상주거소에 전달된 때에, 그에게 도달한다.
(4) 일방당사자가 상대방의 불이행을 이유로 또는 그러한 불이행이 합리적으로 그 당사자에 의하여 예견되었기 때문에 통지한 경우로 그 통지가 적절하게 발송되거나 교부되었다면, 그 통지가 연착되거나 잘못 전달되거나 또는 도달하지 않았다 하더라도 그러한 사실은 통지의 효력 발생에 영향을 미치지 않는다. 통지는 통상의 상황하에서 도달되었을 때에 그 효력이 생긴다.
(5) 통지의 철회가 통지보다 먼저 또는 그와 동시에 상대방에게 도달한 경우 통지는 효력이 없다.
(6) 이 조문에서 '통지'는 약속 · 언명 · 제안 · 승낙 · 요구 · 의뢰 기타 형태의 의사표명의 전달을 포함한다.

Art. 1:304 (Computation of Time)
(1) A period of time set by a party in a written document for the addressee to reply or take other action begins to run from the date stated as the date of the document. If no date is shown, the period begins to run from the moment the document reaches the addressee.
(2) Official holidays and official non(working days occurring during the period are included in calculating the period. However, if the last day of the period is an official holiday or official non(working day at the address of the addressee, or at the place where a prescribed act is to be performed, the period is extended until the first following working day in that place.
(3) Periods of time expressed in days, weeks, months or years shall begin at 00:00 on the next day and shall end at 24:00 on the last day of the period; but any reply that has to reach the party who set the period must arrive, or other act which is to be done must be completed, by the normal close of business in the relevant place on the last day of the period.

제1:304조 (기간의 계산)
(1) 당사자가 서면으로 상대방이 응답하거나 기타의 행위를 할 기간을 서면으로 정한 경우에 그 기간은 그 서면의 작성일자로 적힌 날부터 기산한다. 작성일자가 없는 경우 그 기간은 서면이 상대방에게 도달한 때로부터 기산한다.
(2) 기간 내에 속해있는 공식 휴일, 공식 비근로일은 기간의 산정에 포함된다. 그러나, 기간의 마지막 날이 상대방의 주소에서 또는 문제된 행위가 행하여져야할 곳에서 공식 휴일이거나 공식 영업일인 경우에는 그 기

간은 그곳에서의 최초의 영업일까지 연장된다.

(3) 일 · 주 · 월 또는 연으로 표시된 기간은 다음날의 0시부터 시작하고 기간의 최종일의 24시에 종료한다. 그러나, 기간을 정한 당사자에게 도달하여야 하는 모든 응답 또는 행하여야 하는 다른 행위는 기간 종료일에, 관련되는 곳의 영업의 정상적 종료 시까지 도달 또는 완성되어야 한다.

Art. 1:305 (Imputed Knowledge and Intention)

If any person who with a party's assent was involved in making a contract, or who was entrusted with performance by a party or performed with its assent:

(a) knew or foresaw a fact, or ought to have known or foreseen it; or

(b) acted intentionally or with gross negligence, or not in accordance with good faith and fair dealing, this knowledge, foresight or behaviour is imputed to the party itself.

제1:305조 (인식과 의도의 취급)

당사자는 그의 동의하에 계약의 체결에 관여한 자 또는 당사자에 의하여 이행을 위탁받거나 그의 동의 아래 이행하는 자가,

(a) 어떠한 사실을 알았거나 예견하였다면 또는 그 사실을 알거나 예견하여야만 했던 경우 또는

(b) 고의적으로나 중대한 과실로 행위하거나 신의성실 및 공정거래에 따르지 않았다면, 그 인식, 예견 또는 행위는 그 당사자 자신에게 귀속된다.

CHAPTER 2 : FORMATION
제2장 : 계약의 체결

Section 1 : General Provisions
제1절 : 일반규정

Art. 2:101 (Conditions for the Conclusion of a Contract)

(1) A contract is concluded if:

(a) the parties intend to be legally bound, and

(b) they reach a sufficient agreement without any further requirement.

(2) A contract need not be concluded or evidenced in writing nor is it subject to any other requirement as to form. The contract may be proved by any means, including witnesses.

제2:101조 (계약체결의 요건)

(1) 계약은,

(a) 당사자들이 법적으로 구속되려는 의도로,

(b) 충분한 합의에 도달한 경우에는 다른 요건을 충족할 필요 없이 체결된다.

(2) 계약은 서면으로 체결 또는 입증될 필요가 없고 또 형식에 관한 다른 요건에 종속되지도 않는다. 계약은 증인을 포함하여 어떠한 수단에 의해서건 증명될 수 있다.

Art. 2:102 (Intention)

The intention of a party to be legally bound by contract is to be determined from the party's statements or conduct as they were reasonably understood by the other party.

제2:102조 (의도)

계약에 의하여 법적으로 구속되려는 당사자의 의도는 그 당사자의 언명 또는 행태로부터 그것이 상대방에 의하여 합리적으로 이해되는 바에 따라 정해진다.

Art. 2:103 (Sufficient Agreement)

(1) There is sufficient agreement if the terms:

(a) have been sufficiently defined by the parties so that the contract can be enforced, or

(b) can be determined under these Principles.

(2) However, if one of the parties refuses to conclude a contract unless the parties have agreed on some specific matter, there is no contract unless agreement on that matter has been reached.

제2:103조 (충분한 합의)

(1) 그 내용이,
(a) 당사자들에 의하여 충분히 확정되어 계약이 실행될 수 있거나,
(b) 이 원칙에 의하여 정해질 수 있는 때에는, 충분한 합의가 있는 것이다.

(2) 그러나, 당사자 일방이 당사자들이 특정한 사항에 관하여 합의하지 아니하면 계약을 체결하기를 거절하는 경우에 그 사항에 관하여 합의에 이르지 못한 때에는 계약은 성립하지 아니한다.

Art. 2:104 (Terms not individually negotiated)

(1) Contract terms which have not been individually negotiated may be invoked against a party who did not know of them only if the party invoking them took reasonable steps to bring them to the other party's attention before or when the contract was concluded.

(2) Terms are not brought appropriately to a party's attention by a mere reference to them in a contract document, even if that party signs the document.

제2:104조 (개별적으로 합의하지 아니한 계약내용)

(1) 개별적으로 합의하지 아니한 계약내용은, 이를 원용하는 당사자가 계약체결 전에 또는 체결 시에 상대방이 이에 주의하도록 하기 위한 합리적 조치를 취한 경우에만, 상대방이 이를 알지 못한 경우에도 이를 그에 관하여 원용할 수 있다.

(2) 계약서면에 단순히 계약내용을 지적하는 것만으로는, 비록 상대방이 이에 서명하였어도, 그로 하여금 이에 주의하도록 하기 위한 적절한 조치가 취하여졌다고 할 수 없다.

Art. 2:105 (Merger Clause)

(1) If a written contract contains an individually negotiated clause stating that the writing embodies all the terms of the contract (a merger clause), any prior statements, undertakings or agreements which are not embodied in the writing do not form part of the contract.

(2) If the merger clause is not individually negotiated it will only establish a presumption that the parties intended that their prior statements, undertakings or agreements were not to form part of the contract. This rule may not be excluded or restricted.

(3) The parties' prior statements may be used to interpret the contract. This rule may not be excluded or restricted except by an individually negotiated clause.

(4) A party may by its statements or conduct be precluded from asserting a merger clause to the extent that the other party has reasonably relied on them.

제2:105조 (완결조항)

(1) 서면에 의한 계약이 계약의 모든 내용을 담고 있음을 표명하는 개별적으로 합의된 조항['완결조항']을 포함한다면, 서면에 포함되지 아니한 사전의 언명·보장 또는 합의는 계약의 일부가 되지 아니한다.

(2) 완결조항이 개별적으로 합의되지 아니한 때에는 이는 당사자들이 그들의 사전의 언명·보장 또는 합의가 계약의 일부가 되지 아니할 것을 의도하였음을 추정하게 하는 효력만을 가진다. 이 규정은 배제되거나 제한될 수 없다.

(3) 당사자들의 사전의 언명은 계약의 해석을 위하여 이용될 수 있다. 이 규정은 개별적으로 합의된 계약조항에 의하는 경우를 제외하고 배제되거나 제한될 수 없다.

(4) 당사자는 상대방이 그의 언명이나 행태를 합리적으로 신뢰한 한도에서 그 언명이나 행태로 인하여 완결조항의 원용이 금지될 수 있다.

Art. 2:106 (Written Modification only)

(1) A clause in a written contract requiring any modification or ending by agreement to be made in writing establishes only a presumption that an agreement to modify or end the contract is not intended to be legally binding unless it is in writing.

(2) A party may by its statements or conduct be precluded from asserting such a clause to the extent that the other party has reasonably relied on them.

제2:106조 (서면에 의한 수정)

(1) 계약을 수정하거나 종료시키는 합의가 서면으로 행하여질 것을 정하는 서면계약상의 조항은 그 계약을 수정하거나 종료시키는 합의가 서면으로 행하여지지 아니하면, 이는 법적으로 구속력 있는 것으로 의도되지 아니하였음을 추정하게 하는 효력만을 가진다.

(2) 당사자는 상대방의 그의 언명이나 행태를 합리적으로 믿은 한도에서 그 언명이나 행태로 인하여 그러한 조항의 원용이 금지될 수 있다.

Art. 2:107 (Promises binding without acceptance)

A promise which is intended to be legally binding without acceptance is binding.

제2:107조 (승낙 없이 구속력을 가지는 약속)

승낙 없이 법적으로 구속력이 있는 것으로 의도된 약속은 구속력이 있다.

Section 2 : Offer and Acceptance
제2절 : 청약과 승낙

Art. 2:201 (Offer)

(1) A proposal amounts to an offer if:

(a) it is intended to result in a contract if the other party accepts it, and

(b) it contains sufficiently definite terms to form a contract.

(2) An offer may be made to one or more specific persons or to the public.

(3) A proposal to supply goods or services at stated prices made by a professional supplier in a public advertisement or a catalogue, or by a display of goods, is presumed to be an offer to sell or supply at that price until the stock of goods, or the supplier's capacity to supply the service, is exhausted.

제2:201조 (청약)

(1) 제안은,

(a) 타방당사자가 이를 승낙하면 계약이 성립될 것으로 의도되고,

(b) 계약을 구성하기에 충분히 확정적인 내용을 포함하는 경우, 청약이 된다.

(2) 청약은 1인 또는 다수의 특정인 또는 불특정 다수인에 관하여 행하여 질 수 있다.

(3) 광고나 카탈로그에 의하여 직업적 공급자가 행하는 또는 물품의 진열에 의한 제시된 가격으로 물품이나 용역을 제공한다는 제안은 물품의 재고 또는 공급자의 용역공급능력이 소진되는 때까지는 그 가격으로 매도하거나 공급한다는 청약으로 추정된다.

Art. 2:202 (Revocation of an Offer)

(1) An offer may be revoked if the revocation reaches the offeree before it has dispatched its acceptance or, in cases of acceptance by conduct, before the contract has been concluded under Art. 2:205 (2) or (3).

(2) An offer made to the public can be revoked by the same means as were used to make the offer.

(3) However, a revocation of an offer is ineffective if:

(a) the offer indicates that it is irrevocable; or

(b) it states a fixed time for its acceptance; or

(c) it was reasonable for the offeree to rely on the offer as being irrevocable and the offeree has acted in reliance on the offer.

제2:202조 (청약의 철회)

(1) 청약은, 피청약자가 그 승낙을 발송하기 전까지 또는 행태에 의한 승낙의 경우에는 계약이 제 2:205조 (2)항 또는 (3)항에 의하여 체결되기 전까지 철회될 수 있다.

(2) 불특정 다수인에 대한 청약은 청약이 행해진 것과 같은 방법으로 철회될 수 있다.

(3) 그러나, 청약의 철회는,

(a) 청약에서 그것이 철회될 수 없음을 지시한 경우 또는
(b) 승낙을 위한 확정기간을 정한 경우 또는
(c) 피청약자가 청약이 철회할 수 없는 것이라고 믿는 것이 합리적이고 또한 그가 청약을 신뢰하고 행위한 경우에는 효력이 없다.

Art. 2:203 (Lapse of an Offer)
When a rejection of an offer reaches the offeror, the offer lapses.
제2:203조 (청약의 실효)
청약에 대한 거절이 청약자에게 도달하면, 그 청약은 실효한다.

Art. 2:204 (Acceptance)
(1) Any form of statement or conduct by the offeree is an acceptance if it indicates assent to the offer.
(2) Silence or inactivity does not in itself amount to acceptance.
제2:204조 (승낙)
(1) 피청약자에 의한 어떠한 형식의 언명이나 행태라도 그것이 청약에 대한 동의를 지시하는 경우에는 승낙이 된다.
(2) 침묵이나 무위는 그 자체로서 승낙이 되지 않는다.

Art. 2:205 (Time of Conclusion of the Contract)
(1) If an acceptance has been dispatched by the offeree the contract is concluded when the acceptance reaches the offeror.
(2) In case of acceptance by conduct, the contract is concluded when notice of the conduct reaches the offeror.
(3) If by virtue of the offer, of practices which the parties have established between themselves, or of a usage, the offeree may accept the offer by performing an act without notice to the offeror, the contract is concluded when the performance of the act begins.
제2:205조 (계약의 체결 시점)
(1) 피청약자가 승낙을 발송하면, 그 승낙이 청약자에게 도달하는 때에 계약이 체결된다.
(2) 행태에 의한 승낙의 경우에는 그 행태가 청약자에게 도달한 때에 계약이 체결된다.
(3) 청약에 의하여, 당사자들 사이에 성립된 관례에 의하여 또는 관행에 의하여, 피청약자가 청약자에게의 통지 없이 일정한 행위의 실행에 의하여 청약을 승낙하는 경우에는 그 행위의 실행이 시작한 때에 계약이 체결된다.

Art. 2:206 (Time Limit for Acceptance)
(1) In order to be effective, acceptance of an offer must reach the offeror within the time fixed by it.
(2) If no time has been fixed by the offeror acceptance must reach it within a reasonable time.
(3) In the case of an acceptance by an act of performance under art. 2:205 (3), that act must be performed within the time for acceptance fixed by the offeror or, if no such time is fixed, within a reasonable time.
제2:206조 (승낙의 기간제한)
(1) 유효하기 위해서는 청약에 대한 승낙이 청약에 의해 정해진 기간 내에 청약자에게 도달하여야 한다.
(2) 청약자가 기간을 정하지 아니한 경우 승낙은 상당한 기간 내에 청약자에게 도달하여야 한다.
(3) 제2:203조 (3)항에 따라 실행행위에 의한 승낙의 경우에는 청약자가 정한 기간 내에 또는 기간을 정하지 않은 경우에는 상당한 기간 내에 그 행위가 실행되어야 한다.

Art. 2:207 (Late Acceptance)
(1) A late acceptance is nonetheless effective as an acceptance if without delay the offeror informs the offeree that he treats it as such.
(2) If a letter or other writing containing a late acceptance shows that it has been sent in such circumstances that if its transmission had been normal it would have reached the offeror in due time, the late acceptance is effective

as an acceptance unless, without delay, the offeror informs the offeree that it considers its offer as having lapsed.

제2:207 (지연된 승낙)

(1) 지연된 승낙이라도 청약자가 지체없이 피청약자에게 이를 승낙으로 다룰 것을 고지한 경우에는 유효하다.

(2) 지연된 승낙을 포함하는 서신 기타 서면이 만일 그 전달이 정상적이었다면 적정한 시기에 도달하였을 사정하에서 송부되었음을 나타내는 경우에는 지연된 승낙은 청약자가 지체없이 피청약자에게 자신의 청약이 실효된 것으로 본다는 뜻을 고지하지 아니하는 한, 승낙으로서 유효하다.

Art. 2:208 (Modified Acceptance)

(1) A reply by the offeree which states or implies additional or different terms which would materially alter the terms of the offer is a rejection and a new offer.

(2) A reply which gives a definite assent to an offer operates as an acceptance even if it states or implies additional or different terms, provided these do not materially alter the terms of the offer. The additional or different terms then become part of the contract.

(3) However, such a reply will be treated as a rejection of the offer if:

(a) the offer expressly limits acceptance to the terms of the offer; or

(b) the offeror objects to the additional or different terms without delay; or

(c) the offeree makes its acceptance conditional upon the offeror's assent to the additional or different terms, and the assent does not reach the offeree within a reasonable time.

제2:208조 (변경된 승낙)

(1) 청약의 내용을 실질적으로 변경하는 추가된 또는 다른 내용을 명시적으로 또는 묵시적으로 포함하는 피청약자의 응답은 거절이고 또 새로운 청약이다.

(2) 청약에 관하여 확정적으로 동의하는 응답은 추가된 또는 다른 내용을 명시적으로 또는 묵시적으로 포함하는 경우에도, 그 내용이 청약의 내용을 실질적으로 변경하지 아니하는 때에는 승낙으로 기능한다. 이때 추가된 또는 다른 내용은 계약의 일부가 된다.

(3) 그러나, 그러한 응답은 다음과 같은 경우에는 청약의 거절로 본다.

(a) 청약이 명시적으로 청약의 내용에 대한 승낙만으로 제한하는 경우,

(b) 청약자가 추가된 또는 다른 내용에 지체없이 이의를 제기한 경우,

(c) 피청약자가 추가된 또는 다른 내용에 대한 청약자의 동의를 조건부로 승낙하고 그 승낙이 상당한 기간 내에 피청약자에게 도달하지 아니한 경우

Art. 2:209 (Conflicting General conditions)

(1) If the parties have reached agreement except that the offer and acceptance refer to conflicting general conditions of contract, a contract is nonetheless formed. The general conditions form part of the contract to the extent that they are common in substance.

(2) However, no contract is formed if one party:

(a) has indicated in advance, explicitly, and not by way of general conditions, that it does not intend to be bound by a contract on the basis of paragraph (1); or

(b) without delay, informs the other party that it does not intend to be bound by such contract.

(3) General conditions of contract are terms which have been formulated in advance for an indefinite number of contracts of a certain nature, and which have not been individually negotiated between the parties.

제2:209조(일반약관의 충돌)

(1) 당사자들이 청약과 승낙이 각기 상반된 계약의 일반약관을 지시하는 것을 제외하고는 합의에 도달한 경우에는 계약은 그럼에도 불구하고 성립한다. 이들 일반약관은 실질적으로 상호 공통하는 한도에서 계약의 일부가 된다.

(2) 그러나, 다음의 경우에는 계약은 성립하지 아니한다.

(a) 당사자 일방이 미리 명시적으로 그리고 일반약관에 의하지 아니하고 제1항에 기하여 계약에 구속될 의도가 없음을 나타낸 경우,

(b) 당사자 일방이 그러한 계약에 구속될 의도가 없음을 지체없이 상대방에게 고지한 경우

(3) 계약의 일반약관이라 함은 특정의 성질을 지니는 불특정 다수의 계약을 위해 사전에 미리 마련된 계약내용으로서 당사자들 사이에 개별적으로 합의되지 아니한 것을 말한다.

Art. 2:210 (Professional's written confirmation)
If professionals have concluded a contract but have not embodied it in a final document, and one without delay sends the other a writing which purports to be a confirmation of the contract but which contains additional or different terms, such terms will become part of the contract unless:
(a) the terms materially alter the terms of the contract, or
(b) the addressee objects to them without delay.
제2:210조 (직업적 서면확인)
직업적 종사자가 계약을 체결하였으나 그것을 최종서면으로 문서화시키지 아니한 경우에 당사자 일방이 지체 없이 상대방에게 계약의 확인을 목적으로 하는 서면을 송부하고 그 서면이 추가적인 또는 다른 내용을 포함하고 있는 때에는 그 내용은 계약의 일부가 된다. 다만 다음의 경우에는 그러하지 아니하다.
(a) 그 내용이 계약의 내용을 실질적으로 변경하는 경우,
(b) 상대방이 지체 없이 이에 대해 이의를 제기한 경우.

Art. 2:211 (Contracts not Concluded through Offer and Acceptance)
The rules in this section apply with appropriate adaptations even though the process of conclusion of a contract cannot be analysed into offer and acceptance.
제2:211조 (청약과 승낙에 의하지 아니하고 체결된 계약)
이 절의 규정은 계약체결의 과정이 청약과 승낙으로 분리되지 아니하는 경우에도 적절한 변경을 가하여 적용된다.

Section 3 : Liability for negotiations
제3절 : 교섭에 대한 책임

Art. 2:301 (Negotiations Contrary to Good Faith)
(1) A party is free to negotiate and is not liable for failure to reach an agreement.
(2) However, a party who has negotiated or broken off negotiations contrary to good faith and fair dealing is liable for the losses caused to the other party.
(3) It is contrary to good faith and fair dealing, in particular, for a party to enter into or continue negotiations with no real intention of reaching an agreement with the other party.
제2:301조 (신의성실에 반하는 교섭)
(1) 당사자들은 교섭의 자유를 가지며, 합의에 이르지 못한 것에 대해 책임을 지지 아니한다.
(2) 그러나, 신의성실 및 공정거래에 반하여 교섭하거나 교섭을 중단한 당사자는 상대방이 입은 손해에 관하여 책임을 진다.
(3) 특히 당사자가 상대방과 합의에 이를 진정한 의도 없이 교섭을 개시하거나 계속하는 것은 신의성실 및 공정거래에 반한다.

Art. 2:302 (Breach of Confidentiality)
If confidential information is given by one party in the course of negotiations, the other party is under a duty not to disclose that information or use it for its own purposes whether or not a contract is subsequently concluded. The remedy for breach of this duty may include compensation for loss suffered and restitution of the benefit received by the other party.
제2:302조 (비밀성 침해)
교섭의 과정에서 당사자 일방에 의하여 비밀정보가 주어졌다면, 계약체결 여부에 상관없이 상대방은 그 정보를 누설하거나 자신의 목적을 위하여 그 정보를 이용하지 아니할 의무를 진다. 이 의무를 위반한 경우의 구제수단은 발생한 손해의 배상 및 상대방이 얻은 이익의 반환을 포함한다.

CHAPTER 3 : AUTHORITY OF AGENTS
제3장 : 대리인의 권한

Section 1 : General Provisions
제1절 : 일반규정

Art. 3:101 (Scope of the Chapter)

(1) This Chapter governs the authority of an agent or other intermediary to bind its principal in relation to a contract with a third party.

(2) This Chapter does not govern an agent's authority bestowed by law or the authority of an agent appointed by a public or judicial authority.

(3) This Chapter does not govern the internal relationship between the agent or intermediary and its principal.

제3:101조 (이 장의 적용범위)

(1) 이 장은 대리인이나 기타 매개자의 제3자와의 계약과 관련하여 본인을 구속하는 권한을 규율한다.

(2) 이 장은 법률에 의하여 수여된 대리인의 권한이나 공적 또는 사법적 권한에 의하여 임명된 대리인의 권한에 관하여는 규율하지 아니한다.

(3) 이 장은 대리인 또는 매개자와 그의 본인 사이의 내부적 법률관계에는 규율하지 아니한다.

Art. 3:102 (Categories of Representation)

(1) Where an agent acts in the name of a principal, the rules on direct representation apply (Section 2). It is irrelevant whether the principal's identity is revealed at the time the agent acts or is to be revealed later.

(2) Where an intermediary acts on instructions and on behalf of, but not in the name of, a principal, or where the third party neither knows nor has reason to know that the intermediary acts as an agent, the rules on indirect representation apply (Section 3).

제3:102조 (대리의 형태)

(1) 대리인이 본인의 이름으로 행위하는 경우에는 직접대리에 관한 규정이 적용된다[제2절]. 이 경우 본인의 동일성이 대리행위 시에 밝혀지건 후에 밝혀지건 문제되지 아니한다.

(2) 매개자가 본인의 지시에 기하여 그의 이익을 위하여 행위하나 본인의 이름으로 행위하지 아니하는 경우 또는 매개자가 대리인으로서 행위하는 것을 제3자가 알지 못하거나 알 수 있는 근거가 없는 경우에는 간접대리에 관하 규정이 적용된다[제3절].

Section 2 : Direct Representation
제2절 : 직접대리

Art. 3:201 (Express, implied and apparent authority)

(1) The principal's grant of authority to an agent to act in its name may be express or may be implied from the circumstances.

(2) The agent has authority to perform all acts necessary in the circumstances to achieve the purposes for which the authority was granted.

(3) A person is to be treated as having granted authority to an apparent agent if the person's statements or conduct induce the third party reasonably and in good faith to believe that the apparent agent has been granted authority for the act performed by it.

제3:201조 (명시적 대리, 묵시적 대리, 표견대리)

(1) 본인이 대리인에게 자신의 이름으로 행위할 대리권 주여는 명시적으로 또는 제반사정에 비추어 묵시적으로 행해질 수 있다.

(2) 대리인은 대리권이 수여된 목적을 성취하기 위하여 당해 상황하에서 필요한 모든 행위를 할 수 있는 권한을 갖는다.

(3) 어떠한 자의 언명 또는 행태가 제3자로 하여금 표견대리인이 행하는 행위에 대한 대리권이 수여되었다고 합리적으로 그리고 신의칙하에 믿게 하는 경우에는 그 자에게 대리권이 수여된 것으로 본다.

Art. 3:202 (Agent acting in exercise of his authority)
Where an agent is acting within its authority as defined by Art. 3:201, its acts bind the principal and the third party directly to each other. The agent itself is not bound to the third party.
제3:202조 (대리권을 행사하는 대리인)
대리인이 제3:201조에 정하여진 대리권의 범위 내에서 행위하는 경우에 그의 행위는 본인과 제3자를 서로에 관하여 직접 구속한다. 대리인 자신은 제3자에 구속되지 아니한다.

Art. 3:203 (Unidentified Principal)
If an agent enters into a contract in the name of a principal whose identity is to be revealed later, but fails to reveal that identity within a reasonable time after a request by the third party, the agent itself is bound by the contract.
제3:203조 (본인의 이름을 유보하는 현명)
대리인이 후에 밝혀질 본인의 이름으로 계약을 체결하나, 제3자의 요구를 받고서 상당한 기간 내에 그 본인이 누구인지를 밝히지 않았다면, 대리인 자신이 그 계약에 구속된다.

Art. 3:204 (Agent acting without or outside his authority)
(1) Where a person acting as an agent acts without authority or outside the scope of its authority, its acts are not binding upon the principal and the third party.
(2) Failing ratification by the principal according to Art. 3:207, the agent is liable to pay the third party such damages as will place the third party in the same position as if the agent had acted with authority. This does not apply if the third party knew or could not have been unaware of the agent's lack of authority.
제3:204조 (대리권 없거나 또는 대리권을 넘는 대리)
(1) 대리인으로서 권한 없이 또는 권한 범위를 넘어 한 행위는 본인과 제3자를 구속하지 않는다.
(2) 제3:207조에 의한 본인의 추인이 없는 경우 대리인은 제3자에 관하여 그가 대리권을 갖고 행위하였을 경우와 같은 지위로 회복시킬 손해배상의 책임을 진다. 이는 제3자가 대리인의 대리권한의 흠결을 알았거나 알 수 있었던 때에는 적용되지 아니한다.

Art. 3:205 (Conflict of Interests)
(1) If a contract concluded by an agent involves the agent in a conflict of interest of which the third party knew or could not have been unaware, the principal may avoid the contract according to the provisions of Arts 4:112 to 4:116.
(2) There is presumed to be a conflict of interest where:
(a) the agent also acted as agent for the third party; or
(b) the contract was with itself in its personal capacity.
(3) However, the principal may not avoid the contract:
(a) if it had consented to, or could not have been unaware of, the agent's so acting; or
(b) if the agent had disclosed the conflict of interest to it and it had not objected within a reasonable time.
제3:205조 (이익의 상반)
(1) 대리인에 의하여 체결된 계약이 대리인을 이익이 상반되는 입장에 놓이게 하는 경우에 이를 제3자가 알았거나 알 수 있었던 때에는 본인은 제4:112조 내지 제4:116조 규정에 따라 그 계약을 취소할 수 있다.
(2) 다음의 경우 이익상반이 있는 것으로 추정된다:
(a) 대리인이 제3자의 대리인으로서도 행위한 경우,
(b) 계약이 그 자체로서 대리인의 전속적 능력에 속하는 경우
(3) 그러나, 본인은 다음의 경우에는 계약을 취소할 수 없다:
(a) 본인이 대리인의 행위를 동의하였거나 대리인의 그와 같은 행위를 알 수 있었던 경우,
(b) 대리인이 본인에게 이익상반을 알리고 본인이 상당한 기간 내에 이에 대해 이의를 제기하지 아니한 경우.

Art. 3:206 (Subagency)
An agent has implied authority to appoint a subagent to carry out tasks which are not of a personal character and which it is not reasonable to expect the agent to carry out itself. The rules of this Section apply to the subagency; acts of the subagent which are within its and the agent's authority bind the principal and the third party directly to each other.

제3:206조 (복대리)
대리인은 인적 성질을 지니지 않은 그리고 대리인 스스로가 이를 수행할 것을 합리적으로 기대할 수 없는 업무를 수행하기 위하여 복대리인을 선임할 수 있는 묵시적 권한을 갖는다. 이 절의 규정은 복대리에도 적용된다. 대리인의 대리권한 및 복대리인의 권한 내에서의 행하여진 복대리인의 행위는 본인과 제3자를 서로에 관하여 직접 구속한다.

Art. 3:207 (Ratification by Principal)
(1) Where a person acting as an agent acts without authority or outside its authority, the principal may ratify the agent's acts.
(2) Upon ratification, the agent's acts are considered as having been authorised, without prejudice to the rights of other persons.

제3:207조 (본인의 추인)
(1) 대리인으로서 행위하는 자가 대리권한 없이 또는 그의 대리권의 범위를 넘어서 행위한 경우에 본인은 그의 행위를 추인할 수 있다.
(2) 추인에 의하여 대리인의 행위는 권한에 기하여 행하여진 것으로 취급되나, 다른 사람의 권리를 해하지 못한다.

Art. 3:208 (Third Party's Right with Respect to Confirmation of Authority)
Where the statements or conduct of the principal gave the third party reason to believe that an act performed by the agent was authorized, but the third party is in doubt about the authorization, it may send a written confirmation to the principal or request ratification from it. If the principal does not object or answer the request without delay, the agent's act is treated as having been authorized.

제3:208조 (대리권의 확인에 관한 제3자의 권리
본인의 언명이나 행태가 제3자로 하여금 대리인의 행위가 수권된 것으로 믿을 만한 원인이 되었으나, 제3자가 수권에 대해 의심이 있는 경우에는 본인에게 서면에 의한 확인을 요청하거나 추인을 요구할 수 있다. 본인이 지체 없이 이를 거절하거나 그 요청에 대한 응답이 없는 경우에는 대리인의 행위는 수권된 것으로 본다.

Art. 3:209 (Duration of Authority)
(1) An agent's authority continues until the third party knows or ought to know that:
  (a) the agent's authority has been brought to an end by the principal, the agent, or both; or
  (b) the acts for which the authority had been granted have been completed, or the time for which it had been granted has expired; or
  (c) the agent has become insolvent or, where a natural person, has died or become incapacitated; or
  (d) the principal has become insolvent.
(2) The third party is considered to know that the agent's authority has been brought to an end under paragraph(1) (a) above if this has been communicated or publicised in the same manner in which the authority was originally communicated or publicised.
(3) However, the agent remains authorised for a reasonable time to perform those acts which are necessary to protect the interests of the principal or its successors

제3:209조 (대리권의 존속기간)
(1) 대리권은 다음의 사실에 관하여 제3자 알았거나 알았어야 하는 때까지 존속한다.
  (a) 본인이나 대리인 또는 양자에 의하여 대리권이 소멸되었다는 사실,
  (b) 대리권 수여의 목적이 달성되었거나 기간의 만료,

(c) 대리인의 파산 그리고 대리인이 자연인인 경우에는 사망 또는 능력의 상실,
(d) 본인의 파산.

(2) 위 제1항 (a)에 정한 대리권이 소멸이 대리권이 고지되었거나 공표된 것과 같은 방식으로 고지되었거나 공표된 경우에는 제3자는 그 대리권 소멸을 안 것으로 본다.

(3) 그러나, 대리인은 본인이나 그의 상속인의 이익을 보호하기 위하여 필요한 행위를 수행하기에 상당한 기간 동안 여전히 대리권을 가진다.

Section 3 : Indirect Representation
제3절 : 간접대리

Art. 3:301 (Intermediaries not acting in the name of a Principal)

(1) Where an intermediary acts:
(a) on instructions and on behalf, but not in the name, of a principal, or
(b) on instructions from a principal but the third party does not know and has no reason to know this, the intermediary and the third party are bound to each other.

(2) The principal and the third party are bound to each other only under the conditions set out in Art. 3:302 to 3:304.

제3:301조 (본인의 이름으로 행위하지 아니하는 매개자)

(1) 매개자가,
(a) 본인의 지시 하에 그의 이익을 위하여 행위하지만 그의 이름으로 하지 않는 경우나,
(b) 본인의 지시를 받지만 제3자가 이를 알지 못하거나 알 수 있었다고 판단되지 않는 경우 매개자와 제3자는 서로에 관하여 구속된다.

(2) 본인과 제3자는 제3:302조 내지 제3:304조에 따른 제한된 범위 내에서만 서로에 대해 구속된다.

Art. 3:302 (Intermediary's Insolvency or Fundamental Non-performance to Principal)

If the intermediary becomes insolvent, or if it commits a fundamental non-performance towards the principal, or if prior to the time for performance it is clear that there will be a fundamental non-performance:
(a) on the principal's demand, the intermediary shall communicate the name and address of the third party to the principal; and
(b) the principal may exercise against the third party the rights acquired on the principal's behalf by the intermediary, subject to any defences which the third party may set up against the intermediary.

제3:302조 (매개자의 파산 또는 본인에 대한 중대한 불이행)

매개자가 파산된 경우, 그가 본인에 관하여 중대한 불이행을 범한 경우 또는 중대한 불이행이 있을 것이 이행기전에 명백한 경우에는
(a) 본인의 요구가 있으면 매개자는 제3자의 성명과 주소를 본인에게 고지하여야 한다. 또한
(b) 본인은 제3자에 관하여 매개자가 본인의 이익을 위하여 취득한 권리를 행사할 수 있다. 이때 제3자는 매개자에 관하여 가지는 대항사유를 주장할 수 있다.

Art. 3:303 (Intermediary's Insolvency or Fundamental Non-performance to Third Party)

If the intermediary becomes insolvent, or if it commits a fundamental non-performance towards the third party, or if prior to the time for performance it is clear that there will be a fundamental non-performance:
(a) on the third party's demand, the intermediary shall communicate the name and address of the principal to the third party; and
(b) the third party may exercise against the principal the rights which the third party has against the intermediary, subject to any defences which the intermediary may set up against the third party and those which the principal may set up against the intermediary.

제3:303조 (매개자의 파산 또는 제3자에 대한 중대한 불이행)

매개자가 파산된 경우, 그가 제3자에 관하여 중대한 불이행을 범한 경우 또는 중대한 불이행이 있을 것이 이행

기전에 명백한 경우에는

(a) 제3자 요구가 있을 때에는 매개자는 본인의 성명과 주소를 제3자에게 고지하여야 한다. 또한
(b) 제3자는 본인에 관하여 매개자에 관하여 가지는 권리를 본인에 관하여 행사할 수 있다. 다만 본인은 매개자가 제3자에 관하여 가지는 대항사유 및 본인이 매개자에 관하여 가지는 대항사유를 주장할 수 있다.

Art. 3:304 (Requirement of Notice)
The rights under Art. 3:302 and 3:303 may be exercised only if notice of intention to exercise them is given to the intermediary and to the third party or principal, respectively. Upon receipt of the notice, the third party or the principal is no longer entitled to render performance to the intermediary.
제3:304조 (통지의 필요성)
제3:302조 및 제3:303조하에서 권리는, 이를 행사하기 위한 의사가 매개자와 제3자 또는 본인 에게 통지된 경우에 한해 행사될 수 있다. 통지를 수령하면 그 때부터는 제3자 또는 본인은 매개자에게 이행할 수 없다.

CHAPTER 4 : VALIDITY
제4장 : 유효성

Art. 4:101 (Matters not Covered)
This Chapter does not deal with invalidity arising from illegality, immorality or lack of capacity.
제4:101조 (규율의 대상이 아닌 사항)
이 장은 불법성, 부도덕성 또는 능력의 결여로 인한 무효에 관하여는 규율하지 아니한다.

Art. 4:102 (Initial Impossibility)
A contract is not invalid merely because at the time it was concluded performance of the obligation assumed was impossible, or because a party was not entitled to dispose of the assets to which the contract relates.
제4:102조 (원시적 불능)
계약체결 시에 채무의 이행이 불능이라는 이유 또는 당사자 일방이 계약의 목적물에 대한 처분할 권한이 없다는 이유만으로는 계약이 무효로 되지 아니한다.

Art. 4:103 (Mistake as to facts or law)
(1) A party may avoid a contract for mistake of fact or law existing when the contract was concluded if: (a),
(i) the mistake was caused by information given by the other party; or
(ii) the other party knew or ought to have known of the mistake and it was contrary to good faith and fair dealing to leave the mistaken party in error; or
(iii) the other party made the same mistake, and
(b) the other party knew or ought to have known that the mistaken party, had it known the truth, would not have entered the contract or would have done so only on fundamentally different terms.
(2) However a party may not avoid the contract if:
(a) in the circumstances its mistake was inexcusable, or
(b) the risk of the mistake was assumed, or in the circumstances should be borne, by it.
제4:103조 (사실 또는 법에 관한 착오)
(1) 당사자는 계약체결 시에 존재한 사실 또는 법률에 관한 착오를 이유로 하여 다음의 경우 계약을 취소할 수 있다. (a),
i) 착오가 상대방이 제공한 정보에 의하여 야기되었거나; 또는
ii) 상대방이 그 착오를 알았거나 알았음이 분명하며, 또 착오상태에 놓아두는 것이 신의성실 및 공정거래에 반하거나; 또는
iii) 상대방도 동일한 착오에 빠져 있고, 또한
(b) 착오 당사자가 진실된 사실을 알았다면 그 계약을 체결하지 않았을 것이거나 본질적으로 다른 내용으로 계약을 체결하였을 것이라는 것을 상대방이 알았거나 알았음이 분명한 경우.

(2) 그러나, 당사자는,
(a) 그 상황하에서 당사자 일방의 착오가 면책될 수 없거나 또는
(b) 그가 착오의 위험을 인수하였거나 그러한 상황하에서 그 위험을 감수해야 하는 경우에는 계약을 취소할 수 없다.

Art. 4:104 (Inaccuracy in communication)
An inaccuracy in the expression or transmission of a statement is to be treated as a mistake of the person who made or sent the statement and Art. 4:103 applies.
제4:104조 (의사전달에 있어서 부정확)
의사의 표현이나 전달상의 부정확은 그 표시를 하거나 발송한 자의 착오로 취급되고, 제4:103조가 적용된다.

Art. 4:105 (Adaptation of contract)
(1) If a party is entitled to avoid the contract for mistake but the other party indicates that it is willing to perform, or actually does perform, the contract as it was understood by the party entitled to avoid it, the contract is to be treated as if it had been concluded as the that party understood it. The other party must indicate its willingness to perform, or render such performance, promptly after being informed of the manner in which the party entitled to avoid it understood the contract and before that party acts in reliance on any notice of avoidance.
(2) After such indication or performance the right to avoid is lost and any earlier notice of avoidance is ineffective.
(3) Where both parties have made the same mistake, the court may at the request of either party bring the contract into accordance with what might reasonably have been agreed had the mistake not occurred.
제4:105조 (계약의 개정)
(1) 당사자 일방이 착오를 이유로 계약을 취소할 권한이 있으나 상대방이 계약을 취소할 권한이 있는 당사자가 이해한 바와 같은 내용으로 계약을 이행할 의사가 있음을 표시하거나 실제로 그와 같이 이행하였다면, 계약은 착오자가 이해한 바와 같은 내용으로 체결된 것으로 본다. 상대방은 취소할 권한이 있는 당사자가 이해한 계약의 내용을 고지된 후 즉시, 또 그 당사자가 취소의 통지를 신뢰하고 행위하기 전에 이행의 의사를 전달하거나 그 이행을 하여야 한다.
(2) 그러한 표시나 계약의 이행 후에는 취소권은 소멸하고, 그 전에 행하여진 취소의 통지는 효력이 없다.
(3) 당사자 쌍방이 동일한 착오에 빠진 경우에는 각 당사자의 청구에 의하여 법원은 착오가 없었다면 합리적으로 합의하였을 바대로 계약을 변경할 수 있다.

Art. 4:106 (Incorrect information)
A party who has concluded a contract relying on incorrect information given it by the other party may recover damages in accordance with Art. 4:117(2) and (3) even if the information does not give rise to a right to avoid the contract on the ground of mistake under Art. 4:103, unless the party who gave the information had reason to believe that the information was correct.
제4:106조 (부정확한 정보)
상대방이 제공한 부정확한 정보를 신뢰하여 계약을 체결한 당사자는, 그 정보가 제4:103조하의 착오를 이유로 계약을 취소할 권리를 발생시키지 아니하는 경우에도 제4:117조 (2)항 및 (3)항에 따라 손해배상을 청구할 수 있다. 다만 정보를 제공한 당사자가 그 정보의 정확성을 믿을 이유가 있는 때에는 그러하지 아니하다.

Art. 4:107 (Fraud)
(1) A party may avoid a contract when it has been led to conclude it by the other party's fraudulent representation, whether by words or conduct, or fraudulent non(disclosure of any information which in accordance with good faith and fair dealing it should have disclosed.
(2) A party's representation or non(disclosure is fraudulent if it was intended to deceive.
(3) In determining whether good faith and fair dealing required that a party disclose particular information, regard should be had to all the circumstances, including:
(a) whether the party had special expertise;

(b) the cost to it of acquiring the relevant information;

(c) whether the other party could reasonably acquire the information for itself; and

(d) the apparent importance of the information to the other party.

제4:107조 (사기)

(1) 당사자는 언어에 의하든 행태에 의하든지를 불문하고, 상대방의 사기적 표시에 의하여 또는 신의성실 및 공정거래에 따라 개시되었어야 하는 정보의 사기적 불개시에 의하여 계약이 체결되기에 유도된 경우 계약을 취소할 수 있다.

(2) 당사자의 표시 또는 불개시는 기망의 의도가 있는 때에는 사기적이다.

(3) 신의성실 및 공정거래가 당사자가 특정 정보를 개시할 것이 요구되는 지의 판단에 있어서 다음을 포함하여 모든 사정을 고려하여야 한다.

(a) 그 당사자가 특수한 전문지식을 가지고 있는지 여부,

(b) 그 관련 정보를 얻기 위한 지출 비용,

(c) 상대방이 합리적으로 그 정보를 얻을 수 있었는지 여부, 및

(d) 상대방에 대한 그 정보의 외견상의 중요성.

Art. 4:108 (Threats)

A party may avoid a contract when it has been led to conclude it by the other party's imminent and serious threat of an act:

(a) which is wrongful in itself, or

(b) which it is wrongful to use as a means to obtain the conclusion of the contract, unless in the circumstances the first party had a reasonable alternative.

제4:108조 (강박)

상대방의 다음과 같은 급박하고 심각한 위협에 의하여 계약을 체결하도록 유도된 당사자는 계약을 취소할 수 있다:

(a) 그 자체가 위법한 행위 또는

(b) 계약을 체결하도록 하기 위한 수단으로서 사용하는 것이 위법한 행위. 다만 그 당사자가 그 상황 아래서 합리적 대안을 가졌던 경우에는 그러하지 아니하다.

Art. 4:109 (Excessive benefit or unfair advantage)

(1) A party may avoid a contract if, at the time of the conclusion of the contract:

(a) it was dependent on or had a relationship of trust with the other party, was in economic distress or had urgent needs, was improvident, ignorant, inexperienced or lacking in bargaining skill, and

(b) the other party knew or ought to have known of this and, given the circumstances and purpose of the contract, took advantage of the first party's situation in a way which was grossly unfair or took an excessive benefit.

(2) Upon the request of the party entitled to avoidance, a court may if it is appropriate adapt the contract in order to bring it into accordance with what might have been agreed had the requirements of good faith and fair dealing been followed.

(3) A court may similarly adapt the contract upon the request of a party receiving notice of avoidance for excessive benefit or unfair advantage, provided that this party informs the party who gave the notice promptly after receiving it and before that party has acted in reliance on it.

제4:109조 (과잉이익 또는 불공정한 지위)

(1) 당사자는 계약의 체결 시에 다음과 같은 사유가 있었던 경우 계약을 취소할 수 있다:

(a) 당사자가 상대방에 의존하거나 그와 신뢰관계에 있고 경제적 궁박상태 또는 긴박한 곤궁상태에 있고 경솔하거나 무지하거나 무경험이거나 또는 거래에 익숙하지 않았으며, 또한

(b) 상대방이 그 사실을 알았거나 알았어야 하고 그 상황과 계약의 목적에 비추어 심히 불공정하게 당사자의 상태를 이용하거나 과도한 이익을 얻은 경우.

(2) 취소할 권한 있는 당사자의 청구에 의하여 법원은 그것이 적절한 경우에는 신의성실 및 공정거래의 요건에 따라 합의하였을 내용으로 계약을 변경할 수 있다.

(3) 과도한 이익의 편취 및 불공정한 지위의 이용을 이유로 취소의 통지를 받은 당사자가 그 당사자가 취소의 통지를 받은 후 즉시로 그리고 그 통지를 한 당사자가 취소를 신뢰하고 행위하기 전에 이 사실을 고지한 경우, 법원은 그 통지를 받은 당사자의 청구에 의하여 계약을 변경할 수 있다.

Art. 4:110 (Unfair terms which have not been individually negotiated)

(1) A party may avoid a term which has not been individually negotiated if, contrary to the requirements of good faith and fair dealing, it causes a significant imbalance in the parties' rights and obligations arising under the contract to the detriment of that party, taking into account the nature of the performance to be rendered under the contract, all the other terms of the contract and the circumstances at the time the contract was concluded.

(2) This Art. does not apply to:

(a) a term which defines the main subject matter of the contract, provided the term is in plain and intelligible language; or to

(b) the adequacy in value of one party's obligations compared to the value of the obligations of the other party.

제 4:110조 (개별적으로 합의되지 아니한 불공정 조항)

(1) 계약상의 급부의 성질, 계약의 모든 조항 및 계약의 체결 시의 제반사정을 고려할 때, 개별적으로 합의되지 아니한 계약조항이 신의성실 및 공정거래의 요구에 반하여 계약상의 당사자의 권리와 의무에 있어서 명백한 불균형을 야기시킴으로써 당사자 일방에게 불이익을 초래하는 경우, 그 당사자는 그러한 조항을 취소할 수 있다.

(2) 다만 이 조문은,

(a) 계약의 주된 사항을 정하고 있는 조항이 평범하고 이해될 수 있는 용어로 되어 있는 경우 당해 계약조항 또는

(b) 일방당사자의 의무의 가액을 타방당사자의 의무의 가액과 비교하여서 그 등가성에는 적용되지 아니한다.

Art. 4:111 (Third persons)

(1) Where a third person for whose acts a party is responsible, or who with a party's assent is involved in the making of a contract:

(a) causes a mistake by giving information, or knows of or ought to have known of a mistake,

(b) gives incorrect information,

(c) commits fraud,

(d) makes a threat, or

(e) takes excessive benefit or unfair advantage, remedies under this Chapter will be available under the same conditions as if the behaviour or knowledge had been that of the party itself.

(2) Where any other third person:

(a) gives incorrect information,

(b) commits fraud,

(c) makes a threat, or

(d) takes excessive benefit or unfair advantage, remedies under this Chapter will be available if the party knew or ought to have known of the relevant facts, or at the time of avoidance it has not acted in reliance on the contract.

제4:111조 (제3자)

(1) 그 행위에 관하여 당사자가 책임 있는 제3자 또는 당사자의 동의하에 계약의 체결에 관여된 제3자가,

(a) 정보를 제공함으로써 착오를 일으키게 하거나 또는 착오를 알거나 알았어야만 하는 경우,

(b) 부정확한 정보를 제공하는 경우,

(c) 기망행위를 한 경우,

(d) 강박행위를 한 경우 또는

(e) 과도하거나 이익을 편취하거나 불공정한 지위를 이용한 경우 이 장에서 정하는 구제수단은 그 당사자 자신이 그러한 행태나 해당 사실을 인식한 경우와 동일한 요건하에 인정된다.

(2) 그 밖의 제3자가,

(a) 부정확한 정보를 제공하는 경우,
(b) 기망행위를 한 경우,
(c) 강박행위를 한 경우 또는
(d) 과도하거나 이익을 편취하거나 불공정한 지위를 이용한 경우에는 당사자가 그 사실을 알았거나 알았어야 했던 때 또는 취소 시에 당사자가 아직 계약을 신뢰하여 행위하지 아니한 때에는 이 장에서 정하는 구제수단을 원용할 수 있다.

Art. 4:112 (Notice of Avoidance)
Avoidance must be by notice to the other party.
제4:112조 (취소의 통지)
취소는 상대방에 대한 통지로 행하여져야 한다.

Art. 4:113 (Time limits)
(1) Notice of avoidance must be given within a reasonable time, with due regard to the circumstances, after the avoiding party knew or ought to have known of the relevant facts or became capable of acting freely.
(2) However, a party may avoid an individual term under Art. 4:110 if it gives notice of avoidance within a reasonable time after the other party has invoked the term.
제4:113조 (기간의 제한)
(1) 취소의 통지는 취소권을 행사하는 당사자가 취소의 원인된 사실을 알았거나 알았어야 하는 때 또는 자유로이 행위할 수 있게 된 대로부터 제반사정을 적정하게 고려하여 합리적 기간 내에 행하여져야 한다.
(2) 그러나, 제4:110조에서 정한 개별조항에 관하여는, 상대방이 그 조항을 원용하는 때로부터 합리적 기간 내에 당사자가 취소의 통지를 하는 경우에는 그 조항을 취소할 수 있다.

Art. 4:114 (Confirmation)
If the party who is entitled to avoid a contract confirms it, expressly or impliedly, after it knows of the ground for avoidance, or becomes capable of acting freely, avoidance of the contract is excluded.
제4:114조 (추인)
계약을 취소할 수 있는 당사자가 취소의 원인을 알거나 자유로이 행위할 수 있게 된 이후에 계약을 명시적 또는 묵시적으로 추인을 한다면, 계약의 취소는 배제된다.

Art. 4:115 (Effect of avoidance)
On avoidance either party may claim restitution of whatever he has supplied under the contract or the part of it avoided, provided he makes concurrent restitution of whatever he has received under the contract or the part of it avoided. If restitution cannot be made in kind for any reason, a reasonable sum must be paid for what has been received.
제4:115조 (취소의 효과)
취소가 행하여지면 각 당사자는 그가 취소된 계약 또는 계약 일부에 기하여 수령한 것을 동시에 원상회복하는 것을 조건으로 그 계약에 기하여 급부한 것의 원상회복을 청구할 수 있다. 어떠한 이유로건 원상회복이 가능하지 않은 경우에는 수령한 것에 대한 합리적인 가액으로 반환되어야 한다.

Art. 4:116 (Partial avoidance)
If a ground of avoidance affects only particular terms of a contract, the effect of an avoidance is limited to those terms unless, giving due consideration to all the circumstances of the case, it is unreasonable to uphold the remaining contract.
제4:116조 (일부취소)
취소의 원인이 계약의 특정 조항만에 관한 것인 경우에는 취소의 효력은 그 조항에만 미친다. 다만 구체적 경우의 제반사정을 적정하게 고려할 때, 나머지로 계약을 유지시키는 것이 불합리한 때에는 그러하지 아니하다.

Art. 4:117 (Damages)

(1) A party who avoids a contract under this Chapter may recover from the other party damages so as to put the avoiding party as nearly as possible into the same position as if it had not concluded the contract, provided that the other party knew or ought to have known of the mistake, fraud, threat or taking of excessive benefit or unfair advantage.

(2) If a party has the right to avoid a contract under this Chapter, but does not exercise its right or has lost its right under the provisions of Arts 4:113 or 4:114, it may recover, subject to paragraph (1), damages limited to the loss caused to it by the mistake, fraud, threat or taking of excessive benefit or unfair advantage. The same measure of damages shall apply when the party was misled by incorrect information in the sense of Art. 4:106.

(3) In other respects, the damages shall be in accordance with the relevant provisions of Chapter 9, Section 5, with appropriate adaptations.

제4:117조 (손해배상)

(1) 이 장의 규정에 따라 계약을 취소하는 당사자는 상대방이 착오 · 사기 · 강박 또는 과도한 이익편취나 불공정한 지위이용을 알았거나 알았어야 했던 경우에는 계약이 체결되지 않았다면 있었을 지위에 상응하는 손해의 배상을 청구할 수 있다.

(2) 이 장의 규정에 따라 계약을 취소할 권리를 가지지만 그 권리를 행사하지 아니하거나 제4:113조 또는 제4:114조에 의하여 그 권리를 상실한 당사자는 착오 · 사기 · 강박 또는 과도한 이익편취나 불공정한 지위이용에 의하여 그에게 야기된 손실에 한하여 제1항에 따라 그 배상을 청구할 수 있다. 당사자가 제4:106조의 의미에서의 부정확한 정보에 의하여 오도된 경우에도 동일한 배상의 산정이 적용된다.

(3) 기타의 사항에 있어서 손해배상은 제9장 제5절의 관련규정이 적절하게 변경되어 행하여진다.

Art. 4:118 (Exclusion or restriction of remedies)

(1) Remedies for fraud, threats and excessive benefit or unfair advantage(taking, and the right to avoid an unfair term which has not been individually negotiated, cannot be excluded or restricted.

(2) Remedies for mistake and incorrect information may be excluded or restricted unless the exclusion or restriction is contrary to good faith and fair dealing.

제4:118조 (구제수단의 배제 또는 제한)

(1) 사기, 강박 또는 과도한 이익의 편취나 불공정한 지위의 이용에 대한 구제수단 및 개별적으로 합의되지 아니한 불공정 조항을 취소할 권리는 배제되거나 제한될 수 없다.

(2) 착오와 부정확한 정보에 대한 구제수단은 그 배제나 제한이 신의성실 및 공정거래에 반하지 아니하는 한, 배제되거나 제한될 수 있다.

Art. 4:119 (Remedies for non-performance)

A party who is entitled to a remedy under this Chapter in circumstances which afford that party a remedy for non-performance may pursue either remedy.

제4:119조 (불이행에 대한 구제수단)

불이행에 대한 구제수단이 주어지는 사정 아래서 이 장에서 정하는 구제수단을 행사할 수 있는 당사자는 양자 어느 구제수단이라도 행사할 수 있다.

CHAPTER 5 : INTERPRETATION
제5장 : 해석

Art. 5:101 (General Rules of Interpretation)

(1) A contract is to be interpreted according to the common intention of the parties even if this differs from the literal meaning of the words.

(2) If it is established that one party intended the contract to have a particular meaning, and at the time of the conclusion of the contract the other party could not have been unaware of the first party's intention, the contract is to be interpreted in the way intended by the first party.

(3) If an intention cannot be established according to (1) or (2), the contract is to be interpreted according to the meaning that reasonable persons of the same kind as the parties would give to it in the same circumstances.

제5:101조 (해석의 일반원칙)

(1) 계약은 당사자들의 공통된 의도에 따라 해석되어야 한다. 설령 그 의도가 문언의 문자적 의미와 다른 경우에도 그러하다.

(2) 당사자 일방이 특별한 의미를 가지고 계약을 의도하였음이 입증되고 계약체결 시에 상대방이 이러한 의도를 모를 수 없었던 경우에는 계약은 그 당사자의 의도된 바에 따라 해석되어야 한다.

(3) 당사자의 의도가 (1)항 및 (2)항에 의하여 증명될 수 없는 경우, 계약은 당사자와 동일한 유형의의 합리적인 사람들이 동일한 상황하에서 부여하였을 의미에 따라 해석되어야 한다.

Art. 5:102 (Relevant Circumstances)

In interpreting the contract, regard shall be had, in particular, to:

(a) the circumstances in which it was concluded, including the preliminary negotiations;

(b) the conduct of the parties, even subsequent to the conclusion of the contract;

(c) the nature and purpose of the contract;

(d) the interpretation which has already been given to similar clauses by the parties and the practices they have established between themselves;

(e) the meaning commonly given to terms and expressions in the branch of activity concerned and the interpretation similar clauses may already have received;

(f) usages; and

(g) good faith and fair dealing

제5:102조 (관련 사정)

계약을 해석하는 데 있어서, 특히 다음의 사정이 고려되어야 한다.

(a) 예비적 교섭을 포함하여 계약이 체결된 상황,

(b) 계약이 체결된 후를 포함하여 당사자의 행태,

(c) 계약의 성질과 목적,

(d) 당사자들 사이에 유사한 조항에 대한 해석 및 당사자 사이에 성립된 관례,

(e) 그 계약조항과 표현에 당해 거래계에서 공통적으로 부여하는 의미 및 유사한 조항에 대해 이미 이루어진 해석,

(f) 관행,

(g) 신의성실 및 공정거래.

Art. 5:103 (*Contra Proferentem* Rule)

Where there is doubt about the meaning of a contract term not individually negotiated, an interpretation of the term against the party who supplied it is to be preferred.

제5:103조 (작성자 불리의 원칙)

개별적으로 합의되지 아니한 계약조항의 의미에 관하여 의문이 있는 경우에는 이를 제공한 당사자에게 불리한 해석이 우선한다.

Art. 5:104 (Preference to Negotiated Terms)

Terms which have been individually negotiated take preference over those which are not.

제5:104조 (개별약정의 우선)

개별적으로 합의된 조항은 그러하지 아니한 것에 우선한다.

Art. 5:105 (Reference to Contract as a Whole)

Terms are interpreted in the light of the whole contract in which they appear.

제5:105조 (계약 전체의 고려)

각 계약조항은 그것이 속하는 계약 전체에 비추어 해석된다.

Art. 5:106 (Terms to Be Given Full Effect)
An interpretation which renders the terms of the contract lawful, or effective, is to be preferred to one which would not.
제5:106조 (효력이 주어지는 조항)
계약의 조항을 적법하고 또는 유효하다고 하는 해석이 그렇지 아니하는 해석에 우선한다.

Art. 5:107 (Linguistic Discrepancies)
Where a contract is drawn up in two or more language versions none of which is stated to be authoritative, there is, in case of discrepancy between the versions, a preference for the interpretation according to the version in which the contract was originally drawn up.
제5:107조 (언어상의 불일치)
계약이 둘 이상의 언어본으로 작성되고 그 중 어느 언어가 기준인지가 정하여지지 아니한 경우에 그 각 언어본 사이에 불일치가 있는 때에는 계약이 최초로 작성된 언어본에 따른 해석이 우선한다.

CHAPTER 6 : CONTENTS AND EFFECTS
제6장 : 내용과 효력

Art. 6:101 (Statements giving rise to contractual obligation)
(1) A statement made by one party before or when the contract is concluded is to be treated as giving rise to a contractual obligation if that is how the other party reasonably understood it in the circumstances, taking into account:
 (a) the apparent importance of the statement to the other party;
 (b) whether the party was making the statement in the course of business; and
 (c) the relative expertise of the parties.
(2) If one of the parties is a professional supplier who gives information about the quality or use of services or goods or other property when marketing or advertising them or otherwise before the contract for them is concluded, the statement is to be treated as giving rise to a contractual obligation unless it is shown that the other party knew or could not have been unaware that the statement was incorrect.
(3) Such information and other undertakings given by a person advertising or marketing services, goods or other property for the professional supplier, or by a person in earlier links of the business chain, are to be treated as giving rise to a contractual obligation on the part of the professional supplier unless it did not know and had no reason to know of the information or undertaking.
제6:101조 (계약상의 채무를 발생시키는 언명)
(1) 계약의 체결 전 또는 계약체결 시에 일방당사자에 의해 행하여진 언명은, 상대방이 당해 사정하에서 다음과 같은 사정을 포함을 고려할 때 계약상 의무를 발생시키는 것으로 합리적으로 이해한 경우에는 계약상 의무의 발생으로 본다.
 (a) 상대방에 대해 당해 언명의 현저한 중요성
 (b) 그 당사자가 그 언명을 거래의 과정에서 행하였는지 여부
 (c) 양당사자의 상대적인 전문지식
(2) 당사자 일방이 전문적 공급자로서 용역이나 물품 기타 재산의 질이나 이용에 관한 정보를 그것의 판매활동이나 선전을 하는 과정에서 또는 다른 방식으로 계약을 체결하기 전에 제공하는 경우에는 그 언명은 계약상 의무를 발생시키는 것으로 본다. 다만 상대방이 그 언명이 정확하지 않다는 것을 알았거나 모를 수 없었음이 증명된 경우에는 그러하지 아니하다.
(3) 전문적 공급자를 위하여 용역, 물품 기타 재산을 판매 또는 선전하는 자 또는 거래상 연결관계에서 선행위치에 있는 자에 의해 제공된 그러한 정보나 보장은 전문적 공급자 측에 계약상 의무를 발생시키는 것으로 본다. 다만 그가 그 정보나 보장을 알지 못하였고 또 그것을 알 이유가 없는 경우에는 그러하지 아니하다.

Art. 6:102 (Implied obligations)
In addition to the express terms, a contract may contain implied terms which stem from
 (a) the intention of the parties,
 (b) the nature and purpose of the contract, and
 (c) good faith and fair dealing.

제6:102조 (묵시적 내용)
명시적 내용에 부가하여, 계약은 다음으로부터 인정되는 묵시적 내용을 포함할 수 있다.
 (a) 당사자들의 의도,
 (b) 계약의 성질과 목적,
 (c) 신의성실 및 공정거래.

Art. 6:103 (Simulation)
When the parties have concluded an apparent contract which was not intended to reflect their true agreement, as between the parties the true agreement prevails

제6:103조 (가장행위)
당사자들이 그들의 진정한 합의를 반영할 의도로 행하여지지 아니한 외견상의 계약을 체결한 경우에는 당사자 사이에서는 그 진정한 합의가 효력을 가진다.

Art. 6:104 (Determination of Price)
Where the contract does not fix the price or the method of determining it, the parties are to be treated as having agreed on a reasonable price.

제6:104조 (가격의 결정)
계약상 가격이나 그 결정 방법을 정하지 않은 경우 당사자들은 합리적 가격으로 약정한 것으로 본다.

Art. 6:105 (Unilateral Determination by a Party)
Where the price or any other contractual term is to be determined by one party whose determination is grossly unreasonable, then notwithstanding any provision to the contrary, a reasonable price or other term shall be substituted.

제6:105조 (일방당사자에 의한 일방적 결정)
당사자 일방이 가격이나 기타 계약상 조건을 정하기로 한 경우에 그 결정이 현저하게 불합리한 때에는 그러한 약정에도 불구하고 합리적 가격이나 다른 내용으로 갈음한다.

Art. 6:106 (Determination by a Third Person)
 (1) Where the price or any other contractual term is to be determined by a third person, and it cannot or will not do so, the parties are presumed to have empowered the court to appoint another person to determine it.
 (2) If a price or other term fixed by a third person is grossly unreasonable, a reasonable price or term shall be substituted.

제6:106조 (제3자에 의한 결정)
 (1) 가격이나 다른 계약내용을 제3자가 정하기로 한 경우에 그 자가 이를 행하지 않거나 할 수 없는 때에는 당사자들은 법원에 그를 정하기 위하여 다른 자를 선임하도록 권한을 부여한 것으로 추정된다.
 (2) 제3자가 정한 가격이나 다른 계약내용이 현저하게 불합리한 경우 합리적 가격이나 다른 계약내용으로 갈음한다.

Art. 6:107 (Reference to a Non Existent Factor)
Where the price or any other contractual term is to be determined by reference to a factor which does not exist or has ceased to exist or to be accessible, the nearest equivalent factor shall be substituted.

제6:107조 (존재하자 않는 요소의 고려)
가격이나 다른 계약내용이 존재치 않거나 이용할 수 없는 요소를 고려하여 정하기로 한 경우에 그에 가장 근접한 상응하는 요소가 이에 갈음한다.

Art. 6:108 (Quality of Performance)
If the contract does not specify the quality, a party must tender performance of at least average quality.
제6:108조 (변제의 품질)
계약상 그 품질을 특정하지 않았다면 당사자는 적어도 중등 품질의 급부를 제공하여야 한다.

Art. 6:109 (Contract for an Indefinite Period)
A contract for an indefinite period may be ended by either party by giving notice of reasonable length.
제6:109조 (불확정기한부 계약)
불확정 기한부 계약은 당사자 누구나 합리적 유예기간을 둔 통지로써 종료된다.

Art. 6:110 (Stipulation in Favour of a Third Party)
(1) A third party may require performance of a contractual obligation when its right to do so has been expressly agreed upon between the promisor and the promisee, or when such agreement is to be inferred from the purpose of the contract or the circumstances of the case. The third party need not be identified at the time the agreement is concluded.
(2) If the third party renounces the right to performance the right is treated as never having accrued to it.
(3) The promisee may by notice to the promisor deprive the third party of the right to performance unless:
(a) the third party has received notice from the promisee that the right has been made irrevocable, or
(b) the promisor or the promisee has received notice from the third party that the latter accepts the right.
제6:110조 (제3자를 위한 약정)
(1) 약속자와 수약자 간 제3자에게 계약상 의무의 이행을 청구할 권리를 수여하는 것을 명시적으로 합의하거나 그러한 합의를 계약의 목적으로부터 또는 제반사정으로부터 추단되는 경우에는 제3자는 계약상 의무의 이행을 청구할 수 있다. 제3자는 그러한 계약의 체결 시에 특정될 것을 요하지 않는다.
(2) 제3자가 이행청구권을 포기한 경우에는 그 권리가 처음부터 그에게 성립하지 않았던 것으로 본다.
(3) 다음과 같은 경우가 아닌 한, 약속자는 수약자에 대한 통지에 의해 제3자 이행청구권을 박탈할 수 있다.
(a) 제3자에게 약속자로부터 그 권리가 철회할 수 없다고 통지된 경우,
(b) 수약자나 약속자에게 제3자로부터 그 권리를 승인한다고 통지된 경우

Art. 6:111 (Change of Circumstances)
(1) A party is bound to fulfil its obligations even if performance has become more onerous, whether because the cost of performance has increased or because the value of the performance it receives has diminished.
(2) If, however, performance of the contract becomes excessively onerous because of a change of circumstances, the parties are bound to enter into negotiations with a view to adapting the contract or terminating it, provided that:
(a) the change of circumstances occurred after the time of conclusion of the contract,
(b) the possibility of a change of circumstances was not one which could reasonably have been taken into account at the time of conclusion of the contract, and
(c) the risk of the change of circumstances is not one which, according to the contract, the party affected should be required to bear.
(3) If the parties fail to reach agreement within a reasonable period, the court may:
(a) terminate the contract at a date and on terms to be determined by the court; or
(b) adapt the contract in order to distribute between the parties in a just and equitable manner the losses and gains resulting from the change of circumstances. In either case, the court may award damages for the loss suffered through a party refusing to negotiate or breaking off negotiations contrary to good faith and fair dealing.
제6:111조 (사정의 변경)
(1) 급부의 이행비용이 증가하거나 반대급부의 가치가 떨어져 급부의 부담이 보다 커지게 된 경우에도 당사자는 자신의 채무를 이행하여야 한다.
(2) 그러나, 계약의 이행이 사정의 변경으로 현저하게 가중된 경우에는 다음의 요건을 충족하는 경우 당사자들은 계약을 변경 또는 해소하기 위하여 교섭을 개시하여야 한다.

(a) 사정의 변경이 계약체결이후에 발생하고,
(b) 사정변경의 가능성이 계약체결 시에 합리적으로 고려할 수 있었던 것이 아니었으며,
(c) 이러한 사정의 변경으로 인한 위험을 계약에 의하면, 그로 인하여 불이익을 입는 당사자가 부담하여야 할 것이 아닌 때.

(3) 당사자들이 합리적 기간 내에 합의에 달하지 못하는 경우, 법원은,
(a) 법원이 정하는 일정 시점 및 조건으로 계약관계를 해소시키거나,
(b) 사정의 변경으로 인한 손익을 당사자들 사이에 공정·공평하게 분배하기 위해 계약을 개정할 수 있다.
(c) 어느 경우에나 법원은 신의성실 및 공정거래에 반하게 교섭을 거부하거나 교섭을 파기한 당사자에 의하여 입게 된 손실에 대한 배상을 명할 수 있다.

CHAPTER 7 : PERFORMANCE
제7장 : 이행

Art. 7:101 (Place of Performance)

(1) If the place of performance of a contractual obligation is not fixed by or determinable from the contract it shall be:
(a) in the case of an obligation to pay money, the creditor's place of business at the time of the conclusion of the contract;
(b) in the case of an obligation other than to pay money, the obligor's place of business at the time of conclusion of the contract.

(2) If a party has more than one place of business, the place of business for the purpose of the preceding paragraph is that which has the closest relationship to the contract, having regard to the circumstances known to or contemplated by the parties at the time of conclusion of the contract.

(3) If a party does not have a place of business its habitual residence is to be treated as its place of business.

제7:101조 (이행의 장소)

(1) 계약상 의무이행장소를 정하지 않거나 계약에 의하여 정할 수 없는 경우 이행의 장소는 다음과 같다.
(a) 금전채무의 경우, 계약체결 시의 채권자의 영업지,
(b) 금전지급 이외의 채무의 경우 계약체결 시의 채무자의 영업지

(2) 영업소가 여러 곳에 있는 경우에는 전항이 목적하는 영업소는 계약체결 시에 당사자들이 알았거나 고려된 제반사정에 비추어 계약과 가장 밀접하게 관련이 있는 곳이다.

(3) 영업소가 없는 경우 상거소를 영업소로 본다.

Art. 7:102 (Time of Performance)

A party has to effect its performance:

(1) if a time is fixed by or determinable from the contract, at that time;

(2) if a period of time is fixed by or determinable from the contract, at any time within that period unless the circumstances of the case indicate that the other party is to choose the time;

(3) in any other case, within a reasonable time after the conclusion of the contract.

제7:102조 (이행의 시기)

다음의 시기에 이행하여야 한다.

(1) 시기가 계약상 정하거나 계약에 의하여 정할 수 있는 경우에는 그 때.

(2) 기간이 계약상 기간을 정했거나 계약에 의하여 정할 수 있는 경우에는 당시의 제반사정으로 보아 상대방이 그 시기를 정하여야 하는 것으로 판단되는 경우가 아닌 한, 그 기간 내.

(3) 그 밖의 경우에는 계약체결 후 상당한 기간 내.

Art. 7:103 (Early Performance)

(1) A party may decline a tender of performance made before it is due except where acceptance of the tender would not unreasonably prejudice its interests.

(2) A party's acceptance of early performance does not affect the time fixed for the performance of its own obligation.

제7:103조 (이행기 전의 이행)

(1) 이행의 제공이 이행기 전에 행하여진 경우에 당사자는 이를 거절할 수 있다. 다만 그 수령이 그의 이익을 불합리하게 해하지 아니하는 경우에는 그러하지 아니하다.

(2) 이행기 전의 이행의 수령은 자신의 의무의 이행시기에 영향을 미치지 아니한다.

Art. 7:104 (Order of performance)

To the extent that the performances of the parties can be rendered simultaneously, the parties are bound to render them simultaneously unless the circumstances indicate otherwise.

제7:104조 (이행의 순서)

당사자들의 이행이 동시에 행하여질 수 있는 한도에서 당사자들은 제반사정이 달리 추단되지 아니하는 한, 그 이행을 동시에 행하여야 한다.

Art. 7:105 (Alternative performance)

(1) Where an obligation may be discharged by one of alternative performances, the choice belongs to the party who is to perform, unless the circumstances indicate otherwise.

(2) If the party who is to make the choice fails to do so by the time required by the contract, then:

(a) if the delay in choosing is fundamental, the right to choose passes to the other party;

(b) if the delay is not fundamental, the other party may give a notice fixing an additional period of reasonable length in which the party to choose must do so. If the latter fails to do so, the right to choose passes to the other party.

제7:105조 (선택적 이행)

(1) 채무가 선택적 이행 중 하나에 의하여 소멸시킬 수 있는 것인 경우에는 제반사정이 달리 추단되지 아니하는 한, 그 선택권은 이행하는 당사자에게 속한다.

(2) 선택을 하여야 하는 당사자가 계약상 정하여진 시기까지 행하지 아니하는 때에는,

(a) 선택의 지연이 중대한 경우에는 선택권은 상대방에게 이전한다.

(b) 지연이 중대하지 아니한 경우에는 상대방은 선택을 위한 합리적 기간을 부가적으로 정하여 통지할 수 있다. 그 당사자가 선택을 하지 아니하면, 선택권은 상대방에게 이전한다.

Art. 7:106 (Performance by a Third Person)

(1) Except where the contract requires personal performance the obligee cannot refuse performance by a third person if:

(a) the third person acts with the assent of the obligor; or

(b) the third person has a legitimate interest in performance and the obligor has failed to perform or it is clear that it will not perform at the time performance is due.

(2) Performance by the third person in accordance with paragraph (1) discharges the obligor.

제7:106조 (제3자에 의한 이행)

(1) 계약상 직접 이행을 요하지 않는 한, 채권자는 다음의 경우 제3자에 의한 이행을 거절할 수 없다.

(a) 제3자가 채무자의 동의하에 행위하는 경우,

(b) 제3자가 그 이행에 정당한 이해관계를 가지고 또 채무자가 이행하지 못하거나 이행기에 이행하지 못할 것이 명백한 경우.

(2) (1)항에 따른 제3자에 의한 이행으로 채무자의 채무는 소멸한다.

Art. 7:107 (Form of Payment)

(1) Payment of money due may be made in any form used in the ordinary course of business.

(2) A creditor who, pursuant to the contract or voluntarily, accepts a cheque or other order to pay or a promise to pay is presumed to do so only on condition that it will be honoured. The creditor may not enforce the original obligation to pay unless the order or promise is not honoured.

제7:107조 (지급의 방법)

(1) 금전의 지급은 통상의 거래에서 통용되는 어떠한 방법으로도 할 수 있다.

(2) 계약에 의하여 또는 임의로 수표나 기타의 지급지시 또는 지급약속을 수령하는 채권자는 기일에 결제되는 것을 조건으로 지급된 것으로 추정된다. 채권자는 그 지시나 약속이 결제되지 아니하는 경우가 아닌 한, 원래의 채무의 지급을 강제할 수 없다.

Art. 7:108 (Currency of Payment)

(1) The parties may agree that payment shall be made only in a specified currency.

(2) In the absence of such agreement, a sum of money expressed in a currency other than that of the place where payment is due may be paid in the currency of that place according to the rate of exchange prevailing there at the time when payment is due.

(3) If, in a case falling within the preceding paragraph, the debtor has not paid at the time when payment is due, the creditor may require payment in the currency of the place where payment is due according to the rate of exchange prevailing there either at the time when payment is due or at the time of actual payment.

제7:108조 (지급하여야 할 통화)

(1) 약정에 의하여 특정 종류의 통화로 지급할 것을 정할 수 있다.

(2) 그러한 특약이 없는 경우 이행지의 통화와 다른 통화로 표기된 금액은 이행기에 그곳에서의 환율에 따라 그곳의 통화로 지급될 수 있다.

(3) 전 항에 의하여 정할 수 없는 경우, 채무자가 이행기에 지급하지 아니하는 경우에는 채권자는 이행기나 실제 지급하는 때의 이행지 환율에 따라 그곳의 통화로 지급할 것을 청구할 수 있다.

Art. 7:109 (Appropriation of Performance)

(1) Where a party has to perform several obligations of the same nature and the performance tendered does not suffice to discharge all of the obligations, then subject to paragraph 4 the party may at the time of its performance declare to which obligation the performance is to be appropriated.

(2) If the performing party does not make such a declaration, the other party may within a reasonable time appropriate the performance to such obligation as it chooses. It shall inform the performing party of the choice. However, any such appropriation to an obligation which:

(a) is not yet due, or

(b) is illegal, or

(c) is disputed, is invalid.

(3) In the absence of an appropriation by either party, and subject to paragraph 4, the performance is appropriated to that obligation which satisfies one of the following criteria in the sequence indicated:

(a) the obligation which is due or is the first to fall due;

(b) the obligation for which the obligee has the least security;

(c) the obligation which is the most burdensome for the obligor,

(d) the obligation which has arisen first. If none of the preceding criteria applies, the performance is appropriated proportionately to all obligations.

(4) In the case of a monetary obligation, a payment by the debtor is to be appropriated, first, to expenses, secondly, to interest, and thirdly, to principal, unless the creditor makes a different appropriation.

제7:109조 (변제의 충당)

(1) 당사자가 수 개의 동종의 채무를 부담하고 있는 경우로 그가 변제로서 제공한 것이 채무 전부를 소멸시키기에 부족한 때에는 (4)항 충족을 전제로 그 당사자는 이행 시에 변제에 충당할 채무를 지정할 수 있다.

(2) 이행 당사자가 그러한 지정을 하지 아니하는 때에는 상대방은 합리적 기간 내에 그가 지정한 채무의 변제에 충당할 수 있다. 그는 그 지정을 변제자에 통지하여야 한다. 그러나, 다음과 같은 채무의 대한 충당은 효력이 없다.

(a) 아직 이행기가 도래하지 아니한 채무,

(b) 위법한 채무,

(c) 다툼이 있는 채무.

(3) 양당사자에 의한 충당이 없는 경우 (4)항 충족을 전제로 변제는 다음의 기준을 만족시키는 채무에 그 순서에 따라 충당된다.

(a) 이행기가 도래한 채무 또는 가장 먼저 도래한 채무,

(b) 채권자의 담보가 가장 적은 채무,

(c) 채무자에게 부담이 가장 많은 채무,

(d) 먼저 성립한 채무. 위와 같은 기준에 의하여 선후가 정하여지지 않는 경우 모든 채무액에 안분하여 변제에 충당한다.

(4) 금전채무에 있어서는 채무자에 의한 급부는 채권자가 달리 충당하지 않는 한, 비용·이자·원본의 순서로 변제에 충당된다.

Art. 7:110 (Property Not Accepted)

(1) A party who is left in possession of tangible property other than money because of the other party's failure to accept or retake the property must take reasonable steps to protect and preserve the property.

(2) The party left in possession may discharge its duty to deliver or return:

(a) by depositing the property on reasonable terms with a third person to be held to the order of the other party, and notifying the other party of this; or

(b) by selling the property on reasonable terms after notice to the other party, and paying the net proceeds to that party.

(3) Where, however, the property is liable to rapid deterioration or its preservation is unreasonably expensive, the party must take reasonable steps to dispose of it. It may discharge its duty to deliver or return by paying the net proceeds to the other party.

(4) The party left in possession is entitled to be reimbursed or to retain out of the proceeds of sale any expenses reasonably incurred.

제7:110조 (불수령한 목적물)

(1) 금전 이외의 유체물을 상대방이 수령치 않아 점유하게 된 당사자는 그 물건의 보호와 보관을 위한 합리적 조치를 취해야 한다.

(2) 다음의 같이 함으로써 물건을 점유하는 당사자는 인도나 반환 의무를 면할 수 있다:

(a) 상대방의 지시에 따를 것으로 하여 그 물건을 제3자에게 합리적인 조건으로 보관시키고 이를 상대방에게 통지함으로써,

(b) 상대방에게 통지 후 합리적 조건으로 그 물건을 매각하고 그에게 매각 대금을 지급함으로써.

(3) 그러나, 그 당사자는 목적물이 급속히 훼손되기 쉬운 경우 또는 그 보관에 불합리한 경비가 요구되는 경우에는 목적물을 처분하기 위하여 합리적 조치를 취하여야 한다. 그는 상대방에게 매각 대금을 지급함으로써 자신의 인도 및 반환 의무를 면한다.

(4) 점유하는 당사자는 합리적으로 소요한 비용을 매각 대금에서 공제하거나 상환받거나 상환받을 수 있다.

Art. 7:111 (Money not Accepted)

Where a party fails to accept money properly tendered by the other party, that party may after notice to the first party discharge its obligation to pay by depositing the money to the order of the first party in accordance with the law of the place where payment is due.

제7:111조 (불수령한 금전)

당사자가 상대방이 적절하게 지급한 금전을 수령하지 아니한 경우에는 상대방은 그 당사자에 통지 후 이행지법에 따라 그 당사자의 지시에 따를 것으로 하여 금전을 보관시킴으로써 자신의 지급 채무를 면한다.

Art. 7:112 (Costs of performance)

Each party shall bear the costs of performance of its obligations.

제7:112조 (이행비용)

각 당사자는 그 채무의 이행에 대한 비용을 부담한다.

CHAPTER 8 : NON-PERFORMANCE AND REMEDIES IN GENERAL
제8장 : 불이행과 구제수단 일반

Art. 8:101 (Remedies Available)

(1) Whenever a party does not perform an obligation under the contract and the non- performance is not excused under Art. 8:108, the aggrieved party may resort to any of the remedies set out in Chapter 9.

(2) Where a party's non-performance is excused under Art. 8:108, the aggrieved party may resort to any of the remedies set out in Chapter 9 except claiming performance and damages.

(3) A party may not resort to any of the remedies set out in Chapter 9 to the extent that its own act caused the other party's non-performance.

제8:101조 (원용할 수 있는 구제수단)

(1) 당사자가 계약상 채무를 이행하지 아니하고, 그 불이행이 제8:108조에 의하여 면책되지 아니하는 경우에는 불이행을 당한 당사자는 제9장에 규정하고 있는 구제수단 중 어느 것이라도 주장할 수 있다.

(2) 당사자의 불이행이 제8:108조에 의하여 면책되는 경우에는 불이행을 당한 당사자는 이행청구와 손해배상청구를 제외하고는 제9장에 규정하고 있는 구제수단을 원용할 수 있다.

(3) 당사자는 자기 자신의 행위가 상대방의 불이행을 야기한 한도에서 제9장에 규정하고 있는 구제수단을 원용할 수 없다.

Art. 8:102 (Cumulation of Remedies)

Remedies which are not incompatible may be cumulated. In particular, a party is not deprived of its right to damages by exercising its right to any other remedy.

제8:102조 (구제수단의 병존)

양립할 수 없는 것이 아닌 구제수단은 병존한다. 특히 다른 구제수단을 행사한다고 하여 손해배상청구권이 상실되지 아니한다.

Art. 8:103 (Fundamental Non-performance)

A non-performance of an obligation is fundamental to the contract if:

(a) strict compliance with the obligation is of the essence of the contract; or

(b) the non-performance substantially deprives the aggrieved party of what it was entitled to expect under the contract, unless the other party did not foresee and could not reasonably have foreseen that result; or

(c) the non-performance is intentional and gives the aggrieved party reason to believe that it cannot rely on the other party's future performance.

제8:103조 (중대한 불이행)

다음의 경우 채무의 불이행은 계약에 중대하다.

(a) 채무에 대한 엄격한 준수가 계약의 중심적인 의미를 지니는 경우,

(b) 그 불이행으로 계약당사자가 계약을 통하여 기대하였던 바가 실질적으로 박탈된 경우. 다만 계약을 위반한 당사자가 그 결과를 예견치 못했거나 합리적으로 예견할 수 없었던 것인 경우에는 그러하지 아니하다.

(c) 불이행이 고의적이고 또 그 불이행으로 인하여 불이행을 당한 당사자에게 상대방의 장래의 이행을 기대할 수 없다고 믿을 만한 이유가 된 경우.

Art. 8:104 (Cure by Non-performing Party)

A party whose tender of performance is not accepted by the other party because it does not conform to the contract may make a new and conforming tender where the time for performance has not yet arrived or the delay would not be such as to constitute a fundamental non-performance.

제8:104조 (불이행 당사자에 의한 추완)

계약에의 부적합을 이유로 상대방에 의하여 변제의 제공이 수령하지 않게 된 당사자는 이행기가 아직 도래하지 아니하거나 그 지연이 중대한 불이행이 되지 아니하는 경우에는 새로이 계약에 적합한 이행의 제공을 할 수 있다.

Art. 8:105 (Assurance of Performance)

(1) A party who reasonably believes that there will be a fundamental non-performance by the other party may demand adequate assurance of due performance and meanwhile may withhold performance of its own obligations so long as such reasonable belief continues.

(2) Where this assurance is not provided within a reasonable time, the party demanding it may terminate the contract if it still reasonably believes that there will be a fundamental non-performance by the other party and gives notice of termination without delay.

제8:105조 (이행의 담보)

(1) 상대방에 의한 중대한 불이행이 있을 것으로 합리적으로 믿은 당사자는 적정한 이행을 위한 상당한 담보를 요구할 수 있고 그러한 믿음이 계속되는 한 담보를 제공할 때까지 자신의 이행을 유보할 수 있다.

(2) 상당한 기간 내에 이 담보가 제공되지 아니하는 경우 상대방에 의한 중대한 불이행이 있을 것으로 여전히 합리적으로 믿고 또 지체없이 해제의 통지를 하는 때에는 그 당사자는 계약관계를 해소시킬 수 있다.

Art. 8:106 (Notice Fixing Additional Period for Performance)

(1) In any case of non-performance the aggrieved party may by notice to the other party allow an additional period of time for performance.

(2) During the additional period the aggrieved party may withhold performance of its own reciprocal obligations and may claim damages, but it may not resort to any other remedy. If it receives notice from the other party that the latter will not perform within that period, or if upon expiry of that period due performance has not been made, the aggrieved party may resort to any of the remedies that may be available under Chapter 9:

(3) If in a case of delay in performance which is not fundamental the aggrieved party has given a notice fixing an additional period of time of reasonable length, it may terminate the contract at the end of the period of notice. The aggrieved party may in its notice provide that if the other party does not perform within the period fixed by the notice the contract shall terminate automatically. If the period stated is too short, the aggrieved party may terminate, or, as the case may be, the contract shall terminate automatically, only after a reasonable period from the time of the notice.

제8:106조 (이행을 위한 추가기간을 정하는 통지)

(1) 어떠한 불이행이 있는 경우에도 불이행을 당한 당사자는 상대방에 대한 통지로써 이행을 위한 추가기간을 허여할 수 있다.

(2) 추가기간 동안에 불이행을 당한 당사자는 자신이 부담하는 반대채무의 이행을 유보할 수 있고 또 손해배상을 청구할 수 있으나, 기타의 다른 구제수단은 주장할 수 없다. 상대방으로부터 그 기간 동안에 이행하지 않을 것이라는 통지를 받은 경우 또는 그 기간 내에 적절한 이행이 행하여지지 아니한 경우에는 불이행을 당한 당사자는 제9장에서 인정하는 구제수단 중 어느 것이라도 주장할 수 있다.

(3) 중대하지 아니한 이행지연의 경우 불이행을 당한 당사자는 합리적인 추가기간을 지정한 통지를 한 경우 그 통지된 기간의 종료 시에 계약을 해소할 수 있다. 불이행을 당한 당사자는 그 통지 내용으로 상대방이 그 지정된 기간 내에 이행하지 아니하는 경우에 계약은 자동적으로 종료하는 것으로 한다고 정할 수 있다. 부가적기간이 너무 단기인 경우에는 불이행을 당한 당사자는 통지 시부터 상당한 기간이 지난 후에 계약을 해소할 수 있고 계약이 자동적으로 종료하는 것으로 하는 한 경우에는 상당한 기간이 경과한 후에 계약이 자동적으로 종료된다.

Art. 8:107 (Performance Entrusted to Another)

A party who entrusts performance of the contract to another person remains responsible for performance.

제8:107조 (타인에게 위탁된 이행)

타인에게 계약의 이행을 위탁한 당사자는 여전히 그 이행에 관하여 책임진다.

Art. 8:108 (Excuse Due to an Impediment)

(1) A party's non-performance is excused if it proves that it is due to an impediment beyond its control and that it could not reasonably have been expected to take the impediment into account at the time of the conclusion of

the contract, or to have avoided or overcome the impediment or its consequences.

(2) Where the impediment is only temporary the excuse provided by this Art. has effect for the period during which the impediment exists. However, if the delay amounts to a fundamental non-performance, the obligee may treat it as such.

(3) The non-performing party must ensure that notice of the impediment and of its effect on its ability to perform is received by the other party within a reasonable time after the non-performing party knew or ought to have known of these circumstances. The other party is entitled to damages for any loss resulting from the non(receipt of such notice.

제8:108조 (장애로 인한 면책)

(1) 불이행이 자신의 영향력이 미치는 책임영역 외의 장애요소에 기인하고 또한 이 장애요소를 계약체결 시에 고려하거나, 장애나 그 결과를 방지 또는 극복하는 것이 합리적으로 기대될 수 없었음을 입증한다면 그 당사자의 불이행은 면책된다.

(2) 일시적인 장애의 경우 이 조문에 의한 면책은 그 장애가 존재하는 동안에만 그 효력을 지닌다. 그러나, 지체가 중대한 불이행에 해당하는 경우 채권자는 이를 중대한 불이행과 동일하게 취급할 수 있다.

(3) 불이행 당사자는 이러한 사정을 알았거나 알았음이 분명한 때로부터 상당한 기간 내에 장애와 그의 이행가능성에 미친 영향에 관하여 상대방에게 통지될 수 있도록 하여야 한다. 상대방은 그러한 통지를 받지 못함으로써 생긴 손실에 관하여 손해배상을 청구할 수 있다.

Art. 8:109 (Clause Limiting or Excluding Remedies)

Remedies for non-performance may be excluded or restricted unless it would be contrary to good faith and fair dealing to invoke the exclusion or restriction.

제8:109조 (책임의 제한 및 배제 약정)

제한이나 배제를 주장하는 것이 신의성실 및 공정거래에 반하는 경우를 제외하고는, 불이행에 대한 구제수단을 제한하거나 배제할 수 있다.

CHAPTER 9 : PARTICULAR REMEDIES FOR NON-PERFORMANCE
제9장 : 불이행에 대한 개별적 구제수단

Section 1 : Right to Performance
제1절 : 이행청구권

Art. 9:101 (Monetary Obligations)

(1) The creditor is entitled to recover money which is due.

(2) Where the creditor has not yet performed its obligation and it is clear that the debtor will be unwilling to receive performance, the creditor may nonetheless proceed with its performance and may recover any sum due under the contract unless:

(a) it could have made a reasonable substitute transaction without significant effort or expense; or

(b) performance would be unreasonable in the circumstances.

제9:101조 (금전채무)

(1) 채권자는 이행기가 도래한 금전을 지급받을 권리를 갖는다.

(2) 채권자가 자신의 채무를 이행하지 아니하는 경우에 채무자가 그 이행을 수령할 의사가 없음이 명백한 때에는 채권자는 그럼에도 불구하고 자신의 의무를 이행하고 계약에 기하여 받을 금액의 지급을 청구할 수 있다. 다만 다음의 경우에는 그러하지 아니하다:

(a) 상당한 노력이나 비용의 지출 없이 합리적인 대체거래를 할 수 있었을 경우 또는

(b) 이행을 하는 것이 그 사정하에서 불합리한 경우

Art. 9:102 (Non-monetary Obligations)

(1) The aggrieved party is entitled to specific performance of an obligation other than one to pay money, including

the remedying of a defective performance.

(2) Specific performance cannot, however, be obtained where:

(a) performance would be unlawful or impossible; or

(b) performance would cause the obligor unreasonable effort or expense; or

(c) the performance consists in the provision of services or work of a personal character or depends upon a personal relationship, or

(d) the aggrieved party may reasonably obtain performance from another source.

(3) The aggrieved party will lose the right to specific performance if it fails to seek it within a reasonable time after it has or ought to have become aware of the non-performance.

제9:102조 (비금전채무)

(1) 금전채무 이외의 채무의 경우 불이행을 당한 당사자는 결함 있는 이행의 추완을 포함하여 특정이행을 청구할 수 있다.

(2) 그러나, 다음의 경우 특정이행은 허용되지 아니한다.

(a) 이행이 위법적이거나 불능의 경우,

(b) 이행을 위하여 채무자에게 불합리한 노력이나 비용이 요구되는 경우,

(c) 이행이 일신전속적인 노무 또는 작업의 제공을 근거로 한 것이거나 인적 신뢰관계에 기초를 두는 경우,

(d) 합리적으로 보아 불이행을 당한 당사자가 다른 수단을 통하여 동일한 이행을 얻을 수 있는 경우.

(3) 불이행의 사실을 알았거나 알게 되었음이 분명한 때로부터 상당한 기간 내에 그 이행을 주장하지 않은 경우 불이행을 당한 당사자는 특정이행청구권을 상실한다.

Art. 9:103 (Damages Not Precluded)

The fact that a right to performance is excluded under this Section does not preclude a claim for damages.

제9:103조 (손해배상청구의 독립성)

이 절에서 이행청구권이 배제된다고 하여 손해배상청구권이 배제되는 것은 아니다.

Section 2 : Right To Withhold Performance
제2절 : 이행의 유보

Art. 9:201 (Right to Withhold Performance)

(1) A party who is to perform simultaneously with or after the other party may withhold performance until the other has tendered performance or has performed. The first party may withhold the whole of its performance or a part of it as may be reasonable in the circumstances.

(2) A party may similarly withhold performance for as long as it is clear that there will be a non-performance by the other party when the other party's performance becomes due.

제9:201조 (이행유보권)

(1) 상대방과 동시에 또는 그보다 후에 이행하여야 하는 당사자는 상대방이 이행을 제공하거나 이행할 때까지 그 이행을 유보할 수 있다. 그 당사자는 자신의 급부 전체나 그 상황에 합리적인 부분만큼을 거절할 수 있다.

(2) 상대방 채무의 이행기에 상대방에 의한 불이행이 있을 것이 명백한 때는 당사자는 이행을 마찬가지로 유보할 수 있다.

Section 3 : Termination Of The Contract
제3절 : 계약의 해제

Art. 9:301 (Right to Terminate the Contract)

(1) A party may terminate the contract if the other party's non-performance is fundamental.

(2) In the case of delay the aggrieved party may also terminate the contract under Art. 8:106 (3).

제9:301조 (계약해제권)

(1) 상대방의 불이행이 중대한 경우 당사자는 계약을 해제할 수 있다.

(2) 지체의 경우 불이행을 당한 당사자는 제8:106조 (3)항에 따라 계약을 해제할 수 있다.

Art. 9:302 (Contract to be Performed in Parts)
If the contract is to be performed in separate parts and in relation to a part to which a counter(performance can be apportioned, there is a fundamental non-performance, the aggrieved party may exercise its right to terminate under this Section in relation to the part concerned. It may terminate the contract as a whole only if the non-performance is fundamental to the contract as a whole.

제9:302조 (분할이행계약)
나누어서 이행하기로 하였고 또 그 각 부분에 상응하여 반대이행이 분할될 수 있는 계약에 있어서 중대한 불이행이 있는 경우 불이행을 당한 당사자는 본 절에 따라 상응하는 부분만큼의 급부에 관하여 계약해제권을 행사할 수 있다. 불이행이 계약전체에 중대한 경우에 한하여 계약 전부를 해제할 수 있다.

Art. 9:303 (Notice of Termination)
(1) A party's right to terminate the contract is to be exercised by notice to the other party.
(2) The aggrieved party loses its right to terminate the contract unless it gives notice within a reasonable time after it has or ought to have become aware of the non-performance.
(3) (a) When performance has not been tendered by the time it was due, the aggrieved party need not give notice of termination before a tender has been made. If a tender is later made it loses its right to terminate if it does not give such notice within a reasonable time after it has or ought to have become aware of the tender.
(b) If, however, the aggrieved party knows or has reason to know that the other party still intends to tender within a reasonable time, and the aggrieved party unreasonably fails to notify the other party that it will not accept performance, it loses its right to terminate if the other party in fact tenders within a reasonable time.
(4) If a party is excused under Art. 8:108 through an impediment which is total and permanent, the contract is terminated automatically and without notice at the time the impediment arises.

제9:303조 (해제의 통지)
(1) 계약을 해제하는 당사자의 권리는 상대방에 통지함으로서 실행된다.
(2) 불이행 사실을 알았거나 알았어야 할 때로부터 상당한 기간 내에 통지하지 아니하면 불이행을 당한 당사자는 계약을 해제할 권리를 상실한다.
(3) (a) 이행기에 변제의 제공이 없는 경우 불이행을 당한 당사자는 제공 전에 해제의 통지를 할 필요가 없다. 그 후에 이행의 제공이 이루어 진 경우 당사자가 제공의 사실을 알게 되었거나 알게 되었음이 분명한 때로부터 상당한 기간 내에 그러한 통지하지 아니하면, 그는 해제권을 잃는다.
(b) 그러나, 불이행을 당한 당사자가 상대방이 상당한 기간 내에 이행을 제공하려 한다는 점을 알거나 알 이유가 있고 그가 이행을 수령하지 아니할 것임을 상대방에게 불합리하게 통지하지 아니하는 경우에 상대방으로부터 실제로 상당한 기간 내에 이행의 제공이 있었다면 그 당사자는 해제권을 잃는다.
(4) 당사자가 전체적이고 영속적인 장애로 제8:108조에 따라 면책되는 경우에는 계약은 자동적으로 또 통지 없이 장애의 발생 시에 소멸한다.

Art. 9:304 (Anticipatory Non-performance)
Where prior to the time for performance by a party it is clear that there will be a fundamental non-performance by it the other party may terminate the contract.

제9:304조 (이행기 전의 불이행)
이행기 전에 당사자 일방의 중대한 불이행이 있을 것이 명백한 경우 상대방은 계약을 해제할 수 있다.

Art. 9:305 (Effects of Termination in General)
(1) Termination of the contract releases both parties from their obligation to effect and to receive future performance, but, subject to Arts 9:306 to 9:308, does not affect the rights and liabilities that have accrued up to the time of termination.
(2) Termination does not affect any provision of the contract for the settlement of disputes or any other provision

which is to operate even after termination.

제9:305조 (해제의 일반적 효과)

(1) 계약의 해제는 양당사자로 하여금 장래의 급부의 이행과 수령할 의무로부터 벗어나게 한다. 그러나, 제9:306조 내지 제9:308조의 전제하에 해제 시 발생된 권리와 의무에는 영향을 미치지 아니한다.

(2) 해제는 분쟁을 해결하기 위한 약정이나 해제 후에 효력이 발생하는 기타의 계약조항에는 영향을 미치지 아니한다.

Art. 9:306 (Property Reduced in Value)

A party who terminates the contract may reject property previously received from the other party if its value to the first party has been fundamentally reduced as a result of the other party's non-performance.

제9:306조 (수령물의 가치의 손상)

상대방의 불이행 결과로 상대방으로부터 전에 수령한 물건의 가치가 당사자 일방에게 중대하게 손상되었다면 해제한 당사자는 그 물건을 거절할 수 있다.

Art. 9:307 (Recovery of Money Paid)

On termination of the contract a party may recover money paid for a performance which it did not receive or which it properly rejected.

제9:307조 (지급된 금전의 상환)

계약의 해제로 당사자 일방은 자신이 수령하지 아니하였거나 정당하게 거절한 이행에 대한 대가로 지급한 금전을 상환받을 수 있다.

Art. 9:308 (Recovery of Property)

On termination of the contract a party who has supplied property which can be returned and for which it has not received payment or other counter(performance may recover the property.

제9:308조 (물품의 반환)

당사자 일방이 반환될 수 있는 물품을 인도하였고 그에 대한 대가로서의 금전이나 기타 반대급부를 수령하지 아니하였다면, 계약의 해제로 그는 그 물건을 반환시킬 수 있다.

Art. 9:309 (Recovery for Performance that Cannot be Returned)

On termination of the contract a party who has rendered a performance which cannot be returned and for which it has not received payment or other counter(performance may recover a reasonable amount for the value of the performance to the other party.

제9:309조 (반환될 수 없는 이행에 대한 반환)

이행의 제공을 하였고 그에 대한 대가로서의 금전이나 기타 반대급부를 수령하지 아니한 당사자는 그것이 반환될 수 없는 때에는 계약의 해제로 상대방의 급부의 가치에 대한 합리적인 평가액을 상환받을 수 있다.

Section 4 : Price Reduction
제4절 : 대금감액

Art. 9:401 (Right to Reduce Price)

(1) A party who accepts a tender of performance not conforming to the contract may reduce the price. This reduction shall be proportionate to the decrease in the value of the performance at the time this was tendered compared to the value which a conforming tender would have had at that time.

(2) A party who is entitled to reduce the price under the preceding paragraph and who has already paid a sum exceeding the reduced price may recover the excess from the other party.

(3) A party who reduces the price cannot also recover damages for reduction in the value of the performance but remains entitled to damages for any further loss it has suffered so far as these are recoverable under Section 5 of this Chapter.

제9:401조 (대금감액권)

(1) 계약에 상응하지 아니하는 이행의 제공을 수령한 당사자는 대금을 감액할 수 있다. 이는 이행이 제공된 당시의 그 이행의 가액을 그 당시에 계약에 상응하는 이행제공이 지녔을 가치와 비교하여 감소분에 비례하여 감액된다.

(2) 전 항에 따라 대금을 감액할 권리가 있는 당사자가 감액된 대금을 초과하는 금액을 이미 지급하였을 경우에는 상대방으로부터 초과액을 상환받을 수 있다.

(3) 대금을 감액한 당사자는 이와 아울러, 이행의 가치의 감소를 이유로 손해배상을 청구할 수 없다. 그러나, 이장 제5절에 따라 전보될 수 있는 한도에서 그가 입은 그 밖의 손실에 대한 손해배상을 청구할 수 있다.

Section 5 : Damages and Interest
제5절 : 손해배상과 이자

Art. 9:501 (Right to Damages)

(1) The aggrieved party is entitled to damages for loss caused by the other party's non-performance which is not excused under Art. 8:108.

(2) The loss for which damages are recoverable includes:

(a) non-pecuniary loss; and

(b) future loss which is reasonably likely to occur.

제9:501조 (손해배상청구권)

(1) 상대방의 제8:108조에 따라 면책되지 아니하는 불이행에 의하여 야기된 손실에 관하여 손해배상을 청구할 수 있다.

(2) 손해배상으로 전보될 수 있는 손실에는 다음이 포함된다.

(a) 비재산적 손실,

(b) 합리적으로 발생할 것으로 보이는 장래의 손실

Art. 9:502 (General Measure of Damages)

The general measure of damages is such sum as will put the aggrieved party as nearly as possible into the position in which it would have been if the contract had been duly performed. Such damages cover the loss which the aggrieved party has suffered and the gain of which it has been deprived.

제9:502조 (손해배상의 일반적 산정)

계약이 적정하게 이행되었더라면 처했을 처지에 가능한 한 근접한 불이행을 당한 당사자의 상태에 대한 평가액을 손해배상 산정의 일반적 기준으로 한다. 그러한 손해배상은 피해자가 입은 손실과 상실되어 얻을 수 있었을 이익을 포함한다.

Art. 9:503 (Foreseeability)

The non-performing party is liable only for loss which it foresaw or could reasonably have foreseen at the time of conclusion of the contract as a likely result of its non-performance, unless the non-performance was intentional or grossly negligent.

제9:503조 (예견가능성)

불이행 당사자는 계약체결 시에 불이행의 개연적 결과로서 예견하였거나 합리적으로 예견할 수 있었던 손실에 관하여만 책임진다. 다만 불이행이 고의적이거나 중과실로 인한 것인 경우에는 그러하지 아니하다.

Art. 9:504 (Loss Attributable to Aggrieved Party)

The non-performing party is not liable for loss suffered by the aggrieved party to the extent that the aggrieved party contributed to the non-performance or its effects.

제9:504조 (불이행을 당한 당사자에 전가될 수 있는 손실)

불이행 당사자는 불이행을 당한 당사자가 불이행 또는 그 결과에 기여한 한도에서 그가 입은 손실에 관하여 책임을 지지 아니한다.

Art. 9:505 (Reduction of loss)

(1) The non-performing party is not liable for loss suffered by the aggrieved party to the extent that the aggrieved party could have reduced the loss by taking reasonable steps.

(2) The aggrieved party is entitled to recover any expenses reasonably incurred in attempting to reduce the loss.

제9:505조 (손실의 경감)

(1) 불이행당사자는 불이행을 당한 당사자가 합리적 조치를 취함으로서 손실을 경감할 수 있었을 범위에서 그가 입은 손실에 관하여 책임을 지지 아니한다.

(2) 불이행을 당한 당사자는 손실을 경감시키기 위하여 합리적으로 지출한 모든 비용을 상환받을 수 있다.

Art. 9:506 (Substitute Transaction)

Where the aggrieved party has terminated the contract and has made a substitute transaction within a reasonable time and in a reasonable manner, it may recover the difference between the contract price and the price of the substitute transaction as well as damages for any further loss so far as these are recoverable under this Section.

제9:506조 (대체 거래)

불이행을 당한 당사자가 계약을 해제한 경우 그가 상당한 기간 내에 합리적인 방식으로 대체거래를 한 경우에는 그는 계약가격과 대체거래가격의 차액을 상환받을 수 있고 또 이 절에 따라 전보될 수 있는 한도에서 그 밖의 손실에 관하여 배상받을 수 있다.

Art. 9:507 (Current Price)

Where the aggrieved party has terminated the contract and has not made a substitute transaction but there is a current price for the performance contracted for, it may recover the difference between the contract price and the price current at the time the contract is terminated as well as damages for any further loss so far as these are recoverable under this Section.

제9:507조 (시가)

불이행을 당한 당사자가 계약을 해제한 경우 그가 대체 거래를 행하지 아니하였으나, 계약된 이행에 대한 시가가 존재하고 있는 경우에는 그는 계약가와 해제된 시점의 시가와의 차액을 상환받을 수 있고 또한 이 절에 따라 전보될 수 있는 한도에서 그 밖의 손실에 관하여 배상받을 수 있다.

Art. 9:508 (Delay in Payment of Money)

(1) If payment of a sum of money is delayed, the aggrieved party is entitled to interest on that sum from the time when payment is due to the time of payment at the average commercial bank short(term lending rate to prime borrowers prevailing for the contractual currency of payment at the place where payment is due.

(2) The aggrieved party may in addition recover damages for any further loss so far as these are recoverable under this Section.

제9:508조 (금전 지급의 지연)

(1) 금전의 지급이 지연된 경우 불이행을 당한 당사자는 그 액에 관하여 이행기로부터 지급 시까지 이행이 행하여지는 곳의 일반 상업은행의 계약상 통화에 대한 최우량 신용등급 고객에 대한 단기융자에 있어서의 평균 이율에 의하여 계산된 이자를 청구할 수 있다.

(2) 불이행을 당한 당사자는 이 외에도 이 절에 따라 전보될 수 있는 한도에서 그 밖의 손실에 관하여 배상받을 수 있다.

Art. 9:509 (Agreed Payment for Non-performance)

(1) Where the contract provides that a party who fails to perform is to pay a specified sum to the aggrieved party for such non-performance, the aggrieved party shall be awarded that sum irrespective of its actual loss.

(2) However, despite any agreement to the contrary the specified sum may be reduced to a reasonable amount where it is grossly excessive in relation to the loss resulting from the non-performance and the other circumstances.

제9:509조 (불이행에 대비한 지급약정)

(1) 이행하지 않는 당사자가 그 불이행을 이유로 하여 불이행을 당한 당사자에 특정의 금액을 지급키로 계약

으로 정한 경우에는 불이행을 당한 당사자는 그의 실제 손실과는 무관하게 그 금액을 지급받는다.
(2) 그러나, 그 금액이 불이행으로 인한 손실 및 기타의 제반사정에 비추어 현저하게 과도한 경우에는 반대의 약정이 있더라도 합리적인 금액으로 감축될 수 있다.

Art. 9:510 (Currency by which Damages to be Measured)
Damages are to be measured by the currency which most appropriately reflects the aggrieved party's loss.
제9:510조 (손해배상 산정 통화)
배상될 손해는 불이행을 당한 당사자의 손실을 가장 적절하게 반영하는 통화로 산정된다.

CHAPTER 10 : Plurality of parties
제10장 : 다수당사자

Section 1 : Plurality of debtors
제1절 : 다수의 채무자

Art. 10:101 (Solidary, Separate and Communal Obligations)
(1) Obligations are solidary when all the debtors are bound to render one and the same performance and the creditor may require it from any one of them until full performance has been received.
(2) Obligations are separate when each debtor is bound to render only part of the performance and the creditor may require from each debtor only that debtor's part.
(3) An obligation is communal when all the debtors are bound to render the performance together and the creditor may require it only from all of them.
제10:101조 (연대채무, 분할채무, 공동채무)
(1) 모든 채무자가 하나의 그리고 동일 내용의 급부를 제공할 의무를 부담하고 채권자는 만족되기 전 까지는 어떤 채무자든지 급부를 요구할 수 있는 경우 당해 채무는 연대채무로 한다.
(2) 각 채무자가 이행의 일부만의 급부를 제공할 의무를 지며, 채권자는 각 채무자에 관하여 각자의 부담부분만을 요구할 수 있는 경우 그 채무는 분할채무로 한다.
(3) 다수의 모든 채무자가 함께 이행의 제공을 하여야 하고 채권자는 그 모든 채무자에 관하여만 급부를 요구할 수 있는 경우 당해 채무는 공동채무로 한다.

Art. 10:102 (When Solidary Obligations Arise)
(1) If several debtors are bound to render one and the same performance to a creditor under the same contract, they are solidarity liable, unless the contract or the law provides otherwise.
(2) Solidary obligations also arise where several persons are liable for the same damage.
(3) The fact that the debtors are not liable on the same terms does not prevent their obligations from being solidary.
제10:102조 (연대채무의 발생)
(1) 다수의 채무자가 동일의 계약하에 채권자에게 하나의 그리고 동일 내용의 급부를 제공하여야 한다면, 계약이나 법률로 달리 정하고 있지 않는 한, 그들은 연관하여 책임진다.
(2) 다수가 동일한 손해배상책임을 지는 경우에도 연대채무가 발생한다.
(3) 채무자들이 동일 계약조건으로 책임지지 않는다는 사실로 그들의 채무가 연관하여 책임져야 하는 것을 방해하지 아니한다.

Art. 10:103 (Liability Under Separate Obligations)
Debtors bound by separate obligations are liable in equal shares unless the contract or the law provides otherwise.
제10:103조 (분할채무상의 책임)
분할채무를 부담하는 채무자들은 계약이나 법률이 달리 정하고 있지 않는 한, 균등한 분할부분을 이행할 의무를 진다.

Art. 10:104 (Communal Obligations: Special Rule when Money Claimed for Non-performance)
Notwithstanding Art. 10:101 (3), when money is claimed for non-performance of a communal obligation, the debtors are solidarily liable for payment to the creditor.

제10:104조 (공동채무 : 불이행에 대한 금전배상에 있어서의 특칙)
제10:101조 (3)항에 불구하고 공동채무의 불이행에 대해 금전을 지급하여야 하는 경우 채무자들은 채권자에게 그 지급에 대해 연관하여 책임진다.

Art. 10:105 (Appointment Between Solidary Debtors)
(1) As between themselves, solidary debtors are liable in equal shares unless the contract or the law provides otherwise.
(2) If two or more debtors are liable for the same damage under Art. 10:102 (2), their share of liability as between themselves is determined according to the law governing the event which gave rise to the liability.

제10:105조 (연대채무자 사이의 분담)
(1) 계약이나 법률에 달리 정하고 있지 않는 한, 연대채무자들 사이에 채무자들은 균등한 부담부분을 책임진다.
(2) 2인 이상의 채무자가 제10:102조 (2)항에 따라 동일한 손해에 대해 배상책임을 지는 경우 그들 사이의 부담부분은 그 책임을 발생시키는 사건을 규율하는 법률에 따라 정해진다.

Art. 10:106 (Recourse Between Solidary Debtors)
(1) A solidary debtor who has performed more than that debtor's share may claim the excess from any of the other debtors to the extent of each debtor's unperformed share, together with a share of any costs reasonably incurred.
(2) A solidary debtor to whom paragraph (1) applies may also, subject to any prior right and interest of the creditor, exercise the rights and actions of the creditor, including accessory securities, to recover the excess from any of the other debtors to the extent of each debtor's unperformed share.
(3) If a solidary debtor who has performed more than that debtor's share is unable, despite all reasonable efforts, to recover contribution from another solidary debtor, the share of the others, including the one who has performed, is increased proportionally.

제10:106조 (연대채무자사이의 구상)
(1) 연대채무자 중의 일인이, 그 채무자의 부담부분 이상을 급부한 경우, 다른 채무자 누구에 대해서건 합리적으로 출재한 비용도 포함하여, 각 채무자의 미이행 부담부분에서 초과분을 청구할 수 있다.
(2) (1)항이 적용되는 연대채무자 일인은 또한 채권자의 우선권 및 이익을 고려하여 각 채무자의 미이행부분을 한도로 다른 채무자 누구에 대해서건 부담분을 회복하기 위하여 부수적 담보권을 포함하여 채권자의 권리 및 소권을 행사할 수 있다.
(3) 채무자의 부담부분을 초과하여 이행한 연대채무자 일인이 모든 합리적 노력에도 불구하고 다른 채무자로부터 그 기여분을 회복할 수 없는 경우 이행한 자를 포함하여 다른 자력이 있는 채무자의 부담부분은 비례하여 증가한다.

Art. 10:107 (Performance, Set-Off and Merger in Solidary Obligations)
(1) Performance or set-off by a solidary debtor or set-off by the creditor against one solidary debtor discharges the other debtors in relation to the creditor to the extent of the performance or set-off.
(2) Merger of debts between a solidary debtor and the creditor discharges the other debtors only for the share of the debtor concerned.

제10:107조 (연대채무에 있어서의 이행, 상계 및 혼동)
(1) 연대채무자 일인에 의한 이행이나 상계 또는 연대채무자 일인에 대한 채권자의 상계는 그 이행 또는 상계의 범위로 채권자와의 관계에서 다른 채무자를 면책시킨다.
(2) 연대채무자 일인과 채권자 사이의 채무의 혼동은 그 채무자의 부담부분에 한하여 다른 채무자들을 면책시킨다.

Art. 10:108 (Release or Settlement in Solidary Obligations)
(1) When the creditor releases, or reaches a settlement with, one solidary debtor, the other debtors are discharged of

liability for the share of that debtor.

(2) The debtors are totally discharged by the release or settlement if it so provides.

(3) As between solidary debtors, the debtor who is discharged from that debtor's share is discharged only to the extent of the share at the time of the discharge and not from any supplementary share for which that debtor may subsequently become liable under Art. 10:106 (3).

제10:108조 (연대채무에 있어서의 포기 또는 채무청산의 합의)

(1) 채권자가 어느 연대채무자에 관하여 그 권리를 포기하거나 또는 채무청산의 합의를 한 경우 다른 채무자는 그 채무자의 부담부분에 대한 책임을 면한다.

(2) 권리의 포기나 채무청산에 의하여 채무자 모두가 완전히 면책된다고 정할 수 있다.

(3) 연대채무자들 간 자신의 부담부분을 면한 채무자는 면책시의 부담부분을 한도로 면책되며, 채무자가 제 10:106조 (3)항에 따라 그 다음에 부담하는 추가적 부담은 그러하지 아니하다.

Art. 10:109 (Effect of Judgment in Solidary Obligations)

A decision by a court as to the liability to the creditor of one solidary debtor does not affect:

(a) the liability to the creditor of the other solidary debtors; or

(b) the rights of recourse between the solidary debtors under Art. 10:106.

제10:109조 (연대채무에 있어서 판결의 효력)

채권자의 연대채무자 일인에 대한 책임에 관한 법원의 판결은 다음에는 영향을 미치지 아니한다:

(a) 채권자의 다른 연대채무자에 대한 책임,

(b) 제10:106조에 따른 연대채무자들 사이의 구상권.

Art. 10:110 (Prescription in Solidary Obligations)

Prescription of the creditor's right to performance ('claim') against one solidary debtor does not affect:

(a) the liability to the creditor of the other solidary debtors; or

(b) the rights of recourse between the solidary debtors under Art. 10:106.

제10:110조 (연대채무에 있어서의 시효)

연대채무자 일인에 대한 채권자의 이행청구권('클레임')의 시효는 다음에 영향을 미치지 아니한다.

(a) 채권자에 대한 다른 연대채무자의 책임,

(b) 제 10:106에 따른 연대채무자들 사이의 구상권.

Art. 10:111 (Opposability of other Defences in Solidary Obligations)

(1) A solidary debtor may invoke against the creditor any defence which another solidary debtor can invoke, other than a defence personal to that other debtor. Invoking the defence has no effect with regard to the other solidary debtors.

(2) A debtor from whom contribution is claimed may invoke against the claimant any personal defence that debtor could have invoked against the creditor.

제10:111조 (연대채무에 있어서 다른 항변사유의 대항력)

(1) 연대채무자는 인적 성질을 지니고 있지 않는 한, 다른 채무자가 주장할 수 있는 항변사유로 채권자에 대항할 수 있다. 항변사유의 주장은 다른 연대채무자와의 관계에서는 효력을 지니지 아니한다.

(2) 부담부분에 대해 청구된 채무자는 그 청구자에 관하여 그 채무자가 채권자에 관하여 주장할 수 있었던 인적 항변사유를 주장할 수 있다.

Section 2 : Plurality of creditors
제2절 : 다수의 채권자

Art. 10:201 (Solidary, Separate and Communal Claims)

(1) Claims are solidary when any of the creditors may require full performance from the debtor and when the debtor may render performance to any of the creditors.

(2) Claims are separate when the debtor owes each creditor only that creditor's share of the claim and each creditor may require performance only of that creditor's share.
(3) A claim is communal when the debtor must perform to all the creditors and any creditor may require performance only for the benefit of all.

제10:201조 (연대채권, 분할채권 및 공동채권)
(1) 어떤 채권자건 채무자에게 급부의 전부를 요구할 수 있고 채무자는 어떤 채권자건 급부의 제공을 할 수 있는 경우 그 채권은 연대채권으로 한다.
(2) 채무자가 각 채권자에게 오직 그 채권자의 부담부분만 급부하여야 하며, 각 채권자는 그 채권자의 부담부분만의 급부를 요구할 수 있는 경우 그 채권은 분할채권으로 한다.
(3) 채무자가 모든 채권자에게 급부하여야 하며, 어떤 채권자가 모두의 이익을 위해서만 급부를 요구할 수 있는 경우 그 채권은 공동채권으로 한다.

Art. 10:202 (Apportionment of Separate Claims)
Separate creditors are entitled to equal shares unless the contract or the law provides otherwise.

제10:202조 (분할채권의 분할)
계약이나 법률로 달리 정하고 있지 않는 한, 분할채권자들은 균등 비율로 권리가 있다.

Art. 10:203 (Difficulties of Executing a Communal Claim)
If one of the creditors in a communal claim refuses, or is unable to receive, the performance, the debtor may discharge the obligation to perform by depositing the property or money with a third party according to Arts 7:110 or 7:111 of the Principles.

제10:203조 (공동채권 실행의 곤란)
공동청구권의 채권자 일인이 급부의 수령을 거절하거나 수령할 수 없다면, 채무자는 제7:110조 또는 제7:111조에 따라 제3자에게 재산이나 금전을 공탁시킴으로써 채무를 면할 수 있다.

Art. 10:204 (Apportionment of Solidary Claims)
(1) Solidary creditors are entitled to equal shares unless the contract or the law provides otherwise.
(2) A creditor who has received more than that creditor's share must transfer the excess to the other creditors to the extent of their respective shares.

제10:204조 (연대채권의 배분)
(1) 계약이나 법률로 달리 정하고 있지 않는 한, 연대채권자들은 균등 비율로 권리가 있다.
(2) 분할부분을 초과하여 변제받은 채권자는 그들 각자의 분할부분을 한도로 다른 채권자에게 그 초과부분을 양도하여야 한다.

Art. 10:205 (Regime of Solidary Claims)
(1) A release granted to the debtor by one of the solidary creditors has no effect on the other solidary creditors
(2) The rules of Arts 10:107, 10:109, 10:110 and 10:111 (1) apply, with appropriate adaptations, to solidary claims.

제10:205조 (연대채권자 일인에 의한 채무자의 면제)
(1) 연대채권자 일인에 의한 채무자의 면제는 다른 채권자에게 영향을 미치지 아니한다.
(2) 제10:107조, 제10:109조, 제10:110조 및 제10:111조 (1)항의 규정은 연대채권에 준용된다.

CHAPTER 11 : Assignment of Claims
제11장 : 청구권의 양도

Section 1 : General Principles
제1절 : 일반원칙

Art. 11:101 (Scope of Chapter)
(1) This Chapter applies to the assignment by agreement of a right to performance ('claim') under an existing or

future contract.

(2) Except where otherwise stated or the context otherwise requires, this Chapter also applies to the assignment by agreement of other transferable claims.

(3) This Chapter does not apply:

(a) to the transfer of a financial instrument or investment security where, under the law otherwise applicable, such transfer must be by entry in a register maintained by or for the issuer; or

(b) to the transfer of a bill of exchange or other negotiable instrument or of a negotiable security or a document of title to goods where, under the law otherwise applicable, such transfer must be by delivery (with any necessary endorsement).

(4) In this Chapter 'assignment' includes an assignment by way of security.

(5) This Chapter also applies, with appropriate adaptations, to the granting by agreement of a right in security over a claim otherwise than by assignment.

제11:101조 (적용범위)

(1) 본 장은 존재하는 또는 장래의 계약상의 이행에 대한 권리[청구권(請求權), 클레임('claim')]의 합의에 의한 양도에 적용된다.

(2) 달리 정하거나 문맥상 달리 요구되는 경우를 제외하고 본 장은 또한 다른 이전가능한 청구권의 합의에 의한 양도에도 적용된다.

(3) 본 장은 다음에는 적용되지 않는다.

(a) 다른 법률의 적용하에서 발행인에 의하여 또는 발행인을 위하여 그 이전이 등기부에 등록되어야 하는 금융증서나 투자증권의 이전,

(b) 다른 법률의 적용하에서 그 이전을 위해서는 (필요한 배서와 함께) 교부되어야 하는 환어음, 유통증권, 유통성 있는 유가증권 또는 물건에 대한 권원증권.

(4) 본 장에서 '양도'는 유가증권에 의한 양도를 포함한다.

(5) 본 장은 또한 양도에 의하는 것 외의 합의에 의한 청구권에 대한 담보권의 양도에도 준용된다.

Art. 11:102 (Contractual Claims Generally Assignable)

(1) Subject to Art. 11:301 and 11:302, a party to a contract may assign a claim under it.

(2) A future claim arising under an existing or future contract may be assigned if at the time when it comes into existence, or at such other time as the parties agree, it can be identified as the claim to which the assignment relates.

제11:102조 (계약상 청구권의 일반적 양도가능성)

(1) 제11:301조와 제11:302조에 따라 계약상의 당사자 일방은 계약상 청구권을 양도할 수 있다.

(2) 계약성립 시 또는 당사자들이 합의한 시점에 양도와 관련된 청구권이 특정될 수 있다면, 현존하는 계약이나 장래의 계약상 발생하는 장래의 청구권은 양도될 수 있다.

Art. 11:103 (Partial Assignment)

A claim which is divisible may be assigned in part, but the assignor is liable to the debtor for any increased costs which the debtor thereby incurs.

제11:103조 (일부양도)

분할될 수 있는 청구권은 부분적으로 양도될 수 있다. 그러나, 양도인은 채무자가 그로 인하여 입게 된 증가된 비용에 대해 채무자에게 책임을 진다.

Art. 11:104 (Form of Assignment)

An assignment need not be in writing and is not subject to any other requirement as to form. It may be proved by any means, including witnesses.

제11:104조 (양도의 형식)

양도는 서면으로 행해질 것을 요구하지 않으며, 형식에 있어서 다른 요건을 필요로 하지 않는다. 이는 증인을 포함하여 어떠한 방식으로도 입증될 수 있다.

Section 2 : Effects of Assignment As Between Assignor and Assignee
제2절 : 양도인과 양수인 사이의 양도의 효력

Art. 11:201 (Rights Transferred to Assignee)

(1) The assignment of a claim transfers to the assignee:

(a) all the assignor's rights to performance in respect of the claim assigned; and

(b) all accessory rights securing such performance.

(2) Where the assignment of a claim under a contract is associated with the substitution of the assignee as debtor in respect of any obligation owed by the assignor under the same contract, this Art. takes effect subject to Art. 12:201.

제11:201조 (양수인에게 양도되는 권리)

(1) 청구권의 양도로 양수인에게 다음이 이전된다.

(a) 양도된 청구권에 대한 양도인의 급부에 대한 모든 권리,

(b) 그 급부를 보장하는 모든 부수적인 권리.

(2) 계약상의 청구권 양도가 동일 계약하에 양도인에 의해 부담되는 채무와 관련하여 양수인의 채무자로의 대체와 결부되어 있는 경우 이 조문은 제12:201조를 조건으로 효력을 갖는다.

Art. 11:202 (When Assignment Takes Effect)

(1) An assignment of an existing claim takes effect at the time of the agreement to assign or such later time as the assignor and assignee agree.

(2) An assignment of a future claim is dependent upon the assigned claim coming into existence but thereupon takes effect from the time of the agreement to assign or such later time as the assignor and assignee agree.

제11:202조 (양도의 효력 발생시기)

(1) 현존하는 청구권의 양도는 양도에 대한 합의 시 또는 양도인과 양수인이 합의한 그 뒤의 시점에 효력을 발생한다.

(2) 장래의 청구권의 양도는 양도된 청구권의 존속에 의존하지만, 양도에 대한 합의 시 또는 양도인과 양수인이 합의한 그 뒤의 시점에 효력을 발생한다.

Art. 11:203 (Preservation of Assignee's Rights Against Assignor)

An assignment is effective as between the assignor and assignee, and entitles the assignee to whatever the assignor receives from the debtor, even if it is ineffective against the debtor under Art. 11:301 or 11:302.

제11:203조 (양도인에 대한 양수인 권리의 보존)

양도는 양도인과 양수인 간 유효하며, 채무자로부터 양도인이 받은 것에 대해 양수인에게 권리를 부여한다. 이는 제11:301조 또는 제11:302조하에 채무자에게 양도가 유효하지 않은 경우에도 그러하다.

Art. 11:204 (Undertakings by Assignor)

By assigning or purporting to assign a claim the assignor undertakes to the assignee that:

(a) at the time when the assignment is to take effect the following conditions will be satisfied except as otherwise disclosed to the assignee:

(i) the assignor has the right to assign the claim;

(ii) the claim exists and the assignee's rights are not affected by any defences or rights (including any right of set-off) which the debtor might have against the assignor; and

(iii) the claim is not subject to any prior assignment or right in security in favour of any other party or to any other incumbrance;

(b) the claim and any contract under which it arises will not be modified without the consent of the assignee unless the modification is provided for in the assignment agreement or is one which is made in good faith and is of a nature to which the assignee could not reasonably object; and

(c) the assignor will transfer to the assignee all transferable rights intended to secure performance which are not accessory rights.

제11:204조 (양도인에 의한 보증인수)

양도함으로써 또는 청구권을 양도한다는 표명에 의해 양도인을 양수인에 관하여 다음을 보장한다.

(a) 양도의 효력이 발생할 때 양수인에게 달리 고지된 것을 제외하고 아래의 조건이 충족된다.

(i) 양도인은 청구권을 양도할 권리를 가진다.

(ii) 청구권은 존재하며 그리고 양수인의 권리는 채무자가 양도인에 관하여 가지고 있던 항변사유 또는 권리(상계권을 포함)에 영향을 받지 않는다.

(iii) 청구권은 어떠한 선행 양도 또는 타당사자를 위한 담보권 또는 다른 토지에 대한 부담 등에 종속되어 있지 않다.

(b) 청구권과 그 청구권을 발생시키는 계약은 수정이 양도의 약정상 전제되었거나 또는 신의칙에 따라 이루어진 것으로 양수인이 합리적으로 거절할 수 없었던 성질의 것이 아니라면, 양수인의 동의없이는 수정될 수 없다;

(c) 양도인은 부수적 권리가 아닌 급부를 담보하기 위한 이전가능한 모든 권리를 양수인에게 이전한다.

Section 3 : Effects of Assignment As Between Assignee and Debtor
제3절 : 양수인과 채무자 사이의 양도의 효력

Art. 11:301 (Contractual Prohibition of Assignment)

(1) An assignment which is prohibited by or is otherwise not in conformity with the contract under which the assigned claim arises is not effective against the debtor unless:

(a) the debtor has consented to it; or

(b) the assignee neither knew nor ought to have known of the non-conformity; or

(c) the assignment is made under a contract for the assignment of future rights to payment of money.

(2) Nothing in the preceding paragraph affects the assignor's liability for the non-conformity.

제11:301조 (계약상 양도의 금지)

(1) 양도가 금지되었거나 양도된 청구권을 성립시킨 계약에 일치하지 않는 경우 그 양도는 채무자에 대해 효력을 갖지 아니한다. 다만 다음과 같은 경우에는 그러하지 아니하다.

(a) 채무자가 양도를 승낙한 경우,

(b) 양수인이 그 불합치를 알지 못하였거나 알았어야만 하는 경우도 아닌 때,

(c) 금전의 지급에 대한 장래의 권리의 양도에 대한 계약하에 이루어진 양도.

(2) 전항은 불합치에 대한 양도인의 책임에 영향을 미치지 아니한다.

Art. 11:302 (Other Ineffective Assignments)

An assignment to which the debtor has not consented is ineffective against the debtor so far as it relates to a performance which the debtor, by reason of the nature of the performance or the relationship of the debtor and the assignor, could not reasonably be required to render to anyone except the assignor.

제11:302조 (기타의 무효인 양도)

채무자가 급부의 성질상 또는 채무자와 양도인사이의 관계를 이유로 양도인 이외의 자에게 급부제공될 것이 합리적으로 기대될 수 없었던 경우에 한하여 채무자가 동의하지 않은 양도는 채무자에 대해 효력을 갖지 않는다.

Art. 11:303 (Effect on Debtor's Obligation)

(1) Subject to Arts 11:301, 11:302, 11:307 and 11:308, the debtor is bound to perform in favour of the assignee if and only if the debtor has received a notice in writing from the assignor or the assignee which reasonably identifies the claim which has been assigned and requires the debtor to give performance to the assignee.

(2) However, if such notice is given by the assignee, the debtor may within a reasonable time request the assignee to provide reliable evidence of the assignment, pending which the debtor may withhold performance.

(3) Where the debtor has acquired knowledge of the assignment otherwise than by a notice conforming to paragraph (1), the debtor may either withhold performance from or give performance to the assignee.

(4) Where the debtor gives performance to the assignor, the debtor is discharged if and only if the performance is given without knowledge of the assignment.

제11:303조 (채무자의 채무의 효력)

(1) 제11:301조, 제11:302조, 제11:307조 및 제11:308조에 따라 채무자가 양도된 청구권이 합리적으로 특정되어 있고 양수인에게 급부할 것이 채무자에게 요구되는 양도인이나 채무자로부터의 서면통지를 받은 경우에 한하여 채무자는 양수인에게 급부할 의무를 진다.

(2) 그러나, 양수인에 의해 통지된 경우에는 채무자는 자신의 급부를 유보하면서 상당한 기간 내에 양도에 대해 신뢰할 수 있는 입증을 양수인에게 요구할 수 있다.

(3) 채무자가 (1)항에 합치되는 통지에 의하지 않은 다른 방법으로 양도의 사실을 알았다면, 채무자는 양수인으로부터의 급부를 거절하거나 양수인에게 급부를 제공할 수 있다.

(4) 채무자가 양도인에게 급부를 제공한 경우 그 급부가 양도의 사실을 알지 못하고 이루어진 경우에 한하여 채무자는 면책된다.

Art. 11:304 (Protection of Debtor)

A debtor who performs in favour of a person identified as assignee in a notice of assignment under Art. 11:303 is discharged unless the debtor could not have been unaware that such person was not the person entitled to performance.

제11:304조 (채무자 보호)

제11:303조에 따라 양도의 통지에 있어서 양수인으로서 특정된 자에게 급부한 채무자는 그 자가 급부에 대해 권리를 가지는 자가 아니라는 사실을 채무자가 모를 수가 없었던 경우가 아닌 한, 면책된다.

Art. 11:305 (Competing Demands)

A debtor who has received notice of two or more competing demands for performance may discharge liability by conforming to the law of the due place of performance, or, if the performances are due in different places, the law applicable to the claim.

제11:305조 (청구의 경합)

급부에 대한 두 개 이상의 경합적 요구를 받은 채무자는 이행지법에 따라 또는 급부가 다른 곳에서 이루어지기로 한 경우에는 청구권에 적용되는 법에 의해 면책될 수 있다.

Art. 11:306 (Place of Performance)

(1) Where the assigned claim relates to an obligation to pay money at a particular place, the assignee may require payment at any place within the same country or, if that country is a Member State of the European Union, at any place within the European Union, but the assignor is liable to the debtor for any increased costs which the debtor incurs by reason of any change in the place of performance.

(2) Where the assigned claim relates to a non-monetary obligation to be performed at a particular place, the assignee may not require performance at any other place.

제11:306조 (이행의 장소)

(1) 양도된 채권이 특정지에서의 금전지급채무에 관한 경우 양수인은 동일국내의 어떠한 장소에서건 그 지급을 요구할 수 있고 만일 그 국가가 EU 회원국이라면 EU 내의 어느 장소에서건 요구할 수 있다. 그러나, 양도인은 이행장소의 변경으로 채무자가 지출하게 된 증가비용에 관하여 책임을 진다.

(2) 양도된 채권이 특정장소에서 이행하기로 한 비금전채무에 관한 것이라면, 양수인은 다른 장소에서 급부를 요구할 수 없다.

Art. 11:307 (Defences and Rights of Set-Off)

(1) The debtor may set up against the assignee all substantive and procedural defences to the assigned claim which the debtor could have used against the assignor.

(2) The debtor may also assert against the assignee all rights of set-off which would have been available against the assignor under Chapter 13 in respect of any claim against the assignor:

(a) existing at the time when a notice of assignment, whether or not conforming to Art. 11:303 (1), reaches the debtor; or

(b) closely connected with the assigned claim.

제11:307조 (항변 및 상계권)

(1) 채무자는 양수인에 관하여 채무자가 양도인에 관하여 주장할 수 있었던 양도된 채권에 대한 모든 실체적 그리고 절차적 항변사유로 대항할 수 있다.

(2) 채무자는 또한,

(a) 제11:303조 (1)항에 일치하는지에 관계없이 양도의 통지가 채무자에게 도달한 때에 존재하는 또는

(b) 양도된 채권에 밀접하게 관계가 있는 양도인에 대한 청구권에 관한 제13장하에 양도인에 관하여 이용할 수 있었던 모든 상계권을 양수인에 관하여 주장할 수 있다.

Art. 11:308 (Unauthorised Modification Not Binding on Assignee)

A modification of the claim made by agreement between the assignor and the debtor, without the consent of the assignee, after a notice of assignment, whether or not conforming to Art. 11:303 (1), reaches the debtor does not affect the rights of the assignee against the debtor unless the modification is provided for in the assignment agreement or is one which is made in good faith and is of a nature to which the assignee could not reasonably object.

제11:308조 (양수인에 대해 구속력없는 권한없는 수정)

양도인과 채무자사이의 합의에 의한 청구권의 수정은, 양수인의 동의가 없고 제11:303조 (1)항에 합치 여부에 관계없이 양도의 통지가 채무자에게 도달한 후에는 채무자에 대한 양수인의 권리에 영향을 미치지 않는다. 다만 그 수정이 양도 합의에 있어서 이루어졌거나 신의칙에 따라 이루어진 것이고 양수인이 합리적으로 거절할 수 없었던 성질을 가졌다면 그러하지 아니하다.

Section 4 : Order of Priority between Assignee and Competing Claimants
제4절 : 양수인과 경합하는 권리주장자 사이의 우선순위

Art. 11:401 (Priorities)

(1) Where there are successive assignments of the same claim, the assignee whose assignment is first notified to the debtor has priority over any earlier assignee if at the time of the later assignment the assignee under that assignment neither knew nor ought to have known of the earlier assignment.

(2) Subject to paragraph (1), the priority of successive assignments, whether of existing or future claims, is determined by the order in which they are made.

(3) The assignee's interest in the assigned claim has priority over the interest of a creditor of the assignor who attaches that claim, whether by judicial process or otherwise, after the time the assignment has taken effect under Art. 11:202.

(4) In the event of the assignor's bankruptcy, the assignee's interest in the assigned claim has priority over the interest of the assignor's insolvency administrator and creditors, subject to any rules of the law applicable to the bankruptcy relating to:

(a) publicity required as a condition of such priority;

(b) the ranking of claims; or

(c) the avoidance or ineffectiveness of transactions in the bankruptcy proceedings.

제11:401조 (우선권)

(1) 동일한 청구권의 연속적인 양도가 행해진 경우 후 양도 시 그 양수인이 선행 양도의 사실을 알지 못하였거나 알았어야만 한 경우가 아니었다면, 채무자에게 처음으로 고지된 양도의 양수인은 타 선행 양수인에 우선한다.

(2) (1)항에 따라 연속된 양도의 우선권은 존재하는 청구건이건 장래의 청구권이건 그것이 행해진 순서에 의한다.

(3) 양도된 청구권에 대한 양수인의 이익은 법절차 또는 기타의 방법에 의하건 양도의 효과가 제11:202조에 따라 효력을 발생한 후 그 청구권과 관련된 양도인의 채권자의 이익에 우선한다.

(4) 양도인의 파산 시 양수인의 양도된 청구권에 대한 이익은 다음과 관련하여 파산에 적용되는 법률의 규정의 적용하에 양도인의 파산관재인과 채권자의 이익에 우선한다.
  (a) 그러한 우선권의 상태로서 요구되는 공시,
  (b) 청구권의 순위 또는
  (c) 파산 절차에 있어서 거래의 취소 또는 무효.

CHAPTER 12 : SUBSTITUTION OF NEW DEBTOR : TRANSFER OF CONTRACT
제12장. 신 채무자의 대체 : 계약양도

Section 1 : Substitution of New Debtor
제1절 : 신채무자의 대체

Art. 12:101 (Substitution : General Rules)

(1) A third person may undertake with the agreement of the debtor and the creditor to be substituted as debtor, with the effect that the original debtor is discharged.

(2) A creditor may agree in advance to a future substitution. In such a case the substitution takes effect only when the creditor is given notice by the new debtor of the agreement between the new and the original debtor.

제12:101조 (채무인수 일반)

(1) 제3자는 채무자로서 대체되기 위하여 채무자와 채권자간의 합의를 인수할 수 있으며, 이때 원채무자는 면책된다.

(2) 채권자는 장래의 채무인수에 대해 미리 동의할 수 있다. 이 경우 채무인수는 신·구채무자 간 합의에 대해 신채무자에 의해 채권자에게 통지된 때에 비로소 효력을 발생한다.

Art. 12:102 (Effects of Substitutions on Defences and Securities)

(1) The new debtor cannot invoke against the creditor any rights or defences arising from the relationship between the new debtor and the original debtor.

(2) The discharge of the original debtor also extends to any security of the original debtor given to the creditor for the performance of the obligation, unless the security is over an asset which is transferred to the new debtor as part of a transaction between the original and the new debtor.

(3) Upon discharge of the original debtor, a security granted by any person other than the new debtor for the performance of the obligation is released, unless that other person agrees that it should continue to be available to the creditor.

(4) The new debtor may invoke against the creditor all defences which the original debtor could have invoked against the creditor.

제12:102조 (항변 및 담보에 대한 채무인수의 효력)

(1) 신채무자는 채권자에 관하여 신채무자와 원채무자사이의 관계에서 발생한 어떠한 권리나 항변사유를 주장할 수 없다.

(2) 원채무자의 면책은 또한 채무의 급부를 위해 채권자에게 주어진 원채무자의 담보에도 미친다. 다만 그 담보가 신구채무자사이의 거래의 일부로서 신채무자에게 이전되는 자산에 속하는 경우에는 그러하지 아니하다.

(3) 원채무자의 면책으로 채무의 급부를 위하여 새로운 채무자 이외의 자에 의해 설정된 담보는 소멸한다. 다만 그 담보권설정자가 채권자를 위해 그 담보가 계속적으로 유용하다고 동의한 경우에는 그러하지 아니하다.

(4) 신채무자는 원채무자가 채권자에 관하여 주장할 수 있었던 모든 항변사유를 채권자에 관하여 주장할 수 있다.

Section 2 : Transfer of Contract
제2장 : 계약양도

Art. 12:201 (Transfer of Contract)

(1) A party to a contract may agree with a third person that that person is to be substituted as the contracting party. In such a case the substitution takes effect only where, as a result of the other party's assent, the first party is discharged.

(2) To the extent that the substitution of the third person as a contracting party involves a transfer of rights to performance ('claims'), the provisions of Chapter 11 apply; to the extent that obligations are transferred, the provisions of Section 1 of this Chapter apply.

제12:201조 (계약의 양도)

(1) 계약의 당사자 일방은 제3자와 합의로 그를 계약상의 당사자로서 대체할 수 있다. 이 경우 그 대체의 효력은 상대방의 동의의 결과로서 계약양도인이 면책되는 경우에 비로소 발생한다.

(2) 계약당사자로서 제3자 대체가 급부에 대한 권리[청구권(請求權), 클레임('claim')] 양도를 포함하는 한도에서, 제11장의 규정이 적용된다. 채무가 이전되는 범위에서 이 장의 제1절이 적용된다.

CHAPTER 13. SET-OFF
제13장 : 상계

Art. 13:101 (Requirement for Set-Off)

If two parties owe each other obligations of the same kind, either party may set off that party's right to performance ('claim') against the other party's claim, if and to the extent that, at the time of set-off, the first party:

(a) is entitled to effect performance; and

(b) may demand the other party's performance.

제13:101조 (상계의 발생요건)

두 당사자가 상호 동일한 종류의 채무를 부담하고 있다면, 각 당사자가 상대방의 급부에 대한 권리[청구권, 클레임]에 대해 자신의 청구권을 상계할 수 있다. 다만,

(a) 상계자가 상계 시에 급부를 행할 수 있고,

(b) 상대방 급부를 요구할 수 있고 또 그 범위내에서 가능하다.

Art. 13:102 (Unascertained Claims)

(1) A debtor may not set off a claim which is unascertained as to its existence or value unless the set-off will not prejudice the interests of the other party.

(2) Where the claims of both parties arise from the same legal relationship it is presumed that the other party's interests will not be prejudiced.

제13:102조 (불확정 청구권)

(1) 상계로 상대방의 이익을 해하지 아니하는 경우가 아닌 한 채무자는 그 존재나 가치에 대해 불확정인 청구권은 상계할 수 없다.

(2) 당사자 쌍방의 청구권이 동일한 법률관계로 발생한 경우에는 상대방의 이익은 침해되지 않을 것으로 추정된다.

Art. 13:103 (Foreign Currency Set-Off)

Where parties owe each other money in different currencies, each party may set off that party's claim against the other party's claim, unless the parties have agreed that the party declaring set-off is to pay exclusively in a specified currency.

제13:103조 (외화 상계)

당사자들이 상이한 통화로 부채를 부담하고 있는 경우 각 당사자는 상대방의 청구권에 대해 자신의 청구권을 상계할 수 있다. 다만 상계자가 오직 특정의 통화로만 지급되어야 한다고 당사자들이 합의한 경우에는 그러하

지 아니하다.

Art. 13:104 (Notice of Set-Off)
The right of set-off is exercised by notice to the other party.
제13:104 (상계의 통지)
상계권은 상대방에 대한 통지로 행사된다.

Art. 13:105 (Plurality of Claims and Obligations)
(1) Where the party giving notice of set-off has two or more claims against the other party, the notice is effective only if it identifies the claim to which it relates.
(2) Where the party giving notice of set-off has to perform two or more obligations towards the other party, the rules in Art. 7:109 apply with appropriate adaptations.
제13:105조 (복수의 채권 및 채무)
(1) 상계를 통지한 당사자가 상대방에 대해 두 개 이상의 채권을 가지고 있는 경우 그 통지는 관련된 채권이 확인된 경우에 한하여 효력을 갖는다.
(2) 상계를 통지한 당사자가 상대방에 대해 두 개 이상의 채무를 이행해야 하는 경우 제7:109조가 준용된다.

Art. 13:106 (Effects of Set-Off)
Set-off discharges the obligations, as far as they are coextensive, as from the time of notice.
제13:106조 (상계의 효과)
상계는 통지 시로부터 상호 동일한 범위에서 채무를 소멸시킨다.

Art. 13:107 (Exclusion of Right of Set-Off)
Set-off cannot be effected:
(a) where it is excluded by agreement;
(b) against a claim to the extent that claim is not capable of attachment; and
(c) against a claim arising from a deliberate wrongful act.
제13:107조 (상계권의 배제)
다음의 경우 상계는 행해질 수 없다.
(a) 합의에 의해 배제된 경우,
(b) 이전가능하지 않은 한도에서 그 청구권에 대해 그리고
(c) 고의의 위법 행위로 야기된 청구권에 대해서.

CHAPTER 14 : PRESCRIPTION
제14장 : 시효

Section 1 : General Provision
제1절 : 일반규정

Art. 14:101 (Claims Subject to Prescription)
A right to performance of an obligation ('claim') is subject to prescription by the expiry of a period of time in accordance with these Principles.
제14:101조 (청구권은 시효)
채무의 급부에 대한 권리[청구권(請求權), 클레임('claim')]은 본 원칙에 따라 기간의 만료로 시효에 걸린다.

Section 2 : Periods of Prescription and their Commencement
제2절 : 시효의 기간과 그 개시

Art. 14:201 (General Period)
The general period of prescription is three years.
제14:201조 (일반 기간)
일반 시효기간은 3년이다.

Art. 14:202 (Period for a Claim Established by Legal Proceedings)
(1) The period of prescription for a claim established by judgment is ten years.
(2) The same applies to a claim established by an arbitral award or other instrument which is enforceable as if it were a judgment.
제14:202조 (법적 절차에 의하여 확정된 청구권에 대한 기간)
(1) 판결에 의해 성립된 청구권의 시효기간은 10년이다.
(2) 중재에 의해서나 판결과 같이 강제가능한 기타 법률적 문서에 의해 확정된 청구권도 동일하다.

Art. 14:203 (Commencement)
(1) The general period of prescription begins to run from the time when the debtor has to effect performance or, in the case of a right to damages, from the time of the act which gives rise to the claim.
(2) Where the debtor is under a continuing obligation to do or refrain from doing something, the general period of prescription begins to run with each breach of the obligation.
(3) The period of prescription set out in Art. 14:202 begins to run from the time when the judgment or arbitral award obtains the effect of *res judicata*, or the other instrument becomes enforceable, though not before the debtor has to effect performance.
제14:203조 (개시)
(1) 일반 시효기간은 채무자가 급부를 행하여야 하는 때, 손해배상청구권의 경우에는 그 청구권을 발생시킨 행위 시로부터 기산된다.
(2) 채무자가 무엇인가를 하거나 하지 않을 계속적 채무를 부담하는 경우 일반 시효기간은 그 의무의 위반으로 진행을 시작한다.
(3) 채무자가 급부를 행하여야 하는 때 전이라 하더라도 제14:202조에 규정된 시효기간은 판결이나 중재결정이 기판력 갖는 때 또는 다른 법률적 문서가 강제가능하게 된 때로부터 기산을 시작한다.

Section 3 : Extension of Period
제3절 : 기간의 연장

Art. 14:301 (Suspension in Case of Ignorance)
The running of the period of prescription is suspended as long as the creditor does not know of, and could not reasonably know of:
(a) the identity of the debtor; or
(b) the facts giving rise to the claim including, in the case of a right to damages, the type of damage.
제14:301조 (알지 못하는 경우의 정지)
시효기간 진행은 채권자가 다음 사실을 알지 못하거나 합리적으로 알 수 없는 동안에는 정지된다.
(a) 채무자의 동일성 또는
(b) 손해배상청구권의 경우에 있어서 손해의 유형을 포함하여 청구권을 야기한 사실.

Art. 14:302 (Suspension in Case of Judicial and Other Proceedings)
(1) The running of the period of prescription is suspended from the time when judicial proceedings on the claim are begun.
(2) Suspension lasts until a decision has been made which has the effect of res judicata, or until the case has been

otherwise disposed of.

(3) These provisions apply, with appropriate adaptations, to arbitration proceedings and to all other proceedings initiated with the aim of obtaining an instrument which is enforceable as if it were a judgment.

제14:302조 (법적 절차 등의 경우에 정지)

(1) 시효기간의 진행은 청구권에 대한 법적 절차가 시작된 때로부터 정지된다.

(2) 정지는 기판력을 갖는 결정이 내려질 때 또는 달리 결말이 지어질 때까지 계속된다.

(3) 이 조항은 적절한 수정을 가하여 중재절차와 판결과 같이 강제가능한 법적문서의 취득을 목적으로 하는 다른 모든 절차에 적용된다.

Art. 14:303 (Suspension in Case of Impediment Beyond Creditor's Control)

(1) The running of the period of prescription is suspended as long as the creditor is prevented from pursuing the claim by an impediment which is beyond the creditor's control and which the creditor could not reasonably have been expected to avoid or overcome.

(2) Paragraph (1) applies only if the impediment arises, or subsists, within the last six months of the prescription period.

제14:303조 (채권자의 통제밖의 장애로 인한 정지)

(1) 채권자가 채권자의 통제를 넘고 채권자가 합리적으로 그것을 회피하거나 극복하는 것을 기대할 수 없었던 장애로 인하여 청구권을 주장하는 못하는 동안은 시효기간의 진행은 정지된다.

(2) (1)항은 시효기간의 만료 전 6개월 내에 그 장애가 발생하거나 또는 지속되는 경우에 한하여 적용된다.

Art. 14:304 (Postponement of Expiry in Case of Negotiations)

If the parties negotiate about the claim, or about circumstances from which a claim might arise, the period of prescription does not expire before one year has passed since the communication made in the negotiations.

제14:304조 (교섭의 경우에 만기의 연기)

당사자들이 청구권에 대해서 또는 청구권을 발생시켰을 사정에 대해서 교섭하는 경우 시효의 기간은 교섭상 마지막 의사표명이 이루어 진 후 1년이 경과하기 전에는 만료하지 않는다.

Art. 14:305 (Postponement of Expiry in Case of Incapacity)

(1) If a person subject to an incapacity is without a representative, the period of prescription of a claim held by or against that person does not expire before one year has passed after either the incapacity has ended or a representative has been appointed.

(2) The period of prescription of claims between a person subject to an incapacity and that person's representative does not expire before one year has passed after either the incapacity has ended or a new representative has been appointed.

제14:305조 (무능력의 경우에 만기의 연기)

(1) 무능력자가 대리인이 없다면, 이 무능력에 의한 또는 이 자에 대해 주장되는 청구권의 시효기간은 무능력을 벗어나거나 대리인이 선임된 후로부터 1년 내에는 만료하지 않는다.

(2) 무능력자와 그의 대리인사이의 청구권의 시효기간은 무능력을 벗어나거나 새로운 대리인이 선임된 후 1년 내에는 만료하지 않는다.

Art. 14:306 (Postponement of Expiry : Deceased's Estate)

Where the creditor or debtor has died, the period of prescription of a claim held by or against the deceased's estate does not expire before one year has passed after the claim can be enforced by or against an heir, or by or against a representative of the estate.

제14:306조 (만기의 연기 : 피상속인의 유산)

채권자 또는 채무자가 사망한 경우 피상속인의 유산에 의해 또는 그 유산에 대해 주장하는 청구권의 시효기간은 그 상속인에 의해 또는 그 상속인에 대해 또는 유산 관리자에 의해 또는 그 관리자에 관하여, 그 청구권이 강제될 수 있는 때로부터 1년이 경과하기 전에는 만료되지 않는다.

Art. 14:307 (Maximum Length of Period)

The period of prescription cannot be extended, by suspension of its running or postponement of its expiry under these Principles, to more than ten years or, in case of claims for personal injuries, to more than thirty years. This does not apply to suspension under Art. 14:302.

제14:307조 (최장기간)

시효기간은 진행의 정지 또는 그 만료의 연기에 의해 10년 이상, 인적 침해에 대한 청구권의 경우에는 30년 이상으로 연장될 수 없다. 이는 제14:302조하의 정지에는 적용되지 않는다.

Section 4 : Renewal of Periods
제4절 : 기간의 재개시

Art. 14:401 (Renewal by Acknowledgement)

(1) If the debtor acknowledges the claim, vis-à-vis the creditor, by part payment, payment of interest, giving of security, or in any other manner, a new period of prescription begins to run.

(2) The new period is the general period of prescription, regardless of whether the claim was originally subject to the general period of prescription or the ten year period under Art. 14:202. In the latter case, however, this Art. does not operate so as to shorten the ten year period.

제14:401조 (승인에 의한 재개시)

(1) 채무자가 일부지급, 이자의 지급, 담보의 제공 또는 기타의 방법으로 채권자에 관하여 청구권을 승인한 경우 새로운 시효기간이 진행된다.

(2) 청구권이 원래 일반 시효기간에 따르는지 또는 제14:202조하의 10년의 기간에 걸리는지 여부에 관계없이 새로운 기간은 일반 시효기간이다. 그러나, 후자, 즉 10년의 시효기간에 걸리는 경우 본 조로 인하여 10년의 기간이 단축되지 않는다.

Art. 14:402 (Renewal by Attempted Execution)

The ten year period of prescription laid down in Art. 14:202 begins to run again with each reasonable attempt at execution undertaken by the creditor.

제14:402조 (집행 시도에 의한 재개시)

제14:202조에 규정된 10년의 시효 기간은 채권자에 의해 이루어진 집행에 대한 합리적인 시도로 진행을 시작한다.

Section 5 : Effects of Prescription
제5절 : 시효의 효력

Art. 14:501 (General Effect)

(1) After expiry of the period of prescription the debtor is entitled to refuse performance.

(2) Whatever has been performed in order to discharge a claim may not be reclaimed merely because the period of prescription had expired.

제14:501조 (효력 일반)

(1) 시효기간의 만료 후 채무자는 이행을 거절할 수 있다.

(2) 청구권을 소멸시키기 위하여 이행한 경우 시효기간의 경과를 이유로 그 반환을 구할 수 없다.

Art. 14:502 (Effect on Ancillary Claims)

The period of prescription for a right to payment of interest, and other claims of an ancillary nature, expires not later than the period for the principal claim.

제14:502조 (부수적 청구권의 효력)

이자의 지급에 대한 권리와 기타의 부수적 성질을 지니는 청구권은 주 청구권의 시효기간보다 후에 만료하지 않는다.

Art. 14:503 (Effect on Set-Off)
A claim in relation to which the period of prescription has expired may nonetheless be set off, unless the debtor has invoked prescription previously or does so within two months of notification of set-off.
제14:503조 (상계의 효력)
채무자가 사전에 또는 상계의 통지 후 2달 내에 시효를 주장하지 않는 한, 시효기간이 만료된 것과 관련된 청구권은 그럼에도 불구하고 상계될 수 있다.

Section 6 : Modification by Agreement
제6절 : 합의에 의한 수정

Art. 14:601 (Agreements Concerning Prescription)
(1) The requirements for prescription may be modified by agreement between the parties, in particular by either shortening or lengthening the periods of prescription.
(2) The period of prescription may not, however, be reduced to less than one year or extended to more than thirty years after the time of commencement set out in Art. 14:203.
제14:601조 (시효에 관한 합의)
(1) 시효에 대한 요건, 특히 시효기간의 단축이나 연장은 당사자사이의 합의로 수정될 수 있다.
(2) 그러나, 시효기간은 제14:203조에 규정하는 개시 시부터 1년 이내로 단축하거나 30년 이상으로 연장될 수 없다.

CHAPTER 15 : ILLEGALITY
제15장 : 불법성

Art. 15:101 (Contracts Contrary to Fundamental Principles)
A contract is of no effect to the extent that it is contrary to principles recognised as fundamental in the laws of the Member States of the European Union.
제15:101조 (중대한 원칙에 반하는 계약)
EU 회원국의 법률상 중대한 것으로 인정되는 원칙에 반하는 계약은 그 범위에서 효력이 없다.

Art. 15:102 (Contracts Infringing Mandatory Rules)
(1) Where a contract infringes a mandatory rule of law applicable under Art. 1:103 of these Principles, the effects of that infringement upon the contract are the effects, if any, expressly prescribed by that mandatory rule.
(2) Where the mandatory rule does not expressly prescribe the effects of an infringement upon a contract, the contract may be declared to have full effect, to have some effect, to have no effect, or to be subject to modification.
(3) A decision reached under paragraph (2) must be an appropriate and proportional response to the infringement, having regard to all relevant circumstances, including:
(a) the purpose of the rule which has been infringed;
(b) the category of persons for whose protection the rule exists;
(c) any sanction that may be imposed under the rule infringed;
(d) the seriousness of the infringement;
(e) whether the infringement was intentional; and
(f) the closeness of the relationship between the infringement and the contract.
제15:102조 (강행규정을 위반하는 계약)
(1) 계약이 제1:103조하의 강행규정을 위반하는 경우 그 위반의 계약에 대한 효력은 그 강행규정이 명시적으로 정하고 있는 경우 그 효력이다.
(2) 강행규정이 계약에 대한 위반의 효력에 대해 명시적으로 정하고 있지 않은 경우 그 계약은 전체적 효력을 지닌다고, 부분적 효력을 지닌다고, 효력이 없다고 또는 수정을 조건으로 한다고 선언될 수 있다.

(3) (2)항하의 결정은 다음과 같은 사항을 포함하여 모든 제반사정을 고려하여 그 위반의 정도에 적절하고 비례적이어야 한다.
 (a) 위반된 규정의 목적,
 (b) 규정이 보호하고자 하는 인적 범주,
 (c) 위반된 규정하에 부과된 제재,
 (d) 위반의 정도,
 (e) 위반이 고의였는지 여부 그리고
 (f) 위반과 계약사이의 관련의 밀접성.

Art. 15:103 (Partial Ineffectiveness)

(1) If only part of a contract is rendered ineffective under Arts 15:101 or 15:102, the remaining part continues in effect unless, giving due consideration to all the circumstances of the case, it is unreasonable to uphold it.
(2) Art. 15:104 and 15:105 apply, with appropriate adaptations, to a case of partial ineffectiveness.

제15:103조 (일부 무효)

(1) 계약의 일부만이 제15:101조 또는 제15:102조하에 무효인 경우 나머지 부분은 효력을 갖는다. 다만 제반사정을 고려할 때 그것을 유지하는 것이 비합리적인 경우에는 그러하지 아니하다.
(2) 제15:104조 및 제15:105조는 일부 무효의 경우에 준용된다.

Art. 15:104 (Restitution)

(1) When a contract is rendered ineffective under Arts 15:101 or 15:102, either party may claim restitution of whatever that party has supplied under the contract, provided that, where appropriate, concurrent restitution is made of whatever has been received.
(2) When considering whether to grant restitution under paragraph (1), and what concurrent restitution, if any, would be appropriate, regard must be had to the factors referred to in Art. 15:102 (3).
(3) An award of restitution may be refused to a party who knew or ought to have known of the reason for the ineffectiveness.
(4) If restitution cannot be made in kind for any reason, a reasonable sum must be paid for what has been received.

제15:104조 (원상회복)

(1) 계약이 제15:101조 또는 제15:102조에 따라 무효로 되는 경우 적당한 경우 자신이 수령한 것을 동시 상환의 조건으로 각 당사자는 자신이 계약상 공급한 것의 원상회복을 청구할 수 있다.
(2) 전 항하에 원상회복의 허락 여부 및 동시 상환과 관련하여 그 상환이 적절한지를 판단하는데 있어서 제15:102조 (3)항에 거론되는 요소를 고려하여야 한다.
(3) 무효의 이유를 알았거나 알았어야만 하는 당사자에게는 원상회복은 거절될 수 있다.
(4) 원상회복이 원물로 이루어질 수 없다면, 수령물에 대한 합리적 가액이 상환되어야 한다.

Art. 15:105 (Damages)

(1) A party to a contract which is rendered ineffective under Arts 15:101 or 15:102 may recover from the other party damages putting the first party as nearly as possible into the same position as if the contract had not been concluded, provided that the other party knew or ought to have known of the reason for the ineffectiveness.
(2) When considering whether to award damages under paragraph (1), regard must be had to the factors referred to in Art. 15:102 (3).
(3) An award of damages may be refused where the first party knew or ought to have known of the reason for the ineffectiveness.

제15:105조 (손해배상)

(1) 제15:101조 또는 제15:102조하에 무효로 된 계약당사자는 상대방이 그 무효의 원인을 알았거나 알았어야만 하는 경우 계약이 체결되지 않았다면 있었을 지위로 가능하면 근접하게 두는 손해배상을 상대방에게 회복 청구할 수 있다.
(2) (1)항에 따른 손해배상 인정 여부를 판단하는데 있어서 제15:102조 (3)항에 거론되는 요소가 고려되어야

한다.

(3) 손해배상을 청구하는 자가 무효의 원인을 알았거나 알았어야만 하는 경우 손해배상의 인정은 거절될 수 있다.

CHAPTER 16 : CONDITIONS
제16장 : 조건

Art. 16:101 (Types of Condition)

A contractual obligation may be made conditional upon the occurrence of an uncertain future event, so that the obligation takes effect only if the event occurs (suspensive condition) or comes to an end if the event occurs (resolutive condition).

제16:101조 (조건의 종류)

계약상의 채무는 장래의 불확실한 사건의 발생을 조건으로 할 수 있고, 이 경우 그 채무는 그 사건이 발생하는 경우에 한하여 효력을 발생하거나(정지조건), 그 사건이 발생하는 경우 소멸한다(해제조건).

Art. 16:102 (Interference with Conditions)

(1) If fulfillment of a condition is prevented by a party, contrary to duties of good faith and fair dealing or cooperation, and if fulfillment would have operated to that party's disadvantage, the condition is deemed to be fulfilled.

(2) If fulfillment of a condition is brought about by a party, contrary to duties of good faith and fair dealing or cooperation, and if fulfillment operates to that party's advantage, the condition is deemed not to be fulfilled.

제16:102조 (조건의 침해)

(1) 조건의 성취가 당사자 일방에 의하여 방해되고 그것이 신의성실 및 공정거래의 의무나 협력의무에 반한다면 그리고 그 성취가 그 당사자의 불이익으로 될 경우 그 조건은 성취된 것으로 본다.

(2) 신의성실 및 공정거래 의무나 협력의무에 반하여 조건의 성취가 일방당사자에 의하여 이루어진 경우 그 성취가 그 당사자에게 이익을 가져온다면, 그 조건은 성취되지 아니한 것으로 본다.

Art. 16:103 (Effect of Conditions)

(1) Upon fulfillment of a suspensive condition, the relevant obligation takes effect unless the parties otherwise agree.

(2) Upon fulfillment of a resolutive condition, the relevant obligation comes to an end unless the parties otherwise agree.

제16:103조 (조건의 효력)

(1) 당사자들이 달리 약정하지 않았다면, 정지조건의 성취로 해당 채무는 효력이 생긴다.

(2) 당사자들이 달리 약정하지 않았다면, 해제조건이 성취된 때로부터 해당 채무는 소멸한다.

CHAPTER 17 : CAPITALISATION OF INTEREST
제17장 : 이자의 계산

Art. 17:101 (When Interest to be Added to Capital)

(1) Interest payable according to Art. 9:508 (1) is added to the outstanding capital every 12 months.

(2) Paragraph (1) of this Art. does not apply if the parties have provided for interest upon delay in payment.

제17:101조 (자본에 이자가 추가되는 경우)

(1) 제9:508조 (1)항에 따라 지급될 이자는 미지급 자본에 매 12개월마다 가산된다.

(2) 전항은 당사자들이 지급의 지체에 대한 이자를 정한 경우에는 적용되지 않는다.

【부록 4】

[국제계약에 있어 전자적 의사표시의 이용에 관한 UN 협약(UECIC)]
– UN Convention on the Use of Electronic Communications in International Contract (2005) –

PREAMBLE

The States Parties to this Convention,

Reaffirming their belief that international trade on the basis of equality and mutual benefit is an important element in promoting friendly relations among States,

Noting that the increased use of electronic communications improves the efficiency of commercial activities, enhances trade connections and allows new access opportunities for previously remote parties and markets, thus playing a fundamental role in promoting trade and economic development, both domestically and internationally,

Considering that problems created by uncertainty as to the legal value of the use of electronic communications in international contracts constitute an obstacle to international trade,

Convinced that the adoption of uniform rules to remove obstacles to the use of electronic communications in international contracts, including obstacles that might result from the operation of existing international trade law instruments, would enhance legal certainty and commercial predictability for international contracts and help States gain access to modern trade routes,

Being of the opinion that uniform rules should respect the freedom of parties to choose appropriate media and technologies, taking account of the principles of technological neutrality and functional equivalence, to the extent that the means chosen by the parties comply with the purpose of the relevant rules of law,

Desiring to provide a common solution to remove legal obstacles to the use of electronic communications in a manner acceptable to States with different legal, social and economic systems,

Have agreed as follows:

전 문

이 협약의 당사국은,

국가 간의 우호관계를 증진하는 데 있어서 평등과 상호이익을 기반으로 한 국제무역이 중요한 요소라는 믿음을 재확인하고,

증가하고 있는 전자적 의사표시의 이용이 상업 활동의 효율성을 증대시키고 무역연계를 강화하며 이전의 원거리 당사자와 시장에 새로운 접근기회를 제공함으로써, 국내적으로나 국제적으로 무역과 경제발전을 증진시키는데 근본적인 역할을 하게 될 것이라는 점을 유념하며,

국제계약에 있어 전자적 의사표시 이용의 법적 가치에 대한 불확실성으로부터 야기되는 문제점이 국제무역에 장애를 형성한다는 것을 고려하고,

현존하는 국제무역법의 시행에서 기인하는 장애를 비롯한 국제 계약상의 전자적 의사표시 이용의 장애를 제거하기 위한 통일적 규정의 채택이 국제계약의 법적 확실성과 상업적 예측가능성을 높이고 당사국으로 하여금 현대 무역로에 접근할 수 있도록 하는 데 기여할 것임을 확신하며,

기술적 중립성과 기능적 등가성의 원칙을 고려하여, 통일적 규정은 당사국이 관련 법률의 목적을 준수하는 범위 내에서 적절한 매체와 기술을 선택할 자유를 존중하여야 한다고 여기고,

각각 상이한 법률·사회·경제 제도를 가진 제 당사국이 수용가능한 방식으로 전자적 의사표시 이용의 법률적 장애를 제거하기 위한 일반적 해결책을 제공하기를 희망하여,

다음의 사항에 합의하였다.

CHAPTER I : SPHERE OF APPLICATION
제1장 : 협약의 적용영역

Art. 1 (Scope of application)

1. This Convention applies to the use of electronic communications in connection with the formation or performance of a contract between parties whose places of business are in different States.
2. The fact that the parties have their places of business in different States is to be disregarded whenever this fact does not appear either from the contract or from any dealings between the parties or from information disclosed by the parties at any time before or at the conclusion of the contract.
3. Neither the nationality of the parties nor the civil or commercial character of the parties or of the contract is to be taken into consideration in determining the application of this Convention.

제1조 (적용범위)

1. 이 협약은 영업소의 소재지가 서로 다른 국가에 있는 당사자 간의 계약의 성립 또는 이행에 관련한 전자적 의사표시의 이용에 적용된다.
2. 당사자의 영업소가 서로 다른 국가에 소재하고 있다는 사실은 계약이나 당사자 간의 거래로부터 또는 계약 체결 전 또는 체결 시에 계약당사자가 공개한 정보로부터 그 사실을 알 수 없는 경우에는 고려되지 아니한다.
3. 당사자의 국적이나 당사자 또는 계약의 민사적 · 상사적 성격은 이 협약의 적용여부를 결정하는 데 고려되지 아니한다.

Art. 2 (Exclusions)

1. This Convention does not apply to electronic communications relating to any of the following:
   (a) Contracts concluded for personal, family or household purposes;
   (b) (i) Transactions on a regulated exchange;
      (ii) foreign exchange transactions;
      (iii) inter-bank payment systems, inter-bank payment agreements or clearance and settlement systems relating to securities or other financial assets or instruments;
      (iv) the transfer of security rights in sale, loan or holding of or agreement to repurchase securities or other financial assets or instruments held with an intermediary.
2. This Convention does not apply to bills of exchange, promissory notes, consignment notes, bills of lading, warehouse receipts or any transferable document or instrument that entitles the bearer or beneficiary to claim the delivery of goods or the payment of a sum of money.

제2조 (예외)

1. 이 협약은 다음의 사항에 관련된 전자적 의사표시에는 적용되지 아니한다.
   (a) 개인적, 가족적 또는 가사의 목적으로 체결된 계약,
   (b) (i) 등록된 거래소에서의 거래,
      (ii) 외국환거래,
      (iii) 은행 간 지급시스템, 은행 간 지급약정 또는 담보나 기타 금융자산 · 증권에 관련된 결산 시스템
      (iv) 매매, 대부 또는 점유에 관련된 담보권의 이전 또는 담보성환매약정이나 기타 중개자를 통하여 간접 보유한 금융자산 · 증권
2. 이 협약은 환어음 · 약속어음 · 양도증서 · 선하증권 · 창고증권 기타 소지인이나 수익자에게 운송물의 인도 또는 금액의 지급을 청구할 권리를 부여하는 양도성 증권에 적용되지 아니한다.

Art. 3 (Party autonomy)

The parties may exclude the application of this Convention or derogate from or vary the effect of any of its provisions.

제3조 (당사자 자치권)

계약당사자는 이 협약의 적용을 배제하거나 각 협약 조항의 효력을 부정 또는 변경할 수 있다.

CHAPTER II : GENERAL PROVISIONS
제2장 : 일반규정

Art. 4 (Definitions)

For the purposes of this Convention:

(a) 'Communication' means any statement, declaration, demand, notice or request, including an offer and the acceptance of an offer, that the parties are required to make or choose to make in connection with the formation or performance of a contract;

(b) 'Electronic communication' means any communication that the parties make by means of data messages;

(c) 'Data message' means information generated, sent, received or stored by electronic, magnetic, optical or similar means, including, but not limited to, electronic data interchange, electronic mail, telegram, telex or telecopy;

(d) 'Originator' of an electronic communication means a party by whom, or on whose behalf, the electronic communication has been sent or generated prior to storage, if any, but it does not include a party acting as an intermediary with respect to that electronic communication;

(e) 'Addressee' of an electronic communication means a party who is intended by the originator to receive the electronic communication, but does not include a party acting as an intermediary with respect to that electronic communication;

(f) 'Information system' means a system for generating, sending, receiving, storing or otherwise processing data messages;

(g) 'Automated message system' means a computer program or an electronic or other automated means used to initiate an action or respond to data messages or performances in whole or in part, without review or intervention by a natural person each time an action is initiated or a response is generated by the system;

(h) 'Place of business' means any place where a party maintains a non-transitory establishment to pursue an economic activity other than the temporary provision of goods or services out of a specific location.

제4조 (정의)

이 협약의 목적상,

(a) '의사표시'라 함은 계약의 성립이나 이행과 관련하여, 청약과 청약의 승낙을 비롯한 당사자에게 요구되거나 당사자의 선택에 따른 모든 진술 · 발표 · 요구 · 통지 또는 요청을 의미한다.

(b) '전자적 의사표시'라 함은 당사자가 데이터 메시지의 방법으로 행한 모든 의사표시를 의미한다.

(c) '데이터 메시지'라 함은 전자 · 자기 · 광학적 또는 유사한 방법으로 작성 · 전송 · 수신 또는 저장되는 정보를 의미하며, 이는 전자데이터교환 · 전자우편 · 전보 · 전신 또는 모사전송을 포함하나 이에 국한되지 아니한다.

(d) 전자적 의사표시의 '송신자'라 함은 전자적 의사표시의 저장 이전에 이를 직접 또는 대리인을 통하여 전송하거나 작성한 당사자를 의미하나, 당해 전자적 의사표시와 관련하여 중개인의 역할을 하는 당사자는 포함하지 아니한다.

(e) 전자적 의사표시의 '수신자'라 함은 송신자가 전자적 의사표시를 수신하도록 의도한 당사자를 의미하나, 당해 전자적 의사표시와 관련하여 중개인의 역할을 하는 당사자는 포함하지 아니한다.

(f) '정보시스템'이라 함은 데이터 메시지의 작성 · 전송 · 수신 · 저장 기타 그 밖의 처리를 위한 시스템을 의미한다.

(g) '자동화 메시지 시스템'이라 함은 전체적 또는 부분적으로, 행위를 개시하거나 데이터 메시지 또는 그 실행에 응답하기 위하여 사용되는 컴퓨터 프로그램, 전자화 또는 그 밖의 자동화된 수단으로서 시스템에 의하여 행위가 개시되거나 응답이 생성될 때 자연인에 의한 검토나 개입이 없는 것을 의미한다.

(h) '영업소'라 함은 당사자가 특정장소 밖에서 재화 또는 서비스의 임시적인 제공을 하는 곳이 아닌 경제활동을 하기 위한 상설적인 설비를 가지고 있는 장소를 의미한다.

Art. 5 (Interpretation)

1. In the interpretation of this Convention, regard is to be had to its international character and to the need to promote uniformity in its application and the observance of good faith in international trade.

2. Questions concerning matters governed by this Convention which are not expressly settled in it are to be settled in conformity with the general principles on which it is based or, in the absence of such principles, in conformity with the law applicable by virtue of the rules of private international law.

제5조 (해석)

1. 이 협약의 해석에 있어서는 협약의 국제적 특성 및 국제거래의 통일적 적용의 촉진과 국제거래에 있어 신뢰의 준수를 고려하여야 한다.
2. 이 협약의 적용을 받으나, 이 협약에 명시적으로 규정되지 않은 사항과 관련된 문제는 이 협약이 기초하고 있는 일반원칙에 부합하도록 해결하여야 하며, 그러한 원칙이 없는 경우에는 국제사법의 규칙에 의하여 적용 가능한 법률과 조화되게 해결되어야 한다.

Art. 6 (Location of the parties)

1. For the purposes of this Convention, a party' place of business is presumed to be the location indicated by that party, unless another party demonstrates that the party making the indication does not have a place of business at that location.
2. If a party has not indicated a place of business and has more than one place of business, then the place of business for the purposes of this Convention is that which has the closest relationship to the relevant contract, having regard to the circumstances known to or contemplated by the parties at any time before or at the conclusion of the contract.
3. If a natural person does not have a place of business, reference is to be made to the person' habitual residence.
4. A location is not a place of business merely because that is:
   (a) where equipment and technology supporting an information system used by a party in connection with the formation of a contract are located; or
   (b) where the information system may be accessed by other parties.
5. The sole fact that a party makes use of a domain name or electronic mail address connected to a specific country does not create a presumption that its place of business is located in that country.

제6조 (당사자의 위치)

1. 이 협약의 목적상, 당사자의 영업소는 당사자가 표시한 장소에 위치한 것으로 추정된다. 다만 그 영업소 표시를 한 당사자가 그 장소에 영업소를 갖고 있지 않다는 것을 상대방이 반증한 때에는 그러하지 아니하다.
2. 하나 이상의 영업소를 가지고 있는 당사자가 영업소를 표시하지 아니한 경우에는 알려진 상황이나 계약체결 전 또는 체결 시 당사자가 고려한 상황을 참조하여 관련 계약과 가장 밀접한 관계를 갖는 곳이 이 협약상의 영업소가 된다.
3. 자연인이 영업소를 갖고 있지 않은 경우에는 그의 상거소를 영업소로 본다.
4. 어느 장소가 단순히 다음 각 호의 하나에 해당한다는 이유만으로는 영업소가 되지 아니한다.
   (a) 당사자가 계약의 체결과 관련하여 사용하는 정보시스템을 지원하는 장비 또는 기술이 위치한 곳,
   (b) 타방당사자가 그 정보시스템에 접근할 수 있는 곳.
5. 당사자가 단지 특정 국가와 연관된 도메인 이름이나 전자우편주소를 사용한다는 사실만으로는 당사자의 영업소가 그 국가에 있다는 추정력을 발생시키지 아니한다.

Art. 7 (Information requirements)

Nothing in this Convention affects the application of any rule of law that may require the parties to disclose their identities, places of business or other information, or relieves a party from the legal consequences of making inaccurate, incomplete or false statements in that regard.

제7조 (정보요건)

이 협약의 어떠한 규정도 당사자에게 그들의 신원, 영업소 또는 다른 정보를 공개하도록 요구하는 법률의 적용에 영향을 미치지 아니하고 또는 이에 관한 부정확, 불완전 또는 허위의 정보를 제공함에 따른 당사자의 법적 책임을 감면하지 아니한다.

CHAPTER III. : USE OF ELECTRONIC COMMUNICATIONS IN INTERNATIONAL CONTRACTS
제3장 : 국제계약에서의 전자적 의사표시의 이용

Art. 8 (Legal recognition of electronic communications)

1. A communication or a contract shall not be denied validity or enforceability on the sole ground that it is in the form of an electronic communication.
2. Nothing in this Convention requires a party to use or accept electronic communications, but a party' agreement to do so may be inferred from the party' conduct.

제8조 (전자적 의사표시의 법적 승인)

1. 의사표시 또는 계약은 그것이 전자적 의사표시의 형태로 되어있다는 이유만으로 유효성 및 집행력이 부인되어서는 아니 된다.
2. 이 협약의 어떠한 규정도 당사자로 하여금 전자적 의사표시를 사용하거나 사용을 승낙하도록 요구하지 아니한다. 그러나, 당사자의 행위로부터 그 사용에 관한 당사자의 합의를 유추할 수 있다.

Art. 9 (Form requirements)

1. Nothing in this Convention requires a communication or a contract to be made or evidenced in any particular form.
2. Where the law requires that a communication or a contract should be in writing, or provides consequences for the absence of a writing, that requirement is met by an electronic communication if the information contained therein is accessible so as to be usable for subsequent reference.
3. Where the law requires that a communication or a contract should be signed by a party, or provides consequences for the absence of a signature, that requirement is met in relation to an electronic communication if:
   (a) A method is used to identify the party and to indicate that party' intention in respect of the information contained in the electronic communication; and
   (b) The method used is either:
      (i) As reliable as appropriate for the purpose for which the electronic communication was generated or communicated, in the light of all the circumstances, including any relevant agreement; or
      (ii) Proven in fact to have fulfilled the functions described in subparagraph (a) above, by itself or together with further evidence.
4. Where the law requires that a communication or a contract should be made available or retained in its original form, or provides consequences for the absence of an original, that requirement is met in relation to an electronic communication if:
   (a) There exists a reliable assurance as to the integrity of the information it contains from the time when it was first generated in its final form, as an electronic communication or otherwise; and
   (b) Where it is required that the information it contains be made available, that information is capable of being displayed to the person to whom it is to be made available.
5. For the purposes of paragraph 4 (a):
   (a) The criteria for assessing integrity shall be whether the information has remained complete and unaltered, apart from the addition of any endorsement and any change that arises in the normal course of communication, storage and display; and
   (b) The standard of reliability required shall be assessed in the light of the purpose for which the information was generated and in the light of all the relevant circumstances.

제9조 (형식요건)

1. 이 협약의 어떠한 규정도 전자적 의사표시 또는 계약이 어떠한 특별한 형식으로 작성되거나 증명되어야 한다는 것을 요구하지 아니한다.
2. 법률이 의사표시 또는 계약이 서면으로 이루어질 것을 요건으로 정하거나 또는 서면 흠결의 효과를 정한 경우에는 그러한 요건은 전자적 의사표시에 포함된 정보가 이후의 참조를 위하여 사용할 수 있도록 접근가능하다면 그 전자적 의사표시에 의하여 충족된 것으로 본다.

3. 법률이 의사표시 또는 계약이 당사자에 의하여 서명될 것을 요건으로 정하거나 또는 서명 흠결의 효과를 정한 경우에는 그러한 요건은 전자적 의사표시가 다음과 같은 경우라면 충족된 것으로 본다.
   (a) 당사자의 신원 확인 및 그 전자적 의사표시에 포함된 정보에 관한 당해 당사자의 의도를 표시하기 위한 어떤 수단이 사용된 경우 그리고
   (b) 그 사용된 수단이 다음 각 목의 어느 하나에 해당될 경우
      (i) 관련 합의내용을 포함한 모든 상황에 비추어 전자적 의사표시가 생성 또는 유통되는 목적에 적합할 정도로 신뢰할 수 있는 경우,
      (ii) 위 (i)에 적시된 기능을 충족하였다는 것이 그 자체로 또는 다른 증거와 함께 사실상 증명된 경우
4. 법률이 의사표시 또는 계약이 원본의 형태로 활용 가능하거나 보존될 것을 요건으로 정하거나 또는 원본 흠결의 효과를 정한 경우에는 그러한 요건은 전자적 의사표시가 다음과 같은 경우라면 충족된 것으로 본다.
   (a) 전자적 의사표시 또는 그 밖의 것으로 최종적인 형태로 처음 생성된 때부터 그 안에 포함되어 있는 정보의 무결성에 관하여 신뢰할 수 있는 보장이 존재하는 경우 그리고
   (b) 전자적 의사표시가 포함하고 있는 정보가 활용 가능하도록 요구되는 경우에는 그 정보를 활용할 사람에게 현출될 수 있는 경우
5. 4항 (a)의 목적상,
   (a) 무결성의 판단 기준은 의사표시, 저장 및 현출 등 통상적인 과정에서 발생하는 모든 부가적 기재나 변경을 제외하고 그 정보가 완전하고 변경되지 않은 상태로 남아 있는지 여부이다.
   (b) 요구되는 신뢰성의 표준은 그 정보가 생성된 목적 및 모든 관련 상황에 비추어 평가되어야 한다.

Art. 10 (Time and place of dispatch and receipt of electronic communications)

1. The time of dispatch of an electronic communication is the time when it leaves an information system under the control of the originator or of the party who sent it on behalf of the originator or, if the electronic communication has not left an information system under the control of the originator or of the party who sent it on behalf of the originator, the time when the electronic communication is received.
2. The time of receipt of an electronic communication is the time when it becomes capable of being retrieved by the addressee at an electronic address designated by the addressee. The time of receipt of an electronic communication at another electronic address of the addressee is the time when it becomes capable of being retrieved by the addressee at that address and the addressee becomes aware that the electronic communication has been sent to that address. An electronic communication is presumed to be capable of being retrieved by the addressee when it reaches the addressee' electronic address.
3. An electronic communication is deemed to be dispatched at the place where the originator has its place of business and is deemed to be received at the place where the addressee has its place of business, as determined in accordance with Art 6.
4. Paragraph 2 of this Art applies notwithstanding that the place where the information system supporting an electronic address is located may be different from the place where the electronic communication is deemed to be received under paragraph 3 of this Art.

제10조 (전자적 의사표시의 송신ㆍ수신시기 및 장소)

1. 전자적 의사표시의 송신시기는 그 전자적 의사표시가 송신자 또는 송신자를 대리하여 송신하는 당사자의 통제 하에 있는 정보 시스템을 떠난 때이다. 또는 전자적 의사표시가 송신자나 송신자를 대리하는 당사자의 통제 하에 있는 정보시스템을 떠나지 않았다면 전자적 의사표시가 수신된 때이다.
2. 전자적 의사표시의 수신시기는 수신자가 미리 지정한 전자주소에서 그 전자적 의사표시를 검색할 수 있게 된 때이다. 수신자의 다른 전자주소로 송신된 전자적 의사표시의 수신시기는 수신자가 그 주소에서 전자적 의사표시를 검색할 수 있고, 전자적 의사표시가 그 주소로 송신되었다는 것을 인식한 때이다. 전자적 의사표시가 수신자의 전자주소에 도달한 때에 수신자는 그 전자적 의사표시를 검색할 수 있는 것으로 추정된다.
3. 전자적 의사표시는 제6조에 따라 송신자 또는 수신자의 영업소가 있는 것으로 결정된 장소에서 송신 또는 수신된 것으로 본다.
4. 본조 2항은 전자주소가 운용되는 정보시스템이 소재한 장소가 이 조 3항에 의하여 전자적 의사표시가 수신된 것으로 보는 장소와 다른 경우에도 적용된다.

Art. 11 (Invitations to make offers)
A proposal to conclude a contract made through one or more electronic communications which is not addressed to one or more specific parties, but is generally accessible to parties making use of information systems, including proposals that make use of interactive applications for the placement of orders through such information systems, is to be considered as an invitation to make offers, unless it clearly indicates the intention of the party making the proposal to be bound in case of acceptance.

제11조 (청약의 유인)
정보시스템을 통한 주문신청을 위하여 상호작용 응용프로그램을 사용한 제안을 포함하여 한 사람 또는 그 이상의 특정 당사자에 대한 제안이 아니라 그 정보시스템 사용 당사자들이 일반적으로 접근할 수 있는 하나 또는 그 이상의 전자적 의사표시로 이루어진 계약을 체결하기 위한 제안은 그 제안을 승낙에 기속시키고자 하는 당사자의 의사가 명백히 표시되지 않았다면 청약의 유인으로 본다.

Art. 12 (Use of automated message systems for contract formation)
A contract formed by the interaction of an automated message system and a natural person, or by the interaction of automated message systems, shall not be denied validity or enforceability on the sole ground that no natural person reviewed or intervened in each of the individual actions carried out by the automated message systems or the resulting contract.

제12조 (계약체결 시 자동화 메시지 시스템의 이용)
자동화 메시지 시스템과 자연인의 상호작용 또는 자동화 메시지 시스템 간의 상호작용으로 인하여 성립된 계약은 자연인이 그 시스템에 의한 각 단계나 성립될 계약에 관하여 검토하거나 간섭하지 않았다는 이유만으로 그 유효성 및 집행력이 부인되지 아니한다.

Art. 13 (Availability of contract terms)
Nothing in this Convention affects the application of any rule of law that may require a party that negotiates some or all of the terms of a contract through the exchange of electronic communications to make available to the other party those electronic communications which contain the contractual terms in a particular manner, or relieves a party from the legal consequences of its failure to do so.

제13조 (계약조건의 이용가능성)
이 협약의 어떠한 규정도 전자적 의사표시의 교환을 통하여 계약조건의 전부 또는 일부를 협상하는 당사자에게 상대방으로 하여금 특정한 방식의 계약조건이 포함된 전자적 의사표시를 이용할 수 있게 하도록 요구하는 법률의 적용에 영향을 미치지 아니하고 또는 위와 같이 이용할 수 있게 하지 못한 데에 따른 당사자의 법적 책임을 감면하지 아니한다.

Art. 14 (Error in electronic communications)
1. Where a natural person makes an input error in an electronic communication exchanged with the automated message system of another party and the automated message system does not provide the person with an opportunity to correct the error, that person, or the party on whose behalf that person was acting, has the right to withdraw the portion of the electronic communication in which the input error was made if:
   (a) The person, or the party on whose behalf that person was acting, notifies the other party of the error as soon as possible after having learned of the error and indicates that he or she made an error in the electronic communication; and
   (b) The person, or the party on whose behalf that person was acting, has not used or received any material benefit or value from the goods or services, if any, received from the other party.
2. Nothing in this Art affects the application of any rule of law that may govern the consequences of any error other than as provided for in paragraph 1.

제14조 (전자적 의사표시의 오류)
1. 당사자가 상대방 자동화 메시지 시스템과 교환되는 전자적 의사표시에서 입력 오류를 범하였고 그 시스템이 오류를 정정할 수 있는 기회를 당사자에게 부여하지 않은 경우, 그 당사자 또는 대리인은 다음과 같은

경우에 오류를 범한 전자적 의사표시 부분을 철회할 권리가 있다.

(a) 당사자 또는 그 대리인이 오류 사실을 안 직후에 이를 상대방에게 통지하고 자신이 전자적 의사표시에서 오류를 범하였다는 사실을 표시한 경우 그리고

(b) 당사자 또는 그 대리인이 상대방으로부터 재화 또는 용역을 수령하였다면 이를 사용하거나 그로부터 어떠한 물질적 이익 또는 가치를 얻지 아니한 경우

2. 본조의 어떠한 규정도 1항에 규정된 오류 이외의 오류에 대한 효과를 정하는 법률의 적용에 영향을 미치지 아니한다.

CHAPTER IV : FINAL PROVISIONS
제4장 : 최종조항

Art. 15 (Depositary)

The Secretary-General of the United Nations is hereby designated as the depositary for this Convention.

제15조 (기탁처)

국제연합의 사무총장은 이 협약의 기탁처로 지정된다.

Art. 16 (Signature, ratification, acceptance or approval)

1. This Convention is open for signature by all States at United Nations Headquarters in New York from 16 January 2006 to 16 January 2008.
2. This Convention is subject to ratification, acceptance or approval by the signatory States.
3. This Convention is open for accession by all States that are not signatory States as from the date it is open for signature.
4. Instruments of ratification, acceptance, approval and accession are to be deposited with the Secretary-General of the United Nations.

제16조 (서명, 비준, 수락 또는 승인)

1. 이 협약은 모든 국가의 서명을 위해 2006년 1월 16일부터 2008년 1월 16일까지 뉴욕의 국제연합 본부에서 개방된다.
2. 이 협약은 서명국에 의하여 비준, 수락 또는 승인된다.
3. 이 협약은 서명 개방일로부터 모든 미서명국의 가입을 위해 개방된다.
4. 비준서, 수락서, 승인서 및 가입서는 국제연합 사무총장에게 기탁된다.

Art. 17 (Participation by regional economic integration organizations)

1. A regional economic integration organization that is constituted by sovereign States and has competence over certain matters governed by this Convention may similarly sign, ratify, accept, approve or accede to this Convention. The regional economic integration organization shall in that case have the rights and obligations of a Contracting State, to the extent that that organization has competence over matters governed by this Convention. Where the number of Contracting States is relevant in this Convention, the regional economic integration organization shall not count as a Contracting State in addition to its member States that are Contracting States.
2. The regional economic integration organization shall, at the time of signature, ratification, acceptance, approval or accession, make a declaration to the depositary specifying the matters governed by this Convention in respect of which competence has been transferred to that organization by its member States. The regional economic integration organization shall promptly notify the depositary of any changes to the distribution of competence, including new transfers of competence, specified in the declaration under this paragraph.
3. Any reference to a 'Contracting State' or 'Contracting States' in this Convention applies equally to a regional economic integration organization where the context so requires.
4. This Convention shall not prevail over any conflicting rules of any regional economic integration organization as applicable to parties whose respective places of business are located in States members of any such organization, as set out by declaration made in accordance with Art 21.

제17조 (지역경제통합기구의 참여)

1. 주권국가로 구성되며 이 협약 적용을 받는 특정 사안에 관하여 권한을 갖는 지역경제통합기구는 유사하게 이 협약에 서명 · 비준 · 수락 · 승인 또는 가입할 수 있다. 이 경우 지역경제통합기구는 이 협약 적용을 받는 사안에 관하여 권한을 갖는 범위까지 가입국으로서 권리와 의무를 가진다. 이 협약상 가입국 수와 관련하여 지역경제통합기구는 이 협약의 가입국인 그 구성국에 추가하여 가입국으로 계산하지 아니한다.
2. 지역경제통합기구는 서명 · 비준 · 수락 · 승인 또는 가입 시 그 구성국에 의하여 당해 기구로 이전된 권한 중 이 협약을 적용받는 사항을 명시하여 기탁처에 선언하여야 한다. 지역경제통합기구는 권한의 이전을 포함하여 위 선언에 명시된 사항에 관련된 권한 분배에 관한 변경사항을 즉시 기탁처에 통지하여야 한다.
3. 이 협약의 '가입국' 또는 '가입국들'에 관한 사항은 문맥상 요구되는 경우 지역경제통합기구에도 동등하게 적용된다.
4. 이 협약은 제21조에 따른 선언이 있을 경우 당사자들의 영업소가 어떤 지역경제통합기구의 구성국에 소재한 경우에 적용 가능한 그 기구의 준거법칙에 우선하지 아니한다.

Art. 18 (Effect in domestic territorial units)

1. If a Contracting State has two or more territorial units in which different systems of law are applicable in relation to the matters dealt with in this Convention, it may, at the time of signature, ratification, acceptance, approval or accession, declare that this Convention is to extend to all its territorial units or only to one or more of them, and may amend its declaration by submitting another declaration at any time.
2. These declarations are to be notified to the depositary and are to state expressly the territorial units to which the Convention extends.
3. If, by virtue of a declaration under this Art, this Convention extends to one or more but not all of the territorial units of a Contracting State, and if the place of business of a party is located in that State, this place of business, for the purposes of this Convention, is considered not to be in a Contracting State, unless it is in a territorial unit to which the Convention extends.
4. If a Contracting State makes no declaration under paragraph 1 of this Art, the Convention is to extend to all territorial units of that State.

제18조 (국내영역단위에서의 효력)

1. 가입국이 이 협약에서 다루는 사항에 관하여 다른 법체계가 적용될 수 있는 둘 이상의 영역단위를 가지는 경우에는 서명 · 비준 · 수락 · 승인 또는 가입 시에 이 협약이 당해 영역단위 전체 또는 그 중 하나 또는 그 이상에 효력이 미치는 것으로 선언할 수 있고 언제든지 다른 선언을 제출하여 그 선언을 수정할 수 있다.
2. 이러한 선언은 기탁처에 통지되어야 하며, 협약의 효력이 미치는 해당 영역단위가 명시적으로 표시되어야 한다.
3. 이 조에 의한 선언에 따라 이 협약이 가입국의 하나 또는 그 이상의 영역단위에 그 효력이 미칠 뿐 모든 영역단위에 미치지 아니하는 경우에 당사자의 영업소가 그 가입국에 있다면, 이 협약의 목적상 그 영업소는 가입국 내에 있지 아니한 것으로 본다. 다만 그 영업소가 협약이 적용되는 영역단위에 있는 경우에는 그러하지 아니하다.
4. 가입국이 이 조 1항에 규정된 선언을 하지 아니한 경우에 이 협약은 그 국가의 모든 영역단위에서 효력을 가진다.

Art. 19 (Declarations on the scope of application)

1. Any Contracting State may declare, in accordance with Art 21, that it will apply this Convention only:
   (a) When the States referred to in Art 1, paragraph 1, are Contracting States to this Convention; or
   (b) When the parties have agreed that it applies.
2. Any Contracting State may exclude from the scope of application of this Convention the matters it specifies in a declaration made in accordance with Art 21.

제19조 (적용범위의 선언)

1. 가입국은 제21조에 따라서, 이 협약이 다음에 해당하는 경우에만 적용된다는 것을 선언할 수 있다.
   (a) 제1조 1항에 언급된 국가가 이 협약의 가입국인 경우 또는

(b) 당사자가 이 협약을 적용하기로 합의한 경우
2. 가입국은 제21조에 따른 선언에 특정 사항을 명시함으로써 이를 이 협약의 적용범위에서 배제할 수 있다.

Art. 20 (Communications exchanged under other international conventions)

1. The provisions of this Convention apply to the use of electronic communications in connection with the formation or performance of a contract to which any of the following international conventions, to which a Contracting State to this Convention is or may become a Contracting State, apply: Convention on the Recognition and Enforcement of Foreign Arbitral Awards (New York, 10 June 1958); Convention on the Limitation Period in the International Sale of Goods (New York, 14 June 1974) and Protocol thereto (Vienna, 11 April 1980); United Nations Convention on Contracts for the International Sale of Goods (Vienna, 11 April 1980); United Nations Convention on the Liability of Operators of Transport Terminals in International Trade (Vienna, 19 April 1991); United Nations Convention on Independent Guarantees and Stand-by Letters of Credit (New York, 11 December 1995); United Nations Convention on the Assignment of Receivables in International Trade (New York, 12 December 2001).
2. The provisions of this Convention apply further to electronic communications in connection with the formation or performance of a contract to which another international convention, treaty or agreement not specifically referred to in paragraph 1 of this Art, and to which a Contracting State to this Convention is or may become a Contracting State, applies, unless the State has declared, in accordance with Art 21, that it will not be bound by this paragraph.
3. A State that makes a declaration pursuant to paragraph 2 of this Art may also declare that it will nevertheless apply the provisions of this Convention to the use of electronic communications in connection with the formation or performance of any contract to which a specified international convention, treaty or agreement applies to which the State is or may become a Contracting State.
4. Any State may declare that it will not apply the provisions of this Convention to the use of electronic communications in connection with the formation or performance of a contract to which any international convention, treaty or agreement specified in that State' declaration, to which the State is or may become a Contracting State, applies, including any of the conventions referred to in paragraph 1 of this Art, even if such State has not excluded the application of paragraph 2 of this Art by a declaration made in accordance with Art 21.

제20조 (다른 국제협약상의 의사표시의 교환)

1. 이 협약의 가입국이 다음 국제협약의 가입국이거나 가입국이 될 경우 그 국제협약상의 계약의 성립이나 이행에 관련된 전자적 의사표시의 이용에 이 협약의 규정이 적용된다. '외국중재판정의 승인과 집행에 관한 협약'(1958년 6월 10일, 뉴욕), '국제물품매매에서의 기간의 제한에 관한 협약'(1974년 6월 14일, 뉴욕) 및 그 의정서(1980년 4월 11일, 비엔나), '국제물품매매계약에 관한 UN 협약'(1980년, 4월 11일, 비엔나), '국제거래에서의 터미널 운송업자의 책임에 관한 UN 협약'(1991년 4월 19일, 비엔나), '독립보증장 및 스탠드바이 신용장에 관한 UN 협약'(1995년 12월 11일, 뉴욕), '국제거래에서의 수취계정 채무의 양도에 관한 UN 협약'(2001년 12월 12일, 뉴욕).
2. 이 협약의 규정은 이 조 1항에서 특정하여 열거되지 아니하였으나 이 협약 가입국이 가입국이거나 가입국이 될 다른 국제협약, 조약 또는 협정이 적용되는 계약의 성립이나 이행과 관련된 전자적 의사표시에도 적용된다. 다만 그 국가가 제21조에 따라 이 항에 기속되지 아니할 것이라고 선언한 경우에는 그러하지 아니하다.
3. 이 조의 2항에 따른 선언을 한 국가는 그럼에도 불구하고 그 국가가 가입국이거나 가입국이 될 특정한 국제협약, 조약 또는 협정이 적용되는 계약의 성립이나 이행에 관련된 전자적 의사표시의 이용에 이 협약의 규정이 적용된다는 것을 또한 선언할 수 있다.
4. 제21조에 따른 선언으로 이 조 2항의 적용을 배제하지 아니한 국가도 이 조 1항에 언급된 협약들을 포함하여 그 국가가 선언에 명시한 것으로 가입국이거나 가입국이 될 국제협약, 조약 또는 협정이 적용되는 계약의 성립이나 이행에 관련된 전자적 의사표시의 이용에 이 협약의 규정을 적용하지 아니한다고 선언할 수 있다.

Art. 21 (Procedure and effects of declarations)

1. Declarations under Art 17, paragraph 4, Art 19, paragraphs 1 and 2, and Art 20, paragraphs 2, 3 and 4, may be made at any time. Declarations made at the time of signature are subject to confirmation upon ratification, acceptance or approval.
2. Declarations and their confirmations are to be in writing and to be formally notified to the depositary.
3. A declaration takes effect simultaneously with the entry into force of this Convention in respect of the State concerned. However, a declaration of which the depositary receives formal notification after such entry into force takes effect on the first day of the month following the expiration of six months after the date of its receipt by the depositary.
4. Any State that makes a declaration under this Convention may modify or withdraw it at any time by a formal notification in writing addressed to the depositary. The modification or withdrawal is to take effect on the first day of the month following the expiration of six months after the date of the receipt of the notification by the depositary.

제21조 (선언의 절차와 효력)

1. 제17조 4항, 제19조 1항, 2항, 제20조 2항, 3항 및 4항에 의한 선언은 언제든지 가능하다. 서명 시에 이루어진 선언은 비준·수락 또는 승인 시 확인되어야 한다.
2. 선언과 그 확인은 서면으로 이루어지며, 기탁처에 공식적으로 통지되어야 한다.
3. 선언은 이 협약의 발효와 동시에 관계 국가에 효력을 발생한다. 다만 이 협약의 발효 이후 기탁처에 공식적으로 통지된 선언은 그 통지가 접수된 날로부터 6개월이 지난 다음 달의 첫날에 그 효력을 발생한다.
4. 이 협약에 규정된 선언을 한 국가는 기탁처에 서면으로 공식적인 통지를 함으로써 어느 때라도 그 선언을 수정 또는 철회할 수 있다. 수정 또는 철회는 기탁처에 그 통지가 접수된 날로부터 6개월이 지난 다음 달의 첫날에 효력을 발생한다.

Art. 22 (Reservations)

No reservations may be made under this Convention.

제22조 (유보)

이 협약 상 어떠한 유보도 허용되지 않는다.

Art. 23 (Entry into force)

1. This Convention enters into force on the first day of the month following the expiration of six months after the date of deposit of the third instrument of ratification, acceptance, approval or accession.
2. When a State ratifies, accepts, approves or accedes to this Convention after the deposit of the third instrument of ratification, acceptance, approval or accession, this Convention enters into force in respect of that State on the first day of the month following the expiration of six months after the date of the deposit of its instrument of ratification, acceptance, approval or accession.

제23조 (발효)

1. 이 협약은 비준서·수락서·승인서 또는 가입서 중의 세 번째 문서가 기탁되는 날로부터 6개월이 지난 다음 달의 첫날에 발효한다.
2. 어느 국가가 비준서·가입서·승인서 또는 가입서 중의 세 번째 문서가 기탁된 이후에 이 협약에 비준·수락·승인 또는 가입을 한 경우에는 그 비준·수락·승인 또는 가입서의 기탁일로부터 6개월이 지난 다음 달의 첫 날에 해당 국가에 관하여 발효한다.

Art. 24 (Time of application)

This Convention and any declaration apply only to electronic communications that are made after the date when the Convention or the declaration enters into force or takes effect in respect of each Contracting State.

제24조 (적용시기)

이 협약과 선언은 이 협약 또는 선언의 발효일 또는 각 가입국에 대한 효력 발생일 이후에 이루어진 전자적 의사표시에 적용된다.

Art. 25 (Denunciations)

1. A Contracting State may denounce this Convention by a formal notification in writing addressed to the depositary.
2. The denunciation takes effect on the first day of the month following the expiration of twelve months after the notification is received by the depositary. Where a longer period for the denunciation to take effect is specified in the notification, the denunciation takes effect upon the expiration of such longer period after the notification is received by the depositary.

제25조 (폐기)

1. 가입국은 기탁처에 공식적인 서면으로 통지를 함으로써 이 협약을 폐기할 수 있다.
2. 폐기는 기탁처에 그 통지가 접수된 날로부터 12개월이 지난 다음 달의 첫 날에 발효한다. 통지에 협약의 폐기를 위한 그 이상의 기간을 정한 경우에는 기탁처에 그 통지가 접수된 이후 그 정한 기간이 경과함으로써 폐기의 효력이 발생한다.

참고문헌

1. 국내 단행본

김상용, 「비교계약법」, 법영사, 2002.
김준호, 「민법강의」, 법문사, 2001.
박영복, 「글로벌시대의 계약법」, 집문당, 2005.
법무부, 「국제물품매매계약에관한협약해설」, 2005.
석광현, 「국제물품매매계약의 법리」, 박영사, 2010.
양명조, 「미국계약법」, 법문사, 1996.
오원석 역, 「UN통일매매법」3판, 삼영사, 2004.
최준선, 「국제거래법」, 삼영사, 2001.

2. 국내 연구논문

김상용, "법률행위의 해석에 관한 비교 고찰", 「법학연구」제11권 제1호, 연세대학교 법학연구소, 2001.

박영복, "계약교섭과 교섭자의 책임에 대한 미국법상의 논의", 「외법논집」제12집, 한국외국어대학교, 2002.

______, "계약법 영역에서의 세계적 추이에 비추어 본 우리의 손해배상법", 「비교사법」제7권 2호(통권13호), 한국비교사법학회, 2000.

______, "계약체결전단계의 법규범화", 「외법논집」제10집, 한국외국어대학교, 2001.

______, "유럽계약법원칙, 제3부", 「외법논집」제15집, 한국외국어대학교, 2003.

______, "현대 계약법상의 이행청구권", 「법학연구」제15권 1호, 충북대학교 법학연구소, 2004.

______, "현대계약법의 추이", 「외법논집」제9집, 한국외국어대학교, 2000.

______, "CISG상의 계약책임 구조에 대한 비교법적 분석", 「국제거래법연구」제14권 제2집, 국제거래법학회, 2005.

심종석, "국제계약규범하에서 사정변경원칙의 적용기준과 법규제에 관한 비교 연구", 「국제상학」제20권 제2호, 한국국제상학회, 2005.

______, "국제상거래에 있어 전자문서에 의한 청약과 승낙의 기준", 「경영법률」제14집 1호, 한국경영법률학회, 2003.

______, "국제상사계약에 있어 신의칙의 적용기준과 법적 규제에 관한 비교 연구", 「통상법률」통권 제56호, 법무부, 2004.

______, "국제상사계약에 있어 계약내용 해석의 기준에 관한 법적 고찰", 「통상법률」제71집, 법무부, 2007.

______, "국제상사계약에 있어 유럽계약법원칙의 보충법리 및 그 상무적 적용가능성에 관한 연구", 「경영법률」제17집 제2호, 한국경영법률학회, 2007.

______, "국제통일계약규범하에서 계약해제의 효과에 관한 비교법적 고찰", 「경영법률」제16집 1호, 한국경영법률학회, 2005.

______, "국제통일계약규범하에서 하자담보책임에 관한 비교 연구", 「국제상학」제20권 제3호, 한국국제상학회, 2005.

______, "유럽계약법원칙하에서 불이행과 법적 구제에 관한 비교법적 고찰", 「통상법률」통권 제62호, 법무부, 2005.

______, "유럽계약법원칙하에서의 일반규정과 계약의 성립에 관한 규정의 비교 연구", 「국제상학」제19권 제1호, 한국국제상학회, 2004.

양석완, "수하인(매수인)에 대한 위험이전의 문제점 검토", 「해법학회지」, 제31권 제2호, 한국해법학회, 2009.

오원석, "국제상사계약에서 UNIDROIT 원칙의 실무상 적용가능성에 관한 연구", 「무역학회지」제24권 제1호, 한국무역학회, 1999.

______, "UN 통일매매법하에서 청약과 청약유인의 차이", 「국제상학」제18권 제1호, 한국국제상학회, 2003.

______ 외, "UNIDROIT Principles 2004의 변경 · 신설내용의 개관", 「무역상무연구」, 제25권, 한국무역상무학회, 2005.

윤남순, "국제물품매매에 관한 UN 협약상 위험이전", 「경영법률」, 제18권 제2집, 한국경영법률학회, 2008.

이해일, "국제물품매매법상 매수인의 계약위반에 대한 구제", 비교사법, 제12권 제2호, 한국비교사법학회, 2005,

최준선, "국제상사계약에 관한 UNIDROIT 원칙의 의의", 「무역상무연구」 제12권, 한국무역상무학회, 1999.

______, "우리 나라의 비엔나협약 비준의 타당성", 「무역상무연구」 제10권, 한국무역상무학회, 1999.

______, "UN국제물품매매협약의 의의와 해석원칙", 「비교사법」 제11권 3호, 한국비교사법학회, 2004.

______, "국제물품매매계약에관한UN협약(1980)에 대한 약간의 고찰 : 한국의 입장에서", 「국제거래법연구」제12권, 국제거래법학회, 2004.

허해관, "국제물품매매협약상 위험부담의 의의와 고려요소", 「무역학회지」, 제33권 제2호, 한국무역학회, 2008.

______ · 한병완, "국제물품매매계약상의 면책규칙에 관한 일고찰", 「통상법률」통권 제61호, 법무부, 2005.

3. 국외 단행본

Bonell, M. J., *et al., Commentary on the International Sales Law : the 1980 Vienna Sales Convention*, Milan, 1987.

DiMatteo, L. A., *The Law of International Contracting*, Kluwer Law Int'l, 2000.

DiPalma M., *International Contract Adviser*, Vol. 5, Kluwer Law Pub., 1999.

Emanuel, S., *et al.*, *CONTRACTS*, Emanuel Law Outline Inc., 1993.

Farnsworth, E. A., *Farnsworth on Contracts*, 2nd ed., Aspen Pub., 1998.

Flechtner, H. M. · *et al.*, *Drafting Contacts under the CISG*, Oxford University Press, 2008.

Honnold, J. O., *Uniform Law for International Sales under the 1980 United Nations Convention*, 3rd ed., Kluwer Law Int'l, 1999.

Huber, P. · Mullis, A., *The CISG*, European Law Publishers, 2007.

Kritzer, A. H., *Guide to Practical Applications of the United Nations Convention on Contracts for the International Sales of Goods*, Kluwer Law Int'l, 1989.

Lando, O., Beale, H., *Principle of European Contract Law, Prat I and Part II, prepared by the Commission of European Contract Law*, Kluwer Law Int'l, 2000.

Larry A. DiMatteo., *The Law of International Contracting*, Kluwer Law Int'l, 2000.

Lookofsky, J. *Understanding the CISG*, 3ed ed., Wloters Kluwer, 2008.

Merriam-Webster Incorporated, *Merriam-Webster's Dictionary of Law*, 1996.

Riedl, R., *The Work of the Lando-Commission from an Alternative Viewpoint*, Kluwer Law Int'l, 2000.

Schlechtriem P., *Uniform Sales Law : The UN Convention on Contracts for the International Sales of Goods*, Vienna Manz, 1986,

__________, *Commentary on the UN Convention on the International Sale of Goods*, Oxford Press, 1998.

Schaber. A. D., · Rohwer, C. D., *Contract*, 3th, West Wadsworth, 1999.

Schmitthoff, C. M., *Export Trade*, 10th ed., London Sweet & Maxwell, 2000.

Schwenzer, I., *Commentary on the UN Convention on the International Sale of Goods*, 3rd ed., Oxford University Press, 2005.

Schwenzer, I. · Fountoulakis, C., *International Sales Law*, Cavendish Publishing, 2007.

Steven H. Gifis, *Law Dictionary*, 4th ed., Barron's Educational Series, 1996.

Whincup, M. H., *Contact Law and Practice : the English System and Continental Comparisons*, Kluwer Law International, 1996.

4. 국외 연구논문

Bonell M. J., "Article 7 : Interpretation, Gap-filling, in Bianca-Bonell Commentary", *Milan Giuffre*, 1987.

________., "The UNIDROIT Principles of International Commercial Contracts and the Principles of European Contract Law : Similar Rules for the Same Purposes?", *Uniform Law Review*, 1996.

________., "UNIDROIT Principles 2004 ; The New Edition of the Principles of International Commercial Contracts adopted by the International Institute for the Unification of Private Law," *Uniform Law Review*, 2004.

Burchell, J., "The european union and the world summit on sustainable development : Normative power europe in action?", Journal of Common Market Studies 43(No. 1), Blackwell Publishing. 2005.

Dionysio Flambouras, "The Doctrines of Impossibility of Performance and *clausula rebus sic stantibus* in the 1980 Vienna Convention on Contracts for the International Sales of Goods and the Principles of European Contract Law : A Comparative Analysis", *13 Pace International Law Review 261*, 2001.

________________, "Comparative Remarks on CISG Article 79 & PECL Articles 6:111, 8:108", *Pace International Law Review*, 2002.

Eiselen, S., "Comparison with Principles of European Contract Law(Art. 71~72)", *Pace Law*, Pace Law School Institute of International Commercial Law, 2002.

Ericson P. K., "Nachfrist Notice and Avoidance under the CISG", *18 Journal of Law and Commerce*, 1999.

Erika Sondahl., "Understanding the Remedy of Price Reduction A Means to Fostering a More Uniform Application of the United Nations Convention on Contracts for the International Sale of Goods", *7 Vindobona Journal of International Commercial Law and Arbitration*, 2003.

European Parliament Directorate General for Research, "Study of the systems of private law in the EU with regard to discrimination and the creation of a European Civil Code (Working Paper)", *Legal Affairs Series*, JURI 103 EN, 1999.

Farnsworth, E. A., "Duties of Good Faith and Fair Dealing un der the UNIDROIT Principles, Relevant International Conventions and National Laws", *3 Tulane Journal of International and Comparative Law*, 1995.

_______________., "Pre-Contractual Liability and Preliminary Agreements : Fair Dealing and Failed Negotiation", *87 Columbia Law Review 217*, 1987.

Felemegas J., "Comparative Editorial Remarks on the Concept of Good Faith in the CISG and PECL", Pace Law, Pace Law Review, 2001.

Flambouras, D. P., "The Doctrines of Impossibility of Performance and *clausula rebus sic stantibus* in the 1980 Vienna Convention on Contracts for the International Sale of Goods and the Principles of European Contract Law: A Comparative Analysis", *Pace Law*, Pace International Law Review, 2001.

Frans J. A., · van der Velden., "The Law of International Sales : The Hague Convention 1964 and the UNCITRAL Uniform Sales Code 1980", (Some Main Items Compared, Voskuil & Wade eds.), *Hague-Zagreb Essay : 4 on the Law of International Trade*, Hague Nijhoff, 1983.

Hossam El-Saghir, "Comparison with Principles of European Contract Law(Art. 25)", *Pace Law*, Pace Law School Institute of International Commercial Law, 2002.

Joren R., "*Force majeure* and hardship: Application in international trade practice with specific regard to the CISG and the UNIDROIT Principles of International Commercial Contracts", 13 Pace International Law Review, 2002.

Joseph, M. P., "*Force Majeure* and Hardship under the UNIDROIT Principles of International Commercial Contracts", *Tulane Journal of International Comparative Law*, 1997.

Keily T., "Good Faith and the Vienna Convention on Contracts for the International Sales of Goods", *Vindobona Journal on International Law Arbitration (Ⅰ)*, Pace Essay Submission, 1999.

Klein J., "Good Faith in International Transactions", *Liverpool Law Review*, 1993.

Kritzer, A. H., "Reasonableness", *Pace Law*, Pace Law School Institute of International Commercial Law, 2001.

Lando O., "The Principles of European Contract Law : Part Ⅰ, Part Ⅱ", *Pace Law*, Pace Law School Institute of International Commercial Law, 2002.

Leonardo G., "Revue de droit des affaires internationales", *International Business Law Journal* (3rd) Paris, 2003.

Lücke H. K., "Good Faith and Contractual Performance", *Essays on Contract*, The Law Book Co., Ltd., 1987.

Magnus U., "Remarks on Good Faith", *Pace Law*, Pace International Law Review, Vol. Ⅹ, 1998.

Mazzotta, F. G., "Comparison with Principles of European Contract Law(Art. 81)", *Pace Law*, Pace Law School Institute of International Commercial Law, 2002.

_______________, "Comparison with Principles of European Contract Law(Art. 82)", *Pace Law*, Pace Law School Institute of International Commercial Law, 2003.

Peter A. P., "The Remedies of Specific Performance, Price Reduction and Additional Time (Nachfrist) under the CISG: Are these worthwhile changes or additions to English Sales Law?", *Pace Law,* 13 Pace International Law Review, 2002.

Sim D., "The Scope and Application of Good Faith in the Vienna Convention on Contracts for the International Sale of Goods", Pace Law, Pace Law School Institute of International Commercial Law, 2001.

Winship P., "Commentary on Professor Kastely's Rhetorical Analysis : Symposium Reflections", 8 Northwestern J. Int'l L. & Bus. ; *Pace Law,* Pace Law School(CISG Database), 1988.

Zeller, B., "Use of the UNIDROIT Principles to help interpret CISG Art. 76", *Pace Law,* Pace Law School Institute of International Commercial Law, 2003. 10.

한글색인

ㄱ

ㅁ

ㅂ

ㅅ

ㅇ

ㅈ

ㅊ

ㅋ

ㅌ

ㅍ

ㅎ

INDEX

A

B

C

D

E

F

G

H

I

J

L

M

N

O

P

Q

R

S

T

U

V

W

Z

【 저자약력 】

심 종 석(沈 鍾 石, cyrus@daegu.ac.kr)

경희대학교 공과대학 기계공학과 졸업 (공학사)
경희대학교 국제법무대학원 국제통상법무학과 수료
성균관대학교 대학원 무역학과 졸업 (무역학전공 / 경영학석사)
성균관대학교 대학원 경영학과 졸업 (무역경영전공 / 경영학박사)
한국외국어대학교 대학원 법학과 졸업 (국제상사법전공 / 법학박사)
현) 대구대학교 경상대학 무역학과 교수

[저서]

심종석, 『무역과 전쟁, 그 야합의 역사』, 삼영사, 2013.08.
심종석 외, 『신세계 무역운송론』, 두남출판, 2013.08.
심종석, 『국제상사계약의 이론과 실제』, 대구대학교 출판사, 2008.12.
심종석, 『신체계 무역상무론』, 우용출판, 2009.08.
沈鍾石, 『新體系 貿易商務論』 (中文版), 2010.08.
심종석 외, 『신체계 무역분쟁사례론』, 한올출판, 2009.08.
심종석 외, 『무역과 법률』, 인텔출판, 2003.12
심종석 외, 『국제결제론』, 인텔출판, 2003.09.
심종석 외, 『신체계 국제운송론』, 두남출판, 2009.02.
심종석 외, 『전자상거래 법률과 제도』, 청림출판, 2001.01.
심종석 외, 『전자상거래 전략기획론』, 형설출판, 2001.03.
심종석 외, 『전자상거래와 e-비즈니스』, 청림출판, 2000.03.

[논문]

심종석, "국제물품매매계약에 관한 UN협약(CISG)상 승낙적격의 법적 기준에 관한 고찰", 법무부, 『통상법률』, 2014.02.20.
심종석 외, "CISG상 계약당사자에게 공통적으로 적용되는 규정해석과 판결례에 관한 연구", 한국무역학회, 『무역학회지』, 2013.11.20.
심종석, "CISG의 적용범위에 관한 법적 기준과 판결례에 관한 고찰", 한국경영법률학회, 『경영법률』, 2013.10.20.
심종석, "CISG하에서 매수인의 물품대금지급의무에 관한 법적 기준과 판결례에 관한 고찰", 한국통상정보학회, 『통상정보연구』, 2013.09.27.
심종석, "CISG하에서 계약의 형식요건에 관한 규정해석과 판결례에 관한 고찰", 한국경영법률학회, 『경영법률』, 2013.01.31.
심종석, "중국통일계약법상 계약체결에 관한 법적 기준", 한국무역학회, 『무역학회지』, 2012.11.30.
심종석, "CISG상 매도인의 물품인도 및 서류교부의무와 위험이전에 관한 규정해석과 판결례에 관한 연구", 한국해법학회, 『해법학회지』, 2012.11.20.
심종석, "국제물품매매계약에 관한 UN협약(CISG)상 중대한 계약위반과 계약해제의 해석과 적용", 법무부, 『통상법률』, 2012.10.20.
심종석, "CISG상 매수인 구제수단의 요건과 효과에 관한 연구", 한국경영법률학회, 『경영법률』, 2012.10.20.
심종석, "CISG하에서 매수인의 계약위반에 대한 매도인의 구제수단에 관한 고찰", 한국통상정보학회, 『통상정보연구』, 2012.09.27.
심종석, "국제물품매매계약에 관한 UN협약(CISG)상 위험의 이전에 관한 고찰 - CISG 제3편 제4장(제66조 내지 제70조)의 규정해석과 판결례를 중심으로-", 한국국제상학회, 『국제상학』, 2012.09.20.

심종석, “국제물품매매계약에 관한 UN협약(CISG)상 손해배상액 산정기준의 해석과 적용”, 한국무역상무학회, 『무역상무연구』, 2012.08.30.
심종석, “주요 국가별 전자무역 플랫폼의 추진현황과 시사점”, 한국인터넷전자상거래학회, 『인터넷전자상거래연구』, 2012.06.30.
심종석, “인도네시아 전자정보거래법에 대한 법적 고찰”, 한국인터넷전자상거래학회, 『인터넷전자상거래연구』, 2010.12.31.
심종석 외, “태국의 전자거래법에 대한 비교법적 고찰”, 한국통상정보학회, 『통상정보연구』, 2010.12.27.
심종석 외, “전자서명 관련 법제의 개선과제에 관한 일고찰 : 전자서명과 전자선하증권의 국제유통성 확보를 중심으로”, 한국인터넷전자상거래학회, 『인터넷전자상거래연구』, 2010.06.30.
심종석, “국제계약에 있어 전자적 의사표시의 이용에 관한 UN협약의 규정해석과 적용에 관한 연구”, 한국관세학회, 『관세학회지』, 2010.02.28.
심종석, “A Comparative Legal Study on the Non-Performance and Remedies under International Commercial Contract", KRICAL, 『The International Commerce & Law Review』, 2009.12.30.
심종석, “현행 전자거래기본법의 법적 보완과제에 관한 고찰 : UECIC 규정내용과의 비교를 중심으로”, 한국인터넷전자상거래학회, 『인터넷전자상거래연구』, 2009.09.30.
심종석 외, “현행 전자무역촉진법의 개정방향에 관한 고찰”, 한국관세학회, 『관세학회지』, 2009.08.31.
심종석, “국제상사계약에서 신의칙 법적 기능과 판정례에 관한 고찰”, 한국무역상무학회, 『한국무역상무학회지』, 2009.08.31.
심종석 외, “전시산업발전법의 법적 보완과제에 관한 고찰”, 한국경영법률학회, 『경영법률』, 2009.07.31.
심종석, “조세피난처 과세제도와 그 개선방안에 관한 연구", 한국국제회계학회, 『국제회계연구』, 2009.06.30.
심종석, “무역학의 정체성 및 연구방향 재정립을 위한 비판적 검토”, 한국경영교육학회, 『경영교육논총』, 2009.04.
심종석, “중국 이전가격과세제도의 정책적 함의와 그 유의점에 관한 연구”, 한국국제회계학회, 『국제회계연구』, 2008.12.31.
심종석, “국제계약에 있어 전자적 의사표시의 이용에 관한 UN협약의 평가와 실무적용상 유의점에 관한 고찰”, 국제e-비즈니스학회, 『e-비즈니스연구』, 2008.11.30
심종석 외, “국제상사계약에 있어 계약불이행의 결정기준과 그 적용사례에 관한 연구 : CISG, PICC 및 PECL과의 비교법적 고찰”, 한국무역학회, 『무역학회지』, 2008.11.30.
심종석, “국제상사계약에 있어 계약내용의 해석에 관한 법적 기준”, 법무부, 『통상법률』, 2007.04.30.
심종석, “국제상사계약에 있어 물품의 계약적합성에 기한 담보책임과 그 법적 기준에 관한 고찰”, 한국관세학회, 『관세학회지』, 2007.02.28.
심종석, “국제상사계약에 있어 유럽계약법원칙의 보충법리 및 그 상무적 적용가능성에 관한 연구”, 한국경영법률학회, 『경영법률』, 2007.01.20.
심종석, “컴퓨터 정보거래에 있어 계약의 이행과 그 조건에 관한 비교 연구”, 한국무역학회, 『무역학회지』, 2006.11.30.
심종석, “미국 통일컴퓨터정보거래법상 컴퓨터 정보의 보증체계에 관한 고찰”, 국제e-비즈니스학회, 『e-비즈니스연구』, 2006.11.30.
심종석, “컴퓨터 정보거래에 있어 계약의 성립과 그 조건에 관한 비교 연구”, 한국경영법률학회, 『경영법률』, 2006.10.30
심종석, “컴퓨터 정보거래에 있어 계약위반에 관한 고찰”, 국제e-비즈니스 학회, 『e-비즈니스연구』, 2006.09.30
심종석, “유가증권의 전자화에 관한 고찰”, 한국경영교육학회, 『경영교육논총』, 2005.12.30.

심종석, “국제계약규범하에서 사정변경원칙의 적용기준과 규제에 관한 비교 연구”, 한국법제연구원, 『법제연구』, 2005.12.30.
심종석, “국제통일계약규범하에서 계약해제의 효과에 관한 비교법적 고찰”, 한국경영법률학회, 『경영법률』, 2005.10.30.
심종석, “국제통일계약규범하에서 하자담보책임에 관한 비교 연구”, 한국국제상학회, 『국제상학』, 2005.09.30.
심종석, “유럽계약법원칙하에서 불이행과 법적 구제에 관한 비교법적 고찰”, 법무부, 『통상법률』, 2005.04.30.
심종석, “전자식 선하증권의 권리이전에 관한 법적 고찰”, 법무부, 『통상법률』, 2004.12.30.
심종석, “국제상사계약에 있어 계약 체결전 과실책임에 관한 연구”, 한국국제상학회, 『국제상학』, 2004.12.30.
심종석, “국제상사계약에 있어 신의칙의 적용기준과 법적 규제에 관한 비교 연구”, 법무부, 『통상법률』, 2004.04.30.
심종석, “PECL의 일반규정 및 계약의 성립에 관한 규정과 CISG, PICC 규정과의 비교 연구”, 한국국제상학회, 『국제상학』, 2004.03.30.
심종석, “국제상거래에 있어 전자문서 인증시스템에 관한 법적 고찰”, 한국경영법률학회, 『경영법률』, 2004.03.30.
심종석, “국제상거래에 있어 전자계약의 특수성에 관한 연구”, 한국국제회계학회, 『국제회계연구』, 2003.10.30.
심종석, “국제상거래에 있어 전자문서에 의한 청약과 승낙의 기준”, 한국경영법률학회, 『경영법률』, 2003.09.30. (외)

국제물품매매계약에 관한 UN협약(CISG)의 해석과 적용

2014년 8월 13일 1판 1쇄 발행
2019년 8월 10일 1판 4쇄 발행

저 자 심 종 석
발행인 고 성 익
조 판 해 인 기 획

05027
서울특별시 광진구 아차산로 335 삼영빌딩
발행처 도서출판 三 英 社
등 록 1972년 4월 27일 제 2013-21 호
전 화 737-1052 · 734-8979 FAX 739-2386

정가 42,000 원

ISBN 978-89-445-0343-6-93320

1. 본 도서는 2011년도 정부(교육과학기술부)의 재원으로 한국연구재단의 지원을 받아 연구된 결과물(812-2011-1-B00033)로서, 무단 인용, 복제 또는 복사할 수 없음.